Wissenschaftliche Untersuchungen
zum Neuen Testament · 2. Reihe

Herausgeber / Editor
Jörg Frey (Zürich)

Mitherausgeber / Associate Editors
Friedrich Avemarie (Marburg)
Markus Bockmuehl (Oxford)
James A. Kelhoffer (Uppsala)
Hans-Josef Klauck (Chicago, IL)

326

Emmanuel L. Rehfeld

Relationale Ontologie bei Paulus

Die ontische Wirksamkeit der Christusbezogenheit
im Denken des Heidenapostels

Mohr Siebeck

Emmanuel L. Rehfeld, geboren 1980; Studium der evangelischen Theologie in Tübingen und Heidelberg; 2006 Magister der Theologie (Tübingen); 2012 Promotion (Dortmund); seit 2006 wiss. Mitarbeiter am Institut für Evangelische Theologie der TU Dortmund mit den Schwerpunkten Neues Testament und Islamwissenschaft.

ISBN 978-3-16-152012-9
ISSN 0340-9570 (Wissenschaftliche Untersuchungen zum Neuen Testament, 2. Reihe)

Die Deutsche Nationalbibliothek verzeichnet diese Publikation in der Deutschen Nationalbibliographie; detaillierte bibliographische Daten sind im Internet über *http://dnb.dnb.de* abrufbar.

© 2012 Mohr Siebeck Tübingen.

Das Werk einschließlich aller seiner Teile ist urheberrechtlich geschützt. Jede Verwertung außerhalb der engen Grenzen des Urheberrechtsgesetzes ist ohne Zustimmung des Verlags unzulässig und strafbar. Das gilt insbesondere für Vervielfältigungen, Übersetzungen, Mikroverfilmungen und die Einspeicherung und Verarbeitung in elektronischen Systemen.

Das Buch wurde von Gulde-Druck in Tübingen auf alterungsbeständiges Werkdruckpapier gedruckt und gebunden.

Meinen Freunden

Vorwort

ἐκ μέρους γὰρ γινώσκομεν
1. Korinther 13,9a

Das Abfassen einer Dissertation gleicht einer Odyssee: Man sticht in See, ohne zu ahnen, welche Irrungen und Wirrungen die Reise nehmen und wo (und wann) sie letztlich enden wird. Das gilt im Falle der hier vorgelegten Arbeit schon für das Thema: Begonnen als Beitrag zur paulinischen Eschatologie, weitergeführt unter der Frage nach »räumlichem Denken« bei Paulus, ist diese Arbeit schließlich beim »relational-ontologischen Denken« des Heidenapostels vor Anker gegangen. Dieser Werdegang ist hoffentlich als Ausdruck größtmöglicher *Ergebnisoffenheit* zu verstehen, wie sie wissenschaftlicher Arbeit grundsätzlich eignet.

Die vorliegende Studie wurde im Wintersemester 2011/2012 von der Fakultät für Humanwissenschaften und Theologie der TU Dortmund angenommen und für die Veröffentlichung gründlich durchgesehen. Dafür, daß diese Arbeit in der Reihe WUNT II erscheinen darf, danke ich sehr herzlich dem Herausgeberkreis, vor allem Herrn Prof. Dr. J. Frey (Zürich). Für ihre hervorragende Unterstützung bei der Umsetzung des Druckvorhabens danke ich den Mitarbeitern des Verlags Mohr Siebeck (Tübingen), hier besonders Herrn Dr. H. Ziebritzki und Herrn M. Spitzner.

Für seine stets ermutigende und wertschätzende Betreuung meiner Dissertation, für die er auch das Erstgutachten erstellt hat, sowie die bisherige, überaus erfreuliche und höchst humorvolle Zusammenarbeit danke ich von Herzen meinem Doktorvater, Prof. Dr. Rainer Riesner. Er gewährte mir nicht selbstverständlichen zeitlichen und sachlichen Freiraum und hatte dabei auch ein Auge darauf, daß diese Arbeit tatsächlich zu einem Ende kam. Ein großer Dank geht sodann an Dekan Prof. Dr. Ernstpeter Maurer, der trotz seiner Dekanatspflichten das Zweitgutachten erstellt und mir in zahlreichen Gesprächen wertvolle Hinweise gegeben hat, sowie an Prof. Dr. Thomas Pola, der das Disputations-Gremium vervollständigte. Außerdem danke ich den übrigen Mitarbeitern und Mitarbeiterinnen am Institut für Evangelische Theologie der TU Dortmund – insbesondere meiner Kollegin Dr. Susanne Drees – für mehrere Jahre angenehmer Zusammenarbeit.

Meinen Eltern, Jürgen & Elisabeth (†) Rehfeld, bin ich dankbar für die Unterstützung und Förderung meines Studiums. Sie haben meinen Weg interessiert verfolgt und stets im Gebet begleitet. Für ihre nicht selbstverständliche Gewährung von Freiheit und Unabhängigkeit danke ich ihnen sehr. Meine Mutter hat den Abschluß der Arbeit leider nicht mehr erlebt.

Für die mir zuteilgewordene Förderung im Studium und darüber hinaus danke ich von Herzen Prof. Dr. Otfried Hofius (Tübingen). Seine Vorlesungen, Seminare, Oberseminare und Predigten werden mir stets in bester Erinnerung bleiben; seine akribische Arbeitsweise, gepaart mit dem Blick für das wirklich Wesentliche, ist mir verpflichtendes Vorbild. Von meinen ersten theologischen Versuchen an bis heute hat er mich freundschaftlich begleitet. In den Dank möchte ich Herrn PD Dr. H.-Chr. Kammler (Tübingen) einschließen, der mir im Proseminar solides exegetisches »Handwerk« beibrachte und damit wesentliche Grundlagen legte.

Den Mitarbeitern und Mitarbeiterinnen der Universitätsbibliothek Tübingen, namentlich dem Lesesaalpersonal, danke ich für ihre stets zuvorkommende und kompetente Hilfe während meiner »Studienaufenthalte« vor Ort. Für ihre Unterstützung bei der Literaturbeschaffung danke ich ferner Martin Schönewerk (Tübingen) und vor allem Frau N. Kinalzik (Dortmund), die darüber hinaus sehr zuverlässig das Stellenregister erstellt hat.

Schriftauslegung bedarf – will sie wahrhaft fruchtbar sein – notwendig der *communicatio fraterna* (J. Calvin). Für solchen unverzichtbaren theologisch-geistlichen und persönlichen Austausch danke ich von Herzen meinen Freunden Pfr. Christian Lehmann (Walheim) und – *in ganz besonderer Weise* – Pfr. Samuel Vogel (Taivalkoski/Finnland) samt ihren wunderbaren Familien. Sie standen mir in jedem Stadium dieser Arbeit (und darüber hinaus) mit ihrem wertvollen Rat zur Seite und haben auch noch so »abgedrehte« Thesen meinerseits freundschaftlich und mit einem theologischen Weitblick kommentiert und korrigiert, den ich außerordentlich schätze. Sie haben mich außerdem immer wieder erfahren lassen, daß das Leben weitaus mehr ist als Arbeit und Wissenschaft. Auch dafür danke ich ihnen sehr!

Für ihre stete Ermutigung und vielfältigste, mitunter sehr spontane Hilfe in den vergangenen Jahren danke ich sodann sehr herzlich meinen Freunden Martin C. Wenzel (Göttingen), Christoph & Corinna Schubert (Altdorf) sowie Benjamin & Maria Stahl (Leipzig).

Mein besonders tief empfundener Dank gilt meinen Dortmunder Freunden Daniel & Miriam Orsinger sowie Hanna & David Coers. Sie standen mir immer wieder in außerordentlicher Weise bei (vgl. Galater 6,1+2) und gewährten mir ganzheitliche Christengemeinschaft im paulinischen Sinne. Es ist keine Übertreibung: In ihnen spiegelt sich Christus (vgl. 2. Korinther 3,18). Ich verdanke ihnen *weitaus* mehr, als sich in Worte fassen läßt.

Über *allem* steht zuerst und zuletzt: *soli Deo gloria* (1. Korinther 4,7b)!

Dortmund, um Pfingsten 2012   Emmanuel L. Rehfeld

Inhaltsverzeichnis

Vorwort VII

A. Einleitung 1

B. Relational-ontologisches Denken bei Paulus 11

   I. Das Problem einer »relationalen Ontologie« 11
      1. Wichtige Forschungspositionen 15
         1.1. Philosophische Fragestellungen: Rolf-Peter Horstmann über
             »Ontologie und Relationen« bei Hegel, Bradley und Russell 15
         1.2. Theologische Beiträge 20
             1.2.1. Gerhard Ebeling: »Sein als Zusammensein« und die »coram-
                    Relation« 21
             1.2.2. Ingolf U. Dalferth: »Skizzen zu einer eschatologischen
                    Ontologie« 26
             1.2.3. John D. Zizioulas: »Being as Communion« / »L'être
                    ecclésial« 28
             1.2.4. Christoph Schwöbel: »Gott in Beziehung« 32
         1.3. Interdisziplinäre Ausblicke 35
             1.3.1. Denis Edwards: »The God of Evolution« 35
             1.3.2. Joachim Bauer: »Das Gedächtnis des Körpers« 37
      2. Versuch einer vorläufigen Begriffsbestimmung: die Aufgabe 39

   II. Die *gegenwärtige* Christusbezogenheit διὰ πίστεως und ihre
      ontische Wirksamkeit: das »Sein in Christus« (ἐν Χριστῷ
      εἶναι) 44
      1. Zum Problem schlechthin analogieloser Wirklichkeit 46
      2. Bedeutung und Wesen der Christusgemeinschaft 52
         2.1. Zum Stellenwert der Christusgemeinschaft nach Paulus: der
             κοινωνία-Begriff 53
             2.1.1. Die κοινωνία als Christus- und Evangeliumsgemeinschaft 56
             2.1.2. Die κοινωνία als Konkurrenzgemeinschaft zur
                  Christusgemeinschaft 57
             2.1.3. Die κοινωνία als Leidens- und Dienstgemeinschaft 58

Inhaltsverzeichnis

2.1.4. Die κοινωνία als (finanzielle) Unterstützungsleistung
zugunsten bedürftiger Christen 59
2.1.5. Der Grundgedanke der κοινωνία bei Paulus: »Gemeinschaft
durch Teilhabe« (Zusammenfassung) 61
2.2. Das Wesen der Christusgemeinschaft nach Paulus 62
EXKURS I: Die »Parteien« in Korinth 62
2.2.1. Ehegemeinschaft und Christusgemeinschaft 65
2.2.1.1. 1Kor 6,16f.: Vereinigung zwischen Frau und Mann –
Vereinigung zwischen Christus und den Gläubigen 69
2.2.1.1.1. Ehemystik und Christusmystik bei Paulus? 73
2.2.1.1.2. Relational-ontologische Interpretation 75
*EXKURS II: Ansätze relationaler Ontologie im Alten
Testament* 79
2.2.1.2. 1Kor 7,12–16: Die »Heiligung« des ungläubigen
Ehepartners »im« Gläubigen – die Heiligung der
Gläubigen »in Christus Jesus« 81
2.2.2. Familiengemeinschaft und Christusgemeinschaft 86
2.2.2.1. 2Kor 6,18 u.ö.: Die Christen als adoptierte »Söhne«
(υἱοί) und »Töchter« (θυγατέρες) Gottes 87
2.2.2.2. Genealogie, Adoption und Erbberechtigung 90
2.2.2.3. Die Gemeinde als »familia Dei« 91
2.3. Christusgemeinschaft und Christengemeinschaft 92
2.3.1. 1Kor 11,17–34 (vgl. 1Kor 10,14–22): Gemeinschaft mit
Christus und untereinander im Herrnmahl 93
2.3.2. 1Kor 12,1–31a: Die Gemeinde – das σῶμα Χριστοῦ 96
2.3.3. Gal 5,25–6,5: Das »Gesetz Christi« als imitatio Christi:
unbedingte Annahme und Stellvertretung 98
*EXKURS III: Die »Tradition der stellvertretenden
Gebetserrettung«* 101
2.3.4. Die (mittelbare) Heilsnotwendigkeit der ἐκκλησία 103

3. Dämonische Konkurrenzgemeinschaft zur Christusgemeinschaft 105
3.1. 1Kor 6,12–20: Unzucht (πορνεία) oder Christusgemeinschaft 105
3.2. 1Kor 10,14–22: Gemeinschaft mit den Dämonen – Gemeinschaft
mit Gott 108
3.3. Gal 4,1–11: Warnung vor Rückfall in dämonische Sklaverei 115

4. Die Exklusivität ontisch wirksamer Relationen (Zwischenfazit) 119
4.1. Zwei Anthropologien? Eine Problemanzeige 119
4.2. »Christianologie« und »Hamartologie« 121
4.3. Exklusivität und Sozialität 125

5. Unpersönliche Mächte als Konkurrenzgrößen zu Christus 126
5.1. Die Sünde (ἁμαρτία) als Konkurrenzgröße zu Christus 128
5.1.1. Wesen und Wirkung der Sünde (ἁμαρτία) 128
5.1.2. Der Machtcharakter der Sünde (ἁμαρτία) 129
5.1.3. Der Mensch ὑφ' ἁμαρτίαν 133
5.1.4. Das Verhältnis von ἁμαρτία und σάρξ 135
5.1.4.1. Der theologische und der physische σάρξ-Begriff 136
5.1.4.2. Der theologische und der physische πνεῦμα-Begriff 142

Inhaltsverzeichnis

5.2. Die Sinaitora (νόμος) als Konkurrenzgröße zu Christus 143
    5.2.1. Die Rede von der Sinaitora als Bestandteil der paulinischen
    Hamartiologie 146
    5.2.2. Unterscheidung von »Form« und »Inhalt«: die notwendige
    Differenzierung zwischen Sinaitora und Gotteswillen (τὸ
    ἀγαθόν, τὸ καλόν, τὸ θέλημα τοῦ θεοῦ κτλ.) 153
    5.2.3. Das christologisch-soteriologische Fundament der
    paulinischen »Torakritik« 160
    5.2.4. Wesen, Funktion (Aufgabe) und Wirkung der Sinaitora nach
    Römer 7 166
        5.2.4.1. Röm 7 in der neueren Diskussion 166
            5.2.4.1.1. Röm 7 im Kontext von Röm 5–11 168
            5.2.4.1.2. Das ἐγώ von Röm 7,7b–11: Adam oder
                Paulus? 172
            5.2.4.1.3. Röm 7,7b–11 als »autobiographisch«-
                paradigmatischer Abschnitt 184
        5.2.4.2. Röm 7,7a: Die Frage nach dem Wesen der Sinaitora 186
        5.2.4.3. Das zeitliche Prae der Sünde vor der Sinaitora 190
        5.2.4.4. Die Sinaitora und der objektive Sünde-Tod-
        Zusammenhang 195
        5.2.4.5. Die »Macht des Gesetzes, die Sünde hervorzurufen
        und zu steigern« 195
        5.2.4.6. Röm 7,12: Das wahre Wesen der Sinaitora 198
    5.2.5. Der νόμος zwischen Heils-Ohnmacht und Unheils-Macht 199
        5.2.5.1. Der wesentliche Machtwechsel (Röm 7,1–6) 200
            5.2.5.1.1. Die gebundene Frau – die freie Frau (V. 1–
            3) 200
            5.2.5.1.2. Der gebundene Mensch ὑπὸ νόμον – der
                befreite Mensch ὑπὸ χάριν (V. 4–6) 201
        5.2.5.2. Der mißverstandene νόμος als »Abgott« (Gal 4,1–
        11) 203
    5.2.6. »Evangelium und Gesetz« in ihrer relational-ontologischen
    Ambivalenz (Zusammenfassung) 207
5.3. Der Tod (θάνατος) als Konkurrenzgröße zu Christus 209
    5.3.1. Das Unwesen des Todes 210
    5.3.2. Der Machtcharakter des Todes 212
    5.3.3. Der objektive Sünde-Tod-Zusammenhang nach Röm 6,23 213
5.4. Sünde, Sinaitora, Tod (Zusammenfassung) 220

6. »Christ-Innigkeit«: der Christ – ein Mensch ἐν Χριστῷ 222
    EXKURS IV: Zum paulinischen Gebrauch der Präposition ἐν .. 231
6.1. ἐν Χριστῷ κτλ.: Formel oder Wendung? 233
6.2. Die Formel ἐν Χριστῷ εἶναι κτλ. 241
    6.2.1. Die Wirklichkeit des neuen Seins in Christus (2Kor 5,17) 241
    6.2.2. Die Grundlage des neuen Seins in Christus (Röm 8,1; 16,11;
    1Kor 1,30) 254
    6.2.3. Christus als incorporative personality: das neue Sein ἐν
    Χριστῷ und das »Sein« ἐν τῷ ᾿Αδάμ (1Kor 15,22; vgl. Phil
    3,9) 255

EXKURS V: Zum Verhältnis von Christus und Geist
(πνεῦμα) 259
6.2.4. Die Entstehung des neuen Seins in der Zeit (Röm 16,7): der
apostolische Dienst und die »Zeugung durch das
Evangelium« (1Kor 4,15b) 262
EXKURS VI: Christus-Inkorporation durch die Taufe? 268
6.2.5. Die Dynamik des neuen Seins (Phil 4,1; 1Thess 3,8) 277
6.2.6. Das neue Sein als ontologische Christus-Förmigkeit (2Kor
13,4; Röm 6,11.23) 278
6.2.7. Die ekklesiologische Dimension des neuen Seins: Christus als
kollektiver Heilsraum (Röm 12,5; Gal 3,28; 5,6) 280
6.3. Die Formel ἐν Χριστῷ εἶναι und ihr relational-ontologisches
Verständnis (Zwischenfazit) 281
6.4. Die Reziprozität der »Christ-Innigkeit«: Christus »in euch / mir« 289
6.4.1. Die Innerlichkeit des Seins Christi »in euch« (Röm 8,10;
2Kor 13,5) 290
6.4.2. Der innewohnende Christus als Lebenskraft (Gal 2,20; vgl.
2Kor 13,3) 292
6.4.2.1. Der sühnetheologische Hintergrund von Gal 2,19f. 294
6.4.2.2. Der innewohnende Christus als Lebenskraft des
Apostels (Gal 2,20) und der Gemeinde (2Kor 13,3f.) 302
6.4.3. »Christ-Innigkeit« als perichoretische »Inexistenz« 306
6.5. »Sein in Christus« und »Sein des Christus«: Christ-Innigkeit als
Besitzverhältnis 307
6.6. »Sein in Christus« als »Leben in Christus« und »Wandeln κατὰ
πνεῦμα« – christliche »Orthopodie« 307
6.7. Der Christ – ein völlig auf Christus hingeordneter Mensch
(Zusammenfassung) 313

7. Die Christ-Innigkeit als asymmetrische perichoretische Einheit
und ihre »Verortung« ἐν καρδίαις 316
7.1. Christ-Innigkeit als Perichorese 316
7.2. Das »Herz« (καρδία) als »Ort« der relational-ontologischen
Bestimmtheit des Menschen 319
7.2.1. Die Rede vom »Herzen« (καρδία) bei Paulus 319
7.2.2. »Herz« (καρδία) und »Geist« (πνεῦμα): die
pneumatologische Begründung der »Christ-Innigkeit« 321
7.2.3. Das »Herz« (καρδία) als Garant der Personkontinuität? 324
7.3. Zusammenfassung 324

III. Die *zukünftige* Christusbezogenheit διὰ εἴδους und ihre
ontische Wirksamkeit: das »Sein mit Christus« (σὺν Χριστῷ
εἶναι) 325

*1. Die Parusie Christi als Zeitenwende von kosmologischer
Tragweite* 327
1.1. Die paulinische Rede von der παρουσία τοῦ κυρίου 330
1.2. Das Verhältnis von »Parusie« (ἡ παρουσία) und »Tag des Herrn«
(ἡ ἡμέρα τοῦ κυρίου) 340
1.3. »Naherwartung« und »Parusieverzögerung«: zwei Scheinprobleme 343

2. *Gegenwärtiges εἶναι ἐν Χριστῷ und zukünftiges εἶναι σὺν Χριστῷ* 348
   2.1. Das Verhältnis von εἶναι ἐν Χριστῷ und εἶναι σὺν Χριστῷ bei Paulus 348
   2.2. Folgerungen für die sog. »Christusmystik« des Apostels 350

3. *Leibliche Auferstehung als Existenz-Vollendung zwischen Kontinuität und Diskontinuität (1Kor 15)* 352

4. *Das εἶναι ἐν Χριστῷ als Grundlage, das εἶναι σὺν Χριστῷ als Ziel der paulinischen Eschatologie* 356

IV. Die »Karsamstags-Existenz« der Christen im Zeichen der ὑπομονή – notwendige Differenzierungen 364

1. *Das gegenwärtige, neue »Sein in Christus« und das Problem von Römer 7,13–25: eine ontologische Binnendifferenzierung* 367
   1.1. Röm 7,13–25 (confessio): Die Ohnmacht des νόμος und die bleibende Eigenmächtigkeit der σάρξ 368
      1.1.1. Die Frage nach der Wirkung der Sinaitora (V. 13) 368
      1.1.2. Der Christ – »verkauft unter die Sünde« (V. 14)? 369
         1.1.2.1. Die coniugatio periphrastica von V. 14b 377
         1.1.2.2. Der Christ im Kampf mit seiner Physis (der Christ als σάρκινος) 380
         1.1.2.3. Die Karsamstags-Existenz der Christen: der vorläufige Dualismus zwischen »Leib« und »Geist« 385
      1.1.3. Wille und Tat, Gesetz und Sünde (V. 15f.) 386
      1.1.4. Zwischenfazit: Die Differenzierung von ἐγώ und ἡ οἰκοῦσα ἐν ἐμοὶ ἁμαρτία (V. 17) 388
      1.1.5. Die bleibende Eigenmächtigkeit der Sünde im Körper des Christen (V. 18–25a) 390
      1.1.6. Schlußfolgerung: Die »eschatologische Spannung« als das bleibende Dilemma des Christen (V. 25b) 392
   1.2. Die »Ohnmacht des Gesetzes, das Gute hervorzurufen« und die »Karsamstags-Existenz« der Christen (Zusammenfassung) 394

2. *Das gegenwärtige, neue »Sein in Christus« und das Problem der Christenverfolgungen: Glaube und Leidensnachfolge nach 1. Thessalonicher 2,13–16* 396
   2.1. Die paulinische Erstverkündigung ἐν πολλῷ ἀγῶνι (2,2) und ihre Wirkung (2,13) 396
   2.2. Die Thessalonicher als »Nachahmer (μιμηταί) der Gemeinden Gottes« (2,14) 397
   2.3. Leidensnachfolge als nota ecclesiae (2,14f.; 3,3f.) 399
   2.4. Die Evangeliumsfeinde in Judäa und Thessaloniki (2,14–16) 400
   2.5. Apostolischer Trost: Ankündigung der Gottesrache (2,16c) 404

3. *Das Wesen der sog. »eschatologischen Spannung« (Zusammenfassung)* 409

C. Ausblick: Die Bedeutung des relational-ontologischen Denkens für
das Ganze der paulinischen Theologie 413

    I. Relational-ontologische Denkstrukturen bei Paulus 413

        1. Exklusive Machtbereiche und relational-ontologisch wirksame
        Seinssphären.. 415

        2. Simul peccator et Iustus? »Karsamstags-Existenz« und
        »vorläufiger Dualismus«... 419

    II. Der Stellenwert relational-ontologischen Denkens bei Paulus 423

D. Anhang: Eschatologie zwischen Soteriologie und Kosmologie 425

    I. Eschatologie zwischen »Mythos« und »Geschichte«.................... 426

        1. »Entweltlichung« 428

        2. »Entmythologisierung« 429
            2.1. »Geschichtlichkeit« statt Räumlichkeit 430
            2.2. Das Verhältnis von »Raum« und »Zeit« bei Kant 431

        3. »Eschatologische Existenz« statt »apokalyptischer Träumerei« 433

    II. »Weltlichkeit«, Leiblichkeit und Raum 434

Literaturverzeichnis 441

Stellenregister... 479

Autorenregister 499

Sachregister 505

Register wichtiger griechischer Begriffe und Wendungen 515

*»Philo ist ein Pharus,
Paulus ist ein Vulkan.«*
ADOLF DEISSMANN,
Paulus², 88.

A. Einleitung

»Der Glaube hat ontologische Auswirkungen. Er läßt sich darum nicht einfach in einer vorgegebenen Ontologie interpretieren, ohne Verzerrungen ausgesetzt zu sein. Darum ist der Theologe nicht der eigenen Besinnung auf das ontologische Problem enthoben.«

GERHARD EBELING[1]

Auch aus *exegetischer* Perspektive zu zeigen, »daß nur eine *relationale* Ontologie und Anthropologie in der Lage ist, die Aussagen des christlichen Glaubens über den Menschen angemessen aufzunehmen und zur Geltung zu bringen«[2] – dazu soll diese Arbeit anhand der paulinischen Homologumena[3] einen Beitrag leisten. Ich hoffe, damit namentlich die *exegetische* Diskussion zu befördern und zugleich *inhaltlich* näher zu bestimmen, was unter »*relationaler Ontologie*« verstanden werden kann und was sie für das Verständnis dessen austrägt, was man gemeinhin »paulinische Theologie« nennt. Es soll hier also die m.E. immer noch unerledigte »Aufgabe« angegangen werden, auf die Ulrich LUZ und andere Exegeten vor über 40 Jahren aufmerksam gemacht haben: »das Problem der dem Denken des Paulus zugrundeliegenden Ontologie«[4].

Wenn wir den Begriff der »relationalen *Ontologie*« aufnehmen, gilt als vorausgesetzt, was Ingolf DALFERTH in programmatischen Sätzen betont:

---

[1] Dogmatik I, 346f.
[2] HÄRLE, Dogmatik, 635. Was Härle hier für einen *Teilbereich* der Dogmatik – die theologische *Anthropologie* – andeutet, gilt für die *Gesamtheit* der theologischen Topoi, zunächst und vor allem für die Trinitätslehre (als *Grundlage* christlicher Theologie überhaupt) und in deren Folge namentlich für die Hamartiologie, die Soteriologie, die Ekklesiologie und die Eschatologie (vgl. zum Ganzen SCHWÖBEL, Rahmentheorie, *passim*). *Alle* diese Topoi lassen sich *nur* im Rahmen relationaler Ontologie angemessen erfassen.
[3] Zur Begründung s.u. S. 3–7.
[4] Geschichtsverständnis, 214. LUZ nannte dies seinerzeit ein »großes, weitgehend unbegangenes Untersuchungsfeld« (ebd.) und sah die Lösung dieses Problems als »Aufgabe« auch der *Exegese* an (a.a.O., 215). Darin sah er sich einig mit P. STUHLMACHERs (Erwägungen, *passim*) »Postulat einer ›ontologischen Interpretation‹, das heißt: einer *Interpretation unter Erhebung der den paulinischen Texten implizit zugrundeliegenden Ontologie und unter Berücksichtigung des Unterschieds zwischen jener und der unserm eigenen Denken zugrundeliegenden*« (LUZ, ebd. [Hervorhebung E.R.]).

»Der christliche Glaube beansprucht, eine Wirklichkeit zu sein und von einer Wirklichkeit zu handeln, die mehr ist als eine bloße Konstruktion des menschlichen Geistes. [...] Seine vielfältigen Artikulationen in Gebet, Bekenntnis und Verkündigung zeichnen sich daher dadurch aus, daß sie *ontologische Implikationen* zu besitzen beanspruchen. [...] Wird der ontologische Anspruch des christlichen Glaubens [...] ernst genommen, dann muß neben das anthropologische (und damit soziologische, psychologische, religionsgeschichtliche, kulturhistorische usf.) Studium des *Glaubens der Christen* die wissenschaftliche Beschäftigung mit den Gegenständen des *christlichen Glaubens* treten. [...] Es ist gerade der ontologische Anspruch des christlichen Glaubens, der gegenüber aller Religionswissenschaft Theologie notwendig macht. [...] Zu den zentralen Aufgaben der theologischen Rekonstruktion und Reflexion des christlichen Glaubens gehört es deshalb, dessen ontologische Implikationen aufzudecken und Rechenschaft über sie abzulegen.«[5]

Zu beachten ist in diesem Zusammenhang zugleich DALFERTHs *Warnung*:

»Die *Wahrheit* des Glaubens geht nicht in dessen Lebens- und Erfahrungsbezug auf, und solange die ontische *Wirklichkeit* die des Sünders ist, geht die Wahrheit zwangsläufig über sie hinaus. Das aber heißt, daß sich auch eine Ontologie, die der Wahrheit verpflichtet ist, nur bedingt an der Erfahrungswirklichkeit orientieren kann. Sie hat sich an der Rede des Glaubens auszurichten [...].«[6]

Aus dieser Einsicht ergeben sich für unseren Zusammenhang *zwei entscheidende Folgerungen*: Aus ihr erhellt zum einen, warum es *notwendig* zu sprachlichen Schwierigkeiten kommen muß (s.u.), denn unsere Sprache (jedenfalls die sich um intersubjektive Vermittlung bemühende *wissenschaftliche* Sprache, im *Unterschied* zur ›Rede des Glaubens‹) orientiert sich ja – gerade um ihrer intersubjektiven Stoßrichtung willen – an unserer (mit Paulus gesprochen: sündigen) *Weltwirklichkeit*. Die Einsicht in den die vorfindliche Wirklichkeit *transzendierenden* Charakter der ›Wahrheit des Glaubens‹ stellt uns zudem unabweisbar vor die Aufgabe einer angemessenen *Verhältnisbestimmung der verschiedenen Wirklichkeiten*.

Gleich zu Beginn muß indes eine mit unserem Vorhaben einhergehende *Gefahr* benannt (und damit hoffentlich gebannt) werden: Wenn wir im Rahmen *exegetischer* Arbeit auf den Begriff der »relationalen Ontologie« u.ä. zurückgreifen, bewegen wir uns notwendigerweise *zugleich* in dem weiten Feld der *Systematischen* Theologie (und der Philosophie). Solche Grenzgänge sind schwierig genug und dürften aus verschiedenen Richtungen – und nicht ganz zu Unrecht – kritisch beäugt werden; der Vorwurf des Dilettantismus mag von seiten der Systematischen Theologen ebenso erhoben werden wie der Vorwurf der »dogmatischen« Bevormundung von seiten der Exegeten. Dieses Wagnis gehe ich aber in der Absicht, damit das *Ganze* der Theologie im Auge zu behalten, gerne und bewußt ein.[7] Im übri-

---

[5] Existenz Gottes, 16f.
[6] A.a.O., 17f., Anm. 5.
[7] In *diesem* Sinne mache ich mir die Worte P. WERNLES zu eigen: »Ohnedies werde ich dem Vorwurf kaum entgehen, den Paulus zu sehr als Systematiker behandelt zu ha-

Einleitung

gen sei immerhin daran erinnert, daß etwa der eingangs Zitierte – ein ursprünglich in der Historischen Theologie beheimateter Systematischer Theologe – ausdrücklich *auch* »den exegetischen und historischen Disziplinen« zugemutet hat, sich dem Problem einer theologisch angemessenen Ontologie zu stellen.[8] Erfreulich ist, daß mitunter auch Exegeten diese Aufgabe gesehen und sich ihr zugewandt haben.[9] Insofern dürfte das hier anvisierte Unterfangen nicht ganz unbegründet und hoffnungslos sein.

Bevor wir *medias in res* gehen können, ist Rechenschaft über einige *exegetische und methodische Grundentscheidungen* abzulegen. Daß dieser Untersuchung lediglich die unbestritten echten Paulusbriefe (Homologumena) zugrundegelegt werden (s.o.), versteht sich nämlich nur auf den ersten Blick von selbst, denn allein schon die neuere Forschungsdiskussion (s.u.) zeigt, daß es nicht unerheblich geworden ist, *ernsthaft* nach Argumenten für die genuin paulinische oder aber pseudepigraphe Herkunft der im Corpus Paulinum versammelten Briefe zu fragen. Der tiefere Grund hierfür liegt freilich in dem *Movens* der Wissenschaft schlechthin, ihre eigenen Hypothesen und Ergebnisse immer wieder selbstkritisch zu hinterfragen.[10] Darum müßten eigentlich die im folgenden sogleich darzulegenden verschieden großen Forschungskonsensus gewissermaßen metakritisch auf ihre *sachliche* Tragfähigkeit und Berechtigung hin überprüft werden. Allein, dies ist im Rahmen der hier vorgelegten Arbeit schlicht unmöglich, aber – wie noch zu zeigen ist – auch nicht sinnvoll.

---

ben. Aber wie man Galater- und Römerbrief lesen kann, ohne zu merken, dass ihm allerdings seine Gedanken weislich geordnet und in festem inneren Zusammenhang dastanden, ist mir rätselhaft; und mehr als diese Ordnung im Grossen will ich auch nicht behaupten« (DERS., Sünde, 120f.).

[8] EBELING, Dogmatik I, 347 (s. dazu unten S. 21–26). Vgl. ferner DENS., Exegese, *passim*; DENS., Wahrheit, VI–IX (Vorwort).

[9] S. z.B. STUHLMACHER, Erwägungen, *passim*; VOLLENWEIDER, Selbst, *passim*; neuerdings RABENS, Spirit, bes. 123–145. STUHLMACHER zufolge hat der Neutestamentler E. Fuchs »die Frage nach dem Sein in die exegetische Theologie eingeführt« (a.a.O., 1). Mit H. Gese nennt STUHLMACHER auch einen Alttestamentler, der »(mündlich) auf ähnliche alttestamentlich-exegetische Erfordernisse hingewiesen« habe (a.a.O., 2, Anm. 3).

[10] Carl Friedrich VON WEIZSÄCKER, Kant, 182–186, weist – mit exemplarischem Blick auf die Naturwissenschaften – darauf hin, daß das »Verfahren der neuzeitlichen Wissenschaft« darauf beruhe, »daß im Alltag – und fast jeder Tag von drei Jahrhunderten ist Alltag – gewisse Fragen nicht gestellt werden«, denn »wollten wir alle Fragen zugleich stellen, so würden wir keine einzige Frage beantworten, denn in Wahrheit hängen alle Fragen miteinander zusammen« (a.a.O., 183). Was im Bereich des Wissenschafts*alltags* opportun ist, verhält sich jedoch anders »in den wenigen *großen* Schritten der Wissenschaft«: »Gleicht der Alltag der Wissenschaft der Besiedlung eines Kontinents, so entsprechen diese Schritte der Entdeckung von Kontinenten. *Dazu müssen Grundfragen gestellt werden*« (a.a.O., 184 [Hervorhebungen E.R.]).

Im Blick auf die gegenwärtige Forschungslage kann zunächst auf einen breiten »Minimalkonsens« verwiesen werden. Der weitestgehenden *opinio communis* gegenwärtiger Exegese zufolge[11] sind sieben Briefe des Corpus Paulinum als »echte« Paulusbriefe zu beurteilen: Römerbrief, 1. Korintherbrief, 2. Korintherbrief, Galaterbrief, Philipperbrief, 1. Thessalonicherbrief, Philemonbrief (in kanonischer Reihenfolge).[12] Freilich müßte das Bild präzisiert werden: So ist unter den Vertretern der Echtheit dieser sieben *Homologumena* die zeitliche Reihenfolge ihrer Entstehung und die Ausscheidung etwaiger nichtpaulinischer Glossen u.ä. umstritten.[13] Diese Fragen mögen hier aber zunächst auf sich beruhen und erst in den entsprechenden Unterabschnitten behandelt werden, insoweit sie für unser Thema von Bedeutung sind.

Neben diesem »positiven« *magnus consensus* läßt die gegenwärtige Forschungslage auch einen – allerdings kleineren – »negativen« Konsens erkennen, dem zufolge die sog. »Pastoralbriefe« (1. und 2. Timotheusbrief, Titusbrief)[14] und der Epheserbrief aus nachapostolischer Zeit stammen und damit pseudepigrapher Herkunft sind.[15] Noch etwas klei-

---

[11] Trotz DETERING, Paulusbriefe, *passim*. Zu solchen Versuchen bemerkte bereits WREDE, Paulus, 2f.: »Die [...] Ansicht, sämtliche Paulusbriefe gehörten in eine spätere Zeit, können wir nur als eine schwere Verirrung der Kritik betrachten.«

[12] Vgl. aus der Fülle der Literatur nur SCHNELLE, Einleitung, 62: »Die paulinische Verfasserschaft des 1Thess wurde nie ernsthaft bezweifelt.« Ausnahme: »F.Chr. Baur [...] erklärte gleich beide Thessalonicherbriefe aufgrund ihres Mangels an selbständigem Inhalt für unecht« (a.a.O., 358). – A.a.O., 74: »Die paulinische Verfasserschaft des 1Kor steht außer Zweifel.« – A.a.O., 92: »Die Echtheit des 2Kor wurde von der Hyperkritik des 19. Jhs. teilweise bestritten (z.B. Bruno Bauer), heute steht sie außer Zweifel.« – A.a.O., 111: »Die paulinische Verfasserschaft des Gal ist heute unbestritten.« – A.a.O., 128: »Die paulinische Verfasserschaft des Röm ist unbestritten.« – A.a.O., 152: »Die paulinische Verfasserschaft des Phil ist in der heutigen Exegese unumstritten.« Vgl. ebd., Anm. 426: »Bestreiter der Echtheit (bes. im 19.Jh.) nennt B. Mengel, Studien, 317–324.« – A.a.O., 165: »Die Echtheit des Phlm wurde im 19.Jh. teilweise bestritten (F.Chr.Baur), heute gilt er zweifelsfrei als authentischer Paulusbrief.«
Kein anderes Bild der Forschungslage zeichnen im Blick auf die *Verfasserfrage* des 1Thess, 1Kor, 2Kor, Gal, Röm, Phil und Phlm (historische Reihenfolge nach U. *Schnelle*) STUHLMACHER, Theologie I, 224f.; NIEBUHR, Grundinformation, 198; EBNER/SCHREIBER, Einleitung, 5f.260 u.ö.; POKORNÝ/HECKEL, Einleitung, 115f., um nur einige der neuesten Werke zu nennen. Dezidiert eigenständige (um nicht zu sagen: eigenwillige) Wege geht neuerdings JAROŠ, Autoren, 129–167.

[13] Vgl. pointiert und sehr weitgehend WALKER, Interpolations, *passim*.

[14] Diese gängige Bezeichnung ist aufgrund der ihr zugrundeliegenden »methodischen Vorentscheidung«, die drei Briefe bildeten »eine zusammenhängende, für sich stehende *Einheit*« (CARSON/MOO, Einleitung, 672 [Hervorhebung E.R.]), nicht unproblematisch! Zur Diskussion vgl. CARSON/MOO, a.a.O., 671f.; JOHNSON, Writings, 424, aber auch WAGNER, Anfänge, 145–154.

[15] Der anonyme sog. Hebräer-»Brief« zählt zwar klassischerweise ebenfalls zum Corpus Paulinum (vgl. NA^{27}, Einführung, 18*–20* [bes. 20*]; ALAND/ALAND, Text, 77), doch gehört die Verfasserfrage »zu den großen Rätseln des Hebräerbriefes« (SCHNELLE, Einleitung, 406). Eine paulinische Verfasserschaft wird aber mehrheitlich abgelehnt, und »[i]n der neueren Exegese begnügt man sich zumeist mit der Aussage, der Hebr sei von einem uns unbekannten Verfasser geschrieben worden« (ebd.). Zur Verfasserfrage in der Alten Kirche vgl. RIESNER, Hebräer-Brief, *passim*. – Wenn *wir* in dieser Arbeit vom

Einleitung 5

ner wird der »negative« Konsens schließlich hinsichtlich der Frage, wie der Kolosserbrief und der 2. Thessalonicherbrief zu beurteilen sind. Während die Mehrheit der Exegeten ihre Echtheit verneint, haben sich auch in neuerer Zeit immer wieder gewichtige Stimmen zu Wort gemeldet, die diese beiden Schreiben in großer zeitlicher und sachlicher Nähe zum Apostel sehen,[16] z.T. freilich unter Erneuerung der sog. »Sekretärshypothese«[17], die m.E. jedoch *ausschließlich hinsichtlich sprachlicher Besonderheiten* (nicht aber *sachlicher* Eigentümlichkeiten!) als einigermaßen tragfähige Begründung in Betracht gezogen werden kann.[18]

»Corpus Paulinum« sprechen, dann sind damit der Einfachheit halber nur diejenigen Schriften gemeint, die Paulus explizit als Absender erwähnen.

[16] Vgl. für Kol schon WREDE, Paulus, 2; neuerdings etwa NIEBUHR, Grundinformation, 265f.: »Ist der Brief also weder paulinisch noch nachpaulinisch? Genau dies scheint die Antwort zu sein, die zumindest am wenigsten unwahrscheinlich ist.« Als Verfasser komme vielleicht der als Mitabsender genannte Timotheus in Frage, wobei er den Brief »dem Apostel abschließend zur Unterschrift vorgelegt (vgl. 4,18)« habe (ebd.). Für 2Thess geht NIEBUHR, a.a.O., 275, sogar noch weiter: »Wir kommen nach Abwägung der Argumente zu dem Urteil, dass der zweite Thessalonicherbrief eher als ein Schreiben des Paulus verständlich wird denn als ein pseudepigrapher Brief eines Späteren.«

[17] Zu den Kompetenzen eines antiken *Sekretärs* vgl. RICHARDS, Secretary, *passim*; DENS., Letter Writing, *passim*. Der »Sekretär« ist dabei nicht zu verwechseln mit dem aus Röm 16,22 bekannten *Schreiber* bzw. *Stenographen* (*notarius*) Tertius (vgl. RICHARDS, Letter Writing, 31, Anm. 57)! Letzterer hatte lediglich die Aufgabe, das *syllabatim* – also sehr sorgfältig, geradezu »hölzern« (vgl. CICERO, *Academici libri*, § 119; dazu RICHARDS, Secretary, 25f.) – gesprochene Diktat des Apostels zu Papyrus zu bringen (vgl. die knappen Hinweise bei BINDER, Art. Schreiber III, 225, und SCHMIDT, Art. Brief A–C, 773). Der Schreiber war also *nicht* kreativ tätig, sondern zu äußerster *Gewissenhaftigkeit* gegenüber den Vorgaben seines Auftraggebers verpflichtet (vgl. CICERO, Ad Atticum XIII 25,3), der diesen aus Gründen der *Zeitersparnis* (vgl. CICERO, Ad Atticum II 23,1) bzw. aufgrund eigener *Un-Fähigkeit* (so vielleicht Gal 6,11, mit RICHARDS, a.a.O., 28f.) einsetzte. Der Sekretär bzw. Mitarbeiter hingegen soll – so die These – in eigener Regie und höchstens nach sehr allgemeinen Vorgaben verfaßt haben, die der Apostel dann nur noch mit einem eigenhändigen Briefschluß abgezeichnet habe (vgl. RICHARDS, Secretary, bes. 199–201). U. WILCKENS »erwägt« diese Möglichkeit im Blick auf 2Thess (Theologie I/3, 66) und Kol (a.a.O., 254f.), wobei der Kol »dann ein Beispiel dafür« wäre, »wie viel Freiheit Paulus seinen Mitarbeitern bei der Wahrnehmung der ihnen übertragenen Aufgaben eingeräumt hat« (a.a.O., 254; zu dieser *methodisch* problematischen Einschätzung s.u. Anm. 18). In ähnlichen Versuchen im Blick auf den Eph (unter Zuhilfenahme einer »doppelten Sekretärshypothese«) sieht GESE, Vermächtnis, 2, eine aussichtslose »Flucht«.

[18] Sollten nämlich auch *sachliche* Abweichungen von der in den Homologumena dargebotenen Theologie des Apostels mit dem Rückgriff auf die Sekretärshypothese erklärt werden, gäbe es keine Möglichkeit mehr, methodisch sauber zwischen paulinischer und nichtpaulinischer Theologie zu unterscheiden, und selbst der Hebräerbrief oder die anonym veröffentlichten Evangelien könnten mit ein bißchen Phantasie zu Werken des Heidenapostels erklärt werden. – Hinsichtlich einer solchen »extrem apologetischen Arbeit« zum *Eph* benennt MERKEL, Epheserbrief, 3218, messerscharf das grundsätzliche Problem der Argumentation mit einer sehr weit gefaßten Sekretärshypothese: »Ein halbechter Eph wird so gegen einen halbechten Röm erkauft.«

Zusammenfassend ergibt sich für jede Untersuchung *materialer* (!) paulinischer Theologie[19]: 1) Die folgenden Briefe können vorbehaltlich nichtpaulinischer Glossen und Interpolationen als *minimale* Textbasis zur Ermittlung der paulinischen Theologie dienen: Römerbrief, 1. Korintherbrief, 2. Korintherbrief, Galaterbrief, Philipperbrief, 1. Thessalonicherbrief, Philemonbrief (in kanonischer Reihenfolge). 2) Der Epheserbrief und die sog. Pastoralbriefe werden nicht berücksichtigt, da sie – *vermutlich* – in die *Wirkungsgeschichte* paulinischer Theologie in der Kirche der zweiten Generation gegen Ende des 1.Jh. n.Chr. gehören. Dieses *historische* Urteil ist nun allerdings *nicht* zugleich und *eo ipso* auch ein *theologisches* Mißtrauensvotum, denn »nicht das literarische Urteil über ihren Verf[asser], sondern nur ihre kritisch-theologische Prüfung kann über die Frage entscheiden, ob die Past[oralbriefe] eine sachgemäße und notwendige Fortbildung der paulinischen Verkündigung oder deren völlige oder teilweise Verfälschung darstellen«[20]! 3) Ein gleichermaßen zuversichtliches und eindeutiges Urteil ist über den Kolosserbrief und den 2. Thessalonicherbrief nicht von vornherein zu fällen. Jedenfalls ist es angesichts der nicht eindeutigen Forschungslage und der auch von Vertretern der Mehrheitsmeinung zugestandenen *Nähe* des Kolosserbriefes[21] (v.a. sachlich) und des 2. Thessalonicherbriefes (v.a. sprachlich)[22] zu den echten Paulusbriefen *wissenschaftlich geboten*, diese beiden Briefe nicht von vornherein aus einer Untersuchung auszuschließen. Nur aufgrund konkreter exegetischer Arbeit unter Zugrundelegung der im Rahmen der Homologumena erarbeiteten Ergebnisse kann ein Licht auf die umstrittene Verfasserfrage hinsichtlich der hier in Frage stehenden Briefe fallen.

Nun gilt zwar für eine *materiale* Untersuchung paulinischer Theologie (z.B. für eine ausgeführte Eschatologie) tatsächlich, *daß eine zu eng gewählte Textbasis der Gefahr Vorschub leistet, die Theologie des Apostels*

---

[19] Der Begriff »paulinische Theologie« ist zunächst einmal dergestalt *uneindeutig*, daß er einerseits *die von Paulus persönlich autorisierte*, aber auch eine *im Sinne des Apostels verfaßte Theologie* meinen kann. (Wir verstehen den Begriff hier in *ersterem* Sinne.) Darüber hinaus stellt sich freilich unabweisbar das *Problem des hermeneutischen Zirkels*, denn die sog. »paulinische Theologie« kann ja nur aus den echt paulinischen Briefen erhoben werden, dient aber zugleich wiederum als *Kriterium* für die Bestimmung der Echtheit eines Briefes. Abhilfe schafft m.E. nur ein – jedenfalls zu Beginn – möglichst *offener* Begriff von »paulinischer Theologie«, der erst nach und nach und mit ständigem kritischen Blick auf *alle* potentiell paulinischen Schriften präzisiert wird.

[20] KÜMMEL, Einleitung, 278. Gleiches gilt für den Eph (vgl. dazu GESE, Vermächtnis, 8–27.271–276).

[21] Vgl. SCHNELLE, Einleitung, 333: »Von den Deuteropaulinen steht der Kol[osserbrief] dem Apostel am nächsten«, wobei er dann allerdings fortfährt: »er dürfte um das Jahr 70 n.Chr. abgefasst worden sein« (Hervorhebung i.O.).

[22] Vgl. SCHNELLE, a.a.O., 358: »Wrede führte in einer minutiösen Einzeluntersuchung den bis heute gültigen Nachweis, dass der Verfasser des 2Thess den ersten Brief als *literarische Vorlage* benutzte« (Hervorhebung E.R.). Darin sieht Schnelle (mit anderen) »nach wie vor ein Hauptargument für den *pseudepigraphischen* Charakter des 2Thess« – ein Argument, das *für sich genommen* m.E. nicht stichhaltig ist (so auch NIEBUHR, Grundinformation, 274f.), sondern durch sachliche Beobachtungen ergänzt werden muß, da i.d.R. ja gerade das *Gegen*argument (zu sehr von den übrigen Briefen *abweichende* sprachliche Formulierung) als Beleg für Pseudepigraphie gewertet wird. Zu Recht könnte sonst der Vorwurf der methodischen Unkontrollierbarkeit erhoben werden.

reduktionistisch zu vereinseitigen, während eine zu breit gewählte ihr Profil verwischt und ihre explosive Kraft »zähmt«.[23] Da wir hier aber nur danach fragen, *ob* der Apostel Paulus relational-ontologisch gedacht hat, bleibt diese unsere *strukturelle* Untersuchung von den o.g. Überlegungen im wesentlichen unberührt; denn den hinsichtlich ihrer Echtheit *umstrittenen* Briefen kann *eo ipso* keine *tragende* Rolle innerhalb der Argumentation zukommen. Ließe sich nämlich relational-ontologisches Denken z.B. nur im Kolosserbrief nachweisen, nicht aber auch wenigstens in *einigen* der Homologumena, könnte dies geradezu als ein Indiz für die Richtigkeit der These gewertet werden, der Kolosserbrief sei kein echter Paulusbrief. Das gilt auch für den gegenteiligen Fall, daß sich z.B. im Kolosserbrief kein relational-ontologisches Denken findet, während es in den Homologumena eindeutig greifbar ist. Umgekehrt hat man für unsere Frage aber auch nichts gewonnen, wenn sich neben den unbestritten echten Paulusbriefen auch Antilegomena relational-ontologischen Denkens bedienen, denn solche Konvergenzen lassen sich unschwer auch im Blick auf andere neutestamentliche Schriften nachweisen (z.B. im Corpus Iohanneum). Das wäre also höchstens ein Beleg *dafür*, daß an diesem Punkt jedenfalls Übereinstimmung mit Paulus besteht – mehr nicht. Es bleibt daher dabei, daß für unsere Untersuchung den Antilegomena keinerlei *argumentatives* Gewicht zukommt; sie können darum hier vernachlässigt werden.

Ebenso ist die Argumentationskraft *traditions-* bzw. *religionsgeschichtlicher* Überlegungen als problematisch zu beurteilen.[24] Natürlich lebte,

---

[23] Es ist also keineswegs so, daß man »weniger falsch machen« kann, wenn man quasi *in dubio pro reo* alle Briefe des Corpus Paulinum für paulinisch erklärt! Vgl. aber das gemäßigte Urteil von WREDE, Paulus, 2: »Ob ein Brief mehr oder weniger echt oder unecht ist, ist übrigens von geringem Belang. Nur die Echtheit der Pastoralbriefe würde das Bild des Paulus *wesentlich* verändern.«

[24] *Methodisch besteht keinerlei Unterschied zwischen Traditionsgeschichte und religionsgeschichtlichem Vergleich* (s. dazu MÜLLER, Methode, *passim* [bes. 161f., Anm. 5; 173, Anm. 68; 184–192])! – Beachtenswerte, wenn auch mitunter kritisch zu würdigende *methodische* Bemerkungen und Einschränkungen macht HAYS, Echoes of Scripture, 29–32. Er nennt *sieben Kriterien*, die eine behauptete Aufnahme von *traditionellen Motiven* s.E. mehr oder weniger *wahrscheinlich* machen: 1) *Verfügbarkeit* der postulierten (schriftlichen) Quelle (»availability«), 2) (quantitativ *und* qualitativ zu gewichtender) *Umfang* der postulierten Aufnahme (»volume«), 3) *Häufigkeit* der (expliziten oder impliziten) Aufnahme einer postulierten Quelle im *gesamten* paulinischen Schrifttum (»recurrence«), 4) *inhaltliche Eignung* der postulierten Quelle für die paulinische Argumentation (»thematic coherence«), 5) *historische Plausibilität* einer mit traditionsgeschichtlichen Mitteln begründeten, postulierten Aussageabsicht (»historical plausibility«), 6) Konsens und Dissens der *Auslegungsgeschichte* (»history of interpretation« – mit m.E. allzu kritischer Note gegen frühchristliche Interpretationen), 7) *Sinnhaftigkeit und Nutzen* einer behaupteten Aufnahme (»satisfaction«). Die von LUZ, Mt IV, 434, Anm. 23, übernommenen Kriterien – »Wortlautübereinstimmung bei mindestens zwei Worten«, »eindeutige Identifikationsmöglichkeit der betreffenden Stelle (häufig vorkommende biblische Wen-

dachte und schrieb Paulus nicht in einem geistigen Nirvana, aber es besteht seit jeher die nicht geringe Gefahr, den Apostel *a priori* einer bestimmten Denkrichtung zu-, ein- oder sogar unterzuordnen (z.B. Pharisäismus, atl. Weisheit, Apokalyptik o.ä.) und ihn grundsätzlich oder gar ausschließlich von dort her zu verstehen, *ohne ihn noch sagen zu lassen, was er selbst zu sagen hat*. Kurz: Man steht in der Gefahr, mittels traditionsgeschichtlicher Hypothesen das zu finden, was man gesucht (oder implizit postuliert) hat. Daher ist methodisch umgekehrt zu verfahren: Nur dort, wo minutiöse Exegese der paulinischen Briefe selbst die Annahme relational-ontologischen Denkens als *begründet* erweist, kann – in einem heuristisch wie sachlogisch *zweiten* Schritt – nach möglichen »traditionellen« *Parallelen* gefragt werden, die freilich *als solche* keine letzte Beweiskraft haben, jedoch die paulinischen Zusammenhänge ggf. erhellen (in diesem Sinne: illustrieren) können. Vielleicht kann der Apostel dann *a posteriori* (!) einer bestimmten Tradition zugeordnet werden; das wird aber das Verständnis der paulinischen *Sachaussagen* nicht entscheidend beeinflussen.[25] Denn wesentlich ist nie, *ob* traditionelle Motive oder Begriffe übernommen werden, sondern *in welchem Sinn* eine Tradition Verwendung findet, d.h. ob sie *exakt übernommen, abgewandelt* oder *ins Gegenteil verwandelt bzw. kritisiert* wird.[26]

Es ist also *sachlich und methodisch* notwendig, unserer Untersuchung ausschließlich die unbestritten echten Paulusbriefe zugrunde zu legen und *primär* von *ihnen* her – d.h. möglichst »paulusimmanent«[27] – die Frage nach relational-ontologischen Denkstrukturen bei Paulus zu beantworten.[28]

---

dungen genügen nicht!)«, »minimale Übereinstimmung im Sinnkern« – sind zwar angesichts eines gewissen traditionsgeschichtlichen Wildwuchses begrüßenswert, doch es gilt: "There are always only shades of certainty when these criteria are applied to particular texts. The more of them that fall clearly into place, the more confident we can be in rendering an interpretation of the echo effect in a given passage" (HAYS, a.a.O., 32).

[25] Vgl. zum Ganzen HOFIUS/KAMMLER, in: DIES., Johannesstudien, V (Vorwort): »Wenn die Texte [...] primär aus ihrer internen Argumentationsstruktur interpretiert und im Lichte ihres unmittelbaren literarischen Kontextes bedacht werden, so soll damit die Notwendigkeit traditionsgeschichtlicher und religionsgeschichtlicher Fragestellungen keineswegs geleugnet werden. *Bei der Exegese muß jedoch die textimmanente Interpretation den sachlichen Vorrang haben, weil andernfalls die Gefahr besteht, daß die Wahrnehmung der Textaussage durch textfremde Erwägungen verstellt wird*« (Hervorhebung E.R.). Und schon BULTMANN, Ethik, 37, wies mit Recht darauf hin, daß »mit der Erklärung der *Entstehung* einer Theorie ihr *Sinn* noch nicht erfaßt ist.«

[26] Vgl. dazu schon die überzeugenden Erwägungen bei WALTER, Gal, 74f.! – Zur weiteren Begründung der m.E. *sachlich* gebotenen *Zurückhaltung gegenüber traditionsgeschichtlicher Methodik in der neutestamentlichen Exegese* s.u. S. 49f.

[27] Begriff bei UMBACH, Sünde, 18. Man müßte in der Tradition historisch-kritischer Exegese als einer klassisch *autorzentrierten* Exegese (s. dazu OEMING, Hermeneutik, 31–45) eigentlich weitergehend formulieren: »angemessen – d.h. *im Sinne des Apostels selbst*« (vgl. z.B. OEMING, a.a.O., 31: der Exeget als »Anwalt des Autors«), doch ist eine solche Sicht angesichts des gegenwärtigen Standes der hermeneutischen Diskussion

Dieser Aufgabe ist der in sich viergeteilte *erste Hauptteil (B.)* gewidmet. In einem ersten Schritt wird – gewissermaßen *im Vorgriff* – anhand einschlägiger Forschungspositionen kurz in das *»Problem einer ›relationalen Ontologie‹« (I.)* eingeführt. Dabei ist ausdrücklich darauf hinzuweisen, daß dieser *heuristisch nachgeordnete* Schritt *allein in der Hoffnung, den Lesern und Leserinnen einen Dienst zu erweisen*, an den *Anfang* der Arbeit gestellt wird. Es dürfte m.E. einfach der *sachlichen Klarheit* dienen, wenn das, was sich *methodisch allererst aus der Exegese einschlägiger Stellen ergeben hat*, schon zu Beginn der Arbeit insoweit skizziert wird, wie es für den Nachvollzug des Fortgangs der Überlegungen dienlich erscheint.

Wiederum *allererst aus der Exegese der einschlägigen Stellen* hat sich sodann ergeben, was die weitere Gliederung bereits auf den ersten Blick erkennen läßt: Paulus unterscheidet im Blick auf die Christen eine *»gegenwärtige Christusbezogenheit«*[29] *(II.)*, die er der Zeit des *»Glaubens« (πίστις)* zuordnet und mit dem *»Sein in Christus« (ἐν Χριστῷ εἶναι)* identifiziert, von einer *»zukünftigen Christusbezogenheit« (III.)*, die er der Zeit des *»Schauens« (εἶδος)* zuordnet und mit dem *»Sein mit/bei Christus« (σὺν Χριστῷ εἶναι)* identifiziert. Das Problem des *Verhältnisses* dieser *zwei Seinsweisen* erfordert eine Besinnung auf die sog. *»Karsams-*

---

kaum vermittelbar. Insbesondere im (Sieges-)Zuge rezeptionsästhetisch orientierter, konstruktivistischer oder gar dekonstruktivistischer Verstehensmodelle wurde und wird »Verstehen« – m.E. zwar *grundsätzlich* nicht ganz zu Unrecht, aber weit übers Ziel hinausschießend – weitgehend als *selbstreferentiell* ausgewiesen; ein echtes Verstehen *gibt* es demzufolge gar nicht, zumal es nicht einmal mehr ein *Gemeintes (Intendiertes)* gibt. U. ECO sagt einmal: »Der Autor müßte das Zeitliche segnen, nachdem er geschrieben hat. Damit er die Eigenbewegung des Textes nicht stört« (Nachschrift, 14; s. aber die wichtigen *Einschränkungen* bei DEMS., Grenzen, 27–55!). Wir können auf diese Diskussion hier nicht näher eingehen. Nur soviel müßte zu *fragen* erlaubt sein: Wozu noch *Exegese* (verstanden als »Auslegung« im Sinne dessen, »was da steht«) bzw. was *ist* dann noch Exegese? Jedenfalls dürfte ihr im Rahmen (post-)moderner hermeneutischer Modelle jede irgendwie geartete *»Normativität«* (z.B. der Anspruch, recht verstanden zu haben, was der Autor sagen wollte bzw. gesagt hat) *a priori* abgesprochen werden.

[28] Neben den genannten sachlichen und methodischen Problemen des traditions- bzw. religionsgeschichtlichen Vergleichs sei auf ein weiteres *faktisches Problem* hingewiesen, das allzu oft die praktische Durchführung belastet: Um einen wirklich aussagekräftigen und tragfähigen *Vergleich* verschiedener Größen durchführen zu können, muß jede dieser Größen zunächst einmal *für sich* richtig eingeordnet und umfassend verstanden sein – andernfalls werden, salopp gesprochen, Äpfel mit Birnen verglichen. Genau das geschieht leider nicht selten und erklärt, wie z.B. so divergierende Bewertungen des Verhältnisses zwischen Paulus und »dem« Judentum seiner Zeit zustande kommen, wie sie in der Forschung vertreten werden. Gerade in einer *Erstlingsarbeit* wie dieser empfiehlt es sich daher, sich zunächst einmal möglichst auf *eine* Sache zu konzentrieren.

[29] Den Begriff »Christusbezogenheit« habe ich erstmals bei K.L. SCHMIDT (^{2}1947) gefunden (DERS., Galaterbrief, 59), er mag aber älter sein. Er ist jedenfalls *geeigneter* als der geläufigere Begriff »Christusbeziehung«, da letzterer falsche Assoziationen weckt.

tags-Existenz« der Christen (IV.), die die Notwendigkeit einer *ontologischen* Binnendifferenzierung aufzeigt, mit deren Hilfe das oft verhandelte Problem der sog. »eschatologischen Spannung« bzw. des Verhältnisses von »Schon jetzt« und »Noch nicht« einer Lösung zugeführt werden kann, die die bisherige Konzentration auf rein *zeitliche* Erklärungsmuster (etwa im Sinne eines bei Paulus bisher tatsächlich noch nie nachgewiesenen Zwei-Äonen-Schemas[30]) überwinden dürfte.[31]

In einem kurzen *Ausblick (C.)* wird die Frage aufgeworfen, was die Einsicht in *das relational-ontologische Denken des Apostels* für das Verständnis des *Ganzen* seiner Theologie austrägt *(I.)*, wobei abschließend darüber Rechenschaft zu geben ist, welcher *Stellenwert* dem relational-ontologischen Denken des Apostels innerhalb seiner Gesamtsicht zukommt *(II.)*.

Die Arbeit beschließt ein knapper *Anhang* zu forschungsgeschichtlichen Grundproblemen der paulinischen Eschatologie *(D.)*. Er ist v.a. den von R. Bultmann und E. Käsemann in die Diskussion eingebrachten (konträren) Thesen gewidmet, die – das zeigt sich explizit und implizit auf Schritt und Tritt – die Forschung bis heute *wesentlich* bestimmen.

---

[30] Dieses berühmt-berüchtigte »Zwei-Äonen-Schema« wurde bei Paulus nicht nur noch nie nachgewiesen, *vielmehr führte* PETERSON, *Kosmos, 426–434.439f. (bes. 430!), den überzeugenden »Negativbeweis«!* Selbst LINCOLN, der dem »Zwei-Äonen-Schema« *grundsätzlich* verpflichtet ist, muß gerade im Blick auf die Homologumena zugeben: "Elsewhere in contexts where ὁ μέλλων αἰών could conceivably have been employed the apostle prefers ἡ βασιλεία τοῦ θεοῦ" (Paradise, 170)! Er schließt daraus zutreffend (ohne aber daraus die m.E. notwendigen Schlüsse zu ziehen): "It is at this point that it becomes clear that Paul *modified* the sharp contrast between the two ages customarily attributed to apocalyptic writings" (ebd. [Hervorhebung E.R.]). Berechtigte *Zurückhaltung* übt BAUMGARTEN, Apokalyptik, 181–189, bes. 188. Vgl. außerdem KWON, Eschatology, 156–161. Ferner weist SCHADE, Christologie, 93f., darauf hin, daß sich *weder* in der jüdisch-apokalyptischen Literatur (das sah schon BULTMANN, 2Kor, 100) *noch* bei Paulus die Vorstellung eines (jedoch vielfach *behaupteten!*) ›Übereinanders‹ der Äonen‹ findet (so auch KWON, a.a.O., 159: "Judging from Paul's own writings, the notion of 'the overlapping of the ages' seems out of the question."). KWON, a.a.O., 157, Anm. 10, vermutet: *"At this point, most scholars seem to have a predetermined penchant for the two-age scheme"* (Hervorhebung E.R.). Dann aber läßt sich auch Sch. BEN-CHORINs Behauptung *nur schwerlich aufrechterhalten:* »*Durch die Äonen-Theologie verbleibt er [sc. Paulus; E.R.] auch ohne Gesetz im Judentum.* [...] Die Äonen-Theologie, die im Talmud nur sehr aphoristisch angedeutet ist, hat in der hellenistischen Apokalyptik eine viel breitere Darstellung erfahren. Diese hellenistische Apokalyptik aber ist der primäre Bildungshintergrund des Diaspora-Juden Saulus – Paulus aus Tarsus« (Paulus, 63f.).

[31] Zum Grundproblem der *einseitigen Konzentration vieler eschatologischer Entwürfe auf den Aspekt der Zeit* vgl. die theologisch wohlbegründete Kritik bei SCHWÖBEL, Dinge, 467f.: »Wenn das Eschaton die Vollendung des Willens Gottes des Schöpfers ist, in Gemeinschaft mit seiner versöhnten Schöpfung zu sein, dann kann der Ansatz zur Erfassung der Bedeutung des Eschaton nicht die Zeit, sondern nur Gott sein« (467).

B. Relational-ontologisches Denken bei Paulus

I. Das Problem einer »relationalen Ontologie«

Die *Verwendung* des Begriffes »relationale Ontologie« erfordert es, die *Sachfrage*, die hier zur Diskussion steht, zu präzisieren (1.), um ein – wenn auch vorerst nur vorläufiges – eigenes Verständnis der Sache zu entwikkeln (2.).[1] Es geht hier ausschließlich darum, eine *Sprache* (und in diesem Sinne ein »Instrumentarium«) zu finden, mit deren Hilfe die paulinischen Texte sachgemäß ausgelegt *und* – so die Hoffnung – verständlich expliziert werden können.[2] Wenn im folgenden einige Positionen aus Philosophie und Theologie zu diesem Themenkreis skizziert werden, dann geschieht dies darum nur so weit, wie dies für *unsere* Untersuchung notwendig und m.E. *hilfreich und weiterführend* ist, damit aber dezidiert *ohne* den Anspruch auf (forschungsgeschichtliche) Vollständigkeit.[3]

---

[1] Zuweilen wird die *Sache* auch unter dem Stichwort »eschatologische Ontologie« (bzw. »eschatological ontology«) verhandelt; so bei DALFERTH, Existenz Gottes, 76f. u.ö.; ZIZIOULAS, Remembering the future (erscheint voraussichtlich Ende 2013); vgl. DENS., Being as Communion, 61f. u.ö. DALFERTH, a.a.O., 77, Anm. 2, will mit dieser Begrifflichkeit die ontologische Reflexion vor der Spekulation bewahren: »Theologische Ontologie vermeidet genau dann, apokalyptische Spekulation zu werden, wenn sie sich eschatologisch, und d.h. immer: christologisch konzipiert.«

[2] Zum Problem mangelnder Sprachfähigkeit angesichts einer schlechthin analogielosen Wirklichkeit s.u. S. 46–51.

[3] Im Rahmen *dieser* Arbeit ist auch eine ausführliche kritische Würdigung dieser Positionen leider nicht möglich. Sie stehen hier *ganz* im Dienst der Präzisierung der zu untersuchenden *Sachfragen*. Ich hoffe, den verschiedenen Ansätzen gleichwohl einigermaßen gerecht geworden zu sein.

An weiteren Arbeiten, die hier aber aus den genannten Gründen nicht weiter berücksichtigt werden, wären u.a. die folgenden Beiträge zu nennen: MOLTMANN, Mensch, *passim* (»Christliche Anthropologie ist eine Anthropologie des Gekreuzigten« [a.a.O., 35]); DERS., Der gekreuzigte Gott, bes. 222ff.243ff.255ff.; DERS., Trinität, *passim*; PAPANIKOLAOU, Being with God, *passim* (zu Vladimir Lossky und John D. Zizioulas [zu letzterem s.u. S. 28–32]); PANNENBERG, Anthropologie, *passim*; DERS., Grundzüge, *passim* (vgl. zu Pannenbergs Werk insgesamt OVERBECK, Mensch, *passim*); JENSON, Identity, *passim*; DERS., Theology I, 63–161.163–236 (der ganze Band trägt den Titel: »The Triune God«; darin Teil 2: »The Triune Identity«; Teil 3: »The Triune Character«). Vgl. ferner die umfangreiche Arbeit von SCHULZ, Sein und Trinität, *passim*, in der er die ontologischen und/oder trinitätstheologischen Entwürfe Hegels, Duns Scotus', Kants, Pannenbergs, Jüngels, Rahners und von Balthasars diskutiert. Für *unseren* Zusammenhang be-

Außerdem sei an dieser Stelle ausdrücklich an die methodisch kluge »Vorbemerkung zum Gebrauch der Begriffe ›Ontologie‹, ›ontologisch‹ in einer Untersuchung über Luther« erinnert, die W. JOEST seinem bedeutenden Beitrag »Ontologie der Person bei Luther« voranstellte und die *mutatis mutandis* auch für eine entsprechende Untersuchung zu Paulus gilt[4]:

JOEST plädiert zunächst in Abwehr gängiger, historisch bedingter *Verengungen* des Begriffes »Ontologie« – etwa im Sinne einer »Substanzmetaphysik« (14) oder im Dienste der Behauptung einer »*einheitliche[n]* Seinsstruktur« (13) – dezidiert für einen »rein formalen und neutralen« Ontologiebegriff in Gestalt der »Frage nach der Bedeutung von ›Sein‹ und nach der Weise, wie Wirkliches da ist« (14).

Freilich ist zuzugeben, daß aufgrund ihres dezidiert *theologischen* Zugangs zur Wirklichkeit weder Luther noch Paulus eine »planmäßig unternommene philosophische Forschung« betreiben, »deren ausdrückliche Fragestellung eben die nach der Bedeutung von Sein und der Seinsweise von Wirklichem ist« (15). Das könnte dazu führen, nur noch nach deren »Seins- oder Wirklichkeitsverständnis« zu fragen und auf den Begriff »Ontologie« zu verzichten (ebd.). JOEST macht aber geltend, daß es sich bei dem »in Luthers theologischem Denken implizierten Seinsverständniss[…]« »nicht nur um eine allgemeine Wirklichkeitsanschauung ganz abseits eigentlich ontologischer Fragen handelt«, da er »solche Fragen« zwar nicht »im systematischen Ganzen« abhandelt, aber »doch in ganz bestimmten Zusammenhängen und von eigentümlichen theologischen Voraussetzungen her immer wieder berührt; und zwar so, daß dabei charakteristische Begriffe ontologischer Tradition in Frage gestellt werden« (ebd.). Man werde darum mindestens sagen dürfen, daß »Luthers theologisch bestimmtes Denken […] immer wieder in ausdrücklicher Bezugnahme in ein polemisches Verhältnis zu damals gegebener formeller Ontologie« trete: »Dann wird man aber fragen müssen, was eigentlich bei Luther in den jeweils kritischen Punkten der Auseinandersetzung an die Stelle der abgelehnten Positionen tritt. In diesem Sinne ist unsere Frage nach seiner ›Ontologie‹ zunächst gemeint« (ebd.).

Freilich stehen wir vor dem Problem, daß bei Paulus – anders als bei Luther[5] – die Besinnung auf ontologische Fragen überhaupt nie *explizit* thematisch wird. Gleichwohl wird zu zeigen sein, daß manche Antwort des Apostels auf umstrittene Fragen nur unter Berücksichtigung einer entsprechenden »Ontologie« recht erfaßt werden kann – ganz im Sinne des eingangs zitierten Ebeling-Satzes, daß der Glaube notwendigerweise ontologische Auswirkungen habe und sich darum nicht einfach in einer *vorgegebenen* Ontologie interpretieren lasse, ohne Verzerrungen ausgesetzt zu sein.[6]

Diese Arbeit unternimmt daher den Versuch, die den einzelnen paulinischen Aussagen zugrundeliegenden spezifischen ontologischen Implikationen zu explizieren, um so der sog. »*inneren Logik*«[7] des paulinischen

---

sonders relevant sind seine Ausführungen zum ›trinitätstheologischen Person- und Wesensbegriff‹ (a.a.O., 942–960).

[4] S. JOEST, Ontologie, 13–16; wichtige Hinweise auch bei FATEHI, Relation, 321f.!
[5] Vgl. dazu JOEST, a.a.O., 15 m. Anm. 3f.
[6] S.o. S. 1 m. Anm. 1.
[7] Vgl. dazu die *grundsätzlichen Bemerkungen* bei STEWART, Man, 28f.: "It is when we have learnt to cease to look for this superficial consistency in Paul, this standardized,

Denkens auf die Spur zu kommen – immer eingedenk der Tatsache, daß das schwer genug und stets der Möglichkeit des Scheiterns konfrontiert ist. Dessenungeachtet darf Exegese aber, so sie sich denn als dezidiert *theologisches* Unterfangen versteht, nicht vor der Aufgabe zurückschrecken, nicht bloß ›gut zu *lesen*‹[8], d.h. ihren Gegenstand »wahrzunehmen« und präzise zu »beschreiben« (dieser »Sehakt«[9] ist selbstredend die *conditio sine qua non* brauchbarer Exegese!), sondern ihm darüber hinaus *nach-zu-denken*.[10] Wenn wir, um ein Bild[11] zu gebrauchen, die uns fremde Sprache

---

rigid system of thought and doctrine, that we begin to discover in him what is far more important – the deep, *inner* consistency of the man's religion, and the fundamental unity of all he wrote and taught. [...] Paul can contradict himself, can land himself at times in hopeless antinomy, can leap without warning from one point of view to another totally different [...]; but through it all and beneath it all there is a living unity and a supreme consistency – the unity, not of logic, but of downright spiritual conviction, the consistency of a life utterly and at every point filled and flooded with the redeeming love of God. 'Christ in me' – this overmastering experience which was 'unquestionably the core of his religion,' 'der eine Brennpunkt,' as Johannes Weiss expresses it, gives to everything he wrote, even in the midst of his most startling antitheses and wildest tangents of thought, a unity far deeper than that of any logical or dogmatic system." Vgl. ferner WERNLE, Sünde, 120f. (s.o. S. 2f., Anm. 7).

[8] Vgl. zu Begriff und Sache NIETZSCHE, Morgenröthe, 17 (= Vorrede 5.): »Philologie nämlich [...] lehrt *gut* lesen, das heisst langsam, tief, rück- und vorsichtig, mit Hintergedanken, mit offen gelassenen Thüren, mit zarten Fingern und Augen lesen...« Eben *darum* aber ist sie »jene ehrwürdige Kunst, welche von ihrem Verehrer vor Allem Eins heischt, bei Seite gehn, sich Zeit lassen, still werden, langsam werden –, als eine Goldschmiedekunst und -kennerschaft des *Wortes*, die lauter feine vorsichtige Arbeit abzuthun hat und Nichts erreicht, wenn sie es nicht lento erreicht. Gerade damit aber ist sie heute nöthiger als je, gerade dadurch zieht sie und bezaubert sie uns am stärksten, mitten in einem Zeitalter der ›Arbeit‹, will sagen: der Hast, der unanständigen und schwitzenden Eilfertigkeit, die mit Allem gleich ›fertig werden‹ will, auch mit jedem alten und neuen Buche [...]« (ebd.).

[9] Vgl. SCHLATTER, Methoden, 142: »Was uns als Mitgliedern der universitas litterarum als unzerreißbare Pflicht obliegt, ist, daß wir in dem uns zugewiesenen Arbeitsbereich zum *Sehen* [...] gelangen. Das ist das ceterum censeo für jede Universitätsarbeit. *Wissenschaft ist erstens Sehen und zweitens Sehen und drittens Sehen und immer und immer wieder Sehen*« (Hervorhebungen E.R.). Explizit vom durch möglichst unvoreingenommene Beobachtung ausgezeichneten »Sehakt« (im Gegensatz zum bloßen »Denkakt« rationalistischer Prägung, der »nichts weiter als den Fleiß des Schülers« begehre) spricht Schlatter z.B. in seinen autobiographischen Notizen (DERS., Rückblick, 208). Zur *Schriftlehre* Schlatters vgl. HÄGELE, Schrift, *passim*.

[10] Das verlangt natürlich nach dem Gespräch namentlich mit der Systematischen Theologie (zur aktuellen Diskussion vgl. jetzt BREYTENBACH/FREY, Aufgabe, *passim*). Vgl. dazu aus exegetischer Sicht bes. HOFIUS, Neutestamentliche Exegese, *passim*; ferner HAHN, Theologie II, 1f.23–29; aus systematisch-theologischer Sicht vgl. z.B. EBELING, Dogmatik I, 25–35.57f. (zur »Schriftgemäßheit«); KRÖTKE, ›Einheit‹, bes. 319–321 (»›Systematisch-theologisch-werden‹, heißt [...], sich der *Wahrheitsfrage* zu stellen« [a.a.O., 320]). Daß die Theologie, insbesondere die Exegese, ganz grundsätzlich der *com-*

des Apostels Paulus lernen wollen, tun wir gut daran, nicht bei der Aneignung eines *passiven* Wortschatzes stehenzubleiben (indem wir rein *deskriptiv* arbeiten), sondern alles daran zu setzen, so tief in seine Texte einzutauchen (gewissermaßen darin zu *leben*[12]), daß sie allmählich geradezu zu unserem *aktiven* Wortschatz werden.[13] So kann die Exegese der *ganzen* Theologie (*und* der Kirche) einen Dienst erweisen, indem sie ihr zu der ihr eigentümlichen Sprachfähigkeit verhilft (vgl. Röm 10,14.15a).[14]

---

municatio fraterna bedarf und daher immer ein *Gemeinschaftsunternehmen* ist, ist übrigens nicht erst, aber auch eine reformatorische Einsicht (vgl. dazu REHFELD, Leitlinien, 50–53.55).

[11] Es handelt sich dabei freilich um weit *mehr* als »nur« ein Bild, denn *in der Tat* spricht Paulus eine *Fremdsprache*, und dies nicht nur in dem trivial-oberflächlichen Sinne, daß er eben Griechisch und nicht etwa Deutsch schrieb. Vielmehr stehen wir hier vor demselben Problem, das Willard Van Orman QUINE am Beispiel eines (westlichen) Sprachwissenschaftlers veranschaulichte, der eine ihm unbekannte Eingeborenensprache und das darin zum Ausdruck kommende Wirklichkeitsverständnis (Ontologie) zu erfassen versucht (vgl. DENS., Relativität, 17–42, bes. 17–22). Um mit James Grier MILLER zu sprechen: »Ontologie rekapituliert Philologie« (zit. bei QUINE, Wort, 5). – Für den grundsätzlichen Hinweis auf *Quine* danke ich Prof. Dr. Ernstpeter Maurer.

[12] Vgl. dazu auch das unten, S. 48 m. Anm. 16.18, Gesagte.

[13] Man müßte, ohne anmaßend sein zu wollen, sogar formulieren: Das Ziel eines Paulus-Auslegers, einer Paulus-Auslegerin, besteht darin, dem Apostel möglichst »kongenial« zu werden – freilich nie *mehr* als das (hier gilt sinngemäß das Jesus-Wort Lk 6,40; vgl. Mt 10,24.25a; insofern läuft KRÖTKEs – in dem von ihm genannten Zusammenhang durchaus berechtigte – Kritik an einer »kongeniale[n]« Auslegung als ›Selbstautorisierung‹ hier ins Leere [vgl. DENS., ›Einheit‹, 320 m. Anm. 4])! Dabei bleibt das *Lesen* bzw. Hören der Texte die unabdingbare Voraussetzung für das *Leben* in den Texten.

In diesem Zusammenhang sei an das erinnert, was schon Ad. DEISSMANN der Paulusforschung (und nicht nur ihr) ins Stammbuch geschrieben hat (DERS., Paulus[2], 248f.): »das letzte und beste Verständnis der paulinischen Christ-Innigkeit kann mit den rein grammatisch-historischen Mitteln der Studierstube nicht erreicht werden [...]. Die Studierstube als solche erzielt, wenn sie ohne Verbindung mit dem Heiligtum bleibt, nur ein anatomisches Verständnis (oftmals, daß Gott erbarm, nur ein pathologisch-anatomisches Verständnis). [...] Darum vermitteln die Pauluspredigt, der Pauluschoral, das Paulusoratorium oft die wertvollsten Beiträge auch zum ›wissenschaftlichen‹ Verständnis des Apostels, und es ist wirklich keine Utopie, wenn SCHWARTZ von einer Predigt über die paulinische Christusmystik noch mehr erwartet, als von einem Buch über Paulus.« Damit ist die *Grenze* auch *meiner* hier vorgelegten Arbeit messerscharf benannt.

[14] In diesem Sinne verstand auch CALVIN seine *exegetischen* Bemühungen ausdrücklich als einen Beitrag zur Förderung des »öffentlichen Wohls der Kirche« (*publicum Ecclesiae bonum* [CStA 5.1, 22,10 mit Kontext]).

1. Wichtige Forschungspositionen

Nachdem ontologische Fragestellungen im Zuge umfassender Metaphysik-Kritik lange Zeit weitestgehend in den Hintergrund gedrängt wurden, scheint in neuerer Zeit in Philosophie wie Theologie ein neues Nachdenken darüber eingesetzt zu haben. Dabei zeigen nahezu alle entsprechenden Beiträge, daß die – berechtigte – Ablehnung der Substanzmetaphysik nicht notwendigerweise überhaupt jede Art von ontologischer Überlegung *ad absurdum* führt. Da die ontologische Kategorie der *Substanz* problematisch geworden ist, richtet sich das Augenmerk nunmehr v.a. auf *Relationen*.

1.1. Philosophische Fragestellungen: Rolf-Peter Horstmann über »Ontologie und Relationen« bei Hegel, Bradley und Russell

Der emeritierte Berliner Ordinarius für Philosophiegeschichte (Deutscher Idealismus) und Hegel-Spezialist Rolf-Peter HORSTMANN hat sich in einer Forschungsarbeit zur Kontroverse zwischen *Francis Herbert Bradley* und *Bertrand Russell* über interne und externe Relationen u.a. der Frage gewidmet, *welcher ontologische Status Relationen zuzuschreiben ist.*[1] Für *unseren* Zusammenhang ist zunächst die Beobachtung wichtig, daß in dieser Kontroverse von *beiden* Seiten behauptet wurde, Relationen ließen sich je in ihr eigenes ontologisches System integrieren, wobei freilich der ontologische *Monismus* Bradleys nur *interne* Relationen zulassen konnte (allerdings auch das nur in einem ganz bestimmten, quasi uneigentlichen Sinn![2]), während Russell für seinen ontologischen *Pluralismus*[3] dezidiert

---

[1] Vgl. DENS., Relationen, 34: Bradley und Russell selbst haben ihre »Auseinandersetzung über interne und externe Relationen als eine Kontroverse *auch* darüber aufgefaßt [...], ob man die Möglichkeit selbständiger und unabhängiger Existenz von Relationen ausschließen kann oder nicht«, wobei es ihnen zufolge »Grund zu der Annahme gibt, daß interne Bestimmungen als ontologisch unselbständig dargestellt werden können und externe als ontologisch selbständig« (ebd.).

[2] Bradley selbst hielt seine »Theorie interner Relationen« bezeichnenderweise immer nur für eine »metaphysisch nicht sehr interessant[e] [...] *Teiltheorie* [...], der eine Funktion nur innerhalb der gesamten Theorie der Relationen zukommt, deren *Kernpunkt* in der Behauptung der *Irrealität der Relationen* besteht« (HORSTMANN, a.a.O., 114 [Hervorhebungen E.R.]; vgl. dazu ausführlicher a.a.O., 145–165, bes. 145–147). Es darf nicht übersehen werden, »daß eben die Überzeugung von der *Irrealität* der Relationen es war, die Bradleys Standpunkt in der Frage der Externalität oder Internalität von Relationen entscheidend beeinflußt hat« (a.a.O., 144 [Hervorhebung E.R.]).

[3] Von ›ontologischer Relativität‹ spricht später auch Willard Van Orman QUINE (vgl. v.a. DENS., Relativität, *passim*).

die *externen* Relationen bemühte. HORSTMANN liefert hier insofern einen weiterführenden Beitrag, als er s.E. zeigen kann, daß zwar ein *substanzontologischer* Monismus in der Tat *unhaltbar* ist (gegen Bradley), daß aber andererseits[4] ein relationaler Ansatz durchaus mit einer – Hegel[5] verpflichteten – *monistischen* Sicht der (!) Wirklichkeit und dem s.E. damit notwendigerweise verbundenen Postulat der *Internalität* der Relationen[6] vereinbar ist (gegen Russell). Auf unsere Frage zugespitzt, könnte eine erste These darum so formuliert werden: *Eine relationale Ontologie muß nicht die ›Einheit der Wirklichkeit‹ aufheben (etwa im Sinne eines »realistischen« bzw. »ontologischen Pluralismus« Russellscher Prägung), wie sie »traditionelle« Ontologien mehr oder weniger fraglos voraussetzten. Ob bzw. inwiefern eine relationale Ontologie diese Einheitskonzeption dennoch aufsprengen kann oder muß, wird eine der wesentlichen Hintergrundfragen dieser Arbeit sein.*[7] Mit ihrer Beantwortung wäre zugleich ein Urteil über HORSTMANNs thetisch geäußerte Beobachtung zu verbinden, wonach ontologische Theorien anscheinend ganz allgemein »als Hypothesen betrachtet werden können, die Anweisungen zur Erstellung eines *Gesamtweltbildes* aus disparaten Teilweltbildern bereitstellen sollen«[8].

Nun läuft HORSTMANN zufolge jedenfalls *Russells* Kritik an einer »idealistischen Ontologie«[9] im allgemeinen und an der Internalität von Relatio-

---

[4] Man darf aus dem Scheitern der »*Bradleysche[n]* Variante des Monismus« nicht einfach schließen, daß auch »*andere* Formen des Monismus, nämlich genau solche, die entweder mit dem Substanzbegriff keine Schwierigkeiten haben oder die ein nicht substantiell bestimmtes monistisches Substrat in Anschlag bringen«, sich als unhaltbar erweisen (HORSTMANN, a.a.O., 167 [Hervorhebungen E.R.]). »Die zweite zu Bradley alternative Form hat zweifelsohne Hegel gewählt« (a.a.O., 168).

[5] Zu Hegel vgl. HORSTMANN, a.a.O., 37–105 (Darstellung), und bes. 250–254 (Würdigung). Den ›einigermaßen verwirrenden‹ Befund, »Hegel auf der einen Seite Relationen, verstanden als relationale Bestimmungen von Gegenständen und Substanzen, als ontologisch irrelevant ausgeben zu finden, sie auf der anderen Seite aber zugleich zum auszeichnenden Merkmal dessen erklärt zu sehen, was es letztlich allein ›in Wahrheit‹ gibt, also als ontologisch real angesehen werden muß« (a.a.O., 48), sieht HORSTMANN »nicht zuletzt« darin begründet, daß die dieser scheinbar widersprüchlichen Sicht zugrundeliegenden *Vorstellungen,* »vor allem in ihrer Hegelschen Formulierung, *extrem dunkel* sind« (ebd. [Hervorhebung E.R.]).

[6] S. dazu unten S. 16f.40 m. Anm. 9.

[7] Hingewiesen sei hier schon einmal auf die Fragen, die mit 1Kor 15,25–28 (ἵνα ᾖ ὁ θεὸς πάντα ἐν πᾶσιν!) und ähnlichen Stellen zusammenhängen. Handelt es sich hier um einen dezidiert »theologischen« *Monismus*, und wie ist das Verhältnis zwischen »Gott« und »Christus« zu bestimmen?

[8] Relationen, 252 (Hervorhebung E.R.). Zur Begründung vgl. a.a.O., 251f. Unabhängig davon, wie man hier urteilt, bleibt sein Hinweis beachtenswert, daß offenbar grundsätzlich »Ontologie nicht primär um ihrer selbst willen betrieben wird« (a.a.O., 251).

[9] HORSTMANN, a.a.O., 19, skizziert Russells Position folgendermaßen: »Für Russell sind idealistische Ontologien vor allem dadurch ausgezeichnet, daß sie besonders anfällig

nen im besonderen allerdings schon deswegen ins Leere, weil sie »zugeschnitten ist auf ein Modell, in dem die Natur oder das Wesen der Relata als Seinsgrund für die jeweiligen Relationen fungiert, in denen die Relata zueinander stehen«[10]. Demgegenüber aber sei *»das relationsontologische Modell Hegels so angelegt, daß in ihm ein relationaler Sachverhalt der Seinsgrund alles dessen ist, was überhaupt eine Natur oder ein Wesen hat.«*[11] Insofern kann man den »Monismus Hegelscher Provenienz« tatsächlich als »*relationsontologischen Monismus*« bezeichnen.[12] Für diesen aber sei die Betonung der *Internalität* von – als solchen dann *per definitionem* eminent *wesensbestimmenden* – Relationen kennzeichnend, wenn denn unter »*internen Relationen*« gemäß der – so HORSTMANN[13] – heute ›gebräuchlichsten‹ Definition dieses *an sich uneindeutigen Begriffes* Relationen zu verstehen sind, die »insofern mit ihren Relata auf besondere Weise verbunden sind als sie ihnen *wesentlich* sind«[14]:

>»Die Rede von ›internen Relationen‹ bedeutet also gemäß dieser Lesart, daß man Relationen zu den Eigenschaften eines Gegenstandes zählt, ohne die dieser Gegenstand nicht derselbe Gegenstand ist. ›Externe Relationen‹ sind dementsprechend gemäß dieser Lesart solche relationalen Eigenschaften eines Gegenstandes, die für die Identität des Gegenstandes unwesentlich sind. Die Kontroverse über interne und externe Relationen stellt sich auf diese Weise als eine Auseinandersetzung dar, die wenigstens ihren Ausgangspunkt bei der Frage hat, ob Relationen zu den Identitätsbedingungen eines Gegenstandes gerechnet werden können oder nicht. [...] Insofern ist die Kontroverse über interne und externe Relationen nicht nur eine Diskussion über den ›richtigen‹ Begriff eines Gegenstandes, sondern primär eine Kontroverse über Wesen und Eigenschaften von Relationen.«[15]

Wir können diese an sich wichtige Sachfrage hier freilich nicht *in extenso* verfolgen.[16] Abschließend sei darum nur noch darauf hingewiesen, daß

---

sind für die eine oder andere Form dessen, was nicht nur er ›ontologischen Monismus‹ nennt. Gegen diesen Monismus hat Russell eine Reihe sehr starker Bedenken, die fast alle darauf hinauslaufen, daß ein solcher Monismus ein ›Problem der Relationen‹ dadurch schafft, daß er nur ›interne Relationen‹ zulassen kann. Der Zwang zur Annahme interner Relationen führt aber zu unüberwindlichen Schwierigkeiten hauptsächlich im Zusammenhang mit Wahrheitstheorie und Mathematiktheorie – wenigstens nach Russell. Diese Schwierigkeiten können nur vermieden werden, wenn man externe Relationen annimmt, eine Annahme, die ihrerseits einen ontologischen Monismus und, unter einer bestimmten Interpretation, eine idealistische Ontologie ausschließt.« Mit dieser Sicht verbunden ist bei Russell die Ablehnung der sog. »dialektischen Philosophie« zugunsten einer »sprachanalytischen Philosophie« (ebd.).

[10] A.a.O., 250.
[11] Ebd. (Hervorhebung E.R.).
[12] Mit HORSTMANN, ebd. u.ö. (Hervorhebung E.R.).
[13] A.a.O., 33.
[14] Ebd. (Hervorhebung E.R.).
[15] HORSTMANN, a.a.O., 33f.
[16] Vgl. aber die *Kritik* dieses Zitates unten S. 40, Anm. 9!

Horstmanns grundsätzlich positiver Rückbezug auf *Hegel* für unseren Zusammenhang auch deswegen nicht uninteressant ist, weil jener *Relationalität* (in einem bestimmten Sinne) als gerade für den *»Geist des Christentums«* charakteristisch gehalten hat.

Wie G.W.F. HEGEL »[d]as *Wesen* des Jesus« »als ein Verhältnis des Sohnes zum Vater« und damit *relational* bestimmt,[17] so ist für ihn auch das Verhältnis zwischen Jesus und seinen ›Freunden‹ ein relational-*wesensbestimmendes*: »Es muß aller Gedanke einer Verschiedenheit des Wesens Jesu und derer, in denen der Glauben an ihn zum Leben geworden, in denen selbst das Göttliche ist, entfernt werden«[18]. Freilich sei »[d]ieser Glauben [...] aber nur die erste Stufe der Beziehung mit Jesu, die in ihrer Vollendung so innig vorgestellt wird, daß seine Freunde Eins seien mit ihm.«[19] Christusgemeinschaft ist nach Hegel – unter Berufung auf Johannes! – zu verstehen als *»lebendige Vereinigung Jesu«* mit den Gläubigen: »sie in ihm und er in ihnen; sie zusammen Eins; er der Weinstock, sie die Ranken; in den Teilen *dieselbe Natur*, das gleiche Leben, das im Ganzen ist.«[20]

Die *Voraussetzung* für diese bis zur Verwechselbarkeit reichende Innigkeit des Verhältnisses zwischen Jesus und den Gläubigen ist nach Hegels Johannes-Interpretation die »Entfernung« Jesu von den Seinen als Überwindung der »Objektivität«: »So lange er unter ihnen lebte, blieben sie nur Gläubige; denn sie beruhten nicht auf sich selbst; Jesus war ihr Lehrer und Meister, ein individueller Mittelpunkt, von dem sie abhingen; sie hatten noch nicht eigenes, unabhängiges Leben; der Geist Jesu regierte sie; aber nach seiner Entfernung fiel auch diese Objektivität, diese Scheidewand zwischen ihnen und Gott; und der Geist Gottes konnte dann ihr ganzes Wesen beleben.«[21] Ist diese Scheidewand aber gefallen, muß – wie oben bereits gesagt – geradezu von *wesensmäßiger Ununterschiedenheit zwischen Christus und den Gläubigen* gesprochen werden; denn so sehr Jesus sich in Auseinandersetzung mit den *Juden* »zum Individuum macht, ebensosehr hebt er alle göttliche Persönlichkeit, göttliche Individualität gegen seine Freunde auf, mit denen er nur Eins sein will, die in ihm Eins sein sollen.«[22]

Man darf also im Blick auf diese Ausführungen mit Fug und Recht von einer *ontischen Wirksamkeit jedenfalls der Relation zwischen Christus und den Gläubigen* sprechen, wobei die Frage zu stellen wäre, inwiefern bei Hegel angesichts seiner entschiedenen Betonung der *Einheit* (oder doch sogar *Einsheit?*[23]) noch Raum für eine *relationale »Binnendifferenzierung«* bleibt, *nachdem* die Einheit hergestellt ist.[24] Hier könnte die Gefahr bestehen, daß Christus letztlich überflüssig wird, wenn anders er nur noch als »*Vermittler*« göttlichen Lebens an die Seinen von Bedeutung ist. Denn wenn diese Vermittlung geschehen und der Gläubige *ein für allemal, d.h. gewissermaßen statisch, direkt (!) mit Gott verbunden* ist, würden Christi Werk und Person notwendigerweise obsolet; Jesus

---

[17] Geist des Christentums, 482 (Hervorhebung E.R.).
[18] A.a.O., 484.
[19] Ebd.
[20] Ebd. (Hervorhebungen E.R.).
[21] Ebd. unter Hinweis auf Joh 7,38f.
[22] A.a.O., 485.
[23] Hier scheint sich Hegels »Monismus« durchzusetzen.
[24] Wir werden im Blick auf *Paulus* feststellen, daß er diesen Gedanken der *bleibenden relationalen (Binnen-)Differenzierung* durchgehalten hat; er verleiht ihm im Gegenüber von (präsentischem) εἶναι ἐν Χριστῷ und (futurischem) εἶναι σὺν Χριστῷ auch sprachlich präzisen Ausdruck (s.u. S. 348–351).

1. Wichtige Forschungspositionen

reihte sich letztlich unterschiedslos ein in die Gemeinschaft der »Seinen«. Darauf deuten m.E. auch Sätze wie die folgenden hin: »Glauben an Göttliches ist nur dadurch möglich, *daß im Glaubenden selbst Göttliches ist*, welches in dem, woran es glaubt, *sich selbst*, seine *eigene* Natur wiederfindet, wenn es auch nicht das Bewußtsein hat, daß dies Gefundene seine eigene Natur wäre. [...] *Der Glauben an das Göttliche stammt also aus der Göttlichkeit der eignen Natur*«.[25] Hier wird – reformatorisch gesprochen – das *extra nos* m.E. nicht genügend zur Geltung gebracht, und das ist vielleicht die Gefahr bei allen dezidiert *pneumatologischen* Ansätzen. Eine zentrale Aufgabe bestünde daher darin, das *Verhältnis* von *extra nos* und *in nobis* angemessen zu bestimmen.

Allerdings ist mit HORSTMANN einschränkend zu konzedieren, daß sich für Hegel das später von Russell mit Vehemenz aufgeworfene »Problem der Relationen«[26] gar nicht stellte[27] – oder jedenfalls nicht *so*. Vielmehr ist für Hegel »die ganze Diskussion über externe und interne Relationen, wenigstens wenn es eine ontologische Diskussion sein soll, schon im Ansatz verfehlt, wie es auch die traditionelle Metaphysik ist, in deren Rahmen sie nur möglich ist.«[28] Daher wird man auch »keine Antwort darauf finden können, was denn nun Hegel *tatsächlich* von der Realität oder Irrealität, Externalität oder Internalität von Relationen gehalten hat«.[29] Allerdings steht für HORSTMANN auch gar nicht *diese* Frage im Mittelpunkt seines Interesses, sondern die kritische Überprüfung der »auf Grund des vermeintlichen Ausgangs der Kontroverse [sc. zwischen Bradley und Russell; E.R.] entstandenen Überzeugung, daß man sog. ›monistische‹ Theorien über die Wirklichkeit schon aus logischen Gründen als ungeeignet dafür anzusehen hat, konsistente Modelle zur Deutung dessen, was ist, bereitzustellen«.[30]

---

[25] HEGEL, Geist des Christentums, 482 (Hervorhebungen E.R.).
[26] Vgl. dazu Darstellung und Kritik bei HORSTMANN, Relationen, 171–236.
[27] Vgl. a.a.O., 42. Denn alle Gründe, »die Hegel für die ontologische Irrelevanz der Frage nach der Internalität oder Externalität von Relationen anführen würde« (insofern sie sich überhaupt hypothetisch rekonstruieren lassen), »laufen auf die These hinaus, daß alles das, was mit Dingen und ihren Bestimmungen und auch mit Substanzen und ihren Akzidenzien zusammenhängt, ontologisch ohne jede Bedeutung ist« (a.a.O., 43).
[28] HORSTMANN, a.a.O., 244f. Hegels strikte Behauptung, Relationen – jedenfalls wenn sie (wie von Hegel) »nur als *relationale Bestimmungen von Objekten*, also als relationale *Eigenschaften* verstanden werden« – seien »unter keiner wie auch immer gearteten Interpretation real«, ist »eine Folge (1) seiner Überzeugung von den Mängeln traditioneller Metaphysik und der in ihr ausgebildeten ontologischen Vorstellungen sowie (2) seines *äußerst exklusiven Begriffs von Realität*« (HORSTMANN, a.a.O., 244 [alle Zitate; Hervorhebungen E.R.]).
[29] HORSTMANN, a.a.O., 42 (Hervorhebung E.R.).
[30] A.a.O., 11. Damit verbunden sei die inzwischen weitverbreitete These, »daß sich sog. ›dialektische‹ Argumentationsmuster als gegenüber sog. ›sprachanalytischen‹ Verfahrensweisen prinzipiell unterlegen erweisen lassen« (ebd.).

1.2. Theologische Beiträge

Ein spezifisch *christlich-theologisches* Gepräge erhält die ontologische Besinnung spätestens durch explizite Bezugnahme auf *trinitätstheologische* Erkenntnisse, wie sie für alle im folgenden zu besprechenden Ansätze charakteristisch ist. Die zeitliche Koinzidenz von trinitätstheologischer Renaissance und erneuter Hinwendung zu ontologischen Fragestellungen ist kein Zufall, sondern sachlich begründet: Die seit der zweiten Hälfte des 20. Jh. zu beobachtende »Renaissance der Trinitätstheologie«[31] hat auch der *Ontologie* in der theologischen Diskussion neuen Raum verschafft.

Eine weitere Gemeinsamkeit der hier zu skizzierenden Ansätze besteht darin, daß sie – aufgrund des (wie auch immer akzentuierten) Zusammenhangs von immanenter und ökonomischer Trinität – bei trinitätstheologisch-ontologischen Fragestellungen stets auf entsprechende anthropologische Sach- und/oder Strukturparallelen verweisen, daß also insofern *Trinitätslehre und Anthropologie (bzw. Soteriologie) niemals voneinander getrennt werden können*. Umstritten ist dabei allerdings, ob die Trinitätslehre die Matrix für die Anthropologie abgibt, oder ob es sich umgekehrt verhält. Diskutiert wird ferner die Angemessenheit bzw. das präzise Verständnis des »Person«-Begriffs (sowohl im Blick auf die trinitarischen Hypostasen als auch im Blick auf das menschliche »Individuum«[32]), hat dieser Begriff doch seit seiner »im Rahmen einer [...] Substanz- oder Ding-Ontologie«[33] gewonnenen Definition durch Anicius Manlius Severinus BOETHIUS[34] eine ambivalente und durchaus umstrittene Wirkungsgeschichte[35] vorzuweisen.

---

[31] DALFERTH, Grammatik, 187–214, hebt die *sachliche Verbindung* zwischen der *Wiederentdeckung der eschatologischen Dimension* des christlichen Glaubens zu Beginn des 20. Jh. und der *Etablierung der Trinitätslehre* (mit dezidiert *antitheistischer* Zielrichtung!) gegen Ende des 20. Jh. hervor. BORI schließlich spricht von einer ›ekklesiologischen Renaissance‹ (»rinascita ecclesiologica«) als Antwort auf die Katastrophe des Ersten (und Zweiten) Weltkriegs (vgl. DENS., ΚΟΙΝΩΝΙΑ, 15–44). Alle drei Aspekte – Eschatologie, Ekklesiologie, Trinitätstheologie (Ontologie) – finden sich in m.E. vorbildlicher Weise im Werk J.D. ZIZIOULAS' verbunden (s.u. S. 28–32), und man kann mit einem gewissen Recht vom *20. Jh. als dem Jahrhundert der Eschatologie, Ekklesiologie und Trinitätstheologie* sprechen.

[32] Auch dieser Begriff ist – zu Recht – umstritten, darum setze ich ihn in Anführungszeichen. HEINRICHS, Art. Person I, 220, bemerkt: »›Identität‹ hieß in Antike und Mittelalter *individualitas*.«

[33] HEINRICHS, ebd. Er hält diese Definition für bis heute allgemein gültig (ebd.), auch wenn er die *substanzontologischen Voraussetzungen* des Boethius ausdrücklich kritisiert (vgl. ebd. und bes. a.a.O., 221: »Person ist Selbstbezug-im-Fremdbezug« bzw.: »Person ist relationales Gefüge, nicht dinghafte Substanz.«) und für ein »relationsontologisches Verständnis« plädiert (a.a.O., 221).

[34] Diese klassisch gewordene Definition (*definitio*) lautet: *Persona est naturae rationalis individua substantia. Sed nos hac definitione eam quam Graeci* ὑπόστασιν *dicunt*

1.2.1. Gerhard Ebeling: »Sein als Zusammensein« und die »coram-Relation«

An zwei herausgehobenen Stellen des – nach den Prolegomena – *ersten* Teils seiner Dogmatik (»Der Glaube an Gott den Schöpfer der Welt«) kommt Gerhard EBELING auf das theologische Erfordernis einer relationalen Ontologie zu sprechen: im Abschnitt »Gott« (Kap. 2, dort § 9.B: »Das Gott zugesprochene Sein«) und im Abschnitt »Mensch« (Kap. 4, dort § 14: »Der Mensch coram Deo«). Diese *doppelte* Verortung ist kein Zufall, denn

»[e]ine ontologisch befriedigende Weise, vom Personsein Gottes zu reden, läßt sich nur im Zusammenhang mit der Anthropologie erreichen. [...] Deshalb bleibt die Erörterung über das Personsein Gottes [...] so lange noch unabgeschlossen, bis vom Menschen coram Deo die Rede ist«[36].

Dabei versteht EBELING den Ansatz einer relationalen Ontologie dezidiert als *Gegenentwurf* zur Substanzontologie,[37] auch wenn letzterer eine »be-

---

terminavimus (c. Eut. et Nest. 3 [zit. nach PL 64, 1343 CD]). Vgl. dazu SCHLAPKOHL, Persona, 10–123; SCHWÖBEL, Menschsein, 210f., Anm. 19.

[35] S. dazu HEINRICHS, Art. Person I, 221: »Die Probleme, die sich mit dem Begriff [sc. Person; E.R.] verknüpfen, sind [...] identisch mit den Grundfragen einer philosophischen Anthropologie oder einer Deutung des spezifisch Menschlichen. Was die substanz- oder ding- oder seins-ontologische Definition des Boethius [...] durch ein spezifisch neuzeitliches, genauer nach-kantisches und nach-transzendentalphilosophisches Personverständnis zu ersetzen vermag, ist die Charakteristik, daß Person *ein relationales Gefüge* darstellt: Person ist Selbstbezug-im-Fremdbezug [...]. Dieser Ausdruck bringt ein relationsontologisches Verständnis auf eine kurze Formel.« Nun bleibt aber zu fragen, ob die hier geäußerte Kritik an Boethius (vgl. auch ZIZIOULAS, Otherness, 1.168.208–212) wirklich Boethius selbst trifft, hat doch SCHLAPKOHL, Persona, *passim*, zu zeigen versucht, »daß der Personbegriff des Boethius so interpretiert werden kann, daß er einem relationalen Verständnis von Person nicht entgegensteht, sondern ein solches sogar impliziert« (a.a.O., 293; vgl. bes. a.a.O., 294). Mit diesem Verständnis dürfte sich Schlapkohl freilich gegen den Mainstream der Boethius-Forschung stellen. Aber diese wichtige Frage der *Boethius*-Interpretation mag hier auf sich beruhen.

[36] EBELING, Dogmatik I, 229. Dieser notwendige Zusammenhang zwischen dem Personsein Gottes und dem Personsein des Menschen besteht nach Ebeling allerdings »[n]icht etwa so, daß ein untheologischer Begriff des menschlichen Personseins auf Gott zu übertragen wäre. Vielmehr so, daß im Sinne relationaler Ontologie der Begriff des Personseins das Menschsein als Zusammensein mit Gott bestimmt und verständlich werden läßt, warum das Zusammensein Gottes mit dem Menschen als Gegenübersein angesprochen und dieses ebenfalls als Personsein präzisiert werden kann. Und zwar nicht in einem bloß übertragenen, uneigentlichen Sinne, sondern in strikter Bedeutung« (ebd.).

[37] Vgl. a.a.O., 219–224.348. Die Substanzontologie ist nach EBELING zuweilen sogar dafür verantwortlich zu machen, daß sie die Dogmatik »in eine Richtung« drängt, »die der biblischen Absicht kaum entspricht« (a.a.O., 339). Im Sinne Ebelings müßte man also tatsächlich urteilen, *daß ein substanzontologischer Ansatz nicht schriftgemäß ist* (zum Prinzip der *Schriftgemäßheit* als Grundlage und Kriterium christlicher Dogmatik s. a.a.O., 25–35.57f.). Demgegenüber läßt sich nach EBELING, Wahrheit, 190–199 u.ö. (zu

grenzte Berechtigung [...] keineswegs abgesprochen werden« soll[38]. Der substanzontologische Ansatz war nach EBELING indes nicht nur ein *historisches* Phänomen (etwa der Scholastik[39]), sondern »beherrscht in hohem Maße auch das neuzeitliche wissenschaftliche Denken und entspricht dem Wirklichkeitsverständnis der objektivierenden ratio.«[40] Der *Grundfehler* der Anwendung der Substanzontologie auf die Rede vom Sein Gottes bzw. der Kreatur besteht nach EBELING in der »Voraussetzung [...], daß man es mit separaten Größen zu tun hat, deren Sein unabhängig voneinander besteht und die man nachträglich auf ihre Vergleichbarkeit hin befragt«[41].

Setzt man gegen dieses *substanzontologische* Mißverständnis das »Verständnis von *Sein als Zusammensein*« im Sinne strikt *relationaler* Ontologie, dann »bilden Gott und Welt *eine einzige Wirklichkeit*, allerdings eine in sich selbst aufs tiefste und gewichtigste unterschiedene Wirklichkeit«[42]:

»Das Sein Gottes ist nichts Getrenntes neben dem Sein der Welt, sondern ist das Zusammensein Gottes und der Welt, wie ebenso das Sein der Welt nichts Getrenntes, Abgesondertes meint neben dem Sein Gottes, sondern das Zusammensein von Welt und Gott.«[43]

Sachlich bedeutet das:

»Das Sein des welthaft Seienden wird dann nicht als *Selbständigsein* verstanden, sondern als *Abhängigsein*. Und zwar *nicht in dem Sinne einer einmaligen, initiierenden Abhängigkeit von einer prima causa, einem primum movens*, sondern in der *ständigen* Abhängigkeit von Gott. Das Geschaffensein der Kreatur bestimmt ihr Sein als die *bleibend* konstitutive [!] Relation zu Gott und Gottes zur Kreatur. Ihr Sein ist gewährtes Sein, verdanktes Sein. Entsprechend ist das Sein Gottes schaffendes Sein, gewährendes Sein, zum Danken Anlaß gebendes Sein. Es wäre unzureichend, wollte man diese Bestimmungen nur als Akzidentien ansehen, die so oder so zum Sein hinzukommen. Es handelt sich um essentielle Bestimmungen. *Denn das Sein der Kreatur ist nicht anders denn als Geschaffensein; das Sein Gottes ist nicht anders denn als Schaffendsein.* Man würde das Entscheidende auch nicht treffen, wenn man sagte, es handele sich in beiden Fällen um essentielle Attribute, um Prädikate, von denen das Sein selbst zu *unterscheiden* ist. *Eben dies soll ja gerade bestritten werden*, wenn vom Geschaffensein die Rede ist. Es wird von der Kreatur nicht nur ein Wesenszug abstrahiert, wenn das Geschaffensein ausgeklammert wird. Sie *ist* vielmehr schlechterdings *nichts*, sofern vom Geschaffensein abge-

---

Gal 2,19f. bzw. zu Paulus insgesamt), *relationales bzw. relational-ontologisches Denken als zutiefst schriftgemäß erweisen!*

[38] Dogmatik I, 348 (Hervorhebung E.R.). Denn im Licht eines *strikt relational gefaßten Seinsverständnisses* stelle »der Begriff der Substanz eine – in bestimmter Hinsicht selbstverständlich durchaus berechtigte – Abstraktion dar« (a.a.O., 222).

[39] Vgl. dazu EBELING, Dogmatik I, 222: »In der scholastischen Ontologie galt bezeichnenderweise die Relation als die schwächste Seinsbestimmung – begreiflich, angesichts des Primats der Substanz.«

[40] A.a.O., 348.

[41] A.a.O., 221.

[42] EBELING, a.a.O., 223 (beide Zitate [Hervorhebungen E.R.]).

[43] EBELING, a.a.O., 222.

sehen wird. Denn sie ist durch den Schöpfungsakt ins Sein gerufen. *Dieses Ins-Sein-Gerufensein ist ihr Sein.*«[44]

Mit diesen Sätzen ist das Programm einer relationalen Ontologie umrissen. »*Strikt*« relational – darauf kommt es EBELING an[45] – sei sie dann, wenn »Sein« im Bereich der Kreatur *essentiell* (und zwar essentiell im schlechthin *konstitutiven*, nicht-akzidentiellen Sinne) bestimmt wird als *bleibendes Abhängigsein* bzw. – was dasselbe ist – »Geschaffensein« oder »Ins-Sein-Gerufensein«. Dementsprechend muß das »Sein« Gottes *essentiell* bestimmt werden als »Schaffendsein« bzw. als Ins-Sein-Rufendsein. *Allgemein* kann darum formuliert werden, daß »Sein« (und zwar *jegliches* Sein) *wesentlich* zu bestimmen ist als »*Zusammensein*« (von Gott, Welt und Mensch). Darum können im Rahmen strikt relationaler Ontologie weder Gott noch Welt noch Mensch *an sich* betrachtet werden: »Ihr Sein erschließt sich allein als Zusammensein.«[46]

Ganz folgerichtig sieht EBELING in der »*coram*-Relation« (des Menschen vor Gott) den »ontologische[n] Schlüssel zur Anthropologie«.[47] Daß sich »die Überlegungen zur Ontologie der Relation« ausgerechnet »an eine *Präposition* anschließen«[48], hat nach EBELING einen guten Grund:

»Für die Substanzontologie ist die grammatische Form des Substantivs maßgebend. Dagegen ist die Präposition als Verhältniswort die geeignete grammatische Form, um die Intention der Ontologie der Relation zum Ausdruck zu bringen.«[49]

---

[44] EBELING, a.a.O., 221 (Hervorhebungen E.R.). Mit dieser »Behauptung, die dem unmittelbaren Umgang mit dem kreatürlichen Sein widerspricht« (ebd.), befindet man sich nach EBELING zwar im »*Widerspruch zum Augenschein*«, was »nun aber in jedem Fall die Situation des *Glaubens*« ist (a.a.O., 222 [Hervorhebungen E.R.]).
[45] Vgl. z.B. a.a.O., 222.
[46] EBELING, a.a.O., 226. Für die »Rede vom Sein Gottes als Personsein« bedeutet das, »daß der Bezug Gottes zur Welt und der Welt zu Gott vom Gottesbezug des Menschen nicht zu trennen ist« (ebd.). Von *daher* versteht sich dann auch EBELINGS Forderung, man dürfe »nicht vor der nahezu blasphemisch klingenden Aussage zurückschrecken: Wenn wir vom Sein Gottes, von der Wirklichkeit Gottes sprechen, so partizipiert diese Seinsaussage, diese Wirklichkeitsbehauptung an dem Sein, an der Wirklichkeit der Welt« (a.a.O., 223).
[47] Vgl. a.a.O., 346–355. Damit grenzt er sich sowohl von der (substanzontologischen) Anthropologie der klassischen Dogmatik (vgl. dazu a.a.O., 336–340) als auch von der profanen, zuweilen gar antitheologischen Anthropologie der Neuzeit (vgl. dazu a.a.O., 340–345) ab. – Es ist bemerkenswert, daß auch JOEST, *Ontologie, 137–353*, seine ganze Darstellung der Anthropologie Luthers unter die Überschrift »Das Sein des Menschen *Coram Deo*« stellt.
[48] A.a.O., 348 (Hervorhebung E.R.).
[49] A.a.O., 348f. (Hervorhebung E.R.). Er führt weiter aus: »Das Substantiv hat den Schein des *für sich Bestehenden* und darum ontologisch *Früheren* für sich. Deshalb hat es auch in unserer vornehmlich von der Substanzontologie geprägten Grammatik den Vorrang, während die unflektierbare Präposition als bloße Partikel nur am Rande erscheint.«

Bereits hier sei auf eine für unsere ganze Arbeit nicht unbedeutende *Konvergenz* hingewiesen: Schon Ad. DEISSMANN hat – nach anderen – in seiner noch ausführlich zu besprechenden Inauguraldissertation bzw. Habilitationsschrift[50] auf die außerordentliche Wichtigkeit der Präpositionen hingewiesen: »Es handelt sich hier [sc. beim ἐν in ἐν Χριστῷ, E.R.] schliesslich um eine *Präposition*, also eine particula orationis, aber dadurch wird die Frage nicht etwa zu einer weniger bedeutungsvollen. Die Grammatiker sind darin einig, dass die Partikeln (Präpositionen, Adverbien und Konjunktionen) zu den unentbehrlichsten und deshalb wichtigsten Bestandteilen einer jeden nur einigermassen ausgebildeten Sprache gehören.«[51] Und mit der ihm eigenen Sprachkraft schließt er: »Jede besonnene Forschung hat daher zuzusehen, dass sie diese Kleinen im Reiche der Sprache nicht verachte. Aus der hohen Bedeutung der Partikeln ergibt sich unmittelbar, dass eine jede den Anspruch erheben darf, in ihrer Eigentümlichkeit erkannt zu werden. Es ist ein Vandalismus, die Feinheit und Mannigfaltigkeit des syntaktischen Details, welches der reiche hellenistische Sprachgeist, liebevoll ins Kleinste sich versenkend, geschaffen hat, durch täppische Verallgemeinerungen und Identifizierungen zu verwischen. Qui parva contemnit, in magnis saepe alucinatur.«[52]

Die Wahl gerade der Präposition *coram* begründet EBELING mit deren spezifischer Verwendung innerhalb der biblischen Tradition[53], die sie zur Beschreibung der Ontologie der Relation *sachlich* geradezu prädestiniere. *Die genannte Präposition berge nämlich* »*einen ungewöhnlichen Beziehungsreichtum in sich und nimmt auch darin eine Sonderstellung ein, daß sie allein auf personale Beziehungen anwendbar ist.*«[54] Diese Beziehungen im Sinne der *coram*-Relation seien zunächst näher zu bestimmen als »Korrelation«, d.h. »Wechselbeziehung«[55]:

»Hier kreuzen sich gewissermaßen Innen und Außen. [...] Wenn man einander von Angesicht zu Angesicht sieht, so ist man Sehender und Gesehener in einem.«[56]

Würde man jedoch irgendein Substantiv auf die *Bedingungen* seines Seins befragen, so wäre man auf den Gebrauch von Präpositionen angewiesen, um seinen Ort, seine Zeit, seine Herkunft, seine Zusammensetzung oder sein Ziel anzugeben, kurz, um es auf sein *Verhältnis zu anderem* hin zu bestimmen« (a.a.O., 349 [Hervorhebungen E.R.]).

[50] Über die Umstände der *Genese* seines Werkes »Die neutestamentliche Formel ›in Christo Jesu‹« (s. dazu unten S. 223f.) gibt dessen Vorwort Auskunft (DERS., Formel, V).

[51] Formel, 4.

[52] A.a.O., 6. Darum laute »das Problem dieser Untersuchung in seiner allgemeinsten Fassung folgendermaßen«: »Was hat Paulus, als er sich der Präposition ἐν zur Bildung jenes formelhaften Ausdruckes bediente, Eigentümliches sagen wollen?« (ebd.).

[53] Vgl. DENS., Dogmatik I, 349: »Die hebräische Vokabel *liphne* oder *al-pene* bringt noch unmittelbar erkennbar zum Ausdruck, daß es die Relation des Seins vor dem Angesicht eines andern meint [...]. Das lateinische coram ist, allerdings nicht mehr unmittelbar erkennbar, eine ganz ähnliche Wortbildung. Zusammengesetzt aus con und os, meint sie die Relation der Nähe, die durch das Gesicht, durch die Person eines Menschen bestimmt ist.«

[54] A.a.O., 349 (Hervorhebung E.R.).

[55] Vgl. a.a.O., 349f.

[56] A.a.O., 350.

Ferner habe diese Korrelation den »Charakter einer Forumsituation«, d.h. »daß hier Orts- und Zeitbestimmung« im Sinne einer »kommunikative[n] Gemeinsamkeit von Ort und Zeit« zusammenfallen, die »durch ein vielfältiges Kommunikationsgeschehen näher bestimmt« ist.[57] Diese Forum-Situation sei für das Sein des Menschen schlechterdings *konstitutiv*, weil er »*ein Gegenüber braucht*, von dem her er überhaupt erst der wird, der er ist. Ein Spiegel kann das nicht ersetzen.«[58]

Ontologisch weise die *coram*-Relation das »Sein« des Menschen als *dreifach* bestimmtes aus: »Sein ist Zusammensein. [...] Sein ist Sprachlichsein. [...] Sein ist Verantwortlichsein.«[59] Dieses dreifach bestimmte Sein sei sodann in einem dreifachen Verhältnis geltend zu machen: als Sein »vor Gott«, »vor der Welt« und »vor mir selbst«,[60] wobei angesichts der fundamentalen Bestimmung des »Seins« als »Zusammensein« gelte, daß diese drei *coram*-Relationen – bei aller Differenzierung – *ineinandergriffen*.[61] Genau *damit* aber stellt die relationale Ontologie nach EBELING

»einen *Interpretationsrahmen* bereit, in dem sich *das Ganze des christlichen Glaubens* artikulieren und strukturieren läßt, und dies nicht in einer abstrakten, theoretischen Weise, sondern so, daß dabei in jeder Hinsicht der Lebensbezug erkennbar wird.«[62]

Abschließend sei bemerkt, daß dieses Programm einer relationalen Ontologie offenbar dem Ziel dienen soll, die »*Einheit der Wirklichkeit*« zu beschreiben: »Gerade die Ontologie der Relation ist auf die Wirklichkeit im ganzen bedacht.«[63] Insofern ist es nur konsequent, die Ontologie der Relation dezidiert als *nicht* »spezifisch theologisch« zu bezeichnen und die Frage bewußt *offenzulassen*, »inwieweit sich dennoch Impulse aus biblischer Überlieferung darin niedergeschlagen haben.«[64]

Anders verhält es sich übrigens mit dem Ansatz bei der *Trinitätslehre*, den Chr. SCHWÖBEL wählt.[65] *Auch* die Trinitätslehre dient zwar – wie die relationale Ontologie[66] – als »Rahmentheorie«, aber ausdrücklich als »Rahmentheorie *des christlichen Glaubens*«.[67]

---

[57] A.a.O., 351 (alle Zitate).
[58] Ebd. (Hervorhebung E.R.).
[59] EBELING, a.a.O., 352.
[60] Vgl. a.a.O., 353–355.
[61] EBELINGs Rede vom »*Ineinandergreifen* verschiedener coram-Relationen« (a.a.O., 353 [Hervorhebung E.R.]) ist darum deutlich *passender* als seine Rede vom bloßen »*Beieinander* der drei coram-Relationen« (a.a.O., 355 [Hervorhebung E.R.]).
[62] A.a.O., 355 (Hervorhebungen E.R.).
[63] EBELING, a.a.O., 348.
[64] Ebd. (beide Zitate).
[65] Vgl. DENS., Rahmentheorie, *passim* (s. dazu unten S. 32–35).
[66] Vgl. EBELING, Dogmatik I, 355 (s.o. m. Anm. 62).
[67] Liegt es an dieser *Beschränkung*, daß EBELING, a.a.O., 61, vergleichsweise polemisch bemerkt, »der systematische Ort der Trinitätslehre« werde »gern zu einem Schibboleth der Rechtgläubigkeit hochgespielt«?

Darum widerspricht SCHWÖBEL jedem Versuch, »die Trinitätslehre als allgemeines Prinzip der Vermittlung von Universalität und Partikularität für die Deutung von *Wirklichkeit schlechthin* in Anspruch zu nehmen.«[68] Denn die Trinitätslehre fungiere *ausschließlich* »als Rahmentheorie des Wirklichkeitsverständnisses *des christlichen Glaubens*«[69]. Damit soll der Versuchung widerstanden werden, »die Einheit der Wirklichkeit in der Einheit Gottes zu begründen«, wie dies der Kolosserhymnus (Kol 1,15–18) versucht habe.[70]

I.U. DALFERTH hat indes auf einige Probleme des Ebelingschen Ansatzes hingewiesen. So seien *ganz grundsätzlich* »ernsthafte Bedenken gegen das von ihm praktizierte *phänomenologische* Verfahren anzumelden«, das der »phänomenalen Ausweisbarkeit theologischer Gedankengänge« verpflichtet ist.[71] Was sodann die konkrete *Ausgestaltung* seines relationalen Ansatzes angeht, so dürfte er unter DALFERTHs Verdikt über jene »naiv relationalen Ansätze« fallen, welche personale Identität »durch einen dreifachen Bezug als Selbstbezug, Fremdbezug und Weltbezug zu explizieren suchen, um die Einheit der Person als Zugleich transzendentaler Subjektivität, reinen Weltverhältnisses als Erkenntnissubjekt und entsprechenden Fremdverhältnisses als Daseins-Partner eines Du zu entfalten.«[72]

1.2.2. Ingolf U. Dalferth: »Skizzen zu einer eschatologischen Ontologie«

Seine 1981 als Habilitationsschrift von der Tübinger Evangelisch-theologischen Fakultät angenommenen und 1984 veröffentlichten »Skizzen zu einer eschatologischen Ontologie« (so der Untertitel) versteht Ingolf U. DALFERTH ausdrücklich als einen »Beitrag zur *längst fälligen Rehabilitation ontologischer Fragestellungen in der Theologie*«[73]. Unter diesen versteht DALFERTH namentlich

die »Frage, *unter welchen ontologischen Voraussetzungen der christliche Glaube seinen Wahrheitsanspruch faktisch erhebt und als wirklichen Wahrheitsanspruch überhaupt nur erheben kann, wenn seine Behauptungen wahr sein können sollen.*«[74]

---

[68] Rahmentheorie, 50 (Hervorhebung E.R.).
[69] A.a.O., 51 (Hervorhebung E.R.).
[70] A.a.O., 38.
[71] DERS., Existenz Gottes, 76, Anm. 1 (Hervorhebung E.R.). Er begründet seine Kritik folgendermaßen (ebd.): »Theologisch relevant sind die von ihm [sc. Ebeling; E.R.] dargelegten und explikativ in Anspruch genommenen menschlichen Erfahrungen nur und allein insofern, als sie theologisch interpretiert sind. [...] Gerade insofern sie aber theologisch interpretiert sind, stehen sie im Horizont des Streites mit dem Unglauben und taugen nicht zu einer phänomenologischen Einleitung bzw. Hinführung zum Glauben. In Ebelings Dogmatik herrscht so gerade dort eine gefährliche Ambivalenz, wo ihre besondere Eigenart liegt.« Vgl. zu dieser Problematik auch das oben, S. 2 m. Anm. 6, Zitierte.
[72] Existenz Gottes, 301. Vgl. dazu EBELING, Dogmatik I, 353–355 (s.o. S. 25).
[73] Existenz Gottes, 13 (Vorwort [Hervorhebung E.R.]).
[74] A.a.O., 31. Darin sieht DALFERTH den »*Unterschied* zur *epistemologischen* Frage nach der Begründung des christlichen Wahrheitsanspruchs und damit nach der Erkenn-

Der Fokus dieses Beitrags liegt ausweislich des Titels »Existenz Gottes und christlicher Glaube« zunächst auf den mit der Existenz *Gottes* verbundenen ontologischen Fragen und ist *insofern* für unsere (stärker soteriologisch-anthropologische) Fragestellung weniger ergiebig. Allerdings kommen in Dalferths Reflexionen zur Existenz Gottes zugleich – und zutiefst sachgemäß – immer auch anthropologische bzw. soteriologische Fragestellungen – als Christologie und Anthropologie miteinander verbindende – in den Blick. Exemplarisch seien nur seine Ausführungen zur *perichoretischen Einheit Gottes* genannt, mit denen Dalferth sich von Tritheismus und Modalismus gleichermaßen abgrenzt. Da diese Ausführungen im Rahmen dieser Arbeit zu einem späteren Zeitpunkt wieder aufgegriffen werden sollen (s.u. II.7.), seien sie hier bewußt schon einmal im Gesamtzusammenhang wiedergegeben:

»Die Einheit Gottes kommt [...] nicht dadurch zustande, daß sich Vater, Sohn und Geist als ursprünglich Verschiedene in wechselseitige Beziehung setzen. [...] Gottes Einheit ist nicht das Resultat eines *Einigungsprozesses*, an dessen Beginn Vater, Sohn und Geist stehen. Aber ebensowenig sind Vater, Sohn und Geist Resultat eines *Differenzierungsprozesses*, an dessen Beginn die Einheit Gottes selbst steht. Beides ist vielmehr *gleichursprünglich* mit dem göttlichen Anredegeschehen gegeben, in dem sich Gott Vater,

---

barkeit und Ausweisbarkeit an der Erfahrung der vom Glauben beanspruchten Wahrheit« (ebd. [Hervorhebungen E.R.]). – Auch wenn das bei Dalferth anscheinend nicht der Fall ist, sei doch an die Warnung HORSTMANNs vor einer scharfen *Trennung* »zwischen Ontologie und Erkenntnistheorie« erinnert, wie er sie etwa an Bradleys »monistische[r] Theorie« bemängelte: »Diese Abspaltung der Erkenntnistheorie von der Ontologie ist aus mehreren Gründen unglücklich. Zunächst: wenn man, wie Bradley, die These vertritt, daß die Welt, so wie sie wirklich ist, der Erkenntnis wegen der ihr eigentümlichen und unvermeidbaren Mittel in gar keiner Weise zugänglich ist, so wird es schon im Ansatz ein eher unfruchtbares Unternehmen, danach zu fragen, was denn wirklich ist. [...] Eine andere Mißlichkeit kommt hinzu. Die scharfe Trennung zwischen Erkenntnistheorie und Ontologie führt nämlich faktisch zu einer Verdoppelung der Ontologie in dem Sinne, daß es für Bradley unvermeidlich ist, neben der ›eigentlichen‹ Ontologie, also seiner Lehre von dem substantiellen Ganzen, eine in seiner Theorie der Erkenntnis implizit enthaltene Ontologie zu akzeptieren, der zufolge die uns zugängliche Welt als ein Ensemble von ›terms and relations‹ betrachtet werden muß« (Relationen, 167 [alle Zitate]). Vgl. zum Ganzen auch SCHULZ, Sein und Trinität, 828–837, und besonders PAPANIKOLAOU, Being with God, 9–48.102–106, der in Anlehnung an Lossky und Zizioulas eine *ekklesiale Verwurzelung der Epistemologie* und darum *innerhalb* der grundsätzlich untrennbaren Beziehung zwischen Epistemologie und Ontologie (»the inseparable relation between epistemology and ontology« [a.a.O., 105]) eine *sachlogische Priorität des Ontologischen* annimmt: "For both Lossky and Zizioulas, all knowledge has one source – God – and [...] in this sense, ontology precedes epistemology. Lossky and Zizioulas challenge the modern, even postmodern, prioritization of the epistemological. For both theologians, there is a coincidence or, to use Zizioulas's word, simultaneity between ontology and epistemology. What one knows of God and the limits of this knowledge coincide with one's ecclesial experience of God" (ebd. [Hervorhebungen E.R.]).

Sohn und heiliger Geist auf unverwechselbare Weise voneinander unterscheiden und aufeinander beziehen [...].«[75]

Die »Pointe« des mit diesen Worten beschriebenen »göttlichen Lebens« sieht DALFERTH darin, daß sich »das perichoretische Anredegeschehen [...] seinem innersten Wesen nach *auf Gemeinschaft hin öffnet*. Diese Gemeinschaft erschöpft sich nicht in Gottes ewigem Verhältnis zu sich selbst, sondern ist im Horizont dieses Selbstverhältnisses ein Verhältnis zu anderem, durch dessen Existenz es zum Auseinandertreten von Räumlichkeit und Zeitlichkeit und damit zur Geschichte der Schöpfung, Versöhnung und Erlösung kommt.«[76]

Aus einem *trinitarischen* Gottesverständnis ergibt sich nach DALFERTH notwendig, daß die Existenz Gottes von Anfang an eine »Pro-Existenz« ist:

»Gott lebt, indem er mit sich und damit immer schon für andere und auf andere hin lebt. Er ist nicht sekundär und nachträglich, sondern intrinsisch und ursprünglich *Gott für ...* Wer seine Existenz behauptet, behauptet damit notwendig seine Pro-Existenz.«[77]

Das Leben Gottes ist also – wie DALFERTH auch in späteren Veröffentlichungen hervorhebt –

»kein sich selbst genügendes Geschehen. Die Pointe der Selbstkonkretisierung Gottes durch die perichoretische Ausdifferenzierung und Inexistenz von Vater, Sohn und Geist ist vielmehr die Verwirklichung der Liebe, die Gott ist. Diese Liebe greift wesentlich über sich hinaus und erstreckt sich auf anderes als sich selbst«[78].

Darum gelte *in anthropologicis*:

»Wir leben als von Gott unterschiedene Geschöpfe, weil und insofern wir durch Gottes Geist immer wieder und immer weiter in die Perichorese des trinitarischen Seins Gottes hineingenommen werden.«[79]

Kritisch anzumerken wäre m.E. allerdings, daß ebendies ausschließlich *in soteriologicis* gilt, d.h. *nur* für den Menschen ἐν Χριστῷ.[80]

1.2.3. John D. Zizioulas: »Being as Communion« / »L'être ecclésial«

Die m.E. anregendsten und fruchtbarsten Beiträge zu unserem Thema stammen aus der Feder des Metropoliten von Pergamon, John D. Zizioulas, »eine[m] der wichtigsten Vertreter einer (neo)kappadozischen Trinitätslehre in der gegenwärtigen Diskussion«[81]. Wie A. PAPANIKOLAOU heraus-

---

[75] DALFERTH, Existenz Gottes, 209f. (Hervorhebungen E.R.). Vgl. DENS., Grammatik, 236: Vater, Sohn und Geist »sind, was sie sind, jeweils nur in und aus den anderen.«
[76] Existenz Gottes, 210. Vgl. zum Ganzen unten S. 317–319.
[77] A.a.O., 211 (beide Zitate).
[78] Grammatik, 236.
[79] Ebd.
[80] S.u. S. 119–125.313–315.316–318.
[81] So das Urteil von SCHWÖBEL, Rahmentheorie, 46. ZIZIOULAS selbst beabsichtigt mit seinen Beiträgen in der Tat eine sog. »neopatristische Synthese« (»neopatristic syn-

gearbeitet hat, ist für Zizioulas – im Gegensatz zum Ansatz Losskys[82] – eine *enge Verknüpfung zwischen immanenter und ökonomischer Trinität* wesentlich, die im eucharistischen Vollzug *erfahren* werden kann.[83] Allererst aus dieser eucharistischen Erfahrung heraus entwickelt sich dann eine *streng trinitarische Theologie*, der ein »revolutionäres« Moment eignet:

> "The 'revolutionary' aspect of trinitarian theology is that ontology gives *priority to categories that were within a metaphysics of substance considered to have no ontological import*. Implicit in the doctrine of the Trinity is *a relational ontology of trinitarian personhood*, where being is best understood in terms of such notions as 'difference,' 'otherness,' 'relationality,' and 'person.'"[84]

Das zentrale Anliegen der theologischen Studien J. ZIZIOULAS' besteht in der präzisen *Verhältnisbestimmung von »Personalität« (»personhood«) und »Kirche« (»church«) in deren untrennbarer Doppelheit*,[85] die eine gleichermaßen ekklesiologische wie ontologische Besinnung erfordert. *Gerade in dieser Verschränkung von »Ekklesiologie« und »Ontologie« liegt die Pointe des Zizioulasschen Beitrags.*[86] Er entwickelt eine »ekklesiologische Ontologie«, die *trinitarisch* verankert ist:

> "The person cannot exist in isolation. God is not alone; he is *communion*. […] This means that *exactly as is the case with God, so with us, too*: Personal identity can emerge only from love as freedom and from freedom as love."[87]

Die Verschränkung von Ekklesiologie und Ontologie bedingt ZIZIOULAS zufolge die *Notwendigkeit einer neuen ontologischen Kategorie ("we really need a new ontological category"*[88]*!)*, die der Tatsache Rechnung trägt, daß eine *ekklesiologisch* bestimmte Person in *der* Weise eine »para-

---

thesis« [s. dazu FLOROVSKY, Legacy, bes. 70]), die fähig sei, West und Ost angesichts existentieller Fragen der Gegenwart zu ihren Wurzeln zurückzuführen (Being as Communion, 26). – Zur *Profilierung* von Zizioulas' Position (im Gespräch mit dem Ansatz Vladimir Losskys) vgl. PAPANIKOLAOU, Being with God, *passim*.

[82] Vgl. PAPANIKOLAOU, Being with God, 5: "[…] Lossky adheres to a strict separation between the immanent and the economic Trinity, or between *oikonomia* and *theologia*." Papanikolaou kann sich bei seinem Urteil z.B. auf ZIZIOULAS, Otherness, 138f., Anm. 80, berufen, der Lossky und den neopalamitischen Theologen explizit vorwirft, sie unterminierten mit ihrer einseitigen Betonung der göttlichen *»Energien«* die Beteiligung der göttlichen *»Personen«* am Heilswerk.

[83] Vgl. DENS., a.a.O., 5.

[84] DERS., ebd. (Hervorhebungen E.R.).

[85] Vgl. nur die *Untertitel* seiner als Diptychon zu verstehenden Aufsatzbände »Being as Communion« (1985; frz. 1981) und »Communion and Otherness« (2006): »Studies in Personhood and the Church« bzw. »Further Studies in Personhood and the Church«.

[86] Vgl. DENS., L'Être ecclésial, 11: « L'Eglise n'est pas simplement une institution, mais bien un 'mode d'existence', *une manière d'être*. » Dieser programmatische Satz *eröffnet* Zizioulas' Einleitung.

[87] ZIZIOULAS, Otherness, 166f. (Hervorhebung E.R.).

[88] Being as Communion, 59 (Hervorhebung E.R.).

doxe« Erscheinung ist, als sie »ihre Wurzeln in der Zukunft und ihre Äste in der Gegenwart« hat.[89] Mit anderen Worten:

"Man appears to exist in his ecclesial identity not as that which he is but as that which he *will* be; the ecclesial identity is linked with eschatology, that is, with the final outcome of his existence. This consideration of the human person from the point of view of a *telos* must not be interpreted with the help of an Aristotelian entelechy, that is, with the help of a potentiality existing in man's nature which enables him to become something better and more perfect than that which he is now."[90]

Für dieses neue eschatologisch-ekklesiologische Sein (»ecclesial existence«[91]) schlägt ZIZIOULAS den Begriff der »*sacramental* or *eucharistic hypostasis*« vor[92].

Erfahrbar und insofern *realisiert* wird diese »ekklesiale Existenz« in der dezidiert *pneumatologisch* vermittelten[93] eucharistischen Gemeinschaft des »mystischen« Leibes Christi,[94] in der der einzelne *in nicht-individualistischer Weise* am anderen zu sich selbst kommt.[95] An dieser Stelle wird abschließend noch einmal das Grundanliegen ZIZIOULAS' deutlich:

"There is no model for the proper relation between communion and otherness either for the Church or for the human being other than the Trinitarian God. If the Church wants to be faithful to her true self, she must try to mirror the communion and otherness that exists in the triune God. The same is true of the human being as the 'image of God'. *The relation between communion and otherness in God is the model both for ecclesiology and for anthropology.*"[96]

---

[89] Ebd. Diese eschatologisch-dialektische Bestimmtheit »makes man as a person always sense *that his true home is not in this world*« (a.a.O., 62 [Hervorhebung E.R.]).

[90] A.a.O., 59.

[91] Vgl. dazu DENS., Being as Communion, 49–65; DENS., Otherness, 75–81.

[92] Being as Communion, 59.

[93] ZIZIOULAS, a.a.O., 23–25 u.ö., wendet sich damit ausdrücklich gegen eine mögliche »Sakramentalisierung der Theologie«. Dabei hat er sehr wohl aber auch die *Gefahr* insbesondere der *westlichen* Theologie (namentlich seit Augustinus) vor Augen, zugunsten einer »extremen Christozentrik« oder aber eines »sozialen Aktivismus oder Moralismus« die wesentliche Bedeutung des Wirkens des Heiligen Geistes aus dem Blick zu verlieren (a.a.O., 20). Vgl. zum Verhältnis von Christologie und Pneumatologie bes. a.a.O., 123–142; DENS., Lectures, bes. 148–153.

[94] Vgl. ZIZIOULAS, Being as Communion, 143–169.247–260, und bes. DENS., Otherness, 286–307.

[95] Vgl. bes. ZIZIOULAS, Otherness, 1–12. Im Rahmen ekklesialen Seins gelte eben *nicht*: homo homini lupus. Das ist ausdrücklich gegen Sartre, Boethius und Augustinus gerichtet, mithin gegen die gesamte westlich-individualistische Kultur (a.a.O., 1). – Auch wenn man sich möglicherweise etwas mehr Differenzierung wünschen würde, scheint mir der Grundimpetus nicht verfehlt.

[96] Otherness, 4f. (Hervorhebung E.R.). Hinsichtlich der *Anthropologie* ergeben sich daraus laut ZIZIOULAS die folgenden drei Konsequenzen: "The Person is otherness in communion and communion in otherness. [...] Personhood is freedom. [...] Personhood is creativity" (a.a.O., 9f.).

Dieses trinitarische »Modell« lehrt gemäß ZIZIOULAS folgendes:

"Otherness is not secondary to unity; it is primary and constitutive of the very idea of being. [...] if otherness disappears, beings simply cease to be. In Christian theology there is simply no room for ontological totalitarism. [...] God is not, logically or ontologically speaking, first one and then many; he is one in being many."[97]

Hier stellt sich allerdings die Frage, wie sich diese Aussagen zur μοναρχία des Vaters verhalten, von der ZIZIOULAS um der Rettung des Monotheismus' willen ebenfalls spricht.[98] Man mag sich daher vielleicht der Kritik Chr. SCHWÖBELS anschließen, Zizioulas' Vorschlag könne »durchaus als ein Monotheismus der ersten Person der Trinität charakterisiert werden, insofern der Vater als Quelle und Ursprung der Trinität das Prinzip ihrer Einheit ist«[99]. Ob damit allerdings tatsächlich »[d]ie Metaphysik der Substanz der westlichen Tradition [...] durch eine Metaphysik der Person der östlichen Tradition ersetzt« wird,[100] mag hier auf sich beruhen. *Die schlechthin entscheidende Frage lautet jedenfalls, ob »die Relationen zwischen Vater, Sohn und Geist als Ursprungsrelationen begriffen werden« müssen, oder ob sie »als reziproke Relationen zu verstehen« sind und mithin »die Gleichursprünglichkeit von Einheit und Vielheit in der Trinität«*

---

[97] Otherness, 11 (Hervorhebung E.R.).

[98] Vgl. bes. DENS., Otherness, 113–154 (»The Father as Cause«). – Zum Problem des sog. »Monotheismus«, den ZIZIOULAS, a.a.O., 149–154, ausdrücklich als Hintergrund seiner Bemühungen nennt, vgl. MOLTMANN, Monotheismus, *passim*.

[99] Rahmentheorie, 47. (FELMY, Orthodoxe Theologie, 40–49, weist freilich darauf hin, daß für die *gesamte* orthodoxe Theologie die *Einheit* der Trinität fraglos »in der Monarchie des Vaters« gründet [46] bzw. daß »das *Prinzip der Einheit* [...] im Osten die Hypostase des Vaters« ist [47]. Zizioulas – als Vertreter neopatristisch-orthodoxer Theologie – fällt nicht aus diesem Rahmen.)
Eine ähnliche Kritik wäre vermutlich gegenüber JENSON, Theology I, 220, zu äußern, wenn er schreibt: "If God's eternity is love, then God's eternity is personal. So we come to the *Father*, for it is the personality of the Father that is the personality of the one God. The Father intends himself in the Son and intends all else by the way he intends the Son. Divine infinity is, at this last step, the infinity of this intention, that is, of a specific loving consciousness." Zur *Substanzhaftigkeit* dieses »Bewußtseins« bemerkt er, sie sei nur denkbar als *unmittelbares* »Selbstbewußtsein« (»*self*-consciousness«): "This is one way of locating the point where Hegel's synthesis collapsed. The only way in which consciousness might be interpreted as substance is if it is understood as essentially and independently self-consciousness, so that the object by which it achieves reality is merely itself. This self-consciousness must be 'immediate', not initially mediated by other consciousnesses; I must be conscious of my self wheter or not I have as my object another consciousness that has me for its object. But just so, the biblical apprehension of the contingent object is in fact suppressed, and appears in the system only as an accusatory and finally malignant memory" (DERS., Identity, 183, Anm. 22 = DERS., Theology I, 220, Anm. 65 [vgl. aber den von ihm beobachteten Selbstwiderspruch zu seinen früheren Ausführungen: ebd., Anm. 66]).

[100] So SCHWÖBEL, Rahmentheorie, 47.

behauptet werden darf.[101] Letztere Behauptung müßte sich im Rahmen *unserer* Fragestellung jedenfalls an Stellen wie 1Kor 15,24–28 bewähren.[102]

1.2.4. Christoph Schwöbel: »Gott in Beziehung«

In seinen unter dem Titel »Gott in Beziehung« versammelten »Studien zur Dogmatik« will der frühere Heidelberger und jetzige Tübinger Systematische Theologe Christoph SCHWÖBEL deutlich machen,

»daß in der christlichen Dogmatik als der denkerischen Rekonstruktion und Explikation des Wirklichkeitsverständnisses des christlichen Glaubens das *Verständnis* von Gott, Mensch und Welt in dem *Verhältnis* von Gott, Mensch und Welt begründet ist, wie es durch die Offenbarung Gottes für den christlichen Glauben erschlossen ist.«[103]

Das Programm einer *trinitarischen Theologie* muß nach SCHWÖBEL die »Reflexion auf ›Gott in Beziehung‹« immer mit der »Reflexion auf ›Beziehung in Gott‹« verbinden[104]:

»Ein solches theologisches Vorgehen fordert die Explikation in einer *relationalen Theologie*, die als Korrelate eine relationale Anthropologie und eine relationale Kosmologie hat, die als die grundlegenden Aspekte des christlichen Wirklichkeitsverständnisses im Zusammenhang einer relationalen Ontologie zu entfalten sind.«[105]

Dabei geht es SCHWÖBEL aber »nicht primär darum, eine solche *relationale Ontologie* theoretisch zu entfalten und sie einem *substanzontologischen* oder *subjektivitätstheoretischen Ansatz* zur Wirklichkeitsinterpretation gegenüberzustellen«[106], sondern darum

---

[101] Alle Zitate: SCHWÖBEL, ebd. (Hervorhebungen E.R.). Er gesteht Zizioulas zwar zu, daß dieser die *Reziprozität* der innertrinitarischen Relationen »schon für die kappadozische Trinitätslehre reklamiert«, was »aber wieder durch den Monotheismus des Vaters konterkariert« werde (ebd.).

[102] Im Blick gerade auf diese Stelle ist m.E. der *Anspruch* der orthodoxen Theologie hinsichtlich der behaupteten Monarchie des Vaters ernstzunehmen und zu überprüfen: »Den hier latenten Subordinatianismus hat die orthodoxe Kirche dabei stets als *schriftgemäß* in Kauf genommen« (FELMY, Orthodoxe Theologie, 47 [Hervorhebung E.R.]).

[103] Gott in Beziehung, VII (Vorwort).

[104] Vgl. ebd.

[105] Ebd. (Hervorhebung E.R.).

[106] Ebd. (Hervorhebungen E.R.). Damit sind die drei Ansätze genannt, die mehrheitlich die gegenwärtige Diskussion bestimmen: *relationale Ontologie, Substanzontologie* oder ein *subjektivitätstheoretischer Ansatz*. Im Blick auf die vielfältige neuere anthropologische Diskussion bemerkt SCHWÖBEL, Menschsein, 193, jedoch: »[…] es scheint dennoch ein grundlegendes gemeinsames Element in den meisten Richtungen der anthropologischen Diskussion zu geben. Das Menschsein wird als In-Beziehung-Sein verstanden. Seitdem die moderne Anthropologie die Auffassung der besonderen Auszeichnung des Menschen durch den Besitz einer substantiellen Seele weitgehend aufgegeben hat, wird das Menschsein auf der Basis seiner relationalen Struktur verstanden.«

1. Wichtige Forschungspositionen

»zu zeigen, welche *inhaltlichen* Akzente ein aus der Gottesbeziehung des christlichen Glaubens entfaltetes Wirklichkeitsverständnis im Blick auf zentrale Themen der Prolegomena und der *materialen Dogmatik* zu setzen hat.«[107]

Von der streng *relational* entfalteten Trinitätslehre als »Rahmentheorie des christlichen Glaubens«[108] her beschreibt SCHWÖBEL dann auch die christliche Anthropologie relational-ontologisch als »Sein-in-Beziehung«[109]. Dabei bestehe die

»entscheidende These einer christlichen theologischen Anthropologie [...] darin, daß Menschsein als In-Beziehung-Sein in der Beziehung des dreieinigen Gottes zur Menschheit begründet ist«,[110] wobei »Gottes Beziehung zum Menschen nur angemessen verstanden werden kann, wenn sie als die Beziehung des dreieinigen Gottes, des Vaters, des Sohnes und des Heiligen Geistes zur Menschheit verstanden wird.«[111]

Die notwendige Verknüpfung von Trinitätstheologie und Anthropologie[112] zeigt sich auch in der erkenntnistheoretischen Vorordnung ersterer vor letztere, denn »die Auffassung, daß Menschsein als Sein-in-Beziehung nur von Gottes Verhältnis zur Menschheit her verstanden werden kann«, bezieht sich »nicht nur auf die ontologische Verfassung des Menschseins, sondern auch auf die Art und Weise, wie Menschen zur Einsicht in ihre ontologische Verfassung gelangen können.«[113] Eben darum *kann*

---

[107] SCHWÖBEL, Gott in Beziehung, VII–VIII (Hervorhebungen E.R.). Genau *darin* sehe ich auch das Anliegen des Apostels Paulus (s.o. S. 12f.; s.u. S. 43).

[108] Vgl. DENS., Rahmentheorie, 25–51. In kritischer Aufnahme des von Oswald Bayer geäußerten Einwandes gegen die »Prinzipialisierung der Trinitätslehre« (a.a.O., 50) im Sinne einer z.B. von Hegel ausgeführten »trinitarische[n] Metaphysik« (ebd.) ist es nach Schwöbel ausdrücklich *der Zusammenhang von ökonomischer und immanenter Trinität,* der die Trinitätslehre zur Rahmentheorie des christlichen Glaubens macht« (a.a.O., 51 [Hervorhebung E.R.]). Auf diesen Zusammenhang hatte schon EBELING, Dogmatik II, 102, hingewiesen: »Gerade auch dann, wenn man das Reden von Gott an der Ontologie der Relation orientiert [...], muß das Interesse darauf gerichtet sein, daß die Relationen ad extra ihre Entsprechung in Relationen ad intra haben oder, richtiger umgekehrt gesagt, den innergöttlichen Relationen entsprechen, von denen die Trinitätslehre handelt.« Teilweise fast identische Worte finden sich bei SCHWÖBEL, Rahmentheorie, 39–43.

[109] Vgl. DENS., Menschsein, 193–226.

[110] A.a.O., 194.

[111] A.a.O., 195.

[112] Vgl. auch a.a.O., 35: »Die Identität der Glaubenden ist [...] personal und sozial relationale Identität, die in der Beziehung im Geist durch den Sohn zum Vater konstituiert wird, die selbst als Vater, Sohn und Geist in relationaler Identität verbunden sind.«

[113] A.a.O., 196. Damit greift Schwöbel explizit auf die berühmte Calvinsche Unterscheidung zwischen und Verknüpfung von Gotteserkenntnis (*Dei notitia*) und Selbsterkenntnis (*notitia nostri*) zurück (s. ebd., Anm. 4). Vgl. dazu CALVIN, Inst. I, 1–6 (= OS III, 31–64). Der Genfer Reformator bemerkt zur Frage nach dem engen Zusammenhang von Erkenntnis Gottes (*Dei cognitio*) und Selbsterkenntnis (*cognitio nostri*): *Caeterum quum multis inter se vinculis connexae sint, utra tamen alteram praecedat, et ex se pariat, non facile est discernere* (OS III, 31,8–10). Er macht sich die Antwort keineswegs

»das Verhältnis der theologischen Anthropologie zu nicht-theologischen Anthropologien nicht im Sinne der Ausrichtung auf eine mögliche (theologische) Synthese verstanden werden, sondern als dialogische Beziehung«[114].

Eine theologische Anthropologie kann mithin nur eine genuin trinitarisch-christologisch zu entfalten de sein, der Blick auf die anthropologischen Versuche anderer Disziplinen jedoch nicht deren Grundlage. Doch *der Glaube* sei nicht nur – wie eben gezeigt –

»*epistemologisch* konstitutiv für eine christliche theologische Anthropologie, insofern er den Interpretationsrahmen bereitstellt, in dem ein theologisches Verständnis des Menschseins entwickelt werden kann. Er ist sehr viel mehr. Der Glaube ist *ontologisch* gesehen die Existenzweise, in der Menschen ihr Sein-in-Beziehung im Verhältnis zu Gottes Beziehung zur Menschheit verwirklichen.«[115]

Es sei nämlich »die besondere Auszeichnung des Menschseins, [...] seine spezifische Bestimmung darin zu haben, nach dem Bilde Gottes geschaffen zu sein.«[116] Dieses kann freilich »[n]ach dem Sündenfall [...] nicht mehr von der faktischen Existenz der Menschen abgelesen werden.«[117] Der Grund dafür liegt im »relationale[n] Verständnis des Menschseins« und der damit gegebenen »relationale[n] Interpretation der Sünde«:

»*Da die Beziehung des Menschen zu Gott die grundlegende Beziehung ist, die das ganze Sein des Menschen in allen seinen Beziehungen und in allen seinen Aspekten bestimmt, betrifft der Widerspruch gegen diese Beziehung das ganze In-Beziehung-Sein des Menschen.*«[118]

---

leicht und kommt zu dem Ergebnis: *Ut ad Deum creatorem quis perveniat, opus esse Scriptura duce et magistra* (OS III, 60,9f.). D.h. der Mensch (*als Sünder!*) bedarf notwendig der *Selbstschließung* Gottes in seinem *Wort*! Gerade in erkenntnistheoretischer Hinsicht macht Calvin also einen *hamartiologischen Vorbehalt* geltend. Diesen nimmt SCHWÖBEL auf, wenn er bemerkt, »angemessene und vollständige Erkenntnis der Bedeutung des Menschseins« könne »weder an den *empirischen* Befunden der verschiedenen sich mit anthropologischen Themen befassenden Wissenschaften abgelesen noch vom *reflexiven Charakter des menschlichen Selbstbewußtseins* abgeleitet werden« (a.a.O., 197 [Hervorhebungen E.R.]). Daß diese (reformatorische) These in der Theologie und darüber hinaus *höchst* umkämpft ist, dürfte ohne weiteres klar sein.

[114] A.a.O., 197. Mit dieser Einsicht ist die Ablehnung des Pannenbergschen Versuchs verbunden, »eine theologische Anthropologie im Kontext der gegenwärtigen Reflexion in den Humanwissenschaften zu entwickeln« (ebd., Anm. 6).

[115] A.a.O., 199. SCHWÖBEL entfaltet diesen Satz gemäß der doppelten Bestimmtheit des Glaubens nach zwei Richtungen: »Insofern der Glaube durch Gottes Handeln passiv konstituiert ist, hat er den ontologischen Status alles *geschaffenen* Seienden [...]. Insofern der Glaube die aktive, personale Antwort auf Gottes Handeln in der Konstitution von Gewißheit über die Wahrheit der Offenbarung seiner Beziehung zur Wirklichkeit ist, hat der Glaube den spezifischen ontologischen Status von *personalem Dasein*« (ebd.).

[116] A.a.O., 204f.

[117] A.a.O., 205.

[118] Ebd. (Hervorhebung E.R.).

Darum sind auch alle Versuche zum Scheitern verurteilt »zu spezifizieren, welche substantiellen Aspekte des Menschseins, wie etwa die Vernunft, von dem Fall und seinen Folgen nicht betroffen sein könnten.«[119]

Wiederhergestellt wird das Ebenbild Gottes *allein im Glauben (sola fide Christi)*, der »die eschatologische Existenz des Neuen Seins für die Menschheit« ist[120]:

> »Menschen nehmen an der Wiederherstellung des Bildes Gottes in Christus nicht dadurch teil, daß sie das Bild Christi als Vorbild erlösten Menschseins nachzuahmen versuchen (*imitatio Christi*), sondern dadurch, daß sie im Glauben durch Gottes rechtfertigende Gnade dem Menschsein Christi konform werden (*conformitas Christi*).«[121] Diese »*[c]onformitas Christi* ist das Muster des Seins-in-Beziehung nach dem Bilde Christi als Partizipation an der eschatologischen Existenz des Neuen Seins«, »so daß ich in der Beziehung zwischen Gott und Welt relokalisiert werde und die wahre Orientierung meines Lebens in Christus empfange.«[122]

Es wird sich zeigen, daß die hier bewußt etwas länger und im Originalzitat gebotenen Ausführungen im wesentlichen exakt dem entsprechen, was sich den paulinischen Briefen entnehmen läßt. Das gilt namentlich für die (in der Abkehr von der »Substanzmetaphysik zu einer Metaphysik der Relationen«[123] begründete) *streng relational* begriffene *Anthropologie und Hamartiologie* und – insoweit sie *mit Notwendigkeit* folgen – die daraus abgeleiteten *epistemologischen* Konsequenzen.

1.3. Interdisziplinäre Ausblicke

1.3.1. Denis Edwards: »The God of Evolution«

Bewußt im Dialog mit den Naturwissenschaften hat Denis EDWARDS seine explizit »trinitarische Theologie« entwickelt, der er den Titel gab: »The God of Evolution«. Dem Anspruch nach möchte EDWARDS die Erkenntnisse der Evolutionsbiologie mit der »christlichen Tradition« zu einer *Synthese* verbinden. Die Grundlage für das Gelingen einer solchen Synthese sieht EDWARDS in dem Verständnis Gottes als eines zutiefst *relationalen* Wesens, wofür er sich u.a. auf den o.g. Zizioulas beruft[124]:

---

[119] Ebd.
[120] A.a.O., 199.
[121] A.a.O., 207.
[122] Ebd. (beide Zitate).
[123] SCHWÖBEL, Christologie, 286. Vor dem Hintergrund dieses »Paradigmenwechsel[s] von der Natur zur Person« »bedeutet Menschsein *nicht*, eine menschliche *Natur* zu besitzen, sondern eine *Person* zu *sein*« (ebd. [Hervorhebungen E.R.]). Diese »*relationale Verfaßtheit des Menschseins realisiert sich im In-Beziehung-Sein einer Person mit anderen Personen*« (ebd. [Hervorhebung E.R.]).
[124] Vgl. EDWARDS, God, 26f.

"God is a God of mutual friendship, of diversity in unity. Dynamic Being-in-Relation is the very being of God. If God is Being-in-Relation, then this provides a basis for thinking about *reality as radically relational*. A relational ontology provides a meeting point between Christian theology and evolutionary biology. *In a Christian theology, the relational trinitarian God can be understood as making space within the divine relations for a dynamically unfolding universe and for the evolution of life in all its diversity and interconnectedness.*"[125]

Diese *gottgewollte Diversität* verpflichtet den Menschen im übrigen zu einer entsprechenden *Ethik umfassender Solidarität*:

"This trinitarian constitution of reality calls for human communities based on mutual and equal relations, and on respect for otherness and diversity. It calls human beings to an ecological consciousness, to an empathy for and solidarity with all the life forms of our planet."[126]

Auch wenn die Notwendigkeit eines Diskurses mit naturwissenschaftlichen Erkenntnissen keinesfalls bestritten werden soll, so ist doch eine Reihe von Anfragen an den skizzierten Versuch zu stellen. Das Hauptproblem liegt m.E. in Edwards' schöpfungstheologischen und hamartiologischen Grundannahmen. Wesentlich für seinen Ansatz ist zunächst die These von der (liebevollen) *Selbstbeschränkung Gottes* angesichts der *Beschränktheit kreatürlichen Lebens*, wobei Gott nicht nur die menschliche »Freiheit« (des Willens usw.) respektiere, sondern ausdrücklich auch die sog. »Naturgesetze«: "This God works in and through the laws [!] of nature and in and through the randomness of the process."[127] Inwiefern gleichwohl noch von göttlichen Zielen (»the [!] divine purposes«) gesprochen und so etwas wie eine Teleologie aufrechterhalten werden kann, bleibt unklar. Ebenso problematisch ist die sich aus einer evolutionären Weltsicht ergebende *Notwendigkeit* von »Versuch und Irrtum«, die EDWARDS – im Gegensatz zum von ihm zitierten Philip Hefner[128] – aber ausdrücklich aus der hamartiologischen Diskussion heraushalten will,[129] denn die allen Menschen grund-

---

[125] A.a.O., 126 (Hervorhebungen E.R.).

[126] A.a.O., 128. – Zu den trinitarischen Grundlagen christlicher Ethik vgl. LEHMANN, Ethik, 94–115, bes. 97–104 (= DERS., Ethics, 102–123, bes. 105–112).

[127] A.a.O., 126.

[128] Vgl. dazu a.a.O., 60–65. EDWARDS zitiert neuere theologische Entwürfe, die den sog. »Sündenfall« ausgesprochen *positiv* würdigen, nämlich als »fall upward«; jede Weiterentwicklung sei schließlich nur um den Preis bestimmter unvermeidlicher »Kosten« zu erreichen (a.a.O., 60f.64).

[129] Vgl. a.a.O., 64f.: "Granted that we do experience discrepancy between information coming from genes and culture and that we experience ourselves as intrinsically fallible, are these experiences to be equated with sin? I argue that they are not." Edwards beruft sich dabei auf die Unterscheidung *Karl Rahners* zwischen zwei verschiedenen Arten von menschlicher »Begierde« (»concupiscence«): "He [sc. Rahner; E.R.] distinguishes between the disorder that springs from *sin* and the disorder that is intrinsic to being a *lim-*

sätzlich (d.h. schöpfungsmäßig?!) eingestiftete »Fallibilität« (»fallibility«) sei

"not original sin, nor is it the concupiscence that springs from sin. It is simply part of being a finite human creature. *We are evolutionary creatures who are intrinsically fallible. This is the way that God has created us.*"[130]

Mir scheint, daß eine solche Prinzipialisierung der Fallibilität weder die Tiefe noch den Ernst des paulinischen Sündenverständnisses einholt.[131] Es stellt sich daher mit neuer Dringlichkeit die Frage: "Why would a good and all-powerful God create in such a way?"[132], und sie ist mit Edwards' »Trinitarian Theology« m.E. noch nicht hinreichend beantwortet.

1.3.2. Joachim Bauer: »Das Gedächtnis des Körpers«[133]

Abschließend sei bemerkt, daß neuerdings auch von biologischer und medizinischer Seite auf die *wesentliche* Prägkraft von Beziehungen hingewiesen wird. Beispielhaft für diese Sicht ist ein Werk des Freiburger Professors für Psychosomatische Medizin, Joachim BAUER, das im Jahre 2002 erstmals veröffentlicht wurde und seither 15 Auflagen erlebt hat.

In seinem Buch »Das Gedächtnis des Körpers«, das sich an eine breitere Öffentlichkeit wendet, erklärt BAUER, »[w]ie Beziehungen und Lebensstile unsere Gene steuern«[134] und »warum wir gute Beziehungen brauchen, was Gewalterfahrungen im Leben eines Menschen bedeuten, aber auch, welche Folgen fehlende Zuwendung oder hoher Medienkonsum für Kinder haben können.«[135]

Der Ausgangspunkt seiner Ausführungen ist die neurobiologische Entdeckung, daß ›Erlebniseindrücke‹ aller Art, insbesondere aber »Erlebnisse in zwischenmenschlichen Beziehungen«, »in biologische Signale« umgewandelt werden, die gehirnphysiologisch nachweisbar sind.[136] Diese Ergebnisse der neuesten neurobiologischen Forschungen[137] aufnehmend, wo-

---

ited and *finite* human being" (a.a.O., 65). Letztere Art sei nicht sündhaft, sondern moralisch neutral (ebd.).

[130] EDWARDS, God, 66. – Zur Kritik an einer solchen Sicht s. JUNKER, Leben, *passim*.

[131] Bezeichnend ist hier die Bevorzugung der Rede von »Unordnung« (»disorder«) statt »Sünde«, und die Behauptung, letztere »überschatte« den Menschen lediglich »teilweise« (EDWARDS, a.a.O., 65).

[132] EDWARDS, a.a.O., 126. Die Problematik des Begriffes »Allmacht« dürfte inzwischen allgemein bekannt sein. Hilfreiche Andeutungen dazu finden sich bei SCHWÖBEL, Rahmentheorie, 42.

[133] Diesen Hinweis verdanke ich meinem Freund Vikar Christoph Schubert.

[134] So der Untertitel des Buches.

[135] Innerer Klappentext.

[136] Vgl. BAUER, Gedächtnis, 7.9f.

[137] Vgl. BAUER, a.a.O., bes. 221–243 (zur Funktionsweise der Gene).

nach »alles, was wir geistig tun, seelisch fühlen und in Beziehungen gestalten, seinen Niederschlag in körperlichen Strukturen findet«[138], schließt sich BAUER dem Plädoyer des Nobelpreisträgers Eric Kandel für ein »Umdenken in der Medizin« in Richtung auf einen ganzheitlich-psychosomatischen Ansatz an;[139] denn »eine Medizin für ›Körper ohne Seelen‹« mache »ebenso wenig Sinn wie eine Psychologie für ›Seelen ohne Körper‹«.[140]

Beiträge wie dieser stellen m.E. erfreuliche Ansatzpunkte für das weitere interdisziplinäre Gespräch dar.[141]

---

[138] A.a.O., 8.

[139] Ebd.

[140] Ebd. BAUER greift hier Formulierungen des Begründers der Psychosomatik und Befürworters einer »integrierten Medizin«, Thure von Uexküll (1908–2004), auf.

[141] Vgl. *zur Diskussion* auch KANZIAN/QUITTERER/RUNGGALDIER (Hgg.), Personen, *passim* (hier besonders die Beiträge von REVONSUO, Consciousness, *passim*; NORTHOFF, Brains, *passim*; RAGER, Identität, *passim*; WALTER, Perspectives, *passim*).

Neuerdings kommt der Frage nach einer Substanzontologie bzw. alternativen Ontologiekonzepten eine Schlüsselrolle etwa in der *Debatte um die sog. Präimplantationsdiagnostik* zu. So bemerkt z.B. die Kölner Medizin-Ethikerin Christiane WOOPEN, es sei »lohnend zu fragen, ob nicht die *Differenz zwischen substanz- und funktionsontologischen Deutungshorizonten* bei den Kontroversen [sc. um die Präimplantationsdiagnostik; E.R.] eine erhebliche Rolle spielt. Der Gesetzgeber und das Bundesverfassungsgericht scheinen mir vom ethischen Ansatz her eine substanzontologische Konzeption zugrunde zu legen. In der straf- oder zivilrechtlichen Regelung spezifischer Konfliktkonstellationen bleibt ihnen allerdings kaum etwas anderes übrig, als konkrete, operationalisierbare Anknüpfungspunkte vor dem Hintergrund eines gewissen Interessenausgleichs zu benennen […]. Wenn ihnen dann aber in einem Rückschluss unterstellt wird, sie verträten letztlich einen funktionsontologischen Ansatz und damit ein *graduierendes Würdekonzept*, so geht diese Kritik – zumindest in ihrem deutenden Teil – fehl« (Substanzontologie, 23 [Hervorhebungen E.R.]).

2. Versuch einer vorläufigen Begriffsbestimmung: die Aufgabe

Wir können uns nun der (vorläufigen) Beschreibung unserer Aufgabe widmen. Dabei sei vorab *ausdrücklich* darauf hingewiesen, daß der dieser Arbeit zugrundeliegende Begriff der »Ontologie« gerade angesichts der historisch bedingten Uneindeutigkeit des philosophischen Ontologie-Begriffes[1] in seiner o.g. *unspezifisch-weiten*, d.h. *»rein formalen und neutralen Bedeutung«* als »Frage nach der Bedeutung von ›Sein‹ und nach der Weise, wie Wirkliches da ist«[2], verwendet wird und darum *nicht einer bestimmten Definition* von »Ontologie« – etwa (in Form des *kategorialanalytischen* Verständnisses) als »Theorie der allgemeinsten Bestimmungen von Seiendem« oder als »Theorie dessen, was ist«[3] – verpflichtet ist.[4] Dadurch soll der Ontologiebegriff »von historisch wirksam gewordenen inhaltlichen Vorstellungen, mit denen er so oft in unklarer Weise verquickt wird, entlastet« werden.[5]

Ferner spreche ich bewußt von »*relationaler Ontologie*« und nicht etwa von einer »Ontologie der Relation(en)«, da dieser zweite Begriff *mißverständlich* ist: Soll er lediglich als ausdrücklicher *Gegenbegriff* zur »Ontologie der *Substanz*« (d.h. einer *Substanz*ontologie) dienen,[6] oder verbirgt sich hinter dieser Formulierung die weitergehende Frage nach der »Wirklichkeit oder Realität von Relationen« bzw. nach dem »ontologische[n]

---

[1] Vgl. HORSTMANN, Relationen, 22–27. Bemerkenswert ist, »[d]aß weder Aristoteles noch Kant ihre Entwürfe zu einer solchen Theorie [sc. dessen, was ist; E.R.] ›Ontologie‹ genannt haben« (a.a.O., 23, Anm. 10). Dieser Umstand habe »unterschiedliche historische Gründe« (ebd.).

[2] JOEST, Ontologie, 14 (beide Zitate [Hervorhebung E.R.]).

[3] HORSTMANN, a.a.O., 25. Natürlich ist die »Formel ›was es gibt‹ unübertrefflich unklar« (a.a.O., 24) und »ohne geeignete Spezifikationen extrem nichtssagend« (a.a.O., 25). Durch Zusatz von diese Formel qualifizierenden »Termini wie ›wirklich‹, ›in Wirklichkeit‹ oder ›in Wahrheit‹« kann man immerhin darauf aufmerksam machen, »daß nicht alles, was es in irgendeinem Sinne gibt, deshalb auch schon ›wirklich‹, d.h. in einem ontologisch relevanten Sinne existiert« (a.a.O., 26).

[4] Schon gar nicht ist hier mit dem Begriff »Ontologie« – wie aus den folgenden Ausführungen hoffentlich erhellt – an die klassische »*Substanzontologie*« (oder eine ihrer Unterarten) gedacht, die mindestens im Westen geradezu zur *popularisierten »Standardphilosophie«* geworden zu sein scheint. Dieser Umstand macht die *Vermittlung* der hier zu behandelnden Sachverhalte nicht eben leichter.

[5] Mit JOEST, ebd.

[6] So versteht offenbar EBELING, Dogmatik I, 350 (u.ö.), den Begriff »Ontologie der Relation«. Ähnliches gilt für SCHWÖBELs Rede von einer »Metaphysik der Relationen« (Christologie, 286).

Status von Relationen«⁷? Aber genau um *diese* Frage kann und soll es im Rahmen dieser Arbeit *nicht* gehen – oder jedenfalls nicht primär.

Auch eine Vorfestlegung auf eine entweder monistische oder aber pluralistische Sicht auf Wirkliches, wie sie in der o.g. Kontroverse zwischen Bradley und Russell diskutiert wurden, ist nicht ratsam. Was die dabei eine Rolle spielende Alternative von Extern- und Internrelationen angeht, so dürfte – jedenfalls *prima facie* – aus der Sicht reformatorischer Theologie (als ihrem Anspruch nach konsequenter Paulus-Exegese!⁸) mit ihrer Betonung des *extra nos* den *Externrelationen* der Vorrang einzuräumen sein,⁹ wobei aber G. EBELING darin *unbedingt* zuzustimmen ist, daß »der Begriff der Externrelation nicht so gefaßt werden [darf], daß das Interne ausge-

---

⁷ Vgl. dazu HORSTMANN, a.a.O., 29–35 (29 u.ö.).

⁸ So sieht Calvin im *Römerbrief* ausdrücklich den »Schlüssel« zum Verständnis der *ganzen* Heiligen Schrift (s. dazu REHFELD, Leitlinien, 46 m. Anm. 79; zur Bedeutung der Schrift s. a.a.O., 32–38).

⁹ Es ist natürlich grundsätzlich zu begrüßen, wenn HORSTMANN die *internen* Relationen gegenüber den externen Relationen u.a. deswegen bevorzugt, weil erstere im Gegensatz zu letzteren als »wesentlich« für einen Gegenstand anzusehen seien und insofern »zu den Identitätsbedingungen eines Gegenstandes gerechnet werden können« (Relationen, 33). Problematisch ist hier allerdings schon die pluralische Formulierung »Identitätsbedingung*en*«, suggeriert sie doch, daß die »Relation« nur *eine* Identitätsbedingung eines Gegenstandes *neben anderen* ist (und möglicherweise nicht einmal die wichtigste). Bestätigt wird diese Vermutung, wenn HORSTMANN im gleichen Atemzug »Relationen zu den *Eigenschaften* eines Gegenstandes zählt, ohne die dieser Gegenstand nicht *derselbe* Gegenstand ist« (ebd. [Hervorhebungen E.R.]). Wenn aber – wie es hier geschieht – Relationen nur als »Eigenschaft« eines Gegenstandes gelten, die diesen lediglich *näher bestimmen*, aber nicht *konstituieren* (»ohne die *dieser Gegenstand* nicht *derselbe Gegenstand* ist«!), dann ist damit der Begriff der schlechthin seins*konstitutiven* (und *insofern* wesentlichen!) Relation aufgegeben. Ansätze wie derjenige Horstmanns, die daran festhalten, daß die Relata *vor* und damit letztlich auch *unabhängig von* (den sie eigentlich doch allererst *konstituierenden*!) Relationen existieren, sind zur Beschreibung einer wirklich *relationalen* Ontologie (im Sinne der Theorie einer *ausschließlich* auf Relationen *basierenden* Wirklichkeit) unbrauchbar. – Vgl. *zur Sache* schon AUGUSTINUS, *trin.* 5,5. Er betont, im Gegensatz zu geschöpflichen, d.h. prinzipiell wandelbaren Beziehungen sei *die innertrinitarische Beziehung zwischen »Vater« und »Sohn« kein Akzidens*, sondern kraft ihrer »Ewigkeit« und »Unwandelbarkeit« *wesentlich*, obwohl sie *nicht* die *Substanz* betrifft: *Sed quia et pater non dicitur pater nisi ex eo quod est ei filius et filius non dicitur nisi ex eo quod habet patrem, non secundum substantiam haec dicuntur quia non quisque eorum ad se ipsum sed ad inuicem atque ad alterutrum ista dicuntur; neque secundum accidens quia et quod dicitur pater et quod dicitur filius aeternum atque incommutabile est eis. Quamobrem quamuis diuersum sit patrem esse et filium esse, non est tamen diuersa substantia quia hoc non secundum substantiam dicuntur sed secundum relatiuum, quod tamen relatiuum non est accidens quia non est mutabile* (CChr.SL 50, 210f.). Damit zeigt Augustinus, daß (auch) *Relationen* von *ontologischem* Gewicht sein können, und regt zugleich zu weiterem Nachdenken über den *Zusammenhang von Relation und Substanz* an. Vgl. dazu jetzt KANY, Trinitätsdenken, 198–209.

2. Begriffsbestimmung: die Aufgabe

schlossen ist«[10]. Wir müssen uns daher auch der Aufgabe einer angemessenen Verhältnisbestimmung von *extra nos* und *in nobis* stellen, mithin der Bestimmung des *Verhältnisses von Christologie und Pneumatologie*.[11] Dazu nötigen übrigens, das sei hier bereits notiert, *die paulinischen Texte selbst*, wenn in ihnen etwa neben die Rede vom »Sein des Gläubigen ἐν Χριστῷ« das Bekenntnis tritt: ζῇ δὲ ἐν ἐμοὶ Χριστός (Gal 2,20aβ). Dabei darf jedoch – angesichts der paulinischen *Unterscheidung* zwischen dem (gegenwärtigen) »Sein ἐν Χριστῷ« und dem (noch ausstehenden) »Sein σὺν Χριστῷ« – das dialektische Verhältnis von *Identität und Differenz* nicht übersehen werden.[12]

Ungeachtet dieser und weiterer Fragen soll mit dem Syntagma »relationale Ontologie« zunächst einmal aber nur eine ontologische »Theorie« bezeichnet werden, die besagt, *daß nichts, was »in Wirklichkeit ist«, irgendwie unabhängig von Relationen existiert, sondern daß (alle?[13]) Relationen eminent seinskonstitutiv sind und nicht nur akzidentiellen Charakter haben (dann wären sie ohnehin ontologisch unerheblich[14])*.

Genau aus diesem Grund wird von einer wirklich *relationalen* Ontologie nur dann zu sprechen sein, wenn sie voraussetzt, daß auch die *relata*

---

[10] Dogmatik I, 350.

[11] Das darf natürlich nicht *schematisch* mißverstanden werden! So kann etwa der »pneumatische Christus« genauso gut *in nobis* sein, wie andererseits der Geist als der Geist *Gottes* durchaus auch die *extra-nos*-Signatur des christlichen Glaubens zur Geltung bringt. Vgl. zum Ganzen FATEHI, Relation, *passim*.
Zum *Verhältnis von Christologie und Pneumatologie* vgl. ferner ZIZIOULAS, Being as Communion, 123–142. Er plädiert in diesem Zusammenhang für eine »ontology of communion« (a.a.O., 141), die die schlechthin *konstitutive* Funktion des Heiligen Geistes für das *Sein* der Kirche (*esse ecclesiae*) ernst nimmt: "The Spirit is not something that 'animates' a Church which already somehow exists. The Spirit makes the Church *be*. [...] The Church is *constituted* in and through eschatology and communion. Pneumatology is an ontological category in ecclesiology" (a.a.O., 132). Darum gelte: "We need to make communion condition the very being of the Church, not the well-being but the being of it. On the theological level this would mean assigning a constitutive role to Pneumatology, not one dependent on Christology" (a.a.O., 141). Kurz: *Ecclesia creatura Spiritus!*

[12] Der Vorwurf, diese bleibende Unterscheidung von Identität und Differenz vorschnell (d.h. *zu* präsentischer Eschatologie geschuldet) in eine *undialektische Einheit* aufgehoben zu haben, ist *möglicherweise* Hegel zu machen, der *sein* Verständnis von relationaler Ontologie – bezeichnenderweise – besonders am Johannesevangelium orientiert hat. Da wir hier nicht weiter auf Hegel eingehen können, muß diese *Hypothese* als *bloße Vermutung* bezeichnet werden, die einer späteren Verifikation oder Falsifikation bedarf.

[13] Es mag durchaus auch »Beziehungen« geben, die *nicht* seinskonstitutiv sind. Diese sind in dieser Arbeit *nicht* im Blick. (Möglicherweise wird der Begriff »Beziehung« in diesen hier nicht zur Diskussion stehenden Zusammenhängen ohnehin nur im *übertragenen* Sinne verwendet.)

[14] Das hat Hegel richtig gesehen! Zum *Problem* vgl. HORSTMANN, Relationen, 43–45.47–49.

selbst *nur in und durch Relationen* existieren, nicht aber (auch) unabhängig davon (d.h. »an sich«[15]), wie das eine traditionelle Substanzontologie behaupten könnte.[16] Eine relationale Ontologie besagt darum entschieden *mehr* als die reichlich triviale Einsicht, daß Beziehungen immer das Wesen einer Person *beeinflussen* (können).[17] Vielmehr *existiert* eine Person allererst in und durch Beziehung, wie G. EBELING zu Recht hervorhebt:

»Während substanzontologisch etwas als etwas in sich selbst bestimmt ist, die Relationen ad extra dagegen nur akzidentiellen Charakter haben, lenkt die Ontologie der Relation die Aufmerksamkeit darauf, daß die *Externrelationen konstitutiv* sind.«[18]

»Sein« ist also immer (d.h. bleibend[19]) *extern* bestimmtes Sein und damit das genaue Gegenteil der *incurvatio in seipsum*: *Eine Person entsteht immer am anderen, d.h. durch Beziehung; ein relationsloses Sein ist stricto sensu kein Sein* – oder, um mit M. BUBER zu sprechen: »Der Mensch wird am Du zum Ich.«[20]

---

[15] Vgl. dazu DUNN, Theology, 53: "[...] Paul's theology is *relational*. That is to say, he was not concerned with God in himself or humankind in itself. [...] In other words, Paul's anthropology is not a form of individualism; persons are social beings, defined as persons by their relations. In Pauline perspective, human beings are as they are by virtue of their relationship to God and his world." Es ist allerdings ein *Kurzschluß*, wenn DUNN aus diesen richtigen Beobachtungen schließt: "[...] the later church debates about the natures of Christ are remote from Paul" (ebd.). Hier führte, wie DUNN zugibt (ebd.), das verhängnisvolle Dictum Melanchthons von den *beneficia Christi* Regie (vgl. dazu REHFELD, Leitlinien, 49f.).

[16] Vgl. EBELING, Dogmatik I, 350: »Substanzontologisch erscheint es als das Selbstverständliche, daß man primär ein Einzelner ist, zu dem dann verschiedene Relationen hinzukommen, die mit anderem verbinden.« Genau diesen Vorwurf müßte man aber, trotz aller gegenteiligen Beteuerungen, er vertrete jedenfalls keinen *substanz*ontologischen Monismus, wohl Horstmann machen (zur Begründung s.o. S. 40, Anm. 9) und vielleicht sogar Ebeling selbst. Zumindest ist eine Formulierung wie die folgende insofern problematisch, als sie die Forderung einer *strikt relationalen* Ontologie nicht einzuholen vermag: Der Mensch brauche – so schreibt EBELING (Dogmatik I, 351) – ein Gegenüber, »von dem her er überhaupt erst der wird, der er ist. Der Spiegel kann das nicht ersetzen.« Das klingt aber doch eher nach *qualitativer* (und *nur insofern* dann auch ontisch wirksamer) relationaler »Bestimmtheit« eines (bereits irgendwie *vorhandenen*) Seins als nach *schlechthin* (d.h. *prinzipiell*) relationaler Ontologie.

[17] Es stellt sich darum hier die *Aufgabe*, die zwar richtige, aber *als solche* noch zu unspezifische Beobachtung RABENS' *ontologisch zu präzisieren*: "It is not difficult to demonstrate the centrality of relationships in the writings of Paul and in the tradition on which he draws" (Spirit, 133).

[18] Dogmatik I, 350 (Hervorhebung E.R.). Wie bereits gesagt, sind sie dergestalt konstitutiv, daß sie nicht zuletzt das *Interne* betreffen (s.o.).

[19] Diesen Sachverhalt bringt z.B. der Gedanke der *creatio continua* sachgemäß zum Ausdruck.

[20] Ich und Du, 37. Vgl. die entsprechende Negativformulierung bei ZIZIOULAS, Otherness, 11: "if otherness disappears, beings simply cease to be."

2. Begriffsbestimmung: die Aufgabe

Das macht in der Theologie z.B. eine *von vornherein trinitarische* Gotteslehre notwendig: Gott »existiert«[21] überhaupt *nur als wechselseitige Beziehung* der *relata* Vater, Sohn und Geist,[22] wobei damit über die innertrinitarischen Verhältnisse *als solche* noch nicht allzu viel gesagt ist. Aber jeder monadischen Emanationsvorstellung und jedem Modalismus ist damit *a priori* der Boden genauso entzogen, wie im Bereich der christlichen Anthropologie jedem Individualismus.[23] Denn der Christ als solcher existiert ebenfalls *nur in und durch Beziehung*, nämlich sowohl kraft seines »Seins *in Christus*« als auch[24] seiner funktional-ontologischen Zugehörigkeit zum »Leib Christi«. Ob man mit einem solchen, hier nur grob skizzierten »dialogischen Personbegriff« im Sinne »*radikaler Relationalität*«[25] tatsächlich in neue »Einseitigkeiten« gerät, namentlich in die Einseitigkeit einer »völligen Relationalisierung der menschlichen Person«, wie M. SCHULZ behauptet,[26] muß als ernstzunehmende Frage mitbedacht werden.

Nun ist allerdings ohne weiteres zuzugeben, daß Paulus nicht so sehr an einer bestimmten *Ontologie* gelegen ist, als vielmehr an deren *Wirkung*. Darin ist er ganz *Theologe*, nicht Philosoph. Dementsprechend findet sich bei ihm kein (explizites) Nachdenken über *Ontologie als »Bedingung der Möglichkeit« von Sein*. Der Apostel ist vielmehr an der ontischen *Wirksamkeit* von Beziehungen interessiert; eben damit setzt er aber durchaus eine gewisse Ontologie *voraus*[27], die es wenigstens in Grundzügen zu rekonstruieren gilt. Unser *Hauptaugenmerk* wird im Rahmen einer *exegetischen* Arbeit aus dem genannten Grund aber dennoch auf die ontische *Wirksamkeit* der Christusbezogenheit zu richten sein.

---

[21] Zur *Problematik* des Satzes »Gott existiert« s. DALFERTH, Existenz Gottes, *passim*.

[22] Darum ist z.B. Rahners Kritik an Thomas' Gotteslehre völlig einleuchtend und berechtigt (vgl. SCHWÖBEL, Rahmentheorie, 28f.). JENSON, Theology I, 221, »definiert«: "The fundamental statement of God's being is [...]: *God is what happens between Jesus and his Father in their Spirit*" (Hervorhebung E.R.). Dieser Satz ist natürlich an sich noch reichlich interpretationsbedürftig, dürfte aber mindestens in die Richtung gehen, die hier weiter zu verfolgen ist. (Problematisch erscheint mir allerdings die ebd. gegebene »Grunddefinition« Gottes: »the one God is an *event*«.)

[23] Vgl. bes. ZIZIOULAS, Being as Communion, *passim*; DENS., Otherness, *passim*.

[24] Zur *Begründung* der These, daß Christsein *nur* in der *Doppelheit* von christologisch-soteriologischer und ekklesiologischer Bestimmtheit möglich ist, s.u. S. 92–104.

[25] Vgl. dazu EDWARDS, God, 24–28.126.

[26] Sein und Trinität, 942 (alle Zitate). Für die *Trinitätstheologie* sieht er in der Fokussierung auf den dialogischen Personbegriff die Gefahr der »Absage an einen Begriff vom göttlichen *Wesen*«, sowie der Vernachlässigung des Aspektes »der Inexistenz der personkonstitutiven Relationen *im göttlichen Wesen*« (a.a.O., 943 [Hervorhebungen E.R.]).

[27] Das gesteht auch RABENS, Spirit, 140, zu, mahnt jedoch zur Vorsicht: "However, one needs to be careful not to project one's own philosophical tradition into Paul's letters and in this way ignore or even contradict the text itself" (ebd.). Diese Vorsicht darf m.E. aber nicht dazu führen, daß die genannten Fragen überhaupt nicht mehr gestellt werden!

II. Die *gegenwärtige* Christusbezogenheit διὰ πίστεως und ihre ontische Wirksamkeit: das »Sein in Christus« (ἐν Χριστῷ εἶναι)

Um gleich zu Beginn die *Gesamtausrichtung* dieser Arbeit zu skizzieren, sei ein längeres Zitat des großen Paulus-Kenners Ad. DEISSMANN erlaubt:

»Mit zwei Worten haben wir das Geheimnis der paulinischen Frömmigkeit nicht bloß erkannt, sondern auch durch paulinische heilige Formeln beschrieben: Christus in Paulus, Paulus in Christus.

Daß die Paulusfrömmigkeit christozentrisch ist, ist wohl allgemein zugestanden; aber wie verschieden denkt man sich das christozentrische Paulus-Christentum! Oft hat man insbesondere das Christozentrische identifiziert mit dem Christologischen. Aber die Paulusfrömmigkeit ist christozentrisch in einem viel tieferen und viel realistischeren Sinne: sie ist nicht zunächst eine Summe von Ueberzeugungen und hohen Lehren über Christus; sie ist Christus-›Gemeinschaft‹, Christ-Innigkeit. [...] Christus ist für Paulus nicht eine Person der Vergangenheit, mit der er nur durch Betrachtung seiner überlieferten Worte verkehrt, nicht eine ›historische‹ Größe, sondern eine Realität und Macht der Gegenwart, eine ›Energie‹, deren Lebenskräfte täglich in ihm selbst sich auswirken, zu der er seit Damaskus eine persönlich-kultische Bezogenheit hat.

Im Griechischen könnte man den Unterschied der beiden Paulusauffassungen gut durch Gegenüberstellung von *christologos* und *christophoros* wiedergeben. Gewiß, Paulus ist auch christologischer Denker, aber er ist vor allem und in allem (auch in seiner ›Christologie‹) *Christusträger*.«[1]

»Christus in mir – das ist recht eigentlich das aus tiefster Seele strömende Bekenntnis einer die Tiefen des Ich durchleuchtenden und durchwaltenden Gewißheit. Dieser Gewißheit entspricht die andere: ich in Christus. [...]

Dieses urpaulinische Losungswort ›in Christus‹ ist plastisch mystisch empfunden, wie das damit verzahnte ›Christus in mir‹. 164mal kommt die Formel ›in Christus‹ (oder ›im Herrn‹ u.a.) bei Paulus vor: wirklich das Kennwort seines Christentums. Viel verkannt von den Exegeten, rationalisiert, auf den isolierten ›historischen‹ Jesus bezogen und dadurch abgeschwächt, oft auch ignoriert, muß diese dem Bekenntnis ›im Geist‹ sachlich so nahestehende Formel erfaßt werden als der eigentümlich paulinische Ausdruck der denkbar innigsten Gemeinschaft des Christen mit dem lebendigen pneumatischen Christus.«[2]

---

[1] Paulus², 107f. – DIBELIUS, Mystik, 2, würdigt diese Sicht vor ihrem theologiegeschichtlichen Hintergrund: »Man wollte auf diesem Wege auch das Verständnis der Paulus-Theologie aus einer gewissen Einseitigkeit befreien, in die sie durch die kirchliche Überlieferung – von der Reformation her – und durch theologische Systematisierung – vor allem von Albrecht Ritschl her – geraten war.«

[2] DEISSMANN, a.a.O., 111. Vgl. auch DIBELIUS, Mystik, 11, der betont, Paulus übernehme nicht einfach »mystische Formeln«, sondern er müsse »gespürt haben, was es um die Durchdringung von göttlicher Kraft und (erlöstem) menschlichen Sein ist«.

Was Deißmann vor gut 100 Jahren erkannt und beschrieben hat, hat m.E. bis heute *nichts* von seinem Wert eingebüßt. Aber freilich hat seine Sicht der Dinge nicht nur Zuspruch, sondern auch mitunter heftigsten Widerspruch erfahren.[3] Der Haupteinwand richtete sich stets gegen den – zugegebenermaßen unglücklichen – Begriff der sog. paulinischen »Christusmystik«. Dabei wurde allerdings regelmäßig übersehen, daß DEISSMANN selbst seinen Kritikern insoweit entgegenkam, als er ihn durch den Ausdruck »Christ-Innigkeit« zu ersetzen vorschlug.[4]

Wie auch immer: Die anhaltende Diskussion, viel mehr aber das enorme *sachliche* Gewicht des mit der sog. »Formel« ἐν Χριστῷ ausgedrückten Sachverhaltes[5] macht es jedenfalls notwendig, die Frage nach ihrer präzisen Bedeutung auch hier aufzuwerfen. Träfe nämlich Deißmanns Verständnis der paulinischen Rede vom »In-Christus-Sein« zu, wäre m.E. damit in der Tat der Nachweis relational-ontologischen Denkens bei Paulus gelungen. Aus diesem Grund ist diese Fährte hier *vorrangig* zu verfolgen.

---

[3] Vgl. etwa die Besprechung von Deißmanns Buch »Licht vom Osten« durch VON DOBSCHÜTZ, Umwelt, *passim*, die sich – trotz einiger positiver Bemerkungen über das rezensierte Werk – wie eine Generalabrechnung liest. DEISSMANN, Paulus[2], 121, Anm. 1, sah darin gleichwohl das »Muster einer kollegial-fördernden Kritik«.

[4] A.a.O., 107, Anm. 4: »Mit der Prägung dieses Ausdrucks ›Christ-Innigkeit‹ hoffe ich denen einen Dienst zu leisten, die auch in der Praxis der christlichen Gegenwart von der paulinischen Christusmystik reden wollen, ohne das Mißverständnissen ausgesetzte Wort ›Christusmystik‹ anwenden zu müssen.«

[5] PERCY, Leib, 24, bemerkt zu Recht, die Wendung ἐν Χριστῷ stelle »offenbar *das Zentrum der ganzen paulinischen Gedankenwelt* dar und kann folglich erst von dieser her als einem Ganzen verstanden werden« (Hervorhebung E.R.). Das ist zugleich ein Hinweis darauf, daß eine Beschäftigung mit dieser Wendung eine Beschäftigung mit der gesamten paulinischen Theologie unabdingbar macht. Das ist aber auch aus *methodischen* Gründen notwendig, worauf schon J. WALTER (1904) in seiner Grundsatzkritik an dem »monographischen Betrieb« hingewiesen hat (Gal, VI–VII [Vorwort]): Denn »besonders, wenn er [sc. der monographische Betrieb; E.R.], wie gewöhnlich, in den Händen junger Theologen liegt, die ein einzelnes Stück aus dem Ganzen der Gesamtanschauung behandeln, ohne noch im Stande zu sein, das Gewicht dieses einzelnen Stückes im Verhältnis zum Ganzen richtig abschätzen zu können«, sei »die Gefahr kaum zu vermeiden, das Einzelne, um das es sich handelt, zu einem beherrschenden, oder doch zu einem wichtigeren Hauptstück zu machen, als es verdient.« Er fährt fort (ebd.): »Bei den besprochenen Monographien kommt das Einzelne *vor* dem Ganzen und mehr oder weniger unabhängig von ihm zur Perception, bei meiner Methode *im* Ganzen und *mit* dem Ganzen, d.h. in seiner Beschlossenheit wenigstens in das augenblickliche Gesamtbewußtsein des Paulus.« Auch DIBELIUS, Mystik, 1, wies auf die Notwendigkeit einer »Gesamtschau« hin, »die der Mystik die ihr zukommende Stelle in der Frömmigkeit des Paulus anweist.«

1. Zum Problem schlechthin analogieloser Wirklichkeit

Die fast allgemein anerkannte Feststellung, die sog. »Formel«[1] ἐν Χριστῷ sei eine *paulinische Sprachschöpfung*,[2] drängt sogleich zu der Einsicht, daß es sich hierbei um einen *analogielosen Sprachgebrauch* handelt.

Zwar gibt es bereits im Alten Testament hin und wieder Formulierungen, die an die paulinische »Formel« erinnern,[3] doch sind sie nahezu alle[4] im übertragenen Sinne verständlich, wie etwa E. JENNI gezeigt hat,[5] oder haben aus anderen Gründen nichts mit unserer Frage zu tun. Ähnliches gilt nach Ad. DEISSMANN auch für die literarischen Zeugnisse der griechisch-hellenistischen Zeit.[6]

Allerdings ist in der Frömmigkeitssprache der Psalmen, in der auch Paulus beheimatet war,[7] die Vorstellung von JHWH als »Lebensraum«[8] greifbar: »Indem חֵלֶק wie auch weitere Termini aus den Landtexten (חֶבֶל ;גּוֹרָל ;נַחֲלָה) in der Psalmenfrömmigkeit *relationale Bedeutung* erhalten, entfalten die Texte ein wesentliches Motiv der traditionellen Landtheologie, nach der *das Land als Raum der Beziehung zwischen JHWH und seinem Volk* gilt. In den Psalmen wird Gott selbst zum ›(Land-)Anteil‹, zum Zufluchtsraum. So findet sich חֵלֶק in fast allen Belegen in Verbindung mit חָסָה, dem Motiv der Zufluchtsuche/des Sich-Bergens, oder ähnlichen Motiven, die die Gottesnähe umschreiben.«[9] Aber diese Gottesbeziehung – nicht zufällig wird nur von »Gotts*nähe*« gesprochen! – scheint mir doch in allen genannten Fällen *nicht-ontologisch* verstanden zu sein.

---

[1] Zur *Problematik* dieser Bezeichnung s.u. S. 233–241. Darum wird hier der Begriff »Formel« konsequent in Anführungszeichen gesetzt.

[2] Vgl. DEISSMANN, Formel, 70.77 u.ö. *Anders* SCHNELLE, Paulus, 548, unter Berufung auf *vorpaulinische* Traditionsformeln (s.u. S. 234, Anm. 84); BOEHMER, »Im Namen«, 44 m. Anm. 1 (u.ö.), unter Hinweis auf das Vorkommen ähnlicher Wendungen im Alten Testament: »Denn nirgends im profanen Griechisch, sondern allein im A.T. finden wir die Grundlagen jener sog. paulinischen Formel« (ebd.).

[3] Darauf insistiert besonders BOEHMER, »Im Namen«, 43–53.

[4] Eine interessante Ausnahme stellt allerdings die »Seligpreisung« Jes[LXX] 30,18c dar: μακάριοι οἱ ἐμμένοντες ἐν αὐτῷ [sc. ἐν θεῷ, E.R.]. Dabei ist ἐμμένειν + ἐν c. Dat. – wie auch sonst (vgl. Dtn[LXX] 27,26; Jer[LXX] 38,32 = Hebr 8,9) – mit »*bleiben in*« zu übersetzen, also: »Selig, die in ihm [sc. Gott; E.R.] bleiben!« Nichts spricht jedenfalls dafür, den Satz so wiederzugeben, wie das neuerdings die »Septuaginta Deutsch« tut: »Selig sind, die bei ihm [sc. Gott; E.R.] ausharren!« Hier scheint doch allzu sehr auf den Wortlaut des masoretischen Textes Rücksicht genommen worden zu sein: אשרי כל־חוכי לו (zu חכה לְ *Qal* = »harren auf« vgl. GESENIUS, HWbAT, 229, s.v.).

[5] Vgl. JENNI, Beth, 25–36.171–287, bes. 195–197.

[6] Vgl. DENS., Formel, 16–32.93f.

[7] Vgl. dazu z.B. HOFIUS, Psalter, *passim*.

[8] Vgl. BOEHMER, »Im Namen«, 46: »so ist also […] Gott hier als Ort vorgestellt«.

[9] LIESS, Weg, 183 (Hervorhebungen E.R.). JENNI, Beth, 195 (m. Anm. 72), spricht in diesem Zusammenhang von einem »Raum zweiten Grades«.

1. Zum Problem schlechthin analogieloser Wirklichkeit 47

Dieser offenbar analogielose Sprachgebrauch ist freilich kein Zufall, entspricht er doch der *prinzipiellen Analogielosigkeit* der damit ausgedrückten *»Sache«*.[10] Das noch genauer zu skizzierende *Sprach*problem verweist mithin auf ein tiefer liegendes *Sach*problem, das Johannes CALVIN am 8. August 1555 in einem Brief an Pietro Martire Vermigli mit Bezug auf 1Kor 1,9 (... ἐκλήθητε εἰς κοινωνίαν [...] Ἰησοῦ Χριστοῦ ...) ganz treffend beschrieben hat:

»Denn das Wort Genossenschaft (*consortium*) oder Gesellschaft (*societas*) scheint mir den Sinn dieser Stelle nicht genügend auszudrücken, sondern mir bedeutet sie jenes heilige Einswerden (*sacra illa unitas*), durch das uns der Gottessohn in seinen Leib aufnimmt (*qua filius Dei nos in corpus suum inserit*), um alles, was ihm gehört, mit uns zu teilen (*ut nobiscum sua omnia communicet*). So schöpfen wir unser Leben aus seinem Fleisch und Blut, so daß es nicht mit Unrecht unsere Nahrung genannt wird. *Wie das geschieht, das geht weit über das Maß meines Verständnisses (*intelligentia*) hinaus; das muß ich gestehen. Also ich ahne dieses Geheimnis (*mysterium*) mehr, als daß ich mich mühe, es zu begreifen (*comprehendere*)*; nur das erkenne ich, daß durch die Gotteskraft des Geistes Leben vom Himmel auf die Erde herabströmt, weil das Fleisch Christi weder an sich lebendig machen noch seine Wirkung zu uns gelangen könnte ohne *das unmeßbare Wirken des Geistes* (*immensa spiritus operatio*).«[11] Die Teilhabe an Christus ist kraft des Geistwirkens eben eine *verborgene*: ... *arcana quae nobis cum Christo est communicatio*.[12]

Der *Grund* für die genannten kognitiv-sprachlichen Verständnisschwierigkeiten liegt letztlich in der *Analogielosigkeit des Christusgeschehens*, das wiederum in der Analogielosigkeit der *Person* Jesu Christi gründet. Diese »Analogielosigkeit Jesu Christi« in Person und Werk wird allerdings – wie O. HOFIUS verwundert anmerkt – »in der *Fachexegese* kaum hinreichend bedacht«.[13] Umso deutlicher bringt aber *Paulus* diesen Sachverhalt zur Sprache: Der Apostel redet in 1Kor 2,8b+9 »im Blick auf Jesus selbst und auf das in seinem Kreuzestod beschlossene Heil von dem, ›was kein Auge gesehen und kein Ohr gehört hat und in keines Menschen Herz aufgekommen ist, was Gott denen bereitet hat, die ihn lieben‹. Deutlicher und eindrücklicher kann die Analogielosigkeit Jesu Christi, seiner Person und seines Werkes, nicht ausgesagt werden.«[14] Verhält es sich aber *so* mit Christus, ist mit Notwendigkeit zu schließen, daß auch die *Teilhabe* an diesem Christus eine schlechthin analogielose Neuheit darstellt (vgl. 2Kor

---

[10] Vgl. dazu bereits die Hinweise bei DEISSMANN, Formel, 70–72 (m. Anm.!); vgl. ferner VIARD, Gal, 59.

[11] *Ep.* 2266 (CO 15, 722–725 [dort 723] = CR 43, 722–725 [dort 723]; Übers. R. SCHWARZ, in: DERS., Lebenswerk II, 793–795 [dort 794; Hervorhebung E.R.]). Mit dieser Bemerkung erweist sich Calvin übrigens einmal mehr als guter Schüler AUGUSTINUS', der die *Sprach- und Denkprobleme im Bereich des schlechthin Analogielosen* bereits messerscharf benannt hat (*trin.* 5,1).

[12] CO 15, 722 = CR 43, 722.

[13] Bedeutung, 290 (Hervorhebung E.R.).

[14] HOFIUS, ebd. Vgl. schon DENS., Leben, 3.

5,17). Mit anderen Worten: *Die Selbsterschließung Jesu Christi wie die Erfahrung des an ihn gebundenen Heils sprengen letztlich alle vorstellungsmäßigen (»kognitiven«) wie sprachlichen Kategorien mit Notwendigkeit.* Darum wäre *mit vollem Recht* immer zur Vorsicht zu mahnen, wenn der Versuch unternommen werden soll, eine Wirklichkeit »verstehen« zu wollen, die einen letztlich nur *ergreifen* kann. *Hermeneutisch* stehen wir damit vor dem Problem einer sog. *theologia regenitorum*[15] (vgl. 1Kor 2,1–16, bes. V. 11b–14.16!): Müßte man nicht – wie Paulus – das »In-Christus-Sein« *erfahren* haben (im Sinne ganzheitlicher *experientia*), um überhaupt ansatzweise darüber *reden* bzw. wenigstens *nachvollziehen* zu können, was ein anderer über diese seine Erfahrung sagt?[16] Und man könnte weiter fragen: Wird in der Exegese immer genügend berücksichtigt, daß Paulus in allen seinen Briefen *Christen* anspricht[17], die *prinzipiell* die gleichen Erfahrungen gemacht haben wie er?[18]

Wie auch immer man hier urteilen mag, es ist jedenfalls die soeben notierte Analogielosigkeit von Sache und – damit *notwendigerweise* gesetzt – Sprache, die die immensen *Schwierigkeiten* des Verständnisses der paulinischen »Formel« ἐν Χριστῷ bedingt,[19] von denen die Forschungsgeschichte – darum *verständlicherweise* – ein beredtes Zeugnis ablegt.[20] Denn da *Verstehen* im eigentlichen Sinne sich nur dann einstellt, wenn sich Unbekanntes mit Bekanntem identifizieren läßt – d.h. wenn man (sachliche wie

---

[15] Vgl. dazu MAIER, Hermeneutik, 35–52.

[16] Exakt *diese Fragestellung* bildete offensichtlich schon den hermeneutischen Hintergrund der Auseinandersetzung W. Beyschlags mit der (jüngeren) »Tübinger Schule« um F.C. Baur und C. Holsten (vgl. dazu BEYSCHLAG, Bekehrung, bes. 229–232!). Zu dieser Debatte um die psychologische Erforschung des Damaskuserlebnisses insgesamt vgl. HAVEMANN, Apostel, 53–65.

[17] Nur anmerkungsweise sei hier bereits darauf hingewiesen, daß aus diesem Grund auch die wie selbstverständliche Rede von *anthropologischen* Aussagen (o.ä.) des Apostels Paulus *höchst problematisch* ist! Denn was er *prima facie* ganz allgemein über »den Menschen« sagt, sagt er immer entweder über den Menschen *als Sünder* (z.B. Röm 1–3) oder über den Menschen ἐν Χριστῷ – aber niemals über ein scheinbar neutrales Subjekt (s. dazu unten S. 119–125).

[18] Vor diesem Hintergrund bemerkte Johannes CALVIN in schrifthermeneutischem Zusammenhang (mit charakteristischer *pneumatologischer* Pointe): ... *quos Spiritus sanctus intus docuit, solide acquiescere in Scriptura, et hanc quidem esse* αὐτόπιστον, *neque demonstrationi et rationibus subiici eam fas esse*... (OS III, 70,16–19 = Inst. I, 7.5). Derselben Sicht ist auch der gemeinreformatorische Grundsatz *sacra scriptura sui ipsius interpres* verpflichtet. Vgl. zum Ganzen REHFELD, Leitlinien, 34f.

[19] Das gilt aber nicht nur für diese »Formel«! EBELING, Wahrheit, 269, stellt *grundsätzlich* fest: »Das Denken des Paulus bewegt sich in einer Begrifflichkeit, die wir als festgefügte Formelsprache empfinden, mit Bewunderung für die innere Konsistenz, aber auch mit einer gewissen Ratlosigkeit, wie denn diese Sprache für uns verifizierbar sein soll.«

[20] S.u. S. 222–230.

1. Zum Problem schlechthin analogieloser Wirklichkeit

sprachliche) *Analogien* zwischen Neuartigem und Bekanntem aufweisen kann –, stoßen wir im Blick auf die *bis dato* analogielose Ausdrucksweise und – vor allem! – *Erfahrungswelt* des Apostels Paulus *notwendigerweise* an die *Grenzen des Verständnisses*.

Diese *Analogielosigkeit der Sache* ist zugleich der tiefste Grund für die m.E. gebotene *Zurückhaltung gegenüber traditionsgeschichtlichen Herleitungen aller Art*. Denn die Traditionsgeschichte (bzw. die Begriffs- und Motivgeschichte[21]) sucht ja ihrem Wesen nach hauptsächlich nach *Analogien* und *Kontinuitäten* bzw. *Entwicklungslinien*. Daher kann sie Analogieloses zwar als solches *konstatieren*, sie tut sich aber naturgemäß schwer damit, qualitativ Neues auch *der Sache nach zu erfassen* und wirklich *adäquat darzustellen*. Gerade für das Verständnis des Neuen Testamentes, das hauptsächlich von Jesus Christus spricht und damit *schlechthin Neues und Analogieloses* zu sagen weiß (s.o.), ist dieser Umstand von größter Bedeutung: Zwar »bringen Paulus und die anderen Apostel das, was ihnen durch Gott bzw. durch den auferstandenen Herrn erschlossen worden ist, im Rahmen ihrer Aussagemöglichkeiten und mit Hilfe bestimmter ihnen vorgegebener Begriffe und Vorstellungen zur Sprache«[22] – *aber die Selbsterschließung Jesu Christi wie die Erfahrung des an ihn gebundenen Heils sprengen letztlich eben alle (!) vorstellungsmäßigen wie sprachlichen Kategorien (vgl. 1Kor 2,9)*.

Der eminent *theologische* Grund dafür liegt in dem Umstand, daß unsere (Alltags-) Sprache (und damit unser *Denken*; vgl. aber Röm 12,2!) ganz einer im Lichte des Christusgeschehens *veralteten* Wirklichkeit verhaftet ist und zum sog. »gegenwärtigen Äon« gehört, dem die Christen aber *entrissen werden* (Gal 1,4). Aus dieser Tatsache zog E. PETERSON in seiner Auslegung von 1Kor 10,11 einst bedenkenswerte hermeneutisch-methodische Folgerungen, die hier nur eben genannt seien, aber leider nicht weiterverfolgt werden können: »Weil eben die Christen sich nicht mehr *in* diesem Äon aufhalten oder – besser ausgedrückt: – weil alle Äonen über den Häuptern der Christen sozusagen zu ihrer endgültigen Verabschiedung zusammengetroffen sind, darum kann selbstverständlich das im Alten Testament Berichtete nicht mehr nach seinem ursprünglichen, aus und in der *Geschichte* der Juden verständlichen Sinngehalt für uns in Frage kommen, sondern nur der übergeschichtliche, der außer-äonenhafte Sinn dieser Ereignisse. In der eschatologischen Situation, in der sich die Christen also befinden, kann es nur noch eine typische, das heißt eine Form der allegorischen Auslegung geben. Ich begreife nicht, wie man aufgrund dieser Stelle [sc. 1Kor 10,11; E.R.] die dogmatische Notwendigkeit der allegorischen Schriftauslegung auch nur einen Augenblick in Zweifel ziehen kann.«[23]

Immerhin soviel dürfte deutlich geworden sein: Ein traditionsgeschichtlicher Zugang, der alten, ja *ver-alteten* »Kategorien« *um jeden Preis verpflichtet* ist, geht am Verständnis der *Sache* notwendigerweise vorbei. Da in der Forschung nicht eben selten solche *Fehlformen* traditionsgeschichtlicher Methodik begegnen[24], erscheint mir hier eine gewisse Vorsicht und Zurückhaltung angeraten.

---

[21] Zur *Terminologie* vgl. SCHNELLE, Einführung, 129. Was er »Traditionsgeschichte« nennt, ist m.E. besser als »Tradierungsgeschichte« (oder eben »Überlieferungsgeschichte« [*trotz* SCHNELLE, ebd.]) zu bezeichnen. – Zur *Methodik* vgl. auch KLEINKNECHT, Der leidende Gerechtfertigte, 13–16.387–390; MELL, Schöpfung, 33–45.

[22] HOFIUS, Leben, 3; vgl. KLEINKNECHT, a.a.O., bes. 389.

[23] Kosmos, 432.

[24] Ich habe bereits auf das sog. »Zwei-Äonen-Schema« hingewiesen (s.o. S. 10, Anm. 30). Weitere, nahezu »klassische« Beispiele wären die Interpretation Jesu als des »leiden-

Aus den genannten Gründen sind auch *alle* beigebrachten Begriffe (z.B. »Mystik«, »Gemeinschaft«, »personale Identifikation«, »Partizipation« / »Teilhabe« u. dgl.) letztlich ebenso problematisch (weil grundsätzlich »vorbelastet« und darum mißverständlich[25]) wie – *gleichwohl* – unaufgebbar, wenn denn überhaupt *versucht* werden soll, das von Paulus Gemeinte zu beschreiben (die Alternative wäre *Apophase*[26]); denn eine solche Beschreibung *muß* sich nun einmal einer Sprache bedienen, die ihrerseits auf Analogien basiert (andernfalls wäre eine *vernünftige* Kommunikation nach Maßgabe der Sprachlogik grundsätzlich nicht möglich).

Vor dem damit aufgeworfenen *Dilemma* steht beispielsweise auch P. STUHLMACHER hinsichtlich des Verständnisses einer so zentralen Stelle wie 2Kor 5,17, die ja diese *schlechthin analogielose Neuheit* ausdrücklich zum Thema hat.[27] Die Frage, »was für Paulus jenes in der Rechtfertigung gestiftete ›Sein‹ eigentlich ist«, eröffnet darum »*bisher weithin unbegangene Wege*, was sich konkret darin auswirkt, daß man immer wieder auf *die größten terminologischen Schwierigkeiten* stößt und sicher nur erst anfänglich und sehr ergänzungsbedürftig zur Sache selber durchzustoßen vermag.«[28] Das erfordert nicht weniger als einen *exegetischen Neueinsatz*:

»Es geht darum, den die paulinischen Aussagen leitenden Seinsbegriff sachgerecht zu erfassen. Dazu fehlen [...] weitgehend die Kategorien, vielleicht sogar die Verstehensmöglichkeiten. Ich kann mich darum im Folgenden nur sehr tastend bewegen und bitte dafür um Verständnis.«[29]

Der letztgenannten Bitte kann ich mich nur uneingeschränkt anschließen! Um nun aber angesichts der unumgänglichen Tatsache, uns einer prinzipiell unangemessenen Sprache bedienen zu *müssen*, nicht blindlings in Fehlinterpretationen zu schlittern, sind *Vorsichtsmaßnahmen* zu ergreifen. Zwar ist es richtig, daß die »Formel« ἐν Χριστῷ analogielos ist (jedenfalls bis zu Paulus), doch stand dem Heidenapostel eben nicht nur *diese Formel* zur Verfügung, um die von ihm gemeinte Sache auszudrücken. Ad. DEISSMANN hat zwar zu Recht festgestellt, daß das ἐν Χριστῷ »der eigentümlich paulinische, ›solenne‹ Ausdruck für das Verhältnis des Christen zu dem Heilande«[30] ist – aber darum muß es nicht der *einzige* sein.

---

den Gerechten« oder als »Messias«, sofern nicht unmittelbar deutlich gemacht wird, wo diese Konzeptionen in der Übertragung an ihre *Grenzen* stoßen. Das wiederum tut in m.E. vorbildlicher Weise z.B. HOFIUS, Messias, *passim*.

[25] Vgl. THÜSING, Per Christum, 62f.
[26] Vgl. dazu FELMY, Orthodoxe Theologie, 25–39.49. Vielleicht wäre diese Alternative aber *mindestens* so berechtigt wie unser exegetischer Zugang!
[27] Es wird ja die *καινότης* des Seins in Christus hervorgehoben (s.u. S. 241–254)!
[28] STUHLMACHER, Erwägungen, 2 (Hervorhebungen E.R.).
[29] A.a.O., 26. *Neue ontologische Kategorien* fordert auch ZIZIOULAS, Being as Communion, 59 u.ö.
[30] Formel, 77 (unter Berufung auf G.B. Winer, W.A. van Hengel und B. Lasonder).

Der Forschungsüberblick[31] wird zumindest das eine zeigen, daß sich die weit überwiegende Mehrheit der Exegeten – ungeachtet aller Unterschiede und kontradiktorischer Verdikte – darin einig ist, daß mit der »Formel« ἐν Χριστῷ eine spezifische Form der *Gemeinschaft* zwischen Christus und den Seinen bezeichnet wird[32]; umstritten ist dann wiederum, *wie* diese Gemeinschaft zu verstehen ist: als rein geistige »Gesinnungsgemeinschaft«[33], als »personale«, vielleicht auch »personal-seinshafte Gemeinschaft« oder gar als »mystisches Ineinander«?

Da ohnehin über das *Wesen* der Gemeinschaft mit Christus »aus der Formel allein nichts Abschliessendes ermittelt werden« kann,[34] sollen als erste Vorsichtsmaßnahme einschlägige Stellen untersucht werden, an denen *mit anderem sprachlichem Ausdruck* die Gemeinschaft zwischen Christus und den Christen thematisch wird. Diese Stellen erlauben es mindestens, einen gewissen Verstehensrahmen zu bilden, innerhalb dessen dann das ἐν Χριστῷ εἶναι angemessen interpretiert werden kann. Dabei muß sowohl eine *zu weitgehende* als auch eine *zu vorsichtige* Deutung vermieden werden, wobei die zweite Gefahr heute möglicherweise sogar noch größer ist.[35] Namentlich von der »Gültigkeit der paulinischen *Gegenwartsaussagen*« darf man, wie G. BORNKAMM zu Recht mahnt, »auch nicht das geringste abmarkten. Sie sind keine enthusiastischen Übertreibungen.«[36]

---

[31] S.u. S. 222–230.
[32] Anders KÄSEMANN, Leib, 175: »Wie das ›im Christus‹, das mit der κοινωνία des Pneuma-Christus identisch ist, *nicht ein personales Gemeinschaftsverhältnis, sondern ein sakramental begründetes ›Anteilsein‹ und Dienstverhältnis ist*, so wird man κοινωνία immer als Schuld-, Dienst- oder Gnaden-Verhältnis verstehen« (Hervorhebung E.R.).
[33] So VON DOBSCHÜTZ, Zeit und Raum, 221.
[34] DEISSMANN, Formel, 98.
[35] Vgl. auch WIKENHAUSER, Christusmystik², 61f., in seiner Kritik an H.E. Weber (s.u. S. 296).
[36] Paulus, 204 (Hervorhebung E.R.).

2. Bedeutung und Wesen der Christusgemeinschaft

Von einer *»Gemeinschaft«* mit Christus spricht Paulus an etlichen Stellen *ausdrücklich*. Die Untersuchung des dort jeweils verwendeten κοινωνία-*Begriffes (2.1.)* zeigt zunächst, daß der Christusgemeinschaft insofern *zentrales* Gewicht innerhalb des paulinischen Denkens zukommt, als sie als *integratives Element* alle theologischen Topoi – namentlich: Christologie, Soteriologie, Ekklesiologie, Ethik, Eschatologie – verbindet. *Der κοινωνία-Gedanke kann also mit einem gewissen Recht als integrierender Faktor der paulinischen Theologie insgesamt bezeichnet werden.*[1] Andererseits ist aber dem *Begriff* κοινωνία *an sich* über das *Wesen* oder die *Beschaffenheit* der damit bezeichneten »Gemeinschaft« nicht viel zu entnehmen.[2]

Daher werden in einem zweiten Schritt *sachverwandte »Bilder«*[3] untersucht, mit denen Paulus *das Wesen der Christusgemeinschaft (2.2.)* direkt

---

[1] Mit SCHWÖBEL, Kirche, 400.

[2] Das gesteht im Grunde auch HAINZ, Koinonia, 15–17 (zu 1Kor 1,9), wenn er den »Kontext« bemüht (a.a.O., 15), um die Bedeutung »Gemeinschaft mit Christus« zu etablieren, und zugibt, daß »an dieser Stelle nicht angedeutet ist, wodurch sie [sc. die Gemeinschaft mit Christus; E.R.] entsteht und worin sie besteht« (a.a.O., 17). Mithin müsse »in 1 Kor 1,9 aufgrund der allzu knappen Formulierung und der Schwierigkeiten in der Bestimmung des Zusammenhangs letztlich noch offenbleiben, ob mit κοινωνία ›Teilhabe‹ oder ›Gemeinschaft‹ gemeint sei« (a.a.O., 18). – Zur *semantischen Bandbreite* des Begriffes κοινωνία in klassischer Zeit s. ENDENBURG, Koinoonia, bes. 202–206.

[3] Die in diesem und anderen Zusammenhängen häufig verwendeten Begriffe *»Motiv«, »Bild«, »Metapher«* usw. sind sämtlich *äußerst problematisch und höchstens in Anführungszeichen zu verwenden*, denn es handelt sich hierbei – wie E. KÄSEMANN energisch hervorhebt – nicht um »bloße Bilder, denen man modern die Wirklichkeit entgegenhalten könnte« (Problem, 181). Vielmehr »geht es für die Antike um bestehende Realität« (ebd.). Das gilt namentlich für die sog. bildhaften Vergleiche bei Paulus, etwa für den Ausdruck »Christusleib«: »Der Apostel bedient sich des Ausdrucks ›Christusleib‹, weil er tatsächlich Strukturen eines Leibes aufzeigen will, und stellt deshalb in 1. Kor 12,14ff. einen ausführlichen Vergleich an. *Doch bekundet solche Redeweise nicht, daß es sich mit dem beschriebenen Sachverhalt anders verhält. Der Vergleich entfaltet vielmehr die Realität, die mit den Identitätsaussagen anvisiert wird, indem er sie konkret auf das Gemeindeleben anwendet. Der erhöhte Christus hat wirklich einen irdischen Leib, und die Glaubenden werden mit ihrem ganzen Sein realiter darin eingegliedert, haben sich deshalb auch entsprechend zu verhalten*« (a.a.O., 182 [Hervorhebungen E.R.]). Von daher erklärt sich KÄSEMANNs berechtigte Skepsis gegenüber jedem Versuch, eine »Alternative zwischen einer mythologischen und einer realistischen Vorstellung des Leibes« zu konstruieren: »[I]ch meine«, schreibt KÄSEMANN, »daß Paulus sehr realistisch betrachtete, was uns als mythologisch erscheint« (ebd.). – Vgl. zum Ganzen BÖTTRICH, Tempelmetaphorik, 411f., Anm. 2, der den Begriff »Metapher« indes beibehalten möchte, »weil es m.E. zum Wesen der Metapher gehört, einander fremde Sinnbezirke aufeinander zu

oder indirekt (durch Kontrastierung) beschreibt. Dabei fällt auf, daß die meisten dieser »Metaphern«[4] aus dem Bereich von *Ehe* und *Familie* stammen *(2.2.1. und 2.2.2.)*. Diese zwischenmenschlichen Grundverhältnisse sind *nicht »mystisch« (2.2.3.)*, sondern *relational-ontologisch zu interpretieren (2.2.4.)*. Da dies – Vergleichbarkeit vorausgesetzt – auch für die *Christusgemeinschaft* gilt, ist ihr eminent *ontische* Wirkung zuzuschreiben.

In einem dritten Punkt wird diese relational-ontologische Interpretation der Christusgemeinschaft auf die *Christengemeinschaft (2.3.)* ausgeweitet, was durch die *enge Verknüpfung von Christusgemeinschaft und Christengemeinschaft* unbedingt angezeigt erscheint. Hierin sind die neutestamentlichen Grundlagen des berühmten Dictums D. BONHOEFFERS von dem »Christus als Gemeinde existierend«[5] zu sehen.

2.1. Zum Stellenwert der Christusgemeinschaft nach Paulus: der κοινωνία-Begriff

An mehreren Stellen spricht Paulus *explizit* von einer κοινωνία zwischen Christus und den Christen bzw. der Christen untereinander.[6] Was dieser Begriff bei Paulus *präzise* meint, ist umstritten.[7] In seiner als »Standardwerk« geltenden Studie[8] hat H. SEESEMANN schon 1933 auf die *Vielfalt* der *bis dato* erfolgten Deutungen des Begriffes hingewiesen[9] und moniert, der

---

beziehen und gerade dadurch *Wirklichkeit* zu beschreiben« (Hervorhebung E.R.). In diesem Sinne mache ich mir die Begriffe »Bild«, »Metapher« usw. hier ebenfalls zu eigen.

[4] Ich verwende den Begriff »Metapher« hier und im folgenden nicht in einem technischen Sinne; im übrigen gilt das oben, Anm. 3, Gesagte (*zum Problem* s. auch WALTER, Gemeinde, 44–49; Weiterführendes bei HARTL, Metaphorische Theologie, bes. 145–383).

[5] Sanctorum Communio, 80.92f.145f. u.ö.: »Die Kirche ist Gegenwart Christi, wie Christus Gegenwart Gottes ist. Das Neue Testament kennt eine Offenbarungsform ›Christus als Gemeinde existierend‹« (a.a.O., 92). »*Die personale Einheit der Kirche ist ›Christus als Gemeinde existierend‹*, Paulus konnte auch sagen, Christus selbst sei die Kirche« (a.a.O., 145). Eine *inhaltliche* Würdigung dieser Thesen kann hier leider nur *implizit* erfolgen (s. dazu z.B. unten S. 96–98). Vgl. zum Ganzen aber schon CALVIN, zu 1Kor 12,12: *Christi nomen in locum ecclesiae substituitur ... ecclesiam vocat Christum: hoc enim honore nos dignatur Christus, ut nolit tantum in se, sed etiam in membris suis censeri et recognosci* (CO 49, 501 = CR 77, 501).

[6] Grundlegend dazu SEESEMANN, Begriff, *passim*; BORI, ΚΟΙΝΩΝΙΑ, 81–100.106f.; PANIKULAM, Koinônia, *passim*; HAINZ, Koinonia, *passim*; FRANCO, Comunione, *passim*. Vgl. auch HAUCK, Art. κοινός κτλ., *passim*; HAINZ, Art. κοινωνία κτλ., *passim*.

[7] Zur Forschungsgeschichte vgl. FRANCO, Comunione, 4–20. – Die Begriffe κοινωνία / κοινωνεῖν können im übrigen auch zur Bezeichnung der *Ehe* dienen (Belege bei ENDENBURG, Koinoonia, 27f.62f.106–108.150; vgl. WAGNER-HASEL, Art. Ehe II, 893f.).

[8] Vgl. HAINZ, Koinonia, 11.

[9] Begriff, 1: »Es ist erstaunlich, wie mannigfache Erklärungen dies Wort erfahren hat: Rm 15,26 will man es entweder vom Begriff ›Gemeinschaft‹ her verstehen, oder übersetzt es mit ›Mitteilung‹ – oder findet es gar als technische Bezeichnung für ›Kollekte‹ verwandt. II Cor 13,13 bedeutet ἡ κοινωνία τοῦ ἁγίου πνεύματος nach den einen

Ausdruck κοινωνία sei »noch nicht genau genug untersucht [...], um eine sicher begründete, *womöglich auch einigermaßen einheitliche Deutung des Wortes* im NT geben zu können.«[10] Der damit beschriebenen Aufgabe ist die Forschung seither und bis heute verpflichtet.

So bemerkt etwa V. GÄCKLE in seiner Kommentierung der noch gesondert zu betrachtenden Stelle 1Kor 10,14–22[11] – in *Aufnahme der Forschungsergebnisse J. Hainz'*[12] – zu *Semantik und traditionsgeschichtlicher Herkunft* des Begriffes κοινωνία:

»Die Grundbedeutung des Begriffs ist ›die Gemeinschaft mit jemand durch gemeinsame Teilhabe an etwas‹. *Allerdings steht der Begriff in der Septuaginta nirgends für die Gemeinschaft zwischen Gott und Mensch*. Genau dieser Sachverhalt ist dagegen im Kontext der hellenistischen Opferfeiern und Mysterienkulte gegeben. *Paulus scheint somit eine Vokabel aus der hellenistisch-sakralen Kultsprache aufgenommen zu haben, um sich mit ihrer Hilfe dem Verstehenshorizont der Korinther zu nähern.*«[13]

Das ist – nebenbei bemerkt – ein theologisch reflektiertes Verfahren (vgl. 1Kor 9,19–23), das Paulus öfter wählt, wenn er das Evangelium in hellenistisch-heidnisch geprägtem Gebiet verkündigt.[14]

Insgesamt 29mal verwendet Paulus den Begriff κοινωνία[15] bzw. dessen Derivate κοινός[16], (συγ[17])κοινωνεῖν[18] und (συγ[19])κοινωνός[20]. Diese Belege lassen grob *vier Hauptaspekte* der paulinischen Verwendung des

---

›Teilnahme am heiligen Geist‹, nach den anderen ›die durch den heiligen Geist gewirkte Gemeinschaft‹.«

[10] Ebd. (Hervorhebung E.R.).

[11] S.u. S. 108–115.

[12] Vgl. HAINZ, Koinonia, 173–176: »Die Begriffe κοινωνία, κοινωνός, κοινωνεῖν sind nach dem *einheitlichen Grundmuster ›Gemeinschaft durch Teilhabe‹* auszulegen« (a.a.O., 173 [Hervorhebung E.R.]). Damit erfüllt Hainz mindestens formal die Forderung Seesemanns nach dem Aufweis einer *einheitlichen* κοινωνία-Konzeption bei Paulus.

[13] Die Starken, 267 (Hervorhebungen E.R.). Vgl. auch FRANCO, Comunione, bes. 271–274. Die Aufnahme dieses hellenistischen *Begriffes* bedeutet natürlich *nicht*, daß die paulinische κοινωνία-Konzeption nicht seine *eigene* wäre. Darauf weist ausdrücklich FRANCO, a.a.O., 289f. u.ö., hin.

[14] Vgl. dazu *exemplarisch* die Bemerkungen zum hellenistischen Hintergrund des Begriffes παρουσία (s.u. S. 332–338). Vgl. zum Ganzen ferner unten S. 440, Anm. 66.

[15] S. Röm 15,26; 1Kor 1,9; 10,16(2x); 2Kor 6,14; 8,4; 9,13; 13,13; Gal 2,9; Phil 1,5; 2,1; 3,10; Phlm 6.

[16] S. Röm 14,14(3x). Da es sich bei diesem Begriff um den *terminus technicus* für »profan« handelt (vgl. Hebr 10,29), kann er in *diesem* Zusammenhang außer Betracht bleiben. Freilich ist das Röm 14,14 Gesagte in der Diskussion um eine *substanzontologische* Deutung von 1Kor 10,16.18. 20 von größter Relevanz (s.u. S. 112, Anm. 40)!

[17] S. Phil 4,14.

[18] S. Röm 12,13; 15,27; Gal 6,6; Phil 4,15.

[19] S. Röm 11,17; 1Kor 9,23; Phil 1,7.

[20] S. 1Kor 10,18.20; 2Kor 1,7; 8,23; Phlm 17.

κοινωνία-Begriffes erkennen[21]: κοινωνία als *»Christusgemeinschaft« (2.1.1.)*, als *»Konkurrenzgemeinschaft zur Christusgemeinschaft« (2.1.2.)*, als *»Leidens- und Dienstgemeinschaft« (2.1.3.)*, sowie als *»(finanzielle) Unterstützungsleistung zugunsten bedürftiger Christen« (2.1.4.)*, wobei *hier* besonders diejenigen Stellen interessieren, an denen der Begriff κοινωνία zum Ausdruck *personaler* Gemeinschaft[22] verwendet wird (s.u. *2.1.1.* und *2.1.2.*).[23]

Dabei zeigt sich, daß sich – wie von Seesemann gefordert – durchaus ein *innerer Zusammenhang dieser vier Aspekte* aufweisen läßt.[24] Dieser erhellt insbesondere aus einem Abschnitt wie *Gal 2,7–10*: Hier *begründen*[25] nämlich die wechselseitig *erkannte* (ἰδόντες)[26] gemeinsame *Christusge-*

---

[21] An der hier vorgeschlagenen Gruppierung der einzelnen Stellen hängt freilich nicht allzu viel; man mag die Belege auch in fünf oder sechs Gruppen einteilen bzw. im Einzelfall *anderen* Gruppen zuordnen (vgl. dazu die einschlägigen Untersuchungen).

[22] Vgl. FRANCO, Comunione, 232–236. Er kommt zu dem Ergebnis, daß »κοινωνnon implichi solo una semplice ›partecipazione‹« (234), sondern daß die Wurzel κοινων- bei Paulus die »Gemeinschaft« als »intima relazione interpersonale« charakterisiert (235): "In tutte le ricorrenze, κοινων- sembra implicare sempre il concetto e l'esperienza di una *relazione interpersonale*, che coinvolge tutta l'esistenza, come *comunione* di vita con altri, fondata sulla *partecipazione* come condivisione e comproprietà" (a.a.O., 236). Wie *allen personalen Relationen*, so sei auch dem paulinischen Gedanken der κοινωνία ein *reziprokes Verständnis des Verhältnisses* wesentlich (vgl. a.a.O., 126–130.140). Bereits nach SEESEMANN, Begriff, 86, dient der Begriff κοινωνία »Paulus dazu [...], ein inniges Anteilhaben auszudrücken, das schon beinahe den Charakter des Einswerdens annimmt.«

[23] HAINZ, Art. κοινωνία κτλ., 751, weist darauf hin, daß die Verwendung des Begriffes κοινωνία mit dem Genitiv der *Person* ›im Griechischen sonst ungebräuchlich‹ sei. Das ist m.E. ein Indiz dafür, daß gerade hier – also im Verständnis der κοινωνία als *personaler* »Gemeinschaft« – die genuin paulinische Auffassung greifbar wird (mit HAINZ, a.a.O., 753).

[24] Vgl. dazu auch SCHWÖBEL, Kirche, 398–400. Ihm zufolge spielt »Koinonia in der theologischen Konzeption des Paulus die markanteste Rolle [...], insofern hier in einem *reflektierten Begriffsgebrauch* unterschiedliche Arten von Beziehungen als Koinonia bezeichnet und *gezielt aufeinander bezogen* werden« (a.a.O., 398 [Hervorhebungen E.R.]).

[25] Gegen HAINZ, Koinonia, 174.175f., für die »Kirchengemeinschaft« wesentlich *sakramental* (durch die »gemeinsame Teilhabe *am* Leib Christi beim Abendmahl« [176 u.ö.]) konstituiert findet und sogar von »de[m] paulinische[n] Sakramentenrealismus« spricht (a.a.O., 247)!

[26] Mit BUSCEMI, Gal, 176–178 m. Anm. 164.184. Der ganze Text wird völlig falsch verstanden, wenn man statt von »wechselseitig *erkannter*« (ὁρᾶν [V. 7], γινώσκειν [V. 9]: Offenbarungstermini!) etwa von »*an*erkannter« oder »zuerkannter« Christus- bzw. Dienstgemeinschaft spricht! Allein, die sog. »Säulen« der Jerusalemer Urgemeinde fungieren hier *nicht* als Schiedsgericht; ihnen kommt es nicht zu, ein Urteil zu sprechen. Einem solchen hätte sich Paulus – nebenbei bemerkt – auch niemals unterstellen können, da das von ihm und den übrigen Aposteln verkündigte Evangelium *göttlichen* Ursprungs und damit menschlichem Urteil grundsätzlich enthoben ist (vgl. nur Gal 1,1.10–12). Das kann

meinschaft (V. 7f., bes. V. 8) und die dieser sachlogisch nachgeordnete (καὶ γνόντες [V. 9a]), wechselseitig erkannte *Dienstgemeinschaft* die gegenseitig gewährte *Kirchengemeinschaft* (δεξιὰ κοινωνίας [V. 9b])[27]. Diese »durch Handschlag bekräftigte Gemeinschaft wird dahingehend näher bestimmt, [...] daß sie durch die vereinbarte Kollekte ihren Ausdruck findet«[28]. Die Kollekte der Heidenchristen zugunsten der notleidenden Urgemeinde ist also genauso »Ausdruck ›gesamtkirchlicher‹ κοινωνία«[29], wie die finanzielle Unterstützung der apostolischen Mission durch die Gemeinden eine *Konkretion* gemeinsamer Evangeliums-, Dienst- und Leidensgemeinschaft ist, die in gemeinsamer *Christusgemeinschaft* gründet.

Wir wenden uns nun kurz diesen vier Hauptaspekten des paulinischen κοινωνία-Begriffes zu.

2.1.1. Die κοινωνία als Christus- und Evangeliumsgemeinschaft

An folgenden Stellen bezeichnet κοινωνία κτλ. die *Christus- oder Evangeliumsgemeinschaft* bzw. die *Gemeinschaft mit dem Heiligen Geist* und die darin begründete *communio sanctorum*: Röm 11,17f.[30]; 1Kor 1,9; 9,23[31]; 2Kor 13,13; Gal 2,7–10 (s.o.); Phil 1,5; 2,1; 3,10; Phlm 6.

Nicht zufällig setzen die meisten Untersuchungen zum paulinischen κοινωνία-Begriff bei *1Kor 1,9* ein:[32] »Treu ist Gott, durch den ihr zur Gemeinschaft (κοινωνία) seines Sohnes Jesus Christus, unseres Herrn, berufen worden seid.« Zwar mag das der mutmaßlichen chronologischen

---

man höchstens noch *tendenzkritisch* in Zweifel ziehen (so z.B. HAINZ, Koinonia, 126, der Gal 2,2 nicht recht traut; vgl. zum Problem schon BEYSCHLAG, Bekehrung, *passim*).

[27] Es ist angesichts der Forschungsgeschichte bemerkenswert, daß SCHMITHALS (allerdings unter der Voraussetzung seiner Gnostiker-These) *auch aufgrund von Gal 2,9* zu dem Ergebnis kommt: »So muß und kann das Verhältnis zwischen Paulus und Jakobus, zwischen Antiochien und Jerusalem, zwischen Heidenchristen und Judenchristen und ihren jeweiligen missionarischen Bemühungen neu bestimmt werden. Dabei wird sich nicht nur zeigen, wie bedeutungslos das palästinische Judenchristentum schon zur Zeit des Paulus war, sondern auch, *daß die bis heute als so selbstverständlich geltenden fundamentalen Spannungen und offenen Auseinandersetzungen zwischen beiden Richtungen bei weitem übertrieben wurden und die (gewiß nicht spannungsfreie)* κοινωνία, *wie Paulus sie Gal. 2,9 bezeugt, in Wahrheit dies Verhältnis bestimmte*« (Gnostiker, 85 [Hervorhebung E.R.]).

[28] HAINZ, Koinonia, 134 (Hervorhebungen i.O.).

[29] HAINZ, a.a.O., 151–161.

[30] An dieser Stelle wäre präzise von der Adoption der Heiden in die *Bundesgemeinschaft* zu sprechen, die aber bei Paulus ebenfalls *christologisch* gefaßt ist.

[31] Zur Auslegung vgl. HAINZ, a.a.O., 120–122.

[32] Vgl. PANIKULAM, Koinônia, 8–16; FRANCO, Comunione, 24–30; HAINZ, a.a.O., 15–17. Für letzteren ist freilich *1Kor 10,16–21* Schlüsselstelle und *eigentlicher* Ausgangspunkt seiner Untersuchung (vgl. a.a.O., 17–34.35–46)!

Reihenfolge der Belege geschuldet sein,³³ doch ist dieser Entscheidung *sachlich* uneingeschränkt zuzustimmen, *denn für Paulus hängt an der Christusgemeinschaft alle übrige* κοινωνία, wie G. PANIKULAM betont:

"Each occurrence of *koinônia* brings us ultimately to the call to *koinônia* in 1 Cor 1:9, the starting point of our analysis. Every other *koinônia* use is a response to this call enabling us to reach up to a full realisation of this *koinônia* in the glory."³⁴

So ist auch das Verhältnis der Christen untereinander – die κοινωνία als *communio sanctorum* – in der sie gemeinsam gleichermaßen als solche konstituierenden wie verbindenden Christusgemeinschaft begründet.³⁵ Der κοινωνία-Begriff hat also sehr wohl auch eine – freilich nicht selbständige – *ekklesiologische* Bedeutung.³⁶

Überdies schließt die *personale* Christusgemeinschaft die Teilhabe am »Werk« Christi nicht aus – sondern allererst *ein* (vgl. 1Kor 9,23)!³⁷ Es wäre aber umgekehrt eine Verkürzung, eine Teilhabe an den *beneficia* Christi zu behaupten *ohne* personale Gemeinschaft mit Christus selbst. Darum ist dem Urteil G. PANIKULAMs zuzustimmen: "Pauline *koinônia* is first and foremost Christocentric. It introduces us right into the person of Christ."³⁸

2.1.2. Die κοινωνία als Konkurrenzgemeinschaft zur Christusgemeinschaft

An folgenden Stellen bezeichnet κοινωνία κτλ. eine *Konkurrenzgemeinschaft zur Christusgemeinschaft*: 1Kor 10,14–22; 2Kor 6,14–7,1³⁹.

---

³³ Vgl. dazu FRANCO, a.a.O., 22 m. Anm. 109.
³⁴ A.a.O., 108.
³⁵ Vgl. bes. GARLAND, 1Kor, 36: "Common-union with Christ creates common-union with other Christians and precludes common-union with idols (10:14–22)."
³⁶ Gegen SEESEMANN, Begriff, 99 u.ö., der jegliche *ekklesiologische* Ausleuchtung des Begriffes κοινωνία kategorisch ablehnt: »Der Begriff κοινωνία läßt sich [...] zu dem Begriffe ἐκκλησία nicht in Parallele stellen und die Kirchenidee des Paulus von ihm aus nicht beleuchten, wie es immer wieder versucht worden ist.« Der Hauptgrund für diese radikale Negation scheint zu sein, daß SEESEMANN, ebd. u.ö., die Kirche wesentlich als »›Gemeinschaft‹ im Sinn von societas = Genossenschaft« versteht – eine Bedeutung, die κοινωνία bei Paulus in der Tat nirgends hat (vgl. HAINZ, Art. κοινωνία κτλ., 751). Dies wäre ohnehin ein erheblich *unterbestimmtes* Verständnis der ἐκκλησία; sie ist ja nicht bloß ein Verein (zur religionssoziologischen Diskussion der Begriffe vgl. HAINZ, a.a.O., 12 m. Anm. 6). – In den neueren Veröffentlichungen zum Thema »κοινωνία bei Paulus« wird der ekklesiologische Bezug übrigens wieder durchweg gesehen, auch wenn er – quasi im Gegenschlag – zuweilen *überbetont* wird (so bei HAINZ, Koinonia, *passim*, der den ekklesiologischen Bezug entschieden *sakramental* faßt).
³⁷ Vgl. HAINZ, Koinonia, 17.
³⁸ Koinônia, 108.
³⁹ Die paulinische Herkunft dieses Abschnittes ist umstritten (vgl. schon SEESEMANN, Begriff, 67, Anm. 1; Diskussion bei HAINZ, a.a.O., 204f.; WALKER, Interpolations, 199–

Aus der *Intimität und Exklusivität*⁴⁰ der Bindung an Christus und den *Heiligen Geist* sowie der darin begründeten Exklusivität des Evangeliums – es gibt ja kein »anderes« (Gal 1,6–9)! – und der Exklusivität der damit gesetzten *communio sanctorum*⁴¹ ergibt sich notwendig, daß Paulus »es für ausgeschlossen hält, daß neben ihr [sc. der Christusgemeinschaft; E.R.] noch andere Bindungen bestehen können«⁴². Folglich bilden *alle* Beziehungen zu *anderen* mittelbar oder unmittelbar⁴³ seinsbestimmenden Größen (z.B. πόρναι, εἴδωλα bzw. δαιμόνια, tlw. ἄπιστοι⁴⁴) Konkurrenzgemeinschaften, die die Christusbeziehung ernsthaft bedrohen und denen der Christ daher unbedingt zu entfliehen hat.⁴⁵

2.1.3. Die κοινωνία als Leidens- und Dienstgemeinschaft

An folgenden Stellen bezeichnet κοινωνία κτλ. die *Leidens- und Dienstgemeinschaft*, die alle Christen umgreift: 2Kor 1,7; 8,23⁴⁶; Phil 1,3–11; 4,14; Phlm 17.

Die in gemeinsamer Christusgemeinschaft und darin begründeter wechselseitiger κοινωνία Stehenden werden gerade hinsichtlich des *Dienstes*

---

209 [a.a.O., 209, mit vergleichsweise *vorsichtigem* Urteil: Die Ansicht, 2Kor 6,14–7,1 sei eine nichtpaulinische Interpolation, sei »not an unreasonable conclusion«.]).

⁴⁰ Vgl. GÄCKLE, Die Starken, 265f.

⁴¹ S. nur die *Alternative* οἱ ἔσω – οἱ ἔξω (1Kor 5,12f.; vgl. 1Thess 4,12).

⁴² SEESEMANN, Begriff, 51. Vgl. SCHWÖBEL, Kirche, 399.

⁴³ *Mittelbar* seinsbestimmend sind Beziehungen zu *Personen*, die eine hinter ihnen stehende *Macht* repräsentieren und eine Beziehung zu ihr vermitteln. Das gilt etwa für die Beziehung zu einer πόρνη, die in Beziehung zur bösen Macht der πορνεία steht (vgl. 1Kor 6,12–20 [s. dazu unten S. 105–108]), oder für eine Beziehung (συμφώνησις bzw. μέρις) zu den ἄπιστοι, die die ἀσέβεια und ἀνομία bzw. dämonische Mächte (Βελιάρ!) repräsentieren (vgl. 2Kor 6,14–7,1, bes. 6,15; *anders* 1Kor 5,9–11; 7,12–16 [s.u. Anm. 44]).

⁴⁴ Paulus beurteilt die ἄπιστοι und das Verhältnis zu ihnen *differenziert* und ruft nicht einfach *grundsätzlich* zur Weltflucht auf (vgl. 1Kor 5,9–11; 7,12–16), auch wenn scheinbar eine gewisse *Tendenz* dazu bestanden haben mag – paulinische Herkunft des Abschnitts 2Kor 6,14–7,1 einmal vorausgesetzt (vgl. dazu LAMBRECHT, 2Kor, 124f.).

⁴⁵ S.u. S. 105–118.126–221.

⁴⁶ Zu dieser interessanten Stelle bemerkt m.E. HAINZ, Koinonia, 104–106, das Richtige. Ihm zufolge charakterisieren die beiden Bezeichnungen des Titus als κοινωνὸς ἐμὸς καὶ εἰς ὑμᾶς συνεργός dessen Verhältnis nach zwei unterschiedlichen Seiten hin: Einerseits hat »Titus [...] unmittelbar Anteil an dem ἔργον, das Gott durch seinen συνεργός, den Apostel, wirkt. Er ist als συνεργός des Apostels mit hineingenommen in dieses Wirken Gottes – an der Gemeinde (bzw. den Gemeinden). [...] Damit ergibt sich für κοινωνὸς ἐμός, womit die Rolle des Titels [sic!] nur nach der anderen, Paulus zugewandten Seite hin bestimmt wird, daß auch hier der Gesichtspunkt der ›Teilhabe an etwas‹ nicht fehlen wird. [...] Aus der Gesamttendenz von 2 Kor 8,23a.b und aus der Zusammenstellung mit συνεργός heraus wird man auf die Verkündigung des Evangeliums schließen müssen, an welcher Titus teilhat« (105).

(der Verkündigung) und des – damit notwendig verbundenen – *Leidens* (vgl. paradigmatisch 1Kor 4,11–13; 2Kor 11,23–27) zu einer »Solidargemeinschaft« zusammengeschlossen.[47] *Das (aktive) Leiden und Mitleiden ist wesentliches Signum einer Kirche, die notwendig eine ecclesia pressa ist* (1Thess 3,3b.4).[48]

2.1.4. Die κοινωνία als (finanzielle) Unterstützungsleistung zugunsten bedürftiger Christen

An folgenden Stellen bezeichnet κοινωνία κτλ. eine *(finanzielle) Unterstützungsleistung zugunsten bedürftiger Christen*: Röm 12,13[49]; 15,25–28a; 2Kor 8,1–9,15 (bes. 8,4; 9,13); Gal 6,6; Phil 4,15–17.

Wie das Mit*leiden* ein wesentliches Signum der *ecclesia pressa* ist, so auch das Mit*helfen* (vgl. bes. Phil 4,14.15–17). Paulus bezeichnet es als unabweisbare geistliche *Pflicht* (Röm 15,27: ὀφείλουσιν!), daß die durch die Christusgemeinschaft auch untereinander Verbundenen sich gegenseitig zu unterstützen haben – und zwar sowohl hinsichtlich alltäglicher materieller Nöte (Nahrung, Kleidung) wie auch hinsichtlich finanzieller Be-

---

[47] Richtig SCHWÖBEL, Kirche, 399: »Für den theologischen Gebrauch des [...] Koinonia-Gedankens ist bei Paulus charakteristisch, daß die *Gabe* der Koinonia die *Aufgabe*, in allen Bereichen des Lebens Koinonia zu halten, beinhaltet. Dabei umfaßt die Gestaltungsaufgabe der Koinonia geistliche und materielle Aspekte.« Vgl. auch REINMUTH, Phlm, 44 (zu Phlm 13, unter Verweis auf V. 6).

[48] S. dazu unten S. 396–408.

[49] Hier wird die finanzielle Hilfe und Gastfreundschaft gegenüber den Glaubensgeschwistern mit einem sehr *starken* Ausdruck als Inbegriff des »Klebens am Guten« (κολλᾶν τῷ ἀγαθῷ) gewertet. Das zeigt, daß die *innerchristliche »Solidarität« für Paulus kein Randthema* war – im Gegenteil: *Er stellt sogar seinen Verkündigungsauftrag hintan, wenn es darum geht, den Glaubensgeschwistern (materiell) zu helfen* (vgl. Röm 15,23b.24 mit Röm 15,25–29). Mehr noch: »*Der Liebesdienst an den Judenchristen verursachte [...] den Weg des Paulus in das Martyrium. Das unterstreicht, wie ernst es ihm mit der Einheit des Leibes Christi war*« (EBELING, Wahrheit, 150 [Hervorhebung E.R.]). Auch MUNCK, Heilsgeschichte, 297, sieht, daß Paulus mit seiner Reise nach Jerusalem »ein ernstes Risiko« einging, meint aber, dies lasse sich »nicht nur aus der ökumenischen Aufgabe heraus rechtfertigen, weil es möglich gewesen wäre, die Geldspende zu übersenden und die Abrechnung des Römerbriefes zu schicken, ohne dass der Apostel sich der grössten Lebensgefahr ausgesetzt hätte« (ebd.). MUNCK, a.a.O., 298–300, sieht demgegenüber aufgrund seiner Kombination alttestamentlicher Prophetentexte mit Angaben der Apostelgeschichte und Röm 11 den Zweck der Jerusalemreise in der »Erfüllung von Gottes Verheissung [...], dass das Volk [sc. Israel; E.R.] errettet werden soll« (a.a.O., 299): »Jedenfalls reist Paulus auf seinem Wege nach Jerusalem dem Tod entgegen, getreu seiner Berufung, *erfüllt von der Aufgabe, die ihm als die zentrale in all seiner Missionsarbeit vorschwebte, nämlich der Mission an Israel*« (a.a.O., 300 [Hervorhebung E.R.]). So wird allerdings unter der Hand aus dem *Heidenapostel* Paulus, der er seinem Selbstzeugnis zufolge von Anfang an war (Gal 1,15–17), ein *Apostel für Israel*, der die Heidenmission lediglich als Zwischenaufgabe betrachtete.

dürfnisse, die im Speziellen die Verkündigung des Apostels und seiner Begleiter betreffen, denen *insofern* eine Sonderstellung zukommt (vgl. v.a. Gal 6,6, aber auch Röm 15,27b.c!). Die κοινωνία bezeichnet mithin ein »Wechselverhältnis«: »*Teilhabe* [...] verpflichtet zur *Teilgabe*«.⁵⁰

Weitergehende, theologisch aufgeladene Interpretationen der durch Paulus veranstalteten Kollektensammlung⁵¹ haben keinen direkten Anhalt am Text und dürften auch deshalb abzuweisen sein, weil Paulus der Jerusalemer Urgemeinde und ihren Repräsentanten keinerlei herausgehobenen geistlichen Rang oder gar Vorrang zuerkannt hat (vgl. Gal 2,6.9b!).⁵² Die Kollekte hat er vielmehr »als eine karitative Hilfsaktion der Heidenchristen für die Judenchristen interpretiert, durch die *die gleichberechtigte Zusam-*

---

⁵⁰ HAINZ, Koinonia, 112 (Hervorhebungen E.R.).
⁵¹ Sehr weitgehend MUNCK, Heilsgeschichte, 277–302, bes. 296–302. HENGEL, Geschichtsschreibung, 99, vermutet, daß »die Jerusalemer Autoritäten« – *anders* als Paulus selbst (Röm 15,27) – aus Gründen der Etablierung eines »rechtlichen und heilsgeschichtlichen Vorranges der Urgemeinde« in der Kollekte »eine Parallele zur jüdischen Didrachmensteuer für den Tempel gesehen haben« könnten (vgl. dazu auch PANIKULAM, Koinônia, 36–38 [mit differenziertem Urteil]), während ROLOFF, Kirche, 131 (ihm folgend z.B. SCHRAGE, 1Kor IV, 426 m. Anm. 18), eine Anspielung auf die *eschatologische Völkerwallfahrt zum Zion* vermutet (anders urteilt HENGEL, ebd.). Vgl. zum Ganzen die weitgehende Kritik bei HYLDAHL, Chronologie, 124–127.
⁵² Vielmehr wurde ja der *Anspruch* der drei in Gal 2,9 Genannten, »›die Säulen‹ der Kirche zu sein, faktisch auf die judenchristliche Kirche eingeengt« (WILCKENS, Art. στῦλος, 735).
Zum Problem einer besonderen Stellung *Israels* vgl. HYLDAHL, a.a.O., bes. 125f. Er schreibt: »Im Grund bleibt aus dem vermeintlichen Vorrang des jüdischen Volkes, aus seiner Erwählung, nichts übrig (Röm. 3,1ff.; 9,4f.). [...] Wie also kann als Erklärung der Kollekte für Jerusalem gerade auf die besondere theologische Bedeutung des Volkes der Juden, die es theologisch nicht gibt, hingewiesen werden?« (a.a.O., 126). Diese Ausführungen mögen (theologisch) unpopulär sein; aber es geht hier allein um die Frage nach der Sicht des *Paulus*. Jedenfalls ist *richtig* gesehen, daß es Paulus (auch) in *Röm 9–11* nicht um einen »kirchenkritische[n] *Tractatus pro Iudaeis*« geht (mit HOFIUS, Israel, 175); aber *ebensowenig* stellen dieses Kapitel einen »israelkritische[n] *Tractatus contra Iudaeos*« dar, sondern es geht dem judenchristlichen Heidenapostel um eine »von tiefer Liebe [...] zu seinem Volk bestimmte und deshalb in leidenschaftlicher Bewegtheit vorgetragene theologische Erörterung und Klärung des Israel-Problems«, das konkret darin besteht, »daß sich die jüdischen ›Brüder und Stammesgenossen‹ des Apostels (9,3) in ihrer überwiegenden Mehrheit der apostolischen Verkündigung und damit dem Evangelium von dem gekreuzigten und auferstandenen Christus verschließen« (mit HOFIUS, a.a.O., 175f.). Dieser Tatbestand erlaubt aber »keineswegs den Schluß, daß Gott seine [...] Verheißung und Heilszusage widerrufen und annulliert, daß er sein erwähltes Volk Israel verstoßen und verworfen hat«, wie »die Existenz der durch das Evangelium gewonnenen *Judenchristen*« beweist (HOFIUS, a.a.O., 178f.). Die theologische Bedeutung Israels – wenn man denn von einer solchen sprechen will – liegt also nicht in Israel *an sich*, sondern im Erweis der Treue *Gottes* gegenüber *seinem* Wort. Nicht *Israel* ist theologisch bedeutsam, sondern *das, was an ihm demonstriert wird*, nämlich: daß Gott seine Verheißungen nicht widerruft (vgl. Röm 3,3f.; 11,1f.29).

mengehörigkeit von Juden[christen] und Heiden[christen] in der Einen Kirche zum Ausdruck kommen sollte.«[53] Der κοινωνία eignet auch hier ein die *Wechselseitigkeit (Reziprozität) des Verhältnisses* betonender Sinn.

2.1.5. Der Grundgedanke der κοινωνία bei Paulus: »Gemeinschaft durch Teilhabe« (Zusammenfassung)

Die bisherigen – zugegebenermaßen knappen – Beobachtungen bestätigen m.E. allesamt die HAINZsche *Formaldefinition* von κοινωνία als »Gemeinschaft (mit jemandem) durch (gemeinsame) Teilhabe (an etwas)«[54]. Diese Auffassung ist allerdings mit J. ROLOFF in folgender Weise zu *präzisieren*: »*koinonia* ist *Gemeinschaft, die durch die gemeinsame Teilhabe an etwas [oder jemandem! E.R.] entsteht und bleibend bestimmt wird.*«[55] Insofern eignet der κοινωνία zugleich ein dezidert *dynamischer* Aspekt, worauf z.B. E. FRANCO und G. PANIKULAM hingewiesen haben.[56]

Inhaltlich läßt sich κοινωνία mit Chr. SCHWÖBEL als »Integrationsbegriff« paulinischer Theologie verstehen:

»Koinonia ist [...] die *Gabe der Gemeinschaft, die durch Teilhabe konstituiert wird*, und darum die *Aufgabe der Gestaltung von Koinonia als umfassende Lebensgemeinschaft* beinhaltet. Gerade in seiner *integrativen Funktion* liegt die Möglichkeit, den Koinonia-Gedanken auf unterschiedliche Problemlagen in unterschiedlichen Kontexten anzuwenden.«[57]

Der Begriff κοινωνία *an sich* läßt aber keine präzisen Schlüsse über *Wesen* und *Charakter* der damit bezeichneten »Gemeinschaftsverhältnisse« zu,[58] »die durch (gemeinsames) Anteilhaben entstehen und sich als (wechselseitiges) Anteilgeben und Anteilnehmen darstellen.«[59] Auch der ›dynamische Charakter‹ (»dynamic character«) bzw. die ›dynamische Natur‹

---

[53] WILCKENS, Art. στῦλος, 735 (Hervorhebung E.R.). Anders HYLDAHL, a.a.O., 127: »Die Kollekte bleibt unverständlich, wenn sie als eine nur innerkirchliche Begebenheit [...] angesehen wird. Im Gegenteil: Die Kollekte für Jerusalem hat mit Israel und seinem Unglauben zu tun. [...] Vielleicht drückt der Verfasser der Apostelgeschichte also letzten Endes ein richtiges Verständnis aus, wenn er den Zweck der letzten Reise des Paulus nach Jerusalem mit den Worten angibt: ›Nach mehreren Jahren bin ich gekommen, um Almosen für mein Volk zu bringen und Opfer‹ (Apg. 24,17).«
[54] DERS., Art. κοινωνία κτλ., 751. Vgl. DENS., Koinonia, 173.
[55] Kirche, 103.
[56] Vgl. FRANCO, Comunione, 27: "Dal movimento del testo [sc. 1Kor 1,4–9; E.R.] risulta evidente una connotazione *dinamica* e onnicomprensiva del significato di κοινωνία" (Hervorhebung E.R.). Ebenso PANIKULAM, Koinônia, 10f. u.ö.
[57] Kirche, 400 (Hervorhebungen E.R.).
[58] So mit Recht und Nachdruck auch REILING, 1Kor, 174: "De aard en de strekking van de relatie of participatie worden echter niet bepaald door de griekse woorden maar door de componenten."
[59] HAINZ, Art. κοινωνία κτλ., 751.

(»dynamic nature«) der κοινωνία ergibt sich für 1Kor 1,9 ja allererst aus dem *Kontext*.[60] Hier bestätigt sich, daß einzelne Begriffe ihre *spezifische* Bedeutung allererst aus dem *Kontext* erhalten, in dem sie stehen. Damit soll der Wert von Begriffsuntersuchungen nicht *grundsätzlich* bestritten werden[61]; ihnen soll vielmehr der richtige Ort zugewiesen werden.

2.2. Das Wesen der Christusgemeinschaft nach Paulus

Im folgenden ist nun zu untersuchen, *wie beschaffen* die *»Gemeinschaft« (im Sinne personaler Teilhabe und Teilgabe)* ist, über deren Stellenwert im vorherigen Abschnitt bereits einiges gesagt wurde. *Hier ist insbesondere zu bestimmen, wie eng oder weit* diese »Gemeinschaft« gefaßt ist. Darüber war dem *Begriff* κοινωνία *an sich* ja nicht allzu viel zu entnehmen.[62]

Mit unterschiedlichen »Bildern« und »Vergleichen« beschreibt Paulus die Gemeinschaft zwischen Christus und den Christen – wie auch, davon abgeleitet, der Christen untereinander. Die meisten dieser »Bilder« stammen aus dem Bereich von *Ehe und Familie* (die Gemeinde als *familia Dei*),[63] wobei sie auffällig gehäuft im *1. Korintherbrief* auftauchen.

EXKURS I: Die »Parteien« in Korinth[64]

Die Konzentration der Thematisierung von zwischenmenschlichen Verhältnissen aller Art (mithin des Problems von Vielfalt und Einheit) ausgerechnet im 1. Korintherbrief ist höchstens auf den ersten Blick überraschend, denn Paulus hat es hier mit einer zutiefst *gespaltenen* Gemeinde zu tun (vgl. 1Kor 1,11f.). Er kann sie zwar noch immer als *eine* Gemeinde ansprechen (1Kor 1,2a), doch hängt ihre Einheit *und damit ihre Existenz* faktisch am seidenen Faden (vgl. nur 1Kor 11,20f.!).

Mit seinem *Grundsatzschreiben* (1Kor 1,2b!) verfolgt der Apostel erklärtermaßen das Ziel, daß die Korinther (wieder) *ungeteilt* sind (vgl. 1Kor 1,10). Darum erinnert er sie an ihre *Einheit in Christus* (1Kor 1,13a) und kämpft vehement gegen die Aufspaltung des *einen* Christusleibes (vgl. 1Kor 12) in verschiedene, gegeneinander gerichtete Gruppen (1Kor 1–3; vgl. 1Kor 11–14), ferner gegen die korinthische Aufspaltung der *einen* christlichen Existenz in sog. »heilige« und sog. »rein profane« Bereiche

---

[60] S.o. S. 52 m. Anm. 2. So mit Recht PANIKULAM, Koinônia, 11; vgl. FRANCO, Comunione, 27.

[61] Vgl. zur Diskussion BARR, Bibelexegese, 207–261. Seine weitgehende Kritik teile ich *so* nicht.

[62] S.o. S. 61.

[63] Vgl. sehr instruktiv zum Ganzen VON ALLMEN, Famille, *passim*, auch wenn einigen seiner Schlüsse die Zustimmung zu versagen ist.

[64] Zu dem entsprechenden Hypothesenwald s. KAMMLER, Kreuz, 7–16. Ihm ist insbesondere darin zuzustimmen, daß es eine korinthische »Christuspartei« *nicht gegeben hat*.

(1Kor 5–7; vgl. 1Kor 8–10), schließlich gegen die Aufspaltung der *einen* Existenz in »Seele« oder »Geist« und – vermeintlich belanglosen – »Körper« (1Kor 15).

Der Umstand, daß die Korinther miteinander im Streit liegen und es »die« Korinther offensichtlich *nicht gibt*, ist übrigens von größter *hermeneutischer* Bedeutung für die Exegese des 1. Korintherbriefes! Dieser in der Exegese *methodisch* leider weitgehend übersehene Umstand[65] erklärt nämlich ohne weiteres, warum hier viele Probleme verhandelt werden, die eigentlich – wie man meinen sollte – gar nicht *zugleich* auftreten können.[66] *Eben diese Uneinheitlichkeit der Gemeinde in Korinth bedingt zugleich, daß die paulinischen Antworten ebenfalls den Anschein einer gewissen »Uneinheitlichkeit« erwecken.* Aber er verfährt offenbar nach dem Prinzip *sic et non*, um die gegenteiligen Extreme zum *Zentrum* ursprünglicher Einheit – zum »Wort vom Kreuz« – zurückzuführen. Damit dürfte manches angeblich *literarkritische* Problem *inhaltlich* zu lösen und der ›literarkritische Notausgang‹[67] verbaut sein.

Nun scheint mir allerdings bei aller kontradiktorischen Verschiedenheit *in der Sache* doch eine *strukturelle Gemeinsamkeit der verschiedenen korinthischen Gruppen* darin zu bestehen, *daß es ihnen allen – negativ formuliert – an Einsicht in die ontische Wirksamkeit und Ausschließlichkeit der Christusbeziehung mangelte.* Was sie daran hinderte, dürfte – positiv formuliert – nicht zuletzt ihre *Fokussierung auf die (falsche) Frage nach der Wirksamkeit und Bedeutung der Substanz oder Materie »an sich«* gewesen sein, wie namentlich aus 1Kor 5–11 erhellt. Auch wenn sie, entsprechend ihrer Streitsucht (vgl. 1Kor 11,16a) und angemaßten γνῶσις (vgl. 1Kor 8,1ff.), *diese Frage zutiefst gegensätzlich beantworteten (s.u.), darf man – wohl gerade deswegen – cum grano salis vielleicht behaupten, daß ausweislich ihrer Sichtweisen letztlich doch alle Korinther im Bannkreis eines substanzontologischen Weltbildes stehengeblieben waren.* Mit

---

[65] Vgl. aber CONZELMANN, 1Kor, 31, Anm. 105a: »Ein Teil der Versuche, die Position(en) der Gegner zu bestimmen, neigt zu Schematisierung und Konstruktion einer Einheit, wo mit Vielfalt zu rechnen ist. Das gilt vor allem von Verfechtern der ›Gnostiker‹-Hypothese […].« Dieser Umstand läßt sich besonders an der in vielen Kommentaren gängigen Formulierung ablesen: »die Korinther...«. Richtig müßte es heißen: »ein *Teil* der Korinther...« o.ä. (gegen SCHMITHALS, Gnosis, *passim*; DENS., Gnostiker, 5 [= Vorwort] u.ö., der überhaupt »nur *einen* durchgreifenden Gegensatz in der Urchristenheit zu erkennen« vermag, nämlich eben den zwischen Paulinismus und (juden-)christlich gefärbter *Gnosis*).

[66] Hätten etwa *alle* Korinther konsequent substanzontologisch gedacht, hätten die Probleme mit der Unzucht gar nicht in dem Maße auftreten können. Umgekehrt hätte sich eine Frage, wie sie hinter 1Kor 7,12–16 steht, gar nicht ergeben, hätte die Gemeinde aus lauter (libertinistisch-)enthusiastischen Gliedern bestanden.

[67] Diesen treffenden Begriff verdanke ich Prof. Dr. Ernstpeter Maurer.

anderen Worten: Die Korinther gingen trotz ihres neuen Glaubens weiterhin von falschen Voraussetzungen aus.

Das zeigt sich z.B. an ihrem Umgang mit dem Herrnmahl[68]: Manche Korinther »müssen einen *sehr massiven, übersteigerten Sakramentalismus* vertreten haben und überzeugt gewesen sein, durch die im Sakrament vermittelte Teilhabe am auferstandenen Christus in die höhere Sphäre der Erlösten schon entrückt zu sein.«[69] Andere wiederum scheinen sich des *Ernstes* eines »unwürdig« gefeierten Herrnmahls (vgl. 1Kor 11,27.29f.) nicht bewußt gewesen zu sein, gerade *weil* sie – so ist zu vermuten – in der konkreten Feier des Herrnmahls einen – ihrer Meinung nach: lediglich – *substanzhaften* Schatten für eine geistliche Wirklichkeit gesehen haben. Es läßt sich jedenfalls zeigen, *daß die verschiedenen Gruppen die Wirksamkeit der Substanz je unterschiedlich bewertet haben*: War für die einen die »Materie« grundsätzlich völlig *unerheblich*[70] (sog. »Enthusiasten«: 1Kor 6,12–20), so war sie für die anderen geradezu *schädlich* (sog. »Schwache«: 1Kor 8+10; vgl. auch 7,12–16) oder jedenfalls *minderwertig* (sog. »Proto-Gnostiker«: 1Kor 15).[71] Dabei war *allen Parteien gemein, daß sie über der falschen Frage nach der »Substanz an sich« die entscheidende Frage nach der Christus-Relation vernachlässigten.*

Ihnen allen (!) setzt Paulus darum sein streng relational-ontologisches Verständnis der Christusgemeinschaft (s.u.) und – davon abgeleitet – der Christengemeinschaft entgegen: Ontologisch entscheidend ist nicht die Substanz, sondern die Relation! Darum ist schon die *Frage* nach der ontologischen Bedeutung der »Substanz *an sich«* eine *falsch gestellte*. Was also die Korinther *insgesamt* nicht verstanden haben dürften, ist die Tatsache, daß die Substanz zwar *an sich* tatsächlich ontologisch irrelevant ist (darin haben die »Starken« grundsätzlich Recht), jedoch unter bestimmten Umständen, d.h. in relational-ontologischen Begründungszusammenhängen

---

[68] S. dazu unten S. 93–96.

[69] Mit BORNKAMM, Paulus, 200 (Hervorhebung E.R.). Gleichzeitig vertreten nicht wenige Exegeten die genau *umgekehrte* These, »daß man in Korinth [...] den sakramentalen Sinn des Herrenmahles vergessen und eine frischfröhliche, profane Schmauserei daraus gemacht hatte« (ebd.). Offenbar traf *beides* zu (s.u.)!

[70] Das Problem dieser »Enthusiasten« lag darin, daß sie die real-ontische Wirksamkeit geistig-leiblicher *Beziehungen* nicht erkannten, sondern auf die (falsche) Frage der ontischen *Selbstmächtigkeit* der Substanz fokussiert waren, die sie freilich negativ beantworteten.

[71] Zur inneren Logik des (angeblich gnostischen) *Libertinismus* vgl. SCHMITHALS, Gnostiker, 79: »Der Libertinismus kann *als Teil des Erlösungsvorganges* verstanden werden. [...] Die die Fleischlichkeit des Menschen respektierenden Ordnungen dienen den dämonischen Weltherrschern dazu, die Menschen im Fleische gefangen zu halten. Darum ist es [...] *heilsnotwendig*, sich durch *Askese oder Libertinismus* diesen Ordnungen zu entziehen. [...] Der Leib ist ja selbst von Grund auf unrein. An *dieser* Stelle brach freilich noch kein Konflikt mit dem paulinischen Christentum aus, da Paulus *aus anderen Gründen ebenfalls* diese Speisevorschriften mißachtete« (Hervorhebungen E.R.). Hier ist – unbeschadet der so nicht haltbaren Voraussetzung einer (juden)christlichen Gnosis in Korinth, Galatien, Philippi und anderswo – richtig gesehen, daß die Korinther sich aufgrund ihrer *religiösen* Überzeugungen vor die Alternative gestellt sahen: *entweder Askese (so die »Schwachen«) oder Libertinismus (so die »Starken«).*

(aber *nur* dort!), wieder eine nicht unerhebliche Rolle spielen *kann* (das übersehen die »Starken«). Nur so läßt sich erklären, warum Paulus bald den »Starken«, bald den »Schwachen« Recht zu geben scheint. Der Apostel hat die Wirklichkeit der Substanz ja nicht einfach negiert, ihr aber aufgrund ihrer grundsätzlichen *Vergänglichkeit* eine nur *eingeschränkte Bedeutung und Wirksamkeit* zuerkannt: *Sie erhält ihren Stellenwert allererst und ausschließlich aus ihrer Bezogenheit auf eine ontisch wirksame Relation* (vgl. z.B. 1Kor 6,12–20, bes. V. 13.19; 10,14–22, bes. V. 19f.). Das aber gilt namentlich im Rahmen *ganzheitlicher Beziehungen, die als solche alle Bereiche menschlichen Lebens umfassen.* Zu nennen sind hier menschliche Grundbeziehungen wie Ehe und Großfamilie, aber auch und vor allem die *Christusgemeinschaft* – darauf zielt Paulus ab und darum zieht er die genannten »Bilder« hier heran.

2.2.1. Ehegemeinschaft und Christusgemeinschaft

Das »Bild« der Ehe erscheint zunächst einmal darum *besonders* für den Vergleich mit der Christusgemeinschaft geeignet, weil die Ehe Paulus zufolge eine *exklusive, beständige Bindung* darstellt.[72] Für die folgenden Ausführungen ist jedenfalls zu beachten, daß er von der prinzipiellen *Unauflöslichkeit jeder ehelich-geschlechtlichen Verbindung* ausgeht, und zwar – das ist entscheidend! – nicht nur *de iure*, sondern auch *de facto* (vgl. 1Kor 7,10f.).[73] Da eine Ehe somit einzig und allein durch den *Tod* eines der beiden Ehegatten beendet werden *kann* und *wird* (vgl. Röm 7,2f.; 1Kor 7,39), sind *alle (übrigen) Versuche, eine Ehe zu beenden, eo ipso als Ehebruch* (μοιχεία) zu bewerten; eine Scheidung oder Auflösung des *conubium*[74] zieht Paulus darum von vornherein nur als »unmögliche Möglichkeit« in Betracht (vgl. 1Kor 7,5).[75]

---

[72] Vgl. POP, 2Kor, 311.

[73] Das *Verbot der Wiederheirat Geschiedener* beruht also auf der *prinzipiellen Unauflöslichkeit* der Ehe: Ist nämlich die Ehe unauflöslich, kann es überhaupt keine Scheidung im eigentlichen Sinne geben (sondern höchstens eine – zeitlich befristete – räumliche Trennung [vgl. 1Kor 7,5]); damit aber ist jede sog. »Wiederheirat« *eo ipso* Ehebruch (μοιχεία). Wer daher mit einer πόρνη sexuellen Umgang pflegt, macht sich – als Verheirateter – ebenfalls des Ehebruchs, mindestens aber der πορνεία schuldig. – Eine Frage bleibt aber angesichts des in *1Kor 7,12–16* behandelten Falles: Wie soll sich ein Christ verhalten, wenn sein ungläubiger Ehepartner ihn *verläßt*? Sind die Christen auch gegenüber ihren nichtchristlichen Ehepartnern bleibend gebunden, oder steht es ihnen in diesem Falle frei, erneut zu heiraten, ohne daß dies als Ehebruch gewertet würde?

[74] Vgl. dazu TREGGIARI, Art. Ehe III, 897.

[75] Fremd mußte Paulus darum auch diese (römische) Rechtsbestimmung sein: »Das Fortbestehen der Ehe erforderte die ständige Zustimmung beider Ehegatten, insbesondere, daß beide einander als *coniunx* ansahen (*affectio maritalis*)« (TREGGIARI, ebd.).

Im Hinblick auf die *Christusgemeinschaft* bietet sich der Vergleich mit der Ehe aber auch deswegen an, weil neben den Aspekt ihrer *Beständigkeit* und *Unauflöslichkeit* der gerade *darin* zum Ausdruck kommende Aspekt der *Treue* und selbstlosen *Liebe* tritt.

Es ist aber zu beachten, daß Paulus das Bild der Ehe auch im »umgekehrten« Sinn verwenden kann, namentlich in *Röm 7,1–4*. Dort geht es um das (legitime) *Ende* einer ehelichen Verbindung, nämlich derjenigen zwischen der Sinaitora als versklavender Macht (!) und den von ihr befreiten Christusgläubigen.[76] Bezeichnenderweise nimmt Paulus dort auf das *postlapsarische*, damit aber *eo ipso* »verschobene« Eheverhältnis[77] Bezug: So, wie der Mann *nach dem Sündenfall* (!) über die Frau herrschen (κυριεύειν) wird (Gen^{LXX} 3,16b; vgl. Röm 7,2 [beachte die Bezeichnung ἡ ὕπανδρος γυνή und die Rede vom »Gebunden-Sein«])[78], so herrscht (κυριεύειν) die Sinaitora über den ihr unterworfenen Menschen (Röm 7,1). Paulus kann das Ehe-»Bild« also in geradezu *gegensätzlicher* Weise gebrauchen: einmal im *negativen* Zusammenhang, indem er auf die *Ehe als »hierarchische Zwangsgemeinschaft«* abhebt (Röm 7,1–4), einmal im *positiven* Zusammenhang, indem er auf die *Ehe als »Liebesgemeinschaft«* abhebt (*ausdrücklich* nur in der Paulusschule: Eph 5,25–32). Das *tertium comparationis* zwischen beidem liegt im jeweils *exklusiven* Charakter der entsprechenden Beziehung, und das scheint – aller Romantik zum Trotz – für den Apostel der *zentrale* Aspekt des Ehe-»Bildes« zu sein.

So schreibt der Apostel den Gemeinden in Korinth und ganz Achaia zu Beginn seiner »Narrenrede« 2Kor 11,1–12,13[79]: »Ich eifere nämlich um euch mit dem Eifer Gottes, denn ich habe euch *einem* Mann verlobt, [um[80] euch]

---

[76] S.u. S. 200–203. Das rechtmäßige *und* tatsächliche *Ende* der Ehe kann *nur* durch den *Tod* eines der beiden Ehepartner zustandekommen (vgl. Röm 7,2f.; 1Kor 7,39). Auch wenn das Bild bei Paulus leicht zu hinken scheint (zunächst ist vom Tod des *Mannes* [= νόμος] die Rede [Röm 7,1–3], anschließend davon, daß die *Christusgläubigen* »dem νόμος gestorben sind« [V. 4]), so ist doch die *Parallelität zwischen dem Ende der νόμος-Beziehung (Röm 7,1–5) und dem Ende der ἁμαρτία-Beziehung (Röm 6,2.6f.)* nicht zu übersehen: *Beide* »Mächte« bleiben (zunächst jedenfalls) am Leben, aber durch das Mitgestorben-Sein mit Christus sind die Christusgläubigen diesen Mächten gegenüber »tot« und damit aus diesen pervertierten »Beziehungen« *befreit*.

[77] Dieser *Vorbehalt* wäre in sämtlichen Abhandlungen über ein christliches Eheverständnis zwingend zu berücksichtigen (vgl. auch Gal 3,28). Es kann nicht angehen, quasi positivistisch aus alt- und neutestamentlichen Ehe-»Beschreibungen« ein theologisch verbindliches Eheverständnis zu entwickeln (s. etwa die Diskussionen um eine sog. κεφαλή-Struktur), *ohne* diesen hamartiologischen Vorbehalt ernsthaft zu berücksichtigen! Denn die *Faktizität post lapsum* (Gen^{LXX} 3,16) sagt noch nichts aus über die gottgewollte *eigentliche* »Essenz« der Gemeinschaft zwischen Mann und Frau (vgl. *dazu* Gen^{LXX} 2,18. 21–25 [bes. V. 23a.25!]; vgl. ferner 1Kor 11,11f. [»trotz« V. 2–10]).

[78] Das eigentlich Mann *und* Frau zugedachte κατακυριεύειν und ἄρχειν über die außermenschliche Schöpfung (Gen^{LXX} 1,28!) verkehrt (pervertiert) sich nun zu einem einseitigen »Herrschen« (κυριεύειν) des Mannes über »seine« Frau (Gen^{LXX} 3,16b). Aber das ist eben eine *Ver-kehrung oder Perversion* des »Urstandes«!

[79] Vgl. WOLFF, 2Kor, 208f.

[80] Infinitiv des Zwecks (mit VON ALLMEN, Famille, 243, Anm. 213; vgl. dazu BDR, § 390; WINDISCH, 2Kor, 320 m. Anm. 1 [Lit./Bsp.]).

als heilige Jungfrau dem Christus zu präsentieren« (2Kor 11,2).[81] Paulus versteht sich hier als »Brautwerber« bzw. »Brautführer« (νυμφαγωγός),[82] was seinem Selbstverständnis als *Vater* der Gemeinde (vgl. 1Kor 4,15b) durchaus nicht zuwiderläuft.[83] Er sorgt gerade *so* für seine Gemeinde, indem er (quasi als ihr κύριος[84]) für eine »standesgemäße« Hochzeit sorgt, und zugleich ist er als »Brautwerber« derjenige, »der im Interesse des Bräutigams handelt und empfindet«[85]; letzteres steht hier eindeutig im Vordergrund und erklärt seinen ζῆλος, der eben dem »göttlichen Eifer« entspricht, von dem schon das Alte Testament – ebenfalls und nicht zufällig im Zusammenhang mit dem »Bild« der Ehe – zu berichten weiß (vgl. Ez^{LXX} 16; 23; Hos^{LXX} 1–3).

Überhaupt fallen die vielen *Parallelen* zur alttestamentlichen und rabbinischen Verwendung des Ehe-»Bildes« ins Auge. Neben dem eigentümlichen ζῆλος ist besonders auf die Ausdeutung des Sinaigeschehens in der rabbinischen Literatur zu verweisen: »Gott ist König oder Bräutigam, das Volk Israel die Braut oder Gattin, Mose der Brautführer und die Tora der schriftliche Ehevertrag.«[86] Eine Übertragung dieser Verhältnisse auf die Si-

---

[81] SCHMIDT, Untersuchung, 191–195, betont übrigens die »relationale Problematik« (192) des Abschnittes.

[82] Vgl. WOLFF, 2Kor, 211.

[83] Mit WINDISCH, 2Kor, bes. 319f.; POP, 2Kor, 311; BARRETT, 2Kor, 272. Daß der *Brautvater* (πατήρ) selbst als Brautwerber (νυμφαγωγός) für seine Tochter auftreten kann, zeigt – ungeachtet des *übertragenen* (?) πατήρ-Gebrauchs (Alexander d.Gr. als »Vater« seiner Untertanen) – PLUTARCH, De Alex. fort. I 7 (= 329E); zum Apostel als »Vater« und »Brautwerber« seiner Gemeinden s.u. S. 263–265. Oder ist hier doch stärker daran gedacht, daß Paulus der »Vertraute des Bräutigams« (= Christi) ist (so WOLFF, 2Kor, 211; INFANTE, Immagine, 46 m. Anm. 4 [Lit.])? Damit ergäbe sich eher eine Verbindung zu dem Amt des Apostels, »Botschafter an Christi Statt« zu sein (2Kor 5,20), der in *dieser* Hinsicht ganz auf die Seite Jesu gehört und damit seinen Gemeinden *gegenübergestellt* ist, wohingegen das Vater-Sein des Apostels ihn eher auf der Seite der Gemeinde verortet. Wie auch immer man hier urteilt, diese Beobachtungen zeigen jedenfalls, daß Paulus als *»Vermittler«* zwischen Christus und der Gemeinde auftritt, und das ist insofern *einmalig*, als sonst nirgends ein Prophet (AT) oder Apostel (NT) als »Vermittler« bezeichnet wird (vgl. POP, 2Kor, 311 [s. aber Mose]). Möglicherweise trifft POPs Erklärung zu: "Paulus heeft dit beeld hier nodig om duidelijk te maken waarom hij de gemeente zo scherp in het oog houdt" (ebd.).

[84] Als κύριος im vertragsrechtlichen Sinne trat i.d.R. der nächste männliche Verwandte der Braut auf. Ihm oblag der Abschluß des Ehevertrages zwischen dem Bräutigam und der Brautfamilie (vgl. dazu THÜR, Art. Engyesis, 1033; DENS., Art. Kyrios II, 1013; ferner WAGNER-HASEL, Art. Eheverträge, 901). Auch hier ist PLUTARCH, *De Alex. fort.* I 7 (s.o. Anm. 83) wiederum eine lehrreiche Parallele, ist der »Brautführer« (νυμφαγωγός) hier doch zugleich (ἅμα) »Vater« (πατήρ) *und* »Oberbefehlshaber« (ἁρμοστής), was der Bezeichnung κύριος sachlich einigermaßen nahekommt. Freilich bezeichnet Paulus sich selbst *niemals* als κύριος, denn κύριος im ausgezeichneten Sinne ist für ihn *ausschließlich Jesus Christus* (*1Kor 8,6b*; vgl. Röm 10,9; 1Kor 12,3; Phil 2,11)!

[85] LIETZMANN, 2Kor, 144.

[86] KLAUCK, 2Kor, 82.

tuation der frühchristlichen Gemeinden fällt leicht: *Christus ist der Bräutigam, die christliche Gemeinde die Braut, Paulus der Brautführer – und das Evangelium von Jesus Christus der »Ehevertrag« (διαθήκη!),* wenn man so will. Das entspricht den strengen Gegenüberstellungen von Christusgläubigen und dem »Israel κατὰ σάρκα« (Gal 4,21–31 u.ö.), von εὐαγγέλιον und νόμος, von Paulus und Mose (auch, aber nicht nur in ekklesiologischen Zusammenhängen [vgl. nämlich 2Kor 3+4]).

Zu beachten sind – auch hier – die Zeiten: Paulus spricht davon, daß er die Gemeinde bereits ein für allemal als Braut »verlobt«[87] hat (ἡρμοσάμην Aorist[88]). Damit besteht *schon jetzt* ein *rechtsgültiger Anspruch* zwischen Christus und seiner Gemeinde (in Form der ἐγγύησις); ein »Abfall« der Korinther wäre also *bereits in diesem Stadium* mit Ehebruch gleichzusetzen und hätte entsprechende strafrechtliche Konsequenzen (Todesstrafe!) zur Folge. Den *Vollzug* der Ehe in Gestalt der »Aushändigung« (ἔκδοσις) der Braut an den Bräutigam erwartet der Apostel allerdings erst für den Zeitpunkt der *Parusie.*[89] Die *Zwischenzeit* zwischen ἐγγύησις und ἔκδοσις mündet traditionell in die προτέλεια, d.h. Rituale, die »den Charakter der Entsühnung und Reinigung« tragen[90]; die Nähe zur paulinischen Rede von der endzeitlichen τελείωσις (Phil 1,6b; vgl. 1Thess 3,12f.) ist hier unschwer zu erkennen.[91] Für *beides,* ἐγγύησις *und* ἔκδοσις der Gemeinde, ist Paulus als Brautwerber zunächst allein verantwortlich.[92] Aber auch

---

[87] Nach THÜR, Art. Engyesis, 1033, ist der Begriff »Verlobung« *irreführend.* Es handelte sich bei der ἐγγύησις um einen »feierliche[n] Rechtsakt, der die ehemännliche Gewalt begründete« (ebd.).

[88] Das *Medium* könnte tatsächlich darauf zurückzuführen sein, daß Paulus in die ganze Angelegenheit persönlich involviert ist (so BARRETT, 2Kor, 272).

[89] Mit LIETZMANN, 2Kor, 145; BULTMANN, 2Kor, 203; WOLFF, 2Kor, 211f., u.a.

[90] OSWALD, Art. Hochzeitsbräuche, 649.

[91] Das Gegeneinander-Ausspielen von »ethischer« (»sittlicher«) und »lehrmäßiger« (»religiöser«) Heiligkeit halte ich für unpaulinisch (gegen LIETZMANN, 2Kor, 145; ähnlich KLAUCK, 2Kor, 82; neuerdings versucht SCHMIDT, Heilig, 393, *strikt* zwischen »Heiligkeit« – als göttlicher »Qualität« – und »Heiligung« – als *in via* zu bewährendem Christen-»Stand« – zu *unterscheiden* [vgl. auch a.a.O., 397 m. Anm. 1551], kann dies aber bezeichnenderweise *nur für 1Thess* durchhalten [er selbst erklärt diesen Umstand mit der angeblichen historischen Entwicklung paulinischer Theologie – s. z.B. a.a.O., 392 m. Anm. 1542 –, insbesondere dem »Ausbleib der Parusie Christi«: s. a.a.O., 392. 398; s. dazu unten S. 107f, Anm. 14]). Natürlich geht es »in diesem ganzen Zusammenhang [sc. 2Kor 11,1ff.; E.R.] [...] um religiöse, ja theologische Schädigung der Gemeinde« (LIETZMANN, ebd.), aber Paulus zeigt doch wiederholt (gerade im 1. Korintherbrief; s. dazu REHFELD, »Erbaulichkeit«, 127, Anm. 6), daß die *theologische* Schädigung der Gemeinde automatisch »lebenspraktische« Schäden hervorruft – und umgekehrt. Richtig darum WOLFF, 2Kor, 212: »Die Keuschheit bezeichnet, auf die Gemeinde übertragen, wie in V. 3 die *vollkommene Hingabe an Christus,* die Glaubenstreue gegenüber dem Heilsbringer, so wie im Alten Testament die alleinige Verehrung Gottes das Kennzeichen der Jungfräulichkeit Israels ist (Jer. 18,13–15)« (Hervorhebung E.R.).

[92] Vgl. WINDISCH, 2Kor, 319f.

die Gemeinde steht – gerade im Blick auf ihre zwischenzeitliche προτέλεια – in der Verantwortung, an die der Apostel sie immer wieder mahnend erinnert.[93] Überaus treffend bringt F.J. POP den Zusammenhang der beiden Aspekte des paulinischen Dienstes an seinen Gemeinden auf den Punkt: »Daß (die Gemeinde) die Braut Christi wird, ist seinem *Apostolat* zu verdanken. Daß sie sich nicht mit anderen einläßt, sondern Ihm in jeder Hinsicht treu bleibt, ist das Ziel seines *Pastorats*.«[94]

Nun könnte man natürlich einwenden, Paulus verwende das »Bild« der Ehe *nur* als Bild, mithin als reine Metapher ohne sachlichen Gehalt.[95] Daß das aber nicht zutrifft und Paulus – im Gegenteil – das Verhältnis zwischen Christus und den Gläubigen *als* »Ehe« versteht (nicht nur »*wie*« eine Ehe!), zeigen seine Ausführungen 1Kor 6,16f. (vgl. 1Kor 7,32–34!), denen wir uns nun zuwenden.

2.2.1.1. *1Kor 6,16f.: Vereinigung zwischen Frau und Mann – Vereinigung zwischen Christus und den Gläubigen*

Bei 1Kor 6,16f.[96] handelt es sich um eine für unsere Frage nicht zu unterschätzende Stelle.[97] Zwar fehlen die Wendung ἐν Χριστῷ und der Begriff κοινωνία. *Inhaltlich* ist jedoch von Belang, daß hier das *intime Verhältnis* zwischen Mann und Frau (und zwar selbst einer »Frau, die regelwidrigen Sexualverkehr hat«[98]!) mit demjenigen zwischen den Gläubigen und Christus ausdrücklich *parallelisiert* wird.[99] Die Parallele reicht dabei *weiter* als 2Kor 11,2[100] und wird *sachlich ausgeführt*:

---

[93] So auch BARRETT, 2Kor, 272.
[94] 2Kor, 311 (Übers. E.R.): "Dat zij [sc. de gemeente; E.R.] de bruid van Christus werd, is te danken aan zijn [sc. Paulus; E.R.] apostolaat. Dat zij zich niet met anderen afgeeft, maar Hem in alle opzichten trouw blijft, is het doel van zijn pastoraat". Klarer läßt sich die *Verklammerung von apostolischem und pastoralem Auftrag* nicht formulieren!
[95] Vgl. zum Problem VON ALLMEN, Famille, 5–52.60f.
[96] Zum *Kontext* s.u. S. 105–108. *Hier* geht es *nur* um das V. 16f. genannte Problem.
[97] Leider geht z.B. STROBEL, 1Kor, 111–114, mit keinem Wort auf V. 17 und die Parallelität zu V. 16 ein.
[98] KIRCHHOFF, Sünde, 36. Die gängige Übersetzung von πόρνη mit »eine Prostituierte« ist eine höchst problematische *Engführung* (vgl. DIES., a.a.O., 18–37; ferner GARLAND, 1Kor, 231, Anm. 16), denn Paulus verurteilt nicht nur den Gang ins Bordell o.ä., sondern ebenso den Geschlechtsverkehr mit einer bereits verheirateten Frau, »d.h. je de[n] außereheliche[n]« (LIETZMANN, 1Kor, 27 [Hervorhebung E.R.]; darin *eingeschlossen* ist namentlich der sog. Seitensprung bzw. das uneheliche Verhältnis). *In Ermangelung eines adäquaten deutschen Begriffes läßt man πόρνη am besten unübersetzt.*
[99] Mit KÄSEMANN, Leib, 164 (»Analogie«); *gegen* ALLO, 1Kor, 146 (»une antithèse d'une grande profondeur«); ferner *gegen* DELLING, Stellung, 63 (s.u. S. 105f., Anm. 3).
[100] Während 2Kor 11,2 *kollektiv* formuliert (so BENGEL, Gnomon, 719: *non singulatim, sed conjunctim*; BARRETT, 2Kor, 272: »the whole church is the bride«), formuliert 1Kor 6,12–20 stärker »*individuell*«.

¹⁶ ἢ οὐκ οἴδατε
   ὅτι ὁ κολλώμενος τῇ πόρνῃ ἓν σῶμά ἐστιν;
   ἔσονται γάρ, φησίν, οἱ δύο εἰς σάρκα μίαν.
¹⁷ ὁ δὲ κολλώμενος τῷ κυρίῳ ἓν πνεῦμά ἐστιν.

¹⁶ Oder wißt ihr nicht,
   daß der, der sich mit der πόρνη vereinigt, *ein* Leib [mit ihr] ist?
       Denn [die Schrift] sagt: »Die zwei werden *ein* Fleisch sein.«
¹⁷ Der aber, der sich mit dem Herrn vereinigt, ist *ein* Geist [mit ihm].

In der *engsten* nur denkbaren menschlichen Gemeinschaft – der Vereinigung eines Mannes mit einer Frau, die damit *ein* Fleisch werden – findet der Apostel eine Parallele für die Gemeinschaft zwischen den Christusgläubigen und Christus,[101] wobei es unerheblich ist, daß Christus formal mit der πόρνη, der Christusgläubige dagegen mit dem Mann, der sich mit einer πόρνη vereinigt, parallelisiert wird. Es geht Paulus allein um das *Wesen* einer solchen Beziehung; nur *darin* liegt die Parallele.[102]

Man wird diese Parallele jedoch von vornherein mißverstehen, wenn man von einem Verständnis des Geschlechtsverkehrs ausgeht, demzufolge es sich dabei lediglich um die punktuelle Verbindung von zwei *autonomen* Personen handelt, die auch eigenständig *bleiben*. Schon das verwendete Verb – κολλᾶσθαι (wörtlich: »haften an«[103], »kleben«[104]) – verdeutlicht, daß hier mehr gemeint ist als ein bloß unverbindliches, punktuelles *Beieinander*sein.[105] Hier findet vielmehr – im Wortsinne – Ver*einig*ung statt[106], d.h. aus *zwei* Personen wird *ein* »Fleisch« bzw. *ein* »Leib«;[107] sie gewinnen nicht weniger als eine *neue Identität*[108]! Es entsteht mithin eine ganz *neue*,

---

[101] COLLINS, 1Kor, 247, sieht hierin eine Anspielung auf die Vorstellung »that the believer is *united with Christ* in a *nuptial relationship*« (Hervorhebung E.R.).

[102] Die von MEYER, 1Kor, 110, dagegen ins Feld geführte »Inkonzinnität« des Bildes ist mithin *kein* tragfähiges Gegenargument! Er behauptete (ebd.): »Dass Paulus wie Eph. 5,23ff. (vergl. 2. Kor. 11,2. Rom. 7,4.) hier [sc. 1Kor 6,17; E.R.] die Verbindung mit Christo als *Ehe* gedacht habe (*Piscat.*, *Olsh.*), ist nicht anzunehmen, da in dieser mystischen Ehe Christus das *männliche* Princip ist, mithin der Gegensatz zu κολλ. τῇ πόρνῃ inconcinn wäre.« Sache und Formulierung (im wesentlichen) übernahm allerdings auch HEINRICI, 1Kor, 179.

[103] Vgl. BAUER/ALAND, WbNT, 897, s.v. 2.

[104] S. die *aktive* Grundbedeutung: »(zusammen)leimen« (GEMOLL, Wb, 445, s.v. 1.).

[105] Mit REILING, 1Kor, 106: "seksuele omgang is niet alleen een tijdelijk contact van twee lichamen, maar brengt een blijvende relatie tot stand, die met 'één lichaam', *hen sooma*, wordt getypeerd."

[106] Das betont zu Recht auch REILING, 1Kor, 108: »ontucht [...] als een vereniging (in letterlijke zin!) van twee lichamen«.

[107] Vgl. FURNISH, Moral Teaching, 42: "The earliest Christians had inherited from Judaism the belief that the sexual union between a man and a woman is a union of *persons*, of *whole beings*, not just a superficial physiological connection."

[108] Vgl. MERKLEIN, 1Kor II, 76.

noch nicht dagewesene Existenz (vgl. 2Kor 5,17!), die jedoch als *differenzierte Einheit*, nicht als numerische »Einsheit« zu verstehen ist.

Dieses Verständnis von »Einheit« als einer *in sich differenzierten Einheit* ist übrigens »typisch christlich« und deutlich unterschieden vom Einheits-Begriff der Mystik (als eines Aufgehens des einen im anderen) bzw. vom »Einsheits«-Begriff des *»klassischen«* Islam (*tawḥîd* als numerische, nicht zur Selbstdifferenzierung fähige »*Einsheit*«).[109]

Es ist außerdem unbedingt zu beachten, daß Paulus das Verhältnis zwischen einem (verheirateten) Mann und einer πόρνη zwar für zutiefst *illegitim* hält (vgl. nur V. 18 und den gesamten Duktus der Argumentation), diese sexuelle Verbindung jedoch mit *denselben* Worten beschreibt wie das *allein rechtmäßige* Verhältnis zwischen einem Mann und seiner Ehefrau (daher das Zitat Gen^{LXX} 2,24). Die *Tragweite* dieses Verständnisses hat als einer der wenigen D. GARLAND richtig erkannt:

"The assumption is that *every sexual act* between a man and woman, *whether licit or not*, fuses the partners together into one flesh. *There is no such thing as casual sex that has no enduring consequences*, even when the partners have no intention of forming a mutual attachment."[110]

Paulus setzt also voraus, daß bei *jeder* sexuellen Vereinigung prinzipiell *dasselbe* entsteht, nämlich *unlösliche Gemeinschaft im Sinne umfassender »Lebensverbundenheit«*[111], auch wenn die verschiedenen Fälle ethisch bzw. rechtlich je unterschiedlich zu *beurteilen* sind.[112]

So, wie nun aus einem Mann und einer Frau (auch einer πόρνη) durch den Geschlechtsverkehr eine bleibend[113] *(!) untrennbare Einheit entsteht,*

---

[109] Zum islamischen *tawḥîd*-Verständnis und seiner Entwicklung s. GIMARET, Art. tawḥîd, *passim*.

[110] 1Kor, 234 (Hervorhebungen E.R.).

[111] Begriff bei KÄSEMANN, Leib, 120 (Hervorhebung E.R.).

[112] Vgl. neben Garland (s.o. m. Anm. 110) bes. REILING, 1Kor, 107; ferner MEYER, 1Kor, 109; STROBEL, 1Kor, 113; LANG, 1Kor, 83; ORTKEMPER, 1Kor, 67; gegen FEE, 1Kor, 260, der »the union of whole persons in sexual relations« ausschließlich in der *Ehe* gegeben sieht, in anderweitigem sexuellen Verkehr dagegen nur eine »*bodily* union«; ferner gegen OSTER, 1Kor, 153, der den *bleibenden* Charakter sexueller Vereinigung ausschließlich dem innerehelichen Geschlechtsverkehr zugesteht: "The function of the 'one flesh' doctrine here in the context of prostitution is obviously [!] not to address the issue of the permanency of marriage, but rather to highlight the oneness that occurs during and only during sexual intercourse." (Dann wäre allerdings nicht recht einzusehen, worin dann eigentlich die *Schwere* des Vergehens des Geschlechtsverkehrs mit einer πόρνη bestünde!) Auch SCHNABEL, 1Kor, 342, schwächt ab: Man sollte »nicht schließen, dass Paulus meint, der Verkehr mit der Prostituierten stelle eine eheähnliche Gemeinschaft her«. *Aber was genau heißt »eheähnlich«?*

[113] So auch REILING, 1Kor, 107 (σάρξ »als uitdrukking van een blijvende fysieke en geestelijke eenheid«); vgl. SCHNABEL, 1Kor, 341, der zu Recht den »inaugurative[n] Charakter« *jeglichen* Sexualverkehrs in Richtung auf eine »dauerhafte Beziehung« betont; ferner POP, 1Kor, 120.

so geht auch der Christ, der sich mit dem Herrn »vereinigt« (der κολλώ-
μενος τῷ κυρίῳ),[114] *eine unlösliche Verbindung mit Christus ein –* soweit die Parallele, die durch identische Begrifflichkeit (2x κολλᾶσθαι) sichergestellt ist.[115] Diese Parallelisierung von Christusgemeinschaft und Vereinigung von Mann und Frau zeigt, daß die Verbindung mit Christus eine *unlösliche* ist und den Christen in seiner *ganzen* Existenz umfaßt,[116] ja ihn sogar zu einer neuen Existenz *macht*. Die Christusgemeinschaft ist nach Paulus also *mehr* als ein punktuell verstandenes Beisammensein, denn sie verändert den Christen in seinem *Sein*, ist also von ontologischem Gewicht. Hier sind – systematisch-theologisch gesprochen – *Ansätze zu einer relationalen Ontologie* unübersehbar.

In dieser Parallele findet sich freilich auch eine *Differenz*, die wohl beachtet sein will. Sie ist allerdings weniger prinzipieller als vielmehr gradueller Natur. Während Paulus nämlich davon spricht, daß die κόλλησις zwischen Mann und Frau eine Vereinigung zunächst[117] auf körperlich-emotionaler Ebene bewirkt (daher μία σάρξ bzw. ἓν σῶμα[118]), siedelt er die Vereinigung zwischen Christus und einem Christen zunächst auf der geistig-geistlichen Ebene an (daher ἓν πνεῦμα). Allerdings ergreift die Vereinigung mit Christus *auch* den *Leib* bzw. »die Glieder« (τὰ μέλη) des Christen, wie der Kontext zeigt (V. 15.18–20!).[119] Eine *grundsätzliche* Dichotomie im Sinne eines *prinzipiellen* Leib-Seele-Dualismus ist dem Apostel – im Gegensatz zu einer allem Anschein nach in Korinth vertretenen Position (vgl. 1Kor 15)[120] – fremd! Denn für Paulus ist der »Leib« (σῶμα),

---

[114] Wie die κόλλησις mit dem κύριος entsteht, wird hier nicht gesagt (s. dazu unten S. 262–276).

[115] SCHLATTER, Paulus, 204, macht entsprechende Parallelen im Alten Testament geltend: »Zur Verwendung desselben Bildes, κολλᾶσθαι, ›angeleimt werden‹, für die Vereinigung mit dem Weib und für die Hingabe an den Herrn gab der palästinische Sprachgebrauch Anlaß. *Für die Ergebung an Gott hat Deut. 4,4 dasselbe* דבק *gebraucht, das Genes. 2,24 die eheliche Gemeinschaft beschreibt«* (Hervorhebung E.R.). HEINRICI, 1Kor, 178, verweist noch auf Jer 13,11; Dtn 10,20; 11,22; 4Βασ 18,6; Sir 2,3.

[116] Vgl. FITZMYER, 1Kor, 268.

[117] FEE, 1Kor, 259, sieht zwar richtig, daß die Wendung »ein Fleisch« aus Gen 2,24 »implies far more than merely physical union«, doch unterstellt er m.E. zu Unrecht, »Paul's concern here is *strictly* with the physical aspects of the union« (Hervorhebung E.R.). Angesichts der paulinischen Argumentation in 1Kor 7,12–16 (s. dazu unten S. 81–86) ist das von FEE, a.a.O., 260, für seine Sicht angeführte Argument jedenfalls *nicht* stichhaltig, das Hauptproblem des Geschlechtsverkehrs mit einer »Prostituierten« bestehe darin, daß dieser »constitutes bodily union with a person who is not herself a member of Christ, whose own body therefore is not destined for resurrection«!

[118] S.u. S. 136–142 (zum physischen σάρξ- bzw. σῶμα-Begriff).

[119] Mit OSTER, 1Kor, 153f.; MERKLEIN, 1Kor II, 76–78.

[120] S. auch oben S. 62–65. Einen *vorläufigen* »Dualismus« bejaht Paulus allerdings (s.u. S. 380ff.358f.388–395).

der einst auferweckt werden wird, *mehr* als ein auf bloße »Materie« (κοιλία!) reduzierbarer »Körper« (vgl. 1Kor 6,13a mit 1Kor 6,13b.14!).

Entscheidend ist *in summa*, daß – wie Paulus anhand der *Parallelität* von geschlechtlicher Vereinigung einerseits (Mann und Frau) und geistlicher Vereinigung andererseits (Christus und die Seinen) zeigt – beide Verbindungen eine umfassende »Lebensverbundenheit«[121] konstituieren (ἓν σῶμα bzw. ἓν πνεῦμα). *Personale Vereinigung ruft also nicht weniger als neues Sein hervor!* Das aber ist ein Gedanke, dem wir bei Paulus auch andernorts noch begegnen werden (2Kor 5,17).

2.2.1.1.1. Ehemystik und Christusmystik bei Paulus?

Es ist nach dem Gesagten kein Zufall und nicht etwa nur traditionsgeschichtlichen Vorgaben – z.B. Hosea – geschuldet, daß Paulus das »Bild« der *Ehe* (konkret: die Gemeinde als Braut Christi) aufnimmt, um die Gemeinschaft zwischen Christus und den Seinen zu beschreiben. Das geschieht bei ihm zwar nur einmal[122] *explizit* (2Kor 11,2[123]), doch lassen sich darüber hinaus weitere Konvergenzen feststellen, etwa wenn der Apostel seine Haltung zur Ehe u.a. damit begründet, daß *er* »*dem Herrn* zu gefallen« sucht, wie Ehepartner *einander* zu gefallen suchen (1Kor 7,32–34). Wirkungsgeschichtlich ist nun zu beachten, daß gerade das Bild der *Ehe* immer wieder Anlaß zu *mystischen* Interpretationen der Christusgemeinschaft gegeben hat.[124] Aber ist *Paulus* an dieser Stelle wirklich *»mystisch«* zu interpretieren?

---

[121] KÄSEMANN, Leib, 120.

[122] Die *Rarität* dieses »Bildes« bei Paulus bemerkt auch VON ALLMEN, Famille, 239.

[123] S. dazu oben S. 66–69. Nach KÖPF, Art. Hoheslied, 509, war es neben Eph 5,22–32 ebendiese Stelle, die zur Ausbildung der *Brautmystik* bzw. einer entsprechenden Auslegung des Hohenliedes bereits in der Alten Kirche (seit Origenes) wesentlich beitrug.

[124] Zur *mystischen Deutung des Hohenliedes* vgl. LERCH, Auslegung, *passim*; KÖPF, Art. Hoheslied, *passim*; DENS., Art. Mystik, bes. 1661.1663f. Zu der von der höfischen Minne bestimmten *Brautmystik* bei Bernhard von Clairvaux u.a. vgl. DINZELBACHER, Erlebnismystik, 116–124, bes. 117–119; zur Brautmystik bei Luther vgl. SCHWARZ, Brautmystik, *passim*. – HAAS, Gott, 146, beschreibt anhand eines Liedes des Mystikers Johannes vom Kreuz kurz, worum es in der *mystischen Liebesbeziehung zwischen Braut (Seele) und Bräutigam (Christus)* im Innersten geht: »Vereinigung als Identifizierung zweier Verschiedener in Einem, das erstrebt die Seele als Braut«. So weit könnte man – paulinisch gedacht – gerade noch gehen; Schwierigkeiten erhält man aber bei der darin implizierten *Zielvorstellung*: »Das ersehnte Ich *ist* der göttliche Andere, der *immer schon* im innersten Ich eingezeichnet ist« (ebd. [Hervorhebungen E.R.]), denn hier scheint die »Einheitsphantasie [...] in den Bereichen der christlichen mystischen Erfahrung über alle Barrikaden der Andersheit zwischen Gott und Mensch zu triumphieren« (a.a.O., 147). Diese letzte *Unterscheidung* von Gott und Mensch muß aber gewahrt bleiben (vgl. a.a.O., 148), was bei Paulus auch geschieht (s.u. S. 348–351).

Es fällt auf, daß dem richtigen Verständnis der paulinischen ἐν Χριστῷ-Wendungen oft ein *dezidiert anti-mystisches Pathos* im Wege steht.[125] Häufig »wird hier nicht sachlich-exegetisch argumentiert, sondern sehr leidenschaftlich, in Verteidigung einer grundsätzlichen Position«, wie W. REBELL beobachtet hat.[126] Als besonders problematisch erweist sich, daß in der Diskussion *verschiedene* Begriffe von »mystisch« oder »Mystik« miteinander konkurrieren.[127] Man stellt zuweilen einem klassischen Begriff von Mystik im Sinne der »Ununterscheidbarkeit zwischen Gott und Mensch« eine »allgemeinere Fassung des Begriffs« gegenüber oder spricht von Mystik nur in Anführungszeichen.[128] *Dieser Verwirrung kann nur dadurch abgeholfen werden, daß man auf den Begriff »Mystik« im Blick auf Paulus ganz verzichtet.*[129]

---

[125] Das moniert auch EBELING, Wahrheit, 106. Namentlich die ältere Exegese konnte freilich noch recht unbeschwert von »Mystik« sprechen, vgl. etwa MEYER, 1Kor, 110 (zu 1Kor 6,17): »Das ist dieselbe Unio mystica, welche Jesus so oft bei Joh. fordert [...].« Noch vorsichtig DEISSMANN, Formel, 98; später deutlicher: DERS., Paulus[2], 107–124, bes. 113–122; vgl. ferner SCHMIDT, Leib, 72 u.ö. Aber schon damals formierte sich erbitterter Widerstand, s. bes. VON DOBSCHÜTZ, Umwelt, 326–328.

Der *Streit um die »Mystik«* spielte übrigens schon früh in den interkonfessionellen Kontroversen eine nicht unwichtige Rolle. So begründete etwa Johannes SCHEFFLER (1624–1677; besser bekannt als ANGELUS SILESIUS) seine Konversion vom Luthertum zum römischen Katholizismus im Jahre 1653 u.a. mit der antimystischen Haltung des Luthertums seiner Zeit: »Die freventliche verwerffung der jhnen / (den Lehrern ins gemein) ganz vnerkandten geheimen mit Gott gemeinschafft-Kunst (Theologiae Mysticae) welche doch der Christen hoechste Weißheit ist/ vnd von den Heyligen Eremiten/ vilen Vaettern vnd Jungfrawen ganz jnniglich ist geuebet vnd herzlich gelehret worden. Jhnen aber muessen die Liebhaber derselben / Enthusiasten, schwermer/ vnd waiß nicht was mehr seyn« (SCHEFFLER, Vrsachen, Abschnitt XI).

[126] Existenz, 47. Auch er lehnt freilich eine mystische Deutung im klassischen Sinne ab, sieht aber im Hintergrund einer überaus *scharfen* Abwehr der mystischen Paulusinterpretation namentlich einen »bedenkliche[n] Zug der Bultmannschen Kerygma-Theologie: Sie sperrt sich gegen religiöse Erfahrung; Bultmann reduziert Menschsein oder zumindest Glaubensexistenz auf kognitive Funktionen« (ebd.; vgl. dazu DIBELIUS, Mystik, 2 [s.u. S. 286, Anm. 385]). Demgegenüber sei jedoch »die ganze Theologie des Apostels [...] erfahrungsgesättigt« (REBELL, ebd.).

[127] Das beklagte schon DEISSMANN, Paulus[2], 117–119. – *Zur Diskussion* vgl. KÖPF, Art. Mystik, 1659f.; DINZELBACHER, Erlebnismystik, 113f. m. Anm. 3; ferner SANDERS, Paulus, 409 m. Anm. 19.

[128] Vgl. *exemplarisch* REBELL, a.a.O., 46–48; zum Problem schon WIKENHAUSER, Christusmystik[2], 1f.; DIBELIUS, Mystik, 2: »Die einen wollen das Wort ›Mystik‹ im Zusammenhang mit Paulus überhaupt nicht zur Anwendung bringen, die andern wollen es durch Zusätze abwandeln und reden von reagierender oder von objektiver Mystik, auch von Glaubensmystik, von gestaltender (im Gegensatz zu ›entstaltender‹) und schließlich von eschatologischer Mystik.«

[129] Mit SANDERS, Paulus, 646 (Anm. 19 [Lit.!]); VAN STEMPVOORT, Gal, 57; SCHRAGE, »In Christus«, 28; CEGLAREK, Rede, 229f., Anm. 1648, u.a.

Das ist aber auch sachlich berechtigt, und zwar aus zwei Gründen: Wie noch zu zeigen sein wird[130], unterscheidet Paulus sehr bewußt zwischen dem gegenwärtigen Sein *in* Christus und dem zukünftigen Sein *mit (bei)* Christus. Von einer *bleibenden* »Ununterscheidbarkeit zwischen Gott und Mensch«, die ja wohl für die Mystik konstitutiv wäre, kann demnach keine Rede sein.[131] Zum anderen fällt auf, daß für das Verständnis der ganzheitlichen (physisch-psychischen) Vereinigung von Mann und Frau – bei Paulus immerhin ein »Bild« für die Christusgemeinschaft! – nie der Begriff »Mystik« bemüht wird[132], obwohl es sich doch dabei – nach paulinischem Verständnis, wie wir gesehen haben – um eine Form der Gemeinschaft zweier Personen handelt, die *bis an die Grenze der Ununterscheidbarkeit* (μία σάρξ!) zweier Individuen reicht – *freilich: niemals über diese Grenze hinaus, wie Röm 7,2f. beweist!*[133]

2.2.1.1.2. Relational-ontologische Interpretation

Für diese Grenzbedingung (quasi das fundamentalanthropologische »Ungetrennt und Unvermischt«[134]) ist der Begriff der »Mystik« ebenso untauglich wie der (blasse) Begriff der »Gemeinschaft«[135]. Während der erste Be-

---

[130] S.u. S. 348–351.
[131] Vgl. WIKENHAUSER, Christusmystik², 124ff. (bes. 125f.), der den Begriff »Mystik« dennoch beibehalten möchte. – Auf einen weiteren, meist übersehenen Aspekt macht JEREMIAS, Gebet, 68, aufmerksam: »Von ganz anderer Seite her *unterhöhlen Mysterienreligionen und Mystik das Gebet*. Der Mensch wird vergottet. ›Du bist ich und ich bin du.‹ *Der Myste redet als Gott mit Gott. Das ist der Tod des Betens*« (Hervorhebungen E.R.). Demgegenüber ist auf die außerordentliche Bedeutung des Betens in all seinen Facetten bei Paulus wie auch in der Urgemeinde zu verweisen (vgl. JEREMIAS, a.a.O., 78–80); von einer Vernachlässigung des Gebets kann beim Apostel keine Rede sein (vgl. schon 1Thess 1,2f.; 5,17f.). Christen reden eben *nicht* »als Gott mit Gott«, sondern *wie Kinder mit ihrem Vater* (vgl. Röm 8,15f.)!
[132] Vgl. CONZELMANN, 1Kor, 142, Anm. 30: »An mystische Identität ist nicht gedacht. Das zeigt schon das Pendant, die Verbindung mit der Hure.«
[133] Andernfalls müßte beim Tod eines Ehepartners die Existenz des anderen ebenfalls aufgehoben sein, aber das sagt Paulus gerade *nicht*, wenn er den Tod des einen Ehepartners geradezu als »Befreiung« des anderen versteht. *Von einem mystischen Eheverständnis kann bei Paulus also keine Rede sein!* Überhaupt *wahrt* er den »Abstand des Gläubigen von dem Christos« (BOUSSET, Kyrios Christos, 115; vgl. DIBELIUS, Mystik, 17f.).
[134] Es ist *sachlich* naheliegend, ekklesiologisch-anthropologische Fragen strukturell analog zu christologisch-trinitätstheologischen Fragen zu behandeln (besonders evident im Johannesevangelium; vgl. aber auch 2Kor 5,17 mit 2Kor 5,19 [s.u. S. 243–249, bes. 247 m. Anm. 161]). Diese Verbindung ist in der Zwei-Naturen-Lehre bzw. in Christi Amt als *mediator* grundgelegt. Vgl. dazu SCHWÖBEL, Rahmentheorie, 51, demgemäß es »der Zusammenhang von ökonomischer und immanenter Trinität« ist, »der die Trinitätslehre zur Rahmentheorie des christlichen Glaubens macht«.
[135] Es wird sich allerdings zeigen, daß wir auf den Begriff der »Gemeinschaft« trotzdem nicht ganz verzichten können (allein schon aufgrund der Tatsache, daß uns biblische

griff Ununterscheidbarkeit suggeriert, bleibt der zweite Begriff hinter der Tiefe und Ganzheitlichkeit der hier behandelten Beziehungen zurück[136], wie etwa W. THÜSING klar gesehen hat:

»Diese Bezeichnung [sc. ›Christusmystik‹; E.R.] ist in dem Sinne, den etwa Wikenhauser ihr gibt, an sich berechtigt: wenn sie gebraucht wird, um ein *objektives, seinsmäßiges Verhältnis des Christen zu Christus* auszudrücken [...]. Trotzdem bleibt sie *mißverständlich*. [...] *Das In-Christus-Sein ist nicht Ausruhen im Ziel,* wie sonst das mystische Verhältnis vielfach aufgefaßt wird, sondern [...] Mittel zum Gottesverhältnis als letztem Ziel, das aber bei Paulus gerade nicht in ›mystischen‹ Kategorien beschrieben wird. *Andererseits sagt auch eine Bezeichnung wie ›Christusgemeinschaft‹ nicht ganz das aus, was Paulus mit dem In-Christus-Sein meint.* Sie drückt zwar den Charakter des personalen Miteinanders aus, aber nicht die *seinsmäßige* [...] Verbundenheit [...].«[137]

Letzteres gilt auch für den von G. THEISSEN vorgeschlagenen Begriff der »personalcharismatische[n] Beziehung«[138]. Vielleicht wäre der Begriff der »Partizipation« brauchbarer[139], doch besteht auch hier die Gefahr, daß die *ontologischen* Implikationen und die *Gegenseitigkeit* der Vereinigung (»wir in Christus« – »Christus in uns«) darin nicht mitausgesagt werden, sondern »Teilhabe« nur als (letztlich uneigentliche) Teilhabe am »Werk« Christi (nicht an Christus selbst) verstanden wird.[140]

Ich bin zu der Überzeugung gelangt, daß die sich in der paulinischen Sprache dokumentierende Denkweise am angemessensten mit Hilfe einer, in neuerer Zeit vieldiskutierten »relationalen Ontologie« zu beschreiben ist. Die Frage freilich, was denn unter »relationaler Ontologie« präzise zu verstehen sei, ist – wie oben gezeigt[141] – vielfältig und zuweilen widersprüchlich beantwortet worden. Allein, wir wollen uns nun um das *paulini-*

Begrifflichkeiten wie κοινωνία nun einmal vorgegeben sind), nur muß er angemessen gefüllt werden.

[136] Es ist darum *keine brauchbare Lösung*, statt von »Christusmystik« lieber von »Christusgemeinschaft« zu sprechen (gegen MUNDLE, Glaubensbegriff, 115, Anm. 1).

[137] Per Christum, 62f. (Hervorhebungen E.R.).

[138] Judentum, 353f. Er spricht auch von »personalcharismatische[r] Bindung an Jesus« (ebd.).

[139] Dafür plädierte *in der Sache* schon SEESEMANN, Begriff, 31ff.34ff.99ff. u.ö., nachdrücklich (er spricht durchweg vom »Anteilhaben«).

[140] Das ist mindestens eine *Gefahr* in den Ausführungen von BETZ, Antagonismen, 52f., wenn er unter der Überschrift »Menschsein als Partizipationserfahrung« das Evangelium wesentlich als Freilassungs- bzw. Freiheitsbotschaft versteht und schreibt: »Für Paulus ist die Freiheitsbotschaft zusammengefasst im Begriff ›Glaube an Jesus Christus‹ (πίστις Ἰησοῦ Χριστοῦ), d.h. im Akt des Glaubens an Jesus Christus (πιστεύειν εἰς Χριστὸν Ἰησοῦν), an den gekreuzigten und auferstandenen Christus (Χριστὸς ἐσταυρωμένος). [...] Was diese Freiheitsbotschaft daher verkündigt, ist die Möglichkeit zur Teilnahme an der durch Christus eröffneten Freiheit.« Damit bleibt man aber hinter dem paulinischen Verständnis von *personaler* Partizipation zurück, die ja die »Teilnahme« an der Freiheit und anderen *beneficia* im Sinne unumkehrbarer Sachlogik *begründet*.

[141] S.o. S. 11–43.

sche Verständnis relationaler Ontologie bemühen.¹⁴² Dieses sei hier erstmals und daher in aller Vorläufigkeit in seinen Grundzügen skizziert, wie sie dem bisherigen Verlauf der Untersuchung zu entnehmen sind.
Entscheidend ist die Grundeinsicht, daß Paulus vom Menschen nie absolut, d.h. als einem autonomen Individuum spricht, sondern daß er ihn ausschließlich im Rahmen der ihn <u>wesentlich</u>, d.h. <u>seinsmäßig</u> konstituierenden und eminent konditionierenden Größen in den Blick nimmt, zu denen er in Relation steht. Menschliches Sein gibt es folglich niemals als Selbst-Ständigkeit im Sinne eines auf sich selbst gestellten und aus sich selbst erwachsenden (eben autonomen) Seins, sondern ausschließlich in externer (ek-statischer) Bestimmtheit. In die trefflichen Worte J.D. ZIZIOULAS' gefaßt, besagt dies:

"[...] the identity of a person is recognized and posited clearly and unequivocally, but this is so only in and through a relationship, and not through an objective ontology in which this identity would be isolated, pointed at and described in itself. *Personal identity is totally lost if isolated, for its ontological condition is relationship.* This hypostatic fulness as otherness can emerge only through a relationship so constitutive ontologically that *relating is not consequent upon being but is being itself. The hypo-static and the ek-static have to coincide.*"¹⁴³

Man muß also geradezu sagen, der Mensch *ist* seine Beziehungen, nicht nur: er *hat* Beziehungen.¹⁴⁴ Daher kann es einen »neutralen« Menschen

---

¹⁴² Daß die Theologie sich hinsichtlich ihrer *eigenen* Ontologiekonzeption *auch* und *gerade* der »ontologischen Problematik in sachlich und methodisch strengem Bezug auf den ihr vorgegebenen Glauben« zu stellen hat (und das heißt doch wohl auch: in sachlich und methodisch strengem Bezug zu der ihr vorgegebenen Heiligen Schrift als *norma normans*), betont zu Recht – gegen die »Alternative von ontologischer Abstinenz und ontologischem Import« – DALFERTH, Existenz Gottes, 75f.

¹⁴³ Otherness, 112 (Hervorhebungen E.R.). Ihm zufolge gilt das soeben Ausgeführte »[b]oth in the case of God and in that of human beings« (ebd.). Das ist m.E. zutiefst *sachgemäß* (s.u. Anm. 144). EDWARDS, God, 26, folgt ihm also *zu Recht*, wenn er schreibt: "[...] the notion of God's being as radically relational suggests that reality is *ontologically* relational. The very *being* of things is relational being. [...] Once the nature of God is understood as relational, then this suggests that the fundamental nature of all reality is relational. [...] And if God's being is relational being, then what God creates can be understood to exist only in relation to the creator as relational being."

¹⁴⁴ Das gilt *mutatis mutandis* auch für jede recht verstandene Trinitätslehre! Vgl. dazu SCHWÖBEL, Rahmentheorie, 33: »Die Antwort auf die Frage nach der Identität Gottes ist [...] für den christlichen Glauben eine *dreifache* und keine einfache. Die beiden wichtigsten Weisen der Bestimmung von Identität, der identifizierende Eigenname und die identitätsbestimmende Erzählung, werden dabei *von Anfang an* miteinander verbunden« (Hervorhebungen E.R.). Darum nimmt SCHWÖBEL, a.a.O., 28, zu Recht die Kritik *K. Rahners* an der Konzeption Thomas von Aquins auf: »Durch die Voranstellung des Traktats ›*De Deo uno*‹ vor dem Traktat ›*De Deo trino*‹ [sc. bei Thomas; E.R.] kommt es zu einer Marginalisierung der Trinitätslehre: ›[...] Man ist zunächst einmal bei dem einen, einwesentlichen Gott im ganzen und konstituiert ihn erst danach als dreipersönlich [...].‹«

prinzipiell nicht geben; er ist immer entweder Sünder oder Gerechter, ein Gottesfeind oder ein Gott zu Gefallen Lebender. Er »lebt« *entweder* unter der Herrschaft der Sünde *oder* wird vom Geist Gottes bewohnt; er ist *entweder* »in Adam« *oder* »in Christus«. Es hängt mit diesen einander *radikal entgegengesetzten* Bezugsgrößen selbst zusammen, daß der Mensch nur in *ipso facto* ausschließlichen Relationen leben kann.[145]

Da nach Paulus die den Menschen bestimmenden Größen *kategorial* von ihm unterschieden sind (gerade hinsichtlich ihrer »Mächtigkeit«), kann man nicht von einer »gleichberechtigten« Beziehung zwischen Mensch und Sünde bzw. Mensch und Gott sprechen. Ob dennoch Rückkopplungen in diesen primär *asymmetrisch* bestimmten Verhältnissen möglich sind, muß hier noch offenbleiben – insbesondere die Frage, ob auch Gott von seiner Relation zum Menschen affiziert wird (nicht nur umgekehrt). *Festzuhalten ist zunächst, daß die in Christus gestiftete Gott-Mensch-Relation sachlogisch unumkehrbar ist (Gott versöhnt den Menschen mit sich, nicht umgekehrt!) und – mindestens – in diesem Sinne asymmetrisch ist und bleibt.*

Es liegt auf der Hand, daß das soeben skizzierte *relational*-ontologische Denken ein eminent *dynamisches* ist. Dieses aber »ist für Paulus charakteristisch«, wie H. SEESEMANN richtig beobachtet:

»Paulus denkt nicht statisch; für ihn ist die Berufung in die Gemeinschaft Christi nicht ein so weit abgeschlossenes Ereignis der Vergangenheit, daß der Gläubige nicht im Herrnmahl die κοινωνία Χριστοῦ immer aufs neue erleben könnte und müßte.«[146]

Da Relationen der Sache nach auf *Beständigkeit und Dauer* angelegt sind (ein *einmaliger* Kontakt ist noch keine *Beziehung*), bedarf es *notwendigerweise* ihrer *stetigen* Pflege und Erneuerung. Darum besteht etwa zwischen dem *erstmaligen* (und insofern *einmaligen*) Berufenwerden zur Christusgemeinschaft (1Kor 1,9) und ihrer im Herrnmahl je und je gewährten *Bestätigung* (1Kor 10,16) *nicht der geringste Widerspruch*.[147]

---

[145] So beschreibt etwa *Gal 5,17* einen *objektiven (!)* Gegensatz zwischen »Geist« und »Fleisch«: ταῦτα ... ἀλλήλοις ἀντίκειται – »diese sind einander feind« (s. dazu HOFIUS, Widerstreit, bes. 164–166).

[146] Begriff, 51 (beide Zitate).

[147] Mit SEESEMANN, a.a.O., 50f. Er gibt zwar zu, der u.a. von J. Weiß erhobene Einwand – die Teilnahme am Herrnmahl sei doch im Grunde ein »Superfluum«, wenn anders die Christusgemeinschaft (das Sein in Christus) schon längst bestehe (J. WEISS, 1Kor, 258) – sei durchaus »nicht unberechtigt«: »In der Tat läßt es sich rein logisch nicht erklären, wie dieses Nebeneinander oder Übereinander möglich ist« (51). Diese Schwierigkeit ergebe sich allerdings nur bei *statischer* Interpretation der Christusgemeinschaft: »Das dynamische Denken des Paulus hat Weiß nicht beachtet. *Darum* mußte er zu einer gewaltsamen Lösung bei der Behandlung von I Cor 1_9 und 10_{16} kommen« (ebd. [Hervorhebung E.R.]).

2. Bedeutung und Wesen der Christusgemeinschaft

EXKURS II: Ansätze relationaler Ontologie im Alten Testament

Bevor wir weitere paulinische Texte untersuchen, an denen sich das bisher skizzierte Verständnis relationaler Ontologie bewähren muß, ist kurz der Frage nachzugehen, *ob Paulus seinerseits auf ältere Vorstellungen zurückgreifen kann*. Mit Blick auf einige klassische Texte alttestamentlicher Anthropologie, die Paulus mit Sicherheit kannte und positiv rezipierte, ist diese Frage zu bejahen. Wenige Grundlinien, die dem weiteren Verständnis förderlich sein dürften, mögen hier genügen.

Eine eminent *relationale* Anthropologie *in nuce* bietet schon die Schöpfungsdarstellung von Gen 2[148]. Hier wird über den Menschen gesagt: καὶ ἔπλασεν ὁ θεὸς τὸν ἄνθρωπον χοῦν ἀπὸ τῆς γῆς καὶ ἐνεφύσησεν εἰς τὸ πρόσωπον αὐτοῦ πνοὴν ζωῆς, καὶ ἐγένετο ὁ ἄνθρωπος εἰς ψυχὴν ζῶσαν (V. 7).[149] Das Menschsein des Menschen als ψυχὴ ζῶσα hängt also allein daran, daß Gott ihm die πνοὴ ζωῆς einhaucht (vgl. auch Act 17,25).[150] Dagegen ist der Mensch allein kraft seiner *Materialität* (καὶ ἔπλασεν ὁ θεὸς τὸν ἄνθρωπον χοῦν ἀπὸ τῆς γῆς) noch nicht hinreichend als *lebendiges* Wesen bestimmt. Der »Mensch« *ohne* Einhauchung der πνοὴ ζῶσα durch Gott selbst bleibt (oder wird: vgl. Gen 3,19), was er ursprünglich ist: χοῦς ἀπὸ τῆς γῆς – ein Klumpen Erde, reine Materie. *Geschöpf* (ψυχὴ ζῶσα) *wird* der Mensch allererst in der persönlichen Begegnung mit Gott, der ihm den »Lebenshauch« einbläst – und er *bleibt* auch nur *so* lange Geschöpf, wie Gott ihm diese πνοὴ ζῶσα erhält. Nicht zufällig kann das Sterben sprachlich und sachlich – in Übereinstimmung mit *griechischer* Anschauung[151] – als »Aushauchen (des

---

[148] Ich zitiere im folgenden die *Septuaginta*-Version(en). Zu dieser *hermeneutischen Grundentscheidung* s. HOFIUS, Christuszeugnis, 329f. m. Anm. 2 (vgl. aber auch a.a.O., 332f. m. Anm. 10!); HÜBNER, Theologie I, 44–76, v.a. 57–67 (vgl. *materialiter* DENS., Theologie II, 119f. m. Anm. 251 u.ö.). Ob man deswegen aber von einer »*Hellenisierung*« zunächst des Alten Testaments (so HÜBNER, Theologie I, 61) bzw. des »semitischen Monotheismus« (so DEISSMANN, Hellenisierung, *passim*) und von da aus – oder auch unabhängig davon – des Christentums (so bekanntlich Adolf von Harnack) sprechen sollte, ist mindestens fraglich. Zu weiterem *praktisch-theologischen* Nachdenken müßte aber HÜBNERs Bemerkung anregen, »daß wir, die wir als Abendländer heute noch in erheblichem Ausmaße vom griechisch-hellenistischen Geiste geprägt sind, eigentlich eher dem Alten Testament in seiner veritas Graeca aufgeschlossen sein müßten als in seiner veritas Hebraica« (a.a.O., 62).
[149] HORN, Angeld, 41, interpretiert diese »schöpfungsmäßige Übereignung des göttlichen Geistes« jedoch »substanzhaft«! Zur Kritik vgl. RABENS, Development, *passim*.
[150] Vgl. JANOWSKI, Mensch, 157: »Der Mensch ist nur in seinem Lebendigsein, d.h. in seinem Sein als *næpæš ḥayyâh* (›lebendes Wesen/Lebewesen‹), nicht aber ohne dieses Mensch.«
[151] Vgl. z.B. den bei ARISTOTELES (*resp.* 10 [4]) überlieferten Ausspruch *Demokrits*: ἐν τῷ ἀναπνεῖν καὶ ἐκπνεῖν εἶναι τὸ ζῆν καὶ τὸ ἀποθνήσκειν (472a,10f.). Dahinter steht aber eine substanzhafte Vorstellung der πνοή: Die Atemluft sei durch-

Lebenshauches)« bezeichnet werden (ἐξέπνευσεν = »er starb«).[152] Ein besonders eindrückliches Beispiel bietet die Totenauferweckung durch Elia (3Βασ 17,17–24). Hier wird der Sterbevorgang eines Jungen als allmähliches Verschwinden des πνεῦμα aufgrund starker Fieberwirkung beschrieben (καὶ ἦν ἡ ἀρρωστία αὐτοῦ κραταιὰ σφόδρα, ἕως οὗ οὐχ ὑπελείφθη ἐν αὐτῷ πνεῦμα [V. 17]). Und ganz entsprechend wird die *Rückführung* ins Leben – aufgrund eines *Gebetswunders*[153] (V. 20f.) – als von einem dreimaligen, wohl zeichenhaften »Einhauchungs«-Akt (καὶ ἐνεφύσησεν τῷ παιδαρίῳ τρίς [V. 21a]) begleitete, durch JHWH gewährte *»Seelenrückkehr«* in den Körper des Jungen dargestellt (ἐπιστραφήτω δὴ ἡ ψυχὴ τοῦ παιδαρίου τούτου εἰς αὐτόν. καὶ ἐγένετο οὕτως [V. 21b.22a])[154]. *Jetzt* wird konstatiert: »Siehe, dein Sohn *lebt*« (Βλέπε, ζῇ ὁ υἱός σου [V. 23*fin.*]).

Diese grundsätzliche Sicht teilen auch die poetischen Bücher des Alten Testaments, insbesondere das Hiobbuch (z.B. Hi 34,14f.) und die Psalmen (z.B. Ψ 103,29f.): Wenn Gott seinen »Geist« (πνεῦμα) bzw. seinen »Lebenshauch« (πνοή) – und damit sich selbst – zurückzieht, vergehen die Geschöpfe. Sie sind schlechterdings auf die permanente Gegenwart Gottes und das ständige Angeredetsein durch ihn angewiesen (*creatio continua*). Darum bedeutet Gottlosigkeit *eo ipso* letztlich auch *Tod*.[155] Dagegen bedeutet die erneute Begabung mit dem Geist Gottes bzw. dem Heiligen Geist[156] *Neuschöpfung* (vgl. auch 2Kor 5,17).

---

setzt von »kugelförmigen Teilchen« (τὰ σφαιροειδῆ), »die er Sinn und Seele nennt« (ἃ καλεῖ ἐκεῖνος νοῦν καὶ ψυχήν); durch Druck und Gegendruck der Atmung verblieben diese Seelenpartikel im Körper (472a,3–10 [zit. nach ROSS, 260f.]).

[152] Neutestamentlich wird der *Tod Jesu* als ἐκπνεῖν dargestellt (Mk 15,37.39; Lk 23,46). Etwas anders beschreibt ihn Joh 19,30: καὶ κλίνας τὴν κεφαλὴν *παρέδωκεν τὸ πνεῦμα*; diese Formulierung erinnert an die unmittelbar vor seinem Tod an seinen Vater gerichtete Aussage Jesu Lk 23,46. Ähnlich noch Mt 27,50: ὁ δὲ Ἰησοῦς πάλιν κράξας φωνῇ μεγάλῃ *ἀφῆκεν τὸ πνεῦμα*. – Der *Straftod* des Hananias und der Sapphira wird kaum zufällig ein ἐκψύχειν, also ein »Entseelen«, genannt (Act 5,5.10), ebenso wie der Straftod des gotteslästerlichen Herodes Agrippa I. (Act 12,23).

[153] Darin besteht der *wesentliche* Unterschied zu den Totenauferweckungen *Jesu* (vgl. bes. Lk 7,11–15 [V. 14!]; ferner Mk 5,41f.parr.; Joh 11,43f. [vgl. dazu HOFIUS, Auferweckung, 40–42 m. Anm. 60f.]), die stets aufgrund der *ihm selbst als dem Sohn seines Vaters eignenden Macht und Autorität* (ἐξουσία) geschehen, *nicht* aufgrund einer an Gott gerichteten *Bitte* eines »Gottesmannes« (ἄνθρωπος [τοῦ] θεοῦ [so Elia nach 3Βασ 17,18a.24]; vgl. zum Gebetswunder Act 9,40 und zum Eliawunder insgesamt Act 20,10).

[154] Vgl. ferner Lk 8,55: Hier *»kehrt«* das πνεῦμα des Mädchens *»zurück«* (καὶ ἐπέστρεψεν τὸ πνεῦμα αὐτῆς).

[155] Der Aspekt der *sachlich notwendigen Folge* wird zuweilen durch die einseitige Fokussierung auf die sog. *iustitia distributiva* verdunkelt (s.u. S. 213–220 [zu Röm 6,23a])!

[156] Neben Act 17,25 (s.o.) erscheint das Wort πνοή nur noch einmal im Neuen Testament, und zwar kaum zufällig beim *Pfingstwunder* (Act 2,2).

2.2.1.2. 1Kor 7,12–16: Die »Heiligung« des ungläubigen Ehepartners »im« Gläubigen – die Heiligung der Gläubigen »in Christus Jesus«

Die anhand von 1Kor 6,16f. gewonnene Einsicht in die *ontisch wirksame Ganzheitlichkeit* sowohl der Ehe- wie der Christusbeziehung wirft auch ein helles Licht auf eine weitere, oft un- oder mißverstandene[157] Stelle im 1. Korintherbrief. In seinen Ausführungen über den besonderen Nutzen der Ehelosigkeit (Kap. 7) kommt Paulus u.a. auf das Problem einer Ehe zwischen Christen und Nichtchristen zu sprechen (V. 12–16). Hier behauptet er, der ungläubige Ehepartner sei »*im« (ἐν) Gläubigen »geheiligt«* (V. 14a). Sprachlich[158] erinnert diese Formulierung deutlich an die paulinische Rede vom Geheiligt-Sein ἐν Χριστῷ Ἰησοῦ.[159] So hatte der Apostel bereits in 1Kor 1,2 die Gemeindeglieder als »*in Christus Jesus Geheiligte«* (ἡγιασμένοι ἐν Χριστῷ Ἰησοῦ) angeredet (vgl. 6,11[160]; ferner Röm 15,16: ἡ προσφορὰ τῶν ἐθνῶν ..., ἡγιασμένη ἐν πνεύματι ἁγίῳ). Wir stoßen damit erneut auf eine *sprachliche und damit doch wohl auch sachliche*[161] *Parallelisierung zwischen Ehe- und Christusgemeinschaft*,[162]

---

[157] Zu diesen mannigfaltigen Mißverständnissen und (modernen) Eintragungen vgl. die Hinweise bei SCHRAGE, 1Kor II, 103–112.121–128.

[158] Vgl. den Hinweis bei SCHRAGE, 1Kor I, 103, auf das »in den Präskripten singuläre *Perfekt« ἡγιασμένοι* ἐν Χριστῷ Ἰησοῦ und die – *ebenfalls!* – *perfektische* Formulierung 7,14 (2x ἡγίασται), die die *bleibende Dauer* anzeigt.

[159] Vgl. DEISSMANN, Formel, 124 (s. aber unten Anm. 161). Diese soteriologische Assoziation ist nicht ohne Anhalt am Text, wenn Paulus selbst die *Hoffnung* äußert: »Vielleicht nämlich kannst du, Ehefrau, den Mann *retten* (σώσεις), und vielleicht kannst du, Mann, die Frau *retten* (σώσεις)« (V. 16; zur Übersetzung vgl. JEREMIAS, Mischehe, *passim*). Ist es nicht eine *Abschwächung* des Gedankens, wenn MERKLEIN, 1Kor II, 123, behauptet, hier sei σῴζειν *kein soteriologischer Begriff,* sondern ein »Missionsterminus«, der »soviel wie ›gewinnen‹« bedeute (unter Berufung auf J. WEISS, 1Kor, 183, der jedoch diesbezüglich gerade *keine* Differenz wahrnahm: »es wird ohne weiteres angenommen, daß wer ›gewonnen‹, ›bekehrt‹ ist, auch der σωτηρία gewiß sein darf« [ebd.]!).

[160] 1Kor 6,11 kann hier natürlich nur unter der Voraussetzung angeführt werden, daß sich ἐν τῷ ὀνόματι τοῦ κυρίου Ἰησοῦ Χριστοῦ (καὶ ἐν τῷ πνεύματι τοῦ θεοῦ ἡμῶν) auf *alle drei* Glieder (ἀπελούσασθε – ἡγιάσθητε – ἐδικαιώθητε) bezieht (so – unter Hinweis auf eine ähnliche Formulierung in 1Kor 1,30 – LANG, 1Kor, 80; vgl. SCHNABEL, 1Kor, 321; KLAUCK, 1Kor, 46; *anders* STROBEL, 1Kor, 105.110).

[161] So auch SCHLATTER, Paulus, 223 (s.u.). Gegen REILING, 1Kor, 119f., der zwar ebenfalls (als einer der wenigen) den *sprachlichen* Bezug sieht, aber unter Berufung auf das ἄπιστος-Sein des »geheiligten« Ehepartners behauptet, es sei offenbar von zwei *verschiedenen* Formen der Heiligkeit die Rede. Ähnlich skeptisch äußerte sich schon DEISSMANN, Formel, 125: Das ἐν 1Kor 7,14 dürfe nicht »in eine sachliche *Kongruenz* mit dem ἐν der Formel ἐν Χριστῷ hineingezwängt werden, so nämlich, als müsste die zufällige [!], einmalige und äusserlich bedingte Redeweise ἐν τῇ γυναικί [...] das Verhältnis der Gatten zu einander [...] als ein der Gemeinschaft des Christen mit dem Herrn völlig gleich*artiges* bezeichnen«. *Völlig gleichartig* ist dieses Verhältnis freilich *nicht* – aber doch *vergleichbar,* wie ich gezeigt zu haben hoffe.

worauf schon A. SCHLATTER in seiner Auslegung von 1Kor 7,14 hingewiesen hat: »Das Urteil, Paulus denke sich hier die Heiligung ›magisch‹, wäre töricht. Er faßt sie hier nicht anders, als wenn er die Gemeinde ›im Christus Geheiligte‹ nennt.«[163] Damit aber dürfte auch hier »Heiligkeit« dezidiert *relational*-ontologisch zu verstehen sein. Abzuweisen sind damit sämtliche *substanzontologischen* Interpretationsversuche dieser Stelle, die es aber zuhauf gibt.[164]

Zum richtigen Verständnis ist zunächst wichtig zu sehen, daß es in 1Kor 7,12–16 um das Problem *bereits bestehender* Ehen zwischen Gläubigen und Ungläubigen[165] geht, nämlich präzise um das durchaus schwerwiegen-

---

[162] Möglicherweise wird die Ehe von Paulus gerade *deswegen* »kritisch gewürdigt«, weil sie die intimste zwischenmenschliche Beziehung darstellt und deshalb in besonderer Weise in der *Gefahr* steht, in *Konkurrenz* zur Christusgemeinschaft zu geraten (1Kor 7,32–35). Allerdings ist Paulus zugleich »bewußt, daß der Verzicht auf die Ehe nicht automatisch zu größerer Freiheit für den Herrn führt, sondern sogar zur Knechtschaft werden kann (VV. 9.36f.)« (MERKLEIN, 1Kor II, 161)!

[163] Paulus, 223.

[164] Vgl. z.B. KÄSEMANN, Leib, 125f.: »[D]ie Vorstellung von 1 Kor 7₁₄ scheint so zu interpretieren sein, daß Paulus eine Übertragung des Mana-Stoffes mit heiligender Wirkung auf die Gatten und Kinder annimmt.« Hintergrund dieser massiv *substanzontologischen* Interpretation ist sein Verständnis des göttlichen πνεῦμα bei Paulus: »*Der göttliche Geist ist für Paulus eine Kraft*, und zwar eine Wunderkraft, die sich, religionsgeschichtlich gesehen, der ›Mana‹-Vorstellung einordnet. [...] *Und zwar ist diese Kraft* [...] *stofflich und substanzhaft gedacht*. So wird die Verbindung zwischen Pneuma und Sakrament nur von da aus verständlich, daß im Sakrament ein Kraftstrom stofflich in den Menschen dringt« (a.a.O., 125). Nach MERKLEIN, 1Kor II, 119f., verbaut man sich das Verständnis dieser Aussagen von vornherein, »wenn man vor der ›kraß‹-dingliche(n) Auffassung von Heiligkeit‹ zurückschreckt und, da Heiligkeit nach der reinen theologischen Doktrin allein an Glaube (und Taufe) gebunden sein kann, sogar einen ›Fremdkörper in der Theologie des Paulus‹ befürchtet *(Conzelmann)*. Für den antiken Menschen war Heiligkeit selbstverständlich etwas Dingliches, erfahrbar in den Tempeln und den kultischen Handlungen. Für Paulus ist das im Prinzip nicht anders, nur daß der Tempel für ihn jetzt die Gemeinde (3,16f.) bzw. der ›Leib‹ des einzelnen Christen ist (6,19) und die heilige Handlung in der Taufe besteht. Wie soll denn – so könnte man dagegen fragen – Heiligkeit anders als dinglich vorgestellt werden, solange die Gemeinde eine konkrete Versammlung *(›ekklêsia‹)* von Menschen ist und diese wesentlich leiblich sind?« (die von Merklein angeführten Zitate bei CONZELMANN, 1Kor, 154). Und SCHRAGE, 1Kor II, 105, meint, es sei »nicht daran vorbeizukommen, daß hier ein objektiver, wenn nicht gar dinglich-magischer Heiligkeitsbegriff vorliegt. Der Christ lebt sozusagen in einem Ausstrahlungs- bzw. Kraftfeld, das auch Nichtchristen nicht unberührt läßt, in das sie wie mit magnetischer Kraft mit hineingezogen werden.«

[165] Vgl. SCHRAGE, 1Kor II, 103, Anm. 288: »῎Απιστος heißt nicht ›untreu‹ [...] und nicht rabbinisch ›von zweifelhafter Abkunft‹ [...], sondern ›ungläubig‹, und *meint nicht nur heidnische, sondern alle nichtchristlichen Ehepartner, auch jüdische* (vgl. 6,6; 10,27; 14,22.24 u.ö.)« (Hervorhebung E.R.). Ebenso auch GARLAND, 1Kor, 283. Ihnen folgend SCHNABEL, 1Kor, 375 m. Anm. 124.

2. Bedeutung und Wesen der Christusgemeinschaft   83

de[166] Problem der »*vor* der Bekehrung geschlossenen Ehen mit Nichtchristen«[167]. Keinesfalls liegt hier eine Empfehlung oder auch nur eine Erlaubnis zum *Eingehen* einer »Mischehe« vor, wie V. 39 zeigt[168]: Die zwar *einzige*, zugleich aber *unabdingbare* Voraussetzung einer legitimen Eheschließung ist nach Paulus nämlich, daß sie »*im Herrn*« vollzogen wird (μόνον ἐν κυρίῳ).

Ferner mag es zwar richtig sein, daß sich die apostolische Weisung, eine sog. Mischehe nicht »ohne Not« aufzulösen (V. 12f.), aus dem prinzipiellen Scheidungsverbot des Kyrios (V. 10f.) ergibt.[169] Für unseren Zusammenhang entscheidend ist jedoch, daß Paulus gerade *nicht* die *Ehe* zwischen Gläubigen und Ungläubigen *als solche* für heilig erklärt,[170] sondern

---

[166] BAUMERT, Ehelosigkeit, 68f., bemerkt: »Wenn ein Heide sich bekehrte und mit seinem heidnischen Partner weiter zusammenlebte, brachte das viele Probleme mit sich, etwa daß sie sich religiös nicht (mehr!) verstanden und es so dem Gläubigen schwer wurde, Christus den Raum zu geben, der ihm gebührt und den er ihm zu geben wünschte. Es geht jedenfalls hier [...] primär [...] um Schwierigkeiten infolge des Glaubens, denn der Ungläubige ist *als* Ungläubiger im Blick.« SCHNABEL, 1Kor, 375f., malt dies weiter aus: »Paulus wird ganz bestimmt gewusst haben, was er mit dieser Direktive von der Frau verlangte (mehr noch als von dem gläubigen Ehemann in V. 12): die Einwilligung, mit einem Mann zu leben, der im Haus und in den Tempeln der Stadt andere Götter anbetet, der die Anwesenheit der Ehefrau bei gesellschaftlichen Anlässen wie Banketten erwartet, der sich eine Konkubine hielt oder mit einer Sklavin oder Prostituierten schläft.«

[167] SCHRAGE, 1Kor II, 104 (Hervorhebung E.R.), der dies für »sehr viel wahrscheinlicher« hält »als die Annahme, einer habe als Christ geheiratet« (ebd., Anm. 290). Ob allerdings allein schon die Existenz solcher sekundärer Mischehen »beweist, daß Konversionen von ›Häusern‹ [...] *nicht die Regel* waren« (so SCHRAGE, 1Kor II, 103, Anm. 286 [Hervorhebung E.R.]), läßt sich aufgrund dieser Stelle *allein* wohl schlecht sagen. Immerhin soviel ist klar: keine Regel ohne Ausnahme.

[168] Richtig GARLAND, 1Kor, 283: "Since Paul expects Christian widows to marry 'only in the Lord', that is, to marry other Christians (7:39; cf. Deut. 7:3; Neh. 13:25), the situation presumes that one partner converted to Christianity after marriage." So auch SCHNABEL, 1Kor, 375; ZELLER, 1Kor, 247.276, u.a. Zu Unrecht vorsichtiger SCHRAGE, 1Kor II, 104 (s.o. m. Anm. 167).

[169] So SCHNABEL, 1Kor, 375: »Die Anweisung in V. 12–13 wendet den Grundsatz des in V. 10–11 zitierten Herrenworts auf Mischehen an.« Dagegen behauptet BAUMERT, Ehelosigkeit, 93 (m. Anm. 179), Paulus schließe im Falle einer Mischehe (»im Unterschied zu den christlichen Paaren«!) eine Scheidung bzw. Wiederverheiratung nicht grundsätzlich aus, »weil er der Ansicht ist, daß für die Mischehe jenes [Jesus-]Wort nicht gilt«. Ein solches *privilegium Paulinum* vertritt u.a. auch CONZELMANN, 1Kor, 156. – Kritisch zu *beiden* Positionen MERKLEIN, 1Kor II, 159: »Damit will Paulus wohl kaum eine Ausnahme von der Regel aufstellen (privilegium paulinum). Es zeigt sich vielmehr, daß die Normativität nicht aus dem Wortlaut des Herrenwortes, sondern aus der Bindung an den lebendigen Kyrios resultiert.«

[170] Gegen FURNISH, Moral Teaching, 43, der in diesem Zusammenhang ausdrücklich von »holy marriages« spricht. Wären aber tatsächlich die *Ehen als solche* »heilig«, müßte Paulus doch wohl auf der *prinzipiellen* Unauflöslichkeit *jeder* Ehe (also auch einer »Mischehe«) bestehen (gegen V. 15f.!).

vielmehr offenbar bewußt *personal* formuliert: der *Ehepartner* – *nicht*: die Ehe! – ist »geheiligt«, so wie auch die *Kinder* – *nicht*: die Eltern-Kind-Beziehung! – »heilig sind«. Es ist nicht eine *Beziehung* als solche, die für heilig erklärt wird, sondern *umgekehrt* wird *aus den beiden intimst-möglichen menschlichen Beziehungen* – der sexuellen Vereinigung von Mann und Frau (οἰκεῖν μετά τινος [V. 12.13] als Ausdruck der »ehelichen Gemeinschaft«[171]) bzw. der vom Charakter her ebenfalls leiblich-ganzheitlichen Eltern-Kind-Beziehung – die Heiligkeit der miteinander in solcher Beziehung Stehenden geschlossen! Die intime, ganzheitliche Ehebeziehung mit einer Gläubigen »heiligt« also den Ungläubigen, und die intime, ganzheitliche Ehebeziehung mit einem Gläubigen »heiligt« die Ungläubige. Dementsprechend sind auch die *Kinder* eines gläubigen Elternteils um der physisch-ganzheitlichen Beziehung mit diesem Elternteil willen »heilig« (V. 14b). Das ist der Ankerpunkt der ganzen Argumentation (νῦν δέ), auf den Paulus hinauswill *und* von dem her er alles entwickelt und der offenbar auch von den Christen in Korinth anerkannt war.[172]

Die Beziehung als solche *ist* also nicht heilig, aber die Beziehung als solche *verleiht* Heiligkeit! Es entspricht jedenfalls der *Tendenz* des Textes (auch wenn nicht alles *explizit* gesagt wird), wenn J. REILING erklärt:

»Die Kinder sind heilig *aufgrund der Beziehung (vanwege de relatie)* mit ihrem gläubigen Vater oder ihrer gläubigen Mutter. Diese Beziehung ist von Natur aus *unverbrüchlich*; die Ehebeziehung ist das nicht. Was hinsichtlich der Beziehung zwischen einem Kind und seinem Vater oder seiner Mutter bleibend gilt, gilt auch hinsichtlich der Beziehung zwischen einem ungläubigen und einem gläubigen Ehepartner, *solange diese Beziehung besteht*.«[173]

Hier zeigt sich erneut *relational-ontologisches Denken in nuce: Es ist die ganzheitlich-leibliche Beziehung mit dem seinerseits in (ontisch wirksamer) Christusbeziehung stehenden und eben darin geheiligten Ehepartner*

---

[171] Vgl. BAUER/ALAND, WbNT, 1129, s.v. 1, mit Verweis auf SOPHOKLES, König Oidipus, 990. Hier wird das *Eheverhältnis* des korinthischen Königs Polybos mit seiner Frau Merope – den »Pflegeeltern« des (späteren) thebanischen Königs Oidipus – im wörtlichen Sinne als »Bei-Wohnen« (οἰκεῖν μετά τινος) beschrieben: Μερόπης, γεραιέ, *Πόλυβος ἧς ᾤκει μέτα* (als Antwort Oidipus' auf die an ihn gerichtete Frage des korinthischen Boten: ποίας δὲ καὶ γυναικὸς ἐκφοβεῖσθ᾽ ὕπερ; [a.a.O., 989]).
[172] Vgl. zur Begründung bes. REILING, 1Kor, 121.
[173] 1Kor, 120f. (Übers. E.R.): "[De kinderen] zijn heilig *vanwege de relatie* met hun gelovige vader of moeder. De relatie is van nature *onverbrekelijk*, de huwelijksrelatie is dat *niet*. Wat blijvend geldt van de relatie tussen een kind en zijn vader of moeder, geldt ook van de relatie tussen een ongelovige en een gelovige partner *zolang deze relatie bestaat*" (Hervorhebungen E.R.). S. dazu das oben (S. 70–72) zur Unverbrüchlichkeit einer geschlechtlich-ganzheitlichen Verbindung Gesagte! Vgl. ferner ZELLER, 1Kor, 246f. POP, 1Kor, 136, sieht innerhalb von V. 14 eine *Steigerung*: "Wat van de ongelovige huwelijkspartner geldt, geldt a fortiori van de kinderen." Damit will er aber nur verhindern, daß auch dem *ungläubigen* Ehepartner eine *Heilsteilhabe* zugeschrieben wird (a.a.O., 133!).

2. Bedeutung und Wesen der Christusgemeinschaft 85

(1Kor 1,2!), die den Ungläubigen »heiligt« (1Kor 7,14), d.h. in diesem Sinne sein Sein verändert.
Im Blick auf Mischehen vertraut der Apostel also ganz »auf die heiligende Macht des Christus«[174], der ja hinter dem Gläubigen steht bzw. in dem Gläubigen wohnt, »in dem« dann seinerseits der Ungläubige »geheiligt ist«. Paulus sieht darum in der ehelichen Beziehung zwischen Christen und Nichtchristen ein eindeutiges Gefälle, das W. SCHRAGE treffend beschreibt:

> »Die Nichtchristen werden durch den christlichen Ehepartner *ge*heiligt, nicht die Christen *ent*heiligt. Während die Korinther die ansteckende Macht der Sarx fürchten und Distanz zur Welt und zu den Weltkindern empfehlen, kommt der Nichtchrist nach Paulus durch die Christen gerade in die Sphäre und Aura des Geistes hinein.«[175]

Auch wenn Paulus mit dieser Sicht nicht allein im Neuen Testament steht (vgl. 1Petr 3,1[176]), scheint sie doch nach seinen eigenen Ausführungen 1Kor 6,12–20[177] einigermaßen erstaunlich zu sein! Denn hatte er dort nicht ausdrücklich vor sexuellen Verbindungen mit »Weltkindern« (in Gestalt der πόρναι) *gewarnt* (V. 18!), und zwar mit der strukturell *identischen* Begründung, daß nämlich eine solche *Beziehung* (!) ontisch *wirksam* ist, allerdings in *negativer* Weise? Warum also sollte sich eine ganzheitlich-leibliche Beziehung zwischen Christen und Nichtchristen im einen Fall auf den *Christen* ontisch *negativ* auswirken (1Kor 6,12–20), im anderen Fall dagegen auf den *Nichtchristen* ontisch *positiv,* d.h. auf den *Christen* ontisch *nicht negativ* (1Kor 7,12–16)? Zugespitzt formuliert: *Warum sagt Paulus nicht auch (in Analogie zu 1Kor 7,14), daß die πόρνη »im Gläubigen geheiligt« ist, sondern genau umgekehrt, daß der Gläubige durch die Vereinigung mit der πόρνη in eine Konkurrenzgemeinschaft mit seinem Herrn gerät (1Kor 6,12–20) und damit seines Heils verlustig geht (1Kor 6,9f.; vgl. Gal 5,19–21)? Oder umgekehrt: Warum fordert er nicht grundsätzlich die Auflösung jeder Mischehe?*
Man könnte vermuten, daß der libertinistisch-enthusiastisch eingestellte Teil der korinthischen Gemeinde (die sog. »Starken«) vor diesem Hintergrund den – ihrer Ansicht nach: *lediglich* – sexuellen Umgang mit den πόρναι legitimiert hat, während umgekehrt die sog. »Schwachen« die »ansteckende Macht der Sarx« so sehr fürchteten, daß sie eben eine grundsätzliche »Distanz zur Welt und zu den Weltkindern« forderten[178]. Rein *substanzontologisch* ist jedenfalls kein Unterschied zwischen dem sexuel-

---

[174] SCHRAGE, 1Kor II, 104 (Hervorhebung E.R.).
[175] Ebd.; ebenso REILING, 1Kor, 121; so schon SCHLATTER, Paulus, 222.
[176] Vgl. JEREMIAS, Mischehe, 297f. Den anderen von ihm genannten Beleg – Tit 2,5 – halte ich nicht für überzeugend.
[177] Zu 1Kor 6,12–20 s.u. S. 105–108; vgl. auch oben S. 69–73 (zu 1Kor 6,16f.).
[178] Beide Zitate: SCHRAGE, 1Kor II, 104 (s.o. m. Anm. 175).

len Verkehr mit einer ungläubigen πόρνη und dem sexuellen Verkehr mit der ungläubigen Ehefrau plausibilisierbar. Und wer im sexuellen Verkehr welcher Art auch immer ein lediglich *materielles* »Problem« sieht und dabei der Substanz grundsätzlich jede Bedeutung abspricht, wird ebenfalls keinen Unterschied feststellen können.

Doch Paulus widerspricht *beiden* Parteien – *tertium datur!* *Es mangelt offenbar beiden Parteien an derselben Grundeinsicht, nämlich an der Einsicht in die ontische Wirksamkeit und Ausschließlichkeit der Christusbeziehung (vgl. schon 1Kor 1,13a).* Denn während die »Schwachen« grundsätzlich eine substanzontologische Kontaminierung durch alles und jeden fürchten und damit die ontische Wirksamkeit der Christusbeziehung *unterschätzen*, ignorieren die »Starken«, daß *alle* Relationen ontisch wirksam sind (es also kein *rein* geschlechtlich-substantielles »Zusammensein« gibt) und darum die Beziehung mit einer *πόρνη* die Christusbeziehung negiert, *weil – das ist offenbar der entscheidende Punkt – hinter jeder πόρνη die widerchristlich-dämonische Macht der πορνεία steht (vgl. 1Kor 10,7f.),*[179] *während ein Nichtchrist als solcher nicht von vornherein eine Gefahr für einen Christen darstellt (vgl. 1Kor 5,9f.!).* In gewisser Weise *überschätzen* also die sog. »Starken« die Christusbeziehung (oder sie unterschätzen die anderen Beziehungen), indem sie ihr quasi *substanzontologische* Wirksamkeit zusprechen, die ihnen einen libertinistischen Lebenswandel ermöglichen würde. Sie *übersehen* damit, daß das, wozu sie durch Christus gemacht worden sind, niemals ihr Besitz oder Habitus ist oder wird, sondern ausschließlich von der intakten Christus*beziehung* her seinen Bestand erhält. Die »Heilsgaben« sind niemals »dingfest« zu machen, sondern nur in dynamischer Form »vorhanden«, d.h. *streng und ausschließlich an Christus selbst gebunden* und darum *ausschließlich (!) in der Beziehung zu ihm* (ἐν Χριστῷ) »gegeben«[180] *–* genau so, wie auch die »Heiligung« des Ungläubigen *ausschließlich in der Beziehung zu seinem christlichen Ehepartner* (ἐν τῷ ἀδελφῷ) »gegeben« ist (1Kor 7,14).

2.2.2. Familiengemeinschaft und Christusgemeinschaft

Neben dem »Bild« der Ehe erscheint auch das »Bild« der Familiengemeinschaft (und ihrer mannigfaltigen Verhältnisse) für den Vergleich mit der Christusgemeinschaft als besonders geeignet, weil die Großfamilie – wie schon die Ehe – nach antiker Auffassung einen *exklusiven Beziehungsraum*[181] darstellt. Während der Vergleich mit der Ehegemeinschaft vor al-

---

[179] S. dazu unten S. 105–108.

[180] Richtig DIBELIUS, Mystik, 18: »es gibt nur bedingt ein Haben« (vgl. Phil 3,12!). Ein statisches Verständnis im Sinne eines *thesaurus gratiae* o.ä. ist völlig unpaulinisch.

[181] Vgl. dazu VON ALLMEN, Famille, 53–59, der zugleich darauf hinweist, daß der antike οἶκος ein deutlich weiter verzweigtes *Beziehungsnetz* bezeichnet als das moderne

lem die *Einheit und Exklusivität* der Christusbeziehung betont, entfaltet der Vergleich mit der Familiengemeinschaft stärker den *Beziehungscharakter* der Christusbeziehung und damit auch den *in dieser* gründenden (ekklesiologischen) Beziehungs*reichtum*. Sprachlichen Ausdruck findet diese Vielfalt an Beziehungen in einem entsprechend vielfältigen »Bildprogramm«[182], dem wir uns nun zuwenden.

2.2.2.1. *2Kor 6,18 u.ö.: Die Christen als adoptierte »Söhne« (υἱοί) und »Töchter« (θυγατέρες) Gottes*

Zunächst und vor allem bedient sich der Apostel des »Bildes« des *Vater-Kind-Verhältnisses*, und zwar in erstaunlich *vielfältiger* Weise, sei es durch die Verwendung des Abstraktums υἱοθεσία (Röm 8,15.23; 9,4; Gal 4,5; sonst im Neuen Testament *nur* noch Eph 1,5), sei es durch Verwendung der Begriffe »Vater« und »Kind« o.ä. Hauptsächlich[183] *drei* Zusammenhänge sind namhaft zu machen, in denen Paulus auf das Vater-Kind-Verhältnis zurückgreift: 1) im Blick auf das Verhältnis zwischen »Gott« (dem »Vater«!) und »Christus« (seinem – eben: »dem« – »Sohn« κατ' ἐξοχήν[184]), 2) im Blick auf das Verhältnis zwischen »Gott« (ebenfalls als »Vater«) und den Christusgläubigen (als adoptierten »Kindern« bzw. »Söhnen und Töchtern« Gottes[185] und – eben damit – »Brüdern« Christi [Röm 8,29]),[186] sowie 3) im Blick auf das Verhältnis zwischen dem Apostel (als »Vater«) und seinen Gemeinden bzw. Einzelpersonen[187] (die er

---

Konzept von »Familie«. Denn zur antiken »*Großfamilie*« zählten neben den *leiblich Verwandten* auch *Adoptierte*, enge Freunde und das Gesinde.

[182] Vgl. grundlegend VON ALLMEN, Famille, *passim*; SCHÄFER, Gemeinde, *passim*.

[183] Nicht in Betracht gezogen werden die folgenden Stellen: Röm 9,27; 2Kor 3,7.13 (hier gibt das Syntagma οἱ υἱοὶ Ἰσραήλ die hebräische Wendung בְּנֵי יִשְׂרָאֵל wieder und ist daher einfach mit »Israeliten« zu übersetzen [statt des Gentiliciums יִשְׂרְאֵלִי; s. dazu GESENIUS, HWbAT, 103, s.v. I. בֵּן 3.]); Röm 9,9 (hier wird zur Begründung des Prädestinationsgrundsatzes Röm 9,6b zunächst die Sohnesverheißung an Abraham herangezogen [καὶ ἔσται τῇ Σάρρᾳ υἱός], die belegen soll, daß zwischen den τέκνα τῆς σαρκός und den τέκνα τῆς ἐπαγγελίας streng zu unterscheiden ist [V. 8 u.ö.]). In 1Kor 7,14 schließlich geht es um die »Kinder« (τέκνα) gläubiger Eltern (s.o. S. 81–86).

[184] Vgl. WEISS, 1Kor, 360f., Anm. 5 (zu 1Kor 15,28). Christus wird – im Gegensatz zu den Christen – *nie* als τέκνον (θεοῦ) o.ä. bezeichnet, sondern er ist *immer* der υἱός θεοῦ (vgl. VON ALLMEN, Famille, 155 m. Anm. 14). Darin kommt seine *besondere* Würde zum Ausdruck. – Zum Verhältnis von *präexistenter* Sohnschaft Jesu und *per adoptionem* verliehener Sohnschaft der Christusgläubigen vgl. die knappen Bemerkungen bei LIETZMANN, Gal, 26f.; BORSE, Gal, 138.143–146.

[185] S. Röm 8,14.16.17.19.21; 9,8(2x).(26); 2Kor 6,18; Gal 3,(7).26; 4,6a.7(2x); Phil 2,15; vgl. Gal 4,22–31; 1Thess 5,5(2x).

[186] Vgl. zum Ganzen SCHÄFER, Gemeinde, 39–128, bes. 41–80.

[187] S. 1Kor 4,14.17; 2Kor 6,13; 12,14(2x)!; Gal 4,19; Phil 2,22; 1Thess 2,7.11; Phlm 10; davon zweimal auf eine Einzelperson (*Timotheus*) bezogen: 1Kor 4,17; Phil 2,22

kraft derselben Verbundenheit »in Christus« allerdings auch als »Brüder« anreden kann).[188] Letztere Beobachtung gibt einen ersten Hinweis darauf, daß die Relation Vater – Sohn im Sinne einer *Ursprungsrelation* zu begreifen und diese damit *eo ipso* von *ontologischem* Gewicht ist;[189] denn die »Kinder« *sind* nur in Hinsicht auf den »Vater« (vgl. z.B. 1Kor 4,15b).

Dabei ist zunächst ganz grundsätzlich festzustellen, daß Paulus den Begriff »Sohn« (υἱός)[190] bzw. »Tochter« (θυγάτηρ)[191] ausschließlich in *positivem* Zusammenhang aufgreift (s. auch υἱοθεσία!), die Bezeichnung »Kind« dagegen offenbar *ambivalent* verwendet. Sieht man allerdings etwas genauer hin, wird deutlich, daß Paulus letzteres durchaus »mit System« tut: Während der Begriff παῖς gar nicht vorkommt, verwendet Paulus zur Bezeichnung eines »Kindes« entweder τέκνον oder παιδίον. Dabei erscheint τέκνον[192] nur in *positiven* Zusammenhängen (vergleichbar

---

(vgl. *darum* dann 1Tim 1,2a: Τιμοθέῳ γνησίῳ τέκνῳ ἐν πίστει). Vgl. zu Letzterem auch Phlm 10 (im Unterschied zu 1Kor 4,15).

[188] Vgl. dazu THÜSING, Per Christum, 116–147; SCHÄFER, Gemeinde, 314–369.

[189] Vgl. bes. THÜSING, a.a.O., 146f. Auch die Bezeichnung »Vater« ist darum *mehr* als »nur« ein »Bild« (mit BARBAGLIO, 1Kor, 243 m. Anm. 565f.; u.a)! Vgl. schon AUGUSTINUS, *trin.* 5,5.

[190] Zu *Christus* als »Sohn« s. Röm 1,3.4.9; 5,10; 8,3.29(!).32; 1Kor 1,9; 15,28; Gal 1,16; 2,20; 4,4.6b; 1Thess 1,10. – Zu den *Christen* als »Söhnen« s. Röm 8,14.19; (9,26?); 2Kor 6,18; Gal 3,7(?).26; 4,6a.7(2x).30 (mit Kontext: V. 22.30[2x] = Ismael); 1Thess 5,5(2x).

[191] Bei Paulus *ausschließlich* 2Kor 6,18. Es handelt sich bei dieser Stelle lediglich um eine *Anspielung* auf 2Βασ 7,14a. Der gängigen Sicht, wonach es sich hier um ein *Zitat* handle, vermag ich angesichts der vielfältigen *sprachlichen* und damit *sachlichen* Veränderungen gegenüber dem mutmaßlichen Ursprungstext (vgl. dazu VON ALLMEN, Famille, 148f.) nicht mehr zu folgen. Mit welcher Plausibilität kann man eine »citation fortement modifiée« (so mit Recht VON ALLMEN, a.a.O., 148) denn noch als »*Zitat*« bezeichnen?

Vor *diesem* Hintergrund sind die hier normalerweise diskutierten Fragen ohnehin überflüssig und die entsprechende Ratlosigkeit der Exegeten selbstverständlich; vgl. exemplarisch COLLANGE, Énigmes, 312: « L'adjonction καὶ θυγατέρας est remarquable. Nous avouons ne pas bien en discerner la raison. Sans doute faut-il voir un indice 'féministe', mais comment l'interpréter ? » Ratlos auch SCHMELLER, 2Kor I, 377 m. Anm. 76. Diese Frage stellt sich allerdings gar nicht erst, wenn man 2Kor 6,14–7,1 als »nichtpaulinische Interpolation« ausscheidet (so etwa HÜBNER, Theologie II, 220; zur Diskussion vgl. neben VON ALLMEN, ebd., SCHMELLER, a.a.O., 22f.368–371.378–382, der seinerseits die These vertritt, »dass ein Redaktor einen paulinischen Text, der ursprünglich in einem anderen Kontext stand, hier eingefügt hat« [a.a.O., 378; vgl. DENS., Kontext, *passim*]). Demgegenüber teilt z.B. KONRADT, Gericht, 280, Anm. 406 (dort weitere Vertreter), die Sicht, wonach es sich bei dem fraglichen Abschnitt um »ein von Paulus selbst aufgegriffenes Traditionsstück« handle (so BÖTTRICH, Tempelmetaphorik, 417). Manche vermuten, diese Tradition stamme aus Qumran (vgl. dazu VANDERKAM, Einführung, 190f.).

[192] Gal 4,19 v.l.: τεκνίον. Diese Lesart ist von der äußeren Bezeugung her eindeutig *sekundär*, aber dem »herzbezwingende[n] Ton« nach »richtig ausgelegt« (mit SCHMIDT, Galaterbrief, 50).

2. Bedeutung und Wesen der Christusgemeinschaft 89

mit υἱός und θυγάτηρ), παιδίον dagegen ausschließlich in *negativen* Zusammenhängen. Letzterem entspricht die Beobachtung, daß überhaupt *sämtliche Vorkommen des Wortstammes παιδ- bei Paulus negativ konnotiert* sind[193], sei es das unbedarfte »Spielen« (παίζειν [1Kor 10,7]), sei es der strenge, mitunter gewalttätige »Aufseher« (παιδαγωγός [1Kor 4,15; Gal 3,24f.][194]), dessen die παιδία kraft ihrer Unvernunft und Widerspenstigkeit offenbar bedürfen, sei es schließlich der (selbsternannte) »Erzieher« des Menschengeschlechts[195] (παιδευτής [Röm 2,20]; vgl. *hier* auch den διδάσκαλος[196] [ebd.]) oder auch die »Sklavin« (παιδίσκη) Hagar, die Mutter des *illegitimen* Abrahams-Sohnes Ismael[197] (vgl. Gal 4,22.23. 30[2x].31).[198]

Während also Paulus in einem τέκνον den rechtmäßigen und damit erbberechtigten »Sohn« bzw. die rechtmäßige und damit erbberechtigte »Tochter« sieht,[199] denen eben darum eine besondere *Würde* eignet und de-

---

[193] Die einzige Ausnahme bildet scheinbar die Rede von dem παιδεύεσθαι (nur Passiv!), das den Gläubigen zuteil wird und bezeichnenderweise *ausschließlich von Gott* ausgeht (nie z.B. vom Apostel!). Aber auch dieser »Erziehung« (das Substantiv παιδεία *fehlt* bei Paulus) eignet ein durchaus *strenger Unterton*! Vgl. dazu 1Kor 11,32; 2Kor 6,9.

[194] Vgl. ROHDE, Gal, 161f. S. ferner unten S. 264f., Anm. 263 (bes. zu 1Kor 4,15, wo das *negative* Verständnis von παιδαγωγός offenbar nicht unmittelbar einleuchtet).

[195] Daß BERTRAM, Art. παιδεύω κτλ., 620, *überhaupt* von einer (s.E. ›gefährlichen‹!) ›Anwendung‹ des »Erziehungsgedanken[s]« bei Paulus spricht und ihn dann auch noch mit Lessing und dem deutschen Idealismus in Verbindung bringt (ebd., Anm. 157), ist allerdings *mehr als abenteuerlich*!

[196] Ist es bloß ein Zufall, daß Paulus den Begriff διδάσκαλος so gut wie vermeidet (neben Röm 2,20 [*negativ*] nur noch 1Kor 12,28f. [positiv, ggf. *traditionell*?])? (Auch das Verbum διδάσκειν erscheint nicht eben häufig: neben Röm 2,21 [*negativ*] nur noch Röm 12,7; 1Kor 4,17; 11,14; Gal 1,12 [neutral bis positiv].) Der Dienst des Paulus wird bezeichnenderweise *nur einmal* ausdrücklich als διδάσκειν beschrieben (1Kor 4,17). *Er selbst sieht sich offensichtlich nicht als »Lehrer«* (sondern als »Apostel«)!

[197] Während die *Illegitimität* Ismaels (als Sohn der *Sklavin* Abrahams) und damit seine fehlende Erbberechtigung im Alten Testament offenbar eigens festgehalten werden muß (vgl. Gen^LXX 21,10; Gal 4,30), ist die Illegitimität der Kinder aus nicht vollgültigen Ehen zwischen Ehegatten unterschiedlicher Rechtsstatus (dem sog. *concubinatus* bzw. dem *contubernium*) in römischer Zeit *rechtlich* festgeschrieben (vgl. TREGGIARI, Art. Ehe III, 898) und kann darum bei den Galatern als bekannt vorausgesetzt werden. Bereits in griechischer Zeit galt die Regel, daß »Kinder aus einer Verbindung mit einer Fremden […] auch dann nicht in die Erbfolge ein[traten], wenn legitime Söhne fehlten« (WAGNER-HASEL, Art. Ehe II, 895). Voraussetzung für eine legitime Eheschließung war u.a. die ἐγγύησις (vgl. ebd.), auf die Paulus hier wohl deshalb einigen Wert zu legen scheint.

[198] Im *Deutschen* lassen sich die verschiedenen Konnotationen fast kongenial mit den beiden (nur adjektivischen) Begriffen »kindlich« (= »einem τέκνον entsprechend«) und »kindisch« (= »wie ein παιδίον oder ein νήπιος« bzw. »παιδίον-haft«) wiedergeben.

[199] Mit VON ALLMEN, Famille, 155, kann allerdings bei Paulus *keine* systematische »distinction entre τέκνον (qui dénoterait seulement la relation naturelle, et éventuellement la dépendance) et υἱός (qui impliquerait également un état reconnu et des droits fi-

nen darum die besondere *Liebe* und *fürsorgliche Zuwendung* des Vaters – sei es Gott, sei es der Apostel – gilt,[200] ist für ihn das παιδίον der Ausdruck der »Unvernunft« überhaupt (vgl. 1Kor 14,20). Entsprechendes gilt sodann für den Begriff νήπιος (eigentlich »Säugling«), der – mit *einer* Ausnahme (1Thess 2,7) – die Unmündigkeit und damit Unfähigkeit zum Ausdruck bringt (Röm 2,20; 1Kor 3,1; 13,11[5x]; Gal 4,1.3; vgl. 1Kor 14,20 [νηπιάζειν]);[201] als Gegenbegriff dazu wählt Paulus nicht zufällig den entscheidungsfreudigen »Mann« (ἀνήρ [1Kor 13,11]). Zu überlegen wäre, ob man diese offensichtliche *semantische Differenz zwischen* τέκνον *und* παιδίον nicht durch entsprechende *terminologische* Varianten kenntlich machen sollte, etwa indem man τέκνον mit »Kind« übersetzt, παιδίον dagegen mit »Kindskopf« (schweiz. »Gof«).

2.2.2.2. Genealogie, Adoption und Erbberechtigung

Was nun die »Kinder« angeht, insofern sie als υἱοί (oder θυγατέρες) bzw. τέκνα θεοῦ bezeichnet werden, so sind mit dieser Bezeichnung zwei Dinge untrennbar verbunden: erstens ein *»quasi-genealogisches« Verhältnis* (und damit eine besondere *Ehrenstellung*), zweitens die *Erbberechtigung*.[202] Im Unterschied zu Christus als dem *präexistenten* »Sohn Gottes« sind die Christen freilich erst *qua Adoption* zu »Söhnen Gottes« *geworden* (vgl. Gal 3,26–4,7).[203] In diesem Zusammenhang ist zu beachten, daß der Begriff υἱοθεσία seiner Wortbedeutung nach eigentlich die *Versetzung in*

---

liaux)« und darum auch *keine* »différence entre notre état actuel d'enfants de Dieu [...] et notre dignité future« namhaft gemacht werden; vielmehr geht der Gebrauch von τέκνον und υἱός diesbezüglich »durcheinander« (a.a.O., 156f.).

[200] Vgl. exemplarisch den ganzheitlichen Einsatz des Apostels für sein »Kind« Onesimus (τέκνον [Phlm 10], ja sogar τὰ σπλάγχνα [Phlm 12]; s. dazu REINMUTH, Phlm, *passim* [bes. 43f. m. Anm. 294]).

[201] Zur Verwendung des »Bildes« von der νηπιότης (Israels) bemerkt MORALES, Spirit, 120f.: "References to this 'childhood' always occur in the context of Israel's lapse into idolatry (cf. the enslavement of Jewish Christians prior to the sending of the Son and the Spirit in Gal 4:3–6)." *Diese* »Kindheit« ist also semantisch *durchweg negativ* besetzt!

[202] Beides – Kindschaft und Erbberechtigung – ist übrigens *immer* mit der πίστις verbunden, *nie* mit der Taufe. Auch die *Geistverleihung* gründet dezidiert in der υἱοθεσία (s. Gal 4,5f.; vgl. Röm 8,15), nicht aber – trotz vieler gegenteiliger Behauptungen – in der Taufe (s. dazu unten S. 268–276).

[203] S. dazu THÜSING, Per Christum, 116–119; EBELING, Wahrheit, 283–286. Im Hintergrund steht hier die Unterscheidung zwischen Sohnschaft κατὰ σάρκα und Sohnschaft κατὰ πνεῦμα bzw. die stoische Distinktion von φύσει und θέσει (vgl. EBELING, ebd.). Zum Ganzen bemerkt EBELING, a.a.O., 285, treffend: »In der Bindung an Jesus Christus will eine doppelte Relation beachtet sein. Zum einen entspricht diese unsere Gottessohnschaft seiner Gottessohnschaft, weil sie sich ihm verdankt. Zum anderen aber ist diese unsere Gottessohnschaft eben deshalb, weil sie sich ihm verdankt, von seiner Gottessohnschaft unterschieden.«

die Kindschaft bezeichnet (also *Adoption*) und erst mittelbar auch deren *Ergebnis*, nämlich die Kindschaft selbst.[204]

In dieser *verliehenen* Kindschaft liegt sodann die Verleihung der Erbberechtigung unmittelbar begründet (vgl. bes. Gal 4,7b [υἱός – κληρονόμος]; Röm 8,17a [τέκνα – κληρονόμοι]). Es besteht mithin »eine feste Verbindung zwischen Kindschaft und Erbschaft«,[205] doch welcher Art ist sie? Das neue *Sein* (die υἱοθεσία [vgl. Röm 8,16b]) eröffnet vor allem eine neue *Zukunft*, denn der Begriff der κληρονομία verweist – stärker noch als die υἱοθεσία selbst[206] – auf die *eschatologische Vollendung*.[207] Das erhellt namentlich aus Röm 8,17*fin*., denn hier »verstärkt sich nicht nur Gedanke der Schicksalsgemeinschaft, sondern auch der Akzent, der auf der Zukunft liegt«[208]: ... εἴπερ συμπάσχομεν ἵνα καὶ συνδοξασθῶμεν. Die δόξα, die den Christen als adoptierten Söhnen Gottes zukommt, ist eine *zukünftige* (vgl. Röm 8,18!), die ihrer »Offenbarung« harrt (V. 19). Doch auch das andere will gehört sein: Die Erlangung der κληρονομία ist an die Christusgemeinschaft als einer »Schicksalsgemeinschaft« gebunden; die Christen sind *nur* als συγκληρονόμοι Χριστοῦ auch κληρονόμοι θεοῦ (V. 17b). Insofern gilt mit K.L. SCHMIDT: »Was die Christusbezogenheit des *Erben* anbelangt, so ist alles genau parallel der Christusbezogenheit des *Kindes*.«[209] So, wie es keine υἱοθεσία *remoto Christo* gibt, *so wird es auch keine κληρονομία geben ohne stete Christusbezogenheit*. Nur kraft seiner ontisch wirksamen Bezogenheit auf »den« Sohn Gottes wird und bleibt ein Mensch Sohn oder Tochter Gottes (Röm 8,29) und gehört damit zur *familia Dei*.

2.2.2.3. Die Gemeinde als »familia Dei«

Es ist, auch wenn man sich daran gewöhnt haben mag, doch *außerordentlich bemerkenswert*, daß Paulus das Verhältnis zwischen Gott und den ihm Zugehörenden wesentlich mit *familiären* Strukturen beschreibt, wie wir

---

[204] Vgl. SCHMIDT, Galaterbrief, 57: »Was uns als ›Gotteskindschaft‹ geläufig ist, heißt wörtlich ›Sohnessetzung‹ (υἱοθεσία), Adoption, Annahme an Kindesstatt, die rechtskräftig wird durch den Willen des Vaters.« Ebenso LIETZMANN, Gal, 26f.; HILGENFELD, Gal, 172.

[205] SCHMIDT, a.a.O., 59.

[206] Die υἱοθεσία entfaltet zwar schon eine *gegenwärtige* ontische Wirksamkeit (Gal 4,21–5,1), sieht aber ebenfalls »noch ihrer Vollendung entgegen« (THÜSING, Per Christum, 120; vgl. Röm 8,14–23).

[207] Vgl. 1Kor 6,9f.; 15,50(2x); Gal 4,30; 5,21 (κληρονομεῖν [ausschließlich in *Negativ*formulierungen!]). Alle Stellen verweisen auf einen futurisch-eschatologischen Zusammenhang! Von der κληρονομία spricht Paulus Gal 3,18, vom κληρονόμος Röm 8,17(2x); Gal 3,29; 4,1.7 (vgl. Röm 4,13f.).

[208] THÜSING, Per Christum, 119.

[209] Galaterbrief, 59 (Hervorhebungen E.R.).

gesehen haben. Diese sind geradezu bezeichnend für den »neuen Bund«, wie L.L. BELLEVILLE hervorhebt: "With the advent of Christ came a new covenant, one that is based on a familial, not a legal, relationship to God."[210] Gottes *Volk* ist seine *Großfamilie*,[211] die ihn kraft des Geistes der »Sohnschaft« als »Vater« (ἀββα ὁ πατήρ) anredet (Röm 8,15).

Es ist von daher einerseits ein kleiner Schritt zur Bezeichnung der Christusgläubigen als der »Brüder« (ἀδελφοί) Christi (Röm 8,29). Andererseits sind kraft ihrer gemeinsamen Bezogenheit auf Christus alle Christusgläubigen auch untereinander Geschwister (vgl. Gal 3,28!)[212], und zwar unabhängig von sozialem Stand und Ansehen (vgl. besonders Phlm 16[213]); das erklärt auch die häufige paulinische Briefanrede »Brüder!«[214] Aus dem Verständnis der christlichen Gemeinde als *familia Dei* dürfte sich schließlich auch der Gedanke herleiten, daß die Kinder (τὰ τέκνα!) der Christusgläubigen *kraft ihrer Relation zu dem christusgläubigen Vater oder der christusgläubigen Mutter* (oder beiden) eben *heilig* sind (1Kor 7,14b).[215] Denn als Volk und Großfamilie Gottes leben die Christusgläubigen eine heilige *»Tempelexistenz«*[216] (vgl. 1Kor 3,16f.; 6,19; 2Kor 6,16).

2.3. Christusgemeinschaft und Christengemeinschaft

Daß an der »Christusgemeinschaft« alle weitere κοινωνία hängt (die Gemeinschaft mit Gott und mit den Mitchristen) und zugleich notwendig aus dieser erwächst, hat G. PANIKULAM richtig gesehen: "Only through the *koinônia* with the Son can one reach up to a *koinônia* with the Father and with the brethren."[217] Nun ist auf den zweiten Aspekt einzugehen: die in der gemeinsamen Christusgemeinschaft begründete Gemeinschaft *der Christen untereinander*.

---

[210] 2Kor, 98.

[211] Mit SCHÄFER, Gemeinde, 36f. Vgl. LAMBRECHT, 2Kor, 125 (zu 2Kor 6,14–7,1); ferner zum Ganzen VON ALLMEN, Familie, bes. 128–146.196–199.278–289.302–305; RYŠKOVÁ, Untersuchung, 221–248. – In »israeltheologischem« Zusammenhang ist Röm 9,25f. beachtenswert; hier werden »Volk« (λαός) und »Familie« (υἱοὶ θεοῦ) miteinander verbunden. Von »Israel« als »Kindern« sprechen Röm 9,7.8; Gal 4,25.27.

[212] Vgl. dazu BORSE, Gal, 139.

[213] Vgl. dazu SCHÄFER, Gemeinde, 248–290; REINMUTH, Phlm, 45–48, bes. 46f.; ferner LOHSE, Phlm, 278f.282f.

[214] Vgl. dazu bes. SCHÄFER, Gemeinde, 314–352.

[215] Mit REILING, 1Kor, 120f. Vgl. schon CALVIN, zu 1Kor 7,14b (CO 49, 412f. = CR 77, 412f.), der in eben diesem Tatbestand (in Verbindung mit einem entsprechenden »Bundes«-Verständnis) ein Hauptargument für die Säuglings- bzw. Kindertaufe sah (vgl. DENS., Inst. IV, 16).

[216] Begriff bei HORN, Wandel, 164. Der Terminus erscheint auch in den Varianten »christliche Tempelexistenz« und »geistliche Tempelexistenz« (ebd.). Ihr »Signum« ist jedenfalls »Heiligkeit und Reinheit« (ebd.). S. dazu HAGENOW, Gemeinde, bes. 18–97.

[217] Koinônia, 16.

Inhaltlich wird die Gemeinschaft der Christen (als *familia Dei*) von ihrem gemeinsamen Status als Söhnen und Töchtern Gottes her bestimmt.[218] Diese in gemeinsamer Christus-, Evangeliums-, Glaubens- und Geistgemeinschaft begründete und darum alle ethnischen, religiösen und sozialen Unterschiede *transzendierende*[219] »Brüderlichkeit« (vgl. Gal 3,28)[220] zeichnet die christliche Gemeinde von Anfang an als »*Kontrastgesellschaft* zur ›Welt‹«[221] aus. Der grundsätzliche ethische Maßstab für das Zusammenleben der Christen als des »Leibes Christi« ist die »Bruderliebe«, wie K. SCHÄFER gezeigt hat:

»Wie jede Gruppe bildet auch die christliche Gemeinde spezifische *Gruppennormen* aus«, wobei »die Verpflichtung zur ›*Bruderliebe*‹ (φιλαδελφία) und zu einer brüderlichen Praxis des Miteinander in der Gemeinde eine Basisforderung der pln [...] Gemeindeparänese darstellt«.[222]

Das sog. »Gesetz Christi« (ὁ νόμος τοῦ Χριστοῦ), das die *Grundverfassung der christlichen Gemeinde* bildet und als solche die »Tora des Mose« (ὁ Μωϋσέως νόμος [1Kor 9,9]) *ersetzt*[223], trägt exakt *diesem* Umstand Rechnung (vgl. Gal 6,1f.).

2.3.1. *1Kor 11,17–34 (vgl. 1Kor 10,14–22): Gemeinschaft mit Christus und untereinander im Herrnmahl*

Während 1Kor 10,14–22 ganz im Rahmen der Ausführungen über die Unmöglichkeit der Teilnahme am *Götzendienst* (εἰδωλολατρία) verstanden werden muß und darum die Gemeinschaft *der Christen* nur *exemplarisch*

---

[218] Vgl. oben S. 87–92, bes. 91f. – Vgl. zum Ganzen SCHÄFER, Gemeinde, *passim*.

[219] Richtig LOHSE, Phlm, 285: »Die bestehende soziale Ordnung, in der es Herren und Sklaven gibt, wird nicht angetastet. Wohl aber wird darauf hingewiesen, daß in Christus das Verhältnis der Menschen untereinander grundlegend erneuert ist, so daß Sklave und Herr einer in Christus sind (Gal 3$_{28}$ 1Kor 7$_{21-24}$ 12$_{13}$).« Andernorts bemerkt er: »Es zeugt von ungeschichtlichem Denken, wenn man deshalb Paulus und das Urchristentum tadeln wollte« (DERS., Kol, 230, Anm. 8); dies sei Ausdruck einer »unsachlichen wie billigen Kritik« (DERS., Phlm, 285, Anm. 7).

[220] Vgl. dazu LÉMONON, Gal, 134: « Les grandes catégories qui divisent l'humanité continuent d'exister, mais, à l'intérieur de la communauté chrétienne, leur sens a changé. [...] Sans que son statut selon le monde soit transformé, l'autre est reconnu comme de même dignité. [...] Le v. 28a affirme non la suppression des différences, mais l'assomption de celles-ci. » Ein konkretes Beispiel aus der *Lebenswirklichkeit der paulinischen Gemeinden* bietet der *Philemonbrief* (bes. V. 10–12.16–20); vgl. dazu bes. REINMUTH, Phlm, 30 (u.ö.), der darauf hinweist, daß nach antikem Verständnis κοινωνία »die Gleichheit der Beteiligten« voraussetzt: »In der Antike war jede Statusgleichheit zwischen Herren und Sklaven ausgeschlossen; Gemeinschaft konnte es nur zwischen Gleichen geben.«

[221] SCHÄFER, Gemeinde, 443 (Hervorhebung E.R.).

[222] A.a.O., 441.

[223] Vgl. SCHMIDT, Galaterbrief, 92f.

und *am Rande* streift (V. 17),[224] bildet der *ekklesiologische* Aspekt den Verstehenshorizont der ausführlicheren Darlegungen zum Herrnmahl in 1Kor 11,17–34 (v.a. V. 17–22.33f.), auch wenn es richtig ist, daß die *Argumentation* in diesem Abschnitt »durchgängig von der Christologie und Soteriologie, *nicht* dagegen von der Ekklesiologie her« erfolgt[225]. Daher ist *hier* vorrangig auf den letztgenannten Text einzugehen.[226] Im Blick auf 1Kor 10,16f. darf hier aber immerhin schon so viel gesagt werden, daß es sich bei der dort genannten κοινωνία mit »Blut« und »Leib« Christi um eine »true fellowship with the *person* of Christ« handelt.[227]

Es ist ferner darauf hinzuweisen, daß für nicht wenige Exegeten 1Kor 10,16–21 (!) geradezu zum *ekklesiologischen Grundlagentext* wird.[228] So sieht etwa J. HAINZ in diesem (!) Zusammenhang eine *sakramentale Grundlegung der Ekklesiologie*.[229]

Es ist freilich gar nicht zu bestreiten, daß hier *auch* ekklesiologische Ansätze zu sehen sind – aber darauf liegt hier eben keineswegs der *Akzent*! Man kann (und sollte) darum 1Kor 10,17 zwar *für die Auslegung von 1Kor 11,17–34* heranziehen, aber *aus dieser Stelle selbst* keine weitreichenden ekklesiologischen Schlüsse ziehen.

Seine Ausführungen über das Herrnmahl (1Kor 11,17–34) beginnt Paulus mit *schärfstem Tadel*[230] (V. 17–22). Ja, was die Korinther feiern, »*ist* in

---

[224] Gegen PANIKULAM, Koinônia, 17–30, für den V. 17 geradezu den sachlichen Höhepunkt der paulinischen Argumentation bildet: "The inversion of the normal sequence in 10:16 can only be explained by the fact that Paul wants to *shift* the emphasis *from v. 17 on*" (a.a.O., 19 [Hervorhebungen E.R.]; vgl. a.a.O., 25: "In v. 17 Paul's line of thought *takes a new turn*" [Hervorhebung E.R.].). Aber Paulus kehrt doch bereits in V. 18 wieder zu dem auch zuvor erörterten Problem des Götzendienstes (εἰδωλολατρία) zurück, so daß V. 17 eher als *Zwischenbemerkung* erscheint! Der Apostel scheint hier zwar *angesichts der Herrnmahls-Thematik* bereits die erst in Kapitel 11 *explizit* folgenden Darlegungen vorwegnehmen zu wollen, greift dann aber doch das *eigentliche* Thema wieder auf. Wichtiger für den Zusammenhang ist darum *V. 16*, und in V. 17 ist *vor allem* der Gedanke der *μετοχή* entscheidend (vgl. V. 18.21!). Problematisch ist sodann die Auskunft, V. 17 sei die paulinische *Interpretation* älterer (!) Vorgaben, auf die Paulus in V. 16 anspiele. Nur so kann V. 17 überhaupt diese überragende Bedeutung gewinnen, die er *im Kontext* aber *nicht* hat (gegen PANIKULAM, a.a.O., 25f.). Daß V. 16 Bekanntes voraussetzt, ist zwar richtig (zweimal οὐχί;) – aber kann Paulus nicht ebensogut auf seine *eigene* Verkündigung verweisen (vgl. 1Kor 11,2!)? Dann erübrigt sich die Behauptung, V. 17 sei »Paul's Interpretation of 1 Cor 10:16« (so PANIKULAM, a.a.O., 25).

[225] HOFIUS, Herrenmahl, 239, Anm. 222. Damit ergibt sich präzise, was wir auch schon andernorts gesehen haben: *daß die Ekklesiologie christologisch-soteriologisch begründet ist*. Vgl. dazu auch SCHRAGE, »In Christus«, 37.

[226] 1Kor 10,14–22 wird dann im Rahmen der Darlegungen über die *dämonische Konkurrenzgemeinschaft* zur Christusgemeinschaft thematisch (s.u. S. 108–115).

[227] So PANIKULAM, Koinônia, 20 (Hervorhebung E.R.).

[228] Vgl. dazu PANIKULAM, Koinônia, 17–30.

[229] Vgl. DENS., Koinonia, 175f.; ferner bereits DENS., Ekklesia, bes. 264f. m. Anm. 4. Er wählt diesen Text (in *dieser* Abgrenzung [anders z.B. FRANCO, Comunione, 45ff.]!) sogar als (faktischen) *Ausgangspunkt* seiner Studie (Koinonia, 17–35).

2. Bedeutung und Wesen der Christusgemeinschaft

Wahrheit *kein* κυριακὸν δεῖπνον«, wie V. 20 präzisiert:[231] Es ist nämlich
– *objektiv!* – *unmöglich* (οὐκ ἔστιν), das Herrnmahl zu feiern, wenn die
Korinther zu diesem Zweck gottesdienstlich zusammenkommen (συνέρ-
χεσθαι).[232] *Begründet* und *erläutert* wird dieser *massive Vorwurf,* der
nicht weniger als an das *esse Ecclesiae* rührt[233], im folgenden Vers 21:
»Ein jeder nämlich (γάρ) nimmt beim (gemeinsamen) Sättigungsmahl (ἐν
τῷ φαγεῖν) sein *eigenes* (mitgebrachtes) Mahl zu sich, so daß (καί *consecutivum*) der eine hungert, der andere schwelgt.«[234] In diesem Verhalten
aber kommt nicht weniger als eine *Verachtung der Gemeinde Gottes* zum
Ausdruck (V. 22)! Hält man sich nun noch vor Augen, was Paulus andernorts über den Verstoß gegen Wesen und Einheit der Gemeinde sagt (s. nur
1Kor 3,17; vgl. 11,32!), wird die unerhörte Schärfe der Zurechtweisung
unüberhörbar (vgl. zum Ganzen auch Gal 2,11–14!). *Dann* auch versteht
sich, daß und warum V. 30 von so *gravierenden* Konsequenzen dieses Ver-
stoßes gegen das Wesen des vom κύριος selbst gestifteten und mit ihm
selbst und darum auch untereinander verbindenden Mahles (vgl. 1Kor
10,16f.!) berichtet; denn »Rücksichtslosigkeit, Gleichgültigkeit und Lieb-
losigkeit gegenüber dem ›Bruder, für den Christus gestorben ist‹ [1Kor
8,11; vgl. Röm 14,15], sind [...] nichts Geringeres als die Leugnung des
ὑπὲρ ὑμῶν, – eine unerhörte Mißachtung des heilschaffenden Sühnetodes
Christi und damit eine unbegreifliche *Versündigung an Christus selbst*«,
wie O. HOFIUS hervorhebt.[235] Mit anderen Worten: *Ein (wie auch immer
gearteter) Angriff auf einen Bruder ist immer und zugleich ein Angriff auf
den, der für diesen Bruder gestorben ist; ein Angriff auf die Gemeinde ist
immer und zugleich ein Angriff auf das Haupt der Gemeinde. Enger lassen
sich Ekklesiologie und Christologie/Soteriologie nicht verzahnen!*

Das *einzig richtige* Tun angesichts des korinthischen Mißstandes besteht
darum in dem, was Paulus abschließend anmahnt: »Meine Brüder, wenn
ihr zum Sättigungsmahl zusammenkommt, (dann) bewirtet einander!« (V.

---

[230] Die den ersten Abschnitt (V. 17–22) rahmenden Wendungen οὐκ ἐπαινῶ (V. 17a) bzw. ἐν τούτῳ οὐκ ἐπαινῶ (V. 22*fin.*) sind als *Litotes* aufzufassen (vgl. HOFIUS, Herrnmahl, 205, Anm. 13).

[231] HOFIUS, a.a.O., 206 (Hervorhebungen E.R.).

[232] Vgl. HOFIUS, ebd. m. Anm. 17.

[233] Vgl. CA 7 (= BSLK, 61); dazu HOFIUS, Sinn, *passim* (bes. 276). Wird also – *fak-tisch* – das Herrnmahl gar nicht mehr gefeiert, steht nicht weniger als das Kirche-Sein der Kirche – und zwar das *esse Ecclesiae,* nicht nur das *bene esse Ecclesiae* – auf dem Spiel!

[234] Zur *Begründung* dieser Übersetzung s. HOFIUS, Herrnmahl, bes. 216–220. Wesentlich für das Verständnis insgesamt ist die These, daß Paulus eine Herrnmahlsfeier vor Augen hat, »bei der *zwischen* Brotritus und Kelchritus ein Sättigungsmahl seinen Platz hatte« (a.a.O., 216 [Hervorhebung E.R.]), an dem darum *alle* Gemeindeglieder teilnahmen. Folglich heißt »προλαμβάνειν [...] in V.21 nicht: ›vorwegnehmen‹, und die Anweisung ἀλλήλους ἐκδέχεσθε V.33 bedeutet nicht: ›wartet aufeinander!‹« (ebd.).

[235] A.a.O., 239 (Hervorhebung E.R.).

33).²³⁶ Denn *auch sozialer Unfriede bedroht den Frieden (εἰρήνη), zu dem doch die Gemeinde nach 1Kor 7,15 berufen ist* (vgl. den Segenswunsch des Präskriptes; grundlegend ferner Röm 5,1). Es ist *auch dies* letztlich also eine weitere *Variation* des *Grundthemas* des 1. Korintherbriefes: μεμέρισται ὁ Χριστός; (1Kor 1,13a), und der darin begründeten *Paraklese*: ... μὴ ᾖ ἐν ὑμῖν σχίσματα, ἦτε δὲ κατηρτισμένοι ἐν τῷ αὐτῷ νοΐ καὶ ἐν τῇ αὐτῇ γνώμῃ (1,10). Theologisch *ausgeführt* wird die immer wieder durchscheinende Grundthese, daß der Leib Christi *unzerteilt* ist, allerdings erst in 1Kor 12 (bes. V. 25!). Diesem gewichtigen Text wenden wir uns nun zu.

2.3.2. *1Kor 12,1–31a: Die Gemeinde – das σῶμα Χριστοῦ*

Nach seinen vorläufig abgeschlossenen²³⁷ Ausführungen zur rechten Feier des Herrnmahls (1Kor 11,17–34) wendet sich Paulus nun einem neuen Themenkomplex zu, zu dem ihn die korinthische Gemeinde befragte: περὶ τῶν πνευματικῶν (12,1). Dabei zeigt sich sehr schnell, daß Paulus auch diese Anfrage nicht als bloßen dogmatischen Locus *De spiritalibus* abhandelt, sondern gemäß seiner Grundparaklese (vgl. 1,10) auf die *Einheit* der Gemeinde zielt (vgl. bes. 12,7.12.25). Denn *die Einheit ist auch in dieser Frage akut bedroht*, wie schon der nicht-paulinische Begriff der πνευματικά andeutet, der Ausdruck des »individualistische[n] Pneumatismus«²³⁸ mancher Korinther sein dürfte. Paulus setzt ihm darum bewußt den Begriff der χαρίσματα entgegen (12,4ff.).²³⁹ Ungeachtet der grundlegenden theologischen Einsichten, die der Apostel damit unmittelbar verknüpft (V. 2–11), steht im Zentrum *unseres* Interesses v.a. der *zweite* Teil des Kapitels (V. 12–31a), dem darum unser Hauptaugenmerk gelten soll.

Legt Paulus zunächst (V. 12f.) das Gewicht auf die *geistgewirkte Einheit* des Leibes Christi (V. 13²⁴⁰), so entwirft er anschließend ein Bild *differenzierter* Einheit (V. 14–30). Dabei bedingt beides einander *essentiell*: *Wo keine μέλη sind, da ist kein σῶμα (V. 14.19), und wo die μέλη nicht miteinander im Einklang sind, gibt es ebenfalls kein σῶμα* (vgl. V. 25), *denn da wäre das σῶμα – Christus selbst (V. 12!) – »zerrissen«* (vgl.

---

²³⁶ Zur Begründung dieser Übersetzung s. HOFIUS, a.a.O., 220–222.

²³⁷ Vgl. 1Kor 11,34b: τὰ δὲ λοιπὰ ὡς ἂν ἔλθω διατάξομαι. Was Paulus in 1Kor 11,17–34 mitgeteilt hat, ist das für die Gemeinde in Korinth *Vordringliche* und *Wesentliche*, aber offenbar noch nicht *alles*, was er zum Thema »Herrnmahl« zu sagen hat.

²³⁸ Begriff bei CONZELMANN, 1Kor, 236. Nicht zu Unrecht nimmt STROBEL, 1Kor, 184, an, daß »in Korinth die rechte Unterscheidung von christlichem Geistbesitz und heidnischer Kultekstase immer noch ein Problem« darstellte. Das dürfte sich jedenfalls aus 1Kor 12,2f.; 14,12 (ζηλωταί ἐστε πνευμάτων) schließen lassen.

²³⁹ Vgl. CONZELMANN, 1Kor, 253, der in der paulinischen Wortwahl eine »kritische Komponente« vermutet: »Der Pneumatiker ist durch Gnade, was er ist.«

²⁴⁰ Vgl. dazu unten S. 272f.

1,13). Es fällt nicht schwer, diese Linien auf ein *relational-ontologisches Verständnis* hin auszuziehen (s.u.). Ja mehr noch, der σῶμα Χριστοῦ-Gedanke[241], wie Paulus ihn ausführt, *verlangt* geradezu nach einem solchen Verständnis, wenn man denn ernst nimmt, daß der Apostel hier nicht nur im *übertragenen* Sinne spricht: Für ihn ist die Gemeinde »nicht so etwas *wie* ein Leib, sondern – realiter – sie *ist* Christi Leib (1Kor 12,27; vgl. auch 12,12)«, wie G. BORNKAMM mit Recht betont.[242] Nur *so* kann Paulus wirklich begründen, *daß und inwiefern die »Glieder« des »Leibes Christi« (V. 27) schlechterdings – im wahrsten Sinne des Wortes: auf Gedeih und Verderb (vgl. V. 26) – aufeinander angewiesen sind* (vgl. V. 21: οὐ δύναται κτλ.!).

Das σῶμα selbst *ist* nach Paulus *wesentlich* die differenzierte Einheit seiner μέλη, die ihrerseits wiederum nur *insofern* tatsächlich *μέλη eines σῶμα* sind, als sie auf dieses *eine σῶμα* bezogen sind (V. 27!). Anders ausgedrückt: *Das σῶμα ist nicht ohne seine μέλη (V. 22fin.: ἀναγκαῖά ἐστιν!), und ebensowenig sind die μέλη ohne das σῶμα (V. 20).*[243] Wir begegnen hier dem für relational-ontologisches Denken zentralen Gedanken, daß die *relata* allererst *in und durch wechselseitige Relationen sind*.

Daß diese *wechselseitigen Relationen* tatsächlich *eminent seinsbestimmend (und zwar in einem exklusiven Sinne!)* sind, beweist die ausführlichere Parallele zu V. 13, nämlich *Gal 3,26–29.* Zunächst fällt schon die außergewöhnliche Häufung von Formen des Verbums εἶναι auf. Sodann zeigt V. 28, daß die *bisher* seinsbestimmenden Größen ethnisch-religiöser (Ἰουδαῖοι – Ἕλληνες), wirtschaftlich-sozialer (δοῦλοι – ἐλεύθεροι) oder biologischer Art (ἄρσεν – θῆλυ) angesichts des neuen »Seins ἐν Χριστῷ Ἰησοῦ«[244] *als schlechthin seinsbestimmende Größen obsolet* geworden sind: πάντες γὰρ ὑμεῖς εἷς ἐστε ἐν Χριστῷ Ἰησοῦ (V. 28b). Es ist die *Bindung an Christus*, die *Zugehörigkeit* zu ihm (εἰ δὲ ὑμεῖς Χριστοῦ [V. 29a]), die eine *ontische Veränderung* bewirkt: ἄρα τοῦ Ἀβραὰμ σπέρμα ἐστέ κτλ. (V. 29b).

Die Gemeinde *ist* demzufolge eine *»Solidargemeinschaft«, in der der eine wesentlich durch den anderen und insofern um des anderen und seiner* οἰκοδομή *willen*[245] *ist* – so vielgequält dieser Begriff auch sein mag. Ferner läßt sich schon daran, daß die *Eingliederung* in den »Leib Christi« mittels *passivischer* Wendungen regelmäßig als »Widerfahrnis« charakte-

---

[241] Zur sog. »modernen« Forschungsgeschichte s. WALTER, Gemeinde, 8–37; zur »Leib-Metaphorik in der Antike« s. a.a.O., 70–104.

[242] Paulus, 201. Ebenso BYRNE, Röm, 369. Er kommentiert: "[...] they are somehow contained within the sphere of salvation constituted by the risen Lord in such a way as to be united with him and with each other as members of his 'body'" (ebd.). Anders z.B. BAUR, Paulus, 556f.; BÉNÉTREAU, Röm II, 143. HEINRICI, 1Kor, 363, sieht hier sogar eine »[a]llegorische Erläuterung«.

[243] Vgl. zu den *relationalen* Aspekten von 1Kor 12 auch BAUR, Paulus, 555–567.

[244] S. dazu unten S. 280f.

[245] Vgl. dazu REHFELD, »Erbaulichkeit«, *passim.*

risiert wird (vgl. auch V. 18: *Gott* ist Subjekt der Anordnung der einzelnen Glieder im σῶμα!),[246] erkennen, daß die Kirche

»im [...] paulinischen Sinn sich nicht als eine von Menschen organisierte Gemeinschaftsform zur Pflege, Betätigung und Ausbreitung bestimmter religiöser Traditionen und Überzeugungen verstehen läßt. *Bezeichnenderweise versagen hier alle soziologischen Analogien der religiösen und politischen Umwelt.*«[247]

Die Kirche als *creatura verbi divini* bzw. *creatura Spiritus* ist eine Größe *sui generis* – eben das σῶμα Χριστοῦ –, in der darum auch *eigene Maßstäbe* gelten: Maßstäbe, die sowohl dem Verständnis der *Gemeinde als* »*Bruderschaft*« entsprechen (die »*Bruderliebe*«[248]) als auch dem Verständnis der *Gemeinde als* »*Leib Christi*« Rechnung tragen (hier ist das »*Gesetz Christi*« zu nennen, dem wir uns jetzt zuwenden).

2.3.3. Gal 5,25–6,5: Das »Gesetz Christi« als imitatio Christi: unbedingte Annahme und Stellvertretung

Hatte Paulus alle Korinther (πάντα τὰ μέλη [1Kor 12,26ab]) mehr oder weniger direkt an ihre *Verantwortung* erinnert, ›füreinander dieselbe Sorge zu haben‹ (V. 25: ἵνα κτλ.) und insbesondere mit den ›leidenden Gliedern‹ *mitzuleiden* (συμπάσχειν [V. 26a]), so erscheint als *eine* wesentliche Konkretion dieses Grundsatzes das in Gal 6,2 unter dem Begriff »Gesetz Christi« (ὁ νόμος τοῦ Χριστοῦ)[249] zusammengefaßte Verhalten.

Es ist auffällig,[250] aber kein Zufall, daß Paulus sich zunächst mit der betonten »*Bruder*«-Anrede (ἀδελφοί [Gal 6,1a]) an die Galater wendet. Denn damit erinnert er sie zugleich an ihre grundsätzliche gemeinde-ethische *Verantwortung*, an die »*Bruderliebe*« (φιλαδελφία). Ihrer bedarf ein Christ nach Paulus *besonders dann*, »wenn er in irgendeinen Fehltritt (παράπτωμα) hingerissen wird« (V. 1a). Die Formulierung, insbesondere das

---

[246] Vgl. BORNKAMM, Paulus, 185.

[247] BORNKAMM, ebd. (Hervorhebung E.R.); vgl. a.a.O., 201. Richtig auch GARLAND, 1Kor, 35 (zum Begriff κοινωνία 1Kor 1,9): "I have translated κοινωνία (*koinônia*) as 'common-union' because it highlights many of the issues Paul addresses in the letter. Paul has in mind their sharing in Christ (objective genitive), which means *far more than merely being together as a fellowship of friendly faces*" (Hervorhebung E.R.).

[248] S.o. S. 92f., und zum Ganzen SCHÄFER, Gemeinde, *passim*.

[249] Über den Begriff und seine Herkunft wurde verschiedentlich spekuliert. Inhaltlich überzeugt der Hinweis bei BORSE, Gal, 210: »Er [sc. Paulus; E.R.] verfährt wie bei anderen Grundbegriffen jüdischer Theologie – ›Israel‹ (Gal 6,16); ›Beschneidung‹ (Phil 3,3; Kol 2,11) –, die er unter Betonung des Gegensatzes in die Verkündigung der christlichen Lehre übernimmt.«

[250] Die für Paulus typische Anrede »Brüder« (ἀδελφοί) erscheint im Gal vergleichsweise *selten* (nur Gal 1,11; 3,15; 4,12.28.31; 5,11.13; 6,1.18), wofür natürlich (insbesondere im *ersten* Teil!) dieselben *inhaltlichen* Gründe geltend zu machen sind wie für das Fehlen des Proömiums.

2. Bedeutung und Wesen der Christusgemeinschaft

Indefinitpronomen τι vor παράπτωμα, zeigt, daß es völlig unerheblich ist, um *was für eine* Übertretung es sich handelt. Ausdrücklich wird hier »die Möglichkeit eines noch so schweren Falles ins Auge« gefaßt.[251] Ein solcher Christ soll nicht verurteilt, sondern von den »Geistlichen« (οἱ πνευματικοί) »in sanftmütigem Geist«[252] zurechtgebracht werden (V. 1b). J. BECKER kommentiert:

»Jeden, der aufgrund seiner Versuchlichkeit *gegen seine eigentliche Grundeinstellung* der Sünde unterliegt, gilt es, im Geist der Güte, die aufhilft und nicht zerstört, wieder auf den rechten Weg zu leiten.«[253]

Die »Geistlichen«, die das tun sollen, sind für Paulus nicht nur eine bestimmte Gruppe *innerhalb* der galatischen Gemeinden[254], sondern gemäß der unmittelbar vorausgehenden »Generalanweisung«[255] von Gal 5,25[256] diejenigen, die »mit dem Geist im Einklang sind«, d.h. *prinzipiell* (!) *alle* galatischen Christen.[257] Gerade durch ihr von Paulus hier angemahntes ›sanftmütiges‹ καταρτίζειν (d.h. durch ihr Erfüllen des »Gesetzes Christi«) *erweisen sie sich als vom Geist Bestimmte*, wie aus dem Vergleich mit Gal 5,22f. erhellt, wird dort doch die »Sanftmut« (πραΰτης) ausdrücklich als »Frucht des Geistes« (ὁ καρπὸς τοῦ πνεύματος) beschrieben.

---

[251] SCHLIER, Gal, 270.

[252] Die Wendung ἐν πνεύματι πραΰτητος ist ein Semitismus (vgl. dazu BDR, § 165,1 m. Anm. 1).

[253] BECKER, Gal, 92 (Hervorhebung E.R.). EBELING, Wahrheit, 349, konstatiert: »In Sachen des Glaubens und der Lehre urteilt Paulus [...] überaus scharf. Hier hingegen erweist er sich als überraschend tolerant.«

[254] Gegen LIETZMANN, Gal, 41, der hier paulinische Polemik wittert (»ihr, die ihr euch als πνευματικοί aufspielt«). Aber davon ist im Kontext nichts zu erkennen (s.u. Anm. 256). Ferner gegen ZAHN, Gal, 270f., der in den πνευματικοί eine besonders ausgezeichnete Gruppe sieht, »bei welchen ein Denken, Wollen, Handeln κατὰ πνεῦμα zur Regel, zum beharrenden Charakter geworden ist, im Unterschied von anderen Christen, bei welchen das Fleisch noch zu mächtig ist, als daß man so von ihnen reden könnte [...].« Aber wo nimmt denn Paulus selbst eine solche wertende Einteilung der *einen* (!) christlichen Gemeinde vor? 1Kor 2,6; 3,1–3; Phil 3,15; Röm 15,1 sind jedenfalls *keine* Belege (s. dazu KAMMLER, Kreuz, 239–244, bes. 239f. m. Anm. 12.14f.)!

[255] BECKER, Gal, 91.

[256] Ferner 3,14; 4,6; 5,16.18 (BUSCEMI, Gal, 576). Vgl. auch MUSSNER, Gal, 398. Es liegt hier also kein »ironischer Unterton« vor (auch kein sarkastischer [gegen SCHMITHALS, Gnostiker, 32 m. Anm. 95]), und es ist mit dieser Bezeichnung »keine besondere Gruppe bei den Galatern angesprochen, etwa die ›gesetzlichen‹ oder die ›freien‹ Pneumatiker« (MUSSNER, ebd.). Man darf den Begriff hier nicht aus dem 1Kor eintragen, und damit auch nicht die dortige Polemik!

[257] Mit BORSE, Gal, 209 (ihm folgend HORN, Angeld, 187); LONGENECKER, Gal, 273. Vgl. ferner sehr dezidiert und »generalisierend« BUSCEMI, Gal, 576: "Gli ὑμεῖς sono i Galati, ma *in senso paradigmatico tutti i cristiani*" (Hervorhebung E.R.). Hier ist ernstgenommen, daß die Paulusbriefe von Anfang an die *ganze* Christenheit im Blick haben (s. nur 1Kor 1,2; 2Kor 1,1b; Gal 1,2; vgl. dazu auch NIEBUHR, Grundinformation, 196f.).

Da das »Zurechtbringen« aber notwendig eine gewisse Beschäftigung auch mit dem Fehltritt selbst voraussetzt, setzt Paulus die pastorale Warnung hinzu: »Achte darauf, daß nicht auch du versucht wirst!« (V. 1c). Der Apostel sieht also die *ganz reale Gefahr, daß die Beschäftigung mit dem, worin der geschehene Fehltritt bestand, ihrerseits gerade zu ebensolcher Übertretung animieren kann.*[258] Das hält Paulus jedoch nicht davon ab, noch einen Schritt weiterzugehen. Der von einer »Übertretung« überfallene Bruder soll mitsamt seinen durch die Übertretung angehäuften »Nöten« und »Lasten« (βάρη) *getragen* werden (V. 2a).[259] Das gilt – wie die asyndetische Ausdrucksweise zeigt[260] – *grundsätzlich* und *unbedingt*: »Wenn ihr wechselseitig die (Sünden-)Lasten tragt, werdet ihr auf diese Weise das Gesetz Christi erfüllen« (V. 2).[261] Das »Gesetz Christi« wird mithin *genau dort* erfüllt, »wo die Gemeinde sich dem Schuldiggewordenen zuwendet und *seine ›Last‹ zu ihrer ›Last‹ macht*«[262]! Damit aber wird nicht weniger als »das Heilshandeln Christi, gerade indem es unter dem soteriologischen Aspekt des ›pro nobis‹ bedacht wird, zugleich als für die Gemeinde vorbildlich und verpflichtend angesehen«[263]. Das liebevolle Zurechtweisen und Mittragen des seiner Versuchung erlegenen Bruders ist eine konkrete Ausprägung des Lebens in der *imitatio Christi.*[264] Nicht *Indifferenz*, sondern ernsthafte *seelsorgerliche Fürsorge* soll das Verhalten der Gemeindeglieder untereinander prägen.[265]

---

[258] Vgl. dazu auch Röm 7,7f. (s.u. S. 192f.).

[259] Die »Lasten« (τὰ βάρη) dezidiert als *Sündenlasten* verstehen z.B. HOFIUS, Gesetz, 70, und die ebd., Anm. 70, Genannten: IWAND, PM 1, 519f.; SCHLIER, Gal, 271 (»die Lasten […], die die Sünden und ihre Voraussetzung, die Schwachheit und Bosheit, uns selbst und anderen bereiten«); MUSSNER, Gal, 399; so schon – aber nicht ausschließlich: s. MEISER, Galater, 292, Anm. 345 – AMBROSIUS, *paenit.* I 15,81 (= SC 179,118); vgl. auch VAN DÜLMEN, Theologie des Gesetzes, 66. Dagegen versteht BETZ, Gal, 508, die »Lasten« ganz *allgemein* als »die ›Lasten‹ des menschlichen Lebens« (freilich *unter Einschluß* der 6,1 genannten »›Verfehlung‹ von Christen«); ähnlich BECKER, Gal, 92 (das Tragen der Sündenlasten als »ein Beispiel« unter anderen).

[260] MUSSNER, Gal, 398, faßt dies als »begründende[s] Asyndeton« auf, »was, wie wiederholt im Gal, ein Zeichen für einen gedanklichen Zusammenhang mit dem Vorausgehenden ist«. Es ist zwar sachlich richtig, daß V. 1 bei der Auslegung von V. 2 »im Auge behalten werden« muß (ebd.), aber das ergibt sich m.E. nicht aus der Asyndese, sondern aus der schlichten Tatsache, daß V. 2 auf V. 1 folgt und auf keine Weise angedeutet wird, hier werde etwa ein *neues* Thema angeschlagen. Also sind τὰ βάρη aus V. 2 tatsächlich »*die Sünden*, in die man geraten ist« (mit MUSSNER, a.a.O., 399 u.a.).

[261] Zur Übersetzung vgl. MUSSNER, Gal, 398f.

[262] HOFIUS, Gesetz, 70.

[263] HOFIUS, ebd. Besonders deutlich erhellt das ferner aus *Phil 2,5–11* (s.u. S. 101)!

[264] Mit SCHLIER, Gal, 271; gegen BETZ, Gal, 508, Anm. 61.

[265] So zu Recht SCHLIER, Gal, 270.

Traditionsgeschichtlich dürfte hinter Gal 6,2 das »christologisch gedeutete 1. Gottesknechtslied« (Jes^LXX 42,1–4) bzw. das Beispiel Jesu selbst stehen: »Der νόμος des Gottesknechtes als der verpflichtende Anspruch dessen, der ›das geknickte Rohr nicht zerbricht und den verglimmenden Docht nicht auslöscht‹, ist die neue ›Lebensordnung‹ der Heilszeit, die neue ›Lebensordnung‹ im Zeichen der im stellvertretenden Sterben des Knechtes offenbar gewordenen Liebe Gottes zu den Gottlosen.«[266]

Solche *unbedingte brüderliche Annahme* mahnt Paulus auch andernorts an – ebenfalls und nicht zufällig unter Hinweis auf den *Gekreuzigten*.[267]
So wird etwa in Röm 15,1–3 die »Pflicht, die Schwächen der Schwachen zu tragen, nicht sich selbst, sondern dem Nächsten zu Gefallen zu leben und nach dem zu trachten, was dem Nächsten gut ist, [...] mit dem Hinweis auf *Christus* begründet, der ›nicht sich selbst zu Gefallen gelebt‹, sondern der Menschen Schuld am Kreuz auf sich genommen hat. Ganz grundsätzlich formuliert Paulus dann in V. 7: ›Nehmt einander an, *so wie Christus euch angenommen hat!*‹«[268]

Wie *weit* solche wahre *imitatio Christi* geht – nämlich bis zur *Selbstentäußerung* –, zeigt in unübertrefflicher Tiefe und Eindringlichkeit der Philipperhymnus (Phil 2,6–11). Die in ihm besungene »Gesinnung« Christi ist auch für die christliche Gemeinde verbindlicher Verhaltensmaßstab – daran läßt Paulus keinen Zweifel (τοῦτο φρονεῖτε ἐν ὑμῖν ὃ καὶ ἐν Χριστῷ Ἰησοῦ... [V. 5]).

EXKURS III: Die »Tradition der stellvertretenden Gebetserrettung«

In seiner bisher leider ungedruckten Dissertation über den paulinischen »Umgang mit postkonversionaler Sünde«[269] hat St. HAGENOW u.a. ein *urchristliches* »Konzept« untersucht, das er die »Tradition der stellvertretenden Gebetserrettung« nannte[270] und neben Jak 5,13–15.16–18.19f.[271]; 1Joh 5,13–21[272]; Mt 18,15–20[273] *auch bei Paulus* nachzuweisen suchte, namentlich 2Kor 12,19–13,10[274].

---

[266] HOFIUS, a.a.O., 74.
[267] Vgl. zum Ganzen HOFIUS, a.a.O., 70–72.
[268] HOFIUS, a.a.O., 71 (Hervorhebungen E.R.).
[269] So der Untertitel der Untersuchung. Bezeichnend ist die Verwendung des Begriffes *»postkonversional«* anstelle des häufigeren – aber m.E. unangemessenen – Begriffes der *»postbaptismalen«* Sünde (o.ä.). Zu diesem *gleichermaßen terminologischen wie sachlichen Problem* vgl. die Hinweise bei DUNN, Baptism, 5–7 u.ö. (»conversion-initiation«); DERS., Theology, 455–457 (m. Anm. 72).
[270] Gemeinde, 208.
[271] S. a.a.O., 209–216.
[272] S. a.a.O., 216–227.
[273] S. a.a.O., 227–243.
[274] S. a.a.O., 244–253. Er gibt aber zu, daß *hier* diese Tradition »nur in *literarischer* Verarbeitung und in Anspielungen« begegnet (a.a.O., 245), die er im einzelnen auflistet (a.a.O., 246 [s.u. Anm. 275]). – Vielleicht ist auch der sprachliche Bezug zwischen Gal

Dabei unterscheidet er vier *konstitutive* Elemente (Feststellung einer Sünde; Herstellung einer Öffentlichkeit; Gebet für den Sünder; Darstellung der Wirkung des Gebets), denen drei weitere, fakultative an die Seite gestellt werden können (Folgen für den oder die Beter; Mahnung zum »Nicht-Richten«; Zusage der unbedingten Gebetserhörung).[275]

Den Großteil seiner Untersuchung resümierend, stellt HAGENOW fest: »Das Gebet ist eine der stärksten Waffen im Kampf gegen die Sünde.«[276] Dieser *muß* auch unbedingt ausgefochten werden, und zwar im Interesse der *Gesamtgemeinde*, denn »die Sünde des Mitchristen [ist] keine Privatangelegenheit«[277], ist die ἐκκλησία doch zum Leben einer heiligen »Tempelexistenz«[278] gerufen. »Dreh- und Angelpunkt« der Rein-Erhaltung der Gemeinde ist darum »das stellvertretende Gebet (εὐχή, εὔχομαι, αἰτέω).«[279] Hierzu »sind alle Christen gleichermaßen aufgerufen. Die immense Vollmacht wird in den neutestamentlichen Belegen ohne Bedingungen allen Gemeindegliedern zugesprochen.«[280]

Es ist HAGENOW zu danken, daß er zugleich das »Unbehagen«[281] nicht verschwiegen hat, das sich angesichts der stellvertretenden Gebetserrettung bei manchem unweigerlich einstellen dürfte:

»Das theologisch eigentlich Anstößige ist [...] die Vorstellung, daß das Heil eines Menschen in gewisser Weise von einem anderen Menschen abhängig gemacht wird: Christen werden einander zum Heiland. Der Bruder bzw. die ἐκκλησία kann den Mitchristen aus dem Tode erretten, ihn vor einer Verurteilung im Endgericht bewahren. Hier wird Christen eine unerhörte Vollmacht zugeschrieben, die nach neuzeitlichem Verständnis schnell in den Verdacht der Anmaßung göttlicher Kompetenzen gerät.«[282]

6,1f. und 2Kor 13, den SCHLIER, Gal, 270, Anm. 5 (zu Gal 6,1), notiert, mehr als ein Zufall: »Καταρτίζειν in diesem Sinn noch 2Kor 13$_{11}$.«

[275] Vgl. DENS., Gemeinde, 209. Diese »Elemente werden variabel gehandhabt« (ebd.). In *2Kor 12,19–13,10* sieht HAGENOW, a.a.O., 246, Anspielungen auf *folgende Elemente*: 1) Feststellung einer Sünde (προαμαρτάνειν 12,21; 13,2; die beiden ›Sündenkataloge‹ 12,20.21); 2) Herstellung einer Öffentlichkeit (πενθεῖν des Apostels 12,21; Zeugen 13,1); 3) Gebet für die Sünder bzw. Gemeinde (εὐχόμεθα 13,7.9); 4) Konsequenzen für die Sünder (ἐξουσία des Apostels εἰς οἰκοδομήν bzw. εἰς καθαίρεσιν 13,10; vgl. 12,19).

[276] A.a.O., 208. Er fährt fort (ebd.): »Schon bei Paulus[,] aber auch an anderen Stellen des Neuen Testaments ist zu beobachten, daß das gemeinschaftliche Gebet (bzw. Verfluchung) prononciert herausgestellt wird.«

[277] HAGENOW, a.a.O., 265.

[278] Vgl. dazu HAGENOW, a.a.O., 18–97.

[279] HAGENOW, a.a.O., 265.

[280] HAGENOW, a.a.O., 266.

[281] Ebd.

[282] A.a.O., 267 (Hervorhebung E.R.). Er betont aber (ebd.): »Trotz dieses Verdachts [...] ist die Tradition der stellvertretenden Gebetserrettung theologisch abgesichert und legitimiert.«

2.3.4. Die (mittelbare) Heilsnotwendigkeit der ἐκκλησία

Als *creatura Spiritus* ist die christliche Gemeinde grundsätzlich eine Größe *sui generis*, die sich – eben als σῶμα Χριστοῦ – auch nicht in rein Innerweltlichem erschöpft; wie ihr Urheber, so ist auch sie selber keine zeitliche, sondern eine *ewige* Größe.[283] *Darum ist die Teilnahme und Teilhabe an christlicher Gemeinschaft keineswegs ein superadditum christlichen Glaubens, sondern notwendig – auch und gerade in soteriologischer bzw. soteriologisch-eschatologischer Hinsicht.*[284] Wir haben gesehen, daß für Paulus die ehelich-ganzheitliche Verbindung mit einem (gläubigen) Ehepartner als die *engstmögliche* zwischenmenschliche Beziehung kraft ihrer Vermeidung von Unzucht (πορνεία) *sündenverhindernden Charakter* hat (vgl. 1Kor 7,2f.5.9), auch wenn die Ehe natürlich darin allein nicht aufgeht. Die Ganzheitlichkeit dieser Beziehung geht so weit, daß sogar ein *ungläubiger* Ehepartner »im« Gläubigen »*geheiligt*« ist (1Kor 7,14).

Was für die christliche Ehe quasi als *Sonderfall* christlicher Gemeinschaft gilt, gilt *mutatis mutandis* aber für *alle* Beziehungen innerhalb der Gemeinde. Die einzelnen Glieder des σῶμα Χριστοῦ tragen Verantwortung füreinander, und zwar gerade in soteriologisch-eschatologischer Hinsicht.[285] Von daher wird die überragende Bedeutung der wechselseitigen »Ermunterung« (παράκλησις) im Leben der paulinischen Gemeinden plausibel.[286] Im Wahrnehmen dieser Verantwortung erfüllen die Gläubigen das »Gesetz Christi«, das namentlich im *gegenseitigen* Tragen der »Sündenlasten« besteht (Gal 6,2). Christliche Gemeinschaft hat also eminent *sündenverhindernden und -bewältigenden Charakter* und ist nicht zuletzt darin *heilsnotwendig*. J. CALVIN hatte darum Recht, als er im Anschluß an Kirchenväter wie Cyprianus und Augustinus betonte: »Wer Gott zum Vater hat, der muß auch die Kirche zur Mutter haben.«[287] Die verbindliche Zuge-

---

[283] Das geht schon aus dem »Bild« der Gemeinde als »Braut Christi« hervor (2Kor 11,2). Vgl. außerdem die wichtigen Hinweise bei REINMUTH, Phlm, 46, zu Phlm 15: »Der zeitlich begrenzten Trennung (πρὸς ὥραν) steht die uneingeschränkte Gemeinschaft (αἰώνιον αὐτὸν ἀπέχῃς) gegenüber. Sie wird mit dem Adjektiv ›ewig‹ (αἰώνιον) erläutert. Dabei ist zu beachten, dass es sich keinesweg[s] um eine jenseitige, sondern um eine zeitlich nicht begrenzte Gemeinschaft handelt.« Er zitiert außerdem zustimmend FITZMYER, Phlm, 113: "Paul, Philemon, and Onesimus are now Christians, related in an eternal sense that *not even death* can undo" (Hervorhebung E.R.).

[284] Es geht hier also um entschieden *mehr* als um die rein kulturanthropologische bzw. religionssoziologische Erkenntnis, wonach die Gemeindeglieder des »signifikanten Gesprächs« mit den »signifikant Andere[n]« bzw. der sinnstiftenden Gemeinschaft als »Trägerin der symbolischen Sinnwelt« bedürfen (BÖRSCHEL, Konstruktion, 214 u.ö.).

[285] Vgl. REHFELD, »Erbaulichkeit«, 127–131 m. Anm. 14.24.

[286] Vgl. dazu REHFELD, a.a.O., bes. 132f.

[287] Inst. IV, 1.1 (Übers. O. WEBER): ... *ut quibus ipse [sc. Deus; E.R.] est Pater, Ecclesia etiam mater sit* (OS V, 2,1f.). Vgl. dazu CYPRIANUS, unit. eccl. 6 (= CChr.SL 3,

hörigkeit zur Gemeinde der Heiligen als ganzheitlich-organischer ἀγάπη-Gemeinschaft bzw. φιλαδελφία-Bruderschaft kann niemals eine verhandelbare Option echten Christseins sein.[288]

Diese *grundsätzliche* Hochschätzung der ἐκκλησία darf aber *mitnichten* unbesehen auf *eine* bestimmte *Form* von christlicher Gemeinschaft (im Sinne *einer* bestimmten *Institution*) übertragen noch auch verwechselt werden mit einer unbedingten Heilsnotwendigkeit der von ihr »verwalteten *Sakramente*«. Hier ist J.D.G. DUNNs berechtigte Warnung vor einer *Überbewertung* der Sakramente (insbesondere der Taufe) bzw. des »kirchlichen Handelns« (wie neuerdings gerne formuliert wird) nicht zu überhören:

"In a strict baptismal theology, the grace given, the Spirit bestowed, may be subordinated to the ecclesiastical rite, even limited to it. *The potential for a church in effect claiming to control the grace of God or the Spirit of God (through its sacramental rubrics) becomes a serious danger.*"[289]

253,149f.); DERS., *ep.* 74,7 (= CChr.SL 3C, 572,133f.); ebenso AUGUSTINUS, *en. Ps. 88*, s. 2,14 (= CChr.SL 39, 1244,33f.); DERS., *c. litt. Pet.* III 9,10 (= CSEL 52, 171,24f.) u.ö.

[288] Vgl. dazu erneut CALVIN (zu 1Kor 12,13): *Inserimur, inquit [sc. Paulus; E.R.], per baptismum in Christi corpus, ut mutuo nexu, tanquam membra, simus simul colligati et vivamus unam vitam: ergo qui vult in ecclesia Christi manere, necesse est ut hanc societatem colat* (CO 49, 501 = CR 77, 501). Die anfangs beschriebene Wirkung der Taufe (*inserimur ... in Christi corpus*) gilt nach Calvin freilich nur im Blick auf eine *im Glauben* empfangene Taufe (ebd.)!

[289] Theology, 445 (Hervorhebung E.R.). Zum Problem s.u. S. 268–276.

3. Dämonische Konkurrenzgemeinschaft zur Christusgemeinschaft

Die Christusgemeinschaft ist stets von Konkurrenzgrößen bedroht, die *ebenfalls* ihren *ontisch wirksamen Einfluß* geltend machen wollen, indem sie sich als (exklusive) *Beziehungsgrößen* aufdrängen. Sie sind deswegen *gefährlich*, weil sie als Werkzeug der Dämonen fungieren. Zwei solche Größen nennt Paulus im 1. Korintherbrief: Es sind dies die »Unzucht« (πορνεία) und der »Götzendienst« (εἰδωλολατρία).

3.1. 1Kor 6,12–20: Unzucht *(πορνεία)* oder Christusgemeinschaft

Der Vergleich zwischen *1Kor 6,16f.* und *1Kor 7,14* hatte bereits zu der Frage Anlaß gegeben, warum denn Paulus im *ersten* Fall die Gemeinschaft zwischen Christ und Nichtchrist (πόρνη) im Blick auf den Christen *negativ* bewertet (1Kor 6,12–20), im *zweiten* Fall dagegen (Ehe mit dem ἄπιστος) *nicht negativ* (1Kor 7,12–16).[1] In *beiden* Fällen geht es ja um eine *ganzheitlich-leibliche* Beziehung! Es kann also nicht am *Charakter* der Beziehung *als solcher* liegen, daß die beiden Fälle völlig verschieden beurteilt werden, sondern nur an den ihrerseits relationsontologisch bestimmten *relata* (Christ – πόρνη bzw. Christ – ἄπιστος), wie H. MERKLEIN betont:

»Was die durch den Dirnenverkehr gestiftete Identität mit der christlichen Identität inkompatibel macht, ist nicht der Gedanke der Identität als solcher, sondern der Umstand, daß die durch die *Dirne* gestiftete Identität den mit ihr Verkehrenden zu einem ›Unzüchtigen‹ *(›porneuôn‹)*, d.h. zu einem Sünder, macht.«[2]

Sämtliche Behauptungen einer angeblichen Leibfeindlichkeit des Apostels – und insbesondere der Gedanke, »daß der Geschlechtsverkehr an sich für Paulus sündig sei« – entbehren jeglicher Grundlage.[3] Vielmehr gehen bei Paulus ein *hohes* Sexualitätsverständnis

---

[1] S.o. S. 85f. – Vgl. zum Ganzen MAY, Identity, bes. 92–143.225–230.
[2] 1Kor II, 76.
[3] Vgl. MERKLEIN, ebd.; gegen DELLING, Stellung, 62–66, der behauptet, »durch den Geschlechtsverkehr« *als solchen* ziehe »ein anderer Geist im Menschen ein als der heilige Geist« (64). Darum habe Paulus »jeden Geschlechtsverkehr als Störung des Verhältnisses zu Gott empfunden«, wiewohl er dennoch »nicht ganz so konsequent« gewesen sei, »daß er sagt: jeder Geschlechtsverkehr ist eine Versündigung gegen Gott an deinem Leibe« (ebd.). Schon J. WEISS, 1Kor, 164, hatte zu 1Kor 6,12–20 bemerkt, diese Argumentation lasse sich natürlich »auch gegen den ehelichen Verkehr wenden (Schmiedel)«, aber gerade *deshalb* den »Ausdruck des P[aulus]« als »nicht gerade glücklich« bezeichnet (obgleich »seine Absicht […] klar und schön« sei). Es bestehe nämlich in der Tat die Möglichkeit, daß »ernste, ängstliche, unfreie Gemüter, durch Ausführungen wie [1Kor]

(dem eine Hochschätzung auch und gerade der Körperlichkeit entspricht![4]) und ein *hohes* Eheverständnis parallel, und eben *daraus* zieht Paulus die Konsequenz, daß die Sexualität ihren rechten Ort *allein* in der Ehe habe[5] – jeglicher außerehelicher Geschlechtsverkehr darum πορνεία ist – und diese unauflöslich sei.

Es mag außerdem zutreffen, was H. MERKLEIN zur »theologischen Sachproblematik von 1Kor 7« grundsätzlich bemerkt: »Je mehr die korinthische Konstruktion einer Gegenwelt (etwa durch die Glossolalen) den Boden der Wirklichkeit unter den Füßen zu verlieren drohte, um so nüchterner und ernüchternder mußte Paulus darauf hinweisen, daß hochgeschraubte Aszese schnurstracks in die Unzucht führt. Die Berufung entführt den Christenmenschen nicht aus der irdischen Wirklichkeit und beseitigt nicht die menschliche Natur, auch nicht in sexueller Hinsicht. Daß Paulus dies mit Stichwörtern wie ›Unzucht‹ und ›Unenthaltsamkeit‹ zum Ausdruck bringt, mag aus der völlig anderen Perspektive unserer heutigen Fragestellung allzu derb erscheinen, hat aber – gemessen an der korinthischen Parole – auch durchaus positive Züge.«[6]

Die Lösung dürfte – wie bereits angedeutet[7] – darin bestehen, daß Paulus hinter *jeder* πόρνη die widerchristlich-dämonische Macht der πορνεία erblickt, während er in einem ἄπιστος »als solchem«[8] nicht von vornherein eine Gefahr für einen Christen sieht (vgl. 1Kor 5,9f.!). Auch die »Sonderstellung der πορνεία unter den Sünden« ist m.E. »*nur unter der Voraussetzung eines Denkens in Machtkategorien stimmig [...] und plausibel*«.[9]

6_{12-20} erschreckt, nun die Konsequenz auch für die Ehe gezogen hätten«, was den fraglichen Abschnitt »gut als Stück eines früheren Briefes verstehen« lasse (a.a.O., 169).

[4] Vgl. dazu bes. FEE, 1Kor, 266 (zu 1Kor 6,12–20): "[...] this passage needs to be heard again and again over against every enroachment of Hellenistic dualism that would negate the body in favor of the soul. God made us whole people; and in Christ he has redeemed us wholly. [...] the whole fallen order, including the body, has been redeemed in Christ and awaits its final redemption [sc. the resurrection of the body; E.R.]."

[5] Vgl. wiederum FEE, ebd.: "[...] in most Western cultures, where sexual mores have blatantly moved toward pagan standards, the doctrine of the sanctity of the body needs to be heard anew within the church. [...] Those who take Scripture seriously are not prudes or legalists at this point; rather, they recognize that God has purchased us for higher things. Our bodies belong to God through the redemption of the cross; and they are destined for resurrection. Part of the reason why Christians flee sexual immorality is that their bodies are for the Lord, who is to be honored in the deeds of the body as well as in all other behavior and attitudes." Vgl. STRIEDER, Leiblichkeit, 300f.

[6] 1Kor II, 158. Vgl. zu 6,18: »Wer hier von Weltflucht sprechen will, muß differenzieren. Paulus läßt sich jedenfalls nicht dazu hinreißen, der korinthischen These von der Erlösung als Entweltlichung, die die Welt dem ethischen Belieben preisgibt, die Forderung asketischer Weltflucht entgegenzusetzen. Die von ihm als Erlösung verkündete Heiligung (vgl. 6,11) will vielmehr die in der Welt lebende Gemeinde (vgl. 3,16f.) bis in die somatische Existenz ihrer einzelnen Glieder hinein (vgl. V. 19f.) erfassen« (a.a.O., 79).

[7] S.o. S. 86.

[8] Vgl. aber auch *2Kor 6,14–16a*! Hier werden die ἄπιστοι in analoger Weise zu den πόρναι mit einer widergöttlich-dämonischen Macht – hier Βελιάρ bzw. εἴδωλα, dort πορνεία – in Verbindung gebracht (V. 15f.).

[9] Mit DAUTZENBERG, Φεύγετε, 291 (Hervorhebung E.R.).

3. Dämonische Konkurrenzgemeinschaft zur Christusgemeinschaft

Doch läßt sich die These wirklich erhärten, daß hinter einer πόρνη die πορνεία als »dämonische, nach den Menschen greifende Macht im Spannungsfeld zwischen Gott und Beliar«[10] steht? Ein erstes Indiz dafür gibt die Einleitung dieses Abschnittes (1Kor 6,12). Hier zitiert Paulus zunächst die korinthische Parole πάντα μοι ἔξεστιν, um ihr dann seine *einschränkende Gegenthese* entgegenzusetzen: ἀλλ' οὐκ ἐγὼ ἐξουσιασθήσομαι ὑπό τινος (V. 16bβ).[11] Da die darauf folgenden Ausführungen ganz dem Problem der πορνεία gewidmet sind (V. 18), wird das Indefinitpronomen (τι) hier konkret auf die »Unzucht« zu beziehen sein, der Paulus also tatsächlich eine eigene (verderbliche) ἐξουσία zuerkennt, d.h. *das Potential einer versklavenden Eigenmächtigkeit*. Bestätigt wird dies durch den Gegenbegriff des »Loskaufs« am Ende des Abschnittes (ἠγοράσθητε ... τιμῆς [V. 20a]), der den abschließenden Aufruf motiviert: δοξάσατε δὴ τὸν θεὸν ἐν τῷ σώματι ὑμῶν (V. 20b).

Daß es sich bei der πορνεία aber nicht einfach allgemein um eine (moralisch) negative Macht handelt, sondern um eine dezidiert *dämonische Gegenmacht zum heiligenden Christus* (1Kor 1,9; 7,14), legt dann die *Parallelisierung von Götzendienst und πορνεία 1Kor 10,7f.* nahe, der entsprechende Stellen aus dem Testament der Zwölf Patriarchen und aus Qumran an die Seite zu stellen sind[12].

Nach den eben mitgeteilten knappen Beobachtungen dürfte es kaum von der Hand zu weisen sein, daß Paulus in der Vereinigung mit einer πόρνη eine Auslieferung an die hinter ihr stehende *dämonische Macht der πορνεία* sieht. Wer sich mit einer πόρνη vereinigt, begibt sich automatisch in eine *Konkurrenzgemeinschaft zur Christusgemeinschaft*. Eben *darum* warnt Paulus *aufs schärfste*[13] vor der πορνεία und jeglichem Umgang mit einer πόρνη: »Flieht die πορνεία!« (1Kor 6,18).[14] *Ausdrücklich und in*

---

[10] So DAUTZENBERG, ebd., unter Berufung auf TestRub 4,11; 6,4 und 1Kor 6,13b.

[11] Vgl. WOLFF, 1Kor, 125 m. Anm. 171.

[12] Vgl. dazu DAUTZENBERG, a.a.O., 291f.; TIEDEMANN, Erfahrung, 197–199. Ihnen folgend ZELLER, 1Kor, 225f. m. Anm. 190f.

[13] Richtig MEYER, 1Kor, 110: »asyndetisch desto energischer«. Vgl. ferner REILING, 1Kor, 173: "'Ontvluchten' is sterker dan 'zich onthouden van' (1 Thess. 4:3; 5:22)."

[14] Der 1. Korintherbrief bietet damit übrigens *in der Sache* (s. aber oben Anm. 13) keine neue Einsicht des Apostels, sondern die ausführlichere Entfaltung dessen, was er bereits der Gemeinde in Thessaloniki verordnet hatte (1Thess 4,3–8), nämlich »sich der πορνεία zu enthalten« (V. 3b). Dort hatte Paulus *explizit* mit der gottgewollten »Heiligkeit« bzw. »Heiligung« (ἁγιασμός) der Gemeinde argumentiert (V. 3a), die für ihn immerhin von *eschatologischer Tragweite* ist (1Thess 3,12f.; vgl. dazu auch 1Kor 5,5).

Vgl. zu 1Thess auch SCHMIDT, Heilig, *passim*. Diesem Beitrag kommt immerhin das Verdienst forschungsgeschichtlicher Aufarbeitung des Heiligkeits-/Heiligungsthemas zu, wobei er – das ist bereits eine erste Schwierigkeit! – im einzelnen stark *tendenzkritisch* vorgeht, d.h. die referierten exegetischen Positionen allzu oft allein vor dem Hintergrund ihrer geistesgeschichtlichen Prägung *beurteilt* (vgl. exemplarisch: a.a.O., 87 [J. Stott und

vergleichbarer Weise vor der ontischen Gefährdung durch Kontakt mit dämonischen Mächten warnt Paulus nur noch an *einer* weiteren Stelle (und zwar nicht zufällig im Zusammenhang mit dem Götzendienst!), und es ist aufschlußreich zu sehen, daß er diese Warnung *wiederum* mit der *größtmöglichen Dringlichkeit* ausruft: »Flieht vor dem Götzendienst (εἰδωλολατρία)!« (1Kor 10,14). Diesem 1Kor 6,12–20 *sachlich eng verwandten* Abschnitt 1Kor 10,14–22 wenden wir uns nun zu. An ihm muß sich bewähren, was wir bisher über die relationale Bestimmtheit des Seins sagten.

3.2. *1Kor 10,14–22: Gemeinschaft mit den Dämonen – Gemeinschaft mit Gott*

Als einer der wenigen[15] hat R.E. OSTER den *sachlichen* Bezug zwischen 1Kor 6,12–20 und 1Kor 10,14–22(ff.) gesehen: "It is no accident that the imperative form of the verb 'flee' (φεύγω, *pheugô*) is used once in 1 Co-

---

seine »für wissenschaftlichen Anspruch wenig differenzierte Exegese«, die einerseits »pastoralem Interesse geschuldet« sein könne, andererseits eine Distanziertheit gegenüber historisch-kritischer zugunsten »*dogmatische[r]* Exegese« erkennen lasse]; a.a.O., 334f., Anm. 1340 [W. Marxsen und »seine reformierte Tradition«]; a.a.O., 407, Anm. 1588 [»die schärfsten Angriffe gegen die New Perspective« scheinen »von Vertretern der Konfessionen des calvinistischen Zweigs der Reformation zu stammen, dem auch DUNN selbst zugehört«]; man müßte von daher *auch* fragen, inwiefern Schmidts *eigene* Herkunft seine Forschung wesentlich beeinflußt hat!). Die *größte Problematik* dieser Untersuchung jedoch liegt m.E. in der *Überbewertung* einer angeblichen »*Entwicklung*« der paulinischen Theologie als Reflex auf die sog. »Parusieverzögerung«. *Wie erheblich aber soll denn eigentlich das Ausbleiben der Parusie namentlich die spätere Theologie des Apostels geprägt haben, wenn man einmal bedenkt, daß zwischen der Abfassung des ersten (vermutlich 1Thess) und des letzten Paulusbriefes nicht einmal zehn Jahre liegen, während zwischen dem Damaskuserlebnis und dem ersten erhaltenen Brief immerhin fast zwanzig Jahre liegen, in denen die Parusie bekanntlich ebenfalls nicht stattgefunden hat?* (Weiteres s.u. S. 137, Anm. 59; 344–346.) Mit Blick auf diese biographischen Eckdaten müßte man außerdem viel vorsichtiger sein, den 1Thess einfach als »Beispiel *früh*paulinischer Theologie« zu bezeichnen (so aber SCHMIDT, a.a.O., 411 m. Anm. 1603 [Hervorhebung E.R.], im Anschluß an SCHNELLE, Paulus, 197–200 u.ö.) – es sei denn, man wollte behaupten, Paulus sei erst beim Briefe-Schreiben zum »Theologen« geworden. Vollends *merkwürdig* ist sodann SCHMIDTs Mitteilung, erst im Zuge des ›Ausbleibs der Parusie‹ habe Paulus (!!!) auch den gläubigen Heiden »das Heiligsein als ontische Qualität [...] zukommen« lassen (a.a.O., 392), was *allen Ernstes* als Ausgangspunkt einer »›*dekadenten*‹ *Entwicklung* des weiteren Verständnisses der Heiligkeitskategorie im frühesten Christentum« gewertet wird: »Die Kategorie der Heiligkeit im ursprünglichen Sinne des Tabus des transzendenten Gottes [...] *weicht auf*, wird *auf die Gläubigen übertragen*, an dieser Stelle bald zu einem Synonym für ›die Gläubigen‹, die ›Christen‹ [...], und *damit beinahe redundant*« (a.a.O., 392f., Anm. 1542 [Hervorhebungen E.R.]).

[15] S. aber bereits J. WEISS, 1Kor, 156f.165.256! – Andere haben zwar wenigstens den *sprachlichen* Bezug notiert (z.B. GÄCKLE, Die Starken, 264, Anm. 726; FEE, 1Kor, 260f.; BARBAGLIO, 1Kor, 480; ZELLER, 1Kor, 337), ohne ihn jedoch *inhaltlich* zu würdigen.

rinthians with sexual immorality [sc. 6:18; E.R.] and once with idolatry (10:14)."¹⁶

In der Tat ist dieser enge Bezug kein Zufall, doch aus anderen Gründen, als Oster sie nennt.¹⁷ Paulus übernimmt hier nicht einfach antihellenistische Polemik (auch nicht in dem parallel gelagerten Fall Röm 1,18ff.!¹⁸); es geht ihm *nicht* um eine (idealtypische, gar ethnisch motivierte) Gegenüberstellung von Judentum und Griechentum, sonst wäre ja gar nicht verständlich, warum er in seine Vorwürfe immer Heiden *und* Juden (bzw. sogar Israel) *gleichermaßen* einschließt, und zwar sowohl hinsichtlich der πορνεία (1Kor 10,8) als auch hinsichtlich des Götzendienstes (1Kor 10,7. 18¹⁹). Vielmehr ist der Apostel an dem *Sachproblem* interessiert, das hinter

---

¹⁶ 1Kor, 154; vgl. auch FRANCO, Comunione, 31–36, bes. 31f.

¹⁷ OSTER, ebd., nennt als Grund: "Idolatry and sexual immorality were the two most frequent sins that characterized the pagan world from the viewpoint of Jewish thinking and Scripture" (vgl. LANG, 1Kor, 86). Doch wie paßt diese Stoßrichtung zu 1Kor 10,18? – GARLAND, 1Kor, 474, der die Parallelität zwischen 1Kor 6,12–20 und 1Kor 10,14–11,1 ebenfalls sieht und detailliert nachweist (10,14 // 6,18; 10,16f. // 6,15–17; 10,23 // 6,12; 10,31 // 6,20 [ebd.]), geht leider nicht über eine *Konstatierung* des Befundes hinaus: "The two, idolatry and sexual immorality, are intertwined in Paul's mind (Rom. 1:18–32; Gal. 5:19–21; Col. 3:5; cf. 1 Pet. 4:3). […] As a union with a prostitute is unthinkable for a Christian, so becoming a partner at the table with demons is equally inthinkable." Das ist zweifellos richtig, doch welche *Gründe* lassen sich dafür anführen? – REILING, 1Kor, 173, sieht in dem Umstand, daß die Wendung φεύγετε κτλ. nur hier und 1Kor 6,18 vorkommt, einen Hinweis darauf, »dat de ontucht […] en de deelneming aan de afgodendienst de meest directe bedreiging van buitenaf voor de Korintiërs vormen«. Das mag zutreffen, wird aber nicht der *alleinige* Grund für die überaus *scharfe* Warnung (auch das hat Reiling gesehen) sein.

¹⁸ Bereits ab Röm 1,18 sind Heiden *und* Juden im Blick! Vgl. dazu KÜHL, Röm, 46ff. (bes. 48f.), der zunächst auf die »merkwürdig allgemein gehaltene Wendung ἄνθρωποι« (V. 18) hinweist und sodann im Hintergrund des ganzen Zusammenhanges die Erinnerung an eine »Uroffenbarung« sieht, womit Paulus »die Leser in eine Zeit zurückversetzt, wo es noch nicht Juden und Heiden, sondern nur Menschen schlechthin gab« (a.a.O., 48). Die Tatsache, »daß die Zeichnung die charakteristischen Züge des Heidentums annahm«, erklärt KÜHL damit, »daß der Apostel hier zwar gegenwärtige Verhältnisse schildert, die religiösen Motive aber, die er dabei in Betracht zieht, der Uroffenbarung entnimmt« (ebd.). – *Anders* z.B. MAIER, Röm, 57f. (mit der Mehrheit der Exegeten).

¹⁹ Ob auch 1Kor 10,18 unter die Rubrik »Götzendienst in Israel« fällt, ist exegetisch schwer zu entscheiden, jedoch von nicht zu unterschätzender Bedeutung nicht zuletzt für das sog. »israeltheologische« Verständnis des Apostels Paulus. Zwei Auslegungsmöglichkeiten werden diskutiert: »Ist hier vom legitimen Jerusalemer Opferkult die Rede oder vom heidnischen Missbrauch im Zuge des Abfalls zum heidnischen Götzendienst?« (GÄCKLE, Die Starken, 271). Eine dritte, äußerst *scharfe* Aussage käme zustande, wenn beides kombiniert wird und der Apostel also sagen wollte, daß gerade das Festhalten an dem zu seiner Zeit noch geübten Jerusalemer Opferkult nichts anderes als *falscher* Gottesdienst (und damit letztlich Götzendienst [?]) sei, wozu es in der frühchristlichen Literatur immerhin Parallelen gäbe (Hebr 13,10). Aber auch für Paulus selbst ist dieser Gedanke nicht abwegig (s.u. S. 115–118.203–207, zu *Gal 4,8f.*)!

πορνεία und εἰδωλολατρία gleichermaßen steht und beide sachlich miteinander verbindet: *πορνεία* wie *εἰδωλολατρία schaffen widergöttliche Bindungen, die der einzig wahren Bindung an Christus widersprechen.*[20] Anders formuliert: Die Vereinigung mit einer πόρνη schafft eine die Christusgemeinschaft *eo ipso ausschließende* Konkurrenzgemeinschaft. Nicht anders verhält es sich mit der Teilnahme am Götzendienst.[21] Deshalb warnt[22] Paulus die Christen apodiktisch[23]: φεύγετε τὴν πορνείαν (1Kor 6,18), φεύγετε ἀπὸ τῆς εἰδωλολατρίας (1Kor 10,14)![24]

Denn so, wie der Christ normalerweise im Herrnmahl mit Christus verbunden ist, so verbindet sich der Christ durch seine Teilnahme an Festen zu Ehren der Götter bzw. Götzen *mit den hinter diesen stehenden dämonischen Mächten*;[25] er wird κοινωνὸς τῶν δαιμονίων (1Kor 10,20b) bzw. μέτοχος τραπέζης δαιμονίων (1Kor 10,21b).[26] Eben *darin* besteht die

---

[20] Das hat auch SANDERS, Paulus, 481, ganz richtig gesehen. Die Frage ist allerdings, ob für Paulus der *Tataspekt* der Sünde tatsächlich so unbedeutend war, wie SANDERS meint (ebd.): »[...] obgleich es am Anfang von I Kor 6,12–20 und 10,6–14 den Anschein hat, als wolle er behaupten, daß diejenigen, die *Sünde begehen*, indem sie sich sexueller Unmoral oder dem Götzendienst hingeben, vom Reich ausgeschlossen seien, ist der tatsächliche Gang der Argumentation in beiden Fällen anders. Nicht die Sünden als Sünden führen zum Ausschluß (als Strafe dafür), sondern die Tatsache, daß sie *Gemeinschaften* begründen, die mit der Christus-Gemeinschaft unvereinbar sind.« Aber οὐ δύνασθε (V. 21) meint auch nicht nur die ›sittliche Unmöglichkeit‹ (gegen HEINRICI, 1Kor, 293)!

[21] Vgl. neben Sanders (s.o. Anm. 20) SEESEMANN, Begriff, 51: Die Beziehung zu Christus »ist für Paulus so eng, daß er es für ausgeschlossen hält, daß neben ihr noch andere Bindungen bestehen können. Das zeigt er in den zwei Beispielen I Cor 10₁₈ff.« Ebenso GÄCKLE, Die Starken, 265f.: Von der sachlichen Analogie des Herrnmahls zum Essen des Götzenopferfleisches im Rahmen des Opferritus her kann Paulus »die Unvereinbarkeit der ›Teilhabe‹ am Herrenmahl mit der ›Teilhabe‹ am heidnischen Opferritus und damit die Exklusivität des christlichen Glaubens begründen (V. 21).«

[22] Vgl. GARLAND, 1Kor, 474: "The preposition ἀπό (*apo*, from) instead of ἐκ (*ek*, out of) implies that Paul is not calling them out of idolatry but exhorting them to 'flee away from' idolatry [...]. They are not yet bogged down in the miry swamp of idolatry and in need of being extricated, but they do need to be warned that they are walking into spiritual quicksand." Anders GÄCKLE, Die Starken, 265, der offenbar von bereits erfolgten Fehltritten ausgeht.

[23] Vgl. GÄCKLE, Die Starken, 265 (»apodiktische[r] Tonfall«).

[24] Etwas gewöhnungsbedürftig, aber *in der Sache* durchaus zutreffend ist der folgende Vergleich, den GARLAND, 1Kor, 474, zieht: "Idolatry is like radioactive waste: it requires them to bolt from this area immediately to avoid contamination and certain death."

[25] Vgl. KÄSEMANN, Leib, 176; ferner SCHLIER, Gal, 201f.; zum Ganzen WOYKE, Götter, *passim*.

[26] Vgl. GÄCKLE, a.a.O., 267–269. Die Frage, ob Paulus die Dämonen – im Unterschied zu den Götzen (V. 19!) – als *reale* Größen betrachtet, oder ob das Problem ausschließlich darin besteht, daß ein Christ bei seiner Teilnahme am Götzenkult für einmal etwas οὐ θεῷ (V. 20) tut (und damit im offenkundigen Widerspruch zu seiner Berufung steht, ganz und gar *für Gott* zu leben [vgl. Gal 2,20]), kann hier nicht diskutiert werden.

3. Dämonische Konkurrenzgemeinschaft zur Christusgemeinschaft   111

Sachparallele[27] *zu 1Kor 6,12–20*, denn die ganzheitliche Vereinigung mit der πόρνη schafft eine unlösliche Bindung mit der hinter ihr stehenden widergöttlich-dämonischen Macht der πορνεία.

Die Stichworte κοινωνός und τράπεζα erscheinen *in dieser Verbindung* auch im Bereich des antiken Bankenwesens,[28] dessen Anfänge im Umfeld der Tempel liegen.[29] So ist der Begriff τραπεζίτης zum *terminus technicus* für den antiken »Banker« geworden (vgl. Mt 25,27; ferner Mk 11,15–17*parr*);[30] die κοινωνοί einer τράπεζα dürften so etwas wie »stille Teilhaber« gewesen sein.[31] Für unseren Zusammenhang ist wichtig, daß die altgriechische »Geschäftsgemeinschaft« (κοινωνία) der *Trapeziten »mehr als eine Gelegenheitsgesellschaft* gewesen zu sein« scheint, wie P.J.T. ENDENBURG gezeigt hat.[32]

Aber auch in anderen Zusammenhängen taucht die sachliche Verbindung von κοινωνία und τράπεζα auf, etwa im Rahmen *orientalischer Tischgemeinschaft*, die ebenfalls entschieden *mehr* war als ein bloßes kurzfristiges Beieinandersein, wie O. HOFIUS im Anschluß an J. Jeremias betont: Sie »verbindet nicht nur Menschen untereinander, sondern sie verbindet sie miteinander *vor Gott* und *mit Gott*.«[33] Sodann kann die *Ehe* als *Gemeinschaft des Herdes und des Tisches* charakterisiert werden.[34]

Aus alledem ergibt sich, daß »Tischgemeinschaft« – unabhängig davon, ob es sich um den Wechseltisch oder den Essenstisch handelte – insofern für »ontologisch« relevant gehalten wurde, als sie die »Teilhaber« *realiter* affizierte (positiv oder negativ).

Ein Christ *kann* aber nicht zwei Herren dienen (vgl. 1Kor 10,21).[35] Daß es auch *hier* um *mehr* als bloße »Gesinnungsgemeinschaft«, nämlich *wenigstens* um »Partizipation« geht,[36] haben in neuerer Zeit[37] vor allem römisch-

---

Wäre ersteres der Fall, stünde wohl die Überzeugung im Hintergrund, daß die Dämonen Gott *untergeordnete* Größen sind, die damit die *Einzigkeit* Gottes nicht tangieren – im Gegensatz zu den Götzen, die naturgemäß eine *Gleichrangigkeit* beanspruchen, die Paulus ihnen freilich *nicht* zusprechen kann (damit aber auch keine »Existenz«).

[27] Vgl. auch die Parallelität von 1Kor 10,7 (Warnung vor εἰδωλολατρία) und 1Kor 10,8 (Warnung vor πορνεία)!

[28] Vgl. zum Ganzen BOGAERT, Banques, *passim*. Aufschlußreich ist die *Terminologie* (s. a.a.O., 37–60): Etliche Begriffe, die aus dem *theologischen* Gebrauch bei Paulus bestens bekannt sind, haben eine ursprünglich *profane* Bedeutung (z.B. καταλλαγή [= »Geldwechsel«] bzw. καταλλάττειν / καταλλάττεσθαι [= »Geld wechseln«], δύνασθαι [= »Wert haben« als Ausdruck der *Wertigkeit* bzw. *Finanzkraft* einer Währung zur Berechnung des angemessenen Wechselkurses], ἀπόλλυσθαι [= »Bankrott machen«]), und man sollte durchaus fragen, *ob bzw. inwiefern* diese bei Paulus jeweils mitschwingen.

[29] S. dazu BOGAERT, a.a.O., 279–304.
[30] Vgl. dazu BOGAERT, a.a.O., 39–41.
[31] Vgl. ENDENBURG, Koinoonia, 183f.206f.
[32] A.a.O., 207 (Hervorhebung E.R.). Zum Ganzen vgl. DENS., a.a.O., 160–199.
[33] Tischgemeinschaft, 23 (vgl. zum Ganzen a.a.O., bes. 21–29).
[34] Vgl. PLUTARCH, *De Alex. fort.* I 7 (= 329E): ἐφ' ἑστίας κοινῆς καὶ τραπέζης.
[35] Vgl. GARLAND, 1Kor, 477.
[36] Vgl. SANDERS, Paulus, 480–487, der bei Paulus in soteriologischen Zusammenhängen einen Vorrang der »partizipatorischen« vor den »juridischen« Kategorien beobachtet.
[37] Aber auch die Reformatoren sprachen *ohne Schwierigkeiten* von einer höchst *realen* Christusgemeinschaft im Herrnmahl (s. nur CALVIN, Inst. IV, 17.6f.; vgl. 17.33)!

katholische Exegeten gesehen.[38] Läßt man seine sachfremden und anachronistischen[39] Anspielungen auf die Transsubstantiationstheorie beiseite,[40] trifft O. KUSS sehr genau das paulinische Verständnis des Herrnmahls:

»Die innige (nicht nur vorgestellte, gefühlte, sondern seinsmäßige, reale) Gemeinschaft mit Christus [sc. im Herrnmahl; E.R.] schafft auch eine wirkliche (nicht nur bewußtseinsmäßige) Gemeinschaft unter den Christen.«[41]

---

[38] MERKLEIN, 1Kor II, 262, betont zu Recht, Paulus sei klar gewesen, »daß die Teilhabe an Leib und Blut Christi nicht eine *Wirk-lichkeit* ist, deren *Wirk-samkeit* nur durch den *Gedanken* der Teilhabenden zustande kommt. *Sonst könnte er die Teilhabe an den Dämonen (vgl. V. 20) für unbedenklich erklären.* Vielmehr kommt durch die Teilhabe an Leib und Blut Christi eine wirk-liche und wirk-same Gemeinschaft mit dem zu unserem Heil handelnden *Christus* zustande. [...] Es geht letztlich um *personale Partizipation*, so daß es sich nicht nur um eine innige Gemeinschaft zwischen zwei Personen, sondern um eine Partizipation der einen Person an der anderen handelt« (Hervorhebungen E.R.).

[39] Vgl. SMIT, Idolaters, 41; MERKLEIN, 1Kor II, 262; zur Diskussion auch SCHNABEL, 1Kor, 550, Anm. 578 (Lit.).

[40] Das *muß* man auch tun, denn KUSS, 1Kor, 160, bringt sich ohne Not in exegetische Schwierigkeiten, indem er – Transsubstantiation vorausgesetzt – plötzlich eine bei Paulus gerade *nicht* intendierte Differenzierung zwischen der Teilnahme am Herrnmahl und der Teilnahme an einer heidnischen Tempelmahlzeit vornehmen muß: Die Gemeinschaft mit den Dämonen *unterscheide* sich »freilich von der Gemeinschaft mit Christus im Herrenmahl [...] (die Götzenopferspeise vermittelt nicht in gleicher Realität die Gemeinschaft mit dem Dämon; sonst könnte Paulus den Genuß des Götzenopferfleisches nicht für an sich religiös bedeutungslos erklären: V. 25–27).« GÄCKLE, Die Starken, 268, hält solchen Versuchen mit Recht entgegen: »Wenn die Teilhabe am paganen Opferritus nur sozialen Charakter und der Verzehr der vor dem Kultbild niedergelegten τραπεζώματα nur symbolische Bedeutung hätte, sich aber keine performative Gemeinschaft mit der Gottheit vollzieht, würde die paulinische Argumentation ins Leere laufen.« Wenn die Götzenopferspeise nämlich gar keine *wirkliche* Gemeinschaft mit dem Dämon herstellte (als *reale* Konkurrenzgemeinschaft zur Christusgemeinschaft), warum sollte ihr Genuß dann *überhaupt* problematisch sein? *Spätestens hier rächt es sich, wenn die klar relationsontologischen Bestimmungen des Apostels Paulus in substanzontologische Spekulationen (über die Speisen bzw. die Herrnmahlselemente an sich) überführt werden!* Der Preis ist viel zu hoch, nämlich ein allein *aufgrund fehlender Differenzierung zwischen Substanz- und Relationsontologie* sich ergebender Widerspruch zwischen 1Kor 8 (*substanzontologisch:* die Speise *an sich* ist indifferent und daher allein nach Maßgabe des Liebesgebotes zu behandeln* [vgl. *Röm 14,14!*]) und 1Kor 10 (*relationsontologisch:* die Teilnahme [κοινωνία] an dämonischen Götzenfesten schließt *per se* die Christusgemeinschaft aus und ist darum grundsätzlich verboten). Hierin liegt auch der *Unterschied* zur Problematik von 1Kor 6: Sexualität ist – im Gegensatz zum Essen – *immer* relationsontologisch bestimmt, und *deshalb* ist πορνεία grundsätzlich verboten (vgl. 1Kor 6,13a mit 1Kor 6,13b!). Der Ausschluß vom Reich Gottes droht eben nicht von einer bloßen »physischen Kontamination mit tabuisierten Materialien (Fleisch, Wein und dergleichen)« (mit HAACKER, Röm, 323 [zu Röm 14,17]). – Zum *Zusammenhang von Transsubstantiationstheorie und Substanzontologie* vgl. SLENCZKA, Realpräsenz, bes. 295–299. Er konstatiert: »Der Transsubstantiationslehre liegt die Position einer Substanzontologie zugrunde« (a.a.O., 303).

[41] Ebd.

3. Dämonische Konkurrenzgemeinschaft zur Christusgemeinschaft 113

Daß die κοινωνία mit Christus im Herrnmahl eine *seinsmäßige*, *reale* ist, beweist die *Parallelisierung*[42] mit der in der Teilnahme an heidnischen Kultmählern konstituierten »personale[n] Gemeinschaft mit den hinter den Götzen stehenden Dämonen«[43] (1Kor 10,19f.), die sich damit – wie schon die πορνεία[44] – als eine die Christusgemeinschaft *ausschließende*, weil ebenfalls höchst reale, ontisch wirksame *Konkurrenz*gemeinschaft erweist, wie D. GARLAND hervorhebt:

"Paul is leading his readers to see that they can never eat idol food as neutral participants, just as they cannot partake of the Lord's Supper as detached observers. [...] Paul stresses that blessing the cup and partaking of the bread in the Lord's Supper forges a unique relationship between believer and Christ that *excludes* participation in all other sacral meals at which food is consumed in the presence of the deity [...]. *Fellowship with Christ excludes all other fellowships, particularly those associated with idolatry* (cf. 2 Cor. 6:14–16)."[45]

H. LIETZMANN kommentiert knapp und präzise:

»nimmt man am Mahle des Herrn teil, so wird man κοινωνὸς Χριστοῦ, ißt man an der Tafel des Dämon, so wird man κοινωνὸς δαιμονίου: das sind aber Zustände, die sich gegenseitig ausschließen, woraus also das Verbot der Opfermahlzeit für einen Christen sich ergibt.«[46]

Dafür schließlich, daß nach Paulus sich im Herrnmahl nicht nur reale Gemeinschaft mit Christus, sondern ebenso[47] reale, wirkliche und wirksame Gemeinschaft mit den Schwestern und Brüdern ereignet,[48] spricht neben dem klaren Wortlaut von 1Kor 10,17, daß der Apostel in der ausführliche-

---

[42] Wenn man übersieht, daß Paulus die »*Parallelisierung*« von *christlichem Herrnmahl und heidnischem Kultopfermahl* aufgrund »sachliche[r] Analogie« anstrebt (so z.B. mit GÄCKLE, Die Starken, 265f.268 m. Anm. 742 [s.o. S. 110, Anm. 21]), müssen die paulinische Argumentation und insbesondere die Eindringlichkeit der Warnung gänzlich unverständlich bleiben. Richtig bemerkt FEE, 1Kor, 465: "his [sc. Paul's; E.R.] focus is *only* on what is genuinely similar between the two meals".
[43] GÄCKLE, a.a.O., 269. Vgl. MERKLEIN, 1Kor II, 262.
[44] Diese Analogie zwischen 1Kor 10,16 und 1Kor 6,16f. sieht auch MERKLEIN, ebd.
[45] 1Kor, 477 (Hervorhebungen E.R.).
[46] 1Kor, 48. Er ergänzt: »Ähnliche Beweisführung Rm 6₁₆ff.«
[47] Es ist völlig abwegig und widerspricht dem klaren Wortlaut des Textes, hier *Alternativen* sehen zu wollen: *entweder* Christusgemeinschaft *oder* Gemeinschaft der Christen (zur Diskussion vgl. SMIT, Idolaters, 45f., und bes. GÄCKLE, Die Starken, 268–270 m. Anm. 743). *Vielmehr gilt: weil Christusgemeinschaft, deshalb auch (entsprechend qualifizierte!) Gemeinschaft der Christen, d.h.: christologische Begründung der Ekklesiologie!*
[48] Daß nach (alt)orientalischer Auffassung Tischgemeinschaft überhaupt mehr ist als ein bloßes Zusammenkommen zum Zwecke der Nahrungsaufnahme, macht erst verständlich, warum Jesu Tischgemeinschaft mit Zöllnern und Sündern von den Pharisäern problematisiert wurde (vgl. dazu HOFIUS, Tischgemeinschaft, *passim* [s.o. S. 111 m. Anm. 33]; s. auch 1Kor 5,11). Was schon für die alltägliche Tischgemeinschaft gilt, gilt umso mehr für die Gemeinschaft am Tisch des Herrn.

ren Behandlung des Herrnmahls 1Kor 11 größten Wert auf eine angemessene (soziale) *Ordnung* der Herrnmahlsfeier legt und in der bisherigen chaotischen Praxis den Grund für gravierende Auswirkungen sieht, die die *Gesamtgemeinde* betreffen (1Kor 11,30). *Die soteriologisch-eschatologisch relevante (!) Heiligkeit und Reinheit der Gesamtgemeinde (vgl. 1Kor 1,7f.; 2Kor 11,2[49]; 1Thess 3,13; Phil 1,6.10b.11) hat bei Paulus immer den unbedingten Vorrang vor den (verfehlten) Wünschen und Meinungen eines einzelnen (vgl. bes. 1Kor 5,2b.6b–8.9–13); eine individualistische Aushöhlung der Ekklesiologie (etwa unter Berufung auf die Freiheit des einzelnen, vgl. 1Kor 6,12aα.bα) kommt für Paulus nicht in Frage.*[50] Daher entspricht in geradezu deuteronomistischer Manier[51] dem parakletischen φεύγετε (1Kor 6,18; 10,14) im Extremfall ein apodiktisches ἐξάρατε τὸν πονηρὸν ἐξ ὑμῶν αὐτῶν zum Schutz der Gemeinde (1Kor 5,13; vgl. paradigmatisch Jos^LXX 7,1–26, bes. V. 12–15).[52] Die allein *in Christus* begründete und an die κοινωνία mit ihm gebundene wahre Freiheit kommt *dort* an ihre Grenze, wo sie sich verabsolutiert (d.h. von ihrem Grund – Christus – und dem Leib Christi löst) und gerade damit freiwillig der Unfreiheit unterwirft (οὐκ ἐγὼ ἐξουσιασθήσομαι ὑπό τινος [1Kor 6,12bβ]).

Wir begegnen in 1Kor 10,14–22 also einem *doppelten* κοινωνία-Verständnis[53], das je *relational-ontologisch* bestimmt ist: Einerseits spricht

---

[49] Dazu kommentiert WINDISCH, 2Kor, 320, mit Recht: »Die lokale Gemeinde ist [...] als eine Einheit gefaßt: vorausgesetzt ist, daß sie ganz aus heiligen Mitgliedern besteht, und Konsequenz ist die Vorstellung, daß der Fall jedes einzelnen Christen die ganze Gemeinde schändet, daher die Züchtigung oder Ausscheidung ihr dann zur Pflicht gemacht wird, vgl. bes. I [Kor] 5₁ff.«

[50] Die »Freiheit« des einzelnen kann schon deshalb nicht in Konkurrenz zur κοινωνία der Gesamtgemeinde treten, weil »Paulus [...] F[reiheit] nirgends zu einem Zentralbegriff seiner Theologie gemacht hat« (NESTLE, Art. Freiheit, 281). Daher ist es »zumindest mißverständlich, wenn ganze Kapitel paulinischer Theologie unter diesem Thema abgehandelt werden wie etwa bei Bultmann [...]; Jüngel [...]; Conzelmann [...]« (ebd.).

[51] Nicht zufällig zitiert Paulus hier die in unzähligen Varianten belegte, typisch *deuteronomisch-deuteronomistische Ausschlußformel* (s. nur Dtn^LXX 17,7b; 19,19; 21,21; 22,21.24; 24,7).

[52] Hierin liegt die *bleibende Bedeutung* dessen, was man traditionell mit dem problematischen Begriff »Kirchenzucht« bezeichnet. Bereits nach dem Deuteronomium, auf das Paulus hier eindeutig Bezug nimmt (s.o. Anm. 51), droht der Gemeinde *nicht von außen* Gefahr, sondern *von innen, aus ihrer »Mitte«* (vgl. GEIGER, Gottesräume, 185–189. 313f.). Man beachte ferner, daß Paulus formuliert: ἐξάρατε τὸν πονηρὸν ἐξ ὑμῶν αὐτῶν, nicht: ἐξάρατε τὸ πονηρὸν κτλ.! »*Das Böse*« manifestiert sich demzufolge immer in *den* Bösen, also *personhaft*, und muß daher auch *die Person* betreffende Konsequenzen haben (vgl. auch hierzu Jos 7!). Vgl. zum Ganzen ROSNER, Exclusion, *passim*.

[53] Der Begriff κοινωνία an sich ist also »neutral«; er kann *auch* für »negative« Gemeinschaften verwendet werden (s. ENDENBURG, Koinoonia, 72–74: κοινωνεῖν in der Bedeutung »helpen; in malam partem«). Hier gewinnt der Begriff κοινωνία die *abwertende* Bedeutung »Bande«, »Rotte« o.ä.

Paulus von einer *realen* »Gemeinschaft« zwischen Christus und den Seinen (und einer ebenso *realen*, aber deswegen alternativen »Gemeinschaft« mit den Dämonen), andererseits von einer in der Christusgemeinschaft begründeten und damit ebenfalls höchst *realen* Gemeinschaft mit den Geschwistern, durch die der einzelne *seinsmäßig* affiziert wird, ggf. eben auch *negativ*. Nur von daher läßt sich die unerhörte Schärfe der paulinischen Ausschluß- und Abgrenzungsforderung *1Kor 5,1–13* erklären[54] (das *positive* Gegenstück bildet *1Kor 12,12–27*[55]). Und auch vom Negativbild[56] 1Kor 10,18.20 her wird deutlich, wie die κοινωνία mit jemandem bzw. etwas das *Sein* konstituiert und konditioniert. E. PETERSON erklärt: »Die erste Stelle heißt vielleicht soviel wie: *sie gehören zum Altar*. Die zweite sagt: sie sind Dämonen verfallen, *sie werden selber dämonisiert*.«[57]

3.3. Gal 4,1–11: Warnung vor Rückfall in dämonische Sklaverei

Eine ähnliche *Doppelheit* möglicher relationaler Seinsbestimmungen tritt zutage, wenn wir die paulinischen Beschreibungen des vorchristlichen Lebens seiner Gemeinden mit den Aussagen über ihren Stand als Christusgläubige vergleichen. Ein strikter *Gegensatz* ist die Folge, denn die vorchristliche Existenz läßt sich der neuen, von Christus bestimmten Existenz nur *kontradiktorisch* gegenüberstellen.

Wir wenden uns zuerst den *positiven* Bestimmungen christlicher Existenz zu. Immer wieder hebt Paulus dankbar hervor, welcher *ontisch schlechthin bestimmende Beziehungswechsel* stattgefunden hat, als die seiner Erstverkündigung konfrontierten Heiden zum Glauben an Jesus Christus gekommen sind. Denn *indem* sie sich dem lebendigen Gott *zugewandt* haben, haben sie sich – im gleichen Augenblick – von den toten und sprachlosen Götzen *abgewandt* (1Thess 1,9f.; vgl. 1Kor 12,2). Der glaubensvollen *Hinwendung* (ἐπιστροφή) zu Christus entsprach ihre radikale *Abwendung* (ἀποστροφή) von den Götzen und vermeintlichen Göttern (Gal 4,8f.), d.h. sie wurden durch Gottes Güte zu einem *umfassenden Lebens-Wandel* (μετάνοια) bewegt (vgl. Röm 2,4). *Dieser Lebens-Wandel aber bedingte einen entsprechenden Lebenswandel (ἀναστροφή): Dienst für Gott (1Thess 1,9bβ) statt Götzendienst (Gal 4,8).*

---

[54] Vgl. dazu HAGENOW, Gemeinde, 33–54, der im Hintergrund den paulinischen Gedanken der *Gemeinde als heiliger »Tempelexistenz«* sieht.

[55] Auch dort geht es um *ontische Affizierung durch Gemeinschaft* (s.o. S. 96–98).

[56] V. 18 ist natürlich *weder positiv noch neutral* gemeint (gegen PANIKULAM, Koinônia, 28f.); es bereitet Paulus ja auch sonst keine Schwierigkeiten, den jüdischen Opferkult mit dem heidnischen Götzenkult gleichzusetzen (Gal 4,8f.; s.u. S. 115–118.203–207)! Sein jüdischer »background« ist kein Gegenargument, wie Phil 3,7f. doch wohl deutlich genug zeigt (gegen PANIKULAM, a.a.O., 28).

[57] 1Kor, 205 (Hervorhebungen E.R.).

Während Paulus also im dankbaren Rückblick auf das Zum-Glauben-Kommen der vormaligen Heiden davon spricht, daß sie sich von den heidnischen Göttern losgesagt und *abgewandt* und stattdessen dem allein wahren Gott *zugewandt* haben (um ihm allein zu dienen), äußert er gegenüber den galatischen Gemeinden *jetzt plötzlich* (vgl. Gal 1,6: οὕτως ταχέως) die brennende Sorge, sie könnten vom Glauben abfallen (Gal 4,8–11). Diesen *drohenden Abfall* bezeichnet er als *erneute* Hinwendung (ἐπιστροφή) »zu den schwachen und armen *Weltelementen*« (ἐπὶ τὰ ἀσθενῆ καὶ πτωχὰ στοιχεῖα), denen die Galater nun offenbar *»von neuem«* (πάλιν ἄνωθεν) »dienen« (δουλεύειν) wollen (V. 9b), indem sie »Tage und Monate und Zeitpunkte und Jahreszeiten« einhalten.[58] Dieser scheinbar freiwillige »Dienst« entspricht aber – wie Paulus unmißverständlich klar macht – in der Sache nichts anderem als der ehemaligen »Sklaverei« des »heidnischen Polytheismus«[59], als die Galater »unter die *Weltelemente* versklavt« waren (δεδουλωμένοι ... ὑπὸ τὰ στοιχεῖα τοῦ κόσμου [V. 3]). Inwiefern aber sind diese Weltmächte »kraftlos« (ἀσθενής) und »arm« (πτωχός)? A.M. BUSCEMI antwortet:

»Solche στοιχεῖα sind ›kraftlos‹, weil (sie) unfähig (sind), Heil und Leben zu geben; ›arm‹ (sind sie), weil sie ohne Bezug zu derjenigen Gerechtigkeit sind, die (man) von Gott her in Christus Jesus durch den Glauben vermittelt erhält.«[60]

Wenn sich aber derlei »heillose« Mächte zu wirklichen Mächten aufspielen, ist ihre dämonische und widergöttliche Herkunft offenkundig.[61] Die *ernsthafte*[62] *Sorge* des Apostels, er könnte sich »umsonst« (εἰκῇ) um die

---

[58] Richtig bemerkt LÜHRMANN, Gal, 69: »Paulus führt [...] unvermittelt mit ›Weltelemente‹ für ›Gesetz‹ einen Begriff ein, den er seinen Lesern nicht zu erklären braucht.« HILGENFELD, Gal, 66–78, hat in einem längeren Abschnitt über die στοιχεῖα τοῦ κόσμου diese als das *Wesentliche* der »vorchristliche[n] Religion« der Galater interpretiert und sie mit der »Beobachtung der *jüdischen* Festzeiten« identifiziert (a.a.O., 67), was ihn zu einer gnostisierenden Deutung veranlaßte (s. bes. a.a.O., 77f.). Er versteht »das Gemeinsame des Judaismus mit dem Ethnicismus zwar auch als ein Gebundensein an das Sinnliche und Äußerliche, aber noch bestimmter als ein Gebundensein an siderische kosmische Mächte« (a.a.O., 77), und sieht sich darin in Einklang mit der älteren, patristischen Auslegungstradition, die »die στοιχεῖα im *physikalischen* Sinne« – wie 2Petr 3,10.12 – interpretierte, *nicht* »im *geistigen* Sinne«, als »religiöse Anfangsgründe der nichtchristlichen Menschheit« (a.a.O., 67; zur altkirchlichen Auslegung s. a.a.O., 69–71).
[59] Mit ROHDE, Gal, 179.
[60] Gal, 409 (Übers. E.R.): "Tali στοιχεῖα sono 'deboli' perché incapaci di donare salvezza e vita; 'poveri' perché essi sono privi di quella giustizia che si ottiene da Dio nel Cristo Gesù per mezzo della fede."
[61] Zur »Schwäche« als einem Zeichen von *Heillosigkeit und Gottlosigkeit* vgl. noch Röm 5,6; *8,3* (im Blick auf den im Bereich der sündigen σάρξ *»unfähigen«* νόμος!).
[62] So auch ROHDE, Gal, 183: »Der Indikativ nach μή πως zeigt, daß Paulus wirklich ernstlich besorgt ist, seine Arbeit an den Galatern könnte vergeblich gewesen sein (vgl. Gal. 2,2b).«

Galater bemüht haben (V. 11), ist vor diesem Hintergrund nur zu verständlich.

Bemerkenswert ist nun in diesem Zusammenhang, wie schon R.A. LIPSIUS zu Recht und ausdrücklich ohne Scheu vor »dogmatischen« Problemen festgestellt hat,

»dass die στοιχεῖα τοῦ κόσμου sowol auf das Judenthum, als auch auf das Heidenthum zu beziehen sind, wie sich aus dem πάλιν V. 9 und dem in demselben Verse mit besonderem Nachdrucke wiederholten πάλιν ἄνωθεν sattsam ergiebt.«[63]

Paulus vollzieht hier also in aller Schärfe[64] die sachliche »Gleichsetzung von jüdischem Gesetzes- und heidnischem Götzendienst«[65]! Beide – Juden wie Heiden – »dienen« letztlich[66] den στοιχεῖα τοῦ κόσμου, oder richtiger: sind unter sie »versklavt«[67], und das ist keine paulinische Übertreibung[68] oder bloße Polemik[69]. K.L. SCHMIDT dagegen wird mit seiner Vermutung richtig liegen:

---

[63] Rechtfertigungslehre, 83, Anm. *). Vgl. LÜHRMANN, Gal, 71: »[...] das ›wieder‹ [V. 9] deutet an, daß vom Standpunkt des Evangeliums aus eben kein Unterschied besteht zwischen heidnischer Götzenverehrung, jüdischer Gesetzesfrömmigkeit und jenem anderen Evangelium.« *Ganz anders* ZAHN, Gal, 211, der eine Gemeinsamkeit zwischen ›israelitischer‹ und ›heidnischer Gottesverehrung‹ *lediglich* darin sieht, daß *beide* »den die Gemeinschaft mit der Gottheit suchenden und betätigenden Menschen durch eine Menge gesetzlicher Vorschriften an Stoffe, Dinge und Verhältnisse der stofflichen Welt ketten, über welche Gott und die, welche ihn in Wahrheit anbeten, erhaben sind«. Andernfalls »würde sich die ungerechteste und bei Pl völlig unbegreifliche Beurteilung des mos[a]ischen] Kultus (nach Rm 9,4 ἡ λατρεία schlechthin) ergeben, wenn er den dem Gott Abrahams und Jesu gewidmeten Kultus [...] indirekt als einen Dienst der Ungötter mit dem heidnischen Kultus auf gleiche Stufe gestellt hätte« (ebd.). Zahn dürfte hier einfach seiner Scheu vor den o.g. »dogmatischen Problemen« zum Opfer gefallen sein.

[64] Richtig gesehen von VAN STEMPVOORT, Gal, 105: "Wat is nu de spits van deze gelijkenis? Een ontzaglijk scherpe visie: judaïserend christendom is heidendom!"

[65] LÜHRMANN, Gal, 71 (Hervorhebung E.R.). So auch ROHDE, Gal, 180f.; ferner BRUCE, Gal, 202f.; VAN STEMPVOORT, Gal, 105. Vgl. schon HILGENFELD, Gal, 66–78 (s.o. S. 116, Anm. 58). Er betont: »Je mehr aber in der vorgesetzlichen *Verheißung* die *Identität* beider Religionen [sc. der alttestamentlichen und der christlichen; E.R.] concentrirt wird, desto mehr tritt in ihrer *gesetzlichen*, positiv-jüdischen Seite die *Differenz* vom Christenthum hervor« (a.a.O., 67 [Hervorhebung E.R.]).

[66] HILGENFELD, Gal, 78, der bewußt »aus dem Gebiet des Dogmatischen wieder auf das historische« zurückzukommen beabsichtigt, konzediert, Paulus fasse hier »die Beobachtung der jüdischen Festzeiten als den freilich *unbewußten* Cultus siderischer Mächte« auf (Hervorhebung E.R.).

[67] Darin kommt zugleich die *Hypostasierung* der στοιχεῖα zum Ausdruck; vgl. dazu HILGENFELD, Gal, 71–77.

[68] Mit BRUCE, Gal, 202f.; *gegen* LÉMONON, Gal, 150, der in dieser Gleichsetzung »une véritable hyperbole« sieht. Es ist *auch keine* rhetorisch oder pädagogisch motivierte ›Übertreibung‹ (»exaggeration«), wenn Paulus von der »Einhaltung von Tagen, Monaten, Zeitpunkten und Jahren« auf die *vollständige* Toraobservanz und damit auf die (erneute) Versklavung unter die στοιχεῖα τοῦ κόσμου schließt (*gegen* HIETANEN, Argumenta-

»Es mag den Galatern einigermaßen verblüffend gewesen sein, daß ausgerechnet ihnen, die sich energisch von ihren früheren Göttern abgewendet hatten und ihre Annahme des einen Gottes durch die Zusatzpredigt der Judaisten sich vertiefen lassen wollten, der Vorwurf des Götzendienstes gemacht wurde.«[70]

Paulus ist anscheinend sogar der Meinung, daß sich die galatischen Heidenchristen mit ihrer Hinwendung zu dem Pseudoevangelium der Judaisten (und damit zur völligen Toraobservanz [Gal 5,3]) »in eine neue, *noch viel härtere* [Sklaverei begeben] als die vor der Bekehrung«[71]. Denn *jede angeblich vertiefende »Zusatzpredigt«* widerspricht dem strengen *solus Christus*[72] und negiert eben damit quasi *sehenden* Auges die *exklusive Notwendigkeit* von Christi Person und Werk, erklärt also Christus selbst rundweg für überflüssig (vgl. Gal 2,21b). Wer das tut, hat keinen Anteil mehr an Christus (κατηργήθητε ἀπὸ Χριστοῦ) und »fällt aus der Gnade« (Gal 5,4)! Die *Schärfe* dieser Auseinandersetzung zeigt, daß Paulus zufolge *seinsbestimmende Größen als solche immer Exklusivität beanspruchende Größen sind.* Ein *Nebeneinander* von Christus und νόμος bzw. στοιχεῖα τοῦ κόσμου ist undenkbar.[73] Der Grund dafür liegt darin, daß alle diese ontisch wirksamen Relationen gerade aufgrund ihrer ontischen Wirksamkeit als *engstmögliche, d.h. nicht-akzidentielle* Beziehungen gedacht werden müssen. Anders formuliert: *Eine nicht-exklusive relationale Größe kann per definitionem nicht seinskonstitutiv sein, sondern (höchstens!) seinsbeeinflussend in einem mehr oder weniger trivialen Sinne.* In einem solchen Zusammenhang ginge es ja bloß um »mehrstellige Prädikate«. Eine *wirklich relationale Ontologie* dagegen muß die *Exklusivität* der ontisch relevanten Relationen voraussetzen[74] – und genau das tut Paulus offenbar.

---

tion, 144), *sondern entspricht seinem Schriftverständnis bzw. der Heiligen Schrift selbst* (Gal 3,10; vgl. 5,3; ferner Röm 2,25f.)! Richtig bemerkt BORSE, Gal, 147, es genüge »voll und ganz, wenn dem Gesetz auch nur in einem konkreten Fall nachgegeben wird, um die Wahrheit des Evangeliums und die Freiheit der Söhne Gottes ernsthaft zu gefährden.«

[69] Diesen Eindruck erweckt allerdings LÜHRMANN, Gal, 71.

[70] Galaterbrief, 55 (so auch HIETANEN, Argumentation, 141). Bedenkenswert ist auch SCHMIDTs Fortsetzung: »Es ist das alte leidige Lied, wie es von jeher gegen die beharrliche Loslösung vom ›bloßen‹ Glauben an Gottes Tat an uns in Jesus Christus hat erschallen müssen und auch heute erschallen muß, wenn *diese Loslösung als vermeintliches Fortschreiten und Vertiefen in Wirklichkeit ein Rückschreiten und Verflachen* ist« (ebd. [Hervorhebung E.R.]).

[71] ROHDE, Gal, 181 (Hervorhebung E.R.).

[72] Vgl. VAN STEMPVOORT, Gal, 163f. (zu Gal 5,2f.).

[73] Vgl. auch LÜHRMANN, Gal, 70: »Die Fluchzeit des Gesetzes ist vorüber«.

[74] S.o. S. 41f.

4. Die *Exklusivität* ontisch wirksamer Relationen (Zwischenfazit)

Aus den bisherigen Beobachtungen ergibt sich: *Jede* der genannten Formen von κοινωνία, μετοχή[1] oder κόλλησις ist nicht weniger als *seinsbestimmend* in einem relational-ontologischen Sinn: Wer mit der πόρνη verkehrt, wird von der πορνεία bestimmt und damit selber zum πόρνος; wer an heidnischen Kulten (εἰδωλολατρία) teilnimmt, verfällt den Dämonen (κοινωνὸς τῶν δαιμονίων) und wird selber zum εἰδωλολάτρης; wer dagegen an Christus Anteil hat (μετέχειν) und mit ihm κοινωνία pflegt, in dem wohnt Christus bzw. dessen Geist, er wird selber zum »χριστιανός«[2] (im Sinne der Christusförmigkeit), ja sogar zum Nachahmer und *Repräsentanten* Christi (μιμητὴς Χριστοῦ), jedenfalls *indirekt* (1Kor 11,1).

Jede Form der – ontisch wirksamen – κοινωνία schafft zugleich einen je eigenen, exklusiven Erfahrungsraum[3], dessen *Grenzen* notwendig den spezifischen Erfahrungshorizont festlegen (*de-finieren*)[4]: Wer in πορνεία oder εἰδωλολατρία lebt, kann *und wird* nicht am Reich Gottes teilhaben (1Kor 6,9–11); wer mit Christus verbunden, an ihn gebunden ist, kann nicht seine Glieder der πόρνη hingeben (1Kor 6,15) oder den Dämonen dienen (1Kor 10,20f.). Damit erweist sich die *Exklusivität der Christusgemeinschaft* als wesentliches Implikat des paulinischen *solus Christus*.

4.1. Zwei Anthropologien? Eine Problemanzeige

Aus der damit angesprochenen faktischen *Vielfalt und kontradiktorischen Verschiedenheit* von exklusiven Erfahrungsräumen erhellt, *daß hinsichtlich sog. »anthropologischer« Sachverhalte stärker differenziert werden muß, als dies in der exegetischen Diskussion weithin geschieht.* Diese Diskussion ist nämlich dadurch erheblich belastet, daß entweder gar nicht, oder aber nicht genügend zwischen der (ontischen) Verfaßtheit eines Menschen ἐν Χριστῷ auf der einen und derjenigen des Sünders auf der anderen

---

[1] *2Kor 6,14* werden μετοχή und κοινωνία ausdrücklich parallelisiert, was von manchen jedoch als *ein* Indiz für die unpaulinische Herkunft des gesamten Abschnittes 6,14–7,1 gewertet wird (vgl. HAINZ, Koinonia, 204f. m. Anm. 258).

[2] Paulus verwendet diesen Begriff jedoch *nie*; er spricht lieber von einem Menschen ἐν Χριστῷ.

[3] Der gebräuchlichere Begriff »Lebensraum« scheidet in diesem Zusammenhang auf jeden Fall aus, denn πορνεία und εἰδωλολατρία sind Paulus zufolge ja *Todes*räume.

[4] Es gilt hier gewissermaßen das Sprichwort: »Mitgehangen – mit*gefangen*«.

Seite *unterschieden* wird. Wenn aber immer nur unterschiedslos von »dem Menschen« oder »der Menschheit« gesprochen wird, *wird nicht in ausreichendem Maße die exklusive ontologische Bedeutung des ἐν Χριστῷ-Seins des Gläubigen zur Geltung gebracht.*[5] Das hat in seiner Weise schon W. BOUSSET erkannt:

»Für den Apostel sind der von Gottes Geist erfüllte Pneumatiker und der alte Mensch *völlig von einander getrennte, verschiedene Wesen, die fast nur den Namen gemeinsam haben*; von dem einen zum andern führt nur der Weg des göttlichen Wunders.«[6]

Was Paulus im Bereich der Soteriologie zu sagen hat, gilt darum – jedenfalls zunächst einmal – streng und ausschließlich für die, die »in Christus sind«, d.h. *für die Christus-Gläubigen, die der Apostel nicht zufällig* οἱ ἔσω *nennt (im Unterschied zu den nicht zur Gemeinde Gehörenden, die er darum* οἱ ἔξω *nennt).*[7]

Verfolgt man diese Linie konsequent weiter, müßte vielmehr gefragt werden, ob nicht sachgemäß von *zwei Anthropologien* zu sprechen wäre.[8] Immerhin müßte auffallen, daß Paulus im Blick auf manche sog. anthropologische Fragen offenbar sehr bewußt nur von den *Christen* spricht und *sie* anspricht (»wir«, »ihr«), und *nichts* berechtigt dazu, solcherart eingeschränkte Aussagen ohne weiteres zu abstrahieren und unterschiedslos auf »alle Menschen« zu übertragen. (Überhaupt leidet die gegenwärtige Paulusexegese am meisten an dieser allenthalben zu beobachtenden *Abstraktion* und *Objektivierung* paulinischer Aussagen.) Umgekehrt gilt dies auch von den – naturgemäß selteneren – Stellen, an denen Paulus dezidiert von *Nichtchristen* spricht (z.B. 1Thess 4,13; vgl. οἱ ἔξω).

Natürlich darf man nicht übersehen, daß es bei allen *wesentlichen,* d.h. *ontologischen* Unterschieden zwischen Christus-Gläubigen (= Menschen

---

[5] Das ist das *Grundproblem,* wenn man – wie THYEN, Alternativen, bes. 271.276f. (im Anschluß an *H. Jonas*) – von einer dezidiert *philosophischen* Anthropologie ausgeht, die nur nach sog. »*notwendigen* Wahrheiten« fragt. Was Paulus über das *neue* (!) *Sein* (!) der Christen sagt, ist für THYEN alles »kontrafaktisch« (s. a.a.O., 273f.287, Anm. 49).

[6] Kyrios Christos, 122 (Hervorhebungen E.R.).

[7] Zur Unterscheidung von »Gemeinde« und »Welt« s. SCHÄFER, Gemeinde, 28–35.

[8] Auch LÉMONON, Gal, 101f.104, unterscheidet eine »condition chrétienne« und eine »condition charnelle« bzw. »condition humaine«. Vgl. ferner die Andeutungen zu Röm 5,12–21 und dem »Gedanke[n] des ›ersten‹ und ›zweiten‹ Menschen« bei UMBACH, Sünde, 197: »Das Begriffspaar Adam-Christus als erster bzw. zweiter Mensch bezeichnet vermutlich einen in Kap. 1–4 angelegten, in Kap. 5,12–21 auf den Punkt gebrachten *seinsmäßigen Dualismus,* der zunächst auch *räumlich* gedacht ist (beide Bereiche schließen einander ja aus), aber dann auch *zeitlich-eschatologisch* gefaßt wird (vgl. 1Kor 15 und 2Kor 5,17a: ἐν Χριστῷ ist der Getaufte καινὴ κτίσις). [...] Wenn gerade hier das Thema Gottes als des Schöpfers angesprochen wird, *wie* sind die zwei Menschen geschaffen? Von vornherein zusammen oder nacheinander? [...] Wenn das soteriologische Handeln Gottes als ›neue Schöpfung‹ bezeichnet wird, welche Konsequenzen hat das hinsichtlich der ›sündenfreien Existenz‹ der Christen als der ›neuen Geschöpfe‹?«

4. Die Exklusivität ontisch wirksamer Relationen

ἐν Χριστῷ) und Ungläubigen (= Menschen ἐν σαρκί) auch Gemeinsamkeiten gibt, also so etwas wie eine tatsächlich *alle* vorfindlichen Menschen einschließende *conditio humana*, die namentlich die *leiblich-physischen Gegebenheiten* umfaßt (σάρκινος sind *alle* [vgl. Röm 7⁹]!), zu denen neben dem *Körper* gerade auch die *Emotionalität* oder *»Sinnlichkeit«* und die *Vernunft* gehören. Auch als Christ bin ich also – wie H. ASMUSSEN zu Gal 2,20b treffend bemerkt – »in keinem Sinne von dem dispensiert, was alle meine Brüder und Schwestern im Fleisch beschäftigt«. »Aber«, bemerkt ASMUSSEN wiederum richtig, »ich lebe dies alles im Glauben. Ich lebe es also doch nicht so, wie die anderen es leben.«[10] In diesem Zusammenhang ist unbedingt an Stellen wie Röm 12,2 oder 1Kor 6,20 zu erinnern! Vor diesem Hintergrund ist

die »Frage, ob Christen durch den gemeinsamen Gebrauch der Kreaturen ein Gemeinsames mit den Unchristen haben, [...] nicht so eindeutig zu beantworten. *Das Gemeinsame steht unter verschiedenen Vorzeichen.*«[11]

4.2. »Christianologie« und »Hamartologie«

Dieser *notwendigen Unterscheidung zweier geradezu gegensätzlicher »Anthropologien« bei Paulus* entsprächen idealerweise *zwei verschiedene Bezeichnungen* für den jeweils gemeinten Sachverhalt. Da ein *Oberbegriff* für zwei sich gegenseitig *ausschließende* Größen ohnehin eine *contradictio in adiecto* ist, *sollte der Begriff »Anthropologie« (der ja dem Anspruch nach ein solcher Oberbegriff ist) in der Paulus-Exegese ganz aufgegeben werden.* Er kann in angemessener, d.h. nicht-verkürzender Weise höchstens für die Beschreibung der (Christen wie Nicht-Christen *vorläufig gemeinsamen*) *conditio humana* in Anschlag gebracht werden, die aber – wie oben gezeigt – vorzugsweise die *leiblich-physischen Gegebenheiten menschlich-irdischer Lebendigkeit* umfaßt.[12]

---

[9] Zur Begründung s.u. S. 367–395, bes. 380–386. – Vgl. jetzt auch RÖHSER, Herrschaft, 87–93, der neu nach der »Gegenwartsperspektive in Röm 7« fragt (a.a.O., 90).

[10] Gal, 95 (beide Zitate). Hier ist erkannt, daß die *Gemeinsamkeiten*, die ja die *substantia* (und damit im Sinne relationaler Ontologie gerade *nicht* das *Wesen*) betreffen, auf einer ganz anderen Ebene anzusiedeln sind als die relational-ontologischen Bestimmungen ἐν Χριστῷ bzw. ἐν σαρκί.

[11] ASMUSSEN, a.a.O., 96 (Hervorhebung E.R.). Er fährt fort: »Eine Predigt, welche den Anspruch erhebt, christlich zu sein, kann diesen Unterschied nicht verschweigen« (ebd.). Vgl. LEMONON, Gal, 104: ' Comme tout croyant, Paul demeure dans la chair, dans la condition présente, et pourtant son principe de vie, Christ, le transforme. »

[12] Ob die *conditio humana* im genannten Sinne sich sogar auf die leiblich-physischen Gegebenheiten menschlich-irdischer Lebendigkeit *beschränkt*, ist Gegenstand heftigster Kontroversen, die namentlich im Hintergrund der Exegese von Röm 7,7–25 zu beachten sind (s. dazu unten S. 380–385 m. Anm. 73). Von Röm 2 her ist so viel zu sagen, daß Paulus *nicht* der Meinung ist, bei den Nichtchristen gebe es *überhaupt keine* »Moral«.

Nun ist allerdings m.W. eine in der beschriebenen Weise differenzierende Begrifflichkeit noch nicht etabliert. Wir sehen uns daher der etwas mißlichen Lage ausgesetzt, solche Begriffe allererst »bilden« zu müssen, stehen damit aber gewissermaßen in der Tradition des Apostels Paulus selbst.[13] *Als Oberbegriff für Aussagen, die ausschließlich Christen (als Menschen ἐν Χριστῷ) betreffen, schlage ich nun die Bezeichnung »christianologisch« bzw. »Christianologie« vor.*[14]

Diesen Begriff verstehe ich – diese Präzisierung ist notwendig[15] – in genau *der* Weise, in der M. KONRADT ihn in seiner Auslegung von Jak 1,13f. verwendet. Er schreibt: »Zur Frage nach der Willensfreiheit des *Menschen* dringt Jakobus in 1,13f überhaupt nicht vor. ἕκαστος ist nicht jeder *Mensch*, sondern jeder *Christ*; das πειράζεσθαι setzt die Gottesbeziehung voraus. Es geht also um den *Christen*, der sich nicht auf die ihm eigene Begierde einlassen muß, und dies wird nicht mit seiner *natürlichen* Anlage begründet, sondern ist in der Gabe Gottes, in der Einstiftung des Wortes als einer Wirkmacht, grundgelegt.«[16] Darum sei V. 14 »streng genommen *keine anthropologische, sondern, wenn man so will, eine ›christianologische‹ Aussage.*«[17] Daß diese Differenz »vielfach übersehen« werde (neuerdings z.B. in den Forschungen von M. Klein und H. Frankemölle), bemängelt KONRADT ebenfalls mit Recht.[18] Was er im Blick auf Jakobus formuliert (»Sein Thema ist der Christ, nicht der Mensch.«[19]), gilt in ähnlicher Weise auch für Paulus.

Vgl. *zum Problem* schon PHILIPPI, Röm, bes. 290–297. Er urteilt: »Wäre das innerste Ich des Menschen, der ἔσω ἄνθρωπος, der νοῦς schon vor der Wiedergeburt nur auf das Gute gerichtet, so dass nur die σάρξ ihn an der Darstellung desselben in der äusseren That verhinderte, so müsste man dann allerdings dem Apostel die Anthropologie des Rationalismus unterschieben, nach welcher der an sich gute Wille des Menschen nur von der Macht der Sinnlichkeit gefesselt und bei der Vollbringung der Sündenthat überwältigt wird« (a.a.O., 293).

[13] Vgl. dazu BOUTTIER, En Christ, 39: « […] l'un de ces néologismes qui ne faisaient jamais peur à l'apôtre quand sa pensée l'exigeait (nous sommes co-crucifiés, co-ensevelis, co-ressuscités avec le Christ) ».

[14] Auf diesen Begriff hat mich – wohl nicht ganz zufällig – mein Freund Pfr. Christian Lehmann hingewiesen, dem an dieser Stelle sehr herzlich dafür gedankt sei!

[15] Der Begriff »Christianologie« wird nämlich, trotz seines nicht eben häufigen Vorkommens, bereits in mindestens zwei weiteren Weisen verwendet, nämlich zum einen im Bereich *christlicher Ethik* (»Christianologie« als Lehre von der christlichen Lebenspraxis), zum anderen im Rahmen des *interreligiösen Diskurses* zwischen Islam und Christentum (im Sinne einer »Lehre vom Christentum« [von frz. »christianologie«, als Äquivalent zum Begriff »islamologie«]). BAUR, Christologie, 186.199, schließlich versteht den Begriff »Christianologie« dezidiert *pejorativ* in Richtung einer Selbstmächtigkeit des Christen, dem Christus höchstens noch als *exemplum* vorgegeben ist, dem er nun aber gewissermaßen *eigen*-mächtig nacheifern soll.

[16] Christliche Existenz, 99. Auf die aus dieser Auslegung abgeleitete These, Jakobus stehe mit seiner Behauptung der »Erfüllbarkeit des Gesetzes […] keineswegs in direkter Opposition zu Paulus« (a.a.O., 100, Anm. 413), kann hier nicht eingegangen werden.

[17] A.a.O., 99, Anm. 410 (Hervorhebung E.R.).

[18] Ebd., Anm. 408.

[19] A.a.O., 92. Er fährt fort: »Es gibt aber Hinweise« (ebd.). Auch *das* gilt für Paulus!

4. Die Exklusivität ontisch wirksamer Relationen 123

Dabei ist die terminologische *Nähe* des Begriffes »Christianologie« / »christianologisch« zum Begriff »Christologie« / »christologisch« durchaus sachgemäß und *insofern* (trotz ihrer Verwechselbarkeit) beabsichtigt. Denn für den »Menschen ἐν Χριστῷ« gilt ja nach Röm 6 eben das, was von Christus zu sagen ist. Das erfordert übrigens *nicht* den Gedanken einer »hypostatischen Union« zwischen Christus und den Gläubigen,[20] sondern vielmehr den Gedanken einer »pneumatischen Union«[21] oder einer »Inkorporationschristologie«[22], die eben im Anschluß an Röm 6 oder an die Rede vom »Sein in Christus« genauer zu formulieren wäre (s.u.). Im Sinne der daraus abzuleitenden Christusförmigkeit (*conformitas Christi*)[23] wäre ja auch die Bezeichnung »Christ« (χριστιανός) zu verstehen, die Paulus al-

---

[20] Das zeigt z.B. LEHMKÜHLER, Inhabitatio, 156–159 (im Anschluß an *Quenstedt*), denn »[d]ie Einwohnung hebt die Einmaligkeit der Inkarnation nicht auf« (a.a.O., 157f.). Wichtig ist sein daran anschließender Hinweis: *»Der neuere Protestantismus hingegen wird [...] diese fundamentale Unterscheidung relativieren«* (a.a.O., 158 [Hervorhebung E.R.]; s. dazu a.a.O., 172–199 [zu Schleiermacher], bes. 173f.178f.180–185.194–199). Lehrreich auch für unseren Zusammenhang ist LEHMKÜHLERs Kritik an Schleiermacher, der »vor der großen Schwierigkeit« stehe, »die Einwohnung Gottes unter Absehung von der Trinitätslehre durchzuführen« (a.a.O., 197): »Schleiermachers methodische Zurückstellung dieser Frage [sc. der traditionellen Trinitätslehre; E.R.] sowie seine Präferenz für einen sabellianischen Typus der Trinitätslehre machen es ihm *unmöglich, die Einwohnung Gottes als ein Abbild der innertrinitarischen Bewegung* darzustellen. [...] Die Nichtbeachtung der trinitarischen Offenbarung macht es auch erst möglich, das Sein Gottes in Christus in ein anthropologisches Gesamtkonzept einzuzeichnen, so daß der *Unterschied* zwischen Christus und den Christen als ein *gradueller* und *zeitlicher* Unterschied erscheint. [...] Verläßt man hier den Boden trinitarischer Unterscheidungen, erhält die Einwohnungslehre notgedrungen ein unpersönliches, ja im Blick auf Gott geradezu ein statisches Element. *In letzter Deutlichkeit wird man sagen müssen: Schleiermacher kennt keine Inkarnation«* (a.a.O., 197f. [Hervorhebungen E.R.]).
[21] Vgl. FATEHI, Relation, 273 (zum Ganzen s.u. S. 284–289).
[22] Vgl. neben DALFERTH, Grammatik, 271–283.300–306, bes. MOULE, Origin, 86: "And it is clearly true that it is *only by identification with Christ*, crucified and raised – only by identification, that is, *with a now living Christ* – that Christians become a body; and that *this identification is spoken as 'inclusion' or incorporation*" (Hervorhebungen E.R.). Vgl. ferner STRECKER, Liminale Theologie, 195 (zum εἰς Χριστὸν βαπτίζεσθαι in Gal 3,26–29): »Diese Formulierung wird man nicht *ausschließlich* als Abbreviatur der geläufigen Formel von der Taufe εἰς τὸ ὄνομα Χριστοῦ auffassen dürfen. Vielmehr ist zusätzlich die räumlich-einverleibende Komponente in der Präposition εἰς bewußt mitzuhören. Das heißt: Die Rede vom ›Hineingetauftwerden εἰς Χριστόν‹ zielt allem Anschein nach auf einen durch das Ritual bewirkten Akt der ›Inkorporation‹ in die Person Christi. Paulus will die Galater mit anderen Worten an die im rituellen Handeln realisierte Einswerdung mit Christus erinnern.« *Richtig gesehen ist hier die Tatsache der »Einverleibung« bzw. »Inkorporation« der Gläubigen in Christus*; überaus *problematisch* sind allerdings die Formulierungen ›durch das Ritual *bewirkt*‹ bzw. ›die im rituellen Handeln *realisierte* Einswerdung‹ (s. dazu unten S. 268–276).
[23] Vgl. dazu SCHWÖBEL, Menschsein, 207–210.

lerdings nicht verwendet.[24] Der *Gedanke* der *conformitas Christi* findet sich aber *auch bei ihm* (s. z.B. Röm 12,2a [dort *negativ* formuliert]).
Als Komplementärbegriff zu »Christianologie« schlage ich den Begriff »Hamartologie« (bzw. »hamartologisch«) vor, der ja im Wortsinne »Lehre vom Sünder« bedeutet. Wie schon der Begriff »Christianologie«, so ist allerdings auch der Begriff »Hamartologie« verwechselbar – und er wird auch regelmäßig verwechselt, nämlich mit dem sehr ähnlichen Begriff »Hamartiologie« (»Sündenlehre«)[25]. Auch diese Verwechselbarkeit der Begriffe ist freilich, obwohl sie aus Gründen der Praktikabilität nicht angeraten scheint, zutiefst sachgemäß und insofern wiederum durchaus beabsichtigt. Denn wie der Christ ein in relational-ontologischem Sinne ganz von Christus bestimmter Mensch ist (eben ein Mensch ἐν Χριστῷ), so ist der Sünder ein radikal von der Sünde bestimmter Mensch, ein Mensch ὑφ' ἁμαρτίαν.

Mit der hier vorgeschlagenen *Differenzierung zwischen »Christianologie« und »Hamartologie«*[26] kann nun hoffentlich *auch terminologisch* der überaus wichtige Tatbestand festgehalten werden, daß für den Christen als einer *neuen* Kreatur ἐν Χριστῷ (2Kor 5,17) nicht mehr einfach irgendwelche allgemein-anthropologische Konstanten von Belang sind; sein *neues* Sein kann nur mit »christianologischen« Aussagen recht erfaßt werden. Dasselbe gilt *mutatis mutandis* für den Sünder: Auch für ihn sind *post lapsum* nicht einfach allgemein-anthropologische Konstanten in Anschlag zu bringen,[27] sondern sein Sein ist konsequent als »Sein ὑφ' ἁμαρτίαν« zu beschreiben; dieses todverfallene Sein kann aber nur mit »hamartologi-

---

[24] Von daher könnte dann unter »Christianologie« präzise die »Lehre vom Christen als eines Menschen ἐν Χριστῷ (d.h. eines in relational-ontologischem Sinne von Christus bestimmten Menschen)« aufgefaßt werden.
[25] So z.B. bei MEYER, Apostel, *passim* (Titel!).
[26] Aus Gründen der Praktikabilität und im Dienste der Unverwechselbarkeit werden diese Begriffe als Quasi-Neubildungen im folgenden *grundsätzlich in Anführungszeichen* gesetzt.
[27] Das spricht ebenfalls dafür, auf den Begriff »Anthropologie« zu verzichten, denn einen vermeintlich »neutralen« Menschen *gibt es nicht.* Die Anthropologie gehört im strengen Sinne zur *Schöpfungslehre*; doch was bedeutet es für die Konzeption einer »Schöpfungslehre«, daß sie gegenwärtig nur unter den Bedingungen *post lapsum,* d.h. ausschließlich *unter ver-kehrten Vorzeichen* formuliert werden kann? Es ist das Verdienst T. LAATOs, daß er ausdrücklich auf den an diesem Punkt bestehenden »realen Dissens« »zwischen Synagoge und Kirche« hingewiesen hat: »Die jüdische Seite greift ihrerseits die absolute Güte und Vollkommenheit der Schöpfung auf. [...] Bestreitet jemand die Willensfreiheit im Bereich der Soteriologie, zerstört er nach jüdischer Logik geradezu auf blasphemische Weise die Lehre von בריאה. Die christliche Seite (insoweit sie auf Paulus hört) dagegen greift ihrerseits das Faktum des Sündenfalls auf. Seither besteht der absolute Zwang: non posse non peccare. Bekennt sich jemand zur Willensfreiheit im Bereich der Soteriologie, baut er nach christlicher Logik eine utopische Phantasie unter dem Banne eines naiven, humanistischen Ideals auf« (DERS., Paulus, 211 [alle Zitate]).

schen« Aussagen recht zur Geltung gebracht werden. Daß es gleichwohl zwischen »hamartologischen« und »christianologischen« Aussagen bisweilen zu sachlichen Überschneidungen kommen kann (z.B. hinsichtlich der gegenwärtigen, d.h. faktischen Unvollkommenheit des »Leibes«) und man wenigstens *insofern* tatsächlich noch sinnvoll von einer allgemeinen *conditio humana* (und in *diesem* speziellen Sinne von einer – allgemeinen – »Anthropologie«) reden kann, ist spezifischer Ausdruck dessen, daß Paulus eine grundsätzlich *futurische* Eschatologie vertritt.

4.3. Exklusivität und Sozialität

Bei aller Betonung der *Exklusivität* relational-ontologischer Zugehörigkeit darf nicht vergessen werden: In jedem dieser durch solche Zugehörigkeit eröffneten Erfahrungsräume lebt der einzelne *nicht allein*. Der πόρνος wird zum πόρνος *wesentlich* durch die *Mit*-πόρνοι und -πόρναι; der εἰδωλολάτρης wird zum εἰδωλολάτρης *wesentlich* durch die *Mit*-εἰδωλολάτραι; der Christ wird zum Christen *wesentlich* durch die *Mit*christen. Deshalb entscheidet sich das eigene Christsein auch nicht nur an der *eigenen* »Moral«[28], sondern wird *wesentlich* affiziert (positiv wie negativ) durch das Verhalten der Mitchristen (vgl. 1Kor 5,6b).[29] Allein von daher werden die emphatischen paulinischen Mahnungen zur Rücksichtnahme (1Kor 8,9–13; Röm 14,13–15) verständlich, allein von daher aber auch die Schärfe der Ausschluß- und Abgrenzungsforderungen gegenüber den *ψευδάδελφοι*[30] (1Kor 5,1–5.6–13; vgl. Gal 5,7–12; 6,12f.). Denn diese »Lügenbrüder« versuchen, die Christen wieder unter die Gewalt unpersönlich-dämonischer Mächte, namentlich den νόμος, zu zwingen. Eben damit aber erweisen sie sich als ihrerseits *dämonisierte Helfershelfer zerstörerischer Mächte.*[31] Daß Paulus das »Anathema« über sie ausspricht (Gal 1,8f.), ergibt sich vor diesem Hintergrund *zwingend*.

---

[28] Der Begriff ist hier in einem sehr umfassenden Sinn gemeint.

[29] Vgl. dazu oben S. 92–104.

[30] Der Begriff erscheint bei Paulus zwar nur 2Kor 11,26; Gal 2,4, ist aber *sachlich* wohl auch 1Kor 5,11 gemeint (ἐάν τις ἀδελφὸς *ὀνομαζόμενος* [sc. καὶ οὐκ ἐστιν ἀληθῶς]). Dieselbe Warnung gilt natürlich auch im Blick auf die trügerischen »Lügenapostel« (1Kor 11,13: ψευδαπόστολοι).

[31] Mit ihrer Verstellung und Lüge stellen sie sich auf die Seite *Satans*, des obersten »Verkleidungskünstlers« (vgl. *2Kor 11,13f.!*).

5. Unpersönliche Mächte als Konkurrenzgrößen zu Christus

Die Christusgemeinschaft ist immer auch eine durch sich mit aller Macht aufdrängende, ebenfalls einen Exklusivitätsanspruch erhebende Konkurrenzgrößen *gefährdete*, wie schon angedeutet wurde. Durch die Gemeinschaft mit derartigen Konkurrenzgrößen wird die Christusgemeinschaft *als solche* infrage gestellt, da diese ja *wesentlich* eine *exklusive* Bindung ist. Solche möglichen Konkurrenzgrößen zu Christus kennt Paulus zuhauf bereits aus seiner vorchristlichen Zeit, wie Ad. DEISSMANN feststellt:

> »Der ›alte Mensch‹ hatte in dem finsteren, vielfach ummauerten Kerker von sieben Unheils-Sphären geschmachtet: ›im‹ Fleisch, ›in‹ den Sünden, ›in‹ Adam und seinem Todesschicksal, ›im‹ Gesetz, ›in‹ der Welt, ›in‹ den Leiden [...]«[1].

Als Apostel richtet Paulus sein besonderes Augenmerk auf *das verhängnisvolle Triumvirat*[2] *von* ἁμαρτία *(5.1.)*, νόμος *(5.2.) und* θάνατος *(5.3.), das eine zutiefst »unheilige Allianz« darstellt (5.4.)*. Doch bei allem *Gefährdungspotential* dieser und anderer »Mächte« ist Paulus gewiß, daß sie *keinen Christen* von der *Liebe Gottes* scheiden können (Röm 8,38f.)[3]:

> »Denn ich bin gewiß,
>   daß weder Tod noch Leben,
>   weder Engel noch Mächte noch Gewalten,
>   weder Gegenwärtiges noch Zukünftiges,
>   weder Hohes noch Tiefes noch eine andere Kreatur
>   uns scheiden kann von der Liebe Gottes,
>   die in Christus Jesus ist, unserem Herrn.«

---

[1] DEISSMANN, Paulus², 139. Vgl. die Diagramme a.a.O., 256: die »sieben Unheilssphären des ›alten‹ Paulus« und die »eine Heilssphäre des ›neuen‹ Paulus«, wobei »auf die Siebenzahl nichts Entscheidendes an[kommt]; jedenfalls sind aber diese sieben Sphären die in den Briefen des Apostels immer wieder genannten« (a.a.O., 257, Anm. 1).

[2] Vgl. GARLAND, 1Kor, 746; DUNN, Theology, 129.423.

[3] Gegen das Verständnis der Sünde als »Macht« wie auch gegen eine Verbindung »zwischen den ›Mächten und Gewalten‹ von Röm 8 auf der einen und den Größen Sünde, Gesetz und Tod in Röm 5–7 auf der anderen Seite« hat sich jüngst *noch einmal* mit Entschiedenheit G. RÖHSER gewandt (Herrschaft, *passim* [Zitat: 98]). Zwischen beidem sei deswegen klar zu »differenzieren«, weil namentlich der paulinische ἁμαρτία-Begriff *keine* »mythologisch-dämonologische, sondern eine spezifische anthropologische ›Wirklichkeit‹« benenne (ebd. u.ö.). Zwar ist RÖHSERs Intention, an der »Verantwortung« des Menschen für sein Sündigen festzuhalten (vgl. a.a.O., 96f.99.105f.), ausdrücklich zu *begrüßen*. Seine *Ablehnung des »Macht«-Begriffes ist jedoch weder notwendig noch hilfreich*, sondern anscheinend allein einem seltsam *ungeklärten* Verständnis sog. »mythologisch-dämonologischer« Kategorien geschuldet (s. dazu unten S. 127–135 m. Anm. 10).

5. Unpersönliche Mächte als Konkurrenzgrößen zu Christus 127

Daß Tod, Leben, Engel, Gewalten usw. »uns« nicht von der in Christus offenbaren Liebe Gottes und damit von Christus selbst scheiden können, bedeutet freilich *nicht*, daß diese (und andere) Größen harmlos oder gar irrelevant seien, sondern liegt einzig darin begründet, daß *Christus stärker* ist (ὑπερνικῶμεν διὰ τοῦ ἀγαπήσαντος ἡμᾶς[4] [V. 37]).[5] Daß Paulus überhaupt ein solches gewaltiges Bekenntnis ablegt, liegt vielmehr gerade daran – so lautet die im folgenden zu begründende These –, daß er ganz genau um die grundsätzliche *relationsontologische Gefährlichkeit* dieser »Mächte und Gewalten« weiß.

Für einen *relations*-ontologischen Ansatz scheint allerdings der *unpersönliche* Charakter der genannten »Mächte« ein gewisses Problem darzustellen. Ist es denkbar, *in Beziehung* zu einer *unpersönlichen* Größe zu stehen? Oder *hypostasiert* Paulus diese Größen letztlich?[6]

Für letzteres spricht, daß Paulus seine Aufzählung von Größen, die »uns« nicht von der Liebe Gottes scheiden können, mit der Wendung οὔτε τις κτίσις ἑτέρα abschließt. Aber findet diese Hypostasierung *ausschließlich* (!) im Rahmen *metaphorischer Sprache* statt, etwa im Sinne einer *Personifizierung* (z.B. der νόμος als παιδαγωγός [Gal 3,24]; vgl. die direkte Anrede des θάνατος [1Kor 15,55])? Oder gesteht Paulus diesen Größen tatsächlich ein *Sein* zu (was einer Metaphorisierung ja nicht grundsätzlich widerspricht)?

Von einem *streng* relational-ontologischen Ansatz her müßte man antworten: Diese Größe erhalten ihr Sein eben dadurch, *daß* sie eine (freilich ihrerseits beziehungs*zersetzende*!) »Beziehung« zum Menschen unterhalten, deren Endpunkt der *Tod* (als radikaler Relationsabbruch im Sinne absoluter Beziehungs*losigkeit*) ist.

Ob so oder so, Paulus geht jedenfalls davon aus, daß es solche scheinbar »unpersönlichen« Größen gibt, die eine *ontische Wirkung durch Beziehung* ausüben, wie schon seine Bearbeitung der Problematik des Verzehrs von Götzenopferfleisch gezeigt hat. Dieses Fleisch ist ihm zufolge ja nicht *an sich* (substanzontologisch) problematisch, sondern nur im Rahmen relationsontologisch relevanter *Zuschreibungen*. Die »Götzen« etwa, die zwar durchaus als *personale* Größen angesehen werden können, *existieren* nach

---

[4] Von *Christus* als dem ἀγαπήσας (ἡμᾶς / με) spricht Paulus auch Gal 2,20 (vgl. noch Röm 8,35: ἡ ἀγάπη τοῦ Χριστοῦ). Freilich tritt die »Liebe *Christi*« nie in Konkurrenz zur »Liebe *Gottes*«, die ja »*in* Christus Jesus, unserem Herrn«, ist (Röm 8,39).
[5] EBNER, Leidenslisten, 377, scheint zu übersehen, daß es *Christus selbst (in Person)* ist, der diesen »Supersieg« (so EBNER, ebd. u.ö.) gewährleistet. Es ist jedenfalls *weder die ›Internalisierung der christlichen Lehre‹ noch die »Sinngebung« durch das »Christusereignis«, das den Sieg in Peristasen »ermöglicht«!*
[6] So z.B. – vorsichtig – KÄSEMANN, Röm, 81: »Der kennzeichnend paulinische Singular ἁμαρτία meint durchweg und *fast hypostasierend* die Macht der Sünde« (Hervorhebung E.R.). Dem stimmt etwa RÖHSER, Metaphorik, 179, grundsätzlich zu: »Tatsächlich muß man die paulin[ische] Hamartia als eine bestimmte Form von Hypostasierung des Sündenbegriffs verstehen, die wir als ›Personifikation‹ bezeichnet hatten.« Vgl. auch KERTELGE, »Rechtfertigung«, 219–222; ferner MAIER, Röm, 234 (zu Röm 7,8). UMBREIT, Röm, 53 m. Anm. 81, sah in Röm 5,12 die Vorstellung von Gen 4,7.

Paulus ja gar nicht (1Kor 8,4–6; Gal 4,8–11). Daraus folgt aber, daß es offenbar nicht so sehr in der *Natur* bestimmter Größen liegt, daß sie von Christus trennen können (das gilt namentlich für den νόμος), als vielmehr in ihrer relationsontologischen *Wirksamkeit, die im Extremfall* sogar jenseits ontischer *Wirklichkeit* (Realität) liegen kann. Damit wird der Tatsache Rechnung getragen, daß *Realität im relationsontologischen Sinne* ausschließlich (dem trinitarischen![7]) Gott und dem Menschen, *insoweit er von Gott angesprochen ist*, zukommt. Jenseits dieser Realität kann es keine *letzten* Wirklichkeiten geben, sondern nur Scheinrealitäten, die aber *dennoch* – aufgrund von relationsontologisch relevanten *Falschzuschreibungen* (s. die mannigfachen »Vertauschungen« von Röm 1,18ff.!) – eine gewisse *Selbstmächtigkeit* und diabolische *Eigendynamik* entwickeln können.

5.1. Die Sünde (ἁμαρτία) als Konkurrenzgröße zu Christus

Die *erste* dieser widergöttlichen Mächte ist für Paulus die *Sünde* (ἁμαρτία) als *Grundproblem* des Menschen und der Welt. Ihr gilt Jesu Kampf; ihr gilt ebenso der Kampf der Christen. *Daß* und *warum* die Sünde eine Konkurrenzgröße zu Christus darstellt (vgl. Gal 2,17), bedarf hier wohl keiner ausführlichen Begründung (ganz anders verhält es sich im Blick auf die *Sinaitora* [s.u. 5.2.]). Interessanter ist da schon die Frage, *inwiefern* ἁμαρτία und Christus zueinander in Konkurrenz treten bzw. worin das Konkurrenzverhältnis eigentlich genau besteht. Dazu ist vorab ein Weniges über *Wesen und Wirkung der* ἁμαρτία *zu sagen (5.1.1.),* bevor die in ihrem *Machtcharakter (5.1.2.)* begründete, ontisch fatale Wirkung auf den *Menschen* ὑφ᾽ ἁμαρτίαν detaillierter aufzuzeigen ist *(5.1.3.).* Abschließend soll das *verhängnisvolle Wechselspiel zwischen* ἁμαρτία *und* σάρξ behandelt werden *(5.1.4.),* das namentlich für das Verständnis von Röm 7 von zentraler Bedeutung ist (s.u. 5.2.4.).

5.1.1. Wesen und Wirkung der Sünde (ἁμαρτία)

Daß das *Wesen* der ἁμαρτία durch und durch widergöttlich und damit böse ist, sagt Paulus zwar nicht eben oft *expressis verbis* (vgl. aber Röm

---

[7] Die Tatsache, daß Gott *in sich* differenziert ist und insofern *als Beziehung* lebt, bedingt seine (relations-)ontologische Wirklichkeit (vgl. ZIZIOULAS, bei SCHWÖBEL, Kirche, 391 m. Anm. 14: "God *is* Trinitarian; he is relational by definition; a non-Trinitarian God is not koinonia in his very being." Ferner ZIZIOULAS, Communion, 9: "*The person is otherness in communion and communion in otherness.* [...] If we isolate the 'I' from the 'thou' we lose not only its otherness but also its very being; it simply cannot be without the other. This is what distinguises a person from an individual."). Die Götzen dagegen sind »stumm«, d.h. beziehungslos; *darum* kommt ihnen eine solche Wirklichkeit nicht zu (vgl. zum Ganzen auch SCHLIER, Gal, 201f.). – Das ist freilich kein bei Paulus *exegetisch* verifizierbarer Gedanke, er ist aber m.E. systematisch-theologisch *notwendig*.

7,13bc[8]), setzt dies aber an vielen Stellen deutlich voraus. Sie alle im einzelnen auszulegen, kann hier unterbleiben.[9] Ihrem bösen *Wesen* entsprechend kann auch die *Wirkung* der ἁμαρτία nur eine *zerstörerische* sein.[10] Sie ist – neben anderem – vor allem die Ursache des Todesgeschicks aller Menschen (vgl. z.B. Röm 6,21.23; 7,11; 1Kor 15,56a).[11]

5.1.2. Der Machtcharakter der Sünde (ἁμαρτία)

Für *unsere* Frage wichtiger ist die Beobachtung, daß die Sünde nur aufgrund ihres *Machtcharakters* überhaupt in Konkurrenz zu Christus treten kann (und tritt). Grundlegendes dazu hat z.B. A. VAN DÜLMEN herausgearbeitet.[12] Sie betont, daß die »von Paulus als Macht verstandene und dargestellte Sünde« eine Größe ist, »die gleich einer Person auftritt, handelt und Besitz ergreift.«[13] Auch hier gilt aber: Man kann nicht zwei Herren dienen, weil sowohl die Sünde als auch Gott den Menschen *ganz* beanspruchen (vgl. Röm 6,16–23, bes. V. 20.22!).[14]

Indes hat sich gegen einen *inflationären* Gebrauch des »Macht«-Begriffes mit einigem Recht G. RÖHSER gewandt.[15] Er moniert:

»›Macht‹ ist ein sehr allgemeiner und ausgesprochen farbloser Begriff [...]. In der Paulusforschung zeigt sich das daran, daß nicht nur die Sünde und die Gerechtigkeit, sondern

---

[8] REITHMAYR, Röm, 342, kommentiert: »Außergewöhnlich ist die Prosopopöe, indem ἁμαρτία als Princip gezeichnet wird, welches ›sündiget‹, d.h. in fortgesetzter Selbstentwickelung in gleichartigen Setzungen sich entfaltet, und zwar καθ' ὑπερβ. ἁμαρτωλὸς – διὰ τῆς ἐντολῆς, indem es vom göttlichen Gebote Impuls nimmt, sich in's Maaßlose fort zu steigern und zu mehren.«

[9] Hier sei nur auf die einschlägigen Lexikon-Artikel verwiesen: GRUNDMANN, Art. ἁμαρτάνω κτλ., 311–317; FIEDLER, Art. ἁμαρτία, *passim* (bes. 161–163).

[10] Spätestens damit rückt die ἁμαρτία deutlich in die Nähe *dämonischer Mächte* (gegen RÖHSER, Herrschaft, *passim* [s.o. S. 126, Anm. 3]), nur daß die »Dämonen« ihre Wirk-lichkeit und Wirksamkeit eben aus *Falschzuschreibungen* beziehen.

[11] Vgl. VAN DÜLMEN, Theologie des Gesetzes, 162f. m. Anm. 28 (s.u. S. 209–220).

[12] Vgl. DIES., a.a.O., 158–168.

[13] A.a.O., 159.

[14] Vgl. dazu BARDENHEWER, Röm, 95–97.

[15] Vgl. DENS., Metaphorik, *passim*. – Gerade A. VAN DÜLMEN hat dieser Einsicht aber insoweit Rechnung getragen, als sie durchaus *verschiedene Arten* von »Mächten« anerkennt. Sie schreibt z.B.: »Wenn auch σάρξ und ἁμαρτία hinsichtlich des Handelns des Menschen in ihrer Wirkung nahezu identisch sind, *so schreibt Paulus doch der Sünde einen Machtcharakter zu, der sich mit dem der Sarx nur schwer vergleichen läßt*« (Theologie des Gesetzes, 158 [Hervorhebung E.R.]). M.E. sollte der »Macht«-Begriff bei Paulus ohnehin ganz ausschließlich für *negative Größen* verwendet werden (trotz der *formalen* Parallelisierung von νόμος und χάρις Röm 6,14f.: ὑπὸ νόμον – ὑπὸ χάριν), denn gerade z.B. *das Evangelium ist keine* »Macht«, sondern eine göttliche δύναμις (Röm 1,16 u.ö.), und in der Tat »sind ›Macht‹ und ›Kraft‹ nicht dasselbe« (mit RÖHSER, a.a.O., 2)! Vgl. auch HAINZ, Koinonia, 34.

auch das Fleisch, der Tod, das Gesetz und die Gnade mit diesem Etikett versehen werden […].«[16]

Ferner hat etwa St. HAGENOW darauf hingewiesen, daß der Begriff ἁμαρτία bei Paulus zuweilen auch die Sünden*tat* meinen kann (nicht nur in *traditionellen* Formulierungen [z.B. 1Kor 15,3], wie Röm 7,5[17] beweist).[18] Diese durchaus berechtigten Einwände sollten aber nicht dazu führen, den Machtcharakter der ἁμαρτία grundsätzlich zu bestreiten oder im Dienste existentialer Interpretation über Gebühr zurückzudrängen.[19] *Vielmehr hält*

---

[16] Metaphorik, 2. Daß es sich um einen »von außen an die Texte herangetragene[n] Begriff« handelt, ist m.e. allerdings noch kein hinreichender Grund, den »Macht«-Begriff zurückzuweisen (gegen RÖHSER, ebd.). Abgesehen davon muß *Röhser selbst* »eine neuzeitliche Bildfeldtheorie zur Begründung seiner These heranziehen«, wie HAGENOW, Gemeinde, 12, kritisch anmerkt.

[17] Kein Beleg dagegen ist 2Kor 11,7. Hier heißt ἁμαρτίαν ποιεῖν (= ἁμαρτάνειν) einfach »einen Fehler machen«. Diese Bedeutung findet sich z.b. bei MENANDER, *Dyskolos* I 14,75.

[18] Vgl. DENS., Gemeinde, 10 m. Anm. 30; so schon RÖHSER, Metaphorik, 177 u.ö.; vgl. GRELOT, Röm, 26, Anm. 6: « Le mot *hamartía* oscille, chez saint Paul, entre deux sens : la désignation des péchés personnels et la personification de la 'Puissance' mauvaise dont l'homme est prisonnier, notamment dans Rm 3,9 ; 5,12–13.21 ; 6,2.6.12 etc. ; 7,13–14.20.23 ; 8,2, etc. » – Das *Gegenteil* behauptet UMBACH, Sünde, 51–56, bes. Anm. 144, der mit seiner Arbeit eine der »Hauptthesen« der Untersuchung BULTMANNs über die Ethik und den Sündenbegriff bei Paulus (DERS., Ethik, bes. 49f.) bestätigen möchte, die »zu Unrecht weitgehend folgenlos geblieben« sei, nämlich die *These*, »*daß bei Paulus ein Unterschied sei zwischen dem Begriff ›Sünde‹ und menschlichem Fehlverhalten*« (UMBACH, a.a.O., 45 [Hervorhebung E.R.]). Freilich hat z.B. schon HAUSRATH, Paulus, 154, »Sünde« und »bewußte Uebertretung« *strikt* unterschieden. Vgl. ferner PITTA, Gal, 375 (zu Gal 6,1): "In realtà ci sembra fondamentale distinguere tra 'peccato' e 'trasgressione' nel pensiero paolino. Il peccato, o *hamartia*, è la potenza del vecchio eone, dal quale Cristo stesso ci ha liberati (cf. Gal 1,4): una forza che, in definitiva, sovrastava e teneva schiavo l'uomo. Invece il *paraptôma* è l'azione di trasgressione dell'uomo rispetto a un disegno d'alleanza con Dio stesso." Er räumt aber ein: "Con questo non s'intende separare nettamente il peccato dalla trasgressione ma evidenziare che per Paolo, nella vita cristiana, è concepibile una condizione di trasgressione e non di peccato, in quanto quest'ultimo renderebbe vana la stessa morte di Cristo (cf. Gal 2,17)" (ebd.).

[19] So etwa der spätere Bultmann (s. RÖHSER, Metaphorik, 1). Es ist zu beachten, daß RÖHSER die (von ihm abgelehnte) Käsemannsche Betonung des *Machtcharakters* der Sünde in dessen »Wiedergewinnung der Apokalyptik« grundgelegt sieht (ebd.). Diese wiederum wird von HAGENOW, Gemeinde, 11, *positiv* gewürdigt: »Schon Käsemann stellte *gegen Bultmanns anthropologische Engführung* die kosmisch-eschatologische Dimension des Heils heraus« (Hervorhebung E.R.). (Indes hält übrigens auch RÖHSER, Herrschaft, 95, *Käsemanns* »kosmologisch-apokalyptische Paulusdeutung« für »gegenüber der anthropologisch-eschatologischen Bultmanns« *grundsätzlich* zutreffend.) – Es wäre nicht nur forschungsgeschichtlich interessant, einmal der Frage nachzugehen, *inwiefern die biblischen Konzepte »Weisheit« und »Apokalyptik« in ihrer Verschiedenheit auch der Grund für die Unvereinbarkeit mancher theologischer Positionen sind* (zur *Kritik* an der sog. »Weisheit« s.u. S. 204, Anm. 402).

Paulus beide Aspekte – den Macht- und den Tataspekt – zusammen.[20] Das betont auch A. VAN DÜLMEN:

»die Sünde erscheint sowohl als Tat des Menschen wie auch als seine Beherrscherin. Diese beiden Inhalte lassen sich jedoch nicht exakt voneinander scheiden. [...] An vielen Stellen [...] geht die eine Bedeutung in die andere über, und die Doppeltheit der Aussage muß als solche belassen werden.«[21]

Die ἁμαρτία ist insofern einer *Sucht* vergleichbar, für die der Süchtige zwar voll verantwortlich gemacht werden kann (vgl. Röm 1,20; 2,1: ἀναπολόγητος)[22], die ihm aber sogleich »über den Kopf wächst«.[23] Die ἁμαρτία entwickelt, einmal »ausgelöst«, eine verheerende »Eigendynamik«[24] (vgl. Röm 7,8f.11), und gerade darin tritt ihr *Machtcharakter* zutage. Treffend beschreibt wiederum A. VAN DÜLMEN diesen Zusammenhang:

»Die den Menschen beherrschende Sündenmacht erhält diese Gewalt über den Menschen erst durch seine Übertretung. Hat sich die Sündenmacht jedoch einmal im Menschen selbst einen Ort bereitet, so geht ihre Wirkung daraufhin, den Menschen in die Rolle des immerwährenden Übertreters zu zwingen.«[25]

Dieser *unbeherrschten und unbeherrschbaren Machtentfaltung der ἁμαρτία* hat der Mensch *gar nichts* entgegenzusetzen: Als fleischliches Wesen ist er ihr gegenüber völlig *ausgeliefert* und schlechthin *macht-los* (eben »ohn-mächtig«, ἀσθενής: vgl. Röm 5,6[26]; 8,3!); das ὑφ᾿ ἁμαρτίαν-Sein

---

[20] Vgl. BORNKAMM, Paulus, 135.
[21] Theologie des Gesetzes, 159. – Entsprechende »terminologische Ungenauigkeiten« liegen m.E. in der *Sache* begründet und sind jedenfalls kein tragfähiger Einwand gegen diese »Mittelposition« (*gegen* RÖHSER, Herrschaft, 110), zumal schon in der Verbindung von Röm 5,12a und 12d »eine eigenartige Mischung [!] aus willentlicher Bejahung und unentrinnbarem Nicht-anders-Können im Blick auf die Sünde zum Ausdruck kommt« (*mit* RÖHSER, a.a.O., 99). Daß man im Blick auf die ἁμαρτία gleichwohl zwischen dem »Ursprungsverhängnis (Entstehung durch die Übertretung Adams)« und dem »Todesverhängnis (unvermeidliche Folge im Rahmen des Tun-Ergehen-Zusammenhangs)« *unterscheiden* und »für das *Ursprungs*verhängnis auch auf den Machtbegriff vollständig verzichten« sollte (RÖHSER, a.a.O., 98f.), ist indes in der Tat eine hilfreiche Präzisierung. Nur darf man den Machtbegriff doch nicht *allzu weit* vom »Ursprungsverhängnis« abspalten, da ja die ἁμαρτία, einmal in die Welt gesetzt, sogleich eine verheerende »Eigendynamik« entfaltet (letzteres sieht auch RÖHSER, a.a.O., 97; vgl. unten m. Anm. 23).
[22] Vgl. VAN DÜLMEN, a.a.O., 166–168.
[23] Mit dem Begriff »Sucht« ist m.E. genau das getroffen, was auch RÖHSER, Herrschaft, 110, im wesentlichen richtig beschreibt: »Es geht darum, [...] eine Neubeschreibung der Wirklichkeit zu leisten, wonach der Mensch der Auswirkungen seiner bösen Taten nicht mehr Herr wird, sondern ohnmächtig dessen gewahr wird, wie sie sich ihm gegenüber verselbständigen und ihn und andere im existenziellen Selbstwiderspruch zugrunde richten – wenn ihm nicht durch göttliches Eingreifen ein Ausweg eröffnet wird.«
[24] Vgl. RÖHSER, Metaphorik, 170.180 u.ö.
[25] Theologie des Gesetzes, 168.
[26] Daß ἀσθενής *hier* gleich ἁμαρτωλός ist, zeigt die Parallelität von V. 6 und V. 8.

wird[27] darum zu seinem *Wesensmerkmal.* »*Sünde*« *ist folglich nicht nur etwas* »*am Menschen*« – *kein bloßes Akzidens*[28] –, *sondern betrifft ihn in seinem Sein*: Der von der Sünde unterjochte Mensch – der Mensch *als Sünder* – ist nur noch eine beschämende *Karikatur oder Fratze* des ursprünglichen Geschöpfes Gottes (vgl. Röm 1,18ff.; 3,23; ferner 6,21b: ἐφ' οἷς νῦν ἐπαισχύνεσθε!).[29] *Ja, für Paulus gilt* »*die Gottebenbildlichkeit seit dem Sündenfall als verloren*«, denn er versteht sie »nicht als *habitus*, sondern als sachgemäße *Relation* des Geschöpfes zum Schöpfer«, wie E. KÄSEMANN ausführt.[30] Dementsprechend erhält ein Mensch auch *nur ἐν Χριστῷ* – eben in der sachgemäßen Relation zum Schöpfer! – seine »schöpfungsmäßige« *Würde* zurück.[31]

---

[27] VAN DÜLMEN, a.a.O., 165, betont zu Recht, daß man nicht ohne weiteres vom sündigen *Wesen* des Menschen sprechen darf: »Wesentlich ist, daß Paulus den Zustand der Versklavung an die Sünde *heilsgeschichtlich* und *nicht anthropologisch* betrachtet. Dieser Zustand ist nicht notwendig mit dem Menschsein gegeben, *der Mensch ist für Paulus nicht* ›*seinsmäßig*‹ *sündig*« (Hervorhebungen E.R.). Zwar mag hier im einzelnen auch römisch-katholische Theologie Regie führen, aber die Seinskorruption des Menschen wird von Paulus tatsächlich nie in der Geschöpflichkeit *als solcher* grundgelegt (die Menschen »ermangeln« ja der *ursprünglichen* [!] δόξα [Röm 3,23]; vgl. BARDENHEWER, Röm, 58f. [s.u. Anm. 29]). Es trifft auch zu, was VAN DÜLMEN, a.a.O., 154, Anm. 5, zum Zusammenhang von σάρξ (als der geschöpflichen *conditio humana*) und ἁμαρτία bemerkt: »für Paulus geht es nicht um einen *Wesenszusammenhang* von σάρξ und ἁμαρτία (*eine Identität ist völlig ausgeschlossen*), sondern um einen *Wirkzusammenhang*: wo die Sarx herrscht, da herrscht auch die Sünde; nur das *Wirken* der Sarx, nicht aber ihr *Wesen* ist für Paulus sündig« (Hervorhebungen E.R.). Insofern freilich »erscheinen σάρξ und ἁμαρτία letztlich in ihrer *Wirkung* identisch als ein und dieselbe Unheilsmacht, auch wenn dies ihrem *Wesen* nach nicht der Fall ist (vgl. Röm 7,17.18)« (a.a.O., 158 [Hervorhebungen E.R.]). *Was hier über die σάρξ und insbesondere ihr Verhältnis zur ἁμαρτία gesagt wurde, gilt sodann – mutatis mutandis – auch für den νόμος und dessen Verhältnis zur ἁμαρτία!* Neben den unübersehbaren Strukturparallelen (s.u. S. 143–209) bildet insbesondere Röm 8,3 die *inhaltliche* Verknüpfung zwischen σάρξ und νόμος.

[28] Das hat schon Kant völlig richtig gesehen (s.u. S. 134, Anm. 39).

[29] Richtig BARDENHEWER, Röm, 59 (zu 3,23): Die δόξα ist »jene ›Herrlichkeit‹, die Gott bei der Schöpfung dem Menschen verlieh und die die Sünde dem Menschen raubte«. Ihm folgend KÄSEMANN, Röm, 88f.

[30] Röm, 89 (Hervorhebungen E.R.). Vgl. zum Ganzen bes. LOHSE, Imago Dei, *passim*; ferner VENETZ, Glaube, 71. – Offenbar eigentümlichem Sprachgefühl ist die Behauptung BUCHEGGERs (Erneuerung, 100) geschuldet, in Röm 3,23 meine »ὑστερέω nicht ein ›Verlieren‹, sondern drückt die Tatsache aus, dass durch das Vertauschen (statt Gott die Götzen) dem Menschen nun die göttliche δόξα ›ermangelt‹‹. Unmittelbar daraus folgert er dann allerdings: »*Die menschliche δόξα ist also kein Besitz oder Wesensmerkmal, sondern immer ein* ›*Glanz*‹, *der von Gott her auf seine Schöpfung fällt, also eine Gabe Gottes.* [...] *Δόξα ist kein statischer, sondern ein dynamischer, relationaler Begriff*« (a.a.O., 100f.; ein Verweis auf Käsemann fehlt). *Diesen Sätzen freilich ist m.E. uneingeschränkt zuzustimmen!*

[31] Vgl. dazu unten S. 210–212.252–255 m. Anm. 204! Ein solcher Mensch ist darum καινὴ κτίσις.

5.1.3. Der Mensch ὑφ' ἁμαρτίαν

Den geradezu *gewalttätigen Machtcharakter der* ἁμαρτία illustriert am eindrücklichsten die paulinische Rede vom Sein des Menschen ὑφ' ἁμαρτίαν (Röm 3,9; vgl. Gal 3,22; ferner Röm 7,14).[32]

Es fällt auf, daß Paulus nie vom Sein des Menschen ἐν (τῇ) ἁμαρτίᾳ spricht[33] – wohl aber wiederholt vom damit in gewisser Beziehung stehenden Sein ἐν (τῇ) σαρκί (Röm 7,5; 8,8f.; vgl. Röm 8,5; ferner Röm 8,4.12f.; 2Kor 10,3b)[34]. Wie »im Fleisch«, »im Gesetz«, oder auch »in Christus« kann man anscheinend »in der Sünde« nicht »sein«.[35]

Ein derart durch die ἁμαρτία vergewaltigter Mensch ist zutiefst *unfrei*, weil in die Sünde unwiederbringlich *verstrickt*. Die ἁμαρτία ist eine todbringende Sklavenhalterin (Röm 6,17.20f.23) und erweist sich als schlechthin *seinsbestimmender Todesraum*, aus dem es – eigentlich – kein Entrinnen gibt.[36]

Aus dem Charakter der ἁμαρτία als einer perfiden despotischen Macht ergibt sich die Notwendigkeit der *Befreiung* aus ihr. Dementsprechend schildert Paulus das Christusgeschehen in hamartiologischer Zuspitzung vor allem als *Befreiungsgeschehen* (vgl. Röm 6,6f.18.20.22; 7,5f.; 8,2; ferner 6,12–14).[37] Genau *hier* hat auch die Rede von der christlichen »Freiheit« (ἐλευθερία) ihren berechtigten Ort.[38] Allerdings kann diese *Befrei-*

---

[32] Vgl. VAN DÜLMEN, a.a.O., 162: Das ὑπό ist »Hinweis auf das Untertanenverhältnis des Menschen gegenüber der Sünde«. Es ist also eine *Äquivokation*, wenn Paulus vom Sein ὑπὸ χάριν spricht (Röm 6,14), denn die χάρις ist keine unberechenbare Macht!

[33] Die einzige einigermaßen *vergleichbare* Formulierung findet sich – als hypothetische Annahme – *Röm 6,2*: οἵτινες ἀπεθάνομεν τῇ ἁμαρτίᾳ, πῶς ἔτι ζήσομεν ἐν αὐτῇ; Dagegen gehört die ebenfalls hypothetisch formulierte Stelle *1Kor 15,17b* (... ἔτι ἐστὲ ἐν ταῖς ἁμαρτίαις ὑμῶν) nicht hierher, denn die dort genannten ἁμαρτίαι (Plural!) bezeichnen persönlich zu verantwortende (Possessivpronomen!) *Sündentaten*.

[34] Etwas *anderes* besagen diejenigen Stellen, an denen die Wendung ἐν (τῇ) σαρκί (übrigens *ohne* εἶναι!) mit einem *Possessivpronomen* verbunden ist (s. dazu unten S. 136–142).

[35] Der Fortgang der Arbeit wird zeigen, inwiefern das Fehlen der Formulierung εἶναι ἐν (τῇ) ἁμαρτίᾳ *sachlich* begründet ist. Hier seien vorab zwei grundlegende Einsichten genannt: 1) Die ἁμαρτία ist *kein* »Lebensraum« (entsprechend findet sich auch niemals die Rede vom Sein ἐν [τῷ] θανάτῳ). 2) Die ἁμαρτία ist eine dem Menschen *nicht strukturell* (d.h. schöpfungsgemäß) eignende Wesenseigenschaft (wie etwa das ἐν σαρκί-Sein), sondern eine nicht-schöpfungsgemäße Macht.

[36] Vgl. zum Ganzen HOFIUS, Rechtfertigung, 122–124.

[37] Unübertrefflich ins Bild gesetzt wird dieses Befreiungsgeschehen in den *Anastasis-Ikonen* mit ihrer Darstellung des siegreichen, die Pforten der Hölle zerbrechenden *Christus victor*. Vgl. zum Ganzen auch AULÉN, Haupttypen, bes. 505–513 (zum sog. »dramatischen« Versöhnungsgedanken).

[38] Es will beachtet sein, *daß Paulus von einer sog. »absoluten« Freiheit nichts weiß*: Der Befreiung von der Sünde entspricht die Bindung an Christus bzw. ein Leben für Gott (Röm 6,6–11.22); *nur in Christus* also ist ein Mensch wirklich *frei*. Will sich darum ein

ung aufgrund der Qualität der Sünde als einer *Wesenseigenschaft* des von ihr unterjochten Menschen *nur durch seinen Tod hindurch* erfolgen (vgl. Röm 6,7.10f.). Der Sünder kann nicht einfach durch Schuldabladung o.ä. von der Sünde distanziert werden (und sich schon gar nicht selber von ihr distanzieren!),[39] sondern nur durch seine eigene *Nichtung*; *er muß – mit innerer Notwendigkeit! – auf alle Fälle sterben.* Insofern behält der Satz τὰ γὰρ ὀψώνια τῆς ἁμαρτίας θάνατος (Röm 6,23a) *für jeden Menschen* (auch für einen Christen) seine *objektive Gültigkeit*, nur daß das *Mitsterben* (!) eines *mit Christus identifizierten Menschen* aufgrund der *Sühnewirkung* des Todes Jesu *für den, der »in Christus ist«*, im Ergebnis *heilsam* ist (vgl. dazu v.a. 2Kor 5,14b). Genau das meint die Rede vom »Sühnetod« Jesu als einem Geschehen *»inkludierender Stellvertretung«*.[40]

Im Blick auf dieses einmalige (aber bleibend gültige) Geschehen spricht Paulus dann zuweilen sogar von der Sünde als einer Größe der *Vergangenheit* (s. die *Vergangenheitstempora* in Röm 6–7) – das ist die *particula veri* der Arbeiten von P. WERNLE[41], H. UMBACH[42] u.a.[43], die eine Art »Sündlosigkeitstheorie« vertreten[44]. Doch ist nicht eigentlich *die Sünde als solche* nun eine Größe der Vergangenheit, sondern Christus hat die Seinen (vorerst) »lediglich« aus dem *Machtbereich* und aus dem *»Rechtsanspruch«* der Sünde befreit (vgl. Röm 6). Die ἁμαρτία *als Macht* existiert aber noch,[45] denn die *endgültige Beseitigung* der ἁμαρτία *selbst* (und mit ihr

---

Christ von Christus lossagen, verfällt er *automatisch* wieder versklavenden Sündenmächten (vgl. Gal 4,8–11.21–31; 5,1–4!).

[39] *Das* hat KANT, Religion, 91 (= B 94f.), richtig gesehen: Die Grundschuld des Menschen – das ihm *wesentlich* eignende ›radikale Böse‹ – kann »nicht von einem andern getilgt werden; denn sie ist keine *transmissible* Verbindlichkeit, die etwa, wie eine Geldschuld, (bei der es dem Gläubiger einerlei ist, ob der Schuldner selbst, oder ein anderer für ihn bezahlt) auf einen andern übertragen werden kann, sondern die *allerpersönlichste*, nämlich eine Sündenschuld, die nur der Strafbare, nicht der Unschuldige, er mag auch noch so großmütig sein, sie für jenen übernehmen zu wollen, tragen kann.« Vgl. SCHAEDE, Stellvertretung, 607f.; HOFIUS, Gottesknechtslied, 343–350; DENS., Sühne, *passim*.

[40] Vgl. zum Ganzen HOFIUS, Sühne, bes. 44–48; ASMUSSEN, Röm, 153f.; BRING, Gal, 93–100, bes. 96.

[41] Vgl. DENS., Sünde, *passim*. Darüber hinaus läßt sich diesem Werk leider nicht viel Brauchbares entnehmen; zur Kritik s.u. S. 312 m. Anm. 537.

[42] Vgl. DENS., Sünde, *passim*.

[43] Vgl. z.B. BAUMGARTEN-CRUSIUS, Röm, 199. Ihm zufolge wird Röm 8,1ff. »eine völlige *Vernichtung* des sündhaften Zustandes nicht nur als möglich, sondern auch als die christliche Aufgabe genommen« (s. zum Ganzen a.a.O., 214f.).

[44] Kritisch zu solchen »Sündlosigkeitsidealen« HAGENOW, Gemeinde, 5–15. Er betont: »Die Sünde [...] bleibt auch für den Christen eine gefährliche Macht« (a.a.O., 11). Das gesteht in gewisser Weise übrigens auch UMBACH, Sünde, 314f., zu, der differenzierter argumentiert als seinerzeit P. Wernle. – Vgl. dazu jetzt auch RÖHSER, Herrschaft, 90–93.106–109.110.

[45] Hierin besteht übrigens eine wichtige Parallele zum νόμος und zum θάνατος!

aller widergöttlicher Mächte) steht noch aus (vgl. 1Kor 15,24.26.54–57). Darum überrascht es nicht, daß auch ein Mensch ἐν Χριστῷ – wie wir sehen werden[46] – *insofern* noch als Mensch ὑφ' ἁμαρτίαν erscheint, als er kraft seiner (gebrochenen) Leiblichkeit ein Mensch *sub conditionibus peccati* ist *und bleibt* (Röm 7,14; 2Kor 10,3a), der sich eben darum nach »Erlösung« sehnt (vgl. Röm 7,24). Er ist zwar von der Sünde *als seinsbestimmender Macht* befreit, aber er lebt *kraft seiner Leiblichkeit* noch in ihrem todbringenden *Einflußbereich* (vgl. Röm 7,14–25; 2Kor 5,1–10), dem er *erst* durch seinen Tod bzw. durch seine Verwandlung ganz entrissen wird (vgl. 1Kor 15). Treffend faßt A. NYGREN diesen Sachverhalt zusammen:

> Der Christ »lebt zwar ›in Christus‹ und als ein Glied im ›Leibe Christi‹, aber gleichzeitig lebt er ›im Fleisch‹ (Gal. 2,20), als ein Glied ›in Adam‹, in dem alten, dem Tode verfallenen Leibe der Menschheit. Hier hat die Sünde ihren eigentlichen Anknüpfungspunkt, wenn sie das Verlorene wiedererobern und den Menschen in ihre Gewalt bekommen will. [...] *Bei Paulus gibt es nichts von dem sonst so gewöhnlichen Spiritualismus und keinerlei Übergeistigkeit. Er macht Ernst damit, daß eben dieses irdische Leben der Platz ist, an dem wir Gott dienen sollen.* Hier ist es, wo die Sünde wider uns anrennt, und hier muß sie bekämpft werden. ›Laßt deshalb die Sünde nicht herrschen in eurem sterblichen Leibe, daß ihr seinen Begierden gehorcht.‹ Wenn die Sünde hier Fuß faßt, so ist es für den Christen bald aus mit der ›Freiheit von der Sünde‹.«[47]

Hier finden wir das ausgesprochen, was man als den »paulinischen Realismus«[48] bezeichnen könnte, der freilich nichts mit unzulässiger Psychologisierung zu tun hat, sondern etwa LUTHERs 21. These der Heidelberger Disputation (1518) entspricht: *Theologus crucis dicit id quod res est.*[49]

5.1.4. Das Verhältnis von ἁμαρτία und σάρξ

Es wurde bereits angedeutet, daß die ἁμαρτία in einem spezifischen Verhältnis zur σάρξ steht (und umgekehrt).[50] Zwar sind die Stellen, an denen Paulus beide in eine große Nähe zueinander rückt, nicht eben zahlreich, aber doch deutlich genug (vgl. v.a. Röm 8,3!). Umstritten ist allerdings, *wie* das Verhältnis dieser beiden Größen *präzise* zu bestimmen ist. Oft werden σάρξ und ἁμαρτία nahezu *identifiziert*,[51] was aber den entsprechenden Sachverhalt eher vernebelt, denn erhellt.

---

[46] S.u. S. 136–142.367–395 (zu Röm 7,13–25).
[47] Röm, 182 (Hervorhebung E.R.).
[48] Vgl. NYGREN, a.a.O., 181f.; ferner KÖBERLE, Realismus, *passim*. Er spricht generell vom »Realismus der Bibel«.
[49] Zit. nach WA 1, 362,21f.
[50] S.o. S. 133; ferner S. 132, Anm. 27.
[51] Vgl. z.B. LIPSIUS, Rechtfertigungslehre, 87 (die σάρξ als »das ganz eigentlich ungöttliche Princip«). SAND, Art. σάρξ, *passim*, sieht immerhin, daß der Begriff σάρξ durchaus *Verschiedenes* bedeuten kann, meint dann aber: »*Entscheidend* sind bei Pls die Aussagen, die σ[άρξ] verwenden, um den der alles beherrschenden Macht der Sünde aus-

Schon F.C. BAUR stellte fest, daß es »die *Grundanschauung* der Anthropologie des Apostels« sei, »*dass σάρξ der materielle Leib ist*«[52]: »Nur in diesem Begriff schliessen sich die verschiedenen die σάρξ betreffenden Bestimmungen zur Einheit zusammen.«[53] Der Begriff σάρξ bezeichnet also zunächst ganz neutral die schöpfungsmäßige *conditio humana*, d.h. den Menschen in seiner körperlich-leiblichen Geschöpflichkeit[54], wie sie dem sog. »Urstand« entspricht – bzw. *entsprach*. Denn natürlich weiß Paulus um die seit Adams παράβασις bzw. παράπτωμα bestehende Sünden- und Todverfallenheit der *ganzen* Schöpfung, d.h. auch und gerade der *conditio humana* (vgl. dazu Röm 5,12–14; 8,19–23). Von *daher* – aber eben *nur* so! – kann der Begriff σάρξ bei Paulus dann auch den Menschen in seiner nunmehr *gebrochenen* Geschöpflichkeit, in seiner Schwäche und Krankheit (ἀσθένεια), Vergänglichkeit (ματαιότης), Sünden- und Todverfallenheit (φθορά) bezeichnen – aber auch in seinem sündigen *Verlangen* (vgl. Gal 5,17!), weil die Sünde gerade von der *σάρξ* Besitz ergreift (Röm 8,3bβ) und in *ihr* bzw. *ihren* »*Gliedern*« (μέλη) »*wohnt*« (Röm 7,17f.20. 23) und sie so zum hauptsächlichen Organ der Sünde und des Sündigens macht.[55] Auf diese Weise wird die σάρξ radikal korrumpiert und der schöpfungsmäßige Leib zum »Leib des Todes« (Röm 7,24b) verkehrt (pervertiert).[56] Ein solcher Mensch ist *in der Tat* »elend« (Röm 7,24a; vgl. 8,23)![57]

5.1.4.1. Der theologische und der physische *σάρξ-Begriff*

Wir begegnen bei Paulus einem (mindestens) *doppelten σάρξ-Verständnis*,[58] und die meiste Konfusion hinsichtlich der paulinischen Anthropolo-

---

gelieferten Menschen zu bezeichnen« (a.a.O., 552 [Hervorhebung E.R.]). So wird das ἐν σαρκί-Sein geradezu zum *Synonym* des ὑφ᾽ ἁμαρτίαν-Seins erklärt, was höchstens *cum grano salis* zutrifft, *in generalisierender Form* aber nachgerade falsch ist.

[52] Vorlesungen, 143 (die griechische Akzentsetzung entspricht hier und im folgenden der Baurschen Typographie). So auch LIPSIUS, Röm, 128, der von einem »ursprünglich rein physischen Begriffe der σάρξ« spricht. Vgl. zum Ganzen WALTER, Gal, 217–223.

[53] BAUR, ebd. Der nächste Satz jedoch verrät Baurs *substanzontologische* Befangenheit: »Der Leib macht also, sofern der Mensch σάρξ ist, das eigentliche substanzielle Wesen des Menschen aus.«

[54] KÜMMEL, Theologie, 156, spricht von der »irdischen Leiblichkeit« des Menschen.

[55] Nur in *dieser* Hinsicht also ist die traditionelle »Sonderstellung« sexueller Verfehlungen gerechtfertigt! Die ἐπιθυμία bemächtigt sich offenbar vorrangig der *Sinnlichkeit* des Menschen (vgl. exemplarisch auch das Jesus-Wort Mt 5,27–30, bes. V. 29f.) – aber nichtsdestoweniger betrifft sie den *ganzen* Menschen, ist der *ganze* Mensch Sünder!

[56] Insofern läßt sich dann auch mit Recht sagen: « La chair et l'esprit sont comme deux puissances antagonistes » (VIARD, Gal, 115). S. dazu HOFIUS, Widerstreit, *passim*.

[57] Vgl. zum Ganzen schon UMBREIT, Röm, 279–282 (= Anm. 100).

[58] Außer Betracht bleiben hier diejenigen Stellen, an denen Paulus vermutlich geprägtes Formelgut aufnimmt (z.B. Röm 1,3 [vgl. dazu HÄUSSER, Christusbekenntnis,

gie und Hamartiologie entsteht m.E. in der Tat dadurch, *daß nicht präzise genug zwischen einem »theologischen« und einem »physischen« Verständnis von σάρξ unterschieden wird.*[59] Mit dem Begriff σάρξ[60] bezeichnet der Apostel nämlich *einerseits* das den *ganzen* Menschen durchdringende *»sündhafte Wesen«* (= theologischer σάρξ-Begriff), *andererseits* den unter den unweigerlich todbringenden Auswirkungen der Sünde leidenden *»Kör-*

159f.]). Hier bezeichnet σάρξ u.a. die »natürliche bzw. ethnische Abstammung« (κατὰ σάρκα [HÄUSSER, a.a.O., 159]) oder die »Körperform« bzw. »Substanz« (1Kor 15,39).

[59] Das sieht z.B. GNILKA, Paulus, 219: »Es muß also streng unterschieden werden zwischen den neutralen Sarx-Stellen und jenen, an denen das Fleisch geradezu als unheilvolle Macht gesehen wird.« Das ist vollkommen richtig; die entscheidende Frage ist nur, an *welchen* Stellen *welches* Verständnis von σάρξ vorliegt! Vgl. ferner RADL, Gal, 48f., der »ganz verschiedene Bedeutungen« des Begriffes σάρξ bei Paulus namhaft macht.

Wir stoßen damit auf das Problem einer *uneinheitlichen Terminologie bei gleichzeitiger Kohärenz des Denkens*. Das Richtige dazu steht bei SANDERS, Paulus, 408: »Ich sehe keinerlei Anzeichen für eine größere theol[ogische] Entwicklung im pln. Denken, doch gibt es zweifellos Veränderungen in seiner Ausdrucksweise, die sich als schwerster Prüfstein für den Exegeten erweisen und zugleich die größte Möglichkeit zum Verstehen des Paulus eröffnen. [...] Ferner fasse ich Paulus, trotz der nicht-systematischen Natur seines Denkens und der Veränderungen in seiner Ausdrucksweise, als *kohärenten* Denker auf.« Vgl. auch a.a.O., 645 (Anm. 9): »Einige Veränderungen sind offensichtlich: So sind die Ausführungen über das Gesetz in Röm gegenüber Gal weiter entwickelt und differenzierter [...]. Daraus folgt aber nicht notwendigerweise, daß sich Pauli *Denken* verändert hätte, obgleich dies der Fall sein könnte. Mit größerer Sicherheit lassen sich solche Wandlungen als Entwicklungen in seiner *Darstellungs-* und *Argumentationsweise* begreifen. Mir ist kein entscheidender Beleg dafür bekannt, daß Paulus in der Zeitspanne seiner uns erhaltenen Korrespondenz einen Wandel in seinem Denken vollzogen hätte, obgleich die Möglichkeit eines solchen Wandels nicht ausgeschlossen werden kann. Die Variationen in der Argumentation seiner Briefe werden deshalb stets Gründe für Spekulationen [!] über diese Frage liefern.« Es gilt auch für die paulinische Theologie, was HERMS, Auslegung, 87, Anm. 223, über Luthers Theologie gesagt hat: Sie ist »nirgends schief und inkonsistent in der Sache – nur manchmal unsystematisch in der Darstellung.«

[60] Was über den Begriff σάρξ zu sagen ist, gilt *mutatis mutandis* auch für den Begriff σῶμα, da beide Begriffe zuweilen *äquivok* verwendet werden können (*2Kor 4,10b // 4,11b*; vgl. auch 1Kor 6,16, wo »σάρξ (Gn 2,24) von Paulus mit σῶμα aufgenommen« wird [SCHWEIZER, Art. σάρξ, 125]; vgl. ferner KÜMMEL, Theologie, 156 [zu Röm 7,25; 1Kor 5,3; 7,34]). Freilich scheint σῶμα ein *breiteres* Bedeutungsfeld zu haben als σάρξ: »›Fleisch‹ ist auf den Menschen in seiner sterblichen Wirklichkeit beschränkt: ›Fleisch und Blut werden die Gottesherrschaft nicht erben‹ (1.Kor. 15,50); ›Leib‹ kann dagegen auch die Existenz des auferstandenen Christen beschreiben« (KÜMMEL, ebd.; s. ferner z.B. die Rede vom σῶμα Χριστοῦ). Aber *umgekehrt* kann σῶμα *auch* den irdischen Leib in seiner (materiellen) Körperlichkeit bezeichnen (*2Kor 5,6–10*)! Neuerdings hat z.B. RABENS, Spirit, 211, gesehen, daß »both terms also overlap in Paul's usage«. S. zum Ganzen schon KÄSEMANN, Leib, *passim*; in stark *hermeneutischer* Absicht s. HEINE, Glaube, *passim*. Ihr Beitrag ist hier v.a. insofern von Interesse, als sie besonders gegen Bultmann den *sozialen Bezug des Menschen qua* σῶμα hervorhebt: »Wir dagegen definieren soma als den Menschen, der in einem unlösbaren geschichtlichen Wechselbezug zu seiner Mitwelt steht« (HEINE, a.a.O., 53; vgl. bes. a.a.O., 53–64).

138   *II. Die gegenwärtige Christusbezogenheit* διά πίστεως

per« als einen *Teil*[61] des Menschen (= physischer σάρξ-Begriff). Die σάρξ kann bei Paulus also sowohl die *ganze* Person qualifizieren als auch bloß einen *Teil* des Menschen beschreiben, näherhin seinen Körper bzw.[62] Leib. Der Mensch *ist* Paulus zufolge also nicht nur »Fleisch« (und »Leib«)[63] – wie das in fragwürdiger traditionsgeschichtlicher Herleitung oft behauptet wurde und wird[64] –, denn »[i]n der That sind der Indicien nicht wenige, nach welchen es unmöglich ist, in der σάρξ des Paulus stets das *Wesen* des Menschen überhaupt zu erblicken«, wie H. LÜDEMANN bereits 1872 gezeigt hat.[65] Vielmehr *hat* der Mensch auch eine σάρξ und ein σῶμα, was an den Stellen deutlich wird, »wo der Mensch sich *als solcher* von seiner σάρξ unterscheidet, sie nicht sowohl zu seinem Ich, als vielmehr zu seinem Besitz rechnet, von ›seiner‹ σάρξ redet«[66]. Das bedeutet, daß σάρξ

---

[61] *Das* lehnt BULTMANN, Art. Paulus, 1032f., für *alle* »anthropologischen Begriffe« entschieden ab!

[62] S.o. Anm. 60! Zwar kann man bei Paulus *zuweilen* in der Tat eine ›scharfe Scheidung zwischen σῶμα und σάρξ‹ feststellen (SCHMIEDEL, 1Kor, 99 [zu 1Kor 6,13]), aber sie ist *nicht* systembildend!

[63] Diese Bedeutung liegt nur in den geprägte Redeweise aufnehmenden Wendungen wie σάρξ καὶ αἷμα (»Fleisch und Blut«, d.h. »irgendein Mensch« / »Irdisches«: 1Kor 15,50) oder πᾶσα σάρξ (»jedes Lebewesen« / »jeder Mensch«: Röm 3,20) vor.

[64] Auch hier dürfte die traditionsgeschichtliche Rückfrage letztlich der Grundentscheidung verpflichtet sein, ob man Paulus vorwiegend (oder gar ausschließlich) vor dem Hintergrund des Judentums oder des Hellenismus verstehen will (s. exemplarisch KÜMMEL, Theologie, 155). – Demgegenüber wird auch hier WREDE, Paulus, 6 m. Anm. 1, richtig liegen, wenn er den offenbar *äquivoken* Gebrauch des Begriffes σάρξ auf das Zusammenwirken *verschiedener* Einflüsse (hauptsächlich aus Judentum und Hellenismus) zurückführt (so auch DUNN, Theology, 70–73). – Man beachte allerdings, daß die *ältere* Forschung die atl. Herleitung des Begriffes σάρξ mühelos mit einem (vermeintlich) »dichotomischen« Menschenbild zusammenbringen konnte; vgl. exemplarisch UMBREIT, Röm, 73 m. Anm. 100 (= a.a.O., 279–282): »Die Bedeutung des Fleisches, בָּשָׂר, im A.T. erhellet schon aus dem sich überall hindurchziehenden Gegensatze zum Geiste, רוּחַ. Der Geist gehört Gott, das Fleisch dem Menschen. Dieser Gegensatz war durch die Erschaffung des Adam, indem er aus Erde gebildet ward, ein nothwendiger; Gott formte seinen Leib aus dem Staube derselben, und hauchte ihm seinen Geist ein, damit er zu einer lebendigen Seele, zu einer Persönlichkeit in dieser Vereinigung des Geistigen und Leiblichen werde (Gen. 2,7)« (a.a.O., 279). Darum setze sich *dieser »natürliche, und doch einheitliche Gegensatz«* über alle Generationen hinweg fort (ebd. [Hervorhebung E.R.]). Aber gerade in der Bedeutung der willentlichen Auflehnung gegen Gott (und d.h. Sünde im paulinischen Sinne) »findet sich בָּשָׂר nicht im A.T.« (UMBREIT, a.a.O., 282)!

[65] Anthropologie, 31 (Hervorhebung E.R.). Vgl. ENGEL, Kampf, bes. 33. – Zur Bedeutung Lüdemanns für die Paulusforschung des 19. Jh. s. HAVEMANN, Apostel, 36–43.

[66] LÜDEMANN, a.a.O., 32; vgl. BISPING, Röm, 219. So auch ALTHAUS, Paulus, 57, Anm. 1 (zu Röm 7,18): »Denn σάρξ μου kann nicht Bezeichnung des ganzen Ich sein.« Schon die Reformatoren hätten in dieser Wendung eine »Korrektur« gesehen, »mit der Paulus den wiedergeborenen Menschen von seinem alten Wesen unterscheidet« (ebd.; BISPING, ebd., bezieht das allerdings auf den *natürlichen* Menschen!). Vgl. dazu ENGEL, Kampf, 20ff.32ff. Im Anschluß an Luther hält er den ganzen Abschnitt Röm 7,14b–25 für

und σῶμα dem Menschen zwar *strukturell* wesentlich sind[67], wie die Rede von der *leiblichen* (!) Auferstehung zeigt (1Kor 15,42–44 [σῶμα πνευματικόν]), nicht aber zwangsläufig[68] hinsichtlich ihrer gegenwärtigen (postlapsarischen!) *Qualität*, wie wiederum die Rede von der schlechterdings notwendigen (!) »Verwandlung« des Körpers zeigt (1Kor 15,50–54a; vgl. auch V. 46–49).[69] Zudem betont Paulus *im Blick auf den Christen* (!) »ausdrücklich, daß [er] im Fleisch leben kann, ohne darum auch sündigen zu müssen« (2Kor 10,3)[70].

Um einer möglichen Konfusion zu entgehen, die namentlich das Verständnis von Röm 7 häufig verdunkelt hat,[71] ist vor allem zu beachten, daß der Apostel offenbar bewußt *verschiedene* Formulierungen wählt, um anzuzeigen, welchen Aspekt des Begriffes σάρξ er an welcher Stelle meint.

1) Die σάρξ als *das den ganzen Menschen durchdringende sündhafte Wesen* (= der theologische σάρξ-Begriff): Diese Bedeutung kann bei Paulus *nur dann* vorliegen, wenn σάρξ *nicht* mit einem Possessivpronomen verbunden ist. Das ist *sachlich* darin begründet, daß die σάρξ *in diesen Fällen* (aber *nur* in diesen!) verstanden ist als »ein ›Prinzip‹, in dessen ›Sinn‹ der Mensch handelt (κατὰ σάρκα), und eine ›Sphäre‹, innerhalb derer er lebt (ἐν σαρκί)«[72]. Hier erscheint die σάρξ also als *unpersönliche* böse Macht, die den Menschen zunächst von außen bestimmt, sich ihm aber schnell verinnerlicht.[73] Das »*Sein* ἐν σαρκί« ist darum *das* Wesens-

---

»synekdochisch« formuliert (a.a.O., 20); V. 15–17 »begründen, erklären und *beschränken*« das V. 14b Gesagte (ebd. [Hervorhebung E.R.]).

[67] Gegen WREDE, Paulus, 9, demzufolge Paulus den Auferstehungsleib nur als einen rein »›geistigen‹, immateriellen, für die äußeren Sinne also nicht wahrnehmbaren« Leib kannte. Daraus schließt WREDE dann, daß die Erscheinung des Auferstandenen vor Damaskus nur eine *intrinsische* »Vision« gewesen sein könne (ebd.).

[68] Hier besteht zwischen dem Schicksal der Gläubigen und dem Schicksal der Ungläubigen ein großer Unterschied: Während der Tod der ersteren lediglich ihren *Körper* betrifft, umgreift der Tod letztere sowohl hinsichtlich ihrer Personalität wie hinsichtlich ihres Körpers; Körper und Selbst des Ungläubigen erleiden also *dasselbe* Schicksal und sind insofern nicht voneinander zu trennen. Genau das gilt aber für den Gläubigen *nicht mehr*: Zwischen ihm und seinem Körper besteht eine (letztlich *heilsame*!) Differenz. Nur darum kann das »Ich« den »Gliedern« entgegentreten (Röm 7!).

[69] Vgl. KÄSEMANN, Leib, 133f.

[70] KÜMMEL, Theologie, 156. Er übersieht leider mit weitreichenden Konsequenzen, daß Paulus hier *ausschließlich vom Christen* spricht!

[71] S. dazu unten S. 166–199.367–395.

[72] VAN DÜLMEN, Theologie des Gesetzes, 143. So schon BULTMANN, Theologie, 211: »Leben ist immer ein περιπατεῖν und wird wie dieses näher bestimmt etwa durch ein Adverb […] oder durch ein κατά [sic!] […]. Das Leben bewegt sich in einer Sphäre, die ihm die Richtung gibt«. Eine solche Sphäre kann *auch* die σάρξ sein (a.a.O., 232–246).

[73] Das ist die *particula veri* aller derer, die den *Machtcharakter* der σάρξ herausstellen (vgl. exemplarisch BULTMANN, Theologie, 244f.). Allerdings ist die σάρξ bei Paulus – im *Unterschied* zur ἁμαρτία – nicht *primär* eine (böse) Macht (s.o. S. 132, Anm. 27).

merkmal des Nichtchristen schlechthin, welches ihn *hinreichend* definiert: »Der nicht im Glauben d.h. ἐν πνεύματι lebende Mensch existiert *ausnahmslos* ἐν σαρκί und handelt κατὰ σάρκα.«[74] *Insofern* bildet die Wendung ἐν σαρκί strukturell und sachlich den *Gegenbegriff* zu ἐν Χριστῷ bzw. ἐν πνεύματι (vgl. Röm 8,9),[75] und es ist darum kein Zufall, daß die »negative[n] Konnotationen« des Begriffes σάρξ, wie sie »für den paulinischen Gebrauch des κατὰ σάρκα – κατὰ πνεῦμα charakteristisch sind«[76], *ausschließlich* dort auftauchen, wo es explizit oder implizit auch tatsächlich um *diesen Gegensatz* zwischen σάρξ und πνεῦμα geht.[77]

2) Die σάρξ als *der unter den unweigerlich todbringenden Auswirkungen der Sünde leidende Körper als ein Teil (!) jedes Menschen* (= der physische σάρξ-Begriff): Diese Bedeutung liegt *immer dann* vor, wenn σάρξ mit einem Possessivpronomen verbunden ist (z.B. ἐν τῇ σαρκί μου [Röm 7,18 = Gal 4,14][78]; vgl. ferner 1Thess 5,23b).[79] *Hier* ist »Fleischlichkeit« tatsächlich *identisch* mit »irdischer (!) Leiblichkeit«[80], und darum gilt

---

[74] VAN DÜLMEN, Theologie des Gesetzes, 142 (Hervorhebung E.R.). An dem »ausnahmslos« hängt *alles*! Denn *auch* der Christ lebt noch ἐν σαρκί, aber eben nicht »ausnahmslos«, weil er ebenso ἐν Χριστῷ bzw. ἐν πνεύματι lebt und darum gerade *nicht* κατὰ σάρκα handeln und wandeln soll (2Kor 10,3! [vgl. BULTMANN, Theologie, 239]). Aus dieser anderen Signatur des Christen ergibt sich bereits, daß die Wendung ἐν σαρκί *sachlich* nicht immer dasselbe meint (s.u.), was etwa THYEN, Alternativen, bes. 273f., leider übersieht.

[75] Darum kann Paulus auch sagen: ὅτε γὰρ ἦμεν ἐν τῇ σαρκί κτλ. (Röm 7,5).

[76] HÄUSSER, Christusbekenntnis, 160. Weil es z.B. Röm 1,3 gerade *nicht* um diese Gegenüberstellung geht, sind dort »mit dem κατὰ σάρκα keinerlei negative Konnotationen verbunden«, sondern es »liegt eine neutrale Verwendung vor« (HÄUSSER, ebd.; vgl. KÜMMEL, Theologie, 155).

[77] Das gilt hauptsächlich für *Röm 8*, ist aber z.B. *nicht* der Fall in Gal 2,20, denn dort »nennen ἐν σαρκί und ἐν πίστει die noch bestehenden *Existenzbedingungen* – noch bin ich ›Fleisch‹, noch lebe ich nicht im Schauen, sondern ›im Glauben‹« (MUSSNER, Gal, 183 [Hervorhebung E.R.]). Vgl. dazu auch EGGER, Gal, 22: ἐν σαρκί bedeutet hier »unter den Bedingungen irdischer und versuchbarer Existenz«.

[78] S. dazu unten S. 390–392. Hier sei bereits angemerkt, daß schon σάρκινος Röm 7,14 *nicht* den *ganzen* Menschen definiert (*gegen* KÜMMEL, Bekehrung, 61, Anm. 1, u.v.a.) und daß darum »Ich« und σάρξ auch hier *nicht* identisch sind (*mit* KÜMMEL, ebd.; ihm folgend ALTHAUS, Paulus, 57 m. Anm. 1; *gegen* SCHOTTROFF, Art. ἐγώ, 921; ihr folgend HOFIUS, Mensch, 140 m. Anm. 131).

[79] Das sah LÜDEMANN, Anthropologie, 32, schon 1872! Ihm folgte aber anscheinend niemand (kritisch z.B. KÄSEMANN, Leib, 101f.; NEUGEBAUER, In Christus, 9f.).

[80] Allerdings gilt hier die Einschränkung: »Fleisch bezeichnet eben den Menschen nur in seiner irdischen, auf dieses Leben beschränkten Leiblichkeit« (KÜMMEL, Theologie, 156). Wenn KÜMMEL, ebd., fortfährt: »und eben dieser *im Fleisch befindliche* und [!] *nach dem Fleisch lebende* Mensch ist nach Paulus ein Sünder« (Hervorhebungen E.R.), dann ist das grundsätzlich richtig. Für den *Christen* gilt dann aber in modifizierter Weise: *er* ist zwar ebenfalls ›im Fleisch befindlich‹, aber nicht mehr ›nach dem Fleisch lebend‹, sondern nach dem Geist! *Eben darin besteht nach Paulus der grundsätzliche (!) Unter-*

hier – gegen A. VAN DÜLMEN[81] u.a. –, daß *auch* »der ἐν πνεύματι lebende Mensch« nicht nur einen Leib hat, sondern daß er kraft des präeschatisch unaufhebbaren *So-Seins* des Körpers bzw. Leibes (als des sinnlichen Teils des Menschen) immer auch *in gewisser Weise* der Sarx[82] und damit notwendigerweise dem Tod unterstellt bleibt (darum Röm 7,24!). Es ist eben gerade »der Besitz eines solchen Fleisch-Leibes«, der *auch* den Christen einen σάρκινος bleiben läßt.[83] *Insofern* gilt weiterhin *auch* für den Christen, was für einen jeden Menschen gilt: »Der Mensch existiert im Fleisch, und das heißt, in den Bedingungen, Möglichkeiten, Begrenzungen, die die materiellen Gegebenheiten seines irdischen Lebens ihm auferlegen.«[84] Der Christ hat bleibend Anteil an *dieser* (freilich *nicht* im herausgehobenen Sinne *wesentlichen*[85]) allgemeinen *conditio humana*.[86] Diese These ist im weiteren Verlauf der Untersuchung zu präzisieren, insbesondere hinsichtlich der Frage, in *welcher* Weise *auch* der Christ sich nach Paulus kraft des *Soseins* seines Leibes – einschließlich dessen ἐπιθυμία-Anfälligkeit – der Sarx *als Macht* nicht gänzlich entziehen kann.[87] Vorerst

---

schied zwischen dem Sünder und dem Christen. Vor *diesem* Hintergrund drängt sich sachliche Kritik an der Formel »*simul iustus et peccator*« auf (s.u. S. 389f.417.419–422).

[81] Theologie des Gesetzes, 142: »Auch der ἐν πνεύματι lebende Mensch hat einen Leib, ohne jedoch durch ihn der Sarx unterstellt zu sein.«

[82] Vgl. UMBREIT, Röm, 281: »בָּשָׂר hat nothwendig die Bedeutung der Sinnlichkeit. Die Lust, insofern sie auf ein Verbotenes gerichtet ist, liegt allerdings in der נֶפֶשׁ, in der Seele, aber die Seele wird nicht bloß von dem Geiste geleitet, sondern auch von dem Leibe, mit dem sie zu einem menschlich-lebendigen Wesen organisch verknüpft ist.«

[83] Gegen VAN DÜLMEN, Theologie des Gesetzes, 143. Sie schreibt (ebd.): »Die Röm 7,14 vom Menschen ausgesagte Fleischlichkeit gründet nicht darin, daß der Mensch selbst Fleisch ist. Nur weil er in einem ›fleischernen‹ Leib lebt, kann sein Wesen noch nicht mit der Sarx identifiziert werden. Auch der Besitz eines solchen Fleisch-Leibes macht ihn noch nicht zum σάρκινος.« Richtig gesehen ist hier lediglich, daß Paulus *den Christen* nicht hinsichtlich seines *Wesens* (sondern streng und ausschließlich hinsichtlich seiner physischen Verfassung) als σάρκινος bezeichnet. Das *kann* VAN DÜLMEN aber auch gar nicht sehen, weil sie die σάρξ grundsätzlich »als eine Größe *außerhalb* seiner selbst« definiert, mithin die Äquivokation des Begriffes σάρξ *nicht* wahrnimmt (ebd. [Hervorhebung E.R.]; vgl. auch die a.a.O., 143ff., folgenden Ausführungen! So spricht sie etwa hinsichtlich der Wendung κατὰ σάρκα bezeichnenderweise von »zwei, wenn auch einander *nahestehende[n]* Bedeutungen«, die – gleichwohl – voneinander »zu unterscheiden« seien [a.a.O., 143].).

[84] GNILKA, Paulus, 216.

[85] »*Wesentlich*« wäre diese *conditio humana* nur bei substanzontologischem Ansatz.

[86] Vgl. auch LÉMONON, Gal, 101f.104. Er unterscheidet eine »condition chrétienne« und eine »condition charnelle« bzw. »condition humaine« und bemerkt in seiner Auslegung von Gal 2,20: « Comme tout croyant, Paul demeure dans la chair, dans la condition présente, et pourtant son principe de vie, Christ, le transforme. Σάρξ désigne la condition humaine qui, en raison de sa faiblesse, peut toujours être saisie par le péché. » Genau diese Sicht vertritt Paulus m.E. auch in Röm 7.

[87] Vgl. zum Ganzen KÄSEMANN, Leib, 116f.133f.180f.

mag der Hinweis genügen, daß die Rede vom »Wohnen« (οἰκεῖν) der Sünde im Menschen (*und* im Christen [Röm 7,17.20][88]) nicht vorschnell identifiziert werden darf mit der Rede vom »Herrschen« (κυριεύειν, βασιλεύειν) der Sünde im Menschen (*nicht* im Christen [Röm 6,12–14]).[89]

5.1.4.2. Der theologische und der physische πνεῦμα-Begriff

Unsere These einer sprachlich nachvollziehbaren Unterscheidung zweier verschiedener σάρξ-Begriffe wird nachdrücklich gestützt durch die Beobachtung, daß Paulus mit *denselben* sprachlichen Mitteln eine entsprechende Unterscheidung auch hinsichtlich des πνεῦμα-Begriffes vollzieht. So, wie ein Mensch ἐν σαρκί leben kann, so kann er auch ἐν πνεύματι leben; insofern kann Paulus auch unter dem πνεῦμα (als dem πνεῦμα *Gottes* bzw. *Christi!*) eine *umfassende Lebenssphäre* verstehen, die *handlungsleitende* Orientierung bietet (κατὰ πνεῦμα). Zugleich aber kann πνεῦμα (als das πνεῦμα des *Menschen!*) im Sinne sog. »dichotomischer« oder »trichotomischer« Anthropologie[90] auch einen *Teil* des Menschen bezeichnen und gehört somit zur allgemeinen *conditio humana*.

Auch in diesem Zusammenhang ist zu beachten, daß der Apostel offenbar bewußt *verschiedene* Formulierungen wählt, um anzuzeigen, welchen Aspekt des Begriffes πνεῦμα er an welcher Stelle präzise meint.

1) Das πνεῦμα als *eine den ganzen Menschen umfassende Lebenssphäre* (= der theologische πνεῦμα-Begriff): Diese Bedeutung kann bei Paulus *nur dann* vorliegen, wenn πνεῦμα nicht mit einem Possessivpronomen verbunden ist und den Geist *Gottes* oder *Christi* meint, der ausschließlich *den Christen* verliehen ist. Dieser πνεῦμα-Begriff findet sich naturgemäß fast nur in der Gegenüberstellung mit σάρξ (ἐν πνεύματι – ἐν σαρκί bzw. κατὰ πνεῦμα – κατὰ σάρκα),[91] d.h. namentlich in Röm 8 (vgl. auch Gal 5,16–26).

2) Das πνεῦμα als *ein Bereich des Menschen*, als ein *Teil* der allgemeinen *conditio humana*, der als solcher ebenfalls der Heiligung und der

---

[88] Zur Begründung s.u. S. 388–394.
[89] Das tut aber z.B. BAUMGARTEN-CRUSIUS, Röm, 179: »Aber im *Herrschen* liegt nicht blos (*Chrysostomus*, dagegen *Tholuck* und *de Wette*) ein Gegensatz zum *Dasein*: nur nicht *herrschen* solle die Sünde; – vielmehr geht Paulus fortwährend von der Idee des Todes für die Sünde aus. Also heisst es: *Macht üben*.«
[90] Diese Bezeichnung wird freilich heftig kritisiert von SAND, Art. σάρξ, 549, der allerdings traditionsgeschichtlich ganz dem sog. »holistischen« jüdischen Denken verpflichtet ist. Daß sich jedoch dicho- bzw. trichotomische Begrifflichkeit und ganzheitliches Denken bei Paulus nicht ausschließen, zeigt HEINE, Glaube, 80f., deren Ausführungen zu Röm 7 (s. a.a.O., 81ff.) ich allerdings nicht folgen kann.
[91] Vgl. LIPSIUS, Röm, 129; ferner BRANDENBURGER, Fleisch, bes. 42–46. In *diesem* Zusammenhang ist dann in der Tat »mit Sarx das Moment des aktiv Bösen, des Sündigen gegeben« (a.a.O., 44)!

eschatologischen Verwandlung bedarf (= der physische πνεῦμα-Begriff): Diese Bedeutung liegt *immer dann* vor, wenn πνεῦμα mit einem *Possessivpronomen* verbunden ist (z.B. ἐν τῷ πνεύματί μου [Röm 1,9]; vgl. ferner 1Thess 5,23b). Dabei beweist der Wunsch nach *umfassender Heiligung* in 1Thess 5,23 erneut, daß für Paulus die »physischen« Aspekte der *conditio humana* (πνεῦμα, ψυχή, σῶμα bzw. σάρξ) auch eschatologisch-soteriologisch nicht einfach irrelevant sind (vgl. schon 1Kor 6,12–20 im Blick auf das σῶμα bzw. die σάρξ), sondern daß sie als *strukturell* notwendig zum Menschsein gehörig gewürdigt und *bejaht* werden. Von einer *prinzipiellen* »Leibfeindlichkeit« kann bei Paulus also keine Rede sein![92] Das würde sich schöpfungstheologisch auch kaum rechtfertigen lassen. Vielmehr betreffen alle »negativen« Äußerungen des Apostels über die *conditio humana* ganz ausschließlich den Menschen *post lapsum*.

5.2. Die Sinaitora (νόμος) als Konkurrenzgröße zu Christus

Daß hier nicht nur die ἁμαρτία, sondern auch der νόμος im Sinne der »Sinaitora« als *Konkurrenzgröße* zu Christus und damit geradezu als »*Unheilsmacht*«[93] Erwähnung findet, mag auf den ersten Blick überraschen. Denn ist nicht die Sinaitora – immerhin – δι' ἀγγέλων vermittelt worden (Gal 3,19), wohingegen die Sünde allein δι' ἑνὸς ἀνθρώπου in die Welt gekommen ist (Röm 5,12)? Gehört die Sinaitora also[94] – so könnte man

---

[92] Darauf insistiert VENETZ, Glaube, 94f., in seinen Ausführungen zu 1Kor 15: Es sei »unmöglich, aus dem ›geistigen Leib‹ einen – man verzeihe das Wort – sich verflüchtigenden, gasförmigen Körper zu machen. Ebenso ist es wenig sinnvoll, von einem ›Astralleib‹ oder von einem ›ontologischen‹ Leib zu sprechen – was immer man unter einem solchen Unding verstehen will. [...] Der Mensch entschwindet nicht in die Unsichtbarkeit; im Gegenteil: man hat berechtigterweise den Eindruck, daß der Mensch hier erst recht zur Wirklichkeit gelangt, herrlich und kraftvoll, wie es eben der ›neuen Schöpfung‹ entspricht« (vgl. auch a.a.O., 44f.). Vgl. zum Ganzen auch STRIEDER, Leiblichkeit, *passim*. Ihm zufolge ist die Frage, »ob Paulus oder seine Interpreten daran Schuld seien, daß Leiblichkeit im Christentum in ihrer Bedeutung oft verkannt wurde«, eindeutig zu beantworten: »es waren die Interpreten« (a.a.O., 300). Dem kann ich nur zustimmen.

[93] Vorsichtiger wäre von der »*Heils-Ohnmacht*« des νόμος zu sprechen (vgl. Röm 8,3). Der νόμος kann nämlich nur *mittelbar* und nur im Blick auf seine *Wirkung* zur Unheilsmacht *werden* (aufgrund von relationsontologisch relevanten Falschzuschreibungen), er ist aber keine *wesentlich* unheilvolle Größe (s.u. S. 199–207). Dieser Umstand unterscheidet den νόμος unbeschadet aller Konvergenzen *grundlegend* von der ἁμαρτία, die ja *wesentlich* Unheilsmacht ist! Vor einer »unterschiedslosen« Zuordnung der Sinaitora zu den übrigen »Unheilsmächten« warnt auch THYEN, Alternativen, 272f. m. Anm. 10.

[94] Anderer Meinung ist BRUCE, Paul, 192: "It appears, indeed, that the angels through whom the law was ordained (Galatians 3:19) are equated with the 'elemental spirits of the world' (Galatians 4:3,8) which impose their yoke on the minds of men outside of Christ, whether they be Jews or Gentiles." Vgl. KUULA, Law I, bes. 96–133. Entschieden *dagegen* äußert sich HOFIUS, Gesetz, 62. Für bedenkenswert halte ich indes die Ausle-

fragen – nicht ganz auf die Seite *Gottes* und ist darum durch und durch gut *und* zutiefst *heilsam*?

Daß die Sinaitora überhaupt in Konkurrenz zu Christus treten *kann*, liegt einmal an ihrem *unbedingten Exklusivitätsanspruch*, den Paulus seit seiner Frühzeit erkannt hat[95], wie U. WILCKENS hervorhebt:

»Schon für den Verfolger bestand ein ausschließlicher Gegensatz zwischen dem Messias Jesus und der Tora. Nachdem dann aus dem Verfolger ein Apostel dieses Messias Jesus geworden war, blieb dieser Gegensatz als solcher bestehen, nur in umgekehrter Zielrichtung: Nun war es das Kreuz Christi, das die Geltung des Gesetzes ausschloß.«[96]

Wir müssen allerdings fragen, *inwiefern* auch für den *Christen* Paulus die Sinaitora und Christus *unvereinbar* waren und in *Konkurrenz* zueinander treten konnten[97] und warum sich also für Paulus »durch seine Begeg-

---

gung G. SCHNEIDERs zu Gal 3,19f.: »Schließlich betont Paulus, daß das Gesetz – im Unterschied zum Evangelium – nicht direkt von Gott komme. [...] Dieser allgemeine Satz [sc. V. 20; E.R.] will sagen, daß man einen Unterhändler nur dann auftreten läßt, wenn eine Mehrheit, nicht aber einer, sich an eine andere Gruppe wendet. Gott ist aber anerkannterweise Einer. Das Gesetz kann infolgedessen nicht seine direkte Verfügung sein« (Gal.KK, 19). So schon HILGENFELD, Gal, 67, der in Gal 3,19f. eine *Bestreitung* des »*unmittelbar* göttlichen Ursprung[s]« des Gesetzes sieht (Hervorhebung E.R.); vgl. auch ROHDE, Gal, 156, der hier aber zugleich vor Überspitzungen warnt.
[95] Vgl. SÖDING, Kraft, 75; WILCKENS, Entwicklung, 154f. Die Frage nach der Bedeutung des νόμος ist also *kein Adiaphoron*, auch wenn er mit dem *Heil* des Menschen *nichts* zu tun hat (s.u. S. 150).
[96] Entwicklung, 155. *Präziser* spricht allerdings MOO, Legalism, 74, von »*Gesetzeswerken*« und »*Glaube*« als »mutually exclusive ways of seeking God's righteousness«. – Zu den *theologischen* Gründen für die Verfolgertätigkeit des Paulus vgl. HENGEL, Der vorchristliche Paulus, 285–290.
[97] In neuerer Zeit (s. aber schon *Hieronymus* im Gefolge des *Origenes* [dazu MUSSNER, Gal, 149f. 152f.]) wird diese paulinische Sicht wieder grundsätzlich bestritten, wenn z.B. gefragt wird, ob im sog. Antiochenischen Konflikt (vgl. Gal 2,11–14.15–21) nicht doch (*auch*) *Petrus/Kephas* (gerade in seiner Funktion als »Apostel der Beschneidung«) – und nicht etwa (*nur*) Paulus – die theologisch sachgemäße (vgl. dazu MCHUGH, Peter, *passim*) und pragmatisch gut begründbare (so STUHLMACHER, in: MCHUGH, a.a.O., 329f.) Position vertreten habe, der sich später sogar Paulus angenähert habe (so die Vermutung von MCHUGH, a.a.O., 322; *dagegen* z.B. DEHN, Gesetz, 87f.; OSBORN, HOFIUS und HENGEL, in: MCHUGH, a.a.O., 328–330). – Andere wiederum bestreiten, daß Paulus *überhaupt* eine prinzipielle Konkurrenz zwischen Christus und der Sinaitora gesehen habe (so z.B. OEGEMA, Versöhnung, 232–235 m. Anm. 20 u. 23; 248–251), meist unter Hinweis auf das (angebliche!) »Aufrichten (ἱστάνειν) der *Sinaitora* (νόμος)« (Röm 3,31; gemeint ist jedoch das Aufrichten der *Schrift*: s.u. S. 150f., Anm. 125!); sehr weitgehend und deutlich in hermeneutischer Absicht FULLER, Gospel, 65–120, bes. 103–105, der behauptet, Paulus wende sich ausschließlich gegen ein jüdisches *Mißverständnis* des νόμος im Sinne der Gesetzlichkeit (»law« als »legalism«, vgl. a.a.O., 97f. 103 u.ö.), obwohl doch »the law and the gospel are one and the same« (a.a.O., 103); darum gelte: "Therefore all talk of distinguishing between conditional 'law' promises and unconditional 'gospel' promises will have to cease" (ebd.); vgl. dazu die berechtigte Kritik von

mit dem Auferstandenen vor Damaskus die Frage *Gesetz oder Christus* in der Form der *soteriologischen* Alternative« stellte[98] (vgl. v.a. Gal 2,21b!). Die Antwort ist ebenso klar wie scheinbar überraschend: *Für den Christen Paulus gehört die Sinaitora in einer von der Sünde beherrschten Welt*[99] *zu den Verderbens- und Unheilsmächten;*[100] sie ist nach 1Kor 15,56b gar der »Sündenmotor« oder »Sündenantrieb« (ἡ δύναμις τῆς ἁμαρτίας). Insofern aber tritt die Sinaitora, die aufgrund ihrer *Mißbrauchs- und Sündenanfälligkeit* (vgl. Röm 7,8.11.13; 8,3!) – und *trotz* der ihr wesentlich innewohnenden δόξα – einen »Todes- und Aburteilungsdienst« (ἡ διακονία τοῦ θανάτου / ἡ διακονία τῆς κατακρίσεως) leistet (2Kor 3,6b–9), in Konkurrenz zu Christus, der den klaren Worten des Apostels zufolge *kein* »Sündendiener« (ἁμαρτίας διάκονος) ist (Gal 2,17). Der νόμος erweist sich also *unter bestimmten Umständen* als »der eigentliche Gegenspieler des Evangeliums« (vgl. z.B. Gal 5,4!); *darum und insoweit* ist »die radikale Torakritik das unverwechselbare Merkmal paulinischer Theologie«[101]. Denn das Evangelium ist die der *letztlich* todbringenden »Sündenmacht« der Sinaitora *entgegengesetzte*[102] »Gotteskraft« (δύναμις θεοῦ) *zum Heil* jedem Glaubenden (Röm 1,16f.).[103]

Moo, Rez. zu Fuller, Gospel, *passim*. HEILIGENTHAL, Werke, 303, behauptet sogar, nicht *allein* der »Sühnetod Christi« habe die Rechtfertigung des Gottlosen ›ermöglicht‹ (!), sondern »bereits das Gesetz« (wobei man sich angesichts der überaus redundanten Betonung der »Möglichkeit« der Heilserlangung – *viermal in drei Sätzen* [ebd.] – fragt, wie es denn um ihre *Wirklichkeit* bestellt ist!). Gegen eine solche Sicht hat GRÄSSER, Abraham, 13, Anm. 56, zu Recht scharf protestiert: »Nimmt man das ernst, bleibt nur die Feststellung: Paulus *meint* das genaue Gegenteil von dem, was er sagt. Das glaube, wer mag!«

[98] HENGEL, Stellung, 33. – HAACKER, »Antinomismus«, 394f., bestreitet dies.

[99] Der νόμος ist also *nicht an sich (wesensmäßig)* eine Verderbensmacht (vgl. Röm 7,12!), sondern die Sinaitora »wurde« (!) durch die Sünde »zu einer Macht des Verderbens« (so zu Recht NYGREN, Röm, 195 [Hervorhebung E.R.]; vgl. VAN DÜLMEN, Theologie des Gesetzes, bes. 169.179–184).

[100] Vgl. NYGREN, Röm, 194–196. Gegen STUHLMACHER, in: LICHTENBERGER, Gesetz, 376, der behauptet, von so positiven »Spitzenaussage[n] über das Gesetz« wie Röm 7,14a her seien »alle Reden über die Unheilsmacht des Gesetzes bei Paulus erledigt«. Aber *so* einfach ist die Sache nicht!

[101] KÄSEMANN, Röm, 178 (beide Zitate). »Die Angriffsspitze der paulinischen Rechtfertigungslehre liegt darin, daß sie mit Sünde und Tod auch das Gesetz dem alten Äon zurechnet« (ebd.). HAUSRATH, Paulus, 156, sieht in dieser »schwermüthige[n] Auffassung des Gesetzes« eine Art »umgekehrte[n] Pharisäismus«: »Das Gesetz bleibt auch jetzt einer der Hauptfactoren seiner Weltanschauung, aber nicht mehr den Segen Israels, sondern den Fluch Gottes sieht er in demselben« (a.a.O., 156f.).

[102] Gegen OEGEMA, Versöhnung, 233, Anm. 20, der ein »hermeneutisches Modell im Sinne von ›Gesetz contra Evangelium‹« für »völlig entbehrlich« hält. Das kann man natürlich nur dann, wenn man das sog. »Leben aus den Werken des Gesetzes« lediglich »als Paulus' (*polemische oder rhetorische*) Beschreibung eines *mißverstandenen* Gesetzes« auffaßt (so OEGEMA, a.a.O., 234 [Hervorhebungen E.R.]), darüber hinaus den Antiochenischen Konflikt zum bloßen »Mißverständnis zwischen Paulus und Petrus« degradiert

Mit diesen knappen Feststellungen, die im folgenden auszuführen und zu begründen sind, stoßen wir mitten in ein »Sturmzentrum der Paulusforschung«[104]. Das Thema »Paulus und das Gesetz« ist nämlich, wie H. LICHTENBERGER festhält,

> »seit der paulinischen Predigt und Korrespondenz das am härtesten umkämpfte Thema der Paulusinterpretation bis heute. Alles ist gesagt, allem wurde widersprochen, die Auseinandersetzung wird zuweilen mit der berüchtigten rabies theologorum geführt, daß man vermuten könnte, das viele Studieren habe nicht Paulus – wie der römische Procurator Festus meinte feststellen zu müssen –, sondern seine Ausleger verrückt gemacht!«[105]

5.2.1. Die Rede von der Sinaitora als Bestandteil der paulinischen Hamartiologie

Nahezu alle (angeblichen) Probleme des paulinischen Gesetzesverständnisses sind m.e. gelöst, wenn erkannt wird, *daß Paulus zufolge dem νόμος im Sinne der »Sinaitora«*[106] *von Anfang an ausschließlich die Aufgabe des*

---

und sogar behauptet, wichtig sei in der Frage nach der Toraobservanz *allein (!) die Konsequenz* des eigenen Handelns (a.a.O., 249) – als ob Paulus hauptsächlich die petrinische *Inkonsequenz* geißelte! Damit verkommt *der tiefe Ernst der Sache* (vgl. dazu SCHMIDT, Galaterbrief, 19–23!) zu einem bloßen Treppenwitz theologischer Spielerei.

[103] Zum sog. »Machtcharakter« des *Evangeliums* vgl. STUHLMACHER, Ende, 22f., Anm. 20; GRÄSSER, Evangelium, 321 u.ö. Beachte aber auch oben S. 129, Anm. 15!

[104] Mit KLEIN, Sturmzentrum, *passim*; ähnlich das Urteil bei SNODGRASS, Spheres, 93.

[105] Gesetz, 362. – Eine knappe und pointierte *Zusammenstellung der wichtigsten Interpretationen* bietet SNODGRASS, a.a.O., 94–96. Neben den Kommentaren und Überblicksdarstellungen (z.B. SCHNELLE, Paulus, 579–598; DUNN, Theology, 128–161) seien hier nur noch die folgenden Beiträge genannt: LIPSIUS, Rechtfertigungslehre, bes. 53–93; HÜBNER, Gesetz, *passim*; VAN DÜLMEN, Theologie des Gesetzes, *passim*; HOFIUS, Gesetz, *passim*; RÄISÄNEN, Paul, *passim*; SMILES, Gospel, *passim*; KUULA, Law I, *passim*; DERS., Law II, *passim*.

[106] Um den νόμος als *Sinai-* bzw. *Mosetora* (ὁ Μωϋσέως νόμος [1Kor 9,9]) geht es in der Regel in den Auseinandersetzungen, von denen die Paulusbriefe Zeugnis ablegen. Aber der Begriff νόμος kann von Paulus auch in *anderer* Bedeutung verwendet werden, nämlich als »(allgemeines) Gesetz«, »Gesetzmäßigkeit«, »Norm« bzw. »Regel«, »Pentateuch« bzw. »Altes Testament« bzw. »Heilige Schrift« u.dgl. (vgl. BAUER/ALAND, WbNT, 1097–1099, s.v. νόμος; ferner NEUBRAND, Abraham, 146, Anm. 80). Für Röm 7,2 macht BARDENHEWER, Röm, 100, für νόμος die Bedeutung »einzelnes Gebot des Gesetzes« (*totum pro parte*) geltend (= ὁ νόμος ὁ περὶ ἀνδρός). – Im einzelnen ist allerdings heftig umstritten, an *welcher* Stelle *welche* Bedeutung von νόμος vorliegt (vgl. dazu den umfangreichen Forschungsüberblick bei MOO, Legalism, 75–88).

Die Frage nach der Bedeutung der *Sinaitora* bestimmt die Diskussion bis in unsere Gegenwart; vgl. KUHN, Röm 9, 290: »Nach meinen Dialogen mit Juden in Israel ist es allerdings im Grunde nicht so sehr das christliche Verständnis Jesu als Messias, das den unüberbrückbaren Gegensatz heute noch kennzeichnet, sondern die eingangs skizzierte Bedeutung der Tora; man könnte auch zugespitzt sagen: nicht so sehr die Person Jesu, sondern sein Werk. Der Messiastitel für Jesus wäre – auch wenn das manche schockieren mag – entbehrlich. Aber an die Stelle der Tora als Weg zu Gott ist der Glaube an den un-

Aufdeckens von Sünde zukommt, mithin die *einzige* Funktion der Sinaitora der *usus elenchticus* (ἐπίγνωσις ἁμαρτίας)[107] ist, wie Röm 3,20 explizit sagt.[108] Diese »Anklage- und Verurteilungsfunktion der Tora« kommt, wie O. HOFIUS ausführt, bei Paulus unter drei Aspekten zur Sprache, »die sich gegenseitig ergänzen und beleuchten: Das Gesetz wirkt ›Erkenntnis der Sünde‹, es qualifiziert die Sünde als Übertretung, und es zeigt die Fluchwürdigkeit der Sünde und die Fluchverfallenheit des Sünders auf.«[109]

Mehr oder anderes kann und soll die Sinaitora ihrer spezifischen Aufgabe gemäß nicht wirken; insbesondere »*Heilsweg war das Gesetz nach Paulus nie*, – und zwar nicht nur faktisch nicht, sondern [...] nach seinem ihm von Gott zugemessenen Auftrag nicht«[110]. Auch eine sünden*eindämmende*

---

ter Pontius Pilatus gekreuzigten und auferstandenen Jesus getreten, der das Joch der Tora, wie es viele zur Zeit Jesu empfunden haben, und darüber hinaus überhaupt jegliches Joch von Normen, Regelungen und Konventionen, die als *Heilsweg* gelten, von uns genommen hat [...]. Das Haus der Tora – ohne Jesus als Weg des Heils – und das Haus der Pistis – mit Jesus nicht nur als ›Bruder‹ – sind getrennte Wohnungen geworden [...].«

Diese Entwicklung ist nur zu verständlich, wenn man sich die scharfe Diastase vergegenwärtigt, die zwischen dem Toraverständnis des Apostels Paulus und den Ansichten namhafter Repräsentanten des hellenistischen, aber auch des späteren rabbinischen Judentums besteht. WEBER, »Gesetz«, 341, resümiert, infolge der namentlich bei Philon und Josephus vollzogenen »Identifikation« von Schöpfungsordnung (»Schöpfungsthora«, »Weltgesetz«, »Weltordnung«) und Sinaitora (als deren Abbild!) sei »der thoratreue Jude eigentlich der wahre Mensch und der wahre Mensch ein thoratreuer Jude«, und es »ist nicht von ungefähr, daß eben jene Identifikation von Thora und Chokma/Weisheit es gewesen ist, die – von Sirach her – den späteren palästinischen Rabbinismus zu seiner ›Thoaontologie‹ (Hengel) führt hat, in der – auf andere Weise und mit anderen Folgen, aber doch in eigentlicher struktureller Analogie – ganz ähnliche Prädikate auf die Thora bezogen werden und sie eine ganz verwandte Stellung und Bedeutung bekommt wie bei den ›Hellenisten‹: als Bauplan, als Struktur, als tragende Stütze und Ordnung der Welt, als Schöpfungsmittlerin und -erhalterin, in der alle Gehalte des Kosmos konzentriert enthalten sind und die darum der Deutungshorizont für alles Geschehen im Leben von Welt und Mensch ist.« *Das alles negiert Paulus radikal!* An die Stelle einer »Tora-Ontologie« (s. HENGEL, Judentum, 307–318) setzt er – so müßte man mit Blick auf unsere Untersuchung sagen – eine »Christus-Ontologie« (s. dazu unten S. 203–207).

[107] Mit ECKSTEIN, Verheißung, 254 (s.u. S. 151, Anm. 129), darf der *usus elenchticus* nicht pädagogisch oder propädeutisch interpretiert werden; die Sinaitora bringt die *objektive* Sündenverfallenheit aller Menschen ans Licht, mehr nicht – aber auch nicht weniger.

[108] Zur davon *unterschiedenen, nämlich nicht rein noetisch, sondern kontaktiv verstandenen* ἐπίγνωσις ἁμαρτίας von *Röm 7,7f.* s.u. S. 189f. m. Anm. 326f.

[109] Gesetz, 57. – Auch die *sündenbegünstigende Wirkung* der Sinaitora (s.u. S. 149) kann, *obwohl sie nicht dem Wesen und damit dem genuinen Auftrag der Sinaitora entspricht* (s.u. S. 187f. m. Anm. 316), *insofern* diesen drei Aspekten zugeordnet werden, als dadurch, daß der νόμος die Sünde *augenscheinlich fördert*, die Sündenverfallenheit der Welt erst recht eigentlich *vor Augen geführt* wird (vgl. Röm 7,13b!).

[110] HOFIUS, Gesetz, 64 (Hervorhebung E.R.); vgl. LIPSIUS, Rechtfertigungslehre, 67f.; WREDE, Paulus, 75; VAN DÜLMEN, Theologie des Gesetzes, 84. Das ergibt sich zwingend aus dem *Interimscharakter* der Sinaitora (s.u. S. 151f. m. Anm. 130f.) und mithin daraus,

Wirkung gesteht Paulus der Sinaitora *nicht* zu, *ganz im Gegenteil!*[111] Sie ist ihm zufolge ja *ebendeshalb* »außerdem noch hinzugekommen«[112], *um die Sünde zur vollen Entfaltung zu bringen* (Röm 5,20; vgl. Gal 3,19[113]). Und wenn er namentlich das »Nicht-unter-dem-Gesetz-Sein« als einzige (!) *Begründung* (γάρ) für die Tatsache nennt, daß die Sünde »*nicht* über euch herrschen wird« (Röm 6,14),[114] dann wird vollends deutlich, daß Paulus als »Apostel der Gnade«[115] gerade *nicht* der Sinaitora (νόμος), sondern ausschließlich der *Gnade* (χάρις) zutraut, die Sünde zurückdrängen zu können (vgl. Röm 5,20f.).[116] Das entspricht *in der Sache* präzise der Ein-

---

daß *nicht* die Sinaitora, sondern das *Evangelium* Gottes *erstes* Wort ist, das deshalb auch *bleibend gültig* ist (vgl. HOFIUS, a.a.O., 56.64).

[111] Mit DEHN, Gesetz, 117f.; VENETZ, Glaube, 61f.; BORNKAMM, Sünde, 55; LOHSE, Röm, 212; SCHNEIDER, Gal.GSL, 84; vgl. auch HAACKER, »Antinomismus«, 390–392 (anders z.B. DE WETTE, Gal, 46, der den νόμος in Gal 3,19 – ›anders als in Röm 5,20‹! – als einen *Zaum für die Sünde* versteht). – Damit formuliert Paulus die exakte Gegenthese zu Flavius Josephus (vgl. dazu WEBER, »Gesetz«, bes. 224f.[m. Anm. 179].316f.) und zur rabbinischen Theorie (Belege bei BILL. III, 588).

[112] Zur Begründung dieser Übersetzung s. HOFIUS, Adam-Christus-Antithese, 96-98.

[113] Ein *finales* Verständnis von χάριν c. Gen. in Gal 3,19 vertritt mit guten Gründen z.B. HAACKER, a.a.O., 391f. (vgl. schon HILGENFELD, Gal, 165f.). Daraus müßte dann *eigentlich* geschlossen werden, daß die verhängnisvolle *Wirkung* der Sinaitora Teil ihres (gottgegebenen!) *Auftrags* ist (so entschieden WREDE, Paulus, 52 m. Anm. 12; ähnlich SCHNEIDER, Gal.GSL, 84; ROHDE, Gal, 154f.; vgl. UMBREIT, Röm, 57 m. Anm. 90 [zu Röm 5,20]), auch wenn Paulus gerade *das* – und das mahnt wiederum zur Vorsicht – *nicht ausdrücklich* sagt (s. aber oben S. 147, Anm. 109!). Ein Denken jedenfalls, dessen *oberste* Maxime Stringenz bis in die *letzten* Fragen ist, steht hier möglicherweise vor einem ähnlichen Problem wie in Röm 9,14.19–21. – Auf keinen Fall aber kann aus Gal 3,19 geschlossen werden, die »Bestimmung des Gesetzes [...] habe darin bestanden, die Sünde zu beschränken, zu bändigen, nämlich als äusserliche Macht« (so BAUMGARTEN-CRUSIUS, Röm, 165 [ebenso 196], der aber die Spannung dieser Auslegung zu Röm 5,20; 7,7; 8,2; 1Kor 15,56 wohl bemerkt).

[114] Die Frage 6,15: »Was denn? Sollen wir sündigen, weil wir nicht unter der Sinaitora, sondern unter der Gnade sind?«, kommt im direkten Anschluß an 6,14 doch überraschend und läßt sich wohl nur so erklären, daß sie das 6,14 Gesagte nicht anzuerkennen vermag, sondern weiterhin von der (übrigens bis heute) verbreiteten – nach Paulus aber *irrigen!* – Voraussetzung ausgeht, daß die Sinaitora *samt ihren ethischen Normen* tatsächlich eine sünden*eindämmende* Wirkung haben *müsse*.

[115] *Von wem* diese häufig zitierte Charakterisierung *ursprünglich* stammt, konnte ich bisher leider nicht in Erfahrung bringen.

[116] Vgl. auch GUTHRIE, Gal, 104. In diesem Zusammenhang ist ferner zu bedenken, was K. BARTH gegen den »allgemeine[n] Begriff von Ethik« eingewandt hat (vgl. DENS., KD II/2, § 36 [Hinweis von Prof. Dr. Ernstpeter Maurer]): »*Die Gnade Gottes protestiert gegen alle vom Menschen aufgerichtete Ethik als solche*« (a.a.O., 573 [Hervorhebung E.R.]), denn jeder Versuch, die Frage nach der Ethik *unabhängig von Gottes Gnade* – d.h. »*von sich aus*« – beantworten zu wollen, sei seinerseits sündige Anmaßung und Selbstüberschätzung: »Und nun, in der Folge und Verlängerung des Sündenfalls also, kommt es zur ›Ethik‹, zu vielen und mannigfaltigen Ethiken sogar, als zu den Versuchen

gangsthese des Römerbriefes, wonach einzig und allein das *Evangelium* die »Kraft Gottes« ist, die zur eschatologischen Rettung (σωτηρία) führt (1,16). Konsequenterweise spricht Paulus *nirgends* vom νόμος als einer δύναμις θεοῦ,[117] sondern vielmehr vom νόμος als der δύναμις τῆς ἁμαρτίας (1Kor 15,56; vgl. Röm 8,2b); ja, daß die Sinaitora *überhaupt etwas Positives* »vermag« (δύνασθαι), kann Paulus nur im *Irrealis* sagen (vgl. Gal 3,21b)! Mit seiner Sicht, *daß die Sinaitora weder eine sündentilgende noch auch eine sündeneindämmende Wirkung hat, sondern der Sünde sogar – wenn auch gezwungenermaßen – geradezu in die Karten spielt*[118] (vgl. auch Röm 7,7f.), formuliert Paulus nicht weniger als die *exakte Gegenthese zur rabbinischen Auffassung,* derzufolge der νόμος die Aufgabe habe, »den bösen Trieb niederzuzwingen«.[119]

Für Paulus gehören darum alle Erörterungen über die Sinaitora in den Bereich der Hamartiologie,[120] *keinesfalls aber in den Bereich der Soteriologie.* Nur so kann Paulus auch seine These aufrechterhalten, daß weder

---

menschlicher Beantwortungen der ethischen Frage« (ebd.). Auch gegenüber sog. »frommen« derartigen Versuchen ist festzuhalten: »Der Mensch Jesus, der das Gebot Gottes erfüllt, *gibt* nicht, sondern *ist* durch Gottes Gnade die Antwort auf die durch Gottes Gnade gestellte ethische Frage« (ebd.)! Es gilt: »Was damit und so [sc. in Jesus Christus; E.R.] Ereignis geworden ist, das ist im Unterschied und Gegensatz zu aller menschlichen die *göttliche* Ethik« (a.a.O., 574). Jener »allgemeine Begriff von *Ethik*« aber »fällt merkwürdigerweise genau mit dem Begriff der *Sünde* zusammen! Wir haben also wahrhaftig Anlaß, ihn mit Vorsicht aufzunehmen« (ebd.).
Das von Barth intendierte *Gegenmodell* im Sinne »göttliche[r] Ethik« läuft auf eine (freilich an Christus gebundene bzw. an seinem »Charakter« orientierte!) *Situationsethik* hinaus. Dieses wiederum läßt sich unschwer mit einem Ergebnis der Untersuchung I. GOLDHAHN-MÜLLERs über das »Problem der Zweiten Buße« verbinden. Für Paulus kommt sie zu folgendem Schluß: »Nie reflektiert der Apostel über postbaptismale Sünde und Vergebung, vielmehr ist aktuelles Fehlverhalten der Glaubensbrüder angesichts des anbrechenden Eschatons *von Fall zu Fall* durch rechtliche Maßnahmen zu regulieren (brüderliche Zurechtweisung, Ausschluß des Sünders von der Gemeindeversammlung und der Eucharistie, Übergabe an den Satan)« (Grenze, 154). Sie fährt treffend fort: »Ist Christus die Basis richterlicher Autorität, so ist Ziel der Kirchenzucht die Erbauung, Einheit und Reinerhaltung der Gemeinde wie die Erlösung des einzelnen, wodurch disziplinarisches Handeln trotz des ihm innewohnenden Rigorismus noch immer als ein Recht der Liebe erscheint, das aus der Freiheit des Evangeliums fließt« (a.a.O., 155).

[117] Zu dieser in der Verdorbenheit der menschlichen Natur gründenden *Hilflosigkeit und Schwäche* der Sinaitora (vgl. Röm 8,3) bemerkt VON FLATT, Röm, 197: »Und diese Verdorbenheit [sc. des Menschen; E.R.] ist so groß, daß auch die Ueberzeugung von der Vortrefflichkeit des göttlichen Gesetzes, und die Billigung dessen, was es vorschreibt, nicht hinreichend ist, dem Menschen die Ueberwindung des Hangs zum Bösen, und die Vollbringung des Guten möglich zu machen« (vgl. auch a.a.O., 216). (Damit ist zwar nicht *Röm 7,7–25* ausgelegt, wie dies der Anspruch ist, der Satz trifft aber inhaltlich zu.)
[118] Zu den diesbezüglich unbedingt notwendigen *Präzisierungen* s.u. S. 153ff.199ff.
[119] So mit Recht MICHEL, Röm, 226f. m. Anm. 18; vgl. STUHLMACHER, Röm, 96.
[120] Diese Sicht *mußte* zum Bruch mit dem Judentum führen (s.o. S. 146f., Anm. 106).

zwischen der »Sinaitora« (νόμος) und den »Verheißungen Gottes« (αἱ ἐπαγγελίαι τοῦ θεοῦ [Gal 3,21]) noch zwischen der Sinaitora und Christus (Gal 2,21) eine *prinzipielle* Konkurrenz besteht. Wer dessenungeachtet die Sinaitora *dennoch* auf ihre (positive oder negative) *soteriologische* Funktion hin befragt, wird nicht nur keine Antwort finden, sondern *gravierend fehlgehen* (vgl. Röm 9,31f.!)[121], denn *mit dem Heil des Menschen hat die Sinaitora weder positiv[122] noch negativ[123] auch nur das Geringste zu tun* (vgl. Röm 3,21a: χωρὶς νόμου, d.h. »ohne jeden Bezug zur Sinaitora«)[124] – das will Paulus in immer neuen Variationen zeigen, und zwar anhand des Alten Testaments (νόμος) selbst (vgl. Röm 3,21b.31; 4,1–25),[125] ist er doch der festen Überzeugung, »seine Lehre sei schriftgemäß«[126].

---

[121] *Insofern ist die Frage nach der Bedeutung der Sinaitora in der Tat kein Adiaphoron* (s.o. S. 144, Anm. 95), denn *wer* ihr irgendeine Heilsfunktion zuschreibt, geht eben damit des Heils unwiderruflich verlustig (vgl. Gal 5,1–4, bes. V. 4). *Mit dem* νόμος *ist also keineswegs zu spaßen*, auch wenn er *an sich* irrelevant ist. Es verhält sich mit dem νόμος ähnlich wie mit dem Götzenopferfleisch: Die *Falschzuschreibung* macht das Problem. Allerdings ist der νόμος für solche Falschzuschreibungen prädestiniert bzw. provoziert sie geradezu (vgl. z.B. Gal 3,12). S. dazu unten S. 196ff.207–209.

[122] *Nicht einmal* »einen *indirekten* Antheil an der Herbeiführung eines neuen gottgefälligen Lebens vindicirt der Apostel dem Gesetze« (gegen MANGOLD, Voraussetzungen, 350 [Hervorhebung E.R.]; BARRETT, Freedom, 20 u.ö.; s.u. S. 151 m. Anm. 128f.)!

[123] Auch *das* muß m.E. betont werden! Denn so, wie zuweilen eine *Überschätzung* der Sinaitora zu beobachten ist, so gibt es mitunter auch Stimmen, die die Sinaitora über Gebühr *negativ* qualifizieren (diese Gefahr benennt auch MICHEL, Röm, 227, Anm. 20) und sie beinahe mit der ἁμαρτία ineins setzen. *Beides* aber entspricht *nicht* der Meinung des Apostels, für den die Sinaitora mit dem Heil des Menschen eben *überhaupt nichts* zu tun hat. Vgl. zum Ganzen ROHDE, Gal, 162: »Das Gesetz ist hier [sc. Gal 3,24; E.R.] auch nicht als Erzieher zu Christus hin verstanden, weder im positiven noch im negativen Sinne. Wäre seine Funktion im positiven Sinne gemeint, würde es bedeuten: Es erzieht den Menschen allmählich zum Guten. Im negativen Sinne verstanden wäre dagegen gemeint: Das Gesetz lasse uns unsere Sünden erkennen, erschüttere das Vertrauen auf unsere Leistungen und erwecke das Verlangen nach der Gnade in Christus.«

[124] Mit BARDENHEWER, Röm, 58: »χωρὶς νόμου, ›unabhängig vom Gesetze‹, ist soviel als unter Ausschluß aller Mitwirkung des Gesetzes«. Zur Präposition χωρίς c. Gen. in der Bedeutung »ohne [jeden] Bezug zu«, »[völlig] unabhängig von« vgl. 2Kor 12,3; ferner Hebr 9,28 (nach Hebr 4,15!). Dieses radikale χωρίς gilt auch im Blick auf die ἔργα [νόμου] (Röm 3,28; 4,6; vgl. *in der Sache* Röm 3,20.27; 4,2f.; 9,12a.31f.; 11,6; Gal 2,16; 3,2.5.10–12), also im Blick auf das »*Tun*« alles dessen, was die Sinaitora fordert« (s. dazu HOFIUS, »Werke des Gesetzes«, bes. 84–86; GRÄSSER, Abraham, 11–15).

[125] Man kommt in erhebliche Nöte, wenn man νόμος Röm 3,21b und/oder 3,31 nicht als *heilige Schrift* (wie 4,3; vgl. noch 3,19; so mit MAIER, Röm, 135–137 [mit sehr überzeugender Argumentation!]; ZIMMER, Röm, 28f.; BARDENHEWER, Röm, 56.65; SCHMIDT, Röm, 75f., u.a.; vgl. neuerdings bes. NEUBRAND, Abraham, 143–147), sondern als *Sinaitora* auffaßt (so z.B. LICHTENBERGER, Gesetz, 372f.; OEGEMA, Versöhnung, 233 m. Anm. 23; LOHSE, Röm, 139; vor ihnen schon – mit schwerlich hinreichenden Gründen – PHILIPPI, Röm, 122–124; vgl. LIPSIUS, Rechtfertigungslehre, 85, der daraus aber *ganz andere* Schlüsse zieht [s.u. S. 153–160]; unklar bleibt STARNITZKE, Struktur, 98f.; LÉGAS-

5. Unpersönliche Mächte als Konkurrenzgrößen zu Christus   151

Eine *soteriologische* Relevanz hat die Sinaitora auch insofern *nicht*, als ihr weder eine *warnende*[127] noch eine wie auch immer geartete auf das Evangelium *vorbereitende*[128] Funktion eignet, etwa im Sinne einer *praeparatio evangelica* u. dgl.[129] Paulus zufolge hat der νόμος seine zeitlich wie

---

SE, Röm, 271 m. Anm. 157, schwächt ab). Zum *Problem* vgl. auch B. WEISS, Röm, 179f.; HÜBNER, Gesetz, 122–124. Bereits RÜCKERT, Röm I, 187, bemerkte, die Auslegungen seien »höchst verschieden, wie natürlich, da der Ap[ostel] selbst sich nicht darüber erklärt, und folglich jeder Ausleger freies Spiel hat, seiner Ansicht vom Zusammenhange und von der wahren Bedeutung des Gesetzes zu folgen«.

[126] ZIMMER, Röm, 29. Wie *verschieden* das wiederum verstanden werden kann, zeigt faktisch H. FRANKEMÖLLE mit seinem Beitrag: »Wie geschrieben steht«, bes. 19–43.

[127] Vgl. HOFIUS, Gesetz, 60: »Wenn Paulus in Gal 3,10 die Fluchandrohung von Dtn 27,26 zitiert – ›Verflucht ist jeder, der nicht bei *allen* Geboten ... beharrt, indem er sie *tut*‹ –, so begreift er dieses Wort anders als das Deuteronomium selbst nicht als eine Warnung, die die prinzipielle Erfüllbarkeit der Gebote voraussetzt und den Fluch nur dem Übertreter androht, sondern als die gültige Proklamation des Fluches, der bereits auf allen Menschen lastet.«

[128] *Gegen* PHILIPPI, Röm, 290, und die zwar verbreitete (vgl. noch BISPING, Röm, 187f.; VAUGHAN, Gal, 69f.; BÉNÉTREAU, Röm I, 111 m. Anm. 2), aber falsche Behauptung, die Sinaitora vermittle einen »auf die Erlösung vorbereitende[n] Process«, weil mit der durch die Sinaitora gewirkten Sündenerkenntnis »nothwendig die Sehnsucht nach Erlösung verknüpft« sei und *auf diese Weise* »der νόμος zu einem παιδαγωγὸς εἰς Χριστόν geworden« sei (vgl. dagegen BRUCE, Paul, 191f. [s.u. S. 152f., Anm. 135]). Mir ist jedenfalls *keine einzige Stelle* bei Paulus bekannt, an der von einer aus der ἐπίγνωσις ἁμαρτίας abgeleiteten »Sehnsucht nach Erlösung« *des Sünders (!)* spricht (auch PHILIPPI, ebd., führt keinen Beleg an, und Röm 7,24 ist – übrigens *auch* nach PHILIPPI, Röm, 317! – der Ausruf des *Christen* [s.u. S. 391f.]). – Auch die mehr »objektive« Erklärung HILGENFELDs ist problematisch, der – immerhin unter Berufung auf Röm 5,20 – in der bewußten ›Mehrung‹ der Übertretung durch das Gesetz »die unerläßliche Bedingung der Gnade« sieht (Gal, 165f.171 [Zitat: 165]).

[129] Mit WREDE, Paulus, 51f.; HOFIUS, Adam-Christus-Antithese, 96–102. Vgl. ECKSTEIN, Verheißung, 254: »Als ›Gesetz‹ soll sie [sc. die Tora des Mose; E.R.] den Menschen objektiv seiner Schuld überführen, d.h. ihn als schuldfähig und straffällig erweisen. Der Gedanke an die subjektive Einsicht und wirksame Reue des Angeklagten ist dabei nicht nur *untergeordnet*, sondern in Anbetracht der absoluten Schuldverfallenheit sogar *ausgeschlossen*, so daß auch nicht von einem – pädagogisch oder propädeutisch verstandenen – *usus elenchticus* gesprochen werden kann.« *Anders* MANGOLD, Voraussetzungen, 350 (s.o. S. 150, Anm. 122). B. WEISS, Röm, 304, sieht gar eine »*in der Gesetzesoffenbarung* wirksame gratia praeveniens« am Werk (Hervorhebung E.R.)!

Dagegen, daß dem νόμος (als Sinaitora) nach Paulus *niemals* eine wie auch immer geartete, vielleicht nur indirekt *soteriologische* Funktion zukommt, spricht *auch nicht* Gal 3,24, denn erstens ist der παιδαγωγός-Charakter der Sinaitora sozusagen sekundär (γέγονεν Perfekt!), und zweitens spricht Paulus nicht objektivierend davon, sondern in der Form persönlicher Reflexion (»unser παιδαγωγός«). Sodann ist zwar unbestreitbar, daß der νόμος in der Retrospektive »*eine Vorbereitung sein solle auf Christum*«, aber diese Vorbereitung »erscheint zunächst *nicht* als eine positive Förderung des sittlichen Zustandes« (LIPSIUS, Rechtfertigungslehre, 82); der Sinaitora eignet also – gerade *als* παιδαγωγός (s.u. S. 264f. m. Anm. 263) – nichts »Positives« (*gegen* BERTRAM, Art.

sachlich *begrenzte* (darum auch *nicht-soteriologische*) Bedeutung *nur* innerhalb des ›mosaischen Interims‹[130], wie G. SCHNEIDER richtig ausführt:

»Das Gesetz hat eine *zeitgebundene Aufgabe*. Es gehört nicht – wie das Judentum meinte – zu den Dingen, die sogar vor der Welterschaffung existierten. Es gehört nicht zum Wesen des Heilsweges Gottes mit den Menschen, sondern ist eine *Episode*. [...] Des Gesetzes Zeit ist *befristet*. [...] Auch hierin widerspricht Paulus der jüdischen Tradition, wenn er *die ewige Dauer des Gesetzes bestreitet*.«[131]

Die Sinaitora ist also »weder Gottes *erstes* noch sein *letztes* Wort«[132]! Dieses mosaische Interim nun ist *im Blick auf die Gläubigen* mit Christus an sein *sachliches*[133] *»Ende«*[134] (τέλος) gekommen.[135] So erweist sich die Si-

---

παιδεύω κτλ., 619, der in der Bezeichnung des νόμος als παιδαγωγός »jedenfalls nichts Abwertendes« findet, und *gegen* SCHMIDT, Galaterbrief, 47, der »unter dem ›Pädagogen‹ eine positive Größe im Bereich der Vorläufigkeit« versteht; *zu* positiv auch EBELING, Wahrheit, 266f.; mit Recht anders schon WREDE, Paulus, 51f.; ROHDE, Gal, 161f.).

[130] Mit BRUCE, Paul, 190: "The age of law [...] was never designed to be other than a parenthesis in God's dealings with mankind"; ebenso a.a.O., 191: "the law was a temporary provision". Vgl. WREDE, Paulus, 75 (»Intermezzo«); HOFIUS, Gesetz, 64, Anm. 51 (»Interimscharakter, d.h. die zeitlich und sachlich begrenzte Geltung des νόμος«); GUTHRIE, Gal, 103 (»the law as an addition or interpolation to the promise«). B. WEISS, Röm, 179, spricht vom »für temporäre Zwecke geordneten Mosaischen Gesetzesinstitut«.

[131] Gal.GSL, 84f. (Hervorhebungen E.R.); vgl. ROHDE, Gal, 155 m. Anm. 13; GUTHRIE, Gal, 103f. Problematisch ist aber diese Formulierung: »Das Gesetz sollte sein Ende noch in der Geschichte haben« (SCHNEIDER, a.a.O., 85). Wie von Röm 7,1–6 her deutlich wird (vgl. auch Gal 4,8–12), ist die Sinaitora eine Größe von *bleibender*, aber nur *innerweltlicher* Bedeutung, insofern sie ja auch die Gläubigen immer wieder unter ihre Macht zu zwingen versucht, *obwohl* Christus (für die *Gläubigen*!) »des Gesetzes Ende« ist (Röm 10,4). *Objektiv abgetan* ist die Sinaitora *erst* im Eschaton (s.u. Anm. 133).

[132] ECKSTEIN, Verheißung, 256. Darum gilt: »Die Reihenfolge und Rangordnung der Verfügungen Gottes sind aus der Sicht des Paulus somit nicht ›*Gesetz* und *Evangelium*‹, sondern ›*Evangelium* (in Gestalt der Verheißung) – *Gesetz* – *Evangelium*‹« (ebd.).

[133] Eine »rein geschichtliche Deutung von R. 10,4« ist unmöglich (LUZ, Geschichtsverständnis, 157; inkonsequent ROHDE, Gal, 162f. m. Anm. 56), denn die Sinaitora selbst existiert ja weiter; *sie* »stirbt nicht« (NYGREN, Röm, 200; vgl. ROHDE, Gal, 163)! Darum »kann man nicht sagen, das Gesetz sei durch die Ankunft Christi veraltet und abgesetzt. Das Gesetz besteht noch immer und stellt seine Ansprüche an den Menschen [...]. Nur dadurch, daß der Christ mit Christus gestorben ist, ist er nun wirklich und rechtlich außerhalb des Geltungsbereiches des Gesetzes gestellt« (NYGREN, ebd.). STUHLMACHER, Ende, 37, schreibt im Anschluß an LUZ, ebd., treffend: »Das Ende des Gesetzes wird mitten in die noch andauernde Herrschaft des Gesetzes hinein proklamiert! Paulus selbst erfährt dies ja höchst schmerzlich daran, daß sich die Juden seiner Zeit weitgehend gegen das Evangelium verschließen und daß die Welt der Heiden trotz Christus bei ihrer Weisheit bleibt.« – Anders z.B. PITTA, Gal, 220f.: "[...] il 'fino a Cristo' non ha valore qualitativo o finale bensì cronologico, corrispondente a 'sino alla venuta di Cristo'."

[134] Zu Röm 10,4 (»Christus ist das *Ende* des Gesetzes – zur Gerechtigkeit für jeden Glaubenden«) vgl. HOFIUS, τέλος, bes. 100f.; gegen OEGEMA, Versöhnung, *passim*.

[135] Vgl. zum Ganzen BRUCE, Paul, 188–202, bes. 190–193. Darum ist der *usus elenchticus legis* für Paulus »not [...] an aid to gospel preaching«: "It may be held, as a princi-

naitora als »unser« παιδαγωγὸς εἰς Χριστόν[136] (Gal 3,24), und demgemäß *ist Christus für die Gläubigen (!) das »Ende der Sinaitora«* (Röm 10,4), was in der Sache wiederum exakt Gal 3,25 entspricht: ἐλθούσης δὲ τῆς πίστεως *οὐκέτι ὑπὸ παιδαγωγόν ἐσμεν.*[137] Die Sinaitora ist bzw. war mit ihrer unbedingten Fluchandrohung ein *Gefängnis*[138] (vgl. Gal 3,22f.: συγκλείειν)[139], aus dem es ohne Christus kein Entrinnen gibt. Er aber *hat* die Gläubigen aus diesem Gefängnis befreit. Ist nun tatsächlich nicht weniger als *Befreiung* von der Sinaitora vonnöten (vgl. auch Röm 7,1–6[140]), dann zeigt dies *erneut*, daß ihr *mitnichten* eine Heilsfunktion zugeschrieben werden kann und darf.[141] Wer das täte, indem er nicht χωρὶς νόμου, sondern[142] – *dann* aber wieder als ein ὑπὸ νόμον und eben damit zugleich ὑπὸ κατάραν Stehender (Gal 3,10)! – διὰ νόμου bzw. ἐν νόμῳ *die* Gerechtigkeit zu erlangen sucht, die ihrerseits ὑπὸ τοῦ νόμου καὶ τῶν προφητῶν bezeugt wurde (Röm 3,21b), verwürfe die Gnade Gottes (Gal 2,21)! Wer sich also *auf Leben und Tod* der *Sinaitora* anvertraut, wird von ihr *kein Leben*, sondern nur *Verdammnis* empfangen.

5.2.2. Unterscheidung von »Form« und »Inhalt«:
die notwendige Differenzierung zwischen Sinaitora und Gotteswillen
(τὸ ἀγαθόν, τὸ καλόν, τὸ θέλημα τοῦ θεοῦ κτλ.)

Allerdings ist hier sogleich dem weitverbreiteten *Mißverständnis* entgegenzutreten, das die soeben skizzierte, vermeintlich »antinomistische« Hal-

---

ple of pastoral theology, that confrontation with the law is a salutary means of leading the sinner to acknowledge his inability and cast himself on the mercy of God. *But there is no evidence that Paul ever used the law in this way in his apostolic preaching*. His hearers, whether Jews or Gentiles, were in bondage, as he saw it, and *his message was one of liberation*" (a.a.O., 191f. [Hervorhebungen E.R.]).

[136] Das εἰς ist zunächst *zeitlich* (und *von daher* auch sachlich [*umgekehrt* HILGENFELD, Gal, 172]) zu verstehen (mit SCHNEIDER, Gal.GSL, 89). Gemeint ist jedoch *nicht*, daß der νόμος zu Christus führen sollte (mit ROHDE, Gal, 162; gegen BISPING, Röm, 188; PHILIPPI, Röm, 290 [s.o. S. 151, Anm. 128], u.a.). HILGENFELD, ebd., spricht daher zu Unrecht von einer »pädagogische[n] Obhut« des νόμος!

[137] Wiederum formuliert Paulus persönlich und nur im Blick auf die Christen (ἐσμέν)!

[138] SCHNEIDER, Gal.GSL, 89, bezeichnet die Sinaitora als »Gefängnisaufseher«. M.E. ist das bereits eine *Abschwächung* des Gedankens, die Schneider freilich *nicht* intendiert!

[139] Im Unterschied zu LÉMONON, Gal, 132, vermag ich hier *keinerlei positive Konnotation* (etwa im Sinne einer »Schutzhaft« o.ä.) zu erkennen.

[140] S. dazu unten S. 200–203.

[141] Gegen LÉMONON, Gal, 132 (s.o. Anm. 139), der behauptet: « la Loi contribue donc indirectement à la justification […]. La Loi-pédagogue comporte un caractère bienfaisant puisqu'elle conduit vers le Christ (v. 24). » Aber die Rolle des παιδαγωγός ist eben gerade *nicht* »ambigu« (ebd.), sondern *negativ* (s. dazu unten S. 264f. m. Anm. 263)!

[142] Vgl. BARDENHEWER, Röm, 58 (zu Röm 3,20): »man beachte den *Gegensatz* zwischen χωρὶς νόμου und διὰ νόμου« (Hervorhebung E.R.).

tung des Apostels[143] mit *Libertinismus* verwechselt.[144] Demgegenüber ist mit Nachdruck darauf hinzuweisen, daß nach paulinischem Verständnis die *Sinaitora als solche* (mit ihrer ausschließlich sündenaufdeckenden Funktion) mitnichten einfach mit dem *in* ihr als dem νόμος τοῦ θεοῦ (Röm 7,22; 8,7) dokumentierten guten *Gotteswillen* identisch ist,[145] kraft dessen sie ja ihrem *Wesen* nach »heilig« (ἅγιος) und »schön« (καλός) ist bzw. ihre Einzelgebote[146] als »heilig, gerecht und gut« zu charakterisieren sind (vgl. Röm 7,12.16b) – denn *das* »hat Paulus auch als Christ und Apostel Jesu Christi keineswegs in Zweifel gezogen«[147].

[143] Die paulinische *Binnensicht* ist mit dem Begriff »Antinomismus« keineswegs zureichend erfaßt (s.u. S. 160, Anm. 177). Aber Paulus *übt* nun einmal scharfe theologische Kritik am Judentum (seiner Zeit), und »[s]olchen Anti-᾽Ιουδαϊσμός dem Paulus abzusprechen hieße, ihn um seine Identität zu bringen: er ist bekehrter Apostel und Zeuge für die ›Wahrheit des Evangeliums‹ (Gal 2,5.14)« (GRÄSSER, Abraham, 7). Seine ganze Sicht der jüdischen Religion »läßt jüdischem Urteil keine Wahl: Der Apostel ist ein Apostat oder zumindest doch jemand, der ›einfach am jüdischen Selbstverständnis vorbeiredet‹ bzw. der ›über das Wesen und den Zweck des Thoragebotes als Instrument des jüdischen Bundesvertrages ... ein völliges Zerrbild‹ entwirft« (DERS., a.a.O., 9). Nur *insofern* kann der Begriff des »Antinomismus« auf die paulinische Position Anwendung finden.

[144] Solche Mißverständnisse scheinen schon zu Zeiten des Apostels aufgekommen zu sein (vgl. Röm 3,8; 6,1ff.15ff.; ferner Gal 5,13; *dagegen* ist Phil 3,2–6 gerichtet). Vgl. BARDENHEWER, Röm, 98.

[145] Vgl. LIPSIUS, Rechtfertigungslehre, 87f.; MOO, Legalism, 88f.: Wo diese Unterscheidung nicht getroffen wird, gilt: »unnecessary theological difficulties are created« (zu diesen s.o. S. 144f., Anm. 97). Vgl. BAUR, Paulus, 554, der *abgesehen von der idealistischen Prägung* seiner Aussagen *im Kern* m.E. das Richtige getroffen hat: »Ist also auch das Gesetz durch den Tod Christi aufgehoben, es ist nicht schlechthin aufgehoben, sondern nur das ist abgethan, was an ihm blos äußerlich, rein positiv war. Von seiner äußern Form befreit wird das Gesetzliche zum Sittlichen, das Gesetz wird in das Selbstbewußtsein des Geistes zurückgenommen und das Gesetz Christi ist das sittliche Bewußtseyn in seiner wesentlichen Identität mit dem christlichen. Was also auf der einen Seite Freiheit ist, ist auf der andern Gebundenheit.« Das sog. »Sittliche« identifiziert BAUR, ebd., mit der »Liebe«, ja »*der Glaube selbst geht in Liebe über*, als die πίστις δι᾽ ἀγάπης ἐνεργουμένη, Gal. 5,6. In der *Liebe, deren Element der Glaube von Anfang an in sich hat*, hat er auch ein ächt practisches Princip in sich« (ebd. [Hervorhebungen E.R.]).

[146] Diese Einzelgebote enthalten ihrer *Essenz* nach den ausdrücklichen, materialen Willen Gottes, während die Sinaitora als solche von Paulus als *funktionale Einheit* (mit dem *alleinigen* Ziel der ἐπίγνωσις ἁμαρτίας) gesehen wird. Es ist darum verständlich, daß er zwar die ἐντολή (*pars pro toto*) als »heilig, gerecht und gut« bezeichnet (Wesens- *und* Funktionsaussage), das Gesetz dagegen nur als »heilig« (Wesensaussage), denn eine *positive Wirkung* hat das Gesetz ja trotz seiner wesenhaften Qualität *nicht*. Vielmehr geht die verhängnisvolle Wirkung des Gesetzes so weit, daß es der Sünde in die Karten spielt, anstatt sie zu hemmen (vgl. Röm 5,20; 7,7–11).

[147] HOFIUS, Gesetz, 53; vgl. THYEN, Alternativen, 274 (aber s.u. Anm. 149!); MOO, Legalism, 89: "If, however, *nomos* in Rom 6:14, 15 is a reference to the *Mosaic economy* [...], then believers could very well be freed from obligation to *nomos* while being required to observe the 'commandments' (now mediated through Christ and the apostles)."

5. Unpersönliche Mächte als Konkurrenzgrößen zu Christus 155

Wir müssen vielmehr – entgegen vielen Widerständen[148] – anerkennen, daß Paulus, auch wenn er »*Form*« und »*Inhalt*« zwar nicht radikal *trennt*, so doch beide *deutlich unterscheidet*.[149] Darauf hat in aller Entschiedenheit schon R.A. LIPSIUS (1853) aufmerksam gemacht.[150] Um die hier gemeinte Unterscheidung sprachlich und sachlich zu *präzisieren*, bediene ich mich einer Überlegung des Aristoteles-Kommentators ALEXANDER APHRODISIENSIS[151]: Dieser vollzog eine »gedankliche Scheidung von Stoff [ὕλη] u[nd] Form (εἶδος), welche sich dem Sein nach (κατ' οὐσίαν) unterscheiden, in ihrem Bestand u[nd] Vorkommen (τῇ ὑποστάσει τε καὶ ὑπάρξει) jedoch ohne einander nicht sein können«.[152]

---

[148] Vgl. BRANDENBURGER, Fleisch, 29–32. Bei aller übrigen Unterschiedlichkeit oder gar Gegensätzlichkeit scheint dies nahezu der kleinste gemeinsame Nenner gegenwärtiger Exegese zu sein, daß bereits die kleinste Unterscheidung von »Form« und »Inhalt« heftigste Abwehrreaktionen auslöst (wobei meistens nicht einmal wirklich zwischen »*Trennung*« von Form und Inhalt und »*Unterscheidung*« derselben unterschieden wird). Forschungsgeschichtlich könnte dies auf die Abwehr idealistischer (Miß-)Verständnisse (s. dazu oben Anm. 145) und – wohl damit verbunden – auf den (früheren) Siegeszug der sog. »Formgeschichtlichen Methode« zurückzuführen sein, die ja *per definitionem* aus der »Form« unmittelbar auf den sog. »Sitz im Leben« schloß (s. dazu RÖSEL, Art. Formen/Gattungen II., bes. 186f.). – Zu der ganzen Diskussion, hinter der immer wieder *das Postulat eines Unterschieds zwischen sog. »hebräischem« und sog. »griechischem« Denken sowie die anscheinend unausrottbare These von der (verwerflichen) »Hellenisierung« des Christentums* aufleuchten, s. die wichtigen Hinweise bei BARR, Bibelexegese, bes. 15–27! Immerhin sei zugestanden, daß die Ablehnung des Hellenismus ihrerseits aus forschungsgeschichtlichen Gründen durchaus verständlich ist, nämlich als *Reflex gegen eine Abwertung, ja Diffamierung des Judentums* (als einer »positiven Religion«), wie sie im Namen der »Wiederherstellung des reinen Vernunftchristentums« etwa von E.F.C. OERTEL (1793) systematisch betrieben wurde. Zu den Adressaten des Römerbriefs etwa bemerkt er: »Paulus hat es wenigstens Kap. 2–11. ganz ausschließungsweise mit Judenchristen zu thun. Denn diese Tollköpfe waren weit schwerer zur Vernunft zurückzubringen, als die lenksamen Heidenchristen. Diese waren schon ihrer natürlichen Religion wegen weit lenkbarer und empfänglicher für die Wahrheit, als die Judenchristen, welchen ihr alter Judendünkel noch tief im Kopfe saß« (Röm, XVII–XVIII [Einleitung]). Solche und weitere antijudaistische Einlassungen finden sich fortgesetzt in diesem Kommentar.

[149] Daß THYEN, Alternativen, *passim*, diese Unterscheidung von »Form« und »Inhalt« hinsichtlich der Sinaitora (»Form«) und dem in ihr dokumentierten guten Gotteswillen (»Inhalt«) übersieht, ist m.E. das *Grundproblem* seiner im übrigen sehr bedenkenswerten Überlegungen zum paulinischen Toraverständnis, die in Vielem mit dem *hier* vertretenen Verständnis konvergieren.

[150] Vgl. DENS., Rechtfertigungslehre, 66f.85–93 (s. dazu unten S. 156).

[151] *Comm. Arist. anal. prior.* I 4,9–14: τό τε (γὰρ) διαιρεῖν ἀπ' ἀλλήλων τῷ λόγῳ δύνασθαι τὰ διαφέροντα μὲν ἀλλήλων κατ' οὐσίαν τῇ μέντοι ὑποστάσει τε καὶ ὑπάρξει μὴ δυνάμενα χωρὶς ἀλλήλων εἶναι ἀναγκαιότατον πρὸς τὴν φιλόσοφον θεωρίαν· τάς τε γὰρ ἀρχὰς τῶν φύσει συνισταμένων, αὗται δέ εἰσιν ὕλη τε καὶ εἶδος, οὕτως λαμβάνει· ἀχώριστα γὰρ τῇ ὑποστάσει ταῦτα ἀλλήλων καὶ οὐ δυνάμενα θάτερον αὐτῶν εἶναι χωρὶς θατέρου.

[152] HAMMERSTAEDT, Art. Hypostasis, 991f.

Es kommt *hier* übrigens nur darauf an, *daß* ὕλη und εἶδος *unterschieden* werden – und zwar κατ' οὐσίαν! –, während sie τῇ ὑποστάσει τε καὶ ὑπάρξει (d.h. *»faktisch«*) nicht ohne einander sind. Selbstverständlich wäre aber *inhaltlich* zu beachten, daß »sich durch Kant und die weitere moderne Philos[ophie] der F[orm]-Begriff gegenüber seiner urspr[ünglichen] Verwendung *völlig umgekehrt*« hat: »*für Plato und Aristoteles wäre die F[orm] einer Aussage genau das, was wir ihren Inhalt nennen, während das von uns formal Genannte in deren Verständnis die Materie des Ausdrucks ist*«[153].

Auf *unsere* Frage übertragen, heißt das: Die Sinaitora ist hinsichtlich ihres gottgewollten *Inhaltes* wesensmäßig uneingeschränkt heilig (Röm 7,12), jedoch nicht von ihrer durch Engel bzw. Mose vermittelten *Form* her (Gal 3,19). Insoweit der νόμος τοῦ θεοῦ (Röm 7,22; 8,7; vgl. 7,25) aber nur in Form des Μωϋσέως νόμος (1Kor 9,9) existiert,[154] ist die Sinaitora *als solche* trotz wesensmäßiger Güte *grundsätzlich* (und nicht nur faktisch!) *nicht heilvoll*. Mit R.A. LIPSIUS halten wir als »paulinische Ansicht« fest,

»dass das Gesetz als äusserlich nicht beseligen *kann*. Sofern aber eben die *Aeusserlichkeit* des Gesetzes die Ursache hiervon ist, ergiebt sich, dass die Schuld nicht eigentlich das Materielle des Gesetzes trifft, sondern nur seine formelle Erscheinung als äusserlich gegensätzlich.«[155]

Das bedeutet *umgekehrt*,

»dass Paulus, wo er das Gesetz gegen den Vorwurf dass es Schuld sei an der Sünde und am Tode in Schutz nimmt, nicht sowol das Gesetz nach seiner äusserlichen Gegenständlichkeit als nach seinem wesentlichen Inhalte betrachtet.«[156]

Diesen der Sinaitora zwar inhärenten, jedoch mit ihr keineswegs einfach *identischen* guten und heiligen Gotteswillen kann Paulus neben der unmißverständlichsten Bezeichnung als (τὸ) θέλημα (τοῦ) θεοῦ (Röm 12,2; 1Thess 4,3; 5,18)[157] bzw. als τὸ δικαίωμα τοῦ θεοῦ (Röm 1,32)[158] auch

---

[153] WENDEL, Art. Form, 183 (beide Zitate [Hervorhebungen E.R.]).

[154] Das ist *kein* Widerspruch gegen die Beobachtung LIPSIUS', Rechtfertigungslehre, 88, wonach »[d]ieser νόμος τοῦ θεοῦ [...] nicht sowol das mosaische Gesetz in seiner äusseren (historisch objektiven) Erscheinung, sondern vielmehr der im Gesetze ausgesprochene göttliche Wille« sei! Aber dieser νόμος τοῦ θεοῦ tritt eben »historisch« zunächst ausschließlich in Form der *Mosetora* auf, weshalb »das Gesetz nicht das bewirken kann, was es verheisst« (mit LIPSIUS, a.a.O., 68) – was es aber nach Gottes Willen auch gar nicht *soll* (LIPSIUS, ebd.). Folgen kann ich aber *weder* der (idealistischen?) Gleichsetzung des göttlichen Willens mit der »Idee des Guten im eignen Gemüthe« (LIPSIUS, a.a.O., 88) *noch* der Behauptung: »Der in den Geboten des Gesetzes ausgesprochene göttliche Wille ist dem in uns selbst vorhandenen Ideale des Guten adäquat, ja dieses Ideal wird durch das Gesetz erst recht klar für uns« (a.a.O., 87).

[155] Rechtfertigungslehre, 66.

[156] LIPSIUS, a.a.O., 87.

[157] Im Sinne eines (soteriologischen) *decretum* (wie τὸ βούλημα [τοῦ θεοῦ] Röm 9,19) ist der Ausdruck an folgenden Stellen verstanden: Gal 1,4 (vgl. das göttliche θέλειν Röm 9,18[2x]; ferner Röm 9,22; vgl. noch das dem τιθέναι verwandte θέλειν 1Kor 12,18; 15,38 bzw. θέλημα 1Kor 1,1; 2Kor 1,1). Vom θέλημα der Sinaitora spricht

5. Unpersönliche Mächte als Konkurrenzgrößen zu Christus 157

τὸ ἀγαθόν bzw. τὰ ἀγαθά (Röm 2,10[159]; 3,8; 7,13[2x].19; 10,15[160]; 12,2.9.21; 13,3f.; 16,19), τὸ καλόν bzw. (τὰ) καλά (Röm 7,18.21; 2Kor 8,21; 13,7; Gal 4,18; 1Thess 5,21), τὸ εὐάρεστον (Röm 12,2; vgl. 14,18; 2Kor 5,9; Phil 4,18) oder τὸ τέλειον (Röm 12,2) nennen, dessen Endziel die »*Heiligung*« (ὁ ἁγιασμός) der Gemeinde ist (1Thess 4,3.7), die sich *negativ* etwa im *Fernhalten von Unzucht* (πορνεία) und im *Verzicht auf Übervorteilung des Bruders* (1Thess 4,3b–6), *positiv* in aufrichtiger, herzlicher *Bruderliebe* (φιλαδελφία [1Thess 4,9–12]), steter *Freude*, unablässigem *Gebet* und immerwährender *Dankbarkeit* zeigt (1Thess 5,16–18).[161]

Auf nichts Geringeres als die *umfassende* Erfüllung dieses Gotteswillens (vgl. Gal 5,3) zielt die Sinaitora mit ihrer *strikten* Forderung[162] der

---

Röm 2,18; darüber, inwiefern dieses mit dem θέλημα θεοῦ übereinstimmt, dürfte die unten, Anm. 158, mitgeteilte Beobachtung einigen Aufschluß geben. – Von einem *konkret-situationsbezogenen* Willen (θέλημα) bzw. Wollen (θέλειν) Gottes spricht Paulus Röm 1,10; 15,32; 1Kor 4,19; 2Kor 8,5.

[158] Von Röm 8,3f. her scheint das δικαίωμα τοῦ θεοῦ mit dem δικαίωμα τοῦ νόμου (Röm 8,4) sachlich identisch zu sein, sodaß diejenigen, die dieses »erfüllen« (d.h. die *Christen*), zugleich und automatisch die ἔργα νόμου im Sinne *umfassenden Toragehorsams aufgrund intakter Gottesbeziehung* erbringen, ohne freilich ὑπὸ νόμον zu sein (das ist der Grundgedanke bei LIPSIUS, Rechtfertigungslehre, 89–92)! Das entspricht *in der Sache* Gal 5,5b.13f.16.18.22f. Etwas anders ECKSTEIN, Verheißung, 250f.: »Zudem scheidet die Tora aber auch aus inhaltlichen Gründen als verbindliches Kriterium für den ›Wandel im Geist‹ aus. Maßstab für das Handeln, das dem Geist Gottes entspricht, ist für den im Glauben Gerechtfertigten nicht die Rechtsforderung des Gesetzes, sondern der Sohn Gottes selbst, der sich aus Liebe für uns dahingegeben hat ([Gal] 1,4; 2,20), der die Last unseres Fluches stellvertretend für uns getragen hat, um uns zu erlösen (3,13f.), und der selbst zu dem wurde, was wir sind, damit wir würden, was er ist (4,4f.).«

[159] Dieser Vers ist *besonders aufschlußreich*, zeigt er doch, daß die *vollkommene Erfüllung* des guten Gotteswillens »Ruhm, Ehre und Frieden (εἰρήνη)« bei Gott verschafft. Ein solcher – freilich *hypothetischer* – Täter des Gotteswillens wird darum als »Gerechter« (δίκαιος) bzw. als »der Gute« (ὁ ἀγαθός) bezeichnet (Röm 5,7) und bildet den Gegenpol zu den »Schwachen«, »Gottlosen«, »Sündern« und sogar »Feinden« Gottes, die Paulus in klimaktischer Folge nennt (Röm 5,6–10).

[160] Diese Stelle ist ein wichtiger Beleg dafür, daß allein das *Evangelium* den eigentlichen Willen Gottes offenbart. Es trägt daher seine Bezeichnung (εὐ-αγγέλιον = »*gute* Nachricht«) vollkommen zu Recht (vgl. dazu die schöne Charakterisierung des Evangeliums durch LUTHER, WA.DB 6, 2,23–4,11 [Vorrede auf das Neue Testament, 1522]).

[161] Es ist also gut paulinisch, wenn der dritte Teil des Heidelberger Katechismus, der von der *Heiligung* handelt (Fr. 86–129), mit »Von der Dankbarkeit« überschrieben ist.

[162] Aufgrund der *unbedingten Striktheit* dieser Forderung (s. dazu unten S. 197) bedeutet sich der Sinaitora »als Rechts*forderung* zu verpflichten [...] zwangsläufig, sich ihr als todbringende Rechts*bestimmung* auszuliefern« (ECKSTEIN, Verheißung, 250). SEIFRID, Justification, 151, betont: "[...] Paul's *strict* reading of the Law, in which the least transgression is met with condemnation, represents Paul's *post*conversion theology" (mit Verweis auf Gal 3,10 [Hervorhebungen E.R.]). Unter Berufung auf Phil 3,6 sei davon auszugehen, daß der *vorchristliche* Paulus dagegen die »covenantal interpretation of the Law« teilte, wie sie 1QS und den Psalmen Salomos entspreche (ebd.).

ἔργα νόμου. Dieses genuin paulinische Syntagma bezeichnet den »aus einem intakten Gottesverhältnis erwachsenden ganzheitlichen Toragehorsam«[163], der die Erfüllung der *Summe* der Sinaitora als ihres sachlichen Fundamentes beabsichtigt: uneingeschränkte, selbstlose Gottes- und Nächstenliebe (vgl. Gal 5,14[164]). Im Galater- und Römerbrief zeigt Paulus nun aber, daß *kein* Mensch *ebendiesen guten Gotteswillen* erfüllt bzw. erfüllen *kann* – auch der nicht, der formal einzelne Rechtsbestimmungen (δικαιώματα[165] [Röm 2,26]) und Gebote (ἐντολαί) der Sinaitora einhält. *Insofern* gibt es *prinzipiell* keinen »Täter der Tora« (im Sinne der ἔργα νόμου, d.h. des *umfassenden* Toragehorsams).[166] Treffend beschreibt O. HOFIUS diesen differenzierten und vielfach verkannten Sachverhalt:

»Der Satz, daß kein Mensch ἐξ ἔργων νόμου ›gerechtfertigt‹ wird, hat im Galaterbrief (Gal 2,16) wie im Römerbrief (Röm 3,20) den Charakter einer *assertio*, einer grundsätzlichen theologischen Aussage. Mit ihr negiert Paulus prinzipiell die Möglichkeit, durch Toragehorsam das Heil zu erlangen. Der Grund dafür liegt darin, daß nach der Überzeugung des Apostels die ungeteilte Hinwendung zu Gott, wie sie in der Tora selbst als Fun-

---

[163] HOFIUS, »Werke des Gesetzes«, 86. Daher betont er zu Recht, daß es sich bei den 4QMMT C 27 genannten מעשי התורה »lediglich um eine *sprachliche*, keineswegs aber um eine *sachliche* Parallele zu dem paulinischen Ausdruck [sc. ἔργα νόμου; E.R.] [handelt], bei dem es um die Ganzheitlichkeit der Gottesbeziehung geht« (a.a.O., 86f.). Zu *tatsächlichen sachlichen* Entsprechungen s. a.a.O., 87f. m. Anm. 189–195.

[164] Dazu bemerkt ECKSTEIN, Verheißung, 250, Anm. 11, das Richtige: »Da es Paulus im Duktus von Gal 5,13–6,10 – wie dann auch bei der ausführlicheren Parallele Röm 13,8–10 im Kontext von 12,1–15,13 – ausdrücklich um den Aspekt des zwischenmenschlichen Verhaltens geht, kann ihm kaum angelastet werden, daß er an beiden Stellen weder das Gebot der Gottesliebe – resp. die ›Gebote der ersten Tafel‹ – berücksichtigt noch auch die Bedeutung des Ritualgesetzes reflektiert.«

[165] Wo δικαίωμα im *Singular* steht, ist zuweilen der *in* der Sinaitora dokumentierte umfassende Gotteswille – im Sinne einer Rechtsforderung – gemeint (so Röm 1,32), den *der Sünder* schlechterdings *nicht* erfüllt bzw. erfüllen kann (vgl. daher Röm 8,4!).

[166] Wenn also von der »*Unerfüllbarkeit der Tora*« gesprochen wird, ist immer im Blick zu behalten, daß damit *nur* gemeint sein kann, daß der *umfassende* Toragehorsam im Sinne des uneingeschränkten Tuns des heiligen Gotteswillens dem Menschen – als Sünder! – unmöglich ist! Damit dürfte sich eine Diskussion erübrigen, wie sie LICHTENBERGER, HOFIUS, STUHLMACHER, ECKSTEIN, BARRETT und HENGEL, in: LICHTENBERGER, Gesetz, 376–378, führten. – Wo die »Werke (des Gesetzes)« *nicht* ganz streng in diesem *umfassenden* Sinn verstanden werden (sondern als korrekte Erfüllung von *Einzelgeboten*), sind Formulierungen wie diese *falsch*: »Demjenigen, der die Werke tut, gereicht das so wenig zur Rechtfertigung wie demjenigen, der sie nicht tut« (GRÄSSER, Abraham, 17). Dahinter steht nämlich die von Paulus *nicht* geteilte Sicht, daß *besonders* der »Erfüller [...] des Gesetzes« der Gnade bedürfe, weil dieser, »indem er seine eigene Gerechtigkeit aufrichten will, *grundsätzlich* gegen Gott« handle, »während der Übertreter *jeweils* Gottes Forderung übertritt« (so BULTMANN, Ende, 41; positiv zitiert bei GRÄSSER, ebd., Anm. 76; s. *dagegen* unten mit Anm. 167f.!). Paulus ist vielmehr der Meinung, daß kein Mensch – als *Sünder*! – die »Werke des Gesetzes« faktisch und prinzipiell erfüllen *kann* – und *darum* scheidet eine Rechtfertigung ἐξ ἔργων νόμου aus!

5. Unpersönliche Mächte als Konkurrenzgrößen zu Christus 159

dament und Voraussetzung allen dem Willen Gottes gehorsamen Tuns gefordert wird, aufgrund der universalen Sündenverfallenheit bei keinem einzigen Menschen gegeben ist. Der Fundamentalsatz von Gal 2,16 bzw. Röm 3,20 ist deshalb weder ein negatives Urteil über die Tora noch auch ein solches über ein den Geboten Gottes gehorsames Tun und Verhalten.«[167] »Daß Paulus abwertend von den ἔργα νόμου spreche und daß er in der Absicht, durch Torahorsam vor Gott gerecht zu werden, nur das sündhafte Streben nach Selbstrechtfertigung und Selbstruhm erkenne, – diese und ähnliche in der Paulusexegese verbreitete Urteile haben [...] an den Texten nicht den geringsten Anhalt.«[168]

Wer nun den heiligen Gotteswillen vorsätzlich nicht tun *will*, weil er gegen Gott rebelliert (auch wenn er dazu durch die verhängnisvolle Sündenmacht [ἁμαρτία] genötigt wird), erweist sich *eo ipso* als Sünder (ἁμαρτωλός) und Gottloser (ἀσεβής), ja sogar Gottfeind (ἐχθρός [Röm 5,10]), während umgekehrt der Christ *qua geistgewirkter* καινὴ κτίσις (2Kor 5,17) daran leidet, daß er zwar den guten Gotteswillen als solchen *anerkennt und tun will*, aber *qua conditio humana* (Röm 7,14b) immer wieder an dessen Verwirklichung scheitert (Röm 7,13–25[169]). Gleichwohl ruft Paulus seine Gemeinden unermüdlich und mitunter emphatisch zum Tun des Gotteswillens auf und scheint dessen Erfüllung bisweilen sogar für ein Kriterium eschatologischer Lohngewährung zu halten[170] – aber an *keiner* Stelle verbindet der Apostel diese Aufforderung mit einem *Aufruf zur Toraobservanz*! Das ist ein weiteres Indiz dafür, daß er tatsächlich zwischen der Sinaitora und dem Gotteswillen *unterscheidet*.[171]

Diese Differenzierung zwischen der Sinaitora als *funktional und wirkungsmäßig* ausschließlich im Bereich der Hamartiologie angesiedelter Größe einerseits und dem *in ihr* beschriebenen guten Gotteswillen andererseits erklärt auch, weshalb Paulus *gleichzeitig* festhalten kann, daß Christus für die Gläubigen das *Ende* der Sinaitora (νόμος) ist (Röm 10,4) und insofern von einer die Christen heilsnotwendig verpflichtenden Toraobservanz *niemals* die Rede sein kann[172] (auch nicht im Sinne eines *tertius usus legis*,[173] denn das *für die Christen verbindliche* Gesetz »ist ein Gesetz

---

[167] »Werke des Gesetzes«, 86.
[168] Ebd., Anm. 187; so auch THYEN, Alternativen, 282–284; ähnlich schon LIPSIUS, Rechtfertigungslehre, 89–92. Die hier kritisierte Sicht, die besonders BULTMANN vertrat (s. z.B. DENS., Ende, bes. 37–43), versuchte in neuerer Zeit GRÄSSER, Abraham, bes. 15–19, zu verteidigen. Richtig ist indes seine Rede vom »*nicht unrühmlichen, aber ruhmlosen, weil glaubenden Abraham*, zu dem alle gehören, die glauben wie er und deshalb auch ›gesegnet werden wie er‹ (Gal 3,9; vgl. 3,14.16)« (a.a.O., 22 [Hervorhebung E.R.]).
[169] Vgl. dazu unten S. 367–395.
[170] Vgl. v.a. 1Kor 3,8.14f. (s. aber 9,16–18!); 2Kor 5,9f.11a.
[171] Vgl. zum Ganzen noch einmal LIPSIUS, Rechtfertigungslehre, bes. 89–92.
[172] Vgl. HOFIUS, »Werke des Gesetzes«, 79 (zu Gal 2,15–21).
[173] Vgl. dazu BRUCE, Paul, 191f.; HOFIUS, Gesetz, 66–69. – LIPSIUS, a.a.O., 91f., ergänzt: »[A]ber trotzdem wird von den Forderungen selbst, welche Gott im mosaischen Gesetze an den Menschen stellt, auch im Christenthume keine einzige erlassen«.

Christi«[174]), und daß zugleich – wie etwa O. HOFIUS betont – »[d]er Glaubende, der nicht ›unter dem Gesetz‹ steht, [...] gleichwohl kein ἄνομος θεοῦ« ist, also »kein ohne Gebundenheit an Gottes Willen Lebender«, sondern vielmehr »ein ἔννομος Χριστοῦ, ein im Gehorsam an Christus, seinen Befreier, Gebundener«[175]. Seiner *Essenz* nach also bleibt der νόμος als νόμος τοῦ θεοῦ in Kraft, wiewohl die *Sinaitora* für einen Christen *abgetan* ist, da ja Christus selbst deren *Ende* ist.[176]

5.2.3. Das christologisch-soteriologische Fundament der paulinischen »Torakritik«

Diese seine angeblich »kritische«[177] Sicht der Sinaitora ergibt sich für Paulus – das hat E.P. SANDERS gegen R. Bultmann zu Recht hervorgehoben[178] – allein aus dem *Christusgeschehen*:

»Paulus geht nicht von der Beschaffenheit des sündigen Zustandes des Menschen aus oder zieht daraus seine Schlüsse. Er setzt vielmehr mit Tod und Auferstehung Christi sowie mit dem Empfang des Geistes ein. Wenn Tod und Auferstehung Christi das Heil ermöglichen und der Empfang des Geistes Angeld des Heils ist, *dann sind alle anderen Heilswege per definitionem ausgeschlossen*. [...] Da *nur* der aus Glauben Gerechte leben soll (so faßt Paulus Hab 2,4 auf), *kann* man *nicht* durch das Gesetz ›leben‹, denn wer die

---

[174] So mit Recht LIPSIUS, a.a.O., 90.

[175] Gesetz, 69 (alle Zitate). So schon LIPSIUS, a.a.O., 89–92; vgl. MOO, Legalism, 89f.

[176] S. dazu erneut HOFIUS, Gesetz, 66, Anm. 53: »Der Satz τέλος νόμου Χριστός Röm 10,4 besagt ja keineswegs, daß *der gute Gotteswille*, wie er in der Rechtsforderung der Tora gültig bezeugt wird, aufgehoben sei.« Insofern ist die Sinaitora auch für den Glaubenden nicht abgetan: »Sie zeigt ihm den Abgrund der Verlorenheit auf, dem er allein ›in Christus‹ entrissen ist. Im Lichte des Evangeliums lehrt auch das Gesetz, was Gnade ist, – daß sie Gnade im Gericht ist« (a.a.O., 66). Vgl. ferner VIARD, Gal, 121.

[177] »Kritisch« erscheint diese Sicht natürlich nur dem, der die Sinaitora *remoto Christo* für eine *heilvolle* Größe gehalten hat bzw. hält! Für Paulus jedoch, der ihren *genuinen* Auftrag im *usus elenchticus* erblickt, bedeutet diese Einsicht keine *Ab*wertung der Tora, sondern ihre richtige *Be*wertung durch Abwehr überhöhender Urteile, wie sie seitens seiner jüdischen Zeitgenossen (und ursprünglich auch von ihm selbst) an die Tora *herangetragen* wurden. Seine Kritik betrifft also zunächst nicht die Sinaitora *an sich*, sondern die falschen *Zuschreibungen* an die Tora (das ist die *particula veri* – aber nicht *mehr* – der Ausführungen OEGEMAs, Versöhnung, bes. 249–251), namentlich die Behauptung einer *Heilsfunktion* des νόμος (vgl. zum Ganzen auch NIEBUHR, Heidenapostel, 110f.).

[178] Für überaus bedenkenswert halte ich die kritische Anfrage an Bultmann, die SANDERS, Paulus, 449, wie folgt formuliert: »Möglicherweise besteht der Hauptfehler der Bultmannschen Auseinandersetzung mit Paulus darin, daß er von der Misere zu ihrer Lösung voranschritt und annahm, daß Paulus in gleicher Weise vorgegangen war.« In der Tat ist nicht die Anthropologie (und damit die Analyse der menschlichen Situation) das Zentrum und der Ausgangspunkt der paulinischen Theologie, sondern das Christusgeschehen (s. a.a.O., 415–419). *Das ist der Hauptgrund, warum eine ausschließlich (!) existentiale Interpretation bei aller partikularen Berechtigung Paulus nicht gerecht werden kann* (vgl. dazu auch STUHLMACHER, Ende, 18f. m. Anm. 10!).

5. Unpersönliche Mächte als Konkurrenzgrößen zu Christus 161

Gebote erfüllt, lebt durch sie. Diese beiden Sätze schließen sich, dogmatisch gesehen, gegenseitig aus. [...] Nachdem er [sc. Paulus; E.R.] dem Gesetz eine Heilsfunktion abgesprochen hat, weist er ihm eine andere Rolle in der Heilsgeschichte zu, die nämlich, daß es alle der Sünde unterstelle, damit alle durch Glauben gerettet werden können. Doch ist letzteres nur eine Ableitung aus seinem Hauptgedanken.«[179]

Diesen »Hauptgedanken« finden wir am prägnantesten ausgedrückt in Gal 2,21b[180]: εἰ γὰρ διὰ νόμου δικαιοσύνη, ἄρα Χριστὸς δωρεὰν ἀπέθανεν – und gerade *das* ist völlig undenkbar! An dieser Stelle zeigt sich in aller Deutlichkeit, was auch O. HOFIUS betont:

»Paulus denkt nicht von der Tora her auf Christus hin, er denkt vielmehr von Christus her ganz neu über die Tora – über ihren Auftrag und ihre Funktion – nach. Er blickt nicht vom Gesetz aus auf Christus als das ›volle‹ Heil, sondern von Christus als dem einzigen Heil aus auf das Gesetz zurück. So sind die Aussagen des Paulus über die Sinai-Tora in seiner Christologie und Soteriologie begründet und nur als Konsequenz dieser Mitte seiner Theologie und Verkündigung begreifbar.«[181]

Diese Sicht bewährt sich auch an demjenigen Abschnitt, der unbegreiflicherweise in vielen Abhandlungen über das Gesetzesverständnis des Apostels Paulus überaus stiefmütterlich behandelt oder ganz übergangen wird: Phil 3,2–11.[182] Für eine angemessene *inhaltliche* Einordnung dieser Verse ist die Berücksichtigung ihrer *durchgehend parakletisch-apologetischen*[183]

---

[179] Paulus, 459f. So auch BORNKAMM, Paulus, 131f.

[180] Daher versteht GRÄSSER, Abraham, 22, Gal 2,21b zu Recht als »*Summe*« alles dessen, was von Paulus her über den νόμος zu sagen ist.

[181] Gesetz, 52; vgl. DENS., Wort, 160 (mit Hinweis auf 2Kor 2,14–4,6). Zu dieser *grundsätzlichen* Denkbewegung der paulinischen Theologie *(als eines Nach-Denkens!)* vgl. auch DIBELIUS, Mystik, 5f. – Auf die *Notwendigkeit* des Zusammenhangs von »Gesetz« und »Rechtfertigung« weist auch H. GESE hin; aus seiner Sicht als Alttestamentler beschreibt er diesen Zusammenhang aber *genau umgekehrt*: »Das Verständnis der Rechtfertigung hängt wesentlich von dem des Gesetzes ab, und zwar nicht nur von der inhaltlichen Fassung des Gesetzes, sondern auch von seinem grundsätzlichen Verständnis, das den Bezug zum Rechtfertigungsgeschehen positiv und negativ definiert« (Psalm 50, 149).

[182] Ein Blick in das Register etlicher Arbeiten zu diesem Thema bestätigt diesen Befund; wo diese Verse überhaupt berücksichtigt werden, finden sie sich meistens unkommentiert in den Anmerkungen. Hängt das damit zusammen, daß dieser Abschnitt aufgrund literarkritischer Erwägungen häufig einem bloßen »*Kampfbrief*« zugeordnet wird (so z.B. GNILKA, Phil, 184ff.; zur literarkritischen Beurteilung des Philipperbriefs insgesamt vgl. GARLAND, Composition, bes. 141–144 m. Anm. 2–7 [Lit.!]; SCHOON-JANSSEN, »Apologien«, bes. 119–123)? Oder liegt es daran, daß Paulus hier *scheinbar* (!) ganz anders – nämlich positiv – über die Möglichkeit, die Sinaitora zu befolgen, spricht? Vgl. zum Ganzen THYEN, Alternativen, 284–288, der mit Recht betont, ein sachlicher Widerspruch zwischen Phil 3,4–6 und Röm 7,7–25 bestehe *nicht*.

[183] Darin, daß der Abschnitt Phil 3,2–11 *als solcher* keine reine »Apologie« im eigentlichen Sinne darstellt, ist SCHOON-JANSSEN, »Apologien«, 146.148f.151f.161, durchaus zuzustimmen (zur Definition des Begriffs vgl. a.a.O., 9f.). Er verkennt indes auch nicht den apologetischen Zug mancher Aussagen *innerhalb* dieses Abschnitts (V. 4–7 »sieht

Sprachform sowie der darin zum Ausdruck kommenden *Pragmatik* entscheidend.[184] Es geht Paulus nämlich darum, angesichts des unabwendbaren *Leidens für Christus*[185] die Christusgläubigen in Philippi zu stärken[186] und sie dessen zu *vergewissern*, daß *sie allein* (betontes ἡμεῖς!) – und nicht etwa die scheinbar überlegenen Gegner[187], denen sie auf Gedeih und Verderb ausgeliefert zu sein scheinen – die *wahre* »Beschneidung« (περιτομή), mithin das wahre Israel sind, da sie wahrhaft *Gott dienen*, indem sie sich ganz auf Christus und sein Heilswerk verlassen (V. 3).[188]

---

aus wie eine Art Selbstapologie« [a.a.O., 148]). NIEBUHR, Heidenapostel, 82, Anm. 18, betont: »Aber die Polemik gegenüber den Gegnern ist deutlich der Ermahnung an die Gemeinde untergeordnet!« Der Abschnitt sei eine »persönliche Mahnrede« (a.a.O., 82).

[184] Zu dieser unbedingten Notwendigkeit insbesondere der neutestamentlichen Briefexegese vgl. REHFELD, »Erbaulichkeit«, 134 m. Anm. 38.

[185] Zum Leiden für Christus als einer der *notae ecclesiae* s.o. S. 58f.; s.u. S. 396–408.

[186] Paulus kritisiert hier nicht, er *ermuntert*. Davon, daß die Philipper »[a]ngesichts von Leid und möglichem Tod des Paulus« *tatsächlich* »traurig und vermutlich auch in ihrem Glauben unsicher« geworden seien, redet Paulus *mit keinem Wort* (gegen SCHOON-JANSSEN, »Apologien«, 129; dazu unten Anm. 188)! Er ahnt aber, daß das in Zukunft der Fall sein *könnte*, und will dem mit diesem Abschnitt vorbeugen. *Paraklese darf aber nie mit Kritik verwechselt werden* (vgl. dazu REHFELD, »Erbaulichkeit«, 132–134.135f.).

[187] Mit DIBELIUS, Phil, 87, »sind die Gegner außerhalb des Leserkreises zu suchen«; ob Juden, Judenchristen oder Judaisten, ist für *unsere* Frage aber unerheblich.

[188] Eine eindringliche *Kritik* der Gemeinde in Philippi vermag ich hierin *nicht* zu sehen (gegen SCHOON-JANSSEN, »Apologien«, 127f., der *andererseits* – und völlig zu Recht – auf den durchweg *freundschaftlichen* Charakter des ganzen Briefes hinweist [a.a.O., 136], der darum nicht zufällig einige Parallelen zum 1Thess aufweise [vgl. z.B. a.a.O., 136ff.: Fehlen des Apostelitels im Präskript, Elemente des antiken Freundschaftsbriefes, namentlich das ἀπών/πάρων-Motiv und das damit verwandte πόθος-Motiv: vgl. 1Thess 2,17f.; 3,1–8.11]). Daß die Philipper »offensichtlich ein sehr negatives Verhältnis zum Leiden« hatten (a.a.O., 132) und die paulinischen Ausführungen »dem wachsenden Einfluß von Kreuzes- und Leidensgegnern in Philippi« geschuldet sind (a.a.O., 134), läßt sich *am Text selbst* nicht verifizieren! Es berechtigt auch *nichts* dazu, die durchweg *positiven* Attribute, die Paulus den Philippern zuschreibt, im Stile negativer Hermeneutik als bloße *captationes benevolentiae* o.ä. abzutun und sachlich ins Gegenteil zu verkehren (ein besonders krasses Beispiel a.a.O., 138, wenn Phil 4,15b so interpretiert wird, als deute diese »Beschwörung« [!] auf »Eintrübungen des guten Verhältnisses« hin, »wie dies besonders extrem im Gal der Fall ist, aber auch im Phil gewisse [!] Grundlagen haben könnte [!]«, denn »völlig ungetrübt« sei »das einst sehr gute Verhältnis anscheinend doch auch nicht«). Darum ist die *digressio* von Phil 3,2–11 auch nicht einfach »ein rhetorischer Trick, um die Philipper – oder jedenfalls die angeblich ›Vollkommenen‹ unter ihnen – ihres eigenen Irrtums zu überführen« (gegen SCHOON-JANSSEN, a.a.O., 128)!

Es wäre m.E. einmal dringend zu untersuchen, wie dieser in der Literatur häufiger zu beobachtende Hang zu erklären ist, explizit *positive* Aussagen im Sinne einer »Hermeneutik des Verdachts« geradezu in ihr *Gegenteil* zu verkehren. *Was bringt nicht wenige Exegeten dazu, den freundschaftlich-positiven, ja zuweilen überaus liebevoll-emotionalen Aussagen des Apostels zu mißtrauen und ihnen einen fremden Zweck (im Sinne versteckter Kritik) zu unterstellen? Liegt hier ein psychologisches Problem vor, wenn nahezu je-*

5. Unpersönliche Mächte als Konkurrenzgrößen zu Christus   163

Als theologisch *problematisch* könnten diese Verse (bes. V. 4–6) allerdings deswegen erscheinen, weil Paulus hier gerade *nicht* (nur) »sein *ehemaliges*, in sich völlig gefestigtes Selbstvertrauen zeigt«[189]; dem *Wortlaut* zufolge glaubte nämlich *nicht* (nur) »der junge Schriftgelehrte Paulus [...], den hohen Anforderungen einer vollkommenen Toraobservanz pharisäischer Prägung ohne Einschränkung genügen zu können«[190] – er spricht ja immerhin *als Christ*, wenn er objektivierend über sich sagt: κατὰ δικαιοσύνην τὴν ἐν νόμῳ γενόμενος ἄμεμπτος (Phil 3,6b). Mit keinem Wort deutet er an, daß er dieses sein (Selbst-)Urteil im Rückblick in irgendeiner Weise relativiert! Er sagt auch *nicht*, daß er sich untadelig »*fühlte*«[191], sondern daß er es tatsächlich *war*[192]. Darum lautet die *einzige* Frage, die sich hier stellt (und die in V. 9 entschieden *negativ* beantwortet wird):

---

des freundschaftlich-emotionale Wort als Hyperbolik oder als reine captatio benevolentiae (d.h. doch nichts anderes, als: lediglich als Mittel zum Zweck!) abgetan wird? (Ähnliche Fragen wären an E.-M. BECKERs Ausführungen über die »autobiographische[n] Passagen bei Paulus« [Schreiben, 232–236] zu richten, die sie fast nur *funktionalistisch* zu erklären versucht.) Eines der hilfreichsten Gegenmittel (neben der Lektüre der Paulusbriefe selbst) ist – bei aller Vorsicht im Detail – DEISSMANN, Paulus², *passim*.

Eine beachtenswerte, sorgfältige Kritik des *dem Begriff nach* auf P. Ricœur zurückgehenden Konzeptes einer »Hermeneutik des Verdachts« (»herméneutique du soupçon«) hat übrigens H. WEDER vorgelegt (s. DENS., Kritik, *passim*). Er verweist zunächst auf das Problem, das damit gesetzt ist, daß die »fundamentale Trennung von Verdächtigung und Urteil [...] in der Wissenschaft nicht durchgeführt ist« (a.a.O., 59) – anders als im modernen Rechtsstaat mit seiner Aufgabenverteilung auf Anklage (Staatsanwalt unter Zuhilfenahme der Polizei, ggf. Zeugen), Verteidigung (Rechtsanwalt, ggf. Zeugen) und Rechtsprechung (Richter). Demgegenüber fällt in der Wissenschaft »derselbe Historiker, der eine Quelle der Unwahrhaftigkeit verdächtigt, auch das Urteil über ihren historischen Wert« (ebd.). Ebendiese »Vereinigung zweier Parteien in einer Person mahnt zur Vorsicht, insbesondere zur Vorsicht gegenüber jeder Operation mit dem Verdacht« (ebd.). Angesichts dieser Problemlage hält WEDER es für »die große wissenschaftstheoretische Leistung der neutestamentlichen Exegese, daß sie Methoden entwickelt hat, welche es bis zu einem gewissen Maße erlauben, eine sachliche Wahrnehmung der historischen Wirklichkeit zu erreichen. Die Methoden sind dazu da, dem Gegenstand selbst eine Chance zu geben gegen die Voreingenommenheit der heutigen Erkenntnissubjekte. [...] *Objektivität im Sinne größerer Sachlichkeit muß deshalb ein zentrales Ziel der Exegese (und jeder auslegenden Wissenschaft) bleiben*« (a.a.O., 62). Man mag natürlich fragen, ob dieses *begrüßenswerte* Ziel mit den gängigen Methoden wirklich erreicht werden kann.

[189] Gegen HENGEL, Der vorchristliche Paulus, 283 (Hervorhebung E.R.). Es ist darum auch nicht ausgeschlossen, daß der *vorchristliche* Paulus doch »von Depressionen heimgesucht wurde« (gegen HENGEL, ebd. m. Anm. 323, der damit der s.E. »psychologisierenden Deutung« DEISSMANNS [Paulus², 73f.89.105] den Boden zu entziehen glaubt).

[190] Gegen HENGEL, ebd., und die Mehrheit der Exegeten, z.B. RÖHSER, Herrschaft, 85.

[191] Gegen HAACKER, »Antinomismus«, 394.

[192] CALVIN, CO 52, 45: *Non de affectu loquitur, sed se quoque gloriandi argumentum habere significat, si libeat aliorum stultitiam imitari. Sensus ergo est: Mea quidem gloria in Christo sita est: verum si in carne oporteat gloriari, mihi etiam non deest materia.*

"*Is such a way of life identical with the righteousness that God requires?*"[193] Schon J. CALVIN sprach hier zu Recht von einer »doppelten Gerechtigkeit des Gesetzes« (*duplex iustitia legis*), indem er zwischen einer *geistlichen*[194] (*spiritualis iustitia legis*) und einer *buchstäblichen* (*literalis iustitia legis*) Erfüllung der Sinaitora unterschied.[195] Paulus sagt ja in der Tat *nicht*, daß *die Sinaitora* ihrem Wortlaut nach *prinzipiell* nicht *erfüllbar* wäre,[196] sondern daß der Sünder *den Willen Gottes*, der *in* der Sinaitora enthalten ist, nicht zu tun vermag. Insofern *kann* der Sünder zwar *die Sinaitora* faktisch halten (auch das ist freilich schon schwer genug, wie Paulus nicht zufällig am Beispiel Israels zeigt [Röm 1–3, bes. 2,17–25]) – aber damit entspricht er noch lange nicht dem Willen Gottes (vgl. Röm 9,30–32a!).[197] *Paulus und die Gemeinde in Philippi wissen vielmehr,* »*that the only righteousness that counts comes from God through faith in Christ*«[198] (vgl. Röm 9,32–10,13!). Wie oben bereits gezeigt, ergibt sich *diese Erkenntnis* aber einzig und allein aus dem *Christusgeschehen* (vgl. Phil 3,8.10!), nicht aus dem Nachdenken über den νόμος.

Es bleibt dennoch die Frage, warum Paulus so an dem positiven Selbsturteil gelegen ist, warum er mithin zeigen will, »that he had not been a failure in Judaism«[199]. Was er in den VV. 4–6 aufzählt,

»sieht aus wie eine Art Selbstapologie, die den (potentiellen oder realen?) Vorwurf zurückweist, Paulus (und seine Freunde) rühmten sich lieber Christi, da sie bezüglich ihrer fleischlichen Herkunft nicht viel zu bieten hätten.«[200]

---

[193] SILVA, Phil, 152 (Hervorhebung E.R.).

[194] Von dieser *spiritualis iustitia legis* sagt CALVIN, CO 52, 46, in voller Übereinstimmung mit Paulus: *Ea continetur in doctrina, nunquam in vita ullius hominis exstitit.*

[195] CALVIN, CO 52, 46: Die »geistliche« Erfüllung der Sinaitora bestehe in »vollkommener Liebe zu Gott und den Nächsten« (*nempe perfectus amor Dei et proximorum*); die »buchstäbliche« Erfüllung der Sinaitora könne zwar die Menschen faszinieren (*quae in hominum conspectu apparet*), doch bei allem äußerlichen Buchstabengehorsam »regiert zugleich die Heuchelei in ihren Herzen, und gegenüber Gott gibt es nur Ungerechtigkeit« (*quum interim hypocrisis regnet in corde, et coram Deo nihil sit quam iniquitas*).

[196] Vgl. LICHTENBERGER, Gesetz, 371.

[197] SILVA, ebd., verweist völlig zu Recht auf den ganz parallel gelagerten Fall Mk 10,17–27! »Sünde« ist darum entschieden *mehr* als bloße Übertretung (παράβασις) der Sinaitora – auch wenn dieser Aspekt nicht unterschlagen werden darf!

[198] GARLAND, Composition, 173 (Hervorhebung E.R.).

[199] SILVA, Phil, 155.

[200] SCHOON-JANSSEN, »Apologien«, 148. Er fährt fort: »Besonders die Ähnlichkeit mit 2 Kor 11,18 ist kaum zu übersehen«, kommt aber zu dem Ergebnis, »[a]lles, was innerhalb von 3,2–11 an Polemik und scheinbar apologetischen Elementen auftaucht«, sei »den Philippern bekannter Stoff, der lediglich als *Anschauungsmaterial* zur Erläuterung der tatsächlichen Situation in Philippi, die erst in 3,12ff. in den Blick kommt, benutzt wird« (a.a.O., 153). Das Hauptargument lautet, daß in *3,2–11* noch keine *aktuellen* Gegner (und entsprechende Vorwürfe, die dann in *apologetischer* Absicht zurückzuweisen

Auch wenn er sich *hier* wohl nicht *direkt* mit *konkreten* Gegnern aus dem Umfeld der Gemeinde in Philippi auseinandersetzt[201] (und darum der Abschnitt nicht als »Apologie« *stricto sensu* zu bezeichnen ist), sichert Paulus sich *und die Gemeinde gleichermaßen* gegen den möglichen Vorwurf ab, er (und die anderen Jesus-Anhänger) »lehne das Rühmen von hoher Abstammung und von korrektem, gesetzestreuem Leben ab, da er nichts Entsprechendes zu bieten habe«[202]. Phil 3,4–6 richtet sich mithin gegen den möglichen Einwand, die Christen wählten den (scheinbar) *einfacheren* Weg (nämlich den des *Glaubens*, nicht den des Toragehorsams[203]) nur aus *dem* Grund, daß sie nicht genügend Selbstdisziplin o.ä. aufbrächten,[204] und machten damit aus der Not eine Tugend.

Demgegenüber hält Paulus fest, daß er sehr wohl mit seinen potentiellen Kritikern mithalten kann und sich nicht vor ihnen zu verstecken braucht (V. 4a) – andernorts behauptet er sogar, sie *übertroffen* zu haben (Gal 1,14)! –,[205] daß jedoch *deren* Kriterien hinsichtlich der *Heilsfrage* völlig obsolet sind, weil hier *allein* das Verhältnis zu *Christus* – die »Christ-Innigkeit« (εἶναι ἐν Χριστῷ) – zählt (V. 7–11). Von *ihm* her erscheint nun *alles andere* – fleischliche »Beschneidung« ebenso wie buchstabengetreue Toraobservanz (V. 4b–6) – notwendigerweise als »Schaden« (ζημία) und – so Paulus mit der ihm eigenen Schärfe[206] – »Scheiße« (V. 7f.).[207]

---

wären) im Blick sind, weil βλέπετε V. 2 *kein konkreter Warnruf* ist (»nehmt euch in acht vor« u.dgl.), sondern zur *Einführung eines Beispiels* dient (»haltet euch die ... vor Augen«, »schaut euch die ... an«), wie SCHOON-JANSSEN, a.a.O., 123–125, überzeugend dargelegt hat (unter Berufung insbesondere auf KILPATRICK, ΒΛΕΠΕΤΕ, *passim*).

[201] Anders NIEBUHR, Heidenapostel, 87–97.

[202] SCHOON-JANSSEN, »Apologien«, 156.

[203] Für Paulus sind »Glaube« und »Gehorsam« indes *keine Gegensätze*, wie das Syntagma ὑπακοὴ πίστεως (Röm 1,5; vgl. Röm 15,18; ferner Röm 10,16; 2Kor 10,5) zeigt!

[204] So auch CALVIN, CO 52, 45 (zu Phil 3,4).

[205] Überhaupt ist nach Paulus die Aufhebung der Toraobservanz für die Christen keineswegs gleichbedeutend mit einem Freibrief zum Sündigen (vgl. Röm 6,12–14.15ff.; Gal 5,13), zumal ja *gerade* die Tora die Sünde *nicht* eindämmt (sogar das *Gegenteil* ist der Fall [Röm 5,20; 7,7–11], und die Toraobservanz führt leicht zu blindem, erkenntnislosem Eifer [ζῆλος], wie Paulus aus eigener Erfahrung weiß [Phil 3,6a; Gal 1,13f.; vgl. Röm 10,2f.])! Freilich sollen *gerade Christen* keine ethisch-moralischen »Schweine« (oder vielmehr: »Hunde« [Phil 3,2]) sein, sondern *auch darin* nach wahrer *Vollkommenheit* streben (vgl. Phil 3,12–16; ferner 1Kor 10,32f.). Paulus selbst hat »erfahren, *daß diese Freiheit vom Gesetz nicht in ein Vakuum führt, sondern in die Beziehung zu Jesus*. Daher wehrt er sich nachdrücklich gegen den Vorwurf, sein Evangelium bedeute ethische Anarchie. *Die Befreiung vom alten Leben bringt uns zu Christus und dem Geist. Das Ergebnis ist ein neues Leben, nicht sittliche Schwäche oder Trägheit*. Der Christ untersteht nicht mehr dem Gesetz als Herrn, lebt aber durch den Geist in Liebe und ›erfüllt‹ so gerade das, worum es beim Gesetz ging« (WENHAM, Paulus, 204 [Hervorhebungen E.R.]).

[206] Vgl. noch 1Kor 4,19f. (»ich möchte nicht *das Gequatsche* [ὁ λόγος] der Aufgeblasenen kennenlernen...«); Gal 3,1 (»o ihr *bescheuerten* [ἀνόητοι] Galater...!«); Gal

5.2.4. Wesen, Funktion (Aufgabe) und Wirkung der Sinaitora nach Römer 7

Solche »antinomistisch«-polemischen Aussagen über die Toraobservanz warfen schon zu Zeiten des Apostels die kritische Rückfrage nach dem *Wesen* des νόμος auf: *War etwa die Sinaitora nicht gottgegeben und damit doch wohl heilig und heilsam?* Wie konnte Paulus, der sich immerhin von Gott selbst berufen wußte (vgl. Gal 1,1.15f.), dann in derart rabiater Weise über die Sinaitora reden? Mit solchen (impliziten) Anfragen und Einwänden setzte sich Paulus aus gegebenem Anlaß insbesondere im Galater-, Römer- und Philipperbrief auseinander, und er tat dies, indem er nicht so sehr die Sinaitora »an sich« thematisierte (das ist *nur Röm 7,12* der Fall!), sondern auf ihre spezifische *Funktion (Aufgabe)* und *Wirkung* einging, die ihr – und darauf hinzuweisen ist von größter Wichtigkeit – *unter ganz bestimmten Umständen – nämlich: post lapsum –* (von Gott) zukommen.[208]

Die wohl *tiefgründigste* Auseinandersetzung des Heidenapostels mit der Sinaitora findet sich im Römerbrief, namentlich im 7. Kapitel, auf das hier daher ausführlich einzugehen ist. Die Unübersichtlichkeit der Forschungslage verlangt zunächst nach einigen *grundlegenden Vorbemerkungen*.

5.2.4.1. Röm 7 in der neueren Diskussion

Das Kapitel Römer 7 *als solches* und der Abschnitt *7,7–25 im besonderen* nimmt in der neueren Diskussion eine Schlüsselstellung »für das ganze Verständnis des Paulus« ein.[209] Dabei betont die gegenwärtige Exegese

---

5,12 (»sie sollen sich doch gleich *kastrieren* [ἀποκόπτειν] lassen!«). Die gängigen Bibelübersetzungen mildern den derben Ausdruck häufig ab, bringen aber damit die paulinischen Texte um ihre *Eindringlichkeit*, denn *die Derbheit der Sprache entspricht der unbedingten Dringlichkeit der Sache* (vgl. auch Phil 3,2), wie z.B. schon RÜCKERT, Gal, 119 (zu Gal 3,1), richtig beobachtet hat, wenn er die außergewöhnlich ›starken Ausdrücke‹ des Apostels »nur aus einer gewaltigen Angegriffenheit seiner Seele erklären« kann. Und bereits DEISSMANN, Paulus², *passim*, protestierte mit Recht dagegen, aus dem »Vulkan« Paulus einen quasi-scholastischen Theologen zu machen. Andernfalls würde der Apostel selbst – um bei seiner eigenen Wortwahl zu bleiben – »kastriert«.

[207] Vgl. MÜLLER, Phil, 155 (aber nur in der Übersetzung einer *profanen* Inschrift!).

[208] Wenn man nicht zwischen diesen verschiedenen Aspekten der Sinaitora (Herkunft, Wesen, Funktion/Aufgabe, Wirkung usw.) und ferner dem νόμος als »Sinaitora« einerseits und dem νόμος als »Pentateuch« bzw. »Heilige Schrift« (= γραφή) andererseits *unterscheidet* (vgl. dazu MUSSNER, Gal, 204, Anm. 64: »γραφή und Tora stehen bei Paulus in einem […] dialektisch-kritisch Verhältnis zueinander«!), sind *in sich* widersprüchliche Ausführungen die unausweichliche Folge, die auch dadurch nicht stimmiger werden, daß man sie als »Dialektik« verkauft (s. exemplarisch OEGEMA, Versöhnung, 248–251!).

[209] Das zeigt KÜMMEL, Bekehrung, 1, der a.a.O., 90–96, klassische Positionen der Auslegungsgeschichte darstellt (u.a. Methodius, Ambrosius, Augustinus, Luther, Spener, Francke). Wichtig ist sein Hinweis, Augustinus habe seine Meinung nicht erst um des Pelagianismus willen geändert (so aber noch BISPING, Röm, 215, freilich mit anti-reforma-

5. Unpersönliche Mächte als Konkurrenzgrößen zu Christus

durchweg die *Komplexität* dieses Kapitels.[210] Entsprechend komplex sind auch die Lösungsvorschläge, und von einem Konsens ist die exegetische Diskussion »nach wie vor weit entfernt«[211]. Ein Blick in die Forschungsgeschichte legt vielmehr den Eindruck nahe, daß sich diese Diskussion seit mehr als 100 Jahren im Kreis dreht und kaum zum Ziel gelangen wird.[212]

Diskutiert werden v.a. die Fragen, *wer* das »Ich« (ἐγώ) von Röm 7 ist, über *welchen Zustand* es spricht und was mit der ἐντολή von V. 8 gemeint ist. Zudem ist es vielen[213] Exegeten nicht möglich, V. 25b[214] als *paulinischen* Satz zu verstehen; sie halten ihn für das Werk eines »unbekannte[n] Glossator[s], der hier Paulus mißverstehend zusammengefaßt hat«[215].

---

torischem Impetus), vielmehr sei seine neue Auslegung »exegetischen und autoritativen Beweggründen zu verdanken« (a.a.O., 93f.; ähnlich LICHTENBERGER, Ich Adams, 22f.).

[210] Vgl. WILCKENS, Röm II, 97: »Dieser Abschnitt [sc. Röm 7,7–25; E.R.] ist – neben 5,12–21 – zweifellos der schwierigste Text des Römerbriefes.« HOFIUS, Mensch, 104: »Die Verse Röm 7,7–25 gehören ohne Zweifel zu den schwierigsten Abschnitten des Römerbriefs wie der Paulusbriefe überhaupt.« Für PATE, End, 110, ist dieser Abschnitt sogar »an enigmatic passage«. Ist es dieser *Komplexität* geschuldet, daß manche Monographien gar nicht auf Röm 7 eingehen, obwohl es angesichts der *sachlichen Nähe zu ihrem Untersuchungsgegenstand* geboten wäre (so z.B. WOLTER, Rechtfertigung, 244f.; HARNISCH, Eschatologische Existenz, 184f.; SCHMIDT, Untersuchung, 262)? Anderseits ist die leise warnende Kritik LICHTENBERGERs, die heutige Theologie habe »Röm 7 fast ein Übermaß an Aufmerksamkeit entgegengebracht« (Ich Adams, 8), ist nicht unberechtigt.

[211] HOFIUS, Mensch, ebd.

[212] Die Literatur zum Thema ist unüberschaubar (vgl. HOFIUS, Mensch, 104 [s.u. S. 168 m. Anm. 216]; LICHTENBERGER, Ich Adams, 15). Neben den klassischen Positionen (vgl. dazu z.B. LICHTENBERGER, a.a.O., 17–105; KRAUTER, Pietismus, *passim*) und den *Überblicksdarstellungen* und einschlägigen *Kommentaren*, die oft umfangreiche Exkurse bieten (s. jetzt HULTGREN, Röm [2011], 681–691), nenne ich hier nur folgende Beiträge: BEYSCHLAG, Bekehrung (1864), bes. 249–251; WIESELER, Abhandlung (1875), *passim*; ENGEL, Kampf (1902), *passim*; MITTRING, Heilswirklichkeit (^{2}1929), bes. 62–97; BULTMANN, Ethik (1924), 42f.; KÜMMEL, Bekehrung (^{1}1929), *passim*; BULTMANN, Römer 7 (1932), *passim*; STEWART, Man (^{1}1935), 99–108; ALTHAUS, Paulus (^{1}1938; ^{4}1963), *passim*; MÖLLER, Bild (1939), *passim*; BORNKAMM, Sünde (^{1}1950), *passim*; LYONNET, L'histoire (^{1}1962), *passim*; LUZ, Geschichtsverständnis (1968), 158–168; THEISSEN, Aspekte (1983), 181–268; WEBER, Geschichte (1987), *passim*; LAATO, Paulus (1991), 137–182; SEIFRID, Justification (1992), 146–152.226–244; STOWERS, προσωποποιία (1994), *passim*; UMBACH, Sünde (1999), 265–310; HOFIUS, Mensch (2002), *passim*; THYEN, Alternativen (2005 [1993]), *passim*; RÖHSER, Herrschaft (2012), 87–93.

[213] LICHTENBERGER, Auslegungsgeschichte, 293, Anm. 52, meint: »die Mehrzahl der neueren Untersuchungen hat V. 25b als nichtpaulinische Glosse ausgeschlossen.« DUNN zufolge gilt dies aber höchstens für die *deutschsprachige* Theologie (Röm, 398).

[214] STRECKER, Theologie, 144, erwägt sogar, die Glosse auf *Röm 8,1* auszudehnen.

[215] LICHTENBERGER, a.a.O., 294. Er bemerkt ferner (ebd.): »Damit wurde – und dies ist wohl ein einmaliger Vorgang im Neuen Testament – die Auslegung des Textes in Bahnen gelenkt, die eine Rückkehr zu dem von Paulus intendierten Sinn des Kapitels nahezu versperrten. [...] Keine der Auslegungen aus zwei Jahrtausenden hat das Verständnis und die Wirkung von Röm 7 so nachhaltig, verhängnisvoll und heilsam zugleich be-

Eine umfangreiche Diskussion der gesamten Forschung kann hier freilich nicht stattfinden, denn eine »umfassende Erörterung der vielfältigen Positionen und Urteile, die in der Exegese vertreten werden, würde [...] eine sowohl detaillierte wie differenzierte monographische Untersuchung erforderlich machen.«[216] Angesichts immer differenzierterer Versuche, Röm 7 zu verstehen, soll hier einmal der Versuch gewagt werden, möglichst das jeweils *nächstliegende* Verständnis zu plausibilisieren.[217] Dabei ist der Text entsprechend seinem argumentativen Gefälle *von vorne nach hinten* zu lesen, nicht umgekehrt.[218]

5.2.4.1.1. Röm 7 im Kontext von Röm 5–11

Eine erste *gewichtige* Entscheidung darüber, wie Röm 7 insgesamt zu verstehen ist, fällt mit der Beantwortung der Frage, was das *Thema* dieses Kapitels ist.[219] Grundlegend ist die Beobachtung, *daß Röm 7 die spätestens*

---

einflußt wie jener Satz von 15 Wörtern eines namenlosen Exegeten und Theologen, der wahrscheinlich noch im ersten Jahrhundert gelebt hat.« Zur *Kritik* an diesem *diabolus ex machina* s. JEWETT, Röm, 457 m. Anm. 21. Ihm zufolge ist es bisher nicht gelungen, eine historisch plausible theologische *Motivation* für diese vermutete Interpolation anzugeben.

[216] HOFIUS, Mensch, 104.

[217] Damit folge ich bewußt der *theologisch begründeten Entscheidung Calvins*, beim Vorliegen mehrerer exegetisch gut fundierter Interpretationsmöglichkeiten stets der *einfacheren* den Vorzug zu geben (vgl. dazu REHFELD, Leitlinien, 47f.). Das nächstliegende Verständnis schließt übrigens eine *stringente gesamtpaulinische Sicht* nicht aus, sondern ausdrücklich ein, und ich verstehe nicht, warum LICHTENBERGER, Ich Adams, 80, sich derart vehement gegen ein solches Vorgehen wehrt. Ist »Komplexität« ein Wert *an sich*? Sollte eine Auslegung nur deswegen disqualifiziert sein, weil sie sich um ein *gesamtpaulinisches Verständnis* müht, was aber als (vermeintlicher) »Versuch der Harmonisierung [...] mit anderen paulinischen [!] Vorstellungen« strikt zurückgewiesen wird (ebd.)?

[218] Das ist deswegen zu betonen, weil oft die (vermeintlichen) Probleme von Röm 7,13.14–25 zum Verstehensrahmen auch der Verse 7–12.13 erklärt werden. Vgl. exemplarisch HOFIUS, Mensch, 111f.: »Die Unmöglichkeit, Röm 7,7–25a auf den Menschen ἐν Χριστῷ zu deuten, wird innerhalb des Abschnitts selbst vor allem durch die Feststellung von 7,14 bestätigt. Denn was das ›Ich‹ dort von sich selbst sagt (ἐγὼ δὲ σάρκινός εἰμι πεπραμένος ὑπὸ τὴν ἁμαρτίαν), das gilt – wie durch Röm 8,2–11 hinreichend bewiesen wird – *nicht* von dem Menschen ἐν Χριστῷ und *kann* nicht von ihm gelten.« Auch KÜMMEL, Bekehrung, 78, will das Frühere vom Späteren her interpretieren: »Auszugehen ist dabei am besten von der zweiten Gedankenreihe 7,8b–10a. Denn die Verse 7,7.8a lassen sich zunächst durchaus als Selbstbericht des Paulus verstehen [...]«! LICHTENBERGER, Auslegungsgeschichte, 285 m. Anm. 7, wirft seinerseits der Dunnschen Auslegung von Röm 7 vor, sie lasse sich »ihre Hermeneutik von 7,25b vorgeben«.

[219] Trifft es zu, daß Röm 7 die Frage nach Wesen, Funktion und Wirkung der *Sinaitora* vertieft, läßt sich m.E. die verbreitete These, das ἐγώ von Röm 7 sei *Adam* (s. dazu unten S. 172–184), nicht aufrechterhalten, was schon MAIER, Röm, 235 (zu Röm 7,9), gesehen hat: »Der Zustand *Adams*, bevor ihm ein positives Gebot gegeben war, ist hier nicht gemeint, denn νομος ist ja das mosaische Gesetz, und die εντολη also das Gebot, worin dieses gebietet oder verbietet.« Vgl. LOHSE, Röm, 214 (mit anderer Zielrichtung).

seit Röm 5,12ff. (bes. V. 20f.!) bedrängend im Raum stehende Frage nach dem präzisen Zusammenhang von »Sünde« und »Sinaitora« organisch weiterführt[220] und diese zu einem vorläufigen Abschluß bringt – »vorläufig« deshalb, weil Röm 8 dann *abschließend* verdeutlicht, daß – im Anschluß an Röm 5,9b.10b – die *endgültige* Erlösung bzw. das eschatologische Heil (σωτηρία) – und damit die Erlangung der eschatologischen ζωή – *noch aussteht*[221], und zwar so lange, bis »die Vollzahl der Heiden eingegangen« und schließlich auch »ganz Israel[222] gerettet« sein wird (Röm 11,25f. im Kontext von Röm 9–11[223]). Während Röm 6 auf der Grundlage der in Röm 5 beschriebenen, bereits geschehenen καταλλαγή[224] das *schon jetzt* ἐν Χριστῷ *Gewährte* benennt, schildert Röm 7 in durchaus drastischer Weise, was *noch aussteht* und der eschatologischen Vollendung (d.h. der σωτηρία) harrt, von der dann Röm 8 spricht.

Röm 7 behandelt die *Frage nach dem Wesen, der Funktion und der Wirkung des mosaischen Gesetzes*[225], und zwar – wie immer bei Paulus (s.o. 5.2.1.) – ausschließlich im Rahmen *hamartiologischer* Fragestellungen:

Es geht hier »um die Neubewertung der Torah vor dem Hintergrund des Evangeliums [...] als Botschaft von der Rechtfertigung des Gottlosen. Das Kapitel beschreibt, was das Gesetz, wenn es auf *den Menschen* trifft, bewirkt – und was es nicht bewirkt.«[226]

Im Licht des Evangeliums – und *nur* dort[227] – wird deutlich, daß die Sinaitora trotz ihrer wesensmäßigen Güte (7,12) *sub conditionibus peccati* we-

---

[220] Vgl. BARDENHEWER, Röm, 103; SCHNELLE, Anthropologie, 79f.; LOHSE, Röm, 203f. u.ö.; BYRNE, Röm, 208–210; THYEN, Alternativen, 272f.

[221] Mit WOLTER, Rechtfertigung, *passim*; gegen BULTMANN, Römer 7, 203f., der nicht richtig zwischen tatsächlich *präsentischer* καταλλαγή bzw. δικαιοσύνη und streng *futurischer* σωτηρία bzw. ζωή differenziert (vgl. dazu WOLTER, a.a.O., 3f.5–7 u.ö.).

[222] Die Frage, welche Größe der Ausdruck πᾶς Ἰσραήλ präzise bezeichnet (eine »ethnische« und/oder eine »pneumatische« Größe?), kann und muß hier offenbleiben.

[223] Röm 9–11 ist *integraler* Bestandteil des dezidiert »theologischen« Teils des Römerbriefs und schlägt den Bogen zurück zur Themaangabe in Röm 1,14–17. So zeigt etwa HOFIUS, Fides, 75 m. Anm. 25, daß Röm 10,4–17 das Thema aus 1,16f. »unter dem Aspekt der *Verkündigung*« entfaltet und erläutert. Diese und andere Beobachtungen mahnen, Röm 9–11 nicht bloß als »Appendix« zu Röm 1–8 zu betrachten (mit HAACKER, Röm, 39; KETTUNEN, Abfassungszweck, 192f. m. Anm. 3.4)! Genausowenig dürfen aber auch Röm 12–15 (16) von den früheren Kapiteln abgekoppelt werden, denn für Paulus gehören offenbar »Theologie« und Paraklese, Reisepläne, Kollekte usw. *untrennbar* zusammen (vgl. dazu REHFELD, »Erbaulichkeit«, *passim*). Diesen *notwendigen* Zusammenhang hat die Paulus-Exegese zu ihrem Schaden nicht immer wahr- und ernstgenommen.

[224] Vgl. dazu BULTMANN, Theologie, 285–287.

[225] So etwa schon CALVIN, CStA 5.1, 32,16–25 (*de Legis usu*). Ihm folgen stillschweigend z.B. HAACKER, Röm, 160.162; WILCKENS, Röm II, 75 m. Anm. 288.

[226] HAACKER, Röm, 162.

[227] Nach Paulus *kennen* die Christen – im Gegensatz zum Rabbinat (vgl. SCHLATTER, Röm, 224, unter Berufung auf 2Kor 3,14; s. auch Röm 10,2f.) – den *Ernst* und die eigent-

der unmittelbar noch mittelbar etwas Heilvolles bewirken kann (vgl. 8,3a!). Paulus zeigt, daß dies sowohl im Blick auf den *Sünder* (7,7–11 als Auslegung von 7,5) als auch im Blick auf den *Gläubigen* gilt (7,13–25 als Auslegung von 7,6)[228]. Für letzteren ist darum das δουλεύειν ἐν καινότητι πνεύματος die einzige Option, und ein δουλεύειν ἐν παλαιότητι γράμματος kommt *eo ipso* nicht mehr in Frage (vgl. 7,6b). Das zu plausibilisieren, ist das Argumentationsziel namentlich der *confessio* von Röm 7,13–25, und insofern hat bereits J. CALVIN das Thema von Röm 7 zu Recht in der Frage gesehen, *quomodo Lex sit nobis (!) abrogata.*[229] Es geht Paulus also vor allem darum zu zeigen, warum die Gültigkeit der Sinaitora *für die Christen* aufgehoben sein muß (vgl. 7,4; 10,4); *der Apostel behandelt hier das Grundthema »von der Gesetzesfreiheit des Christen«.*[230] Dabei expliziert und begründet er in *zweierlei* Hinsicht seine Grundthese von 6,14, daß gerade die Aufhebung der Gültigkeit der Sinaitora für die Christen (vgl. 10,4!) es ihnen allererst ermöglicht, im Einklang mit dem Willen Gottes zu leben (und zu handeln). Es geht Paulus erstens darum zu zeigen, daß die Sinaitora aufgrund ihrer *wesentlich* sündenaufdeckenden Funktion die Sünde nicht wirksam zu *bekämpfen,* sondern den Menschen *ausschließlich* bei seiner Sünde und der daraus *notwendig* folgenden Verurteilung (κατάκριμα) zu *behaften* vermag (vgl. Gal 3,22f.). Dieses in seiner Unfähigkeit gründende (vgl. Röm 8,3) grundsätzliche Ausscheiden des Gesetzes »als Heilsträger aber macht es zum Unheilbringer und Förderer der Ungerechtigkeit«[231]. Daraus ergibt sich zweitens, daß die Sinaitora *auch und gerade beim Gläubigen* keine positive Wirkung im Sinne der vollkommenen Erfüllung des heiligen Gotteswillens entfalten kann (vgl. Röm 7,6b!). *Diesen* Sachverhalt hat als einer der wenigen Neueren A. NYGREN gesehen[232]:

---

liche *Intention* der Sinaitora; er redet die römischen Christen darum als solche an, die den νόμος »kennen«, d.h. »den Sinn des Gesetzes verstehen« (MICHEL, Röm, 220, Anm. 2).

[228] Diese ansprechende Gliederung findet sich leicht modifiziert (Zäsur erst nach V. 13) bei NYGREN, Röm, 211; vgl. ferner AUNE, Logos Protreptikos, 116 (s.u. S. 187f., Anm. 314). Für gewöhnlich wird in der neueren Exegese jedoch behauptet, Paulus lege 7,5 in 7,7–25, 7,6 dagegen erst in 8,1–17 aus (so u.a. BEST, Röm, 76; WILCKENS, Röm II, 63; STUHLMACHER, Röm, 96.107; BÉNÉTREAU, Röm I, 186; HOFIUS, Mensch, 109 m. Anm. 19; *so auch schon* VON FLATT, Röm, 197; ähnlich REITHMAYR, Röm, 329.373f.!).

[229] CStA 5.1, 334,14. Ähnlich REICHE, Röm II, 1–4.

[230] NYGREN, Röm, 196 (Hervorhebung E.R.). So schon REICHE, Röm II, 1–4.

[231] VAN DÜLMEN, Theologie des Gesetzes, 171. Sie spricht allerdings sehr unglücklich vom »*Versagen*« der Sinaitora. Das impliziert ja eine *ursprünglich heilvolle* Intention der Gabe der Tora, was VAN DÜLMEN, a.a.O., 107, Anm. 113, aber zu Recht ablehnt.

[232] Das gilt unbeschadet der Tatsache, daß Nygrens Rede von ›zwei Äonen‹ falsche traditionsgeschichtliche Assoziationen weckt (s.o. S. 10, Anm. 30) und daß die *Hauptzäsur zwischen V. 12 und V. 13* zu sehen ist (zu Letzterem s. SCHMITHALS, Röm, 221.223f., mit ausführlicher Begründung; STUHLMACHER, Röm, 97; JEWETT, Röm, 453.455f.; THYEN, Alternativen, 279f. [im Anschluß an *K. Stendahl*]).

5. Unpersönliche Mächte als Konkurrenzgrößen zu Christus

»In beiden Lagen erhält das Gesetz eine wesentlich verschiedene Bedeutung und Stellung. Das *Früher* des Christen, auf das er zurückblicken kann, bezeichnet die Gebundenheit an den alten Äon. Da hatte das Gesetz eine gewaltige Macht, wohlgemerkt aber als Verderbensmacht. Hiervon spricht Paulus im nächsten Abschnitt. Wir können also sagen, V. 7–13 spricht vom *Gesetz in der Lage des alten Äons* von der *Macht des Gesetzes, die Sünde hervorzurufen und zu steigern*. Aber *jetzt* im neuen Äon hat das Gesetz seine Macht verloren und zwar in jeder Hinsicht. Vor allem ist das Gesetz für den Christen keine Verderbensmacht mehr: er ist ja dem Gesetz gestorben, – davon hat Paulus genügend im Vorhergehenden gesprochen. Das Gesetz ist für den Christen aber auch keine erlösende Macht, keine δύναμις εἰς σωτηρίαν. Im letzten Abschnitt des Kapitels, V. 14–25, spricht Paulus also vom *Gesetz in der Lage des neuen Äons*, d.h. *von der Ohnmacht des Gesetzes, das Gute hervorzurufen*.«[233]

Da die Mosetora gerade für den *Christen*[234] keinerlei (unmittelbar) positive Bedeutung hat, wird man einen *tertius usus legis* (als *usus legis*) bei Paulus schwerlich finden,[235] aber nicht etwa,

»weil ihm das gesetzlose Leben zusagt, sondern weil der Mensch nur, wenn er frei vom Gesetz ist, wirklich Gott Frucht bringen kann, und das ist ja der Zweck der Tat Christi und des christlichen Lebens, des Lebens ›in Christus‹«.[236]

Das alles gilt *deshalb*, weil »die Funktion der Anklage und Verurteilung für Paulus die der ursprünglichen Bestimmung der Tora entsprechende Funktion« ist und sich darum »für ihn die Tora losgelöst von dieser ihr zugemessenen Funktion nicht denken« läßt.[237] *Die Sinaitora hat also mit dem Heil des Menschen – auch und besonders des Menschen ἐν Χριστῷ! – nicht das Geringste zu tun, wie schon Röm 3,21a in aller Klarheit festhält:* νυνὶ δὲ χωρὶς νόμου δικαιοσύνη θεοῦ πεφανέρωται …!*[238] Das Gesetz ist *in soteriologicis* aber

---

[233] Röm, 203. Vgl. noch KÄSEMANN, Röm, 178f.
[234] Für den *Nichtchristen* mag die Sinaitora im Rahmen ihres *usus politicus* – über den Paulus nicht eigens reflektiert – ja durchaus ein Segen sein (vgl. z.B. LUTHER, WA 6, 213,35–214,1 [Sermon von den guten Werken, 1520], unter Berufung auf Röm 13,3f.; zu den unterschiedlichen systematischen Implikationen der Rede vom *usus politicus legis* und der Rede vom *usus elenchticus legis* bei Luther vgl. HERMS, Auslegung, 86–91, bes. 87: »Die Rede vom usus politicus legis meint einen *Anwendungsbereich* (oder auch: Geltungsbereich) des Gesetzes, hingegen die Rede vom usus elenchticus eine *Wirkungsweise*, einen Effekt der Anwendung des Gesetzes.«). Der Christ dagegen, der als solcher dem νόμος τοῦ Χριστοῦ verpflichtet ist (Gal 6,2), bedarf der Mosetora auch in *dieser* Hinsicht nicht mehr (vgl. LUTHER, a.a.O., 213,22–26, unter Berufung auf 1Tim 1,9)!
[235] Vgl. HOFIUS, Gesetz, 66–69.
[236] So mit Recht NYGREN, Röm, 201.
[237] HOFIUS, Gesetz, 66.
[238] Diese Einsicht gilt dem Apostel freilich als *schriftgemäß*; sie steht *im Einklang* mit dem νόμος (= »Altes Testament«; V. 21b; vgl. 3,31b)! Paulus argumentiert also *mit* dem νόμος (als γραφή) *gegen* den νόμος (als νόμος) (vgl. MUSSNER, Gal, 204, Anm. 64).

»nicht nur *ohne jede Bedeutung* (vgl. 3,21.28; 4,13), sondern es ist zugleich durch die Sünde geradezu zu einem Unheil für den Menschen geworden (vgl. 4,15; 5,13.20; 6,14). Von daher erhebt sich die Frage, welche Gültigkeit es *für den Glaubenden* besitzt [...]. Während Paulus bisher nur andeutungsweise diese Frage anzugehen versuchte (vgl. 3,31; 5,20; 6,14), wendet er sich ihr in *Kapitel 7* ausdrücklich zu. In immer neuen Ansätzen bemüht er sich, [...] *das Verhältnis des Glaubenden zum Gesetz* zu klären.«[239]

Röm 7 ist also kein allgemein-anthropologischer Traktat[240]; der Mensch – sowohl der Nichtchrist (V. 7b–11) als auch der Christ (V. 14–25), aber immer *als von der Sünde Gezeichneter* – wird ja nur insofern thematisch, als sein spannungsvolles Verhältnis zur *Sinaitora* in den Blick gerät.[241] Die entscheidenden Stichwörter des Kapitels lauten denn auch νόμος (bzw. ἐντολή, τὸ ἀγαθόν [als das von der Sinaitora Intendierte, der gute Gotteswille]), ἁμαρτία (bzw. ἐπιθυμία), θάνατος (bzw. νεκρός, ἀποθνῄσκειν κτλ.) und σάρξ (bzw. σῶμα, τὰ μέλη). Röm 7 behandelt das *Zusammenspiel von »Sünde« und »Sinaitora«*, das bis dahin zwar immer wieder angedeutet, aber nie *als solches* entfaltet wurde.

5.2.4.1.2. Das ἐγώ von Röm 7,7b–11: Adam oder[242] Paulus?

Ad. DEISSMANN hatte seinerzeit den Abschnitt 7,7b–11 (bes. V. 9–11) *autobiographisch* verstanden:

»Paulus denkt hier wohl zunächst an seine ersten Kinderjahre, die er ein anderes Mal [sc. 1Kor 13,11; E.R.] als die Zeit der kindischen Unmündigkeit schildert; damals war ihm mit dem Begriff ›Sünde‹ das Schuldgefühl noch fremd. Aber dann kam ein unvergeßlich schmerzlicher Tag: das Gesetz, dessen stumme Buchrollen das Kind in der Synagoge mit Ehrfurcht und Neugier in ihrer buntgestickten Hülle von ferne gesehen hatte, trat mit sei-

---

[239] VAN DÜLMEN, Theologie des Gesetzes, 101 (Hervorhebungen E.R.).
[240] HOFIUS, Mensch, 110, der in Röm 7,7ff. einen »Fundamentaltext der paulinischen Anthropologie« sieht, weist *zugleich* darauf hin, daß Paulus hier das ausführt, »was er zuvor über den *unter der Macht der Sünde und des Todes stehenden* Menschen und *seine Konfrontation mit dem Gesetz* gesagt hat« (Hervorhebungen E.R.). Vgl. HAACKER, Röm, 162: Die Anthropologie ist »nicht das *Thema*, sondern nur Teil des *Rhemas* von Röm. 7«.
[241] Vgl. WILCKENS, Röm II, 98 (es gehe Paulus um das »Zusammenwirken von Sünde und Gesetz im Handeln des Sünders«); HAACKER, Röm, 162; *gegen* SCHNELLE, Anthropologie, 82 m. Anm. 82, der (im Anschluß an Bultmann und Kertelge) in der *Anthropologie* »die eigentliche Sachebene der paulinischen Argumentation« sieht. Auch KÄSEMANN, Röm, 184, bewertet die Bedeutung der Anthropologie über: Spätestens in 7,14–25 »tritt die Tora [...] völlig in den Hintergrund und konzentriert sich alles auf die Anthropologie, die ihrerseits für 7–13 nicht weniger wichtig ist als die Frage des Gesetzes.«
[242] Nach KÜHL, Röm, 228–232, ist schon diese *Alternative* falsch (s. dazu unten S. 175 m. Anm. 253). – Nach VON FLATT, Röm, 200f., ist ἐγώ »bedingungsweise zu nehmen«; der ganze Abschnitt sei ein *Gedankenspiel*, mit dem Paulus »den Zustand eines noch ungebesserten Menschen« darstellt (»Wenn ich einmal ohne Gesetz gelebt hätte [...]«; »wenn ich Kenntniß vom Gesetz erhalten hätte, so würde der Hang zum Bösen seine volle Würksamkeit [...] geäußert haben«). Eine *Begründung* für diese Sicht *fehlt* aber.

nem wohl durch Elternmund vermittelten ›Du sollst!‹ zum erstenmal gebieterisch in sein Bewußtsein; aber dem ›Du sollst!‹ des Gesetzes sind dann ein ›Ich will nicht!‹ des Kindes und die Uebertretung auf dem Fuße gefolgt. [...] Wir wissen nicht, wann diese Tragödie sich in dem Gemüte des jungen Paulus abspielte. [...] Jüdische Lehrer, wenigstens der späteren Zeit, haben wohl angenommen, das Kind werde neun Jahre alt und wisse nichts von der Sünde; dann aber stelle sich mit dem Erwachen des ›bösen Triebes‹ die Sünde ein.«[243]

Mit seinem Verständnis von Röm 7 stand Deißmann – trotz der ihm eigenen *religionspsychologischen* Ausformung des Gedankens[244] – durchaus in einer längeren Tradition.[245] Doch auch wenn es zunächst bestechend erscheinen mag, in den Ich-Aussagen autobiographische Reminiszenzen des

---

[243] Paulus², 73f. Ähnlich schon MAIER, Röm, 231: Paulus sei »in der Gesammtheit, welche hier sein Ich vertritt, selbst inbegriffen«; er lege »seine eigenen Erfahrungen aus dem früheren Zustande vor der Wiedergeburt« dar: »Selbst V. 10 gestattet neben der allgemeinen Beziehung die besondere auf seine Person, denn jedes Individuum ist auch in der Periode des Gesetzes eine Zeit lang ohne Gesetz; während der Zeit der Kindheit ist nämlich dieses für den Menschen gleichsam nicht vorhanden, und er tritt erst unter dasselbe, es existirt also erst für ihn, wenn er zu einem gewissen Grade der geistigen Entwicklung gelangt ist«. VON FLATT, Röm, 201, referiert diese Sicht als *eine* Möglichkeit.

[244] Vgl. auch THEISSEN, Aspekte, 181–268. *Pathologische* Ursachen für das paulinische Gesetzesverständnis und die Theologie des Apostels insgesamt nehmen KLESSMANN, Identität, *passim*; ULONSKA, Krankheit, *passim*, und besonders THILO, Paulus, *passim*, an, der Paulus einen ausgeprägten »Narzißmus« und in dessen Folge eine »somatisierte Konversionsneurose« attestiert (a.a.O., 7), die letztlich »die Prognose eines Suizids oder einer Psychose« nahelege (a.a.O., 8; Darstellung und Kritik bei OEMING, Hermeneutik, 51–55; vgl. schon die Kritik bei BEYSCHLAG, Bekehrung, 236ff.!).

[245] Der *erste* Versuch, Röm 7 (ganz oder in Teilen) als »autobiographisches Zeugnis der *vorchristlichen* Zeit des Apostels« zu deuten, findet sich laut HAVEMANN, Apostel, 62, Anm. 184 (Hervorhebung E.R.), bei W. BEYSCHLAG (Bekehrung, *passim* [1864]). Allerdings bemerkt dieser in dem genannten Werk, die Auffassung, »daß die ergreifenden Ausführungen des siebenten Capitels des Römerbriefs im tiefsten Grunde Selbstbekenntnisse sind, eigne innere Erfahrungen, die der Verfasser durchgemacht hat, ehe er sprechen konnte ›Ich danke Gott durch Jesum Christum unsern Herrn‹«, sei »ja heute eine ziemlich anerkannte Sache« (a.a.O., 249; vgl. a.a.O., 241.249–252). Und tatsächlich ist diese Sicht schon *vor* Beyschlag belegt; s. nur BAUMGARTEN-CRUSIUS, Röm, 197f. (vgl. aber a.a.O., 200); BISPING, Röm, 209.214–217.223f.; vgl. ferner MANGOLD, Voraussetzungen, 349 m. Anm. 5; B. WEISS, Röm, 303–305; BARDENHEWER, Röm, 103, u.v.a. *Neuere* Vertreter: JEWETT, Röm, 450ff.; OEGEMA, Versöhnung, 230 m. Anm. 6 (*videtur*); WENHAM, Paulus, 203 m. Anm. 29 (vorsichtig); *vor allem* CRANFIELD, Röm I, 342–344.

Vermittelnd KÜHL, Röm, 229 (s.u. S. 175 m. Anm. 253): »Was einst die ersten Menschen an sich erlebten, das findet in jedem einzelnen Menschenleben seine Wiederholung.« Ähnlich spricht HILGENFELD, Gal, 165, im Blick auf Röm 7,8f. von den Erfahrungen »in der vorgesetzlichen Periode des *Einzellebens*«, während Röm 5,13 von der »vorgesetzlichen Periode der *Menschheit*« handle (Hervorhebungen E.R.); vgl. BISPING, Röm, 211; ferner SCHMITHALS, Röm, 214f., demzufolge die *objektive* Schilderung *biographische* Reminzenzen nicht ausschließt (*so* auch DUNN, Röm I, 382f.388; THYEN, Alternativen, 270–272).

Apostels zu erblicken, behaupten freilich die meisten neueren Exegeten, hier *könne* gar nicht Paulus *selbst* zu Wort kommen;[246] vielmehr sei *Adam* »die einzige biblische Gestalt, von der gesagt werden kann, sie habe einst ohne das Gesetz gelebt, dann erst sei das Gebot gekommen (7,9), und die Sünde habe dieses Gebot zum Anlaß genommen, ›mich‹ zu verführen und dem Tode zu überantworten (7,11).«[247]

Berühmt geworden ist v.a. E. KÄSEMANNs Formulierung: »Es gibt nichts in unsern Versen, was nicht auf Adam paßt, und alles paßt nur auf Adam«.[248]

---

[246] Eine autobiographische Lesart von Röm 7 lehnen u.a. ab: VON FLATT, Röm, bes. 213–216 (der immerhin meint, Paulus könne »sich selbst in Hinsicht auf seinen *vergangenen* Zustand *mit*verstanden haben« [a.a.O., 214]); KÜMMEL, Bekehrung, 74–138; KÄSEMANN, Röm, 184f. (und gegen eine »psychologische Interpretation« überhaupt [so auch LYONNET, L'histoire, 227; HOFIUS, Mensch, 130, Anm. 96; vgl. dagegen den Einspruch von THEISSEN, Aspekte, 231, Anm. 77]); LYONNET, a.a.O., *passim*; HOFIUS, a.a.O., 110 m. Anm. 26; LOHSE, Röm, 213f.; WITHERINGTON III, Röm, bes. 179–192, u.v.a. Vgl. bereits die unter dem Namen NILUS' VON ANCYRA überlieferten *Epp.* I 152f., denen zufolge »der göttliche Apostel« Röm 7,23 keineswegs *autobiographisch*, sondern lediglich ἐκ προσώπου derer spreche, *die in der genannten Weise versucht würden* (so *Ep.* I 152), noch auch Röm 7,9 auf sein eigenes Leben zurückblicke (so *Ep.* I 153): Καί τοι οὐδέποτε ἀναπνεῦσαι δεδύνηται ἄνευ τοῦ Μωσαϊκοῦ νόμου· ἐκ γὰρ νέας ἡλικίας παρὰ τῷ Γαμαλιὴλ τὸν νόμον ἀκριβῶς ἐξεπεπαίδευτο. Darum sei die Rede des Apostels als ἠθοποιία zu beurteilen: Τῶν ἔξω τοίνυν ζησάντων τοῦ Μωσαϊκοῦ νόμου λαμβάνει τὸ πρόσωπον (PG 79,145 [alle Zitate]). Ähnlich auch VON FLATT, Röm, 200f.204.214f. KRAUTER, Gesetz, 2, meint, es sei »inzwischen etabliert, die Frage, wie die Ich-Rede von Röm 7,7ff zu interpretieren ist, im Kontext des antiken Stilmittels der Prosopopoiie zu untersuchen« (das tut – mit Nachdruck! – WITHERINGTON III, Röm, 179–192.193–206; kritisch THURÉN, Romans 7, bes. 428–432). MAIER, Röm, 231, sah seinerzeit in Röm 7,7ff. »eine Art μετασχηματισμός, indem er [sc. Paulus; E.R.], in der ersten Person redend, in seinem Ich die *unerlöste Menschheit* überhaupt im vorgesetzlichen und gesetzlichen Zustande beschreibt«; man könne freilich »die angewendete Redefigur auch κοινοποιία oder κοίνωσις nennen« (ebd.). Allerdings protestierte schon REICHE, Röm II, 27f., sowohl gegen die *Vermischung* bzw. ›Verwechslung‹ von κοινοποιία und μετασχηματισμός (a.a.O., 27 m. Anm. 10) als auch gegen die Annahme, es handle sich bei Röm 7 um einen μετασχηματισμός, denn gegen Letzteres spreche V. 25 (a.a.O., 28). Sein Vorwurf trifft später immer noch PHILIPPI, Röm, 276, dem es einerlei ist, »ob man das rhetorische σχῆμα nun κοίνωσις, κοινοποία [sic!], ἰδίωσις oder μετασχηματισμός« nennt (ähnlich BAUMGARTEN-CRUSIUS, Röm, 198; DE WETTE, Röm⁴, 93). Vgl. dagegen MEYER, Röm, 245f.: Paulus bediene sich hier keines *μετασχηματισμός* (so aber 1Kor 4,6), sondern einer *ἰδίωσις*, indem er »*von sich allein aussagt, was von jedwedem menschlichen Individuum überhaupt, in Betreff seines Verhältnisses zum Mos. Gesetze, gemeint ist*« (ablehnend B. WEISS, Röm, 303). – Solchen Versuchen hält HOFIUS, Mensch, 113f., entgegen, »daß die ›Ich‹-Rede von Röm 7,7–25a nach Form und Inhalt ein Unikum darstellt«, zu dem es deshalb »keine formgeschichtliche Parallele« geben könne (113), weil hier »ein einzigartiger *Sachverhalt* zur Sprache gebracht« werde, »der in einem analogielosen Text die ihm angemessene *Form* gefunden hat« (114).

[247] STUHLMACHER, Röm, 98. So schon Methodius und Theodoret (nach REITHMAYR, Röm, 338 [vgl. MAIER, Röm, 235 m. Anm. 4], der diese Deutung für »unstatthaft« hält).

[248] Röm, 188 (*mit* LYONNET, L'histoire, 213–230); vgl. WITHERINGTON III, Röm, 188.

5. Unpersönliche Mächte als Konkurrenzgrößen zu Christus 175

Das »Ich« (ἐγώ) von Röm 7 ist demzufolge nicht der Apostel selbst in seiner Individualität, sondern »[i]n dem ἐγώ von Röm 7 ₇ff. bekommt Adam von Röm 5 ₁₂ff. seinen Mund.«[249] *Röm 7 sei daher eine Auslegung von Gen 2+3[250] aus der Sicht des Christen Paulus*; folglich bezeichne auch die ἐντολή von Röm 7,8ff. nicht primär ein Einzelgebot des Dekalogs, sondern das an Adam ergangene »Paradiesgebot« von Gen^{LXX} 2,16f.[251]

Eine *vermittelnde* Position findet sich bei E. KÜHL.[252] Ihm zufolge ist Paulus »der Anschauung, daß das Erlebnis Adams, das sich mit dem Auftreten der ἐντολή verband, in jedem Menschenleben bei dem Übergange aus dem Zustande kindlicher Unschuld zu schuldbarer, bewußter Übertretung eines Gebotes sich wiederholt. Er kann darüber aus eigener schmerzlicher Erfahrung berichten.«[253] *So bringt Kühl autobiographische, kollektive (und zwar sowohl im Blick auf Juden als auch auf Heiden[254]) und an Gen 2+3 orientierte Lesart zusammen.*

Zu beachten ist überdies schon seine Auslegung zu Röm 5,12–14, in der er darauf insistiert, daß »*alle einzelnen Menschen* [...] *um ihrer eigenen Tatsünden willen ausnahmslos dem Tode verfallen*« sind.[255] Für diese Auslegung spricht m.E. auch *Röm 3,23a* (πάντες γὰρ ἥμαρτον), sowie der ganze Zusammenhang Röm 1,18–3,20. Zum Problem der sog. »Erbsünde« schreibt KÜHL mit Recht: »Die Tatsache der Erbsünde wird [...] bejaht, die Tatsache der Erbschuld, d.h. einer objektiven Übertragung der Sünde als Schuld von Adam auf die Menschen der Folgezeit abgelehnt.«[256]

---

[249] BORNKAMM, Sünde, 59. Ihm folgend z.B. STUHLMACHER, Röm, 98; HOFIUS, Mensch, 112, Anm. 34. Dagegen meint KRAUTER, Gesetz, 5, das »Ich« von Röm 7 sei *weder Paulus noch Adam* (bzw. »richtiger: Eva« [ebd.; vgl. schon BISPING, Röm, 212]); es stelle vielmehr eine rein *konstruierte* Größe dar, mit der sich »jedermann« (man könnte auch sagen: niemand!) identifizieren können solle. Vgl. schon VON FLATT, Röm, 214f. (ἐγώ = »man, irgend jemand«); ferner LOHSE, Röm, 213–216.

[250] So schon LIPSIUS, Röm, 125f. Zwar fehlen in Gen 2+3 die für Röm 7 wesentlichen Begriffe ἐντολή und ἁμαρτία, doch gibt es durchaus einige sprachliche »Berührungen« zwischen den beiden Texten: »So ist insbesondere zu ἐντολή 7,8ff. auf ἐντέλλεσθαι Gen 2,16; 3,11.17, zu ἀπέθανον und εἰς θάνατον 7,10 auf θανάτῳ ἀποθανεῖσθε Gen 2,17 (vgl. 3,3.4) und zu ἐξαπατᾶν 7,11 auf ἀπατᾶν Gen 3,13 hinzuweisen. Die Begriffe ἁμαρτία und ἁμαρτάνειν begegnen in Gen 2–3 *nicht*, wohl aber in dem entsprechenden Bericht bei Josephus, Ant I 48« (HOFIUS, Mensch, 114, Anm. 43).

[251] So HOFIUS, a.a.O., 115ff. Auch VON FLATT, Röm, 202; UMBREIT, Röm, 72; BISPING, Röm, 212, spielen auf Gen 2+3 an. Dagegen meint BAUMGARTEN-CRUSIUS, Röm, 202 (zu Röm 7,12): »Νόμος und ἐντολή nicht verschiedene Gebote, wie hier die Väter das mosaische und das dem Adam gegebene Verbot verstanden, sondern ἐντολή wie V. 9–11 der *einzelne* Ausspruch des Gesetzes.«

[252] Vgl. DENS., Röm, 228–232. LICHTENBERGER, Ich Adams, 57, erklärt ihn zum »Außenseiter, doch ohne Zahns Gelehrsamkeit«.

[253] Röm, 231. Vgl. HAERING, Röm, 71 (*ohne ›Beschränkung‹ auf das »Kindesalter«!*).

[254] Vgl. a.a.O., 229! Ihm *auch darin* folgend SCHMIDT, Röm, 123.

[255] KÜHL, Röm, 176 (zu Röm 5,12*fin.*: ἐφ' ᾧ πάντες ἥμαρτον = »auf Grund dessen, daß alle gesündigt haben« [ebd.]).

[256] A.a.O., 181. Vgl. dazu HOFIUS, Adam-Christus-Antithese, 83 m. Anm. 132: »Die Sünde ist [...] *deshalb* Schuld vor Gott, weil sie ihrem *Wesen* nach und also *objektiv*

Indes hat R. JEWETT gegen die Annahme einer *Adams*rede eingewandt, sie »labors under the burdens of having to assume a complicated shift in roles that is not explicitly mentioned in the text«.[257] Natürlich ist das Urteil, die heute gängige Sicht sei *kompliziert*, kein hinreichendes Argument, diese abzulehnen. Entscheidend ist jedoch, daß der vermutete Rollenwechsel in der Tat mit *keinem* Wort angezeigt wird[258] und somit »der ganze Abschnitt V. 7–11« höchstens »als eine *stillschweigende* Auslegung von Gen. 2–3 verstanden werden« kann,[259] was umso nachdenklicher stimmt, als Paulus *sonst* keine Schwierigkeiten hat, Adam *unter Namensnennung* als mensch-

---

ἀσέβεια (Röm 1,18) und ἔχθρα εἰς θεόν (8,7) ist«; das Sünden*verhängnis* schließt also *persönliche Schuld* nicht aus (vgl. Ψ 50). Überhaupt stellt Paulus nie die (moderne) Frage nach der Schuld*fähigkeit* des Menschen, sondern begnügt sich mit dem Aufweis *faktischer* Schuld (vgl. Röm 1–3). Das deutet – in anderem Zusammenhang – auch RÖHSER, Herrschaft, 98f. (bes. 99), an.

[257] JEWETT, Röm, 451. Außerdem müsse die skizzierte Sicht eine Lesart von Genesis 2+3 voraussetzen, »that no ancient Jew would have done, that is, assuming a period prior to Gen 2:16 when Adam and Eve lived without the commandment« (ebd.).

Aber auch die von JEWETT, a.a.O., 450–453, vorgeschlagene Deutung wirft schwerwiegende Probleme auf. Allen Einwänden zum Trotz hat er sich wieder eine *autobiographische* Lesart von Röm 7,7b–11 zu eigen gemacht: "That he [sc. Paul; E.R.] was living 'once apart from law' is most plausibly linked with the typical experience of a Jewish boy who was not required to obey the Torah until he was initiated as a 'son of the commandment'" (Röm, 450; vgl. bereits MICHEL, Röm, 228; von WENHAM, Paulus, 203 m. Anm. 29, zumindest erwogen). Dabei gehe es einzig und allein um die *Religionsmündigkeit* des Adoleszenten, d.h. um den Zeitpunkt, ab dem er *zur vollen Toraobservanz verpflichtet* sei (JEWETT, a.a.O., 450f.). Daß jüdische Jungen bereits früh in der Tora unterrichtet worden seien und das Gesetz liebten, sei daher kein Gegenargument (ebd.). Auf dieser Linie sei 7,9 *biographisch* auszuwerten: »the imperfect verb ἔζων (›I was living‹) would refer to a period in Paul's early life when he was not obligated and thus defined by law« (a.a.O., 451). Aber die Annahme einer »bar-mitzwah, when the commandment shifted from a written text to an obligation« (a.a.O., 450), ist für das (frühe) 1. Jh. n.Chr. problematisch, sieht man einmal von der hier in Frage stehenden Stelle ab; auch JEWETT selbst kann *keinen* Beleg für eine Bar-Mizwa-Feier *vor* 150 n.Chr. beibringen (ebd. m. Anm. 97)! Immerhin lassen gewisse Indizien den Schluß zu, »daß es Vorstufen dieser Zeremonie gab« (RIESNER, Jesus, 234), die in die Zeit vor 70 n.Chr. zurückreichen könnten (vgl. DENS., a.a.O., 186f., unter Berufung auf Sof 18,5) und vielleicht auch hinter der Erzählung Lk 2,41–51 stehen (vgl. DENS., a.a.O., 233–236). In diesem Zusammenhang wäre v.a. auf die Bedeutung der *Familie als Ort des Lernens* hinzuweisen (s. a.a.O., 102–118).

[258] Sogar KÜMMEL, Bekehrung, 76, meint, es sei »die nächstliegende und darum auch am häufigsten ausgesprochene Erklärung, daß man dieses Ich als das persönliche Ich des Paulus faßt« (vgl. BYRNE, Röm, 217); ebenso hinsichtlich 7,14ff.: »Das Natürlichste und Nächstliegende ist auch hier die Annahme, Paulus rede von sich« (KÜMMEL, a.a.O., 90).

[259] Insofern ist HAACKER, Röm, 163, ehrlich. Von »stillschweigende[r] Bezugnahme auf Gen. 2–3« spricht er auch a.a.O., 164. Allerdings schließe eine solche »biographische Aspekte von Röm. 7 nicht aus, nur daß sie nicht auf die ganz persönliche Entwicklung des jungen Saulus-Paulus *eingeengt* werden dürfen« (ebd. [Hervorhebung E.R.]). Letzterem ist uneingeschränkt zuzustimmen!

lichen Prototypen einzuführen (vgl. Röm 5,12–21; 1Kor 15,21f.45–49).²⁶⁰ Bezeichnend für die Problematik dieser Sicht sind denn auch die gewundenen Ausführungen E. KÄSEMANNs:

»Zu überlegen bleibt nur, warum Pls Adam nicht nennt, sondern ›Ich‹ sagt. [...] Gerade hier, wo es *merkwürdigerweise* nicht geschieht, sollte man an die Konzeption der corporate personality erinnern und von da aus die Kontinuität und Konsequenz zwischen 5,12ff. und 7,7 festhalten. Es liegt nicht der mindeste Anlaß vor, sie zu bezweifeln und zu zerschlagen.«²⁶¹

Die *Hauptschwierigkeit*²⁶² besteht aber darin, daß Paulus in dem ganzen Zusammenhang Röm 7 die Sünde als eine zum Zeitpunkt der Verbotsdeklaration *bereits existente* Größe darstellt. So bemerkt z.B. O. HOFIUS, daß Röm 7,7b–11 eine Situation schildert, in der »die Sünde bereits latent vorhanden« ist, *bevor* die ἐντολή laut wurde.²⁶³ Und H. UMBACH betont: »V. 13f zeigt: Die Hamartia als solche geht dem νόμος – hier als Mosethora verstanden – zeitlich voraus.«²⁶⁴ Aus diesem zeitlichen und sachlichen

---

²⁶⁰ HAACKER, Röm, 164, weist selber auf den für seine Interpretation gleichermaßen erstaunlichen wie problematischen Befund hin, »daß Paulus nicht explizit an die zuvor in 5,12ff. breit herangezogene Adamüberlieferung anknüpft.« Seine Lösung, möglicherweise hindere ihn »die in 1. Tim. 2,14 bezeugte Auffassung von Gen. 3, nach der eigentlich nicht Adam, sondern nur Eva durch Betrug zur Gebotsübertretung verführt wurde« (ebd.), ist wenig überzeugend.

²⁶¹ Röm, 188f. (Hervorhebung E.R.); vgl. WITHERINGTON III, Röm, 141.154 u.ö. Es gibt zwar tatsächlich eine Kontinuität zwischen Röm 5 und Röm 7 (s.u. Anm. 264!), aber sie liegt gerade *nicht* in der gemeinsamen Bezugnahme auf Adam.

²⁶² Eine *weitere* Schwierigkeit besteht darin, daß Röm 7 vom νόμος als dem »mosasche[n] Gesetz« (der *Sinaitora*) handelt, worauf schon MAIER, Röm, 235, klar hingewiesen hat (s.o. S. 168, Anm. 219). Daß Paulus hier *Spekulationen über die Präexistenz der Sinaitora* aufnehme, was gerne als Gegenargument angeführt wird (s. KÄSEMANN, Röm, 188; LICHTENBERGER, Ich Adams, 130 m. Anm. 48; WITHERINGTON III, Röm, 188f.), *ist von Röm 5,13f.20 (vgl. Gal 3,17.19a!) her klar auszuschließen* (vgl. auch LOHSE, Röm, 214; JEWETT, Röm, 442, Anm. 22), wenn man Paulus eine *einigermaßen* konsistente Sicht zugesteht. Vgl. dazu v.a. BRING, Gal, 136–142, bes. 139; ferner DEHN, 115–119.

²⁶³ Mensch, 117. Vgl. a.a.O., 130f., und besonders deutlich a.a.O., 134. Der Ausdruck »latent« geht in diesem Zusammenhang auf Augustinus zurück (s. REITHMAYR, Röm, 339). Treffend schon LIPSIUS, Röm, 126: »Nicht: die Sünde lebte *wieder* auf, sondern gemeint ist die an sich lebendige, aber bisher noch nicht als lebendig bethätigte ἁμαρτία.«

²⁶⁴ UMBACH, Sünde, 278, der daraus aber nicht die notwendigen Schlüsse zieht (sonst könnte er im ἐγώ nicht *Adam* sehen). KRAUTER, Gesetz, 5, übergeht dieses *schwerwiegende* Problem mit der lockeren Bemerkung, Röm 5 und Röm 7 bewegten sich »jeweils auf verschiedenen Zeitschienen«, und überhaupt lasse sich das (»konstruierte!«) Ich von Röm 7 »mit seiner Lebensgeschichte [...] nicht eindeutig in jene heilsgeschichtliche Skizze von Röm 5 einordnen«; »darum« (!) sei der »Hinweis auf scheinbar inkompatible Äußerungen über Adam in Röm 5 [...] kein Einwand dagegen, dass in Röm 7 die Geschichte des Ich unter Anspielung auf Gen 3 erzählt wird« (ebd.; s. dazu unten S. 179, Anm. 273). *Hier entledigt man sich der Probleme einfach dadurch, daß man jeglichen inneren Zusammenhang zwischen Röm 5 und Röm 7 leugnet!*

Prae der Sünde vor dem Gesetz (vgl. 5,13a)²⁶⁵ ergibt sich für Paulus der notwendige Satz, *daß die Sinaitora auf den immer schon sündigen Menschen trifft*²⁶⁶ – aber gerade *das* traf ja nach Paulus auf Adam nicht zu, wenn man Röm 5,12 ernst nimmt: δι' ἑνὸς ἀνθρώπου ἡ ἁμαρτία εἰς τὸν κόσμον *εἰσῆλθεν*!²⁶⁷ Adam sündigte eben damit, daß durch ihn *die Sünde als solche* überhaupt erst in die Schöpfung (κόσμος²⁶⁸) gelangte²⁶⁹, *nicht in derselben Weise wie seine ihm verpflichteten Nachfahren* (5,14b; vgl. 8,19–23). Hier werden »in universaler Weite eine alte und eine neue

---

²⁶⁵ Das hat z.B. SCHNELLE, Anthropologie, 80, richtig gesehen (vgl. HOFIUS, Mensch, 134)! Gerade deswegen ist es aber unverständlich, warum er in Röm 7,7ff. dennoch eine Anlehnung an die Paradiesgeschichte sieht (a.a.O., 81f.). Außerdem findet sich bei Paulus selbst *auch sonst* der Gedanke, daß der νόμος *erst am Sinai* gegeben wurde, nämlich »430 Jahre *nach der Verheißung*« (Gal 3,17; vgl. Röm 5,13f.), wobei Paulus an der *konkreten* Zeitspanne nichts liegt (mit GUTHRIE, Gal, 103). Damit aber kämen dann sogar *alle* ›biblischen Gestalten‹ von Adam bis Mose als ἐγώ von Röm 7,9a in Frage (vgl. SCHMITHALS, Röm, 215; *gegen* STUHLMACHER, Röm, 98f.)! In der Tat versucht etwa VAN DÜLMEN, Theologie des Gesetzes, 109–111, unseren Abschnitt *rein* »heilsgeschichtlich« auszulegen; sie sieht in 7,9b konkret den »Augenblick der Gesetzgebung am Sinai« beschrieben (a.a.O., 109). Das kann sie aber nur, weil sie das ἐγώ von Röm 7 unter Berufung auf Kümmel als *reine* »Stilform« interpretiert (ebd., Anm. 122).
²⁶⁶ Daher kann die Sinaitora prinzipiell kein Heil, sondern nur ἐπίγνωσις ἁμαρτίας wirken (vgl. 3,20); *nur so* kann aber zugleich auch gezeigt werden, daß der νόμος als »Wirkursache der Sünde« *ausscheidet* (anders HOFIUS, Mensch, 116f.)
²⁶⁷ Das träfe auf Adam *nur* zu bei existential-»entmythologisierender« Auslegung, wie sie SCHMITHALS bei Bultmann feststellt. Dann nämlich »muß die Sünde, existential gesehen, *gleich ursprünglich mit dem geschichtlich existierenden Menschen* sein, *ohne indessen sein Wesen auszumachen*« (Röm, 217 [Hervorhebungen E.R.]). Diese Sicht steht wohl auch hinter den meisten Auslegungen, die einen wie auch immer gearteten »Urstand« Adams verneinen (s. schon PFLEIDERER, Paulinismus, 59 [s.u. S. 181, Anm. 282]). Das läßt sich aber schwerlich *bei Paulus selbst* belegen, und es ist kein Zufall, daß BULTMANN, Adam und Christus, 432, zu Röm 5,12 zugeben muß: »Darauf, daß die Sünde schon in Adam schlummerte und durch Gottes ἐντολή geweckt und aktualisiert wurde (7,7–11), reflektiert Paulus *hier nicht*« (Hervorhebung E.R.). Zu Recht sieht UMBACH, Sünde, 202f., eine *wichtige Differenz zwischen Paulus und der Zwei-Äonen-Lehre* darin, daß letztere voraussetze, »daß Gott beide [sc. Welten; E.R.] von vornherein geschaffen habe« (a.a.O., 202), während Paulus das Auftreten der Hamartia *allein Adam* anlastet.
²⁶⁸ Richtig z.B. BISPING, Röm, 177: »κόσμος ist hier nicht bloß die *Menschen*welt [...], sondern bezeichnet die irdische ›Welt‹ überhaupt; denn auch die Natur wurde durch die Sünde des Menschen inficirt, auch sie seufzt unter dem Joche der Sünde, vgl. 8,20ff.« Vgl. auch SCHMIDT, Röm, 97f.; HOFIUS, Adam-Christus-Antithese, 69 m. Anm. 24.31; *anders* DERS., Mensch, 121 (s.u. S. 180, Anm. 277).
²⁶⁹ HOFIUS, Adam-Christus-Antithese, 69, Anm. 24, bemerkt zu Recht: »Die Wendung εἰσέρχεσθαι εἰς τὸν κόσμον (vgl. Sap 2,24; 14,14) bedeutet: ›ins Dasein treten‹, ›auf den Plan treten‹«. *(Nur) insofern* (s.o. Anm. 267) kann man BULTMANN, Adam und Christus, 432 (ebenso DERS., Theologie, 251), zustimmen: »die Sünde kam durch das Sündigen in die Welt.« (Mit HOFIUS, a.a.O., 82, gilt dieser Satz »streng und ausschließlich für Adam, den ersten Menschen.«)

Beschaffenheit der Welt gegenübergestellt«[270], wie sie *nur* durch den als
τύπος verstandenen »ersten« (Adam) bzw. »zweiten« Menschen (Christus)
bewirkt werden konnten. Röm 5,12–21 ist also »die *Voraussetzung* für das
Folgende«:

»So *setzt auch 7,7–12* die Aussage über den Unheilszusammenhang ἐπὶ τῷ ὁμοιώματι
τῆς παραβάσεως Ἀδάμ *5,14 voraus,* ebenfalls 8,19–22 mit seiner Anspielung auf die
mit Adam der Nichtigkeit verfallene Schöpfung.«[271]

Ist nun Röm 5 in der beschriebenen Weise die *sachliche Grundlage* für
Röm 6–8,[272] dann beziehen sich Röm 7,7b–11 (im Kontext von Röm 7,7–
25) und Röm 5,12–21 (bes. V. 12a) auf je *verschiedene* Situationen.[273] Da
ja nach Röm 5,12a allererst *durch Adam* – d.h. durch seine *Sündentat* (παράπτωμα [5,15 u.ö.])![274] – »die Sünde in die Welt gekommen ist (εἰσῆλθεν!)«, mithin zuvor *noch nicht* (auch nicht latent!) ›in der Welt war‹,[275]

---

[270] UMBACH, Sünde, 201.
[271] UMBACH, a.a.O., 205 (Hervorhebungen E.R.). *Röm 7,7–12 ist also eine Weiterführung des Gedankens von Röm 5,13f., nicht jedoch von 5,12a* (s.u. S. 185 m. Anm. 300)!
[272] Vgl. UMBACH, a.a.O., 204f. – KRAUTER, Gesetz, 5, zerstört diesen Zusammenhang.
[273] KÜMMEL, Bekehrung, 86, meint, die Sicht, wonach »die Sündenfallgeschichte Paulus im ganzen ersten Teil des Römerbriefs (5,12.19.21, 6,6.12.23, 7,7)« beschäftigt, sei
»wohl auch dem Bemühen entsprungen, Röm. 5 und 7 zu harmonisieren«. Eine solche
letztlich *unmögliche* (s.u.!) »Harmonisierung« verkennt jedoch, daß es in den beiden Kapiteln um *verschiedene* Situationen geht (gegen KÄSEMANN, Röm, 188) – aber *nicht in
dem Sinne*, als bewege sich Paulus hier auf zwei »verschiedenen Zeitschienen«, nämlich
einmal der »Heilsgeschichte« (Röm 5) und einmal einer – vermeintlich »konstruierten«
(!) – »Lebensgeschichte des Ich« (Röm 7), die schlechterdings nichts miteinander zu tun
hätten, weil sich das »Ich mit seiner Lebensgeschichte [...] nicht eindeutig in jene heilsgeschichtliche Skizze von Röm 5 einordnen« lasse (das behauptet allen Ernstes KRAU-
TER, Gesetz, 5, und man fragt sich, warum Paulus überhaupt so etwas tun sollte).
Eine (wie auch immer geartete) *sachliche Differenz zwischen 5,12ff. und Röm 7,7ff.*
beobachten freilich auch Exegeten, die in Röm 7 eine *Adams*-Rede erblicken (so z.B.
WILCKENS, Röm II, 79; BORNKAMM, Sünde, 58f. [s.u. S. 192, Anm. 334]); sie ziehen
daraus aber nicht die m.E. notwendigen Konsequenzen. RÄISÄNEN, Paul, 144, bleibt indes bei der schlichten Konstatierung einer *Inkonsistenz* zwischen den Aussagen von Röm
5,20 und 7,7–11 stehen: "Once more, Paul's thoughts about law and sin stand in tension
with each other." Wirklich inkonsistent ist aber nur Räisänens *Interpretation!*
[274] Vgl. HOFIUS, Adam-Christus-Antithese, 79: »Das Wort παράπτωμα heißt ›Fehltritt‹, ›Vergehen‹, ›Verfehlung‹, ›Sünde‹ – nicht aber ›Übertretung‹ und auch nicht ›Fall‹.
Es ist keineswegs Synonym zu παράβασις [5,]14, sondern, wie durch 5,20 eindeutig erwiesen wird, Synonym zu ἁμαρτία V. 13a.20, d.h. zum Begriff der ›Sünde‹ als *Tat* im
Sinne von ἁμαρτάνειν V. 12b. Unter dem παράπτωμα Adams versteht Paulus eben jene Verfehlung *gegen Gott,* von der in Gen 3 berichtet wird. [...] Mit Adams ›Verfehlung‹
= ›Ungehorsam‹ = ›Sündentat‹ hat die Sünde als Macht [...] Einzug in die Welt gehalten
und ist sie nunmehr als Herrscherin in der Welt auf dem Plan.«
[275] *Gegen* LICHTENBERGER, Ich Adams, 267, der meint, *nur* für Adam gelte, daß es
eine Zeit gab, »in der die Sünde zwar schon vorhanden war, jedoch noch nicht ihre Wirksamkeit entfaltete«. Diese These ist für seine ganze Auslegung schlechthin *konstitutiv!*

ist es schlechterdings *unmöglich*, Röm 7,7b–11 (im *Unterschied* zu Röm 5,12.15ff.!) als Auslegung von Gen 2+3 zu betrachten. Eine solche Auslegung ist nur haltbar um den Preis der überaus problematischen[276] Annahme, daß die Sünde bereits im Paradies da war, *bevor* die – als Paradiesgebot interpretierte – ἐντολή ausgesprochen wurde, daß mithin[277] Adam *als Sünder* erschaffen wurde.[278]

---

[276] Vgl. dazu LYONNET, L'histoire, 227f.: « En réalité, pour saint Paul [...], l'histoire ne commence pas avec le péché d'Adam, mais avec sa création par Dieu dans l'innocence » (227). Daß die Mehrheit namentlich der *alttestamentlichen* Exegese das inzwischen *anders* sieht, mag ein *hermeneutisches* Problem sein, betrifft aber nicht das Verständnis der *paulinischen Texte selbst*. Vgl. zur Diskussion WESTERMANN, Gen I, 318–320.374–380, der zwar das s.E. über »spätjüdische« Texte vermittelte paulinische Verständnis von Gen 2+3 als unsachgemäß *zurückweist* (bes. a.a.O., 378f.), aber immerhin konzediert, *daß* Paulus in Gen 2+3 so etwas wie einen »Urstand« und einen »Sündenfall« fand – und nur *Letzteres* ist für unsere Untersuchung von Belang.

[277] Ich kann der Differenzierung, die HOFIUS, Mensch, 117 (vgl. a.a.O., 134f.), hier vornimmt, leider nicht folgen: Zunächst wird festgehalten, daß Adam ursprünglich »*kein* Sünder war«, zugleich aber gesagt, daß »die Sünde bereits latent vorhanden war, *ehe* das Paradiesgebot laut wurde und Adam dem δικαίωμα τοῦ νόμου konfrontiert war (V. 7b–11)«, um dann wiederum aufzuzeigen, »was ebenfalls nur an *Adam* aufgezeigt werden kann: daß die Sünde nicht zur geschöpflichen Struktur des Menschen gehört, – daß also der von Gott geschaffene Mensch nach Ursprung und Bestimmung nicht Sünder ist, sein ὑφ᾽ ἁμαρτίαν-Geraten vielmehr den unerhörten und schlechterdings unbegreiflichen Zwischenfall darstellt« (zu diesem vgl. HOFIUS, Adam-Christus-Antithese, 78–81). Die Tatsache, daß Röm 7,7b–11 *in der Tat* eine Situation schildert, in der die Sünde bereits vorhanden war, *ehe* die ἐντολή (m.E. *nicht* das Paradiesgebot [s.u. S. 190f., Anm. 329]!) laut wurde, spricht aber angesichts von Röm 5,12a *gegen* eine Interpretation von Röm 7,7b–11 von Gen 2+3 (und von Röm 5,12a) her! Das *posse peccare* Adams muß ja keineswegs voraussetzen, daß die *Sünde schon latent da* war. Vielmehr wird das von Röm 5,12a her *auszuschließen* sein, wenn denn dort κόσμος nicht nur die »Menschenwelt« (*gegen* HOFIUS, Mensch, 121; LÉGASSE, Röm, 361), sondern die ganze »von Gott geschaffene Welt, die Schöpfung« (*mit* HOFIUS, Adam-Christus-Antithese, 69 m. Anm. 24 [hier das Zitat] und 31) meint, denn dann müßte man ja fragen, »wo« denn eigentlich die Sünde bereits *vor* Adams παράπτωμα ihre latente Existenz gehabt haben soll, wenn *weder die Schöpfung noch Adam* bereits korrumpiert gewesen sein sollen. Dagegen *teile* ich die Auffassung, die HOFIUS *früher* vertrat (s. DENS., Adam-Christus-Antithese, 98f.). *Hier* legt er Röm 7,7ff. auf die *Sinaitora* (nicht auf das *nur Adam* gegebene *Paradiesgebot*) hin aus, indem er diese Verse mit *Röm 5,20aβ* (nicht mit dem *nur Adam* betreffenden Vers *Röm 5,12a*) verbindet: »Das Gesetz zwingt die Sünde, sich in ihrer ganzen Macht und Größe zu zeigen, indem es die – bereits im Menschen schlummernden – ›Sündenleidenschaften‹ weckt (Röm 7,5) und *die – im Menschen immer schon latent vorhandene – gegen Gott gerichtete ἐπιθυμία erregt (Röm 7,7ff)*« (ebd. [Hervorhebung E.R.]).

[278] Dieses Problem, das sich u.a. aus der These von der »Nichthistorizität Adams und Evas« ergibt, sieht auch EBELING, Dogmatik I, 338: »Man muß [...] für das Verhältnis von Urstand und Fall auf die Vorstellung eines zeitlichen Nacheinanders zweier realer Zustände verzichten. Damit scheint der Gedanke des Sündenfalls überhaupt fraglich zu werden, wenn kein Zustand vorausgeht, von dem aus der Fall eintritt. Und als Folge scheint sich gar zur ergeben, daß Gott den Menschen als Sünder geschaffen habe.« Seine

Tatsächlich meint etwa U. WILCKENS, schon Röm 5,12ff. setze *keinen* »›Urstand‹ Adams vor dem Kommen der Sünde in die Welt« voraus,[279] und das sei

»auch in 7,9 nicht der Fall; denn wenn die Regel von V8b auf V9 anzuwenden ist, *dann war in der Zeit ›einst‹ die Sünde, wie unwirksam auch immer, schon da*, und rebus sic stantibus kann das ›Leben‹ des Ich nicht davon unbetroffen, also auch nicht erfüllt und vollauf selig gewesen sein.«[280]

Auch H. HÜBNER behauptet, eine Differenz zwischen 5,12ff. und 7,7ff. bestehe »nur dann«,

»wenn Röm 5,12 so eng interpretiert wird, daß erst mit dem Sündigen des Individuums Adam die Sünde in der Menschheit, d.h. in der Geschichte *existent* wird; m.a.W., daß es eine Zeit Adams ohne Sünde gegeben hat«.[281]

Die hier vertretene Auslegung von Röm 5,12 nennt HÜBNER dagegen »eine nicht vollziehbare mythologische Objektivierung«.[282] Ob das von ihm im Anschluß an Kierkegaard vorgeschlagene existentiale Verständnis[283] die

---

Lösung des Problems bleibt freilich reichlich nebulös: »Aber wenn man etwas tiefer darein vordringt, wie überhaupt vom Sein des Menschen zu reden ist, dürfte deutlich werden, warum man von dem, was das Sein des Menschen ausmacht, angemessen nur in Geschehensaussagen reden kann. In diesem Fall beschreiben sie die Sünde mit Recht als einen Widerspruch des Menschen mit sich selbst, auch wenn das sachliche Widereinander kein zeitlich und historisch fixierbares Nacheinander darstellt« (ebd.).

[279] HOFIUS, Mensch, 134, differenziert: »Paulus weiß nichts von einem ›Urstand‹ in dem Sinn, daß das Gebot Gottes und Adams Gehorsam zugleich da waren, – nichts also von einem Augenblick, in dem Adam der *für* Gott lebende, seinen Schöpfer als Gott ehrende und ihm dankbare Mensch gewesen wäre. Der unmittelbare Übergang von V. 9b zu V. 10a schließt diesen Gedanken völlig aus.«

[280] Röm II, 82 (Hervorhebungen E.R.). – Schon CALVIN, CStA 5.1, 348,18–29, hatte behauptet, von einem Leben im Vollsinn könne im Blick auf 7,9 nicht die Rede sein, bezog dies allerdings – in Übereinstimmung mit Gen 1f. – nicht auf *Adam*, sondern auf die von Adam herkommende sündige Menschheit, insonderheit *Paulus*.

[281] Gesetz, 66.

[282] Ebd. – Lehrreich ist in diesem Zusammenhang die Kontroverse, die bereits O. *Pfleiderer* und *B. Weiß* ausfochten. PFLEIDERER, Paulinismus, 59, sieht sich zwar mit Weiß einig in der Voraussetzung eines »Sündenfalls Adams«; die »Differenz« zwischen ihnen bestehe aber »darin, dass *ich* glaube, Paulus habe mit der jüdischen Theologie dem Fall, durch welchen die Sünde als herrschende Macht wirksam geworden ist, das Vorhandensein eines unwirksamen, ruhenden Sündentriebes in den Ureltern sogut wie in jedem Menschen vorausgesetzt, während *Weiss* mit der augustinischen Dogmatik den Paulus so deuten will, als sei der Fall ohne jeden inneren Anknüpfungspunkt nur von aussen durch die Versuchung der Schlange (Satans) bewirkt worden.« Auch wenn PFLEIDERER, ebd., meint, für *seine* Sicht spreche Röm 7,7ff. und »die Analogie der jüdischen Theologie, welche *Weiss* grundsätzlich zu ignoriren scheint«, ist zu fragen, wie er seine Sicht mit *Röm 5,14b* vereinbaren kann. Spricht für B. Weiß' Sicht nicht doch *mehr* als nur »die kirchlich-dogmatische Tradition« (so PFLEIDERER, ebd.)?

[283] Vgl. dazu auch SCHMITHALS, Röm, 217.

182 II. Die gegenwärtige Christusbezogenheit διὰ πίστεως

paulinische Intention – und um diese allein geht es hier! – adäquater herauszustellen vermag, ist jedoch zu bezweifeln,[284] denn

»[n]ach dem Verständnis des Paulus ist *Adam* eine konkrete historische Gestalt – eben der Protoplast, der erste Mensch. Der Apostel erblickt in Adam keineswegs einfach den ›exemplarischen Menschen‹, an dem abgelesen werden kann, was für einen jeden Menschen gilt; sondern er betrachtet ihn als den am Anfang der Menschheitsgeschichte stehenden Stammvater des ganzen Menschengeschlechtes, dessen Geschichte über alle seine Nachkommen – über die ganze adamitische Menschheit – entschieden hat.«[285]

Darum spricht Röm 5,12a »[v]on Adam selbst und *von ihm allein*«![286] Wie wäre auch sonst das Urteil Gottes über seine *Schöpfung* (und nicht nur über den *Menschen*![287]), sie sei »*gut*«, zu verstehen?[288]

---

[284] UMBACH, Sünde, 201, sieht »in existenzphilosophischer Zuspitzung« mit Recht die Gefahr der »Verengung« (zu Röm 5,12). – Neuerdings schlägt LOHSE, Röm, bes. 214–216, wieder eine solche *in der Sache* existentiale Interpretation vor. Er sieht in Röm 7 bezeichnenderweise eine »letztgültige Wahrheit« ausgedrückt (a.a.O., 215), die aber *gerade als solche allgemein und darum bemerkenswert abstrakt* bleibt. Mit seiner Bezugnahme auf den »Menschen schlechthin« (a.a.O., 214) bzw. – unter Berufung auf Bultmann – den »Menschen überhaupt« (a.a.O., 215) wird – trotz der Vergangenheitstempora in V. 7–11 – *jede* (geschichtliche) Konkretion ausgeschlossen (a.a.O., 213f.; s. aber das *positiv* gewürdigte Hofius-Zitat a.a.O., 218, Anm. 25 [= HOFIUS, Mensch, 121], das freilich »Historizität« – »Adams Sünder-Werden«! – voraussetzt [s.u. m. Anm. 285!]); gerade deshalb aber kann LOHSE – anders als Paulus selbst und trotz gegenteiliger Behauptung – *nicht* zeigen, »wie es zur tödlichen Allianz von Sünde und Gesetz kam« (a.a.O., 219). »In der Vergangenheit« soll zwar LOHSE zufolge »eine nicht aufzuhebende Entscheidung gefallen« sein, »die nun das gesamte Dasein des Menschen beherrscht« (ebd.) – aber *wann und wo* soll diese »Entscheidung« gefallen sein? Und *wann und wo* soll das Gebot ›gekommen‹ und die Sünde ›erwacht‹ und ›zum Leben gekommen‹ sein (so zwar mit Recht, aber *ohne* Begründung LOHSE, a.a.O., 216)? Angesichts des existential-zeitlosen »Immer Schon« (s. a.a.O., 219) läßt sich schließlich auch *schwerlich* plausibilisieren, daß der Mensch »diesem Geschick nicht blindlings, sondern schuldhaft ausgeliefert« ist (ebd.).
Diese und ähnliche Interpretationen zeigen, daß KÄSEMANN, Röm, 187, mit seiner nicht zufällig in der Auslegung zu *Röm 7,9* geäußerten Kritik völlig richtig lag: »Wer dieses sogar ›chronologisch‹ fixierbare Datum in ständige Gegenwart transportiert, vergeht sich am Text und gerät in unüberwindliche Aporien.« Allerdings ist seine *Begründung* wenig stichhaltig: »Denn dann kommt es zum Konflikt der beiden Tendenzen unseres Textes. Der Blick auf Adam erklärt das zeitliche Moment, scheint aber die Realität des Gesetzesfrommen nicht zu treffen, während umgekehrt diese Realität nicht die Datierung auf einen konkreten Vorgang erlaubt.«
[285] HOFIUS, Adam-Christus-Antithese, 78. Vgl. DENS., Mensch, 112f. m. Anm. 36. Daß der Apostel »in Adam eine konkrete historische Gestalt erblickt« (a.a.O., 112f.), ergibt sich »sowohl aus 1Kor 15,21f.44b–49 wie auch aus Röm 5,12–21« (a.a.O., 113). Vgl. ferner UMBACH, Sünde, 201 (»Adam als geschichtliche Person [...], die zum (negativen) Schicksalsträger wurde«); LÉGASSE, Röm, 361.
[286] HOFIUS, Adam-Christus-Antithese, ebd. (Hervorhebung E.R.).
[287] Hierin liegt ein weiteres Problem der Sicht, »daß die Sünde bereits vorhanden war, *ehe* das gute Paradiesgebot laut wurde, das Adams Leben bewahren sollte« (HOFIUS, Mensch, 134). Denn wenn auch daran festgehalten wird, »daß Adam als der von Gott ge-

5. Unpersönliche Mächte als Konkurrenzgrößen zu Christus

Ein weiteres der oft übersehenen Probleme besteht darin, daß schon Röm 5,12b–21 nicht allein von *Adam* (als »historischer« Einzelgestalt im soeben beschriebenen Sinne) spricht, sondern ebensosehr von den *Adamiten*, was von einer anderen Seite her ebenfalls eine vorschnelle Identifikation des ἐγώ von Röm 7 mit »*dem* Adam« von Röm 5 erschwert.

Zu dem häufig vorgebrachten Einwand schließlich, Paulus könne in Röm 7,7–11 schon deswegen nicht in autobiographischer Reminiszenz sprechen, weil er seine jüdisch-vorchristliche Vergangenheit an anderen einschlägigen Stellen (v.a. Phil 3,4–6) überaus *positiv* bewerte,[289] ist zu sagen, daß diese Behauptung nachweislich falsch ist. Denn freilich stellt er sich – wohl aus apologetischen Gründen[290] – als *im Rahmen pharisäischer Konventionen* »untadelig« dar[291], doch wenn er in demselben Atemzug sagt, daß diese frühere Bewertungsskala im Lichte des Gekreuzigten und

---

schaffene Mensch [...] seinem Ursprung und seiner Bestimmung nach keineswegs ein Sünder ist (ἐγὼ ἔζων ποτέ)«, daß also »die Sünde nicht zur geschöpflichen Struktur Adams – und also nicht zur geschöpflichen Struktur des von Gott geschaffenen Menschen – gehört«, was bei Paulus »darin seinen Ausdruck [findet], daß die ἁμαρτία von *außen* an Adam herantritt und erst durch Adams Fall in ihm heimisch wird« (so HOFIUS, ebd.), so stellt sich doch die Frage, ob die Sünde bei einem entsprechenden Verständnis von Röm 7 vermöge ihres schlechthinnigen Gebot *Prae* vor dem an Adam ergangenen Gebot nicht doch wenigstens zur (Struktur der) *Schöpfung* gehören muß! Das aber wird von *Röm 8,19–22* her grundsätzlich auszuschließen sein. Schon im Blick auf Röm 5,12 hat SCHMIDT, Röm, 97f., zu Recht darauf hingewiesen, κόσμος bedeute hier »zunächst ›Menschenwelt‹; aber Paulus sieht den Menschen immer auch im Zusammenhang mit den über- und untermenschlichen Mächten, so daß an dieser Stelle die weitere Bedeutung des Wortes (= All) nicht verschwinden darf.«

[288] Immerhin wird Paulus Gen 2+3 nicht unabhängig von Gen 1 gelesen haben! BLUM, Urgeschichte, 439, sieht zudem auch in der »nicht-priesterlichen« Paradiesbeschreibung von Gen 2 ein mit den »elementaren lebensweltlichen Verhältnisse[n]« des »(palästinischen) Ackerbauern« konkurrierendes »Kontrast*idyll* [...] mit Tierfrieden, ungetrübter Partnerschaft von Mann und Frau und [...] der Möglichkeit ewiger Jugend« (Hervorhebung E.R.). Demgegenüber sei die »tiefgreifende Todesprägung der Lebenswelt [...] die Konsequenz aus dem selbst verschuldeten/gewählten Ausgang des Menschen aus der fürsorglichen Bevormundung des Schöpfers in eine eigenverantwortliche Lebensgestaltung« (ebd.) – Zur »nicht-priesterliche[n] Urgeschichte« insgesamt ist nach BLUM, Komposition, 108, zu bedenken, daß sie »als eigenständige, thematisch in sich ruhende Texteinheit zu verstehen ist«, *ohne* Bearbeitung durch bzw. Aufnahme in »die große vor-priesterliche Komposition im Pentateuch« (= KD), da diese »von Beginn an in ihrem Fokus auf ›Geschichte *Israels*‹ ausgerichtet ist, und nur darauf.«

[289] So schon KÜMMEL, Bekehrung, 111–117; BULTMANN, Art. Paulus, 1022; KÄSEMANN, Röm, 184f.

[290] S.o. S. 161f. m. Anm. 183.

[291] Im Rahmen *dieser* Konventionen gilt die Sinaitora ja auch als prinzipiell *erfüllbar*, was Paulus durchaus für sich beansprucht. Aber er sieht tiefer! *Formale* Erfüllung des *Torabuchstabens* ist nicht gleichbedeutend mit dem Tun des *Gotteswillens*, was die Sinaitora Paulus zufolge *eigentlich* fordert.

Auferstandenen nur »Scheiße« (σκύβαλα) sei (Phil 3,7–11) und daß er ferner aufgrund seiner Tätigkeit als Christus- und Christenverfolger (die ja gerade seinen *früher* hochgehaltenen Werten und Prinzipien entsprang![292]) der »geringste« der Apostel sei (1Kor 15,9), dann läßt sich kaum mehr behaupten, er sei auf diese seine Vergangenheit *als solche* »stolz«, wie er überhaupt ein καυχᾶσθαι ἐν σαρκί grundsätzlich ablehnt (vgl. Gal 6,13f.)! Auch die Behauptung, daß Paulus die Sinaitora *keinesfalls als »Last«* wahrgenommen habe (nicht einmal in der Retrospektive), läßt sich angesichts von Gal 4,1–11[293] kaum aufrechterhalten.

5.2.4.1.3. Röm 7,7b–11 als »autobiographisch«-paradigmatischer Abschnitt

Solche Abwegigkeiten, wie sie eben skizziert wurden, können m.E. nur dann vermieden werden, wenn der Abschnitt 7,7b–11 – wogegen bisher kein ernstzunehmendes Argument spricht – tatsächlich als *Selbstaussage* des Apostels Paulus gelesen wird, freilich so, daß sie transparent ist für die Situation der Adressaten des Römerbriefes.[294] In der Tat ist Paulus der Meinung, daß *seine* Erfahrungen kein Einzelfall sind, wie der ebenfalls in der Ich-Form gehaltene Abschnitt Gal 2,19–21 zeigt, der gleichermaßen für *alle* wahren Christen gilt (vgl. Röm 6,2ff. u.ö.).[295] Da dem Apostel neuzeitlicher Individualismus ohnehin zutiefst fremd ist,[296] ist es kein Selbstwiderspruch, wenn wir im folgenden *Röm 7,7b–11 als »autobiographisch«-paradigmatischen Abschnitt* charakterisieren, und zwar so, daß Paulus – um mit H.A.W. MEYER zu reden – »*seine* Erfahrung darstellt als Ausdruck der Erfahrung jedes *Einzelnen* in seinem Verhältnisse zum Gesetze, nicht von der Menschheit im *Ganzen*«[297]. Aber natürlich sind die

---

[292] Vgl. dazu WENHAM, Paulus, 203.

[293] S. dazu oben S. 115–118; ferner unten S. 203–207.

[294] Mit BISPING, Röm, 209; MEYER, Röm, 310; B. WEISS, Röm, 303f.; BARDENHEWER, Röm, 103. Gegen VON HOFMANN, Röm, 272f., der anscheinend eine *ausschließlich* autobiographische Intention sieht. Auch PORTER, Verbal Aspect, 286, geht deutlich zu weit, wenn er aus den autobiographischen *Reminiszenzen* Röm 7,7–25 eine veritable (»the«!) »Pauline ›autobiography‹« macht.

[295] Vgl. SEIFRID, Justification, 149: "The only Pauline parallel to this extended usage [sc. of the first person; E.R.] is found in Gal 2:15–21, where the first person may be seen to function paradigmatically. Both passages begin with a plural form, which refers to a common situation or experience of believers." Das entspricht übrigens dem exemplarischen Charakter seiner apostolischen Existenz.

[296] Gegen STARNITZKE, Struktur, *passim*, der hier deutliche Konvergenzen sieht (vgl. bes. a.a.O., 485–492) und immer wieder auf die »Individualität« (des Apostels, der Gläubigen usw.) abhebt.

[297] Röm, 319. – Konsequent inkonsequent ist es, wenn U. WILCKENS einerseits bemerkt: »Freilich, von Adam ist hier [sc. in Röm 7,7–11; E.R.] nicht so die Rede wie in 5,12ff. Während Adam dort alle Menschen als Sünder repräsentiert, erzählt Paulus hier

Ausführungen des Apostels »*not autobiographical in any narrow sense, but they do express Paul's personal experience*«, wie N.A. DAHL[298] betont:

"The 'I' form is no doubt used as a rhetorical device, but the use of this form would hardly be meaningful unless both the speaker and his audience can in some way identify with the experience of the typical 'I'."[299]

Somit ist Röm 7,8.9a als *Weiterführung* des Gedankens von *Röm 5,13* (nicht 5,12a!) zu verstehen.[300] Paulus zeigt hier, was die Sinaitora, die an und für sich »heilig« ist (7,12), vermag bzw. *nicht* vermag, wenn sie *mit ihrem schlechthin verbindlichen Anspruch*[301] auf den *Sünder* trifft.[302] Der *Ton* von Röm 7,9 liegt nämlich nicht auf der Aussage, das »Ich« habe »einst ohne Gesetz *gelebt*« (das setzen diejenigen Exegeten voraus, die hier *Adam* sprechen lassen[303]), sondern auf der Aussage, die Sinaitora treffe grundsätzlich auf einen immer schon im Schatten Adams stehenden, *sündigen* Menschen (und das gilt naturgemäß für Adam *nicht*).[304]

Adams Geschichte als die ›meinige‹; in der Geschichte des ›Ich‹ wird Adams Geschichte je existenziell konkret« (Röm II, 79 m. Anm. 310 [unter Hinweis auf Bornkamm und Käsemann]). Doch *wenn* nun tatsächlich die Geschichte Adams »je existenziell konkret« wird, warum sollte dann Röm 7,7b–11 nicht *auch* autobiographisch (eben »existenziell *konkret*!«) verstanden werden können? Genau das lehnt WILCKENS, a.a.O., 76, aber ab! Eine solche *Inkonsequenz* hat mit Recht auch THYEN, Alternativen, 270f., schon an Kümmels Sicht kritisiert: »[...] wenn das ›Ich‹ von Römer 7, wie Kümmel unter dem Aufgebot scharfsinniger Argumente meint begründen zu können, ausgerechnet die Person dessen, der da so emphatisch ›Ich‹ sagt, hier nicht nur nicht ein-, sondern sogar ausdrücklich *ausschließen* soll, dann ist damit ja doch der generelle Charakter dieses ›Ich‹ prinzipiell infrage gestellt« (a.a.O., 270).

[298] Studies, 93 (Hervorhebung E.R.).

[299] A.a.O., 94. WALTER, Gal, 27, spricht *allgemein* von »vorchristliche[r] Erfahrung« (zu Röm 7,9ff.).

[300] Richtig VAN DÜLMEN, Theologie des Gesetzes, 170, die *Röm 5,13* (!) und *7,7–11* zusammenstellt.

[301] Genau *das* thematisiert Paulus in Röm 7,9. Mit JEWETT, Röm, 451, geht es nicht darum, daß das Gesetz überhaupt da und bekannt ist, sondern daß es in seinem *lebensentscheidenden Anspruch* wahrgenommen wird. Paulus beschreibt hier den Zeitpunkt, als ihm die »Last« des Gesetzes aufging, sein unabweisbarer Anspruch auf sein Leben.

[302] Mit HAERING, Röm, 69. Hierin liegt auch der allesentscheidende Unterschied zu Adam – es sei denn, man wollte behaupten, auch *Adam* sei schon immer Sünder gewesen.

[303] Probleme handelt man sich ein, wenn man das ἐγὼ δὲ ἔζων ... ποτέ (V. 9a) im Sinne *ewigen Lebens* u. dgl. überhöht, wie dies etwa KÄSEMANN, Röm, 188, tut, der daraus schließen *muß*: »Nur Adam lebte im vollen Sinn vor Erlaß des Gebotes [...]«. Denn unmöglich könne Paulus im Blick auf den *Sünder* von »Leben« sprechen. Daß das *bei unterlassener Überhöhung* möglich ist, zeigt aber Röm 8,12f. deutlich! Hier meint ζῆν (wie 7,9a) lediglich die *physische Existenz*. Vgl. ferner MAIER, Röm, 235: »Auch darf man εζων nicht anders als im einfachen Sinne von leben, existiren nehmen, nicht: ich hatte ein höheres Leben, war glücklich, wornach zu χωρις νομ. die Suppl. ων nöthig würde«.

[304] Richtig REITHMAYR, Röm, 339: »Daß er [sc. Paulus; E.R.] aber [...] *gerecht* gelebt, oder solches auch nur geschienen, sagt er nirgends; konnte es auch nach V,12.19

Auch wenn man die hier ausgesprochene *Erfahrung* – besonders den 7,9 beschriebenen *Umschwung* – wohl nur schwer unter Hinweis auf einen eigentlichen Initiationsritus wie die für die damalige Zeit noch nicht belegte *Bar-Mizwah-Feier* religionspsychologisch plausibilisieren kann,[305] so muß dieser Abschnitt doch als ein Zeugnis *persönlicher* (Frömmigkeits-)Erfahrung gewürdigt werden.

<small>Von daher ist auch den Einwänden W.G. KÜMMELs zu begegnen, der die Bar-Mizwah-Institution für eine *späte* Entwicklung hielt, aber ohnehin der Meinung war, ein jüdisches Kind sei *auch dann* »niemals χωρὶς νόμου« gewesen.[306] Die Frage lautet aber, ob im Kontext von Röm 7 überhaupt an einen *religionsgesetzlich* festgelegten Zeitpunkt gedacht sein muß! Falls Paulus hier nämlich tatsächlich *»autobiographisch«-verallgemeinernd* spricht (s.o.), kann auch an einen je *individuellen* Zeitpunkt gedacht sein, an dem ihm (und anderen) die ἐντολή in unwiderstehlicher Weise begegnete.[307]</small>

Diese Erfahrung ist freilich – wie oben gezeigt[308] – *in dieser Weise* nur im Licht der Christusoffenbarung möglich und formulierbar. Darum dürfte D. WENHAM richtig liegen, wenn er annimmt, daß Paulus »das Versagen des Gesetzes« erst »[b]ei seiner Bekehrung« wirklich erfahren habe.[309]

5.2.4.2. Röm 7,7a: Die Frage nach dem Wesen der Sinaitora

Die grundsätzliche Ablehnung jedweder Behauptung einer wie auch immer gearteten *Heilsfunktion* der Sinaitora (vgl. Röm 3f.) und besonders die Ausführungen des Apostels seit Röm 5 – namentlich der Komplex 6,15–7,6 – werfen unweigerlich[310] die Frage nach dem Zusammenhang, ja sogar

---

<small>nicht. [...] Wie ἀπέθανον nichts Anderes besagt, als den in Folge der *actuellen* Übertretung verwirkten und erkannten Verdammnißzustand; so im Gegentheil ἔζων den Zustand, wo der Mensch, in Abwesenheit eines Gesetzes, weder die in ihm latirende Sünde erkennt, noch Mangels aller bewußten Übertretung sich straffällig fühlt. Vgl. V,13.«

[305] S. dazu oben S. 176, Anm. 257. – Schon W.G. KÜMMEL hatte eingewandt: »Die bar-mizwah-Institution selber aber ist eine Schöpfung des Mittelalters. [...] So scheint mir die Vorstellung, daß erst der bar-mizwah für seine Taten verantwortlich ist, hier falsch am Platze, weil die ganze Vorstellung spät ist und auch dann weitgehend vorherige Berührung des Kindes mit dem Gesetz voraussetzt. So ist auch nach dieser Vorstellung das Kind niemals χωρὶς νόμου« (Bekehrung, 82f.; einen ganz *anderen* Schluß aus Röm 7,9 zogen BAUMGARTEN-CRUSIUS, Röm, 200, zufolge übrigens die »Judenchristen«, nämlich »dass Paulus als *Heide* geboren gewesen«!).

[306] Bekehrung, 83 (s.o. Anm. 305).

[307] Darin sieht KÜMMEL allerdings eine »Umdeutung des Ganzen in Bewußtseinsvorgänge« (ebd.).

[308] S.o. S. 160–165. Die Reihenfolge »from plight to solution« (PATE, End, 123–148) ist darum *falsch* (vgl. SANDERS, Paulus, 415–419; zustimmend ESLER, Gal, 176; WITHERINGTON III, Röm, 154).

[309] Paulus, 203.

[310] Vgl. NYGREN, Röm, 203f.; SCHNELLE, Anthropologie, 80: Paulus selbst »hat mehrfach einen engen Zusammenhang zwischen Gesetz und Sünde hergestellt (vgl. Röm 3,20;</small>

5. Unpersönliche Mächte als Konkurrenzgrößen zu Christus 187

nach einer möglichen *Wesensidentität* von »Sünde« (ἁμαρτία) und »Sinaitora« (νόμος) auf: »*[Ist] das Gesetz Sünde?*« (7,7aβ). Auch diesen naheliegenden Einwurf, ob denn das Gesetz *selbst* »etwas Sündhaftes«[311] sei, ob ihm also selbst »ein Fehler anhafte« (quasi ein »Fehler im System ›Gesetz‹«)[312], ob man mithin sogar »Wesensgleichheit von nomos und hamartia behaupten dürfe«[313] oder gar müsse, weist der Apostel zunächst zurück (μὴ γένοιτο [V. 7bα]), was dem *Ziel* (ὥστε) seiner Argumentation entspricht, die *wesensmäßige Heiligkeit der Sinaitora* zu erweisen (V. 12).[314]

4,15; 5,13b; 7,5), so daß die für seine Rechtfertigungslehre fatale Gleichsetzung von νόμος und ἁμαρτία [...] nicht fern lag.« So auch schon REITHMAYR, Röm, 330f.; KÜHL, Röm, 228; LIPSIUS, Röm, 125; HAERING, Röm, 69, u.v.a. – Anders, aber nicht stringent LICHTENBERGER, Ich Adams, 122: »Obgleich [!] durch die Verse 1–6 vorbereitet, kommt diese doppelte Frage [sc. V. 7a; E.R.] unerwartet; denn daß das Gesetz Sünde, der Sündenmacht unterworfen sei, war aus dem Vorhergehenden nicht in dieser Deutlichkeit zu entnehmen.« Letzteres ist natürlich richtig, denn es *ist* ja gar nicht die Meinung des Apostels, daß das Gesetz Sünde sei, wie die *Zurückweisung* dieses Einwandes zeigt! Richtig MICHEL, Röm, 225f.: »Eine derartige Fragestellung [sc. wie Röm 7,7; E.R.] klingt wie eine falsche Konsequenz aus Röm 7,1–6«; so bereits VON FLATT, Röm, 197.

[311] SCHMIDT, Röm, 123; vgl. MAIER, Röm, 232; BISPING, Röm, 209; UMBREIT, Röm, 70; MEYER, Röm, 313; REITHMAYR, Röm, 330f.; KÜHL, Röm, 228.230; HAERING, Röm, 69. Die Übersetzung: »Ist das Gesetz die Ursache der Sünde?« (so HOFIUS, Mensch, 124. 125; ähnlich schon VON FLATT, Röm, 197; vermittelnd MAIER, ebd.; MICHEL, Röm, 225, vermischt beides), ist m.E. abzulehnen (mit MEYER, ebd.; vgl. KÜHL, Röm, 230), weil *dieser* Einwand erst 7,13 laut wird (vgl. MAIER, a.a.O., 238) – hervorgerufen durch den Abschnitt 7,7–12, aber diesem nicht bereits zugrundeliegend (was sich auch daran zeigt, daß V. 12 *nur dann* exakt auf V. 7 antwortet, wenn es in *beiden* Versen um das *Wesen* des νόμος geht, was z.B. VON FLATT, Röm, 197.202, zu wenig berücksichtigt). Damit hängt zusammen, daß ich in dem auf μὴ γένοιτο folgenden, mit ἀλλά eingeleiteten Satz durchaus »eine gewisse Einschränkung der Ablehnung« sehe (mit SCHMIDT, ebd.), oder besser: eine Ablehnung der Ausgangsfrage, aber dergestalt, daß sie ihrerseits *in* der nun folgenden Gegenthese *präzisiert* wird. KÜHL, Röm, 230, sieht darin ein »teilweises Zugeständnis«. Vgl. *dazu* auch MICHEL, Röm, 226.
[312] CALVIN, CSt A 5.1, 344,14f.: *videbatur hoc haerere vitium in Lege*.
[313] HÜBNER, Gesetz, 63. Vgl. B. WEISS, Röm, 302; LIPSIUS, Röm, 125.
[314] Vgl. THYEN, Alternativen, 272f. Ihm zufolge geht es »Paulus in Röm 7 nämlich tatsächlich primär um den Erweis der Heiligkeit der Tora«. – Mit WILCKENS, Röm II, 74f.85; SCHMITHALS, Röm, 220–224, ist *Röm 7,13 als neuer Einsatz* aufzufassen (so auch HAERING, Röm, 69; MICHEL, Röm, 222f.229; NA[25]; LÉGASSE, Röm, 445; THYEN, a.a.O., 279f. [im Anschluß an *K. Stendahl*]; ähnlich MAIER, Röm, 238, der die *Übergangsfunktion* des Verses betont; dieser Vers ist »die Überschrift über VV14–23« (WILCKENS, a.a.O., 85; vgl. JEWETT, Röm, 459f.). Daraus ergibt sich *folgende Grobgliederung: 7,7–12 // 7,13–25* (so JEWETT, Röm, 445.458f., und die bereits Genannten [nur HAERING, ebd., zieht 7,25 zum folgenden]; gegen LICHTENBERGER, Ich Adams, 137 m. Anm. 7 u.ö.), wobei die beiden Teile des Gedankengangs strukturell ganz parallel aufgebaut sind (s.u. S. 368, Anm. 10). – Zutreffend sieht AUNE, Logos Protreptikos, 116, in den »various objections and false conclusions« des Abschnittes Röm 6,1–7,25 (»The conflict between sin and obedience to God«) die entscheidenden Gliederungsmerkmale und

Denn Paulus zufolge *gibt es* einen *notwendigen Zusammenhang zwischen Wesen und Funktion* der Sinaitora,[315] und da ihm zufolge der νόμος »*seiner Natur nach nicht böse*« ist, zielt er auch »*nicht aus sich selbst* auf die Sünde ab«, wie A. MAIER schön gesehen hat[316].

Während Paulus allerdings allen *bisherigen* Einwänden immer ein *kategorisches*, d.h. uneingeschränktes μὴ γένοιτο entgegengeschleudert (vgl. 6,2.15) und anschließend an die gemeinsame Einsicht – formuliert in der 1. Person *Plural* – appelliert hatte (vgl. 6,3.16; 7,1), folgt *hier* auf das μὴ γένοιτο eine die Frage gewissermaßen präzisierende und *insofern* gleichsam *eingeschränkte* Abweisung derselben,[317] die H. HÜBNER wie folgt formuliert: »Ist auch der nomos keinesfalls hamartia, so läßt sich doch eine Beziehung zu ihr nicht leugnen.«[318]

Dies zeigt Paulus unter Hinweis auf seine *eigene Erfahrung* (formuliert in der 1. Person *Singular*),[319] was durchaus sachgemäß ist, da es hier *nicht*

---

unterscheidet folgende fünf Unterpunkte (ebd.): "(a) Rom 6:1–14: we cannot live in sin because we have died to it through identification with Christ in baptism. (b) Rom 6:15–23: we who are under grace and not the law are not free to sin because we have been liberated from bondage to sin. (c) Rom 7:1–6: Christians have died to the law through Christ, and are now free. (d) Rom 7:7–12: the law is not sinful but rather reveals sin. (e) Rom 7:13–25: Christians who desire to be obedient to God in their inner selves find this desire in conflict with the flesh."

[315] Aber es gibt *keinen notwendigen Zusammenhang* zwischen »Form« und »Inhalt« (s.o. S. 153–160)!

[316] Röm, 231 (Hervorhebungen E.R.). Daraus erhellt unschwer die *Notwendigkeit* der Beziehung von Wesen und Funktion. Daraus folgt konsequenterweise: Verhielte es sich *umgekehrt*, und das Gesetz wäre »*seinem Wesen nach böse*, so würde es *das Böse als sein eigentliches Ziel* wollen, *aus sich selbst* darauf abzwecken« (a.a.O., 232 [Hervorhebungen E.R.]). Aber nach Paulus gibt das Gesetz »nur die *Veranlassung, daß das Böse im Menschen, die innerliche Sünde, auflebt,* indem nämlich die gesetzlichen Gebote sündhafte Begierden und Gelüste aufwecken« (a.a.O., 231).

[317] Richtig MICHEL, Röm, 226, Anm. 12: »ἀλλά führt also nicht in die Verteidigung des Gesetzes ein, sondern gibt etwas Richtiges zu«. So bereits B. WEISS, Röm, 305; vgl. noch KÜMMEL, Bekehrung, 47 (»Einschränkung der Ablehnung«); KUSS, Röm, 442; HÜBNER, Gesetz, 63 m. Anm. 83. Gegen WILCKENS, Röm II, 76 m. Anm. 290, der behauptet, ἀλλά habe »adversative, nicht einschränkende Bedeutung« (so auch – allerdings zurückhaltender – KÄSEMANN, Röm, 185; vgl. MAIER, Röm, 232f.). Die Konjunktion ἀλλά mit Verneinung kann aber auch sonst bei Paulus *einschränkende* Bedeutung haben: vgl. nur 1Kor 6,12(2x); 10,23(2x)! Vgl. ferner KÜHNER/GERTH, Grammatik II/2, 282–288 (§ 534, bes. § 534,3.4); BDR, § 448,1 m. Anm. 1.

[318] Gesetz, 63; vgl. NYGREN, Röm, 204: »Das Gesetz ist […] die Macht, die der Sünde Widerstand bieten will. Und doch besteht ein inniger Zusammenhang zwischen Gesetz und Sünde.«

[319] Zur Begründung s.o. S. 172–186. NYGREN, Röm, 204, vermutet zu Recht, die Ich-Form könnte damit zusammenhängen, »daß Paulus hier zu einer Frage vorgedrungen ist, die im eigentlichen Sinn das Problem seines eigenen Lebens ist: die Frage nach der Stellung des Christen zum Gesetz«.

5. Unpersönliche Mächte als Konkurrenzgrößen zu Christus

um eine »Apologie des *Gesetzes*« geht[320], sondern – wenn überhaupt[321] – darum, daß der Apostel *sich selbst* und *seine* Sicht der Sinaitora als einer *faktisch*[322] – d.h. unter den gegenwärtigen Bedingungen – *indirekt unheilvollen Größe* verteidigen muß[323]: »Aber ich hätte die Sünde nicht erkannt (οὐκ ἔγνων), wenn nicht durch die Sinaitora; denn auch die Begierde hätte ich nicht erkannt (οὐκ ᾔδειν), wenn nicht die Sinaitora (ὁ νόμος) gesagt hätte: ›Du sollst nicht begehren (οὐκ ἐπιθυμήσεις)!‹ Weil aber die Sünde [dies] zum Anlaß genommen hatte, bewirkte sie durch das Verbot[324] (ἡ ἐντολή) in mir jegliche Begierde (ἐπιθυμία)« (7,7b.8a). Diese unheilvolle *Wirkung* der Sinaitora darf allerdings nicht mit ihrer *Funktion* (ihrem *Auftrag*) verwechselt und damit der Sinaitora selbst angelastet werden, denn die hier geschilderte fatale Wirkung entspricht ja *nicht* dem heiligen *Wesen* der Sinaitora.[325] Und auch wenn hier fast wie Röm 3,20 von einer ἐπίγνωσις ἁμαρτίας die Rede ist, die »durch den νόμος kommt«, so ist doch »trotz ›materieller‹ Übereinstimmung beider theologischer Urteile die Perspektive verschieden«, wie H. HÜBNER betont.[326] *Hier jedenfalls* (Röm

---

[320] Mit KÄSEMANN, Röm, 184; HOFIUS, Mensch, 110; LICHTENBERGER, Ich Adams, 121; BYRNE, Röm, 209; gegen KÜMMEL, Bekehrung, 9–12 (mit erheblichem argumentativen Gewicht für seine Auslegung!); BULTMANN, Art. Paulus, 1022; DERS., Römer 7, 204f.; BORNKAMM, Sünde, 54; BETZ, Antagonismen, 54; HÜBNER, Gesetz, 63; STUHLMACHER, Röm, 97. Die in Röm 6+7 behandelten Einwände erklären sich ja erst aus einer grundsätzlich *gesetzestreuen* Haltung (KÄSEMANN, Röm, 185, denkt konkret an »judenchristliche Einwände« wie in 3,5; 6,1.15). Paulus muß nicht *das Gesetz* verteidigen, sondern allenfalls *seine Stellung* zur Sinaitora (so dezidiert SCHMITHALS, Röm, 212).

[321] LICHTENBERGER, Ich Adams, 122, gibt zu bedenken: »Zwar wird es sicherlich Grund und Anlaß zu Richtigstellungen gegeben haben (s. Röm 3,8), aber *im Zusammenhang von Röm 7 stellt sich die Frage nach dem Gesetz so unmittelbar und schlüssig aus der Soteriologie, daß die Einführung von Gegnern von der Stringenz des Gedankens abführt*« (Hervorhebung E.R.). Reine Spekulation ist es, wenn z.B. MANGOLD, Voraussetzungen, 349, meint: »Die Consequenz ὁ νόμος ἁμαρτία haben ultrapaulinische antijüdische Gnostiker in der That gezogen; Paulus weist sie mit μὴ γένοιτο energisch ab; aber in ihrer Abneigung gegen den Heidenapostel befangene Judenchristen konnten sie ihm allenfalls auch imputiren.«

[322] HÜBNER, Gesetz, 64, meint, »selbst die Wendung ›faktische Funktion‹ ist immer noch ein wenig zu stark. Fungieren im eigentlichen Sinne ist ja allein Sache der hamartia. Diese bedient sich in ihrem Fungieren der ›Funktion‹ des Gesetzes. Sie benutzt das Gebot als Operationsbasis (7,8.11: ἀφορμὴν λαβοῦσα) gegen das vom Gesetz bzw. Gebot Gewollte.«

[323] So auch SEIFRID, Justification, 227; SCHMITHALS, Röm, 212.

[324] Vgl. MAIER, Röm, 234. Zur Übersetzung s. auch unten S. 191.

[325] Vgl. VON FLATT, Röm, 197. Da *zwischen Wesen und Funktion* ein *notwendiger Zusammenhang* besteht (s.o. S. 187f.), ist der Nachweis der *wesentlichen* Heiligkeit der Sinaitora schlechterdings *notwendig*, damit ihr keine direkte Sündenbeteiligung nachgesagt werden kann; darum kommt Paulus hier überhaupt auf das *Wesen* des νόμος zu sprechen.

[326] Gesetz, 63. Er schreibt: »Man beachte die *Umkehrung der exklusiven Aussagerichtung gegenüber 3,20*. Dort hieß es: Durch das Gesetz kommt es *nur* zur Erkenntnis der

7,7f.) ist die ἐπίγνωσις ἁμαρτίας offenbar in *kontaktivem*, nicht rein »intellektuellem« Sinne zu verstehen. Man kann daher in Röm 7,7f. den »Übergang vom Noetischen zum Ontischen« sehen.[327]

5.2.4.3. Das zeitliche Prae der Sünde vor der Sinaitora

Was die Begriffe νόμος und ἐντολή anlangt, so scheint mindestens dies unstrittig, daß der νόμος hier die Sinaitora bezeichnet (konkret den *Dekalog*).[328] Um *sie allein* ging es ja auch in der Frage V. 7a![329] Was aber ver-

---

Sünde. Hier heißt es: *Nur* durch das Gesetz kommt es zur Erkenntnis der Sünde.« Vgl. DENS., Theologie II, 292, Anm. 783. – Es geht darum deutlich zu weit, wenn etwa VAN DÜLMEN, Theologie des Gesetzes, 107 m. Anm. 112, ganz *grundsätzlich* bemerkt, unter der ἐπίγνωσις ἁμαρτίας (*auch* derjenigen von Röm 3,20!) verstehe Paulus »nicht nur das theoretische Wissen von der Sünde [...], sondern vor allem die praktische Erfahrung des Sündigens«, und weiter behauptet, »daß das Gesetz den Menschen zum Sündigen führt« (a.a.O., Anm. 112; *ähnlich* MAIER, Röm, 233). *Dagegen aber spricht eindeutig Röm 7,13* (vgl. STUHLMACHER, in: LICHTENBERGER, Gesetz, 377, der aber wiederum »die Positivität des Gesetzes bei Paulus« [a.a.O., 387] *zu hoch* veranschlagt). Es ist und bleibt ja immer noch die *Sünde*, die den Menschen – aber unter Zuhilfenahme der in Geiselhaft genommenen und sich dieser nicht erwehren könnenden Sinaitora – zum Sündigen führt!

[327] Mit HÜBNER, Gesetz, 64 (vgl. a.a.O., 63f. m. Anm. 84); vgl. HAACKER, Röm, 162.

[328] Vgl. neuerdings KRAUTER, Gesetz, 4; ferner KÄSEMANN, Röm, 185, der dies allerdings in einer ganz *bestimmten* Weise verstanden wissen will: »Ein Zweig jüdischer Auslegung, *dem Pls sich anschließt*, hat *Adam urbildlich zum Empfänger der Tora* gemacht, also sachlich eine Geschichte mit der Mose verknüpft. *Gerade hier liegt das zentrale Interesse des Apostels*« (a.a.O., 188 [Hervorhebungen E.R.]; so auch LICHTENBERGER, Ich Adams, 130; zur *Kritik* s.o. S. 177, Anm. 262, und bes. unten S. 203–207!). – Die Diskussion darüber, ob *artikelloses* νόμος wirklich die »Sinaitora« bezeichnen könne oder ob damit nicht vielmehr allgemein jedes »Gesetz« gemeint sei, kann m.E. als erledigt angesehen werden, nachdem bereits VON FLATT, Röm, 198, bemerkt hat, daß »namentlich Paulus [...] nicht dieselbe Genauigkeit im Ausdruck« beobachte »wie die Reingriechischen« (er verweist z.B. auf Röm 2,12; vgl. auch DUNN, Theology, 132f.). Auch in unserem Abschnitt wechselt artikelloses νόμος mit determiniertem νόμος, ohne daß ein sachlicher Unterschied festzustellen wäre (διὰ νόμου V. 7b muß sich doch wohl auf ὁ νόμος V. 7a [vgl. V. 7c!] beziehen, wenn anders der Satz in sich stimmig sein soll).

[329] Demgegenüber behauptet jedoch HOFIUS, Mensch, 116, Anm. 51: »In den Versen 7b, 8b und 9a steht νόμος direkt metonymisch für das δικαίωμα τοῦ νόμου.« Diese These ist nun für sein Verständnis insbesondere von Röm 7,7–11 schlechthin entscheidend, denn daraus ergibt sich für ihn, daß hier der νόμος als Sinaitora nur »insofern« in den Blick kommt, als in ihm – *ebenso* wie in der als »Paradiesgebot« interpretierten ἐντολή – »das gleiche transmoralische Grundgebot zu Wort kommt«, daß also »die Tora hinsichtlich ihrer Quintessenz durch die an Adam ergangene ἐντολή von Gen 2,16b.17 *repräsentiert* wird« (a.a.O., 116). Das aber bedeutet, wie HOFIUS selber zugibt, »keineswegs, daß hier im Grunde von einer völligen Identität der beiden Größen gesprochen werden kann. Identisch sind beide insofern, als sie den ewig gültigen Willen Gottes bezeugen und sagen, was das Gute ist, das Gott von dem Menschen fordert. Identisch sind sie von daher auch darin, daß ihnen die gleiche ›geistliche‹ Qualität eignet (7,12). *Keine* Identität besteht dagegen hinsichtlich ihrer jeweiligen Funktion, ist diese doch durch die

steht Paulus unter der ἐντολή? Der anaphorische Gebrauch des Artikels läßt, da zuvor *nie* von einer *ἐντολή* die Rede war³³⁰, sachlich am ehesten an den unmittelbar zuvor zitierten Satz denken, d.h. an das zehnte Dekalog*ver*bot: »Du sollst nicht begehren!« (V. 7b; vgl. Ex^{LXX} 20,17; Dtn^{LXX} 5,21). Nachdrücklich gestützt wird diese Sicht durch den inhaltlichen bzw. sprachlichen Rückbezug von V. 8a (ἡ ἁμαρτία διὰ τῆς ἐντολῆς κατειργάσατο ἐν ἐμοὶ *πᾶσαν ἐπιθυμίαν*) auf V. 7b (*τήν τε ἐπιθυμίαν οὐκ ᾔδειν εἰ μὴ ὁ νόμος ἔλεγεν· οὐκ ἐπιθυμήσεις*). Das Nächstliegende ist daher, unter der ἐντολή von V. 8a das letzte Verbot des Dekalogs – offenbar aufgefaßt als dessen Quintessenz³³¹ – zu verstehen.³³² Dagegen deutet *nichts* darauf hin, daß hier mit der – in *diesem* Falle dann übrigens höchst *unvermittelt* auftauchenden – ἐντολή das an Adam ergangene »Paradiesgebot« gemeint sei.³³³

---

unterschiedliche Situation bedingt, die das Paradiesgebot hier und die Tora vom Sinai dort voraussetzt« (a.a.O., 117). Darin, daß zwischen der Situation *Adams* (in die hinein das Paradiesgebot erging) und der Situation *Moses* (in die hinein die Sinaitora erging) zu unterscheiden ist und mithin von einer hundertprozentigen Identität von Paradiesgebot und Sinaitora (gerade hinsichtlich ihrer *Funktion*) nicht gesprochen werden kann, ist Hofius ohne Frage zuzustimmen. Ich frage mich aber, was eine Klärung der Fragen rund um das *Paradiesgebot* für die von Paulus doch *eigentlich* aufgeworfene Frage nach dem *Wesen der Sinaitora* (Röm 7,7a) austragen soll! Denn er will ja keineswegs die Frage klären, *unde malum*, und es geht ihm in *Röm 7,7–13* (im Unterschied zu Röm 5,12ff.!) auch *nicht* um das »Sünder-*Werden* des adamitischen Menschen« (gegen HOFIUS, a.a.O., 122; vgl. *dagegen* HOFIUS, Adam-Christus-Antithese, 98f. [s.o. S. 180, Anm. 277]!) – daß Adam (und mit ihm alle Menschen) unter die Macht der Sünde geraten ist, stellt für Paulus ohnehin »den unerhörten und schlechterdings unbegreiflichen Zwischenfall« dar (mit HOFIUS, Mensch, 117), der sich jeder Erklärung verschließt. Es geht Paulus hier vielmehr um das Problem der *erst am Sinai promulgierten »Tora des Mose«* und *ihrer* möglichen Beziehung zu »Sünde« und »Tod«, wie die Fragen Röm 7,7a und 7,13 m.E. klar belegen.

³³⁰ Auch *nach* dem Abschnitt 7,7–12.13 ist im Römerbrief nur noch an *einer* Stelle von einer ἐντολή bzw. von ἐντολαί die Rede: 13,9. Da an *jener* Stelle mit dem Begriff ἐντολή die einzelnen Dekalogverbote bezeichnet werden, wird nicht grundsätzlich auszuschließen sein, daß Paulus auch mit der ἐντολή von Röm 7 ein Dekalogverbot meint.
³³¹ Mit MAIER, Röm, 233. Darin dürfte Paulus »einer jüdischen Tradition« folgen (KÄSEMANN, Röm, 186 [Belege!]). MICHEL, Röm, 226, stellt zu Recht fest, daß »durch das Entfernen der Objekte (z.B. Haus, Weib, Knecht, Magd) der Sinn radikalisiert wird«, und verweist dazu auf eine Parallele bei PHILON VON ALEXANDRIEN (decal. 142ff.). HOFIUS, Mensch, 115, Anm. 48, sieht darin freilich ausschließlich eine Parallele zu 13,9 (nicht zu 7,7c), »denn Philo denkt hier, wie die Ausführungen ebd. 142–153 zeigen, durchaus an das auf bestimmte Objekte gerichtete Begehren.«
³³² Vgl. KÄSEMANN, Röm, 186 (s. dazu oben Anm. 331); MICHEL, Röm, 226; LICHTENBERGER, Ich Adams, 130 m. Anm. 47 (aber mit höchst *problematischer* Argumentation!). Damit sind die Worte οὐκ ἐπιθυμήσεις in Röm 13,9 *und* in 7,7c gleich zu verstehen (*anders* HOFIUS, a.a.O., 115, Anm. 48).
³³³ Vgl. KÜMMEL, Bekehrung, 86f.; ähnlich VAN DÜLMEN, Theologie des Gesetzes, 108 m. Anm. 118.

Es will ferner beachtet sein, daß Röm 7,7b–11 die Sünde als eine zum Zeitpunkt der Verbotsdeklaration *bereits (latent) existierende* Größe darstellt[334]: Die Sünde nimmt die neu hinzutretende ἐντολή ja zum *Anlaß* (ἀφορμή [V. 8a.11a]), eben das im Verbot (ἐντολή) *Verbotene* zu »bewirken« (V. 7b.8a). *Unter der Macht der Sünde* – und *nur* dann[335] – bewirkt also das Verbot – und zwar lediglich *indirekt*[336] – letztlich genau das, was es verbietet, nämlich zunächst »jegliche Begierde (ἐπιθυμία)« als »Wurzel alles Übels«[337]. Eben darin besteht *die tiefe Tragik eines jeden Mißverständnisses der Sinaitora*, daß sie zwar der *Essenz* nach uneingeschränkt »gut« ist (weil sie Schlechtes verbietet), dem *Effekt* nach aber – und zwar gerade aufgrund des *modus loquendi* als *Verbot!* – das exakte *Gegenteil* bewirkt. Denn indem die ἐντολή *als Verbot* zwangsläufig die (zu unterlassende) Sünde *benennt*, schafft sie gerade dadurch die Lust zu genau dieser Sünde, eben *weil und insofern* der Mensch »seit dem Falle einen natürlichen Hang zum Verbotenen hat«[338]; das Gebot in seiner Form als *Verbot*

---

[334] So neben LIPSIUS, Rechtfertigungslehre, 56.62 u.ö.; BISPING, Röm, 211; KÄSEMANN, Röm, 186, u.a. auch BORNKAMM, Sünde, 58f., der ferner mit Recht darauf hinweist, daß es »eben *nicht zufällig*« sei, »daß hier nicht der Name Adams fällt, sondern daß es ἐγώ heißt« (ebd. [Hervorhebung E.R.]). Er deutet dann allerdings das ἐγώ, das »einen generellen Sinn« habe, auf den »*adamitischen* Menschen«: »In dem ἐγώ von Röm 7₇ff. bekommt Adam von Röm 5₁₂ff. seinen Mund« (a.a.O., 59). Aber »Adam« und der »adamitische Mensch« sind doch im sog. »heilsgeschichtlichen« Denken des Apostels Paulus etwas sehr Verschiedenes und nicht einfach quasi-existential zu identifizieren (vgl. dazu VAN DÜLMEN, Theologie des Gesetzes, 109 m. Anm. 122)!

[335] Diese Bedingung ist schlechthin *notwendig*! Insofern *muß* man dann aber auch tatsächlich von einer »Perversion des Gesetzes« sprechen: »Gemeint ist damit ja nicht ein innergeschichtlicher Prozeß. Wohl hingegen weiß der Apostel davon, daß sich das Gesetz *von vornherein* als perverses zeitigt, – unter den Bedingungen der Sünde. Dieser Mechanismus ist Röm 7,7ff exakt beschrieben« (KLEIN, Sturmzentrum, 45 [Hervorhebung i.O.]). Es ist in diesem Zusammenhang daher auch nicht einfach die Rede von »theoretischen Vorgängen in *freien* Subjekten«, sondern Paulus sieht »den Menschen als Spielball im von der Sünde inszenierten Zusammenspiel mit dem Gesetz und dieses durch die Sünde von vornherein derart pervertiert, daß es sich *innerzeitlich stets als Unheilsmacht* zeitigen mußte« (ebd. [Hervorhebung E.R.]).

[336] Auch diese Einschränkung ist *notwendig*; das vom Gebot Verbotene wird nicht von der ἐντολή bzw. dem νόμος *selbst* initiiert, sondern von der Sünde διὰ τῆς ἐντολῆς (V. 8a.11.13)! Darum ist nicht der *νόμος* im eigentlichen Sinne eine »Verderbensmacht« (gegen NYGREN, Röm, 203), sondern die ἁμαρτία. Ihr hat die Tora – darin liegt ihre strukturelle *Begrenztheit* (vgl. 8,3a) – allerdings nichts entgegenzusetzen, sondern sie ist im Gegenteil durch die Sünde *korrumpierbar*; die Sinaitora ist im höchsten Grade *mißbrauchsanfällig* (und eben darin unterscheidet sie sich vom Evangelium; vgl. zum Ganzen LIPSIUS, Rechtfertigungslehre, 65–67, bes. 67).

[337] MICHEL, Röm, 226 (vgl. KÄSEMANN, Röm, 186). Damit entspreche der paulinische Begriff ἐπιθυμία *in der Sache* der philonischen ἡδονή.

[338] BISPING, Röm, 207. Seine Auslegung verdient es, ganz gehört zu werden: »Da nun der Mensch seit dem Falle einen natürlichen Hang zum Verbotenen hat, so regte das Ge-

5. Unpersönliche Mächte als Konkurrenzgrößen zu Christus 193

liefert der bereits existenten Sündenmacht das Stichwort.[339] Das Gesetz im Modus des *Verbotes* (οὐκ ἐπιθυμήσεις) ist darum zutiefst *gefährlich*, weil es den *Reiz des Verbotenen* weckt (V. 8a!) – aber nicht etwa in der Weise, »dass durch das Verbot der Uebermuth des Menschen gereizt werde, dagegen zu handeln«; vielmehr lenkt »[d]as ausdrückliche Verbot des positiven Sittengesetzes [...] die Vorstellung und dann den Sinn des Menschen auf das Böse hin«, wie bereits L.F.O. BAUMGARTEN-CRUSIUS in kritischer Würdigung des gängigen Spruches *nitimur in vetitum* bemerkt hat.[340] Dabei bewirkt aber nicht etwa der in der Sinaitora zum Ausdruck kommende gute Wille Gottes *selbst* als deren Essenz (daher: τὸ ἀγαθόν 7,13) die Sünde, sondern umgekehrt: die Sünde *mißbraucht* das Gesetz und offenbart gerade *damit* ihr wahrhaft sündiges – ver-kehrtes – Wesen (vgl. 7,13bβ). Verhielte es sich umgekehrt, und die Sünde träte durch den νόμος überhaupt erst auf den Plan, könnte Paulus kaum sein Argumentationsziel (ὥστε V. 12) aufrechterhalten zu zeigen, daß die Sinaitora selbst »heilig« und das von ihr Gebotene *wesentlich* »heilig, gerecht und gut« sei.

Der νόμος bewirkt also die »Erkenntnis« der *bereits vorhandenen* Sünde. Paulus spricht nicht vom »Kennenlernen«[341] einer bis dahin unbekannten, weil inexistenten Größe, sondern vom Aufdecken eines *Ist-Zustandes*. Es muß daher mit allem Nachdruck festgehalten werden, daß die Sinaitora eine ausschließlich sünden*aufdeckende* Wirkung auf den Menschen hat:

»Sie *verstrickt* ihn nicht in Schuld, sondern sie bringt seine Schuldverstrickung *an den Tag*. [...] Nicht die Tora *versklavt* den Menschen, sie *behaftet* ihn vielmehr bei seiner Versklavung unter die Sünde und *hält* ihn in seiner Sündenverfallenheit *fest*«[342].

---

setz durch seine Verbote die sündhaften Lüste im Menschen auf, und da es keine innere Kraft verlieh, die Lüste zu besiegen, so trieb es, zwar nicht durch sich, sondern eben durch diesen verkehrten Hang des Menschen, denselben zur Sünde« (ebd.).

[339] Vor diesem Hintergrund erklärt sich auch die Warnung Gal 6,1*fin.*: σκοπῶν σεαυτὸν μὴ καὶ σὺ πειρασθῇς (s. dazu oben S. 100 m. Anm. 258). Vgl. Röm 2,1b!

[340] Röm, 197 (beide Zitate). Ganz ablehnend HOFIUS, Mensch, 130, Anm. 96: »Das in V. 7c.8a Gesagte hat [...] nichts mit der psychologischen Auskunft zu tun, daß Verbote zum Widerspruch reizen, – also nichts mit der Feststellung: ›Nitimur in vetitum semper, cupimusque negata‹ (Ovid, Amores III 4,17).« Vgl. zum Ganzen jetzt auch KRAUTER, Gesetz, *passim*. – Dagegen sehen etwa LIPSIUS, Rechtfertigungslehre, 56ff.63ff., und HAACKER, Röm, 162f. m. Anm. 13 (Lit.!), mit der *Mehrheit* der Exegeten durchaus Bezüge zum *nitimur in vetitum*: »Die Überlegung, daß ein Verbot – trotz Strafandrohung – zum Tun des Verbotenen gerade anreizen kann, konnte gebildeten Lesern in Rom vertraut sein, weil sie sich u.a. auch bei Cicero und Seneca findet« (HAACKER, ebd.).

[341] Es ist mißlich, wenn z.B. SCHNELLE, Anthropologie, 80, davon spricht, dem Gesetz komme »eine wichtige Funktion im Prozeß des Kennenlernens der Sünde zu« und der Mensch hätte »die Sünde als Begierde nie kennengelernt, wenn nicht das Gebot gewesen wäre«. Besser schreibt KÜHL, Röm, 229, daß »erst durch das Gesetz mit seinen Geboten und Verboten [...] die böse Lust für mich Erfahrungstatsache geworden« sei.

[342] HOFIUS, Gesetz, 62 (Hervorhebungen E.R.).

Denn der Sünde-Tod-Zusammenhang ist der Sinaitora chronologisch und sachlich *vorgegeben* (vgl. Röm 5,20; Gal 3,19) und wird nicht erst durch ihr Auftreten konstitutiert.[343] Ihr kommt damit ausschließlich eine die Sünde als solche *entlarvende*, aber nicht diese allererst *konstituierende* Funktion zu; die Sinaitora *deckt auf*[344], *was – bereits – Sache ist*,[345] und legt *damit* den Menschen auf seine Sünde und deren »Sold« – den Tod (vgl. Röm 6,23) – fest (vgl. Röm 5,13). Paulus spricht bewußt vom »*Aufleben*« der Sünde (ἀναζῆν)[346], nicht aber von der »Geburt« der Sünde o.ä. (im Unterschied zu Röm 5,12: ἡ ἁμαρτία εἰς τὸν κόσμον εἰσῆλθεν).[347] Die Sünde war vor dem Ruf des Gesetzes daher nur *gleichsam* »tot«, nämlich »kraftlos«[348] und »ohne Aktivität«[349] (vgl. 7,8b mit 5,13!). Da nun die Sinaitora mit ihrem Verbot immer auf einen *bereits sündigen* Menschen trifft[350] und *hervor-ruft oder aufweckt*, was in ihm schlummert[351] (das pau-

---

[343] S.u. S. 195.213–220.
[344] V. 7bα: τὴν ἁμαρτίαν οὐκ ἔγνων εἰ μὴ διὰ νόμου // V. 7bβ: τὴν γὰρ ἐπιθυμίαν οὐκ ᾔδειν εἰ μὴ ὁ νόμος ἔλεγεν κτλ.
[345] Vgl. LIPSIUS, Rechtfertigungslehre, 59f., Anm. *):»Diese Sünde ist aber nicht blos als das allgemeine, schlummernde Sündenprincip zu betrachten, sondern als ein thatsächlicher, in einzelnen Handlungen sich erweisender Zustand der lebendig gewordenen Sünde. Nur fehlte in jener Zeit das äussere Kriterium, durch welches man die eigene Handlungsweise als Sünde wirklich erkannte.«
[346] Vgl. schon MAIER, Röm, 236; ferner KÄSEMANN, Röm, 189: »ἀνέζησεν in 9a meint natürlich ›erwachen‹, nicht ›wiederaufleben‹ [...]. Das Kompositum verstärkt das Simplex« (vgl. dazu etwa ἀνασταυροῦν Hebr 6,6 [Hinweis von Prof. Dr. Otfried Hofius]; ἀναβλέπειν Joh 9,11 [der Geheilte war ja *blindgeboren*; Hinweis bei MAIER, Röm, 236]; ferner BAUER/ALAND, WbNT, 105, s.v. ἀναζάω]). Neuerdings meint aber JEWETT, Röm, 451 m. Anm. 104, die gesamte Gräzität biete keinen Beleg für die Bedeutung »zum Leben gelangen« für ἀναζῆν (unter Berufung auf MEYER, Röm, 318f.). Vgl. jedoch HOFIUS, Mensch, 131, Anm. 103: »Die Bedeutung ›aufleben‹ hat ἀναζῆν im Neuen Testament nur an unserer Stelle. Außerhalb des Neuen Testaments s. JosAs 19,10.«
[347] Vgl. REITHMAYR, Röm, 339: ἀνέζησεν deutet »auf ein vorgängiges Daseyn der Sünde hin, welche durch das Gebot eben Gelegenheit zu ihrer Manifestation erhält«.
[348] HOFIUS, Mensch, 130 m. Anm. 98; vgl. bereits MAIER, Röm, 235 (unter Hinweis auf Jak 2,17.26 [fälschlich »Joh« 2,17.26!]).
[349] BORNKAMM, Sünde, 59. Es ist überaus bezeichnend (und inkonsequent), daß Bornkamm zwar das νεκρός im Blick auf die ἁμαρτία dergestalt abschwächt, daß sie bereits in die Welt »Eingang gefunden hat«, aber »nicht aktiv und aktuell geworden« sei (ebd.), während er *gleichzeitig* daran festhält, daß das ἀπέθανον im Blick auf den Menschen »einen prägnanten Sinn haben« müsse und nicht »abgeschwächt und zu bloßen Bewußtseinsvorgängen verhamlost werden« dürfe (a.a.O., 58). Umgekehrt gibt B. WEISS, Röm, 308, dem ἔζων einen »prägnanten« Sinn und versteht darunter ein ›Leben in vollem Sinne‹, weshalb er dezidiert von einem »Stand der kindlichen Unschuld« spricht.
[350] Wenn man die ἐντολή als »Paradiesgebot« interpretiert (so HOFIUS, Mensch, 115–118.127–132), würde Paulus zeigen wollen, »was geschieht, wenn das δικαίωμα τοῦ νόμου auf einen Menschen trifft, der *nicht* schon ein dem Tod verfallener Sünder ist« (a.a.O., 117). Daß *dies* aber *nicht* die Absicht des Apostels ist, zeigt m.E. Röm 7,7a.12.

linische *facere quod in se est*), redet der Apostel 7,9 auch nicht einer »glücklichen Kindesunschuld«[352] das Wort. Vielmehr ist eine solche Rede von kindlicher Unschuld in der Tat »schlechterdings unbiblisch und moderne Mythologie«[353].

5.2.4.4. Die Sinaitora und der objektive Sünde-Tod-Zusammenhang

Aus dem sachlichen und zeitlichen Prae der Sünde *vor* der Sinaitora ergibt sich *mit Notwendigkeit*, daß der unheilvolle Sünde-Tod-Zusammenhang, von dem Paulus z.B. 6,21.23 spricht,[354] zunächst »*ganz unabhängig von der Tora gegeben*« ist,[355] wie O. HOFIUS betont: »Die Tora schafft nicht erst den Sünde-Tod-Zusammenhang, sondern sie findet ihn bereits vor.«[356] Da die Sinaitora lediglich »hinzutritt« (vgl. Gal 3,17.19; Röm 5,13f.20a), *kann* der objektive Sünde-Tod-Zusammenhang überhaupt *nur durch die Sünde*, nicht jedoch durch die Sinaitora *konstituiert* worden sein.[357] Diese Antwort *reicht* dem Apostel bereits,[358] um zu zeigen, daß weder die Sinaitora noch der in ihr dokumentierte gute Gotteswille direkt in die Sünde führen oder diese veranlassen. Folglich *bewirkt* nicht die Sinaitora *selbst* den Tod, auch wenn sie ihm – aber erst *sekundär! – in die Karten spielt* (vgl. zum Ganzen 7,13). Vielmehr gilt, daß der Tod allein durch die Sünde in die Welt gekommen ist und seine auf absolute Vernichtung gerichtete, despotische Herrschaft schon angetreten hat (vgl. Röm 5,12.14), *bevor* die Sinaitora auf den Plan trat. Diesen Gedanken, daß die Sünde bereits *vor der Sinaitora* in der Welt war, setzt Paulus auch in 7,7–11 voraus.[359]

5.2.4.5. Die »Macht des Gesetzes, die Sünde hervorzurufen und zu steigern«[360]

Die »ursprüngliche«, einfache Gleichung, daß die »Sünde« (ἁμαρτία) den »Tod« (θάνατος) bewirkt und damit zwischen Sünde und Tod ein unum-

---

[351] Vgl. MAIER, Röm, 235; BISPING, Röm, 211f.
[352] Das behauptete noch ZIMMER, Röm, 54; ähnlich MEYER, Röm, 317f.; B. WEISS, Röm, 308; BAUMGARTEN-CRUSIUS, Röm, 201; BISPING, Röm, 211f.
[353] KÄSEMANN, Röm, 185. Vgl. außerdem das zur *Ambivalenz* des Begriffes »Kind« Gesagte (s.o. S. 88–90).
[354] S. dazu unten S. 213–220.
[355] HOFIUS, Adam-Christus-Antithese, 91 (Hervorhebung E.R.).
[356] A.a.O., 94.
[357] Vgl. BISPING, Röm, 211 (zu V. 7b): »Man bemerke, daß der Apostel hier nicht sagt, er habe die Begierde nicht *gehabt*, bevor das Gesetz erschien, sondern er habe die Begierde nicht *erkannt*.«
[358] Gegen HOFIUS, Mensch, 116f. (s.o. S. 190f., Anm. 329).
[359] S.o. S. 185.192 u.ö.
[360] So überschribt NYGREN, Röm, 203, den Abschnitt Röm 7,7–13.

kehrbarer[361], notwendiger Zusammenhang besteht (Röm 5,12), wird durch das »Hinzutreten« der Sinaitora (νόμος) *in der Zeit* differenziert. Denn *seit* dem Auftreten der Sinaitora *gibt* es dem Apostel zufolge in der Tat einen ganz spezifischen, als solchen unlöslichen Zusammenhang zwischen νόμος, ἁμαρτία und θάνατος. Den *neuen* Zusammenhang zwischen diesen nunmehr *drei* Größen (ἁμαρτία – θάνατος – νόμος)[362] erläutert Paulus in 1Kor 15,56[363]. Er »deduziert« hier, »was er später im Römerbrief noch gründlicher entfalten wird (vgl. Röm. 5,12ff.; 6,16ff.; 7,7ff.)«[364]:

τὸ δὲ κέντρον τοῦ θανάτου ἡ ἁμαρτία,
ἡ δὲ δύναμις τῆς ἁμαρτίας ὁ νόμος.

Die Triebfeder[365] des Todes [ist] die Sünde,
die Macht der Sünde [ist] die Sinaitora.

Demnach ist die Sinaitora (νόμος) dafür (mit)verantwortlich, daß aus der Sünde als *potentia* Sünde als *actus* wird. Mit Röm 7,9b gesprochen, bringt die Sinaitora die bereits latent vorhandene Sünde zum Vorschein, zum Leben. Sie verleiht der Sünde »Mächtigkeit« (δύναμις) und verhilft ihr zum Durchbruch. Diesen Dienst leistet die Sinaitora der Sünde allerdings nicht freiwillig, sondern sie wird zu dieser Kollaboration *gezwungen*. Unter der Macht der Sünde hört die Sinaitora jedenfalls auf, etwas Harmloses zu sein; es ist nämlich das ihr wesenhaft innewohnende Problem der Sinaitora, daß sie sich gegen die Übermacht der Sünde *nicht zu wehren vermag* (vgl. Röm 8,3), sondern ihr erliegt und ihr gezwungenermaßen dient (vgl. Röm 7,11.13). So wird *unter der Macht der Sünde* die Sinaitora für den Menschen, der ihr ausgesetzt ist, schließlich zum Verhängnis.[366]

---

[361] Gegen SCHRAGE, 1Kor IV, 382 m. Anm. 1912, der hier ausdrücklich eine Minderheitenposition vertritt, wenn er den Tod (τοῦ θανάτου = Gen. subi.) als eine »selbstmächtige Größe« interpretiert, die ihrerseits »die Sünde als Herrschaftsinstrument benutzt und zur Sünde antreibt«. Hier wird (gegen Röm 6,23!) Ursache und Wirkung vertauscht (so schon VON FLATT, 1Kor, 400: Ursache-Wirkung-Metonymie), ohne daß dafür aber (überzeugende) Gründe genannt würden.

[362] GARLAND, 1Kor, 746, spricht von dem »triumvirate of sin, law, and death«, was deren despotischen Machtcharakter treffend zum Ausdruck bringt. Vgl. DUNN, Theology, 129–131.

[363] Die Gründe für die Annahme einer *Glosse* sind nicht stichhaltig (vgl. SCHRAGE, 1Kor IV, 365f.).

[364] STROBEL, 1Kor, 261.

[365] Das κέντρον bezeichnet eigentlich den »Stachelstock des Viehtreibers« (KASSÜHLKE, Wörterbuch, 105, s.v.; vgl. SCHRAGE, 1Kor IV, 380f. m. Anm. 1908) und meint auch hier eine Größe (die Sünde), die eine andere Größe (den Tod) »am Laufen hält«.

[366] Darin liegt die *particula veri*, wenn BARRETT, in: LICHTENBERGER, Gesetz, 377f., sagt: »Das gute Gesetz, der νόμος πνευματικός, der von Gott kam, ist unter die dämonische Macht der Sünde geraten, so daß es zu etwas wurde, was seiner Bestimmung widersprach.« Problematisch ist aber die Spekulation über die angebliche *ursprüngliche*

Diesen tiefen *Ernst* der Sinaitora, die unter der Macht der Sünde *ausschließlich* »Fluch« (κατάρα [Gal 3,10–14]), »Zorn« (ὀργή [Röm 4,15a]), »Aburteilung« (κατάκρισις [2Kor 3,9; vgl. Röm 8,1ff.]) und letztlich »Tod« (θάνατος [vgl. 1Kor 15,56]) »bewirkt« (κατεργάζεσθαι [Röm 4,15a]), hat Paulus allererst im Licht des Christusgeschehens erkannt. *Sein Kampf mit den Nomisten ist im Grunde ein Kampf um den Ernst des Fluch- und Todesurteils der Sinaitora.*[367] Wo die Sünde in der beschriebenen Weise (*durch* die Sinaitora) *aktual* wird, bewirkt sie (*gemäß* der Sinaitora) *Tod* (vgl. Röm 6,23); *dieser* »Zusammenhang von Sünde und Tod ist unauflöslich«[368]. Daher ist *die Sünde* die *unmittelbare* »Triebfeder« des Todes (1Kor 15,56).

Aber *mittelbar* – nämlich unter der Macht der Sünde – führt *auch die Sinaitora* zum Tod; eben darin wird ihr Fluch offenbar. Es muß aber gegen alle Mißverständnisse betont werden, daß diese Verbindung zwischen Tod und Tora nur dort besteht, wo die *Sünde* herrscht. *Sie ist das eigentliche* Problem. Die Sünde (ἁμαρτία) ist (auch sprachlich![369]) das *Bindeglied* zwischen Tod und Tora, *sie bindet Tod und Tora zusammen*, obgleich die Gebote der Sinaitora *ihrem Anspruch nach*[370] auf die Seite des *Lebens* zu

---

»Bestimmung« des νόμος: »Auf diesem Hintergrund wäre dann Röm 10,4 zu lesen: Das Gesetz *in seiner Pervertierung* kam zum Ende durch Christus« (a.a.O., 378 [Hervorhebung E.R.]) – aber gerade *das* sagt Paulus *nicht*! Auch hat die Sinaitora nach Paulus niemals ohne Beeinflussung durch die Sünde existiert (vgl. Röm 5,20; Gal 3,19).

[367] Ganz richtig bemerkt VENETZ, Glaube, 44: »Wenn man Mühe hat, Paulus zu verstehen, hängt das vielfach mit dem Mangel an Ernst zusammen, den man seinen Themen entgegenbringt. Mangelnder Ernst wirkt sich gerade dann besonders nachteilig aus, wenn es um die Mitte des paulinischen Evangeliums geht.« Aber schon 120 Jahre zuvor hatte REITHMAYR, Röm, 373, beklagt, »*[u]nser* schwächliches Zeitalter« sei »von solchem Ernste abgekommen«.

[368] STROBEL, 1Kor, 261f.

[369] Es ist wohl kein Zufall, daß der Begriff *ἁμαρτία* in 1Kor 15,56 *zweimal* vorkommt. Er schafft die *sprachliche und sachliche Verbindung* zwischen den beiden Hälften des Parallelismus membrorum!

[370] Das heißt aber *nicht*, εἰς ζωήν gehe »auf das Ziel, wohin das Gesetz führen *sollte*« (gegen MAIER, Röm, 236; ebenso REITHMAYR, Röm, 339f.; LÉMONON, Gal, 130, u.v.a.), denn die Sinaitora gehört streng und ausschließlich in den Bereich der *Hamartiologie*, nicht der Soteriologie (s.o. S. 146–153); darum darf der νόμος niemals als »Heilmittel« bezeichnet werden (gegen REITHMAYR, Röm, 340)! Richtig ist indes, daß εἰς θάνατον das »*erfahrungsmäßige* Ziel = Erfolg« benennt (mit MAIER, ebd.).

Nur weil HOFIUS, Mensch, 115–118.134f., in der ἐντολὴ ἡ εἰς ζωήν »ausschließlich das Adam gegebene Paradiesgebot Gen 2,16b.17« erblickt (a.a.O., 135), kann er mit Recht sagen: »Das Gebot soll und will das Leben schützen – soll und will Adam das Leben bewahren und erhalten« (ebd.). Dieses »Attribut εἰς ζωήν« kann dagegen »keineswegs auf die Tora vom Sinai übertragen werden« (ebd.; a.a.O., 118), weil die Sinaitora es – im Gegensatz zum Paradiesgebot – »immer schon mit dem von Adam herkommenden und durch ihn bestimmten adamitischen Menschen zu tun hat«, wie er a.a.O., 117, richtig feststellt.

gehören scheinen (vgl. Röm 7,10). *Die Sünde ist aber seit Adam immer schon da und usurpiert als eine ihrerseits »prä-existente« Größe den zeitlich nachfolgenden νόμος*[371]: Sie läßt ihn den Tod hervorrufen, obwohl er *formal*[372] *Leben verheißt* (vgl. Röm 10,5; Gal 3,12 [jeweils als *Drohung*]). *Die ἁμαρτία ist das Gravitationszentrum, um das νόμος und θάνατος kreisen und von dem sie nicht loskommen.*

Darum muß zuerst die ἁμαρτία als die Wurzel allen Übels aus der Welt geschafft werden, damit der Tod besiegt und vernichtet wird (1Kor 15,54b–57).[373] Aber *schon bevor* dies der Fall ist – darauf insistiert Paulus –, wurden die Gläubigen durch bzw. in Christus von der Sinaitora befreit (vgl. Röm 6,14; 7,4.6; 8,2), damit sie die Sünde *schon jetzt* überwinden können; denn solange sie »unter dem Gesetz stehen, kann niemals von Sündenfreiheit die Rede sein«[374]!

5.2.4.6. Röm 7,12: Das wahre Wesen der Sinaitora

Mit V. 12 zieht Paulus ein erstes Fazit: Die Sinaitora ist *an sich*[375] »heilig« (weil sie *gottgegeben* ist) und ihre Einzelgebote sind und bleiben kraft des in ihnen zum Ausdruck kommenden guten Gotteswillens *wesentlich* »heilig, gerecht und gut«[376] – davon rückt der Apostel um keine Haaresbreite ab, und insoweit stimmt er durchaus mit frühjüdischer Theologie überein;[377] aber »im Gegensatz zum zeitgenössischen Judentum meint Paulus hier: Weder der *Mensch*, noch das *Gesetz* haben die Möglichkeit, den Sieg über die Sünde zu erringen (V. 11).«[378] Gegenüber der Macht der ἁμαρτία sind sowohl der Mensch ὑφ' ἁμαρτίαν (auch der *Christ*, insoweit er noch

---

[371] Gegen KÄSEMANN, Röm, 188, der – mit anderen – behauptet, Paulus habe sich einem »Zweig jüdischer Auslegung« angeschlossen, der »Adam urbildlich zum Empfänger der Tora gemacht« hat.

[372] S. dazu oben S. 197, Anm. 370.

[373] *Das freilich ist reine futurisch-eschatologische Zukunftsmusik!*

[374] NYGREN, Röm, 183, mit Verweis auf Röm 5,20; 6,14; 1Kor 15,56. Denn »[d]as Gesetz gehört wie die Sünde zum alten Äon« (ebd.).

[375] Vgl. VON FLATT, Röm, 202.

[376] Auffällig ist, daß Paulus *nur das Einzelverbot* (ἐντολή), *nicht die Sinaitora* (νόμος), »gut« nennt! Darauf weist LANDMESSER, Umstrittener Paulus, 396, Anm. 43, gegen K. Stendahl zu Recht hin.

[377] Da für Paulus aber offenbar die Frage nach der *Funktion* bzw. (v.a.!) *Wirkung* der Sinaitora im Vordergrund steht (denn ihre Herkunft von Gott ist grundsätzlich unbestritten), erklärt sich leicht, warum sich solche *positiven* Bewertungen der Tora vergleichsweise selten im paulinischen Schrifttum finden. Von ihrer *Wirkungsweise* her erscheint ferner plausibel, warum Paulus die Sinaitora gerade *nicht* unter die Vorzüge des Judentums rechnet, von denen er durchaus sprechen kann (vgl. Röm 3,1f. [τὰ λόγια τοῦ θεοῦ, nicht νόμος]; 9,4f. [ἡ νομοθεσία, nicht νόμος – das *ignoriert* THYEN, Alternativen, 287, schlicht und ergreifend!]).

[378] UMBACH, Sünde, 278.

ὑφ' ἁμαρτίαν ist: 7,13–25!) als auch der νόμος schlechterdings ohnmächtig (8,1–11).

Obwohl die Sinaitora ihrem *Wesen* nach also »heilig« ist, weist ihre *Wirkung* sie dennoch unter bestimmten Umständen als *Macht* aus,

»die den Menschen in die Ungerechtigkeit zwingt. Dem Menschen, der das Gesetz nur als Unheil erfährt, muß sich die Frage aufdrängen, ob das Gesetz nicht selbst ἁμαρτία sei (Röm 7,7). Wenn Paulus diese Unterstellung auch entschieden verwirft, *so bleiben dennoch Gesetz und Sünde in ihrer Wirkung für den Menschen zum Verwechseln ähnlich.*«[379]

Doch »*[i]m Unterschied zur Sünde* ist das Gesetz *nur seiner Wirkung* nach Unheilsmacht«![380] Der Frage, *inwiefern* denn auch die Sinaitora als *Unheilsmacht* anzusehen ist, ist der folgende Abschnitt gewidmet.

5.2.5. Der νόμος zwischen Heils-Ohnmacht und Unheils-Macht

Darauf, daß die Sinaitora Paulus zufolge Heil weder bringen *kann* noch *soll*, wurde bereits öfter hingewiesen. Eine andere, schwierigere Frage ist aber, ob sie denn statt des Heils, das sie nicht bringen kann, Unheil bringt, ob also ihre *Heils-Ohnmacht* (Röm 8,3) sie zugleich als *Unheilsmacht* ausweist. Zwar wird zuweilen behauptet, eine solche Frage erübrige sich angesichts von Röm 7,12.14a ohnehin,[381] doch die Rede vom εἶναι ἐν (τῷ) νόμῳ bzw. vom εἶναι ὑπὸ νόμον weist – als *Gegenformulierung* zum εἶναι ἐν Χριστῷ bzw. zum εἶναι ὑπὸ χάριν – den νόμος *mindestens in sprachlicher Hinsicht* als *Konkurrenzgröße* zu Christus aus (vgl. z.B. die Antithese Röm 6,14b).[382] Außerdem spricht Paulus anscheinend *in gleicher Weise* sowohl vom Sein ὑφ' ἁμαρτίαν wie vom ὑπὸ νόμον[383] und sieht darüber hinaus eine überaus enge Verbindung zwischen »Fluch« (κατάρα) und »Sinaitora« (νόμος [Gal 3,10!]). Besonders Röm 7,1–6 bringt den *Machtcharakter* des νόμος zur Sprache und läßt an die Sinaitora als eine »*Unheilsmacht*« denken.[384]

---

[379] VAN DÜLMEN, Theologie des Gesetzes, 169 (Hervorhebung E.R.).

[380] VAN DÜLMEN, ebd. (Hervorhebung E.R.). Das gilt m.E. ganz analog auch im Blick auf das Verhältnis von σάρξ und ἁμαρτία: Die ἁμαρτία ist *wesentlich und funktional* Unheilsmacht, die σάρξ *nur hinsichtlich ihrer Wirkung* (s.o. S. 132, Anm. 27)!

[381] So z.B. STUHLMACHER, in: LICHTENBERGER, Gesetz, 376.

[382] S. dazu Röm 6,14f.; 1Kor 9,20; Gal 3,23.*25* (vgl. *dazu* V. 22; 4,2.3); 4,4f.21; 5,18.

[383] KÜHL, Röm, 230, sieht diese »Wucht des Einwurfes, der aus der Gleichstellung der Befreiung von Gesetz mit der Befreiung von Sünde gezogen zu werden müssen schien« (zu Röm 7,1–7). Dagegen weist ZAHN, Gal, 211, jeden Versuch zurück, »aus dem durch das doppelte ὑπὸ [Gal] 4,3 und 4,5 hergestellten Parallelismus« auf eine »Identität von νόμος und στοιχεῖα« zu schließen, wofür er aber keine stichhaltigen Argumente nennt.

[384] Vgl. VON FLATT, Röm, 201 (zu Röm 7,9): »νομος (ἐντολη), wie ἁμαρτια, wird personificirt.« Grundlegendes auch hierzu hat wiederum A. VAN DÜLMEN herausgearbeitet (vgl. DIES., Theologie des Gesetzes, 168–179 [zum νόμος als »Unheilsmacht«]).

5.2.5.1. Der wesentliche Machtwechsel (Röm 7,1–6)

Ausdrücklich spricht der Apostel in diesem Abschnitt davon, daß der durch Christus von der *Sünde* Befreite (vgl. Röm 6) zugleich auch von der *Sinaitora* (νόμος) »befreit« (7,6), »ihr gestorben« ist (7,4); beides – Befreiung von der Sünde und Befreiung von der Sinaitora – gehört für Paulus offenbar aufs engste zusammen.[385] Das zeigt schon seine These 6,14 (ἁμαρτία ὑμῶν οὐ κυριεύσει· οὐ γάρ ἐστε ὑπὸ νόμον ἀλλὰ ὑπὸ χάριν), die einen entsprechenden Einwand provoziert (V. 15): »Was denn? Sollen wir sündigen, weil wir nicht unter der Sinaitora sind, sondern unter der Gnade?« Auf diesen Einwand antwortet einerseits Röm 6,15–23 (im Blick auf die ἁμαρτία), andererseits Röm 7,1–6 (im Blick auf den νόμος), wie aus der Parallelität der beiden Abschnitte erhellt.[386]

5.2.5.1.1. Die gebundene Frau – die freie Frau (V. 1–3)

Mit einem der Tora-Rechtsprechung selbst entnommenen Beispiel begründet Paulus zunächst die *beschränkte* Gültigkeitsreichweite der Sinaitora: Sie hat nur Rechtsgültigkeit[387] über einen Menschen, *solange dieser lebt* (ἐφ' ὅσον χρόνον ζῇ). Sein Tod *beendet* dieses Verhältnis – so lautet die *Grundthese* (V. 1).

---

[385] Vgl. HAERING, Röm, 69.

[386] S. zum Ganzen auch WILCKENS, Röm II, 63 m. Anm. 238; weiterführend NYGREN, Röm, 196f.). Die wichtigsten Strukturparallelen im einzelnen:

Röm 6,16–23	*Röm 7,1–6*
οὐκ οἴδατε ὅτι ... (V. 16)	ἢ ἀγνοεῖτε, ἀδελφοί, ... ὅτι ... (V. 1)
ὅτε γὰρ δοῦλοι ἦτε τῆς ἁμαρτίας, ἐλεύθεροι ἦτε τῇ δικαιοσύνῃ. (V. 20)	ὅτε γὰρ ἦμεν ἐν τῇ σαρκί, τὰ παθήματα τῶν ἁμαρτιῶν ... ἐνηργεῖτο ...,
τίνα οὖν *καρπὸν* εἴχετε τότε; ἐφ' οἷς νῦν ἐπαισχύνεσθε, τὸ γὰρ τέλος ἐκείνων *θάνατος* (V. 21) νυνὶ δὲ ἐλευθερωθέντες ἀπὸ τῆς ἁμαρτίας δουλωθέντες δὲ τῷ θεῷ ... (V. 22)	εἰς τὸ *καρποφορῆσαι* τῷ *θανάτῳ* (V. 5) νυνὶ δὲ κατηργήθημεν ἀπὸ τοῦ νόμου ..., ὥστε δουλεύειν ἡμᾶς ἐν καινότητι πνεύματος καὶ οὐ παλαιότητι γράμματος. (V. 6)

Dabei fordert *gerade die Parallelität von 6,22a und 7,6a*, d.h. die mit der Befreiung von der *Sünde* (6,22a) nahezu *identifizierte* Befreiung von der *Sinaitora* (7,6a), den nachfolgenden Einwand 7,7a heraus (s. dazu oben S. 186f.).

[387] Man mag hier einerseits KÄSEMANN, Röm, 179, zustimmen, demzufolge κυριεύειν hier »eher juridisch ›rechtgültig sein‹ als herrschen meinen« dürfte, andererseits hat Paulus dieses Wort wohl mit Bedacht als Parallele zum κυριεύειν (6,9) / βασιλεύειν des *Todes* (5,14.17) und zum κυριεύειν (6,14) / βασιλεύειν der *Sünde* (5,21; 6,12) gewählt.

Die Einzelheiten ihrer Erläuterung (γάρ, ἄρα οὖν [V. 2f.]) zeigen, daß Paulus das Verhältnis zwischen Mensch und Sinaitora als eine *Zwangsrelation* bewertet (δέδεται! [V. 2]), die für den der Sinaitora unterstellten Menschen *nur negative Folgen* haben kann, nämlich nicht weniger als ein *Todesurteil*. Denn nach Lev 20,10 (vgl. Dtn 22,22) *muß* μοιχεία mit dem Tod bestraft werden. Es ist vermutlich kein Zufall, daß Paulus gerade dieses drastische Beispiel wählt, ist er doch davon überzeugt, daß die Sinaitora *nur »Fluch«* (κατάρα) über den Sünder ausspricht (vgl. Gal 3,10–14).

Das hier gewählte Beispiel »schillert« indes in eigentümlicher Weise,[388] was jedoch dem Umstand entspricht, daß Paulus zufolge der Tod *auf doppelte Weise* von der Macht der Sinaitora »befreien« kann: Einerseits tut der Tod *des Sünders* der Rechtsforderung der Sinaitora Genüge und entzieht ihn eben damit ihrem Anspruch (wobei diese Möglichkeit *eo ipso* das *Ende* des Sünders bedeutet!), andererseits gilt der Grundsatz, daß die Sinaitora den *Lebenden* gegeben ist und *ihnen* gilt, mithin auf einen *Toten* keinerlei Zugriff hat. Gelänge es also jemandem zu sterben, *ohne daß* dieser Tod zugleich als ein der Sinaitora geschuldeter *Fluchtod* verstanden werden muß, wäre er *auch damit* dem Anspruch der Sinaitora entzogen. Diese eigentlich *unmögliche Möglichkeit* (vgl. Röm 5,12b!) hat Jesus Christus durch seinen *Sühnetod* eröffnet (vgl. Gal 3,13f.). Diese »inkludierende Stellvertretung« bezeichnet nämlich das Wunder, daß der Sünder (als mit Christus Identifizierter) nunmehr *den Tod überlebt* und auf diese Weise dem Anspruch der Sinaitora entzogen wird, *ohne daß* das auch sein *Ende* bedeutet (V. 4a).[389]

5.2.5.1.2. Der gebundene Mensch ὑπὸ νόμον – der befreite Mensch ὑπὸ χάριν (V. 4–6)

Mit V. 4 kommt Paulus zur *Sachhälfte* des Vergleichs (ὥστε, ἀδελφοί μου, καὶ ὑμεῖς κτλ.). Es ist oft beobachtet worden, »daß der Vergleich

---

[388] Vgl. zum Ganzen auch die bedenkenswerte Kommentierung BARDENHEWERS, Röm, 100f.: »Ein wenig glücklich gewähltes Beispiel, wie es scheinen möchte […]. Sobald indessen der Apostel seine Folgerungen zieht (V. 4), wird sich herausstellen, daß der Wahl dieses Beispiels eine besondere Absicht zu Grunde lag. […] Es wird […] aus der Wahrheit V. 1 auf die Freiheit vom Gesetz geschlossen und in Gemäßheit des Beispiels V. 2f. die Hingabe an Christus als der Zweck der Befreiung bezeichnet. Dieser Mahnung, sich Christus hinzugeben, sollte das Beispiel V. 2f. den Weg bereiten. Paulus liebt es ja, im Anschluß an die alttestamentliche Idee von dem Ehebunde Jahves mit Israel, das Verhältnis zwischen Christus und der christlichen Gemeinde einer Ehe zu vergleichen«.

[389] S. dazu ASMUSSEN, Röm, 153f.; BRING, Gal, 93–100, bes. 96. Vgl. ferner GRÄSSER, Abraham, 19: »Im Herrschaftsbereich des Nomos gilt das eherne Gesetz des Tun-Ergehen-Zusammenhangs. Ihm zufolge bemißt sich der Lohn streng nach der Leistung. Und Leistungsparameter ist sehr wohl das Gesetz bzw. die von ihm geforderten ἔργα νόμου. Dagegen ἐν Χριστῷ, im Herrschaftsbereich des Christus also, empfange ich nicht, was meine Taten wert sind, sondern was Christus für mich am Kreuz getan hat.«

wie zumeist bei Paulus hinkt«[390]. Allegorisierung ist aber vermutlich keine Lösung[391], denn es ist trotzdem reichlich klar, was Paulus *in der Sache* zu bedenken gibt: »Das tertium comparationis liegt allein darin, daß Sterben sonst lebenslang gültige Bindungen aufhebt.«[392] Durch sein Sterben – und zwar sein Sterben *mit Christus* (V. 4aβ, vgl. 6,4–6[393]) – wird ein Mensch dem Einfluß der Sinaitora entzogen; sie verliert ihren Rechtsanspruch auf ihn. Damit ist die todbringende Beziehung zwischen dem Menschen und der Sinaitora *aufgehoben*, damit er – wie V.4b festhält – von nun an »einem anderen gehört, [nämlich] dem von den Toten Auferweckten« (εἰς τὸ γενέσθαι ὑμᾶς ἑτέρῳ, τῷ ἐκ νεκρῶν ἐγερθέντι). Hier findet ein *Machtwechsel* statt, wodurch zunächst nachgewiesen ist, daß es sich *auch beim νόμος* um eine »Macht« handelt.

Sodann gehört das ὑπὸ νόμον-Sein eindeutig zum *alten* Menschen (vgl. Röm 6,6f.; 7,5; Gal 2,19–21 u.ö.). Diesem *streng entgegengesetzt* ist der Mensch ἐν Χριστῷ,[394] und es ist, wie A. NYGREN betont,

»ein *Hauptgedanke* bei Paulus, daß der Christ nicht mehr unter dem Gesetz steht, sondern vielmehr durch Christus ›frei vom Gesetz‹ ist. Man kann nicht unter dem Gesetz bleiben, ohne überhaupt in der alten Knechtschaft zu verbleiben. *Wer unter dem Gesetz steht, steht auch unter der Sünde. Deshalb können wir niemals auf dem Gesetzesweg gerecht werden. Soll etwas aus der Rechtfertigung werden, dann müssen wir das Wort von der Freiheit des Christen vom Gesetz ganz ernst nehmen.* [...] Das Wort von der Gesetzesfreiheit des Christen ist ein notwendiges Wort, das unter keinen Umständen verdunkelt werden darf.«[395]

Der Mensch ἐν Χριστῷ steht *nicht mehr unter der Sinaitora, sondern unter der Gnade*, wie Paulus in Röm 6,14 explizit sagt. Auch im Blick auf sich selber sagt er: »Ich bin *nicht* ὑπὸ νόμον!« (1Kor 9,20bβ), sondern ich bin ἔννομος Χριστοῦ (1Kor 9,21aβ).

Dabei ist allerdings ein Umstand zu beachten, der für das Folgende von großer Bedeutung ist und auf den wiederum A. NYGREN hingewiesen hat:

»*Für Paulus kann nicht davon die Rede sein, daß das Gesetz stirbt.* [...] Das Gesetz besteht noch immer und stellt seine Ansprüche an den Menschen, ganz unabhängig davon,

---

[390] KÄSEMANN, Röm, 179.
[391] So entschieden KÄSEMANN, Röm, 179; NYGREN, Röm, 198–200.
[392] KÄSEMANN, Röm, 179. NYGREN, Röm, 198: »Was Paulus hier sagen will, ist nur eins, nämlich gerade das, was in V. 1 ausgesprochen wird: *Der Tod hebt die Herrschaft des Gesetzes auf.* Das ist der einzige Gedanke, auf den es für Paulus hier ankommt.«
[393] Auf die vielfältigen formalen und sachlichen Parallelen zwischen Röm 6 und Röm 7 macht zu Recht z.B. NYGREN, Röm, 194–201, aufmerksam.
[394] Vgl. HENGEL, Stellung, 33: »An die Stelle des Seins in oder unter dem Gesetz tritt das Sein ἐν Χριστῷ, nur unter dieser Voraussetzung kann man vom νόμος τοῦ πνεύματος καὶ τῆς ζωῆς ἐν Χριστῷ sprechen, dem ›Gesetz Christi‹, das sich von der tötenden Sinaitora grundlegend unterscheidet (Röm 8,2; Gal 6,2; 1. Kor 9,21).«
[395] NYGREN, Röm, 196 (Hervorhebungen E.R.).

ob er diese Ansprüche anerkennt oder nicht. Dadurch daß man die Forderungen des Gesetzes beiseite schiebt, wird man nicht frei von seiner Macht. *Das Gesetz stirbt nicht.* Hier gibt es nur einen Weg zur Befreiung. *Nur dadurch, daß der Christ mit Christus gestorben ist, ist er nun wirklich und rechtlich außerhalb des Geltungsbereiches des Gesetzes gestellt.*«[396]

Man darf daher unter keinen Umständen von einer grundsätzlichen, quasi objektiv und universal gültigen »chronologischen Limitierung des Gesetzes« (meist unter Berufung auf Gal 3,19) sprechen, denn bei Paulus ist an dieser Stelle gerade »keine weltgeschichtliche Epochengliederung anvisiert, sondern der Tatbestand berücksichtigt [...], daß in Christus die alternativlose Zwangsgewalt des Gesetzes gebrochen ist«[397]. Gerade weil das *nur »in Christus«* gilt, behält die Sinaitora *objektiv* vorläufig eine relative Mächtigkeit, die *in besonderer Weise* gerade einen Christen bedrohen kann. Von dieser Erfahrung zeugt besonders der Galaterbrief.

5.2.5.2. Der mißverstandene νόμος als »Abgott«[398] (Gal 4,1–11)

Daß gerade im Galaterbrief die schärfsten Aussagen über den νόμος zu lesen sind, ist kein Zufall, *denn für Paulus wiegt nichts schwerer als der (bewußte) Abfall von Christus* (vgl. Gal 5,1–4).[399] Just in dieser Gefahr aber sieht er die Galater (vgl. Gal 1,6–9; 3,1–5; 4,8–11.17–20; 5,7–12). Ihnen, die »unter der Sinaitora sein möchten« (οἱ ὑπὸ νόμον θέλοντες εἶναι [Gal 4,21]), macht Paulus klar: Wer sich freiwillig der Sinaitora als Herrin unterstellt, *nachdem* er durch Christus aus ihrer Gefangenschaft befreit worden ist (vgl. Gal 3,25; 5,1), erweist sich selbst als »Übertreter« (παραβάτης [Gal 2,18]), verneint die Gnade Gottes (vgl. Gal 2,21), ja ist »aus der Gnade gefallen« (Gal 5,4). Denn ein derart irregeführter Mensch unterstellt sich fremden, dämonischen Mächten (vgl. zum Ganzen 1Kor 8,4f.)!

Das erhellt deutlich aus *Gal 4,1–11*.[400] Wir haben bereits gesehen, daß Paulus hier nicht weniger sagt, als »daß vom Standpunkt des Evangeliums aus eben *kein Unterschied besteht zwischen heidnischer Götzenverehrung, jüdischer Gesetzesfrömmigkeit und jenem anderen Evangelium*«[401], vor dem er Gal 1,9f. ausdrücklich gewarnt hat. In aller Schärfe vollzieht Pau-

---

[396] NYGREN, a.a.O., 199f. (Hervorhebungen E.R.).
[397] KLEIN, Sturmzentrum, 45 (beide Zitate), in Auseinandersetzung mit H. Räisänen.
[398] BRING, Gal, 139.
[399] Hier zeigen sich gewisse Verbindungslinien zu anderen Schriften des Neuen Testaments. So hält es etwa der Hebräerbrief für »unmöglich« (ἀδύνατον), diejenigen, die bereits erleuchtet wurden, *nach ihrem Abfall* zu erneuter Buße zu führen (Hebr 6,4–8; vgl. 10,26–31). – Demgegenüber kann das genuin *jüdische* Mißverständnis bzw. Unverständnis der Sinaitora in heilsgeschichtlichem Rahmen geradezu als gottgewollt dargestellt werden (vgl. 2Kor 3,15f.; Röm 11,25–36; *anders* 2Kor 4,3f.).
[400] S. dazu bereits oben S. 115–118.
[401] LÜHRMANN, Gal, 71 (Hervorhebung E.R.); vgl. VAUGHAN, Gal, 78f.

lus die »Gleichsetzung von jüdischem Gesetzes- und heidnischem Götzendienst«.[402] Entscheidend ist in diesem Zusammenhang allerdings eine minutiöse *Differenzierung*. So muß man etwa J. WALTER zwar darin zustimmen, daß »der Fluch zum Wesen des *Gesetzesstandes*« gehört[403], aber man muß ihm ebenso entschieden widersprechen, wenn er schreibt: »Zum Wesen des *Gesetzes* gehört der Fluch.«[404]

Inwiefern nun für Paulus die Sinaitora tatsächlich eine *dämonische Unheilsmacht* sein – besser: *werden!* – kann, zeigt die sorgfältige und überaus lehrreiche Auslegung R. BRINGs, der nichts hinzuzufügen ist:

»Nicht das Gesetz an sich gehört nach Meinung des Paulus zu den Mächten dieser Welt, sondern die Gesetzesgerechtigkeit. [...] Sie ist von einer Seite gesehen die Verkehrung des Gesetzes und kann so als etwas rein Subjektives aufgefaßt werden. Aber gleichzeitig vertritt sie für Paulus eine objektive Größe. Eine nach seiner Ansicht falsche Religion wird von Mächten repräsentiert, die als falsche Götter herrschen. Gerade deshalb ist seine Gesetzesanschauung [...] schwer verständlich, weil das Gesetz, das an sich Träger des göttlichen Willens ist, gleichzeitig bei falscher Anwendung eine Macht der Wirklichkeit repräsentieren kann, von der Christus befreien muß. Bei einer falschen Einstellung zum Gesetz dient man Mächten, die im Widerspruch zu Gott stehen und seine Wahrheit ver-

---

[402] LÜHRMANN, ebd.; vgl. BRING, Gal, 169 u.ö. – Daß Paulus damit den jüdischen Gesetzesdienst als Götzendienst »diffamiert« (so LÜHRMANN, a.a.O., 73), ist eine ihrerseits unangebrachte *Wertung* der paulinischen Absage an ein *weisheitliches* (Miß-)Verständnis der Sinaitora (vgl. dazu a.a.O., 72f.). Mit dieser paulinischen Absage an die sog. »Weisheit« wäre m.E. vielmehr eine *Kritik der zuweilen allzu selbstverständlichen Rede von einer sog. »Schöpfungsordnung«* zu verbinden (für die Röm 1 *kein* Beleg ist), da ja »Weisheit und Schöpfungsglaube [...] seit jeher« zusammengehören (WEBER, »Gesetz«, 341); vor einer diesbezüglichen Sorglosigkeit sollte jedenfalls Gal 4,3–10 Warnung genug sein (vgl. auch VAN KOOTEN, Cosmic Christology, 59–79.205–207)! *Aber man müßte wohl noch einen Schritt weitergehen und die Schöpfungslehre insgesamt einer konsequent christologischen relecture unterwerfen, zumal für Paulus nicht die Sinaitora, sondern Christus der Schöpfungsmittler ist* (1Kor 8,6; vgl. dagegen die rabbinische Anschauung: dazu WEBER, a.a.O., 44f.). Im Gegenteil: Paulus entlarvt gerade die »Einsicht in das innere Strukturprinzip des Kosmos qua Logos« (WEBER, a.a.O., 329), diese (behauptete) γνῶσις, als bloße »Weltweisheit« (ἡ σοφία τοῦ κόσμου), ja als die *eigentliche* μωρία! Auch *insofern* also ist das »Wort vom Kreuz« »den Juden ein Ärgernis und den Griechen eine Torheit« (vgl. zum Ganzen 1Kor 1,18–2,16; zur beliebten, aber äußerst *problematischen* Gleichsetzung von *Christus* und »Weisheit« [so z.B. DUNN, Theology, 266–293] s. die kritischen Hinweise bei CEGLAREK, Rede, 429f., Anm. 2263; zurückhaltend auch FATEHI, Relation, 326–330). – Äußerst *positiv* wurde die sog. »Schöpfungsordnung« hingegen etwa von *Philon* bewertet, der dafür den Ausdruck νόμος (!) φύσεως verwendet (s. zum Ganzen WEBER, a.a.O., 78–114). Bei Philon erscheint die Sinaitora als »getreuliches Abbild des Weltgesetzes, sie ist εἰκών der Kosmosverfassung« (a.a.O., 106); das aber bedeutet, daß der »Sinaigesetzgebung [...] nur ein *abgeleiteter, sekundärer* Charakter« zukommt: »Ihr ist die Schöpfungsordnung *vorgeordnet*« (a.a.O., 110 [Hervorhebungen E.R.]).
[403] Gal, 81 (Hervorhebung E.R.).
[404] Ebd. (Hervorhebung E.R.).

5. Unpersönliche Mächte als Konkurrenzgrößen zu Christus

leugnen. Diese Mächte kann man dann als Götter bezeichnen und doch erklären, daß sie ihrem Wesen nach keine Götter sind. [...] Sie sind gleichzeitig Nichtigkeiten, falsche Vorstellungen und objektive Mächte, die den Menschen faktisch in Knechtschaft halten.«[405]

Wie nun die Sinaitora zu einer solchen widergöttlich-dämonischen Macht werden kann, zeigt BRING an anderer Stelle:

»Man kann ja meinen, daß die Juden das Gesetz als metaphysisches Prinzip, das vor der Schöpfung vorhanden ist und ewig bestehen soll, sehr hoch eingestuft haben. Für Paulus muß das jedoch bedeuten, daß das Gesetz der größten Entehrung preisgegeben wird, da sie es nicht in der göttlichen Bestimmung belassen [...]. Sie machen es zu einem Abgott [...]. Es steht so neben Gott und nicht unter ihm. Den einen Gott gibt es dann nicht mehr. Vom Standpunkt der Juden ist das eine Aufwertung und von dem des Paulus eine Entehrung.«[406] Denn das »Gesetz bekommt für Paulus nicht seinen wahren, von Gott gegebenen Platz dadurch, daß es als Grund der Gerechtigkeit aufgefaßt und zu ewiger Gültigkeit erhoben wird – damit würde die Verheißung vernichtet und Gottes Wort und die autoritativen Aussagen der Schrift aufgehoben – sondern dadurch, daß es als ein Glied im Heilshandeln Gottes angesehen wird. Es gehört grundsätzlich in die Zeit, die zwischen Verheißung und ihrer Erfüllung liegt.«[407]

Diese *befristete* Geltung der Sinaitora mißachten die Galater, wenn sie »wieder« (πάλιν) in einen – durch Christus! – längst *überwundenen* Status zurückkehren wollen. Genau damit aber *mißbrauchen* sie die Sinaitora, die eben *nur* εἰς Χριστόν bestimmt war. Damit wiederum mißachten sie Gottes *eigene* Setzung und erschaffen sich aus dem *Geschöpf* Gottes – der Sinaitora – einen neuen »Gott«, dem sie nun »von neuem dienen wollen« (Gal 4,9; vgl. Röm 1,21–23.25!).[408] Auffällig ist in diesem Zusammenhang die Rede von den στοιχεῖα τοῦ κόσμου, über die viel spekuliert wurde, und die hier auch auf die judaistische Interpretation der Sinaitora Anwendung findet (Gal 4,9f.). Könnte es sein, daß Paulus damit auf jüdische Spekulationen über eine sog. »Toraontologie«[409] abzielt? Eine solche ist für ihn jedenfalls eine Unmöglichkeit, denn *die Sinaitora gehört für Paulus als zeitlich befristete (nicht-ewige) Größe ganz in den alten, sündigen Äon;*

---

[405] Gal, 177. Vgl. zum Ganzen a.a.O., 136–142.143–157.166–175.176–182.
[406] Gal, 139.
[407] BRING, ebd.
[408] Eine Gegenüberstellung von *Gal 4,8f.* und *Röm 1,21–23.25* zeigt frappierende Parallelen. Beide Stellen sprechen davon, daß die *Gotteserkenntnis* (*γνόντες θεόν*, μᾶλλον δὲ γνωσθέντες ὑπὸ θεοῦ [Gal 4,9a] / τὸ γνωστὸν τοῦ θεοῦ φανερόν ἐστιν ἐν αὐτοῖς bzw. γνόντες τὸν θεόν [Röm 1,19a.21aα]) *verkehrt* wird (πῶς ἐπιστρέφετε πάλιν ἐπὶ τὰ ἀσθενῆ καὶ πτωχὰ στοιχεῖα [Gal 4,9bα] / τὸν θεὸν οὐχ ὡς θεὸν ἐδόξασαν ἢ ηὐχαρίστησαν bzw. μετήλλαξαν τὴν ἀλήθειαν τοῦ θεοῦ ἐν τῷ ψεύδει [Röm 1,21aβ.25a; vgl. V. 23!]), was automatisch zum *Götzendienst* führt (... οἷς πάλιν ἄνωθεν δουλεύειν θέλετε [Gal 4,9bβ; vgl. V. 8!] / καὶ ἐσεβάσθησαν καὶ ἐλάτρευσαν τῇ κτίσει παρὰ τὸν κτίσαντα [Röm 1,25b u.ö.]).
[409] Vgl. dazu HENGEL, Judentum, bes. 307–318.455f.

sie ist ja von Gott gerade *in diesen Sünde-Tod-Zusammenhang hinein* promulgiert worden (Röm 5,20; Gal 3,19)!

Mit dieser Beobachtung läßt sich übrigens ein weiteres vermeintliches Problem des paulinischen Tora-Verständnisses lösen. Bisweilen wird behauptet, die Sinaitora habe ihrer *ursprünglichen* Intention gemäß sehr wohl Heil bringen sollen, sei aber – warum auch immer – nicht zu diesem Ziel durchgedrungen.[410] Quasi als Ersatzlösung sei dann Christus auf den (revidierten) Plan getreten, um das Scheitern der Sinaitora auszugleichen.

Zu einer solchen, Christus degradierenden und darüber hinaus auch hinsichtlich des Gottesbildes[411] schwerwiegende Fragen aufwerfenden Sicht kann man allerdings *nur* gelangen, wenn man tatsächlich von einer *Präexistenz* der Sinaitora ausgeht. Denn dann muß man annehmen, daß das unvorhergesehene Auftreten der Sünde der ursprünglich heilvollen Absicht der Sinaitora einen Strich durch die Rechnung gemacht habe, was Gott dann zu einer Planänderung bewogen habe. Solche Spekulationen lassen sich aber leicht widerlegen: 1) Nicht die Sinaitora, sondern *Christus* ist präexistent (1Kor 8,6) und ewig (Röm 9,5b). 2) Die Sinaitora ist ja »außerdem noch hinzugekommen« (Röm 5,20; Gal 3,17.19), d.h. bewußt in den *schon bestehenden* Sünde-Tod-Zusammenhang hinein promulgiert worden.[412] 3) Die Sinaitora *konnte und sollte* deshalb niemals Heil schaffen (Gal 3,21f.); ja, »it is *contrary to the nature of law* to give life«[413]! 4) Vielmehr war das Heil von allem Anfang an ausschließlich mit dem Kommen Christi in der »Fülle der Zeit« verbunden (Gal 4,4f.).[414]

Weil nun die Sinaitora eine *rein zeitliche*, d.h. *vorläufige* Größe ist, kann es im Ernst eine Tora-Ontologie nicht geben. Vielmehr ist – wenn man so will – von einer *Gottes- oder Christus-Ontologie* zu sprechen, denn ἐξ αὐτοῦ und εἰς αὐτόν (Gott) und δι' αὐτοῦ (Christus) ist alles geschaffen (1Kor 8,6; vgl. 1Kor 15,28). Das, was *in Wahrheit* die Welt im Innersten zusammenhält (τὰ στοιχεῖα τοῦ κόσμου!), ist *nicht* die Sinaitora (das ist – bestenfalls – ein weisheitliches Mißverständnis), sondern *Christus*. Dementsprechend besteht (*subsistit*) auch die neue Schöpfung *in ihm* (vgl. 2Kor 5,17).[415] Darum kann die metaphysische Tora-Spekulation mit ihrer Hypostasierung der Sinaitora und Präexistenz-Behauptung tatsächlich nur als *Abgötterei bzw. Götzendienst* bewertet werden. *Gerade solche Falschzuschreibungen machen die Sinaitora für den, der sich ihr auf Gedeih und Verderb anvertraut, zu einer dämonisch-widergöttlichen, todbringenden Verderbensmacht, was wiederum nur unter relational-ontologi-*

---

[410] So z.B. BARRETT, in: LICHTENBERGER, Gesetz, 377f.; ähnlich LÉMONON, Gal, 130.

[411] Vgl. dazu den *wichtigen* Hinweis von GUTHRIE, Gal, 106: "The conviction of the essential consistency of God's character may be said to be a sheet-anchor of the apostle's theological position. If a man's conception of law creates a contradiction with promise, Paul can only conclude that that particular view of law must be wrong."

[412] Zur Übersetzung von παρεισέρχεσθαι s. HOFIUS, Adam-Christus-Antithese, 96–98.

[413] GUTHRIE, Gal, 106 (Hervorhebung E.R.).

[414] Das betont etwas überraschend auch THYEN, Alternativen, 288.

[415] Darum ist die Schöpfung auch *keine prästabilierte Harmonie*, sondern eine *dynamische Relation*!

schen Vorzeichen verstehbar ist, da diese (!) Wirkung der Sinaitora allererst durch eine pervertierte Beziehung zu ihr zustande kommt.

5.2.6. »*Evangelium und Gesetz*«[416] *in ihrer relational-ontologischen Ambivalenz (Zusammenfassung)*

Grundsätzlich hält Paulus daran fest, daß *sowohl das Evangelium* (εὐαγγέλιον) *als auch die Sinaitora* (νόμος) von ihrer *Herkunft* und damit von ihrem *Wesen* her grundsätzlich *gut* sind; denn das eine ist ebenso wie das andere – *qualitativ* gesehen – Wort *Gottes.*[417] Und doch werden beide zutiefst *unterschiedlich* beurteilt, was ihre *Wirkung* angeht. *Der Hauptunterschied zwischen* εὐαγγέλιον *und* νόμος *liegt darin, daß nur das Evangelium – im Gegensatz zur Sinaitora – lebendig zu machen* (ζῳοποιεῖν) *vermag (vgl. Gal 3,21; Phil 3,10).*[418] O. HOFIUS bemerkt zutreffend:

»Genau dieser Unterschied wird in 2Kor 3,7–11 benannt, wenn Paulus betont, daß im Gesetz wie im Evangelium die göttliche δόξα präsent ist – dies jedoch dergestalt, daß die δόξα sich im Gesetz als eine richtende und tötende, im Evangelium als eine rettende und lebendigmachende erweist.«[419]

Beide Worte Gottes sind also kraft der ihnen innewohnenden göttlichen δόξα je als *verbum efficax* zu beurteilen – *das* macht den tiefen *Ernst* sowohl des Gesetzes wie auch des Evangeliums aus.

---

[416] Für Paulus ist *diese* Reihenfolge *entscheidend*, denn ihm zufolge ist das Evangelium Gottes *erstes* – und darum auch *letztes* – Wort (vgl. ECKSTEIN, Verheißung, 256 [s.o. S. 152 m. Anm. 132]); das Gesetz ist »hinzugekommen« (Röm 5,20; Gal 3,19) und *kann* Gottes erstes Wort nicht aufheben (Gal 3,21). Im übrigen ist zuzugeben, daß »the apostle never directly contrasts law and *gospel*, but he does frequently set law in opposition to grace, faith, and promise; and he similarly juxtaposes works of the law and faith as mutually exclusive ways of seeking God's righteousness« (MOO, Legalism, 74). Vgl. BAYER, Luthers Theologie, 53, Anm. 22 (unter Berufung auf HOFIUS, Gesetz und Evangelium, *passim*): »Die scharfe Opposition von ›Gesetz und Evangelium‹ ist dem Wortlaut nach zwar nicht biblisch, wohl aber der Sache nach berechtigt, wie 2Kor 3,6 bekundet.«

[417] Freilich *unterscheidet* Paulus zwischen dem *direkten* Reden Gottes im Evangelium und der *indirekten*, durch Engel vermittelten Gabe der Tora am Sinai (Gal 3,19). Das besagt aber *nicht*, daß die Tora etwa weniger gottgegeben wäre als das Evangelium, und es ist darum auch nicht so, daß das Gesetz im Licht des Evangeliums »als ein durch das Evangelium ins Unrecht gesetztes und falsifiziertes Wort« erkannt wird; vielmehr *bleibt* es »das heilige und gerechte Wort, das den Feind Gottes zu Recht unter das göttliche Verdammungsurteil stellt« (HOFIUS, Wort, 160). – Mit seiner Sicht der unterschiedlichen Redeweisen Gottes liegt Paulus auf einer Linie mit dem Eingang des Hebräerbriefes (1,1f.), der das *vielstimmige* Reden Gottes »zu den Vätern« »*durch* die Propheten« (V. 1) vom *eindeutigen, endgültigen* Reden Gottes »zu uns« »*im* Sohn« abhebt (V. 2a).

[418] Die ζωή ist im Sinne der ζωὴ αἰώνιος gemeint (vgl. Röm 2,7; 5,21; 6,22f.; Gal 6,8) und umfaßt die *leibliche Auferstehung als Heilsereignis* (vgl. z.B. Röm 4,17; 8,11; 1Kor 15,22; Phil 3,10f.).

[419] Wort, 160.

In diesen Zusammenhang gehört denn auch die Beobachtung, daß der νόμος als *ontisch wirksame Macht* verstanden werden kann, freilich als ontisch *negativ* wirkende Macht. Insofern nun das Evangelium *ebenfalls* eine »seinsgründende und also *ontische* Macht« ist[420] – allerdings eine *positiv* wirkende Macht –, können diese beiden Größen in der Tat als *Konkurrenzgrößen* bestimmt werden. In dieser Hinsicht wird ihr Verhältnis von Paulus als *gegensätzliches* beschrieben.

Doch wie ist der Sachverhalt zu *erklären*, daß die beiden Größen *bei gleicher wesensmäßiger Dignität hinsichtlich ihrer Wirkung* so *gegensätzlich* zu bewerten sind[421]? Hier hilft m.E. erneut nur eine relational-ontologische Betrachtungsweise des Problems wirklich weiter. Zunächst einmal ist zu beachten, daß sowohl der νόμος als auch das εὐαγγέλιον unter ganz spezifischen Bedingungen agieren (müssen), nämlich *in einer von der Sünde okkupierten Welt und gegenüber Menschen, die von der Sünde versklavt sind* (d.h. gegenüber Sündern [ἁμαρτωλοί] bzw. Gottlosen [ἀσεβεῖς] und Gottfeinden [ἐχθροί]). Diese dem νόμος (aber auch dem εὐαγγέλιον) *vorgegebenen* Rahmenbedingungen bestimmen seine *Wirkung* insofern maßgeblich, als *er* sich gegenüber der Sündenmacht (und dem ihr verfallenen Sünder) *nicht* durchsetzen *kann* (Röm 8,3). Der νόμος ist vielmehr *so* »schwach«, daß er von der Sünde sogar zur Kollaboration gezwungen werden kann. Entschieden *anderes* weiß Paulus vom *Evangelium* zu sagen, und zwar *nur* von ihm![422] Die Sinaitora trifft immer auf den Sünder und vermag bei diesem *absolut nichts* Positives zu bewirken; anders das Evangelium: Auch dieses trifft zwar auf den Sünder, doch es ist als Gottes *ureigenes* Wort[423] eben die »Kraft Gottes zum Heil« (δύναμις θεοῦ εἰς σωτηρίαν παντὶ τῷ πιστεύοντι [Röm 1,16]). Das *Evangelium* wird darum zu Recht *ἀποκάλυψις* von Gottes δικαιοσύνη genannt (Röm

---

[420] STUHLMACHER, Erwägungen, 33 (Hervorhebung E.R.). Das Evangelium ist eine »universal gültige Gottesmacht (Röm. 1,16f.), schicksalhaft zwingend (1. Kor. 9,16) und neues Sein [...] gewährend« (ebd.), und als solches eine *positiv* wirkende Macht – *im Gegensatz zum νόμος*!

[421] Vgl. zu dieser Beobachtung noch einmal HOFIUS, Wort, 159, demzufolge – unter Hinweis auf Gal 3,19f. – das Gesetz »ebenso wie das Evangelium ein von Gott gegebenes, ein von ihm ›aufgerichtetes‹ Wort ist«. Er fährt fort (a.a.O., 159f.): »Den fundamentalen Unterschied zwischen den beiden Worten sieht Paulus darin, daß Auftrag, Funktion und Wirkung hier und dort völlig verschieden sind. Das Gesetz ist das Wort, das die Feindschaft des Menschen gegen Gott aufdeckt, den Menschen als einen Gottlosen entlarvt und ihm das Todesurteil spricht. Das Evangelium ist das Wort, das die den Feinden gewährte Versöhnung kundgibt, dem Gottlosen die Gemeinschaft mit dem ihn rechtfertigenden Gott eröffnet und ihm den Freispruch zum Leben bringt.«

[422] Vgl. GUTHRIE, Gal, 104: "The law had no power to check transgressions, which could be achieved only by the gospel."

[423] Zur Begründung s. HOFIUS, Wort Gottes, 148–150: »Wie die angesprochenen Texte zur Genüge zeigen, ist das Evangelium im strengen Sinne *Gottes eigenes Wort*. Es ist deshalb keineswegs einfach mit der apostolischen Predigt identisch [...]« (a.a.O., 150).

1,17).⁴²⁴ Allerdings ist auch das Evangelium »nicht immer Geist«, wie J. CALVIN in seiner Auslegung zu 2Kor 3,6 zu Recht festgehalten hat.⁴²⁵ Nach Paulus ist die Wirkung des νόμος auf den Sünder *immer negativ* (2Kor 3,7); die Wirkung des εὐαγγέλιον dagegen ist in der Tat »rezipientenbezogen« und insofern *ambivalent*, wie 2Kor 2,14–17 (V. 16) zeigt.⁴²⁶

Eine solche Sicht mag freilich ein gewisses Unbehagen wecken. Denn wäre es dann nicht so, daß nun *der Rezipient* »zum entscheidenden Faktor würde für die Bedeutung des Gesetzes«⁴²⁷ – und ebenso des Evangeliums? Und wäre das nicht eine »äußerst gefährliche Theologie«⁴²⁸? Aber diese Sicht *ist* nun einmal die paulinische; und in der Tat ist sein relational-ontologisches Denken weit davon entfernt, irgendwie harmlos zu sein.

5.3. Der Tod (θάνατος) als Konkurrenzgröße zu Christus

Mit R. BULTMANN kann als paulinische *Grundüberzeugung* festgehalten werden, »daß der Tod dem Leben als dem eigentlichen *Wesen* Gottes [...] entgegengesetzt ist«.⁴²⁹ Daraus ist bereits *hinlänglich* bewiesen, daß zwi-

---

⁴²⁴ Vgl. HOFIUS, Wort Gottes, 150: »Dabei hat das Wort ἀποκαλύπτειν jenen Doppelsinn, der im Deutschen einmal dem Wort ›mitteilen‹ eigen war, – nämlich: ›jemanden etwas wissen lassen‹ und ›jemandem etwas zukommen lassen‹. Der Satz Röm 1,17a besagt somit, daß Gott im Evangelium sein Heil *kundgibt* und daß er es durch das Evangelium *zueignet*.« Diese »Mitteilung« ereignet sich *im Evangelium, nicht* in dem, »der gläubig wird« (*gegen* NEUGEBAUER, In Christus, 184 m. Anm. 16)!

⁴²⁵ CO 50, 40f. (Übers. E.R.): »Denn auch das Evangelium ist nicht immer Geist. [...] Allein *sein* [sc. Gottes] Werk ist es nämlich, die Seelen wirksam zu lehren. [...] Das Wort Gottes verursacht Tod, wenn es mit dem Munde bloß bekannt gemacht wird; da erst ist es lebenschaffend, wo es mit dem Herzen empfangen wird« (*... nam et evangelium non semper est spiritus. ... Eius* [sc. Dei; E.R.] *enim solius opus est, efficaciter docere animos. ... Verbum Dei, si ore tantum proferatur, mortis esse causam: tunc demum esse vivificum, ubi corde suscipitur*). Vgl. dazu REHFELD, Leitlinien, 34f. m. Anm. 33.

⁴²⁶ Vgl. COLLANGE, Énigmes, 34f.

⁴²⁷ LICHTENBERGER, in: LICHTENBERGER, Gesetz, 375. In der Diskussion über Röm 7f., näherhin über den νόμος τῆς ἁμαρτίας von Röm 8,2 im Unterschied (?) zum νόμος τοῦ θεοῦ von Röm 7,22, sieht LICHTENBERGER, ebd., *zwei* Möglichkeiten, das terminologische Problem von Röm 7,22f.; 8,2 zu lösen: »[...] entweder indem man hier [sc. Röm 8,2; E.R.] Gesetz im Sinne von ›Regelmäßigkeit‹ versteht, wofür es Belege, z.B. bei Josephus, gibt. Die andere Lösungsmöglichkeit wäre die, daß man das Gesetz in seine Aspekte zerlegt, je nach Wirkung auf das Ego – zum Heil oder zum Tod.« Über die zweite Möglichkeit urteilt er: »Damit wäre aber eine *äußerst gefährliche Theologie* impliziert, *da nun das Ego zum entscheidenden Faktor würde für die Bedeutung des Gesetzes*. Paulus aber denkt grundsätzlicher vom Gesetz und nicht von der Anthropologie her. Daher ist νόμος in Röm 7,8 nicht durchweg im Sinne der Tora zu verstehen, sondern die erste Antwortmöglichkeit ist für die richtige Lösung des Problems zu halten« (ebd. [Hervorhebungen E.R.]).

⁴²⁸ So LICHTENBERGER, ebd. (s.o. Anm. 427).

⁴²⁹ Art. θάνατος, 14 (Hervorhebung E.R.).

schen θάνατος[430] und Christus nur ein *prinzipielles* Konkurrenzverhältnis bestehen kann.

5.3.1. Das Unwesen des Todes

Der Tod ist – darin der ἁμαρτία eng verwandt, aber vom νόμος unterschieden! – *wesentlich* böse. Mit dem Tod kann es daher keinen Kompromiß gegeben; er ist der »Feind« schlechthin (1Kor 15,26), und zwar *gleichermaßen* der Feind Gottes *und* des Menschen, was schon daraus erhellt, daß er der Verbündete der ἁμαρτία ist[431].

Sodann ist zu beachten, daß der Begriff »Tod« *zweierlei* umfaßt, worauf schon F.W.C. UMBREIT hingewiesen hat:

»In dem Begriffe des θάνατος dürfen wir die leibliche und geistige Seite nicht trennen. Eben weil der Tod Folge der Sünde ist, muß er nothwendig die Summe des innern Elends, die geistige Unseligkeit des Menschen in sich fassen, aber nimmermehr darf die physische Bedeutung desselben ausgeschlossen bleiben, da ja im Vorhergehenden von dem ewigen Leben, welches wir durch die Aussöhnung mit Gott gewinnen, die Rede ist.«[432]

Der θάνατος ist ebensowenig wie die ζωή auf ein bloßes »Existenzial« o.ä. zu reduzieren, sondern er ist *ganzheitlich erfahrbare, schmerzhaft zu erleidende Wirklichkeit* (vgl. 1Thess 4,13). Von der ζωή sagt Paulus ausdrücklich, daß sie *auch* den Leib umfaßt, erwartet er doch die Auferstehung als eine *somatische* (vgl. 1Kor 15,44),[433] und *genauso* betrifft auch der Tod den *ganzen Menschen*. Der θάνατος, der *durch die Sünde in die Schöpfung eindrang* (Röm 5,12), ist *zugleich* Ausdruck der Gottferne des Menschen (seiner *incurvatio in seipsum*) *und* seines physischen Sterbens.

Es ist folglich verfehlt, wenn R. BULTMANN meint, daß nach Paulus »die adamitische Menschheit von vornherein als dem Tode unterworfen geschaffen worden« sei, wie er aus 1Kor 15,44–49 schließen zu können glaubt.[434] Natürlich setzt Paulus hier dem *irdischen Adam* als einer ψυχὴ ζῶσα den *himmlischen Christus* als das πνεῦμα ζῳοποιοῦν entgegen (V. 45.47), aber das bedeutet *nicht*, daß Paulus »von der bloßen Sterblichkeit,

---

[430] S. Röm 1,32; 5,12(2x).14.17a.21a; 6,9.16.21.23; 7,5.10.13(2x); 8,2.6.38; 1Kor 3,22; 15,21.26.54.55(2x). 56; 2Kor 1,9.10; 2,16(2x); 3,7; 7,10; vgl. Röm 5,15; 7,10 (ἀποθνῄσκειν). Nicht *unmittelbar* hierher gehört der Hinweis auf den Tod Jesu: Röm 5,10; 6,3.4.5; 1Kor 11,26; Phil 2,8(2x); 3,10; vgl. den ganzen Zusammenhang Röm 6,1–11. Ausschließlich vom *physischen* Tod schließlich ist 2Kor 4,11.12; 11,23; Phil 1,20; 2,27.30, die Rede. Es fällt übrigens auf, daß von den drei Größen »Sünde«, »Sinaitora« und »Tod« Paulus vom letzteren am wenigsten häufig spricht.

[431] S. dazu bes. unten S. 213–220.

[432] Röm, 53. Vgl. LÉGASSE, Röm, 362 (zu Röm 5,12, mit Verweis auf Röm 5,21).

[433] Vgl. dazu auch das oben zum Begriff σάρξ Gesagte (s.o. S. 135–142); s. ferner unten S. 352f.

[434] Art. θάνατος, 15.

die noch nicht den Charakter des θάνατος hat, den eigentlichen θάνατος unterscheidet.«[435] Er spricht ja nicht zufällig vom »ersten Menschen« (ὁ πρῶτος ἄνθρωπος) als einer ψυχὴ ζῶσα – *nicht* einer ψυχὴ θνητά.

Von einem θνητὸν σῶμα (Röm 6,12; 8,11; vgl. auch 7,24!) bzw. einer θνητὰ σάρξ (2Kor 4,11!) spricht Paulus vielmehr *allererst* im Blick auf den *postlapsarischen* Menschen – und zwar *unabhängig* davon, ob es sich um einen Christen oder Nichtchristen handelt, denn sterben müssen *alle*, die von Adam herkommen. Der Tod ist mithin Teil der postlapsarischen *conditio humana* (vgl. 1Kor 15,49![436]), auch wenn dieser Tod dann angesichts des Christusgeschehens für Christen und Nichtchristen *sehr Unterschiedliches* bedeutet.[437]

Daß Paulus den von Gott geschaffenen Adam (*nur ihn*: V. 47![438]) *in Übereinstimmung mit der Schrift*[439] als ψυχὴ ζῶσα bezeichnet, *obwohl* er um dessen späteres Todesverhängnis weiß (Röm 5,12), deutet darauf hin, daß er die *Lebendigkeit* Adams ganz im Sinne der oben gegebenen Erklärung von Gen^{LXX} 2,7 verstanden hat,[440] nämlich *nicht als substanzhafte Eigenschaft*, sondern als ihm von seinem Schöpfer *gewährte* und insofern von der intakten Relation zu ihm *abhängige*, weil *in ihm* verbürgte ζωή (vgl. in *diesem* Zusammenhang auch Röm 1,18ff., bes. V. 20f.!). Demgegenüber ist der »letzte Mensch« (ὁ ἔσχατος – nicht: δεύτερος! – ἄνθρωπος) *nicht* auf das ihm *extra se* zukommende Leben angewiesen (er kann es folglich auch nicht verlieren), trägt er doch dieses Leben *in sich selbst* (Röm 8,10f.; 1Kor 15,45b) bzw. *ist* er doch das Leben (vgl. Gal 2,20; Phil 1,21a)![441] Man muß also durchaus sagen, daß der »erste Mensch« kraft seiner *irdischen* Geschöpflichkeit sein Leben *verlieren konnte* – dem *posse peccare* entspricht ganz konsequent ein *posse moriri* (vgl. Röm 6,23a!) –,[442] aber man darf mitnichten davon sprechen, daß der

---

[435] *Gegen* BULTMANN, Art. θάνατος, 15. In der Tat ist gerade *das* »nirgends ausgesprochen« (ebd.)!

[436] S. dazu unten S. 352–355.

[437] S. dazu unten S. 356–363.

[438] *Auch hier* spricht Paulus *zunächst* von Adam als historischer Person (V. 47), während *erst V. 48f.* dessen Bedeutung für seine Nachkommen thematisch wird (vgl. Röm 5,12ab.14b [s.o. S. 182f.!]).

[439] Es ist nicht zu unterschätzen, daß Paulus hier Gen 2,7^{LXX} *expressis verbis* und *zustimmend* zitiert!

[440] S.o. S. 79f.

[441] Das gilt jedenfalls in *soteriologischer* Hinsicht! Christologisch (*innertrinitarisch*) wiederum ist zu sagen, daß Jesus selbst sein Leben *vom Vater* empfängt (in der Auferstehung = Auferweckung [Röm 8,10f.!]) und nun *für ihn* lebt (Röm 6,10), was aber nicht subordinatianisch gemeint ist.

[442] Vgl. BISPING, Röm, 178 (alle Zitate): »wo Sünde, da Tod, und wo Tod, da Sünde.« Er begründet: »Durch die Sünde verlor nämlich der Mensch das göttliche πνεῦμα, welches das eigentliche wahre Leben des menschlichen Geistes bildet. Die erste Folge der

Mensch *von Anfang an* dem Tod »unterworfen« oder in diesem Sinne sterblich geschaffen war (eben höchstens *potentialiter!*), denn so wahr der Einbruch der *Sünde* in die Schöpfung »den unerhörten und schlechterdings unbegreiflichen Zwischenfall darstellt«[443], so wahr muß auch der ja erst durch die Sünde verschuldete Einbruch des *Todes* in die Schöpfung (Röm 5,12!) als unerhörter Zwischenfall gelten.

Aus den genannten Gründen kann der Tod für Paulus niemals eine Größe sein, die irgendwie doch noch positiv zu würdigen wäre, auch nicht im Sinne einer wie auch immer gearteten »Naturnotwendigkeit«![444] Der Tod ist vielmehr eine Größe, aus deren Herrschaft die Menschen *befreit* werden müssen (2Kor 1,10),[445] eine Größe, die *beseitigt und vernichtet* werden muß (1Kor 15,26.54–56) – denn der Tod ist sowohl widergöttlich als auch un-menschlich und *nicht* schöpfungsgemäß.

5.3.2. Der Machtcharakter des Todes

Mit der letzten Bemerkung ist im Grunde bereits der *Machtcharakter* des θάνατος erwiesen. Auch nach Röm 8,38 gehört der Tod zu den gottfeindlichen Mächten (ἀρχαί), die aber durch die Liebe Gottes besiegt werden. Der Tod ist also »Unheilsmacht«, und zugleich ist er personifizierter

---

Sünde war also der Tod der Seele. Dieser Seelentod zog aber ganz naturgemäß den Leibestod nach sich.« Er fährt fort: »Denn das, was wir gewöhnlich Sterben nennen, ist nur die letzte Entwickelung des Todeskeimes, den der Mensch von Geburt an in sich trägt, das völlige Auseinanderfallen seiner geistigen und leiblichen Natur.«

[443] Formulierung bei HOFIUS, Mensch, 117.

[444] Mit Recht hat R. JUNKER beklagt, daß »Autoren, die sich um eine Verhältnisbestimmung ›Evolution und biblischer Glaube‹ bemühen«, »überraschend selten nach eventuellen dogmatischen Konsequenzen aus der Akzeptanz der Evolutionslehre« fragen (Leben, 90 u.ö.), und es ist ihm sehr zu danken, *daß* er letzteres tut. Im Blick auf die »Bewertung von Krankheit, Leid und Tod« hält er fest (a.a.O., 159): »Wie die Sünde ist der Tod mit seinen Begleitphänomenen evolutionstheoretisch gesehen eine notwendige Begleiterscheinung des Werdens. Da der Tod eine unverzichtbare Voraussetzung für eine Höherentwicklung und Entfaltung des Lebens darstellt, wird der Tod in diesem Denkrahmen als positiver, kreativer Faktor der Evolution gewertet.« Das lasse sich jedoch nicht vereinbaren mit der biblischen Sicht, wonach »Leid und Tod als solche [...] Verkehrungen und (Zer-)störungen der Schöpfung und daher prinzipiell negativ zu werten« seien (ebd.). JUNKER urteilt darum wie folgt: »In konsequenten wie in gemäßigten evolutionstheoretischen Entwürfen wird der Tod mit seinen Begleiterscheinungen gleichermaßen verharmlost« (ebd.). Wie auch immer man hier urteilen mag (und ob die Lösungen, die JUNKER, a.a.O., *passim*, anbietet, überzeugen, ist eine Frage für sich) – jedenfalls nimmt *Paulus* das Leid *als Leid* und den Tod *als das, was er ist: Beziehungsabbruch,* ernst! Auch hier gilt Luthers 21. Heidelberger These: *Theologus crucis dicit id quod res est* – und *er leidet mit* (vgl. 1Kor 12,26a; Phil 2,1 u.ö.). (Das unterscheidet ihn vom enthusiastischen Fundamentalisten, aber auch vom weltabgewandten Schreibtischtheologen.)

[445] Vgl. auch MORALES, Spirit, 78–131, der den Abschnitt Gal 3,1–4,7 treffend überschreibt: »From Death to Life, From Slavery to Sonship«.

»Herrscher«[446]. Er ist der ἔσχατος ἐχθρός, der »letzte Feind« (1Kor 15,26), was sowohl zeitlich wie sachlich gemeint sein dürfte: Er wird nicht nur als zeitlich *letzter* von allen antichristlichen Mächten beseitigt (vgl. auch V. 24), sondern er ist auch der Erzfeind des Menschen schlechthin, der heimliche Kommandant – der *primus inter pares* – des verhängnisvollen Triumvirats von »Sünde«, »Sinaitora« und »Tod«. Er herrscht ja, noch *bevor* die Sünde dem Sünder durch die Sinaitora *objektiv präsentiert* ist (Röm 5,13f.) – also auch völlig unabhängig von subjektiver Sündeneinsicht o.ä.! –,[447] und die Sünde *zielt* auf ihn, ist quasi sein Handlanger, da sie *ihm* »Frucht bringt« (Röm 6,21).[448]

Das Un-Wesen des Todes wird besonders deutlich in seiner unlöslichen Verbindung mit der ἁμαρτία, in dieser – um eine Formulierung H.-J. VENETZ' aufzunehmen – »schicksalhafte[n] Verkrampfung von Sünde und Tod«, die »nichts, aber auch gar nichts [...] auflösen kann – außer Jesus Christus«.[449] Der Tod ist »das Fazit der Sünde« als des »gottlosen Drang[s] in die Verhältnislosigkeit, in die Beziehungslosigkeit«; er trägt als letzte Konsequenz der Sünde »die versteinerten Züge der Sünde«.[450]

5.3.3. Der objektive Sünde-Tod-Zusammenhang nach Röm 6,23

Der Tod wird auch und vor allem deswegen *durchweg negativ* beurteilt, weil er – wie Paulus Röm 5,12.21; 6,16.21.23a schreibt – *die der Sünde unmittelbar inhärente Folge* ist (vgl. auch Röm 8,6; 2Kor 7,10). Der Begriff θάνατος schließt den physischen Tod mit ein, erschöpft sich aber nicht in ihm (auch nicht Röm 5,12[451]), sondern umfaßt auch das, was Paulus andernorts den ὄλεθρος bzw. die ὀργή, also die eschatologische Vernichtung der Gottfeinde am »(Gerichts-)Tag des Herrn« (ἡμέρα κυρίου), nennt (vgl. 1Thess 5,2f.9), dem die ζωὴ (αἰώνιος) bzw. die umfassende

---

[446] Vgl. BISPING, Röm, 181 (zu Röm 5,14): »In dem ἐβασίλευσε wird der Tod als gewaltiger Herrscher personificirt.« Vgl. auch den oben (S. 127) gegebenen Hinweis, daß Paulus den Tod auch 1Kor 15,55 *personifiziert* (bzw. die Personifizierung des Zitates *mitträgt*), wie die zweimalige Verwendung des Vokativs zeigt: ποῦ σου, *θάνατε*, τὸ νῖκος; ποῦ σου, *θάνατε*, τὸ κέντρον;

[447] Zur Übersetzung von ἐλλογεῖν (»auf die Rechnung setzen«) s. HOFIUS, Adam-Christus-Antithese, 92–94. Paulus spricht hier also von der »*objektiven* Überführung des Sünders« (a.a.O., 94)!

[448] Daß gerade der *Tod* (nicht etwa die Sünde o.ä.) der Hauptwidersacher des Auferstandenen in den ostkirchlichen Osterdarstellungen ist, ist so gesehen kein Zufall (s. auch oben S. 133, Anm 37).

[449] Glaube, 47.

[450] VENETZ, ebd. (beide Zitate; mit Verweis auf JÜNGEL, Tod, 98–101).

[451] Gegen MEYER, Röm, 318 (zu Röm 7,9), der in Röm 5,12 lediglich die Aussage findet, »dem *physischen* Tod« sei »jeder durch *Adam's* Sünde verfallen«. Unklar bleibt jedoch das *Verhältnis* von ›physischem‹, ›geistlichem‹ und ›ewigem‹ Tod (a.a.O., 319).

σωτηρία der Christus-Gläubigen bei der »Parusie« Christi (ἡ παρουσία τοῦ κυρίου) gegenübergestellt wird (vgl. 1Thess 4,13–18; 5,9f.; ferner 1Kor 15!).

Dem richtigen Verständnis von Röm 6,23a steht bisweilen jedoch ein *juridisch-moralisches Mißverständnis* im Wege, als ob der Tod *insofern* der »Lohn der Sünde« sei, als *Gott* (!) ihn – quasi als negative »Belohnung« – zahle, denn – so wird häufig argumentiert – *Gott könne die Sünde nicht ungestraft und ungesühnt lassen.*[452] Unter der Hand wird so aus der *intrinsischen Konsequenz der Sünde selbst*, eben dem »*Lohn der Sünde (!)*« (τὰ ὀψώνια *τῆς ἁμαρτίας*), eine »*Strafe Gottes (!) für die Sünde*«.

Besonders pointiert wurde diese Interpretation in neuerer Zeit von H.-W. NEUDORFER in seinen »Anmerkungen zur neueren Tübinger Paulusforschung« (1995) vertreten. Er deutet Röm 6,23a folgendermaßen: »Immerhin nennt Paulus Röm 6,23 den Tod ›der Sünde Sold‹, *also wohl doch* die Konsequenz, und zwar als negative Konsequenz die ›*Strafe*‹ für die Sünde.«[453] Allein, die Identifizierung von »Konsequenz« (*der Sünde!*) und »Strafe« (*Gottes!*) ist keineswegs zwingend, sondern eine *gravierende Fehlinterpretation* aufgrund einer *petitio principii*,[454] wie gleich zu zeigen ist. Die *weitreichende – und wie ich meine: verhängnisvolle – Wirkungsgeschichte* dieser Interpretation verlangt hier nach einer Stellungnahme, zumal sie im Zusammenhang mit einer Grundsatzdebatte über O. Hofius' »*Sühne*«*-Verständnis* erfolgte,[455] dem diese Arbeit ja weitgehend folgt.

Die *Hauptfrage*, die diese Interpretation aufwirft, ist *diejenige nach dem (aktiven, ggf. ausschließlichen) Handeln Gottes*, und zwar in Gericht wie

---

[452] Vgl. z.B. NEUDORFER, Paulusforschung, 70–76, bes. 73f. Voraussetzung dieser schiefen Auslegung ist natürlich die Behauptung, daß aus der (ursprünglich) *einseitigen* Feindschaft des Menschen gegen Gott eine *gegenseitige* Feindschaft geworden sei, weshalb etwa 2Kor 5,18f. »beide Seiten Objekte der Versöhnung« seien (so z.B. GÄCKLE, Sühne, 101f. [Zitat: 102], im Anschluß an MICHEL, Röm, 183 [dort unter Berufung auf Röm 11,28 – wie vor ihm schon MEYER, 2Kor, 159 –; vgl. aber a.a.O., 357, Anm. 12!]; RIDDERBOS, Paulus, 133f.; GÜNTHER, Art. Versöhnung, 1639 [*sehr* dezidiert!]; vgl. ferner BRYANT, 2Kor, 92–97). GÄCKLE, a.a.O., 102, Anm. 40, meint ferner, eine *Wechselseitigkeit* des Feindschaftsverhältnisses zwischen Mensch und Gott »ließe sich auch für Eph 2,14–16 behaupten« (sic!), bleibt aber den *Beweis* dafür schuldig.

[453] Paulusforschung, 74 (Hervorhebungen E.R.). Man beachte das *interpretative* »*also wohl doch...*«! Die nachfolgend im Fließtext genannten Seitenzahlen beziehen sich sämtlich auf diesen Aufsatz.

[454] Das gilt ebenso für GÜNTHER, Art. Versöhnung, 1639, wenn er zu den Röm 5,6.8. 10 genannten Charakterisierungen der gottlosen Menschen als ἀσθενεῖς, ἁμαρτωλοί und – besonders – ἐχθροί interpretierend *hinzufügt*: »nämlich von Gott her gesehen«. Das steht da gerade *nicht*! Ebenso steht da *nicht*, daß Gott »uns Menschen und sich selbst in der V[ersöhnung] ernstgenommen« habe (ebd.), indem er die gegen ihn gerichtete Sünde einer *Strafe* zugeführt habe.

[455] S. NEUDORFER, a.a.O., bes. 70–76.

Gnade. Es fällt auf, daß Neudorfer – im Vergleich zu Hofius – die Aktivität Gottes *im Gerichtshandeln* zulasten einer gewissen »Eigendynamik« der Sünde *stärker* betont, dagegen die Aktivität Gottes *in seinem Heilshandeln* (!) zugunsten der Aktivität des Menschen *minimiert*. Das läßt sich schon daran ablesen, daß Neudorfer *zum einen* behauptet, es treffe »nicht zu, daß Gottes ›Zorn‹ durchgehend verobjektiviert als sein ›Zorngericht‹ verstanden werden muß oder auch nur kann« (74), und *zum anderen* ebenso entschieden betont, es treffe einerseits »nicht zu, daß Gott am Kreuz allein handelt« (ebd.), und andererseits sei »Jesu Tod am Kreuz« zwar »der Vollzug der *Sühne*, aber doch wohl nicht der Vollzug der *Versöhnung*, denn diese bedarf der Zustimmung, der Annahme durch den Menschen, der sie sich (wie Stuhlmacher sagte) ›gefallen lassen muß‹« (ebd.).

Nur anmerkungsweise sei darauf hingewiesen, daß sich daraus insgesamt ein *eigenartiges Gottesbild und Gnadenverständnis* ergibt. So wird O. Hofius mehrfach ausdrücklich *vorgeworfen*, er lasse »dem Menschen das Heil in Christus sozusagen übergestülpt [!] sein, d.h. [!] von seiner starken Akzentuierung der Gotteslehre im Vergleich zur Anthropologie fällt alles Gewicht auf den allein wirkenden, erwählenden, rettenden Gott« (67; vgl. 75!).

Man fragt sich *erstens*, was daran eigentlich *schlimm* sein soll, wenn *Gott allein* wirkt, erwählt, rettet (der – immerhin ja *verlorene!* – Mensch werde so zur »Marionette« [75], das Heil werde ihm »übergestülpt« [67.75]!). Man kann sich wohl wahrlich Widrigeres vorstellen, als die »Marionette« des *sich in seiner Liebe für uns selbst dahingebenden Gottes* zu sein bzw. *das Heil (!)* »übergestülpt« zu bekommen! – Man fragt sich *zweitens*, ob Neudorfer das *pondus peccati*[456] bzw. die (objektive) Gottferne und Verlorenheit des gottlosen Menschen ernst genug nimmt. Denn einerseits hebt er zwar ausdrücklich »positiv« hervor, »daß Hofius die *Sünde* als ein [!] Wesensmerkmal menschlicher Existenz ansieht und nicht nur als etwas am Menschen«, und deshalb sei auch die »Sühne mehr als ›nur‹ ein Abladen von Schuld« (73). Andererseits ist in dieser Formulierung aber schon der unbestimmte Artikel vor »Wesensmerkmal« verräterisch, ebenso wie die Auskunft, in Hofius' Verständnis werde der Mensch als Gottes »ausdrücklich und absichtlich als Gegenüber geschaffenes Geschöpf nun auf einmal doch wie eine Marionette [!] behandelt« (74f.). Hier wird überhaupt nicht gesehen, daß die »Schöpfungsgeschichte«, auf die ausdrücklich rekurriert wird (74), nicht einfach ungebrochen auf die Situation des *gefallenen* Menschen (Neudorfer spricht bezeichnenderweise nur vom »geschaffene[n] Geschöpf«!) übertragen werden kann.[457] Hier wird aber zugunsten einer *allgemeinen* Anthropologie und Gotteslehre (vgl. 67: statt »Gotteslehre« müßte dort *Christologie* stehen!), sowie einer damit verbundenen *ungebrochenen Schöpfungslehre* die *Hamartiologie sträflich vernachlässigt*, und es ist wohl kein Zufall, daß Neudorfer zufolge die von ihm vertretene »evangelikale« (62) bzw. »pietistische« (67) Sicht der Dinge »der Bultmannschen Theologie vom Ansatz her verwandt« sei (67)!

Überhaupt kann man sich mancherorts des Eindrucks nicht erwehren, hier werde bewußt eine bestimmte theologische *Tradition* vor und damit über die Schrift gestellt, etwa wenn – freilich mit einigem Recht – davor gewarnt wird, »das sensible, auch [!] in der

---

[456] Vgl. ANSELM VON CANTERBURY, *Cur Deus homo* 1,21.
[457] Gen 1f. beschreibt *nicht* die *gegenwärtig* erfahrbare Wirklichkeit (vgl. BLUM, Urgeschichte, 439)!

Bibel selbst vorsichtig austarierte Gleichgewicht von Gotteslehre und Anthropologie nicht zu stören« (67). Man stellt sich die Frage, *wo denn sonst noch* (»auch in der Bibel«!) dieses »Gleichgewicht« in *verbindlicher* Gestalt zu finden sein soll (in der sog. »Wirklichkeit« oder »Erfahrung«?). Ist nicht die *Schrift* die einzige *norma normans* evangelischer Theologie?

Allein, die *Gründe*, die Neudorfer für seine Sicht anführt, sind allesamt nicht überzeugend: 1) Was das *Verständnis der ὀργὴ θεοῦ* anlangt, so können weder »der atl. Hintergrund« (der nicht näher erläutert wird[458]) noch auch der Hinweis auf den sog. »lexikalische[n] Befund« genügen, denn erstens kann eine *traditionsgeschichtliche* Argumentation für das Verständnis eines neutestamentlichen Textes niemals *ausschlaggebend* sein[459] (insofern ist auch Neudorfers Auskunft, die »Hofiussche Sühnetheologie« stehe und falle »mit der Richtigkeit von H. Geses Verständnis der Sühne im AT« [73], *hermeneutisch* falsch, wie sie ohnehin *sachlich*[460] nicht zutrifft!), und zweitens ist die Tatsache, daß »in dem großen englischen Lexikon von Liddell/Scott [...] die verobjektivierte Bedeutung ›Zorngericht‹ überhaupt nicht« vorkommt (74), natürlich kein tragfähiges Argument, da Wörterbücher (und Grammatiken) immer auch Ausdruck der *Interpretation* bzw. des »Sprachgefühls« ihrer Herausgeber sind. 2) Problematisch ist ferner die Verhältnisbestimmung von Sühne und Versöhnung. Neudorfer reißt beides auseinander[461] und interpretiert insbesondere 2Kor 5,19 in überaus problematischer Weise, wenn er sich der zwar verbreiteten, aber nichtsdestoweniger falschen Sicht anschließt, es handle sich bei ἦν ... καταλλάσσων um eine *coniugatio periphrastica*, die – das ist der *eigentliche* Fehler – »eine noch nicht abgeschlossene Handlung« be-

---

[458] Vgl. schon BAUMGARTEN-CRUSIUS, Röm, 42: ὀργὴ θεοῦ sei »selbst nach dem Sprachgebrauche des alten Testamentes nicht eigentlich *Zorn* [...], sondern *Strafgericht*: so viel als δικαιοκρισία 2,5.«

[459] Man denke nur an Hebr 10,1.4! Was dort gesagt ist, läßt sich *auf formaler Ebene* kaum mit atl. Stellen wie Ex^{LXX} 30,10; Lev^{LXX} 16,30 u.ö. in Einklang bringen, und es ist darum kein Zufall, daß manche neutestamentliche Aussagen »als ernstes Hindernis im jüdisch-christlichen Dialog gesehen« werden können (so BACKHAUS, Bund, 24, im Blick auf die sog. »Bundestheologie« des Hebräerbriefes). Vgl. dazu auch oben S. 49.

[460] Es stimmt natürlich, daß HOFIUS auf die einschlägigen Arbeiten von H. Gese und B. Janowski Bezug nimmt (s. HOFIUS, Sühne, 39–43 m. Anm. 21), aber er sieht hierin – zu Recht – *lediglich* eine *Stütze* und *Sprachhilfe* für das aus den Paulusbriefen *selbst* sich ergebende Sühne-Verständnis (s. a.a.O., 39.44.48f.!). Überhaupt kann das *paulinische* Sühne-Verständnis ja nicht von dem jeweiligen Stand der alttestamentlichen Exegese abhängig sein!

[461] Neudorfers eigenes Sühne-Verständnis läuft auf einen *ordo salutis* hinaus, wobei die früheren Stufen als unabdingbare »Voraussetzung« für die jeweils nächste Stufe gelten: 1. Sühne; 2. Rechtfertigung; 3. Versöhnung (75). Sehr nachdenklich stimmt, daß die Aktivität *Gottes* von Stufe zu Stufe zugunsten der *menschlichen* Aktivität zurückgedrängt wird, was Gott lediglich dann zu seinem Ziel kommen läßt, wenn der Mensch sich ihm nicht verwehrt!

zeichne, weshalb zu übersetzen sei: »Er [sc. Gott; E.R.] war dabei, die Welt mit sich zu versöhnen« (76). Nun hat allerdings O. HOFIUS dieses Verständnis in mehreren Beiträgen in sachkundiger Weise auch *philologisch* widerlegt.[462] Auch Neudorfers Behauptung, es treffe *nicht* zu, »daß Gott am Kreuz allein handelt« (74), steht angesichts der beigebrachten Schein-Argumente auf tönernen Füßen: Natürlich ist es systematisch-theologisch recht gesprochen, wenn gesagt wird, »in dem Gekreuzigten, dem *vere deus vere homo*, ist [...] Gottheit und Menschheit zugleich gegenwärtig« (ebd.) – aber damit ist ja noch nicht entschieden, wer *handelt*! Vielmehr fällt auf, daß Paulus im Kontext der Versöhnungs-Aussagen gerade die *göttliche* Herkunft Jesu hervorhebt (Röm 5,10; 2Kor 5,19), womit das Versöhnungsgeschehen betont als *Aktion Gottes* herausgestellt wird (vgl. 2Kor 5,18: τὰ δὲ πάντα ἐκ τοῦ θεοῦ!), während der *Mensch mere passive* in den Blick kommt.[463] Und daß Neudorfer im Ernst behauptet, das Kreuzesgeschehen sei insofern geradezu *synergistisch* zu verstehen (die Menschen »wirkten [...] am Kreuzestod Jesu mit« [ebd.]), als *die Menschen* Jesus »ans Kreuz gebracht haben« (ebd.), bedarf wohl keines Kommentars.[464] Mit solcher »Argumentation« soll natürlich die Widerlegung der für Hofius' Sühne-Verständnis *wesentlichen* Einsicht erreicht werden, »daß Gott die Feindschaft der Menschen gegen ihn einseitig aufhebt« (ebd.). Zwar räumt Neudorfer ein, daß Paulus den Begriff »Feindschaft« »für Gottes Haltung den Menschen gegenüber [...] nicht benutzt« (was richtig ist und zu denken geben sollte!), behauptet aber unter Berufung auf F. BÜCHSEL[465] zugleich, daß der Apostel »in Röm 1,18–25 ›deutlich vom Zorn Gottes als gegenwärtiger, offenbarer Wirklichkeit‹ spricht« (76). Abgesehen davon, daß Röm 1,18 von der ὀργή – wie überall bei Paulus – als einer *futurisch*-eschatologischen Größe spricht,[466] ist die hier implizierte

---

[462] S. DENS., Imperfekt, *passim*; DENS., Gott, *passim*. S. dazu auch unten S. 241–254.

[463] Paulus formuliert Röm 5,10 nicht zufällig: ... κατηλλάγημεν τῷ θεῷ διὰ τοῦ θανάτου τοῦ υἱοῦ αὐτοῦ! Jesus wird hier gerade *nicht* als *Mensch* beschrieben, der dem zürnenden Gott ein sündloses Opfer bringt, sondern – systematisch-theologisch gesprochen – als die zweite Person der Trinität. Und in gleicher Weise wird 2Kor 5,19 die *Wesenseinsheit* Jesu mit *Gott* hervorgehoben: θεὸς ἦν ἐν Χριστῷ. Unbeschadet der Zweinaturenlehre wird im Versöhnungsgeschehen eben die *Aktion Gottes* herausgestellt; der *Mensch* kommt *mere passive* in den Blick.

[464] Das Neue Testament verdichtet diese Frage im »Judas-Problem«: Es wäre zwar »besser gewesen«, Judas wäre nie geboren; aber gleichwohl entspricht es dem *göttlichen* (!) δεῖ, daß er Jesus »verraten« hat (vgl. Mt 26,21–25 [V. 24] *parr.*)! – Krasser Synergismus ist bei Neudorfer auch in diesem Satz erkennbar: »Diese Neuschaffung der Gemeinschaft zwischen Gott und Mensch nennen wir *Versöhnung*, und allein an ihr ist der Mensch beteiligt, ja sie ereignet sich nicht ohne des Menschen Zustimmung« (75). Das *Gegenteil* besagt 2Kor 5,17f.!

[465] S. seinen Art. καταλλάσσω, *passim* (das folgende Zitat im Zitat: a.a.O., 258).

[466] Nachweis bei ECKSTEIN, Gottes Zorn, *passim*.

Identifizierung von ὀργή und »Feindschaft«, die auf eine *Aushöhlung von Röm 5,9f.* hinausläuft, exegetisch und theologisch völlig inakzeptabel. Auch hier wieder steht ein *subjektiv-emotionales* Mißverständnis der ὀργὴ θεοῦ Pate. Denn Neudorfer macht 3) nicht wirklich Ernst mit der richtigen Erkenntnis, daß erstens »*Gottes Gerechtigkeit* nicht als ›Strafgerechtigkeit‹ im Sinne unseres Rechtsdenkens verstanden werden darf« (73f.), und daß es zweitens »*Gottes Heiligkeit*« ist, die »die Vernichtung des Sünders unumgänglich macht«, weil »Heiligkeit [...] nicht etwas ›an Gott‹« ist, sondern sein *Wesen* ausmacht (74). Aber gerade aus dem daraus resultierenden *objektiven* »Getrenntsein von allem Sündigen« (ebd.) darf man nicht einfach eine subjektive Emotion (ὀργή) machen und Gott zum *persönlich* zürnenden und strafenden Gott erklären, wie das Neudorfer tut (74 u.ö.).

Gerade Röm 6,23 darf überhaupt nicht so verstanden werden, als bewirke *Gott* den Tod des Sünders, denn der Zahlmeister des Todes-ὀψώνιον ist nach Paulus die Sünde selbst! Sie *selber* »zielt« ja – *intrinsisch!* – auf den Tod (V. 21b); und sie *selber* »tötet« den Sünder (Röm 7,11: Subjekt ist die ἁμαρτία!). Der Genitiv τῆς ἁμαρτίας (Röm 6,23a) ist darum als *Genitivus subiectivus stricto sensu* aufzufassen,[467] was sich im übrigen auch der antithetisch-parallelen Struktur von V. 23a // V. 23b entnehmen läßt.[468] Es handelt sich bei den ὀψώνια τῆς ἁμαρτίας mithin um den »Lohn«, den *die Sünde selber* zahlt (vgl. auch Gal 6,8a!)[469]; *Gott* hat mit dieser Lohnzahlung *gar nichts* zu tun – im Gegenteil: *causa efficiens* des Todes ist ausschließlich die Sünde![470]

Der vielzitierte Satz τὰ γὰρ ὀψώνια τῆς ἁμαρτίας θάνατος (Röm 6,23a) ist daher am besten so zu umschreiben: »*Alles, was die Sünde (!) als Lohn auszahlen kann und wird, ist ausschließlich Tod.*« Damit benennt Paulus den *objektiven* Zusammenhang zwischen Sünde und Tod (vgl. Gen^LXX 2,17b!),[471] und seine Worte sind darum nicht zuerst als Warnung oder gar als Drohung zu hören.[472] Es geht ihm hier zunächst um den Auf-

---

[467] Vgl. KÜHL, Röm, 221.

[468] V. 23a   δέ   V. 23b
τὰ ὀψώνια   τὸ χάρισμα
τῆς ἁμαρτίας *(gen. subi.)*   τοῦ θεοῦ *(gen. subi.)*
θάνατος   ζωὴ αἰώνιος   ἐν Χριστῷ κτλ.

[469] Vgl. BISPING, Röm, 203; REITHMAYR, Röm, 308; HEIDLAND, Art. ὀψώνιον, 592.

[470] Von Röm 7,13bβ her (ἵνα γένηται καθ᾽ ὑπερβολὴν ἁμαρτωλὸς ἡ ἁμαρτία διὰ τῆς ἐντολῆς) müßte man sogar sagen: *Die Sünde selbst ist zugleich causa materialis, formalis, efficiens und finalis ihrer selbst und des Todes.* In dieser ihrer totalen Selbstreferentialität erweist sie sich als völlige *incurvatio in seipsum*; ihr *entspricht* darum der Tod, der ja den totalen *Beziehungsabbruch* bezeichnet und eben damit *Existenznichtung* bedeutet, was im Rahmen relationaler Ontologie selbstevident ist.

[471] S. dazu auch oben S. 195 u.ö.

[472] Diesen Charakter kann dieser Satz erst erhalten, wenn er – wie dies leider oft geschieht – aus dem Zusammenhang gerissen wird. Aber freilich kann der Tod *sekundär* (!)

weis der *Faktizität* der unaufhebbaren Verbindung von Sünde und Tod im Sinne eines objektiven Automatismus bzw. im Sinne der Notwendigkeit der Folge: Der Tod ist nicht eine unter mehreren Ergebnis-Möglichkeiten der Sünde, sondern *die eine und einzige und schlechthin notwendige Folge der Sünde.* Darum wählt Paulus auch den *determinierten Plural* τὰ ὀψώνια, d.h. »alles, was als Lohn in Frage kommt«, »der Lohn schlechthin«.[473] Dieser »Lohn« ist niemals Gegenstand von Tarifverhandlungen; er ist *nicht* verhandelbar. Vielmehr handelt es sich dabei um den *ein für allemal festgesetzten* »Lohn« (V. 23), *das unausweichliche Ergebnis* (τέλος) der *Sünde* (V. 21).[474] Das aber kann Paulus wiederum erst im Lichte des Christusgeschehens erkannt haben, das den *Sündenbetrug* (Röm 7,11) allererst aufdeckt. Zu Recht hebt H.W. HEIDLAND in seiner trefflichen Auslegung den *scharfen Kontrast* in Röm 6,23a hervor:

»In Anbetracht dessen, daß ὀψώνια zur Bestreitung des Lebensunterhaltes dienen, enthält auch der erste Versteil in sich einen scharfen Kontrast: ›Der Lebensunterhalt, den die Sünde zahlt und bietet, ist Tod.‹ *Die Sünde ist eine Lügnerin; sie verspricht Leben und gibt Tod.*«[475]

Gerade letztere Formulierung rückt auch die Sinaitora (νόμος) noch einmal in eine *gewisse* (strukturelle) Nähe zur ἁμαρτία, wie sich aus Röm 7,10 ergibt: εὑρέθη μοι ἡ ἐντολὴ ἡ εἰς ζωήν, αὕτη εἰς θάνατον! Was ἁμαρτία und νόμος jedoch *unterscheidet*, ist – wie oben gezeigt –

---

auch als *gerechte* Folge der Sünde (und insofern als »Strafe«) verstanden werden (Röm 1,32!). Nur ist das eben ein *sekundärer* Aspekt, wie z.B. Röm 5,13f. hinlänglich beweist! Es ist darum mißlich, wenn etwa BULTMANN, Theologie, 246–249, den Tod *zunächst* als »Strafe für die Sünde« beschreibt (a.a.O., 246). Auch ist die Frage, ob die »juristische Auffassung des Todes als der Strafe für die Sünde« und die »Vorstellung vom Tode als ihrer organisch erwachsenen Frucht« tatsächlich so ›unausgeglichen‹ nebeneinander stehen, wie BULTMANN meint (a.a.O., 249).

[473] Vgl. auch BARDENHEWER, Röm, 98: »die Pluralform weist auf die mannigfachen Bestandteile des ursprünglichen Naturaliensoldes hin«.

[474] Richtig REITHMAYR, Röm, 308: »Das ὀψώνιον selbst, welches die Sünde für die ihr geleistete Dienstfolge verabreicht, womit sie ablöhnt, ist am Ende ›ewiger Tod‹. Hat der Sünder diesen Sold auch nie intendirt, so ist er nichts desto weniger doch der für ihn ausgesetzte Wiedervergelt seiner Bestrebung.« Wie man angesichts dessen in Röm 6,23 allen Ernstes eine ›ironische Formulierung‹ sehen kann (so LOHSE, Röm, 203), ist mir schleierhaft!

[475] Art. ὀψώνιον, 592 (Hervorhebung E.R.). »Da ὀψώνιον nicht eine einmalige Leistung, sondern eine laufende Zahlung ist, kann mit θάνατος nicht nur das Lebensende […] gemeint sein, sondern auch der wirkende Schatten, den dieser Tod auf das Leben vorauswirft. Wie dem Gerechtfertigten das ewige Leben schon jetzt durch den ἀρραβών des Geistes geschenkt wird, so reicht die Sünde ihren Knechten schon jetzt tödliches Gift aus dem Todeskelch. […] Da unser Begriff im Gegensatz zu χάρισμα, der Sonderspende, auch der Rechtssphäre angehört, stehen sich in den Vershälften auch Rechts- und Gnadenverhältnis gegenüber. Ein Recht besitzt der Mensch nur gegenüber der Sünde, und dieses Recht wird ihm zum Gericht« (ebd.).

die Tatsache, daß die ἁμαρτία von Anfang an, d.h. wesentlich auf den *Tod* (θάνατος) zielt, während der νόμος erst durch seine Vergewaltigung durch die ἁμαρτία zu einer todbringenden Macht *wird*, die vorrangig *ὀργή* hervorbringt (Röm 4,15).[476]

5.4. Sünde, Sinaitora, Tod (Zusammenfassung)

Die drei Größen Sünde, Sinaitora und Tod stehen nach Paulus in einem engen Zusammenhang, den er am deutlichsten in Röm 7,5 zur Sprache bringt (vgl. auch Röm 8,2!). Er blickt dabei zurück auf die vorchristliche Existenz der Christusgläubigen: »Als wir in der Sündenexistenz (= ἐν τῇ σαρκί) waren, wirkten die *sündigen* Leidenschaften[477], die durch die *Sinaitora* [geweckt wurden][478], in unseren Gliedern, um dem *Tod* Frucht zu bringen.« Die Sinaitora ist hier vorgestellt als der Zunder, der die seinsmäßige Sündhaftigkeit des Sünders quasi »bis zum Siedepunkt« befeuert und *als* sündiges Verhalten (»Sündentat«) nach außen dringen läßt. Das unausweichliche Ergebnis des sündigen *Seins* und – durch die Sinaitora beförderten – *Tuns* ist der Tod (Röm 6,20f.23a).

Dabei sind alle drei Größen vorgestellt als *wirksame Mächte*. Ihre Wirksamkeit entfalten sie, indem sie einen Menschen in Beschlag nehmen, d.h. ihn in ein zerstörerisches *Abhängigkeitsverhältnis* zwingen. Darin wird die relational-ontologische Relevanz dieser Mächte deutlich. Eine Befreiung von ihnen kann daher *nur* erfolgen, indem das *Verhältnis* zu ihnen aufgehoben wird.[479]

Wie aber kann dieses erzwungene Abhängigkeitsverhältnis überwunden werden? Die Möglichkeit, daß der Mensch sich selbst aus dieser Abhängigkeit befreit, scheidet schon angesichts der schieren *Übermacht* der feindlichen Mächte von vornherein aus (vgl. z.B. Röm 8,3a). Außerdem erfüllt der νόμος einen ganz spezifischen Auftrag und ist *insofern* gottgege-

---

[476] Es ist allerdings nach Paulus »der letzte Zweck« des Gesetzes gerade *nicht* »die *Abwehr* der Sünden«, welch letzteren es aber »bei den obwaltenden Umständen, bei der sündhaften Neigung des Menschen, *direkt* nicht« erreichte (so etwa BISPING, Röm, 187). Denn die Sinaitora ist von Gott ja nun einmal *in diese* »Umstände« *hinein* promulgiert (vgl. nur Röm 5,20; Gal 3,17!), weshalb sich *keine* derartige Funktion denken läßt, die schon *a priori* gar nicht erreichbar ist!

[477] Der ganze (semitisierende) Ausdruck ist *adjektivisch* zu verstehen.

[478] HOFIUS, Mensch, 108, ergänzt zwar ebenso, weist aber die These einer auch nur *mittelbaren* Beteiligung des νόμος an der ἁμαρτία zurück (a.a.O., 126f. m. Anm. 85). Von Röm 7,7–11 her scheint mir Paulus aber doch eine *stärkere* Involvierung des νόμος in die Sündenwirklichkeit zu vertreten.

[479] BRING, Gal, 96, erläutert den Satz νόμῳ ἀπέθανον Gal 2,19 folgendermaßen: Der Sinn liegt darin, daß Paulus »durch seinen Glauben an Christus *im Verhältnis zum Gesetz* gestorben ist, so daß es keine Macht mehr über ihn hat und ihn nicht mehr verurteilen und töten kann.«

ben; seine bloße Übertretung hätte darum ausschließlich den *Tod* des Sünders zur Folge, wie R. BRING festhält: »Nur das Gesetz aufzugeben, wäre [...] für Paulus eine Unsinnigkeit, da das Gesetz Gottes Willen und Urteil über die Sünde ausdrückt.«[480] Auch die Möglichkeit, sich durch bloße Nichtbeachtung (Ignoranz) dieser Mächte ihres Einflusses zu entledigen, scheidet aus. Aber auch die Möglichkeit, daß diese mitunter geradezu hypostasiert vorgestellten Mächte selbst zum Verzicht auf ihren krankhafteifersüchtigen Anspruch gezwungen werden, indem ihnen selbst der Garaus gemacht wird, ist – *noch!* – keine reale Option; denn *allen* drei Größen ist gemeinsam, daß sie bis zur eschatologischen Vollendung *als solche existieren* und ihr Unwesen treiben können. Bis zur Parusie Christi trachten sie mit aller Macht danach, ihren zerstörerischen Anspruch auf den Menschen aufrechtzuerhalten. *Paulus spricht folgerichtig mit keinem Wort davon, daß Sünde, Sinaitora und Tod schon jetzt quasi objektiv aufgehoben sind!* Eine solche Argumentation wäre zutiefst kontrafaktisch.

R. BRING betont darum zu Recht: »*Das einzige, was von der Herrschaft und dem Urteil des Gesetzes frei machen kann, ist der Tod*«, und zwar der Tod im Sinne der »Einbeziehung in den Tod Christi«.[481] Was Paulus also sagt, ist dies: »In Christus« – und *allererst und ausschließlich in ihm* – sind die, die an Christus glauben, der Sünde (Röm 6,2.11) und[482] der Sinaitora (Röm 7,4; Gal 2,19) gleichermaßen »gestorben« – und der Tod hat *grundsätzlich* keine Macht mehr über sie (Röm 8,2.38; 1Kor 3,21b.22; vgl. Röm 6,9 u.ö.). Also nicht die Mächte *als solche* sind bereits entmachtet, sondern *in und durch Christus* – nämlich präzise διὰ τοῦ σώματος τοῦ Χριστοῦ (Röm 7,4), d.h. durch seinen inkludierend-stellvertretenden Sühnetod – sind die Christusgläubigen diesen widergöttlichen Mächten und ihrem nunmehr illegitimen Anspruch entzogen.[483] Von daher läßt sich aber auch unschwer das *latente Gefährdungspotential* erklären, das Paulus diesen Mächten immer noch zuerkennt bzw. – angesichts der tatsächlichen Gefährdung seiner Gemeinden – zuerkennen muß.

Was auch immer also das »In-Christus-Sein«, dem wir uns nun endlich zuwenden, präzise bedeutet, deutlich ist nach dem bisher Gesagten von vornherein, daß es ein grundsätzlich *angefochtenes* Sein ist (s.u. IV.).[484]

---

[480] Ebd.
[481] Gal, 96. Wiederum stoßen wir damit auf den paulinischen *Sühnegedanken*!
[482] Treffend formuliert BRING, ebd., diesen Zusammenhang: »der menschliche Tod für das Gesetz ist auch ein Tod für die Sünde« (Hervorhebung i.O.).
[483] Vgl. ECKSTEIN, Leben, 48: »Bis zu ihrer endgültigen Vernichtung mag die Sünde nach wie vor *Macht* haben, sie hat aber keinen *Anspruch* mehr auf die, die ihr gegenüber gestorben sind.« Das gilt auch für die Sinaitora und den Tod.
[484] Vgl. ECKSTEIN, a.a.O., 47. Das betont jetzt auch RÖHSER, Herrschaft, 110 u.ö.

6. »Christ-Innigkeit«[1]: der Christ – ein Mensch ἐν Χριστῷ

Die Wendungen[2] ἐν (τῷ[3]) Χριστῷ[4], ἐν Χριστῷ Ἰησοῦ[5] und ἐν κυρίῳ[6] (Ἰησοῦ[7] [Χριστῷ][8]) gehören anerkanntermaßen zu den auslegungsbedürftigsten[9] der paulinischen Briefe[10] und wurden daher – insbesondere im

---

[1] Dieser – wie wir noch sehen werden – überaus *treffliche* Begriff stammt von DEISSMANN, Paulus², 107 m. Anm. 4.

[2] Im folgenden werden auch diejenigen Stellen berücksichtigt, an denen die entsprechenden Wendungen zu ergänzen sind, weil z.B. ἐν αὐτῷ, ἐν ᾧ u. dgl. darauf verweisen. Diese Stellen sind *kursiv* gesetzt. *Variae lectiones* werden nur dann aufgeführt, wenn sie für unseren Zusammenhang bedeutsam und/oder einigermaßen gut belegt sind.

[3] 1Kor 15,22; 2Kor 2,14.

[4] Röm 9,1; 12,5; 16,7.9.10; 1Kor 3,1; 4,10.15; 15,18.19; 2Kor 2,17; 3,14; 5,17.19. *21*; 12,2.19; 13,*4*; Gal 1,22; 2,17; Phil 1,13; 2,1; 3,*9*; 1Thess 4,16; Phlm 8.20.

[5] Röm 3,24; 6,11.23; 8,1.2.39; 15,17; 16,3; 1Kor 1,2.4.*5*.30; 4,15.17; 15,31; 16,24; Gal 2,4; 3,14.26.28; 5,6; Phil 1,1.26; 2,5; 3,3.14; 4,7.19.21; 1Thess 2,14; 5,18; Phlm 23 (falls *hier* Ἰησοῦς nicht den aus Kol 4,11 bekannten Christen meint, wobei dann gegen den klaren textkritischen Befund konjiziert werden muß, daß ein Schluß-Sigma weggefallen ist [so – mit wenigen anderen – LOHSE, Phlm, 288 m. Anm. 2]). Die *umgekehrte Reihenfolge* (ἐν Ἰησοῦ Χριστῷ) bietet ausdrücklich die zwar sekundäre, aber noch bei NA²⁵ bevorzugte v.l. zu Gal 3,14; in *derselben* Weise ist freilich 2Kor 1,*19*.20 zu ergänzen (*gegen* NEUGEBAUER, In Christus, 66.82, der von anderen textkritischen Urteilen ausgeht und behauptet, die Formel ἐν Ἰησοῦ Χριστῷ habe Paulus *nicht* gebildet [a.a.O., 47f.])! Um die Apposition τῷ κυρίῳ ἡμῶν wird die Wendung ἐν Χριστῷ Ἰησοῦ ergänzt in Röm 6,23; 8,39; 1Kor 15,31. – Die Wendung ἐν Ἰησοῦ kommt im Neuen Testament nur einmal vor (Apk 1,9), und ist textkritisch nicht unumstritten; die Wendung ἐν τῷ Ἰησοῦ findet sich nur Act 4,2; Eph 4,21.

[6] Röm 16,2.8.11.12(2x).13.22; 1Kor 1,31; 4,17; 7,22.39; 9,1.2; 11,11; 15,58; 16,19; 2Kor 2,12; 10,17; Gal 5,10; Phil 1,14; 2,24.29; 3,1; 4,1.2.4.10; 1Thess 3,8; 5,12; Phlm 16.20. – Die Wendung ἐν τῷ κυρίῳ (+ Ἰησοῦ) kommt im Neuen Testament ausdrücklich nur Eph 1,15 vor; sie ist ferner 2Thess 1,12 zu ergänzen (+ ἡμῶν).

[7] Röm 14,14; Phil 2,19; 1Thess 4,1.

[8] 1Thess 1,1.

[9] BDR, § 219,4, Anm. 4, bemerken lapidar: »Unbestimmter Deutung ist […] das ἐν Χριστῷ (κυρίῳ), das bei Paulus sehr oft zu den verschiedensten Begriffen hinzugefügt wird«. SCHRAGE, »In Christus«, 27, skizziert das Problem zutreffend, wenn er bemerkt, die Wendung »in Christus« sei »auch vorstellungsmäßig heute nicht ganz leicht nachzuvollziehen und hermeneutisch verantwortlich zu interpretieren.«

[10] Ihnen entsprechen *sachlich* die Wendungen ἐν τῷ ἐνδυναμοῦντί με Phil 4,13 und ἐν τῷ τοῦ θεοῦ υἱῷ Ἰησοῦ Χριστῷ (τοῦ ἐν ὑμῖν δι' ἡμῶν κηρυχθέντι) 2Kor 1,*19*.20.

Diesen Wendungen sind – was die Verwendung der Präposition ἐν angeht – die folgenden an die Seite zu stellen: ἐν θεῷ (πατρί), ἐν πνεύματι, ἐν τῷ Ἀδάμ, ἐν σαρκί, ἐν νόμῳ, ἐν ἁμαρτίαις (s. dazu auch unten S. 233). Daneben sind die folgenden

20. Jh. – mit diversen Monographien, Aufsätzen oder längeren Exkursen bedacht.[11]

Als erster[12] hat Ad. DEISSMANN der von ihm so genannten »neutestamentliche[n] Formel ›in Christo Jesu‹« eine detaillierte Untersuchung gewidmet (1892), die aus sachlichen Gründen bis heute die Diskussion weitestgehend bestimmt. Aufgrund der je unterschiedlichen Interpretation der *Präposition ἐν*[13] in der betreffenden »Formel« macht Deißmann zunächst grundsätzlich *zwei divergierende Positionen*[14] aus:

Wendungen *sachlich* von nicht zu unterschätzender Bedeutung: εἰς Χριστόν, σὺν Χριστῷ/κυρίῳ.

[11] Einen knappen forschungsgeschichtlichen Abriß, der aber die sachlich wesentlichen Positionen bespricht, bietet SCHRAGE, »In Christus«, 27–30; ausführlicher, aber mit stark eigener Akzentsetzung NEUGEBAUER, In Christus, 18–33; zur Frage der Christusmystik in der Geschichte der Paulusforschung s. LEHMKÜHLER, Inhabitatio, 23–26. – Die Literatur zum Thema ist Legion; genannt seien aus ihrer Fülle nur die folgenden, tlw. klassischen Beiträge: BEYSCHLAG, Bekehrung (1864), bes. 253–257; DEISSMANN, Formel (1892), *passim*; J. WEISS, Probleme II (1896), *passim*; WALTER, Gal (1904), 122–141; T. SCHMIDT, Gegenwart Christi (1913), *passim* (= DERS., Leib [1919], 73–111); BOUSSET, Kyrios Christos ([1]1913; [2]1921), bes. 104–129; BÖHLIG, Ἐν κυρίῳ (1914), *passim*; H.E. WEBER, Formel (1920), *passim*; BRUN, Formel (1922), *passim*; SOMMERLATH, Ursprung ([1]1923; [2]1927), bes. 91–124; SCHMITZ, Christus-Gemeinschaft (1924), bes. 9–43. 238–250; W. WEBER, Christusmystik (1924), bes. 27–88; KORN, Nachwirkungen (1928), bes. 1–26; WIKENHAUSER, Christusmystik ([1]1928; [2]1956), *passim*; MITTRING, Heilswirklichkeit (1929), bes. 124–165; SCHWEITZER, Mystik ([1]1930), *passim*; KÄSEMANN, Leib (1933), 159–186; SCHMAUCH, In Christus (1935), *passim*; STEWART, Man ([1]1935), *passim*; HAHN, Mitsterben (1937), bes. 148–172; DIBELIUS, Mystik (o.J. [1941]), *passim*; PERCY, Leib (1942), *passim*; BÜCHSEL, »In Christus« (1949 [posthum]), *passim*; NEUGEBAUER, In Christus (1961), *passim*; BOUTTIER, En Christ (1962), *passim*; THÜSING, Per Christum ([1]1965; [3]1986), 61–114; BRANDENBURGER, Fleisch (1968), bes. 26–28.42–58; BORNKAMM, Paulus ([1]1969; [7]1993), 163–165; SCHADE, Christologie ([1]1980; [2]1984), bes. 74f.144–148; SCHNELLE, Christusgegenwart ([1]1983; [2]1986), bes. 106–122 m. Anm. 1–137 (= a.a.O., 225–235); WEDDERBURN, Observations (1985), *passim*; ROLOFF, Kirche (1993), 90–96; RYŠKOVÁ, Untersuchung (1994), *passim*; HAGENOW, Gemeinde (1996), 155–171 (zum Problem der »Sünde innerhalb der Christusbindung«); DUNN, Theology (1998), 390–412 (m. Lit.); UMBACH, Sünde (1999), bes. 215–264.265–310; FATEHI, Relation (2000), bes. 263–274; SCHNELLE, Paulus (2003), 548f.; CEGLAREK, Rede (2010), bes. 299–307.

[12] DEISSMANN, Formel, 11, schreibt: »Selbst ein so interessanter Sprachgebrauch, wie ἐν mit dem singularischen Dativ einer Person, hat meines Wissens noch keinen Bearbeiter gefunden […].« – J. WEISS, Probleme II, 9, bemerkt indes, »das *Hauptresultat* Deißmanns« sei »an sich nicht neu«, es *wirke* nur »in der Schärfe und Präcision, mit der es vorgetragen wird, aufs neue überzeugend« (Hervorhebung E.R.).

[13] S. dazu unten S. 231–233.

[14] Auch knapp hundert Jahre später gilt diese Beobachtung Deißmanns; vgl. SCHRAGE, »In Christus«, 27: »[…] die Wendung ›in Christus‹ […] wird fast zwangsläufig entweder in einem sehr vagen und und [sic!] abgeblaßten Sinn verstanden oder mystisch im Sinne der Unio mit Christus.«

»Die eine fasst es [sc. das ἐν, E.R.] lokal auf, die andere nicht. Darin liegt in nuce alles Weitere. Wer die lokale Auffassung hat, für den ist der Christus der Formel selbstverständlich *der erhöhte, pneumatische Kyrios*; wer das ἐν als Enallage für ›durch‹ oder etwas Ähnliches erklärt, der versteht, bewusst oder unbewusst, unter dem Christus der Formel den Vollbringer dessen, was die Dogmatik das ›Werk Christi‹ nennt, also *den ›historischen‹ Christus*, insbesondere Christus als Subjekt des Kreuzestodes und der Auferstehung.«[15]

In Übereinstimmung mit dem für genuin *griechisches* Empfinden nächstliegenden *lokalen* Verständnis der Präposition ἐν faßt DEISSMANN ein »vorläufiges« Ergebnis seiner Untersuchung wie folgt zusammen:

»Die von Paulus unter Benutzung eines vorhandenen Profansprachgebrauches geschaffene Formel ἐν Χριστῷ Ἰησοῦ charakterisiert das Verhältnis des Christen zu Jesus Christus als ein lokal aufzufassendes Sichbefinden in dem pneumatischen Christus.«[16]

An anderer Stelle referiert DEISSMANN *zustimmend* die Sicht G.B. Winers, W.A. van Hengels, B.A. Lasonders »und eine[r] ganze[n] Anzahl lebender Exegeten, welche ich nicht einzeln aufzählen will«[17]:

»Nach ihnen ist die Formel [sc. ἐν Χριστῷ, E.R.] der eigentümlich paulinische, ›solenne‹ Ausdruck für das Verhältnis des Christen zu dem Heilande: *die Christen sind ›in‹ Christus, welcher gedacht ist als ihr Lebens-›Element‹, als ihre Lebens-›Sphäre‹.*«[18]

Was das *Wesen* dieser Gemeinschaft mit Christus angeht, insbesondere ob sie »mystisch« zu verstehen sei, so verweist DEISSMANN auf die Einzelexegese: »aus der Formel allein [kann] nichts Abschliessendes ermittelt werden.«[19] Nur so viel sei klar: Paulus wollte das ἐν *lokal-räumlich* verstanden wissen, Christus mithin als *Lebenssphäre* der Christen.

Die *Kritik* an dieser Sicht ließ nicht lange auf sich warten. Mit seiner Deißmann-Rezension von 1896 avancierte J. WEISS[20] zum »Wortführer« des Widerspruchs[21]. Sodann bemängelte etwa J. WALTER in seinem Galaterbrief-Kommentar (1904): »Die Untersuchung von Deißmann über diese

---

[15] DEISSMANN, a.a.O., 99 (Hervorhebungen E.R.). Die Entscheidung dieser Frage hat Deißmann zufolge unmittelbare Konsequenzen etwa für das durch die entsprechende Auslegung zentraler paulinischer Sätze wie Röm 3,24 (διὰ τῆς ἀπολυτρώσεως τῆς ἐν Χριστῷ Ἰησοῦ) aufgeworfene Problem: »Begründet Paulus das Heil *prospektiv* durch Hinweis auf eine Thatsache der Gegenwart, oder *retrospektiv* durch Hinweis auf ein Ereignis der Vergangenheit? [...] In anderen Fällen korrespondieren zwei ähnliche, in einer etwas anderen Fragestellung vorgesehene Möglichkeiten: *subjektive oder objektive Bedeutung der Heilsthatsachen?*« (a.a.O., 100 [Hervorhebungen E.R.]).
[16] A.a.O., 97 (Hervorhebungen i.O.).
[17] A.a.O., 77.
[18] Ebd. (Hervorhebung E.R.).
[19] A.a.O., 98.
[20] S. DENS., Probleme II, *passim*. Zu seiner Kritik s. v.a. unten S. 240f. m. Anm. 123.
[21] So WEBER, Formel, 214. Nach BRUN, Formel, 19 m. Anm. 3, sind J. Weiß aber nicht viele gefolgt.

Formel ist von vornherein falsch angelegt.«[22] Und 1922 monierte E. VON DOBSCHÜTZ, die Formel ἐν Χριστῷ bei Paulus dürfe gerade »*nicht* räumlich« (und schon gar nicht mystisch) verstanden werden, sondern sie sei Ausdruck »ganz *geistiger* Fassung der Gemeinschaft als einer *Gesinnungsgemeinschaft*«.[23] Aber diese Sicht war nur die logische Folge seines generellen Einspruchs gegen die These einer *räumlichen,* »*hellenistischen*« Vorstellungswelt des Apostels Paulus.[24]

---

[22] Gal, 122. Den Hauptfehler Deißmanns sah er in dessen (angeblicher) Behauptung der *gleichzeitigen* Geltung einer doppelten, nach WALTER »in sich selbst widerspruchsvolle[n] Vorstellung von Christus, die uno actu nicht vollziehbar ist« (ebd.). Er führt aus: »Es ist wohl möglich, nach einander zwei verschiedenartige Vorstellungen von Christus zu haben; es ist aber undenkbar, daß man in *einer* Vorstellung Christus als Person und zugleich als Alles umfassenden Stoff vorstellt, was der Fall sein müßte, wenn der Ausdruck ἐν Χριστῷ sowohl das lokale Darinsein, als auch die persönliche Gemeinschaft mit Christus ausdrücken sollte« (ebd.). Mag diese Kritik *in der Sache* ggf. zutreffen (was zu prüfen ist!), so kann das doch *prinzipiell* nicht für deren *Begründung* unter Berufung auf eine schiere ›Undenkbarkeit‹ gelten! Wir müßten sonst die paulinische (!) Rede von der *Gleichzeitigkeit* »unseres« Seins ἐν Χριστῷ und des Seins Christi ἐν ἐμοί ebenfalls als »undenkbar« zurückweisen. Mit WIKENHAUSER, Christusmystik², 62, gilt aber: »Wir kommen eben nicht um die Tatsache herum, daß für Paulus der pneumatische Herr in realer Wirklichkeit in den Gläubigen gegenwärtig ist und sie in ihm. *Ob ein solches Verhältnis vorstellbar gemacht werden kann, ist eine Frage für sich*« (Hervorhebung E.R.).

[23] Zeit und Raum, 221 (Hervorhebungen E.R.); *dagegen* BRUN, Formel, 36 (1922!).

[24] In dem genannten Aufsatz – »Zeit und Raum im Denken des Urchristentums« (1922) – vertrat VON DOBSCHÜTZ die Ansicht, »das Eindringen des Raumschemas« in manche ntl. Schriften (v.a. Johannes, Hebräerbrief) sei »ein Gradmesser für die Hellenisierung« des frühen Christentums (a.a.O., 220; vor seine These setzte er ein wohl rhetorisches »Vielleicht«). Namentlich beim Apostel Paulus sei jedoch *keine (vorrangig) räumliche Vorstellungswelt* erkennbar; man könne »nicht sagen, daß die Raumkategorie im Denken des Paulus eine wirklich bestimmende Rolle gespielt habe. *Paulus war eben Jude, nicht Hellenist*« (a.a.O., 221 [Hervorhebung E.R.]).

Derlei schematische »Entgegensetzungen der Kategorien von Raum und Zeit« findet JOOSS, Raum, 17, z.B. auch in Paul Tillichs »Beurteilung der jüdisch-christlichen Tradition als ›frei für die Zeit‹ gegenüber der ›Raumgebundenheit‹ des ›Heidentums‹«; vgl. dazu TILLICH, Widerstreit (= Struggle), *passim*. Seine Hauptthese lautet: "Paganism has a god who is bound to one place beside and against other places" (Struggle, 31). Von daher seien polytheistische Religionen notwendigerweise aggressiv, kämpferisch und intolerant gegeneinander (vgl. Widerstreit, 141f.146f.). Demgegenüber sei »[d]er prophetische Monotheismus [...] der Monotheismus der Gerechtigkeit«, die auf seinem friedlichen »Universalismus« basiere (Widerstreit, 146 [= Struggle, 37f.]). Man kann also den Gegensatz zwischen Polytheismus und Monotheismus auch *ganz anders bewerten*, als J. ASSMANN das tut (s. DENS., Mosaische Unterscheidung, 28–37 u.ö., bes. 30f.), und man muß z.B. dem Judentum gerade *nicht* »den primitiven Ethnozentrismus der Stammesreligionen« unterstellen (a.a.O., 33). Überdies ist allein schon der *(Ober-)Begriff* »Monotheismus« mehr als problematisch, wie MOLTMANN, Monotheismus, *passim*, überzeugend darlegt.

In der ganzen Debatte, die TILLICH bezeichnenderweise unter der Überschrift »Space and Nationalism« führt (Struggle, 31–33), schwingen natürlich Erfahrungen aus der Zeit

In seiner 1961 erschienenen Monographie »In Christus« setzte sich auch F. NEUGEBAUER noch einmal überaus kritisch mit der Deißmannschen Position auseinander. Dabei besteht eine Differenz schon im Ansatz: Anders als Deißmann will NEUGEBAUER die »Formel«[25] ἐν Χριστῷ *nicht aus der Profangräzität*, sondern aus dem sog. »semitisierende[n] Griechisch des Paulus« erklären.[26] Auch wenn Neugebauer nicht leugnet, daß die griechische Präposition ἐν bei Paulus zuweilen wirklich lokal verstanden werden könne, so sieht er durch die semantische Gleichsetzung von ἐν mit der hebräischen Präposition בְּ doch ausgeweitete Verwendungsmöglichkeiten,[27] insbesondere zur Angabe der »Umstände [...], unter denen etwas geschieht«, d.h. als »*allgemeine Umstandsbestimmungen*«.[28] Wer ἐν immer nur *lokal* auffasse, erliege einem »*räumliche[n] Mißverständnis*«[29], während »Paulus an vielen Stellen, wenn nicht überhaupt in seinen wesentlichen Bezügen, einfach der *dynamisch-zeitlich-geschichtlichen Grundstruktur des hebräischen Denkens* folgt«[30]. Damit verbunden wird eine Kritik des Verständnisses Christi als eines »pneumatischen Leibes« bzw. einer

---

der nationalsozialistischen Diktatur mit. Sie haben dazu beigetragen, daß das Thema »Raum« *insgesamt* »während der zweiten Hälfte des 20. Jahrhunderts gerade im belasteten Deutschland hinter anderen Leitgedanken zurückgetreten« ist (BAUMGÄRTNER / KLUMBIES / SICK, Raumkonzepte, 11 m. Anm. 2; vgl. KÖSTER, »Raum«, bes. 7–33.101–109, der in seiner detailreichen Studie die belastete Geschichte des Begriffes »Raum« in vorbildlicher Weise aufarbeitet). Erst der sog. »*spatial turn*« machte das Thema wissenschaftlich wieder salonfähig (s. dazu DÖRING/THIELMANN, Spatial Turn, 7–45, bes. 7–13. 39–45 [Lit.!]). Da allerdings das Thema »Raum« schon *vor* den beiden Weltkriegen mindestens in der Theologie umstritten war, sind monokausale Erklärungen auszuschließen.

[25] Darin besteht, soweit ich sehe, die *einzige* Gemeinsamkeit mit Deißmann, daß *beide* in der Wendung ἐν Χριστῷ o.ä. dezidiert eine paulinische *Formel* sehen (vgl. NEUGEBAUER, In Christus, 47f. [allerdings mit Einschränkung!]; DEISSMANN, Formel, 77f.).

[26] In Christus, 19; vgl. a.a.O., 34, die sehr grundsätzliche Bemerkung: »Die Sprache des Neuen Testaments ist das zeitgenössische Vulgärgriechisch, das seine jüdischen Verfasser aber nicht verleugnen kann. Gilt dies für das Neue Testament im Ganzen, so besonders auch für Paulus.« Noch einen Schritt weiter gehen die Vertreter einer sog. »hebraica veritas« (s. z.B. HAACKER/HEMPELMANN, Hebraica Veritas, *passim* [s.u. S. 440, Anm. 66]). – Zur *Kritik* an dem Konstrukt eines (einheitlichen) »semitisierenden Griechisch«, insbesondere an der Rede von »*dem* Sprachgebrauch der Septuaginta«, vgl. DEISSMANN, Formel, 11–15. Er bemerkt: »Die Sprache des Paulus ist nur in *lexikalischer*, nicht aber in *syntaktischer* Hinsicht von den LXX beeinflusst« (a.a.O., 68 [Hervorhebungen E.R.]). Vgl. auch die sorgfältigen Erwägungen bei J. WEISS, Probleme II, 32f.

[27] Anders DEISSMANN, a.a.O., 70: »Das ἐν unserer Formel darf nicht auf eine Stufe mit dem schillernden, unklaren ἐν = בְּ der Alexandriner gestellt werden, sondern wurzelt in dem Gebrauche der Profanliteratur und ist von hier aus zu verstehen.«

[28] In Christus, 38f. m. Anm. 26.27 u.ö. (Hervorhebung E.R.).

[29] A.a.O., 40 (Hervorhebung E.R.).

[30] A.a.O., 41 (Hervorhebung E.R.). Neugebauer formuliert hier ausdrücklich im Anschluß an Th. Boman. Beachtenswerte Kritik an diesem Ansatz übte indes BARR, Bibelexegese, *passim*.

6. »Christ-Innigkeit«: der Christ – ein Mensch ἐν Χριστῷ

»Person [...], mit der ich mystische Gemeinschaft haben kann«,[31] denn nicht die *Individualität* stehe im Vordergrund, vielmehr könne nach Paulus eine »Person nicht unabhängig davon betrachtet werden [...], was sie tut und was mit ihr geschieht«[32]: »Für Paulus gehören also Person, Relation und Werk unlösbar zusammen und können nicht voneinander getrennt werden, nicht einmal begrifflich.«[33]

Übertragen auf die »Person« Christi, bedeute das:

»*Christus ist also verstanden als das, was er getan hat und was mit ihm geschehen ist.* [...] *Christus ist verstanden als Heilsgeschehen.* Sicher ist Christus eine Person, aber diese Person ist von Paulus als eschatologische Heilstat Gottes interpretiert.«[34]

Anders verhält es sich NEUGEBAUER zufolge mit dem κύριος-Titel:

»Dieser Titel will nämlich nicht das ›Wesen‹ einer Person sichtbar machen, sondern möchte als ein Verhältnisbegriff die Beziehung zu einem zweiten anderen eindeutig formulieren«[35]: »κύριος ist [...] vor allen Dingen der ›Herr‹, der Herr des Apostels, der Herr der Gemeinde und der Herr der ganzen Welt.«[36]

Das bedeute, daß sich Ἰησοῦς Χριστός (als »der eschatologische Heilsbringer«) zu κύριος (als »Herr der Gemeinde«) verhalte »wie der Indikativ zum Imperativ«.[37]

Abschließend faßt NEUGEBAUER seine eigene Sicht mit folgenden Worten zusammen und grenzt sich so noch einmal deutlich von Deißmann ab:

»ἐν Χριστῷ will als *Umstandsbestimmung* ausdrücken, daß das eschatologische Heilgeschehen ist, geschieht und geschehen wird; ἐν Χριστῷ weist zurück auf das Geschehen von Kreuz und Auferstehung und will darin die Endvollendung jetzt schon ergreifen. ἐν κυρίῳ aber ruft dazu auf, das ἐν Χριστῷ Empfangene in dieser Welt zu bewähren. [...] Es war darum ein Irrweg, als Deißmann die ›in Christo‹-Formel räumlich erklären wollte, und *so ist auch das ἐν in diesem Ausdruck nicht räumlich, sondern ›geschichtlich‹ auszulegen.*«[38]

---

[31] A.a.O., 51.
[32] A.a.O., 53. NEUGEBAUER geht noch einen entscheidenden Schritt weiter und meint: »Christus *ist* das, was er getan und erwirkt hat« (a.a.O., 129 [Hervorhebung E.R.])!
[33] A.a.O., 54.
[34] A.a.O., 55 (Hervorhebungen E.R.; so schon BULTMANN, 2Kor, 100!) Sein Zugeständnis: »Sicher ist Christus eine Person«, wird in Neugebauers Arbeit, soweit ich sehe, *nirgends eingeholt. Der Werkaspekt wird dem Personaspekt vielmehr deutlich übergeordnet, ja letzterer sogar durch ersteren vereinnahmt*, wenn NEUGEBAUER etwa schreibt: »Wir sahen, daß Ἰησοῦς und Χριστός [...] vornehmlich den Träger des Heilsgeschehens bezeichnen und damit [!] das ›Wesen‹ Christi zum Ausdruck bringen« (ebd.).
[35] A.a.O., 55f.
[36] A.a.O., 60.
[37] A.a.O., 61. – Die Kritik an der »schematische[n] Interpretation Neugebauers« ist bis heute nicht verstummt (s. SCHÄFER, Gemeinde, 96 m. Anm. 104).
[38] A.a.O., 148 (Hervorhebungen E.R.). So auch COLLANGE, Énigmes, 26f. Hierin sieht SCHRAGE, »In Christus«, 29f., allerdings eine *Verkehrung* der »eschatologische[n]

Es fehlt bis heute aber auch nicht an Stimmen, die im Grunde die Position Deißmanns repristinieren. So setzt etwa U. SCHNELLE in seiner Darstellung des paulinischen Denkens (Paulus, 2003) bewußt bei der Wendung εἶναι ἐν Χριστῷ ein,[39] die »weitaus mehr als eine ›Formel‹« sei, nämlich »*das Kontinuum*« der paulinischen Theologie,[40] deren »durchgängige Grundlage« der »*Transformations- und Partizipationsgedanke*« sei.[41] Mit dem εἶναι ἐν Χριστῷ beschreibe Paulus den »*Raum des neuen Lebens* zwischen Heilsbeginn und Heilsvollendung«. Die Wendung ἐν Χριστῷ sei

»*lokal-seinshaft zu verstehen*: Durch die Taufe *gelangt der Glaubende in den Raum des pneumatischen Christus* und konstituiert sich die neue Existenz in der Verleihung des Geistes als Angeld auf die in der Gegenwart *real* beginnende und in der Zukunft sich vollendende Erlösung. [...] Das *lokal-seinshafte Grundverständnis von* ἐν Χριστῷ dominiert in 1Thess 4,16; 1Kor 1,30; 15,18.22; 2Kor 5,17; Gal 2,17; 3,26–28; 5,6; Röm 3,24; 6,11.23; 8,1; 12,5. Die Vielfalt und die Vielschichtigkeit der ἐν Χριστῷ-Aussagen sowie das Nebeneinander verschiedener Bedeutungsinhalte lassen sich aus dieser *räumlichen Grundvorstellung* ableiten.«[42]

Einen weiteren Gesichtspunkt brachte E. KÄSEMANN mit seinen religionsgeschichtlichen Forschungen in die Diskussion ein. Auch er sieht den »Mittelpunkt paulinischer Verkündigung« in dem mit der Wendung »in Christus« ausgedrückten Sachverhalt. Dieses »in Christus« aber werde bei Paulus streng interpretiert »*als* ›in der Kirche sein‹«.[43] Daraus wird – übrigens unter Berufung auf K. BARTH[44] – in aller Schärfe geschlossen, »daß wie der ›historische Jesus‹ für Paulus eine unvollziehbare Vorstellung ist, so auch die einzelnen Glieder individuell gesehen gar nichts bedeuten.«[45]

Betrachtungsweise des Apostels [...] in eine heilsgeschichtlich-historisierende Deutung«. Demgegenüber hebt er unter Berufung auf Käsemann und Brandenburger hervor, »daß ἐν neben Umstandsbestimmung eben auch Raumaussage im Sinne einer Machtsphäre oder eines Herrschaftsbereiches ist« (a.a.O., 29). Kritisch auch WEDDERBURN, Observations, 83f., der insbesondere die Vorrangstellung der »Zeit« gegenüber dem »Raum« kritisiert (a.a.O., 92, Anm. 5).

[39] Zwar behandelt SCHNELLE die Wendung »In Christus« erst zu Beginn seiner Darstellung der paulinischen *Soteriologie* (verstanden als »Partizipation an Christus«; s. DENS., Paulus, 545–553, dort 548f.), doch sieht er das paulinische Denken als »durchgehend soteriologisch geprägt« an (a.a.O., 545).

[40] A.a.O., 548. So schon DERS., Christusgegenwart, 106 (vgl. a.a.O., 106–122).

[41] A.a.O., 439.

[42] Beide Zitate: a.a.O., 548f. (Hervorhebungen E.R.).

[43] Alle Zitate: DERS., Leib, 183 (Hervorhebung E.R.; gesperrt i.O.). Ähnlich dann auch ROLOFF, Kirche, 94: »Es geht hier nicht um eine physische Identifikation mit Christus. Das bedeutet jedoch, *daß das In-Christus-Sein nur ekklesiologisch verstanden werden kann.*«

[44] Die Auferstehung der Toten, 35.41f. – Damit rehabilitiert der Bultmann-Schüler Käsemann in Teilen die von seinem Lehrer entschieden zurückgewiesene Sicht Barths (s. dazu BULTMANN, Barth, 51–58, bes. 54f.).

[45] KÄSEMANN, Leib, 183 (gesperrt i.O.).

Kurz: »*In der Kirche wird sowohl dem Christus wie dem Einzelnen die historische Individualität geraubt.*«[46]

Wir können es bei dieser kurzen Darstellung forschungsgeschichtlich relevanter Positionen belassen. Sie zeigt bereits hinreichend, daß bis heute hauptsächlich die folgenden *vier Fragen* diskutiert werden: 1) Handelt es sich bei Wendungen wie ἐν Χριστῷ κτλ. um *formelhaften* Sprachgebrauch, der folglich immer in *derselben* Weise zu übersetzen ist? 2) Ist das ἐν der jeweiligen Wendungen – sofern es nicht ohnehin eine andere Präposition vertritt[47] – *wörtlich* (d.h. räumlich-»statisch«) oder *übertragen* (d.h. nicht-räumlich-»dynamisch«) zu verstehen? Damit untrennbar verbunden ist bei den meisten Autoren die Frage nach dem *geistigen Standpunkt* des Apostels Paulus: Denkt er »jüdisch«, »hellenistisch« oder »gnostisch«? 3) Sind Χριστός und κύριος in solchen Wendungen semantisch identisch, d.h. bedeutet die Wendung ἐν Χριστῷ *dasselbe* wie ἐν κυρίῳ?[48] 4) Wie ist das *Verhältnis des einzelnen zur Gemeinschaft* »in Christus« zu bestimmen? Geht das »Individuum« gänzlich »in Christus« auf, oder behält es als *Teil* eines Organismus eine gewisse Eigenpersönlichkeit?[49]

Eine *fünfte* Frage, die mehr im Hintergrund der ganzen Debatte steht, ist ebenfalls aus unserer kurzen Darstellung wesentlicher Forschungspositionen zu ersehen. Es handelt sich dabei – kurz gesagt – um die *Frage, welche Rolle der sog. »historische« Jesus für Paulus spielt.*[50] Während auf der einen Seite[51] für Ad. DEISSMANN alles Gewicht auf der pneumatischen Gegenwart des *Christus praesens* liegt (der freilich »seinen festen Halt am Kreuz« hat![52]),[53] liegt auf der anderen Seite für F. NEUGEBAUER – minde-

---

[46] A.a.O., 184 (Hervorhebung E.R.). Vgl. a.a.O., 127: »Man hat also festzustellen, daß die Taufe nach Paulus den Menschen *entindividualisiert*; denn Rasse, Stand, Geschlecht bestimmen ja gerade im Sinne dieser Welt das Individuum« (Hervorhebung E.R.). Dagegen behauptet DEHN, Gesetz, 89: »Wir können daraus [sc. aus Gal 2,20; E.R.] sehen, eine wie große Bedeutung in der Bibel der einzelne Mensch hat. [...] Das moderne kollektivistische Denken, das den einzelnen in seinem Eigenrecht nicht mehr anerkennen will, findet von der Bibel her keine Unterstützung.«

[47] Zur *angeblichen* Austauschbarkeit von διά und ἐν vgl. BOUTTIER, En Christ, 31–35 (s.u. S. 282).

[48] Diese Frage wird seit den Arbeiten von SCHMAUCH (In Christus, *passim*) und NEUGEBAUER (In Christus, *passim*) diskutiert. Schon WIKENHAUSER, Christusmystik², 9, Anm. 28, bemerkte aber, die These, »daß die Varianten der Formel ›In Christus‹ (nämlich: in Chr., in Chr. Jesus, im Herrn) einen verschiedenen Sinn haben«, sei »unhaltbar«.

[49] Vgl. KÄSEMANN, Leib, 137f.; ferner BRANDENBURGER, Fleisch, 215f.

[50] Diese komplexe Diskussion kann hier nicht geführt werden. Vgl. zum *Problem* nur die wichtigen Hinweise in der Darstellung *H.J. Iwands* bei HOFIUS, Bedeutung, 290–293.

[51] Auch RYŠKOVÁ, Untersuchung, 23, sieht in Deißmann und Neugebauer die Exponenten zweier »extreme[r] Positionen«.

[52] Paulus², 114 u.ö. Für DEISSMANN ist aber *entscheidend*, »daß das Kreuz nicht eine nackte Tatsache der Vergangenheit ist, sondern wirksam hineinragt in die Gegenwart; der ›Gekreuzigte‹ ist eine Realität, die täglich erlebt werden kann [...]« (a.a.O., 153).

stens hinsichtlich der Wendung ἐν Χριστῷ – das Hauptgewicht auf der Retrospektive, auf dem Rückblick also auf das, was Christus »getan hat und was mit ihm geschehen ist.«[54]

Damit verbunden ist eine *sechste* Frage, die – im Rückgriff auf Bultmann[55] – v.a. Neugebauer mit *seiner* Unterscheidung von ἐν Χριστῷ und ἐν κυρίῳ wieder aufgeworfen hat: die Frage nach dem *Verhältnis von* »*Indikativ*« *und* »*Imperativ*«.[56]

<small>H. KORN hat übrigens bereits 1928 in seiner Verteidigung der Deißmannschen Sicht gezeigt, daß der Einspruch gegen jede sog.»Christusmystik«, wo er nicht bloß *rationalistischer* Tendenz geschuldet ist, hauptsächlich *ethischem* Interesse (»Ethizismus«) entstammt.[57]</small>

Nun ist allerdings schon bei Bultmann die »auf den Handlungsvollzug zugespitzte subtile Balance von Indikativ und Imperativ« nicht gegen die Gefahr gefeit, »*daß der Indikativ unter der Hand zum Konjunktiv zerfällt*«, wie S. VOLLENWEIDER erneut und mit Recht betont hat.[58]

<small>[53] Vgl. dazu DENS., Paulus², 107–124. In dem ausschließlichen Bezug der Wendung ἐν Χριστῷ »auf den isolierten ›historischen‹ Jesus« sieht DEISSMANN eine ›Abschwächung‹ dieses »Kennwort[es]« paulinischer Christusfrömmigkeit (111). Aber er gesteht dem sog.»historischen« Jesus durchaus eine *gewisse* Bedeutung zu, nämlich insofern, als Paulus »die Identität des Lebendigen mit dem Gekreuzigten« immer festgehalten habe, was »die paulinische Frömmigkeit vor dem Zerfließen ihrer Kontemplation ins mythologisch Uferlose bewahrt« habe (a.a.O., 148; vgl. a.a.O., 99f. 151–153, wo DEISSMANN ein Interesse für *überlieferungsgeschichtliche Fragestellungen* erkennen läßt).

[54] In Christus, 55 (s.o. S. 227 m. Anm. 34). NEUGEBAUER selbst hat übrigens gesehen, daß sich *sein* (an Melanchthon und Bultmann angelehntes) Verständnis »kaum mit der Christologie der Mystik, die von der Vorstellung der pneumatischen Persönlichkeit lebt, auf einen Nenner bringen« läßt (ebd.). Die Vorstellung vom »›pneumatischen Christus‹ im Sinne A. Deißmanns« wird jedenfalls rundweg abgelehnt (a.a.O., 50). Zum Problem des sog.»historischen« Jesus vgl. NEUGEBAUER, a.a.O., 50 m. Anm. 37. Zur »Bedeutung der geschichtlichen Person Jesu für die Theologie des Paulus« aus der Sicht existentialer Interpretation s. BULTMANN, Bedeutung, 202–213.

[55] RYŠKOVÁ, Untersuchung, 27, sieht hier ein *bewußtes Interesse* Neugebauers.

[56] Auch RYŠKOVÁ, Untersuchung, 18, legt – ihrem *moraltheologischen* Gegenstandsinteresse entsprechend – den Hauptakzent auf die Frage: »Wie verhält sich der Indikativ zum Imperativ in den mit den Wendungen verbundenen Aussagen?« Vgl. dazu auch a.a.O., 27f.28–32.

[57] S. DENS., Nachwirkungen, 1–11 (Zitat: 3). Das gilt auch für SCHMAUCH, BÜCHSEL, NEUGEBAUER.

[58] Selbst, 166 (Hervorhebung E.R.). Neben *dieser* Anfrage ist besonders auf *ein* weiteres – ebenso »hinlänglich bekannt[es]« (ebd.) – Problem des Bultmannschen Verständnisses des ›Seins in Christus‹ hinzuweisen, das VOLLENWEIDER (ebd.) so beschreibt: »Das elementare Interesse Bultmanns, den Glauben aller Objektivierungen ledig zu machen, droht dahin zu führen, daß sich die *Erfahrbarkeit* des Geistes als ›Inbegriff des Unweltlichen, des Unsichtbaren und Unverfügbaren‹ in dieser Welt überhaupt verflüchtigt. Religionspsychologische Fragestellungen fallen von vornherein aus.« (Das Bultmann-Zitat findet sich bei DEMS., Theologie, 336; zum *Problem* s.u. S. 426–434 [Anhang].)</small>

Bevor wir uns aber mit diesen *inhaltlichen* Fragen beschäftigen, soll in einem kurzen Exkurs vorab die Frage erörtert werden, welche Bedeutungsnuancen der Präposition ἐν bei Paulus überhaupt nachzuweisen sind.

EXKURS IV: Zum paulinischen Gebrauch der Präposition ἐν

Mit etwa 700 Belegen[59] ist die Präposition ἐν die in den Paulusbriefen – wie auch im Neuen Testament insgesamt – mit Abstand am häufigsten verwendete.[60] Schon daraus erhellt unschwer die fast unübersehbare *Bedeutungsvielfalt*.[61] Jeder Kategorisierungsversuch stößt mithin schnell an seine Grenzen,[62] zumal die »lebendige Sprache« nicht immer *strikt* zwischen verschiedenen Bedeutungen unterscheidet und folglich »jede Klassifikation immer eine Abstraktion ist.«[63] Im folgenden soll es daher lediglich darum gehen, das semantische Feld grob abzustecken.

Die *lokale Grundbedeutung* »in« taucht in Verbindung mit geographischen[64], konkret-lokalen (z.B. ἐν οἴκῳ)[65] oder übertragen-räumlichen Begriffen (z.B. ἐν τοῖς ἔθνεσιν [= »im Bereich von«])[66] auf. Daneben ver-

---

[59] Eine *präzise* Zählung ist für *unsere* Frage nicht erforderlich und wird dadurch erschwert, daß ἐν an einigen Stellen zu ergänzen, an anderen Stellen wiederum textkritisch sehr umstritten ist.

[60] Zur Präposition ἐν vgl. grundlegend KÜHNER/GERTH, Grammatik II/1, 462–466 (§ 431,1); BDR, §§ 200; 218–220; BORNEMANN/RISCH, Grammatik, 197–199.201 (§§ 196; 197,7); ferner BAUER/ALAND, WbNT, 521–527, s.v.; BUSCEMI, Preposizioni, 56–68 (zu ἐν im Galaterbrief). Zur Präposition ἐν in der *Septuaginta* vgl. JOHANNESSOHN, Präpositionen, 324–336 (namentlich zu Gen; Ex; 1–4Makk).

[61] Vgl. ferner BAUER/ALAND, WbNT, 521, s.v.: »D[er] Gebr[auch] dieser Präp[osition] ist so vielseitig, aber auch oft so verschwommen, daß e[ine] genaue Systematik unmöglich ist. D[ie] Hauptkategorien müssen daher genügen, d[en] Gebrauch im einzelnen Falle feststellen zu helfen.« So dann auch SCHOLTISSEK, Immanenz, 141–143, der aus diesem Befund schließt, daß eine »exakte Bestimmung der syntaktischen Funktion und Bedeutung der Präposition ἐν […] allein in ihrem jeweiligen Verwendungszusammenhang möglich« sei (141). Ebenso RYŠKOVÁ, Untersuchung, 22–24.

[62] So mit Recht jetzt wieder RYŠKOVÁ, a.a.O., 19–24; CEGLAREK, Rede, 302f.

[63] RYŠKOVÁ, a.a.O., 23f., unter Berufung auf BÜCHSEL, »In Christus«, 143 (s. bes. Anm. 6!); WEDDERBURN, Observations, 86.

[64] S. Röm 1,7.8.15; 5,13; 9,33; 15,23.26.31; 16,1; 1Kor 1,2aα.b; 15,32; 16,8; 2Kor 1,1(2x).8; 2,14b; 11,10b.32; Gal 4,25; Phil 1,1bβ; 4,16; 1Thess 1,7(2x).8(3x); 2,2bα. 14aβ; 3,1; 4,10.

[65] Hierher gehören m.E. u.a. die folgenden Stellen: Röm 1,2*; 2,19*.28a*.bα*. 29aα*; 3,16; 8,34; 9,17bβ.25*.26; 11,17; 12,4; 13,9(2x)*; 1Kor 2,11*; 5,9*; 8,4.5.10; 9,9*.24; 10,2(2x).5b.25; 11,34; 13,12; 14,10.21a*.25*.35a; 16,7; 2Kor 1,12d; 3,3bα; 4,7. 10(2x)*.11*.12(2x)*; 5,1.4.6.9c; 6,16*; 7,8*; 11,26(3x).33; 12,2b.3; Gal 3,10*; Phil 1,13b; 2,15cβ; 3,20; 4,3c*; 1Thess 4,17; 5,3.4*. (Der Asteriscus bezeichnet Belege, die man auch zu den unten, Anm. 66, genannten Stellen zählen könnte.)

[66] Hierher gehören m.E. u.a. die folgenden Stellen: Röm 1,5.6.12(2x).13(2x).17.[19]. 21*.28*; 2,15*.24; 5,5*; 6,12*; 7,5b*.8*.17*.18(2x)*.20*.23a*.bβ*; 8,4*.9b*.10*.

wendet Paulus die Präposition ἐν auch zur Bezeichnung eines Zeit*punktes* (z.B. ἐν ἡμέρᾳ) oder eines Zeit*raumes* (z.B. ἐν τῷ αἰῶνι τούτῳ), also *temporal*.[67] Ferner kann ἐν namentlich mit einem Abstraktum verbunden werden und *als (modales) Adverbiale* fungieren (sog. »Umstandsbestimmung«), wobei die Zuordnung im einzelnen umstritten ist.[68] Eine Reihe weiterer Belege der Präposition ἐν verdankt sich der *Rektion* bestimmter Verben bzw. von ihnen abgeleiteter Nomina,[69] wobei im einzelnen der Einfluß semitischer Syntax zu diskutieren wäre (z.B. καυχᾶσθαι ἐν τινι)[70], der aber keinesfalls *überschätzt* werden sollte.[71] An wenigen Stellen ist *instrumentaler* Gebrauch[72] oder (in späterer Zeit nicht unübliche) *Vertau-*

11(2x)*.29; 10,6*.8(2x)*.9(2x)*.[20]; 12,3; 14,5*; 15,6*.9.30; 16,7bα; 1Kor 1,6*. 10b(3x)*.11; 2,6; 3,3.16*.18bα; 4,17d; 5,1(2x); 6,4.5.19*; 7,17; 11,18(2x).19a.[b]; 11,30; 12,28; 14,19a.28.33.34.35b; 15,12.23a; 2Kor 1,19a; 2,15(2x); 3,3bβ*; 4,6(2x)*; 5,11*.19c*; 7,3*; 8,1.16; 10,15b*; 11,26*fin*.; Gal 1,13.14(2x).16b; 2,2; 3,5*; 4,14*; 6,17*; Phil 1,6; 2,15cα; 1Thess 2,13*; Phlm 10*.13*. (Der Asteriscus bezeichnet Belege, die man auch zu den oben, Anm. 65, genannten Stellen zählen könnte.)

[67] S. Röm 2,5.16; 3,26(2x); 11,5; 1Kor 1,8; 3,18bβ; 5,5; 11,23; 15,3.19aα.23b. 52(3x); 2Kor 1,14; 6,2; 8,14; Phil 2,12(2x); 4,15; 1Thess 2,19; 3,13b; 4,16(3x); 5,2.23. S. ferner die sechs Belege aus Röm 4,10–12, die zwar einen Zustand ausdrücken, der aber bestimmte *Zeiten* charakterisiert (die Zeit der ἀκροβυστία und die Zeit der περιτομή; vgl. dazu schon Röm 3,26a [ἐν τῇ ἀνοχῇ τοῦ θεοῦ]).

[68] Sichere Belege sind m.E. u.a. die folgenden: Röm 1,4.18; 6,4; 7,6b; 9,22; 12,8b(3x); 13,13; 15,19(2x).29.32; 16,20; 1Kor 2,3(3x); 14,21b(2x); 16,14; 2Kor 1,12b.c(2x); 2,1; 7,1.14; 1Thess 1,6; 3,13a. Hier ersetzt der Präpositionalausdruck mit ἐν häufig ein *Adverb*. – Diese Interpretation hat NEUGEBAUER, In Christus, *passim*, nachdrücklich vertreten. Ihm hält BRANDENBURGER, Fleisch, 54, Anm. 1, jedoch entgegen: »Warum soll die ›übergreifende Bedeutung‹ des mit ἐν Verbundenen nicht vorstellungsmäßig im Raumaspekt zum Ausdruck kommen können, zumal der normale Wortwert von ἐν doch eben ›in‹ ist? *Die Reflexion mit dem deutschen Begriff ›Umstandsbestimmung‹ ist verfehlt: nur im Deutschen möglich, etymologisch fragwürdig, historisch wertlos«* (Hervorhebung E.R.).

[69] Hier dürften u.a. die folgenden Stellen zu nennen sein: Röm 1,[19].23.25; 2,17.23; 5,2.[3].[11]; 7,6a.23bα; 8,23; 9,17bα; [10,20]; 11,2; 14,14; 15,[5].17; 1Kor 1,31; 3,21; 10,5a; [11,19b]; 15,19aβ.31; 16,13; 2Kor 2,14a; 5,12(2x); 7,6.7(2x); 10,15a.16.17; 11,12; 12,5.9b.10(4x); Gal 1,16a.24; 3,8.(26); 5,10; 6,12.13.14; Phil 1,30(2x); 3,3(2x).4; 4,9; 1Thess 5,12a.

[70] Gerade die Verwendung des Verbums καυχᾶσθαι ist übrigens ein Paradebeispiel dafür, daß man sich vor *Schematisierungen* hüten muß: Das mit ἐν angeschlossene Präpositionalobjekt kann nämlich den *Grund* des Rühmens, die *Person*, vor der man sich rühmt, oder auch den *allgemeinen Umstand* des Rühmens bezeichnen (s. dazu unten S. 236, Anm. 92)!

[71] Für etliche Beispiele angeblich »semitisierender« Ausdrucksweise lassen sich ebenso »klassische« Beispiele finden! S. nur die Hinweise bei BAUER/ALAND, WbNT, 525–527, s.v. ἐν III.1. (instrumentales ἐν auch schon klassisch!) u. IV.5. (ἀλλάσσειν + ἐν c. Dat. »nicht ungriechisch«!).

[72] S. z.B. Röm 16,16; 1Kor 16,20; 2Kor 13,12; 1Thess 4,15; 5,26.

schung mit der Präposition εἰς[73] zu erwägen. Sodann kann ἐν c. Dat. bisweilen auch mit »in Sachen...« oder mit »in Bezug auf...« übersetzt werden.[74] Endlich sind diejenigen Belege zu nennen, in denen ἐν in sog. »typisch paulinischer« oder »formelhafter« Verwendung erscheint. Hierher gehören neben den Wendungen ἐν Χριστῷ oder ἐν κυρίῳ u.ä. namentlich die mutmaßlichen Parallelformulierungen ἐν νόμῳ[75], ἐν σαρκί[76] und ἐν πνεύματι.[77] In Übereinstimmung mit der räumlichen Grundbedeutung der Präposition ἐν dürften auch sie einen »*Bereich*« bezeichnen, »in« dem etwas geschieht. Wichtig ist der Hinweis, daß dieser mit ἐν c. Dat. bezeichnete »Bereich« keinen *abstrakten* Raum meint[78]; vielmehr bezeichnet ἐν – als Gegensatz zu ἐκ – »eine wirkliche Vereinigung mit einem Gegenstande«.[79] Darum überrascht es nicht, daß namentlich *affektive* Verben mit ἐν c. Dat. gebildet werden.[80] Formulierungen mit ἐν c. Dat. dürften daher – so kann vorsichtig geschlossen werden – ganz allgemein eine gewisse *persönliche Involviertheit* ausdrücken.

Diese *Bedeutungsvielfalt* ist *prima facie* auch im Blick auf die hier besonders interessierenden Wendungen ἐν Χριστῷ, ἐν κυρίῳ usw. in Anschlag zu bringen, und man darf mit M. RYŠKOVÁ vielleicht

»vermuten, daß Paulus die Mehrdimensionalität des *en* absichtlich ausgenützt hat, um die neue, dynamische Wirklichkeit der neuen Beziehung des Menschen zu Gott durch Christus aufzuzeigen.«[81]

6.1. ἐν Χριστῷ κτλ.: *Formel oder Wendung?*

Auch wenn allein schon aufgrund der Statistik[82] kaum zu bezweifeln ist, daß Wendungen wie ἐν Χριστῷ und ἐν κυρίῳ eine »originale Schöpfung

---

[73] Vgl. z.B. Röm 1,24a mit 1,26a.28b (παραδιδόναι + ἐν bzw. εἰς). S. zum Ganzen BDR, § 206.
[74] S. z.B. Röm 1,9bβ; 2,1; 8,3a.37; 12,7(2x).8a; 14,18.21; 15,27; 16,2b.
[75] S. Röm 2,12.20; 3,19; Gal 3,11; 5,4; Phil 3,6; vgl. auch (ἐν) γράμματι Röm 2,29aβ. *Nicht* hierher gehören 1Kor 9,9; 14,21 (νόμος als *Buch* [vgl. Gal 3,10b; s.o. S. 231, Anm. 65]).
[76] S. Röm 7,5a; 8,3c.8.9a; Gal 6,12 (?). *Nicht* hierher gehören Röm 2,28bβ; 7,18; 2Kor 4,11b; 10,3; Gal 2,20; 4,14; Phil 1,22.24; Phlm 16 (σάρξ als *irdischer Körper* [s. dazu oben S. 136–142.231f., Anm. 65f.]).
[77] S. Röm 2,29; 8,9; 1Kor 12,3(2x).9(2x).13; 14,16; 2Kor 6,6; Phil 1,27; 1Thess 1,5.
[78] Vgl. dazu auch JOOSS, Raum, 15: »Raum [...] ist immer gedeuteter Raum. Raum ist immer bedeutsamer Raum.«
[79] KÜHNER/GERTH, Grammatik II/1, 462.
[80] Vgl. KÜHNER/GERTH, a.a.O., 465; BAUER/ALAND, WbNT, 526, s.v. ἐν III.3b (als Beispiele werden genannt: εὐδοκεῖν, εὐφραίνεσθαι, καυχᾶσθαι, χαίρειν). S. dazu oben S. 232, Anm. 69.
[81] Untersuchung, 23.
[82] Zu den Stellen im einzelnen s.o. S. 222, Anm. 3–8.10. DEISSMANN, Formel, 1–3 (übernommen von BOUTTIER, En Christ, 24, Anm. 2), zählt in seiner überaus gewissen-

des Paulus«⁸³ sind,⁸⁴ muß doch gefragt werden, ob es sich dabei um »Formeln« im eigentlichen Sinne handelt, ob diese Wendungen also an *jeder* Stelle ihres Vorkommens *identisch* wiederzugeben sind.⁸⁵ Die Mehrheit der Exegeten bestreitet das jedenfalls.⁸⁶

Die Einsicht aufnehmend, daß die fraglichen ἐν-Formulierungen in sehr unterschiedlichen Zusammenhängen auftauchen und primär *von diesen her* auszulegen sind,⁸⁷ können *zunächst*⁸⁸ alle Stellen ausgeschieden werden,

---

haften Erhebung für den Gal *ein* Vorkommen mehr als wir (neun statt acht) und damit insgesamt 99 Stellen in den paulinischen Homologumena (statt 98); KLEHN, Verwendung, 68, der allerdings ἐν κυρίῳ unberücksichtigt läßt und auch sonst einige Unregelmäßigkeiten aufweist, zählt immerhin für Gal ebenfalls nur *siebenmal* ἐν Χριστῷ (᾿Ιησοῦ) anstatt wie DEISSMANN (a.a.O., 2) achtmal (und einmal ἐν κυρίῳ).

⁸³ DEISSMANN, a.a.O., 77; so auch WIKENHAUSER, Christusmystik², 35. Allerdings sei Paulus »der Bildner der Formel, nicht in dem Sinne, als hätte er zum ersten Male ἐν mit dem persönlichen Singular verbunden, sondern so, *dass er unter Benutzung eines bereits vorhandenen Sprachgebrauches einen ganz neuen terminus technicus schuf*« (DEISSMANN, a.a.O., 70).

⁸⁴ SCHNELLE, Paulus, 548, bestreitet dies unter Hinweis auf »die vorpaulinischen Tauftraditionen 1Kor 1,30; 2Kor 5,17 und Gal 3,26–28« und weitere »traditionelle Vorstellungen« (ebd., Anm. 12), namentlich »jüdische Weisheitstraditionen« (ebd.); mit Recht *kritisch* jetzt CEGLAREK, Rede, 429f., Anm. 2263 (zur *paulinischen Skepsis gegenüber der sog.* »*Weisheit*« s.o. S. 204, Anm. 402)!

⁸⁵ Mit STEWART, Man, 157f., liegt der *methodische Fehler* der Untersuchung DEISSMANNs darin, daß dieser aus der (richtigen!) »Erkenntnis, dass die Formel eine originale Schöpfung des Paulus ist«, »sofort« (!) auf die »Notwendigkeit ihrer *einheitlichen* Auffassung« schließt: »Überall, wo sie uns begegnet, muss sie als eben dieser paulinische terminus technicus erklärt werden« (Formel, 77f.)! Für sein *Problembewußtsein* spricht indes, daß er einschränkend bemerkt: »Das ist jedenfalls an allen Stellen das Zunächstliegende. Man hat also im einzelnen Falle nicht zu fragen: Haben wir hier ein Beispiel der paulinischen Formel? – sondern es kann sich bei gewissen Stellen höchstens um die Frage handeln: Ist das ἐν hier vielleicht ausnahmsweise *nicht* das paulinische?« (a.a.O., 78).

⁸⁶ Ältere Vertreter nennt WIKENHAUSER, Christusmystik², 7 m. Anm. 10–24; s. neuerdings RYŠKOVÁ, Untersuchung, 22–24.50f.; ferner CEGLAREK, Rede, 302f.

⁸⁷ Vgl. WIKENHAUSER, a.a.O., 7 (und die ebd. Genannten); bes. BORNKAMM, Paulus, 163, u.a. – BORNKAMM etwa sieht eine *vierfache Verwendungsmöglichkeit* der Wendung ἐν Χριστῷ: Sie könne 1) als Ersatz für den noch nicht geprägten Begriff »*Christ*« dienen (so schon VON DOBSCHÜTZ, 1Thess, 109, u.v.a. [s. dazu unten S. 238f., Anm. 107f.]) bzw. »nur die Gliedschaft in der Kirche zum Ausdruck« bringen (ebd.), oder 2) auch *statt* διά stehen (a.a.O., 164), was DEISSMANN noch kategorisch abgelehnt hatte (Formel, 79f.). Darüber hinaus könne 3) »die Wendung ›in Christus‹ den vollen Sinn der *neuen, tragenden und umfassenden Wirklichkeit* erhalten, *in die die Glaubenden, der Machtsphäre des Verderbens entnommen, versetzt sind*« (BORNKAMM, a.a.O., 164 [Hervorhebungen E.R.]), so in Gal 3,27f.; Röm 12,5; 1Kor 12,13.27. Doch »auch umgekehrt« könne Paulus 4) »von einem ›Wohnen‹ Christi oder seines Geistes in den Glaubenden sprechen« (ebd.; s. Röm 8,9f.). Das geschehe freilich »*nicht durch eine Entrückung in eine himmlische Sphäre*, sondern gilt gerade für die irdische Existenz des Glaubenden: ›Was ich aber jetzt lebe im Fleisch, lebe ich im Glauben an den Sohn Gottes, der mich geliebt

an denen sich die »Formel« ἐν Χριστῷ κτλ. (möglicherweise) nur deswegen ergibt, weil die Rektion eines Verbs die Präposition ἐν verlangt oder zumindest ermöglicht (Präpositionalobjekt),[89] wobei insbesondere die Vertauschung von εἰς c. Akk. und ἐν c. Dat. in nachklassischer Zeit bzw. unter dem Einfluß semitisierender Gräzität zu berücksichtigen ist.[90] Das kann z.B. bei Konstruktionen mit folgenden Verben und ihren Derivaten sowie

und sich für mich hingegeben hat‹ (Gal 2,20b)« (ebd. [Hervorhebung E.R.]). Das alles sei jedoch *keine* Mystik, »[d]enn zum Wesen der Mystik gehört das Verschwimmen der Grenzen zwischen Gott und Mensch, das Einswerden beider« (ebd.). Zugleich sei auch die Sicht *abzulehnen*, die »Seins-Aussagen« seien »geradezu die Hauptsache der paulinischen Botschaft und Theologie« (a.a.O., 161). Man könne sie nämlich »nicht gegen seine Rechtfertigungsbotschaft ausspielen, von ihr trennen oder ihr überordnen. So stark die Aussagekraft jener mystisch-ontologischen Vorstellungen und Wendungen ist, Paulus läßt sie doch kaum je ohne das Korrektiv seiner [juridischen; E.R.] Rechtfertigungslehre. Diese dient ihm dazu, jede Art von Naturalismus und Automatismus in dem Verständnis des Heils abzuwehren, sei es, daß solches Denken aus dem Schema der apokalyptischen Äonen-Vorstellungen, aus jüdischen Adam-Spekulationen, heidenchristlichem Sakramentalismus und Enthusiasmus oder aus einem unerschütterten Erwählungsglauben Israels sich herleitet« (ebd.).

[88] Mit RYŠKOVÁ, Untersuchung, 23. Es ist nicht auszuschließen, daß dieses Urteil später revidiert werden muß. Aber auf diese Weise wird der methodische Fehler Deißmanns (s.o. S. 234, Anm. 85) vermieden, sich *von vornherein* auf den *Formel*charakter der Wendung ἐν Χριστῷ festzulegen.

[89] *Methodisch* genauso verfuhr u.a. schon WIKENHAUSER, Christusmystik², 7f., der aber »nur wenige Fälle« namhaft machen konnte (»sich rühmen« + ἐν [s.u. S. 236, Anm. 92], »hoffen« + ἐν [s.u. S. 236, Anm. 94]). Man beachte gegen dieses Verfahren, insbesondere gegen die Zuhilfenahme von Spracheigentümlichkeiten »der« LXX zur Erklärung der paulinischen Briefe, immerhin folgenden Einwand von DEISSMANN, Sprachgeschichte, 115: »An keinem Punkte rächt sich die Nichtbeachtung des für die Grammatik (und das Lexikon) der ›biblischen‹ Schriftsteller *fundamentalen Unterschiedes zwischen den Übersetzungen semitischer Vorlagen und den griechischen Originalwerken* so sehr, als in der Lehre von den Präpositionen. Ich glaube früher an einem nicht unwichtigen Beispiele [sc. DERS., Formel, *passim*; E.R.] nachgewiesen zu haben, wie sehr sich eine syntaktische Eigentümlichkeit der *originalgriechischen Paulusbriefe* von dem scheinbar ähnlichen Gebrauche der Übersetzungen unterscheidet« (Hervorhebungen E.R.). Gegen anderslautende Versuche wendet er ein, »dass sie *unter Nichtbeachtung jenes Unterschiedes* Stellen aus den Evangelien und der Apokalypse, bei denen man von einem Einflusse des Semitismus, d.h. der eventuellen semitischen Vorlage reden kann, kritiklos z.B. neben paulinische setzen, *ohne doch anzugeben, wie sie sich die ›Nachwirkung‹ des* ב *auf Paulus vermittelt denken*« (a.a.O., 116 [Hervorhebungen E.R.]). Es komme hinzu, daß man von »dem« Sprachgebrauch der LXX angesichts der »überaus großen Buntscheckigkeit des Gebrauches dieser Wörter [sc. insbesondere der Partikeln; E.R.] in den einzelnen Teilen der Übersetzung« (DERS., Formel, 14) schlechterdings nicht reden könne. Abgesehen davon hätten die »originalgriechischen« biblischen Schriftsteller »das verkleidete Hebräisch [sc. der LXX; E.R.] nicht für heilig und *erst recht nicht für nachahmenswert* gehalten« (DERS., Denkmal, 52 [Hervorhebung E.R.]).

[90] Vgl. dazu BDR, §§ 205; 218–220.

den von ihnen abgeleiteten Substantiven der Fall sein[91]: καυχᾶσθαι/καύχησις bzw. καύχημα,[92] πιστεύειν/πίστις,[93] ἐλπίζειν/ἐλπίς,[94] πείθειν bzw. πεποιθέναι,[95] καλεῖσθαι,[96] χαίρειν,[97] sowie bei Ausdrük-

---

[91] Vgl. zum Folgenden neben dem grundsätzlichen Einwand Deißmanns (s.o. S. 235, Anm. 89) auch die kritischen *philologischen* Hinweise bei BRUN, Formel, 20–22!

[92] S. dazu 1Kor 1,31 (hier mittels Zitationsformel [καθὼς γέγραπται] als angebliches »Schriftzitat« eingeleitet, das sich aber weder MT noch LXX in dieser Form findet [*gegen* NA$^{26.27}$] z.St. und zu 2Kor 10,17; vgl. dazu HÜBNER, Theologie II, 116f.120. 140f.]); 2Kor 10,17; Phil 3,3 (»sich jemandes rühmen« [vgl. 1Kor 3,21: ἐν ἀνθρώποις]). Zu καυχᾶσθαι ἔν τινι = »sich einer Sache/jemandes rühmen« vgl. 1Βασ 2,10; Jer^{LXX} 9,22f.; Ode 3,10; Röm 2,23; 2Kor 5,12; 10,15; 12,5.9; Gal 6,13f.; Jak 1,9f. Etwas anders liegt der Fall in Röm 15,17 (ἔχω οὖν τὴν καύχησιν ἐν Χριστῷ Ἰησοῦ τὰ πρὸς τὸν θεόν); 1Kor 15,31; Phil 1,26: Hier gibt der Präpositionalausdruck mit ἐν (ἐν Χριστῷ Ἰησοῦ) denjenigen an, *vor dem* man sich rühmt (ἐν ἐμοί Phil 1,26 gibt dann wiederum den *Grund* des Rühmens an; vgl. Röm 2,17; 5,11; 1Kor 1,29 [hier ἐνώπιον τοῦ θεοῦ]); das ist bei Paulus immer *Gott* bzw. *Christus* (vgl. Röm 4,2; 1Thess 2,19 [στέφανος καυχήσεως ... ἔμπροσθεν τοῦ κυρίου ἡμῶν Ἰησοῦ]). Wieder anders liegt der Fall wohl in Röm 5,3 (καυχώμεθα ἐν ταῖς θλίψεσιν), wo der Präpositionalausdruck mit ἐν die (äußeren) *Umstände* des καυχᾶσθαι schildert.

Zu nennen ist hier auch das sinnverwandte, in seiner *präzisen* Bedeutung allerdings höchst umstrittene (nach GRÄSSER, 2Kor I, 108, u.v.a. ist die »exegetische Verlegenheit, die uns das in LXX fehlende, im NT nur noch Kol 2,15 vorkommende Verb *thriambeuein* bereitet«, sogar »ausweglos«!), aber jedenfalls *transitive* (!) Verb θριαμβεύειν τινὰ ἔν τινι (2Kor 2,14; vgl. dazu GEMOLL, Wb, 378, s.v. 2.; REHKOPF, WbNT, 58, s.v. 1.; KÜGLER, Duft, *passim*). Der Präpositionalausdruck mit c. Dat. dürfte – wie bei καυχᾶσθαι ἔν τινι – den *Anlaß* des »Triumphieren-Lassens« bezeichnen (*anders* DELLING, Art. θριαμβεύω, 160). Zu übersetzen wäre dann: »Dank aber sei Gott, der uns allezeit triumphieren läßt im Hinblick auf Christus / dank Christus.« (Mißverständlich wäre die an sich korrekte Übersetzung: »... der uns allezeit über Christus triumphieren läßt«.)

[93] S. dazu Gal 3,26 (nur nominales Vorkommen). Dieser Beleg ist allerdings *umstritten*: Nach PERCY, Leib, 23–25, ist ἐν Χριστῷ Ἰησοῦ nämlich überhaupt nicht zu πίστις zu ziehen, sondern zum Prädikat (wie Gal 3,28; so schon WALTER, Gal, 121f.; *anders* NEUGEBAUER, In Christus, 172 m. Anm. 11). Zieht man ἐν Χριστῷ κτλ. gleichwohl zu πίστις, wäre daran zu erinnern, daß in den semitischen Sprachen *Verben des Glaubens und der Zuversicht* mit der Präposition »in« konstruiert werden, wenn die *Person oder Sache, in die man sein Vertrauen setzt*, benannt werden soll (hebr. אמן בְּ *Hi.* [dazu GESENIUS, HWbAT, 48f., s.v. 1.c]; arab. أمن بـ *IV. Stamm*); daher πιστεύειν ἔν τινι = »glauben an« / »vertrauen auf« (z.B. Ψ 77,22; 105,12). Möglich wäre auch eine Vertauschung der Präposition εἰς mit ἐν (so BDR, §§ 205f.218 [s.o. S. 233, Anm. 73]; s. dagegen BOUTTIER, En Christ, 35; NEUGEBAUER, ebd.: Paulus halte »diese beiden Präpositionen sehr genau auseinander«).

[94] S. 1Kor 15,19; Phil 2,19. Vgl. zu ἐλπίζειν ἔν τινι = »vertrauen/hoffen auf« Jdc^{LXX} (B) 9,26 (s.u. Anm. 95!); 4Βασ 18,5; Jdt 9,7; Ψ 32,21; 35,8; 55,4; 56,2 (neben der deutlich häufigeren Kombination ἐλπίζειν + ἐπί c. Acc.). Zu ἐλπίς + ἐν c. Dat. vgl. Dtn^{LXX} 24,15 (ἐν αὐτῷ ἔχει τὴν ἐλπίδα); Ψ 72,28 (τίθεσθαι ἐν τῷ κυρίῳ τὴν ἐλπίδα μου); SapSal 13,10.

[95] S. Röm 14,14 (?); Gal 5,10; Phil 1,14 (*möglich*); 2,24 (vgl. Phil 3,3f.: οὐκ ἐν σαρκὶ πεποιθότες bzw. πεποιθέναι ἐν σαρκί). Vgl. zu πεποιθέναι ἔν τινι =

ken des Schwörens u.dgl.,[98] des Verstehens bzw. des Unverständnisses,[99] des Verkündigens[100] und des Arbeitens[101] usw.[102]

»vertrauen auf jmdn.« Jdc^LXX (A) 9,26 (καὶ ἐπεποίθησαν ἐν αὐτῷ [s.o. Anm. 94!]). Auch andere Verben des Vertrauens können mit ἐν verbunden werden, vgl. θαρρεῖν ἔν τινι 2Kor 7,16.

[96] S. 1Kor 7,22 (vgl. zu diesem Sprachgebrauch Röm 9,7; 1Kor 7,15.18; 1Thess 4,7).

[97] Das ist jedenfalls *möglich* in Phil 3,1; 4,4. Zu χαίρειν ἔν τινι (neben ἐπί τινι) = »sich freuen über jmdn./etw.« s. Phil 1,18; ferner Lk 10,20; Sach 10,7^LXX, Tob 13,16 (S); vgl. BAUER/ALAND, WbNT, 526, s.v. ἐν III.3b. *Nicht* hierher gehört Phil 4,10, da dort bereits ein Objekt (ὅτι-Satz) genannt ist. – Nach KÜHNER/GERTH, Grammatik II/1, 465 (§ 431,1), ist der Gebrauch der Präposition ἐν gerade in Verbindung mit »Verben der *Affekte*« (*namentlich* χαίρειν, vgl. auch δοξάζειν ἔν τινι Gal 1,24) schon in der klassischen *Prosa* verbreitet, was erneut zeigt, daß nicht alle vorgeblich eigenartigen Formulierungen sofort aus sog. »semitischer Gräzität« erklärt werden dürfen! Ohnehin dürften die oft beschworenen Differenzen deutlich *kleiner* sein, als zuweilen behauptet wird.

[98] S. Röm 9,1: ἀλήθειαν λέγω ἐν Χριστῷ. Der *Präpositionalausdruck mit ἐν* bezeichnet denjenigen, bei dem man schwört bzw. den man zum Zeugen anruft, wie die Parallele 3Βασ 22,16 (vgl. 2Παρ 18,15) eindrücklich bestätigt (vgl. auch die v.l. zu 1Tim 2,7, die freilich – unbeschadet ihrer recht ansehnlichen äußeren Bezeugung – von Röm 9,1 her beeinflußt sein wird). Statt ἐν c. Dat. kann – zur Verstärkung? – auch die Präposition ἐνώπιον c. Gen. gewählt werden (vgl. Gal 1,20). Zu ὀμνύναι ἔν τινι in der Bedeutung »schwören bei jmdm.« vgl. z.B. Ψ 62,12 (hebr. בְּ שָׁבַע *Hi.*).

[99] S. 1Kor 3,1; 4,10. Die Übersetzung »unmündige Christen« für νήπιοι ἐν Χριστῷ (1Kor 3,1) scheidet aus *sachlichen* Gründen aus, denn wie H.-Chr. KAMMLER gezeigt hat (DERS., Kreuz, 239–244, bes. 239f. m. Anm. 12.14f.), kann es »prinzipiell keine ›unmündigen‹ Christen geben« (a.a.O., 240 [*anders* a.a.O., 240f. m. Anm. 16!]), wie auch *Gal 4,3* nachdrücklich bestätigt (gegen SCHNABEL, 1Kor, 186; u.v.a.). Gerade mit ihrer Bezeichnung als νήπιοι spricht Paulus den Gemeindegliedern in Korinth also ihr *Christsein ab*, wenn auch *letztlich* – aus textpragmatischen Gründen – *hyperbolisch* (a.a.O., 243f.; diese Auslegung ist also *nicht* in sich »widersprüchlich«, wie SCHNABEL, 1Kor, 186, Anm. 488, meint!). Für die Übersetzung »*unmündig/unwissend im Blick auf Christus*« spricht außerdem, daß auch *Gegenbegriffe* wie συνετός (s. nur Mt 11,25par: νήπιος – συνετός, σοφός) bisweilen mit der Präposition ἐν verbunden werden (s. Prov^LXX 16,20; Sir 18,29; vgl. συνίημι ἔν τινι: Ψ 100,2; Prov^LXX 28,5; 2Esr 23,7; Dan^LXX 1,4; 9,23). So ist denn m.E. auch für *1Kor 4,10* (φρόνιμοι ἐν Χριστῷ) die Bedeutung »*verständig im Blick auf Christus*« anzunehmen.

[100] Das ist jedenfalls *möglich* in 2Kor 2,17b (vgl. 12,19). Zu übersetzen wäre dann: »sondern als aus Gott reden wir vor Gott *über/von* Christus« (und eben *nicht* wie die meisten anderen, die das Wort Gottes verfälschen [V. 17a!]). Vgl. zu diesem Sprachgebrauch noch Cant^LXX 8,8b: τί ποιήσωμεν τῇ ἀδελφῇ ἡμῶν ἐν ἡμέρᾳ, ᾗ ἐὰν *λαληθῇ ἐν αὐτῇ*; = »Was sollen wir (mit) unserer Schwester tun an dem Tag, an welchem man *über sie* redet?« Da ein »Buch Elia« o.ä. (in Analogie zu ἐν τῷ Ὡσηέ [Röm 9,25a]) nicht bekannt ist, dürfte *auch Röm 11,2b* in dem o.g. Sinne zu übersetzen sein: ἢ οὐκ οἴδατε ἐν Ἠλίᾳ τί λέγει ἡ γραφή κτλ.; = »oder wißt ihr nicht, was die Schrift *über/von* Elia sagt...?« (so auch LÜ, EÜ; anders ELB).

[101] Das ist jedenfalls *sehr wahrscheinlich* in Röm 16,12(2x). Das Verb κοπιᾶν kann in späterer Zeit »sich abmühen« bzw. »sich bemühen« heißen; dabei kann die Person bzw. Sache, *um die* man sich müht, mit ἐν c. Dat. bezeichnet werden, wie 1Thess 5,12a

Für unser Thema relevant ist sodann die Beobachtung A. WIKENHAUSERs, daß Paulus mit der Wendung ἐν Χριστῷ κτλ. mitunter »ein Handeln Gottes in Christus oder ein *Vorhandensein himmlischer Güter in ihm*« zum Ausdruck bringt, diese Wendung also nicht nur dann gebraucht, »wenn er von der Seins- und Lebensverbindung spricht, in welcher der Christ mit seinem erhöhten Herrn steht, sondern öfters auch dann, wenn er von dem objektiven Vollzug der Erlösung durch Gott redet«.[103] An diesen Stellen tritt Christus betont als »Träger« (und *insofern* Vermittler) der entsprechenden »Heilsgüter« in Erscheinung.[104] Obschon in diesen Fällen der Werkaspekt den Gemeinschaftsaspekt etwas in den Hintergrund treten läßt, ist aber *auch hier* zu beachten,

> »daß Paulus an so vielen Stellen nicht ›durch Christus‹ schreibt, wie wir es erwarten würden, sondern ›in Christus‹; er will damit offenbar den Gedanken zum Ausdruck bringen, daß Christus gewissermaßen der Ort des Heilswillens und -wirkens Gottes gegenüber den Menschen, die Stätte seiner gnadenvollen Gegenwart ist.«[105]

Darin kommt erneut zum Ausdruck, daß *die sog. »Heilsgüter« bleibend an Christus gebunden* sind und niemals zum »Habitus« der Gläubigen werden; *Christus selbst in Person ist und bleibt der »Ort des Heils«* (Röm 3,25; vgl. 2Kor 5,21).[106]

Ferner sind, E. VON DOBSCHÜTZ[107] u.a. folgend, diejenigen Stellen auszuscheiden, an denen der Präpositionalausdruck ἐν Χριστῷ statt des Ad-

---

beweist (richtig übersetzen hier LÜ, Schlachter2000; anders ELB, EÜ); vgl. noch 2Βασ 23,7; Jes^{LXX} 47,15; 1Tim 5,17. Zu übersetzen wäre Röm 16,12 also folgendermaßen: »Grüßt Tryphaina und Tryphosa, die sich um den Herrn [d.h. um die Sache des Herrn] gemüht haben. Grüßt Persis, die Geliebte, die sich viel um den Herrn [d.h. um die Sache des Herrn] gemüht hat.« Ähnliches gilt m.E. auch für 1Kor 15,58.

[102] *Vollständigkeit* der Möglichkeiten ist *für unseren Zusammenhang* ebensowenig beabsichtigt wie es unerheblich ist, ob man manche Stellen so oder anders erklärt; hier ist manches wohl nicht mit allerletzter Sicherheit zu entscheiden (vgl. WIKENHAUSER, Christusmystik[2], 6–14, bes. 8f. m. Anm. 28). *Entscheidend* ist für unsere These aber ohnehin einzig und allein, *ob* die Wendung ἐν Χριστῷ wenigstens an einzelnen Stellen relational-ontologisch zu verstehen ist.

[103] Christusmystik[2], 8 (beide Zitate [Hervorhebung E.R.]). Er schränkt aber mit Recht ein: »Dabei macht man allerdings die Wahrnehmung, daß in nicht wenigen Fällen die Entscheidung, ob mystisch oder nichtmystisch, nicht mit Sicherheit zu treffen ist. Das rührt daher, daß Paulus nicht immer scharf zwischen dem geschichtlichen Akt, in dem Gott durch Christus die Erlösung vollbracht hat, und der fortdauernden Wirksamkeit des Mittlers scheidet« (ebd.).

[104] S. Röm 3,24; 8,2.39; 1Kor 1,4.5; 2Kor 1,*19.20*; 3,14; 5,*21*; Gal 2,4.17; 3,14. (Demgegenüber nennt WIKENHAUSER, ebd.: Röm 3,24; 8,39; 2Kor 5,19; 1Thess 5,18.)

[105] WIKENHAUSER, Christusmystik[2], 9.

[106] S.o. S. 86 m. Anm. 180!

[107] 1Thess, 109; vgl. BORNKAMM, Paulus, 163; KAMMLER, Kreuz, 241, Anm. 16, nennt 1Kor 15,18; 2Kor 12,2; 1Thess 4,16; ferner 1Kor 4,15; Röm 16,7.

6. »Christ-Innigkeit«: der Christ – ein Mensch ἐν Χριστῷ   239

jektivs χριστιανός zur Bezeichnung der »Christen« steht,[108] bzw. alle Stellen, an denen dieser Präpositionalausdruck syntaktisch unverbunden als Adverbiale steht.[109] Schließlich ist festzustellen, daß Wendungen wie ἐν Χριστῷ im Philipperbrief und Philemonbrief überaus häufig[110] und in geradezu plerophorer Weise Verwendung finden;[111] es wird daher empfehlenswert sein, für die präzise Sinnbestimmung der Wendung zunächst v.a. die *älteren* Paulusbriefe heranzuziehen.

Sichtet man die nun noch verbleibenden Belege,[112] so kann immerhin so viel gesagt werden, *daß von einer genuin paulinischen Vorstellung mindestens dann zu sprechen ist, wenn ἐν Χριστῷ κτλ. in Verbindung mit (Voll-)Verben des Werdens, (Irgendwie-)Seins, Bleibens o.ä. auftritt (γενναν*[113]*, γίνεσθαι*[114]*, εἶναι*[115]*, ζῆν*[116]*, εὑρεθῆναι*[117]*, στήκειν*[118]*, ἀσθε-*

---

[108] Ob das der Tatsache geschuldet ist, daß es das Adjektiv zu Paulus' Zeit noch nicht gab (so VON DOBSCHÜTZ, 1Thess, 109; GOPPELT, Theologie, 433; BORNKAMM, Paulus, 163), oder ob die Apostelgeschichte historisch zutreffend berichtet, daß die Christen erstmals in Antiochien – und zwar in Anwesenheit des Paulus – Χριστιανοί genannt wurden (Act 11,26; vgl. noch 26,28), mag hier offenbleiben. Träfe letzteres zu (so z.B. BÜCHSEL, »In Christus«, 150 m. Anm. 29), wäre immerhin davon auszugehen, daß Paulus *Gründe* hatte, diese Bezeichnung *nicht* zu verwenden. STEWART, Man, 158, vermutet: "At the time when Paul was writing, 'Christian' was still a term of reproach, and was therefore not in the vocabulary of the Church [...]." – Folgende Stellen bei Paulus sind betroffen: 1Kor 1,2; 15,18; 2Kor 12,2; Gal 1,22; Phil 1,1; 4,21; 1Thess 1,1; 2,14; 4,16. Gälte das oben Gesagte *mutatis mutandis* für ἐν κυρίῳ, wären noch folgende Stellen zu nennen: Röm 16,8.13.22; Phlm 16.
[109] S. Röm 16,3.9.10; 1Kor 4,17a; 11,11; 16,19.24; Phlm 23.
[110] Schon DEISSMANN, Formel, 3 m. Anm. 1, beobachtete im Blick auf die *Verteilung* der Wendung ἐν Χριστῷ im Corpus Paulinum *Frequenzschwankungen*: »Von 1Thess ab fällt die Frequenz langsam, aber stetig, wie (wenn die Größe Rom. 16 nicht zum ursprünglichen Briefe gehören sollten, in Rom., anderenfalls) in 2 Cor. ihren Tiefpunkt zu erreichen. In den *Gefangenschaftsbriefen* steigt die Frequenz ganz rapid, erreicht in Philm. ihren Höhepunkt und bricht dort plötzlich ab. Die *Pastoralbriefe* zeigen eine weit unter den Tiefpunkt des vorhergehenden Gebrauches herabgesunkene Frequenz.«
[111] Aus der oben, Anm. 110, mitgeteilten Beobachung erhellt, daß im Philipperbrief und im Philemon-Brief (vgl. dazu FURTER, Phlm, 246) von einem *spezifischen* Gebrauch der Wendung nur bedingt gesprochen werden kann. Auch NEUGEBAUER, In Christus, 129, beobachtet an manchen Stellen (namentlich: Röm 16,3.7.9.10; Phlm 23) eine ›mehr abgeblaßte‹ Bedeutung der »Formel«. – Das betrifft die folgenden Stellen: Phil 1,13; 2,1 (vgl. dazu 1Thess 2,3: παράκλησις ... ἐν δόλῳ, so auch 1Thess 4,1; vgl. 2Thess 3,12). 5.29; 3,14; 4,2.(7.)10.19; Phlm 8.20a.b.
[112] Von den *insgesamt 98 Belegen der Wendung in den Homologumena* verbleibt nun noch gut ein Viertel (26): Röm 6,11.23; 8,1; 12,5; 16,2.7.11; 1Kor 1,30; 4,15a.b.17b; 7,39; 9,1.2; 15,22; 2Kor 2,12; 5,17.19; 13,4; Gal 3,28; 5,6; Phil 3,9; 4,1; 1Thess 3,8; 5,12.18 (vgl. noch Phil 4,13).
[113] S. 1Kor 4,15b (vgl. *in der Sache* Gal 4,19).
[114] S. Röm 16,7.
[115] S. Röm 8,1 (hier ist ὄντες zu *ergänzen*); 12,5; 16,11; 1Kor 1,30; 2Kor 5,17 (hier ist ἐστίν zu *ergänzen*) und 19; Gal 3,28 (vgl. 5,6). – In seinem offenkundigen Bemühen,

νεῖν)[119].[120] Es ist methodisch wie sachlich dem Urteil W. THÜSINGS zuzustimmen:

»Wenn man die paulinische Formel ›in Christus‹ bestimmen will, ohne gerade von den Aussagen des Seins und Lebens in Christus auszugehen (z.B. 1 Kor 1,30; 2 Kor 5,17.21; Röm 8,1; Röm 16,11, aber auch Röm 6,11; Gal 3,28), kann man ihren Sinn leicht verfehlen oder verwischen«.[121]

Mit dem hier erarbeiteten *methodischen* Vorgehen sind übrigens – das sei abschließend bemerkt – zugleich die wichtigsten Hinweise berücksichtigt, die schon J. WEISS (1896) gegeben hat.[122] Er hatte gegen Ad. Deißmann darauf insistiert, keinesfalls »alle Stellen, in denen die Formel vorkommt, in das Prokrustesbett der mystisch-paulinischen Deutung« zu spannen.[123] Dabei blieb aber unbestritten, *daß Deißmann Richtiges gesehen und neu zur Geltung gebracht hat* – nur daß die »spezifisch-pneumatische mysti-

---

der Rede von der Formel ἐν Χριστῷ εἶναι den Boden zu entziehen, *relativiert* SCHMAUCH, In Christus, 18–20, leider *alle* hier genannten Stellen und behauptet sogar, »daß keine einzige Stelle in den Paulusbriefen die Formel in Verbindung mit dem εἶναι in diesem prägnanten Sinne aufweist« (a.a.O., 19; ebenso a.a.O., 20)!

[116] S. Röm 6,11 (vgl. 6,23 [*diese* Stelle könnte freilich auch zu den oben S. 238, Anm. 104, genannten Belegen gezählt werden]).

[117] S. Phil 3,*9*.

[118] S. Phil 4,1; 1Thess 3,8.

[119] S. 2Kor 13,*4*.

[120] Hierher dürfte auch jene Stelle gehören, an der Christus als »kollektive Person« bzw. *incorporative personality* (B. WITHERINGTON III) aufgefaßt ist: 1Kor 15,22 (zu Röm 12,5 s.o. m. Anm. 115).

[121] Per Christum, 64. Er setzt sich hier namentlich mit NEUGEBAUERs Deutung (vgl. DENS., In Christus, *passim*) kritisch auseinander, das »In Christus« als »Umstandsbestimmung« aufzufassen; außerdem werde Neugebauer »den ›Korrespondenzformeln‹ kaum gerecht« und würdige »auch die Bedeutung des Pneuma für das ›in Christus‹ nicht ausreichend« (THÜSING, ebd., Anm. 8).

[122] Vgl. DENS., Probleme II, *passim*.

[123] A.a.O., 31. WEISS führt seine Sicht folgendermaßen aus (a.a.O., 31f.): »Es giebt Stellen, in denen ἐν Χριστῷ gar nicht eine selbständige Formel ist, sondern nur abhängig von Verben, die mit ἐν konstruiert werden, wie καυχᾶσθαι, πεποιθέναι. Die Bedeutung des ἐν ist: auf Grund von. Dieselbe Bedeutung ist da anzunehmen, wo nicht das Leben der Christen, sondern die objektiven Heilsgüter als ἐν Χριστῷ gegeben bezeichnet werden. Für eine Reihe dieser Stellen ist allerdings auch die Bedeutung ›in Christus‹ möglich, indem die Vorstellung die ist, daß diese Güter, in Christus eingeschlossen, mit ihm kommen. Sehr nahe dabei liegt der ›komprehensive‹ Gebrauch, wobei man ergänzen muß: dadurch, daß Chr. ... In mehreren dieser Stellen kann man freilich schwanken, ob nicht ἐν als gleichwertig empfunden wird mit einem διά, welches häufig mit ihm alterniert. Unterhalb des Niveaus der spezifisch paulinischen Formel liegt auch noch der blasse Gebrauch von ἐν Χριστῷ, wodurch nur die Sphäre bezeichnet wird, innerhalb deren z.B. zwischen Personen eine Beziehung besteht, oder innerhalb deren jemand überhaupt etwas thut.« Sodann folgt eine (kritische) *Würdigung* der Sicht Deißmanns (s.u. m. Anm. 124 [Zitat]).

sche Formel, die *von Deißmann richtig gedeutet* ist«, einen »*geringeren Raum*« einnehme, »*als er behauptet.*«[124] Das *letztere* Urteil ist *auch unser* Ergebnis; wie es sich mit *ersterem* verhält, ist jetzt zu untersuchen.

6.2. Die Formel ἐν Χριστῷ εἶναι κτλ.

Welchen *Sachverhalt* nun wollte Paulus mit seiner Formel ἐν Χριστῷ εἶναι im Blick auf die Gegenwart des Christen zur Geltung bringen? Mit den bisherigen Überlegungen zu *Bedeutung und Wesen der Christusgemeinschaft (I.2.)*, sowie der Einsicht in die *ontologische* Bedeutung der *Konkurrenzgemeinschaft mit dämonischen Mächten (I.3.)* und der Beeinflussung durch *unpersönliche, anti-christliche Konkurrenzgrößen (I.5.)*, *haben wir uns ein vorläufiges Verständnis der gegenwärtigen Christusbezogenheit erarbeitet, das die Grundlage der folgenden Ausführungen bildet.* Inwieweit aufgrund der *Formel* ἐν Χριστῷ εἶναι darüber hinausgehend *inhaltlich Neues* zu sagen ist, kann nur die Exegese der einschlägigen Stellen beantworten, der wir uns nun zuwenden. Wir setzen ein bei dem paulinischen Spitzensatz 2Kor 5,17.[125]

6.2.1. Die Wirklichkeit des neuen Seins in Christus (2Kor 5,17)

Theologische Spitzensätze wie 2Kor 5,17 stehen in der besonderen Gefahr, ohne jede Rücksicht auf den *Kontext* für diese oder jene Sicht vereinnahmt zu werden. Das mag an unserer Stelle auch damit zusammenhängen, daß sich die (engere[126]) *Abgrenzung* des Abschnitts ausweislich der Kommentare offenbar äußerst schwierig gestaltet und im einzelnen umstritten ist, zumal unter Berücksichtigung der diversen Teilungshypothesen[127].

---

[124] A.a.O., 32 (Hervorhebungen E.R.).

[125] Auch DIBELIUS, Mystik, 11, hält 2Kor 5,17 für die »wichtigste, weil grundsätzlichste« Stelle.

[126] Immerhin diesbezüglich besteht einigermaßen Einigkeit, daß unser Abschnitt Teil der sog. *Apologie des Apostelamtes* ist, die von *2,14–7,4* reicht (so u.a. HOFIUS, Erwägungen, 1; GRÄSSER, 2Kor I, 101–105; BULTMANN, 2Kor, 23.65; THRALL, 2Kor I, 188; etwas anders GARLAND, 2Kor, 347, der – literarische Einheitlichkeit des 2Kor vorausgesetzt! – in *7,4* eher einen Übergangsvers sieht, »ending the previous passage and beginning the next«, der inhaltlich auf 2,13 zurückverweise [a.a.O., 346]). – Grundsätzlich kritisch zur Anwendung der Kategorie der »Apologie« auf den 2Kor STEGMAN, Character, *passim* (bes. 213–218); er spricht statt dessen von einer »self-commendation«.

[127] Zur Diskussion der literarischen Integrität des 2Kor vgl. z.B. GRÄSSER, 2Kor I, 29–35 (mit dem Ergebnis literarischer *Uneinheitlichkeit*); GARLAND, 2Kor, 33–44 (mit dem Ergebnis literarischer *Einheitlichkeit*). BIERINGER, Einheitlichkeit, 131, Anm. 1, sieht nach Jahren der »Popularität der Teilungshypothesen« in neuerer Zeit einen Trend zur Reduzierung solcher Briefteilungen; ebenso jetzt SCHMELLER, 2Kor I, 25 m. Anm. 18, der *insgesamt wohltuend vorsichtig* urteilt (vgl. a.a.O., 19–38; vgl. dazu DENS., Einheitlichkeit, *passim*). Dezidiert *für* die Einheitlichkeit plädiert LONG, Rhetoric, *passim*

Mit zahlreichen sprachlichen und strukturellen Beobachtungen hat O. HOFIUS wahrscheinlich zu machen vermocht, daß 2Kor 5,17 *Teil eines die Verse 14–21 umfassenden, in sich geschlossenen*[128] *Gedankengangs* ist.[129] Paulus legt in diesen Ausführungen »das Fundament und das Wesen seines apostolischen Auftrages« dar.[130] Dabei bildet *V. 14a* formal und sachlich den *Übergang* von dem persönlich gehaltenen Abschnitt 5,11–13[131] zu dem grundsätzlichen[132] Abschnitt 5,14b–21. Letzterer gliedert sich im einzelnen wie folgt: 1) der stellvertretende *Sühnetod Jesu*[133] (V. 14b–17): a) seine *Folge* (V. 14b), b) sein *Ziel* (V. 15) und c) seine ontologische *Konsequenz*: Neuschöpfung (V. 17);[134] 2) die *Versöhnung* der Welt mit Gott als exklusives Werk *Gottes*[135] und der apostolische »Dienst der Ver-

---

(bes. 1–14.239–241). – Ausführliche *Überblicke* über die verschiedenen Theorien seit J.S. Semler (1776) bei BIERINGER, Teilungshypothesen, *passim*; THRALL, 2Kor I, 3–49.

[128] LIETZMANN, 2Kor, 126, vermochte dagegen insbesondere ab V. 18 *keinen* »erkennbaren Gedankenfortschritt und klaren Zusammenhang« zu sehen.

[129] Sühne, 45–47 (vgl. DENS., Erwägungen, 1); so auch GARLAND, 2Kor, 268f.; SCHMELLER, 2Kor I, 317–321. Dagegen lassen THRALL, 2Kor I, 400f.; LAMBRECHT, 2Kor, 90f. (vgl. aber die weitere Unterteilung V. 11–13; V. 14–21 [a.a.O., 102]!) den Abschnitt bereits mit V. 11 beginnen, was aber schwerlich zutrifft. – Vgl. ferner zur Zusammengehörigkeit der Verse *18–21* (anders BULTMANN, 2Kor, 147.164 [5,11–19 / 5,20–6,10]; GRÄSSER, 2Kor I, 218.229 [5,16–19 / 5,20–6,10]) überzeugend HOFIUS, Versöhnung, 15–22 (vgl. LAMBRECHT, a.a.O., 102f.). HOFIUS zufolge bilden sie »den *Höhepunkt* der Ausführungen von 5,14–21« (Erwägungen, 1 [Hervorhebung E.R.]). Die Sicht, wonach Paulus in V. 18–21 *lediglich* ein »vorpaulinisches Hymnenstück« zitiere, das »aus der Doxologie der hellenistischen Gemeinde stammt« (so KÄSEMANN, Erwägungen, 48–50; ähnlich, aber ausdrücklich *ohne inhaltliche Abwertung* COLLANGE, Énigmes, 268f.), wird heute mit guten Gründen nicht mehr vertreten (vgl. dazu HOFIUS, Erwägungen, 2; DERS., Versöhnung, 15, Anm. 3 [Lit.]; ihm weitgehend folgend GRÄSSER, 2Kor I, 218).

[130] HOFIUS, Erwägungen, 1.

[131] Vgl. GARLAND, 2Kor, 268: Die »Self-Defense« 5,11–13 verweist auf die Nennung des Briefthemas in 1,12–14 (unter der Voraussetzung der literarischen Einheitlichkeit des 2Kor). – Die paulinische *Apologie* (oder *Selbstempfehlung* [so STEGMAN, Character, 213]) wird nach einer kurzen Unterbrechung (5,14–21) dann in 6,1ff. wieder aufgenommen (vgl. V. 3 und den nachfolgenden Peristasenkatalog V. 4–10).

[132] Dies zeigt schon die Einleitung: κρίναντας [ἡμᾶς] τοῦτο, ὅτι κτλ. (V. 14b), die ein *verbindliches, allgemein anerkanntes* »*Glaubensurteil*« (Paulus zitiert – ὅτι recitativum – immerhin einen »vorpaulinischen Satz« [GRÄSSER, 2Kor I, 214]!) einleitet (so richtig GRÄSSER, ebd., der auf ähnliche Wendungen in 2Kor 4,14; 5,11; Röm 6,6 verweist; vgl. ferner – wieder anders formuliert – Röm 3,28).

[133] Richtig GARLAND, 2Kor, 269: "In the first part of this unit, 5:14–17, the focus is Christocentric."

[134] Mit HOFIUS, Sühne, 45f. – V. 16 »zieht die Konsequenz« aus V. 14f. (und ist m.E. *nur insofern Zwischenbemerkung!*): »Für unser Kennen anderer kann die *Sarx* (›Fleisch‹), das äußerlich Vorfindliche, keine Norm mehr sein. [...] Selbst Christus soll nicht mehr in der Weise des Fleisches in den Blick gefasst werden« (GRÄSSER, 2Kor I, 218f.).

[135] Richtig GARLAND, 2Kor, 269: "In the second part, 5:18–21, the focus is theocentric." Vgl. schon MEYER, 2Kor, 159f.

söhnung« (V. 18–21): a) Neuschöpfung und Versöhnung als Werk *Gottes* (V. 18a), b) Entfaltung[136]: Gottes Versöhnungs*tat* und Gottes Versöhnungs*wort* (V. 18b–21[137]).

Die sich aus dieser Gliederung ergebende Einsicht, daß in dem »zentrale[n] Sühne- und Versöhnungstext« 2Kor 5,14–21 »die Versöhnungsaussagen von den Sühneaussagen umschlossen« sind,[138] so daß »sich beide Aussagen gegenseitig beleuchten und interpretieren«,[139] ist für unsere Frage von allergrößter Bedeutung. Sie zeigt zunächst einmal, daß zwischen »Sühne« (V. 14–17) und »Versöhnung« (V. 18–20) zwar zu unterscheiden ist[140], nach paulinischem Verständnis aber kein Gegensatz besteht, wie *V. 21* zeigt, der *die Versöhnungstat Gottes als in dem Sühnetod Jesu geschehene* begreift: »Sühne und Versöhnung sind *beide* die Tat und das Werk Gottes und somit in ihrer unlöslichen Zusammengehörigkeit die zwei Seiten *ein und desselben* Geschehens – des Kreuzesgeschehens.«[141] Zum anderen ist damit der *Kontext* abgesteckt, innerhalb dessen allein die Neuschöpfungsaussage und die darin enthaltene Formel ἐν Χριστῷ εἶναι recht zu verstehen sind.[142]

Überblicken wir nun diesen Kontext, dann fällt sofort die *zweimalige Rede von einem εἶναι ἐν Χριστῷ* ins Auge.[143] So heißt es in V. 17a: εἴ

---

[136] Vgl. HOFIUS, Versöhnung, 15.

[137] Dieser Abschnitt ist in sich *parallel* (V. 18b.19) bzw. *chiastisch* (V. 20f.) aufgebaut (mit HOFIUS, Versöhnung, 15–22, bes. 16). Der *Tat*-Aspekt findet sich demzufolge in V. 18b.19ab.21, der *Wort*-Aspekt in V. 18c.19c.20 (ebd.).

[138] *Das gilt, weil und insofern V. 21 die Versöhnungstat Gottes als Sühnegeschehen beschreibt* (vgl. HOFIUS, Erwägungen, 3 [zu V. 21]: »Die Versöhnungstat geschah im stellvertretenden Sühnetod des sündlosen Christus.«). Die scheinbare Konkurrenz zwischen einer *Dreier*-Gliederung (Sühne [V. 14–17] – Versöhnung [V. 18–20] – Sühne [V. 21]) und einer Zweier-Gliederung (V. 14–17 / V. 18–21) ist m.E. dergestalt zum Ausgleich zu bringen, daß der asyndetisch angeschlossene V. 21 gewissermaßen als *Zusammenfassung* des ganzen Abschnitts 5,14–21 verstanden wird, *indem er Sühne und Versöhnung ganz sachgerecht in einen unauflöslichen Zusammenhang bringt*.

[139] HOFIUS, Sühne, 45 (alle Zitate). Man darf also nicht das eine lediglich als *Interpretament* des anderen verstehen (gegen BREYTENBACH, Versöhnung, 193–215.220f. [»Sühne« – höchstens! – als Interpretament der grundlegenden Versöhnungsvorstellung]).

[140] Diese höchstens *graduelle* (!) Unterscheidung mag mit GARLAND, 2Kor, 269 (s.o. S. 242, Anm. 133.135), darin zum Ausdruck kommen, daß das *Sühne*geschehen stärker als Werk *Jesu*, das *Versöhnungs*geschehen stärker als Werk *Gottes* aufgefaßt wird (vgl. auch GRÄSSER, 2Kor I, 223). Beide Gesichtspunkte – der christozentrische und der theozentrische – schließen einander aber natürlich nicht aus, sondern gehören *aufs engste* zusammen, wie z.B. V. 18f. deutlich zeigt.

[141] HOFIUS, Sühne, 39.

[142] Auch GRÄSSER, 2Kor I, 222, betont, wie wichtig eine »kontextuell[e]« Lesart von 2Kor 5,17 für das rechte Verständnis der Wendung ἐν Χριστῷ ist.

[143] Auch THÜSING, Per Christum, 101–108, sieht diesen Zusammenhang, wobei *er* hier stärker die sog. »aufsteigende Linie« betont, d.h. den *theozentrischen* »Gedanke[n]

τις ἐν Χριστῷ [ἐστίν], καινὴ κτίσις [ἐστίν]. Und in V. 19a schreibt Paulus: *θεὸς ἦν ἐν Χριστῷ κόσμον καταλλάσσων ἑαυτῷ κτλ*. Von *zwei* personalen Größen kann also ein »*Sein in Christus*« ausgesagt werden: im Rahmen des *Sühne*abschnittes V. 14–17 von »*irgendeinem*« Menschen (das Indefinitpronomen meint: »jeder, der«), im Rahmen des *Versöhnungs*abschnittes V. 18–20/21 von »*Gott*«. Neben dem *homo in Christo* steht also der *Deus in Christo*[144]. J. CALVIN sprach im Anschluß an 2Kor 5,19 darum ganz treffend von Christus als dem *verus Immanuel*.[145]

Nun ist allerdings das *unterschiedliche Tempus* von εἶναι in den beiden ansonsten parallel formulierten Aussagen kein Zufall: Während V. 19a das *zeitlose* Imperfekt[146] wählt, ist in V. 17a offenbar eine präsentische Form zu ergänzen (ἐστίν),[147] die zwar in Verbindung mit dem Indefinitpronomen τις durchaus *grundsätzlichen* Sinn hat, der aber – wie die Fortsetzung V. 17b belegt – als solcher nicht quasi als »prästabiliert« anzusehen ist; denn was hier über das »Sein in Christus« und die darin begründete καινὴ κτίσις gesagt wird, gilt ja *nur*, insofern hier alles Alte (τὰ [!] ἀρχαῖα)[148] *endgültig vergangen* (παρῆλθεν Aorist) und etwas Neues (καινά) *dauerhaft geworden* (γέγονεν Perfekt) ist (vgl. auch Röm 16,7[149]). Die grundsätzliche Aussage V. 17a setzt also ein *Geschehen* voraus und *gilt nur in steter Bezugnahme (εἴ τις!) auf dieses Geschehen* wirklich grundsätzlich.

---

des auf Gott hingeordneten Versöhnungswerkes Christi« (a.a.O., 107). Richtig ist jedenfalls seine Beobachtung, daß ἐν Χριστῷ (V. 19) nicht einfach dasselbe meint wie διὰ Χριστοῦ (V. 18), sondern daß »Paulus die beiden Präpositionen hier durchaus zu unterscheiden« scheint (a.a.O., 198; zur Begründung vgl. auch a.a.O., 233–237); V. 19 solle mithin – darin über V. 18 hinausgehend – ausdrücken, »*daß Gott in seiner Versöhnungstat nicht nur an Christus gehandelt, sondern die Versöhnung auch an die Person Christi gebunden hat*« (a.a.O., 198 [Hervorhebung E.R.]).

[144] HOFIUS, Gott, 142, sieht in dieser Formulierung zu Recht einen Hinweis »auf das Personengeheimnis Jesu Christi, das darin liegt, dass in ihm Gott selbst gegenwärtig ist«. Dagegen meint GARLAND, 2Kor, 293: "But Paul's theological agenda here does not center on affirming the incarnation." BULTMANN, 2Kor, 162, schließlich behauptete sogar: »*das εἶναι Gottes ἐν Χριστῷ ist doch wohl ein für Paulus unvollziehbarer Gedanke*« (Hervorhebung E.R.). Eine *Begründung* für diese Behauptung sucht man freilich vergeblich. Daß diese Behauptung vielmehr nachgerade *falsch* ist, hat u.a. HOFIUS, Gott, 140f. m. Anm. 38, gezeigt.

[145] CO 50, 71 = CR 78, 71: ... *ita Christus factus est nobis verus Immanuel: eiusque adventus, appropinquatio Dei ad homines*.

[146] Vgl. dazu BDR, § 318,2.

[147] Vgl. SCHMELLER, 2Kor I, 326 m. Anm. 109f., der aufgrund stilistischer Erwägungen *für V. 17b* jedoch ἔστιν favorisiert. – In seiner Polemik gegen die Formel ἐν Χριστῷ εἶναι bleibt SCHMAUCH, In Christus, 18–20, leider die Antwort schuldig, *wie* denn die offensichtliche Ellipse zu ergänzen ist!

[148] Vgl. MEYER, 2Kor, 157 (»*neu geworden ist das Sämmtliche*, der gesammte persönliche Lebensstand des Menschen«).

[149] S. dazu unten S. 262–265.

Während die Aussage »Gott war in Christus« zeitlos gültig ist und insofern *absolut* grundsätzlich gilt,[150] ist die Aussage V. 17a also gewissermaßen *eingeschränkt* grundsätzlicher Art: Sie gilt nur, insofern sie streng und ausschließlich bezogen ist auf das Christusgeschehen.[151] Unter *dieser* Voraussetzung jedoch finden wir sowohl in V. 17a als auch in V. 19a eine ontologisch-reale Aussage, die darum nicht zufällig sprachlich *weitgehend* parallel formuliert ist.[152]

Diese weitgehende *sprachliche* Parallelität von 2Kor 5,17a.19a[153] verweist auf eine *sachliche* Entsprechung: So, wie für das *Sühnegeschehen* als ein »Geschehen *inkludierender* Stellvertretung« die *wechselseitige ›personale Identifikation‹ von Christus und sündigem Menschen* wesentlich ist,[154]

---

[150] Vgl. dazu die *Präexistenzaussagen* bei Paulus: s. neben Phil 2,6–11 [V. 6f.] bes. 1Kor 10,3f.; Gal 4,4f. [dazu SCHWEIZER, Herkunft, *passim*]), sowie die die Präexistenz voraussetzende Rede von der *Schöpfungsmittlerschaft* Jesu (1Kor 8,6 [dazu HOFIUS, Schöpfungsmittler, *passim*]), die ja die grundsätzliche, zeitlose Wesenseinheit Gottes und Christi festhalten (vgl. auch 1Kor 12,4–6; 2Kor 13,13). Richtig bemerkt LIETZMANN, Gal, 26, zu Gal 4,4: »also kommt bereits dem Präexistenten das Sohnesprädikat zu« (vgl. BORSE, Gal, 143). Jedoch sollte mit WALTER, Geschichte, 291, die mit der Rede von der Präexistenz verbundene »Gefahr« nicht übersehen werden, »daß der verkündigte Jesus Christus in einem ewig-gültigen ›Prinzip‹ aufgeht und die Präexistenzchristologie zu einer spekulativen ›Lehre‹ wird, die auf die Relation von Verkündigung und Glauben nicht mehr angewiesen ist.« Es ist darum kein Zufall, daß Präexistenzaussagen häufig in *doxologische, hymnische* oder jedenfalls *poetische* Form gegossen sind, »die nicht ohne weiteres in Lehraussagen zu überführen sind« (ebd., Anm. 42). Es wäre *auch deswegen* »unbedingt nötig, einmal eine Geschichte der Doxologien zu schreiben«, was PETERSON, Kosmos, 426, als ein *wesentliches Desiderat neutestamentlicher Forschung* bezeichnet hat.

[151] Wir begegnen hier erneut – wenn auch in anderem Gewand – dem sachlichen Unterschied zwischen »genealogischer« Sohnschaft (Christi) und »adoptierter« Sohnschaft (der Christen).

[152] Mit dieser *Differenzierung* dürfte das grundsätzlich berechtigte Anliegen von HOFIUS, Gott, 140, aufgenommen sein, der hier zur Vorsicht mahnt: »[...] sollte Paulus tatsächlich einerseits im Blick auf die Glaubenden und andererseits im Blick auf Gott von einem εἶναι ἐν Χριστῷ sprechen, so würde es sich lediglich in formaler Hinsicht, keineswegs aber dem Inhalt nach – also *semantisch* – um die gleiche Phrase handeln.«

[153] Diese Parallele wird freilich »von der überwiegenden Mehrheit der Exegeten« (so HOFIUS, Gott, 133) *nicht* gesehen, weil sie in V. 19 »das Hilfsverb ἦν ganz unmittelbar mit dem Partizip καταλλάσσων« verbindet, »diese Verbindung als coniugatio periphrastica« begreift und »in der Präpositionalbestimmung ἐν Χριστῷ ein zu ἦν καταλλάσσων gehöriges Adverbiale« erblickt (ebd.): »Entsprechend lautet die Übersetzung: ›Gott versöhnte in Christus die Welt mit sich selbst‹ oder ›Gott hat in Christus die Welt mit sich versöhnt‹« (ebd.). Zur Begründung der Übersetzung: »Gott war in Christus und versöhnte die Welt mit sich selbst« s. HOFIUS, a.a.O., 134–141. Zum Ganzen s.o. S. 216f.

[154] Vgl. dazu HOFIUS, Sühne, 46 (zu 2Kor 5,14b): »Wenn Paulus den Kreuzestod Jesu als den Tod *aller* bezeichnet, so ist vorausgesetzt, daß hier *Identifikation* stattgefunden hat. Gott hat Christus mit dem Sünder und den Sünder mit Christus identifiziert. Oder anders gesagt: Der gekreuzigte Christus, der den heiligen Gott repräsentiert, hat sich selbst unlöslich mit dem gottlosen Menschen und eben damit den gottlosen Menschen unlöslich

so ist für das gesamte *Heilshandeln Gottes in Sühne und Versöhnung* (das Kreuzestod *und* Auferstehung Jesu umfaßt!¹⁵⁵) die wechselseitige »*Seins- und Handlungseinheit Gottes mit dem ›für uns‹ [...] Gekreuzigten und des Gekreuzigten mit Gott*« schlechthin konstitutiv[156]. Nur deshalb nämlich, »[w]eil Gott selbst in dem Gekreuzigten gegenwärtig war (2Kor 5,19), [...] ist der Sühnetod Jesu *als solcher* Gottes rettende Versöhnungstat und nicht nur die Voraussetzung für die Versöhnung.«[157] Und nur aufgrund dieser »Seins- und Handlungseinheit«[158] ist Jesu Sühnetod »nicht bloß das Mittel zur Versöhnung, sondern ihr *Vollzug*, nicht bloß ihre Ermöglichung, sondern ihre *Verwirklichung*«.[159]

---

mit sich selbst verbunden. Weil der Sohn Gottes so mit dem zu entsühnenden Menschen *eins geworden* ist, deshalb ist sein Tod als solcher der Tod des Sünders und seine Auferstehung als solche die Heraufführung des neuen, mit Gott versöhnten und durch das Todesgericht hindurch zum Leben gekommenen Menschen. Damit wird deutlich: Christus ist nach Paulus nicht bloß neben den Sünder getreten, um ihm etwas – nämlich seine Sünde und Schuld – abzunehmen; sondern Christus ist mit dem Sünder identisch geworden, um ihn durch die Lebenshingabe seines eigenen Blutes in die Verbindung mit Gott zu führen und ihm so neue Gemeinschaft mit Gott zu eröffnen.«

[155] Vgl. HOFIUS, Sühne, 48: »Der Kreuzestod und die Auferstehung Jesu sind in ihrem differenzierten, aber untrennbaren Zusammenhang die *eine*, Sühne und Versöhnung schaffende Heilstat Gottes: die Heraufführung des der Sünde gestorbenen und zum Leben in der Gottesgemeinschaft befreiten *neuen* Menschen.« Vgl. ebd., Anm. 49: »Zwischen dem Tod Jesu und seiner Auferweckung darf [...] nicht so unterschieden werden, als sei sein Tod die Übernahme und Wegnahme der Sündenwirklichkeit und seine Auferweckung das Ja Gottes zu dieser Tat.«

[156] HOFIUS, a.a.O., 38 (Hervorhebung E.R.).

[157] HOFIUS, a.a.O., 39. Vgl. bereits CALVIN, zu 2Kor 5,19 (CO 50, 71 = CR 78, 71).

[158] Vgl. auch HOFIUS, Gott, 142: »Christus ist nicht bloß das ›Instrument‹, auch nicht nur der ›Mittler‹ der Versöhnung; die Versöhnung ist vielmehr als das Werk des *Deus in Christo* zugleich und in einem die Tat des Vaters und des in der Einheit mit dem Vater handelnden Sohnes Gottes.« Christus lediglich als *Instrument* der Versöhnung versteht z.B. BULTMANN, 2Kor, 162, wenn er das ἐν Χριστῷ V. 19 mit διὰ Χριστοῦ V. 18 gleichsetzt; ebenso GARLAND, 2Kor, 293: "The 'in Christ' has an instrumental force – through Christ."

[159] HOFIUS, Sühne, 39; gegen BREYTENBACH, Versöhnung, 221 u.ö. (»Sühnetod Christi als [...] Ermöglichungsgrund der paulinischen Versöhnungsvorstellung«). – Sieht man dagegen in V. 19a *keine* Wesensaussage über den *Deus in Christo*, sondern faßt die Formulierung als *coniugatio periphrastica* auf (ἦν καταλλάσσων – so neben vielen anderen jetzt auch SCHMELLER, 2Kor I, 331f.), sind überdies solch verfehlten Interpretationen Tür und Tor geöffnet: "The imperfect tenses convey the idea of *incomplete action*, but it is *incomplete only in the sense that God's act of reconciliation requires a human response*" (GARLAND, 2Kor, 293 [Hervorhebungen E.R.]). Vgl. außerdem BREYTENBACH, Versöhnung, bes. 110–112.136f., der behauptet: »Die Periphrase ἦν καταλλάσσων umschreibt einen [sic!] Imperfekt und drückt anschaulich aus, daß Gott in der Vergangenheit die Welt mit sich versöhnt hat, *ohne daß dabei an einen Abschluß dieser Handlung gedacht ist. Gottes [!] Versöhnung mit der Welt [!] ist ein Dauerzustand*« (a.a.O., 111 [Hervorhebung E.R.]), ja: »Erst wenn der Mensch sich von Gott versöhnen *läßt*, ist der

6. »Christ-Innigkeit«: der Christ – ein Mensch ἐν Χριστῷ

Insoweit nun der Abschnitt 2Kor 5,18–21 erläuternd und begründend an die Neuschöpfungsaussage 5,17 *anknüpft*[160], bestätigt sich im Blick auf die weitgehende sprachliche Parallelität wie sachliche Nähe der beiden Seinsaussagen V. 17a (*homo in Christo*) und V. 19a (*Deus in Christo*), daß Paulus ekklesiologisch-anthropologische bzw. »christianologische« Aussagen aus christologisch-»trinitätstheologischen« Vorgaben entwickelt.[161] Haben wir in V. 19 eine *ontologische* Aussage zu sehen, die die *Wesens- und Handlungseinheit Gottes und Christi* aussagt, dann dürfte dies *mutatis mutandis* ebenfalls für V. 17 gelten: So, wie Gott in Christus war – mit diesem in seinem Sein und Handeln *identisch* –, so ist auch jeder, der »in Christus« ist (εἴ τις ἐν Χριστῷ), mit diesem in seinem Sein und Handeln *identisch* geworden und daher und eben darin eine »*neue Kreatur*« (καινὴ κτίσις). Da nun sowohl Gott wie auch der mit Gott versöhnte Mensch »in Christus« sind, kann man geradezu sagen: »*In Christus*« *treffen sich Gott und Mensch; hier findet wechselseitige personale Identifikation statt.*[162] Genau das aber ist ja die *Pointe* des paulinischen Sühne- und Versöhnungsgedankens! Denn »Sühne« bedeutet bei Paulus nichts anderes als *Existenzstellvertretung*: Christus identifiziert sich mit dem sündigen

---

Versöhnungsvorgang abgeschlossen« (a.a.O., 137 [Hervorhebung E.R.]; ebenso SCHMELLER, a.a.O., 332)! Abgesehen davon, daß hier bisweilen sogar *das Verhältnis zwischen Versöhner und Versöhntem auf den Kopf gestellt* wird (aber nicht *Gott* muß sich »mit der Welt versöhnen« [so jedoch auch LIETZMANN, 2Kor, 126; vgl. dagegen WINDISCH, 2Kor, 192f.], sondern umgekehrt: er versöhnte *die Welt* »mit sich«!) – ein Fehler, der sich übrigens häufig in Proseminararbeiten findet –, hat allen derartigen Versuchen, in 2Kor 5,19 eine wie auch immer geartete *Unabgeschlossenheit* des Versöhnungs*geschehens* hineinzugeheimnissen (vgl. noch BULTMANN, Probleme, 19f.; dagegen bereits WINDISCH, 2Kor, 193!), HOFIUS, Imperfekt, *passim*, ein für allemal eine klare grammatikalische und – unter Hinweis auf Röm 5,6–10 – theologische Abfuhr erteilt. – Eine *andere* Frage ist freilich, *wie* ein Mensch an der bereits ein für allemal geschehenen Versöhnung *partizipiert*. Hier ist die Antwort klar: nur ἐν Χριστῷ (2Kor 5,17)! Eben *dieses* ἐν Χριστῷ von 2Kor 5,17 aber spricht gerade *nicht* von der »universalen Heilsrealität«, *sondern* von der – wenn man denn wirklich so will – »Notwendigkeit der individuell-menschlichen Anerkennung des neuen Verhältnisses zu Gott« (gegen BREYTENBACH, Versöhnung, 137; so aber schon BULTMANN, Probleme, 17): εἴ τις ἐν Χριστῷ ...! Daß das Alte vergangen ist, gilt – zunächst jedenfalls – streng und ausschließlich im Blick auf den Christen, d.h. vorerst gewissermaßen tatsächlich »subjektiv für den Bekehrten« (gegen BULTMANN, ebd.). Das schließt natürlich eine quasi »objektive«, als solche aber *futurisch-eschatologische* Neuwerdung *aller* Kreaturen nicht aus.

[160] Vgl. HOFIUS, Erwägungen, 1f.; GRÄSSER, 2Kor I, 223f.

[161] Zu diesem systematisch-theologischen Zusammenhang (im Sinne einer *analogia transcendentalis*) vgl. SCHWÖBEL, Menschsein, 194–197.204–207 und *bes. 209f.* (s. dazu oben S. 20).

[162] Man beachte die tiefgreifende *sachliche* Parallele in *Joh 17,21–23*: ... ἵνα πάντες ἓν ὦσιν, καθὼς σύ, πάτερ, ἐν ἐμοὶ κἀγὼ ἐν σοί, ἵνα καὶ αὐτοὶ ἐν ἡμῖν ὦσιν ... ἵνα ὦσιν ἓν καθὼς ἡμεῖς ἕν· ἐγὼ ἐν αὐτοῖς καὶ σὺ ἐν ἐμοί...

Menschen und der sündige Mensch wird mit Christus identifiziert in diesem Geschehen inkludierender Stellvertretung.[163] Vor dem Hintergrund dieser *Wesenseinheit zwischen Christus und den Seinen*[164] – aber *nur* so – ist dann auch zu sagen: Die Geschichte Christi ist die Geschichte des Menschen ἐν Χριστῷ[165], weil Christi ganze Existenz – systematisch-theologisch gesprochen – als *pro-nobis*-Existenz zu verstehen ist[166]. *Was mit Christus geschehen ist und was er getan hat, gilt auch für den mit Christus identifizierten Menschen*[167] *(s. Röm 6,3–11; 2Kor 5,14b): »Christus wird, was wir sind, damit wir durch seinen Tod werden, was er ist«* (W. WREDE) – darin besteht der »fröhliche Wechsel« (2Kor 5,21!).[168] Der mit Christus identifizierte Mensch hat folglich seine *neue Identität* – Namen und Geschichte als Ausdruck seines Wesens bzw. seiner Identität[169] – *ausschließ-*

---

[163] S. dazu unten S. 297–302. Vgl. noch BOUTTIER, En Christ, 45: « *De par la souveraine décision de Dieu, le sort du Christ est désormais le nôtre* […]. Σὺν Χριστῷ est extrait du ὑπὲρ ἡμῶν […]. »

[164] CALVIN, CStA 5.1, 308,3f. (zu Röm 6,5), sagt in einem seiner Spitzensätze ganz zu Recht, daß »wir aus unserer Natur in seine [sc. Christi; E.R.] übergehen« (*in eius naturam ex nostra demigramus*). Im Hintergrund steht der Gedanke der *unio cum Christo* (vgl. dazu z.B. MITTRING, Heilswirklichkeit, *passim*), die nach Gal 2,19f. eine »união inquebrantável« ist (mit FERREIRA, Gal, 74).

[165] Vgl. dazu die bei HOFIUS, Bedeutung, 289f., genannten Hinweise auf Iwand.

[166] Zu den notwendigen Präzisierungen vgl. die bei REHFELD, Leitlinien, 49f. m. Anm. 96–98, genannten Hinweise auf Iwand.

[167] Vgl. LÉMONON, Gal, 104: « chaque étape du Christ devient étape du croyant. »

[168] Paulus, 65 (Hervorhebung E.R.). Eben *darin* sah WREDE den *Kern der paulinischen Erlösungslehre*, die »[i]m Grunde […] sehr einfach« sei: »Die Probe ist, daß man sie in ganz kurzen Sätzen aussprechen kann. Christus, der Sohn Gottes, gibt die Sohnschaft auf und wird ein elender Mensch wie wir, damit wir, die Menschen, zu Söhnen Gottes werden; Christus begibt sich in das Gebiet der Sünde, überwindet sie aber durch seinen Tod, so kommen wir, die wir in den Banden der Sünde schmachten, von ihr los – derartige Sätze enthalten alles, worauf es ankommt« (ebd.). Daß dem Leser »das Ganze vielleicht recht kompliziert erscheinen« mag, liege allein darin begründet, daß ihm »diese Vorstellungswelt halb oder ganz fremd ist« (ebd.).

Es ist zu beachten, daß Wrede hier – trotz (oder wegen?) seiner grundsätzlichen Distanz zu aller zeitgenössischen oder früheren Dogmatik und Ethik – zu *demselben Ergebnis wie* LUTHER kommt, der den o.g. Gedanken mit dem berühmten Dictum vom »fröhlichen Wechsel und Streit« (WA 7, 25,34 [Von der Freiheit eines Christenmenschen, 1520]) zusammenfaßte, das zum Grundbestand seiner Theologie gehört (s. dazu BAYER, Luthers Theologie, 204–207; SCHWARZ, Brautmystik, 204f.).

[169] SCHWÖBEL, Rahmentheorie, 33, bezeichnet den »identifizierende[n] Eigennamen und die identitätsbestimmende Erzählung« als die »beiden wichtigsten Weisen der Bestimmung von Identität«. Vgl. auch JENSON, Identity, 21f., der zugleich auf die damit verbundenen Differenzen zu anderen »religiösen« Definitionsweisen von Gott verweist: "To identify the gospel's God, we must identify Jesus. […] This also displays why religions do not normally pin their identifications of God to the identity of a historical event, for drastic restrictions are imposed on the ways in which we can go on to talk of a God so identified. If God, in any sense, is Jesus – or were Abraham Lincoln or the British

lich und vollständig »in Christus«. *Das* »*Sein ἐν Χριστῷ*« *und das damit verknüpfte Sein Christi* »*in uns*« *ist darum die gleichermaßen notwendige wie hinreichende (d.h. vollständige) Definition des Christen.*[170]

Angesichts des hier nur kurz skizzierten Sachverhalts hat sich P. STUHLMACHER zu Recht für ein dezidiert *ontologisches* Verständnis des Begriffs καινὴ κτίσις ausgesprochen:

»*Neuschöpfung ist bei Paulus ein ontologischer Begriff.* Das Sein der neuen Kreatur ist ein welthaftes und zugleich doxologisches Sein. Die dieses Sein durchpulsende Kraft ist die des Geistes, der seinerseits die christologische Dimension des durchaus *ontisch wirksamen* Gotteswortes darstellt.«[171]

Im Blick auf solche ›ontischen Phänomene‹ vermag *in der Tat* nur eine »ontologische Interpretation«[172] – anders etwa als ›heilsgeschichtlich-lineare‹, am Rabbinat orientierte, ›mystische‹ oder ›geschichtliche‹ bzw. ›existentiale‹ Interpretationsversuche[173] – zu bewahren, was Paulus unter der καινὴ κτίσις versteht, nämlich:

»reale Neuschöpfung; sie beruht auf der Vorgabe des Geistes; sie hat auf ihrem geschichtlichen Laufe zu Gott leibhaftige Doxologie zu üben, eine Doxologie, welche die Welt zeichenhaft und stellvertretend ihrem Schöpfer neu zuzuerkennen beginnt.«[174]

Empire – we cannot rightly talk of this God in any way which would make the temporal sequences, the stuff of narration, unessential to his being, and that, of course, is just how religions normally want to talk of God" (a.a.O., 22).

Auf diesen – s.E. allerdings in der eben beschriebenen Weise *problematischen* – spezifischen Zusammenhang von »Religion« und »Geschichte« hat schon G.E. LESSING in »Nathan der Weise« hingewiesen. In der Rahmenhandlung läßt er Sultan Saladin den Juden Nathan rhetorisch fragen: »Ich dächte, / Daß die Religionen, die ich dir / Genannt, doch wohl zu unterscheiden wären. / Bis auf die Kleidung, bis auf Speis' und Trank!« (Z. 1970–73). Darauf antwortet Nathan: »Und nur von seiten ihrer Gründe nicht. – / Denn gründen alle sich nicht auf Geschichte? / Geschrieben oder überliefert! – Und / Geschichte muß doch wohl allein auf Treu / Und Glauben angenommen werden? – Nicht?« (Z. 1974–78; s.u.). Mit *dieser* Sicht gerät Lessing freilich in eine gewisse Spannung zu seiner »Ringparabel«, die ja (wenigstens theoretisch) von der *religionsphänomenologischen Gleichheit* ausgeht (nämlich in Gestalt der drei äußerlich [!] identischen Ringe). Aber die Ringparabel *als solche* ist ohnehin nur als *Ausflucht*, nicht als *Lösung* der Wahrheitsfrage gedacht, wie Nathan in einem inneren Monolog zugibt: »Das war's! Das kann / Mich retten! – Nicht die Kinder bloß, speist man / Mit Märchen ab« (Z. 1888–90). Auf diese Weise wird *die Wahrheitsfrage suspendiert*, was sich in der Ringparabel selbst fortsetzt; denn so, wie für die Söhne (Z. 1961f.) und für den »Bescheidne[n] Richter« (Z. 2054) – das ist wohl Lessing selbst – der echte Ring »nicht / Erweislich« (Z. 1962f.) ist, »Fast [!] so unerweislich« ist dem Sultan und Nathan »itzt – der rechte Glaube« (Z. 1963f.).

[170] Vgl. auch MEYER, 2Kor, 157; LÉMONON, Gal, 101. S. dazu unten S. 313–315.
[171] Erwägungen, 35 (Hervorhebungen E.R.).
[172] STUHLMACHER, ebd.
[173] Vgl. dazu STUHLMACHER, a.a.O., 21–25.
[174] A.a.O., 27 (Hervorhebung i.O.).

Schwerlich richtig ist allerdings Stuhlmachers Behauptung, bei der καινὴ κτίσις (V. 17b) wie beim κόσμος (V. 19a) handle es sich um einen Begriff von universaler Weite, der nicht auf *Menschen* beschränkt sei.[175] So begrüßenswert im Sinne des Apostels der Kampf gegen den »soteriologischen Individualismus« ist[176] und so richtig es ist, daß Paulus für die *Zukunft* (!) – präzise: bei der Parusie Christi – »die Befreiung der κτίσις vom Los der Vergänglichkeit« erwartet (Röm 8,19–22) und unter der κτίσις in diesem Zusammenhang tatsächlich »die belebte wie unbelebte außermenschliche Schöpfung« versteht, »und zwar die den Menschen umgebende Schöpfungswelt«,[177] so problematisch ist es doch, dieses Verständnis von κτίσις auf die καινὴ κτίσις von *2Kor 5,17* zu übertragen. Denn *gerade* wenn man in Röm 8 »de[n] eigentlich paulinische[n] Kommentar zum Begriff der καινὴ κτίσις« sehen zu können meint,[178] müßte doch auffallen, daß der in 2Kor 5,17 *im Zusammenhang von Sühne und Versöhnung* zur Sprache kommende Gedanke der καινὴ κτίσις *keineswegs* mit den eschatologischen Aussagen über die κτίσις in Röm 8 in Einklang zu bringen ist![179] Denn daß die *außermenschliche* Schöpfung ebenfalls der Sühne und Versöhnung bedürfe, läßt sich gerade angesichts von Röm 8,20 *nicht* behaupten. In einer »gewichtige[n] Zwischenbemerkung« weist Paulus ja darauf hin, daß die *κτίσις – im Gegensatz zum Menschen* (vgl. nur Röm 5,12.14)[180] – »der Nichtigkeit ›nicht aus freien Stücken‹

---

[175] Vgl. DENS., Erwägungen, 7–9. Angesichts dieser Erwägungen ist WALTERs Beobachtung überholt: »Aber ebenso unbestreitbar und – soweit ich sehe – unbestritten ist es, daß Paulus in 2Kor 5,17, wenn er von Christen als einer καινὴ κτίσις in Christus spricht, Menschen und *nur* Menschen meint«; es denke offenbar »niemand daran, unter κτίσις etwa auch die außermenschliche Kreatur mit eingeschlossen zu denken« (Zorn, 297). Abgesehen davon sei die außermenschliche Schöpfung Paulus zufolge ohnehin lediglich »Gottes ›Mach-Werk‹ (ποιήματα Röm 1,20)«, die darum »weder Gegenstand seines Zorns noch seines Heilshandelns« sei (ebd.); denn Gott kümmere sich »nach der Meinung des Paulus ›nicht um die Ochsen‹ (1Kor 9,9) – und gewiß ebensowenig um andere Tiere und um Pflanzen« (ebd.); überhaupt habe Paulus »kein poetisches Verhältnis zur Natur, zur Schöpfung Gottes um den Menschen herum, das ihn dazu bringen könnte, der nichtmenschlichen Schöpfung ein Seufzen und Stöhnen (»mit uns«, den Christen zusammen) und eine auch nur unbewußte Heilserwartung zuzuschreiben« (a.a.O., 301). Zur Diskussion s.u. S. 250–252.

[176] STUHLMACHER, Erwägungen, 9, mit Blick auf Bultmann und die existentiale Interpretation (vgl. a.a.O., 8 m. Anm. 22).

[177] HOFIUS, Schöpfung, 20 (alle Zitate). *Gegen* WALTER, Zorn, bes. 295f., der unter der κτίσις von *Röm 8* ausschließlich »die ›in Adam‹ geschaffene, ›alte‹ Menschheit« versteht (a.a.O., 297), d.h. ›die nichtchristliche (und nichtjüdische) Menschheit‹ (a.a.O., 300; s. auch oben Anm. 175).

[178] So STUHLMACHER, Erwägungen, 9; ihm *darin* folgend GRÄSSER, 2Kor I, 222.

[179] Paulus gebraucht den Begriff κτίσις also *äquivok*, was er durch die unterschiedlichen Formulierungen (hier *καινὴ* κτίσις, dort nur κτίσις) aber auch deutlich macht.

[180] Vgl. ferner HOFIUS, Schöpfung, 14–16.

(d.h. *nicht durch eigene Schuld*), sondern διὰ τὸν ὑποτάξαντα unterworfen worden« ist,[181] d.h. durch den, »der den Anlaß zum ὑποταγῆναι gegeben hat bzw. die Schuld an dem ὑποταγῆναι trägt« – also Adam.[182] So viel ist auf jeden Fall klar: Die »ganze außermenschliche Schöpfung« wurde – und zwar *objektiv*[183] – durch das παράπτωμα des ersten Menschen »in das Verderben mit hineingezogen«,[184] *ist selbst jedoch schuldlos*. Wo aber keine eigene Schuld vorliegt, ist das Erfordernis von Sühne und Versöhnung obsolet geworden. Dementsprechend findet sich bei Paulus auch sonst nirgends der Gedanke, daß die außermenschliche Schöpfung »versöhnt« werden müßte. Von einem ἐν Χριστῷ εἶναι *der Schöpfung* ist darum ebenfalls an keiner Stelle die Rede. Ihr ist folglich aber auch keine präeschatische Teilhabe an der *in Christus* geschenkten »Neuheit« (καινότης) möglich. Indes gibt es *auch* »für die Schöpfung objektiv eine ›Hoffnung‹« (Röm 8,20), die – »nicht anders als die dann in V. 24 erwähnte Hoffnung der Glaubenden – im Christusgeschehen ihr Fundament hat« (vgl. V. 21)[185]. »In Christus« kann aber *nur* ein *Mensch* schon jetzt καινὴ κτίσις sein.[186]

Es ist aus den genannten Gründen *an unserer Stelle* also *keine* anthropologische *Engführung*[187], wenn R. BULTMANN zu V. 19 knapp erklärt: »κόσμον: d.h. die Menschen«[188]. Die *καινὴ κτίσις* ist bei Paulus eben *doch* ein »exklusiv anthropologisches Phänomen«[189], jedenfalls in der

---

[181] HOFIUS, a.a.O., 22 (Hervorhebung E.R.).

[182] HOFIUS, a.a.O., 23. Anders WALTER, Zorn, 301 m. Anm. 35 (»Gott«, »nicht Adam«).

[183] Völlig verfehlt darum WALTERs Deutung: »Die κτίσις erleidet Gottes Zorn, ohne selbst ihre Verlorenheit als Gottes Zorn zu verstehen; ebenso erleidet sie auch die παθήματα τοῦ νῦν καιροῦ (8,18), aus denen sie sich heftig heraus-sehnt, ohne zu wissen, wohin« (Zorn, 301; unter κτίσις versteht er *ausschließlich* die »alte« Menschheit). Es geht Paulus aber in dem ganzen Zusammenhang überhaupt nicht um ein Schuld-*Bewußtsein*, sondern um das *schuldlose*, aber objektive *Verfallen-Sein an die Vergänglichkeit*.

[184] HOFIUS, ebd. »Diese Sicht hat ihre Voraussetzung in der Überzeugung, daß die den Menschen umgebende Schöpfungswelt um des Menschen willen geschaffen wurde und deshalb in einer unlöslichen Schicksalsgemeinschaft mit ihm verbunden ist« (ebd.).

[185] HOFIUS, a.a.O., 23f. (beide Zitate).

[186] Es ist zu beachten, daß 2Kor 5,17 *personal* formuliert ist (nicht τι, sondern τις).

[187] Gegen GRÄSSER, 2Kor I, 226f., der hier in eine eigentümliche Spannung zu der von ihm grundsätzlich bejahten Bultmannschen Deutung gerät. Das Größer an dieser Stelle leitende *schöpfungstheologische Anliegen* wird – trotz divergierender Auslegung von 2Kor 5,17 (s.u. Anm. 188) – auch von HOFIUS, Schöpfung, 28, Anm. 68, *grundsätzlich* geteilt.

[188] 2Kor, 163. Auch HOFIUS, Erwägungen, 6; DERS., Versöhnung, 20 m. Anm. 22f., versteht den Begriff κόσμος *in 2Kor 5,19* ausschließlich *anthropologisch*; ebenso BREYTENBACH, Versöhnung, 187.

[189] Gegen STUHLMACHER, Erwägungen, 8 (Hervorhebung E.R.). Ich vermag außerdem nirgends zu sehen, daß καινὴ κτίσις bei Paulus tatsächlich als »Gegenbegriff zum

»Zeit zwischen dem Tod und der Auferstehung Jesu einerseits und seiner Parusie andererseits«[190] – aber *auf genau diese Zwischenzeit* verweist ja 2Kor 5,17 mit der Wendung εἶναι ἐν Χριστῷ![191] Die »Präsenz des Heils«, von der man durchaus sprechen darf,[192] ist eine *ausschließlich* ἐν Χριστῷ geltende, und darum ist

»die Neuschöpfung der Welt« *ausschließlich* »in der Gemeinde schon vorausverwirklicht, und zwar derart, daß der Fromme bereits mitsamt den Engeln Gott preisen und den himmlischen Liturgien lauschen kann. Da daneben die kosmische Neuschöpfung weiterhin erwartet wird [...], ist die Gewähr des neuen Seins für den heiligen Rest nur erst die große Ausnahme für die Erwählten und zugleich Vorausgewähr dessen, was aller Welt noch bevorsteht.«[193]

Es ist abschließend noch ein Weniges zur *inhaltlichen* Tragweite der καινὴ κτίσις-Vorstellung zu sagen.[194] Es ist zunächst deutlich geworden, daß ein Mensch *ausschließlich in strenger Bezogenheit auf Christus* καινὴ κτίσις ist.[195] Nur dann (aber dann auch *wirk*-lich!) gilt: τὰ ἀρχαῖα παρ-

---

Alten Äon« (ebd.) dient, zumal der Nachweis eines wie auch immer gearteten *Zwei-Äonen-Schemas* bei Paulus trotz zahlloser Versuche bisher *nicht* gelungen ist (s. *im Gegenteil* PETERSON, Kosmos, bes. 430 [s.o. S. 10, Anm. 30]).

[190] HOFIUS, Schöpfung, 19. Diese *Zwischenzeit* bezeichnet der Ausdruck ὁ νῦν καιρός Röm 8,17 (ebd.), und von *dieser Zeit* sagt Paulus, »daß die gesamte [!] außermenschliche Schöpfung in allen Bereichen sehnsüchtig ihrer Befreiung entgegendrängt und mit Schmerzen ihrer Erneuerung harrt« (a.a.O., 25). Daß die Schöpfung *vor* Ablauf dieser Zwischenzeit eine Erneuerung erfährt und daß καινὴ κτίσις *in diesem Sinne* sich ereigne, sagt Paulus *nirgends*! Darum erübrigen sich auch alle *Spekulationen* über eine ›eschatologische Vertauschung‹ der »Stellung von Neu und Alt [...] gegenüber dem Selbstverständnis eines hl. Restes« und diesbezüglichen »Konflikt« zwischen Paulus und der Urgemeinde (gegen STUHLMACHER, Erwägungen, 8; daß das Verhältnis zwischen Paulus und Jerusalem sehr viel besser gewesen sei, als häufig angenomen, meint SCHMITHALS, Gnostiker, 85 [s.o. S. 56, Anm. 27]; vgl. auch MUNCK, Heilsgeschichte, 277–302).

[191] S. dazu unten S. 348–351.

[192] Das tut z.B. STUHLMACHER, Erwägungen, 9.

[193] So skizziert STUHLMACHER, a.a.O., 8, die Sicht der *Essener* (und – mit Abstrichen – der »Jerusalmer Urgemeinde« [ebd.]), von der er die paulinische Sicht unterschieden wissen will (er sieht darin sogar *Konfliktpotenzial zwischen Paulus und Jerusalem*!). Denn für Paulus sei »das Neue nicht die große Ausnahme vom Alten, sondern das Alte gerade die große Ausnahme gegenüber dem Neuen« (ebd. [Hervorhebung i.O.]).

Daß ausgerechnet in *diesem* Punkt ein theologischer *Gegensatz* zwischen den Essenern und der Urgemeinde einerseits und Paulus andererseits bestehen soll, ist *mehr* als fraglich! Neben Röm 8 ist z.B. darauf zu verweisen, daß auch Paulus und der Paulusschule zufolge die Gemeinde bereits jetzt – und zwar tatsächlich im Sinne einer »Vorausgewähr dessen, was aller Welt noch bevorsteht« – am himmlischen Gottesdienst teilnimmt (vgl. HOFIUS, Gemeinschaft, bes. 315–319; zur Sicht Qumrans s. a.a.O., 311–315).

[194] Zu möglichen traditionsgeschichtlichen Bezügen vgl. MELL, Schöpfung, *passim*.

[195] Treffend LAMBRECHT, 2Kor, 96: "Although *ei* ('if') certainly underlines the condition, in Hellenistic Greek *ei tis* ('if anyone') is often more or less the equivalent to the *hostis* introducing a general relative clause: 'every one who, all who.'"

6. »Christ-Innigkeit«: der Christ – ein Mensch ἐν Χριστῷ   253

ἦλθεν, ἰδοὺ γέγονεν καινά. V. 17b ist mithin der erläuternde Kommentar zur Behauptung: καινὴ κτίσις. Dabei zeigt 2Kor 5,17 nicht erst durch die ausschließliche *Gegenüberstellung* von ἀρχαῖα und καινά, sondern allein schon durch die zweimalige Verwendung des Adjektivs *καινός* (und nicht etwa νέος), daß es sich bei der καινὴ κτίσις um eine *schlechthin neuartige Kreatur* handelt.[196] Sehr schön bringt dies und die damit verbundenen Fragen F.J. POP in seiner Auslegung von 2Kor 5,17 auf den Punkt:

»Wenn jemand in Christus ist, ist er so sehr ein anderer Mensch, daß er mit dem Menschen, der er vorher war, überhaupt nicht zu vergleichen ist. Natürlich besteht eine Identität der Person; er wird in Christus nicht jemand anders. Auch besteht eine Identität der Gattung; er bleibt in Christus ein Mensch. Aber es besteht keine Identität der Qualität; statt ›fleischlich‹ wird er ›geistlich‹; von einem Sünder (wird er) zu einem Heiligen; von einem Feind zu einem Kind Gottes; von einem dem Tode Geweihten zu einem zum ewigen Leben Bestimmten; von einem den Mächten verfallenen Sklaven zu einem freien Sohn Gottes. Wahrlich eine neue Schöpfung.«[197]

Paulus spricht hier nicht von einer lediglich erneuerten, quasi »renovierten« Existenz (auch nicht von einer sich selbst entwickelt habenden), sondern von einer sich nicht weniger als einem göttlichen *Schöpfungsakt*[198] (κτίσις!) verdankenden »Neuschöpfung« (vgl. die Erwählungsaussage 1Kor 1,28b; ferner Röm 4,17b)! Die καινὴ κτίσις ist also *qualitativ* neu, d.h. neu*artig*.[199] Hat diese *völlig neue und insofern analogielose Kreatur*

---

[196] Das betont MELL, Schöpfung, 40 (»totaliter-aliter«); vgl. SCHMITZ, Seelsorge, 71. Nach SCHNEIDER, Art. νέος, 1137, bezeichnet νέος »*im Unterschied von καινός* weniger die neue Qualität als (unter zeitlichem Aspekt) die neugewonnene Frische oder das noch nicht erlangte Alt-Sein« (Hervorhebung E.R.). Vgl. außerdem BAUER/ALAND, WbNT, 799f., s.v. καινός, bes. 2. + 3.b (»im Sinne v[on] vorher nicht vorhanden *unbekannt*, auch m[it] dem Beigeschmack des Unerhörten, Wunderbaren« bzw. »dem Alten auch der Art nach überlegen«); a.a.O., 1084f., s.v. νέος (»neu, frisch« bzw. »jung«). Entsprechend trägt auch das Substantiv καινότης (vgl. Röm 6,4; 7,6) den »Nebensinn des Ungewöhnlichen« (BAUER/ALAND, a.a.O., 800, s.v.).

[197] 2Kor, 169 (Übers. E.R.): "*Indien iemand in Christus is, is hij zózeer een ander mens, dat hij met de mens die hij was niet eens te vergelijken is. Wel is er identiteit van de persoon*; hij wordt in Christus niet iemand anders. Ook is er *identiteit van de soort*; hij blijft in Christus een mens. Maar er is geen identiteit naar de kwaliteit; van 'vleselijk' wordt hij 'geestelijk'; van een zondaar tot een heilige; van een vijand tot een kind Gods; van een ten dode gedoemde tot een voor het eeuwige leven bestemde; van een aan de machten vervallen slaaf tot een vrije zoon van God. Waarlijk, een nieuwe schepping" (Hervorhebungen E.R.).

[198] Vgl. POP, 2Kor, 169f.: Diese Neuschöpfung ist nicht das Ergebnis einer »inneren Evolution« des Menschen, sondern des schöpferischen *Wortes* Gottes (vgl. dazu Gen 1; Röm 4,17b u.ö.).

[199] Vgl. zu diesem Gebrauch von καινός vor allem die Aussagen über die *neue* διαθήκη (bei Paulus: 1Kor 11,25; 2Kor 3,6), die mit der »alten« (2Kor 3,14) ebensowenig gemein hat wie die καινὴ κτίσις mit dem adamitischen Menschen (vgl. zum Ganzen

aber gar nichts mehr mit der ›alten Schöpfung‹ zu tun, wie 2Kor 5,17b unmißverständlich sagt, dann stellt sich unweigerlich die Frage, *was denn eigentlich der »adamitische Mensch« mit dem »Menschen ἐν Χριστῷ« noch gemein hat.* Wir stoßen einmal mehr auf das Erfordernis *zweier* »Anthropologien« (»Christianologie« und »Hamartologie«),[200] damit aber zugleich auf die *Identitätsproblematik,* der wir uns an anderer Stelle zuwenden müssen.[201]

6.2.2. Die Grundlage des neuen Seins in Christus (Röm 8,1; 16,11; 1Kor 1,30)

Die aus 2Kor 5,17 gewonnene, *grundsätzliche* Einsicht in die Realität der mit dem »Sein in Christus« unmittelbar verknüpften »Neuschöpfung« verlangt nach weiterer *Präzisierung.* Mit der *Erkenntnis* des Zusammenhangs von »Sein in Christus« und »Neuschöpfung« allein ist nämlich weder das »Sein in Christus« noch die καινὴ κτίσις hinreichend beschrieben.

Erste Präzisierungen hinsichtlich der Grundlage und der (soteriologischen) Wirkung des In-Christus-Seins sind von den mit 2Kor 5,17 *sprachlich* eng verwandten Texten Röm 8,1; 16,11; 1Kor 1,30 zu erwarten. Hier ist jeweils ebenfalls von einem »*Sein«* (εἶναι) »in Christus« (ἐν Χριστῷ) bzw. »im Herrn« (ἐν κυρίῳ) die Rede. Dabei ist allerdings *Röm 16,11,* abgesehen von der Tatsache, daß Paulus hier in der Tat *ausdrücklich* von einem »*Sein* im Herrn« (οἱ ὄντες ἐν κυρίῳ) spricht,[202] für sich genommen inhaltlich noch nicht allzu viel zu entnehmen.

Anders verhält es sich mit *Röm 8,1* und besonders *1Kor 1,30*: Während Röm 8,1 betont[203] festhält, daß »für die, die in Christus Jesus [sind]« (τοῖς ἐν Χριστῷ Ἰησοῦ), *das eschatologische Verdammungsurteil (κατάκριμα) endgültig aufgehoben* ist, insistiert Paulus gegenüber den hochmütigen

---

auch Gal 4,21–31, bes. V. 23–26). Daran ändert auch Hebr 12,24 nichts, denn hier hebt der Verfasser auf die *zeitlich* erst vor kurzem ergangene Promulgation (daher: διαθήκη *νέα*) der im übrigen *qualitativ neuartigen* Gemeinschaftsordnung (daher sonst: ἡ *καινὴ* διαθήκη [Hebr 8,8; 9,15]) ab (vgl. SCHNEIDER, Art. νέος, 1137, unter Hinweis auf MICHEL, Hebr, 468, Anm. 3). *Überbietungsschemata o.ä.* werden der Sprengkraft dieser *Neuheitsaussagen* nicht einmal annähernd gerecht. Für *Hebr* habe ich das in meiner Magisterschrift zu zeigen versucht (vgl. REHFELD, διαθήκη, *passim*). Das dort Gesagte gilt angesichts der in Röm 11,27; 1Kor 11,25 zu vermutenden Jeremia-Rezeption *mutatis mutandis* auch für Paulus.
[200] S. dazu oben S. 119–125.
[201] S.u. S. 317–319.321–324.356–363.409–412.
[202] In 2Kor 5,17 war ja jeweils eine Form von εἶναι zu *ergänzen*. Das gilt auch für Röm 8,1. Daß SCHMAUCH, In Christus, 18–20, die Rede vom εἶναι »in Christus« selbst hier noch bestreiten kann, erklärt sich nur aus seiner grundsätzlichen Ablehnung dieses Gedankens.
[203] Beachte die Wortstellung: *οὐδὲν ἄρα νῦν κατάκριμα κτλ.*

Korinthern darauf, daß die in Christus bestehenden Heilsgaben (namentlich σοφία, δικαιοσύνη, ἁγιασμός und ἀπολύτρωσις [V. 30b]), derer sie »in Christus« teilhaftig werden, exklusiv *gottgegeben* sind (V. 30a). Das betonte, *radikale* ἐξ αὐτοῦ (sc. θεοῦ) ist das *Vorzeichen*, von dem her *sämtliche* Ausführungen zum »Sein in Christus« gelesen werden müssen und das daher im folgenden keinen einzigen Augenblick in Vergessenheit geraten darf. Denn *in soteriologicis* verdankt sich schlechthin *alles* streng und ausschließlich *Gott*: τὰ δὲ πάντα ἐκ τοῦ θεοῦ (2Kor 5,18a)! Das betrifft, wie der Kontext zeigt (V. 17!), vorrangig die im εἶναι ἐν Χριστῷ gewährte καινὴ κτίσις, die nicht einfach zur Eigenschaft (zum *habitus*) des Christen wird, sondern – wenn man so will – *habitus theosdotos*[204] ist und bleibt. *Nur insoweit* kann zugleich von einem *character indelebilis* der καινὴ κτίσις die Rede sein, wie im Vorausblick auf die unten zu erörternde Tauf-Problematik bereits hier mit Nachdruck betont sei. Recht verstanden ist auch die *perseverantia sanctorum* also nur dann, wenn sie *ausschließlich* in der *Treue* Gottes und in seiner *Wahrhaftigkeit* verankert wird (vgl. nur Röm 3,3f.; 8,28–30; 11,1–4.29–31; 1Kor 1,8f.; 10,13; 2Kor 1,18–22; 1Thess 5,23f.; ferner Phil 2,12f.).

6.2.3. Christus als incorporative personality: das neue Sein ἐν Χριστῷ und das »Sein« ἐν τῷ Ἀδάμ (1Kor 15,22; vgl. Phil 3,9)

Wie aber soll man sich dieses neue Sein ἐν Χριστῷ »vorstellen«? Was bedeutet es, daß »ihr aus ihm (Gott) *in Christus Jesus* seid« (1Kor 1,30)? Und wie ist es zu verstehen, daß *eben damit* das »Verdammungsurteil« (κατάκριμα) aufgehoben ist (Röm 8,1), ja daß *eben damit* einem solchermaßen ἐν Χριστῷ seienden Menschen alle »Heilsgüter« (namentlich die δικαιοσύνη: 2Kor 5,21) zuteil werden?

Weiterführend ist hier der Gedanke der *incorporative personality*[205], wie er im Zusammenhang mit dem εἶναι ἐν Χριστῷ in *1Kor 15,20–22* ausgedrückt wird. Dort schließt Paulus zunächst aus der Auferweckung Christi auf die Auferweckung der Christusgläubigen[206]: Der auferweckte Chri-

---

[204] BAYER, Gott, 279, weist auf die *Provokation* hin, die in dieser paradoxen Begriffsbildung *Johann Gerhards* lag und – immer noch – liegt.

[205] Begriff bei WITHERINGTON III, Röm, 143. Wie sich zeigen wird, ist *dieser* Begriff tatsächlich *treffender* als der u.a. von KÄSEMANN, Röm, 189 (vgl. dazu SCHRAGE, 1Kor IV, 274 m. Anm. 1345 [Lit.]), verwendete Begriff der »corporate personality« (mit WITHERINGTON III, ebd.), geht es doch um ein *umfassendes* »Eingepflanzt-Sein« in Christus.

[206] Nur *sie* sind hier im Blick, wie der Kontext (insbesondere V. 23b: οἱ τοῦ Χριστοῦ) deutlich genug zeigt (*anders* BARTH, Die Auferstehung der Toten, 98f.). Von einer *allgemeinen Totenauferstehung* spricht Paulus *nicht* (gegen BARTH, ebd.). Er spricht hier darum auch nur sehr bedingt in »universale[r] Perspektive« (gegen SCHRAGE, 1Kor IV, 152). Weitere Hinweise s.u. S. 352–355.

stus ist ἀπαρχή der verstorbenen Christen (V. 20) oder – was in der Sache dasselbe meint – πρωτότοκος ἐν πολλοῖς ἀδελφοῖς (Röm 8,29; vgl. auch Röm 6,5.8[207]), was – wie der Fortgang der Argumentation zeigt – »keine rein zeitliche Qualifizierung« ist, »als ob Christus nur als *primus inter pares* oder als Modell- und Präzedenzfall für andere erweckt worden wäre«, wie W. SCHRAGE mit Recht betont[208]. Erläutert (ἐπειδὴ γάρ) wird dieser Grund-Satz im Kontext von 1Kor 15 mit folgenden Worten: »Denn dementsprechend, daß[209] durch einen Menschen (δι' ἀνθρώπου) der[210] Tod [kam], [kam] auch durch einen Menschen (δι' ἀνθρώπου) die Auferstehung. Wie ja in Adam (ἐν τῷ Ἀδάμ) alle sterben, so (auch) werden in Christus (ἐν τῷ [!] Χριστῷ) alle lebendig gemacht werden« (V. 21f.). Für das richtige Verständnis wichtig ist zunächst der Hinweis, daß ἐν hier *keinesfalls statt διά stehen kann*.[211] Völlig ausgeschlossen ist diese Interpretation durch den Hinweis auf Adam: ἐν τῷ Ἀδὰμ πάντες ἀποθνήσκουσιν (V. 22a), da Paulus nirgends sonst die *causa instrumentalis* des Todes in Adam erblickt. Wohl ist »durch ihn die Sünde in die Schöpfung eingedrungen« und *damit* auch der Tod (Röm 5,12; *insofern* auch δι' ἀνθρώπου θάνατος 1Kor 15,21a!) – aber *unmittelbarer* Auslöser des Todes ist Paulus zufolge immer die *Sünde* (vgl. Röm 6,23a). Außerdem deutet alles darauf hin, daß Paulus *auch* 1Kor 15,22b davon ausgeht, daß es *Gott* ist (nicht Christus), »der die Toten lebendig macht« (Röm 4,17; vgl. 1Thess 4,14b) – so, wie er ja schon Christus als ἀπαρχή (V. 20.24) auferweckt hat (vgl. Röm 6,4b; *insofern* auch δι' ἀνθρώπου ἀνάστασις νεκρῶν 1Kor 15,21b!). Ein erstes Fazit lautet daher: Paulus *unterscheidet* in 1Kor 15,21f. *bewußt* zwischen διά und ἐν.

Folglich kann V. 22b *nicht* heißen: »... so (auch) werden alle *durch* Christus lebendig gemacht werden«, sondern *muß* – wie oben geschehen – übersetzt werden mit: »... so (auch) werden alle *in* Christus lebendig gemacht werden.«[212] In *Analogie* zu ἐν τῷ Ἀδάμ besagt dieses »in Chri-

---

[207] Tod und Auferstehung der Gläubigen sind ὁμοίωμα des Todes und der Auferstehung Christi – wie auch er ἐν ὁμοιώματι σαρκὸς ἁμαρτίας erschien (Röm 8,3b).

[208] 1Kor IV, 159f.

[209] Die Konjunktion ἐπειδή ist mitunter »nur locker subordinierend« und nimmt hier (m.E. genauso wie ἐπειδήπερ Lk 1,1) »auf eine bereits bekannte Tatsache Bezug« (BDR, § 456,3), aus der mit konsekutivem καί eine (naheliegende) Schlußfolgerung gezogen wird. *Für* diese Deutung spricht der strukturell *dann* ganz parallele V. 22 (ὥσπερ – οὕτως καί), zumal Paulus das Adams-Geschehen kaum als *Begründung* für das Christusgeschehen anführt, sondern darin eine Strukturanalogie sieht (vgl. Röm 5,12–21).

[210] Vgl. BDR, § 257,1, Anm. 2: »Nur bei Paulus das Abstractum θάνατος als Subj. ohne Artikel«.

[211] *Gegen* BÜCHSEL, »In Christus«, 146; SCHRAGE, 1Kor IV, 163, Anm. 728 (s. dort weitere Lit.).

[212] Natürlich ist ἐν τῷ Χριστῷ zum *Prädikat* zu ziehen (mit SCHRAGE, 1Kor IV, ebd.), aber das hat nicht die von SCHRAGE, ebd., postulierten Konsequenzen.

stus« inhaltlich: *So, wie alle, die im Schatten Adams stehen, an dessen Todesgeschick teilhaben (Präsens!), so werden auch alle, die im Licht Christi leben, dessen Auferweckung teilhaftig werden (Futur!).* Es ist darum auch kein Zufall, daß hier sowohl bei Adam als auch bei Christus der bestimmte Artikel steht, bezeichnen beide Größen doch zunächst eine »historische« Person, die *schlechthin schicksalsbestimmend* für »alle« diejenigen (πάντες *qualitativ!*) ist, die zu ihr gehören. Wie Adam der »Stammvater« aller Menschen ist, so ist Christus quasi der »Stammbruder« (πρωτότοκος) aller Christusgläubigen.[213] 1Kor 15,21f. bietet sachlich also denselben Gedanken, der in Röm 5,12–21 breiter ausgeführt ist (vgl. auch Gal 4,21–31) und dem wir bereits begegnet sind.[214]

Es ist übrigens bezeichnend, daß Paulus zwar Adam und Christus (und in gewisser Weise auch Abraham) als schicksalsbestimmende Größen betrachtet, nicht jedoch *Mose*, wie B. WITHERINGTON III ausführt: "Nowhere in Romans does Paul spend much time on the story of Moses. This is largely true of his other letters as well (except in 2 Cor. 3.7–18). Paul believes that the story of Moses and those involved in the Mosaic covenant is not the generative narrative for Christians, whether Jew or Gentile. The Adam story, the Abraham story, and the Christ story are generative narratives for Christians, stories with lasting impact on their lives. Paul sees the story of Moses, like the Mosaic covenant and the Mosaic Law, as *pro tempore*. It was meant to guide God's people between the time of Moses and Christ. But once the eschatological age dawned through the Christ-event, the Moses story could no longer be the controlling narrative of God's people, precisely because now is the era of the new covenant. The Mosaic story thus becomes a story about a glorious anachronism, or, as Paul puts it in 2 Corinthians 3, a fading glory."[215] Damit bestätigt sich, was oben (5.2.) zur zeitlich befristeten, nicht-ewigen Geltung der Sinaitora gesagt wurde, die ebendeshalb *niemals Heilsweg* sein kann.

Mit dem Gedanken des *schicksalsbestimmenden Stammvaters*[216] stoßen wir erneut auf die *partizipatorische Grundstruktur der paulinischen Theologie*, und schon insofern kann also das Sein ἐν Χριστῷ »wirklich das Kennwort seines Christentums« genannt werden.[217] Doch zugleich zeigt sich, daß »bloße« Partizipation den Gedanken noch nicht voll erfaßt. Ist es zwar richtig, daß im Blick auf Adam von (freilich *unausweichlicher!*) Partizipation an seinem *Schicksal* gesprochen werden muß, so geht Paulus im Blick

---

[213] Es ist hinsichtlich der Frage nach einer »universalistischen« Deutung dieser Stelle zu beachten, daß πάντες in erster Linie *qualitativ*, und *erst insoweit* dann auch *quantitativ* zu verstehen ist.

[214] Vgl. dazu HOFIUS, Adam-Christus-Antithese, 78 u.ö.; DENS., Mensch, 112f. m. Anm. 36 (s.o. S. 182 m. Anm. 285!). S. zum Ganzen oben S. 177–182.

[215] Röm, 144.

[216] Die traditionsgeschichtliche Erforschung des dahinter vermuteten »Konzeptes« ist bisher trotz zahlloser Versuche zu keinen tragfähigen Urteilen gekommen, wie SCHRAGE, 1Kor IV, 272–277, darlegt.

[217] Mit DEISSMANN, Paulus², 111. Vgl. ferner STEWART, Man, 147 u.ö.; SCHNELLE, Christusgegenwart, 106 u.ö.; DERS., Paulus, 548; VAN STEMPVOORT, Gal, 57.

auf das Sein ἐν Χριστῷ noch entscheidend darüber hinaus.[218] Gilt für die Teilhabe am Adams-Geschick das Gesetz bloßer *Analogie* oder *»Nachahmung«* (vgl. Röm 5,12*fin.*: ἐφ' ᾧ πάντες ἥμαρτον!), so ist im Blick auf die Teilhabe am Christusgeschehen von nicht weniger als *Genealogie* (bzw. Adoption) zu sprechen, von *realer (wirk-licher und wirk-samer) Teilhabe* an der *Person* Christi, d.h. an seinem *Leben*.[219] Eine solche grundsätzliche *Asymmetrie* liegt auch der Adam-Christus-Antithese Röm 5 zugrunde, wie die Wendungen ἀλλ' οὐχ ὡς – οὕτως καί (Röm 5,15a; vgl. V. 16a) und εἰ γάρ – πολλῷ μᾶλλον (V. 15b.17) deutlich machen. Von einer bloßen Analogie zwischen Adam und Christus ist aber *auch* in 1Kor 15 nicht die Rede, wie spätestens V. 45–49 zeigen (trotz der formalen »Namensgleichheit«).[220] Vielmehr benennen diese Verse den – im wahrsten Sinn des Wortes – *himmelweiten Qualitätsunterschied* zwischen dem ersten Adam und dem letzten Adam (Christus): dem beseelten Erdling steht der himmlische πνεῦμα-Geber *gegenüber* (vgl. V. 45.47). Dieser unüberbrückbare *qualitative* Unterschied zwischen Adam und Christus wirkt sich – wie V. 48f. erklärt – unmittelbar auf die ihnen Zugehörigen aus, auf die »Adamiten« (V. 48a.49a) und auf die Christusgläubigen (V. 48b.49b).

Diese qualitative Differenz bedingt zugleich einen Unterschied hinsichtlich der *Art des Verhältnisses* zwischen den »Adamiten« und Adam einerseits und den Christusgläubigen und Christus andererseits. Während »in Adam« alles *per analogiam actus* geschieht (wenn man so will), vollzieht sich »in Christus« alles *per analogiam entis*, weshalb im Blick auf Christus der Gedanke einer bloßen »Repräsentanz« viel zu kurz greift[221]. Es ist kein Zufall, daß das »Sterben« ἐν τῷ Ἀδάμ *aktiv* formuliert ist (wie schon das »Sündigen«: vgl. Röm 5,12*fin.*13), während das »Lebendig-gemacht-Werden« ἐν τῷ Χριστῷ den Christusgläubigen *mere passive* zukommt. Adam ist eben eine rein repräsentativ-»analoge« Größe (er ist *nur* »exemplum« – wenn auch unbestreitbar schicksalsbestimmend), während Chri-

---

[218] BÜCHSEL, »In Christus«, 14, betont zwar zu Recht, ἐν τῷ Ἀδάμ könne »nicht mystisch gemeint« sein; er übersieht aber, daß ἐν τῷ Ἀδάμ und ἐν τῷ Χριστῷ nicht *nur* analog sind!

[219] Mit etwas anderem Akzent HOFIUS, Adam-Christus-Antithese, 77: »Adams Tat betrifft ihn selbst und mit ihm alle Menschen; auf seiner Seite ist ein jeder durch das gezeichnet und festgelegt, was Adam *für sich selbst* getan hat. Christi Tat hingegen gilt nicht ihm selbst, sondern ausschließlich dem Sünder; auf seiner Seite ist ein jeder von dem eingeholt, was Christus *für ihn* getan hat.« Das ist nicht zuletzt darin begründet, daß die Tat Adams die Tat eines *Menschen* ist, die Tat Christi hingegen die Tat *Gottes* (ebd.).

[220] Diese *grundlegende Antithetik* betont HOFIUS, a.a.O., 77f., mit vollem Recht (vgl. auch seinen Hinweis auf CALVIN, zu Röm 5,14b [CO 49, 97 = CR 77, 97])! Insofern ist der in diesem Zusammenhang immer wieder bemühte Begriff der sog. »Adam-Christus-Typologie« nur mit größter Zurückhaltung und Vorsicht zu gebrauchen. Besser spricht man darum von einer »Adam-Christus-*Antithese*« (so HOFIUS, a.a.O., *passim*).

[221] Gegen KLAUCK, 1Kor, 120, u.a.

stus offenbar eine wahrhaft *ontologische* Größe ist. Während Adam bloß eine *schicksalsbestimmende* Größe ist, ist Christus *mehr* als das: er ist eine *wesensbestimmende Person* (und *insofern* dann ebenfalls eine schicksalsbestimmende Größe). *Kraft der Einleibung in ihn (vgl. Phil 3,9a!) partizipiert der Christusgläubige ganz an Christi Person und Geschichte (vgl. Röm 8,11!).* Daraus zog schon W.T. HAHN die richtigen Schlüsse:

»Indem das Christushandeln Gottes Christus und den Glaubenden zu einer Einheit zusammenschweißt, reicht die Unterscheidung von synthetischer und analytischer Rechtfertigung zum Begreifen dieser Wirklichkeit nicht mehr aus. ὑπέρ ist nicht ohne σύν und σύν nicht ohne ὑπέρ.«[222]

Aber welcher *Art* ist diese *Schicksals- und Wesensverbundenheit mit Christus*? Bereits ein kurzer Blick in die Forschungsgeschichte genügt, um zu erkennen, daß hier offenbar hauptsächlich das *Verhältnis Christi zum* πνεῦμα zu erörtern ist (s.u.). Das ist auch schon deshalb naheliegend, weil der erhöhte Christus der *neue* Adam ist, dem darum *bereits jetzt* ein σῶμα πνευματικόν eignet (vgl. 1Kor 15,45–49). Daraus erhellt die Notwendigkeit einer *geistlichen* (in *diesem* Sinne: pneumatischen, d.h. auf der Ebene des πνεῦμα angesiedelten) Beziehung zu ihm (1Kor 2,1–16; 6,17; vgl. Joh 4,23f.), und dementsprechend werden die Christen grundsätzlich als οἱ πνευματικοί angesprochen (Gal 6,1b[223]); überhaupt ist der Geist die *conditio sine qua non* wahren Christ-Seins (vgl. Gal 3,1–5[224]).[225]

EXKURS V: Zum Verhältnis von Christus und Geist (πνεῦμα)

Zu der These einer wie auch immer gearteten »Christusmystik« gehört i.d.R. unmittelbar die Rede vom sog. »pneumatischen Christus«;[226] und dementsprechend entzündet sich auch die Ablehnung jeder »Mystik« in besonderem Maße an ebendieser These vom »pneumatischen Christus«.[227]

---

[222] Mitsterben, 147. Dieser Satz findet sich im Zusammenhang mit Erörterungen zum *Abendmahl*, in dem sich laut HAHN (ebd.) »die beiden Linien, die sich in der Theologie des Paulus aufzeigen lassen, zu einer Einheit [vereinigen], nämlich die sich um den Begriff der Rechtfertigung gruppierenden Aussagen, die man unter den Präpositionen [sic!] ὑπέρ zusammenfassen könnte, und der durch die Christusgemeinschaft, wie sie u. a. durch die Präpositionen σύν und ἐν umschrieben wird, bestimmte Komplex.«

[223] S. dazu oben S. 99 m. Anm. 256f.

[224] S. dazu den wichtigen Hinweis bei LEMONON, Gal, 116: « Aux v. 2.5, Paul recourt à ἐξ, et non à διά [sic !], car le don de l'Esprit n'est pas fondamentalement l'œuvre de 'l'écoute de la foi', même si celle-ci est nécessaire ; ce don est dû à Jésus Christ crucifié. »

[225] S. dazu auch unten S. 319–324.

[226] Vgl. exemplarisch DEISSMANN, Formel, *passim*; DERS., Paulus[2], *passim* (s. dazu unten S. 260); WIKENHAUSER, Christusmystik[2], 36.62 u.ö.

[227] S. z.B. WEBER, Formel, 125–127; BÜCHSEL, »In Christus«, 146.150–156, *bes. 152* (die ebd. geäußerte Kritik ist aber rein ideologisch); NEUGEBAUER, In Christus, 20f.64.

Gegen mannigfache, mitunter auch böswillige[228] Mißverständnisse seiner Position ist zunächst festzuhalten, daß DEISSMANN die *Personalität* des »pneumatischen Christus« niemals aufgegeben hat![229] In großer Regelmäßigkeit insistiert er ferner auf der *Leiblichkeit (»Stofflichkeit«)*[230] und *Lebendigkeit*[231] des »pneumatischen Christus« – jener ist kein irgendwie waberndes »Etwas«. Dem entspricht – was nicht übersehen werden darf –, daß DEISSMANN an *mehreren* Stellen *ausdrücklich* den *»untrennbare[n] Zusammenhang des pneumatisch gegenwärtigen Christus mit dem historischen Jesus, insbesondere die Identität des Lebendigen mit dem Gekreuzigten«* betont, die »die paulinische Frömmigkeit vor dem Zerfließen ihrer Kontemplation ins mythologisch Uferlose bewahrt hat.«[232] Sodann ist die Rede von dem vielzitierten und vielkritisierten »luftähnlichen Pneumaelement«[233] als das zu würdigen, was sie ist: ein bloßer (mehr oder weniger gelungener) *Vergleich* für einen ebenso *unanschaulichen* wie *analogielosen*[234] Sachverhalt – mehr nicht![235]

Die größte Bedeutung kommt in diesem Zusammenhang der umstrittenen Stelle *2Kor 3,17a* zu, werden hier doch allem Anschein nach *Christus und der Geist identifiziert*: ὁ δὲ κύριος τὸ πνεῦμά ἐστιν.[236]

In seiner verdienstvollen Dissertation hat sich der iranische Theologe M. FATEHI mit dem Problem des Verhältnisses zwischen dem erhöhten Christus und dem Geist sowie den daraus sich ergebenden *christologischen* Konsequenzen befaßt. Angesichts der zahlreichen exegetischen Probleme innerhalb der fraglichen Stellen fordert er mit Recht zunächst zu sachlicher Zurückhaltung auf: "[...] it is only wise to proceed with utmost caution

---

[228] Dabei war *Eduard Schwartz*, gegen den DEISSMANN sich noch zur Wehr setzen konnte (Paulus², 232–249), weder der erste noch der letzte übelwollende Kritiker.

[229] Vgl. schon DENS., Formel, bes. 88–98, hier 93: »Vielleicht wirft auch die Erinnerung an die Stelle *Act. 17,28*: ἐν αὐτῷ γὰρ ζῶμεν κτλ. einiges Licht auf unser Problem, zumal wir bei Paulus die Formel ἐν τῷ θεῷ ja auch finden [...], sogar in Verbindung mit unserer Formel (1Thess. 1,1; 2Thess. 1,1). Wir haben hier eine völlig analoge Ausdrucksweise deshalb, weil es sich auch hier um das Sichbefinden von Menschen in einer pneumatisch vorgestellten Person [!], der Gottheit, handelt.« S.u. Anm. 230.232!

[230] S. DENS., Formel, 90f.94f.98 m. Anm. 2; DENS., Paulus², 113f. Dabei ist zu beachten, daß DEISSMANN gerade mit der Betonung der *Leiblichkeit* des erhöhten Christus dessen *Personalität* gewahrt wissen will: »als Leib bildet derselbe die *notwendige* Form der *persönlichen* Existenz des erhöhten Christus [...]« (Formel, 91 [Hervorhebungen E.R.]).

[231] S. z.B. DENS., Formel, 84; DENS., Paulus², 107–109 u.ö.

[232] Alle Zitate: DERS., Paulus², 148 (Hervorhebung E.R.). S. auch a.a.O., 99f.114, bes. 114! Vgl. DENS., Formel, 80f. – Repräsentieren diese Aussagen *wirklich* ein »gnostisches Verständnis«, wie STRECKER, Befreiung, 240f., meint?

[233] Unglücklicherweise macht NEUGEBAUER, In Christus, 18f. m. Anm. 4, ausgerechnet *daran* seine Kritik fest.

[234] Vgl. DENS., Formel, 90, Anm. 3! Diese Analogielosigkeit, auf die Deißmann immer wieder hinweist, bildet sich im *Sprachgebrauch* ab (ἐν mit dem singularischen Dativ einer Person), dem – das sei nicht vergessen – Deißmanns Untersuchung ja gewidmet ist.

[235] Vgl. nur DENS., Formel, 84.92.98 m. Anm. 1. Die entsprechenden Sätze leitet Deißmann i.d.R. mit »wie« ein (s. noch DENS., Paulus², 111), und es kann keine Rede davon sein, er verstehe Christus selbst *als* ein »luftähnliches Pneumaelement«!

[236] Vgl. DEISSMANN, Formel, 84f. (unter Hinweis auf GUNKEL, Wirkungen, 100).

6. »Christ-Innigkeit«: der Christ – ein Mensch ἐν Χριστῷ

and not to base any thing [sic!] substantial mainly on one's interpretation of [2Cor] 3:17a."[237]

Daß Paulus an der fraglichen Stelle eine »Identifikation« zwischen dem auferstandenen κύριος und dem πνεῦμα vornimmt, läßt sich indes kaum bestreiten[238] – aber welcher Art ist diese Identifikation? W.T. HAHN etwa meinte, es müsse »das Pneuma vom Christusgeschehen aus verstanden werden und nicht umgekehrt der Christus aus dem Pneuma.«[239] Und F. NEUGEBAUER war der Ansicht, Christus werde hier »nicht als ein Geistwesen ausgewiesen, sondern der Herr Jesus Christus ist als das eschatologische Handeln Gottes zugleich der Geist.«[240] FATEHI seinerseits kommt nach sorgfältiger Begründung[241] zu folgendem Ergebnis: "Paul's identification between the Spirit and the risen Lord should most probably be understood as a *dynamic identification* [...]."[242] Dabei handle es sich zunächst allerdings nicht so sehr um eine Aussage über Christi *Person* »an sich«, als vielmehr über sein *opus ad extra* (*pro nobis*), wie FATEHI weiter ausführt[243], und darum lasse sich Christus auch nicht einfach auf den Geist reduzieren (aber auch nicht umgekehrt der Geist auf Christus), *wobei aber »ontische« oder »ontologische« Aspekte dieser dynamischen Identifikation nicht ausgeschlossen werden dürften*:

"One should conclude from all this that the dynamic identification between Christ and the Spirit, though including an ontological aspect, nevertheless is *not* a *personal* or *complete* identification."[244]

Mit seiner Untersuchung untermauert[245] Fatehi *in der Sache* die bereits von J.D.G. DUNN ausgesprochene, aber nicht weiter ausgeführte und begründete[246] Sicht: "...so far as Paul is concerned there is what might be called a 'Trinitarian' element in the believer's experience. It is evident from Paul that the first Christians soon became aware that they stood in a dual relationship – to God as Father, and to Jesus as Lord. This relationship and awareness of it was attributed by them to the Spirit ... That is to say, Christians became aware that they stood at the base of a triangular relationship – in the Spirit, in sonship to the Father, in service to the Lord ... the doctrine of the Trinity is grounded in experience – and in experience of Spirit, Spirit as Spirit of sonship, Spirit as Spirit of the Son."[247]

---

[237] DERS., Relation, 289.
[238] Vgl. FATEHI, a.a.O., 302f.
[239] Mitsterben, 115.
[240] In Christus, 64. Er verweist außerdem sogar ausdrücklich auf 1Kor 15,45!
[241] S. a.a.O., bes. 289–302.
[242] A.a.O., 304. So schon WIKENHAUSER, Christusmystik², 53 (s.u. S. 292).
[243] Vgl. dazu und zum Folgenden a.a.O., 304–306.
[244] A.a.O., 307.
[245] Das tut FATEHI übrigens *bewußt* (s. a.a.O., 308; vgl. dazu unten Anm. 246)!
[246] So die Kritik von FATEHI, a.a.O., 307, Anm. 100. Er weist ferner auf Unstimmigkeiten in Dunns eigenem Werk hin und kritisiert namentlich, daß jener – *trotz* der soeben wiedergegebenen Sätze! – trinitarisch-theologische Implikationen für Paulus ablehne.
[247] DUNN, Jesus, 326 (zit. nach FATEHI, a.a.O., 307).

Die These von der *dynamischen Identifikation* zwischen Christus und dem Geist bedeutet zunächst zweierlei: 1) Christus bleibt auch als der Erhöhte *Person* und löst sich nicht in Geist auf. 2) Christus als der Erhöhte ist *persönlich gegenwärtig* und *real wirkend (dynamisch)*, wobei seine Gegenwart eine *rein pneumatisch* vermittelte ist, derer darum *nur ein πνευματικός* teilhaftig sein kann. *Folglich gehören Geistbegabung und In-Christus-Sein untrennbar zusammen* – τὰ δὲ πάντα ἐκ τοῦ θεοῦ. Mit W.T. HAHN können wir darum festhalten:

»Zwar besagt die Formel ›in Christo‹ die reale und deshalb auch lokale Einbezogenheit in Christus; diese erfolgt im Geist. Aber es handelt sich nicht um ein ›Verweilen in einem der Luft vergleichbaren Pneumaelement‹, sondern um die reale, wenn auch verborgene und paradoxe Hineinnahme in das geschichtliche Kreuzes- und Auferstehungsgeschehen. Die in dieses Geschehen einbezogene Existenz ist eine Existenz ›in Christo‹.«[248]

6.2.4. Die Entstehung des neuen Seins in der Zeit (Röm 16,7): der apostolische Dienst und die »Zeugung durch das Evangelium« (1Kor 4,15b)

Eine weitere äußerst wichtige Präzisierung des »In-Christus-Seins« ergibt sich aus einer anscheinend öfter übersehenen Stelle: *Röm 16,7.* Hier läßt Paulus zwei Mitarbeiter(innen) grüßen und berichtet abschließend fast beiläufig über sie: οἳ καὶ πρὸ ἐμοῦ γέγοναν ἐν Χριστῷ. Dabei ist für unsere Untersuchung weder von Interesse, ob es sich bei der zweitgenannten Person um einen Mann namens Junias oder eine Frau namens Junia handelt, noch ob die beiden als »Apostel« im ausgezeichneten Sinne zu gelten haben, noch auch, in welchem Jahr sie zum Glauben gekommen sind.[249] Das *eigentlich* Entscheidende an dieser Stelle ist die viel grundsätzlichere Einsicht, *daß* das »In-Christus-Sein« je individuell *in der Zeit Ereignis wird!* So richtig es ist, daß das »In-Christus-Sein« im Sinne der Christus-Förmigkeit[250] die *Teilhabe am Christusgeschehen auf Golgatha bzw. die personale Identifikation mit dem Gekreuzigten selbst* voraussetzt (vgl. Röm 6; Gal 2,19 [Χριστῷ συνεσταύρωμαι!])[251], *so sehr gilt doch offenbar, daß das nicht etwa in dem Sinne zeitlos-universal zu verstehen ist, daß seit Golgatha nun unterschiedslos alle Menschen »in Christus« wären.*[252]

---

[248] Mitsterben, 153. So glaubt HAHN, Deißmanns Ergebnis ›*weiterzuführen und zu verändern*‹ (ebd.).
[249] Alle diese Fragen diskutiert z.B. JEWETT, Röm, 961–964.
[250] S.u. S. 278–280.
[251] Vgl. dazu unten S. 294–302.
[252] In diese Richtung gehen allerdings die Darlegungen von HOFIUS, Glaube, bes. 258–260 m. Anm. 16, der mit H.J. Iwand sehr stark die *Objektivität des Glaubens* betont. Freilich läßt er nicht außer Acht, daß der Glaube durchaus *in der Zeit* zustandekommt und ein *Werk des Heiligen Geistes* ist (a.a.O., 260f.). Umgekehrt geht die »anti-barthianische« Kritik H. BLOCHERs in eine falsche Richtung, wenn er aus Röm 16,7 schließt, »que

Wie könnte Paulus auch sonst davon sprechen (und das tut er ja doch wohl nicht bloß rhetorisch), *daß unter bestimmten Umständen Christus einem Menschen »nichts nützt«* (Gal 5,2)? Vielmehr gibt es offenbar ein *früheres* und ein *späteres* »In-Christus-Sein«, mithin ein früheres und ein späteres Zum-Glauben-Kommen, einen früheren und einen späteren Eintritt in die »Christ-Innigkeit« (vgl. auch Röm 13,11!).

Dieser *Eintritt in die Christusgemeinschaft* aber ist notwendig an die apostolische *Evangeliums-Verkündigung* gebunden, denn die das neue Sein »durchpulsende Kraft ist die des Geistes, der seinerseits die christologische Dimension des durchaus *ontisch wirksamen* Gotteswortes darstellt.«[253] Es ist also *das Evangelium als das in jedem Fall ontisch wirksame Wort Gottes selbst*, das Glauben wirkt (oder auch nicht: vgl. 2Kor 2,15f.), und darum kann Paulus sagen: »In Christus nämlich habe ich euch *durch das Evangelium gezeugt*« (1Kor 4,15b; vgl. Phlm 10).[254]

Das »Bild« von der *Zeugung* (und es ist *mehr* als »nur« ein Bild![255]) verweist auf die *exklusive*[256] *geistliche Vaterschaft des Apostels*, die auch andernorts thematisch wird (vgl. Phlm 10![257]) und dem apostolischen Auftrag des stellvertretenden »Versöhnungsdienstes« entspricht (vgl. 2Kor 5,20). Die apostolische Verkündigung ist also schlechterdings *kirchengründend* (vgl. 1Kor 3,5f.), und darum gehören die Apostel mit hinein in das *Christusgeschehen*,[258] sind somit *nicht Teil der Kirche*![259]

---

l'inclusion unitive attend l'événement subjectif et n'existe pas encore au moment de la croix et de la résurrection« (Doctrine, 185). Hier hilft eben nur der Gedanke der »Gleichzeitigkeit« weiter (zumal Paulus Gal 2,19 ja ausdrücklich auf den σταυρός verweist, der sich nun gerade *nicht* im Taufgeschehen abbildet), der allerdings z.B. von BÉNÉTREAU, Röm I, 169, als unbiblisch zurückgewiesen wird (zu Unrecht: s.u. S. 298f., Anm. 461).

[253] STUHLMACHER, Erwägungen, 35 (Hervorhebungen E.R.).

[254] Mit REINMUTH, Phlm, 41, ist γενναν 1Kor 4,15 »wegen der Vatermetapher an dieser Stelle als ›zeugen‹ zu interpretieren«.

[255] So mit Nachdruck ASMUSSEN, Gal, 130. Auch das ἐγέννησα Phlm 10 ist m.E. mehr als *nur* eine ›metaphorische Aussage‹ (gegen HÜBNER, Phlm, 33).

[256] Das geht aus dem Wortlaut von 1Kor 4,15 *eindeutig* hervor: ... ἀλλ' οὐ πολλοὺς πατέρας ... ἐγὼ ὑμᾶς ἐγέννησα! Vgl. BARBAGLIO, 1Kor, 242 (»l'unicità del padre«); ZELLER, 1Kor, 191f. Dabei darf der »Abstand« dieses Konzeptes *geistlicher* »Vaterschaft« vom zeitgenössischen »Patriarchalismus« nicht übersehen werden, worauf SCHÄFER, Gemeinde, bes. 314f.368f., zu Recht hinweist.

[257] Man beachte den *individuellen* Aspekt der »Zeugung« als eines *rein singularisch* formulierten Geschehens (vgl. 1Kor 4,17: Timotheus als τέκνον des Apostels [vgl. LOHSE, Phlm, 278f.; REINMUTH, Phlm, 41f.])! Das mahnt zur Vorsicht, das Christ-*Werden* des einzelnen sofort ekklesiologisch zu vereinnahmen (z.B. im Sinne einer *fides aliena*).

[258] Vgl. COLLANGE, Énigmes, 33 (zu 2Kor 2,15): « Nous touchons là à une des caractéristiques de son ministère que Paul développera plus loin (4 : 10ss) : il n'y a pas de schizophrénie entre sa prédication et sa personne ; plus même : sa personne, sa vie mouvementée et misérable, son 'corps' sont en eux-mêmes prédication, révélation de la connaissance de Dieu, du mystère de la croix. »

Aber der Apostel »zeugt« nicht nur – als *Vater* (πατήρ) – die Gemeinde bzw. Einzelpersonen (γεννᾶν 1Kor 4,15; Phlm 10) und »gebiert« sie – als *Mutter*[260] – »unter heftigen Wehen« (ὠδίνειν Gal 4,19), als ihre »Amme« (ἡ τροφός) »zieht« er sie auch »auf« (1Thess 2,7b) und will ihnen – *eigentlich* – nahrhafte »Speise« (βρῶμα) geben (vgl. 1Kor 3,2). Es liegt ganz in der Konsequenz dieser Anleihen aus dem Familienleben[261], daß der Apostel seine Abwesenheit von der Gemeinde sogar als ›*Verwaisung*‹ bezeichnen kann (1Thess 2,17). Als ihr Vater sorgt er sich aufopferungsvoll um sie (1Thess 2,8f.) und kümmert sich in der Funktion eines Brautwerbers[262] sogar um eine »standesgemäße« Hochzeit (2Kor 11,2). Gerade *als* treusorgend-liebevoller Elternteil (vgl. 2Kor 12,14!), *als* Mutter oder Vater, »ermuntert« er seine Gemeinden liebevoll und bestimmt zugleich (1Thess 2,9–12) oder tritt ihnen gegenüber zuweilen sogar *streng* auf (jedoch nie als παιδαγωγός[263] [das tun *andere*, vgl. 1Kor 4,14!])[264], weil er

---

[259] Vgl. dazu v.a. HOFIUS, Einzigartigkeit, bes. 189f.201f.

[260] Der *Begriff* μήτηρ fehlt hier zwar, die *geistliche Mutterschaft des Apostels* ist aber durch das Verbum ὠδίνειν und die Anrede τέκνα μου hinreichend belegt (vgl. BARBAGLIO, 1Kor, 243 m. Anm. 567). Auch hier – wie bei der geistlichen Vaterschaft des Apostels – handelt es sich nicht nur um ein »Bild«! Vgl. zum Ganzen EASTMAN, Mother Tongue, *passim* (zu Gal 4,19 s. a.a.O., 89–126). – Mögliche theologisch-praktische Implikationen der Verwendung des »Mutter-Bildes« bei Paulus deutet ROBERTS GAVENTA, Mother, *passim*, an.

[261] Dabei will beachtet sein, daß Paulus *kein romantisches Familienklischee* bedient. Das zeigt sich schon in seinem *unterscheidenden* Gebrauch von τέκνον und παιδίον bzw. νήπιος (s.o. S. 88–90), demzufolge »*Kinder*« nicht einfach positiv konnotiert sind. Wesentlich ist für Paulus das *Verhältnis* (die *Relation*), das zwischen Vater/Mutter und Sohn/Tochter besteht, und das einen ontischen und zugleich sozialen »Statuswechsel« ausdrückt: »Onesimus ist nicht mehr Sklave, sondern Kind. [...] Er ist vom Objekt zum Subjekt geworden, indem er zum Glauben fand« (REINMUTH, Phlm, 41f.).

[262] Vgl. KLAUCK, 2Kor, 82. Paulus trägt als Brautwerber »die Verantwortung für die Unberührtheit der Braut« (ebd.)! Das erklärt die mitunter festzustellende *Vehemenz* der paulinischen Paraklesen. S. zum Ganzen oben S. 66–69.

[263] Vgl. dazu schon LIPSIUS, Rechtfertigungslehre, 80, der im Blick auf die Verwendung dieses Begriffes (»nicht *Erzieher* [...], sondern *Aufseher, Wächter*«) in Gal 3,24 (der νόμος als παιδαγωγός) bemerkt, er sei »hier nicht auf das eigentliche *Geschäft* des παιδαγωγός (auf das im Zaume Halten der Kinder, damit sie nicht zu tolle Streiche begehen) bezogen, sondern vielmehr auf den *Charakter* des παιδαγωγός *im Gegensatze zum Vater* [...]. Als dieser eigenthümliche Charakter des παιδαγωγός wird aber dieser hingestellt, dass er uns nicht mit Liebe, sondern mit *Strenge* begegnet, dass er nur befiehlt, droht, züchtigt und uns so im Zustande der *Furcht* und der *Knechtschaft* erhält.« *Der Gedanke vom* νόμος *als* παιδαγωγός *ermöglicht eben gerade nicht »eine Abschwächung, ja, eine Überwindung [der] nur negativen Stellung zum Gesetz« – im Gegenteil, er befördert sie noch (gegen* BERTRAM, Art. παιδεύω κτλ., 619 [Hervorhebung E.R.])!

Das alles gilt *mutatis mutandis* auch für die Verwendung des Begriffes παιδαγωγός in *1Kor 4,15.* Daß er *auch dort negativ* gemeint ist, legt schon die *hyperbolisch-ironische* Wendung μύριοι παιδαγωγοί (vgl. *dazu* BARBAGLIO, 1Kor, 242) nahe. Aber auch die

die Gemeinden kraft der ihm eignenden apostolischen ἐξουσία auf den geraden Weg zurückleiten möchte (vgl. dazu 2Kor 13,5–10). Im Blick auf einzelne auszubildende Mitarbeiter schließlich erscheint Paulus als »Lehrmeister« oder »Coach«, dem das Wohl des »Auszubildenden« am Herzen liegt (Phil 2,22[265]). *Kurz: Der Apostel bündelt in seinem Dienst alle Aufgaben, die zu einem in jeder Hinsicht gedeihlichen Wachstum eines Kindes oder eines Adoleszenten notwendig sind.*

Man könnte nun meinen, »die Frage nach der Eingliederung in den Christusleib«[266] bzw. in Christus selbst sei mit dem Voranstehenden hinreichend beantwortet. Die »Zeugung durch das Evangelium«, der Hinweis auf den apostolischen Versöhnungsdienst, der sich im »Wort vom Kreuz« artikuliert, überhaupt der häufige Bezug des Apostels auf seine *Erstverkündi-*

---

parallel-antithetische Struktur der Verse 14+15 (vgl. die Grafik bei VON ALLMEN, Famille, XLIV; ferner PITTA, Gal, 220) zeigt das: Das von Paulus gerade *nicht* gewollte ἐντρέπειν (V. 14a) wird offenbar von den παιδαγωγοί ausgeübt (V. 15a), während das von ihm angestrebte νουθετεῖν (V. 14b) seiner geistlichen Vaterschaft entspricht (V. 15b). Παιδαγωγοί sind mithin *jene, die die Korinther in* (lehrmäßiger?) *Abhängigkeit* halten (gleichviel, ob gewollt oder ungewollt [vgl. 3,4f.]) und eben damit – unmittelbar oder mittelbar – die σχίσματα und ἔριδες in Korinth auslösen (vgl. 1,10–12). Darum legt Paulus Wert darauf, daß *er kein παιδαγωγός ist* (sondern *im Gegenteil* πατήρ [4,15]; vgl. SCHNEIDER, Gal.KK, 20 m. Anm. 27) und die Korinther nicht *auf ihn* getauft sind (1,13), sondern Christus gehören (3,21–23), ja daß er selbst überhaupt nur wenige getauft hat (1,14–17).

[264] Das drohend in Aussicht gestellte (aber nicht gewollte!) »Kommen mit dem Stock« (1Kor 4,21) empfindet Paulus offenbar als ein »opus alienum« (so CONZELMANN, 1Kor, 120; ihm folgend SCHÄFER, Gemeinde, 366f. m. Anm. 278); vgl. noch 2Kor 10,8; 13,10!

[265] Zwar wählt Paulus auch hier das Bildfeld von »Vater« (πατήρ) und »Sohn« (τέκνον), aber neben seiner hier tatsächlich *bildlichen* Verwendung (ὡς!) macht der Zusammenhang deutlich, daß der Fokus auf dem *Verhältnis von »Lehrmeister« und »Auszubildendem«* liegt, das ja in der Antike tatsächlich weitgehend identisch war mit dem Verhältnis von Vater und Sohn (vgl. zu Jesus selbst Mt 13,55; ferner Lk 3,23; 4,16a.22 u.ö.). Man bezeichnet dieses Verhältnis mit SCHÄFER, Gemeinde, 368, tatsächlich am besten als »brüderliche Väterlichkeit«, denn Paulus kann gerade seine Mitarbeiter zugleich und in einem wiederum als *»Brüder«* bezeichnen; vgl. dazu SCHÄFER, a.a.O., 369–385. Er weist auf den beachtenswerten Umstand hin, »daß […] bei Paulus autoritative Titel selten anzutreffen sind«, und schließt aus dieser Beobachtung: »Hier wird sich tatsächlich das urchristliche und pln Bewußtsein von der Gemeinde als Kontrastgesellschaft widerspiegeln, in der ›Brüder‹ einander und der Welt ›dienen‹; letztlich dürfte dieser Impuls auf die Verkündigung Jesu selbst zurückgehen« (a.a.O., 385 [beide Zitate]).

[266] UMBACH, Sünde, 261. Diese Frage ist ihm zufolge allerdings »umstritten«, wobei er (nur!) *zwei Alternativen* diskutiert: »Geschieht diese [sc. Eingliederung in den Christusleib; E.R.] in der Taufe ein für allemal oder im Abendmahl immer wieder?« (ebd.). Zu dieser Alternative bemerkt RABENS, Spirit, 119: "However, we have not seen any evidence that the Spirit was assumed by Paul to be a (physical) substance that would be incorporated into believers through the baptismal waters or the Eucharistic drink in order to become the new substance of their existence."

gung (gepaart mit Stellen wie 1Kor 1,14–17; vgl. V. 18; Röm 1,16f.; 10,9f. u.ö.) scheinen ja darauf hinzudeuten, daß der Eintritt in die »Christ-Innigkeit« *solo verbo* bzw. *sola fide* sich vollzieht.[267] Dieses Verständnis ist allerdings nicht unumstritten. Stellvertretend für sehr viele Exegeten[268] formuliert H. CONZELMANN eine anscheinend *andere* These: »Der Christusleib ist in Beziehung auf die ›Glieder‹ präexistent. *Die Eingliederung in ihn geschieht durch die Taufe.*«[269] Wieder andere betonen in diesem Zusammenhang die Erfahrung des Heiligen Geistes als das allein entscheidende »Eingangstor« in die »Christ-Innigkeit«.[270] In Frage steht also, wie das Verhältnis von (apostolischer) »Verkündigung«, »Glaube«, »Taufe« und (pneumatischer) »Christ-Innigkeit« *präzise* zu bestimmen ist.[271]

---

[267] So *mit Nachdruck* THYEN, Sündenvergebung, 203 (vgl. auch ECKSTEIN, Verheißung, 68; ZELLER, 1Kor, 191f.): »Die Teilhabe am Christus geschieht allein ἐκ πίστεως, nicht διὰ τοῦ βαπτίσματος (Röm. 5,1). Man darf die Taufe nicht aus dem Sachzwang des zeitgenössischen Mysteriendenkens sakramental aufladen, sondern muß sie umgekehrt vom Glaubensdenken des Paulus her kritisch interpretieren.« In *gewisser* Weise war das auch die Auffassung BULTMANNs (vgl. DENS., 2Kor, 70–73). Allerdings ist zu beachten, daß er mit seiner Betonung des *verkündigten Wortes* die Taufe nicht abwerten wollte (vgl. z.B. a.a.O., 72), was aber eine gewisse Spannung seiner Darlegungen hervorruft – wenn man denn einen notwendigen Zusammenhang zwischen »In-Christus«-Sein, Glauben und Geist voraussetzt. Jedenfalls behauptet BULTMANN andernorts, Paulus teile »selbstverständlich die gemeinchristliche Anschauung, daß *der Geist durch die Taufe verliehen wird*« (Theologie, 335 [Hervorhebung E.R.]). Zur Kritik an dieser »*communis opinio*« der Exegeten (so – mit Einschränkungen – das Urteil von HOFIUS, Wort Gottes, 169) s. HOFIUS, a.a.O., 169f.

[268] So z.B. UMBACH, Sünde, 263 (u.ö.): »*Die Taufe ist für Paulus [...] der Akt der Eingliederung des Gläubigen in den Christusleib, in dem die eschatologische Gabe des Geists verliehen wird*«. Vgl. ferner STUHLMACHER, Erwägungen, 28; BECKER, Gal, 60; WOLFF, 2Kor, 127; SCHNELLE, Paulus, 545–549 u.ö.; FERREIRA, Gal, 100–102; EGGER, Gal, 28f.; bes. SCHLIER, Taufe, *passim*, u.v.a. Manche gehen dabei so weit, daß statt von einem *solo verbo* von einem *solo baptismo* zu sprechen wäre.

[269] 1Kor, 258 (Hervorhebung E.R.). Auch dem *ersten* Satz ist höchstens eingeschränkt zuzustimmen! Der »Leib Christi« (sofern als »Kirche« verstanden) mag zwar »*historisch*« oder *(religions-)phänomenologisch* betrachtet »in Beziehung auf die ›Glieder‹ präexistent« sein; er *ist* es aber insofern *nicht*, als der Tod Jesu ein von Anfang an *pro nobis* geschehener ist und die »Glieder« des »Leibes Christi« *immer schon in das Christusgeschehen einbezogen sind*. Das σῶμα Χριστοῦ bezeichnet ja *zunächst* den *pro nobis* dahingegebenen »Leib« (1Kor 10,16b), *in den* »wir« aber kraft des Mitgekreuzigt-Seins immer schon einbezogen sind. Das »Gründungsdatum« des ekklesiologisch verstandenen σῶμα Χριστοῦ fällt darum zusammen mit der *Dahingabe* dieses σῶμα am Kreuz (nicht erst Pfingsten ist der »Geburtstag« der Kirche!); das σῶμα Χριστοῦ, von dem 1Kor 12,27 spricht, ist darum und insofern *gleichursprünglich* mit seinen μέλη, auch wenn die zugrundeliegende *Sachlogik* unumkehrbar ist. Zum Ganzen s.o. S. 96–98.

[270] Hier sind in neuerer Zeit insbesondere Exponenten der sog. Pfingstbewegung zu nennen (vgl. dazu DUNN, Baptism, *passim*).

[271] Zur *Forschungsgeschichte* der letzten gut 100 Jahre s. MACHURA, Rechtfertigungslehre, 167–227.

J.D.G. DUNN zieht zum Abschluß seiner erhellenden Studie über die »Geisttaufe« im Neuen Testament hinsichtlich der soeben kurz skizzierten Debatte(n) folgendes Fazit, das nicht nur theologiegeschichtlich von Interesse ist: "In this study we have noticed that there are *three or four elements and three parties involved in Christian conversion-initiation*. Each of these elements and parties could be said to be the characteristic emphasis of each of *the three main streams of Christianity*. *Catholics* emphasize the role of the *Church* and of *water-baptism* (and laying on of hands); *Protestants* emphasize the role of the *individual* and of *preaching and faith*; *Pentecostals* emphasize the role of *Jesus Christ as Baptizer in the Spirit* and of *Spirit-baptism*."[272] Die (römisch-)katholische Position beschreibt DUNN als natürliche historische Entwicklung, die durch spiritualistische Exzesse (z.B. im Montanismus) noch verstärkt wurde: *"Water-baptism could be regulated, whereas faith and the Spirit can not."*[273] Als (extremer) *Gegenschlag* gegen das mehr und mehr *magische* Taufverständnis der westlichen Kirche mitsamt seiner Priesterzentrierung (»sacerdotalism«) kann dann die evangelische Betonung von Verkündigung und (persönlichem) Glauben interpretiert werden: "[...] faith was exalted together with the role of preaching, and the role of water-baptism was played down. The Spirit, however, did not return to prominence, largely owing to Protestant suspicion and hatred of the Anabaptists. [...] In scholastic Protestantism the Spirit became in effect subordinate to the Bible, and the latter replaced the sacraments as the principal means of grace and inspiration."[274] Das Ergebnis dieser Auseinandersetzung läßt sich so zusammenfassen: *"Where Catholics fastened on to the objectivity of the sacraments, Protestants fastened on to the objectivity of the Bible."*[275] (Diese Einschätzung gilt jedenfalls hinsichtlich der »historischen« Positionen. Die neuere Exegese präsentiert sich an diesem Punkt deutlich »ent-konfessionalisiert«, was faktisch *vor allem* bedeutet, daß namentlich viele evangelische Exegeten verstärkt der Objektivität der Sakramente zuneigen. Zuweilen kann aber auch die entsprechende Gegenbewegung beobachtet werden.)

Gegen *beide Extreme* wandte sich die Pfingstbewegung mit ihrer Betonung des Heiligen Geistes als einer *erfahrbaren* Größe: "Against the mechanical sacramentalism of extreme Catholicism and the dead biblicist orthodoxy of extreme Protestantism they [sc. Pentecostals; E.R.] have shifted the focus of attention to the *experience* of the Spirit."[276] DUNN kommentiert: "Our examination of the NT evidence has shown that they [sc. Pentecostals; E.R.] were wholly justified in this. That the Spirit, and particularly the gift of the Spirit, was a *fact of experience* in the lives of the earliest Christians has been too obvious to require elaboration [...]. It is a sad commentary on the poverty of our own immediate experience of the Spirit that when we come across language in which the NT writers refer directly to the gift of the Spirit and to their experience of it, either we automatically refer to the sacraments and can only give it meaning when we do so [...], or else we discount the experience described as too subjective and mystical in favor of a faith which is essentially an affirmation of biblical propositions, or else we in effect psychologize the Spirit out of existence."[277]

Diese Auseinandersetzung schlägt sich im Detail natürlich auch in *exegetischen* Fragen nieder, wie DUNN gezeigt hat: "As we have seen, Pentecostalism is built foursquare on Acts. [...] Indeed Paul seems to be more of an embarrassment than an asset, so that

---

[272] Baptism, 224 (Hervorhebungen E.R.).
[273] Ebd. (Hervorhebung E.R.).
[274] DUNN, a.a.O., 225.
[275] DUNN, ebd. (Hervorhebung E.R.).
[276] DUNN, ebd.
[277] A.a.O., 225f. (mit zahlreichen Belegstellen).

time and again expositions of this doctrine conveniently ignore him, apart from a few face-saving references which are not always relevant to the doctrine as such. [...] *This means that while our primary task will be to examine the role of the Spirit and the gift of the Spirit in conversion-initiation, most of the actual debate will be not with Pentecostals but with sacramentalists, who, generally speaking, have found in Paul a richer, more consistent and more satisfying picture than the one presented by Luke.*"[278]

EXKURS VI: Christus-Inkorporation durch die Taufe?

Wir müssen uns hier mit wenigen Hinweisen begnügen. Das ist nicht so sehr der Komplexität des Themas geschuldet als vielmehr der Tatsache, daß Paulus sich in seinen Briefen weniger über das Christ-*Werden* als über das Christ-*Sein* und Christ-*Bleiben* äußert;[279] er redet ja zu bereits *Gläubigen* und *Getauften*.[280] Über das Christ-*Werden* spricht er darum überhaupt nur in *zwei* Zusammenhängen: einerseits im *dankbar-ermutigenden Rückblick* auf seine glaubenwirkende Erstverkündigung (vgl. z.B. 1Thess 1,4–10 [bes. V. 9f.!]; 2,1–13 [bes. V. 1–3.13]), andererseits dann, wenn das Christ-Sein der Adressaten als solches *in Frage steht* (vgl. z.B. Gal 4,8–11. 13f.19f.). Ansonsten geht Paulus nicht auf Fragen des Christ-*Werdens* ein (abgesehen von seinen persönlichen Rückblicken auf das Damaskus-Erlebnis!), und wenn er doch einmal explizit auf die *Taufe* zu sprechen kommt, »zieht er sie mehr in einem *beispielhaften, erläuternden Sinne* heran«, um an ihr Erkenntnisse zu demonstrieren, »die er anderwärts der Christusbotschaft selbst und oft schon vorformulierten Bekenntnissen des Glaubens unmittelbar entnimmt, *ohne auf die ›Sakramente‹ zu rekurrieren*«,[281] wie

---

[278] A.a.O., 103 (Hervorhebung E.R.). Daß diese Einschätzung durchaus zutrifft, wird der folgende Exkurs zeigen.

[279] Vgl. (m.E. etwas *zu* weit gehend) HAGENOW, Gemeinde, 247: »Entscheidend ist bei Paulus nicht der Initiationsakt [sic!], sondern das Teilhaben an der Gemeinschaft mit dem gekreuzigten und auferstandenen Christus.« Es leuchtet von daher unmittelbar ein, wenn SCHÄFER, Paulus, 275, beobachtet, daß sich in den paulinischen Briefen »eine *direkte* Antwort auf dieses Problem« eines rituellen ›Eintrittstores‹ in die Christ-Innigkeit *nicht findet* (»deutlicher dann Kol 2,11f« [ebd.]).

In der neueren Exegese ist trotzdem ein erstarktes Interesse am *Ritus* zu beobachten, wie etwa diese Äußerung SCHNELLEs zeigt: »Das paulinische Christentum war keineswegs eine Jenseitsreligion, sondern zutiefst geprägt von rituellen Erfahrungen gegenwärtigen Heils« (Paulus, 545). Bemerkenswert ist die eigenartig *untheologische*, eher kultursoziologische Begründung: »*Weil Rituale Verdichtungen religiöser Weltansichten sind*, kommt der Taufe eine grundlegende Bedeutung für das paulinische Denken zu« (a.a.O., 546 [Hervorhebung E.R.]). – Ist es mehr als ein Zufall, daß zur gleichen Zeit manche Kirchenleitungen die Parole ausgeben, die »Taufrate« sei »signifikant zu steigern«?

[280] Außerdem scheint es in keiner der Gemeinden so etwas wie einen *Zweifel* an der Rechtmäßigkeit oder »Wirksamkeit« der Taufe gegeben zu haben, der ja ebenfalls Darlegungen über die Taufe notwendig gemacht hätte (wie etwa im sog. Donatistischen Streit).

[281] Beide Zitate: BORNKAMM, Paulus, 196 (Hervorhebung E.R.). Vgl. DUNN, Baptism, 103f.; TANNEHILL, Dying, 7f. Dezidiert anders SCHNELLE, Paulus, 546 m. Anm. 5.

G. BORNKAMM bemerkt. Ob Paulus *überhaupt* eine ausgeführte »Tauflehre« hatte, *kann angesichts der Quellenlage schlechterdings nicht beantwortet werden.*[282] Zu vieles liegt hier im Dunkeln, und das mahnt zu größter Vorsicht, denn *e silentio* ist prinzipiell *gar nichts* zu schließen.[283]

Ein paar grundsätzliche Hinweise seien vorab trotzdem gegeben: 1) Fragen wir trotz der genannten prinzipiellen Schwierigkeiten nach *Praxis und Bedeutung der Taufe bei Paulus*, ist es m.E. *methodisch* notwendig, mit der ausführlichsten und v.a. *klarsten*[284] Darlegung in *1Kor 1,10–17* zu beginnen, die zugleich die älteste ist.[285] Außerdem bietet 1Kor 1,10–17 streng-

---

[282] Vgl. HOFIUS, Glaube, 262: »Nirgends im Neuen Testament findet sich eine thematisch entfaltete Tauf*lehre*. Aussagen über die Taufe erscheinen vielmehr immer nur in Argumentationszusammenhängen, die anderen Fragen gewidmet sind – so z.B. im Rahmen von Überlegungen zur Soteriologie, zur Ekklesiologie oder – vor allem – zur christlichen Ethik.« Darauf weist auch BORSE, Gal, 138f., hin: »Es zeigt sich, daß das Taufgeschehen mehrere Aspekte enthält, die Paulus je nach dem Zweck seiner Darlegungen verschieden herausstellt [...].« So auch TANNEHILL, Dying, 7. Vgl. zum Ganzen ferner THYEN, Sündenvergebung, 194–217, bes. 194f. – Anders z.B. BETZ, Ritual, *passim*, der eine Entwicklung der sog. paulinischen »Tauftheologie« (»baptismal theology«) sieht, deren Abschluß und Höhepunkt in Röm 6 erreicht sei (s. a.a.O., 107).

[283] HOFIUS, Glaube, 256f., warnt zudem davor, aus der neutestamentlich bezeugten Tauf*praxis* sofort auf das *Wesen* der Taufe und ihr Verhältnis zum Glauben zu schließen.

[284] Die übrigen Stellen mögen zwar theologisch gewichtiger sein (bes. Röm 6,3f.; Gal 3,27; ferner 1Kor 12,13), sie sind aber nicht zuletzt deswegen mit ähnlich gravierenden *Interpretationsschwierigkeiten* behaftet wie 1Kor 10,2 (allegorischer Gebrauch); 15,29 (sog. Vikariatstaufe). Exemplarisch sei darauf hingewiesen, daß etwa die Formulierung εἰς τὸν θάνατον αὐτοῦ [sc. Χριστοῦ Ἰησοῦ] ἐβαπτίσθημεν (Röm 6,3*fin.*) keineswegs »eineindeutig« erscheint. Gegenüber der gängigen Auslegung, allererst in der Taufe werde ein Mensch mit Christus verbunden (ihm »übereignet« o.ä.), hat O. HOFIUS geltend gemacht, diese Wendung könne »nur heißen: Er wird *daraufhin* getauft, daß Jesus Christus für ihn am Kreuz gestorben und als der für ihn Gestorbene und Auferstandene sein Herr ist, dem er aufgrund des Kreuzesgeschehens rechtens gehört« (Glaube, 263 m. Anm. 35). *Es entscheidet sich hier alles am präzisen Verständnis der Präpositionen*, und gerade *das* läßt es m.E. geraten erscheinen, zunächst mit der *eindeutigsten* Stelle hinsichtlich der Taufe bei Paulus einzusetzen. Es sei in diesem Zusammenhang aber an diese wichtige *methodische Warnung* J.D.G. DUNNs erinnert: "How are we going to set about discovering Paul's mind on this subject [sc. the baptism; E.R.]? It would be easy to decide on a hypothesis, and then to begin with those passages which best support that hypothesis. The other, more 'difficult' and more 'obscure' passages ('difficult' and 'obscure' so far as the hypothesis is concerned, of course) can then be interpreted in the light of the 'clear' passages. For example, on the question of baptism, by starting with I Cor. 15.29 it can be argued that Paul's view of baptism was magical; or by giving central emphasis to I Cor. 1.14–17 it can be argued that Paul gave no weight whatsoever to baptism; or by making Rom. 6.1–11 determinative for Paul's theology of baptism a deeply mystical view of baptism can be formulated" (Baptism, 103).

[285] Zur Auslegung von 1Kor 1,10–17 und zum *Verhältnis von Kreuz und Taufe* vgl. KAMMLER, Kreuz, 3–49, bes. 21–26. »Weil das Christusgeschehen unter dem Vorzeichen des *pro nobis* steht, bringt nicht erst die Taufe den einzelnen Menschen mit diesem Ge-

genommen den einzigen *eindeutigen* Beleg für die christliche (Wasser-)
Taufe bei Paulus.[286] 2) Eine Behauptung wie diese, »die Christusgemeinschaft« bzw. »der Geist« würden »dem Christen *durch die Taufe vermittelt*«[287], ist jedenfalls *mindestens* sehr ungeschützt, weil im Sinne eines völlig unpaulinischen[288] *ex opere operato* mißverständlich.[289] 3) Auf zwei weitere ernstzunehmende Probleme macht O. HOFIUS aufmerksam:

»In der Paulus-Exegese wird [...] gerne gesagt, die Taufformel ›auf Christus‹ bzw. ›auf den Namen Christi‹ bringe zum Ausdruck, daß ein Mensch in der Taufe dem gekreuzigten Christus ›übereignet‹ und daß ihm damit zugleich das von dem Gekreuzigten erworbene Heil ›zugeeignet‹ werde. Diese Erklärung ist jedoch deshalb nicht unproblematisch,

---

schehen in Verbindung. Die Taufe ergeht vielmehr in der *Gültigkeit* und *Wirkmacht* des Kreuzestodes [...]. Der Kreuzestod bildet mithin nicht nur den Möglichkeitsgrund, sondern zugleich auch den *Realgrund* der heilvollen Wirksamkeit der Taufhandlung. In der Taufe eignet der Auferstandene dem Einzelnen somit nichts anderes zu, als ihm bereits in seiner Person und in seinem Werk geschenkt ist« (a.a.O., 22 m. Anm. 85).

[286] An allen anderen Stellen könnte auch *metaphorischer* Sprachgebrauch vorliegen, oder aber mit dem βάπτισμα (βαπτίζειν) eine »Geisttaufe« o.ä. gemeint sein (vgl. dazu bes. DUNN, Baptism, *passim*). Letzteres wäre *prima facie* sogar für 1Kor 1,10–17 denkbar, aber Stellen wie Gal 3,2.5 sprechen m.E. dagegen, denn hier wird der Geistempfang eindeutig mit der ἀκοὴ πίστεως in Verbindung gebracht; von einer eigentlichen »Geisttaufe« in Analogie etwa zu Act 19,1–7 ist bei Paulus selber nicht die Rede (gegen SCHNABEL, 1Kor, 730, der Act 1,5; 11,16 heranzieht).

[287] MUNDLE, Glaubensbegriff, 115 (Hervorhebung E.R.). So auch SCHNELLE, Paulus, 546; ferner SCHLIER, Gal, 99, Anm. 5: »Es handelt sich bei dem ›mit Christus gekreuzigt werden‹ *nach dem Wortlaut von Gal 2,19* und seines Kommentares in Röm 6 *eindeutig* um ein objektives Geschehen, das sich *mittels der Taufhandlung* an dem Täufling vollzieht« (Hervorhebungen E.R.). *Wo nun allerdings der »Wortlaut [!] von Gal 2,19« von der »Taufe« sprechen soll, erschließt sich mir beim besten Willen nicht!*

[288] Vgl. KÄSEMANN, Leib, 128: »Paulus hält nach 1 Kor 10,1ff. das Sakrament nicht für allein rettend.« (Ähnlich BEST, Röm, 71.) Es kommt Käsemann im Kontext darauf an, Sakrament und »Geschichtlichkeit« nicht gegeneinander auszuspielen, sondern »die Einheit von Sakrament und Geschichte« aufzuweisen (ebd.). Vgl. ferner STUHLMACHER, Erwägungen, 29.31, der »Schliers ›Ex opere operato‹ [...] durch ein ›Ex verbo operante‹ [...] antithetisieren« möchte, »ohne daß man den ontischen Charakter von Berufung und Neuschöpfung antastet« (a.a.O., 29). BEISSER, Sein in Christus, 111, wiederum sieht in der »Lehre von der Wirksamkeit des Sakraments ›ex opere operato‹« den Versuch, »die Alleinwirksamkeit Gottes [zu] wahren«.

[289] Ausdrücklich *für* ein *ex-opere-operato*-Verständnis der Taufe »als signum instrumentale« plädiert SCHLIER, Taufe, 113. Diese Gefahr besteht auch bei SCHNELLE, Christusgegenwart, 55f. u.ö. (vgl. *dazu* SCHÄFER, Paulus, 276, Anm. 245!); DERS., Paulus, 362–366.546–549 (»Durch die Taufe gelangt der Glaubende in den Raum des pneumatischen Christus [...]« [a.a.O., 548f.]); STRECKER, Liminale Theologie, bes. 311–313 (u.ö.!); u.v.a. WIKENHAUSER, Christusmystik², 36, gibt immerhin zu, Paulus habe in der Tat »*nirgends formell gesagt*«, das »Sein in Christus« werde »*durch einen sakramentalen Akt*, das Mitsterben und Mitauferstehen mit Christus in der Taufe«, »*begründet*« oder gar »*bewirkt*« (Hervorhebungen E.R.). Aber er habe das »doch deutlich genug ausgesprochen« (ebd.).

6. »Christ-Innigkeit«: der Christ – ein Mensch ἐν Χριστῷ

weil sie für zwei gravierende Mißverständnisse offen ist: zum einen für das Mißverständnis, es gehöre der Mensch *vor* seiner Taufe Christus noch nicht und Christi Heil sei ihm vor seiner Taufe noch nicht zugewendet worden; zum andern für das Mißverständnis, es handle sich bei dem ›Heil‹ um eine *Sache*, die Christus dem Menschen zwar ›erworben‹ hat, die man dann aber ›haben‹ kann, ohne ihn selbst zu haben.«[290]

4) Schließlich bleibt unter der Voraussetzung einer *absoluten* Heilsnotwendigkeit der Taufe im Sinne der exklusiven Heils*initiation* die Frage völlig ungeklärt, warum Paulus sich nicht viel stärker als Täufer, denn als Evangeliumsverkündiger betätigt hat (vgl. dag. 1Kor 1,14–17). Der bloße Hinweis auf eine angebliche *Indifferenz* des Apostels in dieser Sache befriedigt nicht.[291] Man müßte vielmehr fragen: *Hat Paulus nicht in geradezu grobfahrlässiger Weise »aufs falsche Pferd gesetzt«, als er gemäß seiner apostolischen Berufung (ἀποστολή) dem Verkündigungsauftrag den absoluten Vorrang vor der Tauftätigkeit einräumte?* Demgegenüber fällt auf, daß der Apostel eben gerade bewußt seiner *Verkündigung* Heilswirkung zuschreibt (vgl. 2Kor 2,14–17; ferner grundlegend Röm 1,16f.). Dem entspricht sodann die Beobachtung, daß Paulus den *Geistempfang* bzw. die *Geistverleihung*[292] etwa im Galaterbrief regelmäßig und ausdrücklich mit dem *Glauben* verbindet (vgl. v.a. Gal 3,2[293]!),[294] nie jedoch mit der Taufe[295]. Letzteres gilt auch für den Römerbrief,[296] und es ist mehr als aben-

---

[290] Glaube, 263.

[291] Gegen BARRETT, Freedom, 36, der sich des Problems so entledigt: "Paul nowhere says that baptism is the *only* way into this 'being in Christ'; indeed, 1 Corinthians 1.14–17 suggests that he was somewhat *indifferent* about the matter" (Hervorhebungen E.R.). Aber sagt Paulus *überhaupt*, daß *die Taufe* den Zugang zum »Sein in Christus« eröffnet?

[292] Richtig bemerkt VAUGHAN, Gal, 59, zu Gal 3,2, die Frage nach dem Geistempfang sei gleichbedeutend mit der Frage: "How did you become Christians?"

[293] Vgl. EGGER, Gal, 23 (»Erfahrung des Zusammenhangs von Glauben und Geistempfang«); ECKSTEIN, Verheißung, 84–88.93; ROHDE, Gal, 132 (zu Gal 3,14b).

[294] Vgl. LIETZMANN, Gal, 18 (πίστις als »Glaubensbotschaft«); BRING, Gal, 101–106; VIARD, Gal, 62; FERREIRA, Gal, 77 (*anders* a.a.O., 79!). Mit anderem Akzent MORALES, Spirit, 79: »the Galatians received the Spirit through Paul's proclamation« (zu Gal 3,2); ebenso BORSE, Gal, 123; EBELING, Wahrheit, 217; zwischen beiden Möglichkeiten abwägend ROHDE, Gal, 131f. Ein problematisches Glaubensverständnis liegt der ansonsten richtigen Erklärung GUTHRIEs (Gal, 93) zugrunde: "The gift of the Spirit comes when faith gives its response to the preaching of the gospel". Ähnlich EGGER, Gal, 23. Noch problematischer BEST, Röm, 71: "For Paul the man who is baptized is always the man who by faith *has allowed* God to justify him" (Hervorhebung E.R.)!

[295] Gegen FERREIRA, Gal, 79: "Haviam recebido o Espírito Santo no batismo" (*anders* a.a.O., 77!). Das vermutet ohne hinreichenden Anhalt am Text auch OEPKE, Gal, 67. Und LIETZMANN, Gal, 23, kann die Geistverleihung nur mit der Taufe verbinden, indem er in dem »Christus Anziehen« (Gal 3,27f.) »ein[en] andere[n] Ausdruck für das λαμβάνειν πνεῦμα υἱοθεσίας Rm 8,14« sieht (eine *Begründung* für diese Gleichsetzung fehlt!).

[296] *Gegen* STUHLMACHER, Erwägungen, 28; SCHNELLE, Paulus, 546, die unter Berufung auf Röm 6,3ff. (!) behaupten: »Die Verleihung des Geistes und der Gerechtigkeit er-

teuerlich, wenn H. UMBACH ausgerechnet aus dem *Fehlen* jeglichen Hinweises auf den »Geist« (πνεῦμα) bzw. die Geistverleihung in *Röm 6* schließt, daß dort eben »keine vollständige Tauftheologie dargestellt« sei[297]. Auch die einzige Stelle, der sich möglicherweise ein wie auch immer gearteter Zusammenhang zwischen »Taufe« und »Geist« entnehmen läßt (1Kor 12,13[298]), ist nicht so eindeutig, wie gerne suggeriert wird. E.J. SCHNABEL weist nämlich zu Recht darauf hin, der »Reflex, βαπτίζω mit ›taufen‹ zu übersetzen«, gehe »auf die linguistisch unzulässige Verwechslung von Bedeutung und Referenz zurück.«[299] Und selbst *wenn* hier von der christlichen *Wassertaufe* die Rede wäre[300], so müßte doch auffallen, daß das πνεῦμα nicht nur das »Ergebnis« der Taufe ist (*falls* ἐποτίσθημεν überhaupt mit ἐβαπτίσθημεν zu parallelisieren ist![301]), sondern auch deren sachliche »Voraussetzung« bzw. deren sachlicher »Rahmen«: Das »Getauft-Werden zu einem Leib« (εἰς ἓν σῶμα) geschieht *ἐν ἑνὶ πνεύματι*, d.h. »nach Maßgabe und in der Kraft des *einen* Geistes«.[302] Es

---

eignet sich in der Taufe« (SCHNELLE, ebd.). Den Nachweis *für* diese Behauptung zu führen, ist allerdings allein schon angesichts der Tatsache völlig aussichtslos, *daß in dem ganzen Kapitel Röm 6 der Begriff πνεῦμα kein einziges Mal vorkommt!* Umgekehrt gilt auch für die von STUHLMACHER, ebd., angeführte Stelle Röm 8,10f., daß hier zwar von der Geistverleihung, nicht aber von der Taufe die Rede ist. Nur 1Kor 12,13 läßt möglicherweise einen gewissen Zusammenhang zwischen Taufe und Geist erkennen, ohne daß aber ausdrücklich von einer Geistverleihung *in der Taufe* gesprochen wird (gegen STUHLMACHER, ebd.; vgl. zum Ganzen RABENS, Spirit, 96–119).

[297] Sünde, 249. Natürlich bietet Röm 6 keine »vollständige Tauftheologie« (die wir bei Paulus ohnehin nicht finden [s.o. S. 268f. m. Anm. 282]), aber das liegt an der *Intention* des Abschnittes, nicht jedoch am Fehlen des πνεῦμα-Begriffes!

[298] Zur Auslegungsgeschichte vgl. RABENS, Spirit, 98–109. Beachtenswert ist die Bemerkung SCHWEIZERs, Art. πνεῦμα, 415, Anm. 563, daß bei Bezug auf die Taufe dies überhaupt »die einzige Stelle« wäre, »wo Pls ausdrücklich den Geistbesitz auf die Taufe zurückführte«!

[299] 1Kor, 729.

[300] So z.B. UMBACH, Sünde, 262. Andere sehen in 1Kor 12,13 einen Beleg für eine sog. »Geisttaufe«, wobei umstritten ist, worauf sie sich präzise bezieht. Handelt es sich um eine *im Leben* eines Gläubigen stattfindende »Zusatzgnade« o.ä. (so eine pfingstlerische Lesart), oder bezieht sich das »Verb ›getauft‹ […] auf Pfingsten« (analog zum Mitgekreuzigt-Sein des Christen *auf Golgatha*; so HUNTER, 1Kor, 184–186 [184])? (Sonst ist mir diese an sich nicht uninteressante Lesart bisher nicht begegnet.)

[301] So SCHNABEL, 1Kor, 731. Von 1Kor 10,3f. her erwägt CONZELMANN, 1Kor, 258, Anm. 17, jedoch eine Anspielung auf das *Abendmahl* (so z.B. schon CALVIN, zu 1Kor 12,13 [CO 49, 502 = CR 77, 502]; KÄSEMANN, Leib, 175f.). Vgl. zum Ganzen RABENS, Spirit, 109–119 (mit Lit.).

[302] Zu *modalem* ἐν vgl. BDR, §§ 198,1; 219,4; KÜHNER/GERTH, Grammatik II/1, 466 (§ 431,1.3b; vgl. 3c: ἐν zum Ausdruck der »Gemässheit« [ebd.]). Aber selbst wenn man die Wendung ἐν ἑνὶ πνεύματι *instrumental* verstehen möchte (so erwogen von SCHNABEL, 1Kor, 729f., unter Hinweis auf Mt 3,11), ändert dies nichts an dem *Vorrang* des Geistes vor der Taufe (mit SCHNABEL, a.a.O., 730).

ist darum zutiefst sachgemäß, wenn J. CALVIN kommentiert: *Loquitur autem de baptismo fidelium (!), qui per gratiam Spiritus (!) est efficax.*[303] Trotz aller dieser Beobachtungen ist bei nicht wenigen Auslegern festzustellen, daß sie die *Taufe* (sakramental[istisch] verstanden) gegenüber dem *Glauben* (insbesondere in seinem konkreten Vollzug!) *überbewerten*, so daß »die Taufe an die Stelle [tritt], die bei Paulus dem Glauben (im Sinne seiner Christusmystik) gebührt«, wie R. SCHÄFER moniert.[304] Über die Gründe kann nur spekuliert werden.[305] Jedenfalls droht hier die Gefahr, demselben »massiven, übersteigerten *Sakramentalismus*«[306] zu verfallen wie anscheinend manche Korinther.[307]

Man könnte die hier geäußerte Kritik natürlich als bloße »Antipathie gegen alles sakramentale, ›magische‹ Denken« abtun[308]; sie ist allerdings in *dieser* Arbeit dezidiert *nicht* dem Ansinnen geschuldet, »den Paulinismus dem ›modernen Bewußtsein‹ erträglicher [zu] machen«[309], sondern ergibt

---

[303] CO 49, 501 = CR 77, 501. Er fährt fort: *Multis enim literalis tantum est baptismus, symbolum absque effectu: sed fideles rem simul percipiunt cum sacramento: adeoque respectu Dei semper hoc verum est, baptismum insitionem esse in corpus Christi: quia Deus nihil illic figurat, nisi quod paratus est implere, modo simus ipsi capaces. Et optimum temperamentum tenet hic apostolus: quum hanc quidem baptismi naturam esse docet, nos coadunare in Christi corpus: ne quis tamen externo symbolo hoc fieri imaginaretur, addit esse opus Spiritus sancti* (CO 49, 501 f. = CR 77, 501 f.).

[304] Paulus, 276, Anm. 245. Ihre Kritik ist namentlich gegen U. Schnelle gerichtet.

[305] Das Richtige dazu steht bei DUNN, Theology, 442–446. Er vermutet: "It would not be unfair [...] to speak of a predisposition in many commentators to recognize such baptismal allusions, a preunderstanding operative in the reading of the text. [...] The assumption is that the presupposition of centuries of Christian sacramental theology must already have been operative in the case of Paul and his first audiences" (a.a.O., 444f.).

[306] BORNKAMM, Paulus, 200 (Hervorhebung E.R.).

[307] Vgl. zum Ganzen auch HOFIUS, Glaube, 265, Anm. 42: »Ein unangemessener Sakramentalismus ist dann ausgeschlossen, wenn die Rückbindung der Taufe an das Christusgeschehen ernst genommen wird. Zwischen dem Heils*tat* des Kreuzestodes und der Auferstehung Jesu Christi und dem Heils*wort* des Evangelium, dem die Taufe als *signum efficax* (Johannes Calvin) bzw. als ›göttlich Wortzeichen‹ (Johannes Brenz) zugeordnet ist, besteht ein differenzierter, aber unlöslicher Zusammenhang; und *Subjekt* von *beidem* ist ausschließlich ›Gott in Christus‹ (2Kor 5,19). Der – abzuweisende – Sakramentalismus impliziert den Gedanken einer absoluten Heilsnotwendigkeit der Taufe, mit der Konsequenz, daß ein nicht getaufter Mensch definitv verloren wäre. Heilsnotwendig in diesem *absoluten* Sinn ist nach dem Zeugnis des Neuen Testaments aber einzig und allein Jesus Christus selbst in seiner Menschwerdung, seinem Kreuzestod und seiner Auferstehung.« Vgl. ferner a.a.O., 264, Anm. 37: »Wird die Taufe in dem damit abgewiesenen Sinn verstanden, so wird sie *soteriologisch überbestimmt*. Es besteht dann die *Gefahr, daß die Taufe zum eigentlichen Heilsgeschehen wird, womit der Kreuzestod Christi in seiner soteriologischen Suffizienz angetastet und das ›Es ist vollbracht!‹ des Gekreuzigten (Joh 19,30) seines Ernstes und Gewichtes entkleidet wird*« (Hervorhebungen E.R.).

[308] So MUNDLE, Glaubensbegriff, 141, im Blick auf ›die modernen Ausleger‹.

[309] Das unterstellt MUNDLE, ebd.

sich aus der Beobachtung, daß Paulus eben nicht sakramental-statisch dachte, sondern in der Christ-Innigkeit eine *höchst lebendige Beziehung* sah. Ein Taufautomatismus und ein beziehungsloses Christentum waren dem Apostel völlig fremd. Er verstand die »Taufgnade« nicht *substanzontologisch* (im Sinne irgendeiner substanzhaften *gratia infusa*) oder *sakramental-magisch* (etwa im Sinne eines *character indelebilis*[310]), sondern er sah den Getauften in eine außerordentlich *dynamische* Christus*beziehung* versetzt, in der er sich zu *bewähren* hat[311] – sich aber auch bewähren *wird*, weil Gott selbst ihn bewahren wird (vgl. Röm 8,31–39 im Kontext der Erwählungsaussagen V. 28–30). Genau diese wesentlichen Aspekte *paulinischer* »Christianologie« *verdunkeln* leider nicht wenige Exegeten durch ihren (ausschließlichen) Bezug auf die Taufe.[312]

Andererseits läßt sich natürlich *nicht* leugnen, *daß* Paulus der Taufe durchaus eine gewisse Rolle am Beginn des Christenlebens zuschreibt. Dafür genügen Röm 6,3f.[313]; Gal 3,27 als Belege vollauf – wie sie *präzise* zu verstehen sind, ist eine eigene Frage.[314]

Man muß also nicht, quasi um den Stellenwert der Taufe zu sichern, einen Taufzusammenhang in Texte *hineinlesen*, die das nicht ohne weiteres hergeben.[315] Das gilt insbeson-

---

[310] Das lehnt auch STUHLMACHER, Erwägungen, 31, trotz seiner Verteidigung einer angeblich »massiv-naturalistische[n] Taufanschauung« bei Paulus (a.a.O., 28) ab. Es ist von daher mit Vorsicht zu genießen, wenn RABENS, Spirit, 5.10–12, den Ansatz Stuhlmachers zu den *substanz-ontologischen* zählt; dieses Urteil ist freilich einer gewissen Unausgeglichenheit der Stuhlmacherschen Ausführungen insgesamt geschuldet (vgl. dazu exemplarisch RABENS, a.a.O., 10f., Anm. 45.53).

[311] Vgl. STUHLMACHER, a.a.O., 31: »Indikativ und Imperativ stehen hier nicht mehr unvereinbar nebeneinander, sondern sie sind zwei komplementäre Aspekte einer einheitlichen, in die Doxologie ausströmenden Seinsbewegung.«

[312] Vgl. zum Ganzen DUNN, Theology, 442–459.

[313] Vgl. dazu indes ECKSTEIN, Verheißung, 68: »auch dort [sc. Röm 6,1–11; E.R.] kommt Paulus, ausgehend von dem stellvertretenden Sterben Christi, das den Tod des ›alten Menschen‹ (Röm 6,6) mit einschließt, *nur kurz* auf die Taufe zu sprechen – und *nicht umgekehrt*« (Hervorhebungen E.R.).

[314] S. dazu oben S. 269, Anm. 284.

[315] Das tut mit voller Absicht z.B. SCHLIER, Gal, 98–103, wenn er Röm 6 zum »Kommentar« von Gal 2,19f. erklärt (mit Chrysostomos; vgl. auch MUNDLE, Glaubensbegriff, 140–149). Nur so kann er nun *seinerseits* behaupten, »alle Interpretation, die von einer subjektiven Erfahrung spricht« (insbesondere »als eine sittliche, mystische, pneumatische und als Glaubenserfahrung«), sei pure *Eisegese* (a.a.O., 99f., Anm. 5)! – Aber es gibt noch deutlich krassere Beispiele: So spricht z.B. EGGER, Phlm, 83, ohne auch nur den allergeringsten Anhalt am Text davon, Paulus habe Onesimus »in der Gefangenschaft *getauft*« und sei ihm »*so* [!] durch die Vermittlung des Glaubens zum Vater geworden«; ja, Onesimus sei »*durch die Taufe* nun erst richtig ein seinem Namen entsprechender Mensch geworden« (zu Phlm 10f. [Hervorhebungen E.R.])! Ich bestreite natürlich nicht, *daß* Onesimus getauft worden sein dürfte – aber woher weiß W. Egger, daß 1) Onesimus *von Paulus* getauft wurde (galt 1Kor 1,17 nur in Korinth? und wie soll man sich eigent-

dere für die vielfältige Annahme, der sog. »Sitz im Leben« zahlreicher Stellen[316] sei in der *Taufe* bzw. der dazugehörigen Taufkatechese zu sehen (1Kor 1,30[317]; 2Kor 5,14[318] u.v.a.).[319]

Gerade der sogar durch eine *explikativ-begründende* Konjunktion (γάρ) hergestellte Zusammenhang zwischen Gal 3,26 (πίστις) und Gal 3,27 (βαπτίζεσθαι) zeigt, daß für Paulus Glaube und Taufe in einer bestimmten Weise *zusammengehören*.[320] Man wäre *prima facie* vielleicht geneigt, der Verkündigung den Vorrang vor der Taufe zuzugestehen (was unter dem Aspekt der *Zeit* ja durchaus zutrifft, zumal in einer *Missionssituation*[321]); aber darf diese *zeitliche Asymmetrie* ohne weiteres auf die Frage nach der *Wirksamkeit* von Verkündigung und Taufe übertragen werden?[322] Das damit skizzierte (scheinbare) Dilemma löst M. BOUTTIER in m.E. überzeugender Weise:

« On peut conclure très simplement que Paul use de εἰς Χριστόν chaque fois qu'il veut traduire *le mouvement d'incorporation par lequel on naît à la vie en Christ*, que ce soit, *du point de vue personnel*, par le moyen de la *foi*, que ce soit, *du point de vue de l'église*, par la grâce du *baptême*. »[323]

---

lich eine ›Taufe in Gefangenschaft‹ ganz *praktisch* vorstellen?) und daß 2) Paulus die Phlm 10f. genannte Wirkung *der Taufe* zuschrieb?

[316] Sehr weitgehend z.B. ROMANIUK, Formules, *passim*.

[317] Mit anderen vermutet KLAUCK, 1Kor, 27, in V. 30b »ein liturgisches Fragment aus einem Taufbekenntnis«.

[318] Zur Diskussion vgl. COLLANGE, Énigmes, 254f.

[319] Beispiele nennt DUNN, Theology, 443f. m. Anm. 8–12. Vgl. dazu seine (berechtigte) Kritik a.a.O., bes. 444–446. Zum Ganzen schon DERS., Baptism, *passim*.

[320] Vgl. v.a. BORSE, Gal, bes. 138f., der die Zusammengehörigkeit von Glaube und Taufe in seinem Kommentar tatsächlich durchhält; ferner WREDE, Paulus, 67.71. Zum *Problem* in forschungsgeschichtlicher Perspektive s. MACHURA, Rechtfertigungslehre, 167–227. – Pointiert hat einst KÄSEMANN, Leib, 182, den Zusammenhang zwischen Glaube und Taufe herausgestellt: »Denn die Predigt wirkt, weil das Sakrament gewirkt hat.« BULTMANN, 2Kor, 72, *korrigierte* mit Recht, wenn auch nicht immer ganz glücklich: »Das ist freilich übertrieben. Richtig zwar, daß die Predigt sakramentalen Charakter hat, d.h. daß sie nicht ein Vortrag allgemeiner Wahrheit ist, sondern ein Geschehen ist. Dies ist aber nicht im Sakrament der Taufe begründet, *was ja schon für die Missionspredigt nicht zutreffen* kann. Vielmehr sind Predigt und Sakrament gleichermaßen in dem Heilsgeschehen begründet. Auf diesem Grunde wirken Predigt wie Sakrament. So läßt sich die Predigt freilich wohl als sacramentum audibile, das Sakrament aber auch als verbum visibile bezeichnen« (Hervorhebung E.R.).

[321] Vgl. BULTMANN, 2Kor, 72 (s.o. Anm. 320); dezidiert auch HOFIUS, Glaube, 254–256.269.271f. – Gibt es allerdings überhaupt je eine Situation, die *nicht* Missionssituation ist? Man ist versucht zu sagen: »Ungläubige habt ihr allezeit!«

[322] Vgl. dazu die bedenkenswerten Überlegungen bei EBELING, Wahrheit, 286–291.

[323] En Christ, 38 (Hervorhebungen E.R.). *Nicht* zuzustimmen vermag ich dagegen der – scheinbar (!) ganz ähnlichen – These BULTMANNS: »Das ἐν Χριστῷ realisiert sich subjektiv durch den Glauben, objektiv durch die Taufe (Gal 3,26–28; 1. Kor 12,13), wel-

Daß mit Verkündigung und Glaube stärker die *persönliche* Christus-Inkorporation in den Blick kommt, während die Taufe auf den *ekklesiologischen* Aspekt der »Christ-Innigkeit« abhebt, legt u.a. die Beobachtung nahe, daß Taufaussagen im Rahmen *theologischer* Darlegungen[324] bei Paulus sämtlich *pluralisch* formuliert sind (vgl. Röm 6,3f.; 1Kor 10,2; [12,13]; Gal 3,27), während hinsichtlich des Glaubens durchaus auch (!) *singularische* Formulierungen zu finden sind (vgl. z.B. Röm 10,9; Gal 2,20; 3,6).[325]

Auch in *diesem* Zusammenhang hat wiederum bereits Ad. DEISSMANN das *Entscheidende* m.E. richtig gesehen.[326] Ihm sei daher hier das Schlußwort überlassen:

»*Gott* ist es, der die Gemeinschaft mit Christus herstellt; Er hat die Initiative bei der mystischen Initiation. [...] Zahlreich sind namentlich die Stellen, in denen *Gott als der Spender des Geistes* gepriesen wird. Für nicht richtig halte ich die Behauptung, daß bei Paulus die Taufe den Zugang zu Christus vermittle. Es gibt Stellen, die, isoliert, dafür geltend gemacht werden könnten, aber es ist doch wohl richtiger zu sagen: *die Taufe ist nicht die Herstellung, sondern die Versiegelung der Christusgemeinschaft.* [...] Auch das Abendmahl ist für ihn [sc. Paulus; E.R.] nicht die reale *Ursache* der Gemeinschaft mit Christus, sondern eine *Aeußerung* der Gemeinschaft; es ist ein besonders inniger Kontakt mit dem Herrn. *Das Abendmahl stellt die Gemeinschaft nicht her, sondern es stellt sie dar.* Als magisch wirkend sind dabei weder Taufe noch Abendmahl gedacht. Entscheidend ist in jedem Falle Gottes Gnade.«[327]

---

che beide zusammengehören« (Probleme, 17, Anm. 22). Weder »realisiert sich« das »In-Christus-Sein« in der genannten Weise (problematisch ist jeweils die Präposition »durch«), *noch bildet sich im Verhältnis von Glaube und Taufe das Verhältnis von Subjektivität und Objektivität ab*, so, als ob der Glaube nur eine *subjektive*, die Taufe dagegen eine schlechterdings *objektive* Realität wäre.

[324] Anders verhält es sich mit den »praktischen« Taufaussagen des Apostels im Rückblick auf seine *faktische* Tauftätigkeit (vgl. 1Kor 1,13–17, bes. V. 14.16). – Wieder einen anderen Fall stellt der singuläre Fall der sog. »Vikariatstaufe« (1Kor 15,29) dar. Aus *dieser* Stelle zu schließen, »[w]ie sehr auch er [sc. Paulus; E.R.] mit einer realen Wirkung der Taufe rechnet« (so BORNKAMM, Paulus, 196), halte ich allerdings für mindestens sehr mißlich, führt er die »Vikariatstaufe« doch lediglich als *argumentatio ad hominem* ein, um den Korinthern vor Augen zu stellen, daß sie wenigstens *implizit* ja selber von einer noch bevorstehenden Auferstehung verstorbener Christen ausgehen. Daß Paulus übrigens diese Taufpraxis nicht verworfen habe (so BORNKAMM, ebd.), läßt sich dem Text wiederum nicht entnehmen, sondern ist ein Schluß *e silentio*.

[325] Das heißt natürlich *nicht*, daß der Glaube an und für sich eine (rein) individuelle bzw. sogar individualistische Angelegenheit wäre (nicht einmal vorübergehend!), dem dann erst in einem *zweiten* (wenn auch durchaus notwendigen) Schritt die *Gemeinschaft* der Gläubigen an die Seite gestellt würde (gegen BAUR, Paulus, bes. 555f.)!

[326] Vgl. auch DUNN, Theology, 442–459. – Zur *Begründung* s.u. S. 298–307.321–324.

[327] DEISSMANN, Paulus[2], 115f. (Belegstellen ebd. [Hervorhebungen E.R.]). Vgl. ferner EBELING, Wahrheit, 195: »Gewiß demonstriert der Taufvollzug eindrücklich, daß jeder als Einzelner in das Mitsein mit Christus hineingeholt wird. Aber daß es so ist, liegt nicht an der Taufe; sondern daß die Taufe so ist, liegt an dem Christusereignis, dessen Fürsein in dieser Weise ein Mitsein begründet.« – Gerade angesichts der gegenwärtigen theologi-

6.2.5. Die Dynamik des neuen Seins (Phil 4,1; 1Thess 3,8)

Mit dem *zeitlichen* Zustandekommen der *pneumatisch* vermittelten Christ-Innigkeit eng verbunden ist ihr *dynamischer* Charakter, der *das Zeichen jeder echten Beziehung* ist.[328] Darauf weist u.a. H. HÜBNER in seiner Auslegung von Phlm 6 hin:

»Glaube ist [...] ein *Prozeß*, ein immer intensiveres und innigeres *Verhältnis zu Christus*. Hat Paulus immer wieder von uns als Menschen ἐν Χριστῷ gesprochen, so kommt ergänzend der Aspekt des εἰς Χριστόν hinzu: immer weiter in Christus ›hinein‹. Der [...] Begriff ἐν Χριστῷ [...] signalisiert ein recht *dynamisches Geschehen*.«[329]

Das kommt etwa darin zum Ausdruck, daß Paulus die Gemeinden wiederholt dazu aufruft, »im Herrn festzustehen« (στήκειν [Phil 4,1; 1Thess 3,8]).[330] Dabei ist zu beachten: Wie schon das *Zustandekommen* der Christ-Innigkeit ein ausschließlich *gottgegebenes* Geschehen war, so ist es auch allein *Gott*, der alle Gläubigen »in Christus befestigt«: ὁ δὲ βεβαιῶν ἡμᾶς σὺν ὑμῖν εἰς Χριστὸν ... θεός (2Kor 1,21)! Und es ist kein Zufall, daß *auch* die »Befestigung in Christus« verbunden ist mit einem Hinweis auf die Gabe des *Geistes* ἐν ταῖς καρδίαις ἡμῶν, der als *Siegel* der Verheißungen Gottes dient (2Kor 1,22; vgl. V. 20).

In dieser *Dynamik* der Christ-Innigkeit ist schließlich auch begründet, worauf bereits mehrfach hingewiesen wurde[331] – daß nämlich die sog. »Heilsgüter« den Gläubigen überhaupt nur *in steter Bezogenheit auf Christus* – also *streng relational* – zukommen, weil sie *an Christus in Person gebunden* und nicht von ihm abzulösen sind, also nie zum *habitus* der Gläubigen werden. *Von hier aus werden auch die paulinischen Paraklesen*

---

schen Diskussion und kirchlichen Situation ist neu zu bedenken, was K. BARTH einst zum Verhältnis von Christuswirksamkeit und Taufwirksamkeit angemerkt hat: »die Kraft Jesu Christi, die die alleinige Kraft der Taufe ist, ist an den Vollzug der Taufe *nicht gebunden*. Die Taufe hat die Notwendigkeit eines unüberhörbaren Gebotes (necessitas praecepti), nicht aber die Notwendigkeit eines unumgänglichen Mittels (necessitas medii). Das freie Wort und Werk Jesu Christi kann sich auch anderer Mittel bedienen. Daß der Kirche der Gebrauch dieses Mittels geboten ist, kann nicht bedeuten, daß Jesus Christus selbst auf dieses beschränkt wäre. [...] Daß außerhalb der Kirche kein Heil ist, das ist die Regel, an die wir gebunden sind, durch die aber ihr Herr nicht beschränkt ist« (Taufe, 14f.).

[328] Das hat PANIKULAM, Koinônia, 11–16 u.ö., schon im Blick auf den ebenfalls *dynamischen* Begriff κοινωνία betont.

[329] Phlm, 31 (Hervorhebungen E.R.). Vgl. zum Ganzen schon HAHN, Mitsterben, 31–38.111–115. 148–172 u.ö. Namentlich spricht er vom Glauben als einem »Beziehungsbegriff« (a.a.O., 163–172).

[330] Leider geht GNILKA, Phil, 218–220, zugunsten literarkritischer Fragen nicht weiter auf diesen Ausdruck ein (Phil 4,1 gehört ihm zufolge zu dem hypothetischen »Phil B«, der 3,1b–4,1.8f. umfassen soll). Auch BAUMGARTEN-CRUSIUS, 1Thess, 155 (zu 1Thess 3,8), bemerkt nur lapidar: »Das στήκητε [sic!] ἐν κυρίῳ ist die πίστις V. 5.«

[331] S.o. S. 86.238.255.

recht verstanden. Ihr Ziel ist im Grunde nichts anderes als die konkrete *Verstetigung der Christ-Innigkeit.* Die Paraklesen dienen nicht von ungefähr immer der οἰκοδομή (vgl. bes. 2Kor 7,8–12; 10,8 [= 13,10]), also dem noch nicht abgeschlossenen *Aufbau und Ausbau* des »Tempels Gottes«, als den Paulus die Gemeinde ja ausdrücklich bezeichnet (vgl. zum Ganzen 1Kor 3,5–17). Dieser »Tempel« soll keine Bauruine bleiben – *das* und nichts anderes ist das Ziel der um οἰκοδομή bemühten Paraklese.[332]

6.2.6. Das neue Sein als ontologische Christus-Förmigkeit (2Kor 13,4; Röm 6,11.23)

Den Gedanken der *incorporative personality* aufnehmend[333] und weiterführend, ist das εἶναι ἐν Χριστῷ sodann als *ontologische Christus-Förmigkeit* zu beschreiben. Wer »in Christus« ist, hat Anteil an seiner *Person* und eben damit an seiner *Geschichte*, d.h. namentlich an Kreuz und Auferstehung. Angesichts der breiteren Entfaltung dieses Sachverhalts im Rahmen unserer Auslegung von Gal 2,19f.[334] können wir uns *hier* zunächst auf wenige Hinweise beschränken.

Besonders deutlich erhellt diese umfassende »Lebensverbundenheit« mit Christus aus *Röm 6,3–11.* Dabei zeigt schon das *unauflösliche Ineinander von »ontologischen« und »ethischen« Aussagen*, welches die Auslegung dieses Abschnittes ohne Frage erschwert, daß der ontologischen Christus-Förmigkeit (*conformitas Christi*) *gleichzeitig und notwendig* eine »ethische« Christus-»Frömmigkeit« (*imitatio Christi*) entspricht.[335]

Interessieren uns hier aber zunächst allein die *ontolgischen* Aspekte, so ist zu beachten, daß Paulus diesbezüglich eine *zeitliche und sachliche Differenzierung* vornimmt: Während die hier genannten *christologisch-soteriologischen* Grunddaten (Tod und Auferweckung Jesu) alle als *bereits geschehen* beschrieben werden (ἠγέρθη Χριστὸς ἐκ νεκρῶν κτλ. [V. 4b]; Χριστὸς ἐγερθεὶς ἐκ νεκρῶν [V. 9a]; ἀπέθανεν ἐφάπαξ [V. 10a]), fällt im Blick auf die »christianologischen« Aussagen eine zeitliche Differenzierung auf. So sind die Christen zwar bereits mit Christus gestorben und begraben (συνετάφημεν [V. 4a]; σύμφυτοι γεγόναμεν τῷ ὁμοιώματι τοῦ θανάτου αὐτοῦ [V. 5a]; vgl. ἀπεθάνομεν τῇ ἁμαρτίᾳ [V. 2a]) – aber ihre Auferweckung steht noch aus, wie das *Futur* V. 5b.8b zeigt (... [σύμφυτοι] καὶ τῆς ἀναστάσεως [αὐτοῦ] ἐσόμεθα [V. 5b]; συζήσομεν αὐτῷ [V. 8b]).[336] Die *Zwischenzeit* zwischen Tod und Aufer-

---

[332] Weiterführendes s.u. S. 307–312.
[333] S. dazu oben S. 255–259.
[334] S.u. S. 292–307.
[335] S. dazu unten S. 307–312.
[336] Vgl. dazu TANNEHILL, Dying, 10–14, der die futurischen Formen ebenfalls als *echtes* Futur auffaßt: "In Rom. 6 Paul speaks of dying with Christ as a past event, but of

6. »Christ-Innigkeit«: der Christ – ein Mensch ἐν Χριστῷ

weckung der Christen aber ist gekennzeichnet durch das περιπατεῖν ἐν καινότητι ζωῆς (V. 6,4c; vgl. V. 6c.11).

Nun ist gegen die soeben skizzierte Sicht allerdings eingewandt worden, die *Futura* in Röm 6 seien nicht als *echtes*, sondern als *logisches* Futur zu verstehen, und damit sei Röm 6 ein Beispiel sog. *»präsentischer Eschatologie«*.[337] Das *Hauptargument* für eine präsentisch-eschatologische Sicht ist das περιπατεῖν ἐν καινότητι ζωῆς (Röm 6,5bβ), das – so die These – als *voll gegenwärtig* anzusehen sei. Das ist zweifellos richtig. Aber dabei darf nicht übersehen werden, daß diese καινότης ganz präzise eine καινότης *πνεύματος* (Röm 7,6) ist. Das περιπατεῖν ἐν καινότητι ζωῆς ist demzufolge gleichbedeutend mit dem περιπατεῖν κατὰ πνεῦμα (Röm 8,4), und das Attribut ζωῆς im ersten Ausdruck erklärt sich ganz einfach dadurch, daß das πνεῦμα eben das πνεῦμα ζωῆς ist (Röm 8,2; vgl. auch die ausschließliche Gegenüberstellung von γράμμα/ἀποκτενεῖν und πνεῦμα/ζῳοποιεῖν 2Kor 3,6 [ähnlich Röm 7,5f.]). Wenn Röm 6 aber tatsächlich vom Wandeln *im Geist* und also von *Pneumatologie* die Rede ist (und das ist bei Paulus gerade im *ethischen* Kontext [s. Röm 6,1f.6.11!] nicht selten der Fall), dann bewegen wir uns hier in einem durchaus *futurisch-eschatologisch* geprägten Rahmen, wie W. SZYPUŁA gezeigt hat, denn: "The between-the-times era demarcated by the two pivotal events of his [sc. Jesus'; E.R.] first coming and his awaited return is the epoch of the Holy Spirit. The community of believers animated and guided by the Spirit journeys towards union with its creator and towards the glory of the resurrection."[338]

Daß *diese* Auslegung, die das *gegenwärtige* Sein der Christen als *Zwischenzeit* zwischen Tod und Auferweckung begreift und dieses mithin sachlich als »Karsamstags-Existenz« beschreibt[339], entgegen allen Einwänden (s.o.) *zutrifft*, wird z.B. durch *2Kor 13,4* bestätigt. *Auch hier* wird Christi Geschichte (V. 4a) grundsätzlich mit dem Geschick der Christusgläubigen – näherhin Paulus[340] (V. 4b) – *parallelisiert*. Aber ebenso deutlich wird auch hier *unterschieden* zwischen dem *gegenwärtigen* ἀσθενεῖν ἐν αὐτῷ und dem *zukünftigen* ζῆν σὺν αὐτῷ.

Weder 2Kor 13,4 noch Röm 6,3–11 sind darum Zeugnisse eines enthusiastischen Vorgriffs aufs Eschaton.[341] Das Richtige dazu steht folglich bei G. BORNKAMM zu lesen:

»Paulus [...] redet im Blick auf die Gegenwart der Getauften und Glaubenden nur davon, daß sie mit Christus gekreuzigt, gestorben und begraben sind. Das Mit-ihm-Auferstehen,

---

rising with Christ as future" (a.a.O., 10; so auch BORNKAMM, Paulus, 197 [s.u. S. 279f. m. Anm. 342!]).

[337] Vgl. z.B. ECKSTEIN, Leben, *passim*.

[338] Spirit, 394 (Hervorhebung E.R.).

[339] S. dazu unten S. 364–412.

[340] Vom Kontext her (V. 1–3!) ist der Plural wohl als apostolischer Plural zu verstehen.

[341] Vgl. auch STRECKER, Liminale Theologie, 312, der seine Ausführungen zu Röm 6 (s. a.a.O., 177–189.230–247) so zusammenfaßt: »Dabei wurde auch sichtbar, daß der eigentliche Aggregationsakt der Taufinitiation für Paulus *noch aussteht*. Dieser erfolgt erst mit der Auferstehung der christusgläubigen Initianden. Die Taufe figuriert von daher als Initiation in eine Art ›permanente Liminalität‹« (Hervorhebungen E.R.).

das Leben, ist für ihn erst Gegenstand der Erwartung (beachte den Unterschied zwischen der Vergangenheitsform der Verben und den streng futurischen Wendungen in Röm 6,2–8!). Die Gegenwart also steht im Zeichen des Todes Christi.«[342]

Ebenso treffend konstatiert M. BOUTTIER zum Tempuswechsel in Röm 6: «au σὺν Χριστῷ correspond le futur, au in Christo correspond le présent.»[343] Daß das auch sonst für Paulus gilt, wird noch zu zeigen sein.[344]

6.2.7. Die ekklesiologische Dimension des neuen Seins: Christus als kollektiver Heilsraum (Röm 12,5; Gal 3,28; 5,6)

Es wurde ebenso oft bestritten, daß der Christ-Innigkeit *überhaupt* irgendein ekklesiologischer Aspekt eigne, wie umgekehrt behauptet wurde, das ἐν Χριστῷ εἶναι sei schlicht *identisch* mit dem Kirchengedanken. Daß letzteres nicht zutrifft, dürfte bereits deutlich geworden sein und wird weitere Bestätigung durch die Auslegung von Gal 2,19f. finden.[345] Es ist daher verfehlt, wenn etwa E. KÄSEMANN das In-Christus-Sein *ausschließlich* »›in der Kirche sein‹« interpretiert.[346] Und es geht darum auch zu weit, wenn er meint, daß »die einzelnen Glieder individuell gesehen gar nichts bedeuten«[347], ja daß »[i]n der Kirche [...] dem Einzelnen die historische Individualität geraubt« werde.[348]

Umgekehrt darf aber der unleugbare *ekklesiologische* Aspekt des In-Christus-Seins auch nicht marginalisiert werden. Davor sollten die wichtigen Stellen Röm 12,5; Gal 3,28 (vgl. 5,6) bewahren. Daß sie alle tatsäch-

---

[342] Paulus, 197 (Hervorhebung E.R.). Auch dem Folgenden ist uneingeschränkt zuzustimmen: »Noch tragen die Glaubenden als die mit ihm Gekreuzigten den ›Leib der Erniedrigung‹ (Phil 3,21; vgl. auch 3,10; Röm 8,17 u.ö.). Auch dies bedeutet schon eschatologische Existenz, denn die Getauften sind der vernichtenden Gewalt der Sünde entnommen, sie liegt hinter ihnen. Sie haben den Tod als mit Christus Gestorbene nicht mehr vor, sondern hinter sich; sie kommen von ihm her. Aber nicht im physischen Sinn leibhaftiger Auferstehung, vielmehr so, daß sie nun erst zu einem neuen Wesen, zum Leben, befreit und gerufen sind, ›damit so wie Christus auferweckt worden ist von den Toten durch die Herrlichkeit des Vaters, auch wir im neuen Wesen, im Leben, wandeln‹ (Röm 6,4). In diesem Sinne kann es freilich auch von der Gegenwart der Getauften schon heißen: ›So (darum) rechnet damit, daß ihr für die Sünde tot seid, aber für Gott lebt in Christus Jesus‹ (Röm 6,11). Mit dieser Unterscheidung von Tod und Auferstehung, von Gegenwart und Zukunft, von Schon und Noch-nicht, so eng sie einander verbunden bleiben, hat Paulus das mysterienhafte Denken über die Taufe radikal durchbrochen, aber damit auch das in den hellenistischen Gemeinden vulgäre und gängige Verständnis, in dem jene entscheidende Dialektik aufgehoben und eingeebnet war« (a.a.O., 197f.).
[343] En Christ, 46.
[344] S.u. S. 348–351.
[345] S. dazu unten S. 292–306.
[346] Leib, 183 (gesperrt i.O.). Diese Sicht hat er allerdings später revidiert!
[347] Ebd. (gesperrt i.O.).
[348] A.a.O., 184. S. zum Ganzen auch die oben S. 229, Anm. 46, mitgeteilten Zitate.

lich *ekklesiologisch* zu verstehen sind (und nicht nur quasi als pluralische Variante von Gal 2,20), ist dadurch gesichert, daß hier das εἶναι ἐν Χριστῷ mit dem σῶμα Χριστοῦ-Gedanken verbunden ist, zu dem bereits oben das Notwendige gesagt wurde.[349]

6.3. Die Formel ἐν Χριστῷ εἶναι und ihr relational-ontologisches Verständnis (Zwischenfazit)

Nach der Durchsicht der wichtigsten paulinischen Stellen zum ἐν Χριστῷ-Problem[350] und in Aufnahme der o.g. Forschungsfragen[351] kann jetzt das folgende *Zwischenfazit* gezogen werden:

1) Als »*Formel*« im eigentlichen Sinne zu bestimmen sind *nur die Verbindungen von ἐν Χριστῷ (κτλ.) und ἐν κυρίῳ (κτλ.) mit einem Ausdruck des »Seins«* (o.ä.). Das heißt natürlich *nicht*, daß bei Paulus nicht auch in anderen Zusammenhängen der Sinn dieser Formel mitschwingen kann. Es ist aber ratsam, in diesen Fällen lediglich von der *Wendung* ἐν Χριστῷ κτλ. zu sprechen, da der Nachweis des formelhaften Sinnes *stricto sensu* nicht ohne weiteres an allen diesen Stellen gelingt. Zu *vielfältig* sind letztlich die Zusammenhänge, in denen Paulus sich des Präpositionalausdrucks ἐν Χριστῷ κτλ. bedient, als daß seine Bedeutung auf einen völlig homogenen Sinn beschränkt werden dürfte.[352]

2) Die Präposition ἐν kennzeichnet zunächst einen »*Bereich*« und wird in dieser Grundbedeutung von Paulus durchgehalten,[353] wie allen Einwänden zum Trotz Ad. DEISSMANN[354] m.E. richtig gesehen hat. Es hindert folglich nichts, *auch das ἐν des formelhaften Gebrauchs in diesem Sinne zu verstehen*. Die Formel ἐν Χριστῷ εἶναι ist *Ausdruck des Sichbefindens in bzw. des Zugehörens zu*[355] *einer durch und durch personal bestimmten »Sphäre«* und ist daher »*personal-seinshaft*« – nicht »*lokal-seinshaft*«[356] – zu interpretieren.

Dieses Verständnis muß jedoch angesichts der berechtigten Hinweise von A. WIKENHAUSER umgehend *präzisiert* werden. Er behauptet katego-

---

[349] S.o. S. 96–104.

[350] Das ἐν Χριστῷ-Problem *als solches* bedürfte natürlich einer *monographischen* Bearbeitung, wie die Forschungsgeschichte deutlich genug zeigt. Gemäß den o.g. methodischen Erwägungen (s.o. S. 6f.) halte ich es aber für ausreichend, wenn wir uns hier auf (m.E.) eindeutige Stellen beschränkt haben. Schon aus ihnen erhellt, daß Paulus mit der Formel ἐν Χριστῷ εἶναι einen *relational-ontologischen* Sachverhalt ausdrückte.

[351] S.o. S. 229f.

[352] Vgl. BORNKAMM, Paulus, 163f., u.v.a.

[353] Zu den *grammatikalisch* bedingten Ausnahmen s.o. S. 234–237.

[354] Formel, *passim*; DERS., Paulus², 107–115.

[355] Noch deutlicher wird *dieser* Sachverhalt indes ausgedrückt durch die sog. »Christusgenitive«; vgl. dazu bes. SCHMITZ, Christus-Gemeinschaft, *passim* (s.u. S. 307).

[356] Gegen SCHNELLE, Paulus, 548; ihm folgend UMBACH, Sünde, 220f.

risch: »Von einer lokalen Vorstellung kann keine Rede sein.«[357] Vielmehr sei von einer »Sphäre« (nämlich einer »Sphäre der tiefstgreifenden Beeinflussung seines ganzen Lebens durch eine göttliche Macht«) zu sprechen,

die »weder lokal zu denken ist noch als Wirksamkeitsbereich einer unpersönlichen Macht vorgestellt wird, sondern *mit dem pneumatischen Christus gleichgesetzt* ist. Diese Tatsache kann nicht stark genug betont werden.«[358]

In der Tat *kann* ein *lokales* Verständnis der paulinischen Formel *statisch* (sakramentalistisch!) mißverstanden werden. Dagegen geht es Paulus aber immer um die seinshafte Vereinigung mit dem ›*persönlichen* Christus‹ als einer »geistig-persönlichen Macht [...], die einen ununterbrochenen Einfluß auf alle ausübt, die in Lebensverbindung mit ihm getreten sind.«[359] Die »Christ-Innigkeit« stellt ein *dynamisches* Verhältnis mit einer *realen Person* dar. Zur Beschreibung dieses *lebendigen* Verhältnisses ist ein »*lokal*-seinshaftes« Verständnis der paulinischen Formel ἐν Χριστῷ εἶναι tatsächlich ungeeignet und besser durch ein »*relational*-ontologisches« bzw. »*personal*-seinshaftes« zu ersetzen.

Um ferner den *Personcharakter* des Christus der Formel zu wahren und Christus nicht etwa unter der Hand in eine *unpersönliche* »Macht« zu verwandeln, ist auch auf die oft mißverstandene[360] Rede vom »pneumatischen Christus« besser zu verzichten und stattdessen vom »erhöhten Christus« oder vom »persönlichen Christus« zu sprechen.

Für die *Annahme einer Vertauschung von* ἐν *und* διά lassen sich an den untersuchten Stellen dagegen *keine* hinreichenden Gründe finden. Außerdem ist all denen, die die Wendungen ἐν Χριστῷ und διὰ Χριστοῦ *trotzdem* für prinzipiell austauschbar halten, entgegenzuhalten, daß, selbst *wenn* das zutreffen sollte, immer noch sehr sorgfältig die je unterschiedlichen *Nuancen* zu beachten wären, die M. BOUTTIER herausgearbeitet und brillant auf den Punkt gebracht hat:

« Διά distingue, ἐν unit. Διά est objectif, ἐν pose une relation. Διά établit J[ésus]-C[hrist] dans sa solitude de Sauveur et sa souveraineté de Seigneur, ἐν le conjoint sans cesse à nous et nous inclut en lui. Διά désigne Jésus à toujours comme l'unique rédempteur du monde, ἐν nous associe pour jamais à son œuvre. Διά ouvre la voie à ἐν ; ἐν est l'aboutissement du διά dans la récapitulation de toutes choses. »[361]

J. GNILKA hält darum mit Recht fest: »Jede der Präpositionen, die im Lauf der letzten Jahre Gegenstand eindringender exegetischer Arbeiten waren, gibt *einen Aspekt* der tiefen Christusschau des Apostels frei.«[362] Dessen

---

[357] Christusmystik², 37 (mit Bezug *zunächst* auf 1Kor 7,14).
[358] WIKENHAUSER, a.a.O., 36 (alle Zitate).
[359] WIKENHAUSER, a.a.O., 37.
[360] S.o. S. 260 m. Anm. 228.232f.
[361] En Christ, 34f. (Hervorhebungen E.R.).
[362] Phil, 77 (Hervorhebung E.R.).

eingedenk, täte die neutestamentliche Exegese insgesamt gut daran, diese in den unterschiedlichen sprachlichen Formulierungen zum Ausdruck kommende »Reichhaltigkeit und Fülle der Beziehungen der Christen zu Christus und umgekehrt des Verhältnisses Christi und seines Wirkens im Hinblick auf die Menschen«[363] auch als solche *wahrzunehmen* und nicht vorschnell auf einen einlinigen Nenner bringen zu wollen.

Übrigens macht Bouttier mit seiner o.g. Bemerkung, daß ἐν – im Gegensatz zu διά[364] – eine *Beziehung* impliziere (die durch das διά allererst eröffnet wird), schließlich zu Recht darauf aufmerksam, *daß das wörtlich-räumliche Verständnis der Präposition ἐν die Dynamik des ἐν Χριστῷ-Seins als eines lebendigen In-Beziehung-Seins nicht aufhebt.*

3) Hinsichtlich der verschiedenen *Bezeichnungen* Jesu im Rahmen dieser formelhaften Wendungen kann man *jedenfalls in der Tendenz* den Untersuchungen W. Schmauchs und F. Neugebauers zustimmen, denen zufolge die Formulierungen ἐν Χριστῷ (᾽Ιησοῦ) und ἐν τῷ Χριστῷ auf den *Heilsaspekt* abheben (namentlich auf Kreuz und Auferstehung), die Formulierung ἐν (τῷ) κυρίῳ dagegen auf den »*Heiligungsaspekt*«, d.h. auf das christliche Leben als Leben in Verantwortung vor demjenigen – eben dem κύριος –, der Anspruch auf das Leben seiner Gemeinde hat. Man sollte hier nur – wie auch andernorts – unbedingt die Mahnung M. BOUTTIERs ernst nehmen, den Apostel *nicht in ein Schema zu pressen* (auch nicht in sein *eigenes!*): « Laissons à l'apôtre une certaine spontanéité dans le choix de ses mots et quelque liberté dans l'inspiration ; il n'a pas réduit nos relations avec le Seigneur en équations algébriques ! »[365]

4) Für das »Sein *in* (ἐν) Christus« gilt tatsächlich – im Unterschied zum »Sein *mit* (σύν) Christus«[366] –, was J. CALVIN in einem seiner theologischen Spitzensätze in Anlehnung an Röm 6,5 gesagt hat: »Wir gehen aus unserer in seine [sc. Christi; E.R.] Natur über« (*in eius naturam ex nostra demigramus*).[367] Mit einem gewissen Recht könnte man hier sogar von einem *soteriologisch-»christianologischen«* ὁμοούσιος sprechen.[368] Jedenfalls behauptet Paulus nirgends einen Rest an Eigenpersönlichkeit des Christen gegenüber seinem Herrn, noch auch eine gewisse Selbständigkeit

---

[363] GNILKA, a.a.O., 76f.
[364] BOUTTIER, En Christ, 34, Anm. 12, merkt zu diesem Unterschied treffend an: « Mais, notons-le, on peut alors 'être διὰ Χριστοῦ' sans le connaître. Une telle éventualité est exclue en ce qui concerne *in Christo*. »
[365] En Christ, 58.
[366] S.u. S. 348–351.
[367] CStA 5.1, 308,2–4.
[368] Zur notwendigen Präzisierung s.u. S. 307–312! – Mag man hierin auch eher eine Analogie zu der *Anhypostasie der menschlichen Natur Christi* sehen (so der Hinweis von Prof. Dr. Ernstpeter Maurer; s. dazu MARKSCHIES, Art. Enhypostasie, *passim*), so *bleibt doch auf jeden Fall die radikale Relationalität der paulinischen Aussagen gewahrt.*

des Christusgläubigen gegenüber der Gemeinde bzw. dem »Leib Christi« – im Gegenteil: ζῶ δὲ οὐκέτι ἐγώ, ζῇ δὲ ἐν ἐμοὶ Χριστός (Gal 2,20a), und: πάντες γὰρ ὑμεῖς εἷς ἐστε ἐν Χριστῷ Ἰησοῦ (Gal 3,28)!
5) Zwischen dem erhöhten Christus und den Seinen besteht nach Paulus also die »denkbar innigste[...] Gemeinschaft«[369], ja eine recht eigentlich *unvorstellbar* innige Einheit[370]! Mit der formelhaften Wendung ἐν Χριστῷ versucht der Apostel nun, eben dieser schlechthin analogielosen Tatsache doch sprachlich irgendwie Ausdruck zu verleihen: *Das εἶναι ἐν Χριστῷ drückt einen ontologischen, genauer: einen relational-ontologischen Sachverhalt aus.*[371] Damit bringt Paulus nämlich

»die Überzeugung zum Ausdruck [...], daß der Christ sich in einer Sphäre der tiefstgreifenden Beeinflussung seines ganzen Lebens durch eine göttliche Macht befinde, gewissermaßen ein vom früheren artverschiedenes Leben führe (vgl. besonders 2 Kor 5,17).«[372]

»In Christus zu sein«, bedeutet also personale Identifikation mit dem erhöhten Christus, nicht nur eine (letztlich uneigentliche![373]*) Identifikation mit dem Werk Jesu*[374] (das natürlich *auch*). Mit anderen Worten: »Für Paulus heißt eben in Christus sein soviel wie im Einfluß- und Machtbereich des *persönlichen* Christus sich befinden.«[375] Dieser *persönliche Christus* aber ist eine »geistig-persönliche Macht«, »die einen ununterbrochenen Einfluß auf alle ausübt, die in Lebensverbindung mit ihm getreten sind.«[376]

Der *Gedanke personaler Identifikation mit Christus* ist dem Apostel ja nicht fremd; ganz *wesentlich* ist er für sein Sühneverständnis.[377] In Röm 13,14 hat er diesen Gedanken geradezu verbildlicht: »Ihr habt den Herrn Jesus Christus *angezogen* (ἐνδύσασθε τὸν κύριον Ἰησοῦν Χριστόν)« (vgl. auch Gal 3,27[378]). W.T. HAHN kommentiert:

---

[369] DEISSMANN, Paulus², 111.

[370] Vgl. SCHMITZ, Christus-Gemeinschaft, 22f., der die Analogielosigkeit *dieser* »Vereinigung« (im *Unterschied* zu anderen »Verbindungen zwischen Individuen«) erkennt.

[371] Neuerdings sieht auch CEGLAREK, Rede, 300, mit ἐν Χριστῷ einen »neuen ontologischen Zustand« beschrieben.

[372] WIKENHAUSER, Christusmystik², 36.

[373] Sich mit einer *Sache* zu »identifizieren«, ist im Grunde ein *übertragener, uneigentlicher* Sprachgebrauch.

[374] Gegen BULTMANN, Probleme, 17, der – zu 2Kor 5,11ff. – diese Sicht geradezu klassisch formuliert: »Der Sinn des ἐν Χριστῷ ist im Zusammenhang deutlich: wer die in V. 14 genannte (in V. 19 neu formulierte) Möglichkeit [!] ergreift [!], *wer also an dem von Gott in Christus gewirkten Heilsgeschehen teilhat,* der gehört als neues Geschöpf zur neuen Welt« (Hervorhebung E.R.). Dabei ist diese ›Teilhabe‹ im Blick auf den *Glauben* als ausdrücklich *subjektiv* vermittelte verstanden (ebd., Anm. 22).

[375] WIKENHAUSER, Christusmystik², 36.

[376] WIKENHAUSER, a.a.O., 37. Das schlechthin Entscheidende ist die dauerhafte *Lebensverbindung* mit Christus!

[377] S. dazu S. 133f.241–254.292–306.

[378] Vgl. dazu BORSE, Gal, 138.

»Während für unser Empfinden ein Kleid die Existenz des Menschen nicht wesentlich verändert, sondern nur sein ›Äußeres‹ betrifft und deshalb je wieder gewechselt werden kann, bestimmt für Paulus das angezogene Kleid die ganze Existenz des Menschen. Das Angezogene ist die konkrete Wirklichkeit des Menschen. Das wird besonders deutlich, wo Paulus das Bild vom Anziehen der Waffen gebraucht (Röm. 13, 12; Eph. 6, 11; 1. Thess. 5, 8). Paulus kennt kein statisches Sein, sondern sieht den Menschen als Handelnden und in der Entscheidung Stehenden. Das Bild vom Krieger ist dieser Anthropologie besonders gemäß. Der Krieger wird zu dem, was er ist, durch die Waffen, die er anlegt. [...] Hat er keine Waffen, so ist er eben kein Krieger. So versteht Paulus das Kleid als das, was dem Menschen seine Handlungsfähigkeit und damit seine Wirklichkeit gibt.«[379]

Christus bekleidet die Gläubigen eben »nicht nur äußerlich und vorübergehend, sondern vereint sie mit sich *wesenhaft* und *auf Dauer*.«[380]

Dahinter dürfte der etwa in Sach^{LXX} 3,1–7 greifbare Gedanke stehen, daß das »Wunder der Vergebung [...] in der himmlischen Investitur« geschieht: »Josua empfängt die Reinigung von seinen Sünden, indem er von seinen schmutzigen Kleidern befreit und mit neuen, reinen Gewändern bekleidet wird (V.3–5).«[381] Das entspricht auch gemein-antiker Vorstellung, die die Verbindung von Leib und Kleid als *unlösliche Einheit* begreift[382]

---

[379] Mitsterben, 150. Er fährt fort (a.a.O., 150f.): »Paulus scheidet aber doch zwischen dem Menschen und dem angezogenen Kleid oder schärfer: Zwischen einem sichgleichbleibenden nur formalen Kern des Menschen und der konkreten so oder so bestimmten Existenz. Dieser *Wesenskern des Menschen, der nichts für sich selbst ist, also, um einen Terminus Luthers aufzunehmen, kein punctum physicum, sondern ein punctum mathematicum* ist, begegnet unter verschiedenen Bezeichnungen: 1. Kor. 3, 15 nennt ihn Paulus den αὐτός, 1. Kor. 6, 13f. ist es der meist konkret gefüllte Begriff des σῶμα. Röm. 7, 22 dürfte etwa das gleiche unter ἔσω ἄνθρωπος, ἐγώ und νοῦς verstanden sein. [...] *Das ›Ich‹ ist nichts anderes als die Möglichkeit, angeredet zu werden und zu hören*; aber eben in diesem Akt des Hörens liegt schon eine Erfüllung des formalen Begriffs durch die Wirklichkeit Gottes oder des Fleisches. Derselbe Sachverhalt liegt in Phil. 3 vor. Paulus beschreibt seine Existenz als Pharisäer und als Christ. Dazwischen liegt ein Bruch, ein Sterben. Aber er ist doch dieselbe Person vor und nach dem Bruch. Die Kontinuität des Personseins ist nicht verloren, wenngleich diese Person als Apostel im kontradiktorischen Gegensatz zu der vorchristlichen steht. Fleischliche und pneumatische Existenz schließen sich aus. Ein Drittes gibt es nicht, auch kein neutrales Ich des Menschen. Trotzdem bleibt die Identität der Person gewahrt«(Hervorhebungen E.R.). Vgl. dazu unten S. 319–324!

[380] So mit Recht BORSE, Gal, 138 (Hervorhebungen E.R.). – Chr. STRECKER, Liminale Theologie, 196, betont sodann, »daß der Ausdruck Χριστὸν ἐνεδύσασθε eine [...] Teilhabe an der ›Essenz‹ Christi wiedergibt, eine Art *seinsmäßige Einswerdung mit dem Erhöhten*« (Hervorhebungen E.R.). Er verortet die Vermittlung dieser Teilhabe allerdings (ausschließlich) *in der Taufe* und behauptet darüber hinaus, die »seinsmäßige Einswerdung mit dem Erhöhten« habe »eine *substantielle* Transformation des rituellen Subjekts« zur Folge (ebd. [Hervorhebung E.R.]). *Beides* ist jedoch viel zu substanzhaft gedacht und trifft schwerlich die paulinische Sicht der Dinge (s.o. S. 268–276)!

[381] HOFIUS, Gemeinschaft, 310f. (beide Zitate).

[382] Vgl. grundlegend JIRKU, Kleidung, bes. 3–14; ferner DELCOURT, Hermaphrodite, 5–27 (zur »rituellen« Travestie im Rahmen antiker Hochzeitsbräuche). Zur Begründung aus *ethnologischer* Perspektive vgl. STRECKER, Liminale Theologie, 195f. m. Anm. 168f.

(vgl. auch 1Kor 15,53 im Kontext von 15,50–53: *Parallelität* von ἀλλάσσεσθαι und ἐνδύειν!), weshalb durch Kleidung auch *Macht* übertragen werden kann.[383] Mit anderen Worten: »man ›ist‹, was man ›angezogen‹ hat«[384] – das ist gewissermaßen das antike »Kleider machen Leute«.

Es läßt sich von daher hinreichend begründet sagen, daß Paulus die Gemeinschaft (κοινωνία) mit Christus sehr viel enger sieht, als die »Anti-Mystiker«[385] wahrhaben wollen,[386] zumal mit Ad. DEISSMANN einfach konstatiert werden muß: »Bloss um den Gedanken ›in der Gemeinschaft mit Christus‹ auszudrücken, dazu hätte auch eine andere Präposition genügt oder überhaupt ein anderer Ausdruck.«[387] Da jedoch der Begriff »Mystik« zu unscharf und irreführend ist, ist bei Paulus von einer *»Partizipationschristologie«* oder noch besser von einer *»Inkorporationschristologie«* zu sprechen. Damit ist gemeint: Christus *in Person* (!) ist als *Ort* des Heils[388], als ἱλαστήριον, zu verstehen, und wer *mit ihm als Person* (!) verbunden ist, wie der Leib mit dem Kleid verbunden ist, sodaß einer »ist«, was ihn »kleidet«, *der* hat eben damit Anteil auch am *Werk* Christi.[389] Anders ausgedrückt: Christus *in Person* ist als seinsbestimmender *»Heilsraum«*[390] verstanden, in den der Christusgläubige διὰ πίστεως eintritt (vgl. Gal 3,26 u.ö.) und in dem er fortan ἐν πίστει ... τῇ τοῦ υἱοῦ τοῦ θεοῦ κτλ. *lebt* (ζῆν [Gal 2,20]). Damit erweist sich der Glaube ganz präzise als

---

[383] Vgl. JIRKU, ebd. In diesem Sinne interpretiert DELCOURT, a.a.O., 27, auch den antiken Hochzeitsbrauch des zwischengeschlechtlichen *Kleidertausches* (»Travestie«) vor der ehelichen Vereinigung: « L'androgynie symbolique devait avoir une valeur positive et bénéfique : chacun des deux sexes recevant quelque chose des pouvoirs de l'autre. »

[384] SCHNELLE, Christusgegenwart, 110.

[385] Vgl. exemplarisch BULTMANN, Probleme, 17: »᾿Εν Χριστῷ ist nicht mystische, sondern eschatologische Formel.« Vgl. dazu wiederum DIBELIUS, Mystik, 2 (s. auch oben S. 44, Anm. 1): Das »Paulus-Verständnis aus Mystik und Mysterien, wie es etwa Reitzenstein, Deißmann und Bousset vertraten, wurde nun wieder von der dialektischen Theologie bekämpft. Und wieder war dabei ein eigentlich theologisches Interesse maßgebend. Den Dialektikern schien das Paulus-Verständnis aus der Mystik darum verkehrt, weil es den Apostel in eine bedenkliche Nähe zu dem brachte, was diesen Theologen als die eigentliche Ursünde der Theologie erschien; es war die Selbsttäuschung, daß Gott und Welt, Gott und Mensch jemals zusammengeschaut, ja in eines zusammengezogen werden könnten.«

[386] Mit diesem Anliegen steht Paulus nicht allein im Neuen Testament: s. nur Joh 17,20–23!

[387] Formel, 82. Als eine solche »andere Präposition« kommt namentlich »das synoptische μετά« in Frage (a.a.O., Anm. 1; vgl. dazu auch a.a.O., 88 m. Anm. 3).

[388] Vgl. WIKENHAUSER, Christusmystik[2], 9.

[389] Natürlich handelt es sich dabei nicht um eine »substanzhafte Partizipation«, sondern um eine »Partizipation aus Gnade« (mit SCHWÖBEL, Menschsein, 212f.).

[390] Vgl. SCHNELLE, Paulus, 530. UMBACH, Sünde, 252 (u.ö.), spricht vom »räumlich gedachten Heilsbereich ἐν Χριστῷ ᾿Ιησοῦ« (zu Röm 6,11). EGGER, Gal, 22, formuliert: »Christus als Heils- und Lebensraum«.

»*Modus* des Heilsempfangs und der Heilsteilhabe«[391]. Zugleich ist Christus aber auch die »*Heilssphäre*«, in der der Christusgläubige sich seit seinem mit der Taufe verbundenen Eintritt in die *Christusförmigkeit* (Röm 6) bewegt.[392] Dabei darf nicht übersehen werden, daß der Taufe[393] ein »*ethisch*« *verpflichtender* Aspekt eignet. Es ist darum durchaus sachgemäß, daß sie offenbar von Anfang an (vgl. schon *Did* 7,1 [nach *Did* 1–6]) mit besonderer Katechese und Paraklese verbunden war[394].

Mit dieser seiner Sicht steht Paulus übrigens keineswegs allein im Neuen Testament. Das Denken in Sphären wurde besonders im Blick auf die johanneische Literatur oft beobachtet.[395] Dort scheint allerdings die *Exklusivität* der verschiedenen Sphären strenger durchgehalten zu sein (nämlich im Sinne eines *prinzipiellen oder strukturellen Dualismus*); d.h. daß derjenige, der sich in einer bestimmten Sphäre befindet, *ganz* in dieser ist. Für Paulus gilt dies zwar *grundsätzlich* auch, allerdings mit charakteristischen Abweichungen, die seinem durch und durch *futurisch*-eschatologischen Denken entsprechen, das nur einen *vorläufigen* (»eschatologischen«[396]) *Dualismus* zuläßt.[397]

Auf ein einigermaßen komplexes Problem des Denkens in Sphären sei hier nur eben hingewiesen: Das Sphärendenken hat ja einen gewissen *Hang zum Zirkulären*.[398] Das

---

[391] Mit HOFIUS, Wort Gottes, 172 (Hervorhebung E.R.). Er fährt fort:»Ist der Glaube – wie wir sagten – der Modus der Heilsteilhabe, so der Unglaube der Modus der Heilsverschlossenheit« (a.a.O., 173). Der Glaube ist eben nicht bloß das »*Mittel*«, das zur Rechtfertigung dient, nicht Mittel zum Zweck (gegen BÉNÉTREAU, Röm I, 171, u.v.a.)!

[392] Vgl. UMBACH, Sünde, 252.258 u.ö.

[393] Das gilt zwar *grundsätzlich* auch für den Glauben, wie schon die Rede von der ὑπακοὴ πίστεως nahelegt, aber m.E. doch *in besonderer Weise* für die Taufe, weil sie – wie oben gezeigt (s.o. S. 275f. m. Anm. 323) – den eminent *ekklesiologischen*, d.h. »sozialen« Aspekt des ἐν Χριστῷ-Seins darstellt, auf den zu Recht auch BOUSSET hingewiesen hat (Kyrios Christos, 116). Bemerkenswert ist in unserem Zusammenhang seine Beobachtung, daß mit dieser *ekklesiologischen* Ausrichtung der sog. »Christus-Mystik« (im klaren *Unterschied* zur Individualmystik der hellenistischen Mysterienreligionen) »eine *viel stärkere Betonung des Ethos*, der moralischen Verpflichtung, eine Herausführung der Frömmigkeit aus ihren individualistischen Irrwegen«, verbunden gewesen sei (a.a.O., 117 [Hervorhebung E.R.]).

[394] Vgl. dazu YARNOLD, Art. Taufe III, *passim*.

[395] Vgl. dazu schon DEISSMANN, Formel, 130f. LÉMONON, Gal, 104, bemerkt im Blick auf die paulinische Sicht sogar: « Cette inhabitation ne se retrouve dans le NT qu'en Jean [...] (Jn 6,56 ; 15,4 ; 17,23 ; dans 1 Jn, le sujet de demeurer est Dieu 3,24 ;4,15). » – Zur »Vorstellung der jenseitigen Pneumasphäre im hellenistischen Judentum« s. HORN, Angeld, 40–48. Bemerkenswert ist seine Feststellung:»Die jüdische Anthropologie war von ihren eigenen Voraussetzungen her offen für eine dualistische Sicht des Menschen, welche der Seele himmlische, dem Leib aber irdische Abkunft beimißt« (a.a.O., 41). Als Beispiel nennt er *Eccl*^{LXX} *12,7*: καὶ ἐπιστρέψῃ ὁ χοῦς ἐπὶ τὴν γῆν, ὡς ἦν, καὶ τὸ πνεῦμα ἐπιστρέψῃ πρὸς τὸν θεόν, ὃς ἔδωκεν αὐτό. Vgl. dazu oben S. 79f.

[396] So PATE, End, 112: Eine *grundsätzlich dichotomische* Sicht habe *keinen* Anhalt an Röm 7,14–25; dieser Text widerspiegle »a salvation-history, or eschatological, dualism«.

[397] Zum »Dualismus« des Apostels Paulus vgl. schon HAUSRATH, Paulus, 148–153.

[398] STEINMETZ, Heils-Zuversicht, 67, weist im Blick auf *Kol* und *Eph* aber darauf hin, daß »auch das Denken in Macht-Sphären immer noch das Moment der zeitlichen Erstrek-

wirft die Frage auf, ob es überhaupt ein *Ende* der Geschichte geben kann (von dem Paulus ja ausdrücklich redet: 1Kor 15,24). M.E. müßte die Lösung in einer Verschränkung von Raum- und Zeitperspektive gesucht werden, denn rein zeitliche Ansätze helfen hier nicht weiter. Zeit ist indes ohnehin nie unabhängig von Raum,[399] sondern jede Zeit hat ihren je spezifischen Raum, und in jedem Raum herrscht eine eigene Zeitrechnung.

Beim εἶναι ἐν Χριστῷ handelt es sich mithin um ein *Einssein* mit dem erhöhten Christus, das allerdings in Analogie zum ἀσυγχύτως und ἀχωρίστως der altkirchlichen Zwei-Naturen-Lehre zu präzisieren ist: Die recht verstandene *Einheit* zwischen Christus und den Christusgläubigen bedeutet nicht ein Aufgehen des Einen im Anderen, sondern sie ist kraft ihrer *Reziprozität* (s.u. 6.4.) sachgemäß als *Perichorese* zu beschreiben. Darauf weist auch der Umstand hin, daß Paulus dort, wo er von der *zukünftigen* Gemeinschaft mit Christus spricht, immer die *soziative* Formulierung εἶναι (o.ä.) σὺν Χριστῷ wählt. Von daher ist also einerseits die Sicht abzulehnen, beim εἶναι ἐν Χριστῷ handle es sich um die mystische Aufhebung des einzelnen in einem »Pan-Christus« (oder umgekehrt), da ja doch bis ins Eschaton hinein die personale *Unterschiedenheit* von Christus und Christ gewahrt bleibt (das »christianologische« »Unvermischt«). Diese Unterschiedenheit kommt aber auch darin zum Ausdruck, daß der *Christ* (natürlich *nicht Christus*: Gal 2,17!) kraft der »Realität der Versuchung«[400] in der Gegenwart noch »sündigen« kann (vgl. Röm 7,13–25), weil »[e]rst im σῶμα πνευματικόν [...] diese versuchliche Verbundenheit mit andern, diese Art des ›Weltseins‹ aufgehoben« ist, wie E. KÄSEMANN betont.[401] Andererseits aber sieht Paulus schon in der Gegenwart eine enge Gemeinschaft, ja sogar eine – richtig verstanden – *Wesens- und (in einem bestimmten Maße) Willenseinheit* zwischen Christus und den Seinen, die eben deshalb *unauflöslich* ist (das »christianologische« »Ungetrennt«). Diese »Wesenseinheit« oder *Homoousie* bezieht sich nach dem Gesagten *in der Gegenwart* ganz präzise auf das *Innere* des Christen (καρδία, πνεῦμα, νοῦς); denn hinsichtlich seiner σάρξ ist und bleibt er (noch) der Sünde und dem Tod *des Leibes* verfallen (Röm 7,24; vgl. 8,10; ferner 1Kor 5,5). M. FATEHI sieht daher mit Recht – und in ausdrücklicher Würdigung Ad. Deißmanns – in dem ἐν Χριστῷ den Gedanken einer *»pneumatic union between the risen Lord and the believer«* ausgedrückt.[402]

---

kung« enthält, »obwohl nicht in der traditionell-jüdisch-paulinischen Art des heilsgeschichtlichen Denkens«.

[399] Das hat schon KANT, KrdrV, 97–116, gesehen, auch wenn er dann »Raum« und »Zeit« je *unterschiedlich* charakterisiert. S. dazu unten S. 431f. (Anhang).

[400] Von einer solchen spricht KÄSEMANN, Leib, 116 – *auch* im Blick auf die Christen!

[401] Leib, 181. »Die paulinische Anthropologie ist eben dadurch bestimmt, daß das ›im Christus‹ ein ›im Fleische‹ nicht ausschließt« (a.a.O., 180 [Hervorhebung i.O.]).

[402] Relation, 273 (»Deissmann was not completely wrong [...]« [Hervorhebung E.R.]). Die Kritik an Deißmann bezieht sich anschließend darauf, daß man »in Christus« nicht

Im Sinne eines Resümees mache ich mir – abgesehen von der leider auch hier greifbaren *Überbetonung* der Taufe – abschließend die prägnanten Worte W. THÜSINGs über das »Sein in Christus« zu eigen:

»Es handelt sich *erstens* um ein Verhältnis zu Christus, das mit der Taufe beginnt und bis zum Übergang in das ›Sein *mit* Christus‹ als den vollkommeneren Zustand dauert. Es ist *zweitens* ein Verhältnis zur konkreten Person des erhöhten Christus: In Christus sein bedeutet ›im Einfluß- und Machtbereich des *persönlichen* Christus sich befinden‹. *Drittens* setzt ›In-Christus-Sein‹ die pneumatische Seinsweise Christi und das Wirken Christi durch sein Pneuma voraus. *Viertens:* Das Sein und Leben in Christus hat sowohl einen individuellen als auch einen sozialen Bezug. Keiner dieser beiden Aspekte darf außer acht gelassen werden; beide bedingen einander. Für Paulus geht der einzelne nicht in seinem ›sozialen‹, ekklesiologischen Bezug auf, sondern wird gerade in diesem Bezug auch als der einzelne vor Gott konstituiert. [...] Wichtig[...] dürfte *fünftens* die semitische Vorstellung der ›korporativen Persönlichkeit‹ sein: die Vorstellung einer dynamischen Einheit zwischen einer Einzelpersönlichkeit [...] und einer von ihr abhängigen Gemeinschaft [...]. In Christus sein heißt also: im Kraftfeld des erhöhten Pneuma-Christus leben, der gleichzeitig als ›korporative Persönlichkeit‹, als der neue Adam verstanden ist (vgl. vor allem Röm 5,12–21), der die ihm angehörenden Glieder der neuen Menschheit in sein Leben einbezieht.«[403]

Mit der Rede vom »Sein in Christus« beschreibt Paulus in formelhafter Prägnanz also *das Zentrum seines Glaubens*, den er freilich mit der ganzen Urchristenheit teilt – oder mit E. LOHMEYER gesprochen:

»Christusgemeinschaft ist das A und O urchristlicher Frömmigkeit. Von dieser Gemeinschaft sprechen die urchristlichen Schriften gleichsam in allen Zungen und Weisen; sie wissen sich in die Ordnung des vielfältig und doch immer gleich Erfahrenen eingefügt. Um solcher Vielfältigkeit willen können sie es immer neu verkünden, um der Gleichheit willen verdichten sie die innere Fülle des Glaubens in geprägten und tradierten Formeln. Für Paulus ist die knappste und häufigste Formel dieser Gemeinschaft ›in Christus‹ oder ›in dem Herrn‹.«[404]

6.4. Die Reziprozität der »Christ-Innigkeit«: Christus »in euch / mir«

Aber es ist nicht nur der Christ ein Mensch ἐν Χριστῷ, sondern umgekehrt lebt auch Christus in den Christusgläubigen; dasselbe gilt übrigens auch im Blick auf das πνεῦμα (vgl. Röm 8,9aα mit V. 9aβ!). *Mit Recht hat darum bereits E. LOHMEYER hervorgehoben, die Wendung ἐν Χριστῷ gewinne »ihre Klarheit und Innigkeit erst in der volleren Form: ›Christus in mir und ich in Christus.‹«*[405] Im Rahmen relationaler Ontologie ist das

---

auf den genannten Aspekt reduzieren und diese »pneumatic union« nicht mit mystisch-subjektivistischer Begrifflichkeit beschreiben dürfe. Dem ist *in der Sache* zuzustimmen – ob damit die *Deißmannsche* Position getroffen ist, ist fraglich (s.o. S. 260 m. Anm. 232).

[403] THÜSING, Per Christum, 65f.
[404] ΣΥΝ ΧΡΙΣΤΩΙ, 218.
[405] A.a.O., 219 (Hervorhebung E.R.). Bemerkenswert ist: »Für σύν [sc. σὺν Χριστῷ; E.R.] fehlt auch die entsprechende Responsion völlig, trotzdem sie hier näher zu liegen

auch nicht weiter verwunderlich, ist doch *Reziprozität* eine *notwendige Bedingung echter Relationalität*.[406] Zum Ausdruck eben jener *Wechselseitigkeit*[407] der Gemeinschaft zwischen Christus und den Christusgläubigen ist wiederum der Begriff »Christ-Innigkeit« besser geeignet als jeder andere, kann er doch in zweierlei Weise verstanden werden: einmal als »Innigkeit« des *Christen* »in« Christus, einmal als »Innigkeit« *Christi* »in« den Christen – also als *reziproke »In-Existenz«*.

Wir sind dieser *Reziprozität* des Verhältnisses zwischen Christus und den Christusgläubigen bereits in anderem – größerem – Zusammenhang begegnet, an den mit den Worten M. BOUTTIERs erinnert sei:

«de même, que Jésus s'est identifié à nous, ἐν ὁμοιώματι ἀνθρώπων γενόμενος (Phil. 2:7), de même nous sommes devenus σύμφυτοι τῷ ὁμοιώματι τοῦ θανάτου [sic!] αὐτοῦ (Rom. 6:5).»[408]

Solche »de même – de même«-Strukturen finden sich auch andernorts (vgl. z.B. 2Kor 13,4; s. ferner Röm 6,4), und alle diese Fälle handeln von *reziprok-inkludierender personaler und »geschichtlicher« Identifikation*.

Ein solches Verständnis ist auch für die zu formelhafter Kürze verdichtete Wendung »*(Jesus) Christus [ist / lebt] in euch / in mir*« zu erwägen, die sich bei Paulus ausdrücklich zwar nicht eben *häufig*, aber an überaus *zentralen* Stellen findet (Röm 8,10 = 2Kor 13,5[409]; Gal 2,20).[410]

6.4.1. Die Innerlichkeit des Seins Christi »in euch« (Röm 8,10; 2Kor 13,5)

Der Kontext von *Röm 8,10* läßt sogleich das zuversichtliche Urteil zu, daß ἐν ὑμῖν *hier* nicht bloß mit »unter euch« bzw. »in eurer Mitte« zu übersetzen ist,[411] wie dies bei Paulus etwa 1Kor 11,18f.30 u.ö. der Fall ist. Denn unmittelbar davor (Röm 8,9) und danach (V. 11) spricht der Apostel vom »*Wohnen*« (οἰκεῖν) des Gottes- bzw. Christus-Geistes »*in euch*« (ἐν

---

scheint; niemals findet sich: ›Christus mit mir oder uns‹« (ebd.). (Kein Gegenbeleg ist 1Thess 4,17, denn dort ist nicht von einem εἶναι mit Christus die Rede, sondern vom ἄγειν σὺν ἑαυτῷ bei der Parusie.)

[406] S.o. S. 41.

[407] Vgl. VIARD, Gal, 59.

[408] BOUTTIER, Condition, 24. Es muß natürlich heißen: τοῦ *θανάτου* αὐτοῦ.

[409] Zwar ist die Umstellung Χριστὸς Ἰησοῦς ἐν ὑμῖν ähnlich gut bezeugt; da die Form Ἰησοῦς Χριστὸς ἐν ὑμῖν aber die schwierigere, weil bei Paulus insgesamt weniger bezeugte Lesart zu sein scheint, dürfte sie vorzuziehen sein (mit NA[27]). Für *unseren* Zusammenhang ist das unerheblich.

[410] »Christus in uns« (Χριστὸς ἐν ἡμῖν) und »Christus in dir« (Χριστὸς ἐν σοί) sind nicht belegt.

[411] Ähnlich NEUGEBAUER, In Christus, 184, der darin eine zu starke ›Nivellierung‹ der Gegenwart Christi sieht. Gegen JEWETT, Röm, 491; vorsichtiger BOUTTIER, En Christ, 80f. m. Anm. 52.

ύμῖν), wobei zu beachten ist, daß οἰκεῖν ἔν τινι bei Paulus auch sonst nur[412] »wohnen *in*« heißt (s. Röm 7,17.18.20).

Man kann in diesem Zusammenhang durchaus von einer echten *Spiritualisierung des Schechina-Gedankens* sprechen, da Paulus das Tempel-Sein der Gemeinde ausdrücklich mit der Einwohnung des Geistes verbindet (vgl. 1Kor 3,16).

Diese *»Einwohnung«* ist natürlich nicht individualistisch zu verstehen (deswegen ἐν *ὑμῖν*),[413] doch darf anti-individualistischer Impetus umgekehrt auch nicht dazu führen, das ἐν ὑμῖν abzuschwächen und als Ersatz für das blassere ἐν μέσῳ ὑμῶν[414] anzusehen. Daß das ἐν vielmehr tatsächlich im Sinne *realer Innerlichkeit* gemeint ist, läßt sich in Röm 8,11 daran ablesen, daß das »Wohnen« des lebenschaffenden Gottesgeistes ἐν ὑμῖν als *Realgrund* (εἰ δὲ κτλ.) dafür angeführt wird, daß Gott (!) dereinst auch die »sterblichen Leiber« der Christusgläubigen lebendig machen wird (ζῳοποιήσει *Futur* [V. 11b]) – eben vermittelst des offenbar unverlierbaren[415] *innewohnenden Geistes* (διὰ τοῦ ἐνοικοῦντος αὐτοῦ πνεύματος ἐν ὑμῖν), was ja jeden *einzelnen* Gläubigen *ganzheitlich-existentiell* betrifft. Damit kann hier nicht gemeint sein, daß schon das bloße »Dasein« des Gottesgeistes »*unter* euch« diese lebenschaffende Wirkung hat; vielmehr ist diese Wirkung an das *persönliche »Haben« des Geistes* (Röm 8,9b!) gebunden, zumal Paulus auch sonst nur von einer Auferweckung der toten *Christen* ausgeht.

Der enge innere Zusammenhang von Röm 8,9–11 läßt weiter darauf schließen, daß der »Christus in euch« (V. 10a) vom innewohnenden »Gottesgeist« (πνεῦμα θεοῦ [V. 9aβ]) her zu verstehen ist, der ausdrücklich als der »Geist dessen, der Jesus aus den Toten auferweckt hat« (τὸ πνεῦμα τοῦ ἐγείραντος τὸν Ἰησοῦν ἐκ νεκρῶν), beschrieben (V. 11a) und – wie soeben gezeigt – als *Garant* dafür genannt wird, daß auch die Christusgläubigen dereinst auferweckt werden. Der »Christus in euch«, der *selbst* schon des lebenschaffenden Gottesgeistes teilhaftig geworden ist,

---

[412] 1Kor 3,16 ist *sprachlich und sachlich parallel* zu den hier in Frage stehenden Versen Röm 8,9.11.

[413] Vgl. CEGLAREK, Rede, 301f. Im Blick auf die sog. »paulinische Mystik« hat schon BOUSSET, Kyrios Christos, 116, darauf hingewiesen, daß »das eigentliche Korrelat zu Christus [...] streng genommen nicht der einzelne Gläubige, sondern die Gemeinde, das σῶμα Χριστοῦ« ist. Zugleich ist aber zu beachten, was VAN STEMPVOORT, Gal, 57, zu Gal 2,20 bemerkt: "De nieuwe wereld leeft door Christus in de gelovigen. Het *ik* is zeer persoonlijk. [...] Christus heeft niet alleen de gemeente lief (Eph. 5:25). Christus heeft mij lief. *Het corporele solidaire leven van het 'lichaam' van Christus sluit het persoonlijke niet uit, maar in*" (Hervorhebung E.R.). Für Paulus gehören der einzelne Christ und die Gemeinde *untrennbar* zusammen und stellen *keine* Alternativen dar (1Kor 12,27!).

[414] Vgl. dazu schon DEISSMANN, Formel, 88, Anm. 3.

[415] Das ergibt sich aus der *unmittelbaren Folgerung* des ἐγερθῆναι (V. 11b) aus dem ἐνοικεῖν des Geistes (V. 11a). Vgl. dazu auch *1Kor 5,5b!*

vermittelt *als innewohnende Lebenskraft* auch den Christen – d.h. denen, die »sein sind« (vgl. V. 9bβ) – die Teilhabe (ἔχειν) an diesem Geist, der darum auch der »Geist Christi« (πνεῦμα Χριστοῦ) genannt wird (V. 9b). Paulus kann andernorts sogar Christus selbst *als lebenschaffendes* πνεῦμα bezeichnen (1Kor 15,45), und er kann, wie A. WIKENHAUSER schreibt,

»diese Gleichsetzung vollziehen, weil nach ihm seit der Auferstehung das Pneuma das ganze Wesen Christi, das leibliche eingeschlossen, bestimmt und gestaltet, jede Spur menschlicher Schwäche und irdischer Vergänglichkeit getilgt und so auch seinen Leib zu einem entsprechenden Organ des ganz vom Gottesgeist erfüllten und nun allen das Leben spendenden Christus umgeschaffen hat.«[416] Aber diese »Gleichsetzung von Christus und Pneuma ist eine *rein dynamische*. Beide Größen sind nicht schlechthin identisch, sondern *Christus ist der Träger, Inhaber, Spender, Vermittler des Geistes*. Wo Christus ist und wirkt, da ist auch der Geist, er wirkt durch den Geist in uns. [...] So ist nach paulinischer Auffassung sowohl Christus als auch der Heilige Geist übernatürliches Lebensprinzip des Christen.«[417]

6.4.2. Der innewohnende Christus als Lebenskraft (Gal 2,20; vgl. 2Kor 13,3)

Von dem *innewohnenden Christus selbst als Lebenskraft* spricht Paulus sodann in ausgezeichneter Weise in *Gal 2,20*.[418] Diese Stelle zeigt zunächst, daß die *Christus-Einwohnung* ein überaus *zentraler* Aspekt paulinischer Theologie und geistlicher Erfahrung ist, zählt doch der gesamte Zusammenhang Gal 2,15–21 zu den ganz grundlegenden Texten des Apostels. Es spricht entschieden für die *Wichtigkeit des Gedankens vom »Christus in mir«*, daß dieser den Abschluß bzw. *Zielpunkt des ersten Argumentationsganges*[419] bildet. Im Kontext, v.a. im Angesicht des schroffen Gegensatzes von Gal 3,1ff. gelesen, wird diese Ziel- und Spitzenaussage der autobiographisch-apologetischen Darlegungen des Apostels Paulus *zugleich* zur schärfsten *Kontrastaussage*:[420] *Die Christus-Einwohnung erweist sich als Unterscheidungskriterium für wahres Christsein*; und es will beachtet sein, daß Paulus – anders als im 2. Korintherbrief und im Römerbrief! – hier bewußt nur sagt: »Christus lebt in *mir*«. Über den geistlichen Zustand der Galater ist er sich ja nicht im Klaren (Gal 4,20b!), daher *fehlt* die Zusage[421] »Christus in euch«, mit der er sonst den »Christenstand« bezeichnet[422].

---

[416] Christusmystik², 51.
[417] WIKENHAUSER, a.a.O., 53. Vgl. dazu auch oben S. 261 m. Anm. 242 (*M. Fatehi*).
[418] Vgl. dazu THÜSING, Per Christum, 109–114.
[419] Vgl. die überzeugende Gliederung bei PITTA, Gal, 35–46, der das Korpus des Galaterbriefs (1,6–6,10) als *vierfache Beweisführung* zur Begründung der *Grundthese* 1,11f. versteht, wobei 1,13–2,21 den *ersten Beweisgang* bilde. Ähnlich BORSE, Gal, 53.57.119f.
[420] Vgl. LÉMONON, Gal, 98.
[421] Auch JEWETT, Röm, 489 m. Anm. 158, versteht Röm 8,9–11 als »assurance«.
[422] Mit WIKENHAUSER, a.a.O., 21 (zu 2Kor 13,5).

Der unbestrittenen Wichtigkeit von Gal 2,19f. entspricht eine *Vielzahl divergierender Interpretationen*. So ist namentlich Gal 2,20 für Vertreter einer *mystischen* Paulusdeutung eine der klassischen Belegstellen,[423] wobei manche in dieser »mystischen« Erfahrung ein *exklusives* Vorrecht des Apostels sehen.[424] Darüber hinaus gewinnt Gal 2,20 auch für diejenigen, die mit W. WREDE die paulinische Rechfertigungslehre für eine reine »Kampfeslehre«[425] und dementsprechend – mit A. SCHWEITZER – bloß für einen »Nebenkrater«[426] paulinischer Theologie halten, besonderes Gewicht. Hier nämlich stelle Paulus der ihm von seinen Gegnern aufgezwungenen, damit *sekundären* juridisch-forensischen Gedankenreihe einer »exklusive[n] Rechtfertigungslehre«[427] seine *genuine* »Erlösungslehre der Mystik des Seins in Christo«[428] *entgegen*,[429] d.h. eine »inklusive« bzw. »sakramental-ontologische Rechtfertigungslehre«[430] im Sinne effektiver *Partizipation*.[431] Den Voraussetzungen dieser Hypothese entsprechend wird Gal 2,19f. regelmäßig auch mit der *Taufe* in Verbindung gebracht.[432]

Freilich ist die soeben kurz skizzierte Sicht nicht unwidersprochen geblieben. Exemplarisch sei hier die *differenzierte* Kritik G. BORNKAMMs zitiert: »[...] Häufig bedient sich Paulus [...] für das gegenwärtige Heil in Christus anderer Kategorien, die sich nicht ohne weiteres aus seiner Rechtfertigungslehre herleiten lassen. Sie sind nicht eigentlich juridischer Art, sondern ›Seins‹-Aussagen. Hierher gehören sakramentale Aussagen wie Röm 6 und Gal 3,26ff.; die Rede vom ›Anziehen‹ Christi (Gal 3,27; Röm 13,14), vom ›Leib Christi‹ und seinen Gliedern (1Kor 12,12ff.; Röm 12,4f.), vom ›Sein‹ in Christus. Sie sind so häufig und haben solches Gewicht, daß man in ihnen geradezu die Hauptsache der paulinischen Botschaft und Theologie hat finden wollen. Doch lassen sie sich nicht

---

[423] Von »Mystik« sprechen in diesem Zusammenhang z.B. FERREIRA, Gal, 74f. ("O v. 20 é a expressão da mística de Paulo"); MUSSNER, Gal, 182 (ihm folgend BORSE, Gal, 117f.); LIETZMANN, Gal, 17.23; vorsichtig auch OEPKE, Gal, 62–64.

[424] Dagegen protestiert BLIGH, Gal, 216.

[425] Paulus, 72. So auch SCHNELLE, Paulus, 329.

[426] Mystik, 220. Ja, die Rechtfertigungslehre sei sogar »ein unnatürliches Gedankenerzeugnis«, mit dem Paulus sich »den Weg zur Ethik« abschneide (ebd.).

[427] SCHNELLE, Paulus, 329 (Hervorhebung i.O.).

[428] SCHWEITZER, a.a.O., 220.

[429] So z.B. FERREIRA, Gal, 74: "Se na parte 'nós' (15–17) vimos mais no nível jurídico a questão da fé, aqui (18,21) a linguagem é bem mística."

[430] SCHNELLE, Paulus, 328.530.

[431] Vgl. neben WREDE, Paulus, 61–65; SCHWEITZER, Mystik, 122–126 u.ö.; SCHNELLE, Paulus, 328–330.527–533, die Vertreter einer sog. »New Perspective on Paul«.
Zum Problem zweier Linien oder Gedankengänge (eines »forensischen« und eines »effektiven«) bei Paulus s. KERTELGE, »Rechtfertigung«, 113–120, der *keinen Gegensatz* zwischen »forensischer« und »effektiver« Rechtfertigung sieht (bes. a.a.O., 115–117); vgl. ferner BORNKAMM, Paulus, 160f.163–165, der unter Berufung auf Röm 8 auf den »engen Zusammenhang angeblich ›mystischer‹ und ›juridischer‹ Aussagen der Rechtfertigungslehre« hinweist (a.a.O., 164).

[432] Vertreter dieser Sicht s.u. S. 294, Anm. 434.

gegen seine Rechtfertigungsbotschaft ausspielen, von ihr trennen oder ihr überordnen. So stark die Aussagekraft jener mystisch-ontologischen Vorstellungen und Wendungen ist, Paulus läßt sie doch kaum je ohne das Korrektiv seiner Rechtfertigungslehre. Diese dient ihm dazu, jede Art von Naturalismus und Automatismus in dem Verständnis des Heils abzuwehren, sei es, daß solches Denken aus dem Schema der apokalyptischen Äonen-Vorstellungen, aus jüdischen Adam-Spekulationen, heidenchristlichem Sakramentalismus und Enthusiasmus oder aus einem unterschütterten Erwählungsglauben Israels sich herleitet.«[433]

Es stellen sich hauptsächlich *drei Fragen*, die hier zu klären sind: 1) Kann für Gal 2,19f. ein Taufzusammenhang wahrscheinlich gemacht werden? 2) Was für eine Erfahrung beschreibt Paulus in Gal 2,20? 3) Ist die in Gal 2,20 beschriebene Erfahrung das exklusive Vorrecht des Apostels, oder demonstriert er an seiner eigenen Person das, was *allen* Christen widerfährt?

6.4.2.1. Der sühnetheologische Hintergrund von Gal 2,19f.

Auch wenn die Mehrheit der Exegeten fast selbstredend einen Taufzusammenhang für Gal 2,19f. annimmt,[434] ist diese Annahme durchaus problematisch.[435] Zwar ist die Parallele zu Röm 6 nicht zu übersehen,[436] aber es ist bezeichnend, *daß Paulus in Gal 2,19f. die Taufe mit keinem Wort erwähnt*.[437] Schon angesichts dieses Befundes ist m.E. dem umsichtigen Urteil R. SCHÄFERs zuzustimmen:

---

[433] Paulus, 160f.

[434] So z.B. ECKEY, Gal, 152f. (*videtur*); MUSSNER, Gal, 180f.; SCHLIER, Gal, 99–101; DOWNING, Baptismal References, *passim*; FERREIRA, Gal, 74; LIETZMANN, Gal, 17; EGGER, Gal, 22; SCHNEIDER, Gal.GSL, 62f. Vorsichtig urteilt OEPKE, Gal, 62: »Obwohl nicht erwähnt, ist wohl auch hier die Taufe mit gemeint. Sie empfängt aber ihre Kraft ausschließlich aus dem Tode Christi.«
Unentschieden bleibt ROHDE, Gal, 116, Anm. 80. Unklar ist ZAHN, Gal, 135, der den hier nicht näher ausgeführten Gedanken mit Röm 6,1–14; 7,1–6 und mit 2Kor 5,14–17 verbindet.

[435] Vgl. BORSE, Gal, 117: »Ein Bezug zur Taufe ist hier nicht erkennbar (s. erst 3,27) [...].« Bedenken äußern verschiedentlich auch KERTELGE, »Rechtfertigung«, 239–242; TANNEHILL, Dying, 59. ECKSTEIN, Verheißung, 67, betont, »bei der verbreiteten Interpretation des in Gal 2,19 angesprochenen Sterbens auf die Taufe« werde »der Akzent der paulinischen Argumentation verschoben«.

[436] Angemessen *vorsichtig* bemerkt LÉMONON, Gal, 104: « En Galates, Paul attribue à la foi les effets qu'il lie au baptême dans la lettre aux Romains (Rm 6,6). » Und TANNEHILL, Dying, 59, sieht die Vergleichbarkeit nur *darin*, »that here, just as in Rom 6_6 and 7_4, Paul understands the believer to be directly included in Christ's crucifixion.«

[437] Das sehen gelegentlich sogar Befürworter eines Taufhintergrundes, so z.B. FERREIRA, Gal, 100: Gal 3,27 »é a única passagem de Gálatas que menciona o batismo«; vgl. OEPKE, Gal, 62. MUSSNER, Gal, 180, konzediert zu Gal 2,19 immerhin: »Die Aussagen des V 19 sind allzu knapp und explizieren nicht genügend die hinter ihnen stehende Theologie.« Er fährt dann aber bemerkenswert *anders* weiter und behauptet unter Berufung namentlich auf Röm 6,8f. (!), daß »die Taufe ein geheimnisvolles Mitsterben mit

6. »Christ-Innigkeit«: der Christ – ein Mensch ἐν Χριστῷ

»In Gal 2,19–20b reflektiert Paulus zwar mit hoher Wahrscheinlichkeit seine Bekehrungserfahrung – vor allem die bleibende Konsequenz dieses Geschehens! –, doch *muß* damit in diesen Versen (noch) keine Anspielung auf die Taufe vorliegen.«[438]

Man hat insbesondere Gal 2,19b darum stärker vom Akt des Gläubigwerdens her verstehen wollen.[439] So kommentiert etwa J. ROHDE:

»*Dadurch, daß Christus dem Paulus offenbar geworden ist*, ist über sein bisheriges Leben unter dem Gesetz das Urteil gesprochen und das Band zwischen ihm und dem Gesetz zerschnitten. *Als Paulus an Christus gläubig geworden ist*, ist er nicht bloß aus der Verbindung mit dem Gesetz herausgetreten, sondern alle Maßstäbe seiner bisherigen Lebensgestaltung sind damit in den Tod gegeben. Sein alter Mensch ist gestorben, und sein neues Leben in Christus hat für ihn begonnen.«[440]

Allerdings droht bei einer einseitigen Betonung des *Glaubens* – zumal bei einem entsprechenden »aktivistischen« Mißverständnis[441] – die Gefahr einer *subjektivistisch-individualistischen Aushöhlung*[442] des objektiv-realen Charakters[443] der hier beschriebenen Erfahrung.[444] Gegen eine solche »mo-

---

Christus ist« (ebd.). Bemerkenswert ist sein Hinweis auf Röm 6,8f. insofern, als er die im Sinne seiner Beweisführung *entscheidenden* Worte (»in der Taufe«) in dem Text *ergänzen* muß (a.a.O., 181)! Jede weitere Kommentierung dieses Vorgehens erübrigt sich.

[438] Paulus, 276 (noch eindeutiger BORSE, Gal, 117 [s.o. Anm. 435]). Statt »Bekehrungserfahrung« müßte es allerdings besser heißen: »Berufungserfahrung«. – Für SCHÄFER, a.a.O., 275f., entscheidet sich alles an der Frage, ob die Parallelformulierungen in Röm 6,1–10; Gal 3,26–28 sich einer allgemein bekannten frühchristlichen Tradition verdanken, oder aber – wofür SCHÄFER plädiert – als »spezifisch paulinisch konnotierte Taufreflexion« zu verstehen sind (a.a.O., 275).

[439] Vgl. z.B. VAUGHAN, Gal, 54: "This death to the law took place at the time of Paul's conversion."

[440] Gal, 116 (Hervorhebungen E.R.). Vgl. schon HILGENFELD, Gal, 156: »Die christliche Lebenserfahrung der Galater war somit ein schlagender Beweis dafür, daß das höchste Geistesleben des Christenthums, die höchste Gemeinschaft mit Gott, ganz ohne Gesetzeswerke allein von der Glaubensannahme abhing.«

[441] Wohin ein solches führt, zeigt die Auslegung von BAUMERT, Weg, 49f.!

[442] Dieser Gefahr ist BAUMERT, Weg, 49f., völlig erlegen. Bezeichnenderweise kann er Gal 2,20 nur noch als »hyperbolische Redeweise« verstehen. Wie man sich außerdem das ›existenzielle Mitgehen‹ konkret vorstellen soll, bleibt unklar. – In diesem Zusammenhang erweist sich BULTMANNs Rede von der »Individualisierung der πίστις« (DERS., Theologie, 324–330 [326]) als ebenso problematisch wie wirkmächtig.

[443] Vgl. FERREIRA, Gal, 74f.: "Vemos aí *o realismo do compromisso com Jesus*" (Hervorhebung E.R.).

[444] Interessant ist, wie BEYSCHLAG, Bekehrung, 256, »Objektivität« und »Subjektivität« verbindet: »In dieser Lebensgemeinschaft, die er [sc. Paulus; E.R.] unzähligemal durch sein ›ἐν Χριστῷ‹ als das entscheidende Moment des Christseins und die, wie sogleich Gal. 2, 20 im weiteren Verlauf zeigt, nichts andres als die objective Bezeichnung desselben Verhältnisses ist, das von der subjectiven Seite angesehen πίστις heißt, hat Paulus nun die Gerechtigkeit, die er vorher vergeblich gesucht, nicht als eine selbsterrungene, sondern von Gott aus freier Gnade geschenkt, aber auch wirklich *geschenkte* (Röm. 5, 17), und nur in *ihr* als einem realen, wiewohl noch nicht totalen, sondern vorerst nur

derne Spiritualisierung des Glaubensbegriffes« im Sinne einer »reinen Innerlichkeit« und unter Vernachlässigung des *dauerhaft-dynamischen* Charakters des Glaubens[445] wie auch seiner ekklesiologischen Aspekte hat nicht zu Unrecht z.B. W. MUNDLE protestiert.[446] Und A. WIKENHAUSER bemängelte an *H.E. Webers* Konzept einer »Glaubensmystik«[447] eine »subjektivistische Verflüchtigung der Christusgemeinschaft«:

»Wenn ich ihn recht verstehe, so entspricht nach seiner Meinung den paulinischen Aussagen nur ein Sein Christi im *Bewußtsein* des Menschen, nicht aber ein davon unabhängiges *objektives* Sein. Von einer *realen* Seins- und Lebensgemeinschaft kann daher nicht eigentlich gesprochen werden.«[448]

Dagegen wendet WIKENHAUSER ein: »Wir kommen eben nicht um die Tatsache herum, daß für Paulus der pneumatische Herr in realer Wirklichkeit in den Gläubigen gegenwärtig ist und sie in ihm.«[449] Damit bestätigt sich zugleich, daß die ontologische Christus-Förmigkeit erst in der *Reziprozität* gegenseitigen »In-Seins« ihren vollen Sinn entfaltet.[450]

---

principiellen θεῷ ζῆν [sic!] (Gal. 2, 19), nimmermehr aber in einer rein äußerlichen Imputation konnte sein wahrhaftiger Hunger nach Gerechtigkeit Ersättigung finden.«

[445] Das hat freilich auch schon ROHDE, Gal, 116, Anm. 79, unter Berufung auf MUSSNER (Gal, 181) richtig gesehen: »Das Perf. συνεσταύρωμαι drückt das Gekreuzigtwerden mit Christus als einen *existentiellen Dauerzustand* aus« (Hervorhebung E.R.).

[446] Glaubensbegriff, 138. Diese *particula veri* (so auch das Urteil bei KERTELGE, »Rechtfertigung«, 241, Anm. 86) darf allerdings nicht darüber hinwegtäuschen, daß MUNDLE dem gegenteiligen Irrtum zu verfallen droht, als sei die Taufe die *Voraussetzung* wahren Glaubens, ja als seien »Christusgemeinschaft bzw. Geistbesitz für Paulus Folgen des *Taufempfanges*« (!) (a.a.O., 115 [Hervorhebung E.R.]). Allerdings sind die entsprechenden Ausführungen in sich nicht ganz klar, zitiert er doch ebd., Anm. 2, zustimmend MEINERTZ, Mystik, 2: »Glaube ist im paulinischen Sinn die Hingabe an die gesamte Heilsveranstaltung Gottes und schließt auch das Sakrament der Taufe ein.« Diese Formulierung legt nun aber wiederum den Gedanken nahe, als sei die Taufe »Teil« des Glaubens, und nicht umgekehrt.

[447] S. dazu WEBER, Formel, *passim*. – Von »Glaubensmystik« spricht auch DEHN, Gesetz, 91f., versteht darunter aber ein *Gegenkonzept* zur ›echten‹ Mystik, die ihres Zeichens den »wesenhafte[n] Unterschied zwischen Gott und Mensch« *nicht* wahre (91) – *im Gegensatz* zur paulinischen Sicht: »Christus ist Paulus, aber Paulus ist nicht Christus« (92). Hier scheint mir allerdings die »Differenz« im Dienste »nüchterner evangelischer Erkenntnis« (ebd.) entschieden *zu stark* betont zu sein. Bezeichnenderweise geschieht hier auch der *Wechselseitigkeit* des »In-Seins« keinerlei Erwähnung.

[448] Christusmystik², 61 (Hervorhebungen E.R.).

[449] A.a.O., 62. Er fährt fort: »Ob ein solches Verhältnis vorstellbar gemacht werden kann, ist eine Frage für sich« (ebd.). – Schon vor dem *Versuch*, sich das »vorstellen« zu wollen, hat BÜCHSEL, »In Christus«, 154, in seiner radikalen Mystik-Kritik gewarnt: »Man kann das von Paulus Gemeinte nur *nachdenkend* erfassen, nicht sich vorstellen, so daß man es vergegenständlichte im Sinne einer mit der Phantasie vollzogenen räumlich-zeitlichen Objektivation.«

[450] S.o. S. 289 m. Anm. 405.

Beide Probleme – das sakramentalistische wie das subjektivistische – vermeidet ein *sühnetheologisches* Verständnis von Gal 2,19f., wie es etwa O. HOFIUS herausgearbeitet hat, wobei »Sühne« wesentlich zu verstehen ist als *inkludierende Existenzstellvertretung*.[451] Das bedeutet: »Die Geschichte Jesu Christi ist [...] als solche zugleich *unsere* Geschichte.«[452] Die Pointe ist klar und kann mit R.C. TANNEHILL folgendermaßen formuliert werden:

"If the believer dies and rises with Christ, as Paul claims, *Christ's death and resurrection are not merely events which produce benefits for the believer, but also are events in which the believer himself partakes*. The believer's new life is based upon his personal participation in these saving events."[453]

Die *Voraussetzung* einer solchen Sicht ist ein bestimmtes *Geschichtsverständnis*, das »Geschichte« nicht einfach – neuzeitlich[454] – mit »Historie« (als einer Betrachtung bzw. Rekonstruktion [!] uneinholbar *vergangener »bruta facta«*) gleichsetzt. Für das *hier* vertretene Geschichtsverständnis ist vielmehr der Gedanke der *Gleichzeitigkeit und Partizipation* konstitutiv; darum stellt sich für *dieses* Geschichtsverständnis auch nicht das Problem des sog. »garstigen Grabens«.[455]

---

[451] Zum paulinischen Sühneverständnis vgl. v.a. DENS., *Sühne, passim*.

[452] HOFIUS, Glaube, 258 (u.ö.). Ähnlich TANNEHILL, Dying, *passim* (z.B. a.a.O., 24: "The believer participates in Christ's death because he is included in Christ."); VAUGHAN, Gal, 54: "What he [sc. Christ; E.R.] experienced, they [sc. believers; E.R.] experienced", wobei die Identifikation mit Christus nicht nur seinen Tod, sondern auch das gegenwärtige Leben und die zukünftige Auferstehung umfaßt (a.a.O., 55). Vgl. bereits WALTER, Gal, 27; WREDE, Paulus, 65, und besonders HAHN, Mitsterben, *passim*.

[453] Dying, 1 (Hervorhebung E.R.). Diese Einsicht führt zur Kritik an der heutigen theologischen Diskussion: "In using the motif of dying and rising with Christ, *Paul relates the death and resurrection of Christ much more directly to the existence of the believer* than is done in much theological discussion today" (ebd. [Hervorhebung E.R.]).

[454] Grundlegend für das neuzeitliche »Geschichts«-Verständnis ist die Prämisse, die historischen Abläufe seien zu betrachten *etsi Deus non daretur*. Hier hat z.B. eine »Heilsgeschichte« keinen Platz.

[455] Vgl. dazu (neben dem berühmten Beitrag von *Martin Kähler* zum »sog. historischen Jesus«) DEISSMANN, Formel, 80: »Aber von einem ›historischen‹ Christus, im Sinne dieses heute so beliebten Wortes, ist bei Paulus nichts zu finden. Was wir jetzt ›geschichtliche Erscheinung Jesu Christi‹ nennen, kennt er natürlich zwar auch, aber *Christus ist für ihn zunächst ein in der Gegenwart lebendes Wesen; der ›erhöhte‹ Christus ist der Mittelpunkt seiner christlichen Gedanken*. Dieser Christus ist ihm freilich derselbe, der nach einem armen Leben den Kreuzestod erlitten hat und auferweckt worden ist, aber dieser auferweckte und erhöhte Christus ist ihm eine geschichtliche Größe im eminenten Sinne. [...] Dem antiken Menschen [...] ist Historie alles, was im Himmel und auf Erden und unter der Erden, was in Zeit und Ewigkeit bei Göttern, Heroen und Menschen vorgeht. [...] Die Männer des Neuen Testamentes machen keine Ausnahme. Das ἐν ἀρχῇ ἦν ὁ λόγος ist ebensogut als historische Aussage gemeint, wie das καὶ τῇ ἡμέρᾳ τῇ τρίτῃ γάμος ἐγένετο ἐν Κανὰ τῆς Γαλιλαίας. Je enger die Grenzen der Welt, desto weiter die Grenzen der Historie« (Hervorhebung E.R.).

Vorbildhaft für Paulus dürften der atl. Gedanke der ἀνάμνησις (1Kor 11,24f.; vgl. Ex^LXX 12,14)[456] und das damit verwandte deuteronomisch-deuteronomistische Geschichts-Verständnis sein, das exemplarisch in Dtn^LXX 5,2f. (vgl. 29,13f.) deutlich wird. Geschichte ist hier immer mehr und anderes als der bloße Rückblick auf *Vergangenes*. Die ἀνάμνησις ist aber auch keine (aktivistische) »Vergegenwärtigung« oder ein rituelles »Nacherleben« oder »Wiederholen« von einst Geschehenem,[457] sondern es ist präzise das *Gleichzeitigwerden mit dem erinnerten Geschehen* (»Horizontverschmelzung«). Wenn die Gemeinde das Herrnmahl feiert, ist das also weder ein Gedächtnismahl im Sinne historischer Reminiszenz noch auch ein Akt aktualisierender Vergegenwärtigung, sondern das *Gleichzeitigwerden der Gemeinde mit den Jüngern* »in der Nacht, in der der Herr Jesus [von Gott] dahingegeben wurde«[458] (1Kor 11,23). Nur darum kann Paulus sagen, daß Brot und Kelch die *wirk-liche* »Gemeinschaft« (κοινωνία) des – doch *ein für allemal* dahingegebenen (Röm 6,10; vgl. 5,6 [κατὰ καιρόν]; ferner Hebr 7,27*fin.*; 9,12b.25f.; 10,10; 1Petr 3,18) – Leibes und Blutes Christi sind (1Kor 10,16). Und darum wundert es auch nicht, daß Paulus das überlieferte »ihr« der *Jüngeranrede* (1Kor 11,23–25) wie selbstverständlich in das »ihr« der *Gemeindeanrede* (1Kor 11,26) überführt.

J.D. ZIZIOULAS macht mit Recht auf die damit gegebene unauflösliche *Verknüpfung von Geschichte und Eschatologie* aufmerksam, die sich in der Liturgie abbildet.[459] Zugleich nennt er den m.E. zutreffenden Grund, warum dieser Gedanke besonders der westlichen Theologie weitgehend fremd zu sein scheint: "[...] Western theology tends to emphasise Christology at the *expense of pneumatology*. Western theology is largely concerned with *history*, the incarnation and the life of Christ. *The Holy Spirit however liberates the Son from history*, because the incarnate Son took on himself the consequences of man's refusal and fall."[460]

Aus diesem *(inkludierenden) Geschichtsverständnis*[461] und dem Verständnis Jesu als einer »inclusive person«[462] ergibt sich laut HOFIUS folgende

---

[456] Greifbar ist dieser Gedanke auch in Hebr 10,3. Auch hier ist keineswegs daran gedacht, daß man sich an die Sünden als etwas bloß *Vergangenes* »erinnert«; sie sind ja höchst *präsent* (V. 2.4)!

[457] So z.B. BEHM, Art. ἀνάμνησις, *passim*. Der Kyrios (!!!) muß aber nicht erst ›vergegenwärtigt‹ (!) werden (so aber BEHM, a.a.O., 351!) – und *schon gar nicht* »durch [!] die nacherlebende Gemeinde« (a.a.O., 352) –, als wäre er der große *Abwesende* – er ist doch *da* (vgl. dazu DEISSMANN, ebd. [s.o. Anm. 455])! –, und die Gemeinde ist auch keine »nacherlebende«, sondern eine *miterlebende* Gemeinde, die darum auch nicht »wiederholt [!], was Jesus und die Jünger am Vorabend seines Todes taten« (gegen BEHM, a.a.O., 352). So interpretiert aber auch ZAHN, Gal, 135 (zu Gal 2,19f.): »Der Tod, den er [sc. der Christ; E.R.] erlebt hat, ist ein Mitgekreuzigtwerden mit Christus gewesen, *also [!] eine derartige nachträgliche Beteiligung an dem Kreuzestod Christi*, daß es zu einem Abbruch des früher geführten Lebens gekommen ist (Rm 6,6)« (Hervorhebung E.R.).

[458] Zur Übersetzung vgl. HOFIUS, Herrenmahl, 203f. m. Anm. 4.

[459] Vgl. DENS., Lectures, 153–161. Wesentlich ist für ihn in diesem Zusammenhang insbesondere die Eucharistie: "The Eucharist is [...] the moment in which eschatological reality becomes the actual presence of this assembly brought together by the Holy Spirit. This is the work of the Holy Spirit, which is why the invocation (*epiclesis*) of the Holy Spirit is fundamental" (a.a.O., 161).

[460] Lectures, 148 (Hervorhebungen E.R.).

[461] Angesichts der beigebrachten biblischen Belege (s.o.) ist es viel zu einfach, wenn BÉNÉTREAU, Röm I, 169, ein solches *Geschichtsverständnis der inkludierenden Gleich-*

spezifische Verhältnisbestimmung von »Glaube« (bzw.[463] *»Taufe«) und Gottes Heilshandeln auf Golgatha*:

---

zeitigkeit zur bloßen »intellektuellen Konstruktion« (»construction intellectuelle«) erklärt und als »dem Paulus fremd« (»étrangère à Paul«) zurückweist. Hier dürften doch eher *anti-philosophisches und anti-barthianisches Pathos* Regie geführt haben, wie der (negative) Hinweis auf Kierkegaards »Gleichzeitigkeit« (ebd.) und die a.a.O., 168, zitierte generelle Kritik H. BLOCHERs an der von ihm sog. »tendance ›barthienne‹« (DERS., Doctrine, 184, Anm. 2) nahelegen. Es bestehe – so BLOCHER, a.a.O., 184 – die große Gefahr »d'estomper la distinction, pour Dieu même, du projet et de sa réalisation«. Und er fährt fort: « Notre élection 'en Christ' ne signifie pas une union de fait, déjà, d'un mode caché, difficile à dire, sous une forme inchoative... : non, il s'agit plus sobrement d'une union projetée, dont la futurition est décidée mais qui n'est pas encore » (ebd.). Die Christ-Innigkeit bedürfe mithin der *subjektiven Realisierung* in der Zeit (a.a.O., 184f.). Darum: « nous nous opposons à l'éffort barthien pour résorber le subjectif dans l'objectif, et inclure tout homme en Christ indépendamment de la foi » (a.a.O., 185, Anm. 1). Für seine Sicht beruft er sich u.a. auf Röm 16,7 (s. dazu oben S. 262f. m. Anm. 252).

[462] TANNEHILL, Dying, 23 u.ö.

[463] Schwierigkeiten bereitet mir indes die *Verhältnisbestimmung von »Glaube« und »Taufe«*, die HOFIUS, Glaube, 268–270, vornimmt. Zwar postuliert er einen ›sachlichen Zusammenhang‹ zwischen »Glaube« und »Taufe«, der aber m.E. durch die Erklärung wieder verdunkelt wird, »daß weder die Taufe konstitutiv für den Glauben noch der Glaube konstitutiv für die Taufe ist« (a.a.O., 268), daß mithin Glaube und Taufe ›einander nicht bedingen‹ (ebd.). Damit soll ausdrücklich die *Objektivität des Christusgeschehens* (auf das hin ja die Taufe erfolgt) gewahrt bleiben: »Die Taufe ist, weil sie einzig und allein in dem Christusgeschehen als der Heilstat *Gottes* gründet und von daher ihre Kraft und Wahrheit empfängt, in sich gültig und wirksam. Sie wird also nicht erst durch den Glauben gültig und wirksam gemacht« (a.a.O., 270). So sehr das Ansinnen zu begrüßen ist, die Wirksamkeit des Christusgeschehens nicht irgendwie vom Menschen abhängig sein zu lassen, so unbefriedigend (weil wenig überzeugend) bleibt doch die letztlich *thetische* Auskunft, daß der Glaube – trotz der radikalen (»ganz und gar«!) Abkoppelung der »Wirksamkeit und Gültigkeit der Taufe von dem Vorhandensein des Glaubens im Täufling« (der ja doch ebenfalls ein Werk *Gottes* ist!) – »keineswegs überflüssig« sei und auch nicht »entwertet« werde (ebd.). Es erweist sich als schwierig, daß »die Bestimmung des Verhältnisses von Glaube und Taufe, Taufe und Glaube [...] nicht biblizistisch aus der im Neuen Testament bezeugten urchristlichen Taufpraxis gewonnen werden« soll (a.a.O., 256); *hier werden »geschichtliche Praxis« und »theologische Reflexion« in m.E. problematischer Weise auseinandergerissen*, auch wenn mit vollem Recht darauf hingewiesen werden kann, daß *allein* das historische *Faktum* einer bestimmten Taufpraxis »noch keine Gewähr für einen rechten Brauch der Taufe« bietet (so THYEN, Sündenvergebung, 215; ein Beispiel wäre u.U. die sog. »Vikariatstaufe« [s. 1Kor 15,29]). *Andererseits müßte m.E. aber gefragt werden, ob ein bestimmtes theologisches Verständnis der Taufe nicht auch eine entsprechende Praxis bedingt bzw. ob aus einer bestimmten Praxis nicht doch auch auf ein entsprechendes – normatives – Taufverständnis geschlossen werden kann.*

Angemerkt sei hier, daß HOFIUS in einer *früheren* Veröffentlichung noch wie selbstverständlich davon spricht, *daß die Taufe auf das – ausschließlich geistgewirkte! – Bekenntnis κύριος Ἰησοῦς hin vollzogen wird* (DERS., Wort Gottes, 170 [zu 1Kor 12,3]). Zwar mag auch diese Aussage lediglich auf die urchristliche *Missionssituation* bezogen

»Das Verhältnis des Glaubens zu Gottes Heilshandeln in Jesus Christus ist *falsch* bestimmt, wenn man den Kreuzestod und die Auferstehung Jesu als bloße Ermöglichung des Heils, die Verkündigung des Evangeliums als Information über das Heil bzw. als bloßes Angebot des Heils und dementsprechend dann den Glauben als die in freier Entscheidung vollzogene Annahme des angebotenen Heils begreift. *Richtig* ist dieses Verhältnis dagegen bestimmt, wenn der Kreuzestod und die Auferstehung Jesu als die definitive Verwirklichung des Heils, die Verkündigung des Evangeliums als die wirkmächtige, d.h. glaubenwirkende Erschließung des Heils und der Glaube als die von Gott geschenkte Weise der Heilsteilhabe verstanden werden.«[464]

Diese Verhältnisbestimmung von Glaube und Heilswerk Christi, d.h. der *zeitliche wie sachliche Vorrang des Christusgeschehens vor dem Glauben an Christus*[465] bestimmt auch das Verständnis von Gal 2,19f.:

»Bekenne ich im Glauben mit Paulus, daß der Sohn Gottes ›mich geliebt und sich selbst für mich in den Tod dahingegeben hat‹ (Gal 2,20b), so bekenne ich damit ein vom Glauben unabhängiges, dem Glauben vielmehr zeitlich wie sachlich vorausgehendes Geschehen, das gleichwohl mich betrifft, weil ich ›von Haus aus‹ in dieses Geschehen hineingehöre.«[466]

---

sein, wogegen allerdings der Zusammenhang zu sprechen scheint, in dem HOFIUS zu zeigen versucht, daß nach Paulus zwar »die Taufe in der Kraft des Heiligen Geistes« geschieht, die Taufe diesen aber keineswegs allererst *gibt* (ebd.). Berücksichtigt man nun, daß die Christ-Innigkeit im Sinne der »Heils*zueignung*« (denn das *Heil* ist ja Christus *in Person*!) *pneumatisch* vermittelt wird (vgl. HOFIUS, Wort Gottes, 165, Anm. 125), scheint hier doch die (mitunter koinzidierende!) »Reihenfolge« Verkündigung – Geistverleihung – Christ-Innigkeit – Glaube – Taufe vorzuliegen, wobei *alle Größen* in einem objektiven Werk *Gottes* gründen und sich ausschließlich diesem verdanken. Aber dessen »Objektivität« bleibt eben eine ganz und gar *göttliche* Objektivität, die darum *e specie hominis* immer unter dem Vorbehalt *ubi et quando visum est Deo* steht und sich grundsätzlich jeglichem Automatismus-Denken widersetzt. Auch und gerade die Taufe hat *immer* in diesem Bewußtsein der *Unverfügbarkeit der göttlichen Gnade* zu erfolgen (vgl. bes. DUNN, Theology, 445). *Ein wie auch immer gearteter Sakramentalismus läßt sich damit schlechterdings nicht vereinbaren.*

[464] Glaube, 261f. In eine ähnliche Richtung geht VIARD, Gal, 59. – *Anders* BAUMERT, Weg, 49: »[...] das ›Mit-Ihm-gekreuzigt-Werden‹ vollzog sich ja in Paulus selbst, mit seiner freien Zustimmung, nicht irgendwie abstrakt *oder gar schon auf Golgotha*« (Hervorhebung E.R.). Gegen *Golgatha als Ort des Mitgekreuzigt-Seins* (so z.B. THYEN, Sündenvergebung, 203 [»das συνεσταυρώθη weist eindeutig auf den σταυρός als den Ort, da es geschah«]; vgl. schon LUTHER, Gal, 109; WALTER, Gal, 27) wendet sich ausdrücklich auch UMBACH, Sünde, 241f. Der bloße Hinweis, diese Sicht sei »von späterer Dogmatik geprägt« (a.a.O., 242 m. Anm. 136), reicht aber natürlich *nicht* aus, sie abzulehnen.

[465] Vgl. LUTHER, Gal, 109: »Dieser Christus vollendet allein alles; aber glaubend bin ich mit Christus ans Kreuz geheftet – durch den Glauben, so daß auch mir diese schrecklichen Feinde tot und gekreuzigt sind.«

[466] HOFIUS, a.a.O., 258. Hofius rekurriert hier nach eigenen Worten auf EICHHOLZ, Theologie, 197–202. Freilich ist die Formulierung »von Haus aus« insofern unglücklich, als die Zugehörigkeit zu Gottes Hausgemeinschaft keine natürliche, sondern eine durch Adoption allererst zugeeignete ist.

6. »Christ-Innigkeit«: der Christ – ein Mensch ἐν Χριστῷ

Damit ist zugleich festgehalten, daß der Glaube – verstanden als intime »Relation zu Christus«[467] – »eine von Gott objektiv gesetzte und hervorgerufene Wirklichkeit und keineswegs bloß ein subjektives Konstrukt des frommen Bewußtseins« ist.[468]

Aber damit ist die Frage noch nicht hinreichend geklärt, *wie* denn »der Glaube – diese Relation zu Christus – *beim einzelnen Menschen* zustande[kommt]«[469]. Bisher haben wir ja nur gesehen, *daß* die Christ-Innigkeit *in der Zeit* entsteht,[470] aber die Frage, *wie* und *wann* dies präzise geschieht, noch nicht *positiv* beantwortet, sondern lediglich ein *sakramentalistisch-magisches Mißverständnis der Taufe* abgewehrt[471] und eine *spiritualistisch-individualistische Vereinseitigung des Glaubensverständnisses* zurückgewiesen[472]. Was ist nun *positiv* zu sagen?

Die »Liebe Gottes«, die sich auf Golgatha *objektiv* ins Werk setzte (vgl. Gal 2,19f.), ist – so antwortet Paulus – konkret »ausgegossen in unseren Herzen (ἐν ταῖς καρδίαις ἡμῶν) *durch den Heiligen Geist* (διὰ πνεύματος ἁγίου), der uns gegeben ist« (Röm 5,5). Mit anderen Worten: Die »Heilsbereitung« ereignet sich *im Christusgeschehen*, die »Heilszueignung« erfolgt *durch den Heiligen Geist*, wie O. HOFIUS treffend formuliert;[473] Heils*grund* oder »Motor« aber ist die (wirksame) *Liebe Christi* bzw. die *Liebe Gottes* (Gal 2,20; Röm 5,8).[474]

Es ist also *der Heilige Geist (der Geist Gottes bzw. Christi)*, der einen Menschen wirksam mit Christus verbindet, d.h. die Christ-Innigkeit »herstellt«.[475] Negativ formuliert: »Wer den Geist Christi nicht hat, der ist nicht sein« (Röm 8,9b; vgl. 1Kor 12,3). Damit ist der Glaube an Christus bzw.

---

[467] Richtig auch SCHNEIDER, Gal.GSL, 65: »Dieser Glaube des Getauften ist nicht ein allgemeines Vertrauen auf die Barmherzigkeit Gottes. Er ist Glaube *an den Sohn Gottes* [...].«

[468] HOFIUS, Glaube, 260.

[469] Diese Frage wirft HOFIUS, ebd. (Hervorhebung E.R.), auf, und beantwortet sie zunächst mit den s.E. »schriftgemäß[en]« Ausführungen des Heidelberger Katechismus zu Frage 65: »[...] Der Heilige Geist wirkt denselben [sc. den Glauben; E.R.] in unsern Herzen durch die Predigt des heiligen Evangeliums...« – Auch WREDE, Paulus, 67, stellt die Frage, wie »der einzelne Mensch in den Besitz des Heiles« gelangt, und antwortet: »ganz einfach: durch Glauben und Taufe« (ebd.).

[470] S.o. S. 262–266.

[471] S.o. S. 268–276.

[472] S.o. S. 295f.

[473] Wort Gottes, 165, Anm. 125. – Christus lebt natürlich *nicht* »nur« »durch seinen Geist« ἐν ἐμοί (gegen SCHNEIDER, Gal.KK, 14), vielmehr lebt *Christus selbst* »in mir«!

[474] Richtig bemerkt BAUR, Paulus, 553f., in seiner Auslegung von Gal 2,20: »Was dem Glauben diese Kraft der Einigung mit Christus gibt, oder was in Christus den Glauben anzieht, und im Glauben mit ihm uns verbindet, ist die Liebe, mit welcher er für uns und an unserer Stelle gestorben ist. Denn die Liebe Christi zu uns drängt uns als eine über uns kommende Macht, in der Erwägung, daß er als Einer für alle gestorben ist [...].«

[475] Vgl. schon CALVIN, CO 49, 501f. (= CR 77, 501f.) u.ö. (s.o. S. 273, Anm. 303).

die *existentielle Christusbezogenheit oder -Relation* wesentlich *pneumatologisch* begründet und im *Herzen* (καρδία) verortet. *Es ist der Geist Christi*[476], *der die Gemeinschaft mit Christus vermittelt; die Christ-Innigkeit wird also von Christus her initiiert und führt zugleich zu ihm hin.* Wie das wiederum *präzise* zu verstehen ist, wird noch zu zeigen sein.[477] So viel ist aber jetzt schon klar, daß die Evangeliumsverkündigung nicht zur bloßen »Informationsveranstaltung« degradiert werden darf, die einen Menschen nur noch über das über ihn verfügte Heil in Kenntnis setzt.[478] *Vielmehr besteht für Paulus ein differenzierter, unauflöslicher Zusammenhang zwischen objektiv-realem und eben darum universalem*[479] *Heilsgrund (Golgatha) und konkret-realer Heilsteilhabe.* Darum hat die Evangeliumsverkündigung ebenfalls eminent *soteriologische* Bedeutung.

6.4.2.2. Der innewohnende Christus als Lebenskraft des Apostels (Gal 2,20) und der Gemeinde (2Kor 13,3f.)

Aus der *Todesverbundenheit* des Mit-Christus-Gekreuzigt-Seins (Gal 2,19b; vgl. Röm 6,5a.6a; 2Kor 5,14) als einem »existentiellen Dauerzustand«[480] ergibt sich *das grundsätzliche Tot-Sein des alten »Ichs«* (Gal 2,20a; vgl. Röm 6,6a). *Dieses* Tot-Sein aber ist – anders als der Tod als Sündenlohn (vgl. dazu Röm 6,21.23) – ein zutiefst *heilvolles* (vgl. Röm 6,2–11; 7,4.6),[481] da es gleichbedeutend ist mit dem Leben Christi »in mir«

---

[476] Mit Recht weist SCHRAGE, »In Christus«, 33, auf das Gewicht dieser Formulierung hin: »Ob ›in Christus‹ religions- bzw. traditionsgeschichtlich sekundär gegenüber ›im Geist‹ ist oder nicht, sicher ist, *daß im Sinne des Paulus ›im Geist‹ nach ›in Christus‹ zu interpretieren ist, denn für den Apostel ist die Christologie der Schlüssel und die Norm der Pneumatologie.* Weil es den Geist nur ›in Christus‹ gibt, darf man die Gleichung ›in Christus‹ = ›im Geist‹ nicht einfach umdrehen. Man wird *nicht von irgendeinem anonymen Feld-, Wald- und Wiesengeist* ergriffen, von unnennbaren numinosen Wundermächten durchströmt, *sondern der Geist ist eo ipso der Geist Jesu Christi*, der uns nach 1 Kor 12, 13 mit Christus verbindet« (Hervorhebungen E.R.).

[477] S.u. S. 321–324.

[478] Vgl. dazu HOFIUS, Wort Gottes, 170f.

[479] Der Glaube muß *mit Notwendigkeit* von der prinzipiell *universalen* Gültigkeit des Heils ausgehen, sonst könnte das Evangelium nicht »der ganzen Kreatur« verkündigt werden (vgl. [Mk] 16,15), was dem Selbstverständnis der apostolischen Sendung als einer *universalen* entspricht (vgl. nur Röm 15,18–20.23f.). Daß das Evangelium gleichwohl auf Widerstand stößt und nicht *»alle«* Menschen (numerisch gesehen) am Heil teilhaben, hebt den Universalismus nicht auf, der gemäß antiker Vorstellung eben nicht primär numerisch, sondern *kollektiv* gedacht ist (vgl. z.B. πᾶς ᾿Ισραὴλ σωθήσεται Röm 11,26).

[480] ROHDE, Gal, 116, Anm. 79. Vgl. GUTHRIE, Gal, 90.

[481] Vgl. WILCKENS, Abfassungszweck, 155: »In seinem [sc. Christi; E.R.] Tode am Kreuz ist ›unser alter Mensch‹ mitgestorben; darin bekommt die Sünde tatsächlich das Ihrige, sie wirkt sich im Tode aus. Aber es stirbt nur ›unser alter Mensch‹ – nicht wir selbst; wir haben vielmehr teil an Christi Auferstehung von den Toten.« So richtig der er-

(ἐν ἐμοί⁴⁸²) für Gott (vgl. Röm 6,10f.). Genau *darin* aber besteht das *Wunder* der Selbstidentifikation Christi mit uns⁴⁸³ (vgl. dazu Röm 8,3⁴⁸⁴)! Denn *allererst* der identifikatorische Akt des Todes Jesu als eines *Sühnetodes* ermöglicht (*und* bewirkt!) die *heilsame Binnendifferenzierung des ἐγώ in ein nunmehr altes, totes und ein neues, für Gott lebendes »Ich«* (vgl. Röm 7,14ff.), d.h. die Differenzierung zwischen dem »alten Menschen« und »mir«, dem »Geliebten«, *für den* sich »der Sohn Gottes selbst dahingegeben hat« (Gal 2,20b)⁴⁸⁵. *Der Sühnetod Jesu trennt mich von mir selbst (und damit [!] auch von meiner Sünde⁴⁸⁶), um mich ganz mit Christus zu verbinden.*⁴⁸⁷ Darum bemerkte schon W. BEYSCHLAG zutreffend:

---

ste Satz ist, so problematisch endet der zweite, übergeht er doch das *Wunder* der Identifikation Christi mit uns, die *allererst* bewirkt, daß überhaupt eine Differenz zwischen »unserem alten Menschen« und »uns selbst« bestehen kann!

⁴⁸² Dieses ἐν ἐμοί hat *nichts* zu tun mit den formal gleichlautenden Wendungen Gal 1,16.24 (gegen HARMON, Gospel, 100f. m. Anm. 190; STRECKER, Liminale Theologie, 96–112, bes. 104–107; NEUGEBAUER, In Christus, 184, u.a.)! Sowohl in Gal 1,16 wie Gal 1,24 ist das ἐν nur der Rektion des Verbums geschuldet: »... seinen Sohn *mir* (*ἐν ἐμοί*) zu offenbaren« (Gal 1,16); »sie lobten Gott *im Blick auf* mich (*ἐν ἐμοί*)« (Gal 1,24). Zu Gal 1,16 s. HOFIUS, Missionar, 5f. m. Anm. 19 (Semitismus: Offenbarungstermini mit ἐν c. Dat.); zu Gal 1,24 s.o. S. 237, Anm. 97. Völlig verfehlt NEUGEBAUER, ebd.: »Paulus denkt hier [sc. Gal 1,16; E.R.] sicherlich nicht in erster Linie an seine Berufung zum Apostel, kann er doch an anderer Stelle von dem sagen, der gläubig wird: ›Denn die Gerechtigkeit Gottes wird in ihm offenbart aus Glauben zum Glauben.‹« Es ist allerdings abenteuerlich, ἐν αὐτῷ Röm 1,17 auf den *Gläubigen* zu beziehen. Es bezieht sich im Gegenteil auf das *Evangelium* als Ort der ἀποκάλυψις der δικαιοσύνη θεοῦ!

⁴⁸³ Vgl. bes. DEHN, Gesetz, 90: »Es ereignet sich das Wunder der Überspringung von Zeit und Raum und der Aufhebung des Subjektunterschiedes. Das, was mit Christus geschehen ist, ist auch mit dem Glaubenden geschehen. Er ist mit Christus in eine Lebens- und Todesgemeinschaft getreten. Der ›Christus für mich‹ wird so zu einem ›Christus in mir‹. Christus und der Glaubende sind miteinander eins.« Dieser »kühne Ausdruck und Gedanke« findet übrigens *keine* »gewisse Ermäßigung« (gegen ZAHN, Gal, 135f.)! Er findet aber *auch nicht* dergestalt die leiseste Ermäßigung, daß man das Mitgekreuzigt-Sein einfach als ein »Als-ob-Geschehen« interpretieren dürfte, wie das VON FLATT, Röm, 172f., tut (»*als ob* wir den Tod, den Jesus für unsere Sünden erduldet hat, selbst erduldet *hätten*«, »συνεσταυρώθη, er ist *gleichsam* gekreuzigt worden« usw. [a.a.O., 173; Hervorhebungen E.R.]; ähnlich BAUMGARTEN-CRUSIUS, Röm, 170 [gegen die »ältere[n] *protestantische[n]* Theologen, *Usteri*, *Tholuck*«])!

⁴⁸⁴ Darauf weist THYEN, Sündenvergebung, 203, hin.

⁴⁸⁵ Mit ROHDE, Gal, 117, Anm. 86, muß man von der »Selbsthingabe« Christi sprechen, weil er *Subjekt und Objekt der Dahingabe* ist, was tiefster Erweis seiner *Liebe* ist.

⁴⁸⁶ Es greift entschieden *zu kurz*, wenn WILCKENS, Abfassungszweck, 155, formuliert, »daß das Christusgeschehen den Sünder von der Sünde befreit«! Denn die Sünde ist nicht »etwas« am Menschen, er *ist* vielmehr Sünder, d.h. *mit seiner ganzen Existenz* der Sünde anheimgegeben (vgl. *dazu* KANT, Religion, 91 [s.o. S. 134, Anm. 39]). Darum hilft ihm nicht weniger als eine *Neuschöpfung* nach vorheriger *annihilatio* (vgl. 2Kor 5,17.19)!

⁴⁸⁷ Vgl. ASMUSSEN, Gal, 94: »[...] zwischen mir und mir selbst steht ja Christus. In meinem Verhalten zu mir selbst, d.h. in meinem Selbst, bin ich nicht mehr autonom,

»nicht der Glaube an einen lediglich außer uns befindlichen Heiland, sondern allein *der Glaube, welcher mit Christus eine wirkliche Gemeinschaft bildet*, macht vor Gott gerecht. [...] nur ἐν αὐτῷ, in seiner Gemeinschaft sind wir δικαιοσύνη θεοῦ (2 Cor. 5, 21; Gal. 2, 17; Phil. 3, 9); Rechtfertigung und Heiligung ruht überall auf dem gleichen Grunde der Lebensgemeinschaft Christi, des ›In-Christo-Seins‹ [...].«[488]

Was aber ist unter dem Leben Christi »in mir« näher zu verstehen, das durch diese personale Identifikation mit Christus und die damit einhergehende Binnendifferenzierung des ἐγώ ermöglicht und realisiert wurde? Handelt es sich um ein mystisches Verschmelzen Christi mit mir? Das Reizwort »Mystik« hat in diesem Zusammenhang Zustimmung[489] wie auch energische Zurückweisung[490] erfahren. Wie oben dargelegt, ist der Begriff »Mystik« jedoch einerseits zu *unpräzise*, um hilfreich zu sein.[491] Andererseits ist *jeder* vorgeprägte Begriff problematisch, da Paulus hier schlechthin *Analogieloses* in Worte zu fassen versucht und Parallelen von vornherein bestenfalls *Annäherungen an die Sache selbst* bieten können.[492]

Sachgemäßer ist es da schon, wenn etwa A. HILGENFELD auf 1Kor 6,19 als eine (mögliche) *innerpaulinische* Parallele hinweist und vom ›Abstreifen der endlichen Individualität‹ spricht, um das ›Organ‹ zu werden, ›in dem Christus lebt‹.[493] Demgegenüber versucht D. GUTHRIE noch stärker, die sachliche Tiefe der auszulegenden Stelle *selbst* auszuloten:

"In one sense the apostle has ceased to have his own independent experiences. He has become *so identified with Christ that what Christ does, he does* [and that what Christ *is*, he *is* (!); E.R.]. Yet when in this context he speaks of living, he gives a slightly different slant to it. It is not merely that he lives *with* Christ, but that *Christ takes up his abode with him*. There is a touch here of Paul's mystical 'in Christ' train of thought, but rather *less mystical, for Paul thinks of himself as having become so closely identified with Christ that Christ dominates his whole experience* [...]."[494]

Es ist kein Zufall, daß sich hier Anklänge an die Einwohnung bzw. Schechina JHWHs im »Zelt der Begegnung« bzw. später im Jerusalemer Tempel aufdrängen, spricht Paulus doch selber von den Christen als dem »Bauwerk« oder »Tempel Gottes« (vgl. 1Kor 3,9–17), d.h. von der Gemeinde als dem Ort der leibhaftigen *praesentia Dei* bzw. *Christi* (vgl. dazu auch 1Kor 10,16). Was Paulus Gal 2,19f. beschreibt, gilt mithin prinzipiell für

---

nicht mehr eigenständig. Ich bin kein für sich selbst Bestehender mehr. Das Wesentliche an meinem Selbst ist nicht mehr, daß ich es bin, sondern daß Christus da ist.«
[488] Bekehrung, 256.
[489] Von »Mystik« sprechen hier u.a. die oben S. 293, Anm. 423, Genannten.
[490] Eine mystische Deutung lehnen u.a. ab: ROHDE, Gal, 116f. m. Anm. 83; TANNEHILL, Dying, 55–61; EGGER, Gal, 22 (keine »Verschmelzung mit der Gottheit«).
[491] S.o. S. 74 m. Anm. 127.
[492] S. dazu oben S. 49f.
[493] Gal, 154.
[494] Gal, 90 (Hervorhebungen E.R.).

alle Christen.⁴⁹⁵ Insofern ist sein betontes ἐγώ⁴⁹⁶ generalisierend zu verstehen bzw. hat »typische Bedeutung«⁴⁹⁷ (vgl. dazu Röm 7).
Und doch ist auch der Begriff der *Einwohnung* (Schechina) noch zu unpräzise bzw. zu schwach. Denn das »Wohnen« (οἰκεῖν) läßt ja prinzipiell die Möglichkeit des *Auszugs* offen – ein Schicksal, das dem Alten Testament zufolge dem Jerusalemer Tempel tatsächlich widerfahren ist (s. Ez^{LXX} 10,18f.; 11,22f.; vgl. Act 7,48f.; ferner 17,24f.).

Es ist darum – wie nebenbei bemerkt sei – eine offenbar *bewußte* Wortwahl, wenn Paulus gerade im Blick auf die immer noch im Christen, d.h. in seinem Körper befindliche *Sünde* nur vom »Wohnen« spricht (Röm 7,17b.18a.20b⁴⁹⁸).⁴⁹⁹ Paulus sehnt sich ja nach dem *endgültigen Auszug* der Sünde (der der Zwangsräumung einer Wohnung gleichkommt) im Zuge der verheißenen eschatologischen Verwandlung (s. Röm 7,24f.; 1Kor 15,54–56).

Dagegen sagt Paulus in Gal 2,20 explizit, daß Christus in ihm »*lebt*« (ζῆν, vgl. auch Röm 8,10; 2Kor 13,5!), und weil ja Christus »nicht mehr stirbt« (Röm 6,9), denkt der Apostel hier an eine *dauerhafte, bleibende* »*Einwohnung*«. Als *dauerhaft-dynamische* Relation aber (und *nur* so) ist diese »Einwohnung« von *ontologischem* Gewicht, wie H. ASMUSSEN andeutet:

»Christus Salvator meus, ergo sum. [...] Meine Existenz beruht [...] auf meiner Erlösung. Daß Christus mein Heiland ist, das steht fest. Daraus folgt auch, daß ich bin. Wem das überspannt erscheint, der nenne sich ja nicht einen Christen. Denn diese ›Überspanntheit‹ ist das Wesen des Glaubens.«⁵⁰⁰

Diese scheinbare »Überspanntheit« entspricht der *wesentlichen* »Gespanntheit« der christlichen Ek-sistenz als einer *intrinsisch-ekstatischen*, zugleich *extra me* gegründeten und *in me* wirksamen. Es ist nach Gal 2,20 die sich ihm verinnerlichende Externrelation zu Christus, die einen Menschen zum Christen macht.

---

⁴⁹⁵ So dezidiert TANNEHILL, Dying, 57. Vgl. BORSE, Gal, 118f.; VIARD, Gal, 58; LIETZMANN, Gal, 17; OEPKE, Gal, 62.

⁴⁹⁶ Vgl. dazu TANNEHILL, ebd.

⁴⁹⁷ So z.B. OEPKE, Gal, 62. Anders HARMON, Gospel, 100: "[...] Paul moves from general principles to their application in his own life". Allerdings geht es Paulus hier nicht um eine Apologie *seiner* Person oder *seines* Erlebens, sondern darum, *die Galater* (wieder) zu gewinnen. Paulus zeigt bekenntnishaft an seiner Person, *was für alle gilt bzw. wieder gelten soll* (auf letzterem liegt der Akzent!). Von daher hat sich WALTER, Gal, V (Vorwort), nicht zu Unrecht diese Aufgabe gestellt: »die Stärkung und Klärung des eignen Christentums durch Versenkung in das Christentum des Paulus. Dabei setzt der religiöse Glaube voraus, daß, was wirkliches Christentum ist, zu allen Zeiten dasselbe ist.«

⁴⁹⁸ Auch Röm 7,23 (ὁ νόμος τῆς ἁμαρτίας ὁ ὢν ἐν τοῖς μέλεσίν μου) widerspricht sachlich dieser These nicht, wird doch der »Aufenthaltsort« bzw. Wirkungskreis der Sündenregel auf die »Glieder« beschränkt.

⁴⁹⁹ *Bemerkenswert anders* formuliert Röm 7,9b (ἡ ἁμαρτία *ἀνέζησεν*) im Blick auf den *Nichtchristen*!

⁵⁰⁰ Gal, 95.

Vor dem Hintergrund des bisher Entwickelten ist abschließend noch auf *2Kor 13,3f.* zu verweisen, wo Paulus ausdrücklich davon spricht, daß »Christus ... *in euch wirkt*«. Dieses δυνατεῖ ἐν ὑμῖν (vgl. dagegen das οὐκ ἀσθενεῖ εἰς ὑμᾶς!) dürfte als eine *innerliche Wirksamkeit in den Christusgläubigen* zu verstehen sein und bestätigt damit, daß Christus die innewohnende Lebenskraft *aller* Gläubigen ist.

6.4.3. »Christ-Innigkeit« als perichoretische »Inexistenz«

Wir fassen die Erkenntnisse zusammen: Paulus spricht von einem *wechselseitigen* »In-Sein« (in diesem Sinne: »Inexistenz«[501]), einer *gegenseitigen* »Einwohnung«[502] von Christus, dem Geist und den Christusgläubigen, mithin von einem reziproken Verhältnis. Nicht nur der Gläubige lebt »in Christus«, sondern umgekehrt ist auch Christus im Gläubigen präsent. Diese *wechselseitige* Einwohnung oder Perichorese läßt sich nicht ohne weiteres als Mystik begreifen, setzt Paulus doch ein Verhältnis zweier *bleibend unterschiedener* Größen – und damit *echte Relationen* – voraus. Da diese beiden Größen jedoch immer größere *Konformität* anstreben, kann man gewissermaßen von einer »monotheletischen« Einheit sprechen. Jedenfalls stößt traditionelle Ontologie spätestens hier an ihre Grenzen,[503] insoweit sie letztlich der Mengenlehre verhaftet bleibt.[504]

Zu berücksichtigen ist weiter, daß diese wechselseitige Inexistenz unbeschadet ihrer Reziprozität eine *asymmetrische* ist,[505] und zwar deshalb, weil die Einheit von Christus, Geist und Christusgläubigen sich – anders als die innertrinitarische Einheit – einer *Stiftung in der Zeit* verdankt, die

---

[501] Begriff bei DALFERTH, Grammatik, 236. Der Begriff *an sich* ist jedoch mißverständlich und darum nicht besonders brauchbar.

[502] Vgl. zum Ganzen die instruktive Studie von LEHMKÜHLER, Inhabitatio, *passim*. – Es wäre wohl zuviel, von einer gegenseitigen *Durchdringung* zu sprechen! Gerade aus diesem Grund ist die Behauptung einer paulinischen *Mystik* als unsachgemäß abzulehnen. Perichorese und Mystik sind – wie gleich zu zeigen sein wird – nicht identisch.

[503] Schon LUTHER, Gal, 111, stellte fest, dies sei »eine völlig ungewöhnliche und unerhörte Redeweise«, aber sie sei »wahr in Christus und durch Christus«.

[504] Vgl. DEISSMANN, Formel, 92f.: »Was *bei jedem anderen Verhältnisse eines lokalen Ineinander* [sic!] selbstverständlich ist, dass nämlich das als Raum vorgestellte Etwas nicht zugleich als ein in einem kleineren Raume enthaltener Gegenstand vorgestellt werden kann, *trifft in unserem Falle nicht zu*, weil die pneumatische Existenzweise des Χριστός es ermöglicht, jene beiden Gedanken *gleichzeitig* zu vollziehen. Wie man, ohne einer Absurdität sich schuldig zu machen, gleichzeitig sagen kann, ›der Mensch ist in der Luft‹ und ›die Luft ist in dem Menschen‹, so kann ein Autor, der sich für die Existenzweise des Χριστός an der Analogie der Luft bewusst oder unbewusst orientiert, zugleich sagen: ›τὶς ἐν Χριστῷ‹ und ›Χριστὸς ἔν τινι‹. Beiden Formeln liegt sachlich dieselbe Vorstellung zugrunde; nur die Betrachtungsweise ist eine verschiedene, in der ersten e specie Christi, in der zweiten e specie hominis« (Hervorhebungen E.R.).

[505] Zum Problem asymmetrischer Perichorese vgl. MÜHLING, Abschied, bes. 203f.

allein Gott zum Urheber hat (1Kor 1,30a). Das Verhältnis zwischen Gott und Mensch ist darum im Sinne der *Ursprungs*relation (d.h. *ab ovo*) *grundsätzlich asymmetrisch*, auch wenn die Relation *als solche* dann tatsächlich eine *reziproke* ist, d.h. *auch Gott vom Menschen affiziert wird* (nicht nur umgekehrt!), wie *1Kor 5,21; Gal 3,13* in unüberbietbarer Tiefe zeigen.

6.5. »*Sein in Christus*« und »*Sein des Christus*«: *Christ-Innigkeit als Besitzverhältnis*

Die *Asymmetrie* der reziproken Christ-Innigkeit kommt u.a. darin zum Ausdruck, daß die Christusgläubigen als οἱ τοῦ Χριστοῦ bezeichnet werden (z.B. 1Kor 15,23b) oder daß Paulus sich selbst δοῦλος Χριστοῦ nennt (Röm 1,1a, Gal 1,10 u.ö.). Mit diesen Genitivverbindungen ist *einerseits* die Zugehörigkeit und »das absolute Distanzverhältnis des δοῦλος zum κύριος [...] zusammen mit der Gehorsamsverpflichtung« angesprochen (s.u. 6.6.) – aber *zugleich* verleugnen *auch* diese sog. »Christus-Genetive« »die pneumatische Sphäre der Christus-Gemeinschaft nicht«, wie O. SCHMITZ in seiner einschlägigen Untersuchung dargelegt hat.[506]

6.6. »*Sein in Christus*« als »*Leben in Christus*« und »*Wandeln* κατὰ πνεῦμα« – *christliche* »*Orthopodie*«[507]

Die bisherigen Überlegungen wären *unvollständig* und darum *mißverstanden*, wenn dem »*Sein* in Christus« nicht *unmittelbar* das »*Leben* in Christus« (als ein »Wandeln in Übereinstimmung mit dem Geist« [κατὰ πνεῦμα]) an die Seite gestellt würde.[508] Denn alles, was bisher über die *re-*

---

[506] Vgl. DENS., Christus-Gemeinschaft, *passim* (beide Zitate: 223). Zum εἶναί τινος im Sinne der *Zugehörigkeit zu einer bestimmten Größe (Sphäre)* vgl. z.B. 1Thess 5,5.

[507] Diesen – wie er zugibt – »unschönen« Ausdruck hat G. EBELING, Wahrheit, V (Vorwort), im Anschluß an Gal 2,14 gebildet, um die (falsche) *Alternative* von »Orthodoxie« und »Orthopraxie« zu überwinden. Der Begriff »Orthopodie« meint »die *Gesamtorientierung* auf die Grundwahrheit des Lebens hin, auf den Ort, wohin unser Leben in Wahrheit ganz und gar gehört« (ebd. [Hervorhebung E.R.]).

[508] Darauf hat mich besonders nachdrücklich mein Freund Pfr. Samuel Vogel hingewiesen, dem an dieser Stelle sehr herzlich dafür gedankt sei! – Der bisweilen verbissen geführte Kampf gegen die vermeintliche Alternative von »Orthodoxie« und »Orthopraxie« hat sich leider verschiedentlich als Hindernis für ein relational-*ontologisches* Verständnis des εἶναι ἐν Χριστῷ erwiesen, wie v.a. die Arbeiten von *W. Schmauch, F. Büchsel* und *F. Neugebauer* zeigen. Exemplarisch sei das an F. BÜCHSELs Beitrag gezeigt. Er sieht nämlich den »tiefste[n] Grund dafür, daß man sich das In-Christus-sein nicht räumlich oder quasi-räumlich vorstellen darf«, darin, »daß Christus für Paulus immer der Herr, der Richter ist und bleibt« (»In Christus«, 154). Und BÜCHSEL fährt fort (ebd.): »Hätte er [sc. Paulus; E.R.] aus Christus ein Fluidum, ein Element, eine Sphäre, irgendein Unpersönliches gemacht, so wäre er nicht mehr sein Herr und Richter gewesen, so hätte die Frömmigkeit des Paulus nicht den tiefen sittlichen Ernst behalten, so wäre

lational-ontologische Bestimmtheit des Menschen und die *Dynamik* dieser Christusbezogenheit gesagt wurde, zeigt ja bereits, daß das »Sein in Christus« niemals ein *statisch-*»*substanzhaftes*« sein kann,[509] sondern sich mit Notwendigkeit in einem entsprechenden *Lebenswandel* äußert, der an der »Vorgabe des Geistes«[510] und damit *an Christus selbst* orientiert ist. Dieses περιπατεῖν κατὰ πνεῦμα ergibt sich allererst aus dem εἶναι ἐν Χριστῷ, aber es ergibt sich daraus *mit Notwendigkeit* (vgl. Gal 5,6; 6,1f.).[511] Der ontologischen *conformitas Christi*[512] entspricht daher notwendig[513] die »ethische« *imitatio Christi*[514] bzw. genauer: die *imitatio apostolorum.*[515]

Das *Zusammenspiel* von *imitatio Christi* und *imitatio Pauli* (als ihrerseits konsequenter *imitatio Christi*) hat neulich Th. STEGMAN im Blick auf *2Kor* überzeugend herausgearbeitet.[516] Ihm zufolge bilden die Darstellung des »Charakters Jesu« und der Aufruf, die-

---

die Frage der Rechtfertigung, d.h. die Frage der Geltung des Menschen vor seinem göttlichen Richter, nicht die eigentliche Lebensfrage des Paulus gewesen I. Cor 4₄ ₅. Dann wäre ihm seine Gemeinschaft mit Christus eine Selbstverständlichkeit geworden, nicht das Heiligtum geblieben, das mit Furcht und Zittern Phil 2 ₁₂, I. Cor 2 ₃ gewahrt sein will. Daraus ergibt sich aber: man sollte Paulus nicht einen Mystiker nennen. [...]« Immerhin gesteht auch BÜCHSEL, ebd., zu, daß die »Verachtung und Ächtung alles Mystischen, die in der Theologie ehedem nahezu herrschend war und in die Theologie unserer Zeit noch hineinwirkt«, »zweifellos unberechtigt« sei.

[509] Richtig bemerkt HAGENOW, Gemeinde, 20 (Hervorhebungen E.R.), im Blick auf das paulinische *Heiligkeitsdenken*: »Gerade weil Heiligkeit eine *räumliche Zuordnung* beschreibt und nicht auf einen unveränderlichen *Status* reduziert werden darf, wird auch deutlich, warum Paulus an einigen Stellen von einem *Wachsen in der Heiligkeit* sprechen kann.« (Er nennt 1Thess 3,12f.; 4,1.10.)

[510] Begriff bei STUHLMACHER, Erwägungen, 27.

[511] BUCHEGGER, Erneuerung, 139, bemerkt zum *Verhältnis von* καινὴ κτίσις *und* ἀνακαίνωσις: »›Neue Schöpfung‹ ist als eine Setzung zu verstehen [...]. ›Erneuerung‹ erscheint als ein andauernder, prozesshafter Vorgang, der im Rahmen der Einwirkung der δόξα Gottes geschieht und sich offenbar sehr stark mit der ›Umgestaltung‹ deckt.«

[512] Vgl. LÉMONON, Gal, 101 (zu Gal 2,19f.): « L'Apôtre donne un fondement christique à la vie du croyant. »

[513] Diesen Zusammenhang löst SCHWÖBEL, Menschsein, 207 (m. Anm. 16), m.E. leider auf. Zur Diskussion vgl. noch MERK, Nachahmung, *passim*.

[514] Christus ist *donum et exemplum – beides!* Das betont zu Recht LÉMONON, Gal, 101, in seiner Auslegung von Gal 2,19f.: « En effet, Christ vit en Paul, car ce dernier est devenu une nouvelle créature dont Christ est *source et modèle* » (Hervorhebung E.R.). Entscheidend ist dabei die *Reihenfolge*, worauf schon LUTHER in seiner Auslegung von Gal 3,27 hingewiesen hat (Gal, 206–208, bes. 208).

[515] Vgl. WOLFF, 2Kor, 127 (zu 2Kor 5,17): »ἐν Χριστῷ εἶναι entspricht dem Leben für den Gestorbenen und Auferstandenen V. 15b«. *Damit ist auch gesagt, daß Christologie/Soteriologie einerseits und Ekklesiologie/Ethik andererseits aufs engste zusammengehören, daß also »›Sein in Christus‹ impliziert (eben nicht erst sekundär!), dass wir der Tempel Gottes sind und der Heilige Geist in uns wohnt, dass ›Sein in Christus‹ eine lebendige Beziehung ist«* (Pfr. Samuel Vogel in einer Mail vom 21.01.2011).

[516] Vgl. DENS., Character, *passim*.

sem Vorbild (dessen Abbild wiederum Paulus verkörpert) nachzueifern, den Dreh- und Angelpunkt dieses Briefes.[517]

Grundlegend für STEGMANs Sicht sind *zwei Thesen*, die er nacheinander entfaltet: 1) "The character of Jesus – especially as manifested in his humanity – is the linchpin and heart of Paul's presentation in 2 Corinthians. Throughout the letter, the apostle refers to and draws upon the story and character of Jesus in ways that Pauline scholarship has failed to fully appreciate."[518] 2) Der 2Kor diene hauptsächlich *nicht so sehr einer »Apologie«* des paulinischen Apostolats, sondern "Paul offers a unique form of self-commendation, one based on his sharing the *ethos* of Jesus. The apostle can commend himself to the Corinthians precisely because he embodies the pattern of loving, selfgiving existence manifested by Jesus."[519]

Mit *beidem*[520] verfolgt Paulus letztlich *ein* Ziel: "[…] he challenges the Corinthians to enter more fully into the story of Jesus by more faithfully embodying his character."[521]

Diese *imitatio*[522] wird von Paulus mitunter mit Nachdruck »eingefordert«. Daraus erhellt, daß – wie H.-J. IWAND betont – »der Übergang aus dem

---

[517] Fast zeitgleich veröffentlichte U. SCHMIDT seine »Untersuchung zum 2. Korintherbrief als Beitrag zur Frage nach der paulinischen Einschätzung des Handelns« (so der Untertitel). Er setzt aber den Akzent charakteristisch *anders* als Th. Stegman! Während letzterer in erster Linie am »*Charakter*« Jesu interessiert ist, den Paulus für die Gemeinde modellhaft »*verkörpert*«, ist Schmidt stärker am konkreten »*Verhalten*«, d.h. v.a. am »*Handeln*« im Sinne einzelner *Handlungen* (»*Tun*«) orientiert. Diese *wesentliche Akzentverschiebung* ist unmittelbar auf die (von seinem Doktorvater M. Bachmann) übernommene Sicht zurückzuführen, wonach Paulus unter den ἔργα νόμου die einzelnen »Vorschriften der Tora selbst« verstehe (SCHMIDT, Untersuchung, 11 m. Anm. 8; vgl. aber die sachkundige *Gegendarstellung* bei HOFIUS, »Werke des Gesetzes«, *passim*; DERS., Nachträge, *passim*), aber *nicht* »ein Handeln gemäß der Tora« (SCHMIDT, ebd.) oder gar »menschliches Verhalten im Allgemeinen« (SCHMIDT, a.a.O., 10). Dieser Hinweis auf die ἔργα νόμου ist für SCHMIDT *zentral*, weil er im Anschluß an E.P. Sanders mit »Entsprechungen« zwischen dem sog. »Bundesnomismus« des Judentums und Paulus in Gestalt einer »erheblich[en] Bedeutung des Tuns für das *staying in*« rechnet (a.a.O., 11f. m. Anm. 11). Zwar behauptet auch SCHMIDT in seinem Schlußwort, gezeigt zu haben, »dass das Handeln inhaltlich weniger in klaren Vorschriften definiert wird als vielmehr von einer Grundhaltung geprägt ist«, bestimmt diese dann aber als »Offenheit bzw. Zuwendung zu anderen Menschen« (a.a.O., 248). An dieser »Öffnung für andere« zeige sich letztlich (end-gültig!), ob sich die Gnade »durchgesetzt hat«, oder ob sie – im Gegenteil – »εἰς κενόν empfangen« wurde (a.a.O., 249).

[518] Character, 118; zum Ganzen s. a.a.O., 118–212.

[519] A.a.O., 213; zum Ganzen s. a.a.O., 213–303.

[520] Zur *Verschränkung* der Geschichte *Jesu*, des *Apostels* (und – perspektivisch – der *Korinther*) vgl. a.a.O., 309–313; ferner a.a.O., 369–375 (»Jesus and Paul as the ›Witnesses‹ to the Corinthians«).

[521] A.a.O., 212 (vgl. a.a.O., 302f.); zum Ganzen s. a.a.O., 304–376.

[522] Zur *imitatio apostolorum* vgl. REHFELD, »Erbaulichkeit«, 134f. m. Anm. 41. Aus dem sprachlichen Befund, daß in den Darlegungen über »das die ζωή verbreitende apostolische Amt« (2Kor 2,14–7,4) »das apostolische ›Wir‹ häufig mit dem gemeinchristlichen wechselt«, schließt auch THYEN, Sündenvergebung, 172, mit Recht, »daß *die Existenz des Apostels nichts anderes als exemplarisches Christenleben* ist« (Hervorhebung E.R.).

πνεύματι ζῆν in das πνεύματι στοιχεῖν offensichtlich nichts Selbstverständliches, nichts ›Automatisches‹ ist (vgl. [Gal] 5,16), wie es ja hin und wieder verstanden wird.«[523] Das freilich entspricht der Tatsache, daß Paulus – wie oben gezeigt[524] – die sog. »Taufgnade« eben nicht etwa *substanzontologisch* (im Sinne irgendeiner substanzhaften *gratia infusa*) oder *sakramentalistisch-magisch* (etwa im Sinne eines *character indelebilis*) versteht, sondern daß er den (getauften) Gläubigen mit der (glaubensvoll empfangenen) Taufe in eine *höchst lebendige, dynamische Christusbeziehung* versetzt sieht, in der jener sich zu *bewähren* hat – sich aber auch bewähren *wird*, weil Gott selbst ihn bewahren wird (vgl. Röm 8,31–39).

Mit dem soeben Dargelegten ist ein weiter *Problemkreis* angeschnitten, den F. LAUB wie folgt beschreibt:»Wird in solchen Paränesen, die sich an dem noch ausstehenden Heil orientieren, nicht die Wirklichkeit des von Gott schon realisierten Heils in Frage gestellt? Was sich so beim theoretischen Durchdenken der zueinander in Spannung stehenden Vorstellungen wie eine Inkonsequenz ausnimmt, bildet im Denken des Paulus eine Einheit, die seinen theologischen Standort in der frühesten Kirche markiert. Wir haben es nicht mit einer Inkonsequenz zu tun, Paulus vergißt nicht die Notwendigkeit des Imperativs, wenn er vom schon realisierten Heil spricht, und er macht nicht bloß ein Zugeständnis an die Wirklichkeit, wenn er den Glaubenden zu einem konkreten Tun auffordert, sondern er hält gleichzeitig bewußt an beidem fest. Er versteht beides, den Heilsindikativ und den ethischen Imperativ so, daß er beides zugleich aussprechen kann und muß.«[525]

Das Grundmuster der paulinischen Paraklesen (»*lebt, was ihr seid!*«[526]) erklärt sich allererst aus dem *bleibend (!) relational-ontologischen Ver*-

---

[523] PM 1, 516f. IWAND fährt fort:»Als ob es nur darauf ankäme, den Geist zu besitzen, und eben damit bereits alles Weitere entschieden wäre. Es ist eindeutig […], daß nicht jeder, der ›im Geist lebt‹, auch ›im Geist wandelt‹ […]. Wir sehen – wahrscheinlich doch nicht ohne eine gewisse Verwunderung –, daß hier eine besondere Ermahnung notwendig wird, ein Aufruf erfolgt, *daß es also keineswegs so ist, als ob, wenn erst einmal der Geist da ist, alles Weitere von selbst kommt* […]« (a.a.O., 517 [Hervorhebung E.R.]).
[524] S.o. S. 268–276.
[525] Eschatologische Verkündigung, 168f. – An diese Sicht sind freilich *dieselben Anfragen* zu stellen wie an den neuen Versuch von SCHMIDT, Untersuchung, *passim* (s. dazu oben S. 309, Anm. 517)!
[526] Vgl. schon MEYER, Sünde, 45; DENS., Apostel, 24:»Werde, was du bist!« So auch DEHN, Gesetz, 188:»Werdet, was ihr seid.« Diese Wendung ist so *oder ähnlich* mannigfach übernommen worden; vgl. dazu SCHMIDT, Heilig, 396, Anm. 1546 (Lit.); ferner RABENS, Spirit, 173, Anm. 11 (Lit.), u.ö. (zum dahinterstehenden Problem von »Indikativ« und »Imperativ« vgl. a.a.O., 279–282). Die Wendung geht auf PINDAR, Pythische Ode II 72, zurück (vgl. SCHMIDT, a.a.O., 396), ist aber laut SCHMIDT, ebd., *nicht* »zur Bezeichnung des Verhältnisses von Heiligung und Heiligkeit« bei Paulus (mindestens im 1Thess) geeignet.
Vgl. ferner BULTMANN, Theologie, 334f.:»Es gilt also *in gewissem Sinne* das ›Werde, der du bist!‹ – aber nicht in dem idealistischen Sinne, daß die Idee des vollkommenen Menschen im unendlichen Fortschritt mehr und mehr verwirklicht werde […]. Das Werden dessen, was der Gläubige schon ist, besteht deshalb in dem ständigen glaubenden *Er*-

6. »Christ-Innigkeit«: der Christ – ein Mensch ἐν Χριστῷ

ständnis der Christusbezogenheit, das den grundsätzlichen »Werdecharakter«[527] des christlichen Lebens bedingt: *Christianus non est factus sed in fieri!*[528] Das Christenleben *in via* ist darum *dauerhafter Kampf*[529], in dessen Verlauf immer wieder Christus bzw. der Geist als innewohnende Lebenskraft nach außen drängt: *opera hominis in Christo et Christi in homine ad extra sint* (!) *indivisa!*[530] Daß und warum dem *faktisch* nicht immer so ist (vgl. Röm 7,13–25), wird später zu behandeln sein.[531] Es kommt hier nur einmal darauf an, das *Ziel* des »Seins in Christus« anzugeben, und das ist für Paulus ohne Abstriche die (*futurisch-*)eschatologische »Vollendung« (τελείωσις)[532], die im »Sein *mit* Christus« besteht und sich im vollkommenen Hervorbringen der »Früchte des Geistes« äußert (vgl. Gal 5,22–24; Phil 1,10b.11; ferner Röm 6,22).

Das »*Sein* in Christus« ist daher nur echt als »*Leben* in Christus« (Röm 6,11), d.h. als »Wandeln in Übereinstimmung mit dem Geist«.[533] Das ζῆν ἐν Χριστῷ Ἰησοῦ bildet übrigens nicht zufällig die *Gegenformel* zum ζῆν ἐν τῇ ἁμαρτίᾳ (vgl. Röm 6,2); die Christen haben die Sündenwirklichkeit διὰ Χριστοῦ prinzipiell hinter sich gelassen[534] und sollen nun *ganz für Gott* leben (Röm 6,10f.). Bei alledem ist Paulus allerdings insofern nicht perfektionistisch mißzuverstehen,[535] als es ihm weniger um ein konkretes »Ergebnis«, als vielmehr um die *Stetigkeit der Christusbezogenheit* bzw. *Geistbestimmtheit* geht: *Alles entscheidend ist ja, »in Christus erfunden zu werden« (εὑρίσκεσθαι ἐν αὐτῷ), nicht mehr und nicht we-*

---

greifen der χάρις und d.h. zugleich in der konkreten, nunmehr *möglichen* ὑπακοή im περιπατεῖν [...]. *Der Indikativ begründet den Imperativ*« (Hervorhebungen E.R.). Eine Diskussion dieser durchaus interpretationsbedürftigen Aussagen kann hier unterbleiben.

[527] MEYER, Apostel, 24. Vgl. DENS., Sünde, 45: »Dies Werden findet wieder seine spezielle Illustration durch die Bilder des Wachsens [...], des Ackerfeldes [...], des Pflanzens [...], der Erbauung [...]. Auch in der Wendung περισσεύειν liegt der Gedanke der Ausgestaltung des christlichen Lebens zu Grunde [...]. [...] *Das christliche Leben bedarf der steten Umwandlung durch die befreiende und belebende Wirksamkeit des Heiligen Geistes* [...]« (Hervorhebung E.R.).

[528] Zit. bei MEYER, Apostel, 38.

[529] Vgl. MEYER, Sünde, 45f.: »Es ist ein Ringen und Kämpfen um den Kranz, der in der Ferne winkt I. [Kor.] 9,24–27.«

[530] Vgl. zum Ganzen MEYER, Apostel, bes. 23–58.

[531] S.u. S. 367–395.

[532] So schon MEYER, Apostel, bes. 38: »Daß der Christ, solange die σάρξ ihn umkleidet, verwoben ist in den unausgesetzten Kampf gegen die Sünde, und daß erst im Jenseits die endgültige Scheidung von der Sünde erfolgt, darin weiß Paulus mit seinen Christen sich völlig eins.«

[533] Vgl. BULTMANN, 2Kor, 168.

[534] Mit MEYER, Apostel, 36, ist »eine *Zentralwendung* [...] erfolgt in seinem Innern, nicht in seiner ganzen Erscheinung ist er außer Beziehung gesetzt zur Sünde« (Hervorhebung E.R.).

[535] Vgl. MEYER, Apostel, bes. 38f.

niger (Phil 3,8–11). Und daß »die sittliche Entwicklung des Christen ihre Krone habe in der Sündlosigkeit am Tage der Parusie, hat der Apostel nicht gelehrt«, wie schon M. MEYER gegen P. Wernle, J. Gottschick u.a. geltend gemacht hat.[536]

Paulus ist überhaupt *realistisch* genug (Röm 7,13–25) zu sehen, daß die τελείωσις erst im Eschaton vollkommen erreicht wird,[537] aber das hindert ihn *nicht*, dieses Ziel mit vollem Einsatz *anzustreben* (vgl. Phil 3,12–14)! Ein *zielbewußtes* Leben im Geist »garantiert« – so könnte man formulieren – durch und durch heilsame *Wege*, die »in Christus« (1Kor 4,17!) und »in Übereinstimmung mit dem Geist« (κατὰ πνεῦμα) gegangen werden. *Es ist freilich nicht der Weg (das εἶναι ἐν Χριστῷ) schon das Ziel, sondern das Ziel (das εἶναι σὺν Χριστῷ) gibt den Weg vor.*

---

[536] Sünde, 47. Er fährt fort: »Die Thatsache aber, daß gegen die Korinther eine Anklage nicht erhoben werden kann am Tage des Herrn, gründet Paulus nicht auf ihr eigenes Wesen und Wollen, sondern auf Christus und die Treue Gottes, der durch seine Berufung das Heil verbürgt […].« Zur verschiedentlichen Behauptung eines paulinischen Sündlosigkeitsideals in der Forschung s. UMBACH, Sünde, 25–64, bes. 38–47; HAGENOW, Gemeinde, 4–15; zum damit verwandten Problem der sog. »Kirchenzucht« in der Forschung s. GOLDHAHN-MÜLLER, Grenze, 3–26 (*dazu* wiederum UMBACH, a.a.O., 57–64). – Schon NYGREN, Röm, 181f., bemerkte zu Röm 6,12f., hier werde es »richtig deutlich, wie völlig falsch Paulus von denjenigen aufgefaßt wird, die eine Spannung zwischen seiner Verkündigung, daß der Christ ›frei von der Sünde‹ ist, und seinen Ermahnungen, gegen die Sünde zu kämpfen, zu erkennen meinen. Wie sollte der Mensch, solange er Knecht unter der Sünde und gebunden in ihren Dienst ist, gegen die Sünde kämpfen können? Erst wenn er durch Christus aus der Gefangenschaft erlöst worden ist, kann er in das Heer eingestellt werden, das die Bekämpfung der Sünde zur Aufgabe hat.«

[537] Zu einer bemerkenswert *anderen* Einschätzung kam bekanntlich WERNLE, Sünde, *passim*, der – konsequenterweise – in Röm 7 keine Aussagen über das Leben des Christen finden konnte (a.a.O., 5–7). Er behauptet unter Berufung auf sein Verständnis von Röm 6, »dass den Apostel alle Erfahrungen in seinen Gemeinden nichts lehrten, wenn es galt, einen Einwand abzuschlagen, der sich gegen seine Theorie erhob. Es ist *der reine harte Doktrinarismus*, wohlverständlich durch seine Zukunftsbegeisterung, aber doktrinär in jedem Fall. *Paulus will das Problem der Sünde im Christenleben nicht sehen, also ist es nicht da*« (a.a.O., 105 [Hervorhebungen E.R.]). Diese aus seiner Sicht völlig erfahrungsgeschiedene Theorie des Apostels erklärt WERNLE, ebd., wie folgt: »Er [sc. Paulus; E.R.] *musste* aber diesen gewagten Weg der Postulate betreten, weil er die Gerichtsbotschaft von seiner Theorie ausgeschlossen hat. *Wenn einmal bloss der Glaube rettet, und das Gericht alle Gläubigen verschont, dann kann der sittliche Charakter der Religion nur gewahrt werden durch das Postulat des Zusammenfalls von Rechtfertigung und Wiedergeburt. Es bleibt ein Postulat, dem die Erfahrung selten Recht gibt; aber der sittliche Ernst des Glaubens ist dadurch gerettet* [?].« Das Resultat seiner Untersuchung faßt er in folgenden Worten zusammen: »Das ist nun für unsre Untersuchung freilich gerade das wichtigste – und bedauerlichste – Ergebniss, *dass Paulus die Sünde im Christenleben, obwohl er sie kannte, als Theoretiker geleugnet hat. Dass er dies im Stande war, das begreift sich aus seiner enthusiastischen Parusiehoffnung*, aus dem Glauben, dass die kurze Frist bis zum Gerichtstag die Freiheit von der Sünde gestatte« (a.a.O., 121).

6.7. Der Christ – ein völlig auf Christus hingeordneter Mensch (Zusammenfassung)

Nach den bisherigen Ausführungen zur »Christ-Innigkeit« ist es kein Zufall mehr, sondern sachlich zutiefst berechtigt, daß das »Sein ἐν Χριστῷ« in diesem vollen Sinn zum *terminologischen Differenzkriterium der jungen Christenheit* wurde. So ist etwa die mit dieser Wendung verbundene paulinische Sprachschöpfung αἱ ἐκκλησίαι τοῦ θεοῦ ... ἐν Χριστῷ (z.B. 1Thess 2,14) »the new definition which differentiates the Christian churches from the Jewish synagogues«, wie P.N. TARAZI mit Recht formuliert.[538] *Das Kennzeichen der Kirche schlechthin ist für Paulus also nicht so sehr »Wort und Sakrament« (schon gar nicht deren »Verwaltung«!), sondern vor allem der in der Gemeinde gegenwärtige und mit seinen Gliedern verbundene Christus*: ubi Christus praesens, ibi ecclesia vera.

Das »In-Christus-Sein« definiert aber nicht nur *die Gemeinde* als κοινωνία und *Leib Christi*, sondern auch jedes *einzelne* ihrer Glieder *notwendig* und hinreichend: *Der Christ gewinnt »sein Selbst in der Christus-Beziehung«[539], ja vielmehr in Christus selbst*. Diese neue *Identität* des »in Christus« ist das *Integral* christlichen Lebens schlechthin und hat als solches zugleich *Ausschließlichkeitscharakter*. Die eminent *praktische* Bedeutung dieser neuen Identität hat D. FURTER im Anschluß an Phlm 8 an einem scheinbar unscheinbaren, aber doch charakteristischen Beispiel aufgewiesen: « Que l'un des trois personnages concernés par ce billet, Paul, Philémon ou Onésime ait été étranger à la foi en Christ, et la lettre n'aurait pas été écrite. »[540] *Die Gemeinsamkeit des »In-Christus-Seins« ist die schlechthin konstitutive Gemeinsamkeit christlicher Gemeinschaft überhaupt.* In »individueller« wie ekklesiologischer Hinsicht gilt: *ubi Christus, ibi communio.* Die Gemeinschaft der Heiligen ist – weder kollektiv noch individuell betrachtet – ein religiöser »Verein«, denn es ist allein *Christus*, der die Christen – auch »menschlich«! – miteinander verbindet.

---

[538] 1Thess, 109. Andere Selbst- bzw. Fremdbezeichnungen der frühen Christen nennt die Apostelgeschichte: »die [Leute] des Weges« (οἱ τῆς ὁδοῦ ὄντες [Act 9,2; vgl. 19,23; 24,22]) bzw. – später – »Christen« (οἱ Χριστιανοί [Act 11,26; vgl. 26,28; sonst im NT nur noch 1Petr 4,16]).

[539] Ich übernehme hier lediglich die *Formulierung* von SCHNELLE, Paulus, 549! Denn den Vordersatz, daß »[d]er Mensch [!] [...] aus seiner Selbstlokalisierung herausgerissen« werde (ebd.), würde Paulus wohl kaum unterschrieben haben, weil diese Aussage erstens *zu pauschal* ist (es muß eben heißen: der Christ!) und zweitens der Tatsache nicht Rechnung trägt, daß »der Mensch« (*als Sünder!*) eben gerade *nicht* »selbstbestimmt« (autonom), sondern seinerseits unter die Macht der Sünde versklavt (eben: ὑφ' ἁμαρτίαν) ist. Der »selbstbestimmte Mensch an sich« ist bestenfalls eine moderne Konstruktion, aber jedenfalls nicht paulinisch.

[540] Phlm, 246. Er fährt fort: « L'apôtre n'écrit pas à Philémon au nom de principes sociaux, moraux, philosophiques, ou encore au nom de la simple amitié » (ebd.).

Die Frage: »Wer oder was ist ein Christ?«, wäre von Paulus wohl so beantwortet worden: *Ein Christ ist (nur) jemand, der ἐν πίστει τῇ τοῦ υἱοῦ τοῦ ἀγαπήσαντός με καὶ παραδόντος ἑαυτὸν ὑπὲρ ἐμοῦ (Gal 2,20), mithin in reziprok-personaler, d.h. ontisch wirksamer Verbundenheit mit dem für ihn gestorbenen und auferstandenen Christus lebt (genau das heißt εἶναι ἐν Χριστῷ), dessen Existenz also kraft wechselseitiger Identifikation streng und ausschließlich Christus in Person ist (Phil 1,21a; das ist quasi das soteriologische ὁμοούσιος) und der darum und insofern eine »neue Kreatur« (καινὴ κτίσις) ist (2Kor 5,17)*. Mit der Formel vom εἶναι ἐν Χριστῷ drückt Paulus genau jenen fundamentalen *relational*-ontologischen Sachverhalt personal-seinshafter Identifikation aus, die – als *conditio sine qua non* – die Grundlage neuen Seins (καινὴ κτίσις) ist, dem sodann eine Reihe pneumatologisch zu verortender »ethischer« Konsequenzen entspricht (vgl. Röm 8,3–11).[541]

Wir können diesen ganzen Sachverhalt auch in die knappen, aber präzisen Worte P.A. VAN STEMPVOORTs fassen:

»Der Begriff ›Mystik‹ ist zu stark vorbelastet, um ihn in diesem Zusammenhang zu verwenden: Christus bleibt Christus, und Paulus bleibt Paulus. Das ›Christus lebt in mir‹ bedeutet, daß ich nicht länger ein autonomes Leben führe, ein abgesondertes Dasein. Das ›Ich‹ bleibt freilich unterschieden von Christus, lebt aber nicht mehr abgesondert: es ist in Christus. ›Was‹ ich nun im Fleisch lebe, d.h. als Mensch […]: dieses Leben ist qualitativ durch das Glaubensleben bestimmt. […] Das In-Christus-Sein, das so viele Male bei Paulus vorkommt, ist das Kennwort seiner Verkündigung. Und dieses In-Christus-Sein hat das zur Grundlage, was er ›für mich‹ getan hat.«[542]

---

[541] Diese »ethischen« Konsequenzen sind Inhalt der paulinischen Paraklesen, die als solche der »Erbauung« der Gemeinde – als eines Gott geheiligten Tempels (vgl. 1Kor 3,16f.) – dienen und allein im eschatologischen Horizont recht verstanden werden: Vollendung (τελείωσις) ist zwar schon jetzt anzustreben, wird aber erst futurisch-eschatologisch realisiert (vgl. dazu REHFELD, »Erbaulichkeit«, bes. 126–128.132f.).

[542] Gal, 57 (Übers. E.R.): "Het woord 'mystiek' is te zeer belast om het in dit verband te gebruiken: Christus blijft Christus en Paulus Paulus. Het *Christus leeft in mij* betekent, dat ik niet langer een gesepareerde existentie leef, een afgezonderd bestaan. Het *ik* blijft wel onderscheiden van Christus, maar leeft niet meer afgezonderd: het is in Christus. *Wat* ik nu leef in het vlees, d.i. als mens […]: dit leven is gekwalificeerd door het geloofsleven. […] Het in-Christus-zijn, dat talloze malen bij Paulus voorkomt, is het kenmerkende woord van zijn prediking. En dit in-Christus-zijn heeft tot fundament, wat Hij *voor mij* gedaan heeft […]."

Ein mystisch-*substanzhaftes* Verständnis der zweifellos ontologischen Aussage Gal 2,20 wäre aber auch deshalb besonders mißlich, weil damit ein Keil zwischen Paulus und die anderen Christusgläubigen getrieben wird, wie diese Auslegung von BORSE, Gal, 118, zeigt: »Das mystisch, ontologisch verstandene Aufgehen seiner [sc. des Paulus; E.R.] Existenz in Christus […] macht es geradezu unmöglich, daß er – wie die anderen Judenchristen in Antiochia – noch einmal in den früheren Gesetzesdienst hätte zurückfallen können.« Diese verfehlte Auslegung warnt zugleich davor, Gal 2,20 *individualistisch* zu

6. »Christ-Innigkeit«: der Christ – ein Mensch ἐν Χριστῷ

Das Heil wurde dem Christusgläubigen διὰ Χριστοῦ erwirkt, er gewinnt daran διὰ πίστεως Anteil, »ist« und »lebt« dadurch nunmehr ἐν Χριστῷ und geht als solcher der eschatologischen Vollendung σὺν Χριστῷ entgegen, wobei er sich – als ἐν πνεύματι Lebender – schon jetzt durch einen zielbewußten Lebenswandel κατὰ πνεῦμα zu bewähren hat, denn »Christus ist der Inhalt des christlichen Lebens: die Ethik ist zugleich mit der Dogmatik neu geworden.«[543] Man kann also sagen, *daß Paulus die verschiedenen Präpositionen offenbar ganz bewußt einsetzt, weil er mit jeder Präposition eine bestimmte Nuance betont wissen will*: So hebt das διὰ Χριστοῦ auf das grundlegende *Heilswerk* Christi ab, während das ἐν Χριστῷ εἶναι die *Christusbezogenheit* des Christen im Sinne externer Seinsbestimmung ausdrückt (und damit zugleich die *Teilhabe* am Heilswerk Christi). Umgekehrt beschreibt das Sein Christi »in uns« bzw. sein Leben »in mir« Christus als innewohnende Lebenskraft des Christen, der als solcher »des Christus« (τοῦ Χριστοῦ) ist, d.h. ihm *gehört*. Das *Ziel* aber von διά, τοῦ *und* ἐν ist – wie noch zu zeigen ist (s.u. III.2. und III.4.) – das Sein σὺν Χριστῷ.[544] Ad. DEISSMANN hatte jedenfalls Recht, als er im Anschluß an andere Grammatiker die große Bedeutung der *Präpositionen* für ›jede nur einigermaßen ausgebildete Sprache‹ hervorhob und forderte, daß die »besonnene Forschung [...] diese Kleinen im Reiche der Sprache nicht verachte. [...] Qui parva contemnit, in magnis saepe alucinatur.«[545]

---

interpretieren. Letzteres hat schon ORIGENES, *princ.* IV 4,2 (= GCS 22, 351,16ff.) mit vollem Recht als »absurd« bezeichnet.

[543] VAN STEMPVOORT, ebd. (Übers. E.R.): "Christus is de inhoud van het christelijke leven: *de ethiek is met de dogmatiek nieuw geworden*" (Hervorhebung E.R.). Vgl. dazu auch BARTH, KD II/2, 573–575 (s.o. S. 148f., Anm. 116): »Ist die Dogmatik, ist die Gotteslehre Ethik, so muß das entscheidend heißen: sie ist die *Bezeugung* jener *göttlichen* Ethik, die Bezeugung des Guten, das der Inhalt des an *Jesus Christus* ergangenen und von *ihm* erfüllten Gebotes ist. Ein anderes Gutes neben diesem kann nicht in Frage kommen oder alles scheinbar andere Gute nur in seiner Abhängigkeit von diesem Guten« (a.a.O., 575).

[544] Zu den Nuancen der verschiedenen Präpositionen vgl. auch THÜSING, Per Christum, 233–237.

[545] Formel, 6 (s.o. S. 24 m. Anm. 51f.).

7. Die Christ-Innigkeit als asymmetrische perichoretische Einheit und ihre »Verortung« ἐν καρδίαις

Wir halten zunächst die *bisherigen Ergebnisse* unserer Untersuchung fest: *Mit der doppelten Formel vom »Sein in Christus« und dem »Sein Christi in uns« entfaltet Paulus die gegenwärtige Christusbezogenheit des Christen einerseits als externe Seinsbestimmung (»Sein in Christus«)[1], andererseits als innewohnende Lebenskraft (»Christus in uns«). Diese zwar mindestens im Ursprung asymmetrische, dabei gleichwohl reziproke und streng ontologisch zu verstehende (d.h. zunächst: reale[2]) »Christ-Innigkeit« ist die Bedingung der Möglichkeit der Teilhabe am Werk Christi, das letztlich auf die Auferstehung von den Toten – als endgültige Überwindung des Todes und damit aller gottfeindlichen Mächte, insbesondere der Sünde – zielt.*

Im folgenden sind diese Ergebnisse weiter auszuwerten. Dabei wird sich der Gedanke der *»Perichorese«* als hilfreich für die nähere Bestimmung der »Christ-Innigkeit« erweisen, wobei dieser Begriff in differenzierter Weise zu gebrauchen ist *(7.1.)*. Anschließend muß die wichtige und schon länger latent vorhandene Frage erörtert werden, *»wo«* denn die relational-ontologische Bestimmtheit des Menschen ἐν Χριστῷ *»ansetzt« (7.2.)*.

7.1. Christ-Innigkeit als Perichorese

Zutreffend hat etwa J.D. ZIZIOULAS im Anschluß an östliche Theologen diese wechselseitige Einwohnung als *Perichorese*[3] beschrieben und damit

---

[1] Vgl. WIKENHAUSER, Christusmystik[2], 36: »Wir haben aus unseren Betrachtungen die Erkenntnis gewonnen, daß Paulus mit der Formel ›in Christus‹ die Überzeugung zum Ausdruck bringen will, daß der Christ sich in einer Sphäre der tiefstgreifenden Beeinflussung seines ganzen Lebens durch eine göttliche Macht befinde, gewissermaßen ein vom früheren artverschiedenes Leben führe (vgl. besonders 2Kor 5,17). Der Vergleich mit der Formel ›bei Christus‹ hat uns dann über die zeitliche Begrenzung dieser Sphäre Aufschluß gegeben.«

[2] PAPANIKOLAOU, Being with God, 160, betont den »realism of divine-human communion«.

[3] Diesen Begriff hat in neuerer Zeit im Westen besonders *J. Moltmann* rezipiert; zur »Karriere« dieses Begriffs »in der zeitgenössischen evangelischen und katholischen Theologie« vgl. ferner JÜNGEL, Art. Perichorese, 1111. Neuerdings scheint allerdings bereits wieder der »Abschied von der Perichorese« eingeläutet zu werden (vgl. dazu MÜHLING, Abschied, *passim*). Das dürfte damit zusammenhängen, daß der Begriff mitunter diffus verwendet wird und – wie DALFERTH, Existenz Gottes, 210 m. Anm. 1, bemängelt – dergestalt *mißverstanden* (!) werden kann, als handle es sich bei dem immanent-trinitarischen »perichoretische[n] Anredegeschehen« um einen »ewigen Kreislauf« (a.a.O.,

einen Begriff aufgenommen, der ursprünglich in der *Trinitätslehre* beheimatet ist.[4]

K. LEHMKÜHLER hat in seiner instruktiven Studie über die »Einwohnung Gottes im Menschen« gezeigt, daß auch die lutherische Barocktheologie ein Interesse an Begriff und Sache der Perichorese hatte, um mit deren Hilfe die Analogie von (metaphysischer) Christologie und Soteriologie zu beschreiben:

»So kommt es hier zu einer Perichorese zweier unterschiedlicher Personen, Christus und der an Christus Glaubende, wobei die Person Christi selbst wiederum in der Durchdringung von göttlicher und menschlicher Substanz existiert.«[5]

Den Begriff der Perichorese greift ferner I.U. DALFERTH auf, wobei er die Pointe der innertrinitarischen perichoretischen Einheit darin sieht, daß sie sich »als ursprüngliches, aber Gott nicht hinter sich lassendes Über-sich-Hinausgehen Gottes« vollzieht,

»das nicht nur Gott selbst als Geschehen zwischen Gott Vater, Sohn und heiligem Geist konstituiert, sondern auch den Vollzug des göttlichen Lebens von Vater, Sohn und Geist im Horizont des göttlichen Selbstverhältnisses durch den Einbezug von Geschöpfen in die ursprünglich sozietäre Lebensgemeinschaft Gottes prinzipiell öffnet und zur Geschichte Gottes mit seiner Schöpfung entschränkt.«[6]

Diese *ursprüngliche* ›Öffnung‹ des perichoretischen Anredegeschehens »*auf Gemeinschaft hin*«[7] ist die schlechthin *notwendige* Bedingung des »pneumatologisch realisierten Bezug[s] auf Jesus Christus«[8], der den Glaubenden *wesentlich* charakterisiert. Dabei ist

dieser »Glaubensbezug […] nicht nur als reale Relation, sondern als so enges und intimes Verhältnis zu denken, daß Luther sagen kann, ›quod per eam sic conglutineris Christo, ut ex te et ipso fiat quasi una persona quae non possit segregari‹. Durch den Glaubensbezug wird der Mensch Jesus Christus inkorporiert, wird er Glied am Leib Christi (Eph 5,30). Indem er so – im Wortsinn – *Christ* wird, existiert er im Horizont der eschatologischen Gegenständlichkeit Gottes und beginnt so sein menschliches Wesen in der Gemeinschaft mit Gott und damit in seiner Wahrheit zu realisieren. Menschliches Sein als eschatologisches Leben des Glaubenden ist daher nicht anders als *christologisch vermittelt* zu realisieren. Durch den Glauben wird der Mensch so mit Christus eins, daß zwar nicht einfach der Unterschied zwischen dem glaubenden Menschen und Jesus Christus aufgehoben wird und jeder Glaubende damit Christus würde (er wird ja Christ und nicht Christus!),

---

210): »Daß sie das nahelegt, ist der Mangel der traditionellen Bezeichnung ›Perichorese‹. Die Gefahr eines solchen Kreislaufes, in dem sich nichts Neues ereignet, ist die *Banalität der Ewigkeit*. Daß es zu einer solchen Vorstellung im Anschluß an den Kreislaufgedanken kommen kann, weist auf dessen intrinsische Schwäche hin« (ebd., Anm. 1).

[4] Vgl. DENS., Otherness, 106.136.
[5] Inhabitatio, 158.
[6] Existenz Gottes, 211 (beide Zitate).
[7] DALFERTH, a.a.O., 210.
[8] DALFERTH, a.a.O., 280.

sondern daß er *von sich selbst unterschieden* wird und nicht nur der (alte) Mensch bleibt, sondern als Glaubender der (neue) Mensch wird, der die das menschliche Wesen auszeichnenden Möglichkeiten in der personalen, durch Jesus Christus vermittelten Gemeinschaft mit Gott im Vollsinn zu realisieren beginnt. [...] In Christo sein heißt daher anthropologisch auf jeden Fall, nicht mehr nur bei sich selbst, sondern so bei einem ganz bestimmten anderen, nämlich Jesus Christus, zu sein, daß man wahrer Mensch wird, indem man nicht mehr nur ontisch, sondern (christologisch vermittelt) eschatologisch und eben damit im Horizont einer zweifachen Gegenständlichkeit existiert.«[9]

Das alles ist natürlich überhaupt nicht mehr im Rahmen irgendeiner Form von substanzontologischer Theorie zu fassen, und darum kann (und muß!) jetzt mit guten Gründen gesagt werden,

»daß vom christlichen Glauben jeder Versuch, personale Identität durch Rekurs auf eine wie auch immer bestimmte Substanzialität zu bestimmen, als [...] unzureichend zurückzuweisen ist«[10].

Denn der Christ ist *ganz streng und ausschließlich* das, was er *in* und *aufgrund* seiner Christusbezogenheit ist:

Er hat »seine wahre Identität [...] extra se, und d.h. außerhalb seines Verhältnisses zu sich selbst, zur Welt und zu Gott in seinem pneumatologischen Bezogensein auf Jesus Christus«.[11]

Verhält es sich aber in der Tat *so*,

»dann ist – um ein aktuelles theologisches Problem der Identitätsproblematik aufzugreifen – die Frage nicht, inwiefern der Auferstehungsleib mit dem gegenwärtig identifizierbaren Körper bzw. der Auferstandene mit dem Menschen identisch sein kann, der in Raum und Zeit gelebt hat und gestorben ist, wenn zwischen beiden doch die durch den Tod markierte totale Diskontinuität herrscht. Die Frage ist vielmehr – und sie stellt sich nicht erst beim körperlichen Tod –, inwiefern der gegenwärtig existierende Mensch mit dem identisch ist und sein kann, der er eschatologisch ist. Denn liegt dort die eigentliche Bestimmung seines Wesens begründet, dann stellt sich das Identitätsproblem gerade im Blick auf sein raumzeitliches Sein und nicht etwa so, als ob dieses unproblematisch und nur jenes problematisch wäre.«[12]

---

[9] DALFERTH, a.a.O., 280f. Das LUTHER-Zitat findet sich WA 40/1, 285,24f. (Galaterkommentar, 1535).
[10] DALFERTH, a.a.O., 301.
[11] DALFERTH, a.a.O., 284.
[12] DALFERTH, ebd. Ob die sich daran anschließenden Sätze das treffend beschriebene Problem tatsächlich zureichend bzw. überhaupt *lösen*, ist mir allerdings zweifelhaft: »Es ist, wie der christliche Glaube aufgrund der von ihm behaupteten Priorität der eschatologischen gegenüber der ontischen Gegenständlichkeit weiß, gerade umgekehrt: nicht indem ich als Mensch ganz bei mir bin, sondern indem ich als Glaubender bei einem ganz bestimmten anderen, nämlich Jesus Christus bin, bin ich mit mir identisch. Denn erst wenn ich in all meinen Verhältnissen mit Gottes Verhältnis mit mir übereinstimme, werden sich auch mein Selbst-, Welt- und Gottesverhältnis in eine rechte, nämlich jenem Verhältnis entsprechende Übereinstimmung bringen lassen« (ebd.).

Die damit aufgeworfene schwerwiegende *Identitätsproblematik* ist im folgenden aufzugreifen. *Die Leitfrage lautet: (Wie) kann nach dem Wegfall der Substanz als (vermeintlicher) Trägerin der Identität (im Sinne eines substanziellen »Identitätskerns«, z.B. der »Seele«) die Identität der ausschließlich auf Relationen beruhenden Person plausibel gemacht werden?* Dabei interessiert hier natürlich ausschließlich die paulinische Antwort, insoweit sie sich aus seinen Texten »rekonstruieren« läßt.

7.2. Das »Herz« (καρδία) als »Ort« der relational-ontologischen Bestimmtheit des Menschen

Es fällt auf, daß Größen, die im Sinne *relationaler* Ontologie *seinsbestimmend* sind (»Sünde« ebensogut wie »Glaube«), bei Paulus regelmäßig mit dem »Herzen« (καρδία) in Verbindung gebracht und mitunter geradezu dort »verortet« werden. Das läßt *prima facie* den Schluß plausibel erscheinen, *daß die* καρδία – aber nicht etwa eine »substanzhafte« ψυχή o.ä. – gewissermaßen als »Ansatzpunkt« für die schlecht-hin konstitutive relational-ontologische Bestimmtheit des Menschen dient[13] und insofern die Identität der »Person« begründet.

7.2.1. Die Rede vom »Herzen« (καρδία) bei Paulus

Im Blick auf das *ganze* Neue Testament sprach schon J. BEHM vom *Herzen* als der »Stelle im Menschen, an der Gott sich bezeugt«[14]. Er sah darin »die eine zentrale Stelle im Menschen, an die Gott sich wendet, in der das religiöse Leben wurzelt, die die sittliche Haltung bestimmt«[15]. Als solche sei das Herz dann »der Mittelpunkt des inneren Lebens des Menschen«[16].

Das gilt m.E. uneingeschränkt auch für die *paulinische* Verwendung des Begriffes καρδία. Dabei weist ein Blick in die Statistik bereits darauf hin, daß καρδία offenbar zu den anthropologischen *Zentralbegriffen* des Apo-

---

[13] Vgl. auch GRELOT, Röm, 27, Anm. 8 (zu Röm 1,21): «Rappelons que dans le language venu des Écritures, le 'cœur' est l'organe de la connaissance religieuse.»

[14] Art. καρδία, 614,31f. Von einem »deutliche[n] Abstand von dem griechischen Wortverständnis« (ebd.) ist aber selbst nach seinen *eigenen* Ausführungen (a.a.O., 611,32ff.) *nichts* zu sehen! Oder *worin* soll der Unterschied zwischen dem Herz des Menschen »als *Sitz seines seelisch-geistigen Lebens«* [611,33] und dem Herz »als Hauptorgan des seelisch-geistigen Lebens« [614,31] bestehen? Man wird den Eindruck nicht los, daß diese Behauptung nur einer bestimmten hermeneutischen Vorentscheidung geschuldet ist.

[15] A.a.O., 615,28–30.

[16] A.a.O., 614,38f. Vgl. SAND, Art. καρδία, 619: Der Begriff καρδία diene seit dem Alten Testament zur Bezeichnung der »innersten Wesensmitte« des Menschen. Etwas zu weit geht darum KÄSEMANN, Leib, 131, wenn er das Herz mit der »geschichtliche[n] Person schlechthin« *identifiziert* (»ist«). Richtig aber ist seine Bemerkung: »Wird das Herz erfaßt, so ist damit die ganze geschichtliche Person in eine andere Welt versetzt« (ebd. [zu Röm 2,29; 5,5; 2Kor 4,6; Gal 4,6]).

stels gehört: Den Begriff καρδία verwendet Paulus immerhin etwa *dreimal so oft* (37mal) wie die Begriffe ψυχή (11mal), νοῦς (14mal) und συνείδησις, (14mal), während z.b. διάνοια gar nicht vorkommt. Umso mehr verwundert der auffällige Tatbestand, daß der Begriff καρδία forschungsgeschichtlich seltsam unterbelichtet ist.[17]

Was zunächst die ψυχή anlangt, so ist die »Seele« an den meisten Stellen in der Tat als Synonym für den »Menschen« (als einem *Lebewesen*) zu verstehen.[18] Demgegenüber bezeichnet die »καρδία *das Ich* des Menschen« als »das *trachtende, wollende, entschlossene* oder *bewegte* Ich, das sich zum Guten wie zum Bösen wenden kann.«[19] Die καρδία ist also der ›Ort‹ der *Rezeptivität und der Intentionalität* des »inneren Menschen« (ἔσω ἄνθρωπος) gleichermaßen.[20] In der καρδία verbinden sich mithin *Passivität* (die relationale externe Bestimmtheit) und *Aktivität* (die aus dieser Bestimmtheit erwachsende Intentionalität) zu dem höchst dynamischen, wandelbaren Lebenszentrum des Menschen, seiner »Mitte« in jeder Hinsicht: Die καρδία »ist [...] die Mitte des Menschen, die sein Leben bestimmt und von der her er sein Leben bestimmen muß.«[21]

Dieses Verständnis der καρδία darf nun allerdings nicht in der Weise abgeschwächt werden, daß behauptet werden könnte, »in den meisten Fällen, in denen καρδία gebraucht ist, vertritt es ein Personalpronomen.«[22] Denn die καρδία ist bei Paulus doch wohl mehr als ein bloßes Äquivalent für das ›existenziale Ich‹![23]

Auch ist es nicht ratsam, νοῦς und καρδία vorschnell für semantisch *synonym* zu erklären[24]; eine solche »identification of καρδία as a variant of νοῦς confuses rather than clarifies this matter«[25]. Vielmehr bestimmt die gleichermaßen rezeptive wie intentionale καρδία *ihrerseits* allererst den νοῦς als das »Aus-sein-Auf« des Menschen *ad extra* (d.h. seine grundsätzliche »Weltsicht«, wenn man so will [vgl. v.a. Röm 12,2])![26]

---

[17] Das zeigt JEWETT, Terms, 305. Eine gewisse Rolle scheinen dabei die theologischen Entwicklungen nach dem Ersten Weltkrieg gespielt zu haben (a.a.O., 309f.).

[18] Das hat BULTMANN, Theologie, 205, richtig gesehen. Zur »Bezeichnung des menschlichen Lebens bzw. des Menschen in seiner Lebendigkeit« dient der Begriff ψυχή ihm zufolge allerdings nur dort, »[w]o der Gegensatz zu πνεῦμα nicht vorliegt« (ebd.).

[19] BULTMANN, Theologie, 221 (beide Zitate [Hervorhebungen E.R.]). Das gilt aber nur *cum grano salis*, denn inwieweit die καρδία *selbst* sich [!] zum Guten oder Bösen wenden kann, bleibt hier unklar. Vgl. zum Ganzen noch SCHLIER, Menschenherz, *passim*.

[20] Vgl. schon LÜDEMANN, Anthropologie, 16–19; JEWETT, Terms, 448. »Herz« ist also ein Begriff der *Innerlichkeit*.

[21] SAND, Art. καρδία, 619 (NT = AT *resümierend*).

[22] Gegen BULTMANN, Theologie, 221.

[23] So die berechtigte Kritik an Bultmann bei JEWETT, Terms, 311.

[24] So aber BULTMANN, Theologie, 221.

[25] Mit JEWETT, Terms, 312. Die Bultmannsche Position ist nach JEWETT, a.a.O., 311f., nicht weniger als ein bedauerlicher Rückschritt hinter die von Bultmann offenbar nicht zur Kenntnis genommenen ›Entdeckungen‹ Schlatters ins 19. Jahrhundert zurück.

[26] Damit wäre der konkrete »Zustand« der καρδία die Bedingung der Möglichkeiten des νοῦς, d.h. diesem in einem noch näher zu bestimmenden Sinne *vorgelagert*.

Daß die »Werke des Gesetzes« den Heiden ausgerechnet ins *Herz* geschrieben sind (Röm 2,15), daß Gott gerade die *Herzen* erforscht (Röm 8,27) und *vor allem,* daß die Liebe Gottes durch den Heiligen Geist in den *Herzen* ausgegossen wird (Röm 5,5), ja daß *der Geist selbst in Gestalt eines »Angeldes« in den Herzen beheimatet* ist (2Kor 1,22; vgl. ferner Röm 8,9–11) und *von dort aus* zu rechtem Gebet anleitet (Gal 4,6!), ist dann nicht unverständlich, sondern zutiefst bedeutsam. Insofern ist auch die »Verortung« des Glaubens (im Sinne der *fides qua*) im *Herzen* nur konsequent (Röm 10,10a).

7.2.2. »Herz« (καρδία) und »Geist« (πνεῦμα): die pneumatologische Begründung der »Christ-Innigkeit«

Haben wir mit dem Voranstehenden den *»Ort«* der »Christ-Innigkeit« bestimmt – nämlich in der καρδία als dem affektiven und intentionalen »Zentrum« des Menschen –, können wir endlich auch die immer wieder aufgeschobene Frage abschließend zu beantworten suchen, *wie* denn diese »Christ-Innigkeit« im Sinne einer Christus-Inkorporation zustandekommt. Diese Frage ist jetzt nämlich in modifizierter Weise *so* zu stellen: *Wie bzw. wodurch wird die* καρδία *dergestalt »berührt« (affiziert), daß sie nun von Christus bestimmt und auf Christus ausgerichtet ist und bleibt? Oder: Wie nimmt Christus Wohnung in der* καρδία*?*

Die Antwort dürfte nach dem bereits Gesagten nicht überraschen: *Es ist allein der Heilige Geist, der die Herzen wirksam »berührt« (διὰ πνεύματος ἁγίου [Röm 5,5]!).*[27] Der Heilige Geist ist nicht erst ein *Ergebnis* des Glaubens oder der Taufe, sondern die notwendige und hinreichende *Bedingung ihrer Möglichkeit,* wie O. HOFIUS betont: »Das πνεῦμα ist nicht ›die Gabe, die der Glaube empfängt‹, sondern die den Glauben allererst schaffende δύναμις Gottes, die unlöslich mit dem schöpferischen Wort Gottes verbunden ist.«[28] Das Zustandekommen der im Glauben empfangenen »Christ-Innigkeit« *in der Zeit*[29] verdankt sich mithin einem *pneumatischen Gesamtgeschehen.*[30] Darum ist J.D.G. DUNNs Warnung berechtigt:

---

[27] Vgl. RABENS, Spirit, 142 m. Anm. 68. – Natürlich darf das Wirken des Heiligen Geistes nicht gegen die Verkündigung ausgespielt werden. Zwischen beidem besteht ein *enger Zusammenhang,* den etwa die *Westminster Confession* treffend zum Ausdruck bringt: "[...] our full Perswasion and Assurance of the infallible Truth, and Divine Authority thereof, is from the inward Work of the Holy Spirit, bearing Witneß by, and with the Word in our Hearts" (I/5 [zit. nach BSRK, 545]). Zur reformatorischen Lehre vom *testimonium Spiritus internum* vgl. PREISS, Zeugnis, bes. 9–15.

[28] Wort Gottes, 168f. (zitiert wird BULTMANN, Theologie, 331). Vgl. zum Ganzen die wichtigen Ausführungen HOFIUS', a.a.O., bes. 165–170.

[29] S. dazu oben S. 262–276.

[30] Das hat für das ganze Neue Testament besonders deutlich DUNN, Baptism, *passim,* herausgearbeitet (zu Paulus s. bes. a.a.O., 103–151). Ihm zufolge sah Paulus »the event

"As in our analysis of the three different aspects of that beginning [sc. of salvation; E.R.] (justification by faith, participation in Christ, gift of the Spirit), there is a *danger that we subdivide into distinct and discrete elements what Paul simply saw as the same event with differing emphases in differing cases*. So too here it may be less important to give a precise location or function for baptism within Paul's theology than to recognize that it was *part of the complex whole* and filled *an important role within the complex whole.*"[31]

Es ist eben die *pneumatologische Grundlegung der Christ-Innigkeit*, die sich einem wie auch immer gearteten, *definitorischen* Sakramentsverständnis verweigert.[32] Besser bezeichnet darum die Ostkirche die sog. Sakramente als »Mysterien«, wodurch der *Geheimnis- und Wundercharakter* der Heilszueignung m.E. eher gewahrt bleibt.[33]

Das *durch und durch pneumatische Geschehen des Eintritts in die ganzheitliche »Christ-Innigkeit«* gründet *ganz* im Christusgeschehen auf Golgatha. Seine *Zueignung* freilich verdankt sich dem Geist, der bald als Geist Gottes, bald als Geist Christi bestimmt wird – damit aber letztlich der Kraft Gott selbst, wie z.B. 1Kor 2,5 ausdrücklich sagt. Die Tatsache, daß sich Glaube bzw. »Christ-Innigkeit« allein dem Wirken Gottes verdanken (vgl. 1Kor 2,4f.)[34] und auf dieses auf Gedeih und Verderb angewiesen sind, läßt früher oder später die *Prädestinationsfrage* aufkeimen[35] (vgl.

---

of the beginning of salvation as *a complex whole*« (DERS., Theology, 455 [Hervorhebung E.R.]; ebenso BRUCE, Paul, 281, der zu Recht vor rationalistischen Distinktionen warnt). Vgl. RABENS, Spirit, 98: "[...] as Hofius and others have argued, the Spirit is received *in the process of* (or as part and parcel of) conversion-initiation." Richtig auch BLIGH, Gal, 219: "The believer is justified by faith and by the Holy Spirit *in one and the same act*" (Hervorhebung E.R.). Auf seine höchst problematische *Unterscheidung* von »Glaube« (als Antwort des *Menschen*) und »Geistwirken« (als göttliche Beförderung der menschlichen Antwort) ist hier nicht einzugehen. Vgl. ferner BORSE, Gal, 147 (›durch den Geist gewirkte Gemeinschaft mit dem Vater und mit dem Gottessohn Jesus Christus‹) u.ö.

[31] Theology, 455 (Hervorhebungen E.R.); vgl. DENS., Baptism, *passim*. Schon W. WREDE bemerkte völlig zu Recht, daß das »durch Glauben und Taufe« dem einzelnen zugeeignete Heil (Paulus, 67) dem getauften Gläubigen »*auf durchaus reale wenn auch undefinierbare Weise* [...] vermittelt« werde (a.a.O., 71 [Hervorhebung E.R.]).

[32] Das gilt auch für das Herrnmahl, wie HOFIUS, Herrenmahl, 235–237, unter Hinweis auf die die liturgischen Handlungen begleitenden *epiklektisch-konsekratorischen Gebete* und die Formulierungen in 1Kor 10,3f. (»*geistliche* Speise« bzw. »*geistlicher* Trank«) zu Recht erwägt. Mit beidem dürfte nämlich darauf verwiesen werden, daß es das »Wirken des *Geistes*« ist, »das den natürlichen Elementen Brot und Wein ihre sakramentale Qualität *verleiht*« (a.a.O., 237 [Hervorhebungen E.R.]).

[33] Zur *traditionellen* orthodoxen Theologie vgl. FELMY, Orthodoxe Theologie, 169–177, bes. 169: »Das Wort μυστήριον, ›tainstvo‹, das in der orthodoxen Theologie die Sakramente bezeichnet, sperrt sich von seiner Etymologie her gegen jede Definition.«

[34] Vgl. LUTHER, WA 6, 530,16–18 (De captivitate, 1520): *Est enim [sc. fides] opus dei, non hominis, sicut Paulus docet. Caetera [sc. opera] nobiscum et per nos operatur, hoc unicum in nobis, et sine nobis operatur.* S. dazu HOFIUS, Glaube, 260–262.

[35] Vgl. dazu HOFIUS, Wort Gottes, 173f.; MAIER, Mensch, 351–400. MAIER weist zudem nach, »daß im Grunde *die [...] Lösungsversuche, die der Prädestination auszuwei-*

Röm 9,6ff., bes. V. 14.19), die jedoch im Sinne des Apostels nur als unsachgemäß, weil anmaßend abgewiesen werden kann (Röm 9,20f.). Wenn wir also nun zum Ende hin bei der Frage nach *Wesen und Wirkung des Heiligen Geistes* anlangen (mithin bei der paulinischen *Pneumatologie*), ist dies durchaus sachgemäß, denn nicht von ungefähr hat man Paulus auch als ›*den* Theologen des Heiligen Geistes‹ bezeichnet.[36]

Aufmerksamkeit verdient dabei allerdings die einigermaßen *eigenartige* Tatsache, daß Fragen der paulinischen Pneumatologie in der Exegese nicht selten sehr eng mit der Frage nach einer paulinischen *Ethik* verbunden oder gar damit identifiziert werden.[37] Dementsprechend interessiert dann mehr das *Werk* des Heiligen Geistes als seine »Person«,[38] der »ethische« *Nutzen* mehr als die »theologische« Grundlegung, die *Wirkung* mehr als die Grundlage oder Bedingung der Möglichkeit. Durch diese einseitige Betonung der *Ethik* wird die paulinische Pneumatologie allerdings entscheidend *verkürzt*.

Der *Geist* Gottes bzw. Christi spielt zunächst einmal die schlechthin entscheidende Rolle bei der Entstehung aller wahren Gottes- bzw. Christuserkenntnis, wie Paulus in aller Deutlichkeit *1Kor 2,6–16* ausführt.[39]

Es ist vor diesem Hintergrund dann auch kein Zufall, daß der ganze Galaterbrief, der ja an Christen gerichtet ist, die in ihrem Christsein (d.h. letztlich in ihrem In-Christus-Sein [Gal 2,20f.!]) höchst gefährdet sind, gerade um die Frage nach dem *Woher des Geistempfangs* kreist.[40] Genau die-

---

chen trachten, alle gegen den Text arbeiten« (a.a.O., 358 [Hervorhebung E.R.]). Ob der Begriff *praedestinatio gemina* (a.a.O., 356) glücklich gewählt ist, mag hier offenbleiben.

[36] So etwa DUNN, Art. Geist/Heiliger Geist III., 566. Vgl. zum Ganzen FEE, Presence, *passim*; SZYPUŁA, Spirit, *passim*; ferner HORN, Angeld, *passim*; JENSON, Spirit, *passim*.

[37] S. z.B. RABENS, Spirit, *passim*, den namentlich »the interplay of Spirit and ethics in the theology of Paul« interessiert (a.a.O., 2; vgl. a.a.O., 20f. u.ö.). Zur Forschungsgeschichte der letzten 140 Jahre zu *dieser* Frage vgl. v.a. a.a.O., 253–306. Indes zeigt HORN, Angeld, 298, daß die »Frage nach ›Geist und Ethik‹ [...] als Frage der Verhältnisbestimmung« sich noch nicht im 1Kor, sondern erst im Zuge der Auseinandersetzungen mit den »Judaisten« stellt. Wie HORN, Wandel, 149, darlegt, ist »der paulinische Ansatz« gegenüber demjenigen des palästinischen und insbesondere des *hellenistischen* Judentums ohnehin »eher restriktiv, da der Wandel im Geist nicht auf die sittlichen Fragen insgesamt bezogen wird, sondern ausschließlich in der Nächsten- und Bruderliebe Gestalt findet.« Das könnte damit zusammenhängen, daß – nach HORN, a.a.O., 162 – in den Belegen der zwischentestamentarischen Literatur überhaupt keine *ethischen* Aspekte der Geistverleihung namhaft zu machen sind, während im Alten Testament hierfür *lediglich* Ez^{LXX} 36,27 in Betracht kommt.

[38] Vgl. jedoch FATEHI, Relation, *passim*, der ausdrücklich nach den christologischen Implikationen der paulinischen Pneumatologie fragt! Vgl. ferner FEE, Presence, 827–845.

[39] S. dazu KAMMLER, Kreuz, 176–236. – WALKER, Interpolations, 127–146, hält diesen Text für eine nichtpaulinische Glosse. S. *dagegen* SCHNABEL, 1Kor, 160–162 (Lit.).

[40] Mit MORALES, Spirit, 79: "[...] the Galatian's reception of the Spirit is the point on which the whole letter hangs" (unter Berufung auf LULL, Spirit, 25; COSGROVE, Cross, 41f.; u.a.). Ähnlich ECKSTEIN, Verheißung, 84.92f. ZAHN, Gal, 142, formuliert, es handle sich hier »um die Frage, ob ἔργα νόμου oder ἀκοὴ πίστεως die *causa efficiens*

se Frage ist der Dreh- und Angelpunkt der ganzen paulinischen Argumentation gegenüber den Galatern.[41]

Dabei setzt Paulus voraus, daß der Geistempfang »den Galatern gewiß sein mußte und für [ihn] feststellbar war«[42], was darauf schließen läßt, daß er hier auch an empirisch wahrnehmbare Äußerungen des Geistes denkt.[43]

7.2.3. Das »Herz« (καρδία) als Garant der Personkontinuität?

Eine »Seele« im Sinne einer irgendwie gearteten »Substanz« – und damit eine Substanzontologie – kennt Paulus offenbar nicht. Insofern erscheinen sog. »Ganztodtheorien« als prinzipiell nicht ganz abwegig. Sie klären jedoch – wenn überhaupt – das Problem der *Personidentität* mit ihrem bloßen Hinweis auf das »Gedächtnis« Gottes im paulinischen Sinne *nicht zureichend*. Die paulinische Rede von der καρδία in Verbindung mit der Gabe des Geistes ist demgegenüber reicher, ermöglicht sie doch das Festhalten an der tatsächlichen (durchaus intrinsischen) Identität der *Person* (καρδία), vermeidet aber gleichzeitig mit ihrem Hinweis auf die *wesenhaft externe Bestimmtheit* durch das πνεῦμα θεοῦ / Χριστοῦ die Vorstellung von einer *substanzhaften* Personkontinuität.

7.3. Zusammenfassung

Eine kurze Zusammenfassung sei den Worten F.X. REITHMAYRs überlassen, denen *nichts* hinzuzufügen ist:

> »›In Christo Jesu seyn‹, ist viel mehr, als bloß ›Christ-seyn‹, auch viel mehr, als bloß glauben an Christus. Es bedeutet, in einer durch die Aufnahme des heiligen Geistes, als des Geistes Christi, in das Herz, vermittelten inneren Lebensgemeinschaft mit Jesus Christus stehen, so daß er in uns, und wir in ihm sind. Vermöge dieses Ineinanderseyns erstirbt in den ihm Angehörigen das frühere Walten des fleischlichen Sinnes, und der Geist lebt auf, um das gesammte Wirken des Menschen nach dem göttlichen Gesetze zu ordnen und zu gestalten. *So* und *darum* besteht auch für die, so in Christus sind, Verdammniß nicht mehr.«[44]

---

et sufficiens der Begabung mit Geist sei«, und fährt fort: »In der zweimaligen Gegenüberstellung aber dieser zusammengesetzten Begriffe entsprechen einander gegensätzlich ἔργα und ἀκοή, νόμος und πίστις [...]« (ebd.).

[41] Vgl. neben MORALES, Spirit, 79, auch LULL, Spirit, 25; BETZ, Gal, 242.

[42] BORSE, Gal, 123. Charakteristisch *anders* formuliert OEPKE, Gal, 67: »Pls behandelt hier *das neue Leben der Gläubigen* als eine empirisch feststellbare Größe« (Hervorhebung E.R.). Aber es geht doch hier um den *Geist*, nicht um das »neue Leben«!

[43] Mit BORSE, ebd.; HILGENFELD, Gal, 155–157; LIETZMANN, Gal, 18; EBELING, Wahrheit, 217–220; u.v.a. – Dezidiert *anders* VIARD, Gal, 62: « Son [sc. de l'Esprit ; E.R.] rôle le plus important était d'apporter à ceux qui le reçoivent le témoignage qu'ils sont fils de Dieu (cf. 4,6), témoignage qui se laisse percevoir par certains effets ; mais ceux-ci peuvent être d'ordre purement intérieur. »

[44] Röm, 377 (zu Röm 8,1).

III. Die *zukünftige* Christusbezogenheit διὰ εἴδους und ihre ontische Wirksamkeit: das »Sein mit Christus« (σὺν Χριστῷ εἶναι)

Alles, was bisher behandelt wurde, bezieht sich *ausschließlich* auf die Zeit des *Glaubens*: διὰ πίστεως γὰρ περιπατοῦμεν, οὐ διὰ εἴδους (2Kor 5,7) – *das* ist die Signatur der *Gegenwart* des Christen. Dementsprechend charakterisiert auch das ἐν Χριστῷ εἶναι dessen *gegenwärtige* Christusbezogenheit.

Aber gemäß der »streng futurischen Ausrichtung des paulinischen Evangeliums, das die endgültige Überwindung aller Widersprüche verheißt«[1], ist das περιπατεῖν διὰ πίστεως nicht die *endgültige* Bestimmung christlicher Existenz. Der Glaube ist nicht eigentlich deren *Ziel*, sondern der *gegenwärtige, damit aber auch vorläufige* »Modus der Heilsteilhabe«[2], denn: εἰ *ἐν τῇ ζωῇ ταύτῃ ἐν Χριστῷ ἠλπικότες ἐσμὲν μόνον, ἐλεεινότεροι πάντων ἀνθρώπων ἐσμέν* (1Kor 15,19)! Ein Glaube also, der die Zukunftsgespanntheit aufgibt und sich im Hier und Jetzt einrichtet, hört nach Paulus auf, *christlicher* Glaube zu sein; vielmehr weist der christliche *Glaube* als solcher über sich selbst hinaus auf die Zeit *nach* dem Glauben, auf die Zeit des »Schauens« (εἶδος). Sollen unsere Ausführungen nicht auf halber Strecke stehenbleiben (und damit wahrhaft ziel-los enden), müssen wir unser Augenmerk daher auch auf die *zukünftige* Christusbezogenheit διὰ εἴδους lenken.

Damit stoßen wir nun unvermeidlich auf die gleichermaßen *schwierigen* wie zentralen Fragen der paulinischen Eschatologie, weil *ins Herz paulinischer Theologie überhaupt*, wie G. BORNKAMM zu Recht betont:

»Von der Eschatologie ist die Botschaft des Paulus in solchem Maße geprägt, daß es nicht angeht, aus ihr – wie es in der Lehre der späteren Kirche weithin üblich wurde – ein gesondertes Lehrstück ›Von den letzten Dingen‹ zusammenzustellen und aus diesem ein an den äußersten Rand gerücktes, zusätzliches End- und Schlußkapitel zu machen [...].«[3]

---

[1] Mit HOTZE, Paradoxien, 355 (zu 1Kor 15,28). S. dazu unten S. 365.391.415–422.
[2] Zu Begriff und Sache s. HOFIUS, Wort Gottes, 172f. m. Anm. 174.
[3] Paulus, 204. Vgl. schon KÄSEMANN, Anfänge, 100: »Selbst wenn man [...] Jesus stärker mit dem Beginn christlicher Theologie verknüpfen wollte, als mir das berechtigt erscheint, würde man in der nachösterlichen *Apokalyptik* einen theologisch neuen Anfang erblicken müssen und sich jedenfalls *auch darüber Rechenschaft zu geben haben, weshalb Dogmatik nicht mehr mit dem eschatologischen Problem einsetzt, sondern traditi-*

Im Gegenteil: Ohne Berücksichtigung der »ein zusammenhängendes Ganzes« bildenden Eschatologie des Apostels

sind »weder seine Lehre vom Gesetz, noch seine Rechtfertigungs- und Heilslehre noch irgendeine andere Aussage über das Wort vom Kreuz, über Taufe und Herrenmahl, über das Wirken des Geistes und das Wesen der Kirche zu denken«[4].

Erschwert wird die Beschäftigung mit der paulinischen Eschatologie außer durch die Fülle der mit ihr verbundenen Themenkomplexe auch durch den schwankenden Gebrauch des *Begriffs* »Eschatologie«. Dabei ist im Sinne des Apostels eine *Reduktion* des Eschatologischen auf das sog. »Präsentisch-Eschatologische« (meist rein existential interpretiert) keine Option, und ich verwende darum im folgenden den Begriff »Eschatologie« ausschließlich im Sinne *futurischer* Eschatologie.[5] Für Paulus ist ja immerhin so viel klar, *daß mit der Parusie Christi der schlechthin entscheidende*[6] *(kosmologische) Wendepunkt noch aussteht (1.)*. Entscheidend ist er auch insofern, als sich hier der *Modus* der Christusbezogenheit ändert – *vom* εἶναι ἐν Χριστῷ *zum* εἶναι σὺν Χριστῷ *(2.)*. Was der Apostel mit der von ihm heiß herbeigesehnten Parusie Christi *inhaltlich* weiter verbindet, soll im dritten und vierten Abschnitt *in strenger Konzentration auf das Wesentliche* kurz dargestellt werden: Es ist dies einerseits die lebenschaffende *Auferstehung der Toten (3.)*, andererseits die *Vernichtung des Todes und aller gottfeindlichen (und lebensfeindlichen) Mächte (4.)* dank des sichtbaren Herrschaftsantritts Christi. Im Blick auf die letztgenannten Abschnitte können wir uns auch deswegen *kurz* fassen, weil Paulus – wie P. SIBER richtig sieht –

»nicht an der apokalyptischen Schilderung als solcher interessiert ist, sondern daran, daß sie ihm Argumente für den Trost der Gemeinde (1. Thess 4,13–18) oder gegen die Hoffnungslosigkeit der Enthusiasten (Phil 3,20f) gibt.«[7]

Das *Ziel* (das »Sein mit Christus«) bildet »den Interpretationsschlüssel für die übrigen Endereignisse und den Rahmen, in dem die andern Endereignisse aufgenommen und theologisch fruchtbar gemacht werden.«[8]

---

onsgemäß mit der Apokalyptik endet« (Hervorhebungen E.R.). Und er warnt mit Recht: »Ganz ungestraft überwindet man die Apokalyptik nicht« (Apokalyptik, 111, Anm. 5).

[4] Ebd. Noch 1967 konnte STUHLMACHER, Gegenwart, 423, ganz allgemein feststellen: »Daß die Schriften des Urchristentums von ihrer Eschatologie her auszulegen sind, ist heute weithin anerkannt.« Man beachte aber umgekehrt auch SCHWÖBELs Warnung vor dem »*Fehler der eschatologischen Isolation*« (Dinge, 463–465 [Zitat: 463])!

[5] Zur Begründung s.u. S. 425–440 (Anhang).

[6] Vgl. MERKLEIN, Eschatologie, 92f.

[7] Auferstehungshoffnung, 257.

[8] SIBER, ebd.

1. Die Parusie Christi als Zeitenwende von kosmologischer Tragweite

Mit dem Thema der »Parusie Christi« gelangen wir in den Bereich der anscheinend von jüdischer Apokalyptik mitgeprägten, jedenfalls dezidiert *futurischen* Eschatologie des Apostels Paulus.[1] In diesem Zusammenhang ist zunächst grundsätzlich zu beachten, daß »Apokalyptisches« bei Paulus *ganz im Dienste seiner futurischen Eschatologie* steht, und insofern handelt es sich dabei natürlich um eine »durch den Glauben an Jesus *modifizierte* Apokalyptik«, wie G. EBELING präzisiert.[2] Das läßt sich nicht zuletzt auch daran erkennen, daß Paulus an den Vorereignissen der Parusie und damit einem »Endzeitfahrplan« nicht nur nicht interessiert ist, sondern alle diesbezüglichen Spekulationen energisch zurückweist (vgl. 1Thess 5,1–3[3]). Da die παρουσία bzw. ἡμέρα τοῦ κυρίου völlig *un-berechenbar* »kommt« (ἔρχεται), ist allein *nüchterne Wachsamkeit* gefordert (1Thess 5,6).

R. BULTMANN hat nun allerdings »die Begrifflichkeit der jüdisch-christlichen apokalyptischen Christologie und Soteriologie« *ganz grundsätzlich* und aufs Schärfste kritisiert[4], denn sie bringt s.E.

---

[1] Vgl. dazu besonders KÄSEMANN, Apokalyptik, *passim*. Für theologisch gewichtig halte ich seine Ausführungen zur sog. »Dialektik zwischen paulinischem Indikativ und Imperativ« (als Ausdruck des eschatologischen Vorbehalts, *nicht* der Gesetzlichkeit [a.a.O., 130, Anm. 23!]), die er mit folgenden Worten beschließt: »Er [sc. Paulus; E.R.] weiß, können wir nun schlicht sagen, um die Angefochtenheit des Glaubenden [...]. *Präsentische Eschatologie allein und nicht von der futurischen umfangen, – das wäre auch beim Christen nichts anderes als die Hybris des Fleisches, wie sie der Enthusiasmus ja genugsam zu allen Zeiten bezeugt.* [...] Christliche Gemeinde hat die Realität der Kindschaft nur in der Freiheit der Angefochtenen, welche auf die Auferstehung der Toten als die Wahrheit und Vollendung des regnum Christi vorausweist« (a.a.O., 130 [Hervorhebung E.R.]).

[2] Grund, 234; ihm folgend SIBER, Auferstehungshoffnung, 258 m. Anm. 6; vgl. CONZELMANN, 1Kor, 134. Übrigens versteht EBELING seine Präzisierung *nicht* als Absage an Käsemann (ebd.)!

[3] Das »Ende« (τέλος) ist nach Paulus gerade *nicht absehbar*, wenn denn der »Tag des Herrn« ausgerechnet in einer Zeit von »Frieden und Sicherheit« (εἰρήνη καὶ ἀσφάλεια) kommt (V. 3; zur Anspielung auf die *pax Romana* vgl. TELLBE, Paul, 123–126)! Demgegenüber schildert etwa *Mt 24,1–51* mehr oder weniger konkrete Entwicklungen (V. 4–31) und »Anzeichen« (σημεῖον [V. 3; vgl. V. 32f.]), an denen der Eingeweihte (V. 25; vgl. V. 15.33) das nahe Ende ablesen und sich entsprechend verhalten kann (s. aber den *Vorbehalt* V. 36–44.48–50!).

[4] Vgl. auch DENS., Apokalyptik, *passim* (als Antwort auf E. KÄSEMANNs These, die *Apokalyptik* sei »die Mutter aller christlichen Theologie gewesen« [Anfänge, 100; vgl. DENS., Apokalyptik, 130f.]).

»die *Gegenwartsbestimmtheit des Lebens durch das Heil* nicht zum Ausdruck, sondern macht *den Glauben wesentlich zur Hoffnung*. Sie ist darauf angelegt, *daß die Wende der Äonen bevorsteht und nicht schon erfolgt ist*.«[5]

Diese durchweg *negativ* gemeinten Äußerungen Bultmanns treffen nun aber ganz präzise auch und gerade die *paulinische* Sicht.[6] Denn Glaube *ist*

---

[5] BULTMANN, 2Kor, 100 (beide Zitate [Hervorhebungen E.R.]). Dem ist im Sinne des Apostels Paulus vehement zu entgegnen: $τῇ\ γὰρ\ ἐλπίδι\ ἐσώθημεν$ (Röm 8,24)! Mit ihrem (potentiellen) Vorgriff aufs Eschaton erweist sich Bultmanns Theologie letztlich als eigentümliche Abart einer *theologia gloriae*. Jedenfalls bemerkt FROITZHEIM, Christologie, 17f., mit Recht: »Eine ausschließlich oder primär existentiale Interpretation der pln. Eschatologie ist deshalb im Ansatz verfehlt, weil die Person des erhöhten und kommenden Herrn, die das Ereignis der eschatologischen Zukunft im ganzen beherrscht, nicht in Existenzverständnis und -vollzug auflösbar ist, sondern diese seinerseits erst begründet und ermöglicht.« – Vgl. zum Ganzen auch MOLTMANN, Hoffnung, bes. 51–60!

[6] Das ist übrigens insofern *keineswegs verwunderlich*, als *der strahlende Held für Bultmann nicht Paulus ist, sondern Johannes*, da ersterer sich allzu oft noch »mythologischer« Begrifflichkeit und Vorstellungen bedient habe (s. nur BULTMANN, Jesus Christus, 155). Ja, z.B. hinsichtlich der Eschatologie entspreche die paulinische Sicht zwar grundsätzlich der johanneischen, »wenngleich« Paulus sie – das ist hier entscheidend – »nicht mit derselben Radikalität durchgeführt hat« (DERS., Joh, 112, Anm. 2), da »dieser die dramatische Eschatologie der Apokalyptik nicht in Frage stellt« (DERS., Eschatologie, 145, Anm. 1). Das bedingt dann eine entsprechende *Sachkritik* an Paulus. Demgegenüber ist eine *Hochschätzung* der »präsentische[n] Eschatologie des Johannesevangeliums« typisch für die Bultmannschule (s. dazu etwa THYEN, Sündenvergebung, 180–187 [Zitat: 182]). Im Gefolge Bultmanns fordert auch H. THYEN ausdrücklich und grundsätzlich *Sachkritik* an den paulinischen Aussagen: »Christliches Leben ist Leben im Glauben und nicht in ekstatischer Schau. Das gilt prinzipiell, denn auch im Eschaton ›bleibt‹ der Glaube (1. Kor. 13,13); d.h. christliches Leben ist immer Leben coram deo, also Leben in Relation. Die Distanz zwischen Gott und Welt wird niemals in vergottendem $εἶδος$ aufgehoben, denn hier wie im Eschaton ist die Doxologie des Vaters Sinn und Ziel der Weltgeschichte (Phil. 2,11). [...] Auch da, wo Paulus selbst unter dem Einfluß dualistischer Mystik und Apokalyptik nahe daran ist, die Welt als Schöpfung Gottes preiszugeben und das Heilsziel in der Aufhebung der Distanz und in der Verwandlung in himmlisches Pneumawesen zu sehen, muß man gegen Paulus mit seiner eigentlichen Intention an der bleibenden Distanz festhalten und die Einheit der beiden Testamente darin bewahren, daß es *diese* Welt als Schöpfung ist, von der Gott sagt ›und siehe, alles war sehr gut‹, und für die und deren Erhaltung er den Menschen als seinen Partner schuf, und nicht eine postmortale, übernatürliche andere Welt. Hier ist von der Kreuzestheologie des Apostels her die Apokalyptik ebenso kritisch zu reduzieren wie die dualistische Mystik« (Sündenvergebung, 173f.).

Als *ein* kritischer Hinweis zu dieser Sicht mag hier genügen, daß Paulus die Aussage 1Kor 13,13 gerade auf das Leben des Christen *hier und jetzt* ($νυνὶ\ δέ$!) beschränkt. Im Eschaton ist der Glaube ja aufgehoben, weil das $ἐν\ Χριστῷ\ εἶναι$ zum $σὺν\ Χριστῷ\ εἶναι$ geworden ist, was natürlich *nicht* eine vergottende Aufhebung des Menschen in Gott meint, sondern – engste, nicht ›distanzierte‹! – Relation, nämlich $ἀγάπη$ (die darum *ewig* bleibt: 1Kor 13,8). *Erst* im Eschaton, das natürlich nicht mit der Gegenwart verwechselt werden darf, *wird* der Mensch tatsächlich »Partner« Gottes, und *das* – und nichts anderes! – »ist doch der unaufgebbare Sinn der altkirchlichen Christologie und

nach Paulus in der Tat wesentlich *Hoffnung* (vgl. Phil 3,12–14): »Wir wandeln nicht διὰ εἴδους, sondern διὰ πίστεως« (2Kor 5,7 mit Kontext). Glaube ist bei Paulus (allein schon aufgrund seiner *inhaltlichen Ausrichtung* εἰς Χριστόν[7] [Gal 2,16; Phil 1,29]) immer *gespannter* Glaube, das ἀπεκδέχεσθαι darum sein Grundton (Röm 8,24f.; 1Kor 1,7b; Gal 5,5; Phil 3,20f.; vgl. 1Thess 1,10). Der Glaube geht nicht in den Verhältnissen der Gegenwart auf oder arrangiert sich mit ihnen (vgl. 2Kor 4,18), sondern er harrt *seufzend*, d.h. »widerwillig«, in ihnen aus, weist und *hofft* vor allem aber über sie hinaus (vgl. zum Ganzen Röm 8,23–25 und den liturgischen Ruf »Maranatha!« [1Kor 16,22]).[8]

Mit Recht beklagt Y.-G. KWON, ein vehementer Verfechter einer rein futurisch-eschatologischen Lesart des Galaterbriefs[9], die weitgehende Vernachlässigung der *durchgehend futurischen Prägung der paulinischen Eschatologie* in der neueren Exegese.[10] Denn "the primary framework of

---

Trinitätslehre« (gegen THYEN, a.a.O., 174). Das Ziel der »vergebenden Selbstentäußerung Gottes« liegt darum *nicht* »in der Bewahrung, Bewährung und universalen Ausweitung der daraus resultierenden Partnerschaft Gottes mit seinem Geschöpf«, sondern *tatsächlich* in der »postmortale[n], übernatürliche[n] andere[n] Welt« (gegen THYEN, ebd.)! – Zum Ganzen s.u. S. 352–363.

[7] Dementsprechend erwartet die Gemeinde »geen *dingen*, zij verwacht haar *Heer*, Jezus Christus« (so mit Recht BOLKESTEIN, 1Thess, 41 [zu 1Thess 1,10]).

[8] Bereits mit den hier genannten Stellen, die *exemplarisch* zu verstehen sind, ist m.E. hinlänglich nachgewiesen, wie sehr die paulinischen Briefe *insgesamt* (mindestens Röm, 1/2Kor, Gal, Phil, 1Thess) von futurischer Eschatologie geprägt sind. – VISSER, Paraklese, 7 (Vorwort), betont, daß der »Maranatha!«-Ruf inhaltlich die ganze paulinische Eschatologie bündelt. Zur Diskussion um die *Herkunft* der Bezeichnung Christi als מראנא (»unser Herr«) vgl. MERKLEIN, Marânâ, 25–27 (er versteht diese Bezeichnung *von nabatäischen Texten her* als dezidiert *königlichen* Hoheitstitel [a.a.O., 28–41]).

[9] Vgl. DENS., Eschatology, bes. 1–25. Es gelingt ihm in seinem Forschungsüberblick überzeugend, die unüberwindbaren Probleme sowohl rein *präsentisch-eschatologischer* Ansätze als auch derjenigen Entwürfe aufzuweisen, die *in eschatologicis* von einem »Schon jetzt« und »Noch nicht« ausgehen.

[10] Vgl. DENS., a.a.O., bes. 130–154.184–212.216–218; FROITZHEIM, Christologie, *passim*. In der *Tendenz* ähnlich THÜSING, Per Christum, 279f., wenn er darauf hinweist, es sei wichtig, »daß man die Genesis der Eschatologie des Paulus nicht aus den Augen verliert: *Das Futurisch-Apokalyptische bildet den Ausgangspunkt*. Paulus würde die *Priorität dieses apokalyptischen Ausgangspunkts* niemals zugunsten eines einseitigen präsentisch-eschatologischen Enthusiasmus aufgeben. Von dieser Einsicht aus erscheint es um so wichtiger, die futurisch-eschatologische Komponente der paulinischen Aussagen nicht durch die präsentisch-eschatologische (deren Bedeutung für Paulus gar nicht in Frage steht) überspielen zu lassen« (Hervorhebungen E.R.).

Wie schon im Blick auf die Vernachlässigung der *Kosmologie*, so wird auch für die Zurückdrängung oder gar Preisgabe der *futurischen Eschatologie* maßgeblich der Einfluß Bultmanns und seiner dezidiert am *Individuum* orientieren »existenzialen« Interpretation geltend zu machen sein, zumal das eine (Kosmologie) mit dem anderen (futurische Eschatologie) strukturell eng verknüpft ist. Dazu und zur Kritik dieser Sicht vgl. RAH-

Paul's theological argument is future eschatological salvation and not what has already been realized through the Christ event"[11], und das gilt nach meiner Überzeugung nicht nur für den Galaterbrief. Das heißt natürlich nicht, daß man nun quasi im Gegenschlag das Kreuzesgeschehen zugunsten der Parusie vernachlässigen und letztere zum Zentrum seines Evangeliums erklären dürfte[12]:

> "The real problem rather seems to be the tendency to treat these themes (Christology, eschatology) as independent theological motifs which occupy certain compartmentalized portions of Paul's thought, often competing against each other for the place of honor in his mental universe. [...] However, driving an artificial wedge between the cross and the *parousia* or highlighting one at the cost of the other does more to obscure Paul's thought than to clarify it. For Paul both 'Christ and him crucified' and 'the Day of Christ' are like pillars which sustain the whole structure of his gospel, and without either one of which the other simply loses its meaning."[13]

Aus diesem Grund bedürfte auch die beliebte Rede von einer »eschatologischen Spannung« zwischen »Schon jetzt« und »Noch nicht« bei Paulus dringend einer ›ernsthaften Überprüfung‹ (»serious re-examination«):

> *"The notion of 'tension' seems to be the product of an artificial juxtaposition of an 'already' against a 'not yet' by scholars, and not a natural result of close exegetical investigation. For Paul, what has already happened does not seem to stand in uneasy tension with what will happen in the future. On the contrary, Paul speaks of what has happened as the indispensable ground for the future hope, all as closely knitted parts in God's ongoing drama of salvation."*[14]

1.1. Die paulinische Rede von der παρουσία τοῦ κυρίου

Dem o.g. zweiten »Pfeiler« (»pillar«) des paulinischen Evangeliums, der *Parusie* Christi (ἡ παρουσία τοῦ κυρίου), wenden wir uns nun zu. Dabei fällt sofort auf, daß die Erwartung der (baldigen) Wiederkunft[15] Jesu

---

NER, Hermeneutik, 404f. (Hinweis von Martin Wenzel). Allen Versuchen der »Entmythologisierung« (und das heißt zugleich: »Enteschatologisierung«) stellt er die These gegenüber: »Es muß im christlichen Glaubensverständnis und seiner Aussage eine Eschatologie geben, die wirklich das *Zukünftige*, das in einem ganz gewöhnlichen, empirischen Sinn zeitlich noch Ausständige meint« (a.a.O., 404). Denn eine entmythologisierende »Enteschatologisierung« sei als solche »bekenntniswidrig« und »auch schriftwidrig« (a.a.O., 405).

[11] KWON, a.a.O., 214.

[12] Vgl. KWON, a.a.O., 216: "Such a step would cause even more disastrous distortion of his gospel which *is* about 'Christ and him crucified' (1 Cor 2:2)."

[13] A.a.O., 216f.

[14] A.a.O., 217 (Hervorhebung E.R.). Für die heute gängige Sicht einer »eschatologischen Spannung« usw. macht KWON, ebd., Anm. 2, v.a. *Oscar Cullmann* verantwortlich.

[15] Obwohl OEPKE, Art. παρουσία, 863, mit der Beobachtung Recht hat, »daß unsere Vokabeln [sc. παρουσία und παρεῖναι] im NT nie auf das Kommen Christi ins Fleisch angewandt werden«, so erscheint doch sein Schluß, daß daher »παρουσία *niemals die*

1. Die Parusie Christi als Zeitenwende von kosmologischer Tragweite

Christi, seiner »Parusie«, wie sonst kaum ein anderes Schreiben des Heidenapostels den *1. Thessalonicherbrief* durchzieht. Schon das durch die Doppelthematik des *gegenwärtigen Gottesdienstes der Gemeinde* und ihrer *Erwartung des zukünftigen Handelns Jesu Christi* gerahmte[16] Proömium[17] gibt diesem Brief von Anfang an eine »apokalyptisch-eschatologische Grundstimmung«[18], die sich auch aufgrund der fast gewollt anmutenden *gleichmäßigen* Verteilung der Hinweise auf die Parusie Jesu Christi (1,3. 10; 2,19; 3,13; 4,15; 5,23; vgl. noch 5,2.4) als *cantus firmus* erweist.

Mit der Rede von der Parusie sind bei Paulus mehrere Themenkomplexe aufs engste verknüpft: die Frage nach der *eschatologischen Totenauferstehung* (1Thess 4,13–18; vgl. 1Kor 15,12–58 [V. 23.52!])[19], der »Tag des Herrn« (ἡ ἡμέρα τοῦ κυρίου) und das eschatologische »Zorngericht« (ὀργή [vgl. 1Thess 1,9f.; 5,1–11])[20], dem die Christusgläubigen enthoben sind (= σωτηρία [vgl. 1Thess 1,10; 5,9]), sowie der sog. *Lohngedanke* (1Thess 2,19f.).[21] In diesen *eschatologischen* Horizont wird aber auch die *gegenwärtige* Existenz der christlichen Gemeinde eingezeichnet: Von der Parusie Christi her fällt auch *Licht* auf das Leben der Gemeinde *in der Gegenwart* (vgl. 1Thess 5,4–6.8); es ist ganz auf das mit der Parusie erhoffte Neue hin ausgerichtet und um Vollkommenheit bemüht (1Thess 3,12f.).

Bevor wir uns diesen Fragen im einzelnen zuwenden, ist gleich zu Beginn auf ein wichtiges Charakteristikum des 1. Thessalonicherbriefes hinzuweisen. Es wäre fatal, wenn man

---

Bedeutung Wiederkunft annimmt« (ebd.), übereilt, zumal OEPKE selbst davon spricht, daß »[d]as Urchristentum [...] auf den *einmal gekommenen* Jesus als den Kommenden« wartet (ebd. [Hervorhebung E.R.]). Der dt. Begriff »Wiederkunft« muß daher nicht *per se* implizieren, schon Jesu Dasein ἐν σαρκί sei als »Parusie« zu verstehen, sondern drückt lediglich aus, daß die Erwartung von Jesu eschatologischer Ankunft (παρουσία) natürlich *keinen Augenblick lang* davon absieht, daß er »schon einmal« da war. Gerade hierin besteht eine tiefgreifende Differenz zu den meisten jüdischen Messiaserwartungen.

[16] 1Thess 1,3 bildet mit 1,9f. eine inhaltliche *inclusio*, wobei die sachverwandten Glieder τὸ ἔργον τῆς πίστεως und ὁ κόπος τῆς ἀγάπης (1,3a) ihre Parallele im δουλεύειν θεῷ ζῶντι καὶ ἀληθινῷ (1,9b) haben, während das ἀναμένειν τὸν υἱὸν αὐτοῦ [sc. θεοῦ] ἐκ τῶν οὐρανῶν, [...] Ἰησοῦν τὸν ῥυόμενον ἡμᾶς ἐκ τῆς ὀργῆς τῆς ἐρχομένης (1,10a.c) die ὑπομονὴ τῆς ἐλπίδος τοῦ κυρίου ἡμῶν Ἰησοῦ Χριστοῦ (1,3b) wieder aufnimmt.

[17] Die *Abgrenzung* des Proömiums ist in der Forschung allerdings umstritten. Da zwischen 1,10 und 2,1ff. inhaltlich kein Einschnitt zu verzeichnen ist, wie man ihn aus manchen anderen Paulusbriefen kennt (s. nur 1Kor 1,9.10), lassen einige Ausleger die sog. »briefliche Danksagung« sogar bis 3,13 reichen (vgl. SCHNIDER/STENGER, Briefformular, 42–49; SCHNELLE, Einleitung, 64 m. Anm. 104).

[18] SCHNELLE, Einleitung, 68 (Hervorhebung i.O.).
[19] S. dazu unten S. 352–355.
[20] S. dazu unten S. 338–340.340–343.
[21] Vgl. dazu u.a. WETTER, Vergeltungsgedanke, *passim*; WINTER, Bedeutung, *passim*; BORNKAMM, Lohngedanke, *passim* (letzterer sieht im Neuen Testament ein gewandeltes, weil *vom Verdienstgedanken gelöstes* »Lohn«-Verständnis).

übersähe, »welch *seelsorgerliches Interesse* den Apostel bei diesem Schreiben leitet«[22]. Damit unterscheidet es sich »grundsätzlich von allen späteren Briefen. Sie alle sind mehr oder weniger stark bestimmt von Auseinandersetzungen. Dieser Zug fehlt im 1. Thess. Hier geht es Paulus vielmehr darum, eine Gemeinde zu ermuntern, auf dem angetretenen Wege weiterzugehen.«[23] Eine sachgemäße Auslegung dieses Briefes wird dieser (textpragmatischen) Absicht stets Rechnung tragen müssen.

Ein Blick in die Konkordanz läßt sofort den (erstaunlichen) Befund erkennen, daß Paulus das der *Sache* nach von ihm vielfältig variierte Thema der *eschatologischen Ankunft Jesu Christi in Herrlichkeit* nur fünfmal[24] überhaupt mit dem *Begriff* »Parusie« (παρουσία) bezeichnet, davon allein viermal im 1. Thessalonicherbrief (2,19; 3,13; 4,15; 5,23; ferner 1Kor 15,23). Daß dieser Begriff ausgerechnet in einem Brief an die Gemeinde in *Thessaloniki*[25] so prominent erscheint, ist allerdings kaum ein Zufall, weil gerade *diese bedeutende*[26] *Provinzhauptstadt*[27] *des Römischen Reiches*[28]

---

[22] MARXSEN, 1Thess, 25 (Hervorhebung E.R.). Vgl. die Diskussion der Briefabsicht bei ROBERTS GAVENTA, 1Thess, 5–7. Sie kommt zu dem Schluß, »that the primary purpose of 1 Thessalonians is consolidation or, to use Paul's own language, ›upbuilding‹« (a.a.O., 6).

[23] MARXSEN, ebd. Das gilt *in besonderer Weise* für Abschnitte wie 1Thess 4,13–18 und 5,1–11, die von ihrer *parakletischen Zielrichtung* her verstanden werden wollen (vgl. die *inclusio* 4,13.18; 5,11!).

[24] Die übrigen Belege für ἡ παρουσία beziehen sich *nicht* auf die Parusie Jesu Christi (1Kor 16,17; 2Kor 7,6.7; 10,10; Phil 1,26; 2,12), ebensowenig das diesem Begriff zugrundeliegende Verb παρεῖναι (»kommen zu«, »anwesend sein«: 1Kor 5,3[2x]; 2Kor 10,2.11; 11,9; 13,2.10; Gal 4,18.20).

[25] Zu den antiken Quellen und zur Stadtgeschichte vgl. z.B. ERRINGTON, Art. Thessalonike, 451f.; TOURATSOGLOU, Münzstätte, 5–19, bes. 5–12 m. Anm. 47; VOM BROCKE, Thessaloniki, *passim*.

[26] Just für die Zeit der paulinischen Mission in Thessaloniki Ende der 40er Jahre des 1.Jh. n.Chr. und die folgenden Jahrzehnte nimmt TOURATSOGLOU, Münzstätte, 12, jedoch eine politische und wirtschaftliche »Vernachlässigung dieser Provinz« an, da sie zu jener Zeit »weit entfernt von den Grenzen und so auch ohne strategische Bedeutung« war. Vgl. dagegen neuerdings wieder BÖRSCHEL, Konstruktion, 65f., die aber zeitlich vage bleibt.

[27] Daß Paulus gerade in Thessaloniki als einer *Provinzhauptstadt* missionierte, ist kein Zufall, sondern entspricht seiner *Missionsstrategie*: »Paulus hat nicht eine ganze Provinz Stadt für Stadt durchzogen, sondern er verkündigt das Evangelium an einigen zentralen Orten, zumeist in den an günstigen Verkehrsverbindungen gelegenen Städten. Vor allem konzentriert er seine Arbeit auf die Provinzhauptstädte. In Thessalonich, der Hauptstadt Mazedoniens, weilt er mehrere Monate [...]. Paulus verkündigt also das Evangelium in den Zentren; die Missionierung des Umkreises ist dann die Sache der in den Zentren entstandenen Gemeinden« (HOFIUS, Missionar, 2f.; eine *mehrmonatige* Missionstätigkeit des Apostels »folgt aus 1Thess 2,9 und Phil 4,16. Aus Apg 17,2 darf keineswegs geschlossen werden, daß Paulus nur ca. drei Wochen in Thessalonich blieb« [a.a.O., 2, Anm. 5]).

[28] Nach 148 v.Chr. war Thessaloniki »Sitz der röm. Provinzialverwaltung in Macedonia« (ERRINGTON, a.a.O., 452), ab 42 v.Chr. *civitas libera* (ebd.). Thessaloniki hatte sich schon zuvor »zur bedeutendsten maked[onischen] Hafenstadt« entwickelt (a.a.O., 451).

1. Die Parusie Christi als Zeitenwende von kosmologischer Tragweite 333

(wie auch Korinth!) durch und durch *griechisch-hellenistisch* geprägt war[29] und die christliche Gemeinde sich »ganz überwiegend aus ehemaligen Heiden«[30] – Polytheisten[31] (vgl. 1,9) – zusammensetzte. Dieser Tatsache

---

[29] Vgl. VOM BROCKE, Thessaloniki, 100f.: »Das griechisch-makedonische Bevölkerungselement blieb trotz des römischen Einflusses in den ersten beiden Jahrhunderten nach der Zeitenwende der beherrschende Faktor in der Stadt.«
[30] VOM BROCKE, a.a.O., 114. Ebenso HAUFE, 1Thess, 10f.; ASCOUGH, Associations, 202f. Dies ist umso plausibler, als Paulus sich nach eigener Aussage *von Anfang an* und *in erster Linie* als *Heidenmissionar* verstand (vgl. Gal 1,15–17, bes. V. 16b). Vgl. dazu HOFIUS, Missionar, bes. 15f.; gegen MARXSEN, 1Thess, 18, der darin eine spätere Entwicklung sieht; ferner gegen REISER, Heiden, bes. 82f.90f., der – ähnlich wie WILCKENS, Theologie I/3, 55 – zwar nicht die Herkunft der Mehrheit der Christusgläubigen in Thessaloniki aus dem Heidentum leugnet, aber behauptet, Paulus erinnere sie in 1Thess 1,9 »an einen Schritt, den sie *vor* seiner Ankunft in der Stadt getan haben« (a.a.O., 91 [Hervorhebung E.R.]; ebenso MARXSEN, a.a.O., 40f.). Da Paulus *ausschließlich* ehemalige (!) Heiden, d.h. die Gruppe der σεβόμενοι (τὸν θεόν), missioniert habe, gelte: »Die heidnischen Jünger und Jüngerinnen Jesu Christi gewann Paulus in der Synagoge, nicht auf dem Marktplatz. [...] *Nicht nur das Judenchristentum, auch das Heidenchristentum kommt aus der Synagoge*« (ebd. [Hervorhebung E.R.]). Diese Argumente vermögen in ihrer *Alternativlosigkeit* jedoch nicht zu überzeugen. Außer der die Reisersche These schon genügend widerlegenden Beobachtung, daß Paulus in 1Thess 1,9 »in einem Atemzuge von seiner Ankunft in Thessaloniki [...] und der sich anschließenden Bekehrung der Christen« spricht (VOM BROCKE, a.a.O., 114f.) und nichts darauf hindeutet, daß zwischen 1Thess 1,9 und 1,10 eine zeitliche Zäsur anzunehmen ist (sonst wäre, was kaum die Intention des Paulus sein dürfte, die »Erwartung des Gottessohnes aus dem Himmel« eine bloße *Addition* zum an sich suffizienten vor-christlichen Gottesglauben der Thessalonicher!), ergeben sich folgende Fragen: 1) Warum sollte *nur das synagogale Judentum* eine anziehende Wirkung auf genuine Heiden gehabt haben (so REISER, a.a.O., 85f.)? Der Schritt vom Heiden zum Christen dürfte vermutlich kaum viel größer gewesen sein als der vom Heiden zum »Gottesfürchtigen«! 2) Was REISER, a.a.O., 77–81, als Argument *gegen* eine paulinische Wirksamkeit unter »echten« Heiden (also Heiden *ohne* »gute jüdische Bildung«) ins Feld führt – z.B. die mangelnde Kommunikationsfähigkeit des Apostels im philosophischen Diskurs bzw. im »interreligiösen Dialog«, wenn man so will –, ist ja gerade vom Blick auf das Judentum ein *unerhebliches*, wenn es denn eine aktive jüdische Mission« nie gegeben hat: »Die Heiden, die sich am Sabbat in der Synagoge einfanden, kamen ganz von sich aus« (a.a.O., 85). Hätten sie sich dann aber nicht auch in einer paulinischen Gemeinde »ganz von sich aus« einfinden können? 3) Warum muß *trotz* der Tatsache, daß der 1. Thessalonicherbrief »ein vergleichsweise geringes Maß an jüdischer Vorbildung« erfordert (REISER, a.a.O., 83!), behauptet werden, *auch* in Thessaloniki habe Paulus keine Heiden missioniert, die nicht *zuvor* schon »Gottesfürchtige« gewesen seien? Muß und kann – nicht nur angesichts von 2Petr 3,15f.! – wirklich davon ausgegangen werden, die Adressaten hätten immer alles verstanden bzw. verstehen *können*? Wie wäre dann zu erklären, daß Paulus in seinen Briefen offenbar zuweilen *Mißverständnisse* korrigieren muß? M.E. gilt: Daß Paulus »sich um Verständlichkeit bemüht hat, darf man voraussetzen. Ob ihm das immer gelungen ist, ist eine andere Frage« (MARXSEN, a.a.O., 51, mit weiteren bedenkenswerten Erwägungen). 4) Wäre es überdies nicht möglich, daß Paulus bei seinem *mehrere Monate* dauernden Thessaloniki-Aufenthalt (vgl. HOFIUS, Missionar, 2 m. Anm. 5) die zum Verständnis seiner Briefe notwendi-

»trägt die Konzeption und Abfassung des ersten Thessalonicherbriefes insofern Rechnung, als daß sich im gesamten Brief keinerlei Zitate aus der LXX finden, welche einen jüdisch-hellenistischen Verstehenshorizont erfordern«[32].

Das gilt auch für den Begriff παρουσία, denn der atl. kaum bezeugte Begriff[33] erklärt sich mit B. RIGAUX u.v.a. am ungezwungensten aus dem *hellenistischen Zeremoniell des siegreichen Einzugs des Kaisers oder eines hochrangigen Amtsträgers in eine Stadt*[34] (gr. παρουσία, lat. *adventus*[35]):

« On peut conclure des parallèles hellénistiques et bibliques que Paul a pu dépendre de l'une et de l'autre source, que la formule littéraire biblique est très proche de l'expression de Paul, mais qu'il a pu être témoin de cérémonies hellénistiques et en connaître le vocabulaire [sc. le mot ὑπαντᾶν; E.R.]. Pourquoi faudrait-t-il rejeter la double influence ? C'est le même problème que pour παρουσία. Les lecteurs connaissaient vraisemblablement mieux la rencontre officielle qu'ils n'étaient versés dans la LXX.[36] Le mot est pour

---

gen theologischen Grundlagen selbst gelegt hat? Paulus selber spricht doch z.B. 1Thess 2,9 von seiner *umfassenden Lehrtätigkeit in der neugegründeten christlichen Gemeinde*! Und Timotheus – immerhin ein συνεργὸς τοῦ θεοῦ ἐν τῷ εὐαγγελίῳ τοῦ Χριστοῦ (3,2) –, den er von Athen aus schickte, wird die Gemeinde nicht weniger unterwiesen haben (vgl. 3,3). – Damit soll die *grundsätzlich* zutreffende These, daß Paulus *vor allem* unter »Gottesfürchtigen« missioniert hat, nicht generell verworfen werden; aber daß er das – *auch* in Thessaloniki – ganz *ausschließlich* getan haben soll, ist nicht haltbar.

[31] Vgl. VOM BROCKE, a.a.O., 114–142.

[32] VOM BROCKE, a.a.O., 115; ebenso ASCOUGH, Associations, 202f.

[33] Nur in den *ursprünglich* griechischsprachigen Schriften der Septuaginta: Jdt 10,18; 2Makk 8,12; 15,21; 3Makk 3,17. Die *Sache* aber ist (mit unterschiedlicher Begrifflichkeit) auch sonst im Alten Testament zu finden (s. dazu DUFRAIGNE, Aduentus, 95–120). Insofern darf man bei der »Parusie« Christi wohl *auch* an die atl. Rede vom »Kommen des HERRN vom Sinai« (Dtn[LXX] 33,2; vgl. Jdc[LXX] 5,5; Ψ 67,9) oder vom »Kommen eines Menschenähnlichen auf den Wolken des Himmels« denken (Dan[LXX] 7,13; zur Rezeption dieser Vorstellung im frühen Christentum vgl. HOFIUS, Daniel 7,13–14, bes. 88–90).

[34] Das *Fehlen* des Begriffes παρουσία im Brief an die *Galater* könnte man – wenn man der *Landschaftshypothese* folgt – vielleicht damit erklären, daß die *Landschaft Galatien* am nördlichen *Rand* des Imperium Romanum lag und der Besuch eines Kaisers oder hohen Repräsentanten des Staates dort Seltenheitswert gehabt haben dürfte. Im Brief an die Gemeinde in *Philippi* geht Paulus davon aus, daß er die Parusie nicht mehr erlebt und verzichtet möglicherweise deswegen auf den Begriff. Der Brief an *Philemon* schließlich berührt die Thematik überhaupt nicht. Was den Brief des Paulus an die Gemeinde in *Rom* angeht, so könnte das Fehlen des Begriffes παρουσία hier damit zu erklären sein, »daß der Osten stärker in der Tradition des Hellenismus stand als Rom selbst, wo offiziell republikanische Gesinnung propagiert wurde« (STUTZINGER, Adventus, 297, Anm. 19).

[35] Diese Begriffe sind übrigens *nicht deckungsgleich*; s. z.B. DUFRAIGNE, Aduentus, 7: « Il faut cependant remarquer une différence fondamentale entre le grec et le latin dans leur désignation respective de l'*aduentus*. Aux trois mots grecs ἐπιδημία, ἐπιφάνεια, παρουσία, répondent les trois mots latins *aduentus*, *ingressus*, *introitus*, qui ne les recouvrent pas sémantiquement. »

[36] Das trifft gerade *dann* zu, wenn die Gemeinde in Thessaloniki weit überwiegend aus ehemaligen Heiden bestand, die vorher *keinen* Kontakt zur jüdischen Synagogengemeinde gepflegt hatten (s. dazu oben S. 333f., Anm. 30).

1. Die Parusie Christi als Zeitenwende von kosmologischer Tragweite 335

eux évocateur de solennités publiques. Au moment où le Seigneur viendra, sa glorieuse entrée aura sa rencontre. A supposer que Paul n'ait pas pensé aux cérémonies de rencontre, ses lecteurs n'auront pas manqué de le faire.«[37]

In der Verwendung des Begriffes παρουσία darf man m.E. übrigens durchaus einen *bewußten* Inkulturationsversuch des Heidenapostels sehen (vgl. dazu auch 1Kor 9,19–23). Dabei dürfte ihm – neben Analogien in Einzelheiten der Darstellung – *vor allem* daran gelegen sein, Christus als *siegreichen Herrscher* vorzustellen.[38] Was für die hellenistischen Herrscherempfänge gilt, gilt *mutatis mutandis* auch für die Parusie Christi: »*Der empfangene Herrscher ist Sieger im Krieg, die empfangende (Heimat)stadt hat von diesem Sieg profitiert.*«[39] Mit seiner siegreichen Ankunft läutet der ankommende Kyrios nämlich die *endgültige Zeitenwende* zugunsten seiner Gemeinde ein, die in der Auferstehung der toten Christen und im ewigen Zusammensein aller Gläubigen σὺν κυρίῳ ihren Ausdruck findet (4,16f.). Im *Unterschied* zu den *weltlichen* Herrschern, die gleichwohl »comme un protecteur ou un sauveur«[40] empfangen wurden, erweist sich

---

[37] RIGAUX, 1Thess, 548. Zustimmend zitiert bei DUFRAIGNE, Aduentus, 125. In der Tendenz ebenso OEPKE, Art. παρουσία, 863f. m. Anm. 43, der jedoch m.E. zu scharfkantig akzentuiert: »Die Vokabel ist hellenistisch. Aber ihr wesentlicher Gehalt stammt aus dem AT, dem Judentum und dem urchristlichen Gedankengut« (863). Daher habe »der alte Streit zwischen Cremer u[nd] Deißmann [...] nur noch historisches Interesse«: »Beide Auffassungen waren einseitig. Cremer hat – sei es die Sachlage nicht übersehend oder den Begriff der Prof[an]-Gräz[ität] willkürlich auf das Attische einengend – die Seltenheit von παρουσία = *Ankunft* im profanen Griech[isch] behauptet [...]. Deißmann [...] hat feinsinnig die hell[enistischen] Parallelen für das NT fruchtbar gemacht, in der Entdeckerfreude jedoch ihre B[edeutung] überschätzt« (863f., Anm. 43). Diese Beobachtung ist insofern aufschlußreich, als dieser *Streit zwischen hellenistischer und atl.-jüdischer Interpretation* auch auf anderen Gebieten der ntl. Exegese *bis heute* andauert. Wie OEPKE aber zu Recht betont, muß eine sachgemäße *an Tatsächlichen*, nicht an irgendwelchen (theologischen) Prämissen (etwa einer absoluten *hebraica veritas*) orientierte Exegese *beide Sichtweisen in Betracht ziehen* und darf sie *nicht gegeneinander ausspielen*, da (allerspätestens!) seit der Europamission des Heidenapostels (!) das Urchristentum sich hellenistischem Einfluß nicht mehr entziehen konnte – und nicht entzogen *hat*.

[38] Damit wird natürlich nicht bestritten, daß sich das Bild von der *Parusie* (auch über Paulus hinaus) ganz allgemein schon deswegen anbot, weil »Jesus combined in His person the threefold aspect of deity, ruler and victorious warrior over death« (TARAZI, 1Thess, 182).

[39] STUTZINGER, a.a.O., 285 (Hervorhebung E.R.).

[40] DUFRAIGNE, Aduentus, 7. Das läßt sich zunächst damit erklären, daß der *römische* Kaiser nicht als *purus homo* galt. Darum konnten »profane« und religiöse Bedeutung des Begriffes παρουσία schon früh nicht (mehr) streng geschieden werden (ebd.). Es ist folglich kein Zufall, daß der gr. Begriff παρουσία auch die spezifisch *religiöse* Bedeutung der göttlichen »présence accompagnée d'un rayonnement surnaturel« (a.a.O., 8) annehmen kann (vgl. STUTZINGER, Adventus, 284, in ihrer Zusammenfassung der älteren Forschung zum Thema). Aber die gängige Unterscheidung von »pagan« und religiös ist *grundsätzlich* problematisch, da es für die Antike offensichtlich undenkbar ist, staatliche

Christus somit als der wahre, endzeitliche σωτήρ, der den Seinen die unüberbietbare, *eschatologische* σωτηρία mitteilt (5,9).

Aus der in der besonderen *Personqualität* des ankommenden Kyrios und im *endzeitlichen* Charakter des erwarteten Geschehens gründenden *Analogielosigkeit der Christus-Parusie* ergeben sich bedeutende Unterschiede zur klassischen Herrscher-παρουσία.[41] Die wichtigste Differenz ist darin zu sehen, daß nicht die Gläubigen ihren Herrn »einholen« (ἀπαντᾶν), sondern daß umgekehrt *Christus selbst* derjenige ist, der die Seinen – und zwar zuerst die toten – »einholt« (vgl. 4,14: ὁ θεὸς τοὺς κοιμηθέντας διὰ τοῦ Ἰησοῦ ἄξει σὺν αὐτῷ), wobei diese ihm ihrerseits nach ihrer Auferstehung – gemeinsam mit den lebenden – »entgegengerückt *werden*« (ἁρπαγησόμεθα ... εἰς ἀπάντησιν τοῦ κυρίου εἰς ἀέρα [4,17]) – und zwar *ohne eigene Initiative*, wie das *Passivum divinum* zeigt.

Mit diesem Hauptunterschied hängt *eine weitere Differenz* zur hellenistischen παρουσία-Vorstellung zusammen: Traditionell kommt der ἀπάντησις der Stadtbewohner die Aufgabe zu, dem siegreichen Herrscher entgegenzugehen, *um ihn dann feierlich in ihre Stadt zu geleiten*. Übertrüge man dieses Bild *bruchlos* auf die Parusie Christi, ergäbe sich als *Ziel* derselben, daß der herrschaftlich herabschreitende Kyrios den Seinen *auf die Erde* folgt,[42] nachdem sie ihm εἰς ἀπάντησιν »auf Wolken«[43] εἰς ἀέρα »entgegengerückt«[44] worden sind (4,17a). Die ewige Christusge-

---

und sakrale Sphäre zu trennen. Nicht anders ist zu erklären, daß selbst beim *adventus* eines *weltlichen* Herrschers den Göttern geopfert wird, da »auch der Kaiser nicht nur als Herrscher begrüßt werden kann, sondern ebenso als Heilbringer« (RADL, Art. παρουσία, 103 [1.c]). Es steht daher »ein solcher amtlicher π[αρουσία]-Begriff mit seinen sakralen Elementen dem christl[ichen] Sprachgebrauch am nächsten« (ebd.). – Zur *Entwicklung* des *aduentus* von der republikanischen bis in die konstantinische Zeit s. ausführlich DUFRAIGNE, a.a.O., 15–92.

[41] Vgl. TARAZI, 1Thess, 151f.: "[...] the Apostle is well aware of the radical difference between the mode of the Lord's coming on the one hand and that of the coming of an earthly king or ruler on the other. Thus we will not go or walk or move to meet the Lord, but we will be snatched up (and the snatching is a divine action!) to Him." *Wie seine kreative Rezeption alttestamentlicher Texte, so ist also auch seine Aufnahme hellenistischen Gedankengutes von einer produktiven Verschränkung von Kontinuität und Diskontinuität geprägt.*

[42] Vgl. MARXSEN, 1Thess, 67.

[43] Diese Wolken dienen offenbar als »Gefährt« (wie Apk 11,12b!); vgl. WOHLENBERG, 1Thess, 105; SCHMIEDEL, 1Thess, 22 (*besondere* »Vehikel«, »nicht die ohnehin vorhandenen« Wolken). Ein »Entrückungs-Gefährt« wird explizit genannt 4Βασ 2,11.

[44] Das καταβαίνειν Jesu »vom Himmel« (ἀπ' οὐρανοῦ [V. 16a]), von woher er von der Gemeinde zu aller Zeit erwartet wird (1,10), impliziert zwingend, daß er bis dahin im Himmel war (vgl. Röm 8,34!). Damit dürfte hier eine nicht näher bestimmte *Himmelfahrtstradition* vorauszusetzen sein. Wäre sie in Analogie zur Parusie zu sehen, müßte für die Himmelfahrt die Vorstellung vom (aktiven) »Hinaufsteigen« (ἀναβαίνειν) Jesu in den Himmel angenommen werden. Mit Verweis auf die »Himmelfahrt« der Christen

1. Die Parusie Christi als Zeitenwende von kosmologischer Tragweite 337

meinschaft, das πάντοτε σὺν κυρίῳ εἶναι (4,17b), wäre mithin *innerweltlich* zu »lokalisieren«.⁴⁵ Gegen allzu »weltliche« Lokalisierungsversuche hat jedoch schon G. PUTTKAMMER einen *grundsätzlichen* Einwand formuliert: Zwar »erfahren wir nicht, *wo* das Reich Gottes anbricht«⁴⁶, aber »[w]enn die Stunde kommt, wo alle Reiche Christi werden, wird nicht mehr Diesseits und Jenseits sein«.⁴⁷ Der entscheidende *eschatologische* »*Heilsraum*« ist für Paulus denn auch die βασιλεία τοῦ θεοῦ⁴⁸ (2,12),

---

(V. 17a) könnte man auch für die Himmelfahrt Jesu an die (passive) Vorstellung einer »Entrückung« (*ἁρπάζεσθαι*) denken, die möglicherweise ebenfalls mit Hilfe einer offenbar als Gefährt vorgestellten »Wolke« erfolgte. Wäre *letzteres* der Fall, wären hier Bezüge zur Himmelfahrtsdarstellung bei Lukas (oder umgekehrt) zu erwägen (Act 1,9f.).

⁴⁵ So z.B. WOHLENBERG, 1Thess, 105 (unter Hinweis auf Chrysostomos und Augustinus); HOLTZ, 1Thess, 203.

⁴⁶ So auch HAUFE, 1Thess, 86 m. Anm. 117: »Der Text deutet nicht an, ob das ἁρπάζεσθαι der Gläubigen oder das καταβαίνειν des Kyrios die weitergehende Richtung bestimmen wird. Ganz unwahrscheinlich ist ein dauernder Aufenthalt in der Luft.« Mit der letzten Bemerkung beschreibt er übrigens einen seltenen *Forschungskonsens* (vgl. z.B. HOLTZ, 1Thess, 203 m. Anm. 305; MÜLLER, 1Thess, 187; SCHMIEDEL, 1Thess, 22; WOHLENBERG, 1Thess, 105). Zur Begründung wird von den meisten angegeben, der Luftraum habe in der Antike als Aufenthaltsort (böser) Geister und Dämonen gegolten (vgl. z.B. Eph 2,2). Völlig *uneins* zeigt sich die Forschung dann aber in der Frage, ob an *anabatische oder katabatische Bewegung* der mit ihrem Herrn vereinigten Gemeinde gedacht ist, d.h. ob das πάντοτε σὺν κυρίῳ εἶναι (V. 17b) *auf Erden oder im Himmel* stattfindet. Für eine himmlische Christusgemeinschaft plädiert z.B. MÜLLER, a.a.O., 187. Vgl. STROBEL, 1Kor, 107 (zu 1Thess 4,13ff. und »vor allem« 1Kor 15,35ff.).

⁴⁷ 1Thess, 49 (beide Zitate). SCHMIEDEL, 1Thess, 22, meint, hinsichtlich einer »Lokalisierung« sei keine Klarheit zu erreichen, während VISSER, Paraklese, 138, betont: "De plaats is niet belangrijk, maar de persoon met wie de gelovigen zullen worden verenigd".

⁴⁸ Der Begriff findet sich bei Paulus in der Tat nur achtmal. Da der Apostel aber immer im Rahmen der Erinnerung an seine missionarische *Erstverkündigung* darauf zu sprechen kommt, darf die Rede von der βασιλεία τοῦ θεοῦ nicht zum *Randthema* degradiert werden (gegen LUZ, Art. βασιλεία, 490; THEOBALD, Röm II, 152; LINDEMANN, 1Kor, 117.138; LOHSE, Röm, 379; HAACKER, Röm, 322; LANG, 1Kor, 68, u.v.a.). Demgegenüber sieht HAUFE, Reich Gottes, 470, in der paulinischen »Weiterführung« traditioneller βασιλεία-Terminologie mit Recht »das bleibende Gewicht« angezeigt, »das die Basileia-Rede für Paulus offensichtlich doch besitzt« (vgl. auch FEE, 1Kor, 192; THISELTON, 1Kor, 377; SCHNABEL, 1Kor, 267; COLLINS, 1Kor, 202).

Zum *Begriff* βασιλεία bemerkt LUZ, Art. βασιλεία, 483: »In der Profangräzität schwankt die Wortbedeutung zwischen funktionalem Sinn *Königsherrschaft, Monarchie, Königswürde, Königsamt* und geographischem Sinn *Königreich.* [...] Beide Nuancen sind auch im NT vertreten [...]. Für die dt. Übers. stellen sich Probleme, da *Reich* nicht den funktionalen Bereich abdeckt und *Herrschaft* in geographischem Sinn heute antiquiert ist.« Die allernächste *sprachliche und sachliche Parallele* zu den paulinischen βασιλεία-Stellen 1Kor 6,9f.; 15,50; Gal 5,21 findet sich übrigens nicht im Alten Testament (vgl. GARLAND, 1Kor, 742: »'inheriting the kingdom of God' is found only in the NT«), sondern in Mt 25,34 (REILING, 1Kor, 101, verweist *außerdem* auch auf Mt 19,29). Dabei setzt die Rede vom »Erben« (κληρονομεῖν) der βασιλεία θεοῦ voraus, daß man βα-

deren δόξα (ebd.) sich grundsätzlich *nicht* mit Irdisch-Sarkischem verträgt (1Kor 15,50ff.; vgl. 1Kor 6,9f.; Gal 5,19–21; ferner Röm 14,17). Mag nun der Apostel mit seinen Äußerungen über die »*genaueren*« *Umstände* der Totenauferweckung bei der Parusie der Gemeinde in Thessaloniki auch *Neues* kundtun (vgl. 4,13a.15a), so gilt das doch weder für das Thema der Totenauferweckung noch der Parusie *selbst*, denn *daß* mit der Parusie Jesu Christi zu rechnen ist und wie diese Erwartung das christliche Leben umgestaltet, – das hat Paulus der Gemeinde schon bei seiner Erstverkündigung eingeprägt (vgl. 1,9f.).[49]

Im Proömium faßt Paulus mit lobenden Worten die Reaktion der Thessalonicher auf seine Verkündigung zusammen, wie sie allerorten (ἐν παντὶ τόπῳ [1,8]) bekannt geworden ist: »Ihr habt euch umgewandt von den Götzen hin zu Gott, um [dem] lebendigen und wahren Gott zu dienen *und seinen Sohn aus den Himmeln zu erwarten* (ἀναμένειν[50]), den er [sc. Gott] von den Toten auferweckt hat, [nämlich] *Jesus, der uns vor[51] dem kommenden Zorngericht (ὀργή)[52] rettet*« (1,9bf.). Diese *Summe* paulinischer Missionspredigt[53] läßt *vier Kernpunkte* der Erstverkündigung erkennen: 1) *Gottesdienst statt Götzen-*

σιλεία mindestens in *diesem* Zusammenhang nicht als »*Gottesherrschaft*« verstehen darf (sondern als »Königreich Gottes«), denn die »Gottesherrschaft« kann man wohl kaum »erben« (so aber LANG, 1Kor, 238f. [schwankend im Ausdruck!]); sonst würde Paulus behaupten, die Christen erlangten nicht weniger als *göttliche Herrschaft* (so aber STUHLMACHER, Röm, 202, wobei hier vielleicht nur unglückliche Formulierung Regie führte). Diese Schwierigkeit hat offenbar E. FASCHER empfunden, wenn er βασιλεία θεοῦ in der Wendung βασιλείαν θεοῦ κληρονομεῖν (1Kor 6,9f.) konsequent mit »Reich Gottes« wiedergibt, während er noch in der Auslegung von 1Kor 4,20 die βασιλεία θεοῦ konsequent *dynamisch* (als »Gottesherrschaft«) verstanden hatte (vgl. DENS., 1Kor, 152.154.169.171f.). Ein solches *Schwanken* findet sich auch bei anderen Autoren (s. nur LANG, 1Kor, 68.80.239 [wobei er a.a.O., 80, das »Reich Gottes« *als* »die Gottesherrschaft in der eschatologischen Vollendung« interpretiert]; SCHNABEL, 1Kor, 267; THISELTON, 1Kor, 377 [der *didaktische* Gründe für dieses Schwanken angibt]; GARLAND, 1Kor, 148f. [»reign« und »kingdom«]; ferner GÄCKLE, Die Starken, 403, Anm. 500; STUHLMACHER, Röm, 202). Dabei ist durchaus von Belang, ob unter der βασιλεία eine *dynamische* oder eine *räumliche* Größe zu verstehen ist (vgl. dazu unten S. 430–432).
[49] Vgl. CONZELMANN, 1Kor, 133 m. Anm. 14, der im Blick auf 1Thess 4,13ff.; 5,1ff.; 1Kor 6,2ff. von einem »Lehrstück des urchristlichen Katechismus« spricht.
[50] Für eine »Erwartung« im eschatologischen Zusammenhang verwendet Paulus statt des ntl. *Hapaxlegomenons* ἀναμένειν sonst das Verbum ἀπεκδέχεσθαι (vgl. Röm 8,19.23.25; 1Kor 1,7; Gal 5,5; Phil 3,20b [engste Parallele zu 1Thess 1,10a]). Daraus schließt z.B. HAUFE, 1Thess, 29 m. Anm. 42, daß Paulus *hier* eine traditionelle Formulierung aufnimmt.
[51] Zur Begründung s.u. S. 342. HOLTZ, 1Thess, 41.61, bemerkt offenbar nicht sein sachlich gravierendes Schwanken zwischen der Rettung (= Bewahrung) »vor« (41) und der Rettung »aus« (61) dem kommenden Zorngericht.
[52] So übersetzen auch HOLTZ, 1Thess, 41; HAUFE, 1Thess, 24.31 u.ö., u.a.
[53] Vgl. MUNCK, Missionary Preaching, *passim*; MARXSEN, 1Thess, 17; kritisch HAUFE, 1Thess, 24.28 (vgl. aber a.a.O., 30f.); BOLKESTEIN, 1Thess, 44f.; eigenwillig HOOKER, Nutshell, *passim*. Generell ist hier vor *Einseitigkeiten* zu warnen: Es ist ja nicht *a*

1. Die Parusie Christi als Zeitenwende von kosmologischer Tragweite

dienst: Die Gemeinde dient nicht mehr den (toten) Götzen, sondern dem allein lebendigen und wahren Gott. Daher *unterscheidet* sich christliches Handeln – wie auch die parakletischen Abschnitte des 1Thess zeigen – *wesentlich* vom Tun der »Heiden« (vgl. 1Thess 4,5).[54] 2) *Leben im Erwartungshorizont der Parusie des Sohnes Gottes*: Die Gemeinde lebt »auf Abruf«. Sie richtet sich *nicht* in dieser Welt ein (vgl. Phil 3,20!), sondern so, wie sie Gott *ständig* dient (δουλεύειν Inf. Präs.), so erwartet sie *die ganze Zeit* (ἀναμένειν Inf. Präs.)[55] die Ankunft Jesu »aus den Himmeln«. 3) *Jesu Auferweckung durch Gott*: Jesu Auferweckung »von den Toten« setzt einerseits dessen *Tod* voraus,[56] der schon hier als *Sühnetod* verstanden sein dürfte (vgl. 4,14; 5,10a), andererseits ist sie unabdingbare Voraussetzung dafür, daß »der Sohn Gottes« »aus den Himmeln« erwartet werden kann; er blieb nicht im Tode.[57] 4) *Bewahrung vor*[58] *dem eschatologischen Zorngericht*: Die Erwartung der Gemeinde richtet sich auf Jesus als ihren *Retter und Befreier* (ὁ ῥυόμενος, vgl. ὁ σωτήρ Phil 3,20).

Mit dem letzten Vers (1,10) sind die Themen *Zorngericht* (ὀργή) und *Rettung* angesprochen. Der Akt des »Rettens«– Jesus als der ῥυόμενος ἡμᾶς (V. 10a) – ist deutlich mit der *Parusie* (vgl. V. 10a) verknüpft und somit *futurisch-eschatologisch* qualifiziert. Das entspricht dem übrigen Gebrauch des synonymen Begriffes σωτηρία bei Paulus, denn damit bezeichnet er auch sonst die endgültige »Rettung«, mithin geradezu das eschatologische »Heil«.[59] Die σωτηρία ist jedenfalls ein *zukünftiges* Geschehen, das unter *zweierlei Aspekt* betrachtet werden muß: einmal als »Rettung *vor* ...« (im Blick auf das eschatologische Zorngericht), einmal als »Rettung *zu* ...« (im Blick auf das eschatologische Heil). In der *Gegenwart* ist die σωτηρία ausschließlich *im Modus der Hoffnung* (ἐλπίς) greifbar (Röm 8,24), was

---

priori auszuschließen, daß Paulus urchristliches Gemeingut in seine Missionspredigt aufgenommen hat (vgl. nur 1Kor 11,23; 15,1–3.11) – HORN, Wandel, 153, sieht sogar im 1Thess *insgesamt* ein »Abbild der Missionspredigt des frühen Paulus«.

[54] Auch insofern ist die christliche Gemeinde eine *Kontrastgesellschaft* (s.o. S. 93 m. Anm. 221; vgl. ferner 4,13b)! Mit HAUFE, 1Thess, 29, Anm. 41, meint δουλεύειν übrigens nicht nur »den gottesdienstlichen Einzelakt, sondern die totale Bindung an Gott«.

[55] Den *durativen* Aspekt der Parusie-Erwartung zeigt – abgesehen vom Wortsinn (ἀνα-μένειν)! – nicht nur die Verwendung des Inf. Präs. an, sondern auch die *parallele Formulierung* δουλεύειν θεῷ ζῶντι καὶ ἀληθινῷ *καί* (!) ἀναμένειν τὸν υἱὸν αὐτοῦ ἐκ τῶν οὐρανῶν (1,9bβ.10a). Die übrigen Glieder von V. 10 (Auferweckung, Errettung [Handeln Gottes bzw. Jesu]) sind *sprachlich* den ersten beiden (Gottesdienst, Parusie-Erwartung [Haltung der Gemeinde]) *nicht* gleichgeordnet, sondern V. 10a mittels Relativsatz (V. 10b) bzw. Apposition (V. 10c) *untergeordnet*.

[56] Vgl. MARXSEN, 1Thess, 41. Gegen HAUFE, 1Thess, 29, der die Auferweckungsaussage offenbar ignoriert und *nur deshalb* eine »auffällige Akzentuierung« der Christuspredigt konstatieren kann, »die weder die Menschwerdung des Präexistenten noch seinen Heilstod berührt«.

[57] Vgl. SCHNELLE, Einleitung, 69. Er spricht von der »Auferweckung Jesu als *Ermöglichung* seiner Retterfunktion« (Hervorhebung E.R.).

[58] Man darf ῥύσθαι ἔκ τινος hier *nicht* mit »retten *aus*« übersetzen, sondern muß die Wendung mit »bewahren vor« wiedergeben (vgl. Röm 5,9 [σωθῆναι]; s.u. S. 342)!

[59] S. dazu unten S. 364 m. Anm. 1f.

wiederum der durchgehend *futurischen* Prägung der paulinischen Eschatologie entspricht. Ausdrücklich als *zukünftiges »Hoffnungsgut« (ἐλπίς)*[60] beschreibt Paulus die σωτηρία in 1Thess 5,8*fin.* (ἐλπὶς σωτηρίας) und führt dazu aus: »Denn Gott hat uns nicht *zum Zorngericht* (εἰς ὀργήν[61]) bestimmt, sondern *zur Erlangung [des] Heils* (εἰς περιποίησιν σωτηρίας) durch unseren Herrn Jesus Christus, der für uns (ὑπὲρ ἡμῶν) gestorben ist, *damit wir* [...] *zugleich mit ihm leben werden* (ἵνα ... ἅμα σὺν αὐτῷ ζήσωμεν)« (5,9f.). Die σωτηρία wird hier als das eschatologische *Heil* beschrieben, das darin besteht, *»allezeit (πάντοτε) mit Christus zu leben (ζῆν / εἶναι)«* (vgl. 5,10b mit 4,17b; ferner 2,12). Wie die *Antithese* (οὐκ – ἀλλά) zeigt, bildet die ὀργή den *Gegenbegriff* zur σωτηρία. Bezeichnet nun die σωτηρία das eschatologische »Heil«, so die ὀργή das eschatologische »Unheil«, das – so ist wiederum aus der Antithese zu schließen – darin besteht, *in Ewigkeit nicht mit Christus zu leben*. Mit anderen Worten: Der ζωὴ αἰώνιος entspricht negativ der unausweichliche ὄλεθρος, von dem Paulus im Blick auf die Ungläubigen ausdrücklich spricht (5,3), die *darum* – objektiv – »keine Hoffnung haben« (οἱ μὴ ἔχοντες ἐλπίδα [4,13b]).

1.2. Das Verhältnis von »Parusie« *(ἡ παρουσία)* und »Tag des Herrn« *(ἡ ἡμέρα τοῦ κυρίου)*

Diesem »doppelten Ausgang« – wenn man so will – entspricht bei Paulus auch im Blick auf den *Zeitpunkt* des jeweiligen Geschehens eine auffällig *doppelte Begrifflichkeit*. Hat Paulus zunächst im Zusammenhang mit der eschatologischen Totenauferstehung von der παρουσία τοῦ κυρίου gesprochen (4,13–18 [V. 15]), so wechselt er im Zusammenhang der ὀργή den Begriff und spricht nunmehr von der ἡμέρα κυρίου (5,1–11 [V. 2]).

Die Frage nach dem *Wann* der Parusie Jesu lag nach den voraufgehenden Ausführungen einfach nahe, aber es zeigt sich sehr schnell, daß Paulus selber diese Frage[62] zurückweist

---

[60] Der Begriff ἐλπίς kann nicht nur den *Akt* des Hoffens bezeichnen, sondern ebenso den *Gegenstand* des Hoffens, also das »Erhoffte« selbst. Diese Doppelbedeutung findet sich auch bei anderen Begriffen, etwa bei ἐπαγγελία (»Verheißung« und »Verheißungsgut« [= κληρονομία]); vgl. *dazu* z.B. Hebr 7,6 mit 11,39.

[61] Zur ὀργή als »Zorngericht« s.u. S. 341f.

[62] Es wird diskutiert, ob Paulus mit περί (5,1) eine *konkrete Anfrage* aus Thessaloniki zum *Wann* der Parusie zitiert (erwogen z.B. von ZÖCKLER, 1Thess, 23) bzw. ein dort aufgetretenes Problem aufnimmt (so z.B. LÉGASSE, 1Thess, 282). Angesichts der Ausführungen zum *Wie* der Parusie (4,13–18) lag es aber einfach *sachlich* nahe, nun auch die Frage nach dem *Wann* zu streifen. Paulus verweist wiederum ausschließlich auf Bekanntes und stellt es ganz in den Dienst der *Paraklese* (vgl. 5,11). Überhaupt muß Paulus mit περί nicht immer Bezug auf explizit an ihn herangetragene Anfragen nehmen, wie 4,9 beweist, und nicht einmal hinter *4,13* muß man automatisch eine *konkrete Anfrage* der *Thessalonicher* sehen, wie oft behauptet wird (s. dazu unten S. 344f. m. Anm. 85).

(οὐ χρείαν ἔχετε ὑμῖν γράφεσθαι [5,1]), und zwar mit dem Hinweis darauf, daß die Gemeinde ja ganz genau weiß (αὐτοὶ γὰρ ἀκριβῶς οἴδατε [5,2a]), daß der »Tag des Herrn« (ἡμέρα κυρίου) so – im wahrsten Sinne des Wortes – *unberechenbar* kommt »wie ein Dieb in der Nacht« (ὡς κλέπτης ἐν νυκτί [5,2b]).[63]

Es stellt sich die Frage, ob Paulus mit beiden *Begriffen* dieselbe *Sache* meint. Es läßt sich zeigen, daß die παρουσία τοῦ κυρίου und die ἡμέρα κυρίου in der Tat zwar *denselben* »Tag« oder »Zeitpunkt« bezeichnen (vgl. auch 1Kor 5,5[64]); sie heben jedoch unterschiedliche Aspekte dieses »Tages« hervor oder beziehen sich auf *verschiedene Vorgänge an diesem einen einzigen »Tag«*.[65] Was die »Parusie« anlangt, so zielt sie auf das heilvolle Verhältnis zwischen dem Kyrios und seiner *Gemeinde*, während mit dem »*Tag*« (absolutes ἡ ἡμέρα 5,4) das »Negativ-Verhältnis« zwischen dem Kyrios und den »*Übrigen*« (οἱ λοιποί [5,6; vgl. 4,13b]) verbunden wird. *Das Zorngericht (ὀργή) über die Gottlosen am »Tag des Herrn« (ἡμέρα κυρίου) ist das exakte Gegenstück zum Heilsempfang (περιποίησις σωτηρίας) der Gläubigen bei der Parusie Jesu (ἡ παρουσία τοῦ κυρίου ἡμῶν Ἰησοῦ) und fällt zeitlich und sachlich mit dieser zusammen*, wie aus dem unmittelbaren Übergang von 4,18 zu 5,1 geschlossen werden darf. Über die Gottlosen ergeht bei dieser Gelegenheit *ein »Pauschalgericht«*. Richtiger wäre allerdings von einer »Urteilsvollstreckung« bzw. von einer »*Aburteilung*« (κατάκριμα [Röm 5,16.18; 8,1]) zu sprechen, denn von einem eigentlichen »Gerichts*verfahren*« redet Paulus an keiner Stelle[66], im Gegenteil: Der göttlichen Anklage ist schlech-

---

[63] Da das Bild vom »nächtlichen Dieb« im Corpus Paulinum ausschließlich an *dieser* Stelle (1Thess 5,2.4) vorkommt und sonst im Neuen Testament nur noch Mt 24,42–44 par Lk 12,39f.; 2Petr 3,10 erscheint (ebenfalls im Zusammenhang mit der ἡμέρα κυρίου [der *Begriff* erscheint aber *so* nur 2Petr] und bei Mt darüber hinaus – wie auch bei Paulus – mit dem *Aufruf zur Wachsamkeit* [γρηγορεῖτε] verbunden), liegt die Vermutung nahe, Paulus habe hier *urchristliches Traditionsgut*, vielleicht sogar Jesus-Überlieferung (je nachdem, ob die entsprechenden Jesus-Logien bei Mt bzw. Lk für authentisch gehalten werden oder nicht), aufgenommen. 2Petr 3,10 scheint dann – in Abhängigkeit von *Paulus?* – diese bei Mt/Lk und Paulus noch reiner erhaltene Tradition mit weiteren Traditionen vermischt zu haben, während die etwas entlegeneren Stellen Apk 3,3; 16,15 offenbar *Reformulierungen* dieser Vorstellung darstellen (hier kommt nicht mehr die ἡμέρα »wie ein Dieb«, sondern der *Auferstandene selbst*; überdies ersetzt hier die *1.Sg.* die Formulierung mit 3.Sg.).

[64] Hier wird das beschrieben, was 1Thess 4,13–18 mit der *παρουσία τοῦ κυρίου* erwartet wird!

[65] Darum verbieten sich alle dispensationalistischen Überlegungen, wie sie z.B. IRONSIDE, 1Thess, 45ff., anstellt: "Following [!] the rapture of the saints, the world [!] will experience the darkest period [!] it has ever known. [...] It is called the great tribulation in both the Old and New Testaments" (a.a.O., 45). Auch von einem *irdischen* Königreich Gottes (ebd.) spricht Paulus *nicht*!

[66] Während die ὀργή den Gottlosen vorbehalten ist, ist bezeichnenderweise das Erscheinen vor dem βῆμα θεοῦ bzw. Χριστοῦ den Christusgläubigen vorbehalten (Röm

terdings *nichts* entgegenzusetzen (vgl. Röm 3,19b: ἵνα πᾶν στόμα φραγῇ!), eine Revision darum nicht vorgesehen. Vielmehr steht das endgültige Urteil von vornherein fest; es ist ein *Todesurteil stricto sensu*, das es nur noch zu vollstrecken gilt.[67] Diese Vollstreckung wird nicht zufällig bald »Zorn(gericht)« (ὀργή), bald »Vernichtung« (ὄλεθρος) genannt und hat immer die *vollständige Beseitigung (annihilatio) der Gottlosen* zur Folge. Die *ὀργή* meint also auch hier *»nicht eine Emotion Gottes, sondern einen objektiven Sachverhalt: das kommende eschatologische Zorngericht, das dem Sünder, der als Feind Gottes sein Leben verwirkt hat, die definitive Verurteilung zum Tode bringen muß«*[68]. Weil aber die ὀργή als κατάκριμα *ausschließlich die Gottlosen* trifft (1Thess 5,9; Röm 1,18; 2,5–10 [V. 7f.!]; 8,1; vgl. 1Kor 11,32; Röm 8,34!), *muß* 1Thess 1,10 so verstanden werden, daß die Christusgläubigen den »Sohn Gottes«, Jesus, als denjenigen erwarten, der sie »*vor der ὀργή bewahrt*« – und *nicht* als denjenigen, der sie »*aus der ὀργή rettet*«!69 Das ῥύσθαι der Christen ἐκ τῆς ὀργῆς τῆς ἐρχομένης bei gleichzeitiger Vollstreckung der *ὀργή* an den Gottlosen (und *nur* über sie!) bedeutet sodann, *daß man bei Paulus nicht von einem »Endgericht« sprechen sollte* – und *schon gar nicht* von einem »Endgericht mit doppeltem Ausgang« nach dem Vorbild von Mt 25,31–46! Auch *insofern* dürfte die terminologische Unterscheidung zwischen ἡ *παρουσία* τοῦ κυρίου und ἡ *ἡμέρα* τοῦ κυρίου von Paulus *mit Bedacht* vollzogen worden sein.

Während nun die ἡμέρα die – nicht näher bestimmten[70] – Nicht-Christen mit ihrem unentrinnbaren »Verderben« (ὄλεθρος) ohne Vorwarnung überkommt (5,3), können die Christen von *diesem* »Tag« *nicht* überrascht werden, da sie ja »*Söhne des Tages*« (υἱοὶ ἡμέρας) sind, mithin ganz auf der Seite des Lichts (υἱοὶ *φωτός*) und des Tages stehen[71] und nicht der le-

---

14,10; 2Kor 5,10). Auch hier werden also beide Gruppen *schon vorab* »fein säuberlich« *getrennt* (anders Mt 25,31–33!).

[67] In *diesem* Sinne – als Tag der Urteils*vollstreckung* – fungiert schon der »Tag JHWHs« (ἡ ἡμέρα τοῦ κυρίου!) im Alten Testament (z.B. Jes^{LXX} 13,6.9 mit Kontext).

[68] So mit Recht HOFIUS, Sühne, 36 (Hervorhebung E.R.).

[69] S.o. S. 339, Anm. 58. Offenbar im ersteren Sinne haben etliche spätere Handschriften sogar ἐκ zu ἀπό korrigiert. Darunter sind mit dem Codex Ephraemi Syri rescriptus (C 04) und dem Codex Claromontanus (D 06) immerhin zwei Handschriften aus dem 5. bzw. 6. Jh. (jeweils Kategorie II). An der textkritischen Nichtursprünglichkeit von ἀπό ändert das natürlich *gar nichts*.

[70] 5,3 faßt diese Gruppe von Menschen nicht einmal begrifflich, sondern nennt sie lediglich »sie« (ὅταν λέγωσιν – αὐτοί – οὐ μὴ ἐκφύγωσιν)! Im weiteren Kontext bezeichnet Paulus die Nicht-Christen unter Bezugnahme auf bestimmte charakteristische Eigenschaften als οἱ ἔξω (4,12), οἱ μὴ ἔχοντες ἐλπίδα (4,13b) und οἱ καθεύδοντες (4,7a). Oder er nennt sie einfach »die übrigen« (οἱ λοιποί [5,6; vgl. 4,13b]).

[71] Vgl. 5,8: ἡμεῖς δὲ ἡμέρας ὄντες κτλ. Daß ἡμέρα nunmehr eine durchweg *positive* Konnotation erhält (im scheinbaren Unterschied zur ἡμέρα τοῦ κυρίου), ist dann

bensfeindlichen Finsternis (σκότος) bzw. der Nacht (νύξ) angehören (5,4f.). Diesem ihrem *Sein* und dieser ihrer *Zugehörigkeit* entsprechend sollen die Christen nun auch *leben* (5,6.8), und das heißt in einem Zustand permanenter *Wachsamkeit* (γρηγορεῖν) und *Nüchternheit* (νήφειν). Sie erweisen sich gerade *dadurch* als Christen, daß sie ihren Herrn als Retter sehnlichst »erwarten« (ἀναμένειν [1,10]).[72]

1.3. »Naherwartung« und »Parusieverzögerung«: zwei Scheinprobleme[73]

Die Erwartung der *Parusie des wiederkommenden Herrn* kann für Paulus immer nur eine Parusie-*Nah*erwartung sein. Wie sollte es auch anders sein? Was wäre denn die *sachgemäße Alternative* zu einer Naherwartung? Sollte die Gemeinde etwa rufen: »Herr, verzögere deine Ankunft«?

So könnte höchstens einer sprechen, der Dostojewskijs imaginärem »Großinquisitor« nachempfindet: »Du bist gekommen, uns zu stören.« Die *Aufgabe* der Naherwartung ist darum ein Indiz für die *Entfernung* der Gemeinde von ihrem Herrn. Schon H. OLSHAUSEN hatte betont: »Wo lebendige Gottesliebe aufglüht, da ist stets Erwartung der Nähe des Herrn«, allerdings zugleich eingeräumt: »im Fortgange des christlichen Kampfs wird es indeß oft auch dem lautern Herzen zu lange«.[74]

Dieses urchristliche Gemeingut hat die Kirche im Verlauf der Geschichte bis heute zu ihrem *Schaden* offenbar weithin aufgegeben. Charakteristisch hierfür ist das Dictum R. BULTMANNS (1941): »Die mythische Eschatologie ist im Grunde durch die einfache Tatsache erledigt, daß Christi Parusie nicht, wie das Neue Testament erwartet, alsbald stattgefunden hat, sondern *daß die Weltgeschichte weiterlief und – wie jeder Zurechnungsfähige überzeugt ist – weiterlaufen wird.*«[75] Und D. ZELLER spricht stellvertretend wohl für viele, wenn er schreibt, die Parusie sei »für uns in unwirkliche Ferne gerückt«.[76]

Vor einigen Jahren hat indes C. DAHLGRÜN zur *Wiederentdeckung der Eschatologie* in der Predigt aufgerufen,[77] nachdem bereits R. BOHREN eine weitgehende *eschatologische Vergessenheit* beklagt hatte,[78] die in homiletischer Hinsicht die keineswegs harmlose Folge habe, daß die Gerichtspredigt zur soteriologisch kontraproduktiven *Höllenpredigt* wird. Man wisse zwar, daß am Ende der Zeiten »der *Gekommene* kommt«, »[m]an weiß aber meist nicht, daß der Gekommene *kommt*«.[79]

---

nicht mehr überraschend, wenn man sieht, daß der Tag der Vollstreckung der ὀργή deswegen ἡμέρα genannt wird, weil er »ans Licht bringt«, was bisher verborgen war (vgl. 1Kor 3,13; Röm 2,12–16 [V. 16]) – nur daß das, *was* da »ans Licht kommt«, eben nur Gottlosigkeit usw. ist (vgl. Röm 1,18ff.; 2,5–10).

[72] BOLKESTEIN, 1Thess, 41 (mit BENGEL, Gnomon, 810; MOLTMANN, Hoffnung, 12).
[73] Zur Problemgeschichte vgl. ERLEMANN, Naherwartung, 1–52.
[74] BC I, 918 (beide Zitate). Dieses Problem betrachtet GRÄSSER, Parusieverzögerung, 216 u.ö., als Auslöser einer »*allmählichen Auflockerung der Naherwartung*« schon recht bald nach Pfingsten.
[75] Mythologie, 18 (Hervorhebung E.R.; andere Hervorhebung i.O.).
[76] Röm, 243.
[77] Vgl. DIES., Leere, bes. 678–685.
[78] Vgl. DENS., Predigtlehre, bes. 257–259.
[79] A.a.O., 257.

Wenn außerdem der »Tag des Herrn« so plötzlich »wie ein Dieb in der Nacht« über die Menschen kommt, wäre es unklug und töricht, nicht *ständig* in hoffnungsvoller Erwartung zu stehen![80] Zu groß wäre nämlich die *Gefahr*, vom »Tag des Herrn« überrascht – und das meint: *negativ* überrascht – zu werden. Kann es also aus *sachlichen* Gründen immer nur eine Parusie-*Nah*erwartung geben – oder aber *gar keine* Parusie-Erwartung, *tertium non datur!* –, dann muß einen die heftige Debatte um die für das paulinische Schrifttum behauptete allmähliche *Zurückdrängung* der angeblich nur *frühpaulinisch* bezeugten Parusie-*Nah*erwartung doch verwundern.

Die genannte Sicht sei zunächst mit wenigen Strichen skizziert. Es wird behauptet, Paulus habe ursprünglich so unmittelbar mit der Parusie Jesu Christi gerechnet, daß er weder seinen eigenen noch den Tod anderer Christen in Erwägung zog. Aufgrund von nicht zu leugnenden Todesfällen in den von ihm gegründeten Gemeinden habe er dann seine Sicht modifiziert und sich mit der theoretischen Möglichkeit des vorzeitigen – will heißen: vor der Parusie eintretenden – Ablebens beschäftigt bzw. beschäftigen müssen. Erst aufgrund akuter eigener Bedrohungserfahrung bis hin zur Todesangst habe er gegen Ende seiner Wirksamkeit real mit der Möglichkeit gerechnet, die Parusie nicht mehr als *Lebender* zu erleben.[81]

Dem 1. Thessalonicherbrief kommt in diesem Zusammenhang große Bedeutung zu, wird er doch von den meisten Exegeten als ältestes erhaltenes Schreiben des Apostels Paulus angesehen. Hier soll daher die Parusie-*Nah*erwartung noch in geradezu übersteigerter Form (nämlich als *Nächst*erwartung) greifbar sein. Das aber hat für die Exegese insbesondere des Abschnitts 4,13–18 erhebliche Konsequenzen. Als *Grund* für diese Ausführungen des Apostels wird nämlich meistens eine explizite Anfrage der Thessalonicher angegeben,[82] die man in der Wendung περὶ τῶν κοιμωμένων (4,13a) angezeigt sieht und *die sich eben aufgrund einer geradezu extremen Parusie-Naherwartung[83] notwendigerweise ergeben habe*. Fast[84]

---

[80] Die hier mit der Wortwahl angedeutete Anspielung auf das Jungfrauengleichnis bei Matthäus (25,1–13) ist angesichts der für *diesen* Zusammenhang zu konstatierenden Nähe paulinischer Theologie zur synoptischen Überlieferung m.E. nicht unberechtigt.

[81] Vgl. zum Ganzen SCHNELLE, Wandlungen, 37–48.

[82] S.u. Anm. 85. – Man müßte m.E. aber auch die Möglichkeit ernsthaft in Erwägung ziehen, daß nicht eine konkrete Anfrage der Thessalonicher, sondern die von Timotheus dem Apostel mitgeteilten Beobachtungen anläßlich seines Besuches (vgl. 1Thess 3,1–10, bes. V. 10b!) den Abschnitt περὶ τῶν κοιμωμένων notwendig gemacht haben (so dezidiert KNABENBAUER, 1Thess, 87; LÉGASSE, 1Thess, 246; vgl. HOFFMANN, Die Toten, 207 m. Anm. 1; HAUFE, 1Thess, 78.80).

[83] Anders LÜNEMANN, 1Thess, 136 (allerdings unter der Bedingung der *Authentizität* des 2Thess).

[84] Nur BAUMGARTEN-CRUSIUS, 1Thess, 123, meint: »*Besondere* Veranlassungen, den Brief zu senden, finden wir in ihm nicht angedeutet. Die Berichte des Timotheus, im Allgemeinen günstig, 1,4. 3,6, drängten den Apostel, Ermunterung und Lob an sie zu schrei-

alle Kommentatoren[85] stimmen darin überein, das zugrundeliegende Problem sei in »*unerwarteten*« Todesfällen innerhalb der Gemeinde zu suchen[86] – »unerwartet« deshalb, weil es in der vorausgesetzten Konzeption der Parusie-Nächsterwartung eigentlich keinen Raum für den vorzeitigen Tod von Gemeindegliedern geben könne.[87] Daher habe der Apostel »in Erwartung der unmittelbar bevorstehenden Parusie des Herrn bei seiner Gründungspredigt auf die Vorstellung einer Auferstehung der gläubigen

---

ben, an eine Gemeine, an welcher ihm viel lag, und welche grossen sittlichen Gefahren ausgesetzt war durch heidnische Verführung und durch Drangsale von den Juden. Gewöhnlich wird aus jenen Stellen von den letzten Dingen 4,13–5,11 auf besondere Irrlehrer oder Besorgnisse in der Lehre geschlossen. Dieses ist aber wohl unberechtigt. Es ist vielmehr die Ausführung dessen, was Paulus neben der Ermahnung von den *christlichen Hoffnungen* zu sagen hatte.« BORNEMANN, 1Thess, 195f., hält es immerhin für nicht ganz ausgeschlossen, »dass der Apostel überhaupt nicht Bedenken, Besorgnissen und Zweifeln entgegentreten, sondern den trauernden Christen [...] die längst bekannten Züge des Hoffnungsbildes [...] aufs neue einprägen wollte« (195).

[85] Vgl. trotz aller Differenzen im Detail PELT, 1Thess, 83 (ohne daß das Problem *präzise* bestimmt werden könne); KOCH, 1Thess, 340f.; LÜNEMANN, 1Thess, 117–119; BORNEMANN, 1Thess, 184.188f.190–193 (Begründung: die »etwas unvermittelte, kurze Art des Übergangs zu diesem Abschnitte« [184]; s. aber auch a.a.O., 195f.!); VON DOBSCHÜTZ, 1Thess, 184f.; BOLKESTEIN, 1Thess, 112–114; MARXSEN, 1Thess, 63–67; BEST, 1Thess, 180–184; SCHADE, Christologie, 163; TARAZI, 1Thess, 145; HOLTZ, 1Thess, 186f.; EWERT, Church, 59–61 (sehr spekulativ); IRONSIDE, 1Thess, 39; REINMUTH, 1Thess, 141f.; ROBERTS GAVENTA, 1Thess, 62f.; VERHOEF, 1Thess, 187.189; HAUFE, 1Thess, 78.80–82; LÉGASSE, 1Thess, 245–247; LARSON, 1Thess, 57; MALHERBE, 1Thess, 263f.; JONES, 1Thess, 59f. KNABENBAUER, 1Thess, 87, sieht die Gemeinde sogar in einem »duplex error«: »eos, qui superstites sint in adventu Domini, fore in meliore conditione prae illis qui antea defuncti sint, et adventum Domini iamiam proxime instare, ita ut merito de morte fidelium lugendum sit.« – *Vorsichtiger* als die Vorgenannten urteilt ZÖCKLER, 1Thess, 23.
[86] Dabei wird jedoch regelmäßig übersehen, welche engen Grenzen diesem Unterfangen notwendigerweise gesetzt sind und wie hypothetisch solche Versuche bleiben müssen: »Es ist immerhin ein sehr kühnes Unternehmen, aus den kurzen Sätzen der Antwort Pauli genau die Gedanken feststellen zu wollen, welche die Thessalonicher bewegt haben könnten. Ein solches Verfahren setzt immer voraus, dass die Antwort des Paulus dem Umfange, dem Inhalt, der Art und der Form nach genau der ihm gegebenen Anregung entsprochen habe, was doch keineswegs sicher ist. Über die Gedanken der Thessalonicher können wir also im besten Falle mehr oder minder glückliche *Vermutungen* haben, wenn die Gedanken der paulinischen Antwort nicht einmal über seine eigenen Anschauungen vollständige Klarheit und Sicherheit verbreiten« (BORNEMANN, 1Thess, 195).
[87] So besonders pointiert etwa ROBERTS GAVENTA, 1Thess, 62f. (bes. 63), die eine extreme Parusie-Naherwartung jedoch nicht so sehr Paulus, sondern vielmehr den *Thessalonichern* bescheinigt: "For the *Thessalonians*, the Parousia seemed so imminent that they believed none within the community would die before Jesus' return" (Hervorhebung E.R.). Paulus habe dagegen wohl (»possibly«) schon in seiner Erstverkündigung von der Auferstehung der Toten gesprochen. Vgl. ferner die umfangreiche Diskussion bei BORNEMANN, 1Thess, bes. 190–192.

Toten verzichtet«, die »[d]em ehemaligen Pharisäer [...] hingegen geläufig« gewesen sei.[88] Damit wird ihm in diesem Stadium eine *solche* Naherwartung der Parusie attestiert, daß er den möglichen Tod von Gemeindegliedern gar nicht mehr als reale Herausforderung vor Augen gehabt habe.[89] Demgegenüber müßte aber doch die Frage gestellt werden, ob sich Paulus in den zum Zeitpunkt der Abfassung des 1Thess vermutlich immerhin knapp zwanzig Jahren seines Christ-Seins[90] wirklich noch nie dem Problem verstorbener *Christen* stellen mußte[91] oder ob ihm wirklich zugetraut werden soll, er habe diese Realität in enthusiastischer Manier und seelsorgerlich unverantwortlicher Weise übergangen.[92]

Solche Spekulationen sind freilich obsolet, wenn man sieht, daß es nicht ein akutes Problem der *Thessalonicher*, sondern die Sorge des *Apostels* über eine *drohende* (*nicht:* die eingetretene[93]) Verzweiflung der Thessalonicher und die damit verbundenen *Gravamina*[94] ist, die ihn zu diesem Ab-

---

[88] SCHNELLE, Einleitung, 69. So auch MARXSEN, 1Thess, 64f.; HAUFE, 1Thess, 80–82. KNABENBAUER, 1Thess, 87, sieht den Grund dafür, daß die Thessalonicher nicht ausreichend über die Auferstehung der toten Christen unterrichtet gewesen seien, primär in der *Kürze* des Aufenthalts des Apostels bei seiner Gründungspredigt: »Cum apostolus solum per breve tempus apud eos manere potuerit, mirum non est, eos de variis doctrinis non fuisse sufficienter edoctos.« Vgl. aber die Erwägungen zur *Länge* von Paulus' Thessaloniki-Aufenthalt bei HOFIUS, Missionar, 2, Anm. 5.

[89] So REINMUTH, 1Thess, 142. Er schränkt leicht ein, »daß die paulinische Predigt in Thessalonich eine derartige Naherwartung voraussetzte *oder immerhin veranlaßte*« (ebd. [Hervorhebung E.R.]).

[90] Vorausgesetzt wird hier mit SCHNELLE, Einleitung, 62, die Abfassung des 1Thess *50 n.Chr.* und mit RIESNER, Frühzeit, 65.367, die Berufung des Paulus vor Damaskus *31/32 n.Chr.*

[91] So zu Recht auch LÉGASSE, 1Thess, 245 m. Anm. 5 (unter Hinweis auf RIESNER, Frühzeit, 345). Man beachte nur schon die allgemein niedrige Lebenserwartung und insbesondere die hohe Kindersterblichkeit in der Antike! Gegen SCHADE, Christologie, 162f.; MARXSEN, 1Thess, 65.

[92] BEST, 1Thess, 183, behauptet einigermaßen abenteuerlich, Paulus habe entweder – der Kürze seines Aufenthalts in Thessaloniki geschuldet – schlicht *vergessen*, die Thessalonicher über das Schicksal verstorbener Christen zu informieren (zumal bei seinem Besuch dort niemand gestorben sei), oder er sei davon ausgegangen, daß sie die Lösung des Problems *selber* finden könnten.

[93] Gegen LÉGASSE, 1Thess, 246: « Ce sentiment [sc. de tristesse ; E.R.] n'est pas hypothétique, car Paul ne cherche pas à le prévenir. » Das wäre richtig, wenn es nur um das menschlich nachvollziehbare *Gefühl* der Traurigkeit ginge. Aber Paulus spricht hier gar nicht *davon*, sondern von *theologisch illegitimer Hoffnungslosigkeit* (s.u. Anm. 94; vgl. ROBERTS GAVENTA, 1Thess, 67). *Diese abzuwehren*, ist *tatsächlich* das Ziel des Apostels, wie der verneinte Finalsatz zeigt (ἵνα μή κτλ.).

[94] Nicht weniger als *drei* eng miteinander verknüpfte Gefahren versucht Paulus mit seiner Antwort *abzuwehren* (ἵνα μή κτλ. [V. 13b]), nämlich – erstens – die der 5,16. 18b gebotenen christlichen Freude widersprechende »Trauer« (im Sinne grundsätzlicher *Hoffnungslosigkeit*), die – zweitens – eigentlich ein Zeichen »der übrigen«, d.h. der

schnitt bewegt,[95] wie dessen *parakletische Gesamtanlage* vermuten läßt (s. die *inclusio* V. 13.18). Als Theologe und Seelsorger *ahnt* Paulus, welche Fragen und Zweifel angesichts von Todesfällen in der Gemeinde aufkeimen *könnten*.[96] Es geht ihm jedoch *nicht* darum, die Gemeinde zu rügen oder zurechtzuweisen,[97] und der Apostel erscheint hier – anders als 1Kor 15 – nicht als *Kontroverstheologe*, wie schon J. CALVIN betont hat.[98]

Festzuhalten bleibt hier, *daß* Paulus in Übereinstimmung mit der ganzen urchristlichen Tradition mit einer *baldigen* Parusie Jesu Christi gerechnet hat.[99] Ebenfalls in Übereinstimmung mit dem Hauptstrom urchristlicher Tradition hat er allen *Terminspekulationen gewehrt*. Dies führte aber nicht zu einer Verschiebung der Parusie auf den Sankt-Nimmerleinstag und dauerhafter Einrichtung in der Welt[100], sondern zu *täglicher hoffnungsvoller Erwartung* und *gespannter Wachsamkeit*.

Nicht-Christen ist (vgl. zum Ganzen PERES, Grabinschriften, *passim*; DENS., Eschatologie, *passim*), wodurch sich die Christen notwendigerweise auf *eine* Stufe mit ihnen stellen würden (καθώς!). Damit aber würden die Thessalonicher letztlich – und das ist offenbar die *Hauptgefahr*, die Paulus sieht – nicht weniger als hinter der ihre Existenz bestimmenden »Hoffnung« (ἐλπίς) zurückbleiben (vgl. 1,3; 5,8–10).

[95] EWERT, Church, 60, sieht das Richtige (im Blick auf Paulus) und irrt zugleich (im Blick auf die Gemeinde), wenn er schreibt: "The reason *Paul* wants the church to be informed on the state of those who have died is a *pastoral* one: *so that* they may not grieve like those who have no hope. [...] Some of the Thessalonians grieved because they thought their loved ones were separated from them forever" (Hervorhebungen E.R.).

[96] Vgl. ZÖCKLER, 1Thess, 23, der diese *Möglichkeit* jedoch zugleich als »wohl« realisiert ansieht.

[97] Gegen KOCH, 1Thess, 340, der schon in 4,3–8.9–12 eine »Rüge« zu erkennen glaubt.

[98] Vgl. DENS., CO 52, 164 (= CR 80, 164): *Non est verisimile spem resurrectionis convulsam fuisse apud Thessalonicenses a profanis hominibus: quemadmodum Corinthi factum fuerat. Videmus enim ut Corinthios severe castiget: hic autem tanquam de re non dubia loquitur.*

[99] Zu Recht betont ERLEMANN, Naherwartung, 414, daß *auch* die scheinbar problemlosere und heute mitunter beliebtere Rede von der »*Stetserwartung*« (vgl. z.B. VISSER, Paraklese, 130f.) die »Naherwartung gerade voraus[setzt]«! Erlemann setzt sich u.a. kritisch mit GRÄSSER, Parusieverzögerung, *passim*, auseinander. Vgl. noch MARXSEN, 1Thess, 64, der rundweg feststellt: »Nun besteht überhaupt kein Zweifel: Darin [sc. in seiner Parusie-Nächsterwartung; E.R.] hat sich Paulus geirrt.«

[100] Man darf im Gegenteil sogar annehmen, daß gerade eine *genaue Terminangabe* diese Auswirkung gehabt hätte und daher kontraproduktiv gewesen wäre!

2. Gegenwärtiges εἶναι ἐν Χριστῷ und zukünftiges εἶναι σὺν Χριστῷ

Unsere Untersuchung bliebe auch insofern auf halber Strecke stehen, nähmen wir uns nicht auch der Fragen der paulinischen *Eschatologie* an,[1] als der oben[2] besprochenen Formel vom εἶναι ἐν Χριστῷ unbedingt die zwar viel seltenere[3], aber bedeutsame Wendung vom εἶναι σὺν Χριστῷ[4] an die Seite zu stellen ist. Auch hier hat schon Ad. DEISSMANN das Entscheidende richtig gesehen, als er zur sog. »Formel«[5] σὺν Χριστῷ εἶναι »[a]nhangsweise« bemerkte:

»Sie bezeichnet fast überall [...] die Gemeinschaft der Christen mit Christus *nach ihrem Tode* resp. der *Parusie*. Man kann sagen, dass das σὺν Χριστῷ εἶναι das Ziel des ἐν Χριστῷ εἶναι ist.«[6]

2.1. Das Verhältnis von εἶναι ἐν Χριστῷ und εἶναι σὺν Χριστῷ bei Paulus

Näher ausgeführt hat die eingangs genannte Sicht E. LOHMEYER in seinem bis heute grundlegenden Beitrag zur Festgabe zu Ad. Deißmanns 60. Geburtstag.[7] Er stellt fest, das εἶναι σὺν Χριστῷ bezeichne »eine *andere Form des Daseins jenseits aller Zeit*«[8]:

---

[1] S.o. S. 325f.

[2] S.o. S. 222–315.

[3] Vgl. dazu LOHMEYER, ΣΥΝ ΧΡΙΣΤΩΙ, 218–220: »Von dem ›in Christus‹ spricht Paulus auf jeder Seite seiner Briefe wiederholt; von ›mit Christus‹ hören wir nur an wenigen Stellen« (a.a.O., 218).

[4] Vgl. zum Ganzen auch den entsprechenden Exkurs bei GNILKA, Phil, 76–93.

[5] S. dagegen GNILKA, a.a.O., 76: »Es ist [...] nicht zutreffend, σὺν Χριστῷ εἶναι als Formel anzusprechen, im Grund genommen handelt es sich um eine einmalige Formulierung.« Letzteres geht aber entschieden zu weit (s. nur 1Thess 4,17!). Mit FROITZHEIM, Christologie, 191, Anm. 5, »handelt es sich um einen festen, geprägten Topos, der in sachlich eng begrenzten Zusammenhängen Verwendung findet, offenbar also auch mit einem spezifischen Bedeutungsgehalt verknüpft ist«. Darum ist die Frage, ob man »in dieser Wendung eine ›Formel‹ erblickt [...] letztlich eine Frage der Terminologie« (ebd.).

[6] DERS., Formel, 126. – Anders WILCKENS, Röm II, 45: »Nirgendwo mehr hat in den späteren Briefen des Paulus die Rede von einem zukünftigen ›Sein bei Christus‹ einen so ausschließlich eschatologischen Horizont wie in 1Thess 4.« Diese *andere* Sicht hängt allerdings mit einer eigentümlichen Tauftheologie zusammen (s. a.a.O., 42–62).

[7] Vgl. DENS., ΣΥΝ ΧΡΙΣΤΩΙ, *passim* (positiv rezipiert von SEESEMANN, Begriff, 49f.; WIKENHAUSER, Christusmystik[2], 35f.).

[8] ΣΥΝ ΧΡΙΣΤΩΙ, 220 (Hervorhebung E.R.). Es ist dieses »Jenseits« ihm zufolge präzise ein »Jenseits von Zeit und Raum« (a.a.O., 223)!

2. Gegenwärtiges εἶναι ἐν Χριστῷ und zukünftiges εἶναι σὺν Χριστῷ

»Das Beisammensein mit Christus bedeutet also Loslösung von Geschichte und Leben und Vereinigung an einer Stätte, an der nicht ein Jetzt, sondern ein ›Immerdar‹ (1 Thess 4$_{17}$) herrscht.«[9]

An die Stelle der geschichtlich bedingten *Dynamik des ἐν Χριστῷ* tritt also der *Zustand des σὺν Χριστῷ*.[10] Mithin eigne dieser Vorstellung »eine eigentümliche *Metaphysik zweier Welten*«, die »in einem entscheidenden Gegensatz« zueinander stünden:

»Hie Zeit, dort Ewigkeit, hie irdische, dort himmlische Leiblichkeit, hier ›fern von Christus‹, obwohl ›in Christus‹, dort ›mit Christus‹, weil ›fern vom Leibe‹ (2 Kor 5$_8$). Tod des Gläubigen und Parusie des Herrn bedeuten dann die Formen, durch die der einzelne oder die Gemeinde zu jener Welt hinüberwandern.«[11]

Eine Überprüfung aller Stellen, an denen Paulus vom εἶναι σὺν Χριστῷ spricht,[12] bestätigt diese Sicht.[13] Paulus *unterscheidet* mithin *sehr bewußt* zwischen dem *gegenwärtigen* εἶναι ἐν Χριστῷ und dem *zukünftigen* εἶναι σὺν Χριστῷ (vgl. bes. 1Thess 4,13–18[14]; ferner 2Kor 13,4[15]).

Es will nun beachtet sein, daß dem ἐν Χριστῷ vor der Parusie ein σὺν Χριστῷ nach der Parusie entspricht – und nicht etwa ein (ja durchaus erwartbares) μετὰ Χριστοῦ. Bereits Ad. DEISSMANN machte auf diesen bemerkenswerten sprachlichen Befund aufmerksam: »Paulus gebraucht μετά niemals zur Bezeichnung eines Verhältnisses zu Jesus Christus, die Synoptiker haben niemals das paulinische ἐν«[16], und zog daraus den Schluß: »›in‹ dem synoptischen Jesus kann man nicht sein, wohl aber ›in‹ dem pneumatischen lebendigen Christus des Paulus.«[17] Wie auch immer man hier urteilt, der sprachliche Befund, daß Paulus die Gemeinschaft mit Christus niemals unter Verwendung der Präposition μετά formuliert, ist *umso*

---

[9] A.a.O., 223.
[10] Vgl. a.a.O., 222; FROITZHEIM, Christologie, 193 m. Anm. 18.
[11] Alle Zitate: LOHMEYER, a.a.O., 223 (Hervorhebung E.R.).
[12] Nämlich: Röm 6,8a; 2Kor 13,4; Phil 1,23 (jeweils σὺν Χριστῷ); 2Kor 4,14ba; 1Thess 4,14 (jeweils σὺν Ἰησοῦ); 1Thess 4,17b (σὺν κυρίῳ); 1Thess 5,*10* (ἅμα σὺν αὐτῷ [sc. τῷ κυρίῳ ἡμῶν Ἰησοῦ Χριστῷ]); Röm 8,*32* (σὺν αὐτῷ [sc. τῷ ἰδίῳ [sc. τοῦ θεοῦ] υἱῷ]). Vgl. noch das – ebenfalls *futurische* – συζῆν αὐτῷ [sc. Χριστῷ] als Inhalt der πίστις Röm 6,8b. – Bezeichnenderweise *nicht durchgehend futurisch* versteht das σὺν Χριστῷ der *Kolosserbrief* (s. 2,13; *anders* Röm 6,8!).
[13] Das gilt unabhängig davon, daß die traditionsgeschichtlichen Ausführungen LOHMEYERs (a.a.O., 229–245) in ihrem Ergebnis kaum zu überzeugen vermögen.
[14] S. dazu oben S. 344–347.
[15] S. dazu oben S. 278–280.
[16] Formel, 73.
[17] A.a.O., 88. Vgl. dazu ebd., Anm. 3: »In diesem Zusammenhange gewinnt m.E. die Thatsache, dass mit dem synopt. ›Jesus‹ nur ein μετά verbunden wird [...], ihre volle Bedeutung. Dem entspricht, dass auch die Komplementvorstellung des εἶναι ἐν Χριστῷ, das Χριστὸν εἶναι ἔν τινι, sich bei den Synoptikern nicht findet, sondern nur ein εἶναι ἐν μέσῳ *einer Mehrheit* (Matth. 18,20).«

bemerkenswerter, als schon in neutestamentlicher Zeit eigentlich eine Verdrängung der Präposition σύν durch die Präposition μετά zu beobachten ist.[18] Wenn Paulus entgegen diesem »Trend« die Präposition σύν wählt, dann wird der Grund wohl darin zu suchen sein, daß σύν (im Unterschied zu μετά) stärker den *Aspekt inniger Gemeinschaft* auszudrücken vermag.[19]

2.2. Folgerungen für die sog. »Christusmystik« des Apostels

Wenn nun Paulus als *Ziel* des ἐν Χριστῷ εἶναι gerade das σὺν Χριστῷ εἶναι nennt, so deutet er mit der Wahl dieser *soziativen* Präposition[20] aber *auch an, daß er letztlich bleibend zwischen Christus und den Christen unterscheidet.* Das verbietet zunächst einmal das pauschale Urteil, Paulus verwende die Präposition ἐν lediglich als Enallage für andere Präpositionen[21], aber ebenso die Sicht, die den Apostel zum »Einheits-Mystiker« erklären möchte, denn *nicht die zeitliche »Christus-Mystik« ist das Ziel, sondern die ewige »Christus-Gemeinschaft«.* Aus diesen Beobachtungen hat bereits M. DIBELIUS die notwendigen und m.E. bis heute gültigen Schlüsse hinsichtlich sog. »mystischer« Aussagen bei Paulus gezogen:

> »Die Mystik des Paulus weist nur in eingeschränktem Maße die Kennzeichen der Mystik auf. Es sind vier [...] Besonderheiten der Mystik, die man bei Paulus vermißt. 1. Die mystischen Aussagen des Paulus beziehen sich nur auf Christus, in dem sich Gott menschlich kund gemacht hat, niemals auf Gott. [...] 2. Aber auch diese Christusmystik läßt etwas vermissen: die *Mystik der Identität.* Christus lebt in mir, ich vermag alles in ihm, – das kann Paulus sagen, aber nicht: ich bin Christus und er ist ich. [...] 3. Der Mystik des Paulus fehlt somit auch das letzte Ziel jeder Identitätsmystik, die *Vergottung.* [...] 4. [...] Es gibt *keine fruitio Dei,* kein Genießen Gottes, bei Paulus. Auch im Verhältnis des Apostels zu Christus ist alles auf das Ende hin gerichtet; darum gibt es keine Ruhe, es gibt nur Spannung; es gibt nur bedingt ein Haben, es gibt sehr wesentlich ein Bewußtsein des Nichthabens und eine Sehnsucht nach der Vollendung.«[22]

Zugleich will freilich beachtet sein, daß Paulus zwar im Blick auf die »Gemeinschaft« *mit Gott* (θεός) durchaus die im Vergleich mit σύν stärker unterscheidende Präposition μετά verwenden kann (vgl. Röm 15,33; 2Kor 13,11; Phil 4,9) – aber *niemals* im Blick auf die eschatologische *Christus-*

---

[18] Vgl. BUSCEMI, Preposizioni, 98.

[19] Vgl. BUSCEMI, a.a.O., 95f.

[20] Vgl. nur das übrige Vorkommen der Präposition σύν bei Paulus: Röm 16,14.15; 1Kor 1,2; (5,4); (10,13); (11,32); (15,10); 16,4.19; 2Kor 1,1.21; 4,14bβ; (8,19); 9,4; Gal 1,2; 2,3; (3,9); (5,24); Phil 1,1; 2,22; 4,21; 1Thess 4,17a (*ἅμα σὺν αὐτοῖς*!).

[21] LOHMEYER, ΣΥΝ ΧΡΙΣΤΩΙ, 219, hat scharfsinnig auf den in der Tat *merkwürdigen* Sachverhalt aufmerksam gemacht, daß Paulus die Präposition σύν c. Dat. zur Bezeichnung der (gegenwärtigen) Christusgemeinschaft offenbar bewußt *nicht* verwendet: »Welches andere Fürwort könnte so wie σύν geeignet erscheinen, unmittelbar von inniger Christusverbundenheit zu sprechen? Statt seiner herrscht ἐν Χριστῷ unbedingt.«

[22] Mystik, 17f.

gemeinschaft, wo es immer σὺν Χριστῷ heißt (1Thess 3,13 ist kein Gegenbeleg) und damit die *Innigkeit* der Christusgemeinschaft (bei aller Unterschiedenheit) betont ist.

Warum Paulus aber das Verhältnis des Christen zu Christus in präeschatologischer Hinsicht quasi »enger« sieht (ἐν Χριστῷ) als in eschatologischer Hinsicht, in der er die »Gemeinschaft« zweier grundsätzlich zu *unterscheidender* Größen wieder stärker betont (σὺν Χριστῷ), dürfte in seiner Einsicht in die gegenwärtige »Karsamstags-Existenz« der Christen (als einer *Grabes*-Existenz [Röm 6,4a], also prinzipiell *mere passive*) und in der Erwartung der mit der Parusie Christi erhofften »Neuerungen« bzw. der damit einhergehenden »Vollendung« begründet sein. Jedenfalls ist es – wie Dibelius im Anschluß an Phil 3,12 betont – für Paulus »ausgeschlossen, daß der Christ in der Mystik bereits eine Vollendung seines Daseins erlebt. Er weiß, daß die Vollendung immer noch aussteht«.[23] Darum gilt:

»›In Christus‹ im eigentlichsten Sinn bezeichnet die mystische Verbindung mit dem Herrn, aber es bezeichnet auch die Zugehörigkeit zur *wartenden* Gemeinde. Im Haben und Nichthaben wird die Stellung des Christen *zwischen den Zeiten* begriffen – und [...] diese Doppelseitigkeit [ist] das Kennzeichen des Christseins geblieben bis auf diesen Tag.«[24]

Um *diesen* Sachverhalt zu beschreiben, scheint mir aber der von Ad. Deissmann vorgeschlagene Begriff »*Christ-Innigkeit*« allemal besser geeignet zu sein als der notorisch mißverstandene, weil mißverständliche Begriff »Mystik« (samt allen mehr oder weniger glücklichen Variationen).

Es läßt sich also festhalten, daß das εἶναι ἐν Χριστῷ sich ausschließlich auf die *Gegenwart* erstreckt, mithin das Leben des Christen *in via* charakterisiert, das einst von dem erwarteten *zukünftigen* εἶναι σὺν Χριστῷ abgelöst wird, das seinen Realgrund in dem einmaligen Sterben mit Christus (Röm 6,3–5) hat, wie E. Lohmeyer ausführt:

»Ein Geschehen ›mit Christus‹ hat in der Vergangenheit einmal den einzelnen getroffen; er starb und ward begraben [...] ›mit ihm‹. So ist ein Leben und Wirken ›in Christus‹ möglich geworden. Und dieses währt, solange der einzelne auf Erden lebt oder die Parusie des Herrn noch verzieht. Alsdann vollendet sich die Gewißheit des ›in Christus‹ in der Wirklichkeit eines ›mit Christus‹.«[25]

Man darf also *in der Tat* mit Ad. Deissmann sagen, »dass das σὺν Χριστῷ εἶναι das Ziel des ἐν Χριστῷ εἶναι ist.«[26] Dieses Ziel wird sich – so Paulus – bei der *Parusie* verwirklichen (vgl. 1Thess 4,13–18; 1Kor 15).

---

[23] A.a.O., 18.
[24] Dibelius, a.a.O., 20 (Hervorhebungen E.R.).
[25] ΣΥΝ ΧΡΙΣΤΩΙ, 221. Die Auslassung im Zitat (»und ward lebendig gemacht«) ist notwendig, weil Paulus das συζῆν mit Christus streng *futurisch*-eschatologisch auffaßt (vgl. Röm 6,5.8).
[26] Formel, 126.

3. Leibliche Auferstehung als Existenz-*Vollendung* zwischen Kontinuität und Diskontinuität (1Kor 15)

Entscheidend für das weitere Verständnis ist die Einsicht, daß es sich bei der paulinischen Rede von der Auferstehung nicht um allgemein-anthropologische (»hamartologische«), sondern um *dezidiert »christianologische« Aussagen* handelt. Auch hier macht Paulus nämlich Ernst mit der relational-ontologischen Bestimmtheit des Menschen. O. HOFIUS hat in überzeugender Weise dargelegt,[1] daß die Auferstehung »der« Toten bei Paulus »als ein *Heilsereignis* und *nur* als ein Heilsereignis verstanden« wird[2], das als solches exklusiv an Christus und sein Geschick gebunden ist und deshalb ausschließlich denen zuteil wird, die »in Christus sind«:

»Der Apostel erblickt [...] in der Auferstehung Christi den *Realgrund* für die Auferstehung der Toten und dementsprechend in der Auferstehung der Toten die *notwendige Folge* der Auferstehung Christi.«[3]

Die *Notwendigkeit* der Folge betrifft indes allein *die* Menschen, die »ganz unmittelbar in das Geschehen des Todes und der Auferstehung Christi mit hineingenommen sind«[4], – diejenigen also, mit denen Christus sich im Sinne inkludierender Existenzstellvertretung identifiziert hat, d.h. die »in Christus« sind und (zu) ihm und in seine Geschichte gehören, wie HOFIUS im Anschluß an 1Kor 15 ausführt:

»Lebendig gemacht werden also οἱ τοῦ Χριστοῦ, d.h. die zu Christus Gehörenden, und das sind nach dem sonstigen Sprachgebrauch des Apostels diejenigen, die an Christus glauben. *Von einer Auferstehung der nicht an Christus glaubenden Menschen ist [...] weder im Anschluß an V. 23 noch auch sonst in unserem Kapitel die Rede.*«[5]

Die *Kehrseite* des Verständnisses der in Christi Auferstehung begründeten Auferstehung von den Toten als eines exklusiven *Heilsereignisses* bei der

---

[1] Zur Begründung s. DENS., Heilsereignis, *passim*; vgl. DENS., Auferstehung, *passim*.
[2] Heilsereignis, 110.
[3] HOFIUS, a.a.O., 107 (zu 1Kor 15,20–22).
[4] HOFIUS, a.a.O., 108 (unter Hinweis auf den *pro-nobis*-Charakter der Auferstehung Jesu 2Kor 5,15; Röm 4,25; 8,34; 14,9). Das allerdings hat BULTMANN, Art. θάνατος, 17, unter Hinweis auf Röm 2,5–13.16; 2Kor 5,10 *bestritten* – »auch wenn 1 K 15, 22–24; 1 Th 4, 15 ff so verstanden werden kann« (ebd.).
[5] A.a.O., 112 (m. Anm. 55 [Hervorhebung E.R.]; vgl. a.a.O., 113 m. Anm. 62). Vgl. DENS., Auferstehung, bes. 119–129; zum Ganzen auch FROITZHEIM, Christologie, 151f.; ihm folgend z.B. WOLFF, 1Kor, 385. Er spricht treffend von einer »eschatologische[n] Schöpfungsmittlerschaft Christi« (zu V. 22 [ebd.]). Vgl. ferner MASON, Resurrection, *passim*.

3. Leibliche Auferstehung als Existenz-Vollendung

Parusie Christi⁶ bildet die Koinzidenz von ὀργὴ θεοῦ und ὄλεθρος über die nicht an Christus Glaubenden am »Tag des Herrn« (vgl. v.a. 1Thess 5,1–11).⁷ Von daher dürfte sich auch das überaus scharfe Wort des Apostels am Ende des 1. Korintherbriefes erklären: »Wer den Herrn nicht *liebt* (φιλεῖ), sei verflucht!« (1Kor 16,22a). Denn wer *nicht* »in Christus ist« (1Kor 15,20–23!), hat *de facto* keinen Anteil am Heil; ihm bleibt im Sinne *relationaler* Ontologie nur der »Untergang« in der absoluten Beziehungslosigkeit des Todes (θάνατος) als dem »Sündenlohn« (Röm 6,23a).

Der *Kontrast zwischen dem Tod eines Christen und dem Tod eines Nichtchristen* könnte folglich größer nicht sein, wie H. THYEN hervorhebt:

»Man mißversteht Paulus, wenn man meint, ›der Tod sei der Sünde Sold‹ auch noch für die Glaubenden. [...] Die ihnen schon unwiderruflich zuteil gewordene Gabe ist vielmehr ›das ewige Leben in Christus Jesus, unserem Herrn‹ (Röm. 6,23). [...] Darum vermag auch das ›Jüngste Gericht‹ das Leben derer, die in Christus sind, nicht mehr in Frage zu stellen. Es ergeht nicht mehr über ihr Sein, sondern allein über ihre Werke. Darum fürchten sie nicht das Gericht, sondern rufen den gnädigen Richter herbei.«⁸

Paulus macht also radikal ernst mit der externen Bestimmtheit des Seins im Sinne existentiell konstitutiver Christusbezogenheit: Was sich durch den Tod hindurchhält und ewiges Leben garantiert, ist ausschließlich die Beziehung zu Christus (1Kor 15,20–23), die sich zwar kraft der Auferstehung von den Toten bzw. der ihr entsprechenden Verwandlung bei der Parusie (vgl. 1Kor 15,50–53) vom ἐν Χριστῷ εἶναι *zum* σὺν Χριστῷ εἶναι *wandelt, aber als Christusbezogenheit identisch bleibt und damit die Identität des Christen bleibend konstituiert.*⁹ In *diesem* Sinne hat R. BULTMANN tatsächlich Recht: »Im Grunde ist das σὺν Χριστῷ εἶναι das einzige, was er [sc. Paulus; E.R.] vom Auferstehungsleben sagen kann [...].«¹⁰ Damit sagt Paulus aber zugleich das schlechthin *Entscheidende: Ewiges Leben gibt es nur in steter Christusbezogenheit. Im Modus des zukünftigen* σὺν Χριστῷ-*Seins erreicht die christliche Existenz ihre Vollendung.*

Im Sinne des Apostels muß allerdings noch hinzugefügt werden, *daß es wahrhaft heilvolles Leben erst dann geben kann, wenn auch die* »äußeren« *Bedingungen« dauerhaft verändert werden.* Darum muß *und wird* der »Tod« (θάνατος), der ja der Erzfeind des Menschen *und* Gottes gleichermaßen ist,¹¹ vernichtet werden (vgl. 1Kor 15,26).

---

⁶ Vgl. dazu HOFIUS, Auferstehung, 130f.
⁷ S. dazu oben S. 340–343.
⁸ Sündenvergebung, 216f. Er verweist für Letzteres auf 1Kor 3,11–15; 5,1–5.
⁹ Zur Identitätsproblematik s.u. S. 357–363.
¹⁰ BULTMANN, Barth, 64 (zur Kritik seiner *weiteren* Ausführungen s.u. S. 358, Anm. 13). Unter der Voraussetzung mannigfacher »Wandlungen im paulinischen Denken« behauptet SCHNELLE, Wandlungen, 47, das σὺν Χριστῷ εἶναι sei die *einzige* »Konstante« der paulinischen Eschatologie.
¹¹ S. dazu oben S. 209–220.

Eng mit dieser endgültigen Entmachtung und Vernichtung des Todes verknüpft ist der Herrschaftsantritt Christi *bzw.* Gottes (1Kor 15,27f.). Genau in dieser *doppelten* Herrschaft liegt offenbar eine Schwierigkeit. Nach J. MOLTMANN lautet die zentrale Frage: »Macht Christus sich selbst überflüssig, wenn das Reich Gottes kommt?«[12] Das Problem bzw. die Probleme sind allerdings *wesentlich* älter (fast möchte man sagen: gleichursprünglich mit den fraglichen Versen selbst), wie E. SCHENDEL in seiner Untersuchung über die Auslegung von 1Kor 15,24–28 in der Väterexegese bis zum Zweiten Ökumenischen Konzil (Konstantinopel 381) dargelegt hat.[13]

Komplementär dazu hat S.M. LEWIS in seiner Untersuchung von 1Kor 15 jedoch darauf hingewiesen, daß es insbesondere in der fraglichen Passage V. 23–28 gar nicht um die *Natur* Christi oder sein *Wesen* geht, sondern um seine *Funktion*[14] innerhalb der diesen Versen zugrundeliegenden *apokalyptischen Gesamtschau* (»the apocalyptic whole«[15]):

"The handing over of the kingdom to God the Father is not a diminishment of Christ, but his fulfillment as the Son when he can present to the Father a cosmos cleansed and healed of division and alienation."[16]

---

[12] MOLTMANN, Der gekreuzigte Gott, 244. Er fährt fort: »Die Frage klingt zwar spekulativ, aber an ihr fallen Grundsatzentscheidungen von höchster Tragweite. Jede eschatologisch orientierte und *funktional* entworfene Christologie stößt ›am Ende‹ auf die Frage nach der Selbstenübrigung des Mittlers« (ebd. [Hervorhebung E.R.]). Das ist an sich völlig richtig beobachtet. Ob man nun allerdings *Calvin* in der Tat solch eine *rein* »funktionalistisch gedachte Christologie« unterstellen darf (ebd.; a.a.O., 246!), ist doch *mehr als zweifelhaft* (vgl. dazu REHFELD, Leitlinien, 49f.)!

[13] Vgl. DENS., Unterwerfung, *passim*; ferner NADEAU, Souveraineté, *passim* (von Markell v. Ankyra bis O. Cullmann und A. Feuillet). Man konnte die »Unterwerfung des Sohnes unter den Vater« heranziehen, um gegen die Modalisten die Unterschiedenheit von Vater und Sohn zu demonstrieren. Gleichzeitig handelte man sich damit das Problem einer möglichen Subordination (zuweilen in Gestalt einer außerordentlichen Betonung der Monarchie des Vaters) ein. Um diese offen (Arianer) oder latent subordinatianischen Tendenzen zu vermeiden, konnte man sich statt einer relationalen (trinitarisch-christologischen) Interpretation ganz auf eine soteriologisch-eschatologische oder heilsgeschichtliche Erklärung zurückziehen, oder man »löste« das Problem ganz einfach durch das hermeneutische Axiom, daß die Hl. Schrift in sich widerspruchsfrei sei (s. zu diesen verschiedenen Versuchen SCHENDEL, a.a.O., bes. 201–205 [Zusammenfassung]). Da diese Stelle *außerdem* seit Origenes als maßgebliche Grundlage für die umstrittene Apokatastasis-Lehre herangezogen wurde, ist leicht erklärlich, daß die Literatur zu diesen wenigen Versen ins Unermessliche angewachsen ist (Lit. z.B. bei SCHRAGE, 1Kor IV, 150–152).

[14] Das sieht zwar auch PATE, End, 66 (»the role of Christ in the triumph of God in the world, as crucial as it is, nevertheless is provisional«), er zieht daraus aber den falschen Schluß: "For the apostle, Christology is subordinate to theology" (ebd.).

[15] Von diesem spricht LEWIS, All in All, 217 u.ö. – Vgl. zu 1Kor 15,24.28 auch VON ALLMEN, Famille, 216–218.

[16] All in All, 218.

3. Leibliche Auferstehung als Existenz-Vollendung

Einmal mehr zeigt sich somit sowohl die Notwendigkeit der Differenzierung von *Wesen* und *Funktion* (wie schon beim νόμος-Verständnis des Apostels) als auch die Bedeutung apokalyptischer – oder besser: *futurischer* – Eschatologie für das Verständnis paulinischer Theologie, *die sich eben nicht in einer präsentischen »Eschatologie« und einem neuen Existenzverständnis erschöpft.*[17]

---

[17] Vgl. auch LEWIS' Kritik (All in All, *passim*) an der »gängigen« Eschatologie!

4. Das εἶναι ἐν Χριστῷ als *Grundlage*, das εἶναι σὺν Χριστῷ als *Ziel* der paulinischen Eschatologie

Auch und gerade hinsichtlich der paulinischen *Eschatologie* erweist sich der in der Formel vom εἶναι ἐν Χριστῷ ausgedrückte Sachverhalt der »Christ-Innigkeit« als Grundlage und Verstehenshorizont gleichermaßen: Der Christ als der Mensch ἐν Χριστῷ ist der mit Christus unlöslich verbundene, der in und durch diese seinsbestimmende Relation definierte Mensch. *Als solcher* hat er Anteil an der Geschichte des Christus, wie schon Ad. DEISSMANN erklärte:

>»So drängt sich denn innerhalb der Sphäre ›Christus‹ die ganze Heilsgeschichte zusammen: der zurückblickende Geist bekennt: τὰ πάντα ἐν αὐτῷ συνέστηκεν [Kol 1,17], und das vorwärtsschauende Auge ahnt, dass die οἰκονομία τοῦ πληρώματος τῶν καιρῶν in dem ἀνακεφαλαιώσασθαι τὰ πάντα ἐν τῷ Χριστῷ [Eph 1,10] sich vollziehen wird.«[1]

Man kann die *Bedeutung und Tragweite* der ontisch wirksamen gegenwärtigen Christusbezogenheit gar nicht überschätzen, denn vom »Sein in Christus« aus entfaltet Paulus *alles*.[2] Christologie und Soteriologie gehören für ihn dergestalt aufs engste zusammen,[3] daß Christus für Paulus immer der Christus *pro nobis* ist (auch wenn er darin nicht »aufgeht«). Paulinische *Soteriologie* bedeutet darum nichts anderes, als daß die Existenz des Christus und die Existenz des Menschen ἐν Χριστῷ zur Deckung gebracht werden. Der Mensch *als solcher* ist ja für Paulus überhaupt nicht *remoto Christo* zu bestimmen: er ist *entweder* ἐν Χριστῷ – *oder* er ist *χωρὶς Χριστοῦ*. So oder so aber qualifiziert die Relation zu Christus *jeden* Menschen. *Heil wie Unheil bestimmen sich allein aus der Christusrelation.*

Der Mensch *ἐν Χριστῷ* nun – der Christ – *partizipiert* kraft der Unverbrüchlichkeit[4] der seinsbestimmenden Christusbezogenheit an Christi *ganzer* Geschichte: an seinem Tod, seiner Auferstehung und seinem Leben in

---

[1] Formel, 123f. DEISSMANN zufolge besteht hinsichtlich der »Formel« »in Christus« »[e]in sachlicher Unterschied zwischen den Aussagen der paulinischen Homologumena und denen der angezweifelten Schriften […] insofern nicht, als die Deuteropaulinen etwas wesentlich Neues im Verhältnisse zu den Hauptbriefen nicht bringen und zu ihren wenigen Eigentümlichkeiten in den früheren Briefen wenigstens die Ansätze zu finden sind« (a.a.O., 118). Das bedeutet, daß das oben Zitierte – im Duktus der Deißmannschen Logik – seine Gültigkeit auch für die unbestritten echten Paulusbriefe auch *unter Absehung der angeführten deuteropaulinischen Belegstellen* behält.
[2] Vgl. DEISSMANN, Paulus², 111; PERCY, Leib, 24.
[3] Vgl. KÄSEMANN, Röm, 89f.
[4] FERREIRA, Gal, 74, spricht von einer »união inquebrantável« (zu Gal 2,19f.).

Herrlichkeit.[5] J.-P. LEMONON schreibt treffend: «chaque étape du Christ devient étape du croyant.»[6] Insofern hat auch schon O. ZÖCKLER in seinem Kommentar zu 1Thess 4,13–5,11 das *Wesentliche* hervorgehoben:

»Das eigentlich Christliche in dem hier gebotenen Zukunftsgemälde, worauf auch Paulus selbst deutlich das meiste Gewicht legt, besteht in der Hervorhebung der innigen und unabtrennbaren *Gemeinschaft der Gläubigen mit ihrem Heiland*.«[7]

Die ontisch wirksame Christusbezogenheit erweist sich mithin als *das* Kontinuum christlicher Existenz schlechthin: Handelt es sich bei der gegenwärtigen Christusbezogenheit um ein Sein ἐν Χριστῷ, so erwartet Paulus mit der Parusie ein Sein σὺν Χριστῷ als *neuen Modus der Christusbezogenheit*. Im Übergang vom alten Äon zum Eschaton ändert sich indes »lediglich« der *Modus* der Christusbezogenheit – die Christusbezogenheit selbst bleibt über den Tod bzw. die Verwandlung hinaus bestehen, so wahr Christus der Herr über beide – Lebende und Tote – ist (Röm 14,8f.!). Insofern ist das *solus Christus* auch der *cantus firmus* der paulinischen *Eschatologie* (vgl. 1Kor 3,23; 15,28*fin*.).

Die Einsicht, daß die *Relationen* das *Sein* des Menschen bestimmen (und zwar nicht in einem trivialen[8], sondern *wesentlichen* Sinne), hat mithin grundsätzliche, aber oft ignorierte Konsequenzen gerade für wichtige Fragen der paulinischen *Eschatologie*. Mit I.U. DALFERTH nenne ich exemplarisch die vieldiskutierte Auferstehungsthematik:

»Das Problem unserer Identität, des Zusammenhangs zwischen unserem jetzigen Körper und dem verheißenen Auferstehungsleib und welche Fragen auch sonst – sie alle werden erst präzis und verlieren ihren spekulativen Charakter, wenn sie *konsequent* im Horizont des *realen Bezugs* auf Jesus Christus bedacht werden.«[9]

Zwar hat E. KÄSEMANN als Konsequenz seiner Untersuchung zum »Leib«-Gedanken bei Paulus in aller Schärfe klargestellt,

»daß die Frage nach der Kontinuität des Ichs durch den Tod hindurch nicht einmal als Frage gestellt werden darf« und daß man »nicht einmal von einer Kontinuität zwischen Psychikos und Pneumatikos« sprechen könne; denn »[i]n der Taufe stirbt der alte, entsteht ein neuer Mensch. Von der Kontinuität des Ichs zu sprechen, hat dann seinen Sinn verloren, wenn man mit dem paulinischen Pneuma-Begriff von Gott, dem Schöpfer, und seiner Alleinwirksamkeit sprechen muß. [...] Nicht der Mensch, sondern Gott bleibt.«[10]

---

[5] Vgl. FERREIRA, ebd.
[6] Gal, 104.
[7] 1Thess, 27.
[8] »Seinsbestimmung durch Relationen« in einem *trivialen* Sinne bedeutet die richtige, aber völlig unzureichende Erfahrung, daß jeder Mensch durch seine Um- bzw. Mitwelt *beeinflußt* wird. – *Hier* geht es aber um nicht weniger als *Seinskonstitution*: was ist, *ist* überhaupt nur in Relationen (»Being *as* Communion«, wie ZIZIOULAS treffend sagt)!
[9] Existenz Gottes, 234, Anm. 2 (Hervorhebungen E.R.).
[10] Alle Zitate: Leib, 134 (tlw. gesperrt i.O.).

Aber diese Interpretation kann KÄSEMANN s.E. nur um den Preis aufrechterhalten, daß er Paulus in 1Kor 15,35ff. und 2Kor 5,2ff. ein fehlgeleitetes »apologetische[s] Interesse« unterstellt,[11] wie dies auch schon R. BULTMANN getan hatte,[12] der von *seinen* Voraussetzungen her meinte: »Im Grunde ist das σὺν Χριστῷ εἶναι das einzige, was er [sc. Paulus; E.R.] vom Auferstehungsleben sagen kann, vgl. 1. Thess. 4,17; Phil. 1,23.«[13]

Allerdings geht KÄSEMANN namentlich in seiner Kritik an 1Kor 15,36–38 als eines »mißglückten Vorstoß[es] apologetischer Art«[14] von *falschen Annahmen* aus,[15] wenn er hinsichtlich der von Paulus beabsichtigten »Analogie«[16] behauptet:

»*Das Samenkorn stirbt ja nicht; Samenkorn und Pflanze sind dasselbe in zwei verschiedenen Formen*. Die Realität des Todes wird eben nicht aufgewiesen, wohl aber eine *organische Entwicklung*. [...] Wenn *das geschichtliche Leben aus dem naturhaften verstanden wird*, ist der Entwicklungsgedanke am Platz.«[17]

Nun mag die Verwendung des Bildes vom Samenkorn, das in die Erde fällt und »stirbt«, für moderne Ohren in der Tat den Gedanken einer *organischen Entwicklung* nahelegen – und dann wäre zweifellos auch die Kritik berechtigt, hier sei »das sonstige paulinische Verständnis von Tod und Leben [...] naturhaft verkehrt«[18]. Allerdings hat J. JEREMIAS in seiner Ausle-

---

[11] Vgl. a.a.O., 134–136 (Zitat: 134).

[12] Vgl. DENS., Barth, 64: Bei Paulus finde sich zu Recht »keine Schilderung der Zuständlichkeit des Auferstehungslebens, außer in der *apologetisch gerichteten, verfehlten Ausführung [1Kor 15,]35–44*« (Hervorhebung E.R.).

[13] BULTMANN, Barth, 64. Dieser Satz ist *an sich* nicht falsch (s.o. S. 353 m. Anm. 10!); BULTMANN fährt allerdings fort (und hier kann ich ihm *nicht* folgen): »Was das aber heißt, ist nach dem zu bestimmen, was Christus für Paulus bedeutet; und dafür wäre außer 1. Kor. 1,30 (ὃς ἐγενήθη σοφία ἡμῖν ἀπὸ θεοῦ, δικαιοσύνη τε καὶ ἁγιασμὸς καὶ ἀπολύτρωσις etwa Röm. 5,1f. zu nennen. Damit aber ist gesagt, was Christus für *diesen* Menschen bedeutet, der wir in unserer zeitlichen Existenz sind.« Daraus schließt BULTMANN mit einem programmatischen Spitzensatz: »*Christus ist nicht der kosmische Grund einer zukünftigen Zuständlichkeit, sondern der geschichtliche Grund für unser gegenwärtiges Sein*« (ebd. [Hervorhebung E.R.]). *Es ist Bultmanns Grundfehler, »Kosmologie« und »Geschichtlichkeit« im Sinne existentialer Zuspitzung gegeneinander auszuspielen*. Nach Paulus gehört aber beides zusammen (vgl. z.B. Röm 8,18–39). Darum hat er bei aller Betonung des »Schon jetzt« (z.B. 2Kor 5,17) niemals die grundsätzliche *futurisch*-eschatologische Perspektive aufgegeben, die das Heil nicht im Hier und Heute (und damit auch nicht in der Existenz des *Individuums*) aufgehen läßt, sondern schlechthin *allumfassend* ist bzw. sein *wird* (vgl. 1Kor 15,28*fin.*). Nur so erklärt sich auch der sehnsuchtsvolle »Maranatha!«-Ruf 1Kor 16,22*fin*.

[14] Leib, 136.

[15] Gleiches gilt anscheinend auch für BULTMANN, Barth, 58–61, bes. 60f.

[16] KÄSEMANN, a.a.O., 135.

[17] A.a.O., 135 (Hervorhebungen E.R.).

[18] So KÄSEMANN, ebd.; ebenso schon BULTMANN, Barth, 60f.

4. Grundlage (ἐν Χριστῷ) und Ziel (σὺν Χριστῷ) paulinischer Eschatologie

gung des *Kontrastgleichnisses* (!) vom Senfkorn[19] mit Nachdruck darauf hingewiesen, daß es sich bei der o.g. Sicht um ein modernes *Mißverständnis* handelt:

Hier sei nämlich »*nicht etwa eine Entwicklung* geschildert, das wäre abendländisch gedacht. Der Morgenländer denkt anders, er faßt *Anfangs- und Endstadium* ins Auge, für ihn ist in beiden Fällen das Überraschende: *die Aufeinanderfolge zweier grundverschiedener Zustände.* Nicht zufällig ist für den Talmud (b. Sanh. 90b), für Paulus (1.Kor. 15,35–38), Johannes (12,24), den 1. Clemensbrief (24,4–5) das Saatkorn Sinnbild der Auferstehung, Symbol des Tod-Leben-Mysteriums. Sie sehen *zwei völlig verschiedene Zustände*: hier das tote Samenkorn, dort das wogende Getreidefeld, hier Tod, dort durch das Wunder der Allmacht Gottes bewirktes Leben. […] *Der moderne Mensch geht über ein Ackerfeld und versteht das Wachstum als einen biologischen Vorgang. Die Männer der Bibel gehen über ein Ackerfeld und sehen in dem gleichen Vorgang ein Gotteswunder nach dem anderen, lauter Auferweckungen aus dem Tode.* So haben Jesu Hörer die Gleichnisse vom Senfkorn und Sauerteig verstanden, als Kontrastgleichnisse.«[20]

Auch mit der Verwendung der Metapher vom Samenkorn, das in die Erde fällt, hält Paulus also an der radikalen *Diskontinuität* des irdischen und des geistlichen Leibes fest! Und diese besteht *nicht* »*nur*« im Blick auf die »substanzhafte«, äußerliche Seite des Menschen, sondern auch im Blick auf das *Innere* des Menschen, wie Paulus hinsichtlich der eschatologischen Bestimmung »Israels« betont: Die »Annahme« (πρόσλημψις) »Israels« wird nichts anderes sein als »*Leben aus [den] Toten*« (ζωὴ ἐκ νεκρῶν [Röm 11,15])! Paulus spricht hier von derselben *radikalen Diskontinuität von mortificatio und vivificatio*, die der Epheserbrief später für *alle* Christen *expressis verbis* namhaft macht, wenn er sie im Blick auf ihren vorchristlichen Zustand für »*tot* (νεκροί!) in Sünden« erklärt (Eph 2,1).

Der damit angesprochene Gedanke der *annihilatio* »richtet sich gegen die Kontinuität des Subjekts; wer hier auf dem geringsten Relikt beharrt, setzt sich der Gnade entgegen«[21], wie E. MAURER im Anschluß an Luther formuliert. Diese radikale Diskontinuität betrifft nach Paulus nicht nur den »Leib«, sondern umgreift den Christen in seiner Totalität: Die *eigentliche* Diskontinuität besteht darum, wie KÄSEMANN *richtig* gesehen hat, bereits zwischen Psychikos und Pneumatikos[22] – daraus ergibt sich dann auch die *leibliche* Diskontinuität zwischen irdischem und Auferstehungsleib, »denn Fleisch und Blut können das Reich Gottes nicht erben« (1Kor 15,50). Wir können also tatsächlich in *keiner* Hinsicht von einer »Kontinuität des Ichs« (als einer irgendwie substanzhaften Größe) ausgehen![23]

---

[19] Vgl. DENS., Gleichnisse, 145–153.
[20] JEREMIAS, a.a.O., 147f. (Hervorhebungen E.R.). Vgl. zum Ganzen auch BRAUN, Stirb, 13–17; ferner VENETZ, Glaube, 93.95–97.
[21] MAURER, Geist, 288.
[22] S.o. S. 357 m. Anm. 10.
[23] Auch darin ist Käsemann zu folgen.

Das bedeutet aber *nicht*, daß man nicht von einer *Identität* sprechen könnte, die Psychikos und Pneumatikos, Sünder und Gerechten, miteinander zusammenschließt – nur daß die *Identität* des Christen nicht in seiner »Natur« oder »Substanz« liegt (und darum nicht in einer Kontinuität eines wie auch immer gearteten Wesenskerns[24]), sondern *extra se – in Christo!* Mit dieser *externen Bestimmtheit des Seins* läßt sich auch die Identität des Christen bei gleichzeitiger Diskontinuität des Leibes erklären, wie W. HÄRLE im Anschluß an 1Kor 15,35–57 und Röm 8,11 ausführt:

»Lebendig und lebenskräftig bleibt jedenfalls *kein Teil* des Menschen, kein Element seiner leiblich-seelischen Einheit und schon gar nicht diese Einheit als ganze. [...]

Hier zeigt sich erneut [...], daß nur eine *relationale* Ontologie und Anthropologie in der Lage ist, die Aussagen des christlichen Glaubens über den Menschen angemessen aufzunehmen und zur Geltung zu bringen. Das macht es erforderlich, die Vorstellung von einem *substanzhaft* gedachten Wesen des Menschen preiszugeben, durch das die Beziehung zu Gott, zur Welt, zu sich selbst erst (mit-)*konstituiert würde*. Vielmehr ist ernst zu nehmen, daß das Wesen des Menschen selbst nichts anderes ist als *ein Beziehungsgefüge oder Beziehungsgeschehen*, das *konstituiert* ist durch die (schöpferische) Beziehung Gottes zum Menschen (auf die sich der Mensch im Glauben – oder Unglauben – bezieht) und das *besteht* als die *externe* Beziehung zur Welt (einschließlich der Mitmenschen) und als die (diese externe Beziehung mit einschließende) *interne* Beziehung der Identität zu sich selbst.

Dieser relationsontologische Ansatz erlaubt es zu denken, daß auch dann, wenn die Beziehungen, in denen das Menschsein besteht, durch den Tod auf die reine Passivität reduziert werden, gleichwohl die konstitutive, schöpferische *Beziehung Gottes zum Menschen* sich durchhält und im Durchgang durch das Dunkel des Todes der Grund für die eschatologische Hoffnung auf Auferstehung und neues Leben bleibt. Versteht man die Rede vom ›Geist, der in euch wohnt‹, als Aussage über diese konstitutive Beziehung Gottes zum Menschen (was von Kap. 10 her sachgemäß ist), dann erschließt sich von da her eine Verständnismöglichkeit der Rede von der Auferweckung der Toten, die mit dem Ernst-Nehmen der Wirklichkeit des Todes durchaus vereinbar ist. Ihr zufolge ist die Teilhabe am Geist Gottes dasjenige Lebensprinzip, das sich im Tod *durchhält*, den sterblichen Menschen dauerhaft (also über die Schwelle des Todes hinweg) *mit Gott verbindet* und so den *Keim der Auferstehung* bildet. Dieser Geist ist als der *schöpferische* Geist Gottes schon die Konstitutionsbedingung für das *Dasein* des Menschen als Geschöpf Gottes. Er ist als der *versöhnende* Geist Gottes die Konstitutionsbedingung für die *Neuschöpfung* des Menschen zum *Kind und Erben Gottes* (Gal. 4,1–7; Röm 8,12–17). Und er ist als der *erlösende* Geist Gottes die Konstitutionsbedingung für die *Vollendung* des Menschen in der *Herrlichkeit* Gottes.

So läßt sich durch den Rekurs auf die Gegenwart des *Geistes* – und zwar des Geistes *Gottes* – im Menschen das eschatologische Dilemma zwischen *Kontinuität und Diskontinuität* insofern überwinden, als der Geist Gottes beides ist: die dem irdisch-geschichtlichen Menschen zuteil werdende *Gabe*, die im Tode nicht vergeht, *und* die eschatisch neuschaffende *Kraft*, durch die Gott seinen Geschöpfen Anteil an seinem ewigen Leben gibt.«[25]

---

[24] Auch die καρδία muß *grundlegend* verwandelt werden (s. Röm 5,5; 2Kor 4,3–6)!
[25] Dogmatik, 635f.

4. Grundlage (ἐν Χριστῷ) und Ziel (σὺν Χριστῷ) paulinischer Eschatologie

Für Paulus muß die *Selbigkeit* (»Identität«) der Person angesichts der Auferstehung/Verwandlung also *deshalb* nicht fraglich werden, weil ihr Sein *grundsätzlich* nie etwas anderes als ein exklusiv auf Christus bezogenes Sein ist, woran sich auch und gerade in der – ja *in Christus* begründeten und vollzogenen – Auferstehung bzw. Verwandlung *relational-ontologisch betrachtet* nichts ändert. Anders ausgedrückt: Da das Sein des Christen *zu keinem Zeitpunkt* ein Sein *abgesehen von Christus* ist (sonst wäre es kein echtes Sein[26]), ändert sich am Sein des Christen auch in der Auferstehung nichts, da diese ja gerade im höchsten Maße eine Auferstehung mit Christus und kein irgendwie selbständiges Geschehen ist (vgl. Röm 5,21b; 6,4f. 8; 8,29; bes. 1Kor 15,*20–23*.48f.). Der Mensch ἐν Χριστῷ mag dadurch zwar zum Menschen σὺν Χριστῷ werden, aber diese *Modusänderung* der Christusbezogenheit ändert *nichts* daran, *daß* er seine Identität und sein Sein schon immer ausschließlich aus der Relation zu Christus erhält.[27]

Vor diesem Hintergrund ist auch der *Tod* eines Christen etwas *grundlegend Anderes* als der Tod eines Nichtchristen. Für *letzteren* gilt uneingeschränkt: »Der Tod ist der Lohn der Sünde« (Röm 6,23a), und es liegt in der Logik der Sache, daß Paulus – anders als etwa Matthäus – keine *allgemeine* »Auferstehung *der* Toten« mit anschließendem Endgericht kennt, sondern nur eine Auferstehung der toten *Christen,*[28] denn zugleich *mit* ihrem Tod erhalten die Nichtchristen bereits »den Lohn der Sünde«; der Tod, der sie trifft, *ist* schon der Vollzug der ὀργή, aus der es kein Entrinnen

---

[26] Diesen Schluß zieht dann übrigens Eph 2,12f.
[27] Mit DALFERTH, a.a.O., 161f., ist damit auch gesagt: »Die Identifizierbarkeit [sc. eines Menschen; E.R.] aufgrund seiner Körperlichkeit bedeutet allerdings nicht, daß in seiner Körperlichkeit seine Identität bestünde. Zwar hat er seinen Körper nicht wie eine akzidentelle Eigenschaft, die er haben oder auch nicht haben könnte, ohne in seinem Menschsein betroffen zu sein. Aber er ist mit seinem Körper auch nicht identisch. Ist seine Körperlichkeit doch in seiner Gegenständlichkeit, nicht jedoch in seiner Gegenstandsart und damit seinem Wesen verankert.« Die letzte Bemerkung wird freilich dort *problematisch*, wo sie auf folgende Aussage zugespitzt wird: »Die spezifische Ausprägung der Leiblichkeit als Körperlichkeit *gehört nicht intrinsisch zur menschlichen Gegenstandsart,* denn es ist nicht selbstwidersprüchlich, den Menschen so zu denken, daß er sich nicht darin erschöpft, ein Wesen raumzeitlicher Gegenständlichkeit zu sein. *Der Mensch wäre nicht Mensch, ohne Leib zu sein; aber er könnte durchaus auch dann Mensch sein, wenn sein Leib sich nicht (mehr) als Körper identifizieren ließe* […]. Im Unterschied zu seiner Leiblichkeit ist seine Körperlichkeit daher ein *kontingenter* Sachverhalt und mit seinem faktischen Menschsein im Horizont raumzeitlicher Gegenständlichkeit identisch« (a.a.O., 162f. [Hervorhebungen E.R.]). Dann stellt sich allerdings die Frage, warum Paulus – mit dem ganzen Neuen Testament – so sehr auf einer leiblichen, ja *körperlichen* Auferstehung Christi und der Christen beharrt! Man müßte die Dalferthschen Ausführungen dahingehend präzisieren, daß zwischen »Körperlichkeit« (und diese *ist* dem Menschen wesentlich!) und dem je spezifischen »Körper« (als freilich kontingentem, faktischem *So*sein) unterschieden wird.
[28] Vgl. dazu v.a. FROITZHEIM, Christologie, 151f. S.o. S. 352 m. Anm. 5.

gibt.²⁹ Ein Endgericht mit doppeltem Ausgang ist bei Paulus im doppelten Sinne unmöglich (und überflüssig), sowohl hinsichtlich der Nichtchristen (denn warum sollten sie auferstehen, nur um gleich wieder dem Tod übergeben zu werden?)³⁰ als auch der Christen. Denn *der* Tod, der »der Lohn der Sünde« ist, liegt bereits *hinter* dem Christen: Er ist diesen Tod bereits mit Christus auf Golgatha gestorben, in dem Geschehen inkludierender Stellvertretung (heilschaffende Sühne). Daher *lebt* der Christ nun in der Gewißheit nicht nur der Partizipation an Christi *Tod*, sondern seit Ostern genauso in der Gewißheit der Partizipation an Christi *Auferstehung* (vgl. Röm 6,3–5.8).

Doch freilich weiß auch Paulus, daß nicht nur die im *Vorausgriff* auf Golgatha Versöhnten – die Christen *ante Christum* – gestorben sind, sondern daß ebenso auch die Christen seiner Zeit vom Tod bedroht sind oder gar schon verstorben sind, sei es als Märtyrer um Christi willen (woran Paulus teilweise selbst aktiv beteiligt war), sei es eines »natürlichen« Todes. Wie also ist *deren* Tod zu verstehen? Denn eines ist klar: *Deren* Tod ist ja nicht mehr »der Lohn der Sünde«. Hier ist nun wiederum der inneren »Logik« zu folgen, die das Christusgeschehen vorzeichnet. *Heilvoll* ist bei Paulus eben nicht nur der *Tod* Christi, sondern in gleicher Weise seine *Auferstehung*. Nur *gemeinsam* begründen sie das Heil des Menschen.³¹ Sonst würde Paulus in der Auseinandersetzung mit den Korinthern nicht dermaßen auf der Auferstehung Jesu insistiert haben. Während Jesu *Tod* (*tatsächlich* als »der Sünde Sold« [vgl. 2Kor 5,21!]) die »Reinigung von den Sünden« und damit die *Versöhnung* (καταλλαγή) bewirkt, ist in Christi *Auferstehung* das neue *Leben* der Christen verbürgt, mithin das ewige *Heil* (σωτηρία). Diese Auferstehung ist bei Paulus ausdrücklich eine *leibliche*. Davon abzurücken, wäre vom Übel, da dann die *Ganzheitlichkeit* des Heils aufgegeben würde, das ja ausdrücklich die ganze *Kreatur* umfaßt (Röm 8,18ff.). So, wie also Christus in einem neuen *Leib* aufersteht, so ist dies auch mit den Christen (vgl. 1Kor 15,48f.). Das heißt, der Tod eines Christen ist – theologisch betrachtet – lediglich ein »biologisches« Problem, aber kein grundsätzlich theologisch-soteriologisches mehr. Daher schreibt Paulus den Thessalonichern, daß Verzweiflung angesichts des Ablebens

---

²⁹ Insofern *ist* ihr Leben tatsächlich »sinnlos«, weil sie nicht zu dem von Gott gesteckten Sinn und Ziel des Lebens gelangen. Daher ist dann auch ihre Verzweiflung und Trauer angesichts des Todes *berechtigt*, weil sie »keine Hoffnung haben« (1Thess 4,13b).

³⁰ Man beachte hier die deutliche Nähe zur johanneischen Theologie: Wer Christus nicht glaubt, der *ist schon* gerichtet, d.h. verurteilt (Joh 3,18). Wenn wirklich *allein* die Stellung zu Christus über *Heil und Unheil* entscheidet (und nicht etwa zusätzlich das gelebte Leben usw.), dann *kann* es ein eschatologisches Endgericht nicht mehr geben, sondern es wird in Raum und Zeit vorverlagert. – Davon unberührt bleibt die Frage, inwiefern das gelebte Leben der *Christen* dennoch von eschatologischer Bedeutung ist.

³¹ Vgl. z.B. HOTZE, Paradoxien, 108f.

4. Grundlage (ἐν Χριστῷ) und Ziel (σὺν Χριστῷ) paulinischer Eschatologie

von Christen für Christen keine Möglichkeit, weil grundlos ist. Der Tod ist die Voraussetzung der Auferstehung in einem neuen Leib und ist damit der »Verwandlung« der bei der Parusie noch Lebenden grundsätzlich gleichgeordnet (vgl. 1Kor 15,51f.). Denn offensichtlich ist der *irdische* Leib *nicht* zum Leben in ewiger Gottesgemeinschaft geeignet (1Kor 15,50.53!), haften ihm doch noch die Malzeichen der sarkischen Existenz an (oder auch die »Malzeichen Christi« [Gal 6,17; vgl. 2Kor 4,10]). Wenn Paulus von »Heil« spricht, hat er damit immer die den *ganzen* Menschen – nicht nur einen Teil des Menschen, den man mitunter »Seele« nennt – betreffende Neuschöpfung vor Augen. Dieser *Prozeß* ist aber erst mit der Auferstehung bzw. Verwandlung der Christen abgeschlossen, d.h. bei der Parusie Christi.[32] Der griechische Satz σῶμα σῆμα τῆς ψυχῆς ist in dieser *grundsätzlichen* Form *kein christlicher Satz*. Vielmehr gilt: *aus* dem (alten) Leib – *in* den (neuen) Leib!

Damit ist der Christ nun vom Glauben zum Schauen durchgedrungen, könnte man sagen. Dabei findet aber keine Veränderung der *Wirklichkeit* κατ' ἐξοχήν, sondern v.a. der Wirklichkeits*wahrnehmung* statt (daher charakterisiert Paulus das eschatologische Geschehen wesentlich als ein *Offenbarungs*geschehen [vgl. Röm 8,18ff.; 1Kor 1,7f.]). Hierin ist F. FROITZHEIM zuzustimmen: »Eschatologie ist bei Paulus Auslegung des Christusereignisses in Hinblick auf seine *allumfassende Zukunftsmächtigkeit*.«[33] Gerade *so* aber ist das Eschaton »definitiver und offenbarer Anbruch des Gottseins Gottes.«[34] Darauf hofft und harrt die Gemeinde, und mit ihr die ganze Schöpfung. In dieser Erwartung als einer grundsätzlichen *Naherwartung*[35] lebt die Gemeinde ihre Karsamstags-Existenz, die kein Dauerzustand sein soll. Das drückt der »*Maranatha*«-*Ruf* aus, in dem D. VISSER die ganze neutestamentliche Eschatologie zusammengefaßt sieht[36] – und *der in gewisser Weise auch das »letzte Wort« des Apostels ist* (vgl. *1Kor 16,22*).

---

[32] Daraus erhellt, daß die σωτηρία – wie ihr Gegenteil, der ὄλεθρος, aber anders als die καταλλαγή – eine *rein futurisch-eschatologische* Größe ist (vgl. dazu COLLANGE, Énigmes, 34 m. Anm. 1).
[33] Christologie, 257 (Hervorhebung E.R.).
[34] Ebd.
[35] S.o. S. 343–347.
[36] S. DENS., Paraklese, 7 (Vorwort): "Maranatha! In dat ene woord is de hele nieuwtestamentische eschatologie samengevat. Met dat woord belijdt de gemeente dat haar Here komt. Het is tevens een gebed om de komst van de Here. In die gezindheid en met een open oor luisteren naar wat de Here door Paulus zegt, levert telkens verrassingen op."

IV. Die »Karsamstags-Existenz« der Christen im Zeichen der ὑπομονή – notwendige Differenzierungen

Aus der doppelten Einsicht, daß einerseits der christliche Glaube ganz auf die Zukunft ausgerichtet und insofern *wesentlich Hoffnung* (ἐλπίς) ist, und daß andererseits die christliche Existenz in der Gegenwart ein περιπατεῖν διὰ πίστεως, nicht διὰ εἴδους ist, ergibt sich eine spezifische Ausrichtung *gegenwärtigen* christlichen Lebens: εἰ δὲ ὃ οὐ βλέπομεν ἐλπίζομεν, δι' ὑπομονῆς ἀπεκδεχόμεθα (Röm 8,25). Damit ist ein wichtiger Sachverhalt genannt, der abschließend zu bedenken ist: *Die gegenwärtige christliche Existenz ist eine Existenz δι' ὑπομονῆς*, die wesentlich durch das erwartungsvolle *Ausharren* im Leiden (θλῖψις) charakterisiert ist. Mit der theologisch gewiß gewichtigen Rede von der »Neuschöpfung« (2Kor 5,17) ist über die »christlichen Existenz« also *nicht* schon alles gesagt – im Gegenteil: τῇ γὰρ ἐλπίδι ἐσώθημεν (Röm 8,24a)! *Die σωτηρία steht – im Gegensatz zur καταλλαγή und zur δικαιοσύνη*[1] *– noch aus.*[2]

Das *Sein ἐν Χριστῷ* ist mithin gekennzeichnet durch Hoffen und Glauben *wider den Augenschein* (vgl. Röm 5,3–5), und man kann H.D. BETZ darin nur zustimmen,

---

[1] S. nur Röm 5,1f.; 2Kor 5,18f.! – Gegen KWON, Eschatology, 51–77.221f., ist m.E. *auch im Galaterbrief* (nicht erst im Römerbrief) von der δικαιοσύνη – anders als von der σωτηρία – als einer *bereits realisierten* die Rede. Gerade deshalb halte ich es aber für unglücklich, den Begriff δικαιοσύνη mit »Heil« wiederzugeben (so HOFIUS, Rechtfertigung, 125f. [im Anschluß an DtroJes, TritoJes, Psalmen]), denn das *Heil in seiner Fülle* bezeichnet der Begriff der noch ausstehenden σωτηρία (s. dazu unten Anm. 2). Demgegenüber ist die δικαιοσύνη (πίστεως!) die Voraus-Setzung Gottes (sie ist – ebenso wie die πίστις – reines, ausschließliches Werk *Gottes*), der die σωτηρία zeitlich und sachlich *nachfolgt*, wie schon Röm 1,16f. zeigt: εἰς σωτηρίαν gibt das endgültige *Ziel* der Glaubenden an, die eben deshalb zu ihm gelangen werden, weil es ihnen in der (aufgrund der καταλλαγή) bereits gewährten δικαιοσύνη unwiderruflich verbürgt ist.

[2] Im Unterschied zu HOFIUS, Wort Gottes, 158, Anm. 72, vermag ich in Röm 8,24 *keinen* »realpräsentische[n] Aspekt« der σωτηρία zu erblicken (auch nicht in Röm 11,11; 2Kor 6,2), sondern ausschließlich ihre genuin futurisch-eschatologische Bedeutung, wie sie auch in Röm 5,9f.; 13,11; 1Kor 3,15; 5,5; 1Thess 5,8f. »u.ö.« (!) vorliegt (*mit* HOFIUS, ebd.). Folglich ist σωτηρία (bzw. σῴζειν / σῴζεσθαι) auch Röm 1,16 (1Kor 1,18.21; 15,2; 2Kor 2,15) *nicht* »in umfassendem – nämlich: Gegenwart und Zukunft der Glaubenden umfassenden – Sinn gebraucht« (gegen HOFIUS, ebd.; s. dazu auch oben Anm. 1), sondern hat – wie der Korrespondenzbegriff ζωή (Röm 5,9f.!) – einen *rein futurischen* Gehalt.

»dass *solche* Deutungen in die Irre führen, die unterstellen, die von Paulus geschilderte innere Widersprüchlichkeit im Menschen [sc. in Röm 7; E.R.] beträfe nur dessen vorchristliche Zustände [...], *während der glaubende Christ in Vorausnahme des Eschatons bereits in den Genuss einer weltentrückten Harmonie gelange.*«[3] Vielmehr »befindet sich der Glaubende auf einer Wanderung (περιπατεῖν) durch die äußeren und inneren Antagonismen der geplagten Kreatur insgesamt und teilt mit ihr die Erwartung der eschatologischen Erlösung«.[4]

Mit G. HOTZE ist die christliche Existenz *in via* als zutiefst *paradoxe Erfahrung* zu beschreiben,[5] wobei zugleich mit ihm schon hier darauf hinzuweisen ist, daß besagte Paradoxien *»vorläufige, vorübergehende* Erscheinungen« sind:

»Die Grenze des Paradoxen liegt bei der streng futurischen Ausrichtung des paulinischen Evangeliums, das die endgültige Überwindung aller Widersprüche verheißt (vgl. 1 Kor 15,28 ὁ θεὸς πάντα ἐν πᾶσιν).«[6]

Insofern ist der Apostel »*von seinem Grundanliegen her kein Dialektiker*«:

»Sosehr Paulus sich die Denkform der Paradoxalität zu eigen macht und sie pflegt, so klar muß doch sein, daß er ihr keinesfalls einen *Eigenwert* beimißt, sie nicht metaphysisch ›in Gott hinein verlängert‹. Der Apostel sieht sich Paradoxien ausgesetzt und stellt sich ihnen mit notwendiger Konsequenz, aber *sein Ziel ist es nicht, gleichsam in ihnen zu ›schwelgen‹, sondern sie zu überwinden.*«[7]

Tatsächlich sind es *innere und äußere* Antagonismen, die einem Menschen ἐν Χριστῷ hart zusetzen, was der Apostel nicht verschweigt. Er ist kein theoretischer »Denker« oder gar enthusiastischer »Theoretiker«[8], sondern wahrer »*Realist*« (nämlich im Lichte der »Wahrheit des Evangeliums«!) und ein ermunternder Seelsorger (»Paraklet«[9]) seiner Gemeinden.[10] Vor al-

---

[3] Antagonismen, 54 (zu Röm 7,14–25 [Hervorhebungen E.R.]).
[4] BETZ, a.a.O., 55.
[5] Vgl. dazu DENS., Paradoxien, *passim*.
[6] A.a.O., 355. Es ist der vielleicht bedeutendste Beitrag dieses insgesamt hilfreichen Werkes, daß HOTZE – was sonst leider viel zu selten geschieht – ausdrücklich über die *Grenze* der Paradoxien nachdenkt. Mit einer sog. »präsentischen« Eschatologie oder der bloßen Feststellung einer sog. »eschatologischen Spannung« u.dgl. hat man das paulinische Sachanliegen eben überhaupt nicht zureichend erfaßt, denn »Paulus verkündigt keine Paradoxien, sondern das *Evangelium*, dessen ›Licht‹ und ›Herrlichkeit‹ er ›mit aufgedecktem Angesicht‹ und ›in der Offenheit der Wahrheit‹ unverhüllt, d.h. klar und eindeutig den Menschen empfiehlt (vgl. 2 Kor 3,18–4,6)« (a.a.O., 354).
[7] Beide Zitate: HOTZE, a.a.O., 354 (Hervorhebungen E.R.).
[8] So aber WERNLE, Sünde, *passim* (s. dazu oben S. 312, Anm. 537). Damit erweise sich die paulinische Theologie insgesamt als wenig brauchbar für die Gegenwart (a.a.O., 127f.). Und *nur an einer Stelle* (Röm 14,23) habe Paulus »die Höhe der reformatorischen Erkenntniss erreicht« (a.a.O., 138)!
[9] Vgl. dazu REHFELD, »Erbaulichkeit«, 132–134.
[10] Vgl. dazu BARRETT, Freedom, 90: "Throughout this letter [sc. Gal; E.R.] Paul is writing theology, convinced [...] that the practical problems of church life are theological

lem *zwei Bereiche* sind es, die Paulus und seinen Gemeinden schwer zu schaffen machen: einerseits die *innere Spannung* des gegenwärtigen Lebens ἐν σαρκί (Gal 2,20) als eines Wandels ἐν καινότητι πνεύματος (Röm 7,6b; vgl. 6,4), andererseits der *äußere Druck*, namentlich die leidvollen Verfolgungserfahrungen der jungen Gemeinden (und ihres Apostels). Im folgenden sollen diese beiden *Bewährungsfelder christlichen Lebens* anhand zweier profilierter Texte (*Röm 7,13–25*[11] bzw. *1Thess 2,13–16*) beleuchtet werden.

---

problems and therefore need theological solutions. But the theology is Pauline theology, and that means that it is never abstract or remote [...]. It is not an academic theology, yet it is as profound as it is practical."

[11] Weitere Texte, an denen das *hier* Ausgeführte exemplifiziert werden könnte, sind z.B. 1Kor 15,48f. (hier ist insbesondere auf das Verhältnis zwischen dem *Aorist* ἐφορέσαμεν und dem *Futur* φορέσομεν zu achten [V. 49], die ja ganz präzise die Frage nach dem *gegenwärtigen* Zustand aufwirft!); 2Kor 5,1–10; Phil 3,7–16 (bes. V. 11f.). Zu 1Kor 6,9f. als einer *Parallele zu Röm 6* schreibt CONZELMANN, 1Kor, 135, Anm. 31: »Das Verhältnis von geschehener Heiligung, Rechtfertigung und dem noch künftigen Leben (im ›Reich Gottes‹) ist dasselbe wie in Röm 6: Wir *sind* mit Christus gestorben – wir *werden* mit ihm auferweckt *werden*; in der Gegenwart ist uns das neue ›Leben‹ geschenkt – in der Form des περιπατεῖν.«

1. Das gegenwärtige, neue »Sein in Christus« und das Problem von Römer 7,13–25: eine ontologische Binnendifferenzierung

Für eine die Erfahrung nicht ausblendende Theologie – aber nicht nur für sie – stellt sich früher oder später unweigerlich die Frage, ob der Apostel den Mund nicht etwas gar voll nimmt, wenn er das *gegenwärtige* Sein der Christen in höchsten Tönen preist, wie wir das etwa im Zusammenhang der ἐν Χριστῷ-Aussagen gesehen haben (s. nur 2Kor 5,17).[1] Verschärft wird das Problem durch den anscheinend so *anderen* Ton von Röm 7. *Muß* das nicht nachgerade zu einer *Ver*stimmung führen? Jedenfalls ist die Frage unabweisbar, *wie sich das qualitativ neue »Sein in Christus« zu der in Röm 7 geschilderten Situation verhält.*[2] Denn auch Röm 7 behandelt ja als integraler Bestandteil[3] des in sich geschlossenen Gedankengangs von Röm 5–8 – ebenso wie die übrigen Kapitel – »den Inhalt *des christlichen Lebens*« und geht der Frage nach: »was heißt es, ›in Christus leben‹?«[4] Das oben erarbeitete Verständnis der paulinischen ἐν Χριστῷ-Aussagen muß sich darum an dem Kapitel Röm 7 bewähren,[5] näherhin an dem Abschnitt *7,13–*

---

[1] So stellt etwa KÜMMEL, Bekehrung, 108, fest, »daß unser Christentum von dem eschatologisch bestimmten Christentum der paulinischen Gemeinden recht verschieden ist«, und fragt angesichts *seines* Verständnisses von Röm 7: »›wie ist es zu erklären, daß unser Christentum von dem paulinischen soweit abweicht, daß wir uns im Bilde des paulinischen Nichtchristen finden?‹ Diese Einsicht kann also nur dazu führen, unsere Lage und Lebensanschauung am Text zu prüfen, nicht aber den Text unserer Lage anzupassen.« Letzterem ist *uneingeschränkt* zuzustimmen!

[2] Vgl. zu dieser Frage auch MITTRING, Heilswirklichkeit, 62–97.

[3] NYGREN, Röm, 211, weist nach, wie schwer andere Ausleger sich tun, Röm 7 tatsächlich als Bestandteil von Röm 5–8 verständlich zu machen. Viele Vorschläge ließen Röm 7 letztlich als erratischen Block erscheinen (z.B. E. Brunner). Demgegenüber ist grundsätzlich HOFIUS, Mensch, 110, Anm. 23, zuzustimmen: »Sinn und Bedeutung des Abschnitts Röm 7,7–25a werden gründlich verfehlt, wenn dieser als ein ›Exkurs‹ charakterisiert wird.« (Das tut z.B. REITHMAYR, Röm, 373, der Röm 7,7–25 als – aber immerhin nicht überflüssige – »Zwischenerörterung« auffaßt.)

[4] NYGREN, Röm, 210. Die Antwort auf diese Frage »ist vierfältig: es heißt, frei sein vom Zorn [Röm 5], von der Sünde [Röm 6], vom Gesetz [Röm 7] und vom Tode [Röm 8]« (a.a.O., 210f.).

[5] Vgl. dazu die Problemanzeige bei HOFIUS, Mensch, 111, der es für eine »Unmöglichkeit« hält, »Röm 7,7–25a auf den Menschen ἐν Χριστῷ zu deuten« (s.u. S. 373, Anm. 26). Demgegenüber insistiert jetzt G. RÖHSER darauf, es müsse »nach der Gegenwartsperspektive in Röm 7 erneut gefragt werden« (Herrschaft, 90). Und im Anschluß an H. Thyen, aber über ihn noch hinausgehend, formuliert RÖHSER: »Schärfer müsste noch – was H. Thyen nur andeutet – nach dem σάρκινος- bzw. κατὰ σάρκα-Sein (Röm 7,14; 8,5) als fortbestehender Gefahr für das Christenleben gefragt werden« (ebd.).

25, der ja – *anders* als 7,7–12⁶ – die *praktische* Bedeutung der Sinaitora für den *Christen* behandelt, nachdem zu Beginn des Kapitels (7,1–6) die Freiheit des Christen von der Sinaitora als Macht in *grundsätzlich-theologischer* Weise beschrieben wurde.

1.1. Röm 7,13–25 (confessio): Die Ohnmacht des νόμος und die bleibende Eigenmächtigkeit der σάρξ

1.1.1. Die Frage nach der Wirkung der Sinaitora (V. 13)

Angesichts des unzweideutigen Resultats von Röm 7,7b–12, die Sinaitora sei *wesensmäßig »heilig«* (V. 12),⁷ läßt sich der Einwand, ob denn nicht die Sinaitora *selbst* etwas Sündhaftes (ἁμαρτία) sei (V. 7a), natürlich nicht aufrechterhalten. Daher wird er nun *modifiziert*⁸: »Ist also das Gute (τὸ ἀγαθόν) mir Tod geworden« (7,13), ist also der νόμος bzw. die ἐντολή, die Paulus ja soeben ausdrücklich als »gut« (ἀγαθή) qualifiziert hat (7,12), zwar nicht *selbst* Sünde (so noch 7,7), aber immerhin doch die »Wirkursache der Sünde«⁹ und damit letztlich Auslöser des Todes?

Wie schon den ersten Einwand¹⁰, so weist Paulus auch diesen zunächst unbedingt zurück (μὴ γένοιτο 7,13b),¹¹ um dann allerdings sogleich auch hier die *particula veri*, die in ihm verborgen ist, aufzuzeigen: »Aber die Sünde, damit sie als Sünde offenbar werde, hat mir durch das Gute [den] Tod bereitet, damit die Sünde über die Maßen sündhaft [werde] durch das Verbot« (7,13c). Damit hat Paulus seine *Gegenthese* genannt, mit der er den zuvor abgewiesenen Einwand eingeschränkt aufnimmt: Die Sinaitora

---

⁶ S.o. S. 166–199, bes. 168–172. An die beiden wichtigsten Gründe sei kurz erinnert: 1) Röm 7,13–25 legt Röm 7,6b aus. 2) Tempuswechsel *spätestens* ab V. 15.

⁷ S.o. S. 185–188.198f. Vgl. ferner KÜHL, Röm, 232; THYEN, Alternativen, 272f.

⁸ Vgl. HAERING, Röm, 69.

⁹ HOFIUS, Mensch, 116; vgl. REITHMAYR, Röm, 340f.; MAIER, Röm, 238; KÜHL, Röm, 232f. – PHILIPPI, Röm, 277f.289, ist freilich der Meinung, weder 7,7 noch 7,13 sei die Frage nach dem νόμος als möglicher *»Ursache«* der Sünde gestellt, denn Paulus hätte »nicht wohl ohne Weiteres und im Allgemeinen negiren« können, »dass das Gesetz Ursache der Sünde sei, da es nach seiner eigenen Darstellung wenn auch nicht bewirkende, doch veranlassende Ursache derselben ist« (a.a.O., 277f.). Aber er negiert den Einwand 7,13 auch gar nicht »ohne Weiteres und im Allgemeinen«, sondern mit ἀλλά führt er ja eine *eingeschränkte* Abweisung des Einwandes ein (s.u.).

¹⁰ *Die Abschnitte Röm 7,7–12 und 7,13–25 sind formal ganz parallel aufgebaut* (vgl. auch KÜHL, Röm, 234f.; ferner HAERING, Röm, 69; jetzt RÖHSER, Herrschaft, 90f., im Anschluß an THYEN, Alternativen, 279f. [im Anschluß an *K. Stendahl*]): Auf die Zurückweisung (b) eines Einwands (a) folgt eine Gegenthese (c), die den Einwand eingeschränkt bzw. modifiziert aufnimmt, die dann erläutert bzw. begründet wird (d) und in eine Schlußfolgerung (e) mündet. – Vgl. MAIER, Röm, 238: Röm 7,14a »begründet (γαρ) das μη γενοιτο V. 13. aus der anerkannten Beschaffenheit des Gesetzes: ›Es kann nicht die Ursache des Sündentodes sein, denn wir wissen ja &‹.«

¹¹ Vgl. MICHEL, Röm, 229.

und ihr Verbot sind nicht *in sich*, mithin *wesentlich* Sünde, und ebensowenig sind sie die *unmittelbare* »Wirkursache« der Sünde, denn kraft ihrer *Funktion* führen sie zur ἐπίγνωσις der *bereits vorhandenen* ἁμαρτία. Insofern sind die Tora und ihr Verbot nur sekundär[12] – aber das eben *doch* – die *mittelbare* »Wirkursache«[13] der diese mißbrauchenden und unweigerlich zum Tode führenden Sünde. Mit der nun folgenden Reihe von γάρ-Sätzen (V. 14–23) *erläutert und begründet* Paulus diese seine These.

1.1.2. Der Christ – »verkauft unter die Sünde« (V. 14)?

Damit stoßen wir auf die größte – aus meiner Sicht aber auch einzige – wirkliche Interpretationsschwierigkeit in unserem Abschnitt, ja im gesamten Zusammenhang von Röm 7.[14] Das Problem ist schnell skizziert: Kam in dem Abschnitt 7,7b–11 tatsächlich *Paulus selbst* »autobiographisch«-paradigmatisch zu Wort,[15] so dürfte dies ja – jedenfalls *prima facie* – auch für die ἐγώ-Aussagen des unmittelbar darauf folgenden Abschnitts 7,13–25 gelten.[16] Da Paulus ab 7,15[17] endgültig[18] ins *Präsens* wechselt, wäre dann mit Aussagen über sein Leben *als Christ* zu rechnen.[19]

---

[12] Weil die Sinaitora ja *zeitlich versetzt* in der bereits von Sünde und Tod gezeichneten Welt auftritt (s.o. S. 190–195), *kann* sie den Tod nicht erstursächlich bewirkt haben.

[13] PHILIPPI, Röm, 278, differenziert im Blick auf die Sünde zwischen »bewirkende[r]« und »veranlassende[r] Ursache« und schreibt nur *letztere* dem νόμος zu.

[14] Ein Blick in die Kommentare, Monographien und Aufsätze zu Röm 7 läßt unschwer erkennen, daß Röm 7,14 tatsächlich eine *Schlüsselstelle* für das Verständnis des gesamten Zusammenhangs ist (vgl. nur HOFIUS, Mensch, 111f.). ENGEL, Kampf, 19, nennt V. 14b daher mit Recht den »Stein des Anstoßes«.

[15] Zur Begründung s.o. S. 184–186.

[16] Vgl. MEYER, Röm, 323. – KÜMMEL, Bekehrung, 97, insistiert mit Recht darauf, »*daß die Erörterung 7,14ff. nur dann zur Begründung von 7,13 dienen kann, wenn in beiden Abschnitten dasselbe Subjekt vorhanden ist*« (Hervorhebung E.R.). Diese Ansicht wird übrigens von den allermeisten Exegeten geteilt, wobei z.B. DE WETTE, Röm[1], 77, *anfangs* einräumte (*anders* Röm[4]!), angesichts des ab V. 14 geschilderten »Zwiespalt[s] im Innern« könne »das Subject nicht stets dasselbe« sein, auch wenn er damit wiederum in einen wenigstens *formalen* Widerspruch zu seiner drei Seiten zuvor aufgestellten These (Röm[1], 74 [s.u. Anm. 19]) gerät. Sehr umstritten ist allerdings die Frage, ob aus dem Tempuswechsel von der Vergangenheit ins Präsens auf *zwei verschiedene Zustände dieses einen Subjektes* geschlossen werden darf bzw. muß (s. dazu unten Anm. 19).

[17] Die meisten Exegeten sehen den Wechsel ins Präsens bereits in 7,14 – dies freilich unter der Voraussetzung, daß die finite Verbform εἰμί als Kopula zum Adjektiv σάρκινος (als Prädikatsnomen) zu ziehen ist und mit diesem zusammen das Prädikat des zweiten Halbsatzes (V. 14b) bildet.

[18] Unter der Annahme einer *coniugatio periphrastica* (s.u.) bildet V. 14b formal ein *Perfekt*, das allerdings auch präsentische Bedeutung hat.

[19] So dezidert PATE, End, 111. Demgegenüber resümierte DE WETTE, Röm[1], 74, die zeitgenössische exegetische Meinung (um 1835) mit den Worten: »Fast allgemein erkennt man jetzt die Einheit des Subjects und Zustandes [!] bis V. 24. an, nur *Flatt* hält sie

nicht fest.« (Aber VON FLATT, Röm, 206f.216, hält die Behauptung einer »wesentlichen Verschiedenheit« des Subjektes und des Zustandes für *nicht zwingend*, sondern *höchstens* für *möglich*; *auch für ihn* ist im ganzen Abschnitt von dem *unerlösten*, dem sog. »ungebesserten« Menschen die Rede [a.a.O., 204.210 u.ö.]; *dieser* allerdings sei »gleichsam in zwey Ich, in zwey Personen« geteilt, »von denen die eine (V. 18.) dem Gesetz widerstreitet, die andere dem Gesetz Beyfall gibt; von denen die eine thut, was von der andern verworfen wird, V. 15.16.19.« [a.a.O., 207].) PHILIPPI, Röm, 290, skizziert die Auslegungsgeschichte *bis dato* bemerkenswerterweise wie folgt: »Im Ganzen lässt sich sagen, die pietistische und rationalistische Exegese bezieht die Stelle [sc. Röm 7,14–25; E.R.] auf den status irregenitorum, hingegen die augustinische und die reformatorische Auslegung versteht sie vom status regenitorum.« Vgl. dazu auch BAUMGARTEN-CRUSIUS, Röm, 204, der der »Spener'sche[n] Schule« attestiert, sie habe »das Richtige gesehen, wenn sie bemerkte, Paulus rede in dieser klagenden Stelle [sc. Röm 7,14; E.R.] nur von Unwiedergebornen«. (Auch *insofern* erweisen sich Pietismus und Aufklärung als Geschwister!)

Diejenigen, die *auch* Röm 7,14–23 auf den »unerlösten Zustand«, den »alten Menschen« o.ä. (die Begrifflichkeit variiert!) deuten, versuchen den Wechsel ins Präsens i.d.r. mit dem »Streben nach lebhafter Vergegenwärtigung« zu erklären (so BARDENHEWER, Röm, 106f.; ähnlich schon MAIER, Röm, 241f.) oder sehen in diesen Versen das »Ergebnis der Geschichte von VV 8–11«, das *als prinzipieller Zustand* im Präsens formuliert werde (so WILCKENS, Röm II, 85; ähnlich schon REITHMAYR, Röm, 371f.; MEYER, Röm, 323). Weitere Vertreter, die *Röm 7 insgesamt* auf den »unerlösten Zustand« deuten: MANGOLD, Voraussetzungen, 349f. m. Anm. 5; KÜHL, Röm, 233–248; VON FLATT, Röm, 197–216, bes. 213–216 (der aber »nicht auf *alle* ungebesserte[n] Menschen« deutet, »sondern nur auf eine gewisse Classe, die schon auf dem Wege der Besserung ist« [a.a.O., 215]!); BISPING, Röm, 214–217.223f.; LIPSIUS, Röm, 127. Diese Deutung wird jedoch nicht immer *strikt* durchgehalten! BARDENHEWER etwa bemerkt: »Bis zu einem gewissen Grade freilich müssen seine [sc. des Apostels; E.R.] Worte auch auf den schon wiedergeborenen Menschen Anwendung finden können, weil ja die unordentliche Begierlichkeit, auch wenn sie nicht Sünde, in dem Wiedergeborenen noch fortlebt, ›zurückgelassen zum Kampf‹ (ad agonem relicta)«, um hier im Anschluß an das Tridentinum formuliert (ebd.; vgl. BISPING, Röm, 216f.!). Dagegen sieht VON FLATT, Röm, 212, in V. 25a den »Ausdruck eines Menschen, der auf dem Wege der Besserung ist, und sich freut über die Hoffnung, bald von der Herrschaft der Sünde befreyt zu werden«. Er versteht den Dankesruf *futurisch*: »Gott sey Dank, daß er eine Veranstaltung zu meiner Befreyung durch Christum gemacht hat; daß er mich von der Gewalt der Sünde befreyen *will* (nicht: daß er mich befreyet *hat*)« (ebd.). Eine Begründung für diese Sicht unterbleibt. Eine Art *ordo salutis* sieht BAUMGARTEN-CRUSIUS, Röm, 195–226, in der Abfolge von Röm 7+8 (er spricht von der »innerliche[n] Geschichte des Menschen« [Röm, 204]). Ab Röm 7,7 führe Paulus »die Zustände des inneren Menschenlebens, zunächst *an denen*, welche aus dem Judenthum zum Evangelium herüberkämen, nach und nach vor. Der Apostel hört gleichsam den Menschen an, wie er so allmählig sich fühlt und wahrnimmt. ›Erst ist er schuldlos, dann regt sich die Sünde, misbraucht das Gesetz (V. 11), indem sie sich durch dasselbe entwickelt, belebt – steigernd unterdrückt sie sogar das innere Sittengesetz, das bessere Ich (V. 14); doch die Reflexion des Menschen führt ihn in Zwiespalt und Kampf (V. 18). Durch die Verbindung mit Christus, die mehr nur noch äussere, wird die *Herrschaft* der Sünde gebrochen, doch das Leben bleibt getheilt (V. 25); – durch die Aufnahme des *Geistes* Christi reinigt und erhebt sich das Leben‹ (8,1ff.). So aufgefasst gestattet die Stelle die bedeutsamsten, psychologischen und moralischen Entwickelungen« (Röm, 214f.). Die Frage ist nur, ob diese *Auffassung* richtig ist!

1. Das gegenwärtige, neue »Sein in Christus« und das Problem von Röm 7

Ein weiteres, freilich nicht tragendes, aber m.E. doch bedenkenswertes Argument dafür, daß Paulus ab 7,13 wieder auf das *Verhältnis des Christen zur Sinaitora* zurückkommt, das er schon 7,1–6 behandelt hatte, ist die Tatsache, daß der Apostel ja an (konkrete) *Christen* schreibt – ob Heiden- oder Judenchristen, ist *hier* unerheblich[20]. Paulus »sieht nicht das literarische Publikum seiner Zeit als Leser vor sich, auch nicht die christliche Oeffentlichkeit und Nachwelt; er wendet sich an ein in den bescheideneren Quartieren Roms lebendes Häuflein Menschen, von dessen Dasein die Oeffentlichkeit so gut wie nichts wußte.«[21] Ein *Dialogus cum Iudaeis*[22] im Sinne *akademischer* Abhandlungen *De homine* oder *De lege* wäre schon aus der Absicht des Briefes als eines *missionsstrategischen* Schreibens[23] schwer erklärbar; es müßte sich schon um einen *Dialogus cum Iu-*

---

[20] Anders DAS, Romans Debate, *passim*, der in den Adressaten des Römerbriefes *ausschließlich Heidenchristen* erblickt (und zwar *nicht nur ehemalige σεβόμενοι!*), die *nach dem Claudiusedikt 49 n.Chr.* als *einzige* christliche Gruppe in Rom übriggeblieben seien (s. a.a.O., 149–202). *Allein vor diesem Hintergrund* sei manches exegetische Problem des Römerbriefes (*insbesondere die Diskussion um Röm 7* [s. dazu a.a.O., 204–235]) zu lösen (so der *Selbstanspruch* des Autors: »Solving the Romans Debate«!). Für Röm 7 bringt DAS die Erfahrung der σεβόμενοι in Anschlag, die ja erst *sekundär* mit der Mosetora in Berührung kamen (so deutet er a.a.O., 230–232.235, Röm 7,9; vgl. dazu schon die unter dem Namen NILUS' VON ANCYRA überlieferte *Ep.* I 153 [= PG 79,145]).

[21] DEISSMANN, Paulus², 19.

[22] So z.B. THEOBALD, Römerbrief, 39.

[23] Damit ist die *Funktion* des Römerbriefes beschrieben; seinem dieser Absicht korrespondierenden *Inhalt* nach handelt es sich um ein *missionstheologisches Schreiben*, mit dem Paulus sein »heidenapostolisches Thun« (besonders seine geplante *Barbarenmission* [Röm 1,14 als »Schlüssel zum Römerbrief«: s. PEDERSEN, Isagogik, 47]) begründet und nachweist, »daß er wirklich mit seinem apostolischen Verfahren sich durchweg in Uebereinstimmung mit jenen ächt evangelischen Principien befinde«, wie bereits Th. SCHOTT in seiner auch *methodisch* überzeugenden Arbeit gesehen hat (s. DENS., Röm, 101 [beide Zitate]; zur Begründung s. v.a. a.a.O., 27–117.118–130, wo er die sog. *»Textränder«* auslegt [zu deren großer Bedeutung für das *Ganze* eines Textes s. *jetzt* u.a. SCHMIDT, Untersuchung, 24–28; vgl. ferner den Versuch von LEE, Verständnis, *passim*, mit der allerdings sehr zweifelhaften Hypothese, das Römerbriefpräskript sei erst *nach* Abschluß des Briefkorpus quasi als »Zusammenfassung« geschrieben worden – »in ähnlicher Art und Weise, wie ein wissenschaftlicher Beitrag der Gegenwart [?!]«: s. a.a.O., 220!]).

Die paulinische Argumentation konnten sich dann natürlich auch die römischen Christen – waren sie erst einmal für die paulinische Heiden- bzw. *Barbarenmission* gewonnen, was Paulus ja zuversichtlich hofft (Röm 15,24) – zueigen machen, sollten sie *dereinst* – keineswegs aber schon zur Zeit der Abfassung des Römerbriefs (vgl. SCHOTT, a.a.O., 114–117, tlw. unter Berufung auf F.C. Baur [a.a.O., 116], von dem er sich ansonsten deutlich abgrenzt) – von judaistischen Agitatoren heimgesucht werden, worauf bereits LUTHER hingewiesen hat: *Id autem credo potius, Quod ad occasionem fidelium Scripserit [sc. Paulus; E.R.], vt haberent tanti Apostoli testimonium sue fidei et doctrine contra Iudeos et Gentes Rome adhuc incredulos et in carne gloriantes contra humilem sapientiam fidelium, quos necesse tunc fuit inter eos conuersari et audire et loqui inuicem contraria* (WA 56, 160,4–8). Insofern tritt also neben das grundsätzliche darlegendwerbende Ansinnen des Apostels die »prophylaktische[...] Bestimmung des Briefes gegen ein zukünftiges Vordringen der Widersacher Pauli« (SCHOTT, a.a.O., 117) oder gar die »Befähigung« der Gemeinde in Rom »zu selbständiger Weiterverbreitung des Evangeliums« im Falle eines für die Durchführung der Spanienmission ungünstigen Ausgangs des geplanten Jerusalem-Besuchs (so REICHERT, Gratwanderung, 99 u.ö. [unter freilich problematischen Voraussetzungen; s.u.]; ähnlich bereits RÜCKERT, Röm II, 375–378, der den Röm als »Lehrschreiben« von überregionaler Bedeutung bezeichnete, »hervorgerufen durch die Erfahrungen[,] die der Ap[ostel] bisher gemacht[,] und durch die Gefahren[,] denen er entgegen ging, und dazu bestimmt[,] dem freien Evangelium in den zu verlassenden Ländern eine Stütze zu erhalten, in den noch zu besuchenden für alle Fälle eine offne Bahn zu sichern« [a.a.O., 377]). – Vgl. zum Ganzen noch ZELLER, Juden und Heiden, 38–77; JEWETT, Ambassadorial Letter, *passim*; DENS., Spanish Mission, *passim*; DENS., Röm, 74–91 u.ö.; ferner STARNITZKE, Struktur, 49–59, bes. 52.56: »[...] *der Übergang von* Ἕλληνες *nach* βάρβαροι *bezeichnet genau denjenigen schwierigen Schritt einer universalen Ausweitung der paulinischen Mission über die Grenzen der hellenistischen Welt hinaus, der mit dem Römerbrief, und das bedeutet: mit der gesamten folgenden Argumentation des Briefes begründet werden soll. Es wird gleichsam eine weltweite Verkündigung intendiert, die weder an die griechische Sprache noch an den römisch-hellenistischen Kulturraum gebunden ist*« (a.a.O., 56 [Hervorhebung E.R.]). Einen guten *Überblick* über diese umfangreiche Diskussion bietet DAS, Romans Debate, 26–52.

Grundsätzlich *auszuschließen* sind m.E. alle Theorien, die Paulus *de facto* einen wie auch immer gearteten innerchristlichen Proselytismus unterstellen (und sei es auch in Form der Etablierung einer eigenständigen *paulinischen* Gemeinde in Rom [so REICHERT, a.a.O., *passim*]), denn Röm 1,8 ist *keine* hyperbolische *captatio benevolentiae*, und Paulus hat *keinerlei* Vorbehalte gegen die Gemeinde in Rom gehegt (mit SCHOTT, Röm, 64ff.100f.; SCHÄFER, Gemeinde, 348–352; *gegen* BAUR, Paulus, bes. 398–416, der von stark »judaisierenden« Tendenzen in der römischen Gemeinde ausgeht, gegen die Paulus rigoros vorgehe [a.a.O., 403!], weshalb er dem Apostel Röm 15f. abspricht; *gegen* KLEIN, Abfassungszweck, *passim*; auch die Ansicht, Paulus wolle durch seinen Rom-Besuch »dem Werke seines Lebens, seiner gesetztesfreien Heidenpredigt, die Krone aufsetzen« [so LIPSIUS, Röm, 68], verrät wohl mehr über den Ausleger als über Paulus). Das für diese Position oft vorgebrachte Argument des Fehlens der Bezeichnung ἐκκλησία für die römische Gemeinde entkräftet z.B. HAACKER, Röm, 31, wie folgt: »Da der Begriff [sc. ἐκκλησία; E.R.] auch eine politische Bedeutung hat (vgl. Apg. 19,39f.), könnte hier wie in Phil. 1 die Vermeidung des Begriffs eine rechtlich bedingte Vorsichtsmaßnahme sein.« Jedenfalls ist für Paulus Rom nicht mehr sein Missions*gebiet* (mit MICHEL, Röm, 77, Anm. 41), sondern Rom soll seine Missions*basis* für eine wesentlich *weiter* ausgreifende Missionsaufgabe werden, nämlich für die Spanienmission *als Barbarenmission* (vgl. Röm 15,24; auf die ganz *praktischen* Schwierigkeiten dieses Unterfangens – z.B. die Sprach- und Kulturbarriere – hat bes. JEWETT, Röm, 75–77, hingewiesen).

Freilich: *Ob* (und *wann*) Paulus diese Missionstätigkeit beginnen kann, ist ihm angesichts seiner bevorstehenden Jerusalemreise und den damit möglicherweise verbundenen Unannehmlichkeiten selber ungewiß (so mit Recht REICHERT, a.a.O., 80f., im Anschluß an L.A. Jervis). Aber darf man daraus ohne weiteres schließen, daß Paulus dem Römerbrief »keinen auf den Rom-Besuch bezogenen Zweck beigelegt« habe (so REICHERT, a.a.O., 81)? Immerhin war für Paulus trotz aller Skepsis »ein glücklicher Ausgang des Jerusalem-Vorhabens, die Möglichkeit zum Rom-Besuch und zur Spanien-Mission natürlich nicht auszuschließen« (so wiederum REICHERT, ebd.). Daraus ergibt sich nach REICHERT, a.a.O., 81f., die Notwendigkeit der Annahme »zwei[er] Lesarten unter unterschiedlichen Rezeptionsbedingungen«: »die eine für den Fall seines [sc. des Paulus; E.R.] Scheiterns in Jerusalem und den Ausfall des Rom-Besuchs, die andere für den unwahrscheinlicheren, aber erhofften Fall, auf den der Text von Röm 15,25ff. die Aufmerk-

daeo-Christianis handeln. Überhaupt interessiert sich Paulus nicht so sehr für »den Menschen *an sich*« – sein Ziel ist es, die *Gemeinde* zu fördern, und darum hat er *ihre* Probleme im Blick.[24]

Doch kann Paulus in der Tat über sich als Christen sagen, er sei als solcher »unter die Sünde verkauft«? Die meisten neueren Exegeten[25] verneinen dies v.a. unter Hinweis auf Röm 8,1ff. kategorisch und sehen daher in dem »Ich«-Bericht von Röm 7 keine Aussage des Apostels über sein Leben ἐν Χριστῷ.[26] N.A. DAHL weist indes auf den besonderen *Stil* dieses Abschnittes hin, in dem er eine *confessio* erblickt, und bemerkt dazu: "When we confess our sins before God, our self-evaluation is very different from what it normally is when we communicate with other people."[27] Exemplarisch seien hier die wichtigsten Einwände behandelt, die W.G. KÜMMEL in seiner wirkungsgeschichtlich überaus bedeutenden Monographie[28] genannt hat. Um der

---

samkeit der Leser lenkt.« Mit anderen Worten: »Ein spezifisches Problem des Röm liegt im Zusammentreffen von Erstkommunikation und potentieller Letztkommunikation« (REICHERT, a.a.O., 82).

[24] Vgl. dazu auch die idealtypische Gegenüberstellung von Philon und Paulus bei DEISSMANN, Paulus², 87–89 (88): »Philo schreibt, Paulus redet (auch seine Briefe sind gesprochen); [...]. Philo ist Schriftsteller, Paulus ist es nicht; Philo hinterläßt literarische Werke, Paulus unliterarische Briefe. [...] Philo ist Forscher und Theolog, Paulus Prophet und Herold. Philo arbeitet am Schreibtisch für das große literarische Publikum, Paulus eilt von der Werkstatt auf den Markt und in die Synagoge, Auge in Auge den Hörern gegenüber.« Und VENETZ, Glaube, 142, hält fest: »Für akademische Fragen ist Paulus nicht zu haben«. So auch DAHL, Studies, 70f., der zugleich betont: "This, however, does not mean that Paul's theology has no inner unity" (a.a.O., 71).

[25] So aber schon MEYER, Röm, 323–325. *Anders* jetzt RÖHSER, Herrschaft, 90–93.

[26] So *ausdrücklich* HOFIUS, Mensch, 111f. m. Anm. 30: »Denn was das ›Ich‹ dort von sich selbst sagt (ἐγὼ δὲ σάρκινός εἰμι πεπραμένος ὑπὸ τὴν ἁμαρτίαν), das gilt – wie durch Röm 8,2–11 hinreichend bewiesen wird – *nicht* von dem Menschen ἐν Χριστῷ und *kann* nicht von ihm gelten.«

[27] Studies, 93. Er betont zu Recht, die *opinio communis*, Paulus beurteile die »Existenz unter dem Gesetz« (»existence under the Law«) von einem christlichen Standpunkt aus, blende die Frage aus, *warum* er dies denn *ausgerechnet in »konfessorischem Stil«* tue (»[...] is not quite satisfactory either, as it fails to give a satisfactory explanation for the confessional style« [ebd.]). Übrigens hat schon KÄSEMANN, Röm, 188f., auf den konfessorischen Stil der Passage hingewiesen. – Es ist aber zu beachten, daß natürlich auch in einer *confessio* nicht einfach »alles« behauptet werden kann. Insofern mildert zwar die Einsicht in den *konfessorischen Stil der Rede 7,14–25* (davor: *autobiographischer Stil 7,7–13*) manche Härten ab, sie kann und darf aber nicht dazu mißbraucht werden, alles glattzubügeln! Wir werden jedoch sehen, daß Paulus zwar »extrem« formuliert, aber bestimmte Grenzen wahrt (so spricht er von der Sünde »in meinem Leib« und sieht sich *nur in Hinsicht auf sein »Fleisch«* als unter die Sünde verkauft an etc. pp.).

[28] HÜBNER, Paulusforschung, 2668, resümiert zutreffend: »Nahezu die gesamte Diskussion um Röm 7 nach 1945 setzt Werner Georg Kümmels Dissertation ›Römer 7 und die Bekehrung des Paulus‹ voraus«. Für »fast die gesamte Forschung im deutschsprachigen Raum« gelte, daß sie »diese Arbeit nicht nur als Markstein, sondern als (fast) endgül-

Wichtigkeit der Sache willen wird ausführlich zitiert: »[...] Demnach kann Paulus in 7,14ff. schwerlich von sich als einem Christen sagen, er stehe unter dem Gesetz (vgl. auch 6,14). Noch deutlicher aber spricht gegen diese Deutung der Zusammenhang mit Kap. 8. Es kann nicht zweifelhaft sein, daß 8,1ff. von den Christen redet. Sie sind frei von aller Verdammnis, weil der Geist sie von Sünde und Tod befreit hat. Sie wandeln darum οὐ κατὰ σάρκα, ἀλλὰ κατὰ πνεῦμα. Nun ist aber in 7,14ff. ein Mensch geschildert, der nicht nur σάρκινος und darum verkauft ist unter die Sünde, sondern der auch gegen besseres Wollen dem Willen des Fleisches folgen muß und keinen Weg zur Erlösung aus diesem Zustand sieht. Unmittelbar neben der futurisch gefaßten Frage 7,24 steht aber der 8,1.2 vorausnehmende Satz 7,25a, nach dem die Erlösung für die Christen geschehen ist. Denn 7,25a kann nur als Dank für geschehene Erlösung gefaßt werden, weil es 8,1 vorausnimmt und dort gesagt ist, die Christen seien in der Gegenwart (νῦν) von aller Verdammnis befreit (vgl. den Aorist in 8,2). Wenn aber die Christen befreit *sind*, so kann Paulus nicht als Christ die verzweifelte Frage nach dem Erlöser 7,24 aussprechen und als derselbe Christ in 7,25a. 8,1ff. beantworten. Außerdem ist es unmöglich, daß von dem Ich, das nach 7,14 unter die Sünde verkauft, nach 7,23 Sklave der Sünde ist, in 8,2 gesagt wird, es sei von Sünde und Tod befreit.«[29] Im übrigen dürfe man aus der Futurform ῥύσεται 7,24b *nicht* schließen, »der Dank 7,25a entspringe der Hoffnung, in der Zukunft befreit zu werden.«[30] KÜMMELs Fazit lautet: »Schon der Zusammenhang

---

tige Antwort betrachtet« (ebd.). Noch LICHTENBERGER, Ich Adams, 267 m. Anm. 16 (u.ö.), hält – »[t]rotz aller im Laufe der neueren Auslegungsgeschichte erhobenen Einsprüche!« – an der »unbestreitbaren Richtigkeit der Interpretation Bultmanns und Kümmels« fest, »daß in Röm 7 aus der Sicht des in Christus Erlösten auf die unerlöste Existenz [!] (zurück-)geblickt« werde. Er will sich zwar in *seinem* Versuch seinerseits des ›unverstandenen und unerklärten *Rests*‹ (Barth) annehmen (a.a.O., 10 u.ö.), *ohne jedoch die Ergebnisse Kümmels ernsthaft in Frage zu stellen* (125f. m. Anm. 17)! Überhaupt läßt sich beobachten, daß eine *wirkliche Auseinandersetzung* mit Kümmels Schrift zu selten stattfindet (neuere *Ausnahmen* sind THYEN, Alternativen, *passim*; RÖHSER, Herrschaft, 87–93). Das kann zwar verwunderlich erscheinen, aber angesichts dieser Wolke von Zeugen mag sich jeder Exeget mit LAATO, Paulus, 139, in der Tat fragen, »mit welcher Berechtigung er selbst noch zu weiterer Diskussion über Röm 7,14–25 anregen soll.« LAATO tut dies dankenswerterweise dennoch (s. a.a.O., 137–182), und zwar mit *zwei guten* (prinzipielle Überprüfbarkeit sog. gesicherter Ergebnisse als Movens der Wissenschaft; Beschränkung der Akzeptanz von Kümmels Ergebnissen auf den »*deutschsprachigen Raum*«) und *einem ungenügenden Grund* (›bemerkenswertes‹ *Alter* von Kümmels Studie [ebd.]). Das bloße »Alter« einer These jedenfalls kann *niemals* ein Argument gegen sie sein, was auch Ad. DEISSMANN eindringlich (und aus persönlicher Betroffenheit) betonte: »Ist es akademisch gedacht, einen Gelehrten, der eine von anderen vielleicht abgelehnte These wieder aufnimmt, damit widerlegen zu wollen, daß man sagt: diese These sei ja längst ›überwunden‹? Wenn alles, was Schwartz selbst ›überwunden‹ zu haben glaubt, wirklich tot wäre, dann wäre sein Studierzimmer ein großer Campo santo mit Evangelisten- und Apostelgräbern und mit vielen Urnen aus unserem geringeren Aeon. Die großen Fortschritte der Wissenschaft bestehen oft gerade darin, daß die von einem altklugen Klüngel mittelmäßiger Sesselhocker und Konjekturendrucker vielleicht in lauten Einstimmigkeitsvoten ›überwundenen‹ Ideen und Einsichten eines Einsamen von verständigen Nachfahren wieder aufgenommen und durchgesetzt werden« (Paulus[2], 240f.). Daran darf gerade im Rahmen einer Beschäftigung mit Röm 7 erinnert werden.

[29] KÜMMEL, Bekehrung, 97f.
[30] A.a.O., 98, Anm. 1 (gegen GOGUEL, Paul, 322).

1. Das gegenwärtige, neue »Sein in Christus« und das Problem von Röm 7

macht es also unmöglich, in 7,14ff. eine Beschreibung des gegenwärtigen Zustandes des Paulus und damit der Christen zu sehen.«[31]
Das daß *nicht* zutrifft, ist jetzt zu zeigen. Zwar ist es *richtig*, daß auch der Abschnitt Röm 7,13–25 die Frage nach der Bedeutung der *Sinaitora* (νόμος) zum Thema hat.[32] Aber *in welcher Weise*? Sie steht deutlich[33] im *Hintergrund* der ganzen Argumentation,[34] was manchen Ausleger im Gegenzug dazu gebracht hat zu behaupten, hier gehe es gar nicht so sehr um das Gesetz, als vielmehr um Anthropologie.[35] Demgegenüber ist grundsätzlich festzuhalten, daß es hier immer noch um die Sinaitora geht; aber jetzt geht es nicht mehr um ihr *Wesen* und ihre *Funktion*, sondern um ihre *Wirkung*, namentlich um ihre *prinzipielle Ohnmacht*, den in ihr dokumentierten guten Gotteswillen (τὸ ἀγαθόν) in einer von σάρξ und ἁμαρτία geprägten Welt zur Ausführung zu bringen. Röm 7,13–25 zeigt, daß der νόμος der unhintergehbar sarkischen *conditio humana* gegenüber »unfähig« ist (vgl. 8,3) *und – das ist die Pointe – bleibt*. Gerade Letzteres aber kann Paulus *nicht* an einem Menschen ὑπὸ νόμον illustrieren, sondern nur am *Christen*, insoweit er ὑπὸ τὴν ἁμαρτίαν verkauft ist.[36] Man darf darum auch nicht einfach ὑφ' ἁμαρτίαν mit ὑπὸ νόμον gleichsetzen.[37]

---

[31] A.a.O., 98.
[32] Mit WILCKENS, Röm II, 75, der moniert, das werde »nicht selten übersehen oder bestritten«.
[33] »Deutlich«, nicht »völlig« (gegen KÄSEMANN, Röm, 184)!
[34] Daran ändert auch die angeblich »massive[...] Häufung des Wortes ›Gesetz‹ in VV 21–23« (WILCKENS, Röm II, 75) nichts, denn νόμος meint in den genannten Versen nicht immer die Sinaitora. (Tatsächlich ist gegenüber V. 7–12 ohnehin eine deutliche *Abnahme* nomologischer Begrifflichkeit festzustellen [*das* sieht KÄSEMANN, Röm, 184, richtig]! Stattdessen spricht Paulus ab V. 13 bezeichnenderweise wesentlich häufiger vom »Guten« und »Schönen« – bzw. von dem, »was ich tun will« – als von der »Sinaitora«.) Auch die Tatsache, »daß sich das Stichwort ἀγαθόν (bzw. καλόν) von V13 durch den ganzen Abschnitt hindurchzieht (V16.18.19.21)« (WILCKENS, ebd.), bedeutet *nicht*, daß »darin durchweg der Gegensatz zwischen Gesetz und Sünde bestimmen bleibt« (ebd.), weil dieser Schluß auf einer *vorschnellen Identifizierung von νόμος und ἀγαθόν* beruht. Das ἀγαθόν von V. 13.18.19 und das καλόν von V. 18.21 ist aber der *in* der Sinaitora zur Sprache kommende gute Gotteswille und als solcher *nicht einfach mit dem νόμος identisch* (gegen THYEN, Alternativen, 274–276; zum Ganzen s.o. S. 154–160)!
[35] So z.B. KÄSEMANN, Röm, bes. 184 (vgl. auch a.a.O., 191).
[36] Denn nicht jeder Mensch ist ὑπὸ νόμον, aber jeder Mensch ist – in einer bestimmten Hinsicht – bleibend ὑφ' ἁμαρτίαν. Das ὑπὸ νόμον-Sein gehört *im Gegensatz* zum ὑφ' ἁμαρτίαν-Sein eben *nicht* zur *conditio humana*! Die *grundsätzliche* Ohnmacht der Sinaitora ist aber *nur dann* hinreichend bewiesen, wenn sie im Blick auf *jeden* Menschen geltend gemacht werden kann. *Von daher erklärt sich der erbitterte Kampf gegen die Toraobservanz von Christen, wie man ihn am ausführlichsten im Gal wahrnehmen kann*. Es ist eben *nicht* so, wie die Nomisten aller Zeiten wollen, daß der Mensch ἐν Χριστῷ nun frei (und darum auch verpflichtet) wäre, die Sinaitora (als Sinaitora) zu halten. Vielmehr *bleibt* der νόμος im Sinne der Sinaitora für Paulus eine den Menschen und insbesondere *die christliche Freiheit* (d.h.: die *Bindung an Christus*!) *bedrohende* Größe (gerade *das* besagt die Antithese von Röm 7,14!), die aber in Christus an ihr *sachliches Ende* gekommen ist (Röm 10,4)! Insofern hat der maßgeblich von *Wolfgang Capito* geleitete BERNER SYNODUS (1532) im Sinne des judenchristlichen Heidenapostels völlig zutreffend festgehalten (übrigens als eine der wenigen reformatorischen Schriften, wie es

IV. Die »Karsamstags-Existenz« der Christen

Sieht man einmal von der für unseren Zusammenhang wenig ergiebigen Frage ab, woher die Qualifizierung des νόμος als πνευματικός[38] traditionsgeschichtlich stammen könnte,[39] wirft der erste Teil von Röm 7,14 keine Schwierigkeiten[40] auf: »Wir wissen nämlich (γάρ), daß das Gesetz geistlich ist« (V. 14a).[41] Das ändert sich radikal mit dem zweiten Teil des Satzes, in dem fast jedes Wort umstritten ist: ἐγὼ δὲ σάρκινός εἰμι πεπραμένος ὑπὸ τὴν ἁμαρτίαν (V. 14b).

---

scheint), *das Gesetz (die Sinaitora) sei grundsätzlich kein Inhalt evangelischer Predigt; diese sei vielmehr streng christologisch auszurichten* (vgl. bes. Kap. 5–10.13 [= LOCHER, 42–57.62–65; Hinweis von Prof. Dr. Otfried Hofius]; allerdings behauptete der BERNER SYNODUS einen *Unterschied* zwischen der christlichen Predigt unter Judenchristen und unter Heidenchristen: s. Kap. 11f. [= LOCHER, 57–61]). – Daß hierin reichlich theologischer »Zündstoff« zu sehen ist, liegt auf der Hand – aber das gilt ja für Paulus und das Neue Testament *insgesamt*.

[37] WILCKENS, Röm II, 86 m. Anm. 352, liest erstaunlich *ungenau*, wenn er die Situation »des ›unter die Sünde verkauften‹ Ich« mit der »Situation ὑπὸ νόμον« identifiziert (!), um dann seinerseits C.E.B. Cranfield vorzuwerfen, dieser habe »nicht zu beweisen vermocht, daß Paulus vom *Christen* sagen könnte: ›verkauft *unter* das Gesetz [!]‹« (a.a.O., Anm. 353). Aber warum sollte man so etwas auch beweisen wollen, wo doch Paulus hier *mit keinem Wort* von einem Verkauft-Sein »unter das *Gesetz*« spricht, sondern von einem Verkauft-Sein ὑπὸ τὴν *ἁμαρτίαν*?! Denselben Fehler macht offensichtlich KERTELGE, Überlegungen, 109, wenn er behauptet, 7,14 leite über »zu der weiteren Frage nach der Verfaßtheit des Ich *unter dem Gesetz*« (Hervorhebung E.R.).

[38] Es ist m.E. durchaus von Belang, daß (auch) Paulus das Syntagma ὁ νόμος ὁ πνευματικός – im Gegensatz zu vielen Exegeten (vgl. z.B. schon BAUR, Vorlesungen, 150; LIPSIUS, Rechtfertigungslehre, 89; ferner BETZ, Mensch, 135; SCHMITHALS, Röm, 223; LICHTENBERGER, Gesetz, 366; DERS., Ich Adams, 139.141) – *nicht* gebildet hat! Der Apostel spricht gerade *nicht* von einem quasi prästabilierten νόμος πνευματικός *als solchem* (πνευματικός attributiv), sondern er schreibt dem νόμος – der Mosetora – geistliche Qualität allererst zu (πνευματικός prädikativ). Darum ist auch die traditionsgeschichtliche Rückfrage nach einem νόμος πνευματικός (gar zur »Formel« stilisiert [so BETZ, ebd.]) schon im Ansatz verkehrt.

[39] Vgl. dazu z.B. BETZ, Mensch, bes. 134–159. Daraus, daß die Aussage von V. 14a »weder im Urchristentum noch im Judentum nachweisbar« ist, zu schließen, der Satz könne »nur eine ad-hoc-Formulierung des Paulus sein«, und *darum* sei – gegen die klare äußere Bezeugung! – nicht οἴδαμεν, sondern οἶδα μέν zu lesen (so WILCKENS, Röm II, 85), ist allerdings recht abenteuerlich.

[40] Das sieht LICHTENBERGER, Ich Adams, 137–142, anders, der selbst in den klarsten Auslegungen nur ›Verlegenheiten‹ und ›dürftige‹ Hinweise zu erblicken vermag (s. a.a.O., 139f.). Das freilich hängt mit seiner eigenen Sicht zusammen, derzufolge eben die »gängigen« Auslegungen *mehr* sagen müßten – mehr als Paulus selbst, wie es scheint.

[41] MAIER, Röm, 240, erklärt dazu: »Man kann dem Ausdrucke [sc. πνευματικός, E.R.] in Verbindung mit νομος weder das πνευμα ἁγιον, noch das πν. ανθρωπινον zu Grunde legen, sondern es bezeichnet die *höhere, göttliche Wesenheit* des Gesetzes, welche *darin* besteht, *daß es der im Buchstaben fixirte göttliche Wille ist.* [...] Die aufgenommene Bedeutung schließt die Prädikate V. 12. αγιος, δικαιος, αγαθος ein, denn der göttliche Wille ist ein absolut guter, heiliger Wille.«

1.1.2.1. Die coniugatio periphrastica von V. 14b

Wie ist dieser inhaltlich schwierige Satz zu verstehen? Vorrangig ist die syntaktische Zugehörigkeit des einzigen finiten Verbs zu klären: Gehört εἰμί als Kopula zum Adjektiv σάρκινος als Prädikatsnomen (*analog zu V. 14a*), oder ist εἰμί zum folgenden Partizip Perfekt Passiv πεπραμένος zu ziehen und der ganze Ausdruck dann – trotz der relativen Seltenheit dieser Erscheinung bei Paulus[42] – als *coniugatio periphrastica* aufzufassen (statt πέπραμαι)[43]? Dann wäre das Adjektiv σάρκινος syntaktisch als

---

[42] HOFIUS, Gott, 136, hält *nur* 1Kor 14,9; 2Kor 1,9; 9,12; Gal 1,22.23; Phil 2,26 für *eindeutige* Belege.

[43] Ausdrücklich als Möglichkeit vorgeschlagen nur von HAUBECK/VON SIEBENTHAL, Sprachlicher Schlüssel II, 23 (inwiefern »dann« [!] das Partizip *Apposition zu σάρκινος* sei [ebd.; *so* bereits MÖLLER, Bild, 15!], bleibt unklar). – Zur *coniugatio periphrastica* vgl. v.a. die Untersuchung dieser grammatikalischen Erscheinung in der attischen Prosa durch ALEXANDER, Participial Periphrases (kritische Würdigung bei BJÖRCK, HN ΔΙ-ΔΑΣΚΩΝ, 13); vgl. ferner die Grammatiken, z.B. BORNEMANN/RISCH, Grammatik, 246 (§ 242,1); BDR, §§ 352–356, bes. §§ 352f.; KÜHNER/GERTH, Grammatik II/1, 38–40 (§ 353,4, Anm. 3): »Soll der Verbalbegriff selbständiger und nachdrücklicher hervorgehoben werden, so tritt an die Stelle des einfachen Prädikatsverbums eine Umschreibung durch das Partizip Präsentis, Perfekti oder Aoristi (letzteres fast nur dichterisch) mit der Kopula εἶναι […]. Besonders häufig findet sich diese Ausdrucksweise dann, wenn das Partizip in der Weise eines Adjektivs (oft auch in Verbindung mit Adjektiven) dem Subjekte ein charakteristisches Merkmal, eine dauernde Eigenschaft, einen bleibenden Zustand beilegt.« Ebenso HAUBECK/VON SIEBENTHAL, a.a.O., 484 (»oft zwecks Betonung des durativen Aspekts«). AERTS, Periphrastica, 91, bemerkt zu εἶναι + Partizip Perfekt in der Koine: "On the whole, the character of the perfect periphrases remains the same as in ancient Greek, i.e. intransitive and situation-fixing." MOORHOUSE, Sophocles, 204, stimmt mit Aerts überein ("In true periphrasis the value is often that of describing a state, of setting a situation […]") und lehnt die Meinungen von Kühner/Gerth (»that the verbal idea is emphasised«) und Rosén (»that emphasis falls on some element in the sentence other than the verb«) als unbegründet ab (»do not seem to find solid justification«).
  Nichts für eine mögliche *coniugatio periphrastica* in Röm 7,14 tragen die Aufsätze von DIETRICH, Verbalaspekt, und COSERIU, Verbalaspekt, aus, weil hier unter einer »Periphrase« nur eine »*grammatische* Periphrase« verstanden wird, »d.h. eine aus mindestens zwei verbalen Elementen zusammengesetzte Form […], die a) syntaktisch eine Einheit bildet, b) deren Bedeutung nicht aus den einzelnen Elementen, sondern nur aus ihrer *Kombination* erschließbar ist und die c) *in funktioneller Opposition zu einer einfachen Verbform* steht, also zu einem Verbalparadigma gehört. *Es handelt sich also nicht um eine ›Umschreibung‹ einer einfachen Verbalform* (wie z.B. griech. πεπαιδευκὼς ᾦ statt πεπαιδεύκω), sondern um eine neue, zusätzliche Funktion, die *nur so ausgedrückt wird* (z.B. das deutsche Fut.)« (DIETRICH, a.a.O., 192 [Hervorhebungen E.R.]). Auch schon die grundlegende Untersuchung von BJÖRCK, HN ΔΙΔΑΣΚΩΝ, trägt für unsere Frage nicht viel aus, bemerkt er doch im Blick auf seinen Untersuchungsgegenstand: »[…] ausgelassen ist dagegen diejenige [sc. Umschreibung; E.R.] mit dem Partizip des Perfekts« (a.a.O., 9; vgl. dazu die Kritik bei AERTS, Periphrastica, 36). Björck unterscheidet ferner zwischen »Periphrasen« und »Umschreibungen« (a.a.O., 9f.), wobei er unter den ersteren »*jede* solche Verbindung der Kopula mit einem prädikativen Partizip verstanden wissen

*Verbal- bzw. Prädikatsadjunkt*⁴⁴ und nicht mehr als Prädikatsnomen anzusehen. Diese andere syntaktische Zuordnung verschöbe *eo ipso* die Gewichte innerhalb des Satzes: Zum einen definierte σάρκινος nicht mehr ἐγώ, sondern als adjektivisches Adjunkt beschränkte es »seine Gültigkeit als etwas *Spezielles* auf den Verbalinhalt des Prädikats«⁴⁵. Im ersten Fall müßte übersetzt werden: »Ich aber bin σάρκινος, verkauft unter die Sünde.«⁴⁶ Im zweiten Fall verschöbe sich die Bedeutung: »Ich aber bin – als σάρκινος – unter die Sünde verkauft.«⁴⁷ Oder: »Aber ich σάρκινος bin unter die Sünde verkauft.« Ist also das ἐγώ *als ganzes* σάρκινος (ἐγὼ δὲ σάρκινός εἰμι) und *darum auch als ganzes*⁴⁸ »unter die Sünde verkauft«?⁴⁹ Oder ist das ἐγώ *als* σάρκινος (*qua σάρξ*), d.h. *hinsichtlich seiner σάρξ als eines Aspektes seiner Existenz*, »unter die Sünde verkauft« (ἐγὼ δέ ... εἰμὶ πεπραμένος ὑπὸ τὴν ἁμαρτίαν)?⁵⁰ Daß Paulus *ersteres* im Ernst im Blick auf einen *Christen* sagen kann, erscheint – darin ist der neueren Exegese uneingeschränkt zuzustimmen – angesichts so eindeu-

---

[möchte], die *ohne Änderung des Tatsacheninhalts* gegen eine einfache Verbalform vertauscht werden kann« (a.a.O., 9 [Hervorhebungen E.R.]). Unter »Umschreibungen« versteht er ausschließlich die »*eigentlichen* Periphrasen« (a.a.O., 10 [Hervorhebung E.R.]).

⁴⁴ Zur Begrifflichkeit vgl. BORNEMANN/RISCH, Grammatik, 274, Anm. * (§ 260): »Die bisher meist gebrauchte Bezeichnung ›Prädikativum‹ ist nicht eindeutig, weil sie das Prädikatsnomen nicht ausschließt: beide Satzteile stehen ›prädikativ‹«.

⁴⁵ BORNEMANN/RISCH, a.a.O., 274 (§ 260). Außerdem trüge aufgrund der Postposition des Partizips πεπραμένος die Kopula εἰμί das *Hauptgewicht*, wie W.J. ALEXANDER behauptet hat (Participial Periphrases, 300f.). Dieser Ansicht wollte BJÖRCK, HN ΔΙΔΑΣΚΩΝ, 13, »allerdings nicht folgen«.

⁴⁶ So nahezu alle Ausleger und die gängigen Bibelübersetzungen. – Das Partizip könnte auch *kausal* aufgefaßt werden: »Ich aber bin σάρκινος, *weil* [ich] unter die Sünde verkauft [bin]«, bzw.: »Ich aber bin σάρκινος *kraft* meines Unter-die-Sünde-Verkauft-Seins.«

⁴⁷ LIPSIUS, Röm, 128, zufolge ist »die Naturnothwendigkeit des Sündigens [...] nicht erst durch das geschichtliche Factum des adamitischen Sündigens, sondern in der σάρξ des Menschen (d.h. nicht in seiner fleischlichen Willensrichtung, sondern in seiner Fleischessubstanz) begründet«, was in dieser *prinzipiellen* Form allerdings falsch ist. So spricht Paulus nämlich nur in streng *postlapsarischer* Hinsicht! S. dazu unten S. 379, Anm. 51.

⁴⁸ Vgl. exemplarisch SCHMITHALS, Röm, 235: »Wie alle anthropologischen Begriffe bezeichnen auch ›Fleisch‹ und ›Geist‹ den *ganzen* Menschen, freilich unter einer je bestimmten, einander ausschließenden Hinsicht.«

⁴⁹ So z.B. SCHOTT, Röm, 277.279f.; BAUMGARTEN-CRUSIUS, Röm, 204: »›Ἐγώ hier anders als V. 16 u. 20; dort das eigentliche *Ich*, die höhere Person, hier der gesammte Mensch, wie er ist.«

⁵⁰ So neben MÖLLER, Bild, 15, auch LAATO, Paulus, 154: »V. 14 bringt lediglich *einen* Aspekt der Wirklichkeit des Ichs zur Geltung; die folgenden Verse komplettieren die Deskription.« – Dagegen hielt bereits SCHOTT, Röm, 277, diese schon von CALVIN favorisierte Erklärung, es hafteten dem Christen noch *reliquiae carnis* an (CO 49, 108.113. 128.130.132 u.ö. = CR 77, 108.113.128.130.132 u.ö.), für ›textwidrig‹.

tiger Aussagen wie 2Kor 5,17; Röm 6,11 u.ö. als völlig unmöglich – auch in einer *confessio*. Daß dagegen *Letzteres* sich vortrefflich in die paulinische Theologie einfügt, soll im folgenden gezeigt werden; Paulus kann – so meine These – den Christen *unter dem Aspekt seiner irdisch-leiblichen bzw. irdisch-körperlichen Existenz post lapsum* (aber *nur* so!) durchaus als bleibend unter der Macht der Sünde (und darum des *Todes*) beschreiben.[51] Denn *noch* lebt der Christ in seinem der Todeswirklichkeit zugehörenden Körper (vgl. 1Kor 15,53; Röm 7,24[52]; 8,10f.), »und da hat die Sünde ihren Anknüpfungspunkt«[53]. Von einer *bereits geschehenen* völligen Überwindung *dieser* σάρξ-Existenz ist bei Paulus *nirgends* die Rede![54] Vielmehr ist die »paulinische Anthropologie« – wie E. KÄSEMANN gezeigt hat –

»eben dadurch bestimmt, daß das ›im Christus‹ ein ›im Fleische‹ nicht ausschließt [...]. Damit ersetzt aber geschichtliche Dialektik den dualistischen Naturalismus des Mythos, der das ›im Christus‹ und das ›im Fleisch‹ niemals zusammenkommen läßt.«[55]

Dabei ist es aber »von entscheidender Bedeutung, daß nach Paulus eben *nur die Christen* ein ἐν σαρκί kennen, welches sich vom κατὰ σάρκα unterscheidet. Sonst fallen beide stets zusammen.«[56]

---

[51] Mit UMBREIT, Röm, 74f. Diesen *postlapsarischen* Zusammenhang hat B. WEISS, Röm, 315, Anm. *), in seiner Kritik an Lipsius (vgl. DENS., Röm, 128; s.o. Anm. 47) *ebenfalls* übersehen, wenn er ihm vorwirft: »Er [sc. Lipsius; E.R.] übersieht, dass das πεπραμένος nicht die *Folge* des σάρκινος ist, sondern erläutert, weshalb dies σάρκινος den *Gegensatz* gegen das πνευματικός begründet. Er muss daher auch einen Widerspruch mit 5₁₂ finden, wonach die Sünde erst als Folge des Adamitischen Sündenfalls zu dieser Herrschaft über den Menschen gelangt ist, und also allerdings dieser Gegensatz erst durch die durch diese Herrschaft sündhaft *gewordene* fleischliche Willensrichtung des Menschen bedingt ist.« So richtig seine Ausführungen zu Röm 5,12 sind, problematisch ist seine Behauptung, das πεπραμένος sei ›nicht die *Folge* des σάρκινος‹. Doch, allerdings, aber es ist eben die Folge des σάρκινος *post lapsum*, und um genau *dieses* geht es in Röm 7 (*anders* Röm 5,12!).

[52] BARDENHEWER, Röm, 107, kommentiert – obwohl *grundsätzlich* anderer Ansicht (s.o. S. 370, Anm. 19) – zutreffend: »›Ich unglückseliger Mensch! Wer wird mich befreien von dem Leibe dieses Todes?‹ ruft mit Vorliebe *gerade der Heilige*, nicht *obwohl* er ein Heiliger ist, sondern *weil* er ein Heiliger ist« (Hervorhebungen E.R.). Aber er widerspricht seiner eigenen Deutung, wenn er a.a.O., 110, das σῶμα τοῦ θανάτου τούτου auffaßt als »jenes σῶμα τῆς ἁμαρτίας, welches in der Taufe abgetan oder vernichtet wird (6,6)«. Dazu veranlaßt ihn die falsche Behauptung, ἐκ τοῦ σώματος τοῦ θανάτου τούτου heiße »nicht ›von diesem Leibe des Todes‹, sondern ›de corpore mortis huius‹ Vulgata«; mit »diesem« Tod sei »die soeben geschilderte, notwendig zum ewigen Tode führende Übermacht der Sünde« gemeint, »die in dem Leibe wohnt und thront« (ebd.).

[53] NYGREN, Röm, 214. Vgl. bereits UMBREIT, Röm, 74f.

[54] Dagegen sprechen etwa die *echt futurischen* Formulierungen von Röm 6,5.8, aber auch Röm 7,24b; gegen SCHOTT, Röm, 284, der behauptet, schon »jetzt aber« seien die, die »in Christo sind«, »der σάρξ ledig«, »dem sarkischen Leben entnommen«.

[55] Leib, 180 (Hervorhebung i.O.).

[56] A.a.O., 116 (Hervorhebung E.R.).

1.1.2.2. Der Christ im Kampf mit seiner Physis (der Christ als σάρκινος)

Damit sind wir beim zweiten schwerwiegenden Problem von Röm 7: Wie ist das Adjektiv σάρκινος[57] *präzise* zu verstehen? Bedeutet es »fleischlich« im theologisch qualifizierten Sinne von »sündig«[58] (dann verstanden als Gegensatz zu πνευματικός V. 14a)[59] oder »fleischlich« im anthropologisch-materialen Sinne von »dem Körper verhaftet«, »aus Fleisch gemacht«[60]? *Beides* ist prinzipiell möglich, denn mit σάρξ bezeichnet Paulus

---

[57] Das textkritische Problem (v.l. σαρκικός) kann hier nicht nur aufgrund der klaren äußeren Bezeugungsverhältnisse getrost auf sich beruhen, sondern auch deshalb, weil selbst im Profangriechischen »der Unterschied zw[ischen] beiden Adj[ektiven] [...] nicht konsequent durchgehalten« wurde (so SAND, Art. σαρκικός κτλ., 548, wobei in seinen Ausführungen reichlich unklar bleibt, worin er eigentlich bestanden haben soll). – Dagegen behauptet NYGREN, Röm, 218, »daß Paulus, wenn er von der fleischlichen Beschaffenheit des Christen spricht, das Wort σάρκινος und nicht σαρκικός verwendet. Der Christ ist nämlich nicht mehr ›fleischlich‹ in dem Sinne, daß er ›fleischlich gesinnt‹ wäre. Dagegen ist er ›fleischlich‹ in dem anderen Sinne, daß er noch immer im Fleisch lebt (ἐν σαρκί) und an allein seinen Bedingungen teil hat. Dies letztere ist es, was im Wort σάρκινος zum Ausdruck kommt.« Wenn ihm auch *sachlich* uneingeschränkt zuzustimmen ist, so ist doch die Frage, ob diese sachlich richtige Differenzierung *lexikalisch* begründet werden kann, auch wenn sie *etymologisch* gerechtfertigt erscheint (vgl. dazu BISPING, Röm, 215).

[58] Vgl. z.B. BAUMGARTEN-CRUSIUS, Röm, 204: »Σαρκ[ικός] also = ἐν σαρκί V. 5.« Beachtenswert ist die Fortsetzung (ebd.): »Statt der rec. σαρκικός lasen nach überwiegend äusseren Auctoritäten *Griesbach, (Scholz,) Lachmann* σαρκινός [sic!], welches sie auch 1 Kor. 8,16 eingeführt haben. Aber diess [...] passt mehr für die hier nicht statthafte *eigentliche* Bedeutung, wie 2 Kor 3,3.« Wäre Baumgarten-Crusius der klar besser bezeugten Lesart σάρκινος gefolgt, hätte er immerhin *eigener* Logik zufolge auch für Röm 7,14 die Bedeutung »aus Fleisch gemacht« annehmen müssen. (Geschwächt wird dieses Argument jedoch dadurch, daß die Exegese sich inzwischen darüber verständigt hat, daß von einem wesentlichen sachlichen Unterschied zwischen σάρκινος und σαρκικός nicht die Rede sein kann [so übrigens schon BISPING, Röm, 215; s.o. Anm. 57].)

[59] Die überwiegende Mehrheit der Bibelübersetzungen und Exegeten liest Röm 7,14 offenbar als *antithetischen Parallelismus membrorum*. Aus diesem Verständnis ergibt sich einerseits die Zuordnung von εἰμί zu σάρκινος (analog der Zuweisung von ἐστίν zu πνευματικός V. 14a), andererseits das Verständnis von σάρκινος als Gegenbegriff zu πνευματικός. Beides trifft m.E. *nicht* zu, zumal die (angeblich) parallele Struktur durch die Überlänge von V. 14b aufgebrochen würde und außerdem in der ersten Hälfte ein μέν erwartet werden könnte (ὁ μὲν νόμος κτλ.; so in 7,25b!):

ὁ νόμος πνευματικός ἐστιν,
ἐγὼ δὲ σάρκινός εἰμι   πεπραμένος ὑπὸ τὴν ἁμαρτίαν.

[60] So HAACKER, Röm, 165. Vgl. schon WIESELER, Abhandlung, 9, unter Berufung auf die Grammatiken von Winer und Krüger: »σάρκινος [...] heisst, wie *die Adjective auf ινος auch sonst den Stoff bezeichnen*, fleischern, aus Fleisch bestehend« (Hervorhebung E.R.). Ebenso B. WEISS, Röm, 314, der dann allerdings wiederum auf einen *qualitativen Gegensatz* zum Geist abhebt und schließlich sogar meint, die σάρξ bezeichne »die Naturseite des menschlichen Wesens in ihrer Unterschiedenheit vom Göttlichen gegenüber der relativ *gottverwandten* Seite desselben, dem νοῦς« (a.a.O., 329; zu V. 25

nicht immer die theologisch qualifizierte »Sündenverfallenheit«[61], sondern zuweilen auch einfach das gegenwärtige So-Sein (!) des Körpers, die *individuelle körperliche (aber postlapsarisch gebrochene und insofern (!)* »*noch dem Tode unterworfen[e]*«[62]*) Verfaßtheit des Menschen*, wie oben gezeigt wurde.[63]

Für das Verständnis von Röm 7 ist nun die Einsicht von größter Bedeutung, daß Paulus die Sünde (ἁμαρτία) im *irdisch-physischen Leib* des Menschen – dem σῶμα (θνητόν) bzw. der σάρξ bzw. den μέλη (vgl. Röm 6,12.13a.19; 7,18.23ab.24) – verortet, also in dem *sinnlichen* Teil des Menschen.[64] Wir haben bereits gesehen, daß es die der Sinnlichkeit entspringende ἐπιθυμία[65] war, die das im Verbot Verbotene begehrte (7,7–9). Auch hier wieder zeigt sich also, »wie realistisch Paulus die gegenwärtigen Bedingungen des christlichen Lebens betrachtet. [...] Bei Paulus gibt es nichts von dem sonst so gewöhnlichen Spiritualismus und keinerlei Übergeistigkeit«, wie A. NYGREN mit Recht betont.[66]

So ergibt sich der scheinbar verwirrende Befund, daß nach Paulus die σάρξ (als Macht bzw. ›widergöttliches Prinzip‹) ihren Ort oder Sitz »*in* der σάρξ« (bzw. dem σῶμα oder den μέλη) hat.[67] Vor diesem Hinter-

---

[Hervorhebung E.R.])! Auch BAUMGARTEN-CRUSIUS, Röm, 214, erklärt (zu Röm 8,1ff.): »Durch den Geist Christi, welcher sich also auch über den νοῦς, die natürliche Intelligenz, erhebt, wird die σάρξ, die Verdorbenheit, aufgehoben.«

[61] Gegen JEWETT, Röm, 461. Er behauptet: "For Paul, to be 'fleshly' refers not primarily to the material nature of humans but to opposition against God".

[62] So mit Recht ENGEL, Kampf, 33 (Hervorhebung E.R.).

[63] S.o. S. 136–142.

[64] Vgl. dazu UMBREIT, Röm, 279–282, bes. 280f. Darum wähle ich hier bewußt den Begriff »irdischer Leib« *auch* für σάρξ, um dem Mißverständnis zu entgehen, das der Begriff »Körper« mit sich bringen könnte, wenn man ihn auf seine rein *materielle* Seite reduzierte.

[65] Vgl. das Jesus-Logion Mt 5,29f.: »Wenn dich dein rechtes *Auge* (!) zur Sünde verführt...« (V. 29a). Auch an dieser Stelle wird die *Sünde durch sinnliche Wahrnehmung (»sehen«) veranlaßt*.

[66] Röm, 182; ihm *grundsätzlich* folgend MICHEL, Röm, 209 (aber *nicht* Röm 7! [vgl. a.a.O., 225]).

[67] So schon LIPSIUS, Rechtfertigungslehre, 61 (Hervorhebung E.R.). Vgl. auch VAN DÜLMEN, Theologie des Gesetzes, 153–158 (»Das Fleisch als der Ort der Sünde«). Sie scheint sich aber vor den Konsequenzen zu scheuen (s. z.B. a.a.O., 154, Anm. 3) und gelangt darum zu einer inkonsistenten Auslegung. Das *Problem* benannte schon UMBREIT, Röm, 71f.: »Das Verhältniß der ἐπιθυμία zur ἁμαρτία ist genau zu beachten. Nach V. 7 bringt die ἐπιθυμία die ἁμαρτία zum Vorschein; nach V. 8 ruft die Sünde durch das Gebot die ἐπιθυμία hervor, so daß hier ein Widerspruch stattzufinden scheint. Die ἁμαρτία wird zuerst in ihrer Besonderheit genommen; das andere Mal in ihrer Allgemeinheit; die ἐπιθυμία, auch als eine besondere gefaßt, regt die Sünde auf, bringt sie zur Erscheinung, daß sie der Mensch als etwas Bestimmtes erkennt. An sich aber ist die ἁμαρτία eine eigenthümliche Macht in der menschlichen Natur; sie ist todt d.i. wirkungslos ohne Gesetz; sowie ihr aber das Gesetz entgegentritt, kraft des Widerspruchs,

grund kann Paulus dann auch abgekürzt einfach davon sprechen, daß »in mir« (ἐν ἐμοί) – als einem Christen (!) – die Sünde »wohnt« (vgl. 7,17. 20). Gemeint ist auch hier zunächst: »in mir, das heißt in meinem physischen Leib« (vgl. 7,18). W. SCHMITHALS bemerkt richtig: »Die *Sprache* dieser Wendung ist einer dualistischen Anthropologie entnommen«, doch stellt sich die Frage, warum er ohne weitere Begründung fortfährt: »Paulus hat indessen keine dualistischen Neigungen; er unterscheidet keine verschiedenen Substanzen des Menschen.«[68] Zwar mag es richtig sein, daß er nicht von verschiedenen *Substanzen* spricht (der Begriff ist angesichts des *relational*-ontologischen Denkens des Apostels Paulus ohnehin problematisch), aber m.E. ist bei Paulus tatsächlich ein (*vorläufiger*!) Leib-Geist- »Dualismus« zu beobachten (vgl. Röm 7,25b)![69]

---

so erhebt sie sich, ἀφορμὴν λαβοῦσα, und bewirkt nun in dem Menschen durch das Gebot: ›du sollst dich nicht gelüsten lassen‹ jene Lust in der mannigfaltigsten Verschiedenheit; die Lust aber erzeugt die That der Sünde.«

[68] Röm, 235 (beide Zitate); vgl. STRIEDER, Leiblichkeit, 300f. Ähnlich gewunden drückt sich KÜMMEL, Theologie, 158, aus: »Auch hier ist also der Mensch trotz der dualistisch klingenden Terminologie als Einheit gesehen [...]« (vgl. a.a.O., 156f.). Auch WALTER, Gal, 222f., empfindet die »dualistische Stimmung« von Gal 5,17 als *zu* hart; sie könne aber »nicht so hart gemeint sein [...], wie sie klingt«, da »sie die Begründung einer Ermahnung ist« (a.a.O., 222). Überzeugend ist auch das *nicht!*

[69] Vgl. zum Problem auch HAUSRATH, Paulus, 148–153. – Es ist jedenfalls mit Nachdruck darauf hinzuweisen, daß dieser »Dualismus« lediglich *vorläufiger* Art ist. Entsprechend gilt: »Ein Denken, für welches das Wesen des Todes in der Trennung von Leib und Seele besteht, kann den Überlegungen des Paulus über den Tod nicht folgen« (VENETZ, Glaube, 44). Vgl. BORNKAMM, Paulus, 141: Auch Paulus kann »im Blick auf die Existenz des Glaubenden ›dualistisch‹ vom leiblichen Dasein sprechen, freilich *nicht im Sinn eines metaphysischen Dualismus, der die Leiblichkeit als solche abwertet*, wohl aber zur Kennzeichnung der Geschichtlichkeit und Zeitlichkeit des Menschen, die er, solange er lebt, nie überspringen kann (2Kor 5,1–10)« (Hervorhebung E.R.). Ebenfalls von einem »Dualismus« spricht BISPING, Röm, 219; er schreibt ihn aber anstatt dem Christen, dem *Sünder* zu: »Mit dieser Sünde [sc. der Erbsünde; E.R.] ist der Dualismus in die menschliche Natur eingetreten, daß er thut, was er nicht will, und nicht thut, was er will. Uebrigens enthalten diese Worte des Weltapostels eine klare Widerlegung des Satzes, den *Luther* aufstellte, daß nämlich die Sünde die *Substanz* des gefallenen Menschen sei, der Mensch durch den Sündenfall der ersten Menschen durch und durch böse geworden sei. Allerdings ist der Mensch seit dem Falle ›verkauft unter die Sünde‹, und ein Sklave derselben. Allein diese Sklaverei trägt dennoch die Signatur der *Freiheit*. Hätte die Sünde, als sie in die menschliche Natur eingedrungen, diese in sich umgewandelt, wäre sie die Substanz derselben geworden, so wäre ein inneres Widerstreben gegen dieselbe nicht mehr denkbar, ja es wäre nicht einmal eine Erkenntniß der Sünde als solcher mehr möglich, weil diese in die Natur übergegangen und diese mit konstituirend nicht mehr als etwas ihr Fremdes gefaßt, wie überhaupt nicht mehr von ihr abgelöset werden könnte. Eben in der Erkenntniß der Sünde als solcher und in dem innern Widerstreben gegen dieselbe liegt, daß der Mensch nicht durch und durch Sünde *sei*, sondern diese nur als etwas von Außen Hereingekommenes in ihm *wohne*.« Diese scharfsichtigen Ausführungen geben quasi »formal« exakt die Sicht des Apostels Paulus wieder – *nur daß alles, was hier ge-*

Daß an unserer Stelle nur der *Christ* gemeint sein kann, ergibt sich ferner aus der auffälligen *Differenzierung*, die Paulus hier vornimmt: »Wenn ich aber das tue, was ich nicht will, vollbringe nicht mehr *ich* (οὐκέτι ἐγώ) dieses, sondern die in mir [d.h. in meinem physischen Körper] wohnende Sünde (ἀλλὰ ἡ οἰκοῦσα ἐν ἐμοὶ ἁμαρτία« (7,20).[70] Unabhängig davon, ob man οὐκέτι zeitlich[71] oder logisch[72] versteht, ist deutlich, daß Paulus zwischen dem handelnden »Ich« und der »Sünde« in einer Weise differenziert, wie er das im Blick auf das (sündige) Handeln des Sünders sonst niemals tut (vgl. 1,18–3,20).[73] Denn *der Sünder* ist ja gerade dadurch

---

sagt wurde, ihm zufolge ausschließlich *für den Menschen* ἐν Χριστῷ, aber keineswegs *für den Menschen* χωρὶς Χριστοῦ gilt! Das aber heißt: *Auch Sündenerkenntnis gibt es erst im Lichte des Evangeliums* (vgl. dazu den schon oben, S. 375f., Anm. 36, zitierten BERNER SYNODUS, Kap. 8f. [= LOCHER, 54–57]).

[70] UMBREIT, Röm, 76, kommentiert: »Nicht der Mensch ist ganz Sünde, sondern er muß sie nur wie einen Fremdling in sich beherbergen; sie hat Wohnung in ihm und setzt sein fleischliches Ich in Thätigkeit.« Das aber gilt präzise *nur* für den Christen, und es ist insofern unrichtig, wenn UMBREIT, a.a.O., 78, zu Röm 7,24f. bemerkt: »Der Kampf, von dem er [sc. Paulus; E.R.] redet, ist nicht bloß im Heiden und Juden, sondern auch im Christen, in dem *Menschen*, ja, er ist vorzüglich in dem Christen, weil er eben durch Christum das, was der Apostel νοῦς nennt, in einer ganz neuen und erhöhten Lebenskraft gewonnen hat.« Richtig formuliert dagegen DUNN, Röm I, 394: "the 'I' is split not as a result of creation (or the fall), but primarily as the result of redemption [...]." Zustimmend aufgenommen z.B. von PATE, End, 112.

[71] So mit Nachdruck ENGEL, Kampf, 29.32.

[72] So BAUMGARTEN-CRUSIUS, Röm, 206f.; BISPING, Röm, 218; PHILIPPI, Röm, 306 (zu V. 17); HOFIUS, Mensch, 137, Anm. 121.

[73] Darauf weist NYGREN, Röm, 210, mit Recht hin! Demgegenüber behauptet MEYER, Röm, 325f., das sei eine ›Eintragung‹; *sehr wohl* lege Paulus »auch dem nicht Wiedergebornen das moralische Wollen bei« (vgl. auch BAUMGARTEN-CRUSIUS, Röm, 214, der im νοῦς *von V. 23.25* [!] die »natürliche Intelligenz« sieht [*anders* Röm 1,28; 12,2, nämlich dort »Sinnesart«: s. a.a.O., 57.211]). Aber geht es Paulus hier überhaupt um »*moralische* Wollen« im Sinne allgemeiner Sittlichkeit? Das freilich spricht der Apostel auch einem Nichtchristen nicht einfach ab; jedoch geht es im Zusammenhang um das Tun des guten *Gotteswillens*! Hierzu bemerkt MEYER, a.a.O., 333, Anm. *), allerdings, *auch* der »Unwiedergeborene« habe »den ἔσω ἄνθρωπος« (so römisch-katholischerseits z.B. auch REITHMAYR, Röm, 329f.), weshalb man – im *ausdrücklichen* Gegensatz zu FC SD I (BSLK 848f.; vgl. dazu auch DENS., a.a.O., 341) – nicht behaupten dürfe, »dass grade die *oberen* Kräfte des natürlichen Menschen von Natur e diametro mit Gott und seinem Gesetze streiten«. Daß ihm das den »Vorwurf des Unlutherischen und Unbiblischen« eingetragen hat, kümmert ihn übrigens wenig: »so muss ich Letzteres in Abrede nehmen; Ersteres aber geht mich *als Exegeten* nichts an, da ich als solcher nur zu fragen habe, was exegetisch *richtig* oder *unrichtig* ist« (ebd.). Diese Sicht nennt dann wiederum PHILIPPI, Röm, 292, Anm. *), »eine Rückkehr von der augustinischen zur semipelagianischen Anschauungsweise« (s. ebd. die Auseinandersetzung mit *Meyer*, *Hofmann* und dem späteren *Delitzsch*), was *sachlich* immerhin dadurch bestätigt wird, daß auch BAUMGARTEN-CRUSIUS, Röm, 206, (freilich zustimmend [vgl. auch a.a.O., 207]) zu Röm 7,16f. bemerkt: »Wie vorher V. 12 vom äusseren Gesetze gesagt wurde, es sei gut, sei nur unmächtig ge-

als solcher qualifiziert, daß er willentlich und gerne – weil seinem *Wesen* entsprechend – sündigt (vgl. 1,32b): »Da herrscht eine natürliche Übereinstimmung zwischen Wille und Tat.«[74] Für *ihn*, und *nur* für ihn gilt: »Ich *tue* nicht nur Sünde; in [sic!] *bin* Sünder.«[75] Ebendies gilt für den Christen nicht mehr.[76] Für ihn mag zwar noch gelten: »ich *tue* Sünde«, aber nicht mehr: »ich *bin* Sünder«! F.A. PHILIPPI erklärt m.E. richtig: »*In dem Erlösten ist die Sünde aus dem Centrum der Persönlichkeit in die Peripherie des Naturgrundes hinaus gewichen.*«[77] Auch die paulinischen Paraklesen zeigen das deutlich. Regelmäßig spricht Paulus die Gemeinden in diesem Zusammenhang ja auf ihr *Sein* an: Handelt in Übereinstimmung mit eurem *Sein*![78] Paulus geht also – allen gegenteiligen Behauptungen zum Trotz – in der Tat davon aus, daß der Christ (aber *nur* er!), »soweit er Fleisch ist, der Sünde wesentlich gehört, während er sich als Geist von diesem sündigen Fleisch distanzieren kann«[79]. Man muß die paulinische Rede vom

---

gen das Böse, werde nur gemisbraucht von der Sünde; – so heisst es *hier* von der sittlichen *Natur* des Menschen, sie sei – unbefleckt vom Bösen – gut. [...] Schon die *griechischen Väter* und *Erasmus* bemerkten, dass diese Stelle gegen die harte augustinische Lehre von angestammtem Verderben sei und unbedingt für die Freiheit spreche.« BOUSSET, Kyrios, 123, der Meyers Sicht grundsätzlich teilt, empfindet immerhin, daß »diese Ausführung von Rö. 7 eine singuläre Stellung innerhalb der paulinischen Gedankenwelt« einnimmt: »Niemals hat der Apostel dem natürlichen Ich des Menschen so viel Konzessionen gemacht wie hier. Nirgends hat Paulus sich einer platonisierenden Betrachtungsweise so sehr genähert wie hier« (ebd.), wobei schon der Begriff des ἔσω ἄνθρωπος »letztlich platonisch« sei (ebd., Anm. 4; dagegen BAUMGARTEN-CRUSIUS, Röm, 211). Auf *seine* Weise versucht wiederum B. WEISS (Röm, 304) das Problem zu lösen, »dass namentlich V. 14ff. dem natürlichen Menschen zu viel eingeräumt sei«: Er behauptet, daß hier »nicht mehr der rein natürliche, sondern ein durch die in der Gesetzesoffenbarung wirksame gratia praeveniens bestimmter« Zustand beschrieben werde (ebd.), und gesteht damit der Sinaitora eine propädeutische Funktion zu (so auch VON FLATT, Röm, bes. 215f.; s. dazu aber oben S. 151 m. Anm. 128f.).

[74] NYGREN, Röm, 219.
[75] SCHMITHALS, Röm, 234 (Hervorhebungen E.R.). Es muß natürlich heißen: »ich [!] bin Sünder«. Ebenfalls grundsätzlich richtig ist der folgende Satz (a.a.O., 235): »Der Mensch ist *als solcher* der Sünde verfallen.« Die daran sich anschließende existentiale Interpretation ist indes fragwürdig.
[76] Vgl. ENGEL, Kampf, 31f.33f.; NYGREN, Röm, 219; ferner MEYER, 2Kor, 157, Anm. *) (zu 2Kor 5,17): »Nicht blos im Verhältniss zur Sünde ist das Alte vergangen und Alles neu geworden [...], sondern auch, aber allerdings in Folge der im Glauben angeeigneten Versöhnung, hinsichtlich der Heilserkenntniss und des Heilsbewusstseins wie der ganzen Gemüths- und Willensrichtung.«
[77] Röm, 306 (Hervorhebung E.R.).
[78] S.o. S. 307–312.
[79] Die Formulierung stammt von SCHMITHALS, Röm, 235, der dies aber *verneint* (»Paulus will also nicht sagen, daß...« – doch, gerade *das* sagt Paulus offenbar!). MAIER, Röm, 241, gesteht immerhin zu, daß »die Sünde, die innere, auch noch bei den Erlösten vorhanden« sei und »noch mit ihrer Begierlichkeit den Geist« bekämpfe – »aber sie hat

1. Das gegenwärtige, neue »Sein in Christus« und das Problem von Röm 7 385

εἶναι ἐν (τῇ) σαρκί also streng von der sarkisch-leiblichen *conditio humana* unterscheiden, an der *auch* der Christ *bleibend* teilhat. In wünschenswerter Präzision hat A. VIARD diesen Sachverhalt wie folgt beschrieben:

« Notre vie ici-bas est toujours la vie d'un homme qui conserve sa faiblesse native, qui est encore entraîné vers le péché et qui reste capable d'y succomber (cf. Ro 8,3–7). Mais *'vivre dans la chair'* ce n'est pas *'être dans la chair'* (Ro 8,8–9). C'est cela seulement qui constitue le pécheur, celui qui vit non seulement *'dans la chair'*, mais *'selon la chair'*. »[80]

Aber damit haben wir bereits etwas vorgegriffen, denn das wird erst in 7,18.25b ausdrücklich gesagt.

1.1.2.3. Die Karsamstags-Existenz der Christen: der vorläufige Dualismus zwischen »Leib« und »Geist«

Hinsichtlich Röm 7,14 bleibt abschließend zu klären, wie das Verbum πιπράσκειν (πεπραμένος εἰμί) hier zu verstehen ist. Es stammt aus der Sklavensprache und drückt auf jeden Fall ein *unwiderrufliches Gebundensein* aus, was durch den Gebrauch des Perfekts noch verstärkt wird. Das ist auch sachgemäß, denn Paulus spricht in der Tat *nie* davon, daß der *Körper* des Christen als *solcher* »versöhnt« oder »gerettet« wird (im Gegenteil: 1Kor 5,5!). Die *schon jetzt* erfahrene καινὴ κτίσις betrifft *nicht* den Körper und was mit ihm zusammenhängt, denn die – in Analogie zu Christi Auferstehung – *leibliche* Auferstehung steht ja noch aus (vgl. Röm 6,5: ἐσόμεθα Futur!).[81] Vielmehr ist die *Nichtung* des irdischen Körpers (mit

---

jetzt nicht mehr eine Uebermacht über ihn, vielmehr siegt derselbe jedesmal, wenn er das Gute will, gehoben und gestärkt durch den hl. Geist, vgl. Phil 4,13. So liegt es auch ganz klar in V. 25. und 8,1ff., daß der vorher beschriebene Zustand der geistigen Sklaverei unter der Herrschaft der Sünde für diejenigen aufgehört habe, *die mit Christus verbunden sind*« (ebd.). Unverständlich ist, warum B. WEISS zwar zugesteht, »dass in der empirischen Wirklichkeit des Christenlebens die Zustände vor und nach der Wiedergeburt sich keineswegs so bestimmt sondern, wie in der dogmatischen Betrachtung, dass vielmehr auch der Gläubige immer wieder in Zustände zurücksinkt, welche mehr oder weniger den Charakter des unwiedergeborenen Zustandes an sich tragen, was ein Paulus am wenigsten verkennt (vgl. z. 6₁₂f.)«, aber fortfährt: »Hier aber [sc. Röm 7; E.R.], wo es sich um die prinzipielle Darlegung des christlichen und vorchristlichen Zustandes handelt, kann darauf nicht reflektirt werden« (Röm, 304).
[80] Gal, 59 (zu Gal 2,20 [Hervorhebung E.R.]).
[81] Röm 6 nimmt in *zweifacher* Weise Bezug auf Christi Auferstehung: *Zuerst* (V. 4) wird die *Auferweckung* (!) Christi als neues Leben aus dem Tod (ἠγέρθη ἐκ νεκρῶν) zur *Begründung* des neuen Lebenswandels der Christen ἐν καινότητι ζωῆς herangezogen, *danach* (V. 5) wird aus der Tatsache, daß die Christen bereits *jetzt* dem Tod Christi gleichgestaltet sind (als Tod gegenüber der Sünde [V. 2f.]), geschlossen, daß sie *in Zukunft* auch seiner – bereits geschehenen – *Auferstehung* (!) gleichgestaltet werden. Aus eben dieser gewissen *Inkonzinnität* des Geschicks Christi und der Christen ergibt sich *die sog. eschatologische Spannung, die präzise darin besteht, daß die Christen bereits jetzt*

anschließender Auferstehung in *neuer* Leiblichkeit) bzw. seine *Verwandlung* unabdingbar, denn der Körper (auch und gerade der des Christen) paßt *so, wie er ist* und bis zur Auferstehung bzw. Verwandlung auch *bleibt*, nicht ins Reich Gottes (vgl. 1Kor 15,50–53; Phil 3,20f.)! Er ist und bleibt sündigen Begierden (ἐπιθυμίαι) ausgeliefert, weil »auch der Pneumatikos noch ἐν σαρκί ist, wenn das κατὰ σάρκα in der Taufe starb.«[82] Insofern muß man sogar von einer gewissen *Autonomie oder Eigengesetzlichkeit des Leibes* (der σάρξ) sprechen, die *erst eschatologisch* aufgehoben wird. Genau das sagt Paulus hier: »Hinsichtlich meines Körpers (d.h. als σάρκινος) bin und bleibe ich unter die Sünde verkauft« (Röm 7,14). Es geht hier also, wie etwa J. CALVIN gesehen hat, um den »Kampf[...] zwischen Geist und Fleisch, den die Kinder Gottes in sich spüren, solange sie noch im Kerker des sterblichen Körpers gefangen sind. Sie tragen nämlich Reste der Begierde (*concupiscentiae reliquiae*) in sich«[83].

Von diesem Kampf hat *vor* Paulus schon Jesus in drastischen Worten gesprochen (Mk 9,43–48 parr), und es ist nicht ganz ausgeschlossen, daß Paulus diese Logien womöglich kannte: »... Und wenn dich dein Auge zur Sünde verführt (σκανδαλίζειν)[84], so reiß es aus! Es ist besser, daß du einäugig in das Reich Gottes eingehst (εἰσελθεῖν εἰς τὴν βασιλείαν τοῦ θεοῦ [vgl. 1Kor 15,50]), als daß du zwei Augen hast und in die Hölle geworfen wirst (vgl. 1Kor 5,5)...« (Mk 9,47).

1.1.3. Wille und Tat, Gesetz und Sünde (V. 15f.)

Die Sünde hat *auch* (aber nicht ausschließlich!) einen Tataspekt[85], sonst geriete das menschliche Tun – um mit H. WEDER zu sprechen – »in jenen

---

des Todes Christi teilhaftig sind, aber noch nicht seiner Auferstehung. Etwas pointiert ließe sich formulieren: *Die Christen leben eine Karsamstags-Existenz – zwischen* Tod (als *prinzipieller* [!] Entledigung der Sünde) und Auferstehung (als *umfassender* Neuschöpfung).

[82] KÄSEMANN, Leib, 133.
[83] CStA 5.1, 32,22–24 (Übers. E. SAXER, a.a.O., 33,30–33): ... *Spiritus et carnis luctam, quam in se filii Dei sentient quandiu carcere mortalis corporis circumdantur. Ferunt enim concupiscentiae reliquias*... Das folgende Kapitel des Römerbriefes sei dann »voller Tröstungen, damit die Gewissen der Gläubigen nicht niedergedrückt werden, wenn sie erschrecken, weil sie ihres Ungehorsams – von dem vorher die Rede war – oder besser ihres unvollkommenen Gehorsams (*imperfecta obedientia*) gewahr werden« (a.a.O., 33,35–38).
[84] Vom Kontext her (Mk 9,42!) geht es *sachlich* um dasselbe Problem wie in 1Kor 8,13, wo ebenfalls das Verbum σκανδαλίζειν (2x) vorkommt. Es sind damit innerhalb des *1Kor* gleich drei mögliche Anspielungen auf die Mk 9,42ff.parr zitierte Jesusüberlieferung immerhin wahrscheinlich zu machen.
[85] Anders UMBACH, Sünde, *passim*, der jedenfalls unter dem *Begriff* ἁμαρτία ausschließlich eine (personifizierte) *Macht* versteht. Er wirft der s.E. undifferenzierten Verwendung des Wortes »Sünde« vor, daß dadurch »Unordnung und Inkonsequenz [...] in

harmlosen Bereich, wo es nur noch um falsch oder richtig geht«[86]. Daß das *nicht* die Meinung des Apostels ist, zeigen hinreichend klar Röm 1,18–2,1; 1Kor 6,9–11. Dabei zeigt die erste Stelle, daß der Sünder sich gerade dadurch *als Sünder* erweist, daß er seine *Untaten im Einklang mit seinem Willen* begeht (vgl. bes. Röm 1,32b). Eben in dem Wollen und Tun – in der *Wollust* (ἐπιθυμία) – *wider besseres Wissen* ist »die Haftbarkeit des Einzelnen«[87] begründet; *eben darum* (διό) ist er ἀναπολόγητος (Röm 2,1).

Röm 7 schildert nun aber offenbar eine qualitativ *andere* Situation! Hier ist ja das (intentionale) Ich nicht mehr mit seinem Tun identisch (V. 15f.): Es »beabsichtigt« sein (falsches, hassenswertes) Handeln gerade *nicht*[88] und heißt es auch nicht gut (ὃ γὰρ κατεργάζομαι οὐ γινώσκω), sondern stimmt *faktisch* dem in der Sinaitora Gebotenen als dem wahren Guten, d.h. dem *Willen Gottes*, prinzipiell zu (σύμφημι τῷ νόμῳ ὅτι καλός). *Anders* als beim Sünder also treten hier »Ich« (Intention) und »Tat« *auseinander*,[89] und von *ebendiesem Konflikt* spricht der ganze Abschnitt, den *durchgehend* eine »scharfe Antithetik von *Wollen* und *Tun*«[90] prägt.

---

das paulinische Denken hineinprojiziert« werde (a.a.O., 57, Anm. 144), und will die »Sünde« von einem *Tataspekt* gänzlich freihalten. Anstatt von »Tatsünden« spricht er daher von »Fehlverhalten«. Mir scheint aber, daß schon die Frage: »Ist die Hamartia nun für Christen überwunden oder nicht?« (UMBACH, ebd.) mit ihrer simplen Alternative ihrerseits falsch gestellt ist. Zudem sollte zu denken geben, daß das »Fehlverhalten« (auch von Christen [1Kor 6,18]) u.a. mit dem Begriff ἁμάρτημα bezeichnet werden kann, was mindestens etymologisch die Frage aufwirft, ob Paulus so strikt zwischen »Sünde« und »Fehlverhalten« unterscheidet. Das tut übrigens UMBACH selber *auch nicht konsequent*, wenn er z.B. zu Röm 5,21 bemerkt, das παράπτωμα bzw. die παράβασις bilde »einen Teilaspekt (Tatcharakter)« der ἁμαρτία (!), »der dem übergeordneten Machtcharakter der Sünde einverleibt wird« (a.a.O., 207; so u.a. schon BISPING, Röm, 177 [zu Röm 5,12], der παράβασις / παράπτωμα = »Sünden*that*« und ἁμαρτία = »*Sündhaftigkeit*« / »habituelle Sünde« unterscheidet, jedoch bemerkt, Paulus halte »diesen Unterschied der Wörter nicht immer genau fest« [ebd.]). Man sollte aber beachten und Umbach zugute halten, daß es ihm *primär* darum geht, daß es *keine »postbaptismalen Sünder«* gibt.

[86] Gesetz, 358. Entsprechend bemerkt COLLANGE, Énigmes, 177, zum Verbum κατεργάζεσθαι (Röm 7,15.17.18.20): « Il [sc. Paul; E.R.] donne presque toujours à ce verbe un sens éthico-religieux, que l'on fasse le bien [...] ou le mal [...]. »

[87] WEDER, ebd.

[88] Mit HOFIUS, Mensch, 137, Anm. 118, heißt γινώσκειν V. 15a *nicht* »erkennen« o.ä., sondern die »Korrespondenz zu dem Verbum θέλειν spricht vielmehr für die Bedeutung ›beabsichtigen‹«.

[89] Mit KÄSEMANN, Leib, 116, ist es »von entscheidender Bedeutung, daß nach Paulus eben *nur die Christen* ein ἐν σαρκί kennen, welches sich vom κατὰ σάρκα *unterscheidet*. Sonst fallen beide stets zusammen« (Hervorhebungen E.R.). – Die *Differenzierung* zwischen dem Ich des Objekts und dem Ich des Prädikats sieht auch BAUMGARTEN-CRUSIUS, Röm, 208: »was das *eigentliche* Ich will, führt der *Mensch* nicht aus.« Aber er sieht darin den Konflikt des *natürlichen Menschen*, der *nicht* wesentlich verdorben sei: »Dieser, das Ich, das Innerste der Seele, die Vernunft also auch gemeint, gilt dem Apostel als *nur* gut. Dieses zu umgehen, wurde von den altprotestantischen Auslegern unter καινὸς

Bestätigt wird dieses Verständnis durch *Gal 5,13–6,10*. Während Röm 7,13–25 in der Form der *confessio* das *Faktum* des innersubjektiven Konflikts des Christen benennt und beschreibt, ruft der Apostel die Galater in der Form der *Paraklese* zur *Überwindung* dieses Konflikts auf, indem sie – *als grundsätzlich Geistbegabte* (πνευματικοί [Gal 6,1]) – nun auch »im Geist *wandeln*« (πνεύματι περιπατεῖν [Gal 5,16a; vgl. V. 25!]). Denn dann (καί *consecutivum*) werden sie die ἐπιθυμία σαρκός – das gottfeindliche Begehren – nicht mehr zu Werke bringen (V. 16b). In *diesem* Zusammenhang erinnert Paulus ebenfalls an den in der *gegensätzlichen Qualität von πνεῦμα und σάρξ* (Gal 5,17b) begründeten, real existierenden Konflikt zwischen σάρξ und πνεῦμα (V. 17a), der sich *dergestalt* auswirkt, »daß ihr *nicht* das, was ihr wollt, *tut*« (V. 17c).[91]

1.1.4. Zwischenfazit: Die Differenzierung von ἐγώ und ἡ οἰκοῦσα ἐν ἐμοὶ ἁμαρτία (V. 17)

Es ist nach dem Gesagten kein Zufall, sondern zutiefst sachgemäß, daß Paulus an dieser Stelle (Röm 7,17) erneut sein berühmtes emphatisches νυνὶ δέ setzt, das im Kontext des Römerbriefs bisher immer entscheidende Aussagen über die *neuqualifizierte Gegenwart des Christen* einleitete (3,21; 6,22; 7,6; vgl. 5,9.11; 8,1; 13,11; ferner 15,23.25).[92] Von dieser *grundsätzlich veränderten* Situation der *Christen* spricht Röm 7,17. Es ist jetzt eben nicht mehr der *ganze* Mensch, der – präzise *darin* als *Sünder* qualifiziert – als *ganzer*, als »*Ich*«, das Böse will *und tut*, tut *und will*, sondern Paulus spricht jetzt vom *Christen*, der nun »das Gute« will (nämlich: Gottes Willen gemäß leben, ihm allein dienen), dessen leiblich-vergängliche, und insofern immer noch von der ἐπιθυμία, der σάρξ und der ἁμαρτία, aber auch dem νόμος (Gal 5,4) *bedrohte* Existenz sein nunmehr

---

ἄνθρωπος der Wiedergeborne verstanden« (a.a.O., 210f.). Aber Röm 7,18–23 beschreibe eine »neue Periode des inneren Lebens« des *natürlichen* Menschen, nämlich: »schon zum Besseren aufsteigend« (a.a.O., 207).

[90] Mit HOFIUS, a.a.O., 144, der diesen »elementaren Konflikt, der als Signatur des ›Ich‹ bezeichnet werden kann« (ebd.), allerdings *anders* deutet – nämlich ausdrücklich *nicht* als innersubjektiven Konflikt des *Christen*, sondern als *transsubjektiven* Konflikt zwischen dem *faktischen* Menschen (dem Sünder) und dem Menschen, wie Gott ihn *ursprünglich* geschaffen hat (= ἔσω ἄνθρωπος). Diese Auslegung macht den ἔσω ἄνθρωπος allerdings zur rein *idealen Größe*, die *faktisch nicht existiert*.

[91] Mit HOFIUS, a.a.O., 145 m. Anm. 144, führt der ἵνα-Satz (Gal 5,17c) nur den Satz fort: ἡ σὰρξ ἐπιθυμεῖ κατὰ τοῦ πνεύματος (V. 17a). Der Zwischenteil (V. 17b) ist mithin als *Parenthese* zu beurteilen, die das *prinzipielle* Widereinander von »Geist« und »Fleisch« benennt: τὸ δὲ πνεῦμα κατὰ τῆς σαρκός, ταῦτα γὰρ ἀλλήλοις ἀντίκειται.

[92] Gegen BAUMGARTEN-CRUSIUS, Röm, 206, der hierin keine Zeitpartikel sieht, sondern ein logisches Verhältnis (»folglich«) ausgedrückt sieht.

neues, *eigentliches* »Ich« jedoch immer wieder daran *hindert*, in völliger *Kongruenz* mit seinem wahren Wesen – der καινὴ κτίσις – zu *handeln*. Jedoch ist es *jetzt* (νυνὶ δέ) eben nicht mehr das »Ich« selbst, das das Böse *will und tut*, sondern es ist die »*in* mir« (ἐν ἐμοί) wohnende ἁμαρτία, also die Sünde als ein *Fremdkörper* im Christen, die das Böse »bewirkt« (κατεργάζεσθαι). Paulus differenziert mithin zwischen dem Inneren (dem »Ich«) des Christen als einer καινὴ κτίσις und seiner *conditio humana*, den »äußeren«, noch unvollendeten Gegebenheiten, die ihren (vorübergehenden!) »Wohnsitz« allerdings »in mir« haben – »nämlich in meinem Körper« (ἐν τῇ σαρκί μου), wie V. 18 sogleich präzisieren wird.

Martin LUTHER hat bekanntlich seine Formel *simul peccator et Iustus* mit seiner Auslegung von Röm 7 begründet, der er – und *darin* liegt m.E. das Hauptproblem seiner Interpretation – seine Theorie von der sog. *Idiomenkommunikation* zugrunde legt.[93] Aufgrund dieser Theorie ist es Luther nämlich nicht mehr möglich, die von Paulus getroffene »dualistische« Differenzierung von ἐγώ und innewohnender ἁμαρτία mitzuvollziehen und *durchzuhalten*[94]. Weniger bekannt ist allerdings, daß er neben dieser *nicht ohne weiteres* mit Paulus zu vereinbarenden Formel[95] eine andere Formu-

---

[93] Vgl. DENS., WA 56, 343,8–19: *Sextum: Scio, Quia non habitat in me, hoc est in carne mea, bonum [7, 18]. Vide, quomodo carnem, partem sui, sibi tribuit, quasi ipse sit caro. ideo supra dixit: 'carnalis sum'; ita nunc se non bonum, Sed malum fatetur, quia facit malum. Propter carnem est carnalis et malus, quia non est bonum in eo et facit malum; propter spiritum est spiritualis et bonus, quia facit bonum. Ideo Notandum, Quod hoc verbum 'Volo' et 'odio' ad spiritualem hominem seu spiritum, 'facio' autem et 'operor' ad carnalem seu ad carnem refertur. <u>Sed quia</u> ex carne et spiritu idem vnus homo constat totalis, <u>ideo</u> toti homini tribuit vtraque contraria, que ex contrariis sui partibus veniunt. <u>Sic enim fit communio Ideomatum</u>, Quod idem homo est spiritualis et carnalis, Iustus et peccator, Bonus et malus.*

[94] Besonders *Letzteres* gilt auch für THYEN, Alternativen, *passim* (*trotz* a.a.O., 281, Anm. 30!), der bewußt von einer allgemeinen, philosophischen Anthropologie ausgeht, die keine *ontologische* Differenz zwischen Christ und Nichtchrist kennt (a.a.O., 271. 276f.), der ferner die Äquivokation des Begriffes σάρξ nicht beachtet (a.a.O., 273f.), dem Apostel wiederholt »kontrafaktische« Argumentation unterstellt (a.a.O., 273f.287, Anm. 49) und insgesamt wohl nicht zufällig einer der wenigen gegenwärtigen Exegeten ist, der das Luthersche »simul« uneingeschränkt *bejaht* (a.a.O., 281f.).

[95] Vgl. dazu auch die berechtigte Kritik bei JOEST, Simul, 319f. Ich teile seine Sicht, wonach Luther sich *darin* von Paulus entfernt, »daß er das Bekenntnis der faktischen Sünde in eine dogmatische Aussage über ihre Unausweichlichkeit ausgeweitet hat – und hier erst wird sein simul zur dialektischen Seinsformel im grundsätzlichen Sinn: der Christ ist im irdischen Stande wesenhaft Sünder zugleich. Das Bekenntnis kann im Grunde immer nur sagen: die Sünde ist *jetzt* da, um sich sogleich mit ganzer Seele von ihrem *zukünftigen* Dasein abzuwenden. Indem die Reflexion ihren Einzug hält: sie wird auch morgen, ja bis zum Lebensende dasein, sie ist ja unausweichlich in *jedem* guten Werke da, ist die Situation faktischen Bekenntnisses bereits überschritten. [...] Hier beginnt sich Luther nicht nur formal, sondern auch sachlich von Paulus zu entfernen, der eine solche Reflexion auf die Unausweichlichkeit der Sünde nicht geübt hat« (a.a.O., 319).

lierung gebraucht, die wiederum *ganz* mit Paulus konform geht. Luther kann über den Christen nämlich *auch* sagen: *simul Iustus est et peccat*.[96] Und genau *das* sagt Paulus hier. Wir können uns daher der Auslegung F.A. PHILIPPIs anschließen:

»Das οὐκέτι ἐγὼ κατεργάζομαι αὐτό enthält also gewissermaassen eine Correctur oder doch eine beschränkende Erklärung des ἐγὼ σαρκικός εἰμι. Beides gilt allerdings vom Ich des Menschen, aber das erste mehr als das letztere, insofern das innerste und eigentlichste Wollen des Wiedergeborenen die Erfüllung des göttlichen Gesetzes ist.«[97]

1.1.5. Die bleibende Eigenmächtigkeit der Sünde im Körper des Christen (V. 18–25a)

Die weiteren Ausführungen von Römer 7 *explizieren* die bereits genannte These von der *bleibenden Eigenmächtigkeit der Sünde im Körper des Christen* (ἐν ἐμοί / ἐν τῇ σαρκί μου / ἐν τοῖς μέλεσίν μου). Davon, daß der Körper einen *Eigenwillen* besitzt, weiß ja auch 1Kor 7 zu berichten, und Röm 8,3 spricht ausdrücklich von einer *schwächenden* Wirkung der σάρξ. Es ist daher *nicht* verfehlt, wenn D. WENHAM Röm 7+8 als »Reflexionen [...] über die Kämpfe der Christen um ein Leben im Christusgeist in der Zeit des Leidens vor dem Ende« versteht, die durch die »Schwäche des Fleisches« hervorgerufen werden.[98] Auch O. MICHEL betont im Sinne des Apostels zutreffend, daß »aus der menschlichen *Leiblichkeit* die Gefahr des Begehrens«[99] erwächst: »Der Sitz der Leidenschaften ist in den Gliedern, d.h. in der Leiblichkeit des Menschen zu suchen.«[100]

In diesem Zusammenhang sei noch einmal an die entscheidende Beobachtung erinnert, daß ἐν τῇ σαρκί (Röm 7,5) *nicht identisch* ist mit der Wendung ἐν τῇ σαρκί *μου* (Röm 7,18). Darum »beweist« – *gegen* O. BARDENHEWER u.a. – die Wendung ἐν ἐμοί, τοῦτ' ἔστιν ἐν τῇ σαρκί μου gerade *nicht*, daß Paulus hier »von dem noch nicht wiedergeborenen Menschen spricht oder von jener Zeit, von der er V. 5 sagte: ὅτε

---

[96] WA 56, 347,3f. (Römerbriefvorlesung, 1515/16). LICHTENBERGER, Ich Adams, 27, sieht in *dieser* Formulierung allerdings mit Recht eine ›Vorbereitung‹ der Formel *simul peccator et Iustus* (s. dazu unten S. 420f., Anm. 7).

[97] Röm, 306. Er fährt unmittelbar fort: »In dem Erlösten ist die Sünde aus dem Centrum der Persönlichkeit in die Peripherie des Naturgrundes hinaus gewichen.« Vgl. ferner HAERING, Röm, 71: »Daher wird der Ausdruck ›ich bin Fleisch‹ (14) eingeschränkt durch das ›in mir, d.h. in meinem Fleisch‹ (18), soweit ich Fleisch bin, abgesehen von jenem besseren Teil in mir, das dem Gesetz Gottes zustimmt.«

[98] Paulus, 250. Gegen WILCKENS, Röm II, 92f., der genau *umgekehrt* behauptet, »daß Paulus nicht in der irdischen Leiblichkeit des Ich den eigentlichen Grund für seine Misere sieht, sondern diese auf die Aktivität der Sünde zurückführt« (92), was zwar auf *Röm 5,12* zutrifft, aber nicht zu Röm 7,13ff. paßt, wo eine *andere* Situation geschildert wird!

[99] Röm, 209 (Hervorhebung E.R.).

[100] A.a.O., 221.

1. Das gegenwärtige, neue »Sein in Christus« und das Problem von Röm 7

ἦμεν ἐν τῇ σαρκί = als wir uns noch von der verderbten Natur leiten ließen«[101]! Denn Paulus *differenziert* ja, wie wir gesehen haben[102], zwischen dem »formelhaften« ἐν (τῇ) σαρκί (»in der Sünderexistenz«) *einerseits* und der σάρξ als individuellem Körper *andererseits*, weshalb im letzteren Fall dann auch das *Possessivpronomen* stehen kann. Mithin ist ἐν τῇ σαρκί μου mit: »in/an meinem Körper (bzw. Leib)« wiederzugeben (vgl. noch Gal 6,17 [dort σῶμα]).

In Röm 7,13–25 geht es also nicht um die *Person* des Christen, sondern lediglich um einen *Teilaspekt*[103] des Christen, nämlich um den Christen in Hinsicht auf seine leiblich-körperliche Konstitution (σάρξ), die – wie Paulus ausführt – offenbar bleibend und in besonderer Weise für die Sünde (und darum den Tod: Röm 7,24b) anfällig ist. Die Rede von der »*wretched person* of Rom 7«[104] verstellt dagegen den Blick auf das, was Röm 7 *eigentlich* behandelt! Nur wenn hier *wirklich* von der *ganzen Person* die Rede wäre, wären die Einwände Kümmels u.a. berechtigt.

Bestätigung für das soeben Gesagte finden wir noch in 2Kor 6,8–10. Auch hier kommt Paulus auf seine »paradoxe Lebenssituation« zu sprechen, die darin besteht, daß er

»gleichzeitig zwei verschiedenen ›Welten‹ angehört: *noch* – als ›äußerer Mensch‹ (4,16a), in der ›Fremde‹ (5,6) – der Sphäre der σάρξ mit all ihren Bedrängnissen, aber *schon* – als ›innerer Mensch‹ (4,16b) – der ›Neuheit des Lebens‹ (Röm 6,4). Diese andere, ›göttliche‹ Dimension ist dabei ebenso unanschaulich, transzendent, supranatural, wie sie zugleich wirklich ist«.[105]

Zu diesen auch im Hintergrund von Röm 7 stehenden Größen des »inneren« und des »äußeren« Menschen (Röm 7,22; vgl. V. 24b) bemerkt G. HOTZE wiederum treffend:

»Der ἔσω ἄνθρωπος (2 Kor 4,16b) ist identisch mit dem Wandel ἐν καινότητι ζωῆς (Röm 6,4), dagegen der ἔξω ἄνθρωπος (2 Kor 4,16a) aber nicht mit dem παλαιὸς ἄνθρωπος (Röm 6,6), wenngleich beide verwandt sind. Der ›alte‹, [...] mit Christus gekreuzigte und gestorbene Mensch war der ›aktive‹ Sünder κατὰ σάρκα; der ›äußere‹ Mensch ist der ›passiv‹ ἐν σαρκί wandelnde, noch unter der Sünde und den Auswirkungen des alten Äons leidende Apostel oder Glaubende. *Der Unterschied beider anthropologischer Gegensätze liegt im zeitlichen Verhältnis ihrer Antithesen: Alter und neuer Mensch (Röm 6) stehen in Sukzessivität zueinander, äußerer und innerer Mensch (2 Kor 4) in Simultaneität;* letztere macht das paradoxe Element von 4,16 (und 6,8c–10) aus.«[106]

---

[101] BARDENHEWER, Röm, 109.
[102] S.o. S. 136–142.
[103] Das hat richtig schon KÜMMEL, Bekehrung, 61, geahnt, ohne es allerdings näher zu begründen. Er stellt lediglich fest: σάρξ μου kann »nicht Bezeichnung des ganzen Ich sein«. Ihm folgte ALTHAUS, Paulus, 57 m. Anm. 1. – Anders BARTH, Röm, 271.
[104] So mit vielen anderen SEIFRID, Justification, 147 (Hervorhebung E.R.).
[105] HOTZE, Paradoxien, 298f. (beide Zitate).
[106] A.a.O., 299, Anm. 246 (Hervorhebung E.R.).

Insofern erscheint dann auch Röm 7,24 als Ausruf des *Christen* überaus plausibel!

1.1.6. Schlußfolgerung: Die »eschatologische Spannung« als das bleibende Dilemma des Christen (V. 25b)

Bleibt abschließend noch zu fragen, ob Röm 7,25b als unpaulinische Glosse auszuscheiden ist.[107] Als Gründe *für* diese Position werden üblicherweise angeführt: das *»Nachklappen«* bzw. die problematische Stellung von V. 25b im Kontext sowie *inhaltliche* Schwierigkeiten. Außerdem wird versucht, den auch *sprachlich* unpaulinischen Charakter des fraglichen Verses mittels Wortstatistiken nachzuweisen.[108] M.E. gilt jedoch mit M. KETTUNEN auch hier:

»Man sollte in methodischer Hinsicht nicht leichtfertig versuchen, die Auslegungsschwierigkeiten des Textes mit der Schere zu lösen, zumal erstens eine solche Lösung durch keine Textüberlieferung gestützt wird, und zweitens der Briefstil des Paulus sehr wenig untersucht ist.«[109]

Zum »Nachklappen« ist zunächst festzuhalten, daß ein solches hinsichtlich einer *zusammenfassenden Schlußthese* auch anderswo bei Paulus zu beobachten ist (z.B. Röm 5,18f. nach 5,15–17; Röm 6,23 nach 6,20–22, Gal 2,21 nach 2,15–20 und *besonders* 1Kor 15,58 nach 15,56f.[110]).

Außerdem sollte man *mit* R. BULTMANN grundsätzlich vorsichtig sein, die planvolle Bewußtheit der paulinischen Briefkompositionen *überzustrapazieren* und den Apostel quasi

---

[107] Dafür plädieren u.a. WILCKENS, Röm II, 96f.; LICHTENBERGER, Beginn, *passim*; HOFIUS, Mensch, 151f.; STARNITZKE, Struktur, 263f.; vgl. schon REICHE, Röm II, 136, Anm. 38: »Die Worte haben ganz den Anschein einer erbaulichen Anwendung eines Lesers, der den Ap. nicht zum Besten verstand, auf sich selbst (αὐτὸς ἐγώ). Bleibt der ganze 25te V. weg, so verschwinden viele Schwierigkeiten, und die Rede gewinnt an Kraft und Natürlichkeit.« Zur Diskussion in der älteren Literatur s. z.B. BAUMGARTEN-CRUSIUS, Röm, 213f. – Neuerdings haben allerdings THYEN, Alternativen, 279–282, und – ihn weiterführend – RÖHSER, Herrschaft, 91, *gegen* die weitverbreitete Annahme einer Glosse argumentiert.

[108] MICHEL, Röm, 232, Anm. 38, gibt allerdings zu bedenken, daß Stil und Sprache *des ganzen Abschnittes Röm 7,7–25* »eigenartig« bleiben! An für Paulus singulären Wendungen nennt er (ebd.): ἀφορμὴν λαβεῖν (V. 8.11), ἀναζῆν (V. 9), σύμφημι (V. 16), παράκειταί μοι (V. 18.21), συνήδεσθαι (V. 22), ἀντιστρατεύεσθαι (V. 23), ταλαίπωρος (V. 24). So betrachtet, wird das stilistische Urteil über Röm 7,25b entscheidend abgemildert, und man muß konstatieren, daß die ungewöhnliche *Sprache* dem ungewöhnlichen *Inhalt* und der ungewöhnlichen *Form* entspricht. – Dagegen vermag z.B. ZELLER, Röm, 145, überhaupt keine stilistischen Auffälligkeiten zu erkennen.

[109] Abfassungszweck, 192 (hier *nicht auf Röm 7,25b bezogen*, sondern *allgemein* zum »Stilbruch« in apologetischen Passagen der Paulusbriefe und seinen möglichen literarkritischen Konsequenzen).

[110] Der zweite Fall ist eine exakte Strukturparallele zu Röm 7,24f. (vgl. STROBEL, 1Kor, 262)!

zum reinen »Schreibtischtäter« zu erklären: »Ich glaube nicht, daß die feinen Gliederungen auf vorherige Überlegung und Abwägung zurückgehen. Vielmehr sind sie unmittelbar eingegeben. Es scheint mir undenkbar, daß ein so temperamentvoller Abschnitt wie 2Kor. 11,16 – 12,10, in dem sich die feinste Gruppierung erkennen läßt, auf vorheriger Überlegung beruht. [...] Dann ist es auch begreiflich, daß der rhetorische Aufbau nicht überall mit Sorgfalt durchgeführt ist, sondern hier und dort durch Zwischenbemerkungen so zu sagen verdorben ist. [...] Andrerseits folgt nun aber aus der Tatsache einer so unreflektierten und unsorgfältigen Verwendung der rhetorischen Mittel, daß diese dem Paulus außerordentlich geläufig gewesen sein müssen. Er hat so oft so reden hören, daß ihm diese Klänge in Fleisch und Blut übergegangen sind; und er hat selbst so gepredigt, daß er auch beim Diktieren sich in diesem Stil bewegt.«[111]

E. STANGE sah die Lösung des Problems in der Annahme einer *Diktierpause* vor Röm 7,25b, wobei der fragliche Vers *nachträglich* die Ausführungen V. 1–25a *resümiere*, um »so einen Ausgangspunkt der weiteren Darlegung zu gewinnen.«[112] Unabhängig davon läßt sich Röm 7,25b jedenfalls *inhaltlich* tatsächlich als eine solche zusammenfassende Schlußthese des voraufgehenden Abschnitts plausibel machen, benennt sie doch noch einmal die *Spannung*, in der das »Ich« – der Christ – dauerhaft lebt.[113] Dabei bezeichnet der νοῦς »die Gesinnung, die Willensrichtung [...], die ›Absicht‹, d.h. ein Denken, das ›auf etwas aus ist‹, das einen Plan für das Handeln entwirft«[114]. Der νοῦς ist »also das eigentliche Ich des Menschen im Unterschied von σῶμα als dem sich gegenständlich gewordenen Ich«[115]. Der Begriff νοῦς gewinnt damit zuweilen fast die Bedeutung »Charakter«[116], und dieser Charakter soll ja den »Charakter Jesu« abbilden.[117] Die Absicht eines Christen – sein νοῦς – ist daher grundsätzlich auf das *Gute*, auf den Willen Gottes (νόμος θεοῦ), ausgerichtet (Röm 7,25bα; vgl. Röm 12,2!). Jedoch ist eben nicht nur der νοῦς, sondern auch die σάρξ des Christen »auf etwas aus« – eben auf das, was die Sünde will, auf den νόμος ἁμαρτίας (Röm 7,25bβ). Doch freilich ist das Aus-Sein auf der σάρξ *nicht* mit demjenigen des νοῦς vergleichbar, weil letzteres dem ἔσω ἄνθρωπος und also dem *wahren Sein* des Christen entspricht (nämlich der geistgewirkten καινὴ κτίσις), während die sarkischen Begierden *nicht* gleich-wesentlich zu nennen sind, was schon daraus erhellt, daß sie der *vergänglichen (!) conditio humana* zugehören.

Die Abfolge von Röm 7 und Röm 8 zeigt schließlich, daß die »individuelle« Eschatologie der kosmischen Eschatologie sachlich und zeitlich inso-

---

[111] Stil, 78f.
[112] Vgl. DENS., Diktierpausen, 110f. (Zitat: 111). Kritisch zu solchen Versuchen THYEN, Alternativen, 280f. m. Anm. 28.
[113] Vgl. auch THYEN, Alternativen, bes. 281.
[114] BULTMANN, Theologie, 212.
[115] BULTMANN, a.a.O., 213 (zu Röm 7,22f.).
[116] So BULTMANN, a.a.O., 212, zu Röm 1,28; 12,2.
[117] Vgl. dazu STEGMAN, Character, *passim*.

fern vorausgeht, als der Christ *bereits jetzt* καινὴ κτίσις ist, jedoch zugleich noch an der alten *conditio humana* teilhat, die erst durch die kosmische Verwandlung heilvoll und endgültig verändert wird. Eben darin besteht also die sog. »eschatological tension«, daß das »Ich« von Röm 7 – der Christ als καινὴ κτίσις – *qua conditio humana* (ἐγὼ δὲ σάρκινος [V. 14a]) immer noch seinem vergänglichen Leib mit seinen alten Begierden und Gebrechen verhaftet ist und insoweit der sarkisch »innewohnenden Sünde« ausgeliefert bleibt. Auf dieses »psychologische« Problem von Röm 7 antwortet Röm 8 kosmologisch-eschatologisch. Solange aber das Röm 8 Verheißene noch aussteht, leben die Christen eine *unumgängliche Karsamstags-Existenz in mannigfacher Spannung.*

*1.2. Die »Ohnmacht des Gesetzes, das Gute hervorzurufen«[118]
und die »Karsamstags-Existenz« der Christen (Zusammenfassung)*

Die *confessio* von Röm 7,13–25 benennt einen zentralen Aspekt der Gegenwart des Christen *zwischen bereits geschehener καταλλαγή und noch ausstehender, zukünftiger σωτηρία* (vgl. Röm 5–8),[119] mithin jener Epoche des ἐν-Χριστῷ-Seins, die dem endgültigen σὺν-Χριστῷ-Sein vorausgeht. Dabei richtet Paulus seinen Blick auf diejenigen (äußeren) Gegebenheiten, die mit der καταλλαγή *noch nicht* »erfahrbar« verändert worden sind, namentlich das *Sosein* der körperlichen Verfaßtheit des Christen, das der Sündenverstrickung *noch nicht* enthoben ist, sondern seiner Auferstehung bzw. Verwandlung harrt. Thema von Röm 7 ist also die *bleibende aktuale* (wenn auch kraft ihrer *prinzipiellen*, in Kreuz und Auferstehung Jesu beschlossenen Entmachtung doch »nur« *vorläufige*) *Eigenmächtigkeit der Physis*, die jenen Kampf zwischen »Fleisch« und »Geist« hervorruft, den jeder Christ – in freilich unterschiedlicher Intensität – ausfechten muß.

Ebendieser Konflikt ist ein Proprium *christlicher* Erfahrung, und insofern ist T. LAATO zuzustimmen, wenn er in exakter Umkehrung des berühmten Dictums E. Käsemanns[120] schreibt: »*Röm 7 umfaßt nichts, was*

---

[118] So überschreibt NYGREN, Röm, 204.208, den Abschnitt Röm 7,14–25.

[119] Richtig bestimmt WOLTER, Rechtfertigung, 218, die *Aussageabsicht von Röm 5,1–11*: »Das Interesse der paulinischen Eschatologie, wie sie sich in Röm 5,1–11 ausspricht, liegt [...] nicht auf der Ausarbeitung eines christlichen Existenzverständnisses [...]. Nicht die christliche Existenz unter der Gegenwärtigkeit der eschatologischen ζωή ist hier das Thema – bei sog. ›präsentisch-eschatologischen‹ Aussagen griff Paulus im übrigen nie auf apokalyptische, sondern stets auf jüdische Bekehrungsterminologie zurück! –, sondern die Frage nach dem eschatologischen Heil der Gerechtfertigten in der Zukunft, d.h. die apokalyptische Verifikation der Rechtfertigung der Sünder.« Die (apokalyptische) *Zukunftserwartung* »ist also *nicht aufgegeben oder ins Christusgeschehen vorausverlagert* worden« (a.a.O., 217 [Hervorhebung E.R.])!

[120] KÄSEMANN, Röm, 188, formulierte: »Es gibt nichts in unsern Versen, was nicht auf Adam paßt, und alles paßt nur auf Adam«.

1. Das gegenwärtige, neue »Sein in Christus« und das Problem von Röm 7

nicht auf den Christen paßt, oder – zugespitzt formuliert – alles, was Röm 7 umfaßt, paßt nur auf den Christen.«[121] Denn wenn auch *alle* Menschen – Sünder wie Christen – seit dem Sündenfall grundsätzlich in einem σῶμα τοῦ θανάτου leben, so besteht nach Paulus der entscheidende *Unterschied* zwischen beiden Gruppen doch darin, daß nur der Christ diesen Konflikt überhaupt schmerzlich *wahrnimmt*, zugleich aber die in Kreuz und Auferstehung Jesu begründete Hoffnung hat, durch Christus aus diesem Todesleib erlöst (Röm 7,24.25a; 8,23) und in einen neuen Leib versetzt zu *werden* (1Kor 15,51f.), damit aber dem desaströsen Zusammenhang der Sünden- und Todesverfallenheit entrissen zu *werden* (vgl. 1Thess 1,10), also der kommenden ὀργή bzw. dem ὄλεθρος an der ἡμέρα κυρίου (vgl. 1Thess 5,1–11). Denn »Fleisch und Blut« (irdische Körperlichkeit) *kann* die βασιλεία θεοῦ *nicht* ererben (1Kor 15,50).

Diesen ganzen Zusammenhang beschrieb just E. KÄSEMANN in seinem Erstlingswerk wie folgt:

»Eine letzte, wieder geschichtliche Dialektik [...] eröffnet sich damit, *daß auch der Pneumatikos noch ἐν σαρκί ist, wenn das κατὰ σάρκα in der Taufe starb.* Wie für den σωματικός bedeutet das für den Pneumatiker eine Versuchlichkeit, unter der er leidet. Aber da der Pneumatiker aus der Eschatologie des göttlichen Handelns lebt, weiß er in der sein Wesen konstituierenden Elpis, daß auch dieses ›Fleisch‹ als Versuchlichkeit gerichtet ist, um einst nicht mehr zu bestehen. [...] In der Realität des schon jetzt geführten Kampfes gegen die versuchende Sarx spricht sich die Realität der christlichen Elpis so aus, daß an ihrem Ende das σῶμα πνευματικόν stehen muß, die Tatsache des von der Sarx auch nicht mehr bedrohten Lebens. Dieses σῶμα πνευματικόν ist die ἀπολύτρωσις τοῦ σώματος, die *endgültige Befreiung des Leibes zu seinem eigentlichen Sein,* die zugleich die *Befreiung von der jetzigen Art von Leiblichkeit* sein wird. Konstituierend dafür ist, geschichtlich gesehen, die Ausschließung der Versuchlichkeit des Fleisches. Zu diesem Geistesleib kommt es nicht auf Grund immanenter Entwicklung; diese wird vielmehr gerade durch den Tod abgeschnitten. Nur eine ἀνάστασις, ein ἐγερθῆναι führt dorthin.«[122]

---

[121] LAATO, Paulus, 163 (Hervorhebung E.R.).
[122] Leib, 133f. (Hervorhebungen E.R.; i.O. tlw. gesperrt). Exakt *dieses* Verständnis ergibt sich m.E. – *gegen* Käsemann u.v.a. – aus *Röm 7,14–25!*

2. Das gegenwärtige, neue »Sein in Christus« und das Problem der Christenverfolgungen: Glaube und Leidensnachfolge nach 1. Thessalonicher 2,13–16

Der »Karsamstags-Existenz« der Christen entspricht nicht nur eine *innere Spannung*, sondern auch der *äußere Druck*, dem die Christenheit seit den Zeiten der Urgemeinde ausgesetzt ist. Paulus ist offenbar *nicht* der Meinung, daß die Verfolgungserfahrung dem gegenwärtigen »Sein in Christus« widerspricht[1], sondern sich gerade aus diesem ergibt.[2] Diesen oft übersehenen, aber sehr *engen und notwendigen* Zusammenhang von Verkündigung, Glaube und Verfolgung (vgl. 1Thess 3,3f.!) entfaltet der Apostel besonders in 1Thess 2,13–16.[3]

2.1. Die paulinische Erstverkündigung ἐν πολλῷ ἀγῶνι (2,2) und ihre Wirkung (2,13)

In einem umfangreichen und sehr persönlich gehaltenen Abschnitt, der dem Rückblick und dem Dank des Apostels für die Gemeinde in Thessaloniki gewidmet ist (2,1–20) und das Proömium inhaltlich bruchlos weiterführt, kommt Paulus auf den *Grund* seines Dankes gegen Gott zu sprechen (2,13ff.).[4] Da ist zunächst die Tatsache hervorzuheben, daß die Thessaloni-

---

[1] Richtig WITHERINGTON III, 1Thess, 93f.: "Clearly he [sc. Paul; E.R.] did not operate with the modern theology which holds that one who has enough faith will always be well and exempt from all kinds of suffering." Aber natürlich *konnte* die Leiderfahrung als »Sinnweltgefährdung« empfunden werden (so interpretiert BÖRSCHEL, Konstruktion, 214–224), wobei immerhin davon auszugehen ist, daß das Leiden die Thessalonicher *nicht völlig unvorbereitet* getroffen haben wird (vgl. *1Thess 3,3f.*). Wie auch immer, jedenfalls darf dieses *Leiden der Christen* keineswegs als *Strafe* mißverstanden werden, worauf schon WERNLE, Sünde, 12, zu Recht aufmerksam gemacht hat.

[2] TANNEHILL, Dying, 75, bezeichnet »Dying and Rising with Christ as the Structure of the New Life« (Überschrift), und bemerkt, »that *the present structure of the new dominion corresponds to the events on which it is founded*, for the death and resurrection of Christ continue to determine the life of the believer« (ebd. [Hervorhebungen E.R.]). Zur Begründung s. a.a.O., 75–77.

[3] Diesem Text wären unschwer weitere an die Seite zu stellen, insbesondere diejenigen, an den Paulus über *sein* Leiden spricht (z.B. 2Kor 1,3–11; 11,23–33). Allerdings kann das Leiden des *Apostels* nicht völlig unbesehen auf die Situation der *Gemeinden* übertragen werden (vgl. z.B. 1Kor 4,9–13; Gal 6,17). – Aus *sachlichen* Gründen (Antijudaismus? Verhältnis zu Röm 9–11?) werden die Verse 2,15f. Paulus zuweilen abgesprochen – nach meinem Urteil zu Unrecht. Zur Forschungsgeschichte dieser sachlich wie literarisch umstrittenen Passage s. SCHLUETER, Measure, 13–38.

[4] BASSIN, 1Thess, 101, sieht in V. 13f. den *Höhepunkt* des Abschnitts 2,1–16.

cher die Erstverkündigung des Apostels und seiner Begleiter (λόγος ἀκοῆς παρ' ἡμῶν τοῦ θεοῦ) »nicht als *menschliche* Rede[5], sondern – wie es die apostolische Predigt in Wahrheit ist – als Wort *Gottes*« aufgenommen haben (2,13). Man darf in diesem ganzen Zusammenhang (2,1–16) wohl eine »Apologie des Evangeliums« sehen;[6] *jedenfalls liegt Paulus daran, daß die apostolische Predigt nicht Menschenwort ist, sondern Wort Gottes* – reformatorisch gesprochen: *praedicatio verbi Dei est verbum Dei.*[7] Die Christusverkündigung freilich geschah »unter viel Kampf« (2,2), und ihre Wahrheit war *sub contrario* verborgen. *Daher hat einzig die direkte Anrede der Thessalonicher durch Gott selbst in der apostolischen Predigt diese zum Glauben bewegt, keine ästhetische Überzeugungskraft schöner Worte (vgl. 1Kor 2,1–5!).*[8]

2.2. Die Thessalonicher als »Nachahmer (μιμηταί) der Gemeinden Gottes« (2,14)

Das Gläubigwerden der Thessalonicher hatte eine *unmittelbare Folge*, die wiederum Grund zum Dank des Apostels gegen Gott ist: »Ihr nämlich, Brüder, seid Nachahmer (μιμηταί) der christlichen[9] Gemeinden Gottes in Judäa geworden, denn auch ihr habt von euren eigenen Landsleuten dasselbe (τὰ αὐτά) erlitten wie auch sie von den Juden« (2,14).[10] Die seltene[11] Bezeichnung der Thessalonicher als μιμηταί τῶν ἐκκλησιῶν τοῦ θεοῦ τῶν οὐσῶν ἐν τῇ Ἰουδαίᾳ ἐν Χριστῷ Ἰησοῦ adelt sie genauso wie die bereits eingangs (1,6) gewählte als μιμηταὶ ἡμῶν καὶ τοῦ

---

[5] Wörtl.: »Rede von Menschen«.

[6] So in expliziter Aufnahme von MARXSEN, 1Thess, 25.43, auch VOM BROCKE, Thessaloniki, 143–151, bes. 143 m. Anm. 1, der jedoch den bei MARXSEN, a.a.O., 25, deutlichen *absoluten Gegensatz* von »Apologie des Paulus« und »Apologie des Evangeliums« verwischt (VOM BROCKE, a.a.O., 144f.). Nach MARXSEN, a.a.O., 22–25, darf man aber »auf keinen Fall« (25) von einer »Apologie des *Paulus*« sprechen, sondern *ausschließlich* von einer »Apologie des *Evangeliums*«! Gegen TELLBE, Paul, 97–99 u.a.

[7] Confessio helvetica posterior (1562), § 1 (= BSRK, 171). Vgl. BOLKESTEIN, 1Thess, 65f. (mit CALVIN, Inst. IV, 3.1).

[8] Zum Wort Gottes als *verbum efficax* vgl. BASSIN, 1Thess, 103.

[9] Mit VON DOBSCHÜTZ, 1Thess, 109: ἐν Χριστῷ Ἰησοῦ vertritt hier »einfach das noch fehlende Adjektivum ›christlich‹«. Vgl. dazu oben S. 238f. m. Anm. 107f.

[10] Anders bezieht BAUMGARTEN-CRUSIUS, 1Thess, 145, das γάρ unmittelbar »auf den letzt vorhergegangenen Satz« und interpretiert: »›So mächtig ist diese Sache, dass ihr dadurch die Kraft erhalten habt‹.«

[11] Das Substantiv μιμητής kommt in der ganzen Bibel überhaupt nur sechsmal vor, davon paulinisch 1Thess 1,6; 2,14; 1Kor 4,16; 11,1 (vgl. noch Eph 5,1; Hebr 6,12; zum Ganzen ferner 2Thess 3,7.9). Das Substantiv συμμιμητής erscheint nur Phil 3,17a; hier bezeichnet Paulus sich selbst als τύπος (V. 17b). Dem entspricht, daß auch die Thessalonicher ihrerseits zum τύπος für die umliegenden Gemeinden geworden sind (1Thess 1,7). Vgl. dazu REHFELD, »Erbaulichkeit«, 134f.

κυρίου. Was Paulus andernorts *anmahnen* muß (1 Kor 4,16; 11,1), hebt er hier als bereits geschehen *lobend* hervor: Die Thessalonicher wissen sich unbedingt dem Vorbild derer verpflichtet, die vor und neben ihnen denselben Glauben teilen, und folgen damit ihrem Herrn selbst nach. Es ist dieses »Leiden« somit ein höchst *aktives* »Dulden« bzw. »Ausharren«.[12]

Daß Paulus den Gemeindegliedern in Thessaloniki den *Ehrentitel* μιμητής zuerkennt, verdankt sich also nicht ihrer missionarischen Gesinnung oder ihrem diakonischen Handeln, sondern ist begründet in ihrer *Gleichheit*[13] *im Leiden*, das sie mit den christlichen Gemeinden in Judäa[14] bzw. dem Apostel und Jesus selbst verbindet.[15] Das zeigt die jeweilige Begründung: »Ihr seid«, so schreibt Paulus, »unsere Nachahmer und [die Nachahmer] des Herrn geworden, *da* ihr die Botschaft *in (trotz) viel Trübsal* mit der Freude des Heiligen Geistes aufgenommen habt« (1,6), und »ihr seid Nachahmer der christlichen Gemeinden Gottes in Judäa geworden, *denn* (ὅτι) auch ihr habt (καὶ ὑμεῖς) von euren eigenen Landsleuten

---

[12] Vgl. z.B. BAUMGARTEN-CRUSIUS, 1Thess, 146: »Πάσχειν ist hier s[o] v[iel] a[ls] ὑπομένειν, standhaft dulden.« Ähnlich BOLKESTEIN, 1Thess, 66f.

[13] Vgl. 2,14b: τὰ αὐτά – καὶ ὑμεῖς – καθὼς καὶ αὐτοί.

[14] Es wurde und wird immer wieder bestritten, daß es vor 70 n.Chr. überhaupt eine »nennenswerte«, jüdischerseits initiierte Verfolgung christlicher Gemeinden in Judäa gab; s. dazu SCHLUETER, Measure, 39–53. Aber immerhin dürfte ja Paulus *selbst* »in Jerusalem Christen verfolgt« haben (NIEBUHR, Heidenapostel, 59; zur Diskussion a.a.O., bes. 57–65 [Lit.!]); *er weiß also, wovon er spricht* (vgl. auch BRUCE, Paul, 69–73)! Daß er lediglich *aus polemisch-apologetischen Gründen* sich eine Verfolgertätigkeit (vgl. Gal 1,13f.23; Phil 3,6a) *angedichtet* haben sollte (die er übrigens als allgemein *bekannt* voraussetzt [Gal 1,13a.23]!), ist hingegen äußerst unwahrscheinlich. Man kann natürlich fragen, *worin* genau sie bestanden hat (vgl. dazu z.B. NIEBUHR, a.a.O., 40f.60f.); Paulus *selbst* wählt jedenfalls eine recht *drastische* Ausdrucksweise: καθ᾽ ὑπερβολὴν ἐδίωκον τὴν ἐκκλησίαν τοῦ θεοῦ καὶ ἐπόρθουν αὐτήν (Gal 1,13b), wobei er damit *mindestens* seine *Absicht* schildert (ἐπόρθουν ist sicher Imperfekt *de conatu* [mit ZERWICK, z.St.]). Zur Einschätzung seiner eigenen Verfolgertätigkeit aus späterer, *christlicher* Sicht vgl. z.B. NIEBUHR, a.a.O., 66–78.

[15] Zur Parallelität *des Leidens Christi und des Leidens um Christi willen* vgl. neben TANNEHILL, Dying, bes. 75–129 (s.o. S. 396, Anm. 2), auch KLEINKNECHT, Der leidende Gerechtfertigte, *passim*. Er bemerkt abschließend: »Die Leiden der Christen haben [...] eine *Funktion* im Kontext der Beziehung zwischen Gott und *Welt*. Sie sind gerade im Bezug zum Kreuz Christi weder Selbstzweck noch lediglich eine Angelegenheit einer persönlichen Christusbeziehung [...], weder ein unerklärbares, nicht weiter hinterfragbares Verhängnis eines autonom gedachten Gottes noch eine von Gott vorgenommene Prüfung oder um der Sünde willen auferlegte Last, sondern sie erwachsen *deshalb* aus der Christuszugehörigkeit, weil die Christen in diesem Äon leben, der noch von den gegen Gott rebellierenden Mächten beherrscht wird. [...] Die Leiden, von denen Paulus redet, sind Leiden im Widerstand an der Seite Christi« (a.a.O., 386). Daraus aber »ergibt sich eine deutliche Frontstellung *gegen* Leid und Tod. Christen haben in der Tat ›Protestleute‹ (Chr. Blumhardt) gegen beide zu sein, die in Wort und Tat ihren Herrn gegen die Todesmacht als Herrn der Welt proklamieren« (ebd.).

dasselbe (τὰ αὐτά) *erlitten* wie auch sie (καθὼς καὶ αὐτοί) von den Juden« (2,14). Aber auch die Wahl des Wortes μιμητής selbst ist wohl nicht zufällig, sondern dürfte auf Martyriumsberichte des 2./1. Jh. v.Chr. anspielen, wie sie etwa 2Makk 7 festgehalten sind und 4Makk 8–14 zugrunde liegen. Nach 4Makk 9,23[16] fordert der erste der sieben Brüder seine übrigen Brüder mit folgenden Worten zur Nachahmung seines Beispiels auf: *μιμήσασθέ με, ἀδελφοί*. Zugleich wird das Erleiden des Martyriums als *unvermeidliche* Folge des freimütigen *Bekenntnisses* dargestellt, welches höher zu gewichten ist als das eigene Leben (4Makk 9,1f.; vgl. 2Makk 7,2; Dan^{LXX} 3,16–18; 6,11f.14; 2Tim 2,11f.; Hebr 11,35b–38).

2.3. Leidensnachfolge als nota ecclesiae (2,14f.; 3,3f.)

Mit ihrem *Leiden um ihres Glaubens willen* reihen sich die Thessalonicher in die Gemeinde derer ein, die bereits vor ihnen[17] um desselben Glaubens willen gelitten haben (1Thess 1,6; 2,14).[18] Damit aber folgen sie letztlich *Jesus selbst* nach (1Thess 1,6; vgl. Mk 8,31–33.34–38parr; Hebr 12,1f.; 13,13 u.ö.). Insofern steht, wie K.Th. KLEINKNECHT bemerkt,

»das Leiden der Gemeinde [...] in einer *Sachkontinität* [sic!] mit den apostolischen Leiden und den Leiden Jesu, damit aber gleichzeitig im Kontext des kontinuierlichen Leidensgeschicks all derer, die auf Gottes Seite stehen und deshalb angefeindet und verfolgt wurden und werden«[19] (vgl. auch Phil 1,29f.!).

---

[16] Natürlich ist die Intention des 4Makk eine ganz andere als die der paulinischen Briefe. 4Makk »enthält einen predigtmäßigen Vortrag über den Satz: ›Die Vernunft ist Herrin über die Affekte.‹ Dieser Satz wird zuerst philosophisch, dann historisch aus der jüdischen Geschichte bewiesen« (RIESSLER, Altjüdisches Schrifttum, 1313); vgl. etwa 4Makk 8,28: »Sie verachteten ihre Triebe und waren völlig Herren über die Schmerzen« (Übers. RIESSLER). Demgegenüber nimmt Paulus das Leiden in seiner lebensbedrohenden und *auch die Affekte nicht unberührt lassenden* Dramatik ernst (vgl. nur 1Thess 2,2 und die sog. *Peristasenkataloge* 1Kor 4,9–13; 2Kor 4,8–11; 6,4f.8; 11,23–29; 12,7b10; Phil 4,12; ferner Röm 8,35f.; dazu REISER, Formen, 166f., demzufolge die Form des Peristasenkataloges »eher in die pagane Tradition« weist [167]; vgl. zum Ganzen EBNER, Leidenslisten, *passim*, der aber die doch zutiefst *persönlichen, leidgeprägten* Aussagen des Apostels vor dem Hintergrund stoischer Ideale bzw. Idealisierungen m.E. viel zu *funktionalistisch* auffaßt [vgl. z.B. a.a.O., 394–396] und ihn die schmerzliche *Realität* des Leidens geradezu »heroisch« [a.a.O., 376f.397, im Blick auf Röm 8,37; vgl. aber immerhin seine Bemerkung zu 2Kor 4,8f. (a.a.O., 397)] überspielen läßt).

[17] In 4Makk 9,2 ist in ähnlicher Weise die Verpflichtung gegenüber den (geistlichen) Vorfahren ein *weiterer* Grund, das Martyrium auf sich zu nehmen.

[18] Damit ist das »Leiden« eindeutig *qualifiziert*: »Das Leiden gehört zu dieser Welt, alle κτίσις ist ihm unterworfen [...]. Über diese allgemeine Beurteilung des Leidens der Christen geht Paulus noch hinaus, wenn er von seinem und seiner Genossen Leiden schreibt. Durch eine grandiose Kühnheit ordnet er es in den apostolischen Beruf ein und gibt ihm stellvertretenden Sinn nach Analogie des Leidens Jesu« (WERNLE, Sünde, 12).

[19] Der leidende Gerechtfertigte, 206 (Hervorhebung E.R.).

Die Tatsache, daß die Gemeinde in Thessaloniki dem Leiden nicht ausweicht, sondern es erduldet, wie es schon der Herr der Kirche erduldet hat, weist sie mithin als *die wahre Kirche Gottes* aus.[20] Denn als konsequente *imitatio Christi*[21] gehört die Leidensnachfolge nicht zu den *superaddita*, sondern ist eine der *notae ecclesiae*[22], ein *wesentliches* »Element des Lebens einer christlichen Gemeinde«[23]. *Demgemäß ist die Kirche – faktisch – immer eine verfolgte,* immer eine *ecclesia pressa*[24]. Daran erinnert Paulus explizit in *1Thess 3,3f.*: προελέγομεν ὑμῖν ὅτι μέλλομεν θλίβεσθαι.

2.4. Die Evangeliumsfeinde in Judäa und Thessaloniki (2,14–16)

Worin das Leiden der *Thessalonicher* konkret besteht, sagt Paulus zwar nicht; mit Verweis auf die judäischen Gemeinden (2,14), auf sich selbst (1,6; vgl. 2,2) und auf den allgemeinen Prophetenmord (2,15 τοὺς [!] προφήτας) wird er aber selbst das Martyrium nicht ausschließen.[25] Es ist jedenfalls eine sehr *ernste* Lage, in der sich die Gemeinde befindet. Sie ist *existentiell* bedroht,[26] denn sie hat es mit Gegnern zu tun, die denen gleichen, die die christlichen Gemeinden in *Judäa* bedrohen.[27]

---

[20] Vgl. WITHERINGTON III, 1Thess, 93f.

[21] KLEINKNECHT, ebd., betont, daß die *imitatio* in *diesem* Zusammenhang keine »*bewußte* Nachahmung eines bestimmten individuellen Vorbildes« ist, »sondern das Eintreten, ja, das *Hineingeraten* in die Situation des um Gottes willen Angefeindeten und Verfolgten und damit das Eintreten in die Front (und Tradition) der um Gottes willen Leidenden« (Hervorhebungen E.R.); vgl. BASSIN, 1Thess, 104. Von einer Martyriums*sucht* kann also keine Rede sein. Gleichwohl kann man hier *cum grano salis* von einer »martelaars-theologie« sprechen (so BOLKESTEIN, 1Thess, 68f., im Anschluß an *E. Stauffer*).

[22] Vgl. BOLKESTEIN, 1Thess, 83f.: "Lijden hoort *wezenlijk* en *noodzakelijk* bij de christelijke existentie" (Hervorhebungen E.R.).

[23] WILCKENS, Theologie I/3, 59; vgl. KLEINKNECHT, a.a.O., 207f.; BOUTTIER, Condition, 95: « *Nunquam triumphans, semper militans*, telle est la vocation et la gloire de l'Eglise, en Jésus-Christ [...], jusqu'à la fin, à la louange de celui qui l'a appelée à la communion de son Fils bien-aimé et dont la fidélité constitue pour elle l'unique assurance. »

[24] Zu Begriff und Sache s. WOLF, Ecclesia pressa, 228–232; ferner VON CAMPENHAUSEN, Idee, bes. 10–20. Vgl. BOLKESTEIN, 1Thess, 67: "Lijden is van meet af aan het lot van de christelijke gemeente geweest. Het is met haar bestaan in *deze wereld, die een nog niet verloste, vernieuwde wereld is,* gegeven" (Hervorhebung E.R.).

[25] *Präzisierend* ist mit TELLBE, Paul, 101f., zu sagen: "Here, we must distinguish between what *had* happened in the church and what Paul anticipated *might* happen. [...] it seems that Paul prepares them [sc. the Thessalonian Christians; E.R.] for an *imitatio* that would include martyrdom."

[26] Es dürfte sich also nicht »nur« um »soziale Schikanen gehandelt haben, die demjenigen, der davon betroffen ist, hart zusetzen können« (gegen HOLTZ, 1Thess, 102 [Hervorhebung E.R.]; vgl. ferner SCHLUETER, Measure, 51f.).

[27] Man kann das alles natürlich für reine »Rhetorik« (näherhin: Hyperbolik!) oder die bloße literarische Bedienung eines »theologischen Topos« halten (vgl. SCHLUETER, Mea-

2. Glaube und Leidensnachfolge nach 1. Thessalonicher 2,13–16

Für den *hier* untersuchten Zusammenhang ist es übrigens von untergeordneter Bedeutung, ob man in den συμφυλέται, von denen die Verfolgung offenbar ausgeht (2,14b), *Juden* sieht oder aber *heidnische* Gegner.[28] Eine Entscheidung dieser Frage wäre aber im Hinblick auf die Sozialgeschichte des frühen Christentums und besonders für die in neuerer Zeit vielventilierte Frage nach dem angeblichen »Antisemitismus«[29] bzw. »Antijudaismus« des Neuen Testaments und insbesondere des Apostels Paulus von Belang.[30]

---

sure, *passim*, die »little external or internal evidence« dafür geltend macht [a.a.O., 51 u.ö.; vgl. zum Ganzen a.a.O., 39–53], wobei man selbstverständlich fragen kann, worin diese »evidence« denn – *über das Selbstzeugnis des Paulus hinaus!* – bestehen sollte; außerdem dürfte *e silentio* ohnehin nichts geschlossen werden). Solche Urteile verraten jedoch nicht selten eine seltsame *Distanziertheit* gegenüber dem *realen* Leiden *realer* Christen durch *reale* Verfolgung (und dementsprechend – das scheint das Hauptproblem zu sein – *reale Verfolger*), die sich bis in gegenwärtige Bezüge fortsetzt. »Solidarität« als Begriff ist beliebt, konkrete Solidarität mit verfolgten Christen – immerhin »Brüdern« und »Schwestern«! – aber offenbar schwierig.

[28] Zur präzisen semantischen Bestimmung des umstrittenen, weil seltenen Begriffes συμφυλέτης vgl. VOM BROCKE, a.a.O., 155–162. Er versteht unter den συμ-φυλέται die »Mit-Phylen-Bewohner« der thessalonikischen Christen, d.h. *ausschließlich Heiden*. So schon LÜNEMANN, 1Thess, 63 (»derselben φυλή, demselben Volksstamm angehörig«), der allerdings für die spätere Zeit mit einem weiter gefaßten Begriff rechnet.

[29] So weit geht BEST, 1Thess, 122, in seiner Auslegung von 1Thess 2,14–16: "It must be allowed that 1 Th. 2.16c shows Paul holding an unacceptable anti-Semitic position." Das hatte schon F.C. BAUR behauptet (Paulus, 482f. [er hielt allerdings – u.a. deswegen – 1Thess *insgesamt* für unpaulinisch!]), dem freilich G. LÜNEMANN, 1Thess, 70f., das Notwendige in wünschenswerter Klarheit entgegenhielt: »Darin, dass man vom Apostel ›eine so allgemeine äusserliche Judenpolemik‹ nicht erwarten dürfe, ›dass er die Feindschaft der Juden gegen das Evangelium nicht anders zu bezeichnen wusste‹, als durch das bekannte, den Juden von den Heiden schuldgegebene odium generis humani‹, mag Baur Recht haben; *Schade nur, dass diess ›odium generis humani‹ erst eine Missgeburt grammatisch falscher Exegese ist* [...]. Wenn Baur endlich in ἔφθασε δὲ ἐπ' αὐτοὺς ἡ ὀργὴ εἰς τέλος [...] die Zerstörung Jerusalems als bereits eingetretenes Faktum bezeichnet findet, so ist auch das erst ein Resultat contextwidriger Auslegung« (71 [Hervorhebung E.R.]). Vgl. auch die Diskussion bei WITHERINGTON III, 1Thess, 84–87, bes. 86: "So Paul's criticism is theological rather than purely social, but one can imagine the effect of such words on anti-Semitic Gentiles, indeed we know their effect on later antiSemitic Gentiles such as the Nazi." Er weist dann aber zu Recht darauf hin, daß dieser Text nicht aus seinem unmittelbaren (zeitgeschichtlichen) Kontext gerissen werden darf. Darum *bemüht* sich immerhin auch SCHLUETER, Measure, 54–64. Das Richtige steht bei BOLKESTEIN, 1Thess, 70: "Paulus voegt aan deze uitspraak een andere toe, die hij ontleent aan de populaire polemiek tegen de joden, die in die tijd veel gehoord werd: de joden gaan tegen alle mensen in. [...] Paulus ziet de waarheid daarvan in de houding van joden tegenover Jezus Christus, de profeten en zijn apostolaat. Daarmee maakt hij dergelijke opmerkingen geheel los uit hun oorspronkelijke context. Op een nieuwe manier, met een nieuwe inhoud adresseert hij een oud verwijt aan de joden. Het wordt daardoor een nieuw verwijt."

[30] Mit MARXSEN, 1Thess, 48f., kann man gar nicht energisch genug darauf hinweisen, daß es Paulus hier *keineswegs* um eine grundsätzliche Abhandlung *De Iudaeis* geht, sondern um *Hilfestellung* in einer *konkreten* bedrohlichen Situation: »Paulus spricht in

Die im folgenden weiter zu beleuchtende Parallele zwischen dem Geschick der judäischen Gemeinden und demjenigen der Gemeinde in Thessaloniki ist jedenfalls streng als *Struktur-Parallele* (καθὼς καί) zu beurteilen: »Der Vergleich des Paulus in V. 14 betrifft die Gemeinde in Thessaloniki und die Gemeinden in Judäa. Beide haben unter ihrem jeweiligen ›Umfeld‹ gelitten (τὰ αὐτὰ ἐπάθετε); die judäischen Gemeinden unter den Juden, inmitten derer sie lebten, die Gemeinde in Thessaloniki unter den Menschen, inmitten derer sie lebten und die zu denselben Phylen gehörten wie sie selbst.«[31]

Ungeachtet dieser Unsicherheiten ist hinreichend klar, *was* Paulus den von ihm als »Juden« bzw. »Judäer«[32] (Ἰουδαῖοι) bezeichneten Gegnern der *judäischen* Gemeinden vorwirft: Sie bekämpfen nicht nur die Gemeinden Gottes (αἱ ἐκκλησίαι τοῦ θεοῦ), sondern sie haben »sowohl den Herrn Jesus getötet als auch die Propheten« (2,15aα.β)[33], ferner »verfolgen« sie den Apostel[34] und seine Mitarbeiter (2,15b) und »gefallen Gott nicht«[35]

---

diesen Versen [...] von *den* Juden, *die* die judäischen Gemeinden (und ihn) verfolgt haben. [...] [Damit] will er *den Thessalonichern* zeigen, wie *sie* die Verfolgung durch *ihre* Landsleute theologisch ›einordnen‹ können und also verstehen sollen. Wenn die Exegese diese Absicht des Paulus nicht im Blick behält [...], muß sie auf Abwege geraten« (49). S. auch den Einwand von HOLTZ, 1Thess, 103. – Vgl. zum Ganzen aber auch den einflußreichen Aufsatz von BAMMEL, Judenverfolgung, *passim*.

[31] VOM BROCKE, a.a.O., 161. Vgl. schon LÜNEMANN, 1Thess, 70: »[D]as Tertium comparationis [liegt] einfach darin [...], dass beide von ihren eigenen Landsleuten verfolgt worden sind, beide aber mit gleichem Heldenmuth diese Verfolgungen über sich haben ergehen lassen.«

[32] Die *zweite* Bedeutung ist m.E. vorzuziehen, da es hier um den Vergleich nachbarschaftlicher Gruppen geht (mit ROBERTS GAVENTA, 1Thess, 36f.; gegen KONRADT, Gericht, 78, Anm. 330). BASSIN, 1Thess, 103, vermutet, mit »Judäa« sei hier – anders als Gal 1,22 – die römische *Provinz* Judäa gemeint, nicht nur das Jerusalemer Umland.

[33] Das Dictum vom *allgemeinen* Prophetenmord setzt sich im Alten Testament erst spät durch; ausdrücklich greifbar ist es zuerst in 2Esr 19,26 (vgl. STECK, Geschick, 60–80, bes. 79 m. Anm. 1; ihm folgend KLEINKNECHT, Der leidende Gerechtfertigte, 202–204). *Historisch* dürfte diese Pauschalisierung des Prophetengeschicks kaum zu halten sein (das ist noch zurückhaltend formuliert), sie ist aber religionswissenschaftlich plausibilisierbar und entsprechend vielerorts nachweisbar. Immer wird *pars pro toto* auf eine einheitliche Struktur geschlossen, wie dies etwa beim historisch ebenfalls unzutreffenden Dictum vom *Martyrium aller Imame* im schiitischen Islam zu beobachten ist (vgl. dazu HALM, Schiiten, 34). Die Vorstellung vom *gewaltsamen* Geschick *aller* Propheten hat sich auch im Spätjudentum durchgesetzt, allerdings ohne daß damit das allgemeine *Martyrium* der Propheten behauptet worden wäre (vgl. STECK, Geschick, 317–320 u.ö.). STECK, a.a.O., 317, weist überdies darauf hin, daß für die Tradierung dieser Vorstellung »nicht ein biographisches Interesse an den Propheten, sondern ein theologisches an Israel als dem Täter dieses Geschicks« leitend war. Man muß daher nicht mit DE WETTE, 1Thess, 102, u.v.a. τοὺς προφήτας statt zu ἀποκτεινάντων zu ἐκδιωξάντων ziehen (vgl. dag. auch BAUMGARTEN-CRUSIUS, 1Thess, 146).

[34] Anders REINMUTH, 1Thess, 130: »Grammatisch ist es auch möglich, den Vorwurf der Verfolgung auf die Propheten [...] und Paulus zu beziehen. Das würde den Beobachtungen entsprechen, die auf ein prophetisch geprägtes Selbstverständnis des Apostels hindeuten (s. zu 2,3; 3,4; 4,15).« Dagegen STECK, Geschick, 275, Anm. 2; VON DOBSCHÜTZ,

(θεῷ μὴ ἀρέσκοντες³⁶ 2,15cα) und sind »allen Menschen feind« (2,15cβ).³⁷ Die beiden letzten Vorwürfe an die entsprechenden Ἰουδαῖοι begründet Paulus 2,16a damit, daß sie ihn und seine Begleiter »zu hindern versuchen³⁸, den Heiden zu predigen, damit sie gerettet werden«.³⁹ In dem *Versuch*, die apostolische Verkündigung zu hindern, die ja Wort *Gottes* ist (2,13), erweist sich zunächst der *de facto* (!)⁴⁰ widergöttliche Charakter der judäischen Gegnerschaft⁴¹. Da ein erfolgreiches Hindern der apostolischen Botschaft als der göttlichen *Heils*botschaft verhindern würde, daß die Heiden »gerettet werden« (σωθῆναι⁴²), erweisen sich *diejenigen* Ἰουδαῖοι, die solches tun, gerade *damit* außerdem auch als diejenigen, die *de facto*⁴³

1Thess, 111: »Apostel und Propheten ist bei ihm [sc. Paulus; E.R.] etwas ganz anderes, 2 Arten christlicher Geistträger.«

³⁵ Mit LÜNEMANN, 1Thess, 65f., liegt hier *nicht* die Bedeutung »zu Gefallen leben« (als *Vorgang*) vor: »Vielmehr wird aus den zwei vorigen Aussagen das Resultat gezogen. Die Folge nämlich von der Verstocktheit der Juden, mit welcher sie die Boten Gottes verfolgen, ist: dass sie Gott nicht gefallen, d.h. ihm verhasst (θεοστυγεῖς) sind« (a.a.O., 66). *Gegen* VON DOBSCHÜTZ, 1Thess, 113, der in Anlehnung an Ewald genau umgekehrt behauptet: »Darauf, ob sie [sc. die Juden; E.R.] Gott wirklich gefallen oder nicht, kommt es hier garnicht an, sondern auf ihr Verhalten, das störrisch gegen Gott ist«; daher müßten »[b]eide Attribute [...] im subjektiven Sinne von der Gesinnung der Juden verstanden werden« (ebd.; so auch etliche andere Kommentatoren). S. dazu unten m. Anm. 40.43.

³⁶ Damit erweisen sie sich *de facto* auch als *Gegenbild* zum Missionar Paulus, der – gerade mit seiner Evangeliumsverkündigung – »*Gott gefallen*« will (2,4; vgl. Gal 1,10)!

³⁷ Zu 1Thess 2,15f. vgl. STECK, Geschick, 274–279.

³⁸ Präsens *de conatu* mit KOCH, 1Thess, 196. Sie sind damit ja nicht (gänzlich) erfolgreich, wie die bloße Existenz christlicher Gemeinden beweist.

³⁹ Gegen BAUMGARTEN-CRUSIUS, 1Thess, 147, der das θεῷ μὴ ἀρέσκειν der Juden *subjektiv* verstanden wissen will (»gefallen *wollen*«) – aber das darf man ihnen doch wohl nicht absprechen – und zudem in πᾶσιν ἀνθρώποις ἐναντίων den gewöhnlichen Judenhaß ausgedrückt sieht, der in dem Vorwurf eines allgemein-jüdischen *odium generis humani* gipfelt. Gerade *das* aber sagt Paulus hier *nicht*. Richtig MALHERBE, 1Thess, 170: "Pagan criticism was social; Paul's is theological" (vgl. dazu oben Anm. 35).

⁴⁰ Ein *subjektives* Gott-nicht-gefallen-*Wollen* »der Juden« behauptet Paulus *nicht* (vgl. auch Röm 10,2). Damit ist auch den metakritischen Überlegungen bei KONRADT, Gericht, 82, Anm. 349, der Boden entzogen.

⁴¹ Daß *jedes* Hindern des Apostels bei seiner Amtsausübung *widergöttlich* ist, zeigt gleich im Anschluß an diesen Abschnitt 2,18: Paulus selbst hat in *seelsorgerlicher* Absicht, da er für die Gemeinde in Thessaloniki wie eine Mutter bzw. Amme (2,7) und wie ein Vater (2,11) ist (vgl. 2,17 ἀπορφανίζειν »zur Waise machen«), schon »ein- oder zweimal« versucht, diese »seine« Gemeinde zu besuchen – »aber (καί *adversativum*) der Satan (ὁ σατανᾶς) hat uns gehindert«.

⁴² Σώζειν wird *auch hier* »gebraucht in dem Sinne, worin es im N.T. ganz solenn ist, von der Errettung aus dem Verderben, dem die Menschheit durch die Sünde verfallen, und zugleich positiv von der Mittheilung der Seligkeit, des großen Heiles, worauf der Christ durch die göttliche Verheißung als Ziel hingewiesen wird« (KOCH, 1Thess, 197).

⁴³ Anm. 40 gilt *mutatis mutandis*. Von einem *odium generis humani* »der Juden« redet Paulus also *nicht* (mit BASSIN, 1Thess, 106 m. Anm. 3 [im Anschluß an B. Rigaux]).

»allen Menschen feind« sind: »Die Gegnerschaft gegen die Menschheit erweist sich in dem Versuch, ihre eschatologische Rettung zu verhindern.«[44] *Objektiv betrachtet, bekämpfen und verachten die* Ἰουδαῖοι *und (!) diejenigen, die es ihnen gleichtun, mit ihrer Bekämpfung der (paulinischen) Missionsverkündigung Gott und Menschen gleichermaßen.* Die solches tun, »arbeiten an ihrer eschatologischen Verwerfung«[45]. Die »unausweichliche *Folge*«[46] dieser ihrer doppelten Feindschaft ist, daß sie »allezeit[47] das Maß ihrer Sünden voll machen« (2,16b). Festzuhalten ist: Was Paulus hier über die Ἰουδαῖοι sagt, gilt *genauso* für die christusfeindlichen *Heiden*, nur daß er das *grundsätzliche* Geschick *aller* Feinde des Evangeliums an einem *konkreten* Fall exemplifiziert.[48]

2.5. Apostolischer Trost: Ankündigung der Gottesrache (2,16c)

Paulus bleibt jedoch nicht bei dem *factum* der gefährlichen Gegnerschaft stehen, der sowohl die judäischen Gemeinden als auch die Gemeinde in Thessaloniki von je unterschiedlicher[49] Seite her ausgesetzt sind, sondern er spendet den existentiell Bedrohten *Trost* mit einem Gedanken, der auf

---

[44] HOLTZ, 1Thess, 106. Fast wortgleich UMBACH, Sünde, 69. Vgl. KONRADT, Gericht, 82 m. Anm. 348 (Lit.!).

[45] HOLTZ, a.a.O., 107. Die Schwere der Strafe zeigt: « Rien n'est plus grave que d'entraver l'annonce de l'Evangile » (BASSIN, 1Thess, 106).

[46] So HOLTZ, ebd. (Hervorhebung E.R.); vgl. ebd., Anm. 505. Anders WETTER, Vergeltungsgedanke, 38 m. Anm. 1. Für ihn klingt hier ein Versuch des Apostels an, »*das große Rätsel zu erklären, daß die Juden nicht, trotz aller Strafen, umkehren*. Sie gehören also für den Apostel zu den Menschen, die mit naturnotwendiger Konsequenz der Verdammung entgegengehen, und dazu sind sie von Gott vorherbestimmt; daher straft er sie erst, wenn sie das Maß ihrer Sünden erfüllt haben« (38). Mit anderen Worten: Der Zusammenhang zwischen der jüdischen Gegnerschaft und dem Erfüllen des Sündenmaßes sei kein *konsekutiver*, sondern ein *finaler*: Die Gegnerschaft ist notwendig, *damit* das Sündenmaß erfüllt wird. Abgesehen davon, daß im vorgegebenen Zusammenhang kein Hinweis auf eine quasi infralapsarische Verwerfung »der Juden« zu greifen ist, ist das von Wetter gebotene Verständnis der Verse von seiner These abhängig, die ὀργή bei Paulus sei nicht ausschließlich futurisch-eschatologisch konnotiert, sondern (mitunter) als in der Geschichte aufweisbar gedacht (z.B. a.a.O., 32; so aber auch HOLTZ, 1Thess, 108f.). Nur unter dieser Voraussetzung kann die Nicht-Erweisbarkeit der über »die Juden« gekommenen ὀργή überhaupt zum *Problem* werden, das in der beschriebenen Weise gelöst worden sei.

[47] Mit LÜNEMANN, 1Thess, 68: πάντοτε, »welches mit Nachdruck an's Ende gesetzt ist, ist nicht so viel als πάντως oder παντελῶς [...], sondern reiner Zeitbegriff: allezeit, immerdar, d.h. die Juden haben vor Christus, zur Zeit Christi und nach Christus der göttlichen Wahrheit sich widersetzt, und so sind sie allezeit mit der Vollzähligmachung ihrer Sünden beschäftigt gewesen«. Gegen VON DOBSCHÜTZ, 1Thess, 114.

[48] Richtig BASSIN, 1Thess, 107 (zu V. 15): « De toute manière, l'incrédulité n'est pas le monopole des Juifs ! »

[49] S.o. S. 401f. m. Anm. 31.

neuzeitlich-»aufgeklärtes« Empfinden anstößig wirkt[50]: dem Gedanken der Gottesrache bzw. göttlichen Vergeltung und der endgültigen Vernichtung aller gottfeindlichen Mächte und Menschen (V. 16c). Es empfiehlt sich, diesen Gedanken nicht einfach beiseite zu schieben oder abzuschwächen, sondern seine Dramatik *und* seine Trostfunktion für eine aufs schwerste verfolgte Kirche *wahrzunehmen*.

Daß dieser Gedanke von der *endzeitlichen Rache Gottes* Paulus übrigens keineswegs fremd ist, beweisen auch 1Kor 11,32[51] und v.a. Röm 12,17–21, bes. V. 19[52]: »Rächt euch nicht selbst (μὴ ἑαυτοὺς ἐκδικοῦντες), Geliebte, sondern gebt Raum der ὀργή, denn es steht geschrieben (Dtn 32,35[53]): ›*Mir* [gehört] die Rache (ἐκδίκησις), *ich* werde vergelten (ἀνταποδοῦναι Futur), spricht der Herr.‹«

Wie U. BERGES herausgearbeitet hat, gilt für die Exegese der atl. Belege: »Die Motivkreise Zorn, Gewalt und Rache JHWHs gehen zwar häufig ineinander über, sind aber keineswegs deckungsgleich.«[54] Für das Motiv der göttlichen Rache sei zu beachten, daß dieses »zwar immer mit dem der Gewalt, aber in viel geringerem Maße mit dem des Zornes verbunden ist«[55]. Für das Neue Testament aber hat schon F. STOLZ den Prozeß einer großen Annäherung von Rache- und Gerichtsgedanke beschrieben,[56] wie er auch 1Thess 2,14–16 vorliegt. Mit dem »Delegationsgedanken«[57], der die Rache ausschließlich Gott anheimgestellt sein läßt, der diese im endgültigen Zorngericht (ὀργή) vollziehen wird (vgl. Röm 12,17–21; s.o.), kommt es zugleich zu einer *Eschatologisierung des Rachegedankens*, wie er prominent in der Johannes-Apokalypse zu finden ist (Apk 6,10; 18,6; 19,2). Darum *kann* die Kirche überhaupt erst im Eschaton zur *ecclesia triumphans* werden. Insofern ist dann auch wieder verständlich, warum die christliche Gemeinde immer nur in einer *Nah*erwartung der Parusie ihres Herrn leben kann: Das rettende Einschreiten des Kyrios zugunsten seiner verfolgten Gemeinde wird von dieser *existentiell* erwartet.

In diesem Sinne ist auch 1Thess 2,16c zu verstehen. *Der Aorist ἔφθασεν – und noch eindrücklicher das (textkritisch sekundäre) Perfekt ἔφθακεν – besagt dann präzise, daß das endzeitliche Vernichtungs- oder Zorngericht*

---

[50] Es ist daher kein Zufall, daß RITSCHL (s. NA[27], z.St.) und SCHMIEDEL hier *gegen* die textkritisch *völlig eindeutige Ursprünglichkeit* von V. 16c eine unpaulinische Glosse annehmen (SCHMIEDEL, 1Thess, 17, dehnt sie sogar auf V. 15f. insgesamt aus). Mit guten Gründen (und deutlichen Worten) kritisch schon LÜNEMANN, 1Thess, 70f.
[51] S. dazu oben S. 342.
[52] Vgl. dazu WILCKENS, Röm III, 25f.
[53] Zur Textform des Zitats vgl. WILCKENS, a.a.O., 25, Anm. 121: »Der Wortlaut in urchristlicher Tradition (Röm 12,19; Hebr 10,30) unterscheidet sich von LXX (ἐν ἡμέρᾳ ἐκδικήσεως ἀνταποδώσω) und steht der Version des Targums Jerushalmi II nahe (›Mein ist die Rache, und ich bin es, der vergilt‹; vgl. Targ Onkelos und Targ Jerushalmi I bei Bill III 300).«
[54] Zorn Gottes, 325f. Vgl. zum Ganzen auch MIGGELBRINK, Gott, *passim*.
[55] A.a.O., 325.
[56] Art. Rache, 86: »Ganz allgemein nähern sich Rache- und Gerichtsgedanke in hohem Maße an«.
[57] STOLZ, ebd.

(die ὀργή) bereits unausweichlich über den Evangeliumsfeinden dräut[58]*, aber erst »spürbar« über sie hereinbricht, wenn sie das Maß ihrer Sünden erfüllt haben (V. 16b).* Von daher ist dann auch die Wendung εἰς τέλος zu verstehen: Die ὀργή ist zwar bereits über die Evangeliumsfeinde wie ein dunkles Gewitter heraufgezogen, aber es dräut »auf das Ende hin«[59] und wird *erst dann* über sie hereinbrechen.[60] Der Begriff τέλος bezeichnet, wie meistens bei Paulus (vgl. 1Kor 1,8; 15,23f.[61]), ein *einmaliges, endzeitliches Datum.*[62] Daher dürfte das τέλος einen sehr konkreten Termin meinen, nämlich den »Tag des Herrn«, der den totalen Untergang (ὄλεθρος) über die Feinde Gottes bringen wird (vgl. 5,3). Dies entspricht übrigens 1,10: Dort wird die ὀργή – und es dürfte sich dort doch wohl um dieselbe *Sache* handeln wie 2,16c[63] – ausdrücklich als »kommende« (ἐρχομένη), d.h. *noch ausstehende* beschrieben.[64]

Wenn wir daher jedweder geschichtstheologischen Interpretation von V. 16c, die »nach einer sichtbaren Auswirkung des Zorns in der Zeitgeschichte« sucht, eine Absage erteilen[65] und die ὀργή als *streng futurisch-escha-*

---

[58] Wenn φθάνειν »herankommen« bedeutet, muß das ja nicht notwendigerweise implizieren, die ὀργή sei schon *aktualiter* da. Vielmehr hängt die ὀργή wie ein Damoklesschwert über den Evangeliumsfeinden. Jedenfalls ist ἔφθασεν echter Aorist.

[59] Hier kann ich LÜNEMANNS ansonsten bisher unübertroffener Auslegung nicht folgen. Nachweislich *falsch* ist übrigens die Behauptung, Lünemann gehe davon aus, »der Zorn sei bis zu seinem eigenen Ende gelangt, sei gleichsam zur Ruhe gelangt [...]« (so WOHLENBERG, 1Thess, 63)!

[60] Das Bild des *Gewitters* ziehe ich hier nicht von ungefähr heran, ist es doch schon im Alten Testament eng mit dem *Gerichtshandeln JHWHs* verbunden (vgl. z.B. 1Βασ 7,10b; Jes^{LXX} 13,9–11; 50,3; Joel^{LXX} 2,10f.; 4,15; Hab^{LXX} 3,11).

[61] Dazu HOLTZ, 1Thess, 201, Anm. 290.

[62] Ein *temporales* Verständnis von εἰς τέλος vertritt auch BOLKESTEIN, 1Thess, 71f.

[63] So auch VON DOBSCHÜTZ, 1Thess, 116; vgl. VISSER, Paraklese, 33.

[64] Die Aussagen über die ὀργή 1,9; 2,16 sind insofern *komplementär*, als sie sich auf *je unterschiedliche Aspekte* beziehen: 1,9 beschreibt *die ὀργή* (!) als »kommende« (ἡ ὀργή ἡ ἐρχομένη), bezieht sich also auf den *Ausbruch* der ὀργή, während 2,16 gewissermaßen die *Voraussetzung* des Ausbruchs der ὀργή beschreibt (ἔφθασεν ... ἡ ὀργή). Vgl. VISSER, Paraklese, 33, der zwar ein sichtbares Aufflackern des göttlichen Zorns *in der Geschichte* nicht ganz ausschließen will, aber betont: "[...] in 2:16c gaat het primair over de toorn van God op de dag des Heren."

[65] So mit Recht z.B. DIBELIUS, 1Thess, 13, demzufolge gerade »[d]as Verkennen des prophetischen Charakters dieses Satzes« (d.h. 2,16c) es verschuldete, »daß man nach einer sichtbaren Auswirkung des Zorns in der Zeitgeschichte suchte oder, weil man eine solche nicht fand, den Satz oder gar den Brief dem Paulus absprach«. Dibelius konnte ja noch nicht ahnen, welche furchtbaren geschichts-»theologischen« Interpretationen der Shoah das 20. Jh. hervorbringen sollte. Im übrigen ist das deutliche Urteil LÜNEMANNs, 1Thess, 71, gegen eine geschichtstheologisch-antisemitische Auslegung zu vergleichen (s.o. S. 401, Anm. 29). – Prinzipiell nicht ablehnend gegen geschichtstheologische Rekonstruktionen WETTER, Vergeltungsgedanke, 32.36 m. Anm. 4 u.ö., da er die ὀργή nicht ausschließlich *zukünftig* sein läßt (z.B. a.a.O., 32).

tologische auffassen,⁶⁶ wird die Aussage des Apostels doch nicht weniger scharf, im Gegenteil, denn – wie 2Makk 6,12–16 zeigt –

»Strafen, die unmittelbar auf die sie veranlassenden Taten folgen, galten als gnädige Zurechtweisung, als pädagogische Maßnahmen, die letztlich zum Heil dienten, *während die Strafe, die eintritt, wenn das Sündenmaß voll ist, als Unheil und Vernichtung angesehen wird, der nichts mehr folgt* [...].«⁶⁷

1Thess 2,16c bedeutet also nicht weniger als die *endgültige Festschreibung der Verstockung*,⁶⁸ auf die der Apostel die Gegnerschaft jüdischer (und heidnischer!) Exponenten zurückführen dürfte.

Dies zeigt übrigens – an einem Negativbeispiel⁶⁹ – einen weiteren wichtigen Sachverhalt: Zwischen der Existenz *hic et nunc* und der *zukünftigen* Existenz besteht ein unaufhebbarer *Kausalzusammenhang*:

"people who actively oppose his [sc. Paul's; E.R.] preaching already experience God's wrath [...]. This is in sharp contrast to those who are being called into the kingdom [...], which also has both present and future dimensions."⁷⁰

Die Ankündigung der *unwiderruflichen eschatologischen Vernichtung* ist freilich nicht bloße *Information* über das künftige Endgeschick derer, die mit ihrem Kampf gegen das Evangelium Gottes- und Menschenfeinde gleichermaßen sind, sondern spendet innerhalb des Schreibens des Apostels an eine *verfolgte und bedrohte* Gemeinde *Trost*.⁷¹ Die Ankündigung einer endgültigen Vernichtung der Gottesfeinde, die seine Gemeinde verfolgen, ist getragen von der Überzeugung, daß Gott seine Gemeinde nicht den Feinden preisgibt; der Sinn dieser Rede ist dagegen *nicht* in niederen Rachegelüsten einer *ecclesia triumphans* (!) zu vermuten.⁷² Es geht Paulus um *Vergewisserung und Stärkung* der Gemeinde angesichts von Verfolgung (vgl. 3,2.3a!), nicht darum, »gegen die *Menschen* zu kämpfen, die das Werk des Widersachers tun«⁷³, und also nicht darum, daß die Verfolgten nun zu Verfolgern würden (vgl. Röm 12,19f.): »Der Kampf kann nur dem Widersacher selbst gelten. Gegen den können sie indes nur so kämpfen,

---

⁶⁶ Außer mit REINMUTH, 1Thess, 130, auch mit VON DOBSCHÜTZ, 1Thess, 116. – WOHLENBERG, 1Thess, 63f., versucht übrigens, zwischen beidem zu vermitteln, *indem er die Tempelzerstörung zeitlich mit der Parusie zusammenfallen läßt* (unter der Voraussetzung einer prophetischen »Schau« dieser Ereignisse durch Paulus).
⁶⁷ REINMUTH, 1Thess, 131 (Hervorhebung E.R.).
⁶⁸ Anders MARXSEN, 1Thess, 50: »Diese Aussage über die Täter ist [...] nur dann und nur so lange richtig, wie die Täter sich diesem Tun hingeben.«
⁶⁹ Vgl. MALHERBE, 1Thess, 177.
⁷⁰ MALHERBE, ebd.
⁷¹ Vgl. WITHERINGTON III, 1Thess, 88 (im Anschluß an *Chrysostomos*).
⁷² Auch von *daher* ist jeder geschichtstheologischen Deutung eine Absage zu erteilen (s.o. S. 406f. m. Anm. 65)!
⁷³ MARXSEN, 1Thess, 50.

daß sie selbst umso konsequenter eschatologisch wandeln [...]«[74] (vgl. 1Thess 3,12f.; 4,1; 5,15!).

Da der Gemeinde die eschatologische Vernichtung ihrer Bedrücker *zugesagt* ist, muß sie sich nun nicht mehr damit aufhalten, sie in der Klage zu *fordern*.[75] Ihre Klage ist *bereits grundsätzlich erhörte Klage*; daher »können sie das erfahrene Unrecht hinnehmen und, statt den Ausgleich selbst zu besorgen, ihn Gott überlassen«[76]. In dieser Gewißheit also soll und kann die Gemeinde das Leid erdulden, ohne Bitternis gegen ihre Feinde aufwachsen zu lassen (vgl. Röm 12,14.19f.). *Paulus hätte – so kann man pointiert vielleicht sagen – in seinen Gottesdiensten wohl kaum Rachepsalmen angestimmt, sondern die Gemeinde angesichts des nahen Endes zur Duldsamkeit ermuntert.*[77] Statt Rachepsalmen zu beten, flehte er: »*Maranatha!*« (1Kor 16,22).[78] In *diesem* Ruf drängt sich denn auch die ganze gespannte Hoffnung des Apostels zusammen, die ihn in der »Karsamstags-Existenz« *ausharren* läßt (vgl. Röm 5,3–5).

---

[74] MARXSEN, 1Thess, 50f.

[75] Aber selbstverständlich hat Paulus das Leid *als Leid ernstgenommen*: »Haben wir auch kein Zeugnis dafür, daß Paulus selbst ganze Klagepsalmen gebetet hat, so steht doch in jedem Fall von den Briefen her fest, daß ihn seine Leiden nicht stumm machten, sondern ihn nötigten, sie laut und variantenreich zur Sprache zu bringen vor Gott und den Menschen. [...] Daß spätere christliche Theologie das paulinische Leidensverständnis v.a. mit stoischen und platonischen Gedanken und Wertvorstellungen überlagert hat und dabei die Klage aufs äußerste sublimierte, um statt dessen die Unerschütterlichkeit zur christlichen Tugend zu erheben [...], wird von den paulinischen Texten nicht gedeckt« (KLEINKNECHT, Der leidende Gerechtfertigte, 385).

[76] WILCKENS, Röm III, 25.

[77] Einer Gemeinde, die Ψ 68 hätte beten wollen, hätte er vielleicht Ψ 36 anempfohlen (V. 7–13!).

[78] Davon *ausgenommen* sind bei Paulus bezeichnenderweise die Irrlehrer (vgl. 1Kor 16,22; Gal 1,8f.).

3. Das Wesen der sog. »eschatologischen Spannung« (Zusammenfassung)

Wie inzwischen deutlich geworden sein dürfte, betrifft die *schon jetzt* ἐν Χριστῷ erfahrene καινὴ κτίσις *insofern nicht* den Körper (oder Leib) und was mit ihm zusammenhängt (also die *conditio humana*), als die – in Analogie zu Christi Auferstehung – *leibliche* Auferstehung der Christusgläubigen ja noch *aussteht*. Das erhellt z.B. aus den *futurischen* Formulierungen von Röm 6,5.8[1]; 1Kor 15,49 und der Differenzierung zwischen dem gegenwärtigen εἶναι ἐν Χριστῷ und dem zukünftigen εἶναι σὺν Χριστῷ (vgl. z.B. 1Thess 4,16f.) und ist namentlich mit unserer Auslegung von *Röm 7,13–25* kompatibel.

Aus der vorläufigen (!) Inkonzinnität des Geschicks Christi und der Christusgläubigen ergibt sich eine zwischenzeitliche »Spannung«, die präzise darin gründet, daß die Christen bereits jetzt zwar des Todes Christi teilhaftig sind, aber noch nicht seiner Auferstehung. Sie leben mithin eine Karsamstags- oder Grabes-Existenz (Röm 6,4) – zwischen der Kreuzigung-mit-Christus (Röm 6,3.5a.8a) als prinzipieller (!) Entledigung von der Sünde und der (noch ausstehenden) Auferstehung als Leben-mit-Christus (Röm 6,5b.8b), die als umfassende Neuschöpfung über 2Kor 5,17 hinausgehend auch ihren (noch sterblichen) Körper umfaßt. Dabei ist die Nichtung des irdischen Körpers (mit anschließender Auferweckung in neuer Leiblichkeit) bzw. seine Verwandlung notwendig, denn der Körper (auch der des Christen!) paßt so, wie er (postlapsarisch!) nun einmal ist und bis zur Auferweckung bzw. Verwandlung auch bleibt, nicht ins Reich Gottes (vgl. 1Kor 15,50–53; Phil 3,20f.). Er ist und bleibt – wie Röm 7,13–25 zeigt – sündigen Begierden (ἐπιθυμίαι) ausgeliefert, weil »auch der Pneumatikos noch ἐν σαρκί *ist, wenn das* κατὰ σάρκα *in der Taufe starb.«*[2]

Darum und insoweit also lebt Christusgläubige in einer *spannungsreichen Zwischenzeit*. Dieses Leben kann man aus kulturanthropologischer Sicht mit Chr. STRECKER als *»permanent liminale Existenz«* bezeichnen.[3] Man hat diesbezüglich häufig auch von einer *»eschatologischen Spannung«* gesprochen, obwohl dieser Begriff nicht eben glücklich gewählt ist.[4] Mit W. SZYPUŁA kann diese sog. »eschatological tension« aber *sachlich* zutreffend wie folgt beschrieben werden:

---

[1] S. dazu oben S. 278–280.
[2] KÄSEMANN, Leib, 133.
[3] Liminale Theologie, 247 u.ö. Vgl. zum Ganzen bes. a.a.O., 230–244.
[4] Vgl. dazu KWON, Eschatology, 13–16 (s.o. S. 330 m. Anm. 14).

"This tension is of an existential character, and no Christian still in the human body can avoid it. The apostle depicts Christian existence in the post-resurrection/pre-parousia epoch through the lens of this bi-polar reality."[5]

Den *Grund* für diesen »state of tension« sieht SZYPUŁA richtig in der »fundamental incongruity between the earthly state in which believers now exist and the heavenly condition in which believers simultaneously participate but whose fullness they still anticipate«.[6]

Zuvor ist noch *Kampfzeit*. Dies gilt in zweierlei Hinsicht: Der noch im *alten* Leib sich befindende *neue Mensch* kämpft mit den bei Paulus offenbar durchaus körperlich vorgestellten »Leidenschaften«. Das ist *nicht* – um es noch einmal zu betonen – Ausdruck einer grundsätzlichen Leibfeindlichkeit, sondern ein Wissen um die Unvollkommenheit *dieses* (postlapsarischen) Leibes. Der Kampf gegen die irdisch-sarkischen Begierden ist aber – bei aller Schärfe – *kein* Existenzkampf. Der Tod als »der Sünde Sold« liegt *definitiv hinter* dem Christen, so wahr er mit Christus auf Golgatha gestorben *ist*. Die Heilsgewißheit gründet in der heilschaffenden *Vergangenheit* (»Geschichte«) des Christus, und hier darf nichts abgemarktet werden. Der Christ *ist* kein *Sünder* mehr, wiewohl er sich noch mannigfach verfehlen – und in diesem populären Sinne »sündigen« – kann. *Theologisch* betrachtet, *ist* der Christ bereits »neue Kreatur« – und auch hier darf man nichts abmarkten.[7] Freilich ist er »neue Kreatur« erst so, daß er dieses neue *Sein* nur in gebrochener Weise *lebt*, leben *kann*. Sein und Handeln sind im Hier und Jetzt noch nicht völlig zur Deckung gebracht. Heil wäre demnach das Erreichen der Identität von Sein und Tun, doch steht genau dies unter dem eschatologischen Vorbehalt, wie ja auch die σωτηρία rein eschatologisch ist. Der Christ als *iustus* steht also in der Spannung, daß er zuweilen gegen sein Sein handelt, d.h. mit sich selbst nicht identisch ist. Das wiederum unterscheidet ihn vom Sünder, der ja im

---

[5] Spirit, 384. Inwiefern diese "existential tension needs to be differentiated from the moral/spiritual conflict also evident in the writings of the apostle" (ebd.; hierbei denkt er an Gal 5,16f.), ist noch gesondert zu untersuchen. Angesichts von Röm 7,14–25 ist – das sei schon jetzt betont – *diese* Behauptung jedenfalls problematisch: "However, the existential tension in the Christian life is, in Paul's view, *unlike moral and spiritual struggles*. For while *a person can successfully battle the forces of sin and moral weakness*, he or she stands utterly helpless and powerless in the face of mortality" (a.a.O., 385 [Hervorhebungen E.R.]).

[6] Ebd.

[7] Verfehlt ist es daher, wenn etwa BRYANT, 2Kor, 91, zu 2Kor 5,17 schreibt: « Nous n'avons pas besoin de dire que, *même si le temps de ces verbes indique un fait accompli, il reste encore quelques petits détails à régler avant sa réalisation complète dans notre vie*. Mais nous avons ici la description de toute personne et de son *potentiel* en Christ. Nous sommes exhortés vivement dans les Écritures à 'marcher d'une manière digne de la vocation qui (nous) a été adressée…' (Eph. 4.1), faisant ainsi accorder notre expérience à notre position » (Hervorhebungen E.R.).

Sündigen genau seinem Sein *entsprechend* handelt. Nur aus dieser Logik heraus lassen sich auch die paulinischen Paraklesen recht verstehen: Paulus spricht die Gemeinden immer wieder auf ihr *Sein* (!) an, um ihnen vor Augen zu führen, inwiefern sie in ihrem *Tun* nicht ihrem *Sein* entsprechen.[8] Demgegenüber sagt Röm 1, daß Gott die Sünder genau deswegen in die Sünde gibt, weil sie damit das tun, was sie sind, und damit das erreichen, was sie ihrem Sein entsprechend beabsichtigen.

Es ist aber nicht nur »persönliche«, sondern zugleich auch *kosmische* Kampfzeit. Der Herrschaftsanspruch des erhöhten Christus kollidiert aufs Schärfste mit den weltlichen Herrschaften und Despoten. Die ἄρχοντες τοῦ αἰῶνος τούτου weichen ihm nicht kampflos. Er muß sich im Kampf siegreich erweisen. *Dieser* Kampf ist nun – anders als der Kampf des Christen gegen seine Begierden – in der Tat ein *Existenzkampf* auf Leben und Tod. Am Ende – darauf *hofft* die Christenheit, und diese Hoffnung ist eine begründete – steht der umfassende Sieg des erhöhten Christus und die ebenso umfassende Niederlage der ihm widerstehenden Mächte und Gewalten (1Kor 15,24–28). Die kommende ἡμέρα τοῦ κυρίου ist jener Zeitpunkt der unwiederbringlichen Vernichtung aller Gottesfeinde. Sie werden dem Tod übergeben, ausgelöscht, der nun freiwerdende *Raum* wird zum Herrschaftsgebiet Gottes. Welt und Gottesherrschaft werden nun zur Deckung gebracht – das ist die eschatologische βασιλεία τοῦ θεοῦ, in der »Gott sein wird alles in allem« (1Kor 15,28). Für Paulus gibt es keine »neutralen« Räume: was nicht von Gott besetzt ist, gehört dem Feind – und umgekehrt. Daher ist die ἡμέρα τοῦ κυρίου mit der endgültigen Vernichtung der Gottlosen *zugleich* der Zeitpunkt der παρουσία mit der Auferweckung der verstorbenen Christen bzw. der Verwandlung der noch lebenden Christen. So wird die σωτηρία im gleichen Augenblick ins Werk gesetzt wie die Vernichtung der gottfeindlichen Mächte bzw. *ist* diese Vernichtung die Kehrseite oder die Voraussetzung der σωτηρία.

Nun endlich ist der (vorläufige) »Dualismus« aufgehoben: die Wirklichkeit Gottes ist nunmehr die *einzige* Realität – Konkurrenzdeutungen der *einen* Wirklichkeit sind ausgeschlossen, weil erstens die selbsternannten Konkurrenten vernichtet sind und zweitens der Glaube zum Schauen geworden ist. Ebenso ist der Christ als *iustus* in einem *neuen* Leib nun gar nicht mehr in der Lage, sich zu verfehlen, zu »sündigen«. Nun endlich lebt und handelt er *völlig* identisch mit seinem ihm von Gott bereits in der καταλλαγή geschenkten Sein. Auch *so* ist Gott nun »alles in alle*m* und all*en*« – und genau das ist im letzten und tiefsten das Ziel paulinischer Eschatologie.

Überblicksartig könnte man das Problem der sog. »eschatologischen Spannung« abschließend nun etwa folgendermaßen ins Bild setzen:

---

[8] Vgl. dazu z.B. SCHMIDT, Untersuchung, 150–156.

IV. Die »Karsamstags-Existenz« der Christen

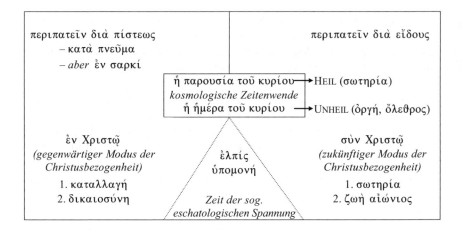

C. Ausblick: Die Bedeutung des relational-ontologischen Denkens für das Ganze der paulinischen Theologie

Es bleibt nun noch die Aufgabe, in einem kurzen Ausblick Rechenschaft über die *sachliche* Bedeutung relational-ontologischer Denkstrukturen für die paulinische Theologie als ganze zu geben (I.) und von daher die Frage zu beantworten, welchen *Stellenwert* relational-ontologisches Denken bei Paulus einnimmt (II.).[1] Hier *nicht mehr* geklärt werden kann indes die ebenfalls wichtige Frage nach der Stellung der paulinischen Schriften – insbesondere hinsichtlich ihres relational-ontologischen Denkens – *im Ganzen des neutestamentlichen Kanons.*[2]

I. Relational-ontologische Denkstrukturen bei Paulus

Wir kommen damit zum anspruchsvollsten und zugleich wohl umstrittensten Teil dieser Arbeit, wenn es darum geht, *Denkstrukturen* nachzuweisen, die beim Apostel – das ist die *crux* dieses ganzen Unternehmens – nirgends *als solche* thematisch werden, von denen aber mit guten Gründen[3] *anzunehmen* ist, daß sie im Hintergrund seiner Äußerungen stehen.

---

[1] Damit versuche ich zugleich, die schon eingangs zitierte *Problemanzeige* von J. WALTER (s.o. S. 45, Anm. 5) gebührend zu berücksichtigen.

[2] Erinnert sei hier nur an eine Mahnung, die J. WEISS schon 1896 ausgesprochen hat: »Zum Verständnis der Individualität des Paulus gehört auch die Beantwortung der Frage nach ihrem Verhältnis zu dem Boden, auf dem sie gewachsen ist. [...] Für weite Kreise ist diese Frage zugunsten der völligen Originalität des Paulus beantwortet und auf Kosten des urchristlichen Mutterbodens. Seit dem Wirken der Tübinger Schule hat man über der relativ reichen Hinterlassenschaft des Paulus und bei dem hellen Lichte, in welchem seine Persönlichkeit erstrahlt, die übrige Litteratur und die etwa ihr zugrunde liegenden Gemeindekreise nicht nur erheblich geringer geschätzt und ihnen die Originalität abgesprochen, sondern überhaupt mehr oder weniger das Vorhandensein einer von Paulus noch unbeeinflußten und in wesentlichen Dingen selbständigen Litteratur geleugnet« (Probleme II, 8). – Von besonderem *inhaltlichem* Interesse wäre in *unserem* Zusammenhang etwa eine Überprüfung der These P. WERNLES: »Man kann sagen, Paulus habe vom Menschen schlechter, vom Christen besser als Jesus gedacht« (Sünde, 127).

[3] S. dazu oben S. 44–412.

Immerhin dürfte auch der *Vorteil* solcher Bemühungen deutlich sein: Man darf sich nämlich von einer solchen Untersuchung durchaus versprechen, den inneren Zusammenhang – in diesem Sinne: die *innere Logik* – der immer als Gelegenheitsschreiben verfaßten Briefe des Apostels zu erfassen und dem auf die Spur zu kommen, was man gemeinhin »paulinische Theologie« nennt.

Zur *zusätzlichen Plausibilisierung* relationalen Denkens bei Paulus kann darauf hingewiesen werden, daß in sog. *traditionellen Gesellschaften* (wozu m.E. die Lebenswelt des Apostels Paulus zu rechnen ist) *Beziehungen* ein sehr viel größeres Gewicht zugemessen wird als in sog. modernen, individualistischen Gesellschaften, worauf etwa S.M. NGEWA jüngst in seinem Galaterbriefkommentar aufmerksam gemacht hat. Unter der Überschrift »Three Key Relationships« legt er Gal 6,1–10 aus (DERS., Gal, 157–166) und bemerkt eingangs (a.a.O., 157): "African societies have always paid close attention to relationships, even very distant ones. But the modern generation pays less attention to relationships beyond uncles and cousins. In other words, times change. There are, however, some basic principles in relationships that are not affected by the times. These are what Paul looks at in terms of our relationship with others, with ourselves and with God."

1. Exklusive Machtbereiche und relational-ontologisch wirksame Seinssphären

Wir haben gesehen, daß Paulus unbeschadet »dialektischer« Ausdrucksformen *kein eigentlich »dialektischer Denker«* ist, wie oft behauptet wird.[1] Hier ist insbesondere an den überaus wichtigen Hinweis von G. HOTZE zu erinnern, daß die von Paulus ins Spiel gebrachten Paradoxien »*vorläufige, vorübergehende* Erscheinungen« sind, deren *begrenzte* Geltung von der »streng futurischen Ausrichtung des paulinischen Evangeliums« vorgegeben ist, »das die endgültige Überwindung aller Widersprüche verheißt (vgl. 1 Kor 15,28 ὁ θεὸς πάντα ἐν πᾶσιν).«[2] Darum ist der Apostel

»*von seinem Grundanliegen her kein Dialektiker.* [...] Der Apostel sieht sich Paradoxien ausgesetzt und stellt sich ihnen mit notwendiger Konsequenz, aber *sein Ziel ist es nicht, gleichsam in ihnen zu ›schwelgen‹, sondern sie zu überwinden.*«[3]

Das Denken des Apostels ist von seinem Ansatz und seiner Ausrichtung her mithin *streng kontradiktorisch*[4], wie auch G. EBELING beobachtet hat: »Das Erstaunlichste an der Sprache des Paulus ist die antithetische Zusammenballung.«[5] Es ist dies präzise

eine »Antithetik, mit der Paulus *ohne Einschränkungen und Übergänge* in einer – wie es scheint – unerhört vereinfachenden und gewaltsamen Schwarz-weiß-Manier Sünde und Gerechtigkeit, Gesetz und Verheißung, Werke und Glaube, Gefangenschaft und Freiheit, das Sein unter dem einen und das Sein aus dem anderen, die Zeit des einen und die Zeit des andern *gegeneinanderstellt*«[6].

---

[1] So z.B. LONG, Rhetoric, 228, der indes keinen Gegensatz zwischen Dialektik und Antithese zu kennen scheint: "First, he [sc. Paul; E.R.] is a dialectical thinker; his argumentation gravitates towards antitheses to a tremendous degree. He constantly juxtaposes opposing notions in order to draw his readers to a desired conclusion."

[2] Paradoxien, 355.

[3] HOTZE, a.a.O., 354 (Hervorhebungen E.R.). Zum Ganzen s.o. S. 364f.391.

[4] Man beachte die überaus häufig wiederkehrende Konstruktion οὐκ (μή) – ἀλλά (»nicht – sondern [nur]«): vgl. z.B. 1Kor 2,4f.13; 4,20. Allein für 2Kor zählt LONG, Rhetoric, 227, 38 Belege des rhetorischen Topos der *contradictio* (*ex pugnantibus*), für den es zahlreiche Parallelen aus profan-antiken *forensischen Reden* gibt (s. a.a.O., 228). Vgl. zum Ganzen v.a. SCHNEIDER, Antithese, *passim*. Von einer dialektischen Verbindung der beiden jeweils einander gegenübergestellten Größen ist an *keiner* dieser Stellen die Rede!

[5] Wahrheit, 269.

[6] EBELING, ebd. (Hervorhebungen E.R.). Ähnlich, aber mit anderer Intention schon WERNLE, Sünde, 127: »Wie er [sc. Paulus; E.R.] immer in schroffen Antithesen denkt, so überfliegt er in der Regel die nüchterne Mitte; es wird ihm schwer, die Dinge zu sehen, wie sie sind.« Der *letzte* Satz ist m.E. entschieden zu bezweifeln!

Paulus redet und denkt grundsätzlich in einander ausschließenden *Gegensätzen*,[7] die Ausdruck der paulinischen »*Umwertung der Werte*« sind[8] und gerade aufgrund ihrer *Ausschließlichkeit* nicht gleichzeitig gelten *können*.[9] Es gilt *grundsätzlich* ein *scharfes Entweder-Oder* – und dementsprechend *scharf* ist auch der Ton des Apostels, wenn er Fehlverhalten in seinen Gemeinden tadeln muß, denn es geht dabei letztlich immer um die im wahrsten Sinne des Wortes *existenzielle* Frage, aus bzw. in welcher Beziehung die Christen leben: ἐν Χριστῷ bzw. ἐν πνεύματι – oder ἐν σαρκί. Kompromisse aller Art *kann* der Apostel *deshalb* niemals zulassen. Es steht immer das *ganze* Christsein auf dem Spiel, wenn Einzelne oder ganze Gemeinden so handeln, wie es ihrem – jedenfalls *bis dahin* (!) bestehenden – »Sein in Christus« gerade *nicht* entspricht. Der bei Paulus zuweilen festgestellte »ethische« Rigorismus ist zutiefst *soteriologisch-ekklesiologisch* motiviert, und umgekehrt ergibt sich dieser Rigorismus erst aus der soteriologisch-ekklesiologischen Relevanz mancher ethischer Probleme.[10]

Um jeglichem *Mißverständnis* zu wehren, muß sogleich betont werden, daß dieser »ethische« Rigorismus sich *ausschließlich* auf Fehlverhalten bezieht, das die Christusgemeinschaft und die innergemeindliche κοινωνία gefährdet. Es geht also immer um die Frage, ob ein Fehlverhalten *dergestalt* Auswirkungen hat, daß die das *Sein* des Christen bestimmenden, als solche Ausschließlichkeit beanspruchenden Beziehungen verletzt werden. Fehlverhalten wird *nur dann* soteriologisch (und ekklesiologisch) relevant, wenn von ihm relationsontologisch relevante »Verwerfungen« zu befürchten sind. Damit aber steht für Paulus auch gar nicht die Ethik (oder gar die »Moral«) *als solche* im Mittelpunkt!

---

[7] Vgl. dazu nach J. WEISS, Rhetorik, 13ff., auch dessen Schüler BULTMANN, Stil, 79: »Außerordentlich häufig ist auch bei Paulus der Gebrauch der Antithese [...]. Mit Recht macht er [sc. J. Weiß; E.R.] darauf aufmerksam, wie bei Paulus das Bedürfnis nach antithetischem Ausdruck so stark ist, daß er der scharfen antithetischen Formulierung zu liebe sogar die Genauigkeit des Gedankens verkürzt.« Vgl. ferner HÜBNER, Theologie II, 292: »Das Denken des Paulus ist ein *Denken in Gegensätzen*. [...] Dahinter steckt ein *Wirklichkeitsverständnis*, das das Gegebene eben nicht in oberflächlicher Eindimensionalität zu begreifen bereit ist.« Er fährt fort (ebd.): »Wirklichkeit ist zudem für Paulus immer *existential* gedacht. In all seinen theologischen Begriffen denkt ja Paulus den Menschen mit. Oder soll man gar sagen: All seine theologischen Begriffe sind vom Menschen her gedacht, wobei jedoch wiederum der Mensch in seiner *Relationalität* verstanden ist, nämlich in seiner Relation zu Gott, sei sie gut, sei sie schlecht?« Allerdings spricht HÜBNER, ebd., in diesem Zusammenhang *zugleich* von »Dialektik«, was seine Ausführungen leider etwas undeutlich macht.

[8] Damit übrigens erklärt BULTMANN, a.a.O., 80, den »starken Gebrauch von der als *Paradoxie* wirkenden Antithese« bei Paulus (s. z.B. 2Kor 4,8–11; 2Kor 6,9f.).

[9] S. dazu oben S. 119 u.ö.

[10] Vgl. dazu SCHMIDT, Heilig, 395f. m. Anm. 1545. Ihm zufolge hat sich in den letzten Jahren übrigens »ein beachtlicher exegetischer Konsens dazu herausgebildet, dass Paulus in 1Thess keine von Werken losgelöste Heilsgewissheit kenne; stattdessen bekomme Ethik in einem sich auf die Werke beziehenden Endgericht sehr wohl soteriologische Qualität« (ebd., Anm. 1545).

1. Exklusive Machtbereiche und relational-ontologisch wirksame Seinssphären

Vor diesem Hintergrund ist klar, warum πορνεία und εἰδωλολατρία *grundsätzlich* verboten sind, während das Essen von – substanzontologisch unbedenklichem – Götzenopferfleisch *grundsätzlich* erlaubt ist – *es sei denn*, die innergemeindlichen Beziehungen (zum Bruder, zur Schwester) werden dadurch beeinträchtigt: Wäre dies der Fall, würde aus dem substanzontologisch unbedenklichen Genuß von Götzenopferfleisch ein relationsontologisch höchst bedenklicher Verstoß gegen das Liebesgebot, ja ein Vergehen »gegen den Bruder, um dessentwillen Christus gestorben ist« (Röm 14,15; vgl. 1Kor 8,11f.), damit aber auch ein Vergehen gegen Christus selbst. Auf diese Weise können also auch die sog. Adiaphora zum ethisch-soteriologischen Problem werden. Das bedeutet – übrigens ganz im relationsontologischen Sinne –, daß es auch Adiaphora *an sich* nicht gibt!

Paulus macht auf diese Weise mit dem synoptischen Grundsatz der *Unmöglichkeit doppelter Dienstbarkeit* Ernst: »Man kann nicht zwei Herren dienen; entweder, man liebt den einen und haßt den anderen, oder haßt den einen und liebt den anderen.« Ganz entsprechend läßt Paulus den 1. Korintherbrief mit den Worten enden: »Wer den Herrn nicht liebt, sei verflucht!« (1Kor 16,22). Ein schiedlich-friedliches oder auch dialektisches *Simul* ist dem Apostel hier völlig fremd: *entweder* Christus *oder* die Sünde, *entweder* Gott *oder* die Dämonen, *entweder* der Geist *oder* das Fleisch – *tertium non datur*.[11]

Damit sind zugleich einige der (durchaus *personalen*) Größen benannt, in deren Einflußbereich ein Mensch prinzipiell stehen kann. Paulus ist – um noch einmal G. EBELING zu zitieren – ganz »daran orientiert, woraus gelebt wird und worauf sich das Leben hinbewegt«[12]; er ist *letztlich* orientiert an der »alles bestimmende[n] Relation zu Jesus Christus«[13]. In den »relationalen Sprachformen des Paulus« bzw. in der diesen zugrundeliegenden Einsicht kann man darum mit Recht »den alles ordnenden Grundgedanken des Paulus [...], das Organisationsprinzip seines Denkens« sehen.[14] Sein relational-ontologisches Denken ist – als »Denken in Machtsphären«[15] – zugleich ein *räumliches* Denken«, der häufige Gebrauch der Präposition ἐν in diesem Zusammenhang darum durchaus nicht zufällig. Darin kommt zum Ausdruck, daß Paulus Beziehungen immer in (ausschließlichen) *Beziehungsräumen* – und damit ihrerseits *in (exklusiver) Gemeinschaft* – verortet sieht.[16]

---

[11] Gegen LUTHER, WA 56, 347,2–6: *Vide, vt vnus et idem homo simul seruit legi Dei et legi peccati, simul Iustus est et peccat! Non enim ait: Mens mea seruit legi Dei, Nec: Caro mea legi peccati, Sed: ego, inquit, totus homo, persona eadem, seruio vtranque seruitutem.* Gerade *das* sagt Paulus *nicht* (s.o. S. 388–392)!

[12] Wahrheit, 271.

[13] EBELING, a.a.O., 198f.

[14] Vgl. EBELING, Wahrheit, 190–199 (Zitate: a.a.O., 270f.).

[15] SCHNELLE, Paulus, 361, Anm. 93.

[16] Der Begriff »Christusbeziehung« ist darum zu vermeiden, weil im Sinne einer rein individuellen »Jesus-Beziehung« mißverständlich. So sehr Paulus den einzelnen Gläubi-

Dieses streng *relational*-ontologische Denken des Apostels Paulus wirkt sich übrigens dergestalt aus, »*daß seine Gedankengänge etwas sehr Elastisches haben*«, wie schon W. WREDE zutreffend bemerkt hat[17]. Denn dem Denken *in* Beziehungen und *von* Beziehungen *her* eignet *eo ipso* eine gewisse *Dynamik*.[18] Dabei sind freilich »[g]ewisse unverrückbare Hauptlinien« vorhanden[19], die *alle* um die o.g. ›alles bestimmende Relation zu Jesus Christus‹ kreisen. Mit Blick auf diese Christus-Relation hat schon H. SEESEMANN mit Recht betont:

»Paulus denkt nicht statisch; für ihn ist die Berufung in die Gemeinschaft Christi nicht ein so weit abgeschlossenes Ereignis der Vergangenheit, daß der Gläubige nicht im Herrnmahl die κοινωνία Χριστοῦ immer aufs neue erleben könnte und müßte. Dynamisches Denken ist für Paulus charakteristisch; Gott, der die Gläubigen einmal in die Gemeinschaft seines Sohnes berufen hat, vergewissert sie im Herrnmahl immer wieder der κοινωνία τοῦ υἱοῦ αὐτοῦ.«[20]

---

gen nicht im Kollektiv aufgehen läßt, so sehr widersetzt sich sein Denken *jeglichem* Individualismus.

[17] Paulus, 48 (Hervorhebung E.R.).

[18] Das hat z.B. HAGENOW, Gemeinde, 207, treffend zur Sprache gebracht: »Die paulinische Theologie ist grundsätzlich dynamisch und relational angelegt und lebt von der Spannung zwischen kollektiven und individuellen Aspekten.« Zum Ganzen s.o. S. 277f.

[19] WREDE, ebd. Er *irrt* allerdings, wenn er fortfährt: »[...] im übrigen bewegt sich das Denken von Brief zu Brief, ja von Kapitel zu Kapitel *recht sorglos und frei, ganz unbekümmert um die logische Übereinstimmung des Einzelnen*. Die Gesichtspunkte und Begründungen wechseln, sie durchkreuzen einander, *ohne daß Paulus es merkt*. Es ist daher gar keine Kunst, *Widersprüche* bei ihm aufzustöbern, *selbst in Hauptgedanken*« (a.a.O., 48f. [Hervorhebungen E.R.]). Der Vorwurf der Inkonsistenz fällt auf Wrede selbst zurück, der zwar die Elastizität des paulinischen Denkens erkannt hat, das Zentrum desselben *hier* jedoch nur unzureichend zur Geltung bringt, was den Vorwurf der Widersprüchlichkeit erst ermöglicht. Es ist indes bemerkenswert, daß derselbe Wrede der paulinischen »Lehre« (!) *zugleich* eine »große[...] Geschlossenheit« attestiert (a.a.O., 65; vgl. ähnliche Urteile a.a.O., 48.61 u.ö.) und schließlich bemerkt, die Theologie des Apostels sei »nichts ohne den Kern seiner Christuslehre« (a.a.O., 106), was seiner Grundeinsicht entspricht: »die ganze paulinische Lehre ist Lehre von Christus und seinem Werk; dies ist ihr Wesen« (a.a.O., 53).

[20] Begriff, 51 (s. dazu auch oben S. 78, Anm. 147).

2. Simul peccator et Iustus? »Karsamstags-Existenz« und »vorläufiger Dualismus«

Machen wir mit der paulinischen Sicht ernst, daß der Mensch immer ein Mensch in einem bestimmten *Machtbereich* ist – oder schärfer: ein Mensch *in und durch Beziehung* –, stellt sich unweigerlich die Frage nach der Berechtigung der berühmten Formel *simul peccator et Iustus*[1], die bisweilen geradezu als Kern reformatorischer Theologie betrachtet wird.[2]

Nun gilt freilich für *alle* Formeln, daß sie – gerade *aufgrund* ihrer massiven Aussage-Verdichtung – im höchsten Grade interpretationsbedürftig sind, wie die Untersuchung der »Formel« ἐν Χριστῷ deutlich gezeigt hat. Die folgenden Ausführungen wollen aber ausdrücklich nicht als Beitrag zur *Luther*-Interpretation verstanden werden, und ebensowenig soll damit der alte Streit um die Datierung der sog. »reformatorischen Wende« befeuert werden, obwohl sie angesichts des sogleich darzulegenden Befundes m.E. eher später als früher anzusetzen sein dürfte.[3]

Positiv zu würdigen ist das *Simul* zunächst insofern, als es »einer jeden undialektischen theologia gloriae kritisch entgegenzuhalten« ist.[4] Sodann ist

---

[1] Vgl. LUTHER, WA 56, 70,9f.; 272,17; ähnlich a.a.O., 269,21f.23f. (*simul sunt Iusti et Iniusti* bzw. *simul sunt Iniusti et Iusti*); a.a.O., 270,10 (*simul peccatores et non-peccatores*) u.ö. – Am bekanntesten ist zweifellos die o.g. Stelle WA 56, 272,16–21: *Nunquid ergo perfecte Iustus? Non, Sed simul peccator et Iustus; peccator re vera, Sed Iustus ex reputatione et promissione | Dei certa |, quod liberet ab illo, donec perfecte sanet. Ac per hoc sanus perfecte est in spe, In re autem peccator, Sed Initium habens Iustitie, ut amplius querat semper, semper iniustum se sciens.*

[2] So z.B. – durchaus wohlwollend – der römisch-katholische Theologe G. HOTZE (Paradoxien, 346–351, bes. 347.351 m. Anm. 22). Dezidiert *anders* z.B. der evangelische Theologe H. UMBACH (s.u. S. 421 m. Anm. 11).

[3] Mit BAYER, Luthers Theologie, 41–53, bes. 47f., der in der hermeneutischen Einsicht Luthers, daß »das signum selbst schon die res, das sprachliche Zeichen selbst schon die Sache ist«, und die sich in einem spezifischen *promissio*-Verständnis ausdrückt, »seine im strengen Sinn reformatorische Entdeckung« erblickt (a.a.O., 48). UMBACH, a.a.O., 35–38, sieht in der *Rationis Latomianae refutatio* (1521) »bereits eine Differenzierung im Sündenbegriff bei Luther« (36) und deshalb in dieser Schrift »Übergang und Brücke zwischen dem Sündenverständnis der Römerbriefvorlesung 1515/16 und dem von *De servo arbitrio* 1525« (35). Im Antilatomus deute sich »gegen die scholastische Tradition über den paulinisch gefundenen Begriff der *Gnade als Machtbereich über den ganzen Menschen der Machtaspekt als Strukturelement auch der Sünde* an bis in die letzten Konsequenzen hinein« (37). – Die an diesem Punkt zu beobachtende *Entwicklung* Luthers läßt LICHTENBERGER, Ich Adams, 24–28, leider ganz außer Acht.

[4] Mit HOTZE, a.a.O., 351, der darauf insistiert, *nach* Paulus habe »kein theologischer Ansatz mehr das Recht, den Stachel des Kreuzes einfach zu entfernen und das Evangelium mit der Welt zu ›harmonisieren‹« (ebd.).

aber mit G. HOTZE noch einmal auf die entscheidende *Grenze* solcher »Simultaneität« hinzuweisen:

»Der ›alte‹, [...] mit Christus gekreuzigte und gestorbene Mensch war der ›aktive‹ Sünder κατὰ σάρκα; der ›äußere‹ Mensch ist der ›passiv‹ ἐν σαρκί wandelnde, noch unter den Auswirkungen des alten Äons leidende Apostel oder Glaubende. *Der Unterschied beider anthropologischer Gegensätze liegt im zeitlichen Verhältnis ihrer Antithesen: Alter und neuer Mensch (Röm 6) stehen in Sukzessivität zueinander, äußerer und innerer Mensch (2 Kor 4) in Simultaneität* [...].«[5]

Soll also die Formel *simul peccator et Iustus* auf das Verhältnis von »altem« und »neuem« Menschen – d.h. auf das *Wesen* des Menschen *in toto* – angewandt werden, ist sie als unpaulinisch zurückzuweisen. Soll die Formel dagegen zum Ausdruck bringen, daß auch der in Christus Gerechtfertigte während der Zeit des Glaubens (περιπατεῖν διὰ πίστεως) noch *sub conditionibus peccati* (ἐν σαρκί) lebt (vgl. Gal 2,20b), kann sie als zutreffende Beschreibung dieser sog. »eschatologischen Spannung« gelten, die namentlich im Bereich des noch nicht verwandelten und daher *unvollkommenen Leibes mitsamt Emotionalität (»Sinnlichkeit«) und Vernunft* anzusiedeln ist. Nach Gal 6,1 kann ja auch der Christ – wiewohl grundsätzlich von der Sünde befreit und vom Geist geleitet (Seinsaspekt) – noch von einem παράπτωμα überfallen werden (Tataspekt), mag man dieses Fehlverhalten nun »Sünde« nennen oder nicht.[6] Besser wäre darum – mindestens formal mit LUTHER – über den Christen zu sagen: *simul Iustus est et peccat*[7] – oder *präziser* und frei nach AUGUSTINUS: *Iustus est et non peccare potest.*[8]

Es ist *im paulinischen Sinne sachgemäß*, daß Luther anscheinend – wie H. UMBACH zu zeigen versucht – das »dialektische Bild« vom Menschen als – kraft der behaupteten

---

[5] Paradoxien, 299, Anm. 246 (Hervorhebung E.R.).

[6] Vgl. BUSCEMI, Gal, 576: "I cristiani sono stati liberati dal peccato, sono guidati dallo Spirito, ma non sono per nulla impeccabili: per essi la caduta è ancora possibile."

[7] WA 56, 347,3f. (Römerbriefvorlesung, 1515/16). Dieses Zitat führt u.a. auch KÜMMEL, Bekehrung, 95, an. Ein Blick auf den Kontext zeigt allerdings, daß LUTHER hier – *gegen Paulus* – von der *ganzen Person* des Christen spricht (vgl. auch a.a.O., 343,8–19): *Duodecimum: Igitur Ego ipse mente seruio legi Dei, Carne autem lege peccati [7,25]. Hoc omnium expressissimum est. Vide, vt vnus et idem homo simul seruit legi Dei et legi peccati, simul Iustus est et peccat! Non enim ait: Mens mea seruit legi Dei, Nec: Caro mea legi peccati, Sed: ego, inquit, totus homo, persona eadem, seruio vtranque seruitutem. Ideo et gratias agit, Quod seruit legi Dei, et misericordiam querit, quod seruit legi peccati. Quis hoc de Carnali asserat homine, quod seruiat legi Dei? Vide nunc, quod supra dixi, Quod simul Sancti, dum sunt Iusti, sunt peccatores; Iusti, quia credunt in Christum, cuius Iustitia eos tegit et eis imputatur, peccatores autem, quia non implant legem, non sunt sine concupiscentia, Sed sicut aegrotantes sub cura medici, qui sunt re vera aegroti, Sed inchoatiue et in spe sani seu potius sanificati i.e. sani fientes, quibus nocentissima est sanitatis presumptio, quia peius recidiuant* (WA 56, 347,1–14).

[8] Vgl. dazu DENS., *corrept.* 33 (= CSEL 92, 259).

communicatio idiomatum von ›fleischlichem‹ und ›geistlichem‹ Menschen – »gleichsam Pferd und Reiter in einer Person« (Römerbriefvorlesung 1515/16) in seiner Schrift *De servo arbitrio* dergestalt »vereinfacht« hat, daß er »den Menschen nicht mehr als Reiter (*sessor*), sondern gerade als Lasttier (*iumentum*) bezeichnet, das entweder von Gott oder vom Teufel geritten wird.«[9] *Es ist dies im Grunde zugleich der Schritt von der Substanz- oder besser Existenzontologie[10] zur Relationsontolgie!*

Über das sog. lutherische »Simul« urteilt UMBACH: »Die Rede vom *simul iustus, simul peccator* gehört [...], von De servo arbitrio her gesehen, als Beschreibung des Gläubigen nicht unbedingt zum *status confessionis* eines ›Lutheraners‹, sondern ist ›volkstümliches‹, bis heute wirksames Nebenprodukt einer im Grund noch aus der ›katholischen‹ Phase Luthers stammenden Denkfigur der *communicatio idiomatum*, für die eine bestimmte Exegese von Röm 7 nicht gerade der beste ›biblische‹ Beleg ist.«[11]

Auf jeden Fall zeigen diese Beobachtungen, daß namentlich ein Denken, wie es in der Lehre von der *communicatio idiomatum* greifbar wird und von gleichsam »existenziellen«, d.h. dem Subjekt *als solchem* zukommenden *Eigenschaften* ausgeht, der paulinischen Dynamik der *relationsontologischen* Bestimmtheit des Menschen nicht gerecht werden kann. Vereinfacht gesagt: Das Problem der Lehre von der *communio* bzw. *communicatio idiomatum* (mindestens hinsichtlich ihrer Anwendung auf dem Gebiet der Anthropologie[12]) ist ihr Ausgangspunkt bei den *idiomata*, sofern diese als »gegeben« vorausgesetzt werden.

Daß Paulus die Möglichkeit und Tatsächlichkeit des Fehlverhaltens von Christen nicht verschweigt, zeigt zugleich, daß er wahrer »Realist« ist – freilich immer im Lichte des Evangeliums. Es rührt wohl *von diesem Realismus her*, daß er sein eigenes »Denken« an einigen Punkten zu durchbrechen *scheint* – *und* daß ihm darin nicht wenige die Gefolgschaft versagen. Es ist jedenfalls ein einigermaßen erstaunlicher forschungsgeschichtlicher Befund, daß etliche Exegeten aufgrund ihrer (!) Paulus-Auslegung zu dem

---

[9] UMBACH, Sünde, 33. Insofern wäre das Urteil zutreffend, Luther denke in *De servo arbitrio* »paulinischer« als in seiner frühen Auslegung von Röm 7 und in den 95 Thesen von 1517 (a.a.O., 35). Vgl. zum *Problem* Luther – Paulus und dem Verhältnis der »zwei tempora« (Nacheinander oder Miteinander?) auch EBELING, Wahrheit, 280f.; *seine* »Lösung« ist m.E. aber keine paulinische.

[10] Es ist darum kein Zufall, daß gerade BULTMANN die Formel *Simul peccator et Iustus* in seinem Sinne theologisch adelte: »Die Paradoxie, daß die christliche Existenz gleichzeitig eine eschatologische, unweltliche, und eine geschichtliche ist, ist gleichbedeutend mit dem lutherischen Satz: ›Simul iustus simul peccator.‹« (Geschichte und Eschatologie, 183f.).

[11] A.a.O., 34f. »Auch in den 95 Thesen von 1517 ist dies noch die Denkvoraussetzung, wie die Interpretation von der ›täglichen Buße‹ beweist« (a.a.O., 35). – THYEN, Sündenvergebung, kritisiert in seinem Vorwort das *Simul* dagegen aus *weltanschaulichen* Gründen.

[12] Mir scheint allerdings, das gelte in gleicher Weise auch für die Christologie. LUTHER selbst hat ja ausdrücklich eine solche strukturelle Gemeinsamkeit zwischen Christologie und Anthropologie behauptet: *Sic enim fit communio Ideomatum, Quod idem homo est spiritualis et carnalis, Iustus et peccator, Bonus et malus. Sicut [!] eadem persona Christi simul morta et viua, simul passa et beata, simul operata et quieta etc. propter communionem Ideomatum...* (WA 56, 343,18–21).

Schluß gekommen sind, wahlweise sei der Heidenapostel selbst ein enthusiastischer »Theoretiker« gewesen[13] oder aber die heutige Lebenswirklichkeit der Christenheit passe nicht zu dem in den paulinischen Briefen gezeichneten Bild[14]. Mir scheint diese Diskrepanz zwischen »Theologie« (manche sagen auch: »Theorie«) und »Praxis« aber nicht dem Apostel selbst anzulasten, sondern auf eine unpassende Exegese zurückzuführen zu sein,[15] und möglicherweise sind gerade die divergierenden Auslegungen von Röm 7 diesem postulierten Grundkonflikt zwischen »Theorie« und »Praxis« anzulasten, der die Theologie zu durchziehen scheint.

Dem Denken des Apostels Paulus wird man jedenfalls weder mit einer grundsätzlichen Aufgabe der Einheit der Wirklichkeit gerecht[16] noch auch mit der Behauptung eines weltentrückten Enthusiasmus[17]. Als Realist nimmt Paulus vielmehr den »vorläufigen Dualismus« wahr, der grundsätzlich der »Karsamstags-Existenz« der Christen während ihres Wandelns διὰ πίστεως entspricht. Von der futurischen Ausrichtung des Evangeliums her hält er jedoch an der zeitlichen und sachlichen *Vorläufigkeit* aller Dualismen fest, und darum ist die Paradoxalität christlicher Existenz eine ausschließlich auf die Gegenwart *beschränkte* Paradoxalität, die ihrer endgültigen Überwindung harrt.

---

[13] So WERNLE, Sünde, 121 (s.o. S. 312, Anm. 537).
[14] So KÜMMEL, Bekehrung, 108 (s.o. S. 367, Anm. 1).
[15] Mit NYGREN, Röm, 181f. Er betont, »wie durchweg realistisch Paulus denkt«; er sei »einem solchen blauäugigen Idealismus [...] nicht verfallen« (a.a.O., 181).
[16] Mindestens die *Gefahr* besteht bei D. STARNITZKE, wenn er für den Römerbrief (und auch sonst für Paulus) eine *durchgehende* »Doppelperspektive einer geläufigen menschlichen und einer theologisch geprägten Sicht« behauptet (DERS., Struktur, *passim*, bes. 478–481 [478]) und diese Annahme mit M. Welkers These einer »Kopräsenz zweier Weltsichten« verbindet (vgl. a.a.O., 481–485).
[17] Gegen WERNLE, Sünde, 6: »Er [sc. Paulus; E.R.] ist aus dem Dualismus gänzlich heraus als der Pneumatiker, den der Geist treibt zur Freiheit der Kinder Gottes.«

II. Der Stellenwert relational-ontologischen Denkens bei Paulus

Eine nicht zu unterschätzende Gefahr *thematisch* orientierter Untersuchungen liegt – worauf schon J. WALTER aufmerksam gemacht hat – darin, »das Einzelne, um das es sich handelt, zu einem beherrschenden, oder doch zu einem wichtigeren Hauptstück zu machen, als es verdient.« Diese Gefahr mag – auch das sei zugestanden – *dann* »besonders« groß sein, wenn eine solche Untersuchung

»in den Händen junger Theologen liegt, die ein einzelnes Stück aus dem Ganzen der Gesamtanschauung behandeln, ohne noch im Stande zu sein, das Gewicht dieses einzelnen Stückes im Verhältnis zum Ganzen richtig abschätzen zu können.«[1]

Immerhin so viel hat sich m.E. aber gezeigt: *Vermeintliche Spannungen oder Unausgeglichenheiten, wie man sie beim Umgang des Apostels Paulus mit der Frage des Götzenopferfleisches (vgl. 1Kor 8,7f.; 10,25–30 mit 10,19–22)*[2] *oder im Blick auf das Verhältnis von erstmaliger und wiederholter Christus-κοινωνία (vgl. 1Kor 1,9 mit 10,16)*[3] *bisweilen feststellen zu müssen glaubt, ergeben sich allererst bei substanzontologischer (statischer) Betrachtung des Problems. Sie lösen sich aber mit einem relationsontologischen Ansatz völlig auf.* Das kann zumindest als starkes Indiz dafür gewertet werden, *daß Paulus tatsächlich relationsontologisch dachte* – mag er dies nun ausdrücklich bedacht haben oder nicht. Ferner empfiehlt sich ein relationsontologischer Ansatz in der Paulus-Exegese auch deshalb, weil der Apostel unter »Christ-Innigkeit«, »Glaube«, »Heil« usw. eminent *dynamische* Prozesse versteht und sich gerade *hier* – im *Zentrum* seiner Theologie! – als *habituell-substanzhaftem* Verständnis abhold erweist.

Damit ist m.E. die Frage, *ob* Paulus relational-ontologisch dachte, *positiv* zu beantworten. Das enthebt uns aber nicht der weitergehenden Frage, ob er *konsequent* relational-ontologisch dachte. Namentlich die von bedeutenden Forschern immer wieder beobachtete »Substanzhaftigkeit« des paulinischen πνεῦμα-Verständnisses (vgl. Gunkel, Deißmann u.a.), aber auch das offensichtliche Insistieren des Apostels auf einer wirklich *leiblich-körperlichen* Auferstehung wollen ernsthaft wahrgenommen und diskutiert sein und werfen jedenfalls die Frage nach einer exakten *Verhältnisbestim-*

---

[1] Gal, VII (Vorwort [alle Zitate]).
[2] S. dazu oben S. 108–115 m. Anm. 40.
[3] S. dazu oben S. 78 m. Anm. 147.

mung von relational-ontologischen und – ggf. – substanzontologischen Kategorien im paulinischen Denken auf.

Es mag genügen, diese wichtige Frage am Schluß aufgeworfen zu haben und gleichzeitig immerhin darauf hinzuweisen, daß etwa im Rahmen bestimmter physikalischer Theorien auch »*Materie*« nicht einfach naiv »gegenständlich« oder »substanzhaft« gedacht werden darf, sondern letztlich nichts anderes ist als – *relationale Dynamik* bzw. *dynamische Relation*. Möglicherweise liegen hier Potentiale für ein echtes interdisziplinäres Gespräch, das ernst nimmt, daß der Gegenstand der Theologie nicht weniger als der Gegenstand der Physik eine – freilich je spezifische – *Wirklichkeit* ist. Eben *darum* und insofern ist ja *auch* »der Theologe nicht der eigenen Besinnung auf das ontologische Problem enthoben.«[4]

---

[4] EBELING, Dogmatik I, 347 (s.o. S. 1 m. Anm. 1).

D. Anhang: Eschatologie zwischen Soteriologie und Kosmologie

Nicht ohne Grund wird auch in neuerer Zeit immer wieder die *Unschärfe* und *Vieldeutigkeit* des Begriffes »Eschatologie« beklagt.[1] Schon E. KÄSEMANN hat deutlich auf diese Mißlichkeit hingewiesen:

»Seitdem in Deutschland Eschatologie und Lehre von der Geschichte fast identisch geworden sind, befindet man sich in der Verlegenheit, für die besondere Art der Eschatologie, die von der Endgeschichte sprechen möchte, keinen eigenen Terminus mehr zu haben.«[2] Darum, so scheint es, sucht er Zuflucht in der m.E. allerdings ebenfalls mißlichen Rede von einer »zweiten« oder »doppelten Eschatologie« bei Paulus.[3]

Im Zentrum der Diskussion steht einerseits das Verhältnis von Individualeschatologie und »kosmischer« Eschatologie, andererseits – und in besonderer Weise – das Verhältnis von sog. »futurischer« und »präsentischer« Eschatologie[4], wobei die verschiedenen Epitheta zeigen, *wie* unterschiedlich, ja gegensätzlich der Begriff »Eschatologie« mittlerweile verstanden werden kann.[5] Die für diesen Umstand verantwortlich zu machende *allge-*

---

[1] Vgl. z.B. KLEIN, Art. Eschatologie IV, 270; DALFERTH, Grammatik, 197–200; zur Forschungsgeschichte s. SAUTER, Eschatologie, 1–26. Der *Begriff* »Eschatologie« geht vermutlich auf den lutherischen Barocktheologen Abraham Calov zurück und bezeichnet bei ihm den dogmatischen Topos *De novissimis* (WALLMANN, Art. Calov, 568). Unter dem Einfluß F.D.E. Schleiermachers trat dieser Topos im 19. Jh. ganz in den Hintergrund, bevor er u.a. durch J. Weiß seine »Wiederentdeckung« erfuhr (vgl. LANNERT, Wiederentdeckung, 3–5, der bemängelt, daß das *Werk* J. Weiß' bis heute ganz »im Schatten der Weiß-Interpre[t]ation« Albert Schweitzers stehe [a.a.O., 253f. m. Anm. 5]).

[2] Apokalyptik, 105f., Anm. 1. Er fährt fort (ebd.): »Daß auch Apokalyptik mehrdeutig bleibt, ist nicht zu bestreiten. Von welchem Terminus gilt das aber nicht?«

[3] Vgl. DENS., Leib, 136. Das *Sachproblem* indes verortet er *zutreffend* in der Spannung zwischen »Glauben« und »Hoffen« (a.a.O., 136), die bei den »Deuteropaulinen« in den Hintergrund trete: »Nur das ist klar, daß sie die Frage der doppelten Eschatologie mit dem Verhältnis von Sakrament und Charisma verbinden« (a.a.O., 147 [i.O. gesperrt]).

[4] Exemplarisch MERKLEIN, Eschatologie, 92: »Meiner Meinung nach verbindet Paulus futurische und präsentische Eschatologie zu einer spannungsvollen Einheit, die gerade in ihrer Polarität aufrechtzuerhalten ist.« Solche Allgemeinaussagen vernebeln m.E. die paulinische Sichtweise allerdings mehr, als sie zu ihrer Klärung beitragen! Vgl. ferner DUNN, Theology, 461–498. Er behauptet nun freilich noch weitergehend: *"Paul's gospel was eschatological not because of what he still hoped would happen, but because of what he believed had already happened"* (a.a.O., 465).

[5] Um diese *Begriffsverwirrung* zu umgehen, könnte sich m.E. der z.B. von SELLIN, Streit, 80, Anm. 3; MELL, Schöpfung, 385, ins Spiel gebrachte Begriff des »Präsentisch-

meine »Durchsetzung der Terminologie des ›Eschatologischen‹ auch für das im Wirken Jesu gegenwärtige Heilsgeschehen« geht, wie J. FREY jedenfalls mit Blick auf die Auslegung des Johannesevangeliums gezeigt hat, wesentlich auf den Einfluß *R. Bultmanns* zurück.[6]

I. Eschatologie zwischen »Mythos« und »Geschichte«

R. BULTMANN zufolge findet man *auch* »hinter« den ›mythologischen Gedankengängen‹ des Apostels Paulus »den *unmythologischen Grundgedanken*«, daß das »›kosmische‹ Geschehen [...] zu einem geschichtlichen Geschehen« werde, mithin »das Eschaton [...] je im Glauben Geschichte« werde.[7] Es ist zu beachten, daß »kosmisch« im Sinne Bultmanns *aus-*

Soteriologischen« als hilfreich erweisen. Man könnte ihn *anstelle* des Unwortes »präsentische Eschatologie« verwenden und damit die *genuin futurische* Prägung des Begriffs »Eschatologie« (vgl. dazu KWON, Eschatology, *passim*; FROITZHEIM, Christologie, *passim*) bewahren bzw. zurückgewinnen.

[6] Eschatologie I, 260 (Hervorhebung i.O.). – BULTMANN selbst skizziert seine eigene Sicht wie folgt: »Es ist *die Paradoxie* der christlichen Verkündigung bzw. des christlichen Glaubens, daß *das eschatologische Geschehen* nicht echt in seinem eigentlichen Sinne verstanden ist – jedenfalls nach Paulus und Johannes –, wenn es als ein Geschehen aufgefaßt wird, das der sichtbaren Welt ihr Ende setzt in einer kosmischen Katastrophe, sondern daß es *ein Geschehen innerhalb der Geschichte* ist, anhebend mit dem Auftreten Jesu von Nazareth, sich weiter vollziehend im Lauf der Geschichte, – aber nicht als eine historisch festzustellende Entwicklung, sondern jeweils Ereignis werdend in Verkündigung und Glaube. Jesus Christus ist eschatologisches Ereignis nicht als ein Faktum der Vergangenheit, sondern als der jeweils hier und jetzt in der Verkündigung Anredende« (Geschichte und Eschatologie, 180f.).

[7] 2Kor, 162 m. Anm. 166 (Hervorhebung E.R.). BULTMANN widmet sich in diesem Zusammenhang der »Schwierigkeit« zu verstehen, »inwiefern durch Christi Tod das μὴ λογίζεσθαι τὰ παραπτώματα begründet ist« (a.a.O., 161), und der Tatsache, daß Paulus sich »verschiedene[r] Begriffe« bedient, »um es verständlich zu machen« (ebd.), die freilich allesamt »mythologisch« seien (a.a.O., 161f.): »Die Lösung der Schwierigkeit ergibt sich aus der Einsicht, daß der Tod Jesu nicht das Schicksal eines Individuums ist, sondern ein ›kosmisches‹ Geschehen, an dem teilhat, wer ›in Christus‹ ist, wer mitgestorben ist, bzw. *das eschatologische Ereignis*: dieser Tod gilt als *das Ende der Welt für den, der Christus als seinen Herrn anerkennt.* Das *Wort* bietet ihm diese *Möglichkeit* an; d.h. es sagt, daß Gott den, der Christus als seinen Herrn anerkennt, als mit Christus gestorben und auferstanden ansieht. Das ›kosmische‹ Geschehen wird so zu einem geschichtlichen Geschehen; bzw. das Eschaton wird je im Glauben Geschichte« (a.a.O., 162, Anm. 166 [Hervorhebungen E.R.]).

Daß wir ausgerechnet in diesen knappen Sätzen aus dem Kommentar zum *2. Korintherbrief* die ganze Theologie Bultmanns in nuce finden, ist kein Zufall, ist diese doch »stärker von der dem 2. Korintherbrief des Paulus inhaerenten Theologie geprägt als von

schließlich in Anführungszeichen verwendet wird. Das entspricht seinem Ansinnen, alle Fragen der *Kosmologie* – als einer s.E. grundsätzlich verfehlten *mythologischen* Kategorie[8] – ganz aus der Eschatologie (und Theologie) auszuschließen, wie dieser Spitzensatz aus seiner Auseinandersetzung mit Barth zeigt:

»*Christus ist nicht der kosmische Grund einer zukünftigen Zuständlichkeit, sondern der geschichtliche Grund für unser gegenwärtiges Sein.*«[9]

---

irgend einem anderen Briefe oder Evangelium des neutestamentlichen Kanons, insofern es hier thematisch um ›das Wort der Verkündigung‹ geht – ein Thema, das sich mit dem des ›apostolischen Amtes‹ deckt« (so DINKLER, in: BULTMANN, 2Kor, 11 [Einleitung], wobei zu beachten ist, daß BULTMANN selbst dieser Einleitung sachlich voll zustimmt, da sie »die Intention meines Textes vollständig zum Ausdruck bringt« [a.a.O., 7]). Auch GRÄSSER, 2Kor I, 11, erinnert sich an »Rudolf Bultmanns Vorliebe für den Zweiten Korintherbrief« und verknüpft dies mit einem grundsätzlichen Plädoyer *für* Bultmanns Auslegungsweise: »Die existenziale Interpretation muss man gar nicht von außen an ihn [sc. Paulus, bes. im 2Kor; E.R.] herantragen; er betreibt sie selbst. Ich glaube nicht, dass diese Auslegungsmethode ihre Zeit gehabt hat. Nach wie vor ist sie ein brauchbarer Schlüssel zum Verstehen der biblischen Botschaft« (ebd.).

[8] Es ist bezeichnend, daß in dem oben zitierten Zusammenhang (BULTMANN, 2Kor, 161f.) das Wort »kosmisch« *nur einmal ohne Anführungszeichen* verwendet wird, nämlich dort, wo es um die hellenistischen Mysterienreligionen bzw. die Gnosis geht (a.a.O., 162). Aber für diese ›mythologischen Gedankengänge‹ (*auch* des Apostels Paulus!) gilt ja: »hinter ihnen« muß man »den unmythologischen Grundgedanken [...] finden« (ebd.)!

[9] BULTMANN, Barth, 64 (Hervorhebung E.R.). Zum Kontext dieser Aussage s.o. S. 358, Anm. 13. *Dieser Sicht* verpflichtet, schließt dann THYEN, Sündenvergebung, 176, Anm. 2, aus Röm 8,24: »Der Grund der christlichen Hoffnung (ἐσώθημεν!) liegt in der Vergangenheit, bzw. in der jeweils ergehenden auf das vergangene Heilsgeschehen bezogenen Verkündigung, nicht in apokalyptischen Utopien.« Mit dieser *Abwehr aller Apokalyptik* verbindet THYEN, a.a.O., 182, bezeichnenderweise ein *Plädoyer für ›die biblische Weisheit‹* (zu dieser Verbindung s.o. S. 130, Anm. 19) und fordert, es sei »über Notwendigkeit und Grenzen einer ›natürlichen Theologie‹ erneut nachzudenken« (ebd., Anm. 3). – LANNERT, Wiederentdeckung, 258–262, sieht Bultmanns Umgang »mit dem eschatologischen Grundcharakter der Worte Jesu« von dem Anliegen getragen, »den im Lauf des 19. Jahrhunderts auch in der Theologie immer stärker in den Vordergrund rückenden Historismus und die von ihm aufgeworfenen Probleme zu überwinden« (258). Insbesondere gehe es ihm (wie übrigens auch A. Schweitzer; zur theologischen Annäherung beider Schulen vgl. CULLMANN, Zeit, 9–19) »um die Auflösung der Spannung zwischen Vergangenheit und Gegenwart in der Form einer Herausarbeitung des überzeitlichen Charakters der Person Jesu Christi« (ebd.). Eben diese *›Überzeitlichkeit‹ der Person Jesu Christi* versucht Bultmann mit dem Stichwort »*Eschatologie*« zu erfassen, und *darum* ist für ihn »*das Eschatologische gerade das Verbindende zwischen der Zeit Jesu und der Gegenwart*« (259 [Hervorhebung E.R.]). Diese *Verbindung (fast möchte man sagen: Vermischung) von Eschatologie und Gegenwart* findet ihre schier notwendige Konsequenz in der »Überwindung des Zusammenhangs von Zeit und Geschichte« im Glauben des Einzelnen (262) – oder, um mit BULTMANNs eigenen (berühmten) Worten zu sprechen: »Im Glauben hat der Christ den Standpunkt jenseits der Geschichte gewonnen [...], aber nicht als einer, der der Geschichte entnommen ist. Seine Unweltlichkeit ist nicht eine Eigen-

1. »Entweltlichung«

Bekannt ist in diesem Zusammenhang BULTMANNs Dictum von der »Entweltlichung« des Glaubenden:

»Der Glaube bedeutet als die Vorwegnahme jeder Zukunft *die Entweltlichung des Menschen*, bedeutet seine Versetzung in die eschatologische Existenz.«[10]

Diese »*eschatologische Existenz*« aber ist ihrem Wesen nach – eben als »*Vorwegnahme jeder Zukunft*«! *– gleichsam enträumlicht und überzeitlich*[11], denn der Glaube »gibt dem Glaubenden eine eigentümliche *Distanz zur Welt*«[12]. »Weltliches« ist demgemäß nur *insoweit* von Bedeutung, als es dem Individuum als Sprungbrett für den Sprung der Entscheidung dient, der die eschatologische Existenz ermöglicht[13]:

»[...] solange der Gläubige in den geschichtlichen Begegnungen und in den durch sie abverlangten Entscheidungen steht, solange kann ja im Augenblick der Begegnung wichtig *werden, was an sich unwichtig ist*.« Nur *insofern* ist »die christliche Haltung zur Welt [...] eine ›dialektische‹« und »besteht nicht in einer eindeutigen, über alles Weltliche verhängten Nichtigkeitserklärung«.[14]

---

schaft, sondern könnte als ›aliena‹ (fremde) bezeichnet werden, so wie seine Gerechtigkeit, seine ›iustitia‹, von Luther ›aliena‹ genannt wird« (Geschichte und Eschatologie, 184). Darum müsse der Mensch, besonders der Christ, aufgerufen werden: »*Je in deiner Gegenwart liegt der Sinn der Geschichte*, und du kannst ihn nicht als Zuschauer sehen, sondern nur in deinen verantwortlichen Entscheidungen. *In jedem Augenblick schlummert die Möglichkeit, der eschatologische Augenblick zu sein. Du mußt ihn erwecken*« (ebd. [Hervorhebungen E.R.]). Mit diesen programmatischen Worten *endet* das Buch!

[10] Welt und Mensch, 75.

[11] DIECKMANN, »Entweltlichung«, 209, bemerkt ganz treffsicher: »Es ist die Frage, ob der Gegensatz bzw. die Unterscheidung von *futurischer und präsentischer Eschatologie* bei Bultmann noch sinnvoll ist, denn *diese Unterscheidung ist an einer Zeitvorstellung orientiert, die Bultmann überwinden möchte*« (Hervorhebungen E.R.).

[12] BULTMANN, Welt und Mensch, 75 (Hervorhebung E.R.). Er pflegt in diesem Zusammenhang stets *1Kor 7,29–31* anzuführen.

[13] Das gilt insbesondere für die *Beziehungen*, in denen ein Mensch lebt! Das hat z.B. DIECKMANN, »Entweltlichung«, 209, Anm. 144, gesehen, wenn er bemerkt, »daß Bultmann die Bezogenheit des Menschen auf den Nächsten *nur soweit* berücksichtigt, als er sein Selbstverständnis bestimmt« (Hervorhebung E.R.). Bultmann kenne »nur eine individuelle Eschatologie, denn *nur am Einzelnen handelt Gott*« (a.a.O., 209 [Hervorhebung E.R.]). – STUHLMACHER, Erwägungen, 23, sieht an dieser Stelle eine Wandlung im Denken Bultmanns und bemerkt: »Es ist aber höchst aufschlußreich zu prüfen, weshalb Bultmann selbst dies [sc. 2Kor 5,17 zum ›individualistischen hermeneutischen Prinzip‹ zu erheben; E.R.] auch erst in seiner Spätzeit tut, *nachdem er 1924, in seinem klassischen Aufsatz ›Das Problem der Ethik bei Paulus‹, das Stichwort des Individualismus als Modernismus für die Paulusinterpretation verworfen hatte!*« (Hervorhebung E.R.).

[14] Beide Zitate: BULTMANN, Adam, 116 (Hervorhebungen E.R.). »Weltlichem« kommt also keine *eigenständige*, sondern lediglich eine *funktionale* Bedeutung zu!

Zugleich kann BULTMANN damit *seinem Selbstverständnis nach* eine drohende »Vergeistigung« abwenden, hält er doch ausdrücklich fest, es sei

»falsch, von Spiritualisierung und Verinnerlichung der Eschatologie zu reden. Das als *Faktum* in der Zeit die ganze Welt umgestaltende (weil kritische) Ereignis ist die Sendung Jesu. Das Gericht ist Ereignis in der Welt und ihrer Geschichte, *kein Seelenvorgang.*«[15]

Dem »wirklich wichtige[n] Einwand«, daß seiner Sicht zufolge »Gott nur existiert als ein innerer seelischer Vorgang« – »die Schatten Schleiermachers und Feuerbachs werden in dieser Auseinandersetzung heraufbeschworen«! –, hält BULTMANN entgegen, dieser kranke

»an einem psychologischen Mißverständnis vom Seelenleben. Aus der Feststellung, daß von Gott reden von mir selbst reden heißt, folgt keineswegs, daß Gott nicht außerhalb des Glaubenden ist. Dem wäre nur dann so, wenn Glaube als ein rein psychologisches Geschehen ausgelegt würde« – aber der Glaube sei eben »nicht ein psychologisch-subjektives Geschehen«, auch wenn er »sich selbst nicht gegen den Einwand, eine Illusion zu sein, verteidigen kann«.[16]

2. »Entmythologisierung«

Bultmanns Postulat der »Entweltlichung« entwuchs organisch seinem Programm der »Entmythologisierung«.[17] Dessen erklärtes Ziel war es, »mythologische Aussagen bzw. Texte nach ihrem Wirklichkeitsgehalt« zu befragen, wobei BULTMANN voraussetzte, »daß der Mythos zwar von einer Wirklichkeit redet, aber in einer nicht adäquaten Weise.«[18] Für sein Programm berief sich BULTMANN auf das Neue Testament selbst, denn – so seine Sicht der Entwicklungen in der frühen Christenheit – »bereits sehr früh begann der Entmythologisierungsprozeß, teils mit Paulus und radikal ausgeprägt bei Johannes«[19]. Insbesondere *Johannes* habe die eschatologi-

---

[15] Eschatologie, 143 (Hervorhebungen E.R.).
[16] DERS., Jesus Christus, 179 (alle Zitate).
[17] Vgl. zum Ganzen DIECKMANN, »Entweltlichung«, *passim*.
[18] BULTMANN, Entmythologisierung, 128. Zum Begriff »Wirklichkeit« führt er aus: »Nun kann *Wirklichkeit* in einem doppelten Sinne verstanden werden. Gemeinhin versteht man unter Wirklichkeit die *im objektivierenden Sehen vorgestellte Wirklichkeit der Welt*« (ebd.). Weil eine solche Objektivierung aufgrund der Erkenntnis, daß »*das Wahrnehmen des geschichtlichen Prozesses selbst ein geschichtlicher Vorgang*« ist, mithin der »Abstand eines neutralen Sehens vom gesehenen Objekt [...] unmöglich« geworden ist, muß – wie z.B. »im modernen Geschichts-Verständnis« geschehen – *die Wirklichkeit* in anderer Weise verstanden« werden »als in der Weise des objektivierenden Sehens, nämlich als *die Wirklichkeit des geschichtlich existierenden Menschen*« (a.a.O., 129).
[19] Jesus Christus, 154. Das erklärt Bultmanns Bevorzugung johanneischer Theologie!

schen »Vorstellungen« oder »Bilder«, die etwa noch der eschatologischen Predigt Jesu zueigen gewesen seien, aufgegeben, da diese »mythologische Form« dem Inhalt gänzlich unangemessen sei. Die Entmythologisierung *abstrahierte* daher bewußt von jeder Anschaulichkeit.

Daraus, daß religiöse Sprache offenbar grundsätzlich *bilderreiche und zuweilen paradoxe* Sprache ist und darum »mit der Sprache der Dichtung näher verwandt als mit der Sprache der Wissenschaft«, schloß demgegenüber Niels BOHR, »daß es eben *keine anderen Möglichkeiten gibt, die Wirklichkeit, die hier gemeint ist, zu ergreifen.* Aber es heißt nicht, daß sie keine echte Wirklichkeit sei.«[20] Damit macht er darauf aufmerksam, daß das Verhältnis von Sprache und durch sie beschriebener Wirklichkeit offenbar kein beliebiges sein kann.

2.1. »Geschichtlichkeit« statt Räumlichkeit

Von dieser *Abstraktion* war naturgemäß besonders die *Kategorie des Raumes*[21] betroffen, die dem sog. »vorwissenschaftlichen« Denken zugeordnet wurde:

»Das Denken, das noch nicht die abstrakte Idee der Transzendenz ausdrücken kann, drückt seine Absicht in der Kategorie des Raumes aus.«[22] Doch »*[d]er moderne Mensch* kann diese mythologischen Vorstellungen von Himmel und Hölle nicht mehr annehmen; denn für *das wissenschaftliche Denken* hat ein Reden von ›oben‹ und ›unten‹ im Universum jede Bedeutung verloren, aber die *Idee* der Transzendenz Gottes und des Bösen ist immer noch *bedeutungsvoll*«.[23]

Bedeutung wohne – so die These – nur der *Abstraktion* inne, der *Idee*, nicht aber der konkreten, vorfindlichen bloßen »Form«.[24] Darum stand BULT-

---

[20] Zit. nach HEISENBERG, Teil, 107 (beide Zitate [Hervorhebungen E.R.]).
[21] Die Räumlichkeit selbst »ist das bloße relationale Beieinander« (DALFERTH, Existenz Gottes, S. 143), welches durch ein *externes Bezugssystem* näher bestimmt werden muß, so daß z.b. der *topographische* zum *euklidischen* Raum präzisiert wird (ebd.).
[22] BULTMANN, Jesus Christus, 147.
[23] Ebd. (Hervorhebungen E.R.).
[24] Das wirft natürlich die Frage auf, ob Bultmann nicht doch in stärkerem Maße *Idealist* war, als ihm lieb sein konnte. Diese kritische Rückfrage ist keineswegs neu: vgl. nur BAUER, Leiblichkeit, 39 m. Anm. 44! Außerdem: Wer ist eigentlich »der« sog. »moderne Mensch«? Schon KÄSEMANN, Recht, 277, kritisierte Bultmanns Orientierung »an einem humanen Ideal« und fragte rhetorisch: »Ist der ›eigentliche‹ Mensch nicht ein Postulat, selbst wenn er das Geschöpf bezeichnen soll?« Bultmann versuche jedenfalls zu sehr, unter diesem »Normbegriff [zu] *einigen*, was als Kind, Greis, der Kranke, der Schwachsinnige, die auch vorhandene menschliche Bestie, der Reaktionär und Revolutionär, der Primitive und derjenige, der unter dem Anspruch einer mündigen Welt immer stärker entmündigt wird, *auseinanderfällt*« (ebd. [Hervorhebungen E.R.]). Offensichtlich *gelinge es »Bultmann nicht wirklich, sich von der idealistischen Idee der Personalität freizumachen und der tiefen Weltverflochtenheit des Menschen gerecht zu werden*« (a.a.O., 276 [Hervorhebung E.R.]). In der Wesensbestimmung des Glaubens als »Entweltlichung« setzt sich KÄSEMANN zufolge »jene abendländische Tradition fort, welche das geistige Dasein

MANN – ebenso wie P. Tillich[25] und E. von Dobschütz[26] – *räumlichem Denken äußerst skeptisch gegenüber.*[27]

2.2. Das Verhältnis von »Raum« und »Zeit« bei Kant

Eine gewisse *Asymmetrie im Verhältnis von Raum und Zeit*[28] läßt sich indes schon bei I. KANT beobachten. Er beschrieb zwar den »Raum« – eben-

---

von der Natur abgrenzt und den Stand in der Welt von vornherein weltkritisch bestimmt sein läßt« (ebd.). Gegenüber dem »Postulat« einer allgemeinverbindlichen *conditio humana* (verwirklicht im sog. »eigentlichen Menschen«) plädiert KÄSEMANN für eine »*Ontologie des Vorläufigen* zum mindesten für diejenigen, welche nach der Bibel zur wahren Existenz *erst gerufen und unterwegs* sind und sie im Stande der Gnade *fragmentarisch vorwegnehmen*« (a.a.O., 277 [Hervorhebungen E.R.]).

[25] S.o. S. 225f., Anm. 24.

[26] S.o. S. 225 m. Anm. 23f.

[27] Zur Behandlung dieser Thematik und besonders zur *Verhältnisbestimmung* von »Raum« und »Zeit« in der neueren evangelischen Theologie (W. Pannenberg, J. Moltmann, Chr. Link) vgl. LOZANO-GOTOR PERONA, Raum und Zeit, *passim*. Wie bes. JOOSS, Raum, *passim*, gezeigt hat, wurde »[d]ie Kategorie ›Raum‹ [...] – im Gegensatz zur ›Zeit‹ – im Christentum als Thema stark vernachlässigt« (a.a.O., 17). – *Exemplarische Symptome dieser Vernachlässigung:* Während die Theologische Realenzyklopädie (TRE) zwar einen ausführlichen Artikel »Zeit« bietet (Bd. 36, 504–554), *fehlen die Lemmata* »Raum« und »Ort«. Die »Religion in Geschichte und Gegenwart« (RGG) enthält – abgesehen von einem Artikel »Heilige Stätten« in der RGG[2] (Bd. 2, Sp. 1724–1731) und der RGG[3] (Bd. 3, Sp. 155–162; vgl. dort insbesondere den knappen, aber brauchbaren *religionsgeschichtlichen* Teil: a.a.O., Sp. 155f.) – erst seit der vierten Auflage einen (übrigens vergleichsweise sehr knappen) Artikel »Raum« (Bd. 7, Sp. 62–65), der diesen freilich nur in philosophischer, religionsphilosophischer und dogmatischer Hinsicht bedenkt (ein dem entsprechenden »Zeit«-Artikel vergleichbarer Abschnitt »Raum. Biblisch« fehlt); ein Artikel »Zeit« bzw. »Heilige Zeiten« bzw. »Zeit/Zeitvorstellungen« findet sich hingegen bereits ab der *zweiten* Auflage (RGG[2]: Bd. 5, Sp. 2090f. / Bd. 2, Sp. 1731f.; RGG[3]: Bd. 6, Sp. 1880–1885 / Bd. 2, Sp. 162–164; RGG[4]: Bd. 8, Sp. 1800–1819). Diesem Befund korrespondiert im Tatbestand, daß zwar vielfach Artikel über die Gebets*zeiten*, nicht aber über die (christliche) Gebets*richtung* zu finden sind, obgleich sich etwa die Kirchenväter zu *beiden* Fragen äußerten (zur Frage der Gebets*richtung* vgl. v.a. TERTULLIANUS, *apol.* 16; ORIGENES, *orat.* 31,1 und 32,1; zur theologischen Bedeutung der Wendung nach Osten vgl. ferner CYPRIANUS, *dom. orat.* 35; CYRILL VON JERUSALEM, *myst. cat.* I 9); so bietet das Calwer Bibellexikon (CBL) einen Artikel »Gebetszeiten« (Bd. 1, 402), nicht aber einen Artikel »Gebetsrichtung«; das gilt *mutatis mutandis* auch für die TRE, die nur einen Artikel »Stundengebete« bietet. Die RGG ist hier wiederum positive Ausnahme, da sie in allen Auflagen einen Artikel »Gebetshaltung« bzw. »Gebetsrichtung« bzw. »Orientierung« bzw. »Orientation« bzw. »Ostung« enthält (RGG[1]: Bd. 2, Sp. 1179 und Sp. 1183 / Bd. 4, Sp. 1028; RGG[2]: Bd. 4, Sp. 778–780; RGG[3]: Bd. 4, Sp. 1689–1691; RGG[4]: Bd. 6, Sp. 655f. und Sp. 749).

[28] Darauf macht auch JOOSS, Raum, 17, aufmerksam: »Während die Relevanz der ›Zeit‹ durch ihre konstitutive Funktion für die Geschichtskategorie häufiger bearbeitet wurde, ist die Bedeutung des Raumes für den christlichen Glauben und seinen Vollzug noch weitgehend unerforscht.«

so wie die »*Zeit*« – als »eine notwendige Vorstellung, a priori, die allen äußeren Anschauungen zum Grunde liegt«, d.h. »als die Bedingung der Möglichkeit der Erscheinungen [...] und [...] eine Vorstellung a priori, die notwendiger Weise äußeren Erscheinungen zum Grunde liegt«, mithin *nicht* als »empirische[n] Begriff, der von äußeren Erfahrungen abgezogen worden« sei.[29] »Raum« *und* »Zeit« seien als *notwendige Bedingungen der Möglichkeit der Wahrnehmung* Teil (mindestens[30]) der *conditio humana*.

Bemerkenswerterweise findet sich diese *formale* Gleichbehandlung der Begriffe des »Raumes« und der »Zeit« erst in der *zweiten* Auflage der »Kritik der reinen Vernunft«. Wie der von-Weizsäcker-Schüler Peter PLAASS 1964 gezeigt hat, ist die in der zweiten Auflage zu beobachtende »weit stärkere Betonung des Raumes neben der in der ersten Auflage völlig dominierenden Zeit«[31] auf die intensive Beschäftigung Kants mit den Grundlagen der zeitgenössischen *Physik* zurückzuführen, wie sie ihren Niederschlag in seiner Schrift über die »Metaphysische[n] Anfangsgründe der Naturwissenschaft« gefunden hat, die *zwischen* der ersten und der zweiten Auflage der »Kritik« erschien.[32]

Bei aller in der zweiten Auflage der KrdrV erreichten formalen Analogie zwischen dem ersten[33] und dem zweiten[34] Abschnitt der »Transzendentalen Ästhetik« blieb die *Überordnung der* »*Zeit*« *über den* »*Raum*« bestehen, wiewohl *beide* Begriffe »Bedingungen a priori« bzw. »reine Anschauungen a priori« sind[35] und *beiden* Begriffen »empirische Realität« bei gleichzeitiger »transzendentale[r] Idealität« zukommt[36]. Jedoch: »Die *Zeit* ist die formale Bedingung a priori *aller Erscheinungen überhaupt*. Der *Raum*, als die reine Form aller äußeren Anschauung ist als Bedingung a priori *bloß auf äußere Erscheinungen eingeschränkt.*«[37] Der »Raum« ermöglicht also lediglich die äußere Anschauung, die »Zeit« dagegen die innere.[38]

---

[29] Alle Zitate: KrdrV, 98 (= B 38f.).
[30] Es sei »nicht nötig«, diese »Anschauungsart« auf Menschen ›einzuschränken‹ (KrdrV, 126 [= B 72])!
[31] VON WEIZSÄCKER, Kant, 191.
[32] Vgl. PLAASS, Theorie, 19–22. Aus seinen Beobachtungen leitete er den methodischen Grundsatz ab, »daß eine jede Auslegung der Kr. d. r. V., die in deren positiven Teilen Verständnis erreichen will, in ständiger Beziehung auf die M[etaphysischen] A[nfangsgründe] zu führen ist« (a.a.O., 21).
[33] »Von dem Raume«: KrdrV, 97–105 (= B 37–45).
[34] »Von der Zeit«: KrdrV, 106–116 (= B 46–58).
[35] Vgl. KrdrV, 127 (= B 73).
[36] Für den »Raum«: KrdrV, 103 (= B 43f.); für die »Zeit«: KrdrV, 111 (= B 52f.).
[37] KrdrV, 109 (= B 50) (Hervorhebungen E.R.).
[38] Die Physik des 20. Jh. hat – besonders in Gestalt der Allgemeinen Relativitätstheorie Einsteins – den *engen Konnex zwischen Raum und Zeit* bestätigt, jedoch anscheinend in *demselben* Zusammenhang erneut eine *Überordnung der Zeit über den Raum* vorgenommen. So konnte C.F. VON WEIZSÄCKER seine Hoffnung, »daß ein Aufbau der ganzen Physik aus *einem* Prinzip in der Tat gelingen wird«, gerade mit dem Prinzip »Zeit« verbinden: »Inhaltlich glaube ich, daß der zentrale Begriff eines solchen Aufbaus der Begriff der *Zeit* in der vollen Struktur ihrer Modi: Gegenwart, Vergangenheit, Zukunft sein muß.

3. »Eschatologische Existenz« statt »apokalyptischer Träumerei«

Die Reinigung der biblischen Texte von »mythologischer« Sprache und »mythologischem« Gedankengut (durch deren *Uminterpretation*[39]) bedeutete letztlich nichts anderes als die *Entkleidung oder Entleib(lich)ung* aller biblischen Aussagen bzw. deren Reduktion auf »existentielle«, damit aber *ipso facto unanschauliche* Begriffe. *Daher* erklärt sich Bultmanns »prinzipielle Ablehnung aller Bilder, die von der künftigen Herrlichkeit bei Gott sprechen«[40], und *daher* findet er z.B. im Blick auf 1Kor 15 nur ein vernichtendes Urteil[41], denn »[a]uch Paulus ist ›auf halbem Wege stehen geblieben‹«, indem er das, was er – nach Bultmann – *eigentlich* sagen wollte, doch nur »in der Begrifflichkeit seiner Weltanschauung zu sagen« wußte.[42] Aber »alle apokalyptischen Zukunftsbilder« entpuppen sich für Bultmann als »nichtige Träume«[43]. Denn »die christliche Hoffnung weiß, *daß* sie hofft, sie weiß aber nicht, *was* sie erhofft«.[44] Diese gänzliche, prinzipielle *Unanschaulichkeit des Glaubens wie des Hoffens* (daher immer »Glauben/ Hoffen, *daß*...«, aber niemals »Glaube *an*...« bzw. »Hoffnung *auf*...«) ist nach Bultmann darin begründet, daß die von Gott bestimmte Zukunft *qualitativ neu* und damit »gänzlich anders (totaliter aliter)« ist,[45] d.h. ohne jeglichen Zusammenhang mit unserer vorfindlichen Welt, mithin *völlig unab-*

An sie lassen sich, so glaube ich, Logik, Zahl, Wahrscheinlichkeit und Kontinuum anknüpfen, und dann *läßt sich die Physik aufbauen als die Theorie von Objekten in der Zeit* oder, noch schärfer gesagt, von *zeitüberbrückenden Alternativen*« (Kant, 201 [Hervorhebungen E.R.]).

[39] Vgl. BULTMANN, Jesus Christus, 177: »[D]ie mythologische *Sprache* verliert ihren mythologischen *Sinn*, wenn sie als Sprache des Glaubens dient. Von Gott als dem Schöpfer sprechen heißt beispielsweise nicht mehr, von seinem Schöpfersein im Sinn des alten Mythos zu sprechen« (Hervorhebungen E.R.).

[40] DIECKMANN, »Entweltlichung«, 208.

[41] BULTMANN, Barth, 52: »M.a.W. man kommt bei 1. Kor. 15 nicht ohne durchgehende (nicht nur gelegentliche, wie B[arth] sie an V. 29 immerhin übt) Sachkritik aus.«

[42] Ebd. Bultmann ist darin *konsequent*, daß er den Höhepunkt des 1Kor gegen Barth nicht im 15., sondern im 13. Kapitel erblickt: »Sind das Thema von 1. Kor. die ›letzten Dinge‹ und zwar nicht als Gegenstand der Spekulation [das ist nach Bultmann aber in 1Kor 15 der Fall; E.R.], sondern als Wirklichkeit im Leben der Christen, so ist der Höhepunkt des Briefes in der Tat K. 13« (ebd.).

[43] BULTMANN, Joh, 330 (zu Joh 12,31).

[44] BULTMANN, in: BORNKAMM / DERS. / SCHUMANN, Hoffnung, 58. *Die Bejahung eines »Daß« bei gleichzeitiger Ablehnung jeder Beschreibung eines »Wie« ist geradezu ein Strukturprinzip der Bultmannschen Theologie* (s. z.B. die Rede vom »*Daß*« des Gekommenseins« Jesu). Bultmann ist nach eigener Aussage zwar am grundlegenden »*Faktum*« (als *brutum factum*) interessiert, sieht aber in dessen näherer Ausdeutung sogleich die Gefahr der Mythologisierung (vgl. zum Ganzen DENS., Eschatologie, 143f. u.ö.).

[45] BULTMANN, Jesus Christus, 154.

leitbar: *Leben in der »eschatologischen Existenz« bedeutet den radikalstmöglichen Bruch mit schlechterdings allem, was in irgendeiner Weise dem Diesseits und seinem Denken verhaftet ist.* Genau das meine auch die Wendung »in Christus«, wie BULTMANN ausführt:

»›In Christus‹: das heißt, es gilt, sofern und soweit der Mensch einer Sphäre angehört, die *jenseits* der Welt des Sichtbaren und Greifbaren liegt, *jenseits* der Welt, die sich in Arten und Eigenheiten artikuliert. Es gilt insofern, als wer an die in Christus offenbare Gnade Gottes glaubt, in seinem innersten Wesen dieser Welt nicht mehr angehört; insofern, als er gleichsam *entweltlicht* ist.«[46]

Daß die Thesen Bultmanns nicht nur theologiegeschichtlich interessant sind, sondern bis heute die (ökumenische) Diskussion bestimmen, mögen exemplarisch folgende Sätze einer neueren Veröffentlichung zeigen:

»Was ist Gegenstand der biblischen Hoffnungstexte? In ihrem Mittelpunkt stehen keine ›Dinge‹, mit denen Menschen konfrontiert werden, auch *keine ›Orte‹, die sie nach dem Tod im Sinne von verschiedenen Stationen durchlaufen müssen, wie die Rede vom ›Kommen‹ oder ›Eingehen‹ in den Himmel oder die Hölle nahe legt.* [...] Gegenstand der biblischen Hoffnungstexte ist Gott allein [...]. *Entsprechend sind die Texte nicht dinglich oder räumlich zu interpretieren, sondern personal: als verschiedene Aspekte der Begegnung* [!] *mit Gott* [!]. Gott wird dem Menschen zum Gericht, wenn er ihn zur Verantwortung zieht; er wird für ihn zum Fegfeuer, wenn er ihn reinigt; er wird für ihn zum Himmel, wo ein Mensch sich für ihn öffnet; er wird zur Hölle, wo Menschen die Gemeinschaft mit ihm radikal verweigern.«[47]

II. »Weltlichkeit«, Leiblichkeit und Raum

Allerdings ernteten Bultmanns Thesen nicht nur Zustimmung, sondern auch Widerspruch. Gegen das Postulat einer »Entweltlichung« hat sich scharfsichtig W. ZIMMERLI mit seiner Betonung der »Weltlichkeit« des Alten Testaments gewandt.[48] Er hält Bultmann entgegen:

---

[46] Adam, 114 (zu Gal 3,28).

[47] PEMSEL-MAIER, Hoffnungsbilder, 205 (Hervorhebungen E.R.). Ihre Ausführungen sind existentiale Interpretation in Reinkultur, wie schon der inflationäre Gebrauch des »für ihn« / »ihm« zeigt. Daß der Gegenstand der biblischen Hoffnungstexte *Gott selbst* sei, klingt freilich gut. Doch mehr als problematisch ist dann vollends die Aussage, Gott [!] werde einem entsprechenden Menschen zur Hölle [!]. Zum häufigen »Mißbrauch des pro me (›Für mich‹) als methodisches Prinzip in der Grundlegung theologischer Erkenntnis« hat H.J. IWAND schon 1953 das Notwendige gesagt (s. DENS., Mißbrauch, *passim*).

[48] Vgl. DENS., Weltlichkeit, bes. 7f.139–150. Die hier vorgezeichnete Spur hat z.B. SCHWEIZER, Weltlichkeit, *passim*, im Neuen Testament weiterverfolgt. Vgl. des weiteren die Ausführungen zu »Raum im Neuen Testament« bei JOOSS, Raum, 171–231, die sie nicht zufällig mit dem Hinweis auf die Wendung ἐν Χριστῷ und die »räumlich codierte

»Darin [sc. in seiner Betonung der ›Weltlichkeit‹; E.R.] ist das Alte Testament der große Schutz für das rechte Verstehen des *Christus*, der *nicht ein überweltliches Ereignis, sondern die Präsenz der Liebe Gottes mitten in der Welt* ist. [...] Die Kirche ist immer wieder in Gefahr, sich einen Christus zurechtzumachen, der in einer *geistlichen Hinterwelt* regiert und seine wahre Verehrung im Kirchenraum und in der Lehrdiskussion der gelehrten Theologie erfährt.«[49]

Und 1949/1950 hatte H.J. IWAND in seiner Darstellung K. Heims betont,

»daß der Glaube das Dahinter aufhebt, aber nicht etwa eine Hinterwelt, ein Traumjenseits schafft! Gott ist nicht das, was ›hinter‹ diesem Jesus von Nazareth steht (bzw. stand), sondern er ist ›in Christo‹! Er handelt in seinem Kreuz wie in seiner Auferstehung. So wie auch die Erscheinungen des Auferstandenen nichts sind, wo man dahinterkommen könnte, ein ›Geist ohne Fleisch und Bein‹ (Lk 24,39), sondern er ist der Gärtner im Garten (Joh 20,15), er ist der Wanderer auf dem Wege nach Emmaus (Lk 24,13–35), er ist der Fremdling am Strande von Genezareth (Joh 21,4). Denken wir nur an Luthers Est im Abendmahlsstreit! Und das Est Luthers war das der Abendmahlsworte: nicht eine spirituell-magische Hinterwelt, sondern ›dies *ist* mein Leib‹. [...] Jesus bedeutet eben dies, daß Gott aufhört, das Dahinter hinter den Dingen zu sein!«[50]

Beide Einsprüche zeigen, daß die Ablehnung der Raumkategorie notwendigerweise[51] die Ablehnung alles Leiblich-*Konkreten* bzw. Leiblich-*Körperlichen* (in seiner *Gegenständlichkeit, Dinglichkeit*) nach sich zieht[52] – auch dort, wo der *Begriff* »Leib« (bewußt) *nicht* aufgegeben ist. Mit G. EBELING müßte man sogar sagen: »Ließe sich das Thema der Theologie in der Weise auf Anthropologie reduzieren, daß auf Aussagen über die Welt zu verzichten wäre, dann würde dadurch das Reden von Gott hinfällig.«[53]

Man kann Bultmann freilich nicht unterstellen, er habe den »Leib«-Begriff vernachlässigt oder gar aufgegeben.[54] Aber *wie hat er ihn verstanden? Das* ist die entscheidende Frage!

Soteriologie v.a. im Eph und Kol« beschließt (a.a.O., 230f.). Zu letzterer vgl. STEINMETZ, Heils-Zuversicht, *passim*. Für unseren Zusammenhang interessant ist seine Gegenüberstellung von Eph/Kol und Paulus: »Es bestehen also erheblich Differenzen zwischen den Bezugssystemen und Perspektiven des Kol und Eph auf der einen Seite und denen der älteren Paulusbriefe auf der anderen. Ein *Vorherrschen der räumlichen Vorstellung* ist deutlich erkennbar. [...] Noch nicht beantwortet ist jedoch mit diesen Feststellungen die Frage nach der tieferliegenden Ursache der *präsentischen Eschatologie. Das Vorherrschen der räumlich-sphärischen Bilder* erklärt gewiß vieles, kann aber weder als einzige noch als ausreichende Erklärung angesehen werden« (a.a.O., 67 [Hervorhebungen E.R.]).

[49] A.a.O., 150 (Hervorhebungen E.R.).
[50] Einführung, 356f.
[51] Zum *Zusammenhang von Leiblichkeit und Räumlichkeit* vgl. JOOSS, Raum, bes. 74–78 (74): »Räumlichkeit und Leiblichkeit sind also ›an der Wurzel miteinander verwachsen [...]‹.« Sie zitiert a.a.O., 78, M. HEIDEGGER, nach dem alles Dasein »*wesenhaft Ent-fernung, das heißt räumlich ist*« (DERS., Sein und Zeit, 108).
[52] BULTMANN, Theologie, 200, bezeichnet die Gleichung »Leib = Körper« als »naiv«.
[53] Dogmatik I, 335.
[54] S. nur DENS., Theologie, 193–203; vgl. BAUER, Leiblichkeit, 31–42; STRIEDER, Leiblichkeit, 19–23.

I. STRIEDER bemerkt eine *Entwicklung* bei Bultmann, die zu einem immer mehr von der konkreten Körperlichkeit abstrahierenden σῶμα-Begriff tendierte: »Wenn aber Soma auf ein Symbol für die individuelle Existenz reduziert wird, dann *verliert dieser Begriff jede bedeutungsvolle Verbimdung [sic!] mit der physischen Leiblichkeit*. Freilich, Bultmann hat nie geleugnet, daß Soma auch für den physischen Leib stehen könne, jedoch ist in seinem Verständnis *solche physische Leiblichkeit in den paulinischen Schriften in keiner Hinsicht von Wichtigkeit*. [...] Seinem Ergebnis zufolge ist Soma [...] Symbol für eine [...] Struktur der individuellen Existenz, die *wesentlich nicht-physisch ist*.«[55] STRIEDER meint: »Damit ist das eigentliche paulinische Anliegen aber nicht getroffen.«[56]

Gegen solche Abstraktion und (vermeintlich?) rein wissenschaftliches Denken *und Reden* steht die Welt-Sicht (im Wortsinne), die von der vorfindlichen Welt ausgeht und sie beschreibt, wie sie dem Menschen *erscheint* – übrigens auch dem sog. modernen Menschen, der genauso vom »Sonnenaufgang« spricht oder von der »Mündung« eines Flusses, obwohl doch die Sonne ein Fixstern ist und der Fluß natürlich keinen Mund besitzt. Darauf hat Helga WEIPPERT in einem überaus erhellenden Aufsatz hingewiesen.[57] Darin beschreibt sie das Wesen solchen »vorwissenschaftlichen«, ganz an der *Erfahrung* orientierten Denkens: »Wo wir distanziert und instrumental vorgehen, verfuhr man körperlich und direkt, nahm sich selbst mitten in die Welt hinein« (22). Welt und Mensch, Natur und Individuum waren nicht strikt zu trennen,[58] sondern der Mensch wurde begriffen als *Teil* der ihn umgebenden Natur – und der ihn umgebenden Menschenwelt gleichermaßen. Denn es herrschte ein »Selbstbewußtsein [...], das sich nicht aus der Abgrenzung gegenüber anderen, sondern gerade aus den Beziehungen zu ihnen herleitet« (18).[59] Der Mensch »spiegelte sich« in

---

[55] A.a.O., 22 (Hervorhebungen E.R.).
[56] Ebd.
[57] Vgl. DIES., Altisraelitische Welterfahrung, 24. (Die im folgenden in Klammern genannten Seitenzahlen beziehen sich auf diesen Aufsatz.)
[58] WEIPPERT, a.a.O., 18 m. Anm. 20, zitiert A.J. Gurjewitsch: »Der Mensch bleibt so lange von der Natur nicht völlig abgegrenzt, wie die überwiegende Masse der Gesellschaft eine naturwirtschaftliche Lebensweise führt und im unmittelbaren Austausch mit der Natur die Hauptquelle der Befriedigung ihrer grundlegenden Bedürfnisse findet.«
[59] Es ist m.E. kein Zufall, daß der Existentialismus zu einer Leitphilosophie gerade des *20. Jh.* werden konnte. Industrialisierung, Technisierung, Arbeitsteilung und zunehmender Wohlstand *ermöglichten* (neben anderen Gründen) überhaupt erst einen ausgeprägten Individualismus, d.h. die Loslösung des nun erstmals hauptsächlich als *Individuum* sich empfindenden Menschen aus dem ihn *bis dato* umgebenden – und mehr noch: ihn *definierenden* – Kollektiv seiner Mitmenschen. Der Existentialismus ist aber m.E. auch eine Philosophie der *Krise* – nämlich der Krise des sich nicht nur seiner Unverwechselbarkeit, Selbstbestimmtheit und Einzigartigkeit, sondern – als Kehrseite dieser Medaille – ebensosehr seiner radikalen *Einsamkeit* bewußten Menschen, der »zur Freiheit *verdammt*« ist (vgl. SARTRE, L'existentialisme, 37: »l'homme est condamné à être libre«, ja sogar: »l'homme est liberté«). *Diesem* Menschen ist dann auch »alles erlaubt«, wenn – wie Dostojewski geschrieben hatte – »Gott nicht existiert« (vgl. SARTRE, a.a.O., 36).

seiner Umwelt (23); schon an der »terminologisch vermenschlichten Natur« (Fluß*mündung*, Quell*kopf*, Berg*rücken* usw.) »zeigt sich, daß man we-

Aber diese grenzenlose Freiheit bedeutet zugleich eine grenzenlose *Verantwortung* (diesen Aspekt hat Sartre immer betont), an der der ihr *schutz- und orientierungslos* – »sans secours dans un signe donné, sur terre, qui l'orientera« (SARTRE, a.a.O., 38) – ausgelieferte Mensch zu zerbrechen droht: « Nous sommes seuls, sans excuses » (a.a.O., 37).
Der Wahlspruch Jean-Paul SARTRES: »L'existentialisme est un humanisme«, zeigt, daß der Existentialismus die *conditio humana* wesentlich durch das radikale Geworfensein *auf sich selbst* bestimmt sah. Was *allen* Existentialisten – also den »existentialistes athées, parmi lesquels il faut ranger Heidegger [!], et aussi les existentialistes français et moi-même« (SARTRE, L'existentialisme, 17), ebenso wie den »christlichen«, zu denen SARTRE, ebd., Karl Jaspers und Gabriel Marcel zählt – gemeinsam sei, »c'est simplement le fait qu'ils estiment que l'existence précède l'essence, ou, si vous voulez, qu'il faut partir de la subjectivité« (ebd.). Was das bedeutet, führt Sartre folgendermaßen aus: « L'existentialisme athée, que je représente, [...] déclare que si Dieu n'existe pas, il y a au moins un être chez qui l'existence précède l'essence, un être qui existe avant de pouvoir être défini par aucun concept et que cet être c'est l'homme ou, comme dit Heidegger, la réalité humaine. Qu'est-ce que signifie ici que l'existence précède l'essence ? Cela signifie que l'homme d'abord, se rencontre, surgit dans le monde, et qu'il se définit après. L'homme, tel que le conçoit l'existentialiste, s'il n'est pas définissable, c'est qu'il n'est d'abord rien. Il ne sera qu'ensuite, et il sera tel qu'il se sera fait. Ainsi, il n'y a pas de nature humaine, puisqu'il n'y a pas de Dieu pour la concevoir. L'homme est seulement, non seulement tel qu'il se conçoit, mais tel qu'il se veut, et comme il se conçoit après l'existence, comme il se veut après cet élan vers l'existence; *l'homme n'est rien d'autre que ce qu'il se fait. Tel est le premier principe de l'existentialisme* » (a.a.O., 21f. [Hervorhebung E.R.]). Damit der Mensch also zur Existenz gelangt, muß er sich selbst erfinden: « L'homme est d'abord un projet qui se vit *subjectivement* [...] ; rien n'existe préalablement à ce projet ; rien n'est au ciel intelligible, et *l'homme sera d'abord ce qu'il aura projeté d'être* » (a.a.O., 23 [Hervorhebungen E.R.]). Dieses »Projekt Mensch«, das jeder von sich selbst entwirft, ist »une manifestation d'un choix plus originel, plus spontané que ce qu'on appelle volonté« (a.a.O., 24), und es ist zugleich in dem Sinne *normativ* (der wählende Mensch als »législateur« [a.a.O., 28]!), als *diese* Form des Menschisme« *nicht nur sich selbst entwirft, sondern zugleich ein Bild von seinen Mitmenschen bzw. von der ganzen Menschheit, dem Menschen »an sich«*: « En effet, il n'est pas un de nos actes qui, en créant l'homme que nous voulons être, ne crée en même temps une image de l'homme tel que nous estimons qu'il doit être » (a.a.O., 25), und « cette image est valable pour tous et pour notre époque tout entière. Ainsi, notre responsabilité est beaucoup plus grande que nous ne pourrions le supposer, car elle engage l'humanité entière » (a.a.O., 26), kurz: « en me choisissant, je choisis l'homme » (a.a.O., 27).
Hier wird endlich der *fundamentale Unterschied zum o.g. altisraelitischen Selbstverständnis* deutlich: Während sich der antike Mensch aus der Beziehung zu seinen Mitmenschen definiert (d.h. sich dem Kollektiv eingegliedert weiß, *von dem her* er sein »Selbstbewußtsein« allererst empfängt), definiert das existentialistisch verstandene Subjekt umgekehrt *sich selbst* und *dadurch* das ihn umgebende Kollektiv. Ganz in diesem Sinne wird bei Bultmann »Existenz als Individualität in ihren Relationen beschrieben« (KÄSEMANN, Recht, 276). *Der Unterschied zwischen antikem und existentialem Selbstverständnis liegt also nicht etwa in einer grundsätzlichen Alternative von Kollektivismus und Subjektivismus, sondern in der* Relation *von Kollektiv und Subjekt.*

der ein distanziertes noch ein abstraktes Verhältnis zur Umgebung hatte«[60] – im Gegenteil: »Der Mensch empfand sich als Mitte und Teil seiner Umgebung« (25). Das hatte insbesondere Auswirkungen auf das Räumlichkeits- und Zeitempfinden und in noch stärkerem Maße auf die Raum- und Zeit*messung*: »Das Maßsystem war dementsprechend konkret« (25), d.h. der Mensch war insofern tatsächlich das Maß aller Dinge, als seine konkreten Körpermaße, etwa »Elle« oder »Handbreit«, den Platz unserer auf bestimmte (abstrakte) *Standards* geeichten Meßgeräte einnahmen (25f.). Wo die Körpermaße nicht mehr ausreichen, ging man andere Wege:

»Maß man größere Abstände, so drückte man dies in Zeitkategorien aus, die sich an der menschlichen Leistungsfähigkeit orientierten. [...] Uns geht es bei Längenmaßen darum, die exakte Distanz zwischen zwei Punkten festzustellen, der antike Reisende mußte die Zeit und Kraft abschätzen, die er brauchte, um diesen Abstand zu überwinden« (26).

Diese ausschließlich »empirischen Daten« (ebd.) wirkten sich auch auf die Messung von Flächen aus: Man berechnete sie »lediglich indirekt dadurch, daß man ihren Umfang längenmäßig erfaßte« (ebd.), denn »[d]er menschliche Körper, den man gleichsam als Meßlatte verwenden konnte, um Längen zu messen, bot nichts an, womit man Flächen hätte erfassen können« (27) – daher das grundsätzlich »distanzierte Verhältnis zu Flächen« im Alten Testament (ebd.).

Doch der *Zug zur Abstraktion* war unaufhaltsam – zu beobachten an der prinzipiellen Entwicklung,

»daß da, wo die Welt sich weitet, wo nicht mehr alles zum Greifen nah ist, wo der Lebenshorizont Bereiche einschließt, zu denen der Einzelne keinen konkreten Bezug mehr hat, eine Standardisierung einsetzt, die den Menschen als Maß und Mitte von Zeit und Raum hinter sich läßt. Nicht mehr der Einzelne ist die Mitte seiner Lebenswelt; diese verlagert sich vielmehr in die Zentren der Macht, und das Individuum findet sich in der Peripherie wieder« (29).

Die Kategorien »Raum« und »Zeit« wurden – so sind Weipperts Ausführungen weiterzuverfolgen – Gegenstand abstrakt-wissenschaftlicher Bemessung. Damit entzogen sie sich mehr und mehr dem Zugriff *empirischer* Wahrnehmung des sog. »Ungebildeten« und wurden aufgrund wissenschaftlicher Spezialisierung zu zwei »auseinanderfallende[n] Größen« und »abstrakten Meßeinheiten« (11). Damit aber wurden »Raum« und »Zeit« zu quasi *absoluten* Größen, mittels derer sich sog. »Naturgesetze« aufstellen lassen, denen alles unterworfen ist.

---

[60] Demgegenüber betont TROWITZSCH, Karl Barth heute, 61–64, im Blick auf die »Technokratie« der Moderne, daß sich »der Sinn der technischen Welt verbirgt« (Heidegger). Das ist konsequent von einem Menschen»bild« her gedacht, das sich dem »*epochalen Man*« (a.a.O., 41) widersetzt und die – recht verstandene – Individualität (nicht: das »absolutistische Subjekt« [ebd.]!) achtet.

Diese für die *Moderne* konstitutive Sicht unterzog als erster K. Heim einer grundsätzlichen Kritik: »Der erste, der nun wirklich Ernst machte mit dem *Abbau der Metaphysik, nicht nur in der Theologie, sondern auch in der Philosophie und Naturwissenschaft,* der ›Entmythologisierung‹ nicht nur als theologisches oder gar nur hermeneutisches Thema aufgriff, sondern als *Generalthema der gegenwärtigen Weltepoche,* ist der junge Heim. Er sieht sie überall im Zuge! Er stößt weiter vor, als wir das heute tun. Er wird auch die ratio als solche entmythologisieren. *Für ihn sind alle für sich genommenen, alle absolut gesetzten Größen – ob das nun Zeit oder Raum, Ich oder Du, Bewußtsein oder Wille sind – mythische Gebilde.*«[61] Dieses Weltbild bekämpft Heim, und »[e]r sieht – wenn man ihn einmal so interpretieren darf – aus dem Untergang des gegenwärtigen, des philosophischen Weltbildes ein anderes, neues, und doch wiederum altes Weltbild heraufsteigen: *das Weltbild der Bibel*! *Das Weltbild, bei welchem Gott Mitte ist, so Mitte, daß von daher Zeit und Raum, Ich und Du, Vergangenheit und Zukunft ihre starre, tote, leere Form verlieren und von ihm her und auf ihn hin sind, was sie sind!*«[62]

Im krassen Kontrast dazu steht die *Weltwahrnehmung des antiken Menschen*:

»Weil [...] Raum und Zeit aufeinander bezogen gedacht werden, erlebt der Mensch sie nicht als absolute, sondern als relative Größen. Sie folgen nicht bloß ihren eigenen Gesetzmäßigkeiten, sondern bedingen und relativieren sich gegenseitig« (12).

Damit ist *nicht* gesagt, daß »Raum« und »Zeit« lediglich Chiffren für sinnliche *Einbildung* sind! Das zeigt wiederum Kant: Zwar komme beiden Größen vermöge ihres *subjektiven, d.h. auf das Subjekt bezogenen* und von diesem abhängigen, Charakters keine absolute, aber doch eine *relative Objektivität* zu. Sie sind also nicht einfach »eingebildete« Größen, denn – wie KANT betont – »*[e]s wäre meine eigene Schuld, wenn ich aus dem, was ich zur Erscheinung zählen sollte, bloßen Schein machte*«[63]: »Wenn ich sage: im Raum und der Zeit stellt die Anschauung, so wohl der äußeren Objekte, als auch die Selbstanschauung des Gemüts, beides vor, so wie es unsere Sinne affiziert, d.i. wie es *erscheint*; so will ich das nicht sagen, daß diese Gegenstände ein bloßer *Schein* wären.«[64] Folgerichtig will KANT in seiner »Widerlegung des Idealismus« den Nachweis führen, »daß wir von äußeren Dingen auch *Erfahrung* und nicht bloß *Einbildung* haben«, indem er beweisen will, »daß selbst unsere *innere*, dem Cartesius unbezweifelte, Erfahrung nur unter Voraussetzung *äußerer* Erfahrung möglich sei«, und stellt den »Lehrsatz« auf: »Das bloße, aber empirisch bestimmte, Bewußtsein meines eigenen Daseins beweiset das Dasein der Gegenstände im Raum außer mir.«[65]

---

[61] So die Darstellung bei IWAND, Einführung, 371 (Hervorhebungen E.R.).
[62] IWAND, a.a.O., 372 (Hervorhebungen E.R.).
[63] KrdrV, 124 (Hervorhebung E.R.).
[64] Ebd. Schon in seiner *Vorrede* (2. Aufl.) nennt KANT Raum und Zeit zwar »nur Formen der sinnlichen Anschauung, also nur Bedingungen der Existenz der Dinge als Erscheinungen« (KrdrV, 27 [= B XXV]), räumt aber ein: »Gleichwohl wird, welches wohl gemerkt werden muß, doch dabei immer vorbehalten, daß wir eben dieselben Gegenstände auch als Dinge an sich selbst, wenn gleich nicht *erkennen*, doch wenigstens müssen *denken* können. Denn sonst würde der ungereimte Satz daraus folgen, daß Erscheinung ohne etwas wäre, was da erscheint« (KrdrV, 28 [= B XXVIf.]).
[65] Alle Zitate: a.a.O., 321.

Daß der beobachtete *Paradigmenwechsel* von enormer Bedeutung für die Welt- und Selbstwahrnehmung des Menschen, für seine Sicht der Grundkategorien »Raum« und »Zeit«, aber auch für die Entwicklung technischer Errungenschaften war (die dann ihrerseits den angestoßenen Wandel wiederum beschleunigten), muß hier nicht dargelegt werden. Umstritten wird aber sein, wenn wir *mit* WEIPPERT dafür plädieren, »uns auch auf die antike Welterfahrung [zu] besinnen« (17) und uns nicht *vorschnell* dem Diktat der »Gegenwartsprobleme« zu beugen (17, Anm. 18). Ob *unsere* Welt mit ihren zuweilen sehr ambivalenten Möglichkeiten und die darin begründete Weltsicht den Sieg davontragen muß, ist m.E. noch nicht ausgemacht.[66]

---

[66] Abschließend sei auf einen wichtigen Aspekt in dieser Diskussion hingewiesen, den KÄSEMANN, Recht, 277f., mit wünschenswerter Klarheit benennt: »*Die Sprache der Bibel ist keine heilige Sprache* [...]. Das Evangelium muß konstitutiv immer neu übersetzt, nämlich an ein neues Ufer getragen werden. Es ist darum im Horizont einer technischen Welt nicht an die Vorstellungen und Sprachformen eines aufs stärkste mythologischen Weltbildes zu binden, aus dem einst die biblischen Schriften erwuchsen. [...] *Keine kirchliche und infolgedessen [!] keine biblische Tradition gibt uns das Recht, uns nochmals im ersten Jahrhundert anzusiedeln.* [...] Um die Wirklichkeit der Welt weiß der heutige Mensch trotz aller verbleibenden Rätsel unbestreitbar besser Bescheid als der antike, und das hat Konsequenzen für Exegese und Predigt. Umgekehrt ist jede Ontologie und Existenzanalyse ein Geflecht von Erfahrung, Hypothese und Spekulation und das gegenwärtige Wirklichkeitsverständnis nichts als ein Entwurf« (Hervorhebungen E.R.). Demgegenüber gibt LUBAHN, Gott, 18, zunächst zwar zu: »Der Heilige Geist bedient sich *jeglicher* Menschensprache«, fährt dann aber fort: »jedoch kann der Lehrer am Wort an *der Ur- bzw. Grundschicht, der hebräischen und aramäischen Sprache* nicht vorbeigehen«, um im Anschluß an O. Michel sogar zu behaupten, »daß Gott sich *vorzugsweise* der hebräischen Sprache bedient hat«; darum sei »bei jeder Übersetzung der Bibel in den vielen Völkersprachen ein gewisser *Verlust des Ursprünglichen* unvermeidbar« (ebd. [Hervorhebungen E.R.]) – und damit sind wohl nicht nur moderne Bibelübersetzungen gemeint, sondern auch die Septuaginta und sogar das – griechische – Neue Testament! Energisch für eine sog. *hebraica veritas* sind auch K. Haacker und H. Hempelmann eingetreten. HEMPELMANN, Hebraica Veritas, 40, markiert die *Gegenposition* zu Käsemann: »Der hier zu skizzierende Weg [sc. einer *veritas hebraica*; E.R.] nimmt Abschied von einer cartesianischen Linguistik, Sprache lediglich als Kommunikations*mittel*, als im Prinzip reine Form beliebiger Inhalte konzipiert.« Die damit implizierte *Abwertung der griechischen Sprachgestalt der Septuaginta und des Neuen Testaments bzw. deren bedingungslose Rückbindung an die sog. Grundschicht der hebräischen und aramäischen Sprache* kritisiert mit gutem Grund HOFIUS, Christuszeugnis, 330, Anm. 2: »Wenn die neutestamentlichen Zeugen das Alte Testament ganz überwiegend nach der Septuaginta bzw. nach einer der Septuaginta ähnlichen griechischen Fassung zitieren, so setzen sie ohne Frage voraus, daß der griechischen ›Heiligen Schrift‹ die gleiche Dignität eignet wie der Hebräischen Bibel. Dieser Tatbestand schließt eine Absolutsetzung der Hebräischen Bibel schlechterdings aus, und er stellt die – auch wissenschaftlich höchst problematische – Behauptung einer besonderen und theologisch besonders relevanten *Hebraica veritas* aufs nachdrücklichste in Frage.« Und zu HAACKERs Behauptung, der Begriff »*Altes* Testament« bezeichne »den Primat des Ursprungs, die Würde der Ancienität« (Hebraica Veritas, 15), s. nur Hebr 7–10 (vgl. HOFIUS, Biblische Theologie, 363–366.376f.).

Literaturverzeichnis

Vorbemerkung: Wo SCHWERTNER bzw. RGG⁴ keine *Abkürzung* vorsehen, wurden für Zeitschriften die Abkürzungsvorschläge des »Index theologicus« (IxTheo), des Zeitschrifteninhaltsdienstes Theologie der Universitätsbibliothek Tübingen, berücksichtigt (vgl. *http://www.ixtheo.de/zid-curr/zs_galk.htm*); für neuere Reihen wurden i.d.R. die Siglenvorschläge der Herausgeber übernommen (z.b. CStA), sofern sie nicht mit bereits vergebenen Abkürzungen konkurrieren. – Die in der Arbeit verwendeten *Kurztitel* werden im folgenden am Ende jeder Literaturangabe aufgeführt (kursiviert). Kommentare werden i.d.R. mit Verfassernamen und gängiger Abkürzung des entsprechenden biblischen Buches zitiert.

1. Quellen

ALEXANDER APHRODISIENSIS, In Aristotelis analyticorum priorum librum I commentarium, Commentaria in Aristotelem Graeca 2/1, hg. v. Maximilianus Wallies, Berlin 1883. *Comm. Arist. anal. prior. I.*

AMBROSIUS VON MAILAND, De paenitentia, in: SC 179 (1971), 52–200. *paenit.*

ANSELM VON CANTERBURY, Cur Deus homo. Warum Gott Mensch geworden. Lateinisch und Deutsch, hg. u. übers. v. Franciscus Salesius Schmitt, München 1956. *Cur Deus homo.*

ARISTOTELES, De Respiratione, zit. nach: Ross, David (Hg.), Aristotle. Parva naturalia. A Revised Text with Introduction and Commentary, Oxford 1955. *resp.*

AUGUSTINUS, AURELIUS, De trinitate (I–XII), in: CChr.SL 50 (1968), 25–380. *trin.*

–, Contra litteras Petiliani, in: CSEL 52 (1909), 3–227. *c. litt. Pet.*

–, In Psalmum 88 enarratio. Sermo 2, in: CChr.SL 39 (1956), 1233–1244. *en. Ps. 88, s. 2.*

–, De correptione et gratia, in: CSEL 92 (2000), 219–280. *corrept.*

BIBLIA HEBRAICA STUTTGARTENSIA, hg. v. Karl Elliger u. Wilhelm Rudolph, Stuttgart ⁴1990. *BHS.*

BIBLIA SACRA IUXTA VULGATAM VERSIONEM, hg. v. R. Weber u.a., neu hg. v. R. Gryson u.a., Stuttgart ⁴1994. *Vulgata.*

BOETHIUS, ANICIUS MANLIUS SEVERINUS, Liber de persona et duabus naturis contra Eutychen et Nestorium, ad Joannem Diaconum Ecclesiae Romanae, in: PL 64 (²1891), 1337–1354. *c. Eut. et Nest.*

CALVIN, JOHANNES, Ioannis Calvini Opera quae supersunt omnia, hg. v. Wilhelm Baum, Eduard Cunitz u. Eduard Reuss, Bd. 1–59 (= CR 29–87), Braunschweig bzw. Berlin 1863–1900. *CO.*

–, Joannis Calvini Opera selecta, Bd. 3–5: Institutio Christianae religionis 1559, hg. v. Peter Barth u. Wilhelm Niesel, München ⁽²⁾1928ff. *OS III–V.*

–, Unterricht in der christlichen Religion. Institutio Christianae Religionis, nach der letzten Ausgabe übers. u. bearb. v. Otto Weber, Neukirchen-Vluyn ²1963. *Inst.*

–, Calvin-Studienausgabe, hg. v. Eberhard Busch u.v.a., Bd. 1–8, Neukirchen-Vluyn 1994–2011. *CStA.*

CICERO, MARCUS TULLIUS, Academici libri, zit. nach: Bächli, Andreas u.a. (Hgg.), Marcus Tullius Cicero. Akademische Abhandlungen. Lucullus. Lateinisch-Deutsch. Text und Übersetzung von Christoph Schäublin. Einleitung von Andreas Graeser und Christoph Schäublin. Anmerkungen von Andreas Bächli und Andreas Graeser, PhB 479, Hamburg 1995. *Academici libri.*
–, Ad Atticum, zit. nach: Kasten, Helmut (Hg.), Marcus Tullius Cicero. Atticus-Briefe. Lateinisch-deutsch, Darmstadt [4]1990. *Ad Atticum.*
CYPRIANUS, THASCIUS CAECILIUS, De ecclesiae catholicae unitate, in: CChr.SL 3 (1972), 249–268. *unit. eccl.*
–, De dominica oratione, in: CChr.SL 3A (1976), 87–113. *dom. orat.*
–, Epistula ad Pompeium, in: CChr.SL 3C (1996), 563–580. *ep. 74.*
CYRILL VON JERUSALEM, Catecheses mystagogicae, in: SC 126 (1966), 82–174. *myst. cat.*
Der BERNER SYNODUS von 1532. Edition und Abhandlungen zum Jubiläumsjahr 1982, Bd. 1: Edition, hg. v. Gottfried W. Locher u.a., Neukirchen-Vluyn 1984. *Berner Synodus.*
Deutscher Evangelischer Kirchenausschuß / Rat der Evangelischen Kirche in Deutschland (Hg.), Die Bekenntnisschriften der evangelisch-lutherischen Kirche, Göttingen [3]1956. *BSLK.*
DIDACHE, zit. nach: Wengst, Klaus (Hg./Übers.), Didache (Apostellehre). Barnabasbrief. Zweiter Klemensbrief. Schrift an Diognet, Schriften des Urchristentums 2, Darmstadt 1984 (= 2006), 1–100. *Did.*
LUTHER, MARTIN, D. Martin Luthers Werke. Kritische Gesamtausgabe, Bd. 1ff., Weimar 1883ff. *WA.*
–, D. Martin Luthers Werke. Kritische Gesamtausgabe. Die Deutsche Bibel, Bd. 1ff., Weimar 1906ff. *WA.DB.*
MELANCHTHON, PHILIPP, Loci communes 1521. Lateinisch – Deutsch, übers. u. m. kommentierenden Anm. vers. v. H.G. Pöhlmann, hg. v. Lutherischen Kirchenamt der VELKD, Gütersloh 1993. *Loci.*
MENANDER, Dyskolos, zit. nach: Blume, Horst-Dieter (Hg./Übers.), Menander. Dyskolos. Der Menschenfeind (Griechisch / Deutsch), Reclams Universalbibliothek 18485, Stuttgart 2007. *Dyskolos.*
MÜLLER, E.F.K. (Hg.), Die Bekenntnisschriften der reformierten Kirche. In authentischen Texten mit geschichtlicher Einleitung und Register, ThST 5.1, Waltrop 1999 (= Leipzig 1903). *BSRK.*
NILUS VON ANCYRA, S. P. N. Nili ascetae, discipuli S. Joannis Chrysostomi epistolarum libri quatuor, in: PG 79 (1865), 82–582. *Ep(p).*
NOVUM TESTAMENTUM GRAECE, post E. et E. Nestle, hg. v. Barbara u. Kurt Aland, J. Karavidopoulos, C.M. Martini, B.M. Metzger, Stuttgart [27]1993. *NA^{27}.*
ORIGENES, De principiis, in: GCS 22 (1913), 3–364. *princ.*
–, De oratione, in: GCS 3 (1899), 297–403. *orat.*
PHILON VON ALEXANDRIEN, De decalogo, zit. nach: Cohn, Leopold (Hg.), Philonis Alexandrini opera quae supersunt, Bd. 4, Berlin 1902 (= ND 1962), 269–307. *decal.*
PINDAR, Pythische Ode II, zit. nach: Bremer, Dieter (Hg./Übers.), Pindar. Siegeslieder. Griechisch – deutsch, Sammlung Tusculum, Düsseldorf – Zürich 2003, 118–127. *Pythische Ode II.*
PLUTARCH, De Alexandri Magni fortuna aut virtute. Oratio I, zit. nach: D'Angelo, Annamaria (Hg./Übers.), Plutarco. La fortuna o la virtú di Alessandro Magno. Prima Orazione. Introduzione, edizione critica, traduzione e commento, Corpus Plutarchi Moralium 29, Neapel 1998. *De Alex. fort. I.*

RIESSLER, PAUL, Altjüdisches Schrifttum außerhalb der Bibel, Augsburg 1928. *Altjüdisches Schrifttum.*
SCHEFFLER, JOHANNES [= ANGELUS SILESIUS], Gründtliche Vrsachen vnd Motiven, warumb er von dem Lutherthumb abgetretten/ vnd sich zu der Catholischen Kyrchen bekennet hat. Mit beygefügten 16 Religions-Fragen, Ingolstatt [sic!] ²1653. *Vrsachen.*
SCHWARZ, RUDOLF (Hg./Übers.), Johannes Calvins Lebenswerk in seinen Briefen, Bd. 2: Die Briefe des Jahres 1548–1555, Neukirchen 1962. *Lebenswerk II.*
SEPTUAGINTA DEUTSCH. Das griechische Alte Testament in deutscher Übersetzung, hg. v. Wolfgang Kraus u. Martin Karrer, Stuttgart 2009. *Septuaginta Deutsch.*
SEPTUAGINTA. Id est Vetus Testamentum graece iuxta LXX interpretes. Duo volumina in uno, hg. v. A. Rahlfs, Stuttgart 1979. *LXX.*
SOPHOKLES, König Oidipus. Griechisch – deutsch, übers. v. Wilhelm Willige, überarb. v. Karl Bayer, mit einem neuen Anhang hg. v. Bernhard Zimmermann, Tusculum Studienausgaben, Düsseldorf – Zürich 1999. *König Oidipus.*
TERTULLIANUS, QUINTUS SEPTIMIUS FLORENS, Apologeticum, in: CChr.SL 1 (1954), 77–171. *apol.*

2. Hilfsmittel und Philologisches

AERTS, WILLEM JOHAN, Periphrastica. An investigation into the use of εἶναι and ἔχειν as auxiliaries or pseudo-auxiliaries in Greek from Homer up to the present day, Publications issued under the auspices of the Byzantine-New Greek Seminary of the University of Amsterdam 2, Amsterdam 1965. *Periphrastica.*
ALAND, KURT (Hg.), CKNTG², Berlin ²1985.
– / ALAND, BARBARA, Der Text des Neuen Testaments. Einführung in die wissenschaftlichen Ausgaben sowie in Theorie und Praxis der modernen Textkritik, Stuttgart 1982. *Text.*
ALEXANDER, W.J., Participial Periphrases in Attic Prose, in: AJP 4 (1883), 291–308. *Participial Periphrases.*
BAUER, WALTER, Griechisch-deutsches Wörterbuch zu den Schriften des Neuen Testaments und der frühchristlichen Literatur, völlig neu bearb. u. hg. v. Kurt u. Barbara Aland, Berlin ⁶1988. *BAUER/ALAND, WbNT.*
BJÖRCK, GUDMUND, HN ΔΙΔΑΣΚΩΝ. Die periphrastischen Konstruktionen im Griechischen, SHVU 32/2, Uppsala 1940. *HN ΔΙΔΑΣΚΩΝ.*
BLASS, FRIEDRICH / DEBRUNNER, ALBERT, Grammatik des neutestamentlichen Griechisch, bearb. v. Friedrich Rehkopf, Göttingen ¹⁸2001. *BDR.*
BORNEMANN, EDUARD (mit Ernst Risch), Griechische Grammatik, Frankfurt/M. ²1978. *BORNEMANN/RISCH, Grammatik.*
BUSCEMI, ALFIO MARCELLO, L'uso delle preposizioni nella Lettera ai Galati, SBFA 17, Jerusalem 1987. *Preposizioni.*
BUSSMANN, HADUMOD (Hg.), Lexikon der Sprachwissenschaft, Stuttgart ³2002.
COSERIU, E., Der periphrastische Verbalaspekt im Altgriechischen, in: Glotta 53 (1975), 1–25 (spanisch: 1968). *Verbalaspekt.*
DIETRICH, WOLF, Der periphrastische Verbalaspekt im Griechischen und Lateinischen, in: Glotta 51 (1973), 188–228. *Verbalaspekt.*
GEMOLL, WILHELM, Griechisch-deutsches Schul- und Handwörterbuch, durchges. u. erw. v. K. Vretska, m. e. Einführung v. H. Kronasser, Wien u.a. 1991 (= ⁹1965). *Wb.*

GESENIUS, WILHELM, Hebräisches und aramäisches Handwörterbuch über das Alte Testament, bearb. v. F. Buhl, Berlin u.a. ¹⁷1915 (= ND 1962). *HWbAT*.
HAPP, ERICH / MAIER, FRIEDRICH / ZELLER, ALFRED, Organon. Griechisches Unterrichtswerk. Grammatik. Lautlehre – Formenlehre – Satzlehre, München – Bamberg 1981.
HATCH, EDWIN / REDPATH, HENRY A., A Concordance to the Septuagint and the other Greek Versions of the Old Testament (Including the Apocryphal Books), Bd. 1–3, Graz 1975 (= Oxford 1897).
HAUBECK, WILFRID / VON SIEBENTHAL, HEINRICH, Neuer sprachlicher Schlüssel zum griechischen Neuen Testament, Bd. 2: Römer bis Offenbarung, TVG-Lehrbücher, Gießen 1994. *Sprachlicher Schlüssel II*.
JOHANNESSOHN, MARTIN, Der Gebrauch der Präpositionen in der Septuaginta, NGWG. PH 1925 (Beiheft) (= MSU 3/3), Berlin 1925, 167–388. *Präpositionen*.
KASSÜHLKE, RUDOLF, Kleines Wörterbuch zum Neuen Testament. Griechisch-Deutsch (= Umsetzung u. Bearb. v. NEWMAN JR., B.M., A Concise Greek-English Dictionary of the New Testament), Stuttgart ³2001. *Wörterbuch*.
KÜHNER, RAPHAEL / GERTH, BERNHARD, Ausführliche Grammatik der griechischen Sprache, Zweiter Teil: Satzlehre, Bd. 1, Hannover o.J. (= Hannover – Leipzig ³1898). *Grammatik II/1*.
–, Ausführliche Grammatik der griechischen Sprache, Zweiter Teil: Satzlehre, Bd. 2, Hannover o.J. (= Hannover – Leipzig ³1904). *Grammatik II/2*.
MOORHOUSE, A.C., The Syntax of Sophocles, Mn.S 75, Leiden 1982. *Sophocles*.
PORTER, STANLEY E., Verbal Aspect in the Greek of the New Testament, with Reference to Tense and Mood, Studies in Biblical Greek 1, New York u.a. 1993. *Verbal Aspect*.
REHKOPF, FRIEDRICH, Griechisch-deutsches Wörterbuch zum Neuen Testament, Göttingen 1992. *WbNT*.
ROSÉN, HAIIM B., Die »zweiten« Tempora des Griechischen. Zum Prädikatsausdruck beim griechischen Verbum, in: MH 14 (1957), 133–154. *Tempora*.
ZERWICK, MAX, Analysis philologica Novi Testamenti Graeci, SPIB 107, Rom ⁴1984 (Neudruck). *ZERWICK*.

3. Kommentare

3.1. Kommentare zum Römerbrief

ASMUSSEN, HANS, Der Römerbrief, Stuttgart 1952.
BARDENHEWER, OTTO, Der Römerbrief des heiligen Paulus. Kurzgefaßte Erklärung, Freiburg/Br. 1926.
BARTH, KARL, Der Römerbrief (Zweite Fassung 1922), Zürich ¹⁶1999.
BAUMGARTEN-CRUSIUS, LUDWIG FRIEDRICH OTTO, Commentar über den Brief Pauli an die Römer, aus dessen handschriftlichem Nachlasse und nachgeschriebenen Vorlesungen hg. v. Ernst Julius Kimmel, in: ders., Exegetische Schriften zum Neuen Testament 2/1, Jena 1844.
BÉNÉTREAU, SAMUEL, L'Épître de Paul aux Romains, Bd. 1: Röm 1–8, CEB 17, Vaux-sur-Seine 1996. *Röm I*.
–, L'Épître de Paul aux Romains, Bd. 2: Röm 9–16, CEB 19, Vaux-sur-Seine 1997. *Röm II*.
BEST, ERNEST, The Letter of Paul to the Romans, CNEB [6], Cambridge 1967.
BISPING, AUGUST, Erklärung des Briefes an die Römer, Münster 1854.
BYRNE, BRENDAN, Romans, Sacra Pagina Series 6, Collegeville 1996.

CALVIN, JOHANNES, Der Brief an die Römer. Ein Kommentar, Bd. 1: Röm 1–7, CStA 5.1, Neukirchen-Vluyn 2005. *CStA 5.1.*

CRANFIELD, CHARLES E.B., The Epistle to the Romans, Bd. 1: Romans 1–8, ICC, London – New York 2001 (= ND 2008). *Röm I.*

DE WETTE, WILHELM MARTIN LEBERECHT, Kurze Erklärung des Briefes an die Römer, KEH 2/1, Leipzig ¹1835.

–, Kurze Erklärung des Briefes an die Römer, KEH 2/1, Leipzig ⁴1847.

DUNN, JAMES D.G., Romans 1–8, WBC 38A, Dallas 1988. *Röm I.*

GRELOT, PIERRE, L'épître de saint Paul aux Romains. Une lecture pour aujourd'hui, Versailles 2001.

HAACKER, KLAUS, Der Brief des Paulus an die Römer, ThHK 6, Leipzig ³2006.

HAERING, THEODOR, Der Römerbrief des Apostels Paulus, Stuttgart 1926.

HULTGREN, ARLAND J., Paul's Letter to the Romans. A Commentary, Grand Rapids 2011.

JEWETT, ROBERT, Romans. A Commentary, Hermeneia, Minneapolis 2007.

KÄSEMANN, ERNST, An die Römer, HNT 8a, Tübingen ³1974.

KÜHL, ERNST, Der Brief des Paulus an die Römer, Leipzig 1913.

KUSS, OTTO, Der Römerbrief, 2. Lfg.: Röm 6,11–8,19, RNT, Regensburg ²1963.

LÉGASSE, SIMON, L'épître de Paul aux Romains, LeDiv. Commentaires 10, Paris 2002.

LIPSIUS, RICHARD ADELBERT, Briefe an die Galater, Römer, Philipper, HC 2/2, Freiburg/Br. 1891.

LOHSE, EDUARD, Der Brief an die Römer, KEK 4, Göttingen ¹⁽¹⁵⁾2003.

MAIER, ADALBERT, Commentar über den Brief Pauli an die Römer, Freiburg/Br. 1847.

MEYER, HEINRICH AUGUST WILHELM, Kritisch exegetisches Handbuch über den Brief des Paulus an die Römer, KEK 4, Göttingen ¹1836/⁵1872.

MICHEL, OTTO, Der Brief an die Römer, KEK 4, Göttingen ⁵⁽¹⁴⁾1978.

NYGREN, ANDERS, Der Römerbrief, Göttingen ⁴1965.

OERTEL, EUCHARIUS FERDINAND CHRISTIAN, Versuch einer philosophischen Bibelerklärung welcher Pauli Brief an die Römer philosophisch geprüft, übersezt und erläutert, enthält. Zur Wiederherstellung des reinen Vernunftchristentums, o.O. 1793.

PHILIPPI, FRIEDRICH ADOLPH, Commentar über den Brief Pauli an die Römer, Gütersloh ⁴1896.

REICHE, J.S., Versuch einer ausführlichen Erklärung des Briefes Pauli an die Römer mit historischen Einleitungen und exegetisch-dogmatischen Excursen, Bd. 2: Vom achten Capitel bis zum Ende [enthält Röm 7–16], Göttingen 1834. *Röm II.*

REITHMAYR, FRANZ XAVER, Commentar zum Briefe an die Römer, Regensburg 1845 (= ND Frankfurt/Main 1976).

RÜCKERT, LEOPOLD IMMANUEL, Commentar über den Brief Pauli an die Römer, Bd. 1: Erklärung der ersten acht Kapitel, Leipzig ²1839. *Röm I.*

–, Commentar über den Brief Pauli an die Römer, Bd. 2: Erklärung von K. IX–XVI. und allg. Erörterungen, Leipzig ²1839. *Röm II.*

SCHLATTER, ADOLF, Gottes Gerechtigkeit. Ein Kommentar zum Römerbrief, Stuttgart ³1959.

SCHLIER, HEINRICH, Der Römerbrief, HThK 6, Freiburg u.a. 1977.

SCHMIDT, HANS WILHELM, Der Brief des Paulus an die Römer, ThHK 6, Berlin ³1972.

SCHMITHALS, WALTER, Der Römerbrief. Ein Kommentar, Gütersloh 1988.

SCHOTT, THEODOR, Der Römerbrief seinem Endzweck und Gedankengang nach ausgelegt, Erlangen 1858.

STUHLMACHER, PETER, Der Brief an die Römer, NTD 6, Göttingen – Zürich ²⁽¹⁵⁾1998.

THEOBALD, MICHAEL, Römerbrief, Bd. 2: Kapitel 12–16, SKK.NT 6/2, Stuttgart 1993. *Röm II*.
UMBREIT, F.W.C., Der Brief an die Römer auf dem Grunde des Alten Testamentes ausgelegt, Gotha 1856.
VON FLATT, JOHANN FRIEDERICH, Vorlesungen über den Brief Pauli an die Römer, nach seinem Tode hg. v. Christian Daniel Friedrich Hoffmann, nebst einem Vorworte v. Carl Christian von Flatt, Tübingen 1825.
VON HOFMANN, JOHANN CHRISTIAN KONRAD, Der Brief Pauli an die Römer, Die heilige Schrift neuen Testaments zusammenhängend untersucht 3, Nördlingen 1868.
WEISS, BERNHARD, Der Brief an die Römer, KEK 4, Göttingen $^{9(4)}$1899.
WILCKENS, ULRICH, Der Brief an die Römer, Bd. 1: Röm 1–5, EKK 6/1, Zürich u.a. – Neukirchen-Vluyn ^{2}1987. *Röm I*.
–, Der Brief an die Römer, Bd. 2: Röm 6–11, EKK 6/2, Zürich u.a. – Neukirchen-Vluyn ^{3}1993. *Röm II*.
–, Der Brief an die Römer, Bd. 3: Röm 12–16, EKK 6/3, Zürich u.a. – Neukirchen-Vluyn ^{2}1989. *Röm III*.
WITHERINGTON III, BEN (with Darlene Hyatt), Paul's Letter to the Romans. A Socio-Rhetorical Commentary, Grand Rapids 2004.
ZELLER, DIETER, Der Brief an die Römer, RNT, Regensburg $^{3(1)}$1985.
ZIMMER, FRIEDRICH, Der Römerbrief, Quedlinburg 1887.

3.2. Kommentare zum 1. Korintherbrief

ALLO, E.-B., Saint Paul. Première Épître aux Corinthiens, EtB, Paris ^{2}1956.
BARBAGLIO, GUISEPPE, La prima lettera ai Corinzi, SOCr 16, Bologna 1995.
COLLINS, RAYMOND F., First Corinthians, Sacra Pagina Series 7, Collegeville 1999.
CONZELMANN, HANS, Der erste Brief an die Korinther, KEK 5, Göttingen $^{2(12)}$1981.
FASCHER, ERICH, Der erste Brief des Paulus an die Korinther. Erster Teil: Einführung und Auslegung der Kapitel 1–7, ThHK 7/1, Berlin ^{4}1988.
FEE, GORDON D., The First Epistle to the Corinthians, NIC.NT, Grand Rapids 1988 (= 1987).
FITZMYER, JOSEPH A., First Corinthians, The Anchor Yale Bible 32, New Haven – London 2008.
GARLAND, DAVID E., 1 Corinthians, Baker Exegetical Commentary on the New Testament, Grand Rapids 2003.
HEINRICI, GEORG, Kritisch exegetisches Handbuch über den ersten Brief an die Korinther, KEK 5, Göttingen $^{2(7)}$1888.
HUNTER, JACK, 1. Korintherbrief, Was die Bibel lehrt 7, Dillenburg 1993.
KLAUCK, HANS-JOSEF, 1. Korintherbrief, NEB.NT 7, Würzburg ^{4}2000.
KUSS, OTTO, Die Briefe an die Römer, Korinther und Galater, RNT, Regensburg 1940.
LANG, FRIEDRICH, Die Briefe an die Korinther, NTD 7, Göttingen – Zürich $^{2(17)}$1994.
LIETZMANN, HANS, An die Korinther I / II, ergänzt von W.G. Kümmel, HNT 9, Tübingen ^{5}1969.
LINDEMANN, ANDREAS, Der Erste Korintherbrief, HNT 9/1, Tübingen 2000.
MERKLEIN, HELMUT, Der erste Brief an die Korinther. Kapitel 5,1–11,1, ÖTK 7/2, GTB 512, Gütersloh 2000. *1Kor II*.
MEYER, HEINRICH AUGUST WILHELM, Kritisch exegetisches Handbuch über den ersten Brief an die Korinther, KEK 5, Göttingen ^{1}1839/^{5}1870.
ORTKEMPER, FRANZ JOSEF, 1. Korintherbrief, SKK.NT (N.F.) 7, Stuttgart 1993.
OSTER, RICHARD E. JR., 1 Corinthians, The College Press NIV Commentary, Joplin 1995.

PETERSON, ERIK, Der erste Brief an die Korinther und Paulus-Studien. Aus dem Nachlass herausgegeben von Hans-Ulrich Weidemann, Erik Peterson. Ausgewählte Schriften 7, Würzburg 2006.
POP, F.J., De eerste brief van Paulus aan de Corinthiërs, De prediking van het Nieuwe Testament 7, Nijkerk ⁵1986.
REILING, JANNES, De eerste brief van Paulus aan de Korintiërs, De prediking van het Nieuwe Testament 7, Baarn 1997.
SCHLATTER, ADOLF, Paulus[,] der Bote Jesu. Eine Deutung seiner Briefe an die Korinther, Stuttgart ⁵1985. *Paulus*.
SCHMIEDEL, PAUL WILHELM, Die Briefe an die Thessalonicher und an die Korinther, HC 2/1, Freiburg/Br. 1891.
SCHNABEL, ECKHARD J., Der erste Brief des Paulus an die Korinther, HTA.NT, Wuppertal – Gießen 2006.
SCHRAGE, WOLFGANG, Der erste Brief an die Korinther. 1. Teilband: 1Kor 1,1–6,11, EKK 7/1, Zürich u.a. 1991. *1Kor I*.
–, Der erste Brief an die Korinther. 2. Teilband: 1Kor 6,12–11,16, EKK 7/2, Zürich u.a. 1995. *1Kor II*.
–, Der erste Brief an die Korinther. 4. Teilband: 1Kor 15,1–16,24, EKK 7/4, Zürich u.a. 2001. *1Kor IV*.
STROBEL, AUGUST, Der erste Brief an die Korinther, ZBK.NT 6.1, Zürich 1989.
THISELTON, ANTHONY C., The First Epistle to the Corinthians. A Commentary on the Greek Text, NIGTC 7, Grand Rapids – Carlisle 2000.
WEISS, JOHANNES, Der erste Korintherbrief, KEK 5, Göttingen ²⁽¹⁰⁾1925 (= ¹⁽⁹⁾1910).
WOLFF, CHRISTIAN, Der erste Brief des Paulus an die Korinther, ThHK 7, Leipzig ²2000.
ZELLER, DIETER, Der erste Brief an die Korinther, KEK 5, Göttingen 2010.

3.3. Kommentare zum 2. Korintherbrief

BARRETT, CHARLES KINGSLEY, The Second Epistle to the Corinthians, BNTC, London 1973.
BELLEVILLE, LINDA L., 2 Corinthians, IVP New Testament Commentary Series 8, Downers Grove – Leicester 1996.
BRYANT, HENRY, Commentaire Biblique sur les épîtres de Paul. 2ᵉ aux Corinthiens, Éditions CLÉ, Villeurbanne 1990.
BULTMANN, RUDOLF, Der zweite Brief an die Korinther, hg. v. Erich Dinkler, KEK.S, Göttingen 1976.
GARLAND, DAVID E., 2 Corinthians, New American commentary 29, Nashville 1999.
GRÄSSER, ERICH, Der zweite Brief an die Korinther, Bd. 1: Kapitel 1,1–7,16, ÖTK 8/1 (= GTB 513), Gütersloh – Würzburg 2002. *2Kor I*.
KLAUCK, HANS-JOSEF, 2. Korintherbrief, NEB.NT 8, Würzburg 1986.
LAMBRECHT, JAN, Second Corinthians, Sacra Pagina Series 8, Collegeville 1999.
LIETZMANN, HANS, An die Korinther I / II, ergänzt von W.G. Kümmel, HNT 9, Tübingen ⁵1969.
MEYER, HEINRICH AUGUST WILHELM, Kritisch exegetisches Handbuch über den zweiten Brief an die Korinther, KEK 6, Göttingen ¹1839/⁵1870.
POP, F.J., De tweede brief van Paulus aan de Corinthiërs, De prediking van het Nieuwe Testament 8, Nijkerk ³1971.
SCHLATTER, ADOLF, Paulus[,] der Bote Jesu. Eine Deutung seiner Briefe an die Korinther, Stuttgart ⁵1985. *Paulus*.

SCHMELLER, THOMAS, Der zweite Brief an die Korinther, Teilband 1: 2Kor 1,1–7,4, EKK 8/1, Neukirchen-Vluyn – Ostfildern 2010. *2Kor I*.
THRALL, MARGARET E., The Second Epistle to the Corinthians, Bd. 1: Introduction and Commentary on II Corinthians I–VII, ICC, London – New York 1994 (= ND 2004). *2Kor I*.
WINDISCH, HANS, Der zweite Korintherbrief, KEK 6, Göttingen [1(9)]1924 (= ND 1970).
WOLFF, CHRISTIAN, Der zweite Brief des Paulus an die Korinther, ThHK 8, Berlin 1989.

3.4. Kommentare zum Galaterbrief

ASMUSSEN, HANS, Theologisch-kirchliche Erwägungen zum Galaterbrief, erw. um einige, das kirchliche Gespräch fortführende Aufsätze, München [3]1936. *Gal*.
BAUMERT, NORBERT, Der Weg des Trauens. Übersetzung und Auslegung des Briefes an die Galater und des Briefes an die Philipper, Paulus neu gelesen 3, Würzburg 2009. *Weg*.
BECKER, JÜRGEN, Der Brief an die Galater, in: NTD 8/1, Göttingen [1(18)]1998, 7–103.
BETZ, HANS DIETER, Der Galaterbrief. Ein Kommentar zum Brief des Apostels Paulus an die Gemeinden in Galatien, aus dem Amerikanischen übersetzt und für die deutsche Ausgabe redaktionell bearbeitet von Sibylle Ann, Hermeneia, München 1988.
BLIGH, JOHN, Galatians. A Discussion of St Paul's Epistle, HousCom 1, London [2]1970.
BORSE, UDO, Der Brief an die Galater, RNT, Regensburg [1(3)]1984.
BRING, RAGNAR, Der Brief des Paulus an die Galater, Berlin – Hamburg 1968.
BRUCE, F.F., The Epistle of Paul to the Galatians. A Commentary on the Greek Text, NIGTC 9, Exeter 1982.
BUSCEMI, ALFIO MARCELLO, Lettera ai Galati. Commentario esegetico, SBFA 63, Jerusalem 2004.
DE WETTE, WILHELM MARTIN LEBERECHT, Kurze Erklärung des Briefes an die Galater und der Briefe an die Thessalonicher, KEH 2/3, Leipzig [2]1845.
DEHN, GÜNTHER, Gesetz oder Evangelium? Eine Einführung in den Galaterbrief, Die urchristliche Botschaft 9, Berlin [3]1938. *Gesetz*.
EBELING, GERHARD, Die Wahrheit des Evangeliums. Eine Lesehilfe zum Galaterbrief, Tübingen 1981. *Wahrheit*.
ECKEY, WILFRIED, Der Galaterbrief. Ein Kommentar, Neukirchener Theologie, Neukirchen-Vluyn 2010.
EDWARDS, MARK J. (Hg.), Galatians, Ephesians, Philippians, Ancient Christian Commentary on Scripture. New Testament 8, Downers Grove 1999.
EGGER, WILHELM, Galaterbrief, NEB.NT 9, Würzburg [4]2000 (= [1]1985).
ESLER, PHILIP F., Galatians, New Testament Readings, London – New York 1998. *Galatians*.
FERREIRA, JOEL ANTÔNIO, Gálatas. A epístola da abertura de fronteiras, Comentário bíblico latino-americano, São Paulo 2005.
GUTHRIE, DONALD, Galatians, NCBC, Grand Rapids – London 1973 (= 1981, ND 1984).
HILGENFELD, ADOLF, Der Galaterbrief, übersetzt, in seinen geschichtlichen Beziehungen untersucht und erklärt. Nebst Untersuchungen über die Paschastreitigkeiten und die Chronologie der apostolischen Wirksamkeit des Paulus, Leipzig 1852.
LÉMONON, JEAN-PIERRE, L'épître aux Galates, Commentaire biblique. Nouveau Testament 9, Paris 2008.
LIETZMANN, HANS, An die Galater. Mit einem Literaturnachtrag von Philipp Vielhauer, HNT 10, Tübingen [4]1971.
LONGENECKER, RICHARD N., Galatians, WBC 41, Nashville u.a. 1990.

LÜHRMANN, DIETER, Der Brief an die Galater, ZBK.NT 7, Zürich ³2001.
LUTHER, MARTIN, Luthers Galaterbrief-Auslegung von 1531. Studienausgabe, hg. v. Hermann Kleinknecht, Göttingen ²1987.
MEISER, MARTIN, Galater, Novum Testamentum Patristicum 9, Göttingen 2007. *Galater*.
MUSSNER, FRANZ, Der Galaterbrief, HThK 9, Freiburg u.a. ⁵1988.
NGEWA, SAMUEL M., Galatians, Africa Bible Commentary Series (ABC), Nairobi u.a. 2010.
OEPKE, ALBRECHT, Der Brief des Paulus an die Galater, ThHK 9, Berlin ³1964 (= ²1957).
PITTA, ANTONIO, Lettera ai Galati, SOCr 9, Bologna 1996.
RADL, WALTER, Galaterbrief, SKK.NT N.F. 9, Stuttgart 1985 (= ³1996).
ROHDE, JOACHIM, Der Brief des Paulus an die Galater, ThHK 9, Berlin ¹⁽⁶⁾1989.
RÜCKERT, LEOPOLD IMMANUEL, Commentar über den Brief Pauli an die Galater, Leipzig 1833.
SCHLIER, HEINRICH, Der Brief an die Galater, KEK 7, Göttingen ⁶⁽¹⁵⁾1989.
SCHMIDT, KARL LUDWIG, Ein Gang durch den Galaterbrief. Leben, Lehre, Leitung in der Heiligen Schrift, ThSt(B) 11–12, Zollikon-Zürich ²1947. *Galaterbrief*.
SCHNEIDER, GERHARD, Der Brief an die Galater, GSL.NT 9, Düsseldorf ²1968. *Gal.GSL*.
–, Der Brief an die Galater, KKNT 9, Stuttgart ³1969. *Gal.KK*.
VAN STEMPVOORT, P.A., De brief van Paulus aan de Galaten, De Prediking van het Nieuwe Testament 9, Nijkerk ⁴1979.
VAUGHAN, CURTIS, Galatians, A Study Guide Commentary, Grand Rapids ⁵1978.
VIARD, ANDRÉ, Saint Paul. Épître aux Galates, SBi, Paris 1964.
VOUGA, FRANÇOIS, An die Galater, HNT 10, Tübingen 1998.
WALTER, JOHANN, Der religiöse Gehalt des Galaterbriefes, Göttingen 1904.
ZAHN, THEODOR, Der Brief des Paulus an die Galater. Mit einem Geleitwort von Martin Hengel, Wuppertal – Zürich 1990 (= KNT 9, Leipzig – Erlangen ³1922).

3.5. Kommentare zum Philipperbrief

DIBELIUS, MARTIN, An die Thessalonicher I II. An die Philipper, HNT 11, Tübingen ³1937.
GNILKA, JOACHIM, Der Philipperbrief, HThK 10/3, Freiburg u.a. ³1980.
MÜLLER, ULRICH B., Der Brief des Paulus an die Philipper, ThHK 11/1, Leipzig ²2002.
SILVA, MOISÉS, Philippians, Baker Exegetical Commentary on the New Testament, Grand Rapids ²2005 (= 2007, 2008).

3.6. Kommentare zum 1. Thessalonicherbrief

BASSIN, FRANÇOIS, Les épîtres de Paul aux Thessaloniciens, CEB 13, Vaux-sur-Seine 1991.
BAUMGARTEN-CRUSIUS, LUDWIG FRIEDRICH OTTO, Die Briefe Pauli an die Thessalonicher, in: Schauer, Johann Carl (Hg.), Commentar über die Briefe Pauli an die Philipper und Thessalonicher. Von L.F.O. Baumgarten-Crusius. Aus dessen handschriftlichem Nachlasse und nachgeschriebenen Vorlesungen hg. v. J.C. Schauer = Baumgarten-Crusius, Ludwig Friedrich Otto, Exegetische Schriften zum Neuen Testament 3/2, Jena 1848, 117–218.
BEST, ERNEST, A Commentary on the First and Second Epistles to the Thessalonians, BNTC, London ⁴1986.
BOLKESTEIN, MARINUS HENDRIK, De Brieven aan de Tessalonicenzen, De Prediking van het Nieuwe Testament 13, Nijkerk ³1980.

BORNEMANN, WILHELM, Die Thessalonicherbriefe, KEK 10, Göttingen $^{1(5./6.)}$1894.

DE WETTE, WILHELM MARTIN LEBERECHT, Kurze Erklärung des Briefes an die Galater und der Briefe an die Thessalonicher, KEH 2/3, Leipzig ^{2}1845.

DIBELIUS, MARTIN, An die Thessalonicher I II. An die Philipper, HNT 11, Tübingen ^{3}1937.

EWERT, DAVID, When the Church Was Young. Studies in the Thessalonian Epistles, Luminaire Series, Winnipeg u.a. 1993. *Church*.

HAUFE, GÜNTER, Der erste Brief des Paulus an die Thessalonicher, ThHK 12/1, Leipzig 1999.

HOLTZ, TRAUGOTT, Der erste Brief an die Thessalonicher, EKK 13, Zürich u.a. – Neukirchen-Vluyn 1986.

IRONSIDE, H.A., 1 & 2 Thessalonians, Introductory Notes by John Phillips, Ironside Commentaries, Neptune ^{2}1997.

JONES, IVOR H., The Epistles to the Thessalonians, Epworth Commentaries, Peterborough 2005.

KNABENBAUER, JOSEPH, Epistolae ad Thessalonicenses, CSS. Commentarius in S. Pauli Apostoli Epistolas 5, Paris 1913, 1–166.

KOCH, AUGUST, Commentar über den ersten Brief des Apostels Paulus an die Thessalonicher, Berlin 1849.

LARSON, KNUTE, I & II Thessalonians, I & II Timothy, Titus, Philemon, Holman New Testament Commentary 9, Nashville 2000.

LÉGASSE, SIMON, Les Épîtres de Paul aux Thessaloniciens, LeDiv. Commentaires 7, Paris 1999.

LÜNEMANN, GOTTLIEB, Kritisch exegetisches Handbuch über die Briefe an die Thessalonicher, KEK 10, Göttingen ^{4}1878.

MALHERBE, ABRAHAM J., The Letters to the Thessalonians. A New Translation with Introduction and Commentary, AncB 32B, New York u.a. 2000.

MARXSEN, WILLI, Der erste Brief an die Thessalonicher, ZBK 11/1, Zürich 1979.

MÜLLER, PAUL-GERHARD, Der Erste und Zweite Brief an die Thessalonicher, RNT, Regensburg $^{1(6)}$2001.

PELT, LUDWIG, Epistolas Pauli Apostoli ad Thessalonicenses. Perpetuo illustravit Commentario et Copiosiore Expositionum e Patribus Ecclesiasticis Collectarum instruxit delectu L. Pelt, Greifswald 1830.

PUTTKAMMER, GERHARD, Die Briefe an die Thessalonicher, BhG.NT 12, Leipzig – Hamburg 1938.

REINMUTH, ECKART, Der erste Brief an die Thessalonicher, NTD 8/2, Göttingen 1998, 103–156.

RIGAUX, B., Saint Paul. Les Épîtres aux Thessaloniciens, EtB, Paris 1956.

ROBERTS GAVENTA, BEVERLY, First and Second Thessalonians, Interpretation. A Bible Commentary for Teaching and Preaching, Louisville/Kentucky 1998.

SCHMIEDEL, PAUL WILHELM, Die Briefe an die Thessalonicher und an die Korinther, HC 2/1, Freiburg/Br. 1891.

TARAZI, PAUL NADIM, I Thessalonians. A Commentary, Orthodox Biblical Studies, Crestwood 1982.

VERHOEF, EDUARD, De brieven aan de Tessalonicenzen, Kampen 1998.

VON DOBSCHÜTZ, ERNST, Die Thessalonicher-Briefe, KEK 10, Göttingen $^{1(7)}$1909 (= ND 1974).

WITHERINGTON III, BEN, 1 and 2 Thessalonians. A Socio-Rhetorical Commentary, Grand Rapids 2006.

WOHLENBERG, G., Der erste und zweite Thessalonicherbrief, KNT 12, Leipzig ^{2}1909.

ZÖCKLER, OTTO, Der erste Brief an die Thessalonicher, KK.NT 3, Nördlingen 1887, 3–30.

3.7. Kommentare zum Philemonbrief

EGGER, WILHELM, Philemonbrief, NEB.NT 15, Würzburg 1985.
FITZMYER, JOSEPH A., The Letter to Philemon. A New Translation with Introduction and Commentary, AncB 34C, New York u.a. 2000.
FURTER, DANIEL, Les épîtres de Paul aux Colossiens et à Philémon, CEB 8, Vaux-sur-Seine 1987.
GNILKA, JOACHIM, Der Philemonbrief, HThK 10/4, Freiburg u.a. 1982.
HÜBNER, HANS, An Philemon, HNT 12, Tübingen 1997, 25–39.
LOHSE, EDUARD, Die Briefe an die Kolosser und an Philemon, KEK 9/2, Göttingen $^{2(15)}$1977.
REINMUTH, ECKART, Der Brief des Paulus an Philemon, ThHK 11/2, Leipzig 2006.

3.8. Weitere Kommentare

BENGEL, JOHANN ALBRECHT, Gnomon Novi Testamenti in quo ex nativa verborum vi simplicitas, profunditas, concinnitas, salubritas sensuum coelestium indicatur, Stuttgart ^{8}1915 (= ^{3}1773). *Gnomon.*
BULTMANN, RUDOLF, Das Evangelium des Johannes, KEK 2, Göttingen ^{18}1964 (= $^{10(1)}$1941). *Joh.*
LOHSE, EDUARD, Die Briefe an die Kolosser und an Philemon, KEK 9/2, Göttingen $^{2(15)}$1977. *Kol.*
LUZ, ULRICH, Das Evangelium nach Matthäus (Mt 26–28), EKK 1/4, Düsseldorf, Zürich – Neukirchen-Vluyn 2002. *Mt IV.*
MICHEL, OTTO, Der Brief an die Hebräer, KEK 13, Göttingen $^{6(12)}$1966. *Hebr.*
OLSHAUSEN, HERMANN, Biblischer Commentar über sämmtliche Schriften des Neuen Testaments. Zunächst für Prediger und Studirende [sic!], Bd. 1: Die ersten drei Evangelien bis zur Leidensgeschichte enthaltend, Königsberg ^{2}1833. *BC I.*
STRACK, HERMANN L. / BILLERBECK, PAUL, Kommentar zum Neuen Testament aus Talmud und Midrasch, Bd. 3: Die Briefe des Neuen Testaments und die Offenbarung Johannis, München ^{9}1994 (= 1926). *BILL. III.*
WESTERMANN, CLAUS, Genesis, Teilbd. 1: Genesis 1–11, BK.AT 1/1, Neukirchen-Vluyn 1974. *Gen I.*

4. Monographien, Aufsätze und Lexikonartikel

ALTHAUS, PAUL, Paulus und Luther über den Menschen. Ein Vergleich, Gütersloh ^{4}1963. *Paulus.*
ASCOUGH, RICHARD S., Paul's Macedonian Associations. The Social Context of Philippians and 1 Thessalonians, WUNT 2/161, Tübingen 2003. *Associations.*
ASSMANN, JAN, Die Mosaische Unterscheidung. Oder der Preis des Monotheismus, Edition Akzente, München – Wien 2003. *Mosaische Unterscheidung.*
AULÉN, GUSTAF, Die drei Haupttypen des christlichen Versöhnungsgedankens, in: ZSTh 8 (1931), 501–538. *Haupttypen.*
AUNE, DAVID E., Romans as a Logos Protreptikos in the Context of Ancient Religious and Philosophical Propaganda, in: Hengel, Martin / Heckel, Ulrich (Hgg.), Paulus und

das antike Judentum. Tübingen-Durham-Symposium im Gedenken an den 50. Todestag Adolf Schlatters († 19. Mai 1938), WUNT 58, Tübingen 1991, 91–124. *Logos Protreptikos.*

BACKHAUS, KNUT, Der neue Bund und das Werden der Kirche. Die Diatheke-Deutung des Hebräerbriefs im Rahmen der frühchristlichen Theologiegeschichte, NTA N.F. 29, Münster 1996. *Bund.*

BAMMEL, ERNST, Judenverfolgung und Naherwartung. Zur Eschatologie des Ersten Thessalonicherbriefs, in: ZThK 56 (1959), 294–315. *Judenverfolgung.*

BARR, JAMES, Bibelexegese und moderne Semantik. Theologische und linguistische Methode in der Bibelwissenschaft. Mit einem Geleitwort von Hans Conzelmann, München 1965. *Bibelexegese.*

BARRETT, CHARLES KINGSLEY, Freedom and Obligation. A Study of the Epistle to the Galatians, SPCK, London 1985. *Freedom.*

BARTH, KARL, Die Auferstehung der Toten. Eine akademische Vorlesung über 1. Kor. 15, Zollikon-Zürich ^{4}1953. *Die Auferstehung der Toten.*

–, Die kirchliche Lehre von der Taufe, ThSt(B) 14, Zollikon-Zürich 1947. *Taufe.*

–, Die Kirchliche Dogmatik, Bd. II/2: Die Lehre von Gott, Zürich ^{4}1959. *KD II/2.*

BAUER, JOACHIM, Das Gedächtnis des Körpers. Wie Beziehungen und Lebensstile unsere Gene steuern, erweiterte Taschenbuchausgabe, München – Zürich ^{15}2009. *Gedächtnis.*

BAUER, KARL-ADOLF, Leiblichkeit das Ende aller Werke Gottes. Die Bedeutung der Leiblichkeit des Menschen bei Paulus, StNT 4, Gütersloh 1971. *Leiblichkeit.*

BAUMERT, NORBERT, Ehelosigkeit und Ehe im Herrn. Eine Neuinterpretation von 1 Kor 7, FzB 47, Würzburg ^{2}1986. *Ehelosigkeit.*

BAUMGARTEN, JÖRG, Paulus und die Apokalyptik. Die Auslegung apokalyptischer Überlieferungen in den echten Paulusbriefen, WMANT 44, Neukirchen-Vluyn 1975. *Apokalyptik.*

BAUMGÄRTNER, INGRID / KLUMBIES, PAUL-GERHARD / SICK, FRANZISKA (Hgg.), Raumkonzepte. Disziplinäre Zugänge, unter Mitarbeit von Mareike Kohls, Göttingen 2009. *Raumkonzepte.*

BAUR, FERDINAND CHRISTIAN, Paulus, der Apostel Jesu Christi. Sein Leben und Wirken, seine Briefe und seine Lehre. Ein Beitrag zu einer kritischen Geschichte des Urchristenthums, Stuttgart 1845. *Paulus.*

–, Vorlesungen über neutestamentliche Theologie (hg. v. F.F. Baur). Mit einer Einführung zum Neudruck von W.G. Kümmel, Darmstadt 1973 (= Leipzig 1864). *Vorlesungen.*

BAUR, JÖRG, Die lutherische Christologie im Kontext der Gestaltwerdung lutherischen Christentums, in: ders., Luther und seine klassischen Erben. Theologische Aufsätze und Forschungen, Tübingen 1993, 164–203. *Christologie.*

BAYER, OSWALD, Gott als Autor. Zu einer poietologischen Theologie, Tübingen 1999. *Gott.*

–, Martin Luthers Theologie. Eine Vergegenwärtigung, Tübingen ^{2}2004. *Luthers Theologie.*

BECKER, EVE-MARIE, Schreiben und Verstehen. Paulinische Briefhermeneutik im Zweiten Korintherbrief, Neutestamentliche Entwürfe zur Theologie 4, Tübingen – Basel 2002. *Schreiben.*

BEHM, JOHANNES, Art. ἀνάμνησις, ὑπόμνησις, in: ThWNT 1 (1957 [= 1933]), 351f. *Art. ἀνάμνησις.*

–, Art. καρδία, καρδιογνώστης, σκληροκαρδία B–D, in: ThWNT 3 (1957 [= 1938]), 611–616. *Art. καρδία.*

BEISSER, FRIEDRICH, Sein in Christus – ein Gespräch mit Josef Ziegler, in: Ziegler, Josef Georg (Hg.), »In Christus«. Beiträge zum ökumenischen Gespräch, MoThSt.S 14, St. Ottilien 1987, 99–113. *Sein in Christus.*
BEN-CHORIN, SCHALOM, Paulus. Der Völkerapostel in jüdischer Sicht, um den Essay »Jesus und Paulus in jüdischer Sicht« erw. Taschenbuchausgabe, dtv 1550, München ⁴1984. *Paulus.*
BERGES, ULRICH, Der Zorn Gottes in der Prophetie und Poesie Israels auf dem Hintergrund altorientalischer Vorstellungen, in: Bib. 85 (2004), 305–330. *Zorn Gottes.*
BERTRAM, GEORG, Art. παιδεύω, παιδεία, παιδευτής, ἀπαίδευτος, παιδαγωγός, in: ThWNT 5 (1954), 596–624. *Art. παιδεύω κτλ.*
BETZ, HANS DIETER, Transferring a Ritual: Paul's Interpretation of Baptism in Romans 6, in: Engberg-Pedersen, Troels (Hg.), Paul in His Hellenistic Context, Studies of the New Testament and Its World, Edinburgh 1994, 84–118. *Ritual.*
–, Der Mensch in seinen Antagonismen aus der Sicht des Paulus, in: Beutler, Johannes (Hg.), Der neue Mensch in Christus. Hellenistische Anthropologie und Ethik im Neuen Testament, QD 190, Freiburg/Br. u.a. 2001, 39–56. *Antagonismen.*
BETZ, OTTO, Der fleischliche Mensch und das geistliche Gesetz. Zum biblischen Hintergrund der paulinischen Gesetzeslehre, in: ders., Jesus. Der Herr der Kirche. Aufsätze zur biblischen Theologie 2, WUNT 52, Tübingen 1990, 129–196. *Mensch.*
BEYSCHLAG, WILLIBALD, Die Bekehrung des Apostels Paulus, mit besonderer Rücksicht auf die Erklärungsversuche von Baur und Holsten erörtert, in: ThStKr 37 (1864), 197–264. *Bekehrung.*
BIERINGER, REIMUND, Plädoyer für die Einheitlichkeit des 2. Korintherbriefes. Literarkritische und inhaltliche Argumente, in: ders. / Lambrecht, Jan (Hgg.), Studies on 2 Corinthians, BETL 112, Leuven 1994, 131–179. *Einheitlichkeit.*
–, Teilungshypothesen zum 2. Korintherbrief. Ein Forschungsüberblick, in: ders. / Lambrecht, Jan (Hgg.), Studies on 2 Corinthians, BETL 112, Leuven 1994, 67–105. *Teilungshypothesen.*
BINDER, VERA, Art. Schreiber III. Griechenland und Rom, in: DNP 11 (2001), Sp. 223–226. *Art. Schreiber III.*
BLOCHER, HENRI, La doctrine du péché et de la rédemption, Collection Didaskalia, Vaux-sur-Seine ²2001. *Doctrine.*
BLUM, ERHARD, Studien zur Komposition des Pentateuch, BZAW 189, Berlin – New York 1990. *Komposition.*
–, Art. Urgeschichte, in: TRE 34 (2002), 436–445. *Urgeschichte.*
BOEHMER, JULIUS, Das biblische »im Namen«. Eine sprachwissenschaftliche Untersuchung über das hebräische בְּשֵׁם und seine griechischen Äquivalente (im besonderen Hinblick auf den Taufbefehl Matth. 28,19), Gießen 1898. *»Im Namen«.*
BOGAERT, RAYMOND, Banques et banquiers dans les cités grecques, Leiden 1968. *Banques.*
BÖHLIG, HANS, Ἐν κυρίῳ, in: Neutestamentliche Studien. FS Georg Heinrici (14. März 1914), Leipzig 1914, 170–175. *Ἐν κυρίῳ.*
BOHREN, RUDOLF, Predigtlehre, München ⁵1986. *Predigtlehre.*
BONHOEFFER, DIETRICH, Sanctorum Communio. Eine dogmatische Untersuchung zur Soziologie der Kirche, TB 3, München ³1960. *Sanctorum Communio.*
BORI, PIER CESARE, **ΚΟΙΝΩΝΙΑ**. L'idea della comunione nell'ecclesiologia recente e nel Nuovo Testamento, TRSR 7, Brescia 1972. *ΚΟΙΝΩΝΙΑ.*
BORNKAMM, GÜNTHER, Sünde, Gesetz und Tod. Exegetische Studien zu Röm 7 (= Der Mensch im Leibe des Todes [1950]), in: ders., Das Ende des Gesetzes. Paulusstudien. Gesammelte Aufsätze 1, BEvTh 16, München ⁵1966, 51–69. *Sünde.*

–, Der Lohngedanke im Neuen Testament, BenshH 15, Göttingen 1961. *Lohngedanke.*
–, Paulus, Stuttgart u.a. ⁷1993. *Paulus.*
– / BULTMANN, RUDOLF / SCHUMANN, FRIEDRICH KARL, Die christliche Hoffnung und das Problem der Entmythologisierung, Stuttgart 1954. *Hoffnung.*
BÖRSCHEL, REGINA, Die Konstruktion einer christlichen Identität. Paulus und die Gemeinde von Thessalonich in ihrer hellenistisch-römischen Umwelt, BBB 128, Berlin – Wien 2001. *Konstruktion.*
BÖTTRICH, CHRISTFRIED, »Ihr seid der Tempel Gottes«. Tempelmetaphorik und Gemeinde bei Paulus, in: Ego, Beate / Lange, Armin / Pilhofer, Peter (Hgg. [mit Liess, Kathrin]), Gemeinde ohne Tempel. Zur Substituierung und Transformation des Jerusalemer Tempels und seines Kults im Alten Testament, antiken Judentum und frühen Christentum, WUNT 118, Tübingen 1999, 411–425. *Tempelmetaphorik.*
BOUSSET, WILHELM, Kyrios Christos. Geschichte des Christusglaubens von den Anfängen des Christentums bis Irenaeus, Göttingen ⁵1965 (= ²1921). *Kyrios Christos.*
BOUTTIER, MICHEL, En Christ. Étude d'Exégèse et de Théologie Pauliniennes, EHPhR 54, Paris 1962. *En Christ.*
–, La condition chrétienne selon saint Paul, NSTh 16, Genf 1964. *Condition.*
BRANDENBURGER, EGON, Fleisch und Geist. Paulus und die dualistische Weisheit, WMANT 29, Neukirchen-Vluyn 1968. *Fleisch.*
BRAUN, HERBERT, Das »Stirb und Werde« in der Antike und im Neuen Testament, in: Wolf, E. / Matthias, W. (Hgg.), Libertas Christiana. FS Friedrich Delekat, BEvTh 26, München 1957, 9–29. *Stirb.*
BREYTENBACH, CILLIERS, Versöhnung. Eine Studie zur paulinischen Soteriologie, WMANT 60, Neukirchen-Vluyn 1989. *Versöhnung.*
– / FREY, Jörg (Hgg.), Aufgabe und Durchführung einer Theologie des Neuen Testaments, WUNT 205, Tübingen 2007. *Aufgabe.*
BRUCE, F.F., Paul: Apostle of the Heart Set Free, Exeter 1977 (= Grand Rapids ²1978). *Paul.*
BRUN, LYDER, Zur Formel »In Christus Jesus« im Brief des Paulus an die Philipper, in: SO 1 (1922), 19–37. *Formel.*
BUBER, MARTIN, Ich und Du, Heidelberg ⁸1974. *Ich und Du.*
BUCHEGGER, JÜRG, Erneuerung des Menschen. Exegetische Studien zu Paulus, TANZ 40, Tübingen – Basel 2003. *Erneuerung.*
BÜCHSEL, FRIEDRICH, Art. ἀλλάσσω, ἀντάλλαγμα, ἀπ-, δι-, καταλλάσσω, καταλλαγή, ἀποκατ-, μεταλλάσσω, in: ThWNT 1 (1957 [= 1933]), 252–260. *Art. καταλλάσσω.*
–, »In Christus« bei Paulus, in: ZNW 42 (1949), 141–158. *»In Christus«.*
BULTMANN, RUDOLF, Der Stil der paulinischen Predigt und die kynisch-stoische Diatribe. Mit einem Geleitwort von Hans Hübner, FRLANT 13, Göttingen 1984 (= 1910). *Stil.*
–, Das Problem der Ethik bei Paulus [1924], in: Dinkler, Erich (Hg.), Rudolf Bultmann. Exegetica. Aufsätze zur Erforschung des Neuen Testaments, Tübingen 1967, 36–54. *Ethik.*
–, Karl Barth, »Die Auferstehung der Toten« (1926), in: ders., Glauben und Verstehen. Gesammelte Aufsätze 1, Tübingen ⁵1964, 38–64. *Barth.*
–, Die Eschatologie des Johannes-Evangeliums (1928), in: ders., Glauben und Verstehen. Gesammelte Aufsätze 1, Tübingen ⁵1964, 134–152. *Eschatologie.*
–, Die Bedeutung des geschichtlichen Jesus für die Theologie des Paulus (1929), in: ders., Glauben und Verstehen. Gesammelte Aufsätze 1, Tübingen ⁵1964, 188–213. *Bedeutung.*

–, Art. Paulus, in: RGG² 4 (1930), 1019–1045. *Art. Paulus.*
–, Römer 7 und die Anthropologie des Paulus [1932], in: Dinkler, Erich (Hg.), Rudolf Bultmann. Exegetica. Aufsätze zur Erforschung des Neuen Testaments, Tübingen 1967, 198–209. *Römer 7.*
–, Art. θάνατος, θνῄσκω, ἀποθνῄσκω, συναποθνῄσκω, θανατόω, θνητός, ἀθανασία (ἀθάνατος), in: ThWNT 3 (1938 [= 1957]), 7–25. *Art. θάνατος.*
–, Christus das Ende des Gesetzes (1940), in: ders., Glauben und Verstehen. Gesammelte Aufsätze 2, Tübingen ⁵1968, 32–58. *Ende.*
–, Das Verständnis von Welt und Mensch im Neuen Testament und im Griechentum (1940), in: ders., Glauben und Verstehen. Gesammelte Aufsätze 2, Tübingen ⁵1968, 59–78. *Welt und Mensch.*
–, Neues Testament und Mythologie. Das Problem der Entmythologisierung der neutestamentlichen Verkündigung [1941], in: Bartsch, Hans-Werner (Hg.), Kerygma und Mythos I. Ein theologisches Gespräch, ThF 1, Hamburg ⁵1967, 15–48. *Mythologie.*
–, Adam, wo bist du? Über das Menschenbild der Bibel (1945), in: ders., Glauben und Verstehen. Gesammelte Aufsätze 2, Tübingen ⁵1968, 105–116. *Adam.*
–, Exegetische Probleme des zweiten Korintherbriefes. Zu 2. Kor 5,1–5; 5,11–6,10; 10–13; 12,21, SyBU 9, Uppsala 1947. *Probleme.*
–, Weissagung und Erfüllung (1949), in: ders., Glauben und Verstehen. Gesammelte Aufsätze 2, Tübingen ⁵1968, 162–186. *Weissagung.*
–, Theologie des Neuen Testaments, NTG, Tübingen ⁵1965. *Theologie.*
–, Die christliche Hoffnung und das Problem der Entmythologisierung (1954), in: ders., Glauben und Verstehen. Gesammelte Aufsätze 3, Tübingen ³1965, 81–90. *Hoffnung.*
–, Geschichte und Eschatologie, Tübingen ³1979. *Geschichte und Eschatologie.*
–, Jesus Christus und die Mythologie [1958 = 1964], in: ders., Glauben und Verstehen. Gesammelte Aufsätze 4, Tübingen ⁴1984, 141–189. *Jesus Christus.*
–, Adam und Christus nach Römer 5 [1959], in: Dinkler, Erich (Hg.), Rudolf Bultmann. Exegetica. Aufsätze zur Erforschung des Neuen Testaments, Tübingen 1967, 424–444. *Adam und Christus.*
–, Das Verständnis der Geschichte im Griechentum und im Christentum [1962], in: ders., Glauben und Verstehen. Gesammelte Aufsätze 4, Tübingen ⁴1984, 91–103. *Geschichte.*
–, Zum Problem der Entmythologisierung [1963], in: ders., Glauben und Verstehen. Gesammelte Aufsätze 4, Tübingen ⁴1984, 128–137. *Entmythologisierung.*
–, Ist die Apokalyptik die Mutter der christlichen Theologie? Eine Auseinandersetzung mit Ernst Käsemann [1964], in: Dinkler, Erich (Hg.), Rudolf Bultmann. Exegetica. Aufsätze zur Erforschung des Neuen Testaments, Tübingen 1967, 476–482. *Apokalyptik.*
CARSON, DONALD A. / MOO, DOUGLAS J., Einleitung in das Neue Testament. Mit einem Geleitwort von Rainer Riesner, Gießen 2010. *Einleitung.*
CEGLAREK, MANUÉL, Die Rede von der Gegenwart Gottes, Christi und des Geistes. Eine Untersuchung zu den Briefen des Apostels Paulus, EHS.T 911, Frankfurt/Main u.a. 2010. *Rede.*
COLLANGE, J.-F., Énigmes de la deuxième Épître de Paul aux Corinthiens. Étude exégétique de 2 Cor. 2 :14 – 7 :4, MSSNTS 18, Cambridge 1972. *Énigmes.*
COSGROVE, CHARLES H., The Cross and the Spirit. A Study in the Argument and Theology of Galatians, Macon 1988. *Cross.*
CULLMANN, OSCAR, Christus und die Zeit. Die urchristliche Zeit- und Geschichtsauffassung. Mit einem »Rückblick auf die Wirkung des Buches in der Theologie der Nachkriegszeit«, Zürich ³1962. *Zeit.*

DAHL, NILS ALSTRUP (assisted by Paul Donahue), Studies in Paul. Theology for the Early Christian Mission, Minneapolis 1977. *Studies.*
DAHLGRÜN, CORINNA, Nicht in die Leere falle die Vielfalt irdischen Seins. Von der Notwendigkeit eschatologischer Predigt, Kontexte 33, Frankfurt/M. u.a. 2001. *Leere.*
DALFERTH, INGOLF ULRICH, Existenz Gottes und christlicher Glaube. Skizzen zu einer eschatologischen Ontologie, München 1984. *Existenz Gottes.*
–, Der auferweckte Gekreuzigte. Zur Grammatik der Christologie, Tübingen 1994. *Grammatik.*
DAS, A. ANDREW, Solving the Romans Debate, Minneapolis 2007. *Romans Debate.*
DAUTZENBERG, GERHARD, Φεύγετε τὴν πορνείαν (1 Kor 6,18). Eine Fallstudie zur paulinischen Sexualethik in ihrem Verhältnis zur Sexualethik des Frühjudentums, in: Merklein, Helmut (Hg.), Neues Testament und Ethik. FS Rudolf Schnackenburg, Freiburg/Br. u.a. 1989, 271–298. *Φεύγετε.*
DEISSMANN, ADOLF, Die neutestamentliche Formel »in Christo Jesu«, Marburg 1892. *Formel.*
–, Beiträge zur Sprachgeschichte der griechischen Bibel, in: ders., Bibelstudien. Beiträge, zumeist aus den Papyri und Inschriften, zur Geschichte der Sprache, des Schrifttums und der Religion des hellenistischen Judentums und des Urchristentums, Marburg 1895, 55–168. *Sprachgeschichte.*
–, Ein epigraphisches Denkmal des alexandrinischen Alten Testaments, in: ders., Bibelstudien. Beiträge, zumeist aus den Papyri und Inschriften, zur Geschichte der Sprache, des Schrifttums und der Religion des hellenistischen Judentums und des Urchristentums, Marburg 1895, 21–54. *Denkmal.*
–, Die Hellenisierung des semitischen Monotheismus, Sonderabdruck aus den »Neuen Jahrbüchern für das klassische Altertum, Geschichte und deutsche Literatur« (1903), Leipzig 1903. *Hellenisierung.*
–, Paulus. Eine kultur- und religionsgeschichtliche Skizze. Mit je einer Tafel in Lichtdruck und Autotypie sowie einer Karte: Die Welt des Apostels Paulus, Tübingen 1911. *Paulus.*
–, Paulus. Eine kultur- und religionsgeschichtliche Skizze, Tübingen ²1925. *Paulus².*
DELCOURT, MARIE, Hermaphrodite. Mythes et rites de la bisexualité dans l'Antiquité classique, Collection dito, Paris ²1992. *Hermaphrodite.*
DELLING, GERHARD, Paulus' Stellung zu Frau und Ehe, BWANT 57 (= 4.F. 5), Stuttgart 1931. *Stellung.*
–, Art. θριαμβεύω, in: ThWNT 3 (1957 [= 1938]), 159f. *Art. θριαμβεύω.*
DETERING, HERMANN, Paulusbriefe ohne Paulus? Die Paulusbriefe in der holländischen Radikalkritik, Kontexte 10, Frankfurt/M. u.a. 1992. *Paulusbriefe.*
DIBELIUS, MARTIN, Paulus und die Mystik, München o.J. [1941]. *Mystik.*
DIECKMANN, BERNHARD, »Welt« und »Entweltlichung« in der Theologie Rudolf Bultmanns. Zum Zusammenhang von Welt- und Heilsverständnis, BÖT 17, München u.a. 1977. *»Entweltlichung«.*
DINZELBACHER, PETER, Zur Sozialgeschichte der christlichen Erlebnismystik im westlichen Mittelalter, in: Schäfer, Peter (Hg.), Wege mystischer Gotteserfahrung. Judentum, Christentum und Islam, Schriften des Historischen Kollegs. Kolloquien 65, München 2006, 113–127. *Erlebnismystik.*
DÖRING, JÖRG / THIELMANN, TRISTAN (Hgg.), Spatial Turn. Das Raumparadigma in den Kultur- und Sozialwissenschaften, Sozialtheorie, Bielefeld 2008. *Spatial Turn.*
DOWNING, J.D.H., Possible Baptismal References in Galatians, in: StEv 2 (1964 [= TU 87]), 551–556. *Baptismal References.*

DUFRAIGNE, PIERRE, Aduentus Augusti, Aduentus Christi. Recherche sur l'exploitation idéologique et littéraire d'un cérémonial dans l'antiquité tardive, Collection des Études Augustiniennes. Série Antiquité 141, Paris 1994. *Aduentus.*

DUNN, JAMES DOUGLAS GRANT, Baptism in the Holy Spirit. A Re-examination of the New Testament Teaching on the Gift of the Spirit in relation to Pentecostalism today, London ²2010. *Baptism.*

–, Jesus and the Spirit. A Study of the Religious and Charismatic Experience of Jesus and the First Christians as Reflected in the New Testament, Grand Rapids 1997 (= London 1975). *Jesus.*

–, The Theology of Paul the Apostle, Grand Rapids – Cambridge 1998 (= 2006). *Theology.*

–, Art. Geist/Heiliger Geist III. Neues Testament, in: RGG⁴ 3 (2000), 565–567. *Art. Geist/Heiliger Geist III.*

EASTMAN, SUSAN, Recovering Paul's Mother Tongue. Language and Theology in Galatians, Grand Rapids 2007. *Mother Tongue.*

EBELING, GERHARD, Der Grund christlicher Theologie. Zum Aufsatz Ernst Käsemanns über »Die Anfänge christlicher Theologie«, in: ZThK 58 (1961), 227–244. *Grund.*

–, Dogmatik des christlichen Glaubens, Bd. 1: Prolegomena. Erster Teil: Der Glaube an Gott den Schöpfer der Welt, Tübingen ³1987. *Dogmatik I.*

–, Dogmatik des christlichen Glaubens, Bd. 2: Zweiter Teil: Der Glaube an Gott den Versöhner der Welt, Tübingen ³1989. *Dogmatik II.*

–, Dogmatik und Exegese, in: ZThK 77 (1980), 269–286. *Exegese.*

EBNER, MARTIN, Leidenslisten und Apostelbrief. Untersuchungen zu Form, Motivik und Funktion der Peristasenkataloge bei Paulus, FzB 66, Würzburg 1991. *Leidenslisten.*

– / SCHREIBER, STEFAN (Hgg.), Einleitung in das Neue Testament, KStTh 6, Stuttgart 2008. *Einleitung.*

ECKSTEIN, HANS-JOACHIM, Verheißung und Gesetz. Eine exegetische Untersuchung zu Galater 2,15–4,7, WUNT 86, Tübingen 1996. *Verheißung.*

–, »Denn Gottes Zorn wird vom Himmel her offenbar werden«. Exegetische Erwägungen zu Röm 1,18, in: ders., Der aus Glauben Gerechte wird leben. Beiträge zur Theologie des Neuen Testaments, BVB 5, Münster 2003, 19–35. *Gottes Zorn.*

–, Auferstehung und gegenwärtiges Leben nach Röm 6,1–11. Präsentische Eschatologie bei Paulus?, in: ders., Der aus Glauben Gerechte wird leben. Beiträge zur Theologie des Neuen Testaments, BVB 5, Münster 2003, 36–54. *Leben.*

ECO, UMBERTO, Nachschrift zum ›Namen der Rose‹, dtv 10552, München ⁹2003 (= 1984). *Nachschrift.*

–, Die Grenzen der Interpretation, aus dem Italienischen von Günter Memmert, dtv, München – Wien 1995 (= 1992). *Grenzen.*

EDWARDS, DENIS, The God of Evolution. A Trinitarian Theology, New York – Mahwah 1999. *God.*

EICHHOLZ, GEORG, Die Theologie des Paulus im Umriß, Neukirchen-Vluyn ⁴1983. *Theologie.*

ENDENBURG, PIETER JOHANNES TEUNUS, Koinoonia. En Gemeenschap van Zaken bij de Grieken in den Klassieken Tijd, Amsterdam 1937. *Koinoonia.*

ENGEL, MORITZ ROBERT, Der Kampf um Römer, Kapitel 7. Eine historisch-exegetische Studie, Gotha 1902. *Kampf.*

ERLEMANN, KURT, Naherwartung und Parusieverzögerung im Neuen Testament. Ein Beitrag zur Frage religiöser Zeiterfahrung, TANZ 17, Tübingen – Basel 1995. *Naherwartung.*

–, Art. Zeit IV. Neues Testament, in: TRE 36 (2004), 523–533. *Art. Zeit IV.*

ERRINGTON, ROBERT MALCOLM, Art. Thessalonike (Θεσσαλονίκη) 1/I. Lage, klassische Zeit, in: DNP 12/1 (2002), Sp. 451–453. *Art. Thessalonike.*

FATEHI, MEHRDAD, The Spirit's Relation to the Risen Lord in Paul. An Examination of Its Christological Implications, WUNT 2/128, Tübingen 2000. *Relation.*

FEE, GORDON D., God's Empowering Presence. The Holy Spirit in the Letters of Paul, Peabody 1994 (= [4]1999). *Presence.*

FELMY, KARL CHRISTIAN, Orthodoxe Theologie. Eine Einführung, Darmstadt 1990. *Orthodoxe Theologie.*

FIEDLER, PETER, Art. ἁμαρτία, ἁμαρτάνω, ἁμάρτημα, ἁμαρτωλός, in: EWNT 1 ([2]1992), 157–165. *Art. ἁμαρτία.*

FLOROVSKY, GEORGE, The legacy and the task of Orthodox theology, AThR 31 (1949), 65–71. *Legacy.*

FRANCO, ETTORE, Comunione e partecipazione. La koinônia nell'epistolario paolino, Aloi. 20, Brescia 1986. *Comunione.*

FRANKEMÖLLE, HUBERT, »Wie geschrieben steht«. Ist die paulinische Christologie schriftgemäß?, Paderborner Universitätsreden 91, Paderborn 2004. *»Wie geschrieben steht«.*

FREY, JÖRG, Die johanneische Eschatologie, Bd. 1: Ihre Probleme im Spiegel der Forschung seit Reimarus, WUNT 96, Tübingen 1997. *Eschatologie I.*

FROITZHEIM, FRANZJOSEF, Christologie und Eschatologie bei Paulus, fzb 35, Würzburg [2]1982. *Christologie.*

FULLER, DANIEL P., Gospel and Law: Contrast or Continuum? The Hermeneutics of Dispensationalism and Covenant Theology, Grand Rapids 1980. *Gospel.*

FURNISH, VICTOR PAUL, The Moral Teaching of Paul. Selected Issues, Nashville [2]1985. *Moral Teaching.*

GÄCKLE, VOLKER, Sühne und Versöhnung bei Paulus, in: ders. (Hg.), Warum das Kreuz? Die Frage nach der Bedeutung des Todes Jesu, Wuppertal [2]2001, 87–105. *Sühne.*

–, Die Starken und die Schwachen in Korinth und in Rom. Zu Herkunft und Funktion der Antithese in 1Kor 8,1–11,1 und in Röm 14,1–15,13, WUNT 2/200, Tübingen [2005]. *Die Starken.*

GARLAND, DAVID E., The Composition and Unity of Philippians. Some Neglected Literary Factors, in: NT 27 (1985), 141–173. *Composition.*

GEIGER, MICHAELA, Gottesräume. Die literarische und theologische Konzeption von Raum im Deuteronomium, BWANT 183 (= 10.F. 3), Stuttgart 2010. *Gottesräume.*

GESE, HARTMUT, Die Sühne [1976], in: ders., Zur biblischen Theologie. Alttestamentliche Vorträge, Tübingen [3]1989, 85–106. *Sühne.*

–, Psalm 50 und das alttestamentliche Gesetzesverständnis [1976], in: ders., Alttestamentliche Studien, Tübingen 1991, 149–169. *Psalm 50.*

GESE, MICHAEL, Das Vermächtnis des Apostels. Die Rezeption der paulinischen Theologie im Epheserbrief, WUNT 2/99, Tübingen 1997. *Vermächtnis.*

GIMARET, DANIEL, Art. *tawhîd*, in: EI[2] 10 (2000), 389. *Art. tawhîd.*

GNILKA, JOACHIM, Paulus von Tarsus. Apostel und Zeuge, Freiburg/Br. u.a. 1996. *Paulus.*

GOGUEL, MAURICE, L'Apôtre Paul et Jésus-Christ, Paris 1904. *Paul.*

GOLDHAHN-MÜLLER, INGRID, Die Grenze der Gemeinde. Studien zum Problem der Zweiten Buße im Neuen Testament unter Berücksichtigung der Entwicklung im 2. Jh. bis Tertullian, GTA 39, Göttingen 1989. *Grenze.*

GOPPELT, LEONHARD, Theologie des Neuen Testaments, hg. v. Jürgen Roloff, UTB 850, Göttingen [3]1991 (= [3]1976). *Theologie.*

GRÄSSER, ERICH, Das Problem der Parusieverzögerung in den synoptischen Evangelien und in der Apostelgeschichte, BZNW 22, Berlin ²1960. *Parusieverzögerung.*
–, Das eine Evangelium. Hermeneutische Erwägungen zu Gal 1,6–10, in: ZThK 66 (1969), 306–344. *Evangelium.*
–, Der ruhmlose Abraham (Röm 4,2). Nachdenkliches zu Gesetz und Sünde bei Paulus, in: Trowitzsch, Michael (Hg.), Paulus, Apostel Jesu Christi. FS Günter Klein, Tübingen 1998, 3–22. *Abraham.*
GRUNDMANN, WALTER, Art. ἁμαρτάνω, ἁμάρτημα, ἁμαρτία. F. Die Sünde im NT, in: ThWNT 1 (1957 [= 1933]), 305–320. *Art. ἁμαρτάνω κτλ.*
GUNKEL, HERMANN, Die Wirkungen des heiligen Geistes, nach der populären Anschauung der apostolischen Zeit und nach der Lehre des Apostels Paulus, Göttingen 1888. *Wirkungen.*
GÜNTHER, HARTMUT, Art. Versöhnung, in: GBL 3 (1989), 1638–1640. *Art. Versöhnung.*
HAACKER, KLAUS, Der »Antinomismus« des Paulus im Kontext antiker Gesetzestheorie, in: Cancik, Hubert / Lichtenberger, Hermann / Schäfer, Peter (Hgg.), Geschichte – Tradition – Reflexion. FS Martin Hengel, Bd. 3: Frühes Christentum, hg. v. Hermann Lichtenberger, Tübingen 1996, 387–404. *»Antinomismus«.*
– / HEMPELMANN, HEINZPETER, Hebraica Veritas. Die hebräische Grundlage der biblischen Theologie als exegetische und systematische Aufgabe, TVG Monographien und Studienbücher 352, Wuppertal – Zürich 1989. *Hebraica Veritas.*
HAAS, ALOIS M., »die durch wundersame Inseln geht...«. Gott, der Ganz Andere in der christlichen Mystik, in: Schäfer, Peter (Hg.), Wege mystischer Gotteserfahrung. Judentum, Christentum und Islam, Schriften des Historischen Kollegs. Kolloquien 65, München 2006, 129–158. *Gott.*
HÄGELE, CLEMENS, Die Schrift als Gnadenmittel. Adolf Schlatters Lehre von der Schrift in ihren Grundzügen, Stuttgart 2007. *Schrift.*
HAGENOW, STEPHAN, Heilige Gemeinde – Sündige Christen. Paulinische Denkmodelle im Umgang mit postkonversionaler Sünde, Diss. Masch. (Mikrofiche), Heidelberg 1996. *Gemeinde.*
HAHN, FERDINAND, Theologie des Neuen Testaments, Bd. 2: Die Einheit des Neuen Testaments. Thematische Darstellung, Tübingen 2002. *Theologie II.*
HAHN, WILHELM TRAUGOTT, Das Mitsterben und Mitauferstehen mit Christus bei Paulus. Ein Beitrag zum Problem der Gleichzeitigkeit des Christen mit Christus, Gütersloh 1937. *Mitsterben.*
HAINZ, JOSEF, Ekklesia. Strukturen paulinischer Gemeinde-Theologie und Gemeinde-Ordnung, BU 9 (= MUS [Katholisch-Theologische Fakultät]), Regensburg 1972. *Ekklesia.*
–, Koinonia. »Kirche« als Gemeinschaft bei Paulus, BU 16, Regensburg 1982. *Koinonia.*
–, Art. κοινωνία, κοινωνέω, κοινωνός, in: EWNT 2 (²1992), 749–755. *Art. κοινωνία κτλ.*
HALM, HEINZ, Die Schiiten, bsr 2358, München 2005. *Schiiten.*
HAMMERSTAEDT, JÜRGEN, Art. Hypostasis (ὑπόστασις), in: RAC 16 (1994), 986–1035. *Art. Hypostasis.*
HÄRLE, WILFRIED, Dogmatik, Berlin – New York ³2007. *Dogmatik.*
HARMON, MATTHEW S., She Must and Shall Go Free. Paul's Isaianic Gospel in Galatians, BZNW 168, Berlin – New York 2010. *Gospel.*
HARNISCH, WOLFGANG, Eschatologische Existenz. Ein exegetischer Beitrag zum Sachanliegen von 1. Thessalonicher 4,13–5,11, FRLANT 110, Göttingen 1973. *Eschatologische Existenz.*

HARTL, JOHANNES, Metaphorische Theologie. Grammatik, Pragmatik und Wahrheitsgehalt religiöser Sprache, Studien zur systematischen Theologie und Ethik 51, Berlin 2008. *Metaphorische Theologie.*

HAUCK, FRIEDRICH, Art. κοινός, κοινωνός, κοινωνέω, κοινωνία, συγκοινωνός, συγκοινωνέω, κοινωνικός, κοινόω, in: ThWNT 3 (1938 [= ND 1957]), 789–810. *Art. κοινός κτλ.*

HAUFE, GÜNTER, Reich Gottes bei Paulus und in der Jesustradition, in: NTS 31 (1985), 467–472. *Reich Gottes.*

HAUSRATH, ADOLF, Der Apostel Paulus, Heidelberg ^{2}1872. *Paulus.*

HÄUSSER, DETLEF, Christusbekenntnis und Jesusüberlieferung bei Paulus, WUNT 2/210, Tübingen 2006. *Christusbekenntnis.*

HAVEMANN, DANIEL, Der ›Apostel der Rache‹. Nietzsches Paulusdeutung, MTNF 46, Berlin – New York 2002. *Apostel.*

HAYS, RICHARD B., Echoes of Scripture in the Letters of Paul, New Haven – London 1989. *Echoes of Scripture.*

HEGEL, GEORG WILHELM FRIEDRICH, »Der Geist des Christentums«. Schriften 1796–1800. Mit bislang unveröffentlichten Texten, hg. u. eingel. v. Werner Hamacher, Ullstein Buch 3360, Frankfurt/M. u.a. 1978. *Geist des Christentums.*

HEIDEGGER, MARTIN, Sein und Zeit, fünfzehnte, an Hand der Gesamtausgabe durchgesehene Auflage mit den Randbemerkungen aus dem Handexemplar des Autors im Anhang, Tübingen ^{15}1979. *Sein und Zeit.*

HEIDLAND, HANS WOLFGANG, Art. ὀψώνιον, in: ThWNT 5 (1954), 591f. *Art. ὀψώνιον.*

HEILIGENTHAL, ROMAN, Werke als Zeichen. Untersuchungen zur Bedeutung der menschlichen Taten im Frühjudentum, Neuen Testament und Frühchristentum, WUNT 2/9, Tübingen 1983. *Werke.*

HEINE, SUSANNE, Leibhafter Glaube. Ein Beitrag zum Verständnis der theologischen Konzeption des Paulus, Wien – Freiburg/Br. – Basel 1976. *Glaube.*

HEINRICHS, JOHANNES, Art. Person I. Philosophisch, in: TRE 26 (1996), 220–225. *Art. Person I.*

HEISENBERG, WERNER, Der Teil und das Ganze. Gespräche im Umkreis der Atomphysik, München ^{7}2008 (= 1969). *Teil.*

HENGEL, MARTIN, Judentum und Hellenismus. Studien zu ihrer Begegnung unter besonderer Berücksichtigung Palästinas bis zur Mitte des 2. Jh.s v. Chr., WUNT 10, Tübingen ^{3}1988. *Judentum.*

–, Zur urchristlichen Geschichtsschreibung, Calwer Paperback, Stuttgart ^{2}1984. *Geschichtsschreibung.*

–, Der vorchristliche Paulus, unter Mitarbeit von Roland Deines, in: Hengel, Martin / Heckel, Ulrich (Hgg.), Paulus und das antike Judentum. Tübingen-Durham-Symposium im Gedenken an den 50. Todestag Adolf Schlatters († 19. Mai 1938), WUNT 58, Tübingen 1991, 177–293. *Der vorchristliche Paulus.*

–, Die Stellung des Apostels Paulus zum Gesetz in den unbekannten Jahren zwischen Damaskus und Antiochien, in: Dunn, James D.G. (Hg.), Paul and the Mosaic Law. The Third Durham Tübingen Research Symposium on Earliest Christianity and Judaism (Durham, September, 1994), WUNT 89, Tübingen 1996, 25–51. *Stellung.*

HERMS, EILERT, Luthers Auslegung des Dritten Artikels, Tübingen 1987. *Auslegung.*

HIETANEN, MIKA, Paul's Argumentation in Galatians. A Pragma-dialectical Analysis of Gal. 3.1–5.12, Helsinki 2005. *Argumentation.*

HOFFMANN, PAUL, Die Toten in Christus. Eine religionsgeschichtliche und exegetische Untersuchung zur paulinischen Eschatologie, NTA N.F. 2, Münster ^{2}1969. *Die Toten.*

HOFIUS, OTFRIED, »Gott hat unter uns aufgerichtet das Wort von der Versöhnung« (2Kor 5,19) [1980], in: ders., Paulusstudien, WUNT 51, Tübingen ²1994, 15–32. *Versöhnung.*
–, Erwägungen zur Gestalt und Herkunft des paulinischen Versöhnungsgedankens [1980/1989], in: ders., Paulusstudien, WUNT 51, Tübingen ²1994, 1–14. *Erwägungen.*
–, Das Gesetz des Mose und das Gesetz Christi [1983], in: ders., Paulusstudien, WUNT 51, Tübingen ²1994, 50–74. *Gesetz.*
–, Sühne und Versöhnung. Zum paulinischen Verständnis des Kreuzestodes Jesu [1983], in: ders., Paulusstudien, WUNT 51, Tübingen ²1994, 33–49. *Sühne.*
–, Das Evangelium und Israel. Erwägungen zu Röm 9–11 [1986], in: ders., Paulusstudien, WUNT 51, Tübingen ²1994, 175–202. *Israel.*
–, »Rechtfertigung des Gottlosen« als Thema biblischer Theologie [1987], in: ders., Paulusstudien, WUNT 51, Tübingen ²1994, 121–147. *Rechtfertigung.*
–, Herrenmahl und Herrenmahlsparadosis. Erwägungen zu 1Kor 11,23b–25 [1988], in: ders., Paulusstudien, WUNT 51, Tübingen ²1994, 203–240. *Herrenmahl.*
–, Gesetz und Evangelium nach 2. Korinther 3, in: ders., Paulusstudien, WUNT 51, Tübingen ²1994, 75–120. *Gesetz und Evangelium.*
–, Wort Gottes und Glaube bei Paulus, in: ders., Paulusstudien, WUNT 51, Tübingen ²1994, 148–174. *Wort Gottes.*
–, Gemeinschaft mit den Engeln im Gottesdienst der Kirche. Eine traditionsgeschichtliche Skizze [1992], in: ders., Neutestamentliche Studien, WUNT 132, Tübingen 2000, 301–325. *Gemeinschaft.*
–, 2Kor 5,19 und das Imperfekt, in: ThLZ 118 (1993), 790–795. *Imperfekt.*
–, Ist Jesus der Messias? Thesen [1993/2000], in: ders., Neutestamentliche Studien, WUNT 132, Tübingen 2000, 108–134. *Messias.*
–, Biblische Theologie im Lichte des Hebräerbriefes [1994], in: ders., Neutestamentliche Studien, WUNT 132, Tübingen 2000, 361–377. *Biblische Theologie.*
–, Glaube und Taufe nach dem Zeugnis des Neuen Testament [1994], in: ders., Neutestamentliche Studien, WUNT 132, Tübingen 2000, 253–275. *Glaube.*
–, Das apostolische Christuszeugnis und das Alte Testament. Thesen zur Biblischen Theologie [1995], in: ders., Neutestamentliche Studien, WUNT 132, Tübingen 2000, 329–339. *Christuszeugnis.*
–, Das vierte Gottesknechtslied in den Briefen des Neuen Testamentes [1996], in: ders., Neutestamentliche Studien, WUNT 132, Tübingen 2000, 340–360. *Gottesknechtslied.*
–, Die Adam-Christus-Antithese und das Gesetz. Erwägungen zu Röm 5,12–21 [1996], in: ders., Paulusstudien 2, WUNT 143, Tübingen 2002, 62–103. *Adam-Christus-Antithese.*
–, Der Psalter als Zeuge des Evangeliums. Die Verwendung der Septuaginta-Psalmen in den ersten beiden Hauptteilen des Römerbriefes [1997], in: ders., Paulusstudien 2, WUNT 143, Tübingen 2002, 38–57. *Psalter.*
–, Paulus – Missionar und Theologe [1997], in: ders., Paulusstudien 2, WUNT 143, Tübingen 2002, 1–16. *Missionar.*
–, »Für euch gegeben zur Vergebung der Sünden«. Vom Sinn des Heiligen Abendmahls [1998], in: ders., Neutestamentliche Studien, WUNT 132, Tübingen 2000, 276–300. *Sinn.*
–, Jesu Leben, Tod und Auferstehung nach dem Zeugnis des Neuen Testaments, in: ders., Neutestamentliche Studien, WUNT 132, Tübingen 2000, 3–18. *Leben.*
–, Jesu Tischgemeinschaft mit den Sündern, in: ders., Neutestamentliche Studien, WUNT 132, Tübingen 2000, 19–37. *Tischgemeinschaft.*

–, Christus als Schöpfungsmittler und Erlösungsmittler. Das Bekenntnis 1Kor 8,6 im Kontext der paulinischen Theologie [2000], in: ders., Paulusstudien 2, WUNT 143, Tübingen 2002, 181–192. *Schöpfungsmittler.*

–, Der Mensch im Schatten Adams. Römer 7,7–25a, in: ders., Paulusstudien 2, WUNT 143, Tübingen 2002, 104–154. *Mensch.*

–, Widerstreit zwischen Fleisch und Geist? Erwägungen zu Gal 5,17 [2003], in: ders., Exegetische Studien, WUNT 223, Tübingen 2008, 161–172. *Widerstreit.*

–, Die Bedeutung Hans Joachim Iwands für die Exegese des Neuen Testaments [2004], in: ders., Exegetische Studien, WUNT 223, Tübingen 2008, 282–296. *Bedeutung.*

–, »Gott war in Christus«. Sprachliche und theologische Erwägungen zu der Versöhnungsaussage 2Kor 5,19a [2004], in: ders., Exegetische Studien, WUNT 223, Tübingen 2008, 132–143. *Gott.*

–, Der Septuaginta-Text von Daniel 7,13–14. Erwägungen zu seiner Gestalt und seiner Aussage, in: ZAW 117 (2005), 73–90. *Daniel 7,13–14.*

–, Die Auferweckung des Lazarus. Joh 11,1–44 als Zeugnis narrativer Christologie [2005], in: ders., Exegetische Studien, WUNT 223, Tübingen 2008, 28–45. *Auferweckung.*

–, Das Wort von der Versöhnung und das Gesetz [2006], in: ders., Exegetische Studien, WUNT 223, Tübingen 2008, 149–160. *Wort.*

–, Die Einzigartigkeit der Apostel Jesu Christi [2006], in: ders., Exegetische Studien, WUNT 223, Tübingen 2008, 189–202. *Einzigartigkeit.*

–, Neutestamentliche Exegese in systematisch-theologischer Verantwortung. Erwägungen zu den Aufgaben einer theologischen Disziplin [2006], in: ders., Exegetische Studien, WUNT 223, Tübingen 2008, 267–281. *Neutestamentliche Exegese.*

–, »Werke des Gesetzes«. Untersuchungen zu der paulinischen Rede von den ἔργα νόμου [2006], in: ders., Exegetische Studien, WUNT 223, Tübingen 2008, 49–88. *»Werke des Gesetzes«.*

–, Die Auferstehung der Toten als Heilsereignis. Zum Verständnis der Auferstehung in 1Kor 15, in: ders., Exegetische Studien, WUNT 223, Tübingen 2008, 102–114. *Heilsereignis.*

–, Die Auferstehung Christi und die Auferstehung der Toten. Erwägungen zu Gedankengang und Aussage von 1Kor 15,20–23, in: ders., Exegetische Studien, WUNT 223, Tübingen 2008, 115–131. *Auferstehung.*

–, »Werke des Gesetzes« – Zwei Nachträge, in: ders., Exegetische Studien, WUNT 223, Tübingen 2008, 89–94. *Nachträge.*

–, Zu Römer 10,4: τέλος γὰρ νόμου Χριστός, in: ders., Exegetische Studien, WUNT 223, Tübingen 2008, 95–101. *τέλος.*

–, »Fides ex auditu«. Verkündigung und Glaube nach Römer 10,4–17, in: von Lüpke, Johannes / Thaidigsmann, Edgar (Hgg.), Denkraum Katechismus. FS Oswald Bayer, Tübingen 2009, 71–86. *Fides.*

–, Mensch und Schöpfung nach dem Zeugnis des Römerbriefs, in: Lapko, Robert (Hg), The Letter of St. Paul to the Romans. A collection of presentations made at the International Conference organised by the Catholic University in Ruzomberok (Slovakia) Faculty of Theology in Kosice under the patronage of Mr. Ján Hudacky MEP. March 10, 2009 – in the Year of St. Paul, Szeged 2009, 13–30. *Schöpfung.*

– / KAMMLER, HANS-CHRISTIAN, Johannesstudien. Untersuchungen zur Theologie des vierten Evangeliums, WUNT 88, Tübingen 1996. *Johannesstudien.*

HOOKER, MORNA D., 1 Thessalonians 1.9–10: a Nutshell – but What Kind of Nut?, in: Cancik, Hubert / Lichtenberger, Hermann / Schäfer, Peter (Hgg.), Geschichte – Tra-

dition – Reflexion. FS Martin Hengel, Bd. 3: Frühes Christentum, hg. v. Hermann Lichtenberger, Tübingen 1996, 435–448. *Nutshell.*
HORN, FRIEDRICH WILHELM, Das Angeld des Geistes. Studien zur paulinischen Pneumatologie, FRLANT 154, Göttingen 1992. *Angeld.*
–, Wandel im Geist. Zur pneumatologischen Begründung der Ethik bei Paulus, in: KuD 38 (1992), 149–170. *Wandel.*
HORSTMANN, ROLF-PETER, Ontologie und Relationen. Hegel, Bradley, Russell und die Kontroverse über interne und externe Beziehungen, Königstein/Ts. 1984. *Ontologie und Relationen.*
HOTZE, GERHARD, Paradoxien bei Paulus. Untersuchungen zu einer elementaren Denkform in seiner Theologie, NTA N.F. 33, Münster 1997. *Paradoxien.*
HÜBNER, HANS, Das Gesetz bei Paulus. Ein Beitrag zum Werden der paulinischen Theologie, FRLANT 119, Göttingen ²1980. *Gesetz.*
–, Die Paulusforschung seit 1945. Ein kritischer Literaturbericht, in: ANRW 2/25.4 (1987), 2649–2840. *Paulusforschung.*
–, Biblische Theologie des Neuen Testaments, Bd. 1: Prolegomena, Göttingen 1990. *Theologie I.*
–, Biblische Theologie des Neuen Testaments, Bd. 2: Die Theologie des Paulus und ihre neutestamentliche Wirkungsgeschichte, Göttingen 1993. *Theologie II.*
HYLDAHL, NIELS, Die paulinische Chronologie, AThD 19, Leiden 1986. *Chronologie.*
INFANTE, RENZO, Immagine nuziale e tensione escatologica nel Nuovo Testamento. Note a 2Cor. 11,2 e Eph. 5,25–27, in: RivBib 33 (1985), 45–61. *Immagine.*
IWAND, HANS JOACHIM, Wider den Mißbrauch des pro me (»Für mich«) als methodisches Prinzip in der Grundlegung theologischer Erkenntnis, in: SGKL 5 (1953), 205–212. 333–336. *Mißbrauch.*
–, Predigt-Meditationen, Bd. 1, Göttingen ³1966. *PM 1.*
–, Einführung in die gegenwärtige Lage der systematischen Theologie. Vorlesung, Göttingen 1949/1950, in: ders., Theologiegeschichte des 19. und 20. Jahrhunderts.»Väter und Söhne« (= NW.NF 3, hg. v. G.C. den Hertog), Gütersloh 2001, 221–452. *Einführung.*
JANOWSKI, BERND, Der Mensch im alten Israel. Grundfragen alttestamentlicher Anthropologie, in: ZThK 102 (2005), 143–175. *Mensch.*
JAROŠ, KARL, Das Neue Testament und seine Autoren. Eine Einführung, UTB 3087, Köln u.a. 2008. *Autoren.*
JENNI, ERNST, Die hebräischen Präpositionen, Bd. 1: Die Präposition Beth, Stuttgart u.a. 1992. *Beth.*
JENSON, ROBERT W., The Triune Identity. God According to the Gospel, Philadelphia 1982. *Identity.*
–, You Wonder Where The Spirit Went, in: ProEc 2 (1993), 296–304. *Spirit.*
–, Systematic Theology, Bd. 1: The Triune God, New York – Oxford 1997. *Theology I.*
JEREMIAS, JOACHIM, Die Gleichnisse Jesu, Göttingen ¹⁰1984. *Gleichnisse.*
–, Die missionarische Aufgabe in der Mischehe (1.Kor. 7,16) [1954], in: ders., Abba. Studien zur neutestamentlichen Theologie und Zeitgeschichte. Mit 4 Bildtafeln, Göttingen 1966, 292–298. *Mischehe.*
–, Das tägliche Gebet im Leben Jesu und in der ältesten Kirche, in: ders., Abba. Studien zur neutestamentlichen Theologie und Zeitgeschichte. Mit 4 Bildtafeln, Göttingen 1966, 67–80. *Gebet.*
JEWETT, ROBERT, Paul's Anthropological Terms. A Study of their Use in Conflict Settings, AGJU 10, Leiden 1971. *Terms.*
–, Romans as an Ambassadorial Letter, in: Int 36 (1982), 5–20. *Ambassadorial Letter.*

–, Paul, Phoebe, and the Spanish Mission, in: Neusner, Jacob u.a. (Hgg.), The Social World of Formative Christianity and Judaism. Essays in Tribute to Howard Clark Kee, Philadelphia 1988, 142–161. *Spanish Mission.*

JIRKU, ANTON, Die magische Bedeutung der Kleidung in Israel, Rostock 1914. *Kleidung.*

JOEST, WILFRIED, Paulus und das Luthersche Simul Iustus et Peccator, in: KuD 1 (1955), 269–320. *Simul.*

–, Ontologie der Person bei Luther, Göttingen 1967. *Ontologie.*

JOHNSON, LUKE TIMOTHY (mit Todd C. PENNER), The Writings of the New Testament. An Interpretation, Revised Edition, London $^{(2)}$1999. *Writings.*

JOOSS, ELISABETH, Raum. Eine theologische Interpretation, BEvTh 122, Gütersloh 2005. *Raum.*

JÜNGEL, EBERHARD, Tod, ThTh 8, Stuttgart – Berlin ^{4}1977. *Tod.*

–, Art. Perichorese, in: RGG^4 6 (2003), 1109–1111. *Art. Perichorese.*

JUNKER, REINHARD, Leben durch Sterben? Schöpfung, Heilsgeschichte und Evolution, Studium Integrale. Interdisziplinäre Theologie, Stuttgart-Neuhausen ^{2}1994. *Leben.*

KAMMLER, HANS-CHRISTIAN, Kreuz und Weisheit. Eine exegetische Untersuchung zu 1Kor 1,10–3,4, WUNT 159, Tübingen 2003. *Kreuz.*

KANT, IMMANUEL, Kritik der reinen Vernunft, nach der ersten und zweiten Originalausgabe hg. v. Jens Timmermann, mit einer Bibliographie v. Heiner Klemme, Philosophische Bibliothek 505, Hamburg 1998. *KrdrV.*

–, Die Religion innerhalb der Grenzen der bloßen Vernunft, hg. v. Rudolf Malter, Reclams Universal-Bibliothek 1231, Stuttgart 1974 (= 2001). *Religion.*

KANY, ROLAND, Augustins Trinitätsdenken. Bilanz, Kritik und Weiterführung der modernen Forschung zu »De trinitate«, STAC 22, Tübingen 2007. *Trinitätsdenken.*

KANZIAN, CHRISTIAN / QUITTERER, JOSEF / RUNGGALDIER, EDMUND (Hgg.), Personen. Ein interdisziplinärer Dialog. Akten des 25. Internationalen Wittgenstein-Symposiums (11. bis 17. August 2002. Kirchberg am Wechsel [Österreich]), Schriftenreihe der Wittgenstein-Gesellschaft 31, Wien 2003. *Personen.*

KÄSEMANN, ERNST, Leib und Leib Christi. Eine Untersuchung zur paulinischen Begrifflichkeit, BHTh 9, Tübingen 1933. *Leib.*

–, Die Anfänge christlicher Theologie [1960], in: ders., Exegetische Versuche und Besinnungen 2, Göttingen 1964, 82–104. *Anfänge.*

–, Zum Thema der urchristlichen Apokalyptik [1962], in: ders., Exegetische Versuche und Besinnungen 2, Göttingen 1964, 105–131. *Apokalyptik.*

–, Erwägungen zum Stichwort »Versöhnungslehre im Neuen Testament«, in: Dinkler, Erich (Hg.), Zeit und Geschichte. FS Rudolf Bultmann, Tübingen 1964, 47–59. *Erwägungen.*

–, Vom theologischen Recht historisch-kritischer Exegese, in: ZThK 64 (1967), 259–281. *Recht.*

–, Das theologische Problem des Motivs vom Leibe Christi, in: ders., Paulinische Perspektiven, Tübingen ^{3}1993, 178–210. *Problem.*

KERTELGE, KARL, »Rechtfertigung« bei Paulus. Studien zur Struktur und zum Bedeutungsgehalt des paulinischen Rechtfertigungsbegriffs, NTA N.F. 3, Münster ^{2}1971. *»Rechtfertigung«.*

–, Exegetische Überlegungen zum Verständnis der paulinischen Anthropologie nach Römer 7, in: ZNW 62 (1971), 105–114. *Überlegungen.*

KETTUNEN, MARKKU, Der Abfassungszweck des Römerbriefes, AASF.DHL 18, Helsinki 1979. *Abfassungszweck.*

KILPATRICK, G.D., ΒΛΕΠΕΤΕ Philippians 3$_2$, in: Black, Matthew / Fohrer, Georg (Hgg.), In Memoriam Paul Kahle, BZAW 103, Berlin 1968, 146–148. *ΒΛΕΠΕΤΕ.*

KIRCHHOFF, RENATE, Die Sünde gegen den eigenen Leib. Studien zu πόρνη und πορνεία in 1Kor 6,12–20 und dem sozio-kulturellen Kontext der paulinischen Adressaten, StUNT 18, Göttingen 1994. *Sünde*.

KLEHN, LARS, Die Verwendung von ἐν Χριστῷ bei Paulus. Erwägungen zu den Wandlungen in der paulinischen Theologie, in: BN 74 (1994), 66–79. *Verwendung*.

KLEIN, GÜNTER, Der Abfassungszweck des Römerbriefes, in: ders., Rekonstruktion und Interpretation. Gesammelte Aufsätze zum Neuen Testament, BEvTh 50, München 1969, 129–144. *Abfassungszweck*.

–, Art. Eschatologie IV. Neues Testament, in: TRE 10 (1982), 270–299. *Art. Eschatologie IV*.

–, Ein Sturmzentrum der Paulusforschung, in: VF 33 (1988), 40–56. *Sturmzentrum*.

KLEINKNECHT, KARL THEODOR, Der leidende Gerechtfertigte. Die alttestamentlich-jüdische Tradition vom ›leidenden Gerechten‹ und ihre Rezeption bei Paulus, WUNT 2/13, Tübingen ²1988. *Der leidende Gerechtfertigte*.

KLESSMANN, MICHAEL, Zum Problem der Identität des Paulus. Psychologische Aspekte zu theologischen und biographischen Fragen, in: WzM 41 (1989), 156–172. *Identität*.

KÖBERLE, ADOLF, Biblischer Realismus. Beiträge zum Universalismus der christlichen Botschaft, BTb 190, Wuppertal 1972. *Realismus*.

KONRADT, MATTHIAS, Christliche Existenz nach dem Jakobusbrief. Eine Studie zu seiner soteriologischen und ethischen Konzeption, StUNT 22, Göttingen 1998. *Christliche Existenz*.

–, Gericht und Gemeinde. Eine Studie zur Bedeutung und Funktion von Gerichtsaussagen im Rahmen der paulinischen Ekklesiologie und Ethik in 1 Thess und 1 Kor, BZNW 117, Berlin – New York 2003. *Gericht*.

KÖPF, ULRICH, Art. Hoheslied III/1. Auslegungsgeschichte im Christentum. Alte Kirche bis Herder, in: TRE 15 (1986), 508–513. *Art. Hoheslied*.

–, Art. Mystik 3.a.b. Christliche Mystik. Alte Kirche und Byzanz. Mittelalter bis Neuzeit, in: RGG⁴ 5 (2002), Sp. 1659–1663.1663–1671. *Art. Mystik*.

KORN, HELMUT, Die Nachwirkungen der Christusmystik des Paulus in den Apostolischen Vätern, Borna-Leipzig 1928. *Nachwirkungen*.

KÖSTER, WERNER, Die Rede über den »Raum«. Zur semantischen Karriere eines deutschen Konzepts, Studien zur Wissenschafts- und Universitätsgeschichte 1, Heidelberg 2002. *»Raum«*.

KRAUTER, STEFAN, Römer 7 in der Auslegung des Pietismus, in: KuD 52 (2006), 126–150. *Pietismus*.

–, »Wenn das Gesetz nicht gesagt hätte, …«. Röm 7,7b und antike Äußerungen zu paradoxen Wirkungen von Gesetzen, in: ZThK 108 (2011), 1–15. *Gesetz*.

KRÖTKE, WOLF, Erlaubt die ›Einheit‹ der Theologie des Neuen Testaments eine eindeutige Hoffnung? Eine Frage an Ferdinand Hahn, in: Breytenbach, Cilliers / Frey, Jörg (Hgg.), Aufgabe und Durchführung einer Theologie des Neuen Testaments, WUNT 205, Tübingen 2007, 319–333. *›Einheit‹*.

KÜGLER, JOACHIM, Paulus und der Duft des triumphierenden Christus. Zum kulturellen Basisbild von 2Kor 2,14–16, in: Hoppe, Rudolf / Busse, Ulrich (Hgg.), Von Jesus zum Christus. Christologische Studien. FS Paul Hoffmann, BZNW 93, Berlin – New York 1998, 155–174. *Duft*.

KUHN, HEINZ-WOLFGANG, Predigt über Röm 9,14–24, in: Haubeck, Wilfrid / Bachmann, Michael (Hgg.), Wort in der Zeit. Neutestamentliche Studien. FS Karl Heinrich Rengstorf, Leiden 1980, 288–293. *Röm 9*.

KÜMMEL, WERNER GEORG, Römer 7 und die Bekehrung des Paulus, UNT 17, Leipzig 1929 (= ND in: ders., Römer 7 und das Bild des Menschen im Neuen Testament. Zwei Studien, TB 53, München 1974, 1–160). *Bekehrung.*

–, Einleitung in das Neue Testament, Heidelberg $^{12(1)}$1963. *Einleitung.*

–, Die Theologie des Neuen Testaments nach seinen Hauptzeugen. Jesus – Paulus – Johannes, GNT 3, Göttingen ^{5}1987. *Theologie.*

KUULA, KARI, The Law, the Covenant and God's Plan, Bd. 1: Paul's Polemical Treatment of the Law in Galatians, SESJ 72, Helsinki – Göttingen 1999. *Law I.*

–, The Law, the Covenant and God's Plan, Bd. 2: Paul's Treatment of the Law and Israel in Romans, SESJ 85, Helsinki – Göttingen 2003. *Law II.*

KWON, YON-GYONG, Eschatology in Galatians. Rethinking Paul's Response to the Crisis in Galatia, WUNT 2/183, Tübingen 2004. *Eschatology.*

LAATO, TIMO, Paulus und das Judentum. Anthropologische Erwägungen, Åbo 1991. *Paulus.*

LANDMESSER, CHRISTOF, Umstrittener Paulus. Die gegenwärtige Diskussion um die paulinische Theologie, in: ZThK 105 (2008), 387–410. *Umstrittener Paulus.*

LANNERT, BERTHOLD, Die Wiederentdeckung der neutestamentlichen Eschatologie durch Johannes Weiß, TANZ 2, Tübingen 1989. *Wiederentdeckung.*

LAUB, FRANZ, Eschatologische Verkündigung und Lebensgestaltung nach Paulus. Eine Untersuchung zum Wirken des Apostels beim Aufbau der Gemeinde in Thessalonike, BU 10 (= MUS [Katholisch-Theologische Fakultät]), Regensburg 1973. *Eschatologische Verkündigung.*

LEE, EUNG-BONG, Das Verständnis der Funktion des Präskripts im Römerbrief, Diss. Masch., Bethel 2007. *Verständnis.*

LEHMANN, PAUL L., Ethics in a Christian Context, New York u.a. 1963. *Ethics.*

–, Ethik als Antwort. Methodik einer Koinonia-Ethik, München 1966. *Ethik.*

LEHMKÜHLER, KARSTEN, Inhabitatio. Die Einwohnung Gottes im Menschen, FSÖTh 104, Göttingen 2004. *Inhabitatio.*

LERCH, DAVID, Zur Geschichte der Auslegung des Hohenliedes, in: ZThK 54 (1957), 257–277. *Auslegung.*

LESSING, GOTTHOLD EPHRAIM, Nathan der Weise. Ein dramatisches Gedicht in fünf Aufzügen (1779), mit Anm. v. Peter von Düffel, Reclams Universal-Bibliothek 3, Stuttgart 1997. *Nathan.*

LEWIS, SCOTT M., »So That God May Be All in All«. The Apocalyptic Message of 1 Corinthians 15,12–34, Tesi Gregoriana. Serie Teologia 42, Rom 1998. *All in All.*

LICHTENBERGER, HERMANN, Paulus und das Gesetz, in: Hengel, Martin / Heckel, Ulrich (Hgg.), Paulus und das antike Judentum. Tübingen-Durham-Symposium im Gedenken an den 50. Todestag Adolf Schlatters († 19. Mai 1938), WUNT 58, Tübingen 1991, 361–378. *Gesetz.*

–, Der Beginn der Auslegungsgeschichte von Römer 7: Röm 7,25b, in: ZNW 88 (1997), 284–295. *Auslegungsgeschichte.*

–, Das Ich Adams und das Ich der Menschheit. Studien zum Menschenbild in Römer 7, WUNT 164, Tübingen 2004. *Ich Adams.*

LIESS, KATHRIN, Der Weg des Lebens. Psalm 16 und das Lebens- und Todesverständnis der Individualpsalmen, FAT 2/5, Tübingen 2004. *Weg.*

LINCOLN, ANDREW T., Paradise Now and Not Yet. Studies in the role of the heavenly dimension in Paul's thought with special reference to his eschatology, MSSNTS 43, Cambridge u.a. 1981. *Paradise.*

LIPSIUS, RICHARD ADELBERT, Die paulinische Rechtfertigungslehre. Unter Berücksichtigung einiger verwandter Lehrstücke nach den vier Hauptbriefen des Apostels dargestellt, mit einem Vorwort von Carl Theodor Albert Liebner, Leipzig 1853. *Rechtfertigungslehre.*

LOHMEYER, ERNST, ΣΥΝ ΧΡΙΣΤΩΙ, in: Schmidt, Karl Ludwig (Hg.), Festgabe für Adolf Deissmann zum 60. Geburtstag. 7. November 1926, Tübingen 1927, 218–257. *ΣΥΝ ΧΡΙΣΤΩΙ.*

LOHSE, EDUARD, Imago Dei bei Paulus, in: Wolf, E. / Matthias, W. (Hgg.), Libertas Christiana. FS Friedrich Delekat, BEvTh 26, München 1957, 122–135. *Imago Dei.*

LONG, FREDRICK J., Ancient Rhetoric and Paul's Apology. The Compositional Unity of 2 Corinthians, MSSNTS 131, Cambridge 2004. *Rhetoric.*

LOZANO-GOTOR PERONA, JOSÉ MANUEL, Raum und Zeit in der evangelischen Theologie. Zur Behandlung und Verhältnisbestimmung beider Begriffe bei Wolfhart Pannenberg, Jürgen Moltmann und Christian Link, THEOS 78, Hamburg 2007. *Raum und Zeit.*

LUBAHN, ERICH, Gott denkt anders, in: ders. / Rodenberg, Otto (Hgg.), Von Gott erkannt. Gotteserkenntnis im hebräischen und griechischen Denken, Theologische Studienbeiträge 3, Stuttgart 1990, 14–24. *Gott.*

LÜDEMANN, HERMANN, Die Anthropologie des Apostels Paulus und ihre Stellung innerhalb seiner Heilslehre. Nach den vier Hauptbriefen dargestellt, Kiel 1872. *Anthropologie.*

LULL, DAVID JOHN, The Spirit in Galatia. Paul's Interpretation of Pneuma as Divine Power, SBL.DS 49, Chicago 1980. *Spirit.*

LUZ, ULRICH, Das Geschichtsverständnis des Paulus, BEvTh 49, München 1968. *Geschichtsverständnis.*

–, Art. βασιλεία, ας, ἡ. *basileia.* Reich, Herrschaft, in: EWNT 1 (^{2}1992), Sp. 481–491. *Art. βασιλεία.*

LYONNET, STANISLAS, L'histoire du salut selon le chapitre VII de l'épître aux Romains, in: ders. (†), Études sur l'Épître aux Romains, hg. v. Albert Vanhoye, AnBib 120, Rom ^{2}1990, 203–230. *L'histoire.*

MACHURA, JACEK, Die paulinische Rechtfertigungslehre. Positionen deutschsprachiger katholischer Exegeten in der Römerbriefauslegung des 20. Jahrhunderts, ESt N.F. 49, Regensburg 2003. *Rechtfertigungslehre.*

MAIER, GERHARD, Mensch und freier Wille. Nach den jüdischen Religionsparteien zwischen Ben Sira und Paulus, WUNT 12, Tübingen 1971. *Mensch.*

–, Biblische Hermeneutik, BWM 355, Wuppertal ^{3}1998. *Hermeneutik.*

MANGOLD, WILHELM, Der Römerbrief und seine geschichtlichen Voraussetzungen, Marburg 1884. *Voraussetzungen.*

MARKSCHIES, CHRISTOPH, Art. Enhypostasie/Anhypostasie, in: RGG^4 2 (1999), 1315f. *Art. Enhypostasie.*

MASON, JOHN P., The Resurrection according to Paul, Lewiston u.a. 1993. *Resurrection.*

MAURER, ERNSTPETER, Der Mensch im Geist. Untersuchungen zur Anthropologie bei Hegel und Luther, BEvTh 116, Gütersloh 1996. *Geist.*

MAY, ALISTAIR SCOTT, ›The Body for the Lord‹. Sex and Identity in 1 Corinthians 5–7, JSNT.S 278, London – New York 2004. *Identity.*

MCHUGH, JOHN, Galatians 2:11–14: Was Peter Right?, in: Hengel, Martin / Heckel, Ulrich (Hgg.), Paulus und das antike Judentum. Tübingen-Durham-Symposium im Gedenken an den 50. Todestag Adolf Schlatters († 19. Mai 1938), WUNT 58, Tübingen 1991, 319–330. *Peter.*

MEINERTZ, MAX, Mystik und Mission bei Paulus, in: ZM(R) 13 (1923), 1–2. *Mystik.*

MELL, ULRICH, Neue Schöpfung. Eine traditionsgeschichtliche und exegetische Studie zu einem soteriologischen Grundsatz paulinischer Theologie, BZNW 56, Berlin – New York 1989. *Schöpfung.*

MERK, OTTO, Nachahmung Christi. Zu ethischen Perspektiven in der paulinischen Theologie, in: Merklein, Helmut (Hg.), Neues Testament und Ethik. FS Rudolf Schnackenburg, Freiburg u.a. 1989, 172–206. *Nachahmung.*

MERKEL, HELMUT, Der Epheserbrief in der neueren exegetischen Diskussion, in: ANRW 2/25.4 (1987), 3156–3246. *Epheserbrief.*

MERKLEIN, HELMUT, Eschatologie im Neuen Testament, in: ders., Studien zu Jesus und Paulus 2, WUNT 105, Tübingen 1998, 82–113. *Eschatologie.*

–, Marânâ (»unser Herr«) als Bezeichnung des nabatäischen Königs. Eine Analogie zur neutestamentlichen Kyrios-Bezeichnung?, in: Hoppe, Rudolf / Busse, Ulrich (Hgg.), Von Jesus zum Christus. Christologische Studien. FS Paul Hoffmann, BZNW 93, Berlin – New York 1998, 25–41. *Marânâ.*

MEYER, MAX, Die Sünde des Christen nach Pauli Briefen an die Korinther und Römer, Gütersloh 1902. *Sünde.*

–, Der Apostel Paulus als armer Sünder. Ein Beitrag zur paulinischen Hamartologie, Gütersloh 1903. *Apostel.*

MIGGELBRINK, RALF, Der zornige Gott. Die Bedeutung einer anstößigen biblischen Tradition, Darmstadt 2002. *Gott.*

MITTRING, KARL, Heilswirklichkeit bei Paulus. Ein Beitrag zum Verständnis der unio cum Christo in den Paulusbriefen. Mit einem Anhang über die unio cum Christo in Luthers Kreuzes- und Auferstehungsverkündigung, NTF 1/5, Gütersloh 1929. *Heilswirklichkeit.*

MÖLLER, HANS, Röm. 7 ist und bleibt das Bild des Christen, in: DTh 6 (1939), 5–27.68–79. *Bild.*

MOLTMANN, JÜRGEN, Theologie der Hoffnung. Untersuchungen zur Begründung und zu den Konsequenzen einer christlichen Eschatologie, KT 155, Gütersloh $^{1(13)}$1997. *Hoffnung.*

–, Der gekreuzigte Gott. Das Kreuz Christi als Grund und Kritik christlicher Theologie, München ^{4}1981. *Der gekreuzigte Gott.*

–, Trinität und Reich Gottes, Systematische Beiträge zur Theologie 1, München 1980. *Trinität.*

–, Kein Monotheismus gleicht dem anderen. Destruktion eines untauglichen Begriffs, in: EvTheol 62 (2002), 112–122. *Monotheismus.*

–, Mensch, Stuttgart 2005. *Mensch.*

MOO, DOUGLAS J., Rezension zu: Fuller, Daniel P., Gospel and Law: Contrast or Continuum? The Hermeneutics of Dispensationalism and Covenant Theology, Grand Rapids 1980, in: Trinity Journal N.F. 3 (1982), 99–103. *Rez. zu Fuller, Gospel.*

–, »Law,« »Works of the Law,« and Legalism in Paul, in: WTJ 45 (1983), 73–100. *Legalism.*

MORALES, RODRIGO J., The Spirit and the Restoration of Israel. New Exodus and New Creation Motifs in Galatians, WUNT 2/282, Tübingen 2010. *Spirit.*

MOULE, CHARLES FRANCIS DIGBY, The Origin of Christology, Cambridge u.a. 1977. *Origin.*

MÜHLING, MARKUS, Abschied von der Perichorese? Asymmetrische Reziprozität als Bedingung der Entzogenheit im Wesen Gottes, in: ders. / Wendte, Martin (Hgg.), Entzogenheit in Gott. Beiträge zur Rede von der Verborgenheit der Trinität. FS Ch. Schwöbel, Ars Disputandi Supplement Series 2, Utrecht 2005, 187–204. *Abschied.*

MÜLLER, KARLHEINZ, Die religionsgeschichtliche Methode. Erwägungen zu ihrem Verständnis und zur Praxis ihrer Vollzüge an neutestamentlichen Texten, in: BZ N.F. 29 (1985), 161–192. *Methode.*

MUNCK, JOHANNES, Paulus und die Heilsgeschichte, AJut.T 6, Kopenhagen 1954. *Heilsgeschichte.*
–, I Thess. I. 9–10 and the Missionary Preaching of Paul. Textual Exegesis and Hermeneutic Reflexions, in: NTS 9 (1963), 95–110. *Missionary Preaching.*
MUNDLE, WILHELM, Der Glaubensbegriff des Paulus. Eine Untersuchung zur Dogmengeschichte des ältesten Christentums. Mit einem Vorwort zur Neuausgabe von Otto Merk und einem ›Schriftenverzeichnis Wilhelm Mundle‹ zusammengestellt von Klaus Hafner, Darmstadt 1977 (= Leipzig 1932). *Glaubensbegriff.*
NADEAU, MARIE-THÉRÈSE, Qu'adviendra-t-il de la souveraineté du Christ à la fin des temps?, in: ScEs 55 (2003), 61–74. *Souveraineté.*
NESTLE, DIETER, Art. Freiheit, in: RAC 8 (1969 [Lieferung 57]), 269–306. *Art. Freiheit.*
NEUBRAND, MARIA, Abraham – Vater von Juden und Nichtjuden. Eine exegetische Studie zu Röm 4, FzB 85, Würzburg 1997. *Abraham.*
NEUDORFER, HEINZ-WERNER, Anmerkungen zur neueren Tübinger Paulusforschung, in: JETh 9 (1995), 62–80. *Paulusforschung.*
NEUGEBAUER, FRITZ, In Christus. ΕΝ ΧΡΙΣΤΩΙ. Eine Untersuchung zum Paulinischen Glaubensverständnis, Göttingen 1961. *In Christus.*
NIEBUHR, KARL-WILHELM, Heidenapostel aus Israel. Die jüdische Identität des Paulus nach ihrer Darstellung in seinen Briefen, WUNT 62, Tübingen 1992. *Heidenapostel.*
– (Hg.), Grundinformation Neues Testament. Eine bibelkundlich-theologische Einführung, in Zusammenarbeit mit Michael Bachmann, Reinhard Feldmeier, Friedrich Wilhelm Horn und Matthias Rein, UTB 2108, Göttingen ³2008. *Grundinformation.*
NIETZSCHE, FRIEDRICH, Morgenröthe. Gedanken über die moralischen Vorurtheile, in: KSA 3, München 1999 (= Berlin – New York ²1988), 9–331. *Morgenröthe.*
NORTHOFF, GEORG, Are we our Brains? Personal Identity and «Philosophy of the Brain", in: Kanzian, Christian u.a. (Hgg.), Personen. Ein interdisziplinärer Dialog. Akten des 25. Internationalen Wittgenstein-Symposiums (11. bis 17. August 2002. Kirchberg am Wechsel [Österreich]), Schriftenreihe der Wittgenstein-Gesellschaft 31, Wien 2003, 273–284. *Brains.*
OEGEMA, GERBERN S., Versöhnung ohne Vollendung? Römer 10,4 und die Tora der messianischen Zeit, in: Avemarie, Friedrich / Lichtenberger, Hermann (Hgg.), Bund und Tora. Zur theologischen Begriffsgeschichte in alttestamentlicher, frühjüdischer und urchristlicher Tradition, WUNT 92, Tübingen 1996, 229–261. *Versöhnung.*
OEMING, MANFRED, Biblische Hermeneutik. Eine Einführung, Darmstadt 1998. *Hermeneutik.*
OEPKE, ALBRECHT, Art. παρουσία, πάρειμι, in: ThWNT 5 (1954), 856–869. *Art. παρουσία.*
OSWALD, RENATE, Art. Hochzeitsbräuche und -ritual, in: DNP 5 (1998), 649–656. *Art. Hochzeitsbräuche.*
OVERBECK, FRANZ-JOSEF, Der gottbezogene Mensch. Eine systematische Untersuchung zur Bestimmung des Menschen und zur »Selbstverwirklichung« Gottes in der Anthropologie und Trinitätstheologie Wolfhart Pannenbergs, MBT 59, Münster 2000. *Mensch.*
PANIKULAM, GEORGE, Koinônia in the New Testament. A Dynamic Expression of Christian Life, AnBib 85, Rom 1979. *Koinônia.*
PANNENBERG, WOLFHART, Grundzüge der Christologie, Gütersloh ⁶1982. *Grundzüge.*
–, Anthropologie in theologischer Perspektive, Göttingen ²2011. *Anthropologie.*
PAPANIKOLAOU, ARISTOTLE, Being with God. Trinity, Apophaticism, and Divine-Human Communion, Notre Dame 2006. *Being with God.*

PATE, C. MARVIN, The End of the Age has Come. The Theology of Paul, Grand Rapids 1995. *End.*
PEDERSEN, SIGFRED, Theologische Überlegungen zur Isagogik des Römerbriefes, aus dem Dänischen übers. v. D. Harbsmeier, in: ZNW 76 (1985), 47–67. *Isagogik.*
PEMSEL-MAIER, SABINE, Gericht – Himmel – Hölle – Fegefeuer als Hoffnungsbilder lesen. Biblische Grundlagen und Impulse für heutiges Verständnis, in: BiKi 63 (2008), 204–209. *Hoffnungsbilder.*
PERCY, ERNST, Der Leib Christi (Σῶμα Χριστοῦ) in den paulinischen Homologumena und Antilegomena, Lunds Universitets Årsskrift N.F. Avd. 1. Bd. 38. Nr. 1, Lund – Leipzig 1942. *Leib.*
PERES, IMRE, Griechische Grabinschriften und neutestamentliche Eschatologie, WUNT 157, Tübingen 2003. *Grabinschriften.*
–, Positive griechische Eschatologie, in: Becker, Michael / Öhler, Markus (Hgg.), Apokalyptik als Herausforderung neutestamentlicher Theologie, WUNT 2/214, Tübingen 2006, 267–282. *Eschatologie.*
PETERSON, ERIK, Kosmos und Äon, in: ders., Der erste Brief an die Korinther und Paulus-Studien. Aus dem Nachlass herausgegeben von Hans-Ulrich Weidemann, Erik Peterson. Ausgewählte Schriften 7, Würzburg 2006, 416–440. *Kosmos.*
PFLEIDERER, OTTO, Der Paulinismus. Ein Beitrag zur Geschichte der urchristlichen Theologie, Leipzig ²1890. *Paulinismus.*
PLAASS, PETER, Kants Theorie der Naturwissenschaft. Eine Untersuchung zur Vorrede von Kants »Metaphysischen Anfangsgründen der Naturwissenschaft«, mit einer Vorrede von Carl Friedrich von Weizsäcker, Göttingen 1965. *Theorie.*
POKORNÝ, PETR / HECKEL, ULRICH, Einleitung in das Neue Testament. Seine Literatur im Überblick, UTB 2798, Tübingen 2007. *Einleitung.*
PREISS, THÉO, Das innere Zeugnis des Heiligen Geistes, ThSt(B) 21, Zollikon-Zürich 1947. *Zeugnis.*
QUINE, WILLARD VAN ORMAN, Wort und Gegenstand (Word and Object [1960]), aus dem Englischen übersetzt von Joachim Schulte in Zusammenarbeit mit Dieter Birnbacher, Reclams Universal-Bibliothek 9987, Stuttgart 1980. *Wort.*
–, Ontologische Relativität und andere Schriften [1969], aus dem Amerikanischen von Wolfgang Spohn, Klostermann Texte Philosophie, Frankfurt/Main 2003. *Relativität.*
RABENS, VOLKER, The Development of Pauline Pneumatology. A Response to F.W. Horn, in: BZ N.F. 43 (1999), 161–179. *Development.*
–, The Holy Spirit and Ethics in Paul. Transformation and Empowering for Religious-Ethical Life, WUNT 2/283, Tübingen 2010. *Spirit.*
RADL, WALTER, Art. παρουσία, in: EWNT 3 (²1992), 102–105.
RAGER, GÜNTER, Neurobiologische Aspekte personaler Identität, in: Kanzian, Christian u.a. (Hgg.), Personen. Ein interdisziplinärer Dialog. Akten des 25. Internationalen Wittgenstein-Symposiums (11. bis 17. August 2002. Kirchberg am Wechsel [Österreich]), Schriftenreihe der Wittgenstein-Gesellschaft 31, Wien 2003, 285–298. *Identität.*
RAHNER, KARL, Theologische Prinzipien der Hermeneutik eschatologischer Aussagen, in: ders., Schriften zur Theologie 4, Zürich u.a. ⁴1964, 401–428. *Hermeneutik.*
RÄISÄNEN, HEIKKI, Paul and the Law, WUNT 29, Tübingen ²1987. *Paul.*
REBELL, WALTER, Christologie und Existenz bei Paulus. Eine Auslegung von 2. Kor 5,14–21, AzTh 73, Stuttgart 1992. *Existenz.*
REHFELD, EMMANUEL L., Die alte und die neue διαθήκη nach dem Hebräerbrief, Magisterarbeit Univ. Tübingen, [Tübingen] 2005. *διαθήκη.*

–, »Erbaulichkeit« als Kennzeichen und Ziel paulinischer Theologie, in: ThBeitr 41 (2010), 126–136. *»Erbaulichkeit«.*
–, Hermeneutische und methodische Leitlinien in Calvins Auslegung des Neuen Testaments, in: Basse, Michael (Hg.), Calvin und seine Wirkungsgeschichte, Dortmunder Beiträge zu Theologie und Religionspädagogik 8, Berlin 2011, 29–56. *Leitlinien.*
REICHERT, ANGELIKA, Der Römerbrief als Gratwanderung. Eine Untersuchung zur Abfassungsproblematik, FRLANT 194, Göttingen 2001. *Gratwanderung.*
REISER, MARIUS, Hat Paulus Heiden bekehrt?, in: BZ.NF 39 (1995), 76–91. *Heiden.*
–, Sprache und literarische Formen des Neuen Testaments. Eine Einführung, UTB 2197, Paderborn u.a. 2001. *Formen.*
REVONSUO, ANTTI, Consciousness and Biological Explanation, in: Kanzian, Christian u.a. (Hgg.), Personen. Ein interdisziplinärer Dialog. Akten des 25. Internationalen Wittgenstein-Symposiums (11. bis 17. August 2002. Kirchberg am Wechsel [Österreich]), Schriftenreihe der Wittgenstein-Gesellschaft 31, Wien 2003, 189–196. *Consciousness.*
RICHARDS, ERNEST RANDOLPH, The Secretary in the Letters of Paul, WUNT 2/42, Tübingen 1991. *Secretary.*
–, Paul and first-century Letter Writing. Secretaries, Composition and Collection, Downers Grove 2004. *Letter Writing.*
RIDDERBOS, HERMAN N., Paulus. Ein Entwurf seiner Theologie, Wuppertal 1970. *Paulus.*
RIESNER, RAINER, Jesus als Lehrer. Eine Untersuchung zum Ursprung der Evangelien-Überlieferung, WUNT 2/7, Tübingen ³1988. *Jesus.*
–, Die Frühzeit des Apostels Paulus. Studien zur Chronologie, Missionsstrategie und Theologie, WUNT 71, Tübingen 1994. *Frühzeit.*
–, Der Hebräer-Brief Nach Altkirchlichen Zeugnissen, in: EuroJTh 11 (2002), 15–29. *Hebräer-Brief.*
ROBERTS GAVENTA, BEVERLY, Our Mother St. Paul: Toward the Recovery of a Neglected Theme, in: PSB 17 (1996), 29–44. *Mother.*
RÖHSER, GÜNTER, Metaphorik und Personifikation der Sünde. Antike Sündenvorstellungen und paulinische Hamartia, WUNT 2/25, Tübingen 1987. *Metaphorik.*
–, Paulus und die Herrschaft der Sünde, in: ZNW 103 (2012), 84–110. *Herrschaft.*
ROLOFF, JÜRGEN, Die Kirche im Neuen Testament, GNT 10, Göttingen 1993. *Kirche.*
ROMANIUK, KAZIMIERZ, L'origine des formules pauliniennes »Le Christ s'est livré pour nous«, »Le Christ nous a aimés et s'est livré pour nous«, in: NT 5 (1962), 55–76. *Formules.*
RÖSEL, MARTIN, Art. Formen/Gattungen II. Altes Testament, in: RGG⁴ 3 (2000), 186–190. *Art. Formen/Gattungen II.*
ROSNER, BRIAN S., ›Drive out the wicked person‹. A Biblical Theology of Exclusion, in: EvQ 71 (1999), 25–36. *Exclusion.*
RÜHLE, OSKAR, Art. Heilige Zeiten, in: RGG² 2 (1928), Sp. 1731f. *Art. Heilige Zeiten.*
RYŠKOVÁ, MIREIA, »Jetzt gibt es keine Verurteilung mehr für die, welche in Christus Jesus sind.« Eine bibeltheologische und fundamentalethische Untersuchung zum paulinischen *en Christo*-Gebrauch, MoThSt.S 19, St. Ottilien 1994. *Untersuchung.*
SAND, ALEXANDER, Art. καρδία, in: EWNT 2 (²1992), 615–619. *Art. καρδία.*
–, Art. σάρξ, in: EWNT 3 (²1992), 549–557. *Art. σάρξ.*
–, Art. σαρκικός, σάρκινος, in: EWNT 3 (²1992), 547f. *Art. σαρκικός κτλ.*
SANDERS, ED PARISH, Paulus und das palästinische Judentum. Ein Vergleich zweier Religionsstrukturen, StUNT 17, Göttingen 1985. *Paulus.*
SARTRE, JEAN-PAUL, L'existentialisme est un humanisme, Collection pensées, Paris 1970. *L'existentialisme.*

SAUTER, GERHARD, Einführung in die Eschatologie, Darmstadt 1995. *Eschatologie.*
SCHADE, HANS-HEINRICH, Apokalyptische Christologie bei Paulus. Studien zum Zusammenhang von Christologie und Eschatologie in den Paulusbriefen, GTA 18, Göttingen 1981. *Christologie.*
SCHAEDE, STEPHAN, Stellvertretung. Begriffsgeschichtliche Studien zur Soteriologie, BHTh 126, Tübingen 2004. *Stellvertretung.*
SCHÄFER, KLAUS, Gemeinde als »Bruderschaft«. Ein Beitrag zum Kirchenverständnis des Paulus, EHS.T 333, Frankfurt/Main u.a. 1989. *Gemeinde.*
SCHÄFER, RUTH, Paulus bis zum Apostelkonzil. Ein Beitrag zur Einleitung in den Galaterbrief, zur Geschichte der Jesusbewegung und zur Pauluschronologie, WUNT 2/179, Tübingen 2004. *Paulus.*
SCHENDEL, ECKHARD, Herrschaft und Unterwerfung Christi. 1. Korinther 15,24–28 in Exegese und Theologie der Väter bis zum Ausgang des 4. Jahrhunderts, BGBE 12, Tübingen 1971. *Unterwerfung.*
SCHLAPKOHL, CORINNA, Persona est naturae rationabilis individua substantia. Boethius und die Debatte über den Personbegriff, MThSt 56, Marburg 1999. *Persona.*
SCHLATTER, ADOLF, Atheistische Methoden in der Theologie, in: ders., Zur Theologie des Neuen Testaments und zur Dogmatik. Kleine Schriften. Mit einer Einführung hg. v. U. Luck, TB 41, München 1969, 134–150. *Methoden.*
–, Rückblick auf meine Lebensarbeit, Stuttgart ²1977. *Rückblick.*
SCHLIER, HEINRICH, Zur kirchlichen Lehre von der Taufe [1947], in: ders., Die Zeit der Kirche. Exegetische Aufsätze und Vorträge, Freiburg u.a. ⁵1972, 107–129. *Taufe.*
–, Das Menschenherz nach dem Apostel Paulus [1965], in: ders., Das Ende der Zeit, Exegetische Aufsätze und Vorträge, Bd. 3, Freiburg 1971, 184–200. *Menschenherz.*
SCHLUETER, CAROL J., Filling up the Measure. Polemical Hyperbole in 1 Thessalonians 2.14–16, JSNT.S 98, Sheffield 1994. *Measure.*
SCHMAUCH, WERNER, In Christus. Eine Untersuchung zur Sprache und Theologie des Paulus, NTF 1/9, Gütersloh 1935. *In Christus.*
SCHMIDT, ECKART DAVID, Heilig ins Eschaton. Heiligung und Heiligkeit als eschatologische Konzeption im 1. Thessalonicherbrief, BZNW 167, Berlin – New York 2010. *Heilig.*
SCHMIDT, PETER L., Art. Brief A–C, in: DNP 2 (1997), Sp. 771–773. *Art. Brief A–C.*
SCHMIDT, TRAUGOTT, Christus in uns – Wir in Christus. Ein Beitrag zur paulinischen Anschauung von der Gegenwart Christi, Naumburg/S. 1913 (= DERS. [†], Der Leib Christi [Σῶμα Χριστοῦ]. Eine Untersuchung zum urchristlichen Gemeindegedanken, Leipzig – Erlangen 1919, 73–111). *Gegenwart Christi.*
– (†), Der Leib Christi (Σῶμα Χριστοῦ). Eine Untersuchung zum urchristlichen Gemeindegedanken, Leipzig – Erlangen 1919. *Leib.*
SCHMIDT, ULRICH, »Nicht vergeblich empfangen«! Eine Untersuchung zum 2. Korintherbrief als Beitrag zur Frage nach der paulinischen Einschätzung des Handelns, BWANT 162 (= 8.F. 2), Stuttgart 2004. *Untersuchung.*
SCHMITHALS, WALTER, Die Gnosis in Korinth. Eine Untersuchung zu den Korintherbriefen, FRLANT 66 (= N.F. 48), Göttingen ³1969. *Gnosis.*
–, Paulus und die Gnostiker. Untersuchungen zu den kleinen Paulusbriefen, ThF 35, Hamburg-Bergstedt 1965. *Gnostiker.*
SCHMITZ, OTTO, Die Christus-Gemeinschaft des Paulus im Lichte seines Genetivgebrauchs, NTF 1/2, Gütersloh 1924. *Christus-Gemeinschaft.*
–, Apostolische Seelsorge. Eine Einführung in den zweiten Korintherbrief, UCB 8, Berlin 1940. *Seelsorge.*
SCHNEIDER, GERHARD, Art. νέος, in: EWNT 2 (²1992), 1136–1139. *Art. νέος.*

SCHNEIDER, NORBERT, Die rhetorische Eigenart der paulinischen Antithese, HUTh 11, Tübingen 1970. *Antithese.*
SCHNELLE, UDO, Gerechtigkeit und Christusgegenwart. Vorpaulinische und paulinische Tauftheologie, GTA 24, Göttingen ²1986. *Christusgegenwart.*
–, Wandlungen im paulinischen Denken, SBS 137, Stuttgart 1989. *Wandlungen.*
–, Neutestamentliche Anthropologie. Jesus – Paulus – Johannes, BThSt 18, Neukirchen-Vluyn 1991. *Anthropologie.*
–, Einführung in die neutestamentliche Exegese, UTB 1253, Göttingen ⁵2000. *Einführung.*
–, Einleitung in das Neue Testament, UTB 1830, Göttingen ⁶2007. *Einleitung.*
–, Paulus. Leben und Denken, GLB, Berlin u.a. 2003. *Paulus.*
SCHNIDER, FRANZ / STENGER, WERNER, Studien zum neutestamentlichen Briefformular, NTTS 11, Leiden u.a. 1987. *Briefformular.*
SCHOLTISSEK, KLAUS, In ihm sein und bleiben. Die Sprache der Immanenz in den johanneischen Schriften, HBS 21, Freiburg/Br. u.a. 2000. *Immanenz.*
SCHOON-JANSSEN, JOHANNES, Umstrittene »Apologien« in den Paulusbriefen. Studien zur rhetorischen Situation des 1. Thessalonicherbriefes, des Galaterbriefes und des Philipperbriefes, GTA 45, Göttingen 1991. *»Apologien«.*
SCHOTTROFF, LUISE, Art. ἐγώ, in: EWNT 1 (²1992), 916–922. *Art. ἐγώ.*
SCHRAGE, WOLFGANG, »In Christus« und die neutestamentliche Ethik, in: Ziegler, Josef Georg (Hg.), »In Christus«. Beiträge zum ökumenischen Gespräch, MoThSt.S 14, St. Ottilien 1987, 27–41. *»In Christus«.*
SCHULZ, MICHAEL, Sein und Trinität. Systematische Erörterungen zur Religionsphilosophie G.W.F. Hegels im ontologiegeschichtlichen Rückblick auf J. Duns Scotus und I. Kant und die Hegel-Rezeption in der Seinsauslegung und Trinitätstheologie bei W. Pannenberg, E. Jüngel, K. Rahner und H.U. v. Balthasar, MThS.S 53, St. Ottilien 1997. *Sein und Trinität.*
SCHWARZ, REINHARD, Mystischer Glaube – die Brautmystik Martin Luthers, in: Zeitwende. Kultur, Kirche, Zeitgeschehen 52 (1981), 193–205. *Brautmystik.*
SCHWEITZER, ALBERT, Die Mystik des Apostels Paulus, Tübingen ²1954 (ND). *Mystik.*
SCHWEIZER, EDUARD, Zur Herkunft der Präexistenzvorstellung bei Paulus, in: ders., Neotestamentica. Deutsche und englische Aufsätze 1951–1963. German and English Essays 1951–1963, Zürich – Stuttgart 1963, 105–109. *Herkunft.*
–, Art. πνεῦμα, πνευματικός. E. Das Neue Testament, in: ThWNT 6 (1959 [= 1960]), 394–449. *Art. πνεῦμα.*
–, Art. σάρξ, σαρκικός, σάρκινος. E. Das Neue Testament, in: ThWNT 7 (1964), 123–145. *Art. σάρξ.*
–, Die Weltlichkeit des Neuen Testamentes: die Haustafeln, in: Donner, Herbert u.a. (Hgg.), Beiträge zur Alttestamentlichen Theologie. FS Walther Zimmerli, Göttingen 1977, 397–413. *Weltlichkeit.*
SCHWÖBEL, CHRISTOPH, Menschsein als Sein-in-Beziehung. Zwölf Thesen für eine christliche Anthropologie [1991], in: ders., Gott in Beziehung. Studien zur Dogmatik, Tübingen 2002, 193–226. *Menschsein.*
–, Christologie und trinitarische Theologie [1995], in: ders., Gott in Beziehung. Studien zur Dogmatik, Tübingen 2002, 257–291. *Christologie.*
–, Kirche als Communio [1996], in: ders., Gott in Beziehung. Studien zur Dogmatik, Tübingen 2002, 379–435. *Kirche.*
–, Die Trinitätslehre als Rahmentheorie des christlichen Glaubens. Vier Thesen zur Bedeutung der Trinität in der christlichen Dogmatik [1999], in: ders., Gott in Beziehung. Studien zur Dogmatik, Tübingen 2002, 25–51. *Rahmentheorie.*

–, Die Letzten Dinge zuerst? Das Jahrhundert der Eschatologie im Rückblick [2000], in: ders., Gott in Beziehung. Studien zur Dogmatik, Tübingen 2002, 437–468. *Dinge.*

–, Gott in Beziehung. Studien zur Dogmatik, Tübingen 2002. *Gott in Beziehung.*

SEESEMANN, HEINRICH, Der Begriff ΚΟΙΝΩΝΙΑ im Neuen Testament, BZNW 14, Gießen 1933. *Begriff.*

SEIFRID, MARK A., Justification by Faith. The Origin and Development of a Central Pauline Theme, NT.S 68, Leiden u.a. 1992. *Justification.*

SELLIN, GERHARD, Der Streit um die Auferstehung. Eine religionsgeschichtliche und exegetische Untersuchung von 1. Korinther 15, FRLANT 138, Göttingen 1986. *Streit.*

SIBER, PETER, Mit Christus leben. Eine Studie zur paulinischen Auferstehungshoffnung, AThANT 61, Zürich 1971. *Auferstehungshoffnung.*

SLENCZKA, NOTGER, Realpräsenz und Ontologie. Untersuchung der ontologischen Grundlagen der Transsignifikationslehre, FSÖTh 66, Göttingen 1993. *Realpräsenz.*

SMILES, VINCENT M., The Gospel and the Law in Galatia. Paul's Response to Jewish-Christian Separatism and the Threat of Galatian Apostasy, Collegeville 1998. *Gospel.*

SNODGRASS, KLYNE, Spheres of Influence. A Possible Solution to the Problem of Paul and the Law, in: JSNT 32 (1988), 93–113. *Spheres.*

SÖDING, THOMAS, »Die Kraft der Sünde ist das Gesetz« (1Kor 15,56). Anmerkungen zum Hintergrund und zur Pointe einer gesetzeskritischen Sentenz des Apostels Paulus, in: ZNW 83 (1992), 74–84. *Kraft.*

SOMMERLATH, ERNST, Der Ursprung des neuen Lebens nach Paulus, Leipzig ²1927. *Ursprung.*

STANGE, ERICH, Diktierpausen in den Paulusbriefen, in: ZNW 18 (1917), 109–117. *Diktierpausen.*

STARNITZKE, DIERK, Die Struktur paulinischen Denkens im Römerbrief. Eine linguistisch-logische Untersuchung, BWANT 163, Stuttgart 2004. *Struktur.*

STAUFFER, ETHELBERT, Die Theologie des Neuen Testaments, Stuttgart ⁴1948. *Theologie.*

STECK, ODIL HANNES, Israel und das gewaltsame Geschick der Propheten. Untersuchungen zur Überlieferung des deuteronomistischen Geschichtsbildes im Alten Testament, Spätjudentum und Urchristentum, WMANT 23, Neukirchen-Vluyn 1967. *Geschick.*

STEGMAN, THOMAS D., The Character of Jesus. The Linchpin to Paul's Argument in 2 Corinthians, AnBib 158, Rom 2005. *Character.*

STEINMETZ, FRANZ-JOSEF, Protologische Heils-Zuversicht. Die Strukturen des soteriologischen und christologischen Denkens im Kolosser- und Epheserbrief, FTS 2, Frankfurt/M. 1969. *Heils-Zuversicht.*

STEWART, JAMES S., A Man in Christ. The vital elements of St. Paul's Religion, London 1964 (= New York – London o.J. [¹1935]). *Man.*

STOLZ, FRITZ, Art. Rache, in: TRE 28 (1997), 82–88. *Art. Rache.*

STOWERS, STANLEY K., Romans 7.7–25 as a Speech-in-Character (προσωποποιία), in: Engberg-Pedersen, Troels (Hg.), Paul in His Hellenistic Context, Studies of the New Testament and Its World, Edinburgh 1994, 180–202. *προσωποποιία.*

STRECKER, CHRISTIAN, Die liminale Theologie des Paulus. Zugänge zur paulinischen Theologie aus kulturanthropologischer Perspektive, FRLANT 185, Göttingen 1999. *Liminale Theologie.*

STRECKER, GEORG, Befreiung und Rechtfertigung. Zur Stellung der Rechtfertigungslehre in der Theologie des Paulus, in: ders., Eschaton und Historie. Aufsätze, Göttingen 1979, 229–259. *Befreiung.*

–, Theologie des Neuen Testaments, bearb., erg. u. hg. v. Friedrich Wilhelm Horn, GLB, Berlin – New York 1996. *Theologie.*

STRIEDER, INÁCIO R., Die Bewertung der Leiblichkeit in den Hauptbriefen des Apostels Paulus und in seiner Kulturwelt, Diss. Masch., Münster 1975. *Leiblichkeit.*

STUHLMACHER, PETER, Erwägungen zum ontologischen Charakter der καινὴ κτίσις bei Paulus, in: EvTheol 27 (= N.F. 22) (1967), 1–35. *Erwägungen.*

–, Erwägungen zum Problem von Gegenwart und Zukunft in der paulinischen Eschatologie, in: ZThK 64 (1967), 423–450. *Gegenwart.*

–, »Das Ende des Gesetzes«. Über Ursprung und Ansatz der paulinischen Theologie, in: ZThK 67 (1970), 14–39. *Ende.*

–, Biblische Theologie des Neuen Testaments, Bd. 1: Grundlegung. Von Jesus zu Paulus, Göttingen ²1997. *Theologie I.*

STUTZINGER, DAGMAR, Der Adventus des Kaisers und der Einzug Christi in Jerusalem, in: Beck, Herbert / Bol, Peter C. (Hgg.), Spätantike und frühes Christentum. Ausstellung im Liebieghaus. Museum alter Plastik. Frankfurt am Main (16. Dezember 1983 bis 11. März 1984), Frankfurt/M. 1983, 284–307. *Adventus.*

SZYPUŁA, WOJCIECH, The Holy Spirit in the Eschatological Tension of Christian Life. An Exegetico-Theological Study of 2 Corinthians 5,1–5 and Romans 8,18–27, Tesi Gregoriana. Serie Teologia 147, Rom 2007. *Spirit.*

TANNEHILL, ROBERT C., Dying and Rising with Christ. A Study in Pauline Theology, BZNW 32, Berlin 1967. *Dying.*

TELLBE, MIKAEL, Paul between Synagogue and State. Christians, Jews, and Civic Authorities in 1 Thessalonians, Romans, and Philippians, CB.NT 34, Stockholm 2001. *Paul.*

THEISSEN, GERD, Psychologische Aspekte paulinischer Theologie, FRLANT 131, Göttingen 1983. *Aspekte.*

–, Judentum und Christentum bei Paulus. Sozialgeschichtliche Überlegungen zu einem beginnenden Schisma, in: Hengel, Martin / Heckel, Ulrich (Hgg.), Paulus und das antike Judentum. Tübingen-Durham-Symposium im Gedenken an den 50. Todestag Adolf Schlatters († 19. Mai 1938), WUNT 58, Tübingen 1991, 331–359. *Judentum.*

THEOBALD, MICHAEL, Der Römerbrief, EdF 294, Darmstadt 2000. *Römerbrief.*

THILO, HANS-JOACHIM, Paulus – Die Geschichte einer Entwicklung psychoanalytisch gesehen: in: WzM 37 (1985), 2–14. *Paulus.*

THÜR, GERHARD, Art. Engyesis, in: DNP 3 (1997), 1033. *Art. Engyesis.*

–, Art. Kyrios II. Privatrecht, in: DNP 6 (1999), 1012f. *Art. Kyrios II.*

THURÉN, LAURI, Romans 7 Derhetorized, in: Porter, Stanley E. / Stamps, Dennis L. (Hgg.), Rhetorical criticism and the Bible. Essays from the 1998 Florence Conference, JSNT.S 195 (= LNTS 195), London u.a. 2002, 420–440. *Romans 7.*

THÜSING, WILHELM, Gott und Christus in der paulinischen Soteriologie, Bd. 1: Per Christum in Deum. Das Verhältnis der Christozentrik zur Theozentrik, 3., verbesserte und um hermeneutisch-methodische Vorüberlegungen zum Gesamtwerk sowie um einen Anhang erweiterte Auflage, NTA N.F. 1/1, Münster ³1986. *Per Christum.*

THYEN, HARTWIG, Studien zur Sündenvergebung im Neuen Testament und seinen alttestamentlichen und jüdischen Voraussetzungen, FRLANT 96, Göttingen 1970. *Sündenvergebung.*

–, Zwei verfehlte Alternativen in der Auslegung von Römer 7 [1993], in: Strecker, Christian (Hg.), Kontexte der Schrift, Bd. 2: Kultur, Politik, Religion, Sprache – Text. FS W. Stegemann, Stuttgart 2005, 270–288. *Alternativen.*

TIEDEMANN, HOLGER, Die Erfahrung des Fleisches. Paulus und die Last der Lust, Stuttgart 1998. *Erfahrung.*

TILLICH, PAUL, The Struggle Between Time and Space, in: ders., Theology of Culture, hg. v. Robert C. Kimball, New York 1959, 30–39. *Struggle.*

–, Der Widerstreit von Zeit und Raum, in: ders., Der Widerstreit von Raum und Zeit. Schriften zur Geschichtsphilosophie, GW 6, hg. v. Renate Albrecht, Stuttgart 1963, 140–148. *Widerstreit*.

TOURATSOGLOU, IOANNIS, Die Münzstätte von Thessaloniki in der römischen Kaiserzeit (32/31 v. Chr. bis 268 n. Chr.), Antike Münzen und geschnittene Steine (DAI) 12, Berlin – New York 1988. *Münzstätte*.

TREGGIARI, SUSAN, Art. Ehe III. Rom, in: DNP 3 (1997), 896–899. *Art. Ehe III*.

TROWITZSCH, MICHAEL, Karl Barth heute, Göttingen 2007. *Karl Barth heute*.

ULONSKA, HERBERT, Die Krankheit des Paulus und die ritualisierte christliche Demut, in: WzM 41 (1989), 356–367. *Krankheit*.

UMBACH, HELMUT, In Christus getauft – von der Sünde befreit. Die Gemeinde als sündenfreier Raum bei Paulus, FRLANT 181, Göttingen 1999. *Sünde*.

VAN DÜLMEN, ANDREA, Die Theologie des Gesetzes bei Paulus, SBM 5, Stuttgart 1968. *Theologie des Gesetzes*.

VAN KOOTEN, GEORGE H., Cosmic Christology in Paul and the Pauline School. Colossians and Ephesians in the Context of Graeco-Roman Cosmology, with a New Synopsis of the Greek Texts, WUNT 2/171, Tübingen 2003. *Cosmic Christology*.

VANDERKAM, JAMES C., Einführung in die Qumranforschung. Geschichte und Bedeutung der Schriften vom Toten Meer, UTB 1998, Göttingen 1998. *Einführung*.

VENETZ, HERMANN-JOSEF, Der Glaube weiss um die Zeit. Zum paulinischen Verständnis der »Letzten Dinge«, BiBe 11, Fribourg 1975. *Glaube*.

VISSER, DIRK, Paraklese in het perspectief van de parousie. De betekenis van de structuur van de brieven aan de Tessalonicenzen voor de exegese van de eschatologische gedeelten 1 Tessalonicenzen 4:13–5:11 en 2 Tessalonicenzen 1:5–10 en 2:1–12, Heerenveen 2003. *Paraklese*.

VOLLENWEIDER, SAMUEL, Der Geist Gottes als Selbst der Glaubenden. Überlegungen zu einem ontologischen Problem in der paulinischen Anthropologie, in: ZThK 93 (1996), 163–192. *Selbst*.

VOM BROCKE, CHRISTOPH, Thessaloniki – Stadt des Kassander und Gemeinde des Paulus. Eine frühe christliche Gemeinde in ihrer heidnischen Umwelt, WUNT 2/125, Tübingen 2001. *Thessaloniki*.

VON ALLMEN, DANIEL, La famille de Dieu. La symbolique familiale dans le paulinisme, OBO 41, Fribourg – Göttingen 1981. *Famille*.

VON CAMPENHAUSEN, HANS (FRHR.), Die Idee des Martyriums in der alten Kirche, Göttingen [2]1964. *Idee*.

VON DOBSCHÜTZ, ERNST, Zeit und Raum im Denken des Urchristentums, in: JBL 41 (1922), 212–223. *Zeit und Raum*.

–, Aus der Umwelt des Neuen Testaments (= Rezension zu: DEISSMANN, ADOLF, Licht von Osten. Das Neue Testament und die neuentdeckten Texte der hellenistisch-römischen Welt, Tübingen [4]1923), in: ThStKr 95 (1923/24), 314–332. *Umwelt*.

VON WEIZSÄCKER, CARL FRIEDRICH, Immanuel Kant, in: ders., Große Physiker. Von Aristoteles bis Werner Heisenberg, hg. v. Helmut Rechenberg, Wiesbaden 2004, 181–203. *Kant*.

WAGNER, JOCHEN, Die Anfänge des Amtes in der Kirche. Presbyter und Episkopen in der frühchristlichen Literatur, TANZ 53, Tübingen 2011. *Anfänge*.

WAGNER-HASEL, BEATE, Art. Ehe II. Griechenland, in: DNP 3 (1997), 893–895. *Art. Ehe II*.

–, Art. Eheverträge, in: DNP 3 (1997), 901f. *Art. Eheverträge*.

WALKER, WILLIAM O. (JR.), Interpolations in the Pauline Letters, JSNT.S 213, London – New York 2001. *Interpolations*.

WALLMANN, JOHANNES, Art. Calov, Abraham (1612–1686), in: TRE 7 (1981), 563–568. *Art. Calov.*
WALTER, HENRIK, Neurophilosophical Perspectives on Conservative Compatibilism, in: Kanzian, Christian u.a. (Hgg.), Personen. Ein interdisziplinärer Dialog. Akten des 25. Internationalen Wittgenstein-Symposiums (11. bis 17. August 2002. Kirchberg am Wechsel [Österreich]), Schriftenreihe der Wittgenstein-Gesellschaft 31, Wien 2003, 299–308. *Perspectives.*
WALTER, MATTHIAS, Gemeinde als Leib Christi. Untersuchungen zum Corpus Paulinum und zu den »Apostolischen Vätern«, NTOA 49, Fribourg – Göttingen 2001. *Gemeinde.*
WALTER, NIKOLAUS, Geschichte und Mythos in der urchristlichen Präexistenzchristologie [1988], in: ders., Praeparatio Evangelica. Studien zur Umwelt, Exegese und Hermeneutik des Neuen Testaments, hg. v. Wolfgang Kraus u. Florian Wilk, WUNT 98, Tübingen 1997, 281–292. *Geschichte.*
–, Gottes Zorn und das »Harren der Kreatur«. Zur Korrespondenz zwischen Römer 1,18–32 und 8,19–22 [1989], in: ders., Praeparatio Evangelica. Studien zur Umwelt, Exegese und Hermeneutik des Neuen Testaments, hg. v. Wolfgang Kraus u. Florian Wilk, WUNT 98, Tübingen 1997, 293–302. *Zorn.*
WEBER, HANS EMIL, Die Formel »in Christo Jesu« und die paulinische Christusmystik, in: NKZ 31 (1920), 213–260. *Formel.*
WEBER, REINHARD, Die Geschichte des Gesetzes und des Ich in Römer 7,7–8,4. Einige Überlegungen zum Zusammenhang von Heilsgeschichte und Anthropologie im Blick auf die theologische Grundstellung des paulinischen Denkens, in: NZSTh 29 (1987), 147–179. *Geschichte.*
–, Das »Gesetz« bei Philon von Alexandrien und Flavius Josephus. Studien zum Verständnis und zur Funktion der Thora bei den beiden Hauptzeugen des hellenistischen Judentums, ARGU 11, Frankfurt/M. u.a. 2001. *»Gesetz«.*
WEBER, WILHELM, Christusmystik. Eine religionspsychologische Darstellung der der Paulinischen Christusfrömmigkeit, UNT 10, Leipzig 1924. *Christusmystik.*
WEDDERBURN, A.J.M., Some Observations on Paul's Use of the Phrases ›In Christ‹ and ›With Christ‹, in: JSNT 25 (1985), 83–97. *Observations.*
WEDER, HANS, Gesetz und Sünde. Gedanken zu einem qualitativen Sprung im Denken des Paulus, in: NTS 31 (1985), 357–376. *Gesetz.*
–, Kritik am Verdacht. Eine neutestamentliche Erprobung der neueren Hermeneutik des Verdachts, in: ZThK 93 (1996), 59–83. *Kritik.*
WEIPPERT, HELGA, Altisraelitische Welterfahrung. Die Erfahrung von Raum und Zeit nach dem Alten Testament, in: Mathys, Hans-Peter (Hg.), Ebenbild Gottes – Herrscher über die Welt. Studien zu Würde und Auftrag des Menschen, BThS 33, Neukirchen-Vluyn 1998, 9–34. *Altisraelitische Welterfahrung.*
WEISS, JOHANNES, Paulinische Probleme II. Die Formel ἐν Χριστῷ Ἰησοῦ. Zugleich Besprechung der Schrift von A. Deißmann, Die neutestamentliche Formel ›in Christo Jesu‹, in: ThStKr 69 (1896), 7–33. *Probleme II.*
–, Beiträge zur Paulinischen Rhetorik, Sonderdruck aus den Theologischen Studien. FS zum 70. Geburtstage des Herrn Wirkl. Oberkonsistorialraths Weiss, Göttingen 1897. *Rhetorik.*
WENDEL, HANS JÜRGEN, Art. Form, in: RGG^4 3 (2000), 181–183. *Art. Form.*
WENHAM, DAVID, Paulus. Jünger Jesu oder Begründer des Christentums?, Paderborn u.a. 1999. *Paulus.*
WERNLE, PAUL, Der Christ und die Sünde bei Paulus, Freiburg/Br. – Leipzig 1897. *Sünde.*

WETTER, GILLIS PITON, Der Vergeltungsgedanke bei Paulus. Eine Studie zur Religion des Apostels, Göttingen 1912. *Vergeltungsgedanke.*

WIESELER, KARL GEORG, Abhandlung über Röm. 7,7–25, in: Gratulationsschrift durch welche das am 6. Mai d. J. statthabende funfzigjährige Amtsjubiläum des Herrn Oberconsistorialrath Prof. Dr. Julius Müller in Halle in Anerkennung seiner grossen Verdienste um die evangelische Theologie und Kirche feiert die theologische Fakultät der Universität in Greifswald, Greifswald 1875. *Abhandlung.*

WIKENHAUSER, ALFRED, Die Christusmystik des hl. Paulus, BZfr 12, Münster/W. 1928. *Christusmystik¹.*

–, Die Christusmystik des Apostels Paulus, 2., umgearb. u. erw. Aufl., Freiburg ²1956. *Christusmystik².*

WILCKENS, ULRICH, Art. στῦλος, in: ThWNT 7 (1964), 732–736. *Art. στῦλος.*

–, Über Abfassungszweck und Aufbau des Römerbriefs, in: ders., Rechtfertigung als Freiheit. Paulusstudien, Neukirchen-Vluyn 1974, 110–170. *Abfassungszweck.*

–, Zur Entwicklung des paulinischen Gesetzesverständnisses, in: NTS 28 (1982), 154–190. *Entwicklung.*

–, Theologie des Neuen Testaments, Bd. 1/3: Die Briefe des Urchristentums. Paulus und seine Schüler, Theologen aus dem Bereich judenchristlicher Heidenmission, Neukirchen-Vluyn 2005. *Theologie I/3.*

WINTER, MARTIN, Die Bedeutung des Lohngedankens bei Jesus und Paulus, in: WuD 24 (1997), 169–185. *Bedeutung.*

WOLF, ERNST, Ecclesia pressa – ecclesia militans. Zum Problem der Rechtssicherheit der Kirche und der Verfolgung der Christenheit: ThLZ 72 (1947) 223–232. *Ecclesia pressa.*

WOLTER, MICHAEL, Rechtfertigung und zukünftiges Heil. Untersuchungen zu Röm 5,1–11, BZNW 43, Berlin – New York 1978. *Rechtfertigung.*

WOOPEN, CHRISTIANE, Substanzontologie versus Funktionsontologie – Wie bestimmen wir den Beginn und die Ansprüche schutzwürdigen menschlichen Lebens?, in: Dierks, Christian / Wienke, Albrecht / Eisenmenger, Wolfgang (Hgg.), Rechtsfragen der Präimplantationsdiagnostik, MedR, Berlin – Heidelberg 2007, 17–24. *Substanzontologie.*

WOYKE, JOHANNES, Götter, ›Götzen‹, Götterbilder. Aspekte einer paulinischen ›Theologie der Religionen‹, BZNW 132, Berlin – New York 2005. *Götter.*

WREDE, WILLIAM, Paulus, RV I/5–6, Tübingen ²1907. *Paulus.*

YARNOLD, EDWARD J., Art. Taufe III. Alte Kirche, in: TRE 32 (2001), 674–696. *Art. Taufe III.*

ZELLER, DIETER, Juden und Heiden in der Mission des Paulus. Studien zum Römerbrief, FzB 8, Stuttgart ²1976. *Juden und Heiden.*

ZIMMERLI, WALTHER, Die Weltlichkeit des Alten Testaments, KVR 327 S, Göttingen 1971. *Weltlichkeit.*

ZIZIOULAS, JOHN D., L'Être ecclésial, PeOr 3, Genf 1981. *L'Être ecclésial.*

–, Being as Communion. Studies in Personhood and the Church, with a foreword by John Meyendorff, CGT 4, New York 1985 (= London 2004). *Being as Communion.*

–, Communion and Otherness. Further Studies in Personhood and the Church, ed. by Paul McPartlan, London – New York 2006. *Otherness.*

–, Lectures in Christian Dogmatics, ed. by Douglas Knight, London – New York 2008. *Lectures.*

–, Remembering the future. An Eschatological Ontology, London (erscheint voraussichtlich September 2013). *Remembering the future.*

Stellenregister

Kursivierte Seitenzahlen verweisen auf nur in den Anmerkungen genannte Stellen.

1. Altes Testament (Septuaginta)

Genesis (Gen)
1f.	*181*.215
1	*183*.253
1,28	66
2f.	175.*176*.180.*183*
2	79.*183*
2,7	79.211
2,16f.	175
2,17b	218
2,18	66
2,21–25	66
2,24	71.*72*
3,16b	66
3,19	79
4,7	*127*
21,10	89

Exodus (Ex)
12,14	298
20,17	191
30,10	*216*

Leviticus (Lev)
16,30	*216*
20,10	201

Deuteronomium (Dtn)
5,2f.	298
5,21	191
10,20	72
11,22	72
17,7b	*114*
19,19	*114*
21,21	*114*
22,21	*114*

22,22	201
22,24	*114*
24,7	*114*
24,15	236
27,26	46
29,13f.	298
32,35	405
33,2	*334*

Josua (Jos)
7,1–26	*114*

Richter (Jdc)
5,5	*334*
9,26 (A)	*237*
9,26 (B)	236

1. Samuel (1Βασ)
2,10	236
7,10b	406

2. Samuel (2Βασ)
7,14a	88
23,7	*238*

1. Könige (3Βασ)
17,17–24	80
22,16	*237*

2. Könige (4Βασ)
2,11	*336*
18,5	236
18,6	72

2. Chronik (2Παρ)
18,15   237

2. Esra (2Esr)
19,26   402
23,7   237

Judith (Jdt)
9,7   236
10,18   334

Tobias (Tob)
13,16 (S) 237

2. Makkabäer (2Makk)
6,12–16 407
7   399
7,2   399
8,12   334
15,21   334

3. Makkabäer (3Makk)
3,17   334

4. Makkabäer (4Makk)
8–14   399
8,28   399
9,1f.   399
9,23   399

Psalmen (Ψ)
32,21   236
35,8   236
36   408
50   176
55,4   236
56,2   236
62,12   237
67,9   334
68   408
72,28   236
77,22   236
100,2   237
103,29f. 80
105,12   236

Oden (Ode)
3,10   236

Sprüche (Prov)
16,20   237
28,5   237

Prediger (Eccl)
12,7   287

Hoheslied (Cant)
8,8b   237

Hiob (Hi)
34,14f. 80

Weisheit Salomos (SapSal)
13,10   236

Sirach (Sir)
2,3   72
18,29   237

Hosea (Hos)
1–3   67

Joel (Joel)
2,10f.   406
4,15   406

Habakuk (Hab)
3,11   406

Sacharja (Sach)
3,1–7   285
10,7   237

Jesaja (Jes)
13,6   342
13,9–11 406
13,9   342
30,18c   46
42,1–4   101
47,15   238
50,3   406

Jeremia (Jer)
9,22f.   236
13,11   72
38,32   46

Ezechiel (Ez)
10,18f.	305
11,22f.	305
16	67
23	67
36,27	*323*

Daniel (Dan)
1,4	*237*
3,16–18	*399*
6,11f.	*399*
6,14	*399*
7,13	*334*
9,23	*237*

2. Neues Testament

Matthäusevangelium (Mt)
3,11	*272*
5,27–30	*136*
5,29f.	*381*
10,24f.	*14*
11,25	*237*
13,55	*265*
18,15–20	101
19,29	*337*
24,1–51	*327*
24,42–44	*341*
25,1–13	*344*
25,27	111
25,31–46	*342*
25,34	*337*
26,21–25	*217*
27,50	*80*

Markusevangelium (Mk)
5,41f.	*80*
8,31–38	*399*
9,42–48	*386*
10,17–27	*164*
11,15–17	111
15,37	*80*
15,39	*80*
16,15	*302*

Lukasevangelium (Lk)
1,1	*256*
2,41–51	*176*
3,23	*265*
4,16a	*265*
4,22	*265*
6,40	*14*
7,11–15	*80*
8,55	*80*

10,20	*237*
12,39f.	*341*
23,46	*80*

Johannesevangelium (Joh)
3,18	*362*
4,23f.	*259*
7,38f.	*18*
9,11	*194*
11,43f.	*80*
12,31	*433*
17,20–23	*286*
17,21–23	*247*
19,30	*80*

Apostelgeschichte (Act)
1,5	*270*
1,9f.	*337*
2,2	*80*
4,2	*222*
5,5	*80*
5,10	*80*
7,48f.	*305*
9,2	*313*
9,40	*80*
11,16	*270*
11,26	*239.313*
12,23	*80*
17,24f.	*305*
17,25	*79.80*
19,1–7	*270*
19,23	*313*
20,10	*80*
24,22	*313*
26,28	*239.313*

Römerbrief (Röm)

1–8	*169*
1–3	*48.164.176*
1	*204*.411
1,1a	307
1,2	*231*
1,3	*88.136.140*
1,4	*88.232*
1,5	*165.231*
1,6f.	*231*
1,8	*231.372*
1,9	*88.*143.*233*
1,10	*157*
1,12f.	*231*
1,14–17	*169*
1,14	*371*
1,15	*231*
1,16f.	145.*169*.266.271.*364*
1,16	*129.*149.208.*364*
1,17	208f.*231.303*
1,18ff.	109.128.132.211.*343*
1,18–3,20	175.383
1,18–2,1	387
1,18	*109*.217.*232*.342
1,19	*231.232*
1,19a	205
1,20f.	211
1,20	131.*250*
1,21–23	205
1,21	*231.319*
1,21a	205
1,23	*205.232*
1,24a	*233*
1,25	*205.232*
1,26a	*233*
1,28	*231.383.393*
1,28b	*233*
1,32	156.*158.210.219*
1,32b	384.387
2	*121*
2,1	131.*233*.387
2,1b	*193*
2,4	115
2,5–13	*352*
2,5–10	342.*343*
2,5	*232*
2,7	*207*
2,10	157
2,12–16	*343*
2,12	*190.233*
2,15	*231*.321
2,16	*232.343.352*
2,17–25	164
2,17	*232.236*
2,18	*157*
2,19	*231*
2,20	89.90.*233*
2,21	*89*
2,23	*232.236*
2,24	*231*
2,25f.	*118*
2,26	158
2,28	*231*
2,28bß	*233*
2,29	*233.319*
2,29aα	*231*
3f.	186
3,1f.	*198*
3,3f.	*60.*255
3,5	*189*
3,8	*154.*156
3,9	133
3,16	*231*
3,19	*150.233*
3,19b	342
3,20	*138.147.150.153.178.*189.*190*
3,21	388
3,21a	150.171
3,21b	150.153.*171*
3,23	132
3,23a	175
3,24	*222.224.238*
3,25	238
3,26	*232*
3,27	*150*
3,28	*150.242*
3,31	*144.*150
3,31b	*171*
4,1–25	150
4,2	*236*
4,10–12	*232*
4,13f.	*91*
4,15	220
4,15a	197
4,17	*207.*256
4,17b	253
4,25	*352*
5–11	168–172
5–8	367.394

5	169.175.*177*.179.183.186.258	6–8	179
5,1–11	394	6f.	134.*187.189*
5,1f.	364	6	123.134.169.200.*202*.262.269.272.*274*.279.280.287.294.*312.366.385*
5,1	96.*266*		
5,2	*232*		
5,3–5	364.408	6,1ff.	*154*
5,3	*232.236*	6,1–11	*210*
5,5	*231*.301.*319.321.360*	6,1–10	*295*
5,6–10	*157.247*	6,1f.	279
5,6	*116*.131.*214*.298	6,1	*189*
5,8	*131.214*.301	6,2ff.	184
5,9f.	218.*364*	6,2–11	302
5,9	*339*.388	6,2f.	*385*
5,9b	169	6,2	66.*133*.188.221.311
5,10	88.*159.210.214*.217	6,2a	278
5,10b	169	6,3ff.	*271*
5,11	*232.236*.388	6,3–11	248.278f.
5,12ff.	169.*179*.181.*191*.196	6,3–5	351.362.409
5,12–21	*120*.177.179.*256*.257	6,3f.	269.274.276
5,12–14	136.175	6,3	188.*210*
5,12	*127*.143.178.180.181.*182.183*.194.195.196.210.211.212.213.250.256.*379.387.390*	6,*3fin.*	269
		6,4–6	202
		6,4f.	361
		6,4	232.253.290.366.*385*
5,12a	*131*.179.*180*.182.185	6,4a	351
5,12b–21	183	6,4b	256
5,12b	201	6,5	248.256.283.*351.379*.385
5,12d	*131*	6,5a	302
5,12*fin.*	175.258	6,6–11	*133*
5,13f.	*177–179*.195.213.*219*	6,6f.	66.133.202
5,13	*173*.185.194.*231*.258	6,6	*242*.279
5,13a	178	6,6a	302
5,14	195.*200.210*.213.250	6,7	134
5,14b	178.*181.211*.258	6,8f.	*294f.*
5,15ff.	180	6,8	256.*349.351*.361.362.*379*.409
5,15–17	258.392		
5,15	179.*210*	6,9	200.*210*.221.305
5,16	341	6,10f.	134.303.311
5,17	*200*	6,10	*211*.298
5,17a	*210*	6,11	221.*222*.239.240.278–280.*286*.311.379
5,18f.	392		
5,18	341	6,12–14	133.142.*165*
5,20f.	148.169	6,12f.	*312*
5,20	*151.154.165*.177.179.194.197.198.*206.207.220*	6,12	200.211.*231*.381
		6,13a	381
		6,14f.	*129*.199
5,20a	195	6,14	*133*.148.170.198.200.202
5,20aß	*180*	6,14b	199
5,21	200.207.210.213.*387*	6,15ff.	*154.165*
5,21b	361	6,15–7,6	186

6,15–23	200	7,7–25	*121.149.161*.166.*170*.179.
6,15	148.188.*189*.200		184.367.*392*
6,16ff.	196	7,7–13	*191.195.373*
6,16–23	129.*200*	7,7–12	168.*179*.187.*191*.368.*375*
6,16	188.*210*.213	7,7–11	154.165.170.*179*.182.183.
6,17f.	133		185.*190*.195.*220*
6,19	381	7,7–9	381
6,20–22	392	7,7f.	*100.147*.149.189f.
6,20f.	133.220	7,7	148.187.368.*370*
6,20	129.133	7,7a	186–190.*191*.194.*200*.368
6,21	129.195.*210*.213.219.302	7,7aß	187
6,21b	132.218	7,7b–12	368
6,22f.	*207*	7,7b–11	172–186.192.369
6,22	129.133.311.388	7,7b	189.*190*.191f.*195*
6,22a	*200*	7,7bα	187.*194*
6,23	129.133.194f.*196*.197.	7,7bß	*194*
	210.213–220.*222.239f*.	7,7c	*190f*.
	278–280.302.392	7,8ff.	175
6,23a	*80*.134.211.213f.218–220.	7,8f.	131.*173*
	256.353.361	7,8	*127*.145.167.185.*231.392*
6,23b	218	7,8a	189.191–193
7f.	*209.370*.390	7,8b	194
7	121.128.139.*141f.*166–	7,9ff.	*185*
	186.*191.202*.305.*312*.367.	7,9–11	172
	369.*370f.*373.*374.379*.	7,9	168.174.176.*181f.*185f.
	380f.387.389–391.393f.		195.*199*.213.*371.392*
	421.422	7,9a	*178*.185
7,1–25a	393	7,9b	*178*.196.*305*
7,1–7	*199*	7,10	198.*210*.219
7,1–6	*152*.153.199.200–203.	7,11	129.131.145.*192*.196.198.
	294.368.371		218f.*392*
7,1–5	66	7,11a	192
7,1–4	66	7,12	145.154.156.166.169.*170*.
7,1–3	*66*.200f.		*175*.185.187.*190*.193.*194*.
7,1	66.188.200		198f.368
7,2f.	65.*66*.75.201	7,13ff.	*390*
7,2	66.*146*.201	7,13–25	*135*.159.170.*187*.199.288.
7,4–6	201–203		311f.366.367–395.409
7,4	*66*.170.198.200–202.221.	7,13	145.157.*168*.170.*187*.
	302		*190–192*.193.195f.*210*.
7,5f.	133.279		368.371.*375*
7,5	130.133.*140*.170.202.*210*.	7,13bc	128f.
	220.390	7,13b	*147*.368
7,5a	*233*	7,13bß	193.*218*
7,5b	*231*	7,14ff.	*176*.303
7,6	170.198.200.*253*.302.388	7,14–25	135.*168*.172.*287*.365.*373*.
7,6a	*200.232*		394f.410
7,6b	170.*232*.366.*368*	7,14–23	369.*370*
7,7ff.	*172*.174.*178–180*.181.196	7,14	133.135.*140*.369–386
		7,14a	*145*.199.*368*.376f.380.393

7,14b–25	*138*	8,3b	*256*
7,14b	*139*.159.*369*.376.377–379.*380*	8,3bß	136
		8,3c	*233*
7,15–17	*139*	8,4	133.*157f*.*231*.279
7,15f.	386–388	8,5	133
7,15	368.369.*387*	8,6	*210*.213
7,15a	*387*	8,7	154.156
7,16f.	*383*	8,8f.	133
7,16	*392*	8,8	*233*
7,16b	154	8,9–11	291.*292*.321
7,17f.	136	8,9f.	*234*
7,17	142.*231*.291.382.*383*.*387*.388–390	8,9	140.*233*.289f.291
		8,9b	*231*.291f.301
7,17b	305	8,10f.	211.272.379
7,18–25a	390–392	8,10	*231*.288.290–292.305
7,18–23	*388*	8,11	207.211.*232*.259.290f.360
7,18	*138*.140.157.*231*.*233*.291.375.381f.385.*387*.389f.*392*	8,12f.	133.*185*
		8,14–23	*91*
		8,14	*87f.*
7,18a	305	8,15f.	*75*
7,19	157.*375*	8,15	87.*90*.92
7,20	136.142.*231*.291.382f.*387*	8,16	87
7,20b	305	8,16b	*91*
7,21	157.*375*.392	8,17	87.91.*252*
7,22f.	*209*.393	8,18ff.	362f.
7,22	154.156.*209*.391.*392*	8,18–39	*358*
7,23	136.*174*.305.383.392	8,18	*91*
7,23ab	*231f*.381	8,19–23	136.178
7,24f.	305.*383*.*392*	8,19–22	*183*.250
7,24	135f.141.*151*.211.288.379.381.391f.395	8,19	*87f.*91.*338*
		8,20	250f.
7,25	*137*.156.*174*.380.383	8,21	87.251
7,25a	*370*.395	8,23–25	329
7,25b	167.*380*.382.385.392–394	8,23	87.136.*232*.338.395
8	140.142.169.250.252.293.393f.	8,24	251.*328*.339.364.*427*
		8,25	*338*.364
8,1ff.	*134*.197.373.*381*	8,27	321
8,1–17	*170*	8,28–30	255.274
8,1–11	199	8,29	87.*88*.91f.*232*.256.361
8,1	167.222.239.254f.*324*.341f.388	8,31–39	274.310
		8,32	*88*.349
8,2	133.*148*.198.*209f*.220f.222.238.279	8,34	*231*.336.342.*352*
		8,35f.	*399*
8,2b	149	8,35	*127*
8,3–11	314	8,37	127.*233*.399
8,3f.	*157*	8,38f.	126
8,3	88.*116*.131.*132*.135.*143*.145.*149*.170.196.199.208.303.375.390	8,38	210.212.221
		8,39	*127*.222.238
		9–11	60.169.*396*
8,3a	170.*192*.220.*233*	9,1	222.237

9,4f.	*198*	11,17	*54.231*
9,4	87	11,25–36	*203*
9,5b	206	11,25f.	169
9,6ff.	323	11,26	*302*
9,6b	87	11,27	*254*
9,7	*92.237*	11,28	*214*
9,8	*87.92*	11,29–31	255
9,9	87	11,29	*60*
9,12a	*150*	12–15	*169*
9,14	*148*.323	12,2	49.121.156f.320.*383*.393
9,17bα	*232*	12,2a	124
9,17bß	*231*	12,3	*232*
9,18	*156*	12,4	*231*
9,19–21	*148*	12,5	*222.234.239f.*280f.
9,19	*156*.323	12,7	*89.233*
9,20f.	323	12,8a	*233*
9,22	*156.232*	12,8b	*232*
9,25f.	*92*	12,9	157
9,25	*231*	12,13	*54.*59
9,25a	*237*	12,14	408
9,26	*87f.231*	12,17–21	405
9,27	87	12,19f.	407f.
9,30–32a	164	12,21	157
9,31f.	150	13,3f.	157.*171*
9,32–10,13	164	13,9	*191.231*
9,33	*231*	13,11	263.*364*.388
10,2f.	*165.169*	13,13	*232*
10,2	*403*	13,14	284
10,4–17	*169*	14,5	*232*
10,4	*152*.153.159.170.*375*	14,8f.	357
10,5	*198*	14,9	*352*
10,6	*232*	14,10	*341f.*
10,8	*232*	14,13–15	125
10,9f.	266	14,14	*54.112.222.232.236*
10,9	*67.232.*276	14,15	95.417
10,10a	321	14,17	*112.*338
10,14f.	14	14,18	157.*233*
10,15	157	14,21	*233*
10,16	*165*	14,23	365
10,20	*232*	15f.	*372*
11	*59*	15,1–3	101
11,1–4	255	15,1	*99*
11,1f.	*60*	15,5f.	*232*
11,2	*232*	15,7	101
11,2b	*237*	15,9	*232*
11,5	*232*	15,16	81
11,6	*150*	15,17	*222.232.236*
11,11	*364*	15,18–20	*302*
11,15	359	15,18	*165*
11,17f.	56	15,19	*232*

15,23f.	*302*	1,11f.	62
15,23	*231*.388	1,11	*232*
15,23b	59	1,13–17	276
15,24	*59.371f.*	1,13	96f.*265*
15,25–29	59	1,13a	62.86.96
15,25	388	1,14–17	*265.266.271*
15,26	*54.231*	1,14	276
15,27	*54.59.60.233*	1,16	276
15,29f.	*232*	1,17	*274*
15,31	*231*	1,18–2,16	*204*
15,32	*157.232*	1,18	266.*364*
15,33	350	1,21	*364*
16	*169*	1,28b	253
16,1	*231*	1,29	*236*
16,2	*222.239*	1,30	*81.222.239.254f.275*
16,2b	*233*	1,30a	*255.307*
16,3	*222.239*	1,31	*222.232.236*
16,7	*222.238f.244.262–268.*	2,1–16	48.*259*
	299	2,1–5	*397*
16,7bα	*232*	2,3	*232*
16,8–11	*222.239*	2,4f.	*322.415*
16,11	254f.	2,6–16	*323*
16,12	*222.237f.*	2,6	*99.232*
16,13	*222.239*	2,8b	47
16,14f.	*350*	2,9	47.49
16,16	*232*	2,11	*231*
16,19	*157*	2,11b–14	48
16,20	*232*	2,13	*415*
16,22	*5.222.239*	2,16	48
		3,1–3	99
1. Korintherbrief (1Kor)		3,1	90.*222.237*
1–3	62	3,2	*264*
1,1	*156*	3,3	*232*
1,2	*81.85.99.222.239.350*	3,4f.	*265*
1,2a	62	3,5–17	*278*
1,2aα	*231*	3,5f.	*263*
1,2b	62.*231*	3,8	*159*
1,4f.	*222.238*	3,9–17	304
1,6	*232*	3,11–15	*353*
1,7f.	114.*363*	3,13	*343*
1,7	*338*	3,14f.	*159*
1,7b	*329*	3,15	*364*
1,8f.	255	3,16f.	92.*314*
1,8	*232*.406	3,16	*232.291*
1,9	47.*52.54.56.62.78.88.98.*	3,17	95
	107.*331*.423	3,18b	*232*
1,10–17	*269.270*	3,21–23	*265*
1,10–12	*265*	3,21	*232.236*
1,10	62.96.*331*	3,21b	*221*
1,10b	*232*	3,22	*210.221*

3,23	357	6,13	65.*138*
4,6	*174*	6,13a	73.*112*
4,9–13	396.*399*	6,13b	73.*107.112*
4,10	*222.237*	6,14	73
4,11–13	59	6,15–17	*109*
4,14	87.264.*265*	6,15	72.119
4,15	88.*89.222.238.263*.264.*265*	6,16f.	69–73.81.*85*.105.*113*
		6,16	69.*137*
4,15a	*239.265*	6,16bß	107
4,15b	67.88.*239*.262–268	6,17	69.*74*.259
4,16	*397*.398	6,18–20	72
4,17	87.*89.222.263*.312	6,18	71.85.*106*.107.*109*.110.114.*387*
4,17a	*239*		
4,17b	*239*	6,19	65.92.*232*.304
4,17d	*232*	6,20	107.*109*.121
4,19f.	*165*	7	81.390
4,19	*157*	7,2f.	103
4,20	*338.415*	7,5	65.103
4,21	*265*	7,9	103
5–11	63	7,10f.	65.83
5–7	63	7,12–16	*58.63*.64.*65.72*.81–86.105
5,1–13	115	7,12f.	83
5,1–5	125.*353*	7,12f.	84
5,1	*232*	7,14	*81*.82.*84.85*f.*87*.103.105.107.*282*
5,2b	114		
5,3	*137.332*	7,14a	81
5,4	*350*	7,14b	84.92
5,5	*107.232*.288.341.*364*.385f.	7,15f.	*83*
		7,15	96.*237*
5,5b	*291*	7,16	*81*
5,6–13	125	7,17	*232*
5,6b–8	114	7,18	*237*
5,6b	125	7,22	*222.237*
5,9–13	114	7,29–31	*428*
5,9–11	*58*	7,32–35	*82*
5,9f.	86.106	7,32–34	69.73
5,9	*231*	7,34	*137*
5,11	*113.125*	7,39	65.*66*.83.*222.239*
5,12f.	*58*	8–10	63
5,13	114	8	64.*112*
5,21	307	8,1ff.	63
6	*112*	8,4–6	128
6,2ff.	*338*	8,4f.	203
6,4f.	*232*	8,4f.	*231*
6,9–11	119.*387*	8,6	*204.206.245*
6,9f.	85.*91.337.338.366*	8,6b	67
6,11	81	8,7f.	*423*
6,12–20	*58*.64.65.*69*.85.105–108.*109*.111.143	8,9–13	125
		8,10	*231*
6,12	107.*109*.114.*188*	8,11f.	417

Stellenregister 489

8,11	95	11,16a	63
8,13	*386*	11,17–34	93–96
9,1f.	*222.239*	11,17–22	94f.
9,9	93.*146*.156.*231.233.250*	11,18f.	290.*232*
9,16–18	*159*	11,20f.	62
9,19–23	54.335	11,23–25	298
9,20	*199*	11,23	*232.339*
9,20bß	202	11,25	*253.254*
9,21aß	202	11,26	*210*.298
9,23	*54*.56.57	11,27	64
9,24	*231*	11,29f.	64
10	64.*112*	11,30	95.114.*232*.290
10,2	*231.269*.276	11,32	89.95.342.*350*.405
10,3f.	*245.272.322*	11,33f.	94–96
10,5a	*232*	11,34	*231*
10,5b	*231*	12	62.96
10,7f.	86.107	12,1–31a	96–98
10,7	89.109.*111*	12,2	115
10,8	109.*111*	12,3	67.*233*.299.301
10,11	49	12,4–6	*245*
10,13	255.*350*	12,9	*233*
10,14–22	54.57.65.93–96.108–115	12,12–27	115
10,14–11,1	*109*	12,12	53
10,14	108.*109*.110.114	12,13	*104.233f.269.272.276*
10,16–21	56.94	12,18	*156*
10,16f.	94f.*109*	12,26a	*212*
10,16	*54*.78.*94*.113.298.304.423	12,27	*234.266*.291
10,16b	*266*	12,28f.	89
10,17	94.113	12,28	*232*
10,18	*54.94*.109.115	13	*433*
10,19–22	*423*	13,8	*328*
10,19f.	65.113	13,11	90
10,19	*110*	13,12	*231*
10,20f.	119	13,13	*328*
10,20	*54*.110.115	14,9	*377*
10,21	*94*.110.111	14,10	*231*
10,23	*109.188*	14,12	96
10,25–30	*423*	14,16	*233*
10,25	*231*	14,19a	*232*
10,31	*109*	14,20	90
10,32f.	*165*	14,21	*231–233*
11	*94*.114	14,25	*231*
11–14	62	14,28	*232*
11,1	119.*397*.398	14,33f.	*232*
11,2–10	66	14,35	*231f.*
11,2	*94*	15	63f.72.135.*143*.214.256.258.347.351.352–355.*433*
11,11f.	66	15,1–3	*339*
11,11	*222.239*	15,2	*364*
11,13	*125*	15,3	130.*232*
11,14	89		

15,9	184	15,53	286.363.379
15,10	*350*	15,54–57	135
15,11	*339*	15,54–56	212.305
15,12–58	331	15,54	*210*
15,12	232	15,54b–57	198
15,17b	*133*	15,55	127.*210.213*
15,18	*222.238.239*	15,56f.	392
15,19	*222.232.236*.325	15,56	*148*.149.196f.*198.210*
15,20–23	353.361	15,56a	129
15,20–22	255.*352*	15,56b	145
15,20	256	15,58	*222.238*.392
15,21f.	177.256f.	16,4	*350*
15,21	*210*	16,7f.	*231*
15,22	207.*222.239f.*255–259.*352*	16,13f.	*232*
		16,17	*332*
15,23–28	354	16,19	*222.239.350*
15,23f.	406	16,20	*232*
15,23	331f.	16,22	329.363.408.417
15,23b	*232.255*.307	16,22a	353
15,24–28	32.354.411	16,22*fin.*	*358*
15,24	135.213.256.288.*354*	16,24	*222.239*
15,25–28	*16*		
15,26	135.210.212f.353	2. Korintherbrief (2Kor)	
15,27f.	354	1,1	156.231.*350*
15,28	87.88.206.*325*.411.415	1,1b	99
15,28*fin.*	357.*358*	1,3–11	*396*
15,29	269.276.299	1,7	54.58
15,31	*222.232.236*	1,8	*231*
15,32	*231*	1,9	*210*.377
15,35ff.	*337.358*	1,10	*210*.212
15,35–57	360	1,12–14	*231f.242*
15,36–38	358	1,18–22	255
15,38	*156*	1,19	*222.238*
15,39	*137*	1,19a	*232*
15,42–44	139	1,20	*222.238*.277
15,44–49	210	1,21	277.*350*
15,45–49	177.258f.	1,22	277.321
15,45	210.258.*261*.292	2,1	*232*
15,45b	211	2,12	*222.239*
15,46–49	139	2,13	*241*
15,47	210f.258	2,14–7,4	*241*.309
15,48f.	*211*.258.361f.*366*	2,14–4,6	*161*
15,49	211.*366*.409	2,14–17	209.271
15,50ff.	338	2,14	*222.236*
15,50–54a	139	2,14a	*232*
15,50–53	286.353.386.409	2,14b	*231*
15,50	*91.138.337*.359.363.386.395	2,15f.	*263*
		2,15	*232.263f.*
15,51f.	363.395	2,16	209.*210*
15,52	*232*.331	2,17	*222.237*

Stellenregister 491

3f.	68	5,18–21	242.243f.247
3,3bα	*231*	5,18f.	*214.364*
3,3bß	*232*	5,18	217.*242.244.246*
3,6b–9	145	5,18a	243.255
3,6	209.*253.279*	5,19	75.216f.*222.238f.243.*
3,7	87.209.*210*		244.*245f.*247.251.*303*
3,9	197	5,19a	244f.*246.*247.250
3,13	87	5,19c	*231f.243*
3,14	169.222.238.253	5,20–6,10	242
3,15f.	*203*	5,20f.	243
3,17a	260	5,20	67.*243.*263
4,3–6	*360*	5,21	222.238.243.248.255.362
4,3f.	*203*	6,1ff.	*242*
4,6	*232.*319	6,2	232.*364*
4,7	*231*	6,3	242
4,8–11	*399.416*	6,4–10	242
4,10	*231.*363	6,4f.	*399*
4,10b	*137*	6,6	*233*
4,11	210.211.*231*	6,8–10	391
4,11b	*137.233*	6,8	*399*
4,12	210.*231*	6,9f.	*416*
4,14	*242*	6,9	89
4,14b	*349f.*	6,13	87
4,18	329	6,14–7,1	57.58.88.92.119
5,1–10	135.*366*	6,14–16a	106
5,1	*231*	6,14	54.119
5,2ff.	358	6,15f.	106
5,4	*231*	6,15	58
5,6–10	*137*	6,16	92.*231*
5,6	*231*	6,18	87–90
5,7	325.329	7,1	*232*
5,9f.	*159*	7,3	*232*
5,9	*157*	7,4	*241*
5,10	*342.352*	7,6f.	*232f.*
5,11ff.	*284*	7,8–12	278
5,11–19	242	7,8	*231*
5,11	*232.242*	7,10	*210.*213
5,11a	*159*	7,14	*232*
5,12	*232.236*	7,16	*237*
5,14–21	242f.	8,1–9,15	59
5,14–17	243f.*294*	8,1	*232*
5,14	275.302	8,4	54.59
5,14b	134.242.*245.*248	8,5	*157*
5,15	242.*352*	8,14	*232*
5,17f.	*217*	8,16	*232*
5,17	47f.50.71.73.75.80.124.	8,19	*350*
	159.206.*222.*239.	8,21	*157*
	241–254.255.*303.*308.	8,23	54.58
	314.*316.*358.364.367.379.	9,4	*350*
	384.409.*410.*428	9,12	*377*

9,13	*54.59*	13,12	*232*
10,2	*332*	13,13	*54.56.245*
10,3	139.*140.233*		
10,3a	135	Galaterbrief (Gal)	
10,3b	133	1,1	55.*166*
10,5	*165*	1,2	*99.350*
10,8	265.*278*	1,4	49.*156*
10,10f.	*332*	1,6–9	58.203
10,15f.	*232*	1,6–6,10	*292*
10,15	*236*	1,6	116
10,17	222.*232.236*	1,8f.	125.*408*
11,1–12,13	66	1,9f.	203
11,2	67.69.73.*103*.114.264	1,10–12	*55*
11,7	*130*	1,10	307.*403*
11,9	*332*	1,11f.	*292*
11,10b	*231*	1,11	*98*
11,12	*232*	1,12	*89*
11,13f.	*125*	1,13–2,21	*292*
11,23–33	*396*	1,13f.	*165.398*
11,23–29	*399*	1,13	*232.398*
11,23–27	59	1,14	165.*232*
11,23	*210*	1,15–17	59.*333*
11,26	*125.231*	1,15f.	166
11,26*fin.*	*232*	1,16	88.*232f.303*
11,32f.	*231*	1,20	*237*
12,2	222.*238f.*	1,22	222.*239.377.402*
12,2b	*231*	1,23	*377.398*
12,3	*150.231*	1,24	*232.237.303*
12,5	*232.236*	2,2	56.*232*
12,7b	*399*	2,3	*350*
12,9	*236*	2,4	*125.222.238*
12,9b	*232*	2,6	60
12,10	*232.399*	2,7–10	55f.
12,14	87.*264*	2,9	*54.56.*60
12,19–13,10	101.*102*	2,11–14	95.*144*
12,19	*102*.222.*236*	2,14	*307*
12,20f.	*102*	2,15–21	144.*159*.292
13	*102*	2,15–20	392
13,1f.	*102*	2,16	*150*.329
13,2	*332*	2,17	128.145.*222.238*.288
13,3f.	*302–306*	2,18	203
13,3	*292–294*	2,19–21	184.202
13,4	222.*239f.278–280.290.349*	2,19f.	22.248.274.278.280.293.294–302.304.*308.356*
13,5–10	265	2,19	220.221.262.*263.294*
13,5	*290–292.305*	2,19b	295.302
13,7	*102*.157	2,20f.	323
13,9f.	*102*	2,20	88.*110.127.140f.*211.*233*.276.281.286.290–295.301–306.314.366.*385*
13,10	265.278.*332*		
13,11	350		

2,20a	284.302	4,1	90.*91*
2,20aβ	41	4,2	*199*
2,20b	121.303.420	4,3–10	*204*
2,21	150.153.203.392	4,3	90.116.*199*.237
2,21b	118.145.161	4,4f.	*199*.206.*245*
3,1ff.	292	4,4	88.*245*
3,1–5	203.259	4,5f.	*90*
3,1–4,7	*212*	4,5	87
3,1	*165.166*	4,6	87f.*99.319.*321
3,2	*150.270*.271	4,7	*87f.91*
3,5	*150.232.270*	4,7b	91
3,6	276	4,8–12	*152*
3,7	*87f.*	4,8–11	116.128.*134*.203.268
3,8	*232*	4,8f.	*109*.115.*205*
3,9	*350*	4,9f.	205
3,10–14	197.201	4,9	*117*
3,10–12	*150*	4,9b	116
3,10	118.153.*157*.199.*231.233*	4,11	117
3,11	*233*	4,12	*98*
3,12	*150*.198	4,13f.	268
3,13f.	201	4,14	140.*232f.*
3,13	307	4,17–20	203
3,14	*99.222.238*	4,18	157.*332*
3,14b	*271*	4,19f.	268
3,15	*98*	4,19	87f.*239*.264
3,17	*177f*.195.206.*220*	4,20	*332*
3,18	*91*	4,20b	292
3,19f.	*144.208*	4,21–5,1	*91*
3,19	143.148.156.194f.*197.* 203.206.*207*	4,21–31	68.*134*.254.257
		4,21	*199*.203
3,19a	*177*	4,22–31	87
3,21f.	206	4,22	88.89
3,21	150.207	4,23–26	*254*
3,21b	149	4,23	89
3,22f.	153.170	4,25	*92.231*
3,22	133.*199*	4,27	*92*
3,23	*199*	4,28	*98*
3,24f.	89	4,30	88.89.*91*
3,24	127.*151*.153.*264*	4,31	89.*98*
3,25	153.*199*.203	5,1–4	*134.150*.203
3,26–4,7	90	5,1	203
3,26–29	97.*123*	5,2f.	*118*
3,26–28	295	5,2	*263*
3,26	87f.*222.232.236.275.286*	5,3	118.157
3,27f.	*234.271*	5,4	118.145.*150*.203.*233*.388
3,27	269.274–276.284.*308*	5,5	329.*338*
3,28	66.92f.97.*222.236.239.* 280–281.284.*434*	5,5b	*157*
		5,6	*222.239.*280f.308
3,29	*91*.97	5,7–12	125.203
4,1–11	115–118.184.203–207	5,10	*222.232.236*

5,11	*98*	1,1bß	*231*
5,12	*165f.*	1,3–11	*58*
5,13–6,10	*388*	1,5	*54.56*
5,13f.	*157*	1,6	*114.232*
5,13	*98.154.165*	1,6b	*68*
5,14	*158*	1,7	*54*
5,16–26	*142*	1,10b.11	*114.311*
5,16f.	*388.410*	1,13	*222.239*
5,16	*99.157.310.388*	1,13b	*231*
5,17	*78.136.382*	1,14	*222.236*
5,18	*99.157.199*	1,18	*237*
5,19–21	*85.338*	1,20	*210*
5,21	*91.337*	1,21a	*211.314*
5,22–24	*311*	1,22	*233*
5,22f.	*99.157*	1,23	*349*
5,24	*350*	1,24	*233*
5,25–6,5	*98–101*	1,26	*222.236.332*
5,25	*99.388*	1,27	*233*
6,1–10	*414*	1,29f.	*399*
6,1f.	*93.101f.308*	1,29	*329*
6,1	*98.100.102.130.388.420*	1,30	*232*
6,1a	*98*	2,1	*54.56.212.222.239*
6,1b	*99.259*	2,5–11	*100*
6,1c	*100*	2,5	*101.222.239*
6,1*fin.*	*193*	2,6–11	*101.245*
6,2	*98.100f.103.171*	2,8	*210*
6,6	*54.59f.*	2,11	*67*
6,8	*207*	2,12f.	*255*
6,8a	*218*	2,12	*232.332*
6,11	*5*	2,15	*87*
6,12f.	*125*	2,15cα	*232*
6,12	*232f.*	2,15cß	*231*
6,13f.	*184.236*	2,19	*222.236*
6,13f.	*232*	2,22	*87.265.350*
6,17	*232.363.391.396*	2,24	*222.236*
6,18	*98*	2,26	*377*
		2,27	*210*
Epheserbrief (Eph)		2,29	*222.239*
1,5	*87*	2,30	*210*
1,15	*222*	3,1	*222.237*
2,1	*359*	3,1b–4,1	*277*
2,2	*337*	3,2–11	*161.162.164*
2,12f.	*361*	3,2–6	*154*
4,21	*222*	3,2	*165f.*
5,1	*397*	3,3f.	*236*
5,22–32	*73*	3,3	*162.222.232.236*
5,25–32	*66*	3,4–7	*161*
		3,4–6	*161.163–165.183*
Philipperbrief (Phil)		3,4	*165.232*
1,1	*222.239.350*	3,6	*157.233*

3,6a	*165.398*	1,7	*231.397*
3,7–16	*366*	1,8	*231*.338
3,7–11	*165*.184	1,9f.	115.268.331.338
3,7f.	*115*.165	1,9	*333.406*
3,8–11	312	1,9b	*331*
3,8	164	1,9bß	115.*339*
3,9	163.*222.239f.255–259*	1,10	88.329.331.*333.336.339.*
3,10f.	*207*		*342f.395.406*
3,10	54.56.164.207.*210*	1,10a	*331.338.339*
3,11f.	*366*	2,1ff.	*331*
3,12–16	*165*	2,1–20	396f.
3,12–14	312.329	2,1–13	268
3,12	86.351	2,2	396f.*399*.400
3,14	*222.239*	2,2bα	*231*
3,15	*99*	2,3	*239*
3,17	*397*	2,4	*403*
3,20f.	329.386.409	2,7	87.90.*403*
3,20	*231*.339	2,7b–12	264
3,20b	*338*	2,9	*334*
4,1	*222.239f.277f.*	2,11	87.*403*
4,2	*222.239*	2,12	337.340
4,3c	*231*	2,13–16	366.396–408
4,4	*222*.237	2,13	232.268.396–397.*403*
4,7	*222.239*	2,14–16	400–405
4,8f.	*277*	2,14f.	399f.
4,9	232.*350*	2,14	*222.239*.313.397–400
4,10	*222*.237.*239*	2,14aß	*231*
4,12	*399*	2,14b	398.401
4,13	*222.239*	2,15f.	*396.403.405*
4,14	54.58f.	2,15	400.402f.*404*
4,15–17	59	2,16	*406*
4,15	54.*232*	2,16a	403
4,15b	*162*	2,16b	404.406
4,16	*231*	2,16c	404–408
4,18	157	2,17f.	*162*
4,19	*222.239*	2,17	264.*403*
4,21	*222.239.350*	2,18	*403*
		2,19f.	331
Kolosserbrief (Kol)		2,19	*232.236.331*f.
1,15–18	*26*	3,1–10	*344*
2,13	*349*	3,1–8	*162*
4,11	*222*	3,1	*231*
		3,2	*334*.407
1. Thessalonicherbrief (1Thess)		3,3f.	*396.399f.*
1,1	*222.239*	3,3	*334*
1,2f.	*75*	3,3a	*407*
1,3	331.*347*	3,3b.4	59
1,4–10	*268*	3,8	*222.239f.277f.*
1,5	*233*	3,10b	*344*
1,6	*232.397–400*	3,11	*162*

3,12f.	68.*107.308*.331.408	5,10	*339f.*
3,13	114.*232*.331f.351	5,11	*332.340*
4,1	*222.239.308*.408	5,12	*222.239*
4,3–8	*107.347*	5,12a	*232.237*
4,3	156f.	5,15	408
4,3b–6	157	5,16–18	157
4,5	339	5,16	*346*
4,7	157.*237*	5,17f.	*75*
4,7a	*342*	5,18	156.*222.238f.*
4,9–12	157.*347*	5,18b	*346*
4,9	*340*	5,21	157
4,10	*231*.308	5,23f.	255
4,12	58.*342*	5,23	143.*232*.331f.
4,13ff.	*337f.*	5,23b	140.143
4,13–5,11	357	5,26	*232*
4,13–18	214.331.*332.340.341*.344.		
	349.351	2. Thessalonicherbrief (2Thess)	
4,13	120.210.*332.340*.347	1,12	*222*
4,13a	338.344	3,7	*397*
4,13b	*339*.340f.*342.346.362*	3,9	*397*
4,14	336.339.*349*	3,12	*239*
4,14b	256		
4,15	*232*.331f.340	1. Timotheusbrief (1Tim)	
4,15a	338	1,2a	*88*
4,16f.	335.409	1,9	*171*
4,16	*222.232.238.239*	2,7	*237*
4,16a	*336*	5,17	*238*
4,17	*231*.290.336.*348*		
4,17a	336.*337.350*	2. Timotheusbrief (2Tim)	
4,17b	337.340.*349*	2,11f.	*399*
4,18	*332.341*.347		
5,1ff.	*338*	Titusbrief (Tit)	
5,1–11	331.*332.340*.353.395	2,5	*85*
5,1–3	327		
5,1	*340*.341	Philemonbrief (Phlm)	
5,2f.	213	6	*54*.56.277
5,2	*232*.331.340f.	8	*222.239*.313
5,3	*231.327*.340.*342*.406	10–12	*93*
5,4–6	331	10f.	*274f.*
5,4f.	343	10	*87f.90.232.263f.*
5,4	*231*.331.341	12	*90*
5,5	*87f.307*	13	*232*
5,6	*327.341.342*.343	15	*103*
5,8–10	*347*	16–20	*93*
5,8f.	*364*	16	92.*222.233.239*
5,8	331.*342*.343	17	*54*.58
5,8*fin.*	340	20	*222.239*
5,9f.	214.340	23	*222.239*
5,9	213.331.336.342		
5,10	*349*		

Hebräerbrief (Hebr)
1,1f.	*207*
4,15	*150*
6,4–8	*203*
6,6	*194*
6,12	*397*
7–10	*440*
7,6	*340*
7,27*fin.*	*298*
8,8	*254*
8,9	*46*
9,12b	*298*
9,15	*254*
9,25f.	*298*
9,28	*150*
10,1	*216*
10,2f.	*298*
10,4	*216.298*
10,10	*298*
10,26–31	*203*
10,29	*54*
11,35b–38	*399*
11,39	*340*
12,1f.	*399*
12,24	*254*
13,10	*109*
13,13	*399*

Jakobusbrief (Jak)
1,9f.	*236*
1,13f.	*122*
2,17	*194*
2,26	*194*
5,13–20	*101*

1. Petrusbrief (1Petr)
3,1	*85*
3,18	*298*
4,16	*313*

2. Petrusbrief (2Petr)
3,10	*116.341*
3,12	*116*
3,15f.	*333*

1. Johannesbrief (1Joh)
5,13–21	*101*

Offenbarung (Apk)
1,9	*222*
3,3	*341*
6,10	*405*
11,12b	*336*
16,15	*341*
18,6	*405*
19,2	*405*

3. Weitere antike und spätantike Schriften

Alexander Aphrodisiensis
Comm. Arist. anal. prior.
I 4,9–14	*155*

Ambrosius
paenit.
I 15,81	*100*

Aristoteles
resp.
10 (4)	*79f.*

Augustinus
c. litt. Pet.
III 9,10	*104*

corrept.
33	*420*

en. Ps. 88
s. 2,14	*104*

trin.
5,1	*47*
5,5	*40.88*

Boethius
c. Eut. et Nest.
3	*20f.*

Cicero
Academici libri
§ 119	*5*

Ad Atticum
II 23,1   *5*
XIII 25,3   *5*

Cyprianus
dom. orat.
35   *431*
unit. eccl.
6   *103f.*
ep.
74,7   *104*

Cyrill von Jerusalem
myst. cat.
I 9   *431*

Didache (Did)
1–6   *287*
7,1   *287*

Menander
Dyskolos
I 14,75   *130*

Nilus von Ancyra (?)
ep.
I 152   *174*
I 153   *174.371*

Origenes
orat.
31,1   *431*
32,1   *431*
princ.
IV 4,2   *315*

Philon von Alexandrien
decal.
142ff.   *191*

Pindar
Pythische Oden
II 72   *310*

Plutarch
De Alex. fort.
I 7   *67.111*

Sophokles
König Oidipus
990   *84*

Tertullianus
apol.
16   *431*

Autorenregister
(in Auswahl)

Kursivierte Seitenzahlen verweisen auf nur in den Anmerkungen genannte Autoren.

»Angelus Silesius«: s. Scheffler, J.
Alexander Aphrodisiensis 155f.
Althaus, P. *138.391*
Anselm von Canterbury 215
Aristoteles *79f.*
Ascough, R.S. *333f.*
Asmussen, H. 121.*134.201.263.303f.* 305
Assmann, J. 225
Augustinus, A. *40.47*.88.103f.*420*
Aulén, G. *133*
Aune, D.E. *187f.*

Backhaus, K. *216*
Barbaglio, G. 88.*263f.*
Bardenhewer, O. *132.146.150.153.173. 201.219.370.379*.390f.
Barr, J. *155*.226
Barrett, C.K. 69.*196f.206.271.365f.*
Barth, K. *148f.*228.255.*276f.315*
Bassin, F. *396f.400.402–404*
Bauer, J. 37f.
Bauer, K.-A. *430.435*
Baumert, N. 83.*295.300*
Baumgarten-Crusius, L.F.O. *134.142. 148.173f.175.193*.216.*277*.303.*344f. 370.378.380f.383f.387f.397f.402f.*
Baur, F.C. *97*.136.*154*.301.*372.376. 401*
Baur, J. *122*
Bayer, O. 33.207.248.255.*419*
Becker, E.-M. *163*
Becker, J. 99.*266*
Behm, J. *298*.319
Beißer, F. *270*
Belleville, L. 92
Ben-Chorin, Sch. *10*
Bénétreau, S. *263.287.298f.*

Bengel, J.A. *69.343*
Berges, U. *405*
Bertram, G. 89.*151f.264*
Best, E. *271.346.401*
Betz, H.D. *76.269.324.364*f.
Betz, O. *376*
Beyschlag, W. 48.*173*.295f.303f.
Bisping, A. *138.173.175.178*.192f.*195. 211f.213*.218.220.*370.380.382f.387*
Bligh, J. *293.322*
Blocher, H. *262f.298f.*
Blum, E. *183*.215
Boethius, A.M.S. 20
Bogaert, R. *111*
Böhmer, J. 46
Bohr, N. *430*
Bohren, R. 343
Bolkestein, M.H. *329.343.397f.400f. 406*
Bonhoeffer, D. 53
Bori, P.C. *20*
Bornemann, W. 345
Bornkamm, G. 51.*64.97*f.*131.161*.175. 192.194.*234f.239*.268f.*273.276.279f.* 293f.325f.*382*
Börschel, R. *103.396*
Borse, U. 87.*98f.*118.269.271.275.285. 293–295.305.314f.322.324
Böttrich, C. *52f*.88
Bousset, W. *75*.120.*287.384*
Bouttier, M. *122*.229.*233f.236*.248. 275.280.282f.290.*400*
Brandenburger, E. *229.232*
Braun, H. *359*
Breytenbach, C. *243.246f.251*
Bring, R. *134.177*.201.*204f*.220f.*271*
Bruce, F.F. *117f.143.152f.322.398*
Brun, L. *236*

Bryant, H. *214.410*
Buber, M. 42
Buchegger, J. *132.308*
Büchsel, F. 217.239.256.*258f.307f.*
Bultmann, R. *130.138–140.158f.169.*
*178.*209.210f.*218f.227f.230.244.246f.*
251.*266.275f.284.*286.*310f.320f.*327f.
343.352.353.358.392f.*416.421.*426–431.433f.
Buscemi, A.M. 99.116.*350.420*
Byrne, B. *97*

Calvin, J. *14.33f.*47.48.53.92.103.*111.*
163f.*169.*170.*181.*187.209.244.*246.*
248.272.273.283.347.378.386.*397*
Ceglarek, M. *74.204.234.284*
Collange, J.-F. *88.*209.*227.263.387*
Conzelmann, H. *63.75.*96.*265.*266.*272.*
327.338.366
Cosgrove, C.H. *323f.*
Cranfield, C.E.B. *173*
Cullmann, O. *427*
Cyprianus, Th.C. 103f.

Dahl, N.A. 185.373
Dahlgrün, C. 343
Dalferth, I.U. 1f.26–28.*77.123.306.*
316–318.357.*361.425.430*
Das, A.A. *371f.*
Dautzenberg, G. 106f.
de Wette, W.M.L. *369f.402*
Dehn, G. *229.303.310*
Deißmann, Ad. *14.*24.44f.46.50f.*74.*
*79.81.*126.*163.165f.*172f.*222.223*f.
*226.*229f.*233–235.239.*259f.276.281.
284.286.297.306.*315.348f.351.356.
371.*373f.*
Delcourt, M. *285f.*
Delling, G. *105f.*
Demokrit *79f.*
Dibelius, M. 44.*74.86.161f.241.286.*
350f.406
Dieckmann, B. *428.*433
Dinkler, E. *426f.*
Downing, J.D.H. *294*
Dufraigne, P. *334–336*
Dunn, J.D.G. *40.101.*104.*126.167.190.
196.204.261.267f.269.273–276.300.
321–323.383.425*

Eastman, S. *264*
Ebeling, G. 1.*21–26.33.*40–*42.48.74.
90.99.180f.271.275f.*307.*324.327.*415.
417.*421.*424.435
Ebner, M. *127.399*
Eckey, W. *294*
Eckstein, H.-J. *147.151.*152.*157f.207.
221.266.271.274.279.294.323*
Eco, U. *9*
Edwards, D. 35–*37.77*
Egger, W. *140.266.271.274f.286.294*
Endenburg, P.J.T. 111.*114*
Engel, M.R. *138f.369.381.383f.*
Erlemann, K. *343.347*
Esler, Ph.F. *186*
Ewert, D. *347*

Fascher, E. *338*
Fatehi, M. *12.123.204.*260f.*288f.323*
Fee, G.D. *71f.106.113.323*
Felmy, K.Ch. *31f.322*
Ferreira, J.A. *248.266.271.293–295.
356f.*
Fitzmyer, J.A. *103*
Florovsky, G. *28f.*
Franco, E. *55.*61f.
Frankemölle, H. *150f.*
Frey, J. 426
Froitzheim, F. *328f.348f.352.363.426*
Fuchs, E. *3*
Fuller, D.P. *144f.*
Furnish, V.P. *70.83*
Furter, D. 313

Gäckle, V. 54.*110–113.214.338*
Garland, D. *57.71.83.*98.*109f.*113.*126.
164.196.242–244.246.337f.*
Gese, H. *3.161*
Gnilka, J. *137.*141.*277.282f.348*
Goguel, M. *374*
Goldhahn-Müller, I. *149.312*
Goppelt, L. *239*
Gräßer, E. *145.154.158f.161.201.243.
250f.343.347.427*
Grelot, P. *130.319*
Gunkel, H. *260*
Günther, H. *214*
Guthrie, D. *152.206.208.271.*304

Haacker, K. 112.145.148.163.169.*172*.
    176f.*193*.*372*.380.*440*
Haering, Th. 175.*185.187*.200.*368*
Hagenow, St. 101f.130.*134*.*268*.*308*.
    312.*418*
Hahn, W.T. 259.261f.*277*.284f.*297*
Hainz, J. 54ff.61.94
Härle, W. *360*
Harmon, M.S. *303*.*305*
Harnisch, W. *167*
Haubeck, W. *377*
Haufe, G. *333*.*337*.*339*
Hausrath, A. *130*.*145*.*287*.*382*
Häußer, D. *136f*.140
Havemann, D. *138*.*173*
Hays, R.B. *7f*.
Hegel, G.W.F. 18f.
Heidegger, M. *435*
Heidland, H.W. 219
Heiligenthal, R. *145*
Heine, S. *137*.*142*
Heinrichs, J. *20f*.
Heinrici, G. 97
Hempelmann, H. *440*
Hengel, M. 60.144f.*147*.*163*.*202*.*205*
Herms, E. *137*.*171*
Hietanen, M. *117f*.
Hilgenfeld, A. *116f*.*144*.*148*.*151*.*153*.
    173.295.304.*324*
Hofius, O. 47.*49f*.*60*.*79*.94–96.100f.
    111.134.*143*.147f.*151f*.*154*.158–161.
    167f.*168f*.171f.*174–176*.177.*178–*
    181.182f.*187*.*190f*.193f.195.*197*.*206*.
    207.*208f*.212.*216f*.220.229.242–247.
    250f.*258*.262.*263f*.*266*.269.270f.*273*.
    275.285.287.297–302.*303*.309.321f.
    325.*332f*.342.352f.*364*.*367f*.*373*.*383*.
    387f.*392*.440
Holtz, T. *337f*.400.402.404.*406*
Horn, F.W. *79*.92.287.*323*.*339*
Horstmann, R.-P. 15–19.*27*.*40*.42
Hotze, G. 325.*362*.365.415.419f.
Hübner, H. *79*.88.181.187.188–190.
    263.277.*373f*.*416*
Hunter, J. 272
Hyldahl, N. *60f*.

Ironside, H.A. *341*
Iwand, H.-J. 309f.*434*.435.439

Janowski, B. *79*
Jenni, E. 46
Jenson, R.W. 31.*248f*.*323*
Jeremias, Joachim 75.*81*.358f.
Jewett, R. *167f*.*173*.176.*185*.*187*.*290*.
    320.*372*.*381*
Jirku, A. *285f*.
Joest, W. 12.*23*.*39*.*389*
Jooß, E. 225.*233*.*431*.*434f*.
Jüngel, E. *213*
Junker, R. *212*

Kammler, H.-Chr. *237f*.*269f*.*323*
Kant, I. *134*.*288*.*303*.431f.439
Käsemann, E. *51*.*52*.*82*.*127*.*137*.*141*.
    145.*172*.174.177.*179*.*182*.*185*.*189–*
    191.*194*.*195*.*198*.*200*–*202*.228f.*255*.
    270.*272*.*275*.280.288.*319*.*325–327*.
    356.357–359.*373*.*375*.379.*386*.*387*.
    394f.409.425.*430f*.*437*.440
Kertelge, K. *293f*.*376*
Kettunen, M. *392*
Klauck, H.-J. 67.*258*.*264*.275
Klein, G. 146.*192*.203.*425*
Kleinknecht, K.Th. *398*.399f.*402*.*408*
Knabenbauer, J. *345f*.
Köberle, A. *135*
Koch, A. *347*.*403*
Konradt, M. 88.122.*402*–*404*
Korn, H. 230
Krauter, St. *174f*.*177*.*179*
Krötke, W. *13*
Kühl, E. *109*.*172f*.*175*.*193*.*199*.*218*.
    368.*370*
Kuhn, H.-W. *146f*.
Kümmel, W.G. *137*.*139*.*140f*.*166*.*168*.
    174.*176*.*179*.*186*.*188f*.*191*.*367*.*369*.
    373–375.*382*.*391*.*422*
Kuß, O. 112
Kwon, Y.-G. *10*.*329f*.*364*.*409*.*426*

Laato, T. *124*.*374*.*378*.*394f*.
Lambrecht, J. *252*
Landmesser, C. *198*
Lang, F. *338*
Lannert, B. *425*.*427*
Laub, F. *310*
Lee, E.-B. *371*
Légasse, S. *150f*.*187*.*210*.*346*
Lehmkühler, K. *123*.*306*.*317*

Lémonon, J.-P.   93.117.120f.141.153.
197.206.248.259.294.308.357
Lessing, G.E.   249
Lewis, S.M.   354f.
Lichtenberger, H.   146.150.164.167f.
168.175.177.179.187.189.209.374.
376.390.392.419
Liess, K.   46
Lietzmann, H.   87.99.113.247.271.293f.
305.324
Lincoln, A.T.   10
Lipsius, R.A.   117.135f.150.155f.159f.
175.192–194.264.370.376.378f.381
Lohmeyer, E.   289.348f.350.351
Lohse, E.   93.132.150.174.182.219.
222.263
Long, F.J.   415
Lubahn, E.   440
Lüdemann, H.   138.140.320
Lührmann, D.   116f.203f.
Lull, D.J.   323f.
Lünemann, G.   344f.401–406
Luther, M.   135.171.212.248.300.306.
308.322.371.417.419–421
Luz, U.   1.152.337
Lyonnet, St.   174.180

Maier, A.   150.168.173f.185.187.188.
191.194f.197.368.370.376.384f.
Maier, G.   322f.
Malherbe, A.J.   403.407
Mangold, W.   150.173.189.370
Marxsen, W.   332.333.336.339.346f.
397.401f.407f.
Mason, J.P.   352
Maurer, E.   359
McHugh, J.   144
Meinertz, M.   296
Mell, U.   252f.425f.
Merklein, H.   81–83.105f.112.326.329.
425
Meyer, H.A.W.   70.174.184.213.242.
244.369f.373.383
Meyer, M.   310–312
Michel, O.   149f.169f.187f.191.192.
214.368.372.381.390.392
Miller, J.G.   14
Mittring, K.   367
Möller, H.   377f.
Moltmann, J.   225.328.343.354

Moo, D.J.   144f.154.207
Morales, R.   90.212.271.323f.
Moule, C.F.D.   123
Mühling, M.   306
Müller, P.-G.   337
Müller, U.B.   166
Munck, J.   59f.
Mundle, W.   76.270.273.274.296
Mußner, F.   99f.140.166.293–295

Nadeau, M.-Th.   354
Nestle, D.   114
Neubrand, M.   150
Neudorfer, H.-W.   214–218
Neugebauer, F.   209.222.226f.229f.
236.260f.290.303
Ngewa, S.M.   414
Niebuhr, K.-W.   162.398
Nietzsche, F.   13
Nilus von Ancyra (?)   174.371
Nygren, A.   135.145.152.170f.186.188.
192.195.198.202f.312.367.369.380.
381.383.384.394.422

Oegema, G.S.   144–146.150.152.160.
166.173
Oepke, A.   271.293f.305.324.330f.335
Oertel, E.F.C.   155
Olshausen, H.   343
Oster, R.E. (Jr.)   71.108f.

Panikulam, G.   57.61f.92.94.115.277
Papanikolaou, A.   27.28f.316
Pate, C.M.   167.186.287.354.369.383
Pedersen, S.   371
Pemsel-Maier, S.   434
Percy, E.   45.236.356
Peres, I.   346f.
Peterson, E.   10.49.115
Pfleiderer, O.   181
Philippi, F.A.   122.150f.174.368–370.
383.384.390
Pitta, A.   130.152.264f.292
Plaaß, P.   432
Plutarch   67.111
Pop, F.J.   69.84.253
Porter, S.E.   184
Puttkammer, G.   337

Quine, W.V.O.   14f.

Rabens, V. *137.265.271f.274.310.321–
  323*
Radl, W. *137.336*
Rahner, K. *329f.*
Räisänen, H. *179*
Rebell, W. 74
Rehfeld, E.L. *162.168.248.254.309*
Reiche, J.S. *174.392*
Reichert, A. *372f.*
Reiling, J. *61.70.81.84.109.337*
Reinmuth, E. *93.103.263f.346.402*.407
Reiser, M. *333f.399*
Reithmayr, F.X. *129.185f.194.197.
  218f.*324.*367f.370.383*
Ridderbos, H.N. *214*
Riesner, R. *176.346*
Riessler, P. *399*
Rigaux, B. 334f.
Roberts Gaventa, B. *264.332.345f.402*
Rohde, J. 116–118.*144.148.150.152.
  271.*295.302f.
Röhser, G. *126f.*129f.*131.134.163.176.
  221.367f.373f.392*
Roloff, J. 61.*228*
Rückert, L.I. *150f.165f.372*
Ryšková, M. *229f.*231.233

Sand, A. *135f.142.319f.380*
Sanders, E.P. *74.110.137.*160f.*186*
Sartre, J.-P. *436f.*
Schade, H.-H. *10.346*
Schäfer, K. *87f.*93.*227.263.265.372*
Schäfer, R. *268.270.273*.294f.
Scheffler, J. (»Angelus Silesius«)   74
Schendel, E. 354
Schlapkohl, C. *20f.*
Schlatter, Ad. *13.*81f.*169f.*
Schlier, H. 99f.*266.270.274.294.320*
Schlueter, C.J. *396.398.400f.*
Schmauch, W. *229.239f.244.254*
Schmeller, Th. *88*
Schmidt, E.D. *107f.310.416*
Schmidt, H.W. *178.183.*187
Schmidt, K.L. 9.*88*.91.117f.*151f.*
Schmidt, U. *167.309.371.411*
Schmiedel, P.W. *138.336f.405*
Schmithals, W. *56.64.99.170.173.178.
  187.189.376.378.382.384*
Schmitz, O. *281.*307
Schnabel, E.J. *71.83.237.272.338*

Schneider, G. *143f.*148.152.*253f.294.
  301*
Schnelle, U. 46.*172.178.186f.193*.228.
  234.266.268.270–272.281.286.293.
  314.339.344.345f.*353*.417
Schoon-Janßen, J. *161f.*164f.
Schott, Th. *371f.378*
Schrage, W. *74.82f.*85.*196.222f.227f.
  255.256.302.354*
Schulz, M. 43
Schweitzer, A. 293
Schweizer, E. *137.272.434*
Schwöbel, Chr. *10.*25f.*31f.32–35.52.
  55.61.75.77.247f.286.308.326*
Seesemann, H. 53ff.*76.78.110*.418
Seifrid, M.A. *157.184.391*
Sellin, G. *425f.*
Siber, P. 326.*327*
Silva, M. 164
Slenczka, N. *112*
Söding, Th. *144*
Sophokles *84*
Stange, E. 393
Starnitzke, D. *184.372.392.422*
Steck, O.H. *402f.*
Stegman, Th.D. *241.*308f.*393*
Steinmetz, F.-J. *287f.435*
Stewart, J.S. *12f.234.239*
Stolz, F. 405
Strecker, Ch. *123.270.279.285.303*.409
Strecker, G. *167.260*
Strieder, I.R. *143.382.435*.436
Strobel, A. 96.196f.*337.392*
Stuhlmacher, P. 1.50.*144f.149.152.
  174.178.190.208*.249–252.*263.266.
  270–272.274.326.338.428*
Stutzinger, D. *334f.*
Szypuła, W. 279.*323.*409f.

Tannehill, R.C. *268f.278f.*294.297f.
  305.396.398
Tarazi, P.N. 313.*335f.*
Tellbe, M. *327.397.400*
Theißen, G. *76.173*
Thilo, H.-J. 173
Thiselton, A.C. *337f.*
Thür, G. *68*
Thurén, L. *174*
Thüsing, W. *76.*88.*90*.91.240.*243f.*289.
  315.329

Thyen, H. *120.143.155.159.161.170.*
185.187.198.206.266.269.300.303.
*309.*353.368.374f.*389.392f.421.427*
Tillich, P. *225f.*
Trowitzsch, M. *438*

Umbach, H. *120.130.*134.177–179.
*182.*198.*265f.*272.*281.286f.300.386f.*
*404.419.*420f.
Umbreit, F.W.C. *127.138.141.148.175.*
210.*379.381–383*

van Dülmen, A. *129.*131–133.*139–141.145.*170.172.*178.185.190–192.*
199.*381*
van Kooten, G.H. *204*
van Stempvoort, P.A. *74.117.*314f.
VanderKam, J.C. *88*
Vaughan, C. *271.295.297*
Venetz, H.-J. *132.143.197.*213.*359.*
373.382
Viard, A. *271.300.305.324.*385
Visser, D. *329.337.347.363.406*
Vollenweider, S. 230
vom Brocke, Chr. 332ff.*397.401.*402
von Allmen, D. *63.86–90.264f.354*
von Campenhausen, H. (Frhr.) *400*
von Dobschütz, E. *51.74.*225.238f.*397.*
402f.406f.
von Flatt, J.F. *149.172.174f.187.190.*
196.199.303.370.384
von Hofmann, J.Ch.K. *184*
von Siebenthal, H. *377*
von Weizsäcker, C.F. *3.432f.*

Wagner-Hasel, B. *89*
Walter, J. *45.185.*204.224f.*236.297.*
*300.305.382.413.*423
Walter, N. *250f.*
Weber, H.E. *259*

Weber, R. *147.204*
Wedderburn, A.J.M. *228*
Weder, H. *163.*386f.
Weippert, H. 436–440
Weiß, B. *151f.173f.188.194.379f.384f.*
Weiß, J. *78.81.87.105f.108.*224.226.
240f.*413.416*
Wenham, D. *165.173.*186.390
Wernle, P. *2f.*134.*312.365.399.413.*
*415.*422
Westermann, C. *180*
Wetter, G.P. *404.406*
Wieseler, K.G. *380*
Wikenhauser, A. *74f.225.229.234f.*
238.*259.270.*281f.*284.286.292.296.*
316
Wilckens, U. 60f.144.*167.172.*181.
184f.187f.302f.333.348.370.375f.390.
*392.*400.*405.*408
Windisch, H. *114.247*
Witherington III, B. *174.186.*255.257.
396.400f.407
Wohlenberg, G. *336f.406f.*
Wolf, E. *400*
Wolff, Chr. *266.308.352*
Wolter, M. *167.169.394*
Woopen, Ch. *38*
Wrede, W. *138f.148.151f.*248.275.293.
*297.301.322.*418

Yarnold, E.J. *287*

Zahn, Th. *99.117.199.294.303.323f.*
Zeller, D. *266.343.372.392*
Zimmer, F. 150f.*195*
Zimmerli, W. 434f.
Zizioulas, J.D. *28–32.41.77.128.*298.
316f.*357*
Zöckler, O. *345.347.*357

Sachregister

Kursivierte Seitenzahlen verweisen auf nur in den Anmerkungen genannte Sachen.

Abendmahl
- s. Herrnmahl

Adam, adamitisch 120.126.*131*.136.
168.174–183.185.*190.192.197*.198.
210–212.*235*.251.253f.289
- als Protoplast 176f.178f.182f.211.
256–259
- s.a. Sünde: »Ursprungsverhängnis«
und »Todesverhängnis«
- s.a. Sündenfall
- s.a. »Urstand«

Adiaphoron 144.*150*.417

Akt und Potenz (*actus et potentia*) 180.
196f.211f.
- s.a. Wirklichkeit

Allegorie, allegorisch 49

Analogielosigkeit 46–51
- der Person Jesu Christi 47f.49.336
- des Christusgeschehens 47f.*225*
- – des »Seins in Christus« 253f.284.
296.304.
- und Sprache 2.13f.46f.48–51.216.
222.233f.260.304

annihilatio *303*.342.359.

Anthropologie, anthropologisch 20.23.
27f.30f.32–35.43.*48*.52.75.77f.79f.
119–125.*126.130.132*.136–143.*160*.
172.181–183.210–212.215f.247.251f.
254.352.375
- kein »neutraler« Mensch 120.*124*.
132.*285*.356
- s.a. *conditio humana*
- s.a. »Christianologie«
- s.a. »Hamartologie«

»Antijudaismus« *396*.401f.

»Antinomismus«, »antinomistisch«
153f.160.166.205

Antithese, antithetisch 415f.

Apokalyptik, apokalyptisch 10.*130*.
325f.327ff.331.354f.*394.425.427*

Apologie, apologetisch 161f.188f.358.
397

Apophase 50

Apostel, apostolisch
- s. Paulus: Apostolat

Äquivokation, äquivok 133.*137f.141*.
146.250.389

Auferstehung 139.331.357–363.423
- Christi 211.255–257.278.291f.339.
352f.362
- der toten Christen (Existenzvollendung) 72f.135.*207*.210.255–257.
278–280.291f.326.352f.361.385f.409
- – bzw. Verwandlung 135.139.143.
305.353.363.385f.409

Autonomie, autonom 70.77.*303f*.314

beneficia Christi 42.57.76.297
- s.a. *habitus (theosdotos)*
- s.a. »Heilsgüter«

Beziehung *417f*.
- s. Christusbezogenheit
- s. Relation, relational

»Bild«, »bildlich«
- s. Metapher, metaphorisch

captatio benevolentiae 162f.*372*

character indelebilis 255.274.310

»Christ-Innigkeit« 44f.351
- s. Christusbezogenheit

»Christianologie«, »christianologisch«
28.33–35.77f.121–125.139.247.254.
274.278f.283f.288.313–315.325f.
352f.367f.369–376.378–395.409–411

Christusbezogenheit 9.18.43.44.50.64.
91f.97.*133f*.165.222–324.325f.353.
356f.418

- als ganzheitliche »Schicksalsgemeinschaft« (»mitgekreuzigt«, »mitgestorben«) aufgrund personaler Identifikation 66.91.123f.134.201f.221.258f. 262.278–280.284–286.297ff.302–306.314f.351.352f.356f.410
- – Inkonzinnität (»mitgekreuzigt«, aber noch nicht »mitauferstanden«) *385f.*409
- gegenwärtige (ἐν Χριστῷ) *18*.41. 75.241.279f.288.312.314f.325.348–351.356f.
- zukünftige (σὺν Χριστῷ) *18*.41.75. 279f.312.315.325f.348–351.352f. 357ff.
- Dynamik 274.277f.282f.289.305. 308.310f.349
- Reziprozität 41.76.306f.314f.
- pneumatologische Grundlegung 321–324
- pneumatischer Christus *41*.44.*51*. 210f.224.226f.228.229f.259–262.282. 289.296.349
- – Christus-Einwohnung *123*.289–306.321
- ontische Wirksamkeit 18.76.81.84f. 86.91.211.258f.305.313–315.352f. 356f.418
- s.a. Ein(s)heit: der Gläubigen mit Christus
- s.a. Gemeinschaft: mit Christus
- s.a. Partizipation: an Christus
- s.a. Perichorese, asymmetrische
- s.a. Sühne

Christusgemeinschaft
- s. Christusbezogenheit
- s. Gemeinschaft: mit Christus

communio sanctorum
- s. Kirche

conditio humana 120f.125.131f.135f. 138–143.159.210–212.375f.378f. 380–382.384f.389.391.393–395.409. 420.*430f.*
- s.a. Anthropologie, anthropologisch

confessio 373.379.388.*389*

conformitas Christi 35.119.123f.258f. 262.278f.287.296.306.308
- s.a. *imitatio Christi*

coniugatio periphrastica 216f.*245–247*.369.377f.

coram Deo 21–26

Dämonen, dämonisch 105–118.125. *126.129*.203–207
- s.a. Götzen

Dankbarkeit 157

Dialektik, dialektisch 365.*389*.415. 417.420

Doxologie 245.249

Dualismus *120*.287.382.389
- vorläufiger 72.287.366.380–386. 388–395.411.422
- kein prinzipieller »Leib-Seele-Dualismus« 72.105f.138f.*287.361*.362f. 379.382.410

Ebenbild Gottes
- s. Schöpfung: Mensch als Geschöpf

ecclesia pressa (militans) 58f.400

ecclesia triumphans *400*.405.407

Ehe 53.62.65–69.*70f.*73.81–86.105f. *201*
- als exklusive Bindung 66f.
- *jede* sexuelle Vereinigung begründet *faktisch* eine »Ehe« 71
- faktische Unauflöslichkeit 65f.70–72
- Tod als einzig legitimes Ende 66. 200
- Todesstrafe für Ehebruch 68.201
- »Wiederheirat« als Ehebruch 65
- nicht *als solche* »heilig« 83f.105
- hamartiologischer Vorbehalt 66
- – s.a. κυριεύειν: des Mannes über die Frau (s.u. S. 516)
- Verlobung 66–69
- Mischehe 82f.85.105f.
- sog. *privilegium Paulinum* 83
- s.a. Ein(s)heit: zwischen Mann und Frau
- s.a. μοιχεία (s.u. S. 517)
- s.a. πορνεία (s.u. S. 518)

Ein(s)heit 18.*55*.71
- innertrinitarisch 27f.29–32.36.*40*.43. 244.246.306f.
- der Gläubigen mit Christus 18.69–73.114f.245.248f.258f.283–286. 288f.302–307.317f.350f.352f.
- – s.a. Christusbezogenheit
- der Gemeinde 62.95f.96–98.114f.

Sachregister

– – s.a. Kirche
– zwischen Mann und Frau 69–73.75.
  81–86.105–107
– – s.a. Ehe
Ekklesiologie, ekklesiologisch 29f.52.
  57.68.*75*.87.94f.114f.228f.247.263.
  276.280f.*287*.289.296.416f.
– christologisch-soteriologische Grundlegung 94f.113f.
– *notae Ecclesiae* (= *esse Ecclesiae*)
  58*f*.95.*162*.399f.
– »ekklesiale Existenz« 29f.
– ekklesiologische Renaissance 20
– s.a. Kirche
Epistemologie, epistemologisch 26*f*.
  33f.
Erfahrung 2.26.29f.48f.*55*.*74*.119.125.
  216.*230*.267f.292.294f.365f.367.432.
  436ff.
– s.a. Analogielosigkeit
Eschatologie 29f.52.91.213f.*227f*.250f.
  298.325f.327–330.331.356–363.425–
  434
– »präsentische«? 279.326.355.*365*.
  394.425f.
– futurische 125.*198*.213f.279f.287.
  311f.325f.327–330.339f.348–351.
  354f.*358*.364f.*394*.405–408.415.422.
  425f.
– »eschatologische Spannung« 10.221.
  251f.278–280.330.*365*.*385f*.391.393–
  395.409–412.420
– – s.a. »Karsamstags-Existenz« der
  Christen
– Individualeschatologie / »kosmische«
  Eschatologie 393f.425
– Wiederentdeckung 20.*425*
Ethik, ethisch 36.52.93.97f.98–102.
  115.*122*.*148f*.165.230.*269*.278f.287.
  307–312.314f.323.386–395.416f.
– s.a. *imitatio Christi*
– s.a. *tertius usus legis*
– s.a. νόμος: τοῦ Χριστοῦ (s.u. S.
  517)
– s.a. φιλαδελφία (s.u. S. 518)
Evangelium 56f.58.68.*76*.*129*.*157*.
  208f.263.302.325.397.404.415.421f.
– als *verbum efficax* 207–209.249.
  263–266.397

– als δύναμις θεοῦ εἰς σωτηρίαν
  145.148f.208f.
– als erstes und letztes Wort Gottes
  147f.152.207
– als *norma normans* 117f.*157*
– und Gesetz 145.*152*.169f.*192*.207–
  209
– »anderes Evangelium«
– – s. Judaisten
Evolution 35–37.*212*
Existentialismus, existential *192*.320.
  355.*394*.*416*.*421*.*436f*.
– existentiale Interpretation 130.*160*.
  178.181f.*230*.249.*250*.*326*.*328–330*.
  384.*427*.*434*
extra nos 19.40f.77.211.304f.318.360
– s.a. *in nobis*

facere quod in se est 194f.
familia Dei 62.91f.
– s.a. Kirche
Familie 53.62.86–92.264
– als exklusiver Beziehungsraum 86f.
Form 430f.432
– und Inhalt
– – s. Wille: Gottes
Formgeschichte *155*
Freiheit 114.133f.*154*.160.*165*.170.
  198.199–203.*327*.368.*375f*.
Freude 157.346f.398
»fröhlicher Wechsel« 248
– s.a. Sühne

Gebet 75.80.102.157.321
– »stellvertretende Gebetserrettung«
  101f.
Gemeinschaft 50f.75f.
– mit Christus 52–62.64f.70.73.78.94.
  111–113.114f.225.348
– – ihre Exklusivität 58.63.77f.86.
  110–113.119.307.313.361.416f.
– – s.a. Christusbezogenheit
– der Christen untereinander 111–114
– – s.a. Kirche
– Konkurrenzgemeinschaft zur Christusgemeinschaft 57f.*82*.85.105–
  118.126–221
– nur bei Statusgleichheit 93
– s.a. κοινωνία (s.u. S. 516)

Geschichte, geschichtlich 248f.257.
270.278f.288.297–299.309.349.352.
356.410.426ff. u.ö.
– Gleichzeitigkeit (ἀνάμνησις) *262f.*
298f.
geschichtstheologische Deutung 406f.
Geschlechtsverkehr
– s. Sexualität
Gesetz
– s. Sinaitora
Glaube 34f.*76.*165.*230.*262f.266.271–
273.275f.277.286f.295f.299–302.304.
321f.325.328f.*364.*396f.411.*425*
– als Modus der Heilsteilhabe 287.
300.325
– keine *fides aliena* 263
– Glaubensgehorsam 165.287
– *sola fide* 118.266
Glosse 4.167.*196.323.*392f.*405*
– s.a. Interpolation
»griechisches Denken« 79.*155.*226.
229.*319*
– s.a. »hebräisches Denken«
– s.a. Hellenismus, hellenistisch
Golgatha 262f.*272.*299–301.322.362.
410
– s.a. Sühne
Götzen 110f.113.115f.338f.
– Wirklichkeit und ontische Wirksamkeit durch »Falschzuschreibungen« 127f.*129.*204–207
– s.a. Dämonen, dämonisch
Götzendienst *90.*93f.107f.108–118.
203f.206f.338f.
– in Israel *109*
– s.a. εἰδωλολατρία (s.u. S. 515)

habitus (theosdotos) 86.132.211.238.
255.277.291.423
Hamartiologie, hamartiologisch 34f.
36f.124.136–143.146–153.169f.*197.*
215
– s.a. Sünde
»Hamartologie«, »hamartologisch«
34f.77f.121–125.*139.*159.254.383f.
387.410f.
– s.a. Sündenfall
»hebräisches Denken« *142.155.225.*
226.229
– s.a. »griechisches Denken«

Heiden, heidnisch 115–118.
Heilige Schrift
– schriftgemäß *21f.32.117f.*150.*171.*
205.211
– s.a. νόμος (s.u. S. 517)
Heiliger Geist *41.*47.56.58.78.79f.*82.*
92.99.104.119.142.159.228.249.263.
266–268.277.279.291f.298.301f.307–
312.317f.321–324.360.388.398
– Geistverleihung *90.*262.*265.*267f.
270.271–273.276.323f.
– Geistesgaben (Charismen) 96.324
– Verhältnis zum erhöhten Christus
259–262.291f.
– s.a. Pneumatologie
– s.a. πνεῦμα (s.u. S. 517)
Heiligung *68.*81–86.*107f.*114f.142f.
157.283.307–312
– umfaßt auch den Leib 105f.107.143
»Heilsgüter« 86.224.238.*240.*255.271.
277
– s.a. *beneficia Christi*
– s.a. Kreuz
Hellenismus, hellenistisch 24.54.109.
*138.*225f.*280.287.*334f.
– »Hellenisierung« (des Christentums, des Judentums) 79.*155.335*
– s.a. »griechisches Denken«
»Hermeneutik des Verdachts« *162f.*
– s.a. *captatio benevolentiae*
– s.a. Hyperbel
Herrnmahl 64.78.93–96.110–114.*259.*
*265.272.*276.298.*322.*418
– Ablauf der Feier 95
– Mißachtung und deren Folgen 95.
114
– s.a. Geschichte, geschichtlich:
Gleichzeitigkeit (ἀνάμνησις)
Herz
– s. καρδία (s.u. S. 516)
Hilfe, materielle 59–61
Himmelfahrt Christi *336f.*
Hoffnung 327–330.339f.346f.364.395.
408.411.*425.*433f.
Hyperbel 117f.*162f.264f.372.400f.*
Hypostase, hypostasiert 20.*117.*127f.
205f.221
– Anhypostasie 283
– »eucharistic hypostasis« 30
– hypostatisch / ekstatisch 77.303f.305

- hypostatische Union 123

Identität (Kontinuität?) 20.29f.*33*.70f.
77.105.120f.*229f.*248f.253f.*285*.302–306.318f.324.350.353.356–363
Idiomenkommunikation (*communi[catio] idiomatum*) 389.420f.
imitatio apostolorum 119.*184*.305. 308f.397–400
imitatio Christi 35.100f.119.278.308f. 393.397–400
in nobis 19.41.302–306
- s.a. *extra nos*
incurvatio in seipsum 42.210.*218*
»Indikativ und Imperativ«
- theologisch 227.230.*274*.310f.*327*
Individualismus, individualistisch 30. 42.43.96.114.184f.228f.250.280.*287*. 291.295f.*314f.417f.428*
»Individuum« *128.329*.428
- s. Person, personal
Inkarnation *123.244.339*
Interpolation *57f.88.119.396*
- s.a. Glosse
Islam 71.*122*.402
Israel 60.*92*.109.164.169.*235*.302.359. *402*
- wahres Israel (= Kirche) 162
- s.a. Götzendienst: in Israel
iustitia distributiva 80.218

Jesus, »historischer« 44.224.228–230. 260.*297*
Johannes, johanneisch 7.18.*41.74f.225*. 287.*328*.429f.
Judaisten, judaisierend 117f.203.*323. 371f.*
- ihre »Zusatzpredigt« 118
Judentum, jüdisch *138.146f*.152.*154f*. 164f.*181*.198.204–206.*225.323.333f*.
- s.a. Israel

»Karsamstags-Existenz« der Christen 9f.279.351.364–366.394f.396.408. 409–412.422
- s.a. *conditio humana*
- s.a. Eschatologie: »eschatologische Spannung«
Kind, Kindschaft
- Adoption 90f.*245.300*

- Eltern-Kind-Beziehung 84.87–92
- Erbe, Erbberechtigung 89–91
- s.a. παιδίον (s.u. S. 517)
- s.a. τέκνον (s.u. S. 518)
- s.a. υἱός (s.u. S. 518)
Kirche 53.57.58.98.103f.228f.252.263. 275.280f.313.397–400
- als Ort der *praesentia Christi* (*ubi Christus praesens, ibi ecclesia vera*) 304f.313
- als »Leib Christi« 43.*59*.93.96–98. 103.266.281
- mittelbare Heilsnotwendigkeit 103f. 125.*277*
- als *creatura Spiritus* 41.98.103
- als ewige Größe 103
- als Kontrastgemeinschaft 93.*265*. 339
- Verfehlungen innerhalb der Gemeinde 98–101.114f.125.134f.*149*.387–392.393–395.416f.420f.
- s.a. Ekklesiologie, ekklesiologisch
- s.a. Ethik, ethisch
»Kirchenzucht« 114.125.*149*.312
- s.a. Kirche: Verfehlungen innerhalb der Gemeinde
Klage 408
Kleid, Kleidung 284–286
Kollekte
- s. Hilfe, materielle
Korinth (Gemeinde) 62–65.72.85f.94–98.*264f*.273
- keine »Christuspartei« 62
- s.a. Herrnmahl
- s.a. Ontologie, ontologisch: Substanzontologie
Kreuz 144.215.217.229.243.*262f.269f*.
- Christus, der Gekreuzigte 101.224
- Kreuzestheologie 135.*212.419*
- und Auferstehung als *exklusives* Heilsgeschehen 160f.206.227.244–246.283.299–302.352f.362
- s.a. Sühne

»Leibfeindlichkeit« 105f.135.143.410
- s.a. Dualismus
- s.a. Sexualität
Leiden 126f.210.212
- Christi *398*.399f.
- des Apostels *396*.399f.

- der Gemeinde 58f.162.366.396–408
Libertinismus, libertinistisch 64.154
Liebe
- Gottes 126f.215.301.321.435
- Christi 127.301.303
- zu Gott/Christus und zum Nächsten 154.158.164f.353
- s.a. φιλαδελφία (s.u. S. 518)
Litotes 95
Lohn
- eschatologischer (μισθός) 159.331.
- sog. »Tun-Ergehen-Zusammenhang« 201
- Tod als »Lohn (τὰ ὀψώνια) der Sünde« (*Genitivus subiectivus*) 214–219
»Maranatha!« 329.*358*.363.408
Metapher, metaphorisch 52f.62.69.86f. 88.97.127.263.*265*.*270*.358f.429f. 433f.
Metaphysik, metaphysisch 19.*33*.35. 206.349.439
- der Person 31
- der Relationen 35.*39*
- Metaphysikkritik 15
- Substanzmetaphysik
- - s. Ontologie, ontologisch: Substanzontologie
Metonymie, metonymisch 190.*196*
Monismus, monistisch 15–19.31.40.*42*
- s.a. Wirklichkeit: Einheit der Wirklichkeit
Monotheismus 31.*110f.225f.*
- μοναρχία des Vaters 31f.
Mose, mosaisch 67f.257.
- »mosaisches Interim« 147f.151–153. 205f.257
- s.a. Sinaitora
Mystik, mystisch 44.50f.53.73–75.76. 224f.227.*230*.*234f*.*238*.240f.249.259f. 276.286f.288.293f.304.306.*307f*.314. *328*.350f.
- Brautmystik, Ehemystik 73
- Christusmystik 44f.73f.76.230.259. 273.350f.
- Glaubensmystik 296
- s.a. Christusbezogenheit
- s.a. Ein(s)heit: der Gläubigen mit Christus

- s.a. Erfahrung
Mythos, mythologisch 52.*126*.181.195. 229f.260.*328*.343.426ff.429f.433f.
- Entmythologisierung 178.*328*.429f. 439

neopatristic synthesis 28f.
Neuschöpfung 242–254.*303*.364
- s.a. καινός: καινὴ κτίσις (s.u. S. 516)

ὁμοούσιος 283.288.314
Ontologie, ontologisch 1–3.12.15–19. 20.26.29.32f.39.43.46.50.64f.76f.88. 111.115.205f.*234f*.245.247.249.258f. 261.278.284–286.293f.306.316.*389*
- eschatologische Ontologie 11.26–28. 29f.
- relationale Ontologie 1.11–38.39– 43.45.53.64f.72.75–78.79f.82.84f.88. 96–98.105f.108.112–115.118.119– 125.127f.*143*.206f.207–209.211f.*218*. 220f.*238*.282.284.286ff.289f.307f. 310f.313–315.319ff.352f.360f.382. 413–424
- Substanzontologie 12.15.20.21f.23. 29.*31*.32.35.*38*.*39*.42.*54*.63–65.79f. 82.85f.*112*.*121*.127.*136*.*141*.211.274. *285*.308.310.*314*.318f.324.359f.382. 417.421.423f.
ordo salutis 216.*370*

Paradoxie, paradox 29f.364f.391.415f.
- als *vorläufige* Erscheinung 365.415. 422
Paraklese, parakletisch 96.114.161f. 169.*264*.277f.287.310f.*314*.331f.339f. 347.365.384.388.411
Partikel 23f.*235*
- s.a. Präposition
Partizipation 50.54.*55*.61.76.111–113. 257f.286f.293.297–302.315
- an Christus 47.76.112.118.119.228. 258f.*268*.352f.356f.362
- - Christus als *incorporative personality* 255–259.278.289.298.317f.
- - Inkorporationschristologie 123. 286
- Partizipationschristologie? 257–259. 286

Parusie Christi 68.221.250.252.279. 311f.326.327–347.351.352f.
- Naherwartung 343–347.363.405
- Parusieverzögerung 68.*108*.343–347

Paulus
- autobiographische Hinweise 163– 165.172–174.*176*.183f.184–186.188f. 268.295.369f.
- Apostolat 67.69.87f.*89*.*184*.241f. 263–265.271.*309*
- Pastorat 69.100.347.365f.
- Missionsstrategie *332–334*.*371f.*
- – Missionspredigt 338f.396f.403f.
- – Barbarenmission (Spanien) *371– 373*
- paulinisches Denken 12–14.44f.52. 76f.78.106f.*122*.*137*.229.287.365. 413–424
- – Denk*bewegung* 160f.164.169f. 186.197.219
- – »innere Logik« 12f.88f.*137*.*168*. *179*.*373*.414.*418*
- paulinische Theologie 6f.12–14.*40*. 45.52.55.61.*137*.161.257f.292.325f. 355.*365f.*373.413f.421f.423f.
- – Entwicklung? 68.*107f.*137*.344– 346

Paulusbriefe 99.392f.414
- Echtheit 3–7
- Sekretärshypothese 5

pax Romana 327
Perichorese, asymmetrische 27f.288. 306f.316–319
perseverantia sanctorum 255.274.310
Person, personal 20f.24.29f.*35*.42f.70– 73.75.76f.79f.84.113.*114*.127f.129. 227.244.245f.247–249.258f.278.281f. 286.317–319.391.417
- Personsein 29f.
- – Christi 227.259–262
- – Gottes 21.*77*.*128*
- – des Menschen 21.79f.*128*

Philosophie, philosophisch 12.15.39. 43.*120*.299.*389*
Pluralismus, ontologischer 15–19.40
Pneumatologie, pneumatologisch 19. 30.41.*48*.259–262.279.298.*300*.301f. 317–324
- »pneumatische Union« 123.288

- s.a. Christusbezogenheit: pneumatischer Christus
- s.a. Heiliger Geist

Polytheisten 333f.
Possessivpronomen 138–140.142f.
Prädestination 322f.
Prädikat
- Grammatik 377f.
- Logik 22.118.*357*

praedicatio verbi Dei est verbum Dei 397

Präexistenz
- Jesu 90.206.245
- der Sinaitora? 152.*177*.*190*.198. 205f.

Pragmatik (Textpragmatik) 161f.326. 331f.346f.371–373.*399*.*401f*.404ff. 407f.
- s.a. »Hermeneutik des Verdachts«

Präposition 23f.223f.231–233.235– 237.259.*269*.281–283.286.315.349– 351

pro me, pro nobis 28.95.100.248.259. 261.*269f*.356.*434*
- s.a. Sühne

promissio 419

Rache (Gottes) 404–408
Raum, räumlich 28.46.*120*.*123*.224– 229.231–233.262.288.*308*.337f.*348*. 411.417.430–432.434–440
- JHWH als Lebensraum 46
- Christus als Lebenssphäre 224.228. 238.281–289.356f.
- der Geist als Lebenssphäre 85.142. 289
- Unheilssphären 126.139
- s.a. Zeit, zeitlich

Realismus 135.312.346.365.381.*389*. *415*.421f.

relata 17.22.*40*.41–43.97.105.421
Relation, relational 15–19.*22*.29.31f. *33*.37f.39–43.46.64f.77f.83f.86f.*90*. 92.97.105.127f.132.211.227.*264*.277. 282f.289f.301f.305–307.314.317– 319.356f.*414*.416.417.424.*428*
- Christus-Relation
- – s. Christusbezogenheit
- – Exklusivität ontisch wirksamer Relationen 119–125.287.416f.419 u.ö.

- externe Relationen 15–19.40–42.
305.360
- interne Relationen 15–19.40f.305.
360
- Ursprungsrelation 31.78.88.306f.
Reziprozität, reziprok 24.31f.97.103.
225.247.288.289f.296.306f.
Ritual, rituell 268

Sakrament, sakramental 55.64.*82*.94.
104.*235.266*.267f.273f.*275*.282.293.
296.*299f*.310
- ex opere operato 123.*235*.270.274.
294.*300*.310
- als μυστήριον 322
- s.a. Ontologie, ontologisch: Substanzontologie
Schechina 123.291.304f.317
Schöpfung 66.77.79f.*124*.143.182f.
204–206.210–212.250–252.*328*
- creatio ex nihilo 23.79.253
- creatio continua 22f.*42*.79f.
- gefallene *124*.136.178f.210f.215.
250f.
- - s.a. Sündenfall
- Gott als Schöpfer 22f.36f.*77.120*.
249
- Christus als Schöpfungsmittler 204.
245
- - eschatologisch 352
- Mensch als Geschöpf 23.28.79.*120*.
131f.136.210–212.215
- - als Ebenbild Gottes 30.34f.
- - verlorene Gottebenbildlichkeit
132.215
- - s.a. Sündenfall
- sog. »Schöpfungsordnung«
- - s. Weisheit (atl.)
- s.a. κόσμος (s.u. S. 516)
Seele *32*.63.79f.319f.324.363
- s.a. Dualismus: kein prinzipieller
»Leib-Seele-Dualismus«
- s.a. καρδία (s.u. S. 516)
»Sehakt« 13
Septuaginta 79.226.*235*.334.440
Sexualität 69–73.84–86.105–108
- s.a. Ehe
- s.a. Ein(s)heit: zwischen Mann und Frau
- s.a. μοιχεία (s.u. S. 517)

- s.a. πορνεία (s.u. S. 518)
simul iustus et peccator (u.ä.) *140f*.
389f.410f.*417*.419–421
Sinaitora 220f.375f. u.ö.
- »Tora des Mose« 93.156.177.*191*
- durch Engel vermittelt 143f.156.*207*
- als zweites Wort Gottes *147f*.152.
178.205.*207*
- gültig nur innerhalb des »mosaischen Interims« *147f*.151–153.205f.257
- - niemals Heilsweg 147.149–153.
158f.160f.164f.169–171.*178*.197f.
202.205–207.257
- - Christus als Ende der Sinaitora
152f.160.170f.*196f*.200–203.205.
221.*375f*.
- - keine »Tora-Ontologie«, sondern »Christus-Ontologie« *147*.205f.
- Erfüllbarkeit einzelner Gebote 164
- Ernst ihrer unbedingten Todesdrohung 145.153.157–159.*169f*.170.
185.196f.200f.204.*207*
- ihre »Heils-Ohnmacht« und »Schwäche« trotz wesensmäßiger Heiligkeit
143.145.*149.154*.166–209.368–395
- bewirkt *nur* Sündenerkenntnis (usus elenchticus) 146–153.154.170.*178*.
193–195.369
- - noetisch (= genuiner Auftrag)
147.190.*208*
- - ontisch (= mittelbare Wirkung)
189f.
- - keine sündeneindämmende, sondern sündenbegünstigende Wirkung 147–149.*154.165*.168–172.
189.192f.195–198.*220*
- - keine praeparatio evangelica 151.
384
- als versklavende »(Unheils-)Macht« im Zusammenspiel mit der Sünde
66.125.145.149.*152*.156.166.170f.
192f.196–203.204–207.208.388
- - als Gefängnis 153.193
- - als gewalttätiger »Zuchtmeister« *150–152*.153.205
- als Konkurrenzgröße zu Christus
143–209
- - Gefahr ihrer Vergötzung (auch für Christen!) 203–207.221.*375f*.
- s.a. νόμος (s.u. S. 517)

- s.a. ἔργα νόμου (s.u. S. 516)
- s.a. Evangelium: und Gesetz
- s.a. Hamartiologie, hamartiologisch
- s.a. Präexistenz: der Sinaitora?
- s.a. Sünde: und Sinaitora
- s.a. Sünde-Tod-Zusammenhang, objektiver
- s.a. *tertius usus legis*
- s.a. Wille: Gottes

sola scriptura 216
solus Christus 118.119.357
- s.a. Christusbezogenheit

Sprache
- s. Analogielosigkeit: und Sprache
- s. Wirklichkeit

Substantiv 23f.
Substanz, Substanzmetaphysik
- s. Ontologie, ontologisch: Substanzontologie
- s.a. Seele

Sühne 214–218.242–251.297
- als inkludierende Existenzstellvertretung 134.201.221.245f.247–249. 297ff.302–304.352.362
- und Versöhnung 215–217.243.250f.

Sühnetod Jesu 95.100f.201.203.*210*. 215.217.242.*273f*.303.339
- *kein* stellvertretendes Strafleiden o.ä. 214.217f.

Sünde 78.128–143.145.146–153.158f. 178–183.195–198.*218*.220f.
- Wesen und Wirkung 128f.*218*
- als Beziehungsabbruch 34f.
- kein Akzidens, sondern Seinskorruption 132.134.136.211.215.220.302f.
- »Ursprungsverhängnis« und »Todesverhängnis« *131*.136.175f.178f.211. 256–259
- als »Sucht« 131
- als »Macht« 126f.129–135.159.179. 192f.196–198
- als *objektive* (faktische) Schuld (*pondus peccati*) 175f.213.215
- Tataspekt *110*.130f.*133*.*164*.175f. *179*.220.383f.386f.388f.
- und Sinaitora 199f.219f.368f.
- – Prae der Sünde vor der Sinaitora 177–179.185.190–195.208.*369*
- – Wechselwirkung 168–172.186f. 188–190.192.195–198

- s.a. Hamartiologie, hamartiologisch
Sünde-Tod-Zusammenhang, objektiver 80.*131*.134f.194f.195–198.201.206. 210.213–219
Sündenfall 34f.36f.124.132.143.166. 169f.178f.*180f.*210–212.379
- s.a. »Urstand«
Synergismus, synergistisch 215.217
Systematische Theologie 2f.*13*.32. 215f.
- Paulus als »Systematiker« *2f.*12–14. *137*
- – s.a. Paulus: paulinisches Denken

Taufe 82.90.92.*101*.104.*123*.228f.255. *262f.*265.266–276.*285*.287.293.294f. 296.*299f.*310.321f.
- Geisttaufe 267.*270*.272
»Tempelexistenz« der Gemeinde 92. 102.114f.278.291.304f.*308*
- s.a. Kirche
Teilhabe
- s. Partizipation
Tempus (gramm.) 68.134.244f.257. 278–280.*366*.369f.374f.*379*.385f.409
tertius usus legis 159f.171.
- keine Toraobservanz für Christen 159f.165.170–172.198.202f.*375f.*
theologia gloriae 328.419
theologia regenitorum 48
Theologie, theologisch
- s. Systematische Theologie
thesaurus gratiae 86
Thessaloniki (Stadt, Gemeinde) 332– 334.338f.396–404
Tischgemeinschaft 111.*113*
- s.a. Herrnmahl
Tod 79f.124f.*139*.141.195.200f.209– 221.256.*280*.302–304.318.324.353. 357–363
- »seelischer« *und* physischer 79f.*139*. 210–212.213.352f.362f.
- als radikaler Relationsabbruch 127. 210.*212*.*218*.353
- als »Unheilsmacht« 210f.212f.
- als *primus inter pares* der »unheiligen Allianz« von Sünde, Sinaitora und Tod 213
- als Konkurrenzgröße zu Christus und »Feind« Gottes 209–213.326.353f.

- als der Sünde unmittelbar inhärente (= notwendige) *Folge* (τὸ τέλος, τὰ ὀψώνια) 213–219.256.302.353. 361f.
- – *nicht* »Strafe Gottes für die Sünde« 214.218f.
- – s.a. Sünde-Tod-Zusammenhang, objektiver
- s.a. Auferstehung
- s.a. Evolution
- s.a. Sühnetod Jesu
  Totenauferweckung (Wunder) 80
- eschatologische
- s. Auferstehung
  Traditionsgeschichte 7f.49f.73.79f. 101.138.*142.181*.216.*257*.334ff.*349*. 376
  Transsubstantiationstheorie 112.
- s.a. Ontologie, ontologisch: Substanzontologie
  Trinität, trinitarisch 27f.*40*.43.*123*.128. *217*.243–245.261f.316f.
- immanente 20.29.*33.75.123.211*.317
- ökonomische 20.29.*33.75*.
  Trinitätstheologie, trinitätstheologisch 20.25f.28–32.32–35.35f.*43.75.77*. *123*.247

  »ungetrennt und unvermischt« 75
  unio mystica 74.*223*.248
- s.a. Mystik, mystisch
  Ununterscheidbarkeit 74f.76
- s.a. Mystik, mystisch
  Urgemeinde (Jerusalem) 55f.59–61. 252
  »Urstand« 136.*178*.179–182.211f.
- s.a. Sündenfall

  veritas graeca 79
  veritas hebraica 79.*335.440*
  Versöhnung
- s. Sühne

  Wahrheit 2.*13*.26.*39*.249.255.397
- s.a. Evangelium
  Weisheit (atl.) *130.147.204*.206.*427*
- s.a. Sinaitora
- s.a. Traditionsgeschichte
  Welt 22f.32.35.135.249–251.*328f*. 426ff.

- Entweltlichung *106.230*.428f.433f. 434f.
- s.a. κόσμος (s.u. S. 516)
- s.a. στοιχεῖα (τοῦ κόσμου) (s.u. S. 518)
  Weltbild 16.36f.63f.320.436–440
  Wille 306
- Gottes 154.156f.159f.170–172.198. 221.*376.383*.387
- – Unterscheidung von Form und Inhalt 153–160.164.193
- und Tat 131.*157*.288.386–395.410f. 420
- Willensfreiheit (des Menschen) *124*. 215
  Wirklichkeit 2.12.15f.22.25f.32f.36. 39f.48.*52f*.64f.*77*.97.106.*110f*.112– 115.*126*.128.*131.143*.210.216.252f. 259.285.291.295f.298.301f.351.363. 391.411.*416*.429f.439
- Einheit der Wirklichkeit 16.22.25f. 27.128.206.349.411.*416*.422
- s.a. Sprache
  Wirksamkeit, ontische 43.53.58.63–65. 71–73.81–86.91.97f.105.113.119– 125.127f.206f.207–209.220f.*229*.242. 249.254.262f.*273*.275.285f.291f.301f.
- s.a. Christusbezogenheit: ontische Wirksamkeit
  Wissenschaft, wissenschaftlich 3.*13*. 22.*107f*.163

  Zeit, zeitlich 10.28.*120*.225f.*227f*.232. 262f.275.277f.288.*329f*.348f.431f. 438–440
- s.a. Raum, räumlich
- s.a. Tempus (gramm.)
- s.a. Zwischenzeit
  »Zorn« Gottes
- s. ὀργή (θεοῦ) (s.u. S. 517)
  »Zwei-Äonen-Schema« 10.49.*178*.235
  Zwei-Naturen-Lehre 75.217.288
  Zwischenzeit 68f.251f.278f.
- s.a. Eschatologie: »eschatologische Spannung«
- s.a. »Karsamstags-Existenz« der Christen

Register wichtiger griechischer Begriffe und Wendungen

Kursivierte Seitenzahlen verweisen auf nur in den Anmerkungen genannte Begriffe.

ἁγιάζεσθαι + ἐν c. Dat. 81f.
ἀδελφός 86.98
- die Christusgläubigen als »Brüder« Christi (und umgekehrt) 87.92.256
- Paulus als »Bruder« der Gemeinde (und umgekehrt) 87f.92.*265*.397
αἰών, ὁ μέλλων *10*
- s.a. »Zwei-Äonen-Schema« (s.o. S. 514)
ἀλλά
- antithetisch (οὐκ – ἀλλά) 340.*415*
- einschränkend (nach Verneinung) *187*.188
ἁμαρτία 126.128–143.159.172.178.187.*192*.195–198.210.213.375 u.ö.
- ἁμαρτίαν ποιεῖν = ἁμαρτάνειν (»einen Fehler machen«) *130*
- ὑφ' ἁμαρτίαν (εἶναι) 124.131f.133–135.198f.375f. u.ö.
ἀναζῆν
- = »aufleben« 194
ἀναστροφή 115
ἀνήρ 90
ἄπιστος 58.81f.105f.
- *alle* Nicht-Christusgläubigen *82*
ἀποκάλυψις, ἀποκαλύπτειν 208f.*303*
ἀποστροφή 115
ἀσθενής, -ές κτλ. 116.131.136

βαπτίζειν 123.*269f*.272.275
βάρος
- als »Sündenlast« 100
βασιλεία τοῦ θεοῦ *10*.386.395.411
- als *räumlicher* Begriff (»Königreich Gottes«) 337f.
βῆμα θεοῦ / Χριστοῦ
- nur für Christen *341f*.

διδάσκαλος 89
διδάσκειν *89*
δικαιοσύνη
- θεοῦ 171.208f.*303*
- »Gerechtigkeit« (*präsentisch*-soteriologisch) 161.*169*.255.304.364.412
- als Forderung der Sinaitora 163f.
δόξα
- göttliche 308.337f.
- des Evangeliums 207
- der Christen (*futurisch*-eschatologisch) 91
- der Sinaitora (γράμμα) 145.207
- geschöpfliche: Verlust durch Sündenfall *132*
δύναμις
- θεοῦ (= Evangelium) *129*.145.149.208.321
- – εἰς σωτηρίαν 171.208
- τῆς ἁμαρτίας (= Sinaitora) 145.149.196

ἐγγύησις 68.*89*
ἐξουσία
- Jesu 80
- apostolische *102*.265
- Eigenmächtigkeit der Sünde 107
ἔξω
- ἔξω ἄνθρωπος *391*
- οἱ ἔξω (= Nichtchristen) *58*.120.*342*
εἰδωλολατρία κτλ. 93f.105.108.110f.119.125.417
ἐκδέχεσθαι (ἀλλήλους)
- »(einander) bewirten« 95f.
ἐκκλησία
- als *politischer* Begriff *372*
- s.a. Kirche (s.o. S. 509)

ἐκπνεῖν 79f.
ἐλλογεῖν
- = »auf die Rechnung setzen« 213
ἐμμένειν + ἐν c. Dat. 46
ἐμφυσᾶν 79f.
ἐν c. Dat. 223f.231–233.234–240.*260*.
417
– Mehrdimensionalität 233.282f.
– lokal? 224.226.229.231–233.281f.
– als Enallage für διά c. Gen. o.ä.?
224.226.229.*234*.235.*240*.*244*.*246*.
256.282.350
– mit Offenbarungstermini *303*
– ἐν Χριστῷ / κυρίῳ u.ä. 119–125.
132.140.199.222–315.348–351.356–
363.397.412.416 u.ö.
– – in Verbindung mit (Voll-)Verben
des Seins u.ä. 239f.281
– ἐν πνεύματι 140–142.233.315.416
– – s.a. πνεῦμα: theologisch
– ἐν σαρκί 121.*135f.*139f.142.184.
233.366.379f.386f.391.395.416 u.ö.
– – s.a. σάρξ
– ἐν (τῷ) νόμῳ (εἶναι) 133.199.233
– *kein* εἶναι ἐν ἁμαρτίᾳ 133
ἔννομος Χριστοῦ 160.202
ἐντολή 167.172.177
– als Einzelgebot bzw. *Verbot* der Sinaitora 154.158.*168*.*175*.186.189–
193.219.368
– als »Paradiesgebot«? 175.*178*.180.
190f.194.197
ἐπιθυμία (σαρκός) *136*.141.172.*180*.
189.191f.381.386–388.409
ἐπιστροφή 115f.
ἔργα νόμου 309.*323f.*
– als umfassender Toragehorsam *150.
157.*158f.*201*
ἔσω
– οἱ ἔσω (= Christusgläubige) *58*.120
– ὁ ἔσω ἄνθρωπος *122*.*285*.320.
383f.388.391.393

ζῆλος 66f.*165*
ζωή (αἰώνιος) 210f.279
– »(ewiges) Leben« (*futurisch*-eschatologisch) 169.*197f.207*.213f.*218*.340.
364.394.412
– kein bloßes »Existenzial«, sondern
ganzheitlich-leiblich 210

ἡμέρα τοῦ κυρίου
– »Gerichtstag des Herrn« (*futurisch*-eschatologisch, zeitgleich zur παρουσία Jesu) 213.327.331.340–343.
395.405f.411f.

θάνατος
– kein bloßes »Existenzial«, sondern
ganzheitlich-leiblich 210
– s.a. Tod (s.o. S. 513f.)
θυγάτηρ 88f.

καινός 253f.
– καινὴ κτίσις 120.124.*132*.159.
244.247.249–255.*308*.314.385.389.
393f.409 u.ö.
καρδία 277.288.301f.319–324.*360*
– als »Ort« der Rezeptivität und Intentionalität des ἔσω ἄνθρωπος 320
κατά
– κατὰ πνεῦμα als Handlungsprinzip
99.140.142.279.307–312.315.374.412
– κατὰ σάρκα als Handlungsprinzip
139f.142.*367*.374.379.386f.391.395.
409.420
– s.a. ἐν: ἐν πνεύματι
– s.a. ἐν: ἐν σαρκί
καταλλαγή *111*
– »Versöhnung« (*präsentisch*-soteriologisch) 169.362–364.394.411f.
καταλλάσσειν / καταλλάττειν *111.*
216f.244–246
κληρονομεῖν κτλ. 91.*337f.340*
κολλᾶσθαι κτλ. 59.70–72.119
κοινός 54
κοινωνία κτλ. 47.*51*.52–62.*75f.*92f.
94.*98*.110–115.119.*128*.298.313.416
– Ἰησοῦ Χριστοῦ 47.78.286.418
– mit Genitiv der Person 55
κόσμος
– ganze Schöpfung 178f.*180.183*.194
– Menschheit 244.250–252
κυριεύειν
– des Mannes über die Frau (nur
postlapsarisch!) 66.200f.
– der Sinaitora über den Menschen ὑπὸ
νόμον 66.200
– der Sünde über den Menschen 142.
200
– des Todes über den Menschen *200*

κύριος
- Jesus Christus 260f.
- - als »Herr« der Gemeinde 67.95. 227.283.299.307
- - als »Weltherrscher« 227.335f.
- im vertragsrechtlichen Sinne (Brautwerbung) 67

μέλος
- physisch 72.136.172.305.381.390
- metaphorisch 96f.98.266
μετάνοια 115
μετοχή 94.119
μιμητής κτλ. 119.397–399
- s.a. imitatio apostolorum (s.o. S. 509)
- s.a. imitatio Christi (s.o. S. 509)
μοιχεία 65.201

νηπιάζειν 90
νήπιος 89f.237.264
νηπιότης 90
νόμος 68.126f.146f.190f. u.ö.
- = »Sinaitora« (als funktionale Größe) 116.146f.149f.153.166.171.172.175. 177.186–191.195–198.210.368ff. u.ö.
- = »Pentateuch« (als erster Kanonteil) 146.153.166
- wie γραφή = »Altes Testament« bzw. »Heilige Schrift« (pars pro toto) 146.150.166.171
- - νόμον ἱστάνειν = »die Heilige Schrift aufrichten / zur Geltung bringen« 144.150f.
- = »Einzelgebot« (totum pro parte) 146
- = »Gesetz« 146
- = »Regel«, »Gesetzmäßigkeit« 146
- als Konkurrenzgröße zu Christus 118.125.128.143–209 u.ö.
- ἁμαρτίας 393
- ὁ Μωϋσέως νόμος = »Mosetora« 93.146.156
- τοῦ Χριστοῦ 93.98–101.171
- τοῦ θεοῦ 154.156.160.393
- ὑπὸ νόμον 129.148.153.199.200–203.375f.
- s.a. ἔργα νόμου
- s.a. Sinaitora (s.o. S. 512f.)
νοῦς 80.122.285.288.320.380f.383. 393

νυμφαγωγός 67
- Paulus als »Brautwerber« 66–69.264

οἰκεῖν 84.142.290f.305.383
οἰκοδομή 97.102.278
οἶκος 86f.
ὄλεθρος
- »Vernichtung« (futurisch-eschatologisch) 213.340.342.353.363.395. 406.412
ὀργή (θεοῦ)
- »Zorngericht« (nur futurisch-eschatologisch!) 197.213–218.331.338–340. 341f.353.361.395.404.405–407.412
- »Vernichtung« (wie ὄλεθρος, s. dort)

παιδαγωγός 89.127.151f.153.264f.
παιδευτής 89
παιδίον 88–90.264
παιδίσκη 89
παίζειν 89
παράβασις 136.164.179.387
παράπτωμα 98f.130.136.179f.251. 387.420.426
παράκλησις 103.239
- s.a. Paraklese (s.o. S. 510)
παρουσία 330–340
- antike Herrscher-Parusie 334–338
- Christi (futurisch-eschatologisch) 213f.327.332.335–338.340f.411
πατήρ
- Gott als »Vater« Jesu Christi bzw. der Gemeinde 92 (vgl. 75.87.90)
- Paulus als »Vater« (und Mutter!) der Christusgläubigen 67.263–265 (vgl. 87f.90)
πιπράσκειν (πεπραμένος) 168.373. 376ff. 385f.
πνεῦμα 70.72.80.82.140.211f.271f. 279.288f.291f.321–324.423
- physisch: als Teil der conditio humana 142f.
- theologisch: als Lebenssphäre des Christen 142.307–312.315.412
- πνεῦμα ζῳοποιοῦν 210.258.292
- Christus als πνεῦμα? 259–262
- s.a. Heiliger Geist (s.o. S. 508)
πνευματικός 376.380
- οἱ πνευματικοί (Christen) 99.120. 259.262.357.359f.386.388.395.409

- σῶμα πνευματικόν 139.259.288. 395
- τὰ πνευματικά 96
- – s.a. χάρισμα
πνοὴ ζωῆς 79f.
πορνεία 65.103.157.417
- als böse Macht 58.86.105–108.109– 111.*112*.119
πόρνη, -ος bzw. πορνεύων 58.*65*.69– 73.85f.105–107.109–111.113.119.*125*
προλαμβάνειν
- »(Speise) zu sich nehmen« 95

ῥῦσθαι ἔκ τινος
- »bewahren vor« *331*.339.342
- »retten aus« / »befreien von« 374

σάρξ 70.*132*.135–142.142f.172.380– 382.390f.393
- physisch: als (Teil der) *conditio humana* 72f.121.*132*.136.140–142.143. 288.*311*.375.378f.381f.386.389
- theologisch: als Unheilsmacht 85. 116.121.*129*.139f.*199*.378f.381f.
- θνητὰ σάρξ 211
σάρκινος 121.140f.*168*.*367*.*369*.373f. 376–386.394
στοιχεῖα (τοῦ κόσμου) 116–118. *199*.205f.
- Hypostasierung *117*
συμφυλέτης 401
σύν 259.349f.
- σὺν Χριστῷ / κυρίῳ u.ä. 9.*18*.41. *248*.279f.283.288f.312.315.325f.*328f*. 348–351.353.356–363.409.412 u.ö.
- s.a. ἐν: ἐν Χριστῷ / κυρίῳ u.ä.
σῶμα 70.96f.*137f*.172.363.393–395. 435f. u.ö.
- physisch: als (Teil der) *conditio humana* (wie σάρξ) 72f.107.121.138f. 143.381 u.ö.
- θνητὸν σῶμα 211.381
- τοῦ Χριστοῦ, soteriologisch 221. 266
- – s.a. Sühnetod Jesu (s.o. S. 513)
- Χριστοῦ, ekklesiologisch 96–98. 103.266.272.281

- Christi, eschatologisch: σῶμα πνευματικόν 259
- der Christen, futurisch-eschatologisch: σῶμα πνευματικόν 139. 259.288.395
σῴζειν *81*.*302*.*328*.364.403.*427*
- ἀπό τινος = »bewahren vor« *339*
- s.a. ῥῦσθαι ἔκ τινος
σωτηρία
- »Heil« (*futurisch*-eschatologisch) *81*.149.169.213f.331.336.339–341. 362f.364.394.410–412

τεκνίον 88
τέκνον 87.88–92.*263–265*
- τέκνα τῆς ἐπαγγελίας 87
- τέκνα τῆς σαρκός 87
τελείωσις κτλ. 68.311f.*314*
τράπεζα 110f.
τραπεζίτης 111

υἱοθεσία 87f.90f.*271*
υἱός 80.*87*.88f.*92*
- Christen als »Söhne (Gottes)« *per adoptionem* 87–92.*245*.*300*
- Jesus als (*präexistenter*) »Sohn Gottes« 87f.90f.*217*.245.286.314.*331*. *339*.418
ὑπόστασις *20f*.155f.

φεύγειν 107f.108–110.114f.
- + ἀπό c. Gen. *110*
- + ἐκ c. Gen. *110*
φιλαδελφία 93.98.104.157

χάρις *129*.148
- ὑπὸ χάριν *129*.*133*.199f.201
χάρισμα 96.*218f*.
χριστιανός 119.123f.238f.
- s. ἐν: ἐν Χριστῷ
χωρίς c. Gen. = »ohne jeden Bezug zu« 150.153.*155*.171.186.356.*383*

ψυχή (ζῶσα) 79f.210f.320

Wissenschaftliche Untersuchungen zum Neuen Testament
Alphabetische Übersicht der ersten und zweiten Reihe

Ådna, Jostein: Jesu Stellung zum Tempel. 2000. *Bd. II/119.*

Ådna, Jostein (Hrsg.): The Formation of the Early Church. 2005. *Bd. 183.*

– und *Hans Kvalbein* (Hrsg.): The Mission of the Early Church to Jews and Gentiles. 2000. *Bd. 127.*

Ahearne-Kroll, Stephen P., Paul A. Holloway und James A. Kelhoffer (Hrsg.): Women and Gender in Ancient Religions. 2010. *Bd. 263*

Aland, Barbara: Was ist Gnosis? 2009. *Bd. 239.*

Alexeev, Anatoly A., Christos Karakolis und Ulrich Luz (Hrsg.): Einheit der Kirche im Neuen Testament. Dritte europäische orthodox-westliche Exegetenkonferenz in Sankt Petersburg, 24.–31. August 2005. 2008. *Band 218.*

Alkier, Stefan: Wunder und Wirklichkeit in den Briefen des Apostels Paulus. 2001. *Bd. 134.*

Allen, David M.: Deuteronomy and Exhortation in Hebrews. 2008. *Bd. II/238.*

Anderson, Charles A.: Philo of Alexandria's Views of the Physical World. 2011. *Vol. II/309.*

Anderson, Paul N.: The Christology of the Fourth Gospel. 1996. *Bd. II/78.*

Appold, Mark L.: The Oneness Motif in the Fourth Gospel. 1976. *Bd. II/1.*

Arnold, Clinton E.: The Colossian Syncretism. 1995. *Bd. II/77.*

Ascough, Richard S.: Paul's Macedonian Associations. 2003. *Bd. II/161.*

Asiedu-Peprah, Martin: Johannine Sabbath Conflicts As Juridical Controversy. 2001. *Bd. II/132.*

Attridge, Harold W.: Essays on John and Hebrews. 2010. *Bd. 264.*

– siehe *Zangenberg, Jürgen.*

Aune, David E.: Apocalypticism, Prophecy and Magic in Early Christianity. 2006. *Bd. 199.*

Avemarie, Friedrich:* Die Tauferzählungen der Apostelgeschichte. 2002. *Bd. 139.*

Avemarie, Friedrich und *Hermann Lichtenberger* (Hrsg.): Auferstehung – Ressurection. 2001. *Bd. 135.*

– Bund und Tora. 1996. *Bd. 92.*

Baarlink, Heinrich: Verkündigtes Heil. 2004. *Bd. 168.*

Bachmann, Michael: Sünder oder Übertreter. 1992. *Bd. 59.*

Bachmann, Michael (Hrsg.): Lutherische und Neue Paulusperspektive. 2005. *Bd. 182.*

Back, Frances: Verwandlung durch Offenbarung bei Paulus. 2002. *Bd. II/153.*

Backhaus, Knut: Der sprechende Gott. 2009. *Bd. 240.*

Baker, William R.: Personal Speech-Ethics in the Epistle of James. 1995. *Bd. II/68.*

Bakke, Odd Magne: 'Concord and Peace'. 2001. *Bd. II/143.*

Balch, David L.: Roman Domestic Art and Early House Churches. 2008. *Bd. 228.*

– siehe *Weissenrieder, Annette.*

Baldwin, Matthew C.: Whose *Acts of Peter*? 2005. *Bd. II/196.*

Balla, Peter: Challenges to New Testament Theology. 1997. *Bd. II/95.*

– The Child-Parent Relationship in the New Testament and its Environment. 2003. *Bd. 155.*

Baltes, Guido: Hebräisches Evangelium und synoptische Überlieferung. 2011. *Bd. II/312.*

Bammel, Ernst: Judaica. Bd. I 1986. *Bd. 37.*

– Bd. II 1997. *Bd. 91.*

Barclay, John M.G.: Pauline Churches and Diaspora Jews. 2011. *Bd. 275.*

Barreto, Eric D.: Ethnic Negotiations. 2010. *Bd. II/294.*

Barrier, Jeremy W.: The Acts of Paul and Thecla. 2009. *Bd. II/270.*

Barton, Stephen C.: siehe *Stuckenbruck, Loren T.*

Bash, Anthony: Ambassadors for Christ. 1997. *Bd. II/92.*

Bauckham, Richard: The Jewish World around the New Testament. Collected Essays Volume I. 2008. *Bd. 233.*

Bauer, Thomas Johann: Paulus und die kaiserzeitliche Epistolographie. 2011. *Bd. 276.*

Bauernfeind, Otto: Kommentar und Studien zur Apostelgeschichte. 1980. *Bd. 22.*

Baum, Armin Daniel: Pseudepigraphie und literarische Fälschung im frühen Christentum. 2001. *Bd. II/138.*

Bayer, Hans Friedrich: Jesus' Predictions of Vindication and Resurrection. 1986. Bd. II/20.
Becker, Eve-Marie: Das Markus-Evangelium im Rahmen antiker Historiographie. 2006. Bd. 194.
Becker, Eve-Marie und *Peter Pilhofer* (Hrsg.): Biographie und Persönlichkeit des Paulus. 2005. Bd. 187.
– and *Anders Runesson* (Hrsg.): Mark and Matthew I. 2011. Bd. 271.
Becker, Michael: Wunder und Wundertäter im frührabbinischen Judentum. 2002. Bd. II/144.
Becker, Michael und *Markus Öhler* (Hrsg.): Apokalyptik als Herausforderung neutestamentlicher Theologie. 2006. Bd. II/214.
Bell, Richard H.: Deliver Us from Evil. 2007. Bd. 216.
– The Irrevocable Call of God. 2005. Bd. 184.
– No One Seeks for God. 1998. Bd. 106.
– Provoked to Jealousy. 1994. Bd. II/63.
Bennema, Cornelis: The Power of Saving Wisdom. 2002. Bd. II/148.
Bergman, Jan: siehe *Kieffer, René*
Bergmeier, Roland: Das Gesetz im Römerbrief und andere Studien zum Neuen Testament. 2000. Bd. 121.
Bernett, Monika: Der Kaiserkult in Judäa unter den Herodiern und Römern. 2007. Bd. 203.
Bertho, Benjamin: siehe *Clivaz, Claire.*
Betz, Otto: Jesus, der Messias Israels. 1987. Bd. 42.
– Jesus, der Herr der Kirche. 1990. Bd. 52.
Beyschlag, Karlmann: Simon Magus und die christliche Gnosis. 1974. Bd. 16.
Bieringer, Reimund: siehe *Koester, Craig.*
Bird, Michael F. und *Jason Maston* (Hrsg.): Earliest Christian History. 2012. Bd. II/320.
Bittner, Wolfgang J.: Jesu Zeichen im Johannesevangelium. 1987. Bd. II/26.
Bjerkelund, Carl J.: Tauta Egeneto. 1987. Bd. 40.
Blackburn, Barry Lee: Theios Aner and the Markan Miracle Traditions. 1991. Bd. II/40.
Blackwell, Ben C.: Christosis. 2011. Bd. II/314.
Blanton IV, Thomas R.: Constructing a New Covenant. 2007. Bd. II/233.
Bock, Darrell L.: Blasphemy and Exaltation in Judaism and the Final Examination of Jesus. 1998. Bd. II/106.
Bockmuehl, Markus: The Remembered Peter. 2010. Vol. 262.
– Revelation and Mystery in Ancient Judaism and Pauline Christianity. 1990. Bd. II/36.

Bøe, Sverre: Cross-Bearing in Luke. 2010. Bd. II/278.
– Gog and Magog. 2001. Bd. II/135.
Böhlig, Alexander: Gnosis und Synkretismus. Teil 1 1989. Bd. 47 – Teil 2 1989. Bd. 48.
Böhm, Martina: Samarien und die Samaritai bei Lukas. 1999. Bd. II/111.
Börstinghaus, Jens: Sturmfahrt und Schiffbruch. 2010. Bd. II/274.
Böttrich, Christfried: Weltweisheit – Menschheitsethik – Urkult. 1992. Bd. II/50.
– / *Herzer, Jens* (Hrsg.): Josephus und das Neue Testament. 2007. Bd. 209.
Bolyki, János: Jesu Tischgemeinschaften. 1997. Bd. II/96.
Bosman, Philip: Conscience in Philo and Paul. 2003. Bd. II/166.
Bovon, François: New Testament and Christian Apocrypha. 2009. Bd. 237.
– Studies in Early Christianity. 2003. Bd. 161.
Brändl, Martin: Der Agon bei Paulus. 2006. Bd. II/222.
Braun, Heike: Geschichte des Gottesvolkes und christliche Identität. 2010. Bd. II/279.
Breytenbach, Cilliers: siehe *Frey, Jörg.*
Broadhead, Edwin K.: Jewish Ways of Following Jesus Redrawing the Religious Map of Antiquity. 2010. Bd. 266.
Brocke, Christoph vom: Thessaloniki – Stadt des Kassander und Gemeinde des Paulus. 2001. Bd. II/125.
Brunson, Andrew: Psalm 118 in the Gospel of John. 2003. Bd. II/158.
Büchli, Jörg: Der Poimandres – ein paganisiertes Evangelium. 1987. Bd. II/27.
Bühner, Jan A.: Der Gesandte und sein Weg im 4. Evangelium. 1977. Bd. II/2.
Burchard, Christoph: Untersuchungen zu Joseph und Aseneth. 1965. Bd. 8.
– Studien zur Theologie, Sprache und Umwelt des Neuen Testaments. Hrsg. von D. Sänger. 1998. Bd. 107.
Burnett, Richard: Karl Barth's Theological Exegesis. 2001. Bd. II/145.
Byron, John: Slavery Metaphors in Early Judaism and Pauline Christianity. 2003. Bd. II/162.
Byrskog, Samuel: Story as History – History as Story. 2000. Bd. 123.
Calhoun, Robert M.: Paul's Definitions of the Gospel in Romans 1. 2011. Bd. II/316.
Cancik, Hubert (Hrsg.): Markus-Philologie. 1984. Bd. 33.
Capes, David B.: Old Testament Yaweh Texts in Paul's Christology. 1992. Bd. II/47.

Caragounis, Chrys C.: The Development of Greek and the New Testament. 2004. *Bd. 167.*
- The Son of Man. 1986. *Bd. 38.*
- siehe *Fridrichsen, Anton.*

Carleton Paget, James: The Epistle of Barnabas. 1994. *Bd. II/64.*
- Jews, Christians and Jewish Christians in Antiquity. 2010. *Bd. 251.*

Carson, D.A., Peter T. O'Brien und *Mark Seifrid* (Hrsg.): Justification and Variegated Nomism.
Bd. 1: The Complexities of Second Temple Judaism. 2001. *Bd. II/140.*
Bd. 2: The Paradoxes of Paul. 2004. *Bd. II/181.*

Caulley, Thomas Scott und *Hermann Lichtenberger* (Hrsg.): Die Septuaginta und das frühe Christentum – The Septuagint and Christian Origins. 2011. *Band 277.*
- siehe *Lichtenberger, Hermann.*

Chae, Young Sam: Jesus as the Eschatological Davidic Shepherd. 2006. *Bd. II/216.*

Chapman, David W.: Ancient Jewish and Christian Perceptions of Crucifixion. 2008. *Bd. II/244.*

Chester, Andrew: Messiah and Exaltation. 2007. *Bd. 207.*

Chibici-Revneanu, Nicole: Die Herrlichkeit des Verherrlichten. 2007. *Bd. II/231.*

Ciampa, Roy E.: The Presence and Function of Scripture in Galatians 1 and 2. 1998. *Bd. II/102.*

Classen, Carl Joachim: Rhetorical Criticism of the New Testament. 2000. *Bd. 128.*

Claußen, Carsten (Hrsg.): siehe *Frey, Jörg.*

Clivaz, Claire, Andreas Dettwiler, Luc Devillers, Enrico Norelli with *Benjamin Bertho* (Hrsg.): Infancy Gospels. 2011. *Bd. 281.*

Colpe, Carsten: Griechen – Byzantiner – Semiten – Muslime. 2008. *Bd. 221.*
- Iranier – Aramäer – Hebräer – Hellenen. 2003. *Bd. 154.*

Cook, John G.: Roman Attitudes Towards the Christians. 2010. *Band 261.*

Coote, Robert B. (Hrsg.): siehe *Weissenrieder, Annette.*

Coppins, Wayne: The Interpretation of Freedom in the Letters of Paul. 2009. *Bd. II/261.*

Crump, David: Jesus the Intercessor. 1992. *Bd. II/49.*

Dahl, Nils Alstrup: Studies in Ephesians. 2000. *Bd. 131.*

Daise, Michael A.: Feasts in John. 2007. *Bd. II/229.*

Deines, Roland: Die Gerechtigkeit der Tora im Reich des Messias. 2004. *Bd. 177.*
- Jüdische Steingefäße und pharisäische Frömmigkeit. 1993. *Bd. II/52.*
- Die Pharisäer. 1997. *Bd. 101.*

Deines, Roland, Jens Herzer und *Karl-Wilhelm Niebuhr* (Hrsg.): Neues Testament und hellenistisch-jüdische Alltagskultur. III. Internationales Symposium zum Corpus Judaeo-Hellenisticum Novi Testamenti. 21.–24. Mai 2009 in Leipzig. 2011. *Bd. 274.*
- und *Karl-Wilhelm Niebuhr* (Hrsg.): Philo und das Neue Testament. 2004. *Bd. 172.*

Dennis, John A.: Jesus' Death and the Gathering of True Israel. 2006. *Bd. 217.*

Dettwiler, Andreas und *Jean Zumstein* (Hrsg.): Kreuzestheologie im Neuen Testament. 2002. *Bd. 151.*
- siehe *Clivaz, Claire.*

Devillers, Luc: siehe *Clivaz, Claire.*

Dickson, John P.: Mission-Commitment in Ancient Judaism and in the Pauline Communities. 2003. *Bd. II/159.*

Dietzfelbinger, Christian: Der Abschied des Kommenden. 1997. *Bd. 95.*

Dimitrov, Ivan Z., James D.G. Dunn, Ulrich Luz und *Karl-Wilhelm Niebuhr* (Hrsg.): Das Alte Testament als christliche Bibel in orthodoxer und westlicher Sicht. 2004. *Bd. 174.*

Dobbeler, Axel von: Glaube als Teilhabe. 1987. *Bd. II/22.*

Docherty, Susan E.: The Use of the Old Testament in Hebrews. 2009. *Bd. II/260.*

Dochhorn, Jan: Schriftgelehrte Prophetie. 2010. *Bd. 268.*

Downs, David J.: The Offering of the Gentiles. 2008. *Bd. II/248.*

Dryden, J. de Waal: Theology and Ethics in 1 Peter. 2006. *Bd. II/209.*

Dübbers, Michael: Christologie und Existenz im Kolosserbrief. 2005. *Bd. II/191.*

Dunn, James D.G.: The New Perspective on Paul. 2005. *Bd. 185.*

Dunn, James D.G. (Hrsg.): Jews and Christians. 1992. *Bd. 66.*
- Paul and the Mosaic Law. 1996. *Bd. 89.*
- siehe *Dimitrov, Ivan Z.*

Dunn, James D.G., Hans Klein, Ulrich Luz und *Vasile Mihoc* (Hrsg.): Auslegung der Bibel in orthodoxer und westlicher Perspektive. 2000. *Bd. 130.*

Ebel, Eva: Die Attraktivität früher christlicher Gemeinden. 2004. *Bd. II/178.*

Ebertz, Michael N.: Das Charisma des Gekreuzigten. 1987. *Bd. 45.*

Eckstein, Hans-Joachim: Der Begriff Syneidesis bei Paulus. 1983. *Bd. II/10.*
- Verheißung und Gesetz. 1996. *Bd. 86.*
-, *Christoph Landmesser* and *Hermann Lichtenberger* (Ed.): Eschatologie – Eschatology. The Sixth Durham-Tübingen Research Symposium. 2011. *Bd. 272.*
Edwards, J. Christopher: The Ransom Logion in Mark and Matthew. 2012. *Bd. II/327.*
Ego, Beate: Im Himmel wie auf Erden. 1989. *Bd. II/34.*
Ego, Beate, Armin Lange und *Peter Pilhofer* (Hrsg.): Gemeinde ohne Tempel – Community without Temple. 1999. *Bd. 118.*
- und *Helmut Merkel* (Hrsg.): Religiöses Lernen in der biblischen, frühjüdischen und frühchristlichen Überlieferung. 2005. *Bd. 180.*
Eisele, Wilfried: Welcher Thomas? 2010. *Bd. 259.*
Eisen, Ute E.: siehe *Paulsen, Henning.*
Elledge, C.D.: Life after Death in Early Judaism. 2006. *Bd. II/208.*
Ellis, E. Earle: Prophecy and Hermeneutic in Early Christianity. 1978. *Bd. 18.*
- The Old Testament in Early Christianity. 1991. *Bd. 54.*
Elmer, Ian J.: Paul, Jerusalem and the Judaisers. 2009. *Bd. II/258.*
Endo, Masanobu: Creation and Christology. 2002. *Bd. 149.*
Ennulat, Andreas: Die 'Minor Agreements'. 1994. *Bd. II/62.*
Ensor, Peter W.: Jesus and His 'Works'. 1996. *Bd. II/85.*
Eskola, Timo: Messiah and the Throne. 2001. *Bd. II/142.*
- Theodicy and Predestination in Pauline Soteriology. 1998. *Bd. II/100.*
Farelly, Nicolas: The Disciples in the Fourth Gospel. 2010. *Bd. II/290.*
Fatehi, Mehrdad: The Spirit's Relation to the Risen Lord in Paul. 2000. *Bd. II/128.*
Feldmeier, Reinhard: Die Krisis des Gottessohnes. 1987. *Bd. II/21.*
- Die Christen als Fremde. 1992. *Bd. 64.*
Feldmeier, Reinhard und *Ulrich Heckel* (Hrsg.): Die Heiden. 1994. *Bd. 70.*
Felsch, Dorit: Die Feste im Johannesevangelium. 2011. *Bd. II/308.*
Finnern, Sönke: Narratologie und biblische Exegese. 2010. *Bd. II/285.*
Fletcher-Louis, Crispin H.T.: Luke-Acts: Angels, Christology and Soteriology. 1997. *Bd. II/94.*

Förster, Niclas: Marcus Magus. 1999. *Bd. 114.*
Forbes, Christopher Brian: Prophecy and Inspired Speech in Early Christianity and its Hellenistic Environment. 1995. *Bd. II/75.*
Fornberg, Tord: siehe *Fridrichsen, Anton.*
Fossum, Jarl E.: The Name of God and the Angel of the Lord. 1985. *Bd. 36.*
Foster, Paul: Community, Law and Mission in Matthew's Gospel. *Bd. II/177.*
Fotopoulos, John: Food Offered to Idols in Roman Corinth. 2003. *Bd. II/151.*
Frank, Nicole: Der Kolosserbrief im Kontext des paulinischen Erbes. 2009. *Bd. II/271.*
Frenschkowski, Marco: Offenbarung und Epiphanie. Bd. 1 1995. *Bd. II/79* – Bd. 2 1997. *Bd. II/80.*
Frey, Jörg: Eugen Drewermann und die biblische Exegese. 1995. *Bd. II/71.*
- Die johanneische Eschatologie. Bd. I. 1997. *Bd. 96.* – Bd. II. 1998. *Bd. 110.*
- Bd. III. 2000. *Bd. 117.*
Frey, Jörg, Carsten Claußen und *Nadine Kessler* (Hrsg.): Qumran und die Archäologie. 2011. *Bd. 278.*
- und *Cilliers Breytenbach* (Hrsg.): Aufgabe und Durchführung einer Theologie des Neuen Testaments. 2007. *Bd. 205.*
- *Jens Herzer, Martina Janßen* und *Clare K. Rothschild* (Hrsg.): Pseudepigraphie und Verfasserfiktion in frühchristlichen Briefen. 2009. *Bd. 246.*
- *James A. Kelhoffer* und *Franz Tóth* (Hrsg.): Die Johannesapokalypse. 2012. *Bd. 287.*
- *Stefan Krauter* und *Hermann Lichtenberger* (Hrsg.): Heil und Geschichte. 2009. *Bd. 248.*
- und *Udo Schnelle* (Hrsg.): Kontexte des Johannesevangeliums. 2004. *Bd. 175.*
- und *Jens Schröter* (Hrsg.): Deutungen des Todes Jesu im Neuen Testament. 2005. *Bd. 181.*
- Jesus in apokryphen Evangelienüberlieferungen. 2010. *Bd. 254.*
-, *Jan G. van der Watt,* und *Ruben Zimmermann* (Hrsg.): Imagery in the Gospel of John. 2006. *Bd. 200.*
Freyne, Sean: Galilee and Gospel. 2000. *Bd. 125.*
Fridrichsen, Anton: Exegetical Writings. Hrsg. von C.C. Caragounis und T. Fornberg. 1994. *Bd. 76.*
Gadenz, Pablo T.: Called from the Jews and from the Gentiles. 2009. *Bd. II/267.*
Gäbel, Georg: Die Kulttheologie des Hebräerbriefes. 2006. *Bd. II/212.*

Gäckle, Volker: Die Starken und die Schwachen in Korinth und in Rom. 2005. *Bd. 200.*
Garlington, Don B.: 'The Obedience of Faith'. 1991. *Bd. II/38.*
– Faith, Obedience, and Perseverance. 1994. *Bd. 79.*
Garnet, Paul: Salvation and Atonement in the Qumran Scrolls. 1977. *Bd. II/3.*
Garský, Zbynek: Das Wirken Jesu in Galiläa bei Johannes. 2012. *Bd. II/325.*
Gemünden, Petra von (Hrsg.): siehe *Weissenrieder, Annette.*
Gese, Michael: Das Vermächtnis des Apostels. 1997. *Bd. II/99.*
Gheorghita, Radu: The Role of the Septuagint in Hebrews. 2003. *Bd. II/160.*
Gordley, Matthew E.: The Colossian Hymn in Context. 2007. *Bd. II/228.*
– Teaching through Song in Antiquity. 2011. *Bd. II/302.*
Gräbe, Petrus J.: The Power of God in Paul's Letters. 2000, ²2008. *Bd. II/123.*
Gräßer, Erich: Der Alte Bund im Neuen. 1985. *Bd. 35.*
– Forschungen zur Apostelgeschichte. 2001. *Bd. 137.*
Grappe, Christian (Hrsg.): Le Repas de Dieu – Das Mahl Gottes. 2004. *Bd. 169.*
Gray, Timothy C.: The Temple in the Gospel of Mark. 2008. *Bd. II/242.*
Green, Joel B.: The Death of Jesus. 1988. *Bd. II/33.*
Gregg, Brian Han: The Historical Jesus and the Final Judgment Sayings in Q. 2005. *Bd. II/207.*
Gregory, Andrew: The Reception of Luke and Acts in the Period before Irenaeus. 2003. *Bd. II/169.*
Grindheim, Sigurd: The Crux of Election. 2005. *Bd. II/202.*
Gundry, Robert H.: The Old is Better. 2005. *Bd. 178.*
Gundry Volf, Judith M.: Paul and Perseverance. 1990. *Bd. II/37.*
Häußer, Detlef: Christusbekenntnis und Jesusüberlieferung bei Paulus. 2006. *Bd. 210.*
Hafemann, Scott J.: Suffering and the Spirit. 1986. *Bd. II/19.*
– Paul, Moses, and the History of Israel. 1995. *Bd. 81.*
Hahn, Ferdinand: Studien zum Neuen Testament.
Bd. I: Grundsatzfragen, Jesusforschung, Evangelien. 2006. *Bd. 191.*
Bd. II: Bekenntnisbildung und Theologie in urchristlicher Zeit. 2006. *Bd. 192.*
Hahn, Johannes (Hrsg.): Zerstörungen des Jerusalemer Tempels. 2002. *Bd. 147.*
Hamid-Khani, Saeed: Relevation and Concealment of Christ. 2000. *Bd. II/120.*
Hannah, Darrel D.: Michael and Christ. 1999. *Bd. II/109.*
Hardin, Justin K.: Galatians and the Imperial Cult? 2007. *Bd. II /237.*
Harrison, James R.: Paul and the Imperial Authorities at Thessolanica and Rome. 2011. *Bd. 273.*
– Paul's Language of Grace in Its Graeco-Roman Context. 2003. *Bd. II/172.*
Hartman, Lars: Text-Centered New Testament Studies. Hrsg. von D. Hellholm. 1997. *Bd. 102.*
Hartog, Paul: Polycarp and the New Testament. 2001. *Bd. II/134.*
Hasselbrook, David S.: Studies in New Testament Lexicography. 2011. *Bd. II/303.*
Hays, Christopher M.: Luke's Wealth Ethics. 2010. *Bd. 275.*
Heckel, Theo K.: Der Innere Mensch. 1993. *Bd. II/53.*
– Vom Evangelium des Markus zum viergestaltigen Evangelium. 1999. *Bd. 120.*
Heckel, Ulrich: Kraft in Schwachheit. 1993. *Bd. II/56.*
– Der Segen im Neuen Testament. 2002. *Bd. 150.*
– siehe *Feldmeier, Reinhard.*
– siehe *Hengel, Martin.*
Heemstra, Marius The Fiscus Judaicus and the Parting of the Ways. 2010. *Bd. II/277.*
Heiligenthal, Roman: Werke als Zeichen. 1983. *Bd. II/9.*
Heininger, Bernhard: Die Inkulturation des Christentums. 2010. *Bd. 255.*
Heliso, Desta: Pistis and the Righteous One. 2007. *Bd. II/235.*
Hellholm, D.: siehe *Hartman, Lars.*
Hemer, Colin J.: The Book of Acts in the Setting of Hellenistic History. 1989. *Bd. 49.*
Henderson, Timothy P.: The Gospel of Peter and Early Christian Apologetics. 2011. *Bd. II/301.*
Hengel, Martin: Jesus und die Evangelien. Kleine Schriften V. 2007. *Bd. 211.*
– Die johanneische Frage. 1993. *Bd. 67.*
– Judaica et Hellenistica. Kleine Schriften I. 1996. *Bd. 90.*
– Judaica, Hellenistica et Christiana. Kleine Schriften II. 1999. *Bd. 109.*

- Judentum und Hellenismus. 1969, ³1988. *Bd. 10.*
- Paulus und Jakobus. Kleine Schriften III. 2002. *Bd. 141.*
- Studien zur Christologie. Kleine Schriften IV. 2006. *Bd. 201.*
- Studien zum Urchristentum. Kleine Schriften VI. 2008. *Bd. 234.*
- Theologische, historische und biographische Skizzen. Kleine Schriften VII. 2010. *Band 253.*
- und *Anna Maria Schwemer:* Paulus zwischen Damaskus und Antiochien. 1998. *Bd. 108.*
- Der messianische Anspruch Jesu und die Anfänge der Christologie. 2001. *Bd. 138.*
- Die vier Evangelien und das eine Evangelium von Jesus Christus. 2008. *Bd. 224.*
- Die Zeloten. ³2011. *Bd. 283.*

Hengel, Martin und *Ulrich Heckel* (Hrsg.): Paulus und das antike Judentum. 1991. *Bd. 58.*
- und *Hermut Löhr* (Hrsg.): Schriftauslegung im antiken Judentum und im Urchristentum. 1994. *Bd. 73.*
- und *Anna Maria Schwemer* (Hrsg.): Königsherrschaft Gottes und himmlischer Kult. 1991. *Bd. 55.*
- Die Septuaginta. 1994. *Bd. 72.*
-, *Siegfried Mittmann* und *Anna Maria Schwemer* (Hrsg.): La Cité de Dieu / Die Stadt Gottes. 2000. *Bd. 129.*

Hentschel, Anni: Diakonia im Neuen Testament. 2007. *Bd. 226.*

Hernández Jr., Juan: Scribal Habits and Theological Influence in the Apocalypse. 2006. *Bd. II/218.*

Herrenbrück, Fritz: Jesus und die Zöllner. 1990. *Bd. II/41.*

Herzer, Jens: Paulus oder Petrus? 1998. *Bd. 103.*
- siehe *Böttrich, Christfried.*
- siehe *Deines, Roland.*
- siehe *Frey, Jörg.*

Hill, Charles E.: From the Lost Teaching of Polycarp. 2005. *Bd. 186.*

Hoegen-Rohls, Christina: Der nachösterliche Johannes. 1996. *Bd. II/84.*

Hoffmann, Matthias Reinhard: The Destroyer and the Lamb. 2005. *Bd. II/203.*

Hofius, Otfried: Katapausis. 1970. *Bd. 11.*
- Der Vorhang vor dem Thron Gottes. 1972. *Bd. 14.*
- Der Christushymnus Philipper 2,6–11. 1976, ²1991. *Bd. 17.*
- Paulusstudien. 1989, ²1994. *Bd. 51.*
- Neutestamentliche Studien. 2000. *Bd. 132.*
- Paulusstudien II. 2002. *Bd. 143.*
- Exegetische Studien. 2008. *Bd. 223.*
- und *Hans-Christian Kammler:* Johannesstudien. 1996. *Bd. 88.*

Holloway, Paul A.: Coping with Prejudice. 2009. *Bd. 244.*
- siehe *Ahearne-Kroll, Stephen P.*

Holmberg, Bengt (Hrsg.): Exploring Early Christian Identity. 2008. *Bd. 226.*
- und *Mikael Winninge* (Hrsg.): Identity Formation in the New Testament. 2008. *Bd. 227.*

Holtz, Traugott: Geschichte und Theologie des Urchristentums. 1991. *Bd. 57.*

Hommel, Hildebrecht: Sebasmata.
Bd. 1 1983. *Bd. 31.*
Bd. 2 1984. *Bd. 32.*

Horbury, William: Herodian Judaism and New Testament Study. 2006. *Bd. 193.*

Horn, Friedrich Wilhelm und *Ruben Zimmermann* (Hrsg.): Jenseits von Indikativ und Imperativ. Bd. 1. 2009. *Bd. 238.*

Horst, Pieter W. van der: Jews and Christians in Their Graeco-Roman Context. 2006. *Bd. 196.*

Hultgård, Anders und *Stig Norin* (Hrsg): Le Jour de Dieu / Der Tag Gottes. 2009. *Bd. 245.*

Hume, Douglas A.: The Early Christian Community. 2011. *Bd. II/298.*

Inselmann, Anke: Die Freude im Lukasevangelium. 2012. *Bd. II/322.*

Jackson, Ryan: New Creation in Paul's Letters. 2010. *Bd. II/272.*

Hvalvik, Reidar: The Struggle for Scripture and Covenant. 1996. *Bd. II/82.*

Janßen Martina: siehe *Frey, Jörg.*

Jauhiainen, Marko: The Use of Zechariah in Revelation. 2005. *Bd. II/199.*

Jensen, Morten H.: Herod Antipas in Galilee. 2006. ²2010. *Bd. II/215.*

Johns, Loren L.: The Lamb Christology of the Apocalypse of John. 2003. *Bd. II/167.*

Jossa, Giorgio: Jews or Christians? 2006. *Bd. 202.*

Joubert, Stephan: Paul as Benefactor. 2000. *Bd. II/124.*

Judge, E. A.: The First Christians in the Roman World. 2008. *Bd. 229.*
- Jerusalem and Athens. 2010. *Bd. 265.*

Jungbauer, Harry: „Ehre Vater und Mutter". 2002. *Bd. II/146.*

Kähler, Christoph: Jesu Gleichnisse als Poesie und Therapie. 1995. *Bd. 78.*

Kamlah, Ehrhard: Die Form der katalogischen Paränese im Neuen Testament. 1964. *Bd. 7.*
Kammler, Hans-Christian: Christologie und Eschatologie. 2000. *Bd. 126.*
- Kreuz und Weisheit. 2003. *Bd. 159.*
- siehe *Hofius, Otfried.*
Karakolis, Christos, Karl-Wilhelm Niebuhr und *Sviatoslav Rogalsky* (Hrsg.): Gospel Images of Jesus Christ in Church Tradition and in Biblical Scholarship. Fifth International East-West Symposium of New Testament Scholars, Minsk, September 2 to 9, 2010. 2012. *Bd. 288.*
- siehe *Alexeev, Anatoly A.*
Karrer, Martin und *Wolfgang Kraus* (Hrsg.): Die Septuaginta – Texte, Kontexte, Lebenswelten. 2008. *Band 219.*
- siehe *Kraus, Wolfgang.*
Kelhoffer, James A.: The Diet of John the Baptist. 2005. *Bd. 176.*
- Miracle and Mission. 2000. *Bd. II/112.*
- Persecution, Persuasion and Power. 2010. *Bd. 270.*
- siehe *Ahearne-Kroll, Stephen P.*
- siehe *Frey, Jörg.*
Kelley, Nicole: Knowledge and Religious Authority in the Pseudo-Clementines. 2006. *Bd. II/213.*
Kennedy, Joel: The Recapitulation of Israel. 2008. *Bd. II/257.*
Kensky, Meira Z.: Trying Man, Trying God. 2010. *Bd. II/289.*
Kessler, Nadine (Hrsg.): siehe *Frey, Jörg.*
Kieffer, René und *Jan Bergman* (Hrsg.): La Main de Dieu / Die Hand Gottes. 1997. *Bd. 94.*
Kierspel, Lars: The Jews and the World in the Fourth Gospel. 2006. *Bd. 220.*
Kim, Seyoon: The Origin of Paul's Gospel. 1981, [2]1984. *Bd. II/4.*
- Paul and the New Perspective. 2002. *Bd. 140.*
- "The 'Son of Man'" as the Son of God. 1983. *Bd. 30.*
Klauck, Hans-Josef: Religion und Gesellschaft im frühen Christentum. 2003. *Bd. 152.*
Klein, Hans, Vasile Mihoc und *Karl-Wilhelm Niebuhr* (Hrsg.): Das Gebet im Neuen Testament. Vierte, europäische orthodox-westliche Exegetenkonferenz in Sambata de Sus, 4. – 8. August 2007. 2009. *Bd. 249.*
- siehe *Dunn, James D.G.*
Kleinknecht, Karl Th.: Der leidende Gerechtfertigte. 1984, [2]1988. *Bd. II/13.*

Klinghardt, Matthias: Gesetz und Volk Gottes. 1988. *Bd. II/32.*
Kloppenborg, John S.: The Tenants in the Vineyard. 2006, student edition 2010. *Bd. 195.*
Koch, Michael: Drachenkampf und Sonnenfrau. 2004. *Bd. II/184.*
Koch, Stefan: Rechtliche Regelung von Konflikten im frühen Christentum. 2004. *Bd. II/174.*
Köhler, Wolf-Dietrich: Rezeption des Matthäusevangeliums in der Zeit vor Irenäus. 1987. *Bd. II/24.*
Köhn, Andreas: Der Neutestamentler Ernst Lohmeyer. 2004. *Bd. II/180.*
Koester, Craig und *Reimund Bieringer* (Hrsg.): The Resurrection of Jesus in the Gospel of John. 2008. *Bd. 222.*
Konradt, Matthias: Israel, Kirche und die Völker im Matthäusevangelium. 2007. *Bd. 215.*
Kooten, George H. van: Cosmic Christology in Paul and the Pauline School. 2003. *Bd. II/171.*
- Paul's Anthropology in Context. 2008. *Bd. 232.*
Korn, Manfred: Die Geschichte Jesu in veränderter Zeit. 1993. *Bd. II/51.*
Koskenniemi, Erkki: Apollonios von Tyana in der neutestamentlichen Exegese. 1994. *Bd. II/61.*
- The Old Testament Miracle-Workers in Early Judaism. 2005. *Bd. II/206.*
Kraus, Thomas J.: Sprache, Stil und historischer Ort des zweiten Petrusbriefes. 2001. *Bd. II/136.*
Kraus, Wolfgang: Das Volk Gottes. 1996. *Bd. 85.*
- siehe *Karrer, Martin.*
- siehe *Walter, Nikolaus.*
- und *Martin Karrer* (Hrsg.): Die Septuaginta – Texte, Theologien, Einflüsse. 2010. *Bd. 252.*
- und *Karl-Wilhelm Niebuhr* (Hrsg.): Frühjudentum und Neues Testament im Horizont Biblischer Theologie. 2003. *Bd. 162.*
Krauter, Stefan: Studien zu Röm 13,1–7. 2009. *Bd. 243.*
- siehe *Frey, Jörg.*
Kreplin, Matthias: Das Selbstverständnis Jesu. 2001. *Bd. II/141.*
Kreuzer, Siegfried, Martin Meiser und *Marcus Sigismund* (Hrsg.): Die Septuaginta – Entstehung, Sprache, Geschichte. 2012. *Bd. 286.*
Kuhn, Karl G.: Achtzehngebet und Vaterunser und der Reim. 1950. *Bd. 1.*

Kvalbein, Hans: siehe *Ådna, Jostein.*
Kwon, Yon-Gyong: Eschatology in Galatians. 2004. *Bd. II/183.*
Laansma, Jon: I Will Give You Rest. 1997. *Bd. II/98.*
Labahn, Michael: Offenbarung in Zeichen und Wort. 2000. *Bd. II/117.*
Lambers-Petry, Doris: siehe *Tomson, Peter J.*
Lange, Armin: siehe *Ego, Beate.*
Lampe, Peter: Die stadtrömischen Christen in den ersten beiden Jahrhunderten. 1987, ²1989. *Bd. II/18.*
Landmesser, Christof: Wahrheit als Grundbegriff neutestamentlicher Wissenschaft. 1999. *Bd. 113.*
– Jüngerberufung und Zuwendung zu Gott. 2000. *Bd. 133.*
– siehe *Eckstein, Hans-Joachim.*
Lau, Andrew: Manifest in Flesh. 1996. *Bd. II/86.*
Lawrence, Louise: An Ethnography of the Gospel of Matthew. 2003. *Bd. II/165.*
Lee, Aquila H.I.: From Messiah to Preexistent Son. 2005. *Bd. II/192.*
Lee, Pilchan: The New Jerusalem in the Book of Relevation. 2000. *Bd. II/129.*
Lee, Sang M.: The Cosmic Drama of Salvation. 2010. *Bd. II/276.*
Lee, Simon S.: Jesus' Transfiguration and the Believers' Transformation. 2009. *Bd. II/265.*
Lichtenberger, Hermann: Das Ich Adams und das Ich der Menschheit. 2004. *Bd. 164.*
– siehe *Avemarie, Friedrich.*
– siehe *Caulley, Thomas Scott.*
– siehe *Eckstein, Hans-Joachim.*
– siehe *Frey, Jörg.*
Lierman, John: The New Testament Moses. 2004. *Bd. II/173.*
– (Hrsg.): Challenging Perspectives on the Gospel of John. 2006. *Bd. II/219.*
Lieu, Samuel N.C.: Manichaeism in the Later Roman Empire and Medieval China. ²1992. *Bd. 63.*
Lincicum, David: Paul and the Early Jewish Encounter with Deuteronomy. 2010. *Bd. II/284.*
Lindemann, Andreas: Die Evangelien und die Apostelgeschichte. 2009. *Bd. 241.*
– Glauben, Handeln, Verstehen. Studien zur Auslegung des Neuen Testaments. 2011. *Bd. II/282.*
Lindgård, Fredrik: Paul's Line of Thought in 2 Corinthians 4:16-5:10. 2004. *Bd. II/189.*
Livesey, Nina E.: Circumcision as a Malleable Symbol. 2010. *Bd. II/295.*

Loader, William R.G.: Jesus' Attitude Towards the Law. 1997. *Bd. II/97.*
Löhr, Gebhard: Verherrlichung Gottes durch Philosophie. 1997. *Bd. 97.*
Löhr, Hermut: Studien zum frühchristlichen und frühjüdischen Gebet. 2003. *Bd. 160.*
– siehe *Hengel, Martin.*
Löhr, Winrich Alfried: Basilides und seine Schule. 1995. *Bd. 83.*
Lorenzen, Stefanie: Das paulinische Eikon-Konzept. 2008. *Bd. II/250.*
Luomanen, Petri: Entering the Kingdom of Heaven. 1998. *Bd. II/101.*
Luz, Ulrich: siehe *Alexeev, Anatoly A.*
– siehe *Dunn, James D.G.*
Lykke, Anne und *Friedrich T. Schipper* (Hrsg.): Kult und Macht. 2011. *Band II/319.*
Lyu, Eun-Geol: Sünde und Rechtfertigung bei Paulus. 2012. *Bd. II/318.*
Mackay, Ian D.: John's Relationship with Mark. 2004. *Bd. II/182.*
Mackie, Scott D.: Eschatology and Exhortation in the Epistle to the Hebrews. 2006. *Bd. II/223.*
Magda, Ksenija: Paul's Territoriality and Mission Strategy. 2009. *Bd. II/266.*
Maier, Gerhard: Mensch und freier Wille. 1971. *Bd. 12.*
– Die Johannesoffenbarung und die Kirche. 1981. *Bd. 25.*
Markschies, Christoph: Valentinus Gnosticus? 1992. *Bd. 65.*
Marshall, Jonathan: Jesus, Patrons, and Benefactors. 2009. *Bd. II/259.*
Marshall, Peter: Enmity in Corinth: Social Conventions in Paul's Relations with the Corinthians. 1987. *Bd. II/23.*
Martin, Dale B.: siehe *Zangenberg, Jürgen.*
Maston, Jason: Divine and Human Agency in Second Temple Judaism and Paul. 2010. *Bd. II/297.*
– siehe *Bird, Michael F.*
Mayer, Annemarie: Sprache der Einheit im Epheserbrief und in der Ökumene. 2002. *Bd. II/150.*
Mayordomo, Moisés: Argumentiert Paulus logisch? 2005. *Bd. 188.*
McDonough, Sean M.: YHWH at Patmos: Rev. 1:4 in its Hellenistic and Early Jewish Setting. 1999. *Bd. II/107.*
McDowell, Markus: Prayers of Jewish Women. 2006. *Bd. II/211.*
McGlynn, Moyna: Divine Judgement and Divine Benevolence in the Book of Wisdom. 2001. *Bd. II/139.*

McNamara, Martin: Targum and New Testament. 2011. *Bd. 279.*
Meade, David G.: Pseudonymity and Canon. 1986. *Bd. 39.*
Meadors, Edward P.: Jesus the Messianic Herald of Salvation. 1995. *Bd. II/72.*
Meiser, Martin: siehe *Kreuzer, Siegfried.*
Meißner, Stefan: Die Heimholung des Ketzers. 1996. *Bd. II/87.*
Mell, Ulrich: Die „anderen" Winzer. 1994. *Bd. 77.*
– siehe *Sänger, Dieter.*
Mengel, Berthold: Studien zum Philipperbrief. 1982. *Bd. II/8.*
Merkel, Helmut: Die Widersprüche zwischen den Evangelien. 1971. *Bd. 13.*
– siehe *Ego, Beate.*
Merklein, Helmut: Studien zu Jesus und Paulus. Bd. 1 1987. *Bd. 43.* – Bd. 2 1998. *Bd. 105.*
Merkt, Andreas: siehe *Nicklas, Tobias*
Metzdorf, Christina: Die Tempelaktion Jesu. 2003. *Bd. II/168.*
Metzler, Karin: Der griechische Begriff des Verzeihens. 1991. *Bd. II/44.*
Metzner, Rainer: Die Rezeption des Matthäusevangeliums im 1. Petrusbrief. 1995. *Bd. II/74.*
– Das Verständnis der Sünde im Johannesevangelium. 2000. *Bd. 122.*
Mihoc, Vasile: siehe *Dunn, James D.G.*
– siehe *Klein, Hans.*
Mineshige, Kiyoshi: Besitzverzicht und Almosen bei Lukas. 2003. *Bd. II/163.*
Mittmann, Siegfried: siehe *Hengel, Martin.*
Mittmann-Richert, Ulrike: Magnifikat und Benediktus. *1996. Bd. II/90.*
– Der Sühnetod des Gottesknechts. 2008. *Bd. 220.*
Miura, Yuzuru: David in Luke-Acts. 2007. *Bd. II/232.*
Moll, Sebastian: The Arch-Heretic Marcion. 2010. *Bd. 250.*
Morales, Rodrigo J.: The Spirit and the Restorat. 2010. *Bd. 282.*
Mournet, Terence C.: Oral Tradition and Literary Dependency. 2005. *Bd. II/195.*
Mußner, Franz: Jesus von Nazareth im Umfeld Israels und der Urkirche. Hrsg. von M. Theobald. 1998. *Bd. 111.*
Mutschler, Bernhard: Das Corpus Johanneum bei Irenäus von Lyon. 2005. *Bd. 189.*
– Glaube in den Pastoralbriefen. 2010. *Bd. 256.*
Myers, Susan E.: Spirit Epicleses in the Acts of Thomas. 2010. *Bd. 281.*

Myers, Susan E. (Hg.): Portraits of Jesus. 2012. *Bd. II/321.*
Nguyen, V. Henry T.: Christian Identity in Corinth. 2008. *Bd. II/243.*
Nicklas, Tobias, Andreas Merkt und *Joseph Verheyden* (Hrsg.): Gelitten – Gestorben – Auferstanden. 2010. *Bd. II/273.*
– siehe *Verheyden, Joseph*
Nicolet-Anderson, Valérie: Constructing the Self. 2012. *Bd. II/324.*
Niebuhr, Karl-Wilhelm: Gesetz und Paränese. 1987. *Bd. II/28.*
– Heidenapostel aus Israel. 1992. *Bd. 62.*
– siehe *Deines, Roland*
– siehe *Dimitrov, Ivan Z.*
– siehe *Karakolis, Christos.*
– siehe *Klein, Hans.*
– siehe *Kraus, Wolfgang.*
Nielsen, Anders E.: "Until it is Fullfilled". 2000. *Bd. II/126.*
Nielsen, Jesper Tang: Die kognitive Dimension des Kreuzes. 2009. *Bd. II/263.*
Nissen, Andreas: Gott und der Nächste im antiken Judentum. 1974. *Bd. 15.*
Noack, Christian: Gottesbewußtsein. 2000. *Bd. II/116.*
Noormann, Rolf: Irenäus als Paulusinterpret. 1994. *Bd. II/66.*
Norelli, Enrico: siehe *Clivaz, Claire.*
Norin, Stig: siehe *Hultgård, Anders.*
Novakovic, Lidija: Messiah, the Healer of the Sick. 2003. *Bd. II/170.*
Obermann, Andreas: Die christologische Erfüllung der Schrift im Johannesevangelium. 1996. *Bd. II/83.*
Öhler, Markus: Barnabas. 2003. *Bd. 156.*
– siehe *Becker, Michael.*
– (Hrsg.): Aposteldekret und antikes Vereinswesen. 2011. *Bd. 280.*
Okure, Teresa: The Johannine Approach to Mission. 1988. *Bd. II/31.*
Onuki, Takashi: Heil und Erlösung. 2004. *Bd. 165.*
Oropeza, B. J.: Paul and Apostasy. 2000. *Bd. II/115.*
Ostmeyer, Karl-Heinrich: Kommunikation mit Gott und Christus. 2006. *Bd. 197.*
– Taufe und Typos. 2000. *Bd. II/118.*
Pao, David W.: Acts and the Isaianic New Exodus. 2000. *Bd. II/130.*
Park, Eung Chun: The Mission Discourse in Matthew's Interpretation. 1995. *Bd. II/81.*
Park, Joseph S.: Conceptions of Afterlife in Jewish Insriptions. 2000. *Bd. II/121.*

Parsenios, George L.: Rhetoric and Drama in the Johannine Lawsuit Motif. 2010. *Bd. 258.*
Pate, C. Marvin: The Reverse of the Curse. 2000. *Bd. II/114.*
Paulsen, Henning: Studien zur Literatur und Geschichte des frühen Christentums. Hrsg. von Ute E. Eisen. 1997. *Bd. 99.*
Pearce, Sarah J.K.: The Land of the Body. 2007. *Bd. 208.*
Peres, Imre: Griechische Grabinschriften und neutestamentliche Eschatologie. 2003. *Bd. 157.*
Perry, Peter S.: The Rhetoric of Digressions. 2009. *Bd. II/268.*
Philip, Finny: The Origins of Pauline Pneumatology. 2005. *Bd. II/194.*
Philonenko, Marc (Hrsg.): Le Trône de Dieu. 1993. *Bd. 69.*
Pierce, Chad T.: Spirits and the Proclamation of Christ. 2011. *Bd. II/305.*
Pilhofer, Peter: Presbyteron Kreitton. 1990. *Bd. II/39.*
– Philippi. Bd. 1 1995. *Bd. 87.* – Bd. 2 ²2009. *Bd. 119.*
– Die frühen Christen und ihre Welt. 2002. *Bd. 145.*
– siehe *Becker, Eve-Marie.*
– siehe *Ego, Beate.*
Pitre, Brant: Jesus, the Tribulation, and the End of the Exile. 2005. *Bd. II/204.*
Plümacher, Eckhard: Geschichte und Geschichten. 2004. *Bd. 170.*
Pöhlmann, Wolfgang: Der Verlorene Sohn und das Haus. 1993. *Bd. 68.*
Poirier, John C.: The Tongues of Angels. 2010. *Bd. II/287.*
Pokorný, Petr und *Josef B. Souček:* Bibelauslegung als Theologie. 1997. *Bd. 100.*
Pokorný, Petr und *Jan Roskovec* (Hrsg.): Philosophical Hermeneutics and Biblical Exegesis. 2002. *Bd. 153.*
Popkes, Enno Edzard: Das Menschenbild des Thomasevangeliums. 2007. *Band 206.*
– Die Theologie der Liebe Gottes in den johanneischen Schriften. 2005. *Bd. II/197.*
Porter, Stanley E.: The Paul of Acts. 1999. *Bd. 115.*
Prieur, Alexander: Die Verkündigung der Gottesherrschaft. 1996. *Bd. II/89.*
Probst, Hermann: Paulus und der Brief. 1991. *Bd. II/45.*
Puig i Tàrrech, Armand: Jesus: An Uncommon Journey. 2010. *Vol. II/288.*
Rabens, Volker: The Holy Spirit and Ethics in Paul. 2010. *Bd. II/283.*

Räisänen, Heikki: Paul and the Law. 1983, ²1987. *Bd. 29.*
Rehfeld, Emmanuel L.: Relationale Ontologie bei Paulus. 2012. *Bd. II/326.*
Rehkopf, Friedrich: Die lukanische Sonderquelle. 1959. *Bd. 5.*
Rein, Matthias: Die Heilung des Blindgeborenen (Joh 9). 1995. *Bd. II/73.*
Reinmuth, Eckart: Pseudo-Philo und Lukas. 1994. *Bd. 74.*
Reiser, Marius: Bibelkritik und Auslegung der Heiligen Schrift. 2007. *Bd. 217.*
– Syntax und Stil des Markusevangeliums. 1984. *Bd. II/11.*
Reynolds, Benjamin E.: The Apocalyptic Son of Man in the Gospel of John. 2008. *Bd. II/249.*
Rhodes, James N.: The Epistle of Barnabas and the Deuteronomic Tradition. 2004. *Bd. II/188.*
Richards, E. Randolph: The Secretary in the Letters of Paul. 1991. *Bd. II/42.*
Riesner, Rainer: Jesus als Lehrer. 1981, ³1988. *Bd. II/7.*
– Die Frühzeit des Apostels Paulus. 1994. *Bd. 71.*
Rissi, Mathias: Die Theologie des Hebräerbriefs. 1987. *Bd. 41.*
Röcker, Fritz W.: Belial und Katechon. 2009. *Bd. II/262.*
Röhser, Günter: Metaphorik und Personifikation der Sünde. 1987. *Bd. II/25.*
Rogalsky, Sviatoslav: siehe *Karakolis, Christos.*
Rose, Christian: Theologie als Erzählung im Markusevangelium. 2007. *Bd. II/236.*
– Die Wolke der Zeugen. 1994. *Bd. II/60.*
Roskovec, Jan: siehe *Pokorný, Petr.*
Rothschild, Clare K.: Baptist Traditions and Q. 2005. *Bd. 190.*
– Hebrews as Pseudepigraphon. 2009. *Band 235.*
– Luke Acts and the Rhetoric of History. 2004. *Bd. II/175.*
– siehe *Frey, Jörg.*
– und *Trevor W. Thompson* (Hrsg.): Christian Body, Christian Self. 2011. *Bd. 284.*
Rudolph, David J.: A Jew to the Jews. 2011. *Bd. II/304.*
Rüegger, Hans-Ulrich: Verstehen, was Markus erzählt. 2002. *Bd. II/155.*
Rüger, Hans Peter: Die Weisheitsschrift aus der Kairoer Geniza. 1991. *Bd. 53.*
Ruf, Martin G.: Die heiligen Propheten, eure Apostel und ich. 2011. *Bd. II/300.*
Runesson, Anders: siehe *Becker, Eve-Marie.*

Sänger, Dieter: Antikes Judentum und die Mysterien. 1980. *Bd. II/5.*
– Die Verkündigung des Gekreuzigten und Israel. 1994. *Bd. 75.*
– siehe *Burchard, Christoph.*
– und *Ulrich Mell* (Hrsg.): Paulus und Johannes. 2006. *Bd. 198.*
Salier, Willis Hedley: The Rhetorical Impact of the Se-meia in the Gospel of John. 2004. *Bd. II/186.*
Salzmann, Jörg Christian: Lehren und Ermahnen. 1994. *Bd. II/59.*
Samuelsson, Gunnar: Crucifixion in Antiquity. 2011. *Bd. II/310.*
Sandnes, Karl Olav: Paul – One of the Prophets? 1991. *Bd. II/43.*
Sato, Migaku: Q und Prophetie. 1988. *Bd. II/29.*
Schäfer, Ruth: Paulus bis zum Apostelkonzil. 2004. *Bd. II/179.*
Schaper, Joachim: Eschatology in the Greek Psalter. 1995. *Bd. II/76.*
Schimanowski, Gottfried: Die himmlische Liturgie in der Apokalypse des Johannes. 2002. *Bd. II/154.*
– Weisheit und Messias. 1985. *Bd. II/17.*
Schipper, Friedrich T.: siehe *Lykke, Anne.*
Schlichting, Günter: Ein jüdisches Leben Jesu. 1982. *Bd. 24.*
Schließer, Benjamin: Abraham's Faith in Romans 4. 2007. *Band II/224.*
Schnabel, Eckhard J.: Law and Wisdom from Ben Sira to Paul. 1985. *Bd. II/16.*
Schnelle, Udo: siehe *Frey, Jörg.*
Schröter, Jens: Von Jesus zum Neuen Testament. 2007. *Band 204.*
– siehe *Frey, Jörg.*
Schutter, William L.: Hermeneutic and Composition in I Peter. 1989. *Bd. II/30.*
Schwartz, Daniel R.: Studies in the Jewish Background of Christianity. 1992. *Bd. 60.*
Schwemer, Anna Maria: siehe *Hengel, Martin*
Schwindt, Rainer: Das Weltbild des Epheserbriefes. 2002. *Bd. 148.*
Scott, Ian W.: Implicit Epistemology in the Letters of Paul. 2005. *Bd. II/205.*
Scott, James M.: Adoption as Sons of God. 1992. *Bd. II/48.*
– Paul and the Nations. 1995. *Bd. 84.*
Shi, Wenhua: Paul's Message of the Cross as Body Language. 2008. *Bd. II/254.*
Shum, Shiu-Lun: Paul's Use of Isaiah in Romans. 2002. *Bd. II/156.*
Siegert, Folker: Drei hellenistisch-jüdische Predigten. Teil I 1980. *Bd. 20* – Teil II 1992. *Bd. 61.*

– Nag-Hammadi-Register. 1982. *Bd. 26.*
– Argumentation bei Paulus. 1985. *Bd. 34.*
– Philon von Alexandrien. 1988. *Bd. 46.*
Siggelkow-Berner, Birke: Die jüdischen Feste im Bellum Judaicum des Flavius Josephus. 2011. *Bd. II/306.*
Sigismund, Marcus: siehe *Kreuzer, Siegfried.*
Simon, Marcel: Le christianisme antique et son contexte religieux I/II. 1981. *Bd. 23.*
Smit, Peter-Ben: Fellowship and Food in the Kingdom. 2008. *Bd. II/234.*
Smith, Julien: Christ the Ideal King. 2011. *Bd. II/313.*
Snodgrass, Klyne: The Parable of the Wicked Tenants. 1983. *Bd. 27.*
Söding, Thomas: Das Wort vom Kreuz. 1997. *Bd. 93.*
– siehe *Thüsing, Wilhelm.*
Sommer, Urs: Die Passionsgeschichte des Markusevangeliums. 1993. *Bd. II/58.*
Sorensen, Eric: Possession and Exorcism in the New Testament and Early Christianity. 2002. *Band II/157.*
Souček, Josef B.: siehe *Pokorný, Petr.*
Southall, David J.: Rediscovering Righteousness in Romans. 2008. *Bd. 240.*
Spangenberg, Volker: Herrlichkeit des Neuen Bundes. 1993. *Bd. II/55.*
Spanje, T.E. van: Inconsistency in Paul? 1999. *Bd. II/110.*
Speyer, Wolfgang: Frühes Christentum im antiken Strahlungsfeld. Bd. I: 1989. *Bd. 50.*
– Bd. II: 1999. *Bd. 116.*
– Bd. III: 2007. *Bd. 213.*
Spittler, Janet E.: Animals in the Apocryphal Acts of the Apostles. 2008. *Bd. II/247.*
Sprinkle, Preston: Law and Life. 2008. *Bd. II/241.*
Stadelmann, Helge: Ben Sira als Schriftgelehrter. 1980. *Bd. II/6.*
Stein, Hans Joachim: Frühchristliche Mahlfeiern. 2008. *Bd. II/255.*
Stenschke, Christoph W.: Luke's Portrait of Gentiles Prior to Their Coming to Faith. *Bd. II/108.*
Stephens, Mark B.: Annihilation or Renewal? 2011. *Bd. II/307.*
Sterck-Degueldre, Jean-Pierre: Eine Frau namens Lydia. 2004. *Bd. II/176.*
Stettler, Christian: Der Kolosserhymnus. 2000. *Bd. II/131.*
– Das letzte Gericht. 2011. *Bd. II/299.*
Stettler, Hanna: Die Christologie der Pastoralbriefe. 1998. *Bd. II/105.*

Stökl Ben Ezra, Daniel: The Impact of Yom Kippur on Early Christianity. 2003. *Bd. 163.*
Strobel, August: Die Stunde der Wahrheit. 1980. *Bd. 21.*
Stroumsa, Guy G.: Barbarian Philosophy. 1999. *Bd. 112.*
Stuckenbruck, Loren T.: Angel Veneration and Christology. 1995. *Bd. II/70.*
–, *Stephen C. Barton* und *Benjamin G. Wold* (Hrsg.): Memory in the Bible and Antiquity. 2007. *Vol. 212.*
Stuhlmacher, Peter (Hrsg.): Das Evangelium und die Evangelien. 1983. *Bd. 28.*
– Biblische Theologie und Evangelium. 2002. *Bd. 146.*
Sung, Chong-Hyon: Vergebung der Sünden. 1993. *Bd. II/57.*
Svendsen, Stefan N.: Allegory Transformed. 2009. *Bd. II/269*
Tajra, Harry W.: The Trial of St. Paul. 1989. *Bd. II/35.*
– The Martyrdom of St.Paul. 1994. *Bd. II/67.*
Tellbe, Mikael: Christ-Believers in Ephesus. 2009. *Bd. 242.*
Theißen, Gerd: Studien zur Soziologie des Urchristentums. 1979, ³1989. *Bd. 19.*
Theobald, Michael: Studien zum Corpus Iohanneum. 2010. *Band 267.*
– Studien zum Römerbrief. 2001. *Bd. 136.*
– siehe *Mußner, Franz.*
Thompson, Trevor W.: siehe *Rothschild, Clare K.*
Thornton, Claus-Jürgen: Der Zeuge des Zeugen. 1991. *Bd. 56.*
Thüsing, Wilhelm: Studien zur neutestamentlichen Theologie. Hrsg. von Thomas Söding. 1995. *Bd. 82.*
Thurén, Lauri: Derhethorizing Paul. 2000. *Bd. 124.*
Thyen, Hartwig: Studien zum Corpus Iohanneum. 2007. *Bd. 214.*
Tibbs, Clint: Religious Experience of the Pneuma. 2007. *Bd. II/230.*
Tilling, Chris: Paul's Divine Christology. 2012. *Bd. II/323.*
Toit, David S. du: Theios Anthropos. 1997. *Bd. II/91.*
Tomson, Peter J. und *Doris Lambers-Petry* (Hrsg.): The Image of the Judaeo-Christians in Ancient Jewish and Christian Literature. 2003. *Bd. 158.*
Tolmie, D. Francois: Persuading the Galatians. 2005. *Bd. II/190.*
Toney, Carl N.: Paul's Inclusive Ethic. 2008. *Bd. II/252.*

Tóth, Franz: siehe *Frey, Jörg.*
Trebilco, Paul: The Early Christians in Ephesus from Paul to Ignatius. 2004. *Bd. 166.*
Treloar, Geoffrey R.: Lightfoot the Historian. 1998. *Bd. II/103.*
Troftgruben, Troy M.: A Conclusion Unhindered. 2010. *Bd. II/280.*
Tso, Marcus K.M.: Ethics in the Qumran Community. 2010. *Bd. II/292.*
Tsuji, Manabu: Glaube zwischen Vollkommenheit und Verweltlichung. 1997. *Bd. II/93*
Twelftree, Graham H.: Jesus the Exorcist. 1993. *Bd. II/54.*
Ulrichs, Karl Friedrich: Christusglaube. 2007. *Bd. II/227.*
Urban, Christina: Das Menschenbild nach dem Johannesevangelium. 2001. *Bd. II/137.*
Vahrenhorst, Martin: Kultische Sprache in den Paulusbriefen. 2008. *Bd. 230.*
Vegge, Ivar: 2 Corinthians – a Letter about Reconciliation. 2008. *Bd. II/239.*
Verheyden, Joseph, Korinna Zamfir und *Tobias Nicklas* (Ed.): Prophets and Prophecy in Jewish and Early Christian Literature. 2010. *Bd. II/286.*
– siehe *Nicklas, Tobias*
Visotzky, Burton L.: Fathers of the World. 1995. *Bd. 80.*
Vollenweider, Samuel: Horizonte neutestamentlicher Christologie. 2002. *Bd. 144.*
Vos, Johan S.: Die Kunst der Argumentation bei Paulus. 2002. *Bd. 149.*
Waaler, Erik: The *Shema* and The First Commandment in First Corinthians. 2008. *Bd. II/253.*
Wagener, Ulrike: Die Ordnung des „Hauses Gottes". 1994. *Bd. II/65.*
Wagner, J. Ross: siehe *Wilk, Florian.*
Wahlen, Clinton: Jesus and the Impurity of Spirits in the Synoptic Gospels. 2004. *Bd. II/185.*
Walker, Donald D.: Paul's Offer of Leniency (2 Cor 10:1). 2002. *Bd. II/152.*
Walter, Nikolaus: Praeparatio Evangelica. Hrsg. von Wolfgang Kraus und Florian Wilk. 1997. *Bd. 98.*
Wander, Bernd: Gottesfürchtige und Sympathisanten. 1998. *Bd. 104.*
Wardle, Timothy: The Jerusalem Temple and Early Christian Identity. 2010. *Bd. II/291.*
Wasserman, Emma: The Death of the Soul in Romans 7. 2008. *Bd. 256.*
Waters, Guy: The End of Deuteronomy in the Epistles of Paul. 2006. *Bd. 221.*

Watt, Jan G. van der (Hrsg.): Eschatology of the New Testament and Some Related Documents. 2011. *Bd. II/315.*
- siehe *Frey, Jörg*
- siehe *Zimmermann, Ruben.*

Watts, Rikki: Isaiah's New Exodus and Mark. 1997. *Bd. II/88.*

Wedderburn, Alexander J.M.: Baptism and Resurrection. 1987. *Bd. 44.*
- Jesus and the Historians. 2010. *Bd. 269.*

Wegner, Uwe: Der Hauptmann von Kafarnaum. 1985. *Bd. II/14.*

Weiß, Hans-Friedrich: Frühes Christentum und Gnosis. 2008. *Bd. 225.*

Weissenrieder, Annette: Images of Illness in the Gospel of Luke. 2003. *Bd. II/164.*
-, und *David L. Balch* (Hrsg.): Contested Spaces. 2012. *Bd. 285.*
- und *Robert B. Coote* (Hrsg.): The Interface of Orality and Writing. 2010. *Bd. 260.*
-, *Friederike Wendt* und *Petra von Gemünden* (Hrsg.): Picturing the New Testament. 2005. *Bd. II/193.*

Welck, Christian: Erzählte ‚Zeichen'. 1994. *Bd. II/69.*

Wendt, Friederike (Hrsg.): siehe *Weissenrieder, Annette.*

Wiarda, Timothy: Peter in the Gospels. 2000. *Bd. II/127.*

Wifstrand, Albert: Epochs and Styles. 2005. *Bd. 179.*

Wilk, Florian und *J. Ross Wagner* (Ed.): Between Gospel and Election. 2010. *Bd. 257.*
- siehe *Walter, Nikolaus.*

Williams, Catrin H.: I am He. 2000. *Bd. II/113.*

Winninge, Mikael: siehe *Holmberg, Bengt.*

Wilson, Todd A.: The Curse of the Law and the Crisis in Galatia. 2007. *Bd. II/225.*

Wilson, Walter T.: Love without Pretense. 1991. *Bd. II/46.*

Winn, Adam: The Purpose of Mark's Gospel. 2008. *Bd. II/245.*

Wischmeyer, Oda: Von Ben Sira zu Paulus. 2004. *Bd. 173.*

Wisdom, Jeffrey: Blessing for the Nations and the Curse of the Law. 2001. *Bd. II/133.*

Witmer, Stephen E.: Divine Instruction in Early Christianity. 2008. *Bd. II/246.*

Wold, Benjamin G.: Women, Men, and Angels. 2005. *Bd. II/2001.*
- siehe *Stuckenbruck, Loren T.*

Wolter, Michael: Theologie und Ethos im frühen Christentum. 2009. *Band 236.*

Worthington, Jonathan: Creation in Paul and Philo. 2011. *Bd. II/317.*

Wright, Archie T.: The Origin of Evil Spirits. 2005. *Bd. II/198.*

Wucherpfennig, Ansgar: Heracleon Philologus. 2002. *Bd. 142.*

Yates, John W.: The Spirit and Creation in Paul. 2008. *Vol. II/251.*

Yeung, Maureen: Faith in Jesus and Paul. 2002. *Bd. II/147.*

Young, Stephen E.: Jesus Tradition in the Apostolic Fathers. 2011. *Bd. II/311.*

Zamfir, Corinna: siehe *Verheyden, Joseph*

Zangenberg, Jürgen, Harold W. Attridge und *Dale B. Martin* (Hrsg.): Religion, Ethnicity and Identity in Ancient Galilee. 2007. *Bd. 210.*

Zimmermann, Alfred E.: Die urchristlichen Lehrer. 1984, ²1988. *Bd. II/12.*

Zimmermann, Johannes: Messianische Texte aus Qumran. 1998. *Bd. II/104.*

Zimmermann, Ruben: Christologie der Bilder im Johannesevangelium. 2004. *Bd. 171.*
- Geschlechtermetaphorik und Gottesverhältnis. 2001. *Bd. II/122.*
- (Hrsg.): Hermeneutik der Gleichnisse Jesu. 2008. *Bd. 231.*
- und *Jan G. van der Watt* (Hrsg.): Moral Language in the New Testament. Vol. II. 2010. *Bd. II/296.*
- siehe *Frey, Jörg.*
- siehe *Horn, Friedrich Wilhelm.*

Zugmann, Michael: „Hellenisten" in der Apostelgeschichte. 2009. *Bd. II/264.*

Zumstein, Jean: siehe *Dettwiler, Andreas*

Zwiep, Arie W.: Christ, the Spirit and the Community of God. 2010. *Bd. II/293.*
- Judas and the Choice of Matthias. 2004. *Bd. II/187.*

Einen Gesamtkatalog erhalten Sie gerne vom Verlag
Mohr Siebeck – Postfach 2040 – D–72010 Tübingen
Neueste Informationen im Internet unter www.mohr.de